# 2019

# 中国烟草年鉴

# CHINA TOBACCO YEARBOOK

国家烟草专卖局 编

中国经济出版社
CHINA ECONOMIC PUBLISHING HOUSE

1 2018年8月5日，国家烟草专卖局党组书记、局长，中国烟草总公司总经理张建民（中）在云南玉溪澄江县调研烟叶采收

云南玉溪市局　方连海　摄

2 2018年8月7日，国家烟草专卖局党组书记、局长，中国烟草总公司总经理张建民（左二）在贵州中烟技术中心调研

《东方烟草报》社　吴清海　摄

3 2018年5月28日，时任国家烟草专卖局党组书记、局长，中国烟草总公司总经理凌成兴（前排左一）走访上海市卷烟零售户

《东方烟草报》社 李 冰 摄

4 2018年6月12日，国家烟草专卖局党组成员、副局长杨培森（前排左二）在安徽烟草调研

安徽省局 供稿

## 国家局、总公司领导考察

1 2018年3月7日，国家烟草专卖局党组成员、直属机关党委书记高林（右二）走访海南卷烟零售户

海南省局　供稿

2 2018年4月10日，国家烟草专卖局党组成员、副局长徐瑨（前排右一）在贵州中烟遵义卷烟厂调研

贵州中烟　林　海　摄

3 2018年5月7—11日，国家烟草专卖局党组成员、副局长段铁力（左一）在安徽、上海烟草调研。图为走访安徽合肥卷烟零售户

《东方烟草报》社　昌　通　摄

1 2018年2月27日，全国烟草行业落实全面从严治党主体责任工作会议在北京召开

《中国烟草》杂志社 陈兴杰 摄

2 2018年3月6日，全国烟草行业财务审计工作会议在北京召开

《中国烟草》杂志社 颉虎平 摄

3 2018年3月19日，全国烟草行业巡视整改“回头看”暨第一轮常规巡视动员部署会议在北京召开

《中国烟草》杂志社 周茹 摄

1 2018年3月22日，全国烟草行业网络安全和信息化工作会议在北京召开

《中国烟草》杂志社
郑旭南 摄

2 2018年3月23日，全国卷烟销售工作会议在北京召开

《中国烟草》杂志社
沙 鑫 摄

3 2018年3月30日，全国烟草行业党的建设工作座谈会暨人事工作会议在北京召开

《中国烟草》杂志社
张 燕 摄

4 2018年8月20日，烟草行业各直属单位主要负责同志座谈会在北京召开。国家烟草专卖局党组书记、局长，中国烟草总公司总经理张建民出席会议并讲话

《中国烟草》杂志社　陈兴杰　摄

5 2018年12月25日，全国烟叶工作会议在北京召开

《中国烟草》杂志社　赵　男　摄

2018年，烟草行业各级党组织深入学习贯彻习近平新时代中国特色社会主义思想和党的十九大精神，增强“四个意识”、坚定“四个自信”、做到“两个维护”，行业全面从严治党、党风廉政建设稳步推进。

1 2018年4月9日，中共国家烟草专卖局党校举行2018年春季学期开学典礼
《东方烟草报》社 卢 媛 摄

2 2018年6月21日，天津滨海新区大港分局（分公司）组织党员代表参观“不忘初心、牢记使命”主题展览
天津大港分局 胡 伟 摄

3 2018年6月22日，上海烟草集团北京卷烟厂举办“不忘初心、牢记使命”——党的十九大知识竞赛
上海烟草集团 供稿

4 2018年4月13日，江苏烟草组织青年党员举办“红色阅读 点燃初心”读书分享会

江苏省局　供稿

5 2018年6月20日，安徽中烟组织党员干部到浙江嘉兴南湖革命纪念馆开展红色教育

安徽中烟　朱要文　摄

6 2018年7月4日，山东中烟滕州卷烟厂开展“红船精神”主题教育活动

山东中烟　徐文博　摄

1 2018年8月29日，河南烟草党员干部重温入党誓词

河南省局　供稿

2 2018年6月30日，贵州中烟铜仁卷烟厂组织员工参观廉政教育主题图片展

贵州中烟　供稿

3 2018年4月16日，湖北恩施州局（公司）组织党员代表到何功伟烈士陵园、叶挺纪念馆，缅怀革命先烈

湖北恩施州局　孔　伟　摄

4 2018年7月2日，新疆烟草举办处级干部“不忘初心、牢记使命”党性锻炼培训班

新疆区局　陈正一　摄

5 2018年7月31日，大连西岗区局（分公司）开展“参观戚继光舰 庆祝建军91周年”主题党日活动

大连市局　何　智　摄

6 2018年6月，四川省局（公司）举办纪念建党97周年暨“不忘初心、牢记使命”知识竞赛

四川省局　黄德磊　摄

7 2018年11月15日，陕西咸阳市局（公司）党员干部利用“智慧党建”平台进行学习

陕西咸阳市局　魏　锋　摄

1

2

1 2018年7月24日，河北省局（公司）第三届烟草专卖管理岗位技能竞赛开幕

河北省局　苏维民　摄

2 2018年10月30日，山西烟草系统举办物流技能劳动竞赛

山西省局　供稿

3 2018年10月17日，江苏中烟组织员工参观江苏省庆祝改革开放40周年图片展

江苏中烟　顾　锋　摄

3

4 2018年4月26日，福建省烟草商业系统“最美员工”表彰暨先进事迹报告会在福州举行

福建省局　林麦梓　摄

5 2018年8—11月，福建中烟龙岩烟草工业有限责任公司举办“古田杯”职业技能竞赛暨烟机设备机械电气维修职业技能竞赛

福建中烟　供稿

6 2018年7月12—13日，第三届江西省烟草专卖局烟草专卖管理岗位技能竞赛在南昌举行

江西省局　何　坤　摄

1 2018年7月17日，山东烟草工业系统第二届会计知识竞赛在滕州举行

山东中烟　徐文博　摄

2 2018年11月9日，山东中烟青州卷烟厂开展“11•9”消防技术练兵活动

山东中烟青州卷烟厂　刁立鹏　摄

3 2018年6月6日，天昌国际烟草有限公司进行消防疏散演练

河南省局　供稿

**4** 2018年7月11日，湖北恩施州局（公司）举办恩施州烟草商业系统首届“工匠杯”员工岗位技能大赛

湖北恩施州局　吴琼辉　摄

**5** 2018年，广西中烟南宁卷烟厂卷包车间甲班2#生产线被评为自治区“巾帼文明岗”

广西中烟南宁卷烟厂　黄雪梅　摄

**6** 2018年6月26日，贵州中烟毕节卷烟厂组织开展应急救援演练

贵州中烟　供稿

1 2018年1月30日，红塔集团举办“我们的初心”故事讲述大赛

云南中烟　供稿

2 2018年7月24日，宁夏区局（公司）第一届烟草专卖管理岗位技能竞赛开幕

宁夏区局　郭　莉　摄

3 2018年11月12日，陕西省烟草商业系统第一届物流岗位技能竞赛在陕西咸阳举行

陕西咸阳市局　魏　锋　摄

1 2018年11月7日，北京市局（公司）举办“唱响新时代 奋斗再出发”纪念改革开放40周年歌咏比赛

北京市局　供稿

2 2018年9月26日，江苏中烟举办第二届“卓越杯”5人制足球赛

江苏中烟　供稿

3 2018年10月29日，浙江中烟杭州卷烟厂举办“争先进位 青春绽放”职工篮球联赛

浙江中烟　供稿

1 2018年5月28日，福建烟草商业系统举办首届职工排球赛

福建省局　林麦梓　摄

2 2018年12月15日，江西省局（公司）举办全省系统“创优杯”职工篮球、羽毛球比赛

江西省局　何　坤　摄

3 2019年9月20日，河南省局（公司）举办机关离退休人员书画展

河南省局　宋振山　摄

4 2018年7月6日，湖北中烟三峡卷烟厂开展“时钟安全文化”趣味活动

湖北中烟　供稿

5 2018年4月21日，重庆中烟举办“超越者 益起奔跑”迷你马拉松比赛

重庆中烟　施惊雷　摄

6 2018年12月28日，贵州中烟遵义卷烟厂开展“跑进新时代 踏上新征程”环厂跑活动

贵州中烟　供稿

7 2018年6月1日，海南省局（公司）举办庆祝海南烟草成立30周年图片展

海南省局　供稿

1 2018年7月5日，甘肃省烟草商业系统“陇之情”杯羽毛球混合团体赛总决赛获奖选手合影

甘肃省局　供稿

2 2018年8月17日，南通醋酸纤维有限公司举办“感恩 责任 挑战”先进人物宣讲会

南纤公司　供稿

3 2018年12月20日，红塔辽宁烟草有限责任公司在沈阳举行“辽宁卷烟工业史馆”开馆仪式

红塔辽宁　供稿

# 编写说明

一、《中国烟草年鉴》是由国家烟草专卖局组织编纂，全面反映中国烟草行业改革发展情况以及所属各企业发展概貌的专业性、权威性行业综合年鉴。自1996年创刊以来，已先后编纂出版了1991—1995年、1981—1990年、1996—1997年、1998—1999年、2000年、2001年、2002年、2003年、2004年、2005年、2006年、2007年、2008年、2009年、2010年、2011—2012年、2013年、2014年、2015年、2016年、2017年、2018年卷共22卷。从2004年卷起，由国家烟草专卖局办公室主办，《中国烟草》杂志社有限公司《中国烟草年鉴》编辑部具体负责编辑工作。

二、《中国烟草年鉴(2019)》设有特载，大事记，行业概览，国家烟草专卖局　中国烟草总公司组织机构，专卖管理与"两烟"经营，烟草工业，科研和教育培训，新闻舆论和文化建设，公益活动，重要政策法规与文件选登，附录共计11个栏目。本卷年鉴"栏目"下设"分目""条目"。

三、本卷年鉴主要收录了2018年全国烟草行业发展的工作情况。各栏目内容充实，信息量大，反映了行业改革发展的历程，具有很强的权威性、延续性。为更直接展示行业工作与成就，本卷年鉴在正文中配图，采用四色印刷，表现形式多样；并以彩图配合相关栏目，生动、直观、全面地反映行业各方面发展情况，彩图涉及面广，内容丰富。

四、在总体结构上，本卷年鉴积极适应烟草行业改革发展和行业类年鉴编纂新要求，突出综述性条目和特色条目，加强对行业总体情况的反映，力求全面呈现烟草产业各发展环节的情况，精简了常规性内容。

五、"公益活动"栏目概述全国烟草行业及各省烟草商业、工业系统开展公益活动的总体情况，包括扶贫济困、捐资助学、灾害救助等，以及献血、植树、志愿活动等其他社会公益活动。

六、本卷年鉴中，"国家烟草专卖局"简称"国家局"，"中国烟草总公司"简称"总公司"；"××烟草专卖局(公司)"简称"××局(公司)"，"××中烟工业有限责任公司"简称"公司"或"××中烟"。

七、计量单位标准：卷烟计量单位1万箱=5亿支，1万件=1亿支，1箱=5万支；非法流通卷烟以万件、件为计量单位；面积单位：烟叶种植面积使用万亩、亩，其余均使用公制单位；烟叶计量单位1万吨=20万担。

八、专用名词："低焦油卷烟"在未特别说明的情况下，特指焦油量8毫克/支及以下卷烟。"'双十五'品牌"特指三类以上卷烟销量排名前15位的品牌和销售收入（含税）排名前15位的品牌。"重点卷烟品牌"，2018年共有31个全国重点卷烟品牌，含"双十五"品牌和鼓励培育品牌。2018年销售收入（含税）排名前15位品牌为"中华""利群""云烟""芙蓉王""黄鹤楼""双喜·红双喜""南京""玉溪""黄金叶""白沙""黄山""红塔山""贵烟""七匹狼""泰山"；三类以上卷烟销量排名前15位品牌为"双喜·红双喜""云烟""利群""红塔山""南京""黄鹤楼""黄金叶""芙蓉王""泰山""白沙""中华""玉溪""黄山""七匹狼""贵烟"；鼓励培育品牌为"红河""钻石""红金龙""兰州""真龙""娇子""长白山""金圣""苏烟""龙凤呈祥""好猫""延安""中南海""天子""金桥""都宝"。

九、根据《国家烟草专卖局办公室关于调整卷烟产销量统计数据口径的通知》（国烟办综〔2018〕310号），将卷烟型雪茄产销量计入2018年卷烟产、销总量统计。卷烟型雪茄，指符合《雪茄烟》系列国家标准（GB/T 15269—2010）规定的产品技术要求且茄芯由烟丝构成的雪茄产品。

十、本卷年鉴的各种资料、数据主要由国家局、总公司机关各部门、各单位和行业各直属单位提供，条目内容、数据均由各撰稿单位审阅，并由国家烟草专卖局办公室最后审定确认，资料可靠。

十一、本卷年鉴中的各种资料、数据，除任免文件、机构设立与调整、先进人物名单、先进人物简介和先进集体名单外，截止时间为2018年12月31日。

十二、本卷年鉴终审人员为张靖江、关宏梅、赵百东、任静、徐丹、张政、张炜、刘军、汪为民、姜泓海、郑素平；三审人员为关宏梅、赵百东、任静、刘军、丁勇、余莉、刘峥；外审人员为王力；二审人员为余莉、王力；一审编辑为周佳、王静、褚幸、鲁建敏；校订人员为余莉、丁勇；校对人员为周佳、王静、褚幸、鲁建敏；编务人员为樊璟祎。

十三、本卷年鉴国家局、总公司机关及行业各直属单位审稿人员中2019年新任职人员职务以2019年实际职务为准。

编　者

2019年11月

# 国家局、总公司机关及行业各直属单位审稿人员名单

吴惠春　办公室(外事司)副主任(副司长)

张全在　发展计划司副司长(主持全面工作)

周　瑛　专卖监督管理司副巡视员

徐维华　经济运行司司长

王玉麟　政策法规与体制改革司司长

张孝堂　财务管理与监督司(审计司)司长

钱　航　科技司副司长(副厅级)

张天峰　人事司司长(正厅级)

李　安　直属机关党委常务副书记

刘　忠　国家局党组党风廉政建设领导小组办公室主任

薛建平　规范管理办公室主任

张本甫　董事会工作办公室主任

程春节　中共国家烟草专卖局党校(国家烟草专卖局职工培训中心)副校长(主任)

李保江　烟草经济研究所副所长(主持全面工作)

付久海　离退休干部办公室主任

綦振平　机关服务中心(机关服务局)主任(局长)

陈　彤　烟草经济信息中心主任

王献生　中国烟草学会办事机构主要负责人

王现军　中国烟叶公司副总经理

崔　萍　中国卷烟销售公司副总经理

郝和国　中国烟草投资管理公司党组书记、总经理

张维群　中国烟草机械集团有限责任公司党组成员、副总经理

邵　岩　中国烟草国际有限公司党组书记、总经理

范建治　中烟商务物流有限责任公司巡视员

李东梅　中国烟草实业发展中心党组成员、副总经理(副厅级)

万里明　中国双维投资有限公司党组副书记、副总经理(主持全面工作)

关宏梅　《中国烟草》杂志社有限公司董事长、总经理

江　涛　北京市烟草专卖局(公司)党组成员、副总经理

宁书成　天津市烟草专卖局(公司)党组成员、纪检组长

王　辉　河北省烟草专卖局(公司)党组成员、副总经理

杨新民　山西省烟草专卖局(公司)党组成员、副局长

牛其广　内蒙古自治区烟草专卖局(公司)党组成员、副总经理

吴云勇　辽宁省烟草专卖局(公司)党组成员、副总经理

杨　俊　吉林省烟草专卖局(公司)党组书记、局长、总经理

耿金波　黑龙江省烟草专卖局(公司)党组成员、副总经理

唐　煦　中国烟草博物馆常务副馆长,上海烟草集团有限责任公司党组成员、副总经理

刘培峰　江苏省烟草专卖局(公司)党组成员、副局长

李定晓　浙江省烟草专卖局(公司)党组成员、副局长

董建江　安徽省烟草专卖局(公司)党组成员、副总经理

林师训　福建省烟草专卖局(公司)党组成员、副总经理

胡义强　江西省烟草专卖局(公司)党组成员、副局长

曹红祥　山东省烟草专卖局(公司)党组成员、副总经理

殷建立　河南省烟草专卖局(公司)党组成员、副总经理

董　辉　湖北省烟草专卖局(公司)党组成员、纪检组长

徐文军　湖南省烟草专卖局(公司)党组成员、副总经理

周伟兵　广东省烟草专卖局(公司)党组成员、纪检组长

陈可忠　广西壮族自治区烟草专卖局(公司)党组成员、副总经理

王斌斌　海南省烟草专卖局(公司)党组成员、副总经理

刘　伟　重庆市烟草专卖局(公司)党组成员、副局长

李恩华　四川省烟草专卖局(公司)党组书记、局长、总经理

陈　熹　贵州省烟草专卖局(公司)党组成员、副总经理

李光林　云南省烟草专卖局(公司)党组书记、局长、总经理

旺　啦　西藏自治区烟草专卖局(公司)党委委员、副局长

赵启斌　陕西省烟草专卖局(公司)党组成员、纪检组长

何绍青　甘肃省烟草专卖局(公司)党组成员、副总经理

李祥红　青海省烟草专卖局(公司)党组成员、纪检组长

罗增平　宁夏回族自治区烟草专卖局(公司)党组成员、副总经理

孙　勇　新疆维吾尔自治区烟草专卖局(公司)党组成员、副总经理

刘　宁　大连市烟草专卖局(公司)党组书记、局长、总经理

吴镇丰　深圳市烟草专卖局(公司)党组成员、副局长

师进辉　河北中烟工业有限责任公司党组成员、副总经理

朱卫星　江苏中烟工业有限责任公司党组成员、副总经理

杨柳军　浙江中烟工业有限责任公司党组成员、副总经理

王志彬　安徽中烟工业有限责任公司党组书记、总经理

吴志文　福建中烟工业有限责任公司党组成员、副总经理

王迪汗　江西中烟工业有限责任公司党组成员、副总经理

王众声　山东中烟工业有限责任公司党组成员、副总经理

李彦伟　河南中烟工业有限责任公司党组成员、副总经理

万里鹏　湖北中烟工业有限责任公司党组成员、副总经理

李　立　湖南中烟工业有限责任公司党组成员、副总经理

庄　红　广东中烟工业有限责任公司党组成员、副总经理

谢昆彧　广西中烟工业有限责任公司党组书记、总经理

王　勇　重庆中烟工业有限责任公司党组成员、副总经理

薛　飞　四川中烟工业有限责任公司党组成员、副总经理

田　成　贵州中烟工业有限责任公司党组书记、总经理

陈卫东　云南中烟工业有限责任公司党组书记、董事长

曹兴浪　陕西中烟工业有限责任公司党组成员、副总经理

胡清源　中国烟草总公司郑州烟草研究院党组成员

葛　波　中国烟草总公司合肥设计院党委委员、副院长兼纪委书记

王　宏　中国烟草总公司职工进修学院党组书记、院长

丁逸敏　上海新型烟草制品研究院副院长

茅　俊　南通醋酸纤维有限公司党委委员、副总经理

温　明　昆明醋酸纤维有限公司党委书记、副总经理

刘　强　珠海醋酸纤维有限公司党委委员、工程副总经理

# 国家局、总公司机关及行业各直属单位主要撰稿人员名单

石昌盛　国家局科技司
高　超　中国烟草机械集团有限责任公司
曹建平　中国烟草实业发展中心
王智誉　北京市烟草专卖局(公司)
高栓龙　天津市烟草专卖局(公司)
苏维民　河北省烟草专卖局(公司)
朱永胜　山西省烟草专卖局(公司)
班晓华　内蒙古自治区烟草专卖局(公司)
董春亮　辽宁省烟草专卖局(公司)
王兴谦　吉林省烟草专卖局(公司)
柳　涛　黑龙江省烟草专卖局(公司)
韩沅君　上海烟草集团有限责任公司
张　华　江苏省烟草专卖局(公司)
张庆娜　浙江省烟草专卖局(公司)
程国亚　安徽省烟草专卖局(公司)
傅积恩　福建省烟草专卖局(公司)
王建宁　江西省烟草专卖局(公司)
蔡世龙　山东省烟草专卖局(公司)
范素娟　河南省烟草专卖局(公司)
李菲菲　湖北省烟草专卖局(公司)
李　焕　湖南省烟草专卖局(公司)
张　慧　广东省烟草专卖局(公司)
黄祥进　广西壮族自治区烟草专卖局(公司)
安　婷　海南省烟草专卖局(公司)
王　智　重庆市烟草专卖局(公司)
张羽翔　四川省烟草专卖局(公司)
郭娟娟　贵州省烟草专卖局(公司)
王津军　云南省烟草专卖局(公司)
陆礼茂　西藏自治区烟草专卖局(公司)
王　玉　陕西省烟草专卖局(公司)
毕耜栋　甘肃省烟草专卖局(公司)
马世亮　青海省烟草专卖局(公司)
潘　亮　宁夏回族自治区烟草专卖局(公司)
韩　敏　新疆维吾尔自治区烟草专卖局(公司)
贾效伟　大连市烟草专卖局(公司)
陈　兰　深圳市烟草专卖局(公司)
田然煜　河北中烟工业有限责任公司
徐　璐　江苏中烟工业有限责任公司
孙　琦　浙江中烟工业有限责任公司
孙　群　安徽中烟工业有限责任公司
卢永梅　福建中烟工业有限责任公司
李前进　江西中烟工业有限责任公司
秦日旭　山东中烟工业有限责任公司
陈仕文　河南中烟工业有限责任公司
张小沛　湖北中烟工业有限责任公司
周腾浪　湖南中烟工业有限责任公司
孙茂勇　广东中烟工业有限责任公司
安　婧　广东中烟工业有限责任公司

陶海游　广西中烟工业有限责任公司
范　淼　重庆中烟工业有限责任公司
江　磊　四川中烟工业有限责任公司
张　春　四川中烟工业有限责任公司
高　雕　贵州中烟工业有限责任公司
王宏先　云南中烟工业有限责任公司
彭　林　云南中烟工业有限责任公司
杨裕萍　云南中烟工业有限责任公司
许　杨　陕西中烟工业有限责任公司
张敬一　中国烟草总公司郑州烟草研究院
何　为　中国烟草总公司合肥设计院
蔡　恒　中国烟草总公司职工进修学院
李　燕　上海新型烟草制品研究院(上海新型烟草制品研究院有限公司)
刘静静　南通醋酸纤维有限公司
李如音　昆明醋酸纤维有限公司
张瑾晶　珠海醋酸纤维有限公司

## 国家局、总公司机关各部门、各单位提供资料人员名单

汪为民　办公室(外事司)
姜泓海　办公室(外事司)
郑素平　办公室(外事司)
朱　槿　办公室(外事司)
唐嘉晨　办公室(外事司)
肖博学　办公室(外事司)
董昊明　发展计划司
张晓晶　专卖监督管理司
李沁怡　经济运行司
汪　洋　政策法规与体制改革司
童冠华　财务管理与监督司(审计司)
刘国帅　人事司
马　超　直属机关党委
王光明　国家局党组党风廉政建设领导小组办公室
崔　萌　规范管理办公室
高雨竹　董事会工作办公室
高　佳　中共国家烟草专卖局党校(国家烟草专卖局职工培训中心)
耿春磊　烟草经济研究所
陈海潮　离退休干部办公室
邓永红　机关服务中心(机关服务局)
桑运良　烟草经济信息中心
黄　慧　烟草经济信息中心
刘德水　中国烟草学会办事机构
张　楠　中国烟叶公司
张　溦　中国卷烟销售公司
赵英凯　中国烟草投资管理公司
夏　骏　中国烟草国际有限公司
陈园媛　中烟商务物流有限责任公司
徐　瑾　中国双维投资有限公司
唐　敏　《中国烟草》杂志社有限公司

# 目 录

## 特 载



## 大事记



## 行业概览

## 国家烟草专卖局
## 中国烟草总公司组织机构



## 专卖管理与“两烟”经营

## 烟草工业

### 卷烟生产

## 雪茄烟生产



## 烟草机械工业



## 卷烟辅助材料生产

### 烟叶加工



## 科研和教育培训

### 科研院所

## 教育培训



## 授权专利



# 新闻舆论和文化建设



# 公益活动



# 重要政策法规与文件选登

## 综　合



## 发展计划

## 烟叶生产



## 专卖管理



## 烟草科技



## 信息化建设



## 法治建设



# 附　录

## 国际烟草



## 先进人物名单

## 先进人物简介



## 先进集体名单



## 品牌名录



# 索　引

# Contents

## Feature



## Memorabilia



## Industry Overview

## STMA and CNTC Organization



## Monopoly Administration and Economic Operation of Leaf Tobacco and Cigarette

## Industry Manufacture

## Scientific Research, Education and Training



## News, Press and Enterprise Culture



## Public Welfare Activities



## Selection of Significant Polices, Regulation and Documents



## Appendixes



## Index

# 特　载

# 工业和信息化部部长苗圩在2019年全国烟草工作会议上的讲话

（2019年1月17日）

这次全国烟草工作会议，是为了深入学习习近平新时代中国特色社会主义思想和党的十九大、十九届二中、三中全会精神，认真贯彻落实中央经济工作会议精神以及全国工业和信息化工作会议部署而召开的重要会议。刘鹤副总理的重要批示，充分体现了党中央、国务院对烟草工作的重视和肯定，要认真学习贯彻落实领导同志重要批示精神，牢牢把握新机遇，妥善应对新挑战，努力开创发展新局面，为服务国家经济社会发展大局发挥更大作用。会前，烟草局党组已就烟草行业2018年工作情况和2019年重点工作安排向部党组作了专题汇报，汇报内容部党组完全赞同，希望全行业认真学习领会，抓好贯彻落实。

2018年，面对错综复杂的国内外形势，全国工业和信息化系统坚持以习近平新时代中国特色社会主义思想为指导，深入贯彻落实党中央、国务院决策部署，扎实推进制造强国和网络强国建设，创新驱动发展步入快车道，供给侧结构性改革向纵深推进，新动能加速成长壮大，改革开放步伐加快，圆满完成全年目标任务。预计全年，全国规模以上工业增加值增长6.3%左右，单位工业增加值能耗下降3.5%，电信业务总量增长140%，互联网行业收入增长18%。具体到烟草行业，过去的一年，全行业上下拼搏进取，攻坚克难，通过抓紧抓实党的建设、运行调控、专卖管理、改革创新、控烟履约等各项工作，行业发展取得了积极的成效，质量和效益稳步提升。工作当中有很多亮点，比如，党建工作扎实推进，开展全覆盖学习培训，启动党的十九大后行业新一轮巡视，发现并推动整改问题1016项，新建和修订现有制度532项；税利总额创历史最好水平，全年实现税利总额11556.2亿元，同比增长3.7%；卷烟结构持续优化，细支烟等创新产品销量同比增长50.8%；限产压库成效显著，实现销大于产133.9万箱，烟叶库存总量和库存水平近年来首次出现“双下降”；脱贫攻坚取得实效，对贫困县烟农减少的种植面积给予每亩400元专项补贴，通过推进精准扶贫和精准脱贫，帮助4.1万户贫困烟农实现脱贫。这份成绩单的取得来之不易，凝聚了大家的心血和汗水。在此，我代表工业和信息化部党组，向全行业干部职工表示衷心的感谢和诚挚的问候。

2019年是中华人民共和国成立70周年，是全面建成小康社会、实现第一个百年奋斗目标的关键之年。前不久召开的中央经济工作会议作出了我国发展仍处于并将长期处于重要战略机遇期的重大判断，并对重要战略机遇期的新内涵进行了分析，强调我国经济运行主要矛盾仍然是供给侧结构性的，必须坚持以供给侧结构性改革为主线不动摇，并将“推动制造业高质量发展”摆在今年七大重点工作任务之首，这体现了党中央对制造业发展的高度重视，也是新时代中国经济高质量发展对制造业发展提出的新要求。去年年底召开的全国工业和信息化工作会议提出，2019年要立足制造强国、网络强国建设全局，在“巩固、增强、提升、畅通”上狠下功夫，坚定深化市场化改革、扩大高水平开放，着力激发微观主体活力，强化创新驱动、改革推动、融合带动，统筹推进稳增长、强基础、补短板、调结构，保持工业通信业平稳健康发展，不断增强创新力和竞争力，为全面建成小康社会提供有力支撑。烟草行业是制造业的重要组成部分，是国家的主要税源之一，行业实现高质量发展对稳定经济增长十分重要，会前烟草局党组已经起草了一份推动烟草行业高质量发展的文件，希望大家高度重视，认真讨论提出完善意见，今后对各单位工作的考核将以此文件作为依据。这里，我再强调四点意见。

## 一、旗帜鲜明讲政治，全面提高党建工作质量

习近平总书记在党的十九大报告中对推进党的建设新的伟大工程作出了顶层设计和战略部署。形势越是复杂，任务越是艰巨，越要坚持党的领导、加强党的建设。抓好党的建设，是推动烟草行业各项事业改革发展的根本保障。一是要坚持把党的政治建设摆在首位，树牢“四个意识”，坚定“四个自信”，坚决做到“两个维护”，用党的政治建设引领党的建设新的伟大工程，确保党中央决策部署在烟草行业得到坚决的贯彻落实。二是要强化思想理论武装，深入推进“两学一做”学习教育常态化制度化，按照党中央统一部署，结合行业实际，以处级以上领导干部为重点，

开展“不忘初心、牢记使命”主题教育，贯彻落实好统一动作，研究谋划好自选动作。三是要狠抓基层党建工作质量，突出强化基层党组织政治功能，大力提升行业基层党组织的组织力，推动《中国共产党支部工作条例（试行）》落地见效，积极推进基层组织工作标准化、规范化。四是要深化作风建设，坚决落实中央八项规定及其实施细则精神，把力戒形式主义、官僚主义作为重要任务，对享乐主义、奢靡之风等歪风陋习要露头就打，对“四风”隐形变异新动向要时刻防范。五是要推动全面从严治党向纵深发展，进一步加大反腐倡廉工作力度，通过深化行业巡视巡察，深化运用监督执纪“四种形态”，强化内部审计监督，盯紧重点领域和关键岗位，抓早抓小，防微杜渐，坚决惩处违规违纪问题。

**二、凝心聚力谋发展，积极探索高质量发展道路**

去年以来，烟草行业经济运行整体上呈现稳中向好、量稳价升的良好态势，但供需结构性失衡、“两烟”库存偏高、品牌规格偏多等问题仍然存在，在国内外环境复杂多变、经济面临下行压力的情况下，行业未来降本增效、提质升级的任务还很重。一是要着力降成本，牢固树立成本意识和节约理念，大力推行精益研发、精益采购、精益生产、精益物流等，优化流程，持续改善，减少消除在关键节点的停滞、等待和浪费，进一步增收节支，提高效率。二是要坚决压库存，继续降低烟叶和成品烟库存，一方面要守住烟叶收购规模红线，从源头上减少不适用烟叶产出，继续优化烟叶供给质量和结构，另一方面要坚持以销定产，以需定销，努力实现工业企业、商业企业和零售户的有效联动，将工商库存和社会库存调整到合理状态。三是要从实抓管理，向管理要效益，规范内部管理，加强用工管理，弘扬劳模精神和工匠精神，推动优质培训资源向基层一线倾斜延伸，借助信息化手段提升管理效能、生产效率和员工素质，探索有中国特色的现代化烟草行业管理模式。四是要持续优结构，在卷烟产销规模增速放缓、增幅缩窄的背景下，要更加突出质量效益导向，提高有限计划资源的使用效率，注重以“增品种”培育发展新动能，以“提品质”强化核心竞争力，以“创品牌”挖掘结构提升潜力，通过深化实施“三品”战略调优卷烟产品结构，实现销售收入和利税稳定增长。

**三、应时合势促改革，不断释放行业内生增长动力**

“所当乘者势也，不可失者时也”，改革开放40年的实践表明，只有顺应历史潮流，积极应变，主动求变，才能与时代同行。当前，面临前所未有的外部冲击叠加国内矛盾，烟草行业如何抓住改革的历史机遇期，顺势而为改革创新，实现行业平稳可持续发展，是一个至关重要的课题。必须深刻认识到进一步深化改革的必要性和紧迫性，认真贯彻落实党中央关于全面深化改革的决策部署，进一步提高站位、把准方向，推进各项改革任务落实到位，激发行业发展活力和内生动力。一是要稳步推动中国烟草总公司公司制改革，在坚持和维护烟草专卖制度的基础上，配合有关部门推动总公司层面公司制改革，建立健全符合烟草行业特点的现代企业制度。二是要深入实施市场化取向改革，以市场需求为导向，支持引导重点品牌增加有效货源供给，通过市场竞争提高占有率和集中度，构建以品牌为核心的烟草资源配置模式，促进结构提升和品牌发展。三是要进一步推进行政审批制度改革，紧紧围绕处理好政府与市场关系，全面落实“放管服”改革要求，继续压减行政审批环节和办理时限，更大力度简政放权，推动建立规范、高效的烟草专卖行政许可审批制度。四是要深化人才管理体制改革，破除束缚人才发展的思想观念和体制机制障碍，树立重实干、重实绩的用人导向，完善健全行业内人才评价、流动、激励机制，最大限度激发人才创新活力，形成与行业改革发展相适应的人才发展环境。

**四、担当作为顾大局，努力做好新时期控烟履约工作**

去年3月，党中央印发《深化党和国家机构改革方案》，明确部里的牵头《烟草控制框架公约》履约工作职责转由国家卫生健康委员会承担。这是党中央统揽全局、统筹谋划，在完善控烟履约机制方面作出的重大决策，是深化党和国家机构改革的重要组成部分，对全面实施健康中国战略，进一步做好控烟履约工作具有重要意义。烟草行业在承担着保证国家财税收入、满足社会需求职责的同时，还承担着推进控烟履约、维护消费者利益的职责。控烟履约工作关乎国家利益和国际形象，倍受社会各界关注。新时期，烟草行业要继续从党和国家的工作大局出发，积极响应健康中国战略，处理好行业发展与控烟履约的关系，不断完善行业内履约机制和队伍建设，履行好《烟草控制框架公约》规定的有关责任和义务，重点做好强化卷烟包装标识警示、打击烟草制品非法贸易、加强电子烟等新型烟草制品监管、防止未成年人接触烟草等工作，向社会展现负责任的行业形象，营造理性控烟的工作氛围。同时，要积极加强与有关部门沟通协调，反映行业实际情况和意见建议，努力取得各方理解和支持。

2019 年工作任务十分繁重。要紧密团结在以习近平同志为核心的党中央周围，上下同心、奋力拼搏、开拓进取，切实抓好全年各项任务落实，为全面建成小康社会、开启全面建设社会主义现代化国家新征程打下坚实基础，以优异成绩庆祝中华人民共和国成立 70 周年！

◇ 据《国烟办通报》2019 年第 2 期摘登

# 坚持稳中求进工作总基调 奋力谱写烟草行业高质量发展新篇章

## ——在 2019 年全国烟草工作会议上的报告

张建民

（2019 年 1 月 17 日）

这次会议的主要任务是，深入学习贯彻习近平新时代中国特色社会主义思想和党的十九大精神，认真贯彻落实中央经济工作会议精神，传达学习贯彻国务院领导同志批示精神，按照工信部党组的要求，总结 2018 年烟草工作，分析行业形势，部署 2019 年重点任务，研究建设现代化烟草经济体系、推动烟草行业高质量发展的实施意见。

### 一、2018 年全国烟草工作总结

2018 年，全行业认真学习贯彻习近平新时代中国特色社会主义思想和党的十九大、十九届二中、三中全会精神，认真贯彻落实党中央、国务院重大决策部署及工信部党组要求，围绕 2018 年全国烟草工作会议和行业各直属单位主要负责同志座谈会确定的目标任务，着力抓好各项工作举措的落实，改革发展取得了新成效，经济运行总体平稳、稳中向好，呈现出许多新亮点。

**税利总额稳定增长**。全行业实现税利总额 11556.2 亿元，同比增加 411.1 亿元，增长 3.69%。其中：工业税利总额 7149.3 亿元，同比增加 279.6 亿元，增长 4.07%；商业税利总额 4307.8 亿元，同比增加 73.8 亿元，增长 1.74%。全年上缴国家财政总额 10000.8 亿元，同比增加 326.3 亿元，增长 3.37%。

**市场状态持续好转**。“总量控制、稍紧平衡”调控方针得到坚决落实，卷烟库存大幅压缩，市场供求关系进一步改善，市场信心进一步增强，市场秩序进一步好转，年末卷烟零售价格到位率 96.1%、零售户毛利率 9.1%，均为近年来最好水平。

**品牌培育实现新突破**。全行业在产卷烟品牌 88 个，同比减少 6 个。全年“中华”“利群”“云烟”“芙蓉王”“黄鹤楼”5 个品牌销售额超过 1000 亿元，其中“黄鹤楼”品牌首次突破 1000 亿元；“双喜·红双喜”“云烟”“利群”3 个品牌销量超过 300 万箱，其中“利群”品牌首次突破 300 万箱。“双十五”品牌销量占比 68.0%、销售额占比 78.5%。

**结构优化取得新进展**。全年一类卷烟销量 1127.4 万箱，同比增加 67.7 万箱，销量占比提高 1.3 个百分点；二类卷烟销量 801.0 万箱，同比增加 97.2 万箱，销量占比提高 2.0 个百分点。细支烟、短支烟、中支烟等创新产品销量 477.5 万箱，同比增加 160.9 万箱，增长 50.8%。

一年来，全行业主要抓了以下工作：

**一是坚决限产压库，改善卷烟供求关系**。始终坚持“总量控制、稍紧平衡”调控方针，消化过高库存迈出了坚实一步。密切跟踪市场经营动态，适时对一些存销比偏高、价格疲软的品牌规格实施限产、限调，促进市场状态稳定恢复。坚持按订单组织货源，按需求衔接计划，按状态调整策略，持续优化货源供应，市场供求关系明显改善。创新推进零售终端建设，积极推广全商品扫码、全店铺管理、多方式结算的终端经营模式，截至年末全国共建成现代终端 62.4 万个。

**二是调减种收规模，推动烟叶生产转型升级**。为加快解决烟叶库存过高问题，烟叶产区顾全大局，采取有力措施，坚决把“控总量、守红线”摆在首要位置，烟叶库存

总量和库存水平近年来首次出现“双下降”。坚持用现代科技改造烟叶生产，集成应用多项关键技术措施，有效提升烟叶内在品质，扎实推进烟叶结构优化。加快转变烟叶生产方式，加强烟田基础设施配套建设，完善“合作社+职业烟农”生产经营模式，稳步提升规模化种植、机械化作业和专业化服务水平，全年新增职业烟农7.7万户，烟农入社率超过95%。落实乡村振兴战略，支持贫困县打好脱贫攻坚战，实行每亩400元贫困县烟农种植面积减少专项补贴政策，全年实现烟农种烟总收入550亿元，户均种烟收入5.4万元，同比提高0.53万元。扎实推进精准扶贫、精准脱贫落地，帮助4.1万户贫困烟农实现脱贫。

**三是聚焦品牌发展，提高烟草资源配置效率。**坚定实施“大品牌、大市场、大企业”发展战略，强化政策引导，鼓励市场竞争，支持产品创新，中式卷烟品牌的创新力、竞争力、影响力进一步提升。控制品牌规格数量，严格新品审批条件，控制新品审批速度，完善品牌规格进退机制，推动品牌合作生产扩大规模、提升结构。

**四是强化市场监管，维护烟草市场良好秩序。**加强与公安、海关、海警等执法部门协作配合，在广东、福建、河南、广西、云南等5个重点地区及周边8省（市）联合部署开展卷烟打假打私专项整治行动，组织专门力量，比较彻底地解决了长期以来困扰行业的云南红河州“三元”地区非法经营烟叶的顽症痼疾，重拳出击一举摧毁了盘踞在河南漯河地区涉烟、涉恶、涉黑犯罪团伙，开创了漯河地区卷烟打假的新局面。持续加大对制假走私源头、互联网非法售卖、物流寄递环节、新型烟草制品等重点领域的打击治理力度，全年共查处案值5万元以上假烟案件9100起，同比增长52.2%；查获假烟40.1万件，同比增长41.5%；查获走私烟15.2万件，同比增长19.8%；依法拘留7353人，追究刑事责任3220人。坚决治理真烟非法流通，突出抓好内管监督问责，有效治理捆绑搭配、做单改单、货源倾斜等各类违规经营问题，全年共依法查处大户违规经营案件6043起，查处非法流通真烟33.2万件，卷烟生产经营秩序进一步好转。

**五是增强配套保障，提升产业链整体水平。**着力抓好烟机设备研发创新和服务保障，成功推出每分钟7000支/400包细支卷接包机组，自主研制ZJ119/ZB416（12000支/600包）等国产超高速卷接包生产线，以异型烟物流分拣系统为切入点稳步进入物流设备领域。深入推进绿色物流、精益物流建设，提高卷烟运输管理水平和仓储资源整合力度，加大纸滑托盘联运推广应用力度，抓好卷烟包装箱循环利用，探索非烟电子商务平台业务。持续提升国产丝束经营管理水平，确保烟用丝束供应安全。继续开展多元化投资整合优化，稳步推进“双维投资”转型发展。加强卷烟纸、包装材料等采购管理工作，深化香精香料自主研发，不断提升行业自我保障能力。

**六是推进改革创新，增强行业发展动力和活力。**加强行业高质量发展的战略研究和前瞻布局，组织开展22个课题调研，研究制定建设现代化烟草经济体系、推动烟草行业高质量发展的实施意见，系统谋划行业高质量发展的战略和思路。配合财政部、工信部等有关部门，稳步推进总公司公司制改革。持续深化“放管服”改革，推进“双随机、一公开”监管，开展行政审批标准化建设，推动烟草专卖零售许可管理系统与工商营业执照数据系统对接，有效解决群众办证堵点问题。持续推进剥离国有企业办社会职能，全行业“三供一业”分离移交工作顺利实施。全面推进烟草科技创新，优化创新体制机制，深入实施重大专项，加强科技创新基地平台建设，提升产品质量监督能力，深化绿色、环保、低碳、节约新技术应用，在基础研究、降焦减害、产品创新、标准研制等方面不断取得新进展。推动互联网、大数据、人工智能等新技术与烟草行业深度融合，促进传统烟草优化升级。深化精益管理，完善对标指标体系和工作机制，开展“管理诊断基层行”活动，全年实现降本增效43.9亿元。

在抓好生产经营业务的同时，全行业把党的政治建设摆在首位，坚持党建工作与中心工作一起谋划、一起部署、一起落实、一起考核，引导党员干部进一步树牢“四个意识”，坚定“四个自信”，坚决做到“两个维护”。深入学习贯彻习近平新时代中国特色社会主义思想和党的十九大精神，以集中轮训、网络培训、党性锻炼为依托，开展多形式、分层次、全覆盖的学习培训，国家局举办9期专题培训班，共培训1287人，全行业专题轮训7965人，8030名处级以上干部完成网上专题班学习。召开行业党的建设工作座谈会和行业落实全面从严治党主体责任工作会议，层层传导、压紧压实主体责任，检查和通报主体责任落实情况，推动全面从严治党向纵深发展。召开行业警示教育大会，通报剖析行业查处的违纪违法典型案件，以案为鉴、以案明纪，进一步夯实行业各级党组织管党治党政治责任。制定《党组巡视工作规划（2018—2022年）》，启动党的十九大后行业新一轮巡视，对12家省级局（公司）、工业公司进行常规巡视，对65家单位进行“回头看”检查，发现并推动整改问题1016项，新建和修订制度532项，追责问责255人次。全面贯彻落实习近平总书记重要讲话精神，部署开展领导干部利用名贵特产类特殊资源谋取私利问题整治工作。深化监督执纪“四种形态”运用，制定行业问责办法、“四种形态”实施办法，部署开展形式主义、官僚主义集中整治，严肃查处违规违纪问题。全力配合审计署开展经济责任审计和对总公司2017年度资产负债损益、境外投资及境外国有资产管理使用情况专项审计调查。认真做好抓党建促脱贫攻坚工作，党的十九大以来累计选派“第一书记”920名，派出驻村工作队577支。贯彻落实全国组织工作会议精神，探索健全干部考察机制和办法，组织对56家行业直属单位和国家局、总公司机关27个部门、单位进行专题调研，全面了解领导班子建设情况，为选准干部、配好班子打好坚实基础。统筹做好干部选拔、交流工作，严格干部管理监督，加大年轻干部培养使用力度，大力推进人才队伍建设，着力营造风清气正、干事创业的良好氛围。

紧紧围绕行业改革发展中心工作，全行业依法有序推进控烟履约，持续强化内部规范管理，有效发挥董事会作用，扎实做好新闻宣传、教育培训、经济研究、学会工作、后勤保障、老干部服务，各项工作都取得了新的明显成效。

上述成绩的取得，是党中央、国务院坚强领导和关心重视的结果，是工信部和有关部委、各级党政领导大力支持的结果，是全行业干部职工共同奋斗的结果。在肯定成绩的同时，也要清醒地看到，行业发展还存在一些突出矛盾和问题，主要是：卷烟库存依然偏多、供需结构性矛盾仍较突出；烟叶库存依然过高；卷烟品牌规格过多、过散的问题仍较明显，部分重点品牌增长仍显乏力，部分企业发展仍面临较大困难；打击假烟、走私烟和治理真烟非法流通任务依然艰巨，市场秩序环境仍未根本好转，一些不规范的问题仍较突出；自主创新能力仍需增强，一些关键核心技术还需努力破解；推进工作还存在惯性思维、能力不足的问题，全面从严治党还有薄弱环节，正风反腐和防治系统性廉洁风险仍需付出艰苦努力。这些问题既有短期的也有长期的，既有周期性的也有结构性的，既有体制机制层面的也有经营管理层面的。全行业必须增强忧患意识、责任意识，采取务实管用措施有针对性地加以解决。

**二、2019年重点工作安排**

在不久前召开的中央经济工作会议上，习近平总书记指出，我国发展仍处于并将长期处于重要战略机遇期。世界面临百年未有之大变局，变局中危和机同生并存，这给中华民族伟大复兴带来重大机遇。要善于化危为机、转危为安，紧扣重要战略机遇期新内涵，加快经济结构优化升级，提升科技创新能力，深化改革开放，加快绿色发展，参与全球经济治理体系变革，变压力为加快推动经济高质量发展的动力。

当前，烟草行业面临的外部环境严峻复杂、更趋多变，行业自身也存在一些突出矛盾和问题。形势越是复杂、任务越是艰巨，就越要坚决做到“两个维护”，全面听从党中央号令，树牢“四个意识”，坚定“四个自信”，做到党中央提倡的坚决响应、党中央决定的坚决执行、党中央禁止的坚决不做；越要保持战略定力，集中精力办好自己的事，做到在战略上判断准确、谋划科学、赢得主动，在制定政策时冷静观察、谨慎从事、谋定后动，始终沿着正确的方向前进；越要坚持问题导向，以行业正在做的事为中心，敢于正视问题，善于发现问题，勇于化解各种矛盾和挑战，牢牢把握工作主动权；越要主动担当作为，自觉从党和国家工作大局中找准定位，切实把全面从严治党责任担起来，把推动改革发展稳定的责任担起来，把做好本职工作的责任担起来，推动全行业形成想作为、敢作为、善作为的良好风尚。

我国发展仍处于并将长期处于重要战略机遇期，这是推动烟草行业高质量发展的基础性前提。通过一段时间的调整和努力，当前烟草行业整体上呈现产销协调、结构提升、库存下降、效益增长、市场回暖的良好态势，成绩来之不易。面向未来，烟草行业有党中央的坚强领导，有专卖专营体制的保障，有完整产业体系的支撑，有相对充裕的资金和相对领先的装备的支持，有中式卷烟知名品牌的带动，具有保持持续健康发展的坚实基础和有利条件。全行业要抓住和用好重要战略机遇，紧扣重要战略机遇期新内涵，乘势而上，主动作为，全力推动高质量发展。

2019年是新中国成立70周年，是全面建成小康社会、实现第一个百年奋斗目标的关键之年。做好今年烟草工作，要坚持以习近平新时代中国特色社会主义思想为指导，全面贯彻党的十九大和十九届二中、三中全会精神，统筹推进“五位一体”总体布局，协调推进“四个全面”战略布局，按照中央经济工作会议以及全国工业和信息化工作会议的要求，坚持稳中求进工作总基调，全面深化供给侧结构性改革，加快建设现代化烟草经济体系，着力激发烟草企业活力，创新和完善宏观调控，统筹推进稳运行、优结构、育品牌、降库存、控成本、增税利工作，保持行业经济运行在合理区间，助力打好“三大攻坚战”，提高行业发展质量和效益，奋力谱写烟草行业高质量发展新篇章，以优异成绩庆祝中华人民共和国成立70周年。

今年要重点抓好以下工作：

**（一）坚定不移推进全面从严治党**。把党的政治建设摆在首位，继续深入学习贯彻习近平新时代中国特色社会主义思想，在真正学懂弄通做实上下功夫。坚持系统学，全面掌握这一科学理论的基本观点、理论体系；坚持跟进学，及时学习领会习近平总书记最新重要讲话精神；坚持联系实际学，紧密结合新时代新实践新要求，紧密结合思想实际、工作实际，有针对性地重点学习，切实把这一科学理论落实到实际工作中。按照中央统一部署，精心组织开展“不忘初心、牢记使命”主题教育。高度重视加强基层组织建设，继续推进“两学一做”学习教育常态化制度化，认真贯彻落实《中国共产党支部工作条例（试行）》，把党支部建设放在更加突出的位置，加强党支部标准化、规范化建设，不断提高党支部建设质量。推动全面从严治党主体责任落细落实，将“严”字长期坚持下去，持之以恒落实中央八项规定精神，坚持不懈加强行业作风建设，坚决防止和克服形式主义、官僚主义，以求真务实作风把党中央决策部署落到实处。巩固深化发展巡视巡察工作，完善巡视巡察战略格局，贯彻巡视工作条例和巡视工作五年规划，深化政治巡视，组织开展3轮常规巡视，组织行业对基层烟站开展专项巡察，着力在日常监督、长期监督上探索创新、实现突破。有效防治系统性廉洁风险，注重与中央专项巡视反馈问题整改相结合，着力破解重点领域存在的突出问题，严肃整治领导干部利用名贵特产类特殊资源谋取私利问题，全面清理行业职工投资入股关联企业，强化对基层烟站抽查发现问题的整改。保持惩治腐败高压态势，深化运用监督执纪“四种形态”，强化监督执纪问责，积极支持配合驻部纪检监察组开展纪律审查和监察调查，重点查处党的十八大以来不收敛、不收手，问题线索反映集中、群众反映强烈，政治问题和经济问题相互交织的腐败案件，有力削减存量、有效遏制增量，巩固发展行业反腐败斗争压倒性胜利，整治群众身边腐败和作风问题。认真做好审计署对国家局、总公司审计报告反映问题的整改工作，问题直接单位要严肃整改，其他单位要举一反三、自查自纠。

**（二）深入推进供给侧结构性改革**。当前，烟草行业经济运行主要矛盾是供给侧结构性的，全行业必须按照中央的要求，坚持以供给侧结构性改革为主线不动摇，更多采取改革的办法，更多运用市场化、法治化手段，在“巩固、增强、提升、畅通”上下功夫。巩固“三去一降一补”成果。坚持对卷烟工业企业实施有保有压的差别化技术改造政策，推进打叶复烤企业优化重组，促进烟叶产区布局调整，建立全行业闲置设备转让调剂平台，完善工业间库存烟叶调剂平台建设，积极稳妥化解过剩产能。坚持“总量控制、稍紧平衡”调控方针，合理安排卷烟生产计划，从严控制烟叶种植面积和收购数量。精简品牌规格数量，建立市场化调控机制，严格新品申报审核，认真落实新品准产进退规则，确保规格总数只减不增。统筹用好行业资金，适度加大资金集中管理，有效降低应收账款和存货，形成合理的债务类型和期限结构，稳步提高企业整体资金利用效率。深化企业精益管理，以控制成本费用为重点，以预算定额执行为抓手，积极引导工商企业对标挖潜、降本增效，商业企业要高度重视做好瘦身健体、控员增效工作。着眼增强全产业链整体竞争优势，抓住薄弱环节，突破瓶颈制约，加紧补关键核心技术、补配套环节、补境外市场、补农村市场、补雪茄烟市场、补保障机制的短板。增强烟草企业活力。深入推进市场化取向改革，科学界定行业管理和各层级职责边界，构建适度竞争体制机制，建立公平开放市场规则，营造公平竞争市场环境，尊重企业市场主体地位，保障市场主体权利平等、机会平等、规则平等，推动开展适度有序竞争，提升企业市场化、现代化经营水平。遵循市场经济规律和企业发展规律，加强工商协同培育重点品牌、重点规格的力度，增强重点企业带动能力，激发非重点企业内生动力，促进正向激励和优胜劣汰，发展更多优质烟草企业。创新和完善运行调控，处理好政府与市场的关系，加快清理违反市场原则、妨碍要素流动、影响企业活力的政策障碍，进一步引入和完善市场化经营机制，对标行业先进企业和主要跨国烟草公司，深入推进提质增效、增收节支、管理创新。提升烟草产业链整体水平。优化烟草生产力布局，统筹烟叶生产、卷烟制造、商业销售、物流配送、设备保障、辅料供应，加快形成以品牌为核心的资源配置模式，加快建设有机统一、无缝连接的全产业链一体化组织运行体系。适应消费需求新变化，把握不同群体消费需求差异性和消费升级多样性，规范和促进细支烟、短支烟、中支烟等创新产品健康有序发展，形成更加成熟的消费细分市场。按照“扩大规模、提升效益、互利双赢、共同发展”的总体要求，坚定不移推进品牌合作生产，不断提升品牌合作生产水平。注重利用技术创新和规模效应形成新的竞争优势，增强自主创新能力和关键核心技术突破能力，加快培育新动能，努力把行业发展建立在科技进步、管理创新和队伍素质提高基础之上。畅通烟草经济循环。树立全国烟草一盘棋、烟草产业一条龙思想，加快建设统一开放、竞争有序的烟草市场体系，坚决打破地区封锁，畅通生产、流通、分配、消费循环，提高要素资源配置效率。坚持绿色循环、精益高效、协调共享的工作要求，研究制定行业现代物流发展规划和战略，探索推进跨区域物流集散中心和配送中心建设。推动知识、技术、信息、数据等新生产要素合理流动、有效集聚，促进烟草产业研发、生产、管理、服务模式变革，形成品牌和市场、供给和需求、工业和商业、行业和社会，以及烟草产业链条各环节之间良性循环。

（三）**积极推动烟叶生产提质增效**。烟叶是烟草行业的基础，任何时候都不能有丝毫动摇。今年烟叶工作在坚守烟叶收购规模红线的同时，要更加注重稳定核心烟区，稳定核心烟农，稳定政策措施，努力保持烟叶生产平稳发展，推动烟叶生产提质增效。持续优化烟叶结构，产区公司要扎实开展烟叶定向生产和田间结构优化，提高烟叶供给质量与等级结构；工业企业要合理提报调拨等级需求，严格按合同签订量组织调拨；工商双方要在基地单元内联合制定深度优化结构技术方案，通过精选特定区域、种植特色品种、推行定制技术，共同开发成熟度更高、结构更优、特色更加鲜明的特色优质烟叶，更好满足卷烟品牌对烟叶原料的差异化需求。加快转变生产方式，完善烟草农业设施装备保障，深化土壤保育技术研发与推广，强化适用高效专用农机开发与应用，进一步提升烟田土地整理和机械化作业水平。创新和优化烟叶生产组织形式，用好土地流转政策，推进集中连片种植，培育壮大职业烟农队伍，着重发挥合作社专业服务、技术推广和组织烟农功能，全面推行标准化生产、工序化作业，促进小农户和现代农业发展有机衔接。稳步推进烟叶流通环节改革，规范烟站管理，推动站点整合，抓实专业分级、散叶收购、原收原调，推行适度集中配打和均质化加工，强化信息保障与科技支撑，实现烟叶流通全环节降本增效。积极促进烟农增收，保持贫困地区烟叶计划相对稳定，种植计划向贫困烟农适当倾斜，进一步夯实脱贫基础。保持收购价格、生产投入补贴、烟田基础设施建设、水源工程建设、生产灾害救助等强农惠农政策导向不变、力度不减。积极发展多元增收产业，注重因地制宜、因户施策，实现“造血式”帮扶，助力烟叶产区贫困县和贫困烟农如期稳定脱贫。通过生物技术提高烟叶使用价值，探索推进烟叶非烟多用途开发，稳步开展产业化利用，延伸烟草产业链条，帮助烟农探索多元增收新渠道，提升烟草资源利用效率和企业综合效益。

（四）**持续提升烟草市场监管水平**。坚持把专卖管理监督工作放在突出位置，始终保持高压态势，持之以恒推进打假打私，持之以恒规范卷烟销售，着力净化烟草市场秩序环境。深入推进重点地区精准打击，与公安部密切配合，适时在广东、福建、河南、广西等12省区部署开展烟草打假打私专项行动，集中力量突破一批大案要案，遏制涉烟违法犯罪活动反弹势头，有效解决重点地区和重点环节存在的突出问题。强化对制假走私源头的打击和治理，立足挖根断源的治本之策，锁定重点区域和人群，坚持打建并举、综合施策，健全和完善快速发现、及时打击、严控严防、解决问题的长效工作机制，努力铲除制假贩私生存土壤，实现重灾区形势的根本好转。充分发挥与公安网安部门联合打击互联网涉烟违法犯罪工作机制的作用，加强与有关互联网企业合作，有效扭转网络自媒体领域涉烟违法犯罪活动高发多发局面。进一步落实《关于建立物流寄递环节打击涉烟违法犯罪协作机制的意见》，着力探索物流寄递环节的有效监管途径，加大对销售和运输环节的查处力度，构建封堵拦截假烟走私烟运输通道的屏障。突出加强新型烟草制品市场监管，联合海关总署开展打击新型烟草制品走私活动。深化真烟非法流通治理，巩固推进违规大户治理工作，紧盯订单采集、货款结算、物流配送3个环节，严厉查处行业内部违规经营问题，切实抓好内管监督，推动执纪问责。突出地市级公司经营和规范2个主体责任，坚持一案双查，对触碰专卖制度底线的违规经营问题，发现一起，查处一起，通报一起，确保卷烟经营各项规范要求落地、落实。

**（五）全面推进行业改革创新**。积极配合财政部、工信部等有关部门，稳步推进总公司公司制改革。继续推进市场化取向改革，加快推动工商交易方式变革，再造交易流程，完善交易规则，推广“订单驱动、滚动配货、实时合同”的工商网配模式，规范工商交易行为，提高市场响应速度。认真落实“放管服”改革要求，推进以“双随机、一公开”为基本手段、以信用监管为基础、以重点监管为补充的新型监管机制建设，强化“互联网+监管”，推动行政审批减环节、减材料、减时限、减成本、增加透明度。积极做好“三供一业”分离移交收尾总结工作，稳妥推进厂办大集体分类改革工作。强化科技体制机制创新，完善总公司科技奖励体系，制定出台总公司创新争先奖管理办法。加强行业科研基地平台建设，开展新一批地市级烟叶生产技术中心行业认定，支持各单位在关键技术领域建立重点实验室、工程研究中心等创新平台。聚焦中式卷烟品牌发展，推进打叶复烤技术升级重大专项，深化细支卷烟升级创新重大专项成果推广、示范和辐射，加强降焦减害技术综合集成和产品应用，推进烟草科研大数据重大专项实施。着力加快行业云和大数据平台等基础技术支撑体系建设，协同推进行业一体化政务服务平台、工业互联网平台等融合创新重点应用建设。认真落实行业党组（党委）网络安全责任制，切实加强网络安全问题整改。严格依法依规统计，全面落实统计数据质量责任，确保统计数据真实可信。深化体制机制改革，树立国际眼光，建立适应国际竞争需要的运行机制、管理机制和人才机制。深化用工分配管理改革，贯彻落实《国务院关于改革国有企业工资决定机制的意见》，探索工资总额和人工成本预算管理制度，建立健全工资总额和人工成本调控机制。管好用好行业资金，推进非主业投资整合，清理退出高风险、低收益项目，加强资本运营管理，保持稳定合理的投资收益水平。健全完善行业捐赠管理办法，规范公益捐赠资金管理。

**（六）助力打好三大攻坚战**。助力打好防范化解重大风险、精准脱贫、污染防治的攻坚战，既是烟草行业贯彻落实中央重大决策部署的政治责任、政治任务，也是烟草行业保持持续健康发展的必然要求。助力打好防范化解重大风险攻坚战，牢固树立底线思维，建立和完善风险研判和处置机制，制定重大风险应对预案，及时排查和化解重点领域风险。有效防范资金风险，健全内控制度和财务管理规范，加强对重点领域、薄弱环节的监管，严格规范“两烟”经营工商结算行为和卷烟货款批零结算行为，及时解决货款拖欠问题，合理安排闲置资金，有序做好行业内委托贷款。推进行业法律风险防控体系建设，加强规范性文件的合规审查，加强专卖管理全过程监督，加强生产经营的法律管理，加强涉法涉诉重大案件管理，防范制度性、系统性法律风险。始终绷紧安全生产这根弦，强化安全红线意识，坚决防止出现重大安全事故。增强境外企业合规意识，有效管控跨国经营各类风险。做好新闻宣传和舆论引导工作，积极回应社会关切，努力营造和谐稳定的外部环境。助力打好精准脱贫攻坚战，坚决响应党中央号召，认真落实国家局党组《关于贯彻落实打赢脱贫攻坚战三年行动计划指导意见的通知》，全力支持、密切配合地方党委政府的脱贫攻坚工作，充分发挥烟草体制优势，按照精准施策的原则，研究制定针对性的产业扶贫措施和公益扶持项目，切实完成好地方党委政府交付的扶贫工作任务。进一步加大对西藏自治区、四省藏区、南疆四地州和四川凉山州、云南怒江州、甘肃临夏州等深度贫困地区的支持力度，有对口支持任务的单位，要确保扶贫项目及时安排到位、扶贫资金及时拨付到位、挂职干部及时派驻到位。对于四川凉山州等具备烟草产业基础的深度贫困地区，行业各有关单位要出台扶持政策，充分发挥产业支撑作用。继续落实好行业援藏、援疆及整族帮扶等一系列重要工作举措，精心抓好国家局机关定点扶贫工作，推进宁夏红寺堡区精准扶贫项目落地生效，促进弘德包装印刷材料厂提质增效，继续加大对湖北竹山、竹溪两县烟叶生产扶持力度。助力打好污染防治攻坚战，认真落实烟草行业全面加强生态环境保护坚决打好污染防治攻坚战行动方案，牢固树立绿色发展理念，更加注重生态安全、低碳循环、清洁环保和节约集约，着力建设资源节约型、环境友好型行业。认真落实节约资源和保护环境的基本国策，推广烟田轮作、土壤保育、生物防治、地膜回收、清洁烘烤、节水节肥等良好农业生产技术，有效降低资源消耗和对大气、水、土壤的污染排放，着力建设绿色循环烟叶发展体系。加强节能环保技术、工艺、装备推广应用，减少生产过程中的材料和能源浪费，减少废弃物排放量，推动实现厂房集约化、生产洁净化、废物资源化、能源低碳化。积极采用低能耗、低排放运输工具和节能型绿色仓储设施，坚持卷烟包装箱循环利用，推动卷烟配送箱重复使用和简易包装，减少运输返空和迂回、重复运输，降低物流综合耗费。

**（七）着力造就忠诚干净担当的高素质干部队伍。**认真贯彻新时代党的组织路线，紧密结合烟草行业实际，建立健全素质培养、知事识人、选拔任用、从严管理、正向激励干部工作体系，严把德才标准，坚持公正用人，拓宽用人视野，激励干部积极性，统筹做好干部培养、选拔、管理、使用工作。充分利用行业领导班子建设专题调研成果，选优配强领导班子，优化领导班子专业结构、年龄结构，让优秀干部脱颖而出、担当重任。研究制定行业中长期人才培养规划，统筹烟草、工程、机械、化学、生物、信息、经济、管理、法律等各类人才发展，积极实施战略科技人才培养引进计划、首席专家支持计划和青年人才托举计划等人才工程。构建区域联动、多向拓展、资源共享的人才工作格局，拓宽人才引进渠道，可设立专项基金，开辟绿色通道，大胆引进特殊人才、急需人才，并可特设岗位。加强干部人才内部流动，建立多层次、多部门、多岗位的挂职交流常态制度，完善公开选拔、内部遴选和竞聘上岗，有组织、有计划地把干部放到一线去真枪真刀磨砺，强弱项、补短板，学真本领，练真功夫。加强学习和调查研究，加快干部知识更新、能力培训、实践锻炼，有效克服本领不足、本领恐慌、本领落后的问题，把那些有专业能力、专业素养、专业精神的优秀干部及时用起来。认真学习贯彻新修订的《干部选拔任用工作监督检查和责任追究办法》，把从严管理干部贯彻落实到干部队伍建设全过程，落实干部监督工作联席会议制度，探索干部监督信息综合分析研判和运用机制。坚持“三个区分开来”，树立重实干、重实绩的用人导向，把忠诚干净担当的干部使用起来，把不作为、乱作为的干部调整下去，让真正干事的干部放下包袱、轻装上阵。

### 三、《关于建设现代化烟草经济体系推动烟草行业高质量发展的实施意见（征求意见稿）》起草情况的说明

按照党中央、国务院重大决策部署和中央有关文件精神，国家局党组紧密结合烟草行业实际，组织起草《关于建设现代化烟草经济体系推动烟草行业高质量发展的实施意见（征求意见稿）》（以下简称《实施意见》）。这次会议的一个重要任务，就是研究、讨论、修改《实施意见》。下面，就《实施意见》起草情况作一简要说明。

**（一）起草背景和过程。**建设现代化经济体系，推动高质量发展，是党中央从党和国家事业全局出发，着眼于“两个一百年”奋斗目标、顺应中国特色社会主义进入新时代的新要求作出的重大决策部署。习近平总书记强调，建设现代化经济体系，必须把发展经济的着力点放在实体经济上，把提高供给体系质量作为主攻方向，显著增强我国经济质量优势。烟草行业是实体经济的重要组成部分，是关系国民经济的重要行业，是国家财税的重要来源和稳定就业的重要渠道。加快建设现代化烟草经济体系，全力推动烟草行业高质量发展，既是贯彻落实党中央重大决策部署的内在要求和自觉行动，也是烟草行业在发展环境深刻变化、挑战压力不断增多的形势下保持持续健康发展的必由之路，是遵循烟草行业发展规律的必然要求。

为此，在2018年烟草行业各直属单位主要负责同志座谈会上，国家局党组明确提出，要认真谋划和推动烟草行业高质量发展。2018年9月，国家局印发《关于做好谋划和推动行业高质量发展有关工作的通知》，决定由国家局党组成员分别牵头，相关部门和单位人员参加，组成专门工作小组，围绕制定《实施意见》这一总纲，安排部署了22个研究课题。

2018年9月12日，杨培森同志主持召开研究课题启动会，成立《实施意见》起草小组和课题研究小组，在国家局党组统一领导和党组成员分别牵头下，着手开展起草准备和课题调研工作。2018年9—11月，课题研究小组通过深入开展基层调研、广泛征求意见建议、集中组织座谈研讨、认真进行分析研究，形成22份具有较高质量的课题研

究报告。我和党组其他同志，先后多次听取相关课题的汇报，并要求起草小组认真吸收课题研究成果，特别是对课题调研中征求到的意见和建议，要做到能吸收的尽量吸收。

起草小组在参与课题调研的同时，主要依托课题研究成果，精心起草了《实施意见》。初稿形成后，我和党组其他同志，在不同范围多次组织起草小组和有关同志进行讨论修改，对一些重要问题反复论证。经过多轮修改，在今年元旦前征求了国家局党组成员和机关各部门、各单位的意见，1 月 3 日国家局召开党组会进行了集中讨论和研究，修改后的《实施意见》在 1 月上旬征求了行业各直属单位的意见。在起草小组认真吸纳各单位反馈意见的基础上，国家局于 1 月 15 日再次召开党组会进行研究讨论。在这次会议上，也请各位代表结合实际进一步提出意见和建议。国家局党组将认真考虑大家的意见和建议，目的就是要集中行业的智慧，努力使《实施意见》成为一份具有战略性、前瞻性、指导性、可操作性并经得起实践检验的行业高质量发展政策总纲。

**（二）总体考虑。**《实施意见》的起草，是对建设现代化烟草经济体系、推动行业高质量发展的系统谋划和顶层设计。在结构和主要内容上，《实施意见》共分四大板块、十个部分。导语和第一、第二部分构成第一板块，属于总论，第一部分讲提高认识，第二部分讲总体要求。第三至第八部分构成第二板块，属于分论，主要是围绕建设现代化烟草经济的“六个体系”来展开，明确了 25 项任务措施。第九部分讲建设高素质专业化干部人才队伍，单独成为第三板块，重点是要以高素质人才保障行业高质量发展。第十部分提出精心组织实施的要求，单独成为第四板块，重点强调要让《实施意见》落地见效。各部分具体内容详见《实施意见》。

在谋划起草《实施意见》过程中，国家局党组的总体考虑是：

**第一，要把贯彻落实中央的要求作为根本遵循。**党中央作出建设现代化经济体系、推动高质量发展的重大决策部署，并制定了相关政策文件。在《实施意见》起草过程中，最关键的就是要准确把握中央精神，紧密结合烟草行业实际，富有创造性地把党中央提出的坚持稳中求进工作总基调，坚持新发展理念，坚持以供给侧结构性改革为主线，坚持质量第一、效益优先，坚持发展是第一要务、人才是第一资源、创新是第一动力等重大战略思想、战略部署落实到建设现代化烟草经济体系、推动烟草行业高质量发展的具体实践中。从一开始，国家局党组就明确要求，《实施意见》必须全面落实中央精神，紧密结合行业实际，始终把中央的要求作为根本遵循，作为起草指南。

**第二，要立足当前、着眼长远进行整体谋划。**建设现代化烟草经济体系、推动行业高质量发展是一个长期、艰苦的过程，是关系烟草行业全局的系统性变革，我们既要有从现在看未来的正向思维，把当前的事办好，也要有从未来看现在的逆向思维，把长远的事谋深。国家局党组在研究起草《实施意见》这一总纲的同时，也着手组织六份配套政策和两份专项规划的研究起草工作，主要的配套政策和专项规划在今年上半年将陆续出台。我们的主要考虑，就是要对行业当前和未来一个时期的工作进行整体谋划，科学绘制好行业发展蓝图，形成总纲、配套政策、专项规划相互支撑、有机衔接的体系化设计。《实施意见》作为总纲，重点是确立战略思路，明确方向目标，部署重点任务、重大举措，要体现宏观性、战略性、指导性，一些具体的政策措施、工作部署留给配套政策文件和专项规划去规定。这样安排既是为了保持国家局政策文件的统一性、稳定性，也是为了克服目前一定程度上存在的政策冲突和政策碎片化问题。

**第三，要研究提出务实管用的实质性举措。**在起草《实施意见》过程中，国家局党组强调，要坚持问题导向，坚持求真务实，真正把行业面临的突出问题摸准，把未来发展的方向看清，研究提出一套务实管用的实质性举措，当前能做的就抓紧做，一时还做不到的要排出时间表、路线图。应该说，《实施意见》很好地体现了这些要求。起草小组系统梳理了各方面反映的 70 余个问题，并认真吸纳了各方面提出的意见和建议。譬如，针对产能过剩、库存过高、品牌规格过多等突出问题，设置了未来 4 ~ 5 年的一些硬指标、硬任务，也提出了一些硬措施、硬办法。在打破地区封锁、推动企业组织结构深层次调整、促进传统烟草优化升级、谋划新型烟草制品发展等方面，也根据大家的意见和建议，提出了一些新的思路和设想。总体上说，《实施意见》就是要奔着问题去，始终坚持问题导向和目标导向相统一，战略性和操作性相结合，整体推进和重点突破相统筹，引导全行业集中精力办好自己的事。

**第四，要坚持各层级、各条线分层设计、协同推进。**烟草行业是一个完整统一的整体，同时实行分层级管理和专业化分工。对于谋划建设现代化烟草经济体系、推动行业高质量发展，国家局、总公司作为总部机关，重点是研究制定事关行业发展全局的重大战略、重大规划、重大政策，统筹协调综合性、跨部门、跨区域的重大问题，营造良好的政策和制度环境。各省级局（公司）、工业公司及各条战线，必须发挥主观能动性，克服“等、靠、要”思想，紧密结合自身实际，着力研究解决自身遇到的困难和问题，主动谋划推动自身高质量发展的可行路径和措施。全行业既要坚持顶层设计和整体推进，又要坚持因地制宜和从实际出发，充分调动各方面积极性，做到有统有分、统分结合，形成推动行业高质量发展的强大合力。

（三）**需要重点说明的几个问题。**《实施意见》提出一系列新的改革思路、发展要求和重大举措，涉及行业工作的各个方面。这里，就其中几个问题作简要说明。

**第一，关于烟草行业高质量发展的内涵和要求。**习近平总书记提出建设现代化经济体系，推动高质量发展，有着非常丰富的内涵，对我国发展全局具有重大现实意义和深远历史意义。烟草行业抓好贯彻落实，必须领会精神实质，把握核心要义，并紧密结合自身实际，理清发展思路，明确努力方向。《实施意见》从问题导向和目标导向相结合的角度，聚焦“六个转向”，比较全面地回答了什么是烟草行业的高质量发展及如何推动烟草行业高质量发展。总体上说，烟草行业的高质量发展，就是在创新、协调、绿色、开放、共享发展理念指导下，以“创新动力强、全要素生产率高、环境成本低、综合效益好”为基本特征的可持续发展。推动行业高质量发展，重点就是通过质量变革、效率变革、动力变革，推动行业发展方向从“数量追赶”转向“质量追赶”、发展动力从“要素驱动”转向“创新驱动”、发展速度从“高速”转向“合理增速”、发展重点从“规模扩张”转向“结构优化”、发展方式从“外延粗放”转向“内涵集约”，真正实现行业发展从“有没有”转向“好不好”。全行业要通过这“六个转向”，努力走出一条顺应新时代新要求的高质量发展新路子。

**第二，关于现代化烟草经济体系的架构设计。**习近平总书记指出，现代化经济体系是由社会经济活动各个环节、各个层面、各个领域的相互关系和内在联系构成的一个有机整体。烟草行业是一个集农工商、内外贸、人财物于一体的相对独立完整的经济部门，建设现代化烟草经济体系，既要求烟草行业的各个环节、各个层面、各个领域都必须“现代化”，又要求这些现代化之间不是孤立的、割裂的。《实施意见》从有机联系的整体角度，对现代化烟草经济体系进行系统设计，提出建设全产业链一体化组织运行体系、品牌发展体系、烟草市场体系、供需动态平衡体系、创新体系、运行调控体系等“六个体系”的架构，相应提出“优化烟草生产力布局、坚持中式卷烟发展方向、推进市场化取向改革、深化供给侧结构性改革、服务产业技术升级、完善行业治理结构”等六条主抓手，同时对每个体系明确了4～5个方面的重点内容。这样的安排，既体现了整体性，又突出了侧重点，既有利于在推进全局工作中找到分领域工作的发力点，也有利于在推进分领域工作中形成推动全局工作的整体合力，进而推动烟草行业在现代化轨道上加快转向高质量发展。

**第三，关于未来一个时期的主要目标。**建设现代化烟草经济体系、推动行业高质量发展涉及体制机制、利益格局、政策体系的深刻调整，是关乎产业升级、结构优化、动力转换等诸多方面的系统性变革，必须进行通盘考虑，既立足当前，又着眼长远，科学制定发展目标，积极引领发展方向。为此，《实施意见》着眼于未来10年，立足于近4～5年，按照高质量发展的要求，提出一些主要目标和关键指标。在近4～5年，全行业要盯住“质量效益持续提高、品牌优势持续增强、生产力布局持续优化、体制机制更加健全、行业形象全面提升”等5个方面的目标要求，持续用劲发力，不断取得突破。其中，在品牌发展方面，就是要引导全行业聚焦培育10多个规模大、价值高、竞争力强的全国性品牌，并以此带动全产业链整体水平和中国烟草整体竞争实力持续提升。在生产力布局方面，提出全行业卷烟工业企业生产集中度稳步提高、省内卷烟厂布局分工更趋合理、核心烟区产能占比达60%以上，其目的是要倒逼落后过剩产能的退出，引导形成持续优化、更加合理的烟草生产力布局体系；提出全行业省际间卷烟交易比重稳定提高，主要是为了打破地区封锁，加快形成全国统一大市场。着眼未来10年，《实施意见》提出烟草行业的奋斗目标，重点就是烟草专卖制度更加稳固，现代化烟草经济体系基本建成，供给侧结构性改革取得决定性进展，质量变革、效率变革、动力变革取得实质性成效，中式卷烟品牌成为烟草行业发展更加坚强的支撑，中国烟草整体竞争实力全面提升。实现上述目标，既是烟草行业的使命所在、责任所在，也是烟草行业的价值所在、成就所在。全行业要持之以恒、久久为功，一茬接着一茬干，一张蓝图干到底，蹄疾步稳推动行业高质量发展。

**第四，关于制定配套政策措施和专项规划**。建设现代化烟草经济体系、推动行业高质量发展是一项艰巨繁重的系统性工程，从战略和全局上做好顶层设计、谋篇布局至关重要，但也不可能通过一份《实施意见》，就把所有的事都考虑到、把所有的工作都安排好。为此，国家局党组在研究起草《实施意见》的同时，就部署安排在今年上半年制定出台优化烟草生产力布局、推进供给侧结构性改革、建设支撑行业高质量发展的创新体系、建设充分发挥市场作用更好发挥政府作用的运行调控体系、提升烟草企业核心竞争力等方面的配套政策措施文件及编制中长期科技发展规划、干部人才培养规划2个专项规划。对这些拟制定的配套政策措施，分管领导和各有关部门、单位在已有调研成果基础上，要进一步做好论证分析，精心组织文件起草，成熟一个推出一个。在政策制定过程中，要着眼全局发展，跳出本位主义，注重沟通协调，做好政策统筹和合规性审查，增强政策措施的系统性、整体性、协同性，有效防止政出多门、政策打架问题，努力实现最优政策组合和最大整体效果。

**第五，关于《实施意见》的贯彻落实**。这次会议征求大家的意见后，国家局党组将进一步修改完善并尽快印发《实施意见》，同时会进行责任分解和任务细化。行业各单位、各部门要结合自身实际，认真制定贯彻落实的具体方案、具体措施，排出时间表、路线图，明确主攻方向和实施路径，突出抓重点、补短板、强弱项，勇于解决自己遇到的困难和问题，努力在推动高质量发展上不断取得新进展。在贯彻落实过程中，必须坚持党的全面领导，自觉在思想上、政治上、行动上同以习近平同志为核心的党中央保持高度一致，主动同中央的要求对标对表，对得上的加紧推，对不上的及时改。要加强宣传引导，凝聚思想共识，营造良好氛围，形成行业上下齐心、左右协同、内外和谐、步调一致的强大工作合力。支持和鼓励工商企业发挥自身优势，在贯彻落实过程中建立新机制、尝试新办法、采取新举措，充分发挥主观能动性，创造新经验，争做新典型。各级领导干部要有“功成不必在我”和“功成必定有我”的历史担当，树立正确的政绩观，强化责任落实，加强督促检查，形成一级抓一级、层层抓落实的工作格局，确保各项目标任务和政策措施落地见效。

建设现代化烟草经济体系、推动行业高质量发展，任务艰巨，前景光明。让我们更加紧密地团结在以习近平同志为核心的党中央周围，抓住当前行业总体运行向好的窗口期，同心协力，锐意进取，奋力谱写烟草行业高质量发展新篇章，以优异成绩迎接中华人民共和国成立70周年！

◇ 据《国烟办通报》2019 年第 2 期摘登

# 在全国烟草行业<br>落实全面从严治党主体责任工作会议上的讲话

张建民

（2019 年 1 月 28 日）

这次会议是全国烟草行业深入学习贯彻习近平新时代中国特色社会主义思想，全面贯彻落实党的十九大和十九届二中、三中全会精神以及十九届中央纪委三次全会部署，深入推进全面从严治党的一次重要会议。

2018 年，全国烟草行业认真贯彻落实党中央、国务院重大决策部署以及工信部党组要求，坚持稳中求进工作总基调，坚持新发展理念，全面深化供给侧结构性改革，坚决限产压库，改善卷烟供求关系；调减种收规模，推动烟叶生产转型升级；聚焦品牌发展，提高烟草资源配置效率；强化市场监管，维护烟草市场良好秩序；增强配套保障，提升产业链整体水平；推进改革创新，增强行业发展动力和活力。全行业呈现出税利总额创造历史最好水平、市场状态持续好转、品牌培育实现新突破、结构优化取得新进展等新亮点。

这些成绩的取得，是以习近平同志为核心的党中央坚强领导的结果，也是行业各级党组织和党员干部认真落实新时代党的建设总要求，以党建引领行业改革发展的重要成果。一年来，全行业着力提升政治建设能力，注重理论武装成果向觉悟和能力的转化，把“两个维护”落实到实际行动中；着力提升责任担当能力，坚持担当责任与传导压力并重，把管党治党政治责任不断夯实；着力提升自我净化能力，坚持标本兼治，严肃查处违纪违法问题，不断强化干部管理监督，扎实推进系统性廉洁风险防治。

在十九届中央纪委三次全会上，习近平总书记发表重要讲话，站在新时代党和国家事业发展全局的高度，充分肯定了党的十九大以来全面从严治党取得的新的重大成果，深刻总结了改革开放40年来党进行自我革命的宝贵经验，对以全面从严治党巩固党的团结统一、为决胜全面建成小康社会提供坚强保障作出了战略部署，对领导干部特别是高级领导干部贯彻新形势下党内政治生活若干准则提出了明确要求，开启了新时代全面从严治党的新篇章，对推动新时代全面从严治党指明了方向、提供了遵循。全会工作报告回顾了2018年纪检监察工作，总结了改革开放40年来纪检监察工作基本经验，安排部署了今年八项工作任务。全国烟草行业要把学习贯彻习近平总书记重要讲话精神、十九届中央纪委三次全会精神同深入贯彻党的十九大精神紧密结合起来，学深悟透，把党中央的决策部署一项一项抓紧抓实。

**一、深入学习贯彻习近平新时代中国特色社会主义思想，以党的政治建设引领烟草行业全面从严治党工作**

习近平新时代中国特色社会主义思想是党在新时代的科学理论，是全党全国的行动指南。全行业要坚持以习近平新时代中国特色社会主义思想为指导，坚持把党的政治建设摆在首位，把全面从严治党要求落实到行业各项工作中，巩固发展反腐败斗争压倒性胜利。

**（一）站稳政治立场，坚决做到“两个维护”。**站稳政治立场，就要树牢“四个意识”，坚定“四个自信”，坚决做到“两个维护”，自觉在政治立场、政治方向、政治原则、政治道路上同以习近平同志为核心的党中央保持高度一致。要扎实开展“不忘初心、牢记使命”主题教育，不断强化思想武装，教育引导行业各级党组织和党员干部把自己摆进去，把职责摆进去，把工作摆进去，在战略谋划、制定政策、部署任务、推动工作中都要坚持正确政治方向，经常对标对表，主动纠正偏差。要着力推动党的建设和经济工作深度融合、一体推进，把党的领导体现到方方面面，层层压实全面从严治党政治责任，确保党中央、国务院各项决策部署得到全面贯彻落实。

**（二）强化政治担当，严格履行管党治党主体责任。**回顾党的十八大以来烟草行业管党治党行之有效的做法，感受比较深的是：要把党的领导落到实处，发挥好党组把方向、管大局、保落实的重要作用；要紧紧抓住各级领导干部这个“关键少数”，发挥好以上率下、层层传导压力的作用；要运用追责问责利器，发挥好“教育千遍、不如问责一次”的重要作用；要把握好“责任只有具体才能压实”的特点，做到责权明晰、责权统一。

今年，行业对落实全面从严治党主体责任责任书内容作了重大调整：一方面，对照党章党规党纪，一一列举管党治党的共性责任；另一方面，结合中央专项巡视、国家审计、行业巡视、专项检查、专题调研发现的问题，一一明确各单位的整改责任，把责任搞具体，把责任搞扎实。

关于管党治党主体责任，当前行业各级党组织，特别是主要领导同志要高度重视、切实抓好四个问题：一是集中整治形式主义、官僚主义。形式主义、官僚主义既是作风问题，更是政治问题，必须从讲政治的高度来审视，从思想和利益根源上来破解。对此，习近平总书记多次作出重要指示，中央纪委作了专门部署，驻部纪检监察组和国家局党组也进行了安排，有重点有方法，有步骤有要求，必须不折不扣抓好落实，务求实效。反对形式主义要着重解决工作不实问题，督促干部树立正确政绩观，反对官僚主义要着重解决在人民群众利益上不维护、不作为问题。二是持之以恒抓好中央专项巡视整改。抓好中央专项巡视整改，始终是烟草行业的重大政治任务。党的十九大后中央巡视聚焦“六围绕一加强”，其中“一加强”就是加强对巡视整改情况的监督检查。行业各级党组（党委）要深刻认识到“巡视整改不落实，就是对党不忠诚”，把巡视整改落实作为检验“四个意识”的“试金石”，作为检验“两个责任”的重要标尺，坚持目标不变、尺度不松，坚持问题导向、标本兼治，坚持上下联动、常抓不懈，确保巡视整改33个具体问题、89项具体任务、12项专项治理和专项整治任务落实到位，持续巩固整改成果，严防反弹回潮。三是营造风清气正的用人环境。高质量发展需要造就一支忠诚干净担当的高素质干部队伍。去年，国家局党组开展了领导班子建设专题调研，了解掌握班子运行情况，对领导干部现实表现进行精准画像，分析研判政治生态。要用好这一专题调研成果，严把德才标准，坚持公正用人，拓宽用人视野，激励干部积极性，严防选人用人上的不正之风，以用人环境的风清气正促进行业政治生态的山清水秀。四是一体推进不敢腐、不能腐、不想腐。这是推动反腐败标本兼治的重要内容和工作方法，对全面从严治党工作提出了新要求。工作中要防止把三者割裂开来，要打通内在联系，在严厉惩治、形成震慑的同时，扎牢制度笼子、规范权力运行，加强党性教育、提高思想觉悟。各单位要把系统性廉洁风险防治作为构建"三不"机制的重要载体，认真贯彻国家局党组《关于深入开展防治系统性廉洁风险工作的意见》，进一步抓好选人用人、审批监管、金融信贷、物资采购、工程项目、销售费用等重点领域和关键环节的廉洁风险防治。

（三）**提升政治能力，把准改革发展正确方向**。习近平总书记指出，在领导干部的所有能力中，政治能力是第一位的。推动行业高质量发展，是行业经济工作的中心问题，也是贯彻中央新发展理念的政治问题。同志们一定要提高认识，着力提升政治能力，努力使自己的政治素质和政治能力同推动行业高质量发展的责任相适应、相匹配。

一是提升政治鉴别力。习近平总书记在十九届中央纪委三次全会上深刻剖析了政治上的"两面人"，我们对"七个有之"必须时刻保持警惕，把"两面人"识别出来、清除出去。要严明政治纪律，对那些在大是大非问题上政治立场动摇、不能同党中央保持高度一致的人，必须严肃处理。二是保持政治定力。烟草作为国民经济的重要行业，落实高质量发展要坚决服从大局、服务大局，以党中央对经济工作的要求为要求，分析判断形势要清醒冷静，谋划推动工作要步调一致，不能各自为政、各行其是，确保党中央政令畅通。三是增强斗争本领。要培养干部斗争精神，有计划地把干部放到有风有雨的一线见世面、长才干，学真本领、练真功夫，形成敢于斗争的风骨、气节、操守、胆魄。始终坚持敢于斗争和善于斗争相统一，斗争一定是基于原则，领导干部要善于透过现象看本质，善于抓住主要矛盾，在原则问题上寸步不让，在大是大非问题上坚决斗争，在纠正"四风"、抵制歪风邪气上敢于斗争。通过斗争坚守原则，通过思想交锋增进团结，不能搞无原则纠纷。四是把握大局能力。推动高质量发展是全行业的发展理念和实践课题，要学会从贯彻党中央决策部署的大局思考问题，善于从政治高度审视问题、谋划工作。站位高了、大局观强了，认识会深刻，解决问题会更有效。比如，对烟草行业贡献问题，不仅每年创造万亿元税利，而且整个产业链为社会提供上千万就业机会，每年还投入大量资金用于烟叶生产、支持农村基础设施建设，等等。可以说既承担稳增长、增税收的责任，还具有稳就业、助力脱贫攻坚、助力美丽乡村建设、发展民族工业等多重成效。认清这些，推动行业高质量发展的责任、信心、动力会更强、更足。五是坚持底线思维。当前，行业内外部环境更趋复杂多变，改革发展稳定任务艰巨繁重，新型制品、完善体制等挑战严峻。各级党组织和领导干部要认真学习贯彻习近平总书记在省部级专题研讨班上的重要讲话精神，深刻认识和准确把握新情况新问题新挑战，坚持底线思维，把防范化解烟草行业重大风险作为政治职责，建立健全制度和预案，提高防控能力，做好风险防范化解工作。

## 二、认真贯彻新形势下党内政治生活若干准则，严肃党内政治生活

习近平总书记在十九届中央纪委三次全会上，对领导干部特别是高级领导干部贯彻新形势下党内政治生活若干准则提出了明确要求。全行业各级党组织和领导干部要深刻认识到增强"四个意识"、坚定"四个自信"、做到"两个维护"，是具体的不是抽象的，必须从知行合一的角度审视自己、要求自己、检查自己。

（一）**要切实发挥带头和表率作用**。各级领导干部在贯彻新形势下党内政治生活若干准则，坚定不移推进全面从严治党中具有关键作用，要带好头、作表率，抓层层示范、层层带动，形成强大的领导示范带动效应。要始终以共产主义信仰和中国特色社会主义信念为人生的灯塔，立志不懈追求，甘于终身奉献。要带头落实好管党治党的主体责任，带头贯彻民主集中制，带头建立健康的工作关系，带头执行好请示报告制度，带头直面和解决行业管党治党以及高质量发展中的问题，推动全行业形成想作为、敢作为、善作为的良好风尚。领导干部家风家教不是私事、小事，而是领导干部作风的重要表现，要带头对家属、子女和身边工作人员严格要求、严格管理。领导干部职位越高，越要按照党提出的标准严格要求自己，越要以坚强党

性和高尚品格带好头、作表率。

（二）**要严格落实民主集中制**。民主集中制是我们党的根本组织原则和领导制度，各级领导干部要增强民主素养，有平等待人、与人为善的真诚态度，有虚怀若谷、海纳百川的宽阔胸襟，善于听民声、聚民意，努力把各方面的真实意见掌握全、掌握准，进行反复研究、反复比较、择善而从；要善于正确集中，把不同意见统一起来，把各种分散意见中的真知灼见提炼概括出来，把符合事物发展规律、符合广大人民群众根本利益的正确意见集中起来，作出科学决策。要带头贯彻民主集中制，严格执行领导班子议事决策规则，完善并落实“三重一大”决策监督机制，不准搞个人专断、一言堂，不准搞个别授意和交易。要落实集体领导和个人分工相结合，服从组织决定和组织分工，不准在落实集体决定中擅自改变集体决定，不准把个人意见强加给集体、组织或他人，不准插手干预不属于自己分管领域或应该回避的工作事项。

（三）**要严格执行请示报告制度**。关于请示报告制度，党章明确规定，党的下级组织既要向上级组织请示和报告工作，又要独立负责地解决自己职责范围内的问题。《关于新形势下党内政治生活的若干准则》也明确要求，全党必须严格执行重大问题请示报告制度。党组工作条例、党纪处分条例等也都有具体规定。习近平总书记强调指出，作为干部特别是领导干部，在涉及重大问题、重要事项时按规定向组织请示报告，是必须遵守的规矩。全行业各级党组织要严守组织纪律，事关行业重大问题和本单位重大事项，必须第一时间向上级党组织报告，情况紧急必须临机处置的，要在尽职尽责做好工作的同时迅速请示报告。要对向上级党组织报告内容负责，做到问题真、情况明、数字准，不得迟报瞒报甚至弄虚作假。领导干部个人事项报告制度是请示报告制度的重要组成部分，领导干部必须如实报告个人及家庭重大情况，不能打埋伏。

（四）**要大力倡导健康的党内同志关系和工作关系**。党内生活正常化、纯洁化，离不开健康的党内同志关系。要认真学习贯彻习近平总书记关于保持健康的党内同志关系新要求，自觉抵制歪风邪气，形成健康同志关系。行业干部职工都是平等的同志关系，要清清爽爽。工作中相互团结、相互尊重、相互支持，不能拉拉扯扯、亲亲疏疏、吃吃喝喝；不能患上“安逸病”，缺乏锐意进取和艰苦奋斗的精神，缺乏勤俭持家和国有企业主人翁意识。行业上下级是领导和被领导关系，也是普通的同志关系，要规规矩矩。时刻不忘讲政治、讲纪律、讲原则、讲大局。上级要履行全面从严抓好班子、带好队伍的责任，不允许搞家长制、小圈子，不允许滥用权力、为所欲为；下级要相信组织，对待上级不允许曲意逢迎、吹吹拍拍，报喜不报忧，要把精力用在推动行业高质量发展上。各级党组织要用好批评和自我批评、监督执纪“四种形态”、党内监督、群众监督等锐利武器，严肃党内生活，对歪风邪气和腐败问题要坚决斗争。

就烟草行业而言，还要有一个健康的工商关系。无论是工业企业的品牌资源、生产计划资源，还是商业企业的市场资源、管理资源，都是公共资源，必须用来为国家和人民谋利益，绝对不允许用于个人或单位结“人缘”、拉关系、谋好处，这是工商企业交往中的一条底线，不允许突破。工商企业交往要严守中央八项规定精神和行业规定，清清白白、规规矩矩、干干净净。

**三、建立健全烟草行业监督体系，为现代化烟草经济体系建设提供纪律保障**

党的十九大报告明确提出构建党统一指挥、全面覆盖、权威高效的监督体系。去年以来，党中央一体推进党的纪律检查体制改革、国家监察体制改革和纪委监委内设机构改革，深化派驻监督体制机制改革，形成纪律监督、监察监督、派驻监督、巡视监督四个全覆盖的监督格局。烟草行业要坚持在党的集中统一领导下，以自觉接受党内监督为第一位监督，加快构建烟草行业职责明确、协调畅通、全面覆盖、防治一体的监督体系。

（一）**要突出巡视巡察的政治监督**。要强化巡视巡察的政治监督功能，继续做好国家局党组巡视和行业巡察工作，着力发现政治问题、腐败问题、作风问题。今年，国家局党组要安排3轮对18家行业直属单位的常规巡视，春节后就要展开；对烟叶产区省级局（公司）烟站全覆盖专项巡察，要及时部署。要强化对直属单位巡察工作的领导和指导监督，加快构建巡视巡察上下联动监督网，规范巡视巡察工作流程，提高巡视巡察信息化水平，推动巡视巡察监督的组织和机制体系建设。

（二）**要深化财务审计的经济监督**。去年，通过学习贯彻中央审计委员会第一次会议精神，组建国家局、总公司内部审计委员会，明确了职责。今年，要强化行业审计管理体制改革的顶层设计和统筹协调，统筹内部审计力量，加强审计信息化建设，拓宽审计监督的广度和深度，在构建烟草行业审计监督体系上取得实质性效果。各级财务部门要强化会计监督职能，加强对费用支出合法性合规性审核，加强对会计事项监督检查。

**（三）要强化生产经营管理的规范监督。**深入学习贯彻党中央关于全面依法治国提出的一系列新理念新思想新战略，坚持和维护烟草专卖制度，持续推进法治烟草建设，把依法行政、依法管理、依法经营落实到各领域、各环节。坚守严格规范的“生命线”，继续抓好工程项目、物资采购、销售费用等工作的规范监督，强化规范教育和信息化建设，切实把规范管理各项要求落到实处。坚持以刀刃向内的勇气，落实一案双查，从严查处触碰专卖制度底线的违规经营问题。认真总结专卖内管派驻经验，进一步加强和深化内管派驻工作，着力从机制和制度上解决同级内管监督宽松软问题。

**（四）要改进职能部门的常态监督。**十九届中央纪委三次全会要求各级党组织、纪检监察机关、领导干部都要认真落实监督责任，严肃、认真、具体地履行日常监督职责。国家局、省市地县各级单位的职能部门都承担落实全面从严治党主体责任的具体工作，主体责任又包含监督的内容，要实实在在地把日常监督做起来，敢于监督、善于监督。在日常工作中，把落实全面从严治党主体责任和监督责任贯通起来，将履行职能和管党治党工作有机融合，召开会议、安排任务、布置工作、制定制度，都要有监督检查内容，都要强化检查落实，对管理范围内的失责失察行为进行问责。

**（五）要严格纪检监察的执纪监督。**纪检监察机构的监督不同于党组织和职能部门的监督，它是对党组织和职能部门履行管理和监督职责情况的再监督，既要求监督到位，又不能包办代替。在这个问题上各级党组织和职能部门一定要认识到位，担当主体责任在前，自觉接受纪检监察的再监督，不能混为一谈、推诿扯皮。纪检监察机构要把监督挺在前面，发挥“监督的再监督”职能，贯通运用“四种形态”，严格执纪监督。要突出执纪监督重点，着力强化对党组织和领导干部的监督。要不断完善制度、创新机制，探索建设纪检监察信息化平台，推动执纪监督规范化、高效化。要牢记执纪者必先守纪、律人者必先律己，切实加强纪检监察队伍作风和纪律建设，严肃查处执纪违纪、执法违法行为。广大纪检监察干部要讲政治、练内功、提素质、强本领，经得起磨砺、顶得住压力、打得了硬仗，成为立场坚定、意志坚强、行动坚决的表率。

去年，中央印发《关于深化中央纪委国家监委派驻机构改革的意见》，进一步完善和丰富了党内监督。全行业各级党组织要深入学习贯彻，更加自觉地接受派驻监督；要与驻部纪检监察组同向发力，确保党中央、国务院重大决策部署贯彻落实；要认真落实重要情况报告等制度，加强协调机制建设，大力支持、积极配合驻部纪检监察组履行职责；要结合实际切实抓好驻部纪检监察组2019年纪检监察工作会议精神的传达学习和贯彻落实，扎扎实实完成会议部署的各项工作任务。

新时代新形势新任务，烟草行业高质量发展重任落在我们肩上，跑好这一棒、跑出好成绩，是党中央、国务院对全行业的要求，是我们应担负的历史责任。让我们紧密地团结在以习近平同志为核心的党中央周围，树牢“四个意识”，坚定“四个自信”，坚决做到“两个维护”，忠诚履职尽责，以全面从严治党、党风廉政建设和反腐败斗争的新成效，集聚推动烟草行业高质量发展的正能量，努力取得改革发展新成绩，迎接中华人民共和国成立70周年！

◇ 据《国烟办通报》2019年第4期摘登

# 在全国烟草行业2019年党的建设暨人事工作会议上的讲话

张建民

（2019年3月29日）

这次会议是全国烟草行业坚持以习近平新时代中国特色社会主义思想为指导，深入学习贯彻习近平总书记关于党的建设和组织工作重要思想，贯彻落实新时代党的建设总要求和党的组织路线，深入推进行业党的建设和组织人事工作的一次重要会议。2018年，行业各级党组（党委）和组织人事部门认真贯彻党中央决策部署及国家局党组要求，履职尽责、真抓实干，行业党的建设和组织人事工作取得了新进展。

2019年是新中国成立70周年，是全面建成小康社会关键之年。做好行业党的建设和组织人事工作，要深刻把握党和国家发展大局大势赋予的新使命，深刻把握推进党的建设新的伟大工程的新要求，深刻把握推动行业高质量发展的新任务，增强大局意识，弘扬进取精神，强化责任担当，推动党的政治优势、组织优势转化为事业发展的优势。

**一、关于行业党的建设工作**

党的建设关系重大、牵动全局。抓好党建是本职，不抓党建是失职，抓不好党建是不称职。全行业要认真贯彻新时代党的建设总要求，坚持和加强党的全面领导，坚持党要管党、全面从严治党，以党的政治建设为统领，深入开展“不忘初心、牢记使命”主题教育，切实用习近平新时代中国特色社会主义思想武装头脑、指导实践、推动工作。

**（一）推动习近平新时代中国特色社会主义思想学懂弄通做实。**忠诚源于理论清醒，追随来自坚定信仰。要把深入学习贯彻习近平新时代中国特色社会主义思想，作为当前和今后一个时期各级党组织和广大党员干部的重大政治任务。

1. 加强政治建设。做到学懂弄通做实，第一位的就是要树牢“四个意识”、坚定“四个自信”、坚决做到“两个维护”，自觉在思想上政治上行动上同以习近平同志为核心的党中央保持高度一致。今年的全国烟草工作会议强调，形势越是复杂、任务越是艰巨，我们就越要坚决做到“两个维护”，越要保持战略定力，越要坚持问题导向，越要主动担当作为。其中，最核心最重要的就是越要坚决做到“两个维护”，这是加强党的政治建设的要求，是新时代做好各项工作的根本政治保证。要坚持以政治建设为统领，自觉践行“两个维护”，坚决贯彻落实党中央决策部署。组织人事部门是党的政治部门，任何一项工作，说到底都是政治工作，要把讲政治的要求贯穿于领导班子和干部队伍建设、基层党组织建设和党员队伍建设等各领域，贯穿于干部教育培养、选拔任用、管理监督、考核激励等各环节，旗帜鲜明地突出政治导向、政治标准、政治要求。要坚决反对政治上的“两面人”，要警惕和识别政治上的“两面人”，必须将其辨认出来、清除出去。

2. 强化理论武装。要把学习贯彻习近平新时代中国特色社会主义思想，作为各级党组（党委）理论学习中心组学习、党员干部教育培训、民主生活会、组织生活会的重中之重；要坚持全面系统学、及时跟进学、联系实际学、示范引领学、创新方法学；要坚持集中教育与经常性教育相结合，组织培训与个人自学相结合，在深化、消化、转化上下功夫，真正学出绝对忠诚、学出责任担当、学出能力水平。

3. 抓好主题教育。近期，党中央将专门部署“不忘初心、牢记使命”主题教育，这是以习近平同志为核心的党中央统揽“四个伟大”作出的重大部署。要按照党中央要求，把主题教育作为一项重大政治任务，精心谋划、压实责任，确保思想统一、意志统一、步调一致，不折不扣把党中央决策部署落到实处，展现行业新气象新作为。

**（二）增强基层党组织的政治功能和组织力。**党的基层组织是党在社会基层组织中的战斗堡垒，是党的全部工作和战斗力的基础。要牢固树立大抓基层的鲜明导向，力量下沉、管理下沉、服务下沉，推动基层党组织全面进步、全面过硬。

1. 坚持分类指导统筹推进。机关党建，要认真贯彻党中央《关于加强和改进中央和国家机关党的建设的意见》，带头维护党中央权威和集中统一领导，做到“三个表率”，建设模范机关。基层党建，要以提升组织力为重点，突出政治功能，强化政治引领，抓好基本组织、基本队伍、基本制度建设。行业基层党组织特别是县级局（分公司、营销部）、烟叶工作站等基层组织，与烟农、零售户、群众联系最直接、最紧密，是服务客户的基础平台、管理市场的前沿阵地、展示形象的重要窗口，要结合烟站专项巡察，突出抓好软弱涣散基层党组织整顿，切实把每一个党组织建设成为坚强战斗堡垒。

2. 加强标准化规范化建设。党支部要担负好直接教育党员、管理党员、监督党员和组织群众、宣传群众、凝聚群众、服务群众的职责。要认真落实《中国共产党支部工作条例（试行）》，坚持试点引领，以点带面、全面推进，切实提高党支部建设质量。要严格执行党内组织生活制度、基层党组织按期换届、支部“主题党日”等制度规定；要规范和加强党员教育管理监督，强化党员身份、党章意识，在推动行业高质量发展的具体实践中当先锋、作表率。

3. 落实抓党建促脱贫攻坚。助力打好精准脱贫攻坚战，既是政治任务，也是社会责任。要加大对贫困地区人才支持力度，确保人在心在、“扶”则有效。要继续派强用好“第一书记”和驻村干部，确保选得准、融得进、干得好，发挥他们在帮助贫困村建强基层党组织、发展壮大村级集体经济、教育宣传组织发动群众中的模范带头作用。

**（三）落实全面从严治党主体责任**。有权必有责，有责要担当，权责要对等，失职要问责。全面从严治党，必须增强管党治党意识、落实管党治党责任，做到守土有责、守土负责、守土尽责。

1. 强化主体责任意识。要严格落实全面从严治党主体责任。“主体”既包括领导班子的全体，也包括班子的全体成员；“责任”既包括领导班子的集体责任，也包括班子主要负责人的第一责任，还包括班子成员的“一岗双责”。各级党组（党委）要深化思想认识、提高政治站位，加强对党建工作的研究谋划、部署推动和督促落实，坚决纠正党的领导弱化、党的建设缺失、全面从严治党不力的问题。领导干部要率先垂范，做到重要工作亲自部署、重大问题亲自过问、重要环节亲自协调、落实情况亲自督查。今年与各部门各单位签订的落实全面从严治党主体责任责任书，既有共性要求，也有聚焦各自重点工作、针对存在问题提出的个性化要求，必须严格对照落实。

2. 形成党建工作合力。行业各级党组（党委）及党建、人事、纪检监察等党的工作部门要增强大局意识、责任意识，既要各尽其责、干好本职工作，又要善于配合、形成工作合力，以党的政治建设为统领，全面推进党的政治建设、思想建设、组织建设、作风建设、纪律建设、制度建设和反腐败斗争，形成整体推进行业党的建设的强大合力。

3. 提高党的建设质量。要坚持问题导向和目标导向相统一，坚持求真务实、狠抓落实，盯住不放、一抓到底；坚持党建工作与中心工作深度融合，切实把党建工作成效转化为企业的创新优势、竞争优势、发展优势。要加强党建工作考核，简化程序，突出重点，真正使党建工作由软指标变为硬约束。对党建考核结果较差的直属单位党组（党委）及其主要负责同志，该谈话提醒的谈话提醒，该发函提醒的发函提醒。2018 年考核受到谈话和发函提醒的单位要警醒，要受到教育，要有启发，要后来居上。

## 二、关于行业干部人才工作

治党治国之要，首在选人用人。习近平总书记强调，贯彻新时代党的组织路线，建设忠诚干净担当的高素质干部队伍是关键。要以新修订的《党政领导干部选拔任用工作条例》为基本遵循，统筹做好培育、选拔、管理、使用工作。

**（一）从战略高度思考和认识干部工作**。要站在烟草事业发展的战略和全局高度，深入思考和认识干部工作，把干部工作牢牢抓在手上，掌握工作主动权。

1. 要涵养良好政治生态。选人用人是政治生态的风向标。涵养良好政治生态，树立正确选人用人导向是关键。要认真贯彻落实党中央干部政策，确保干部工作始终沿着正确方向前进，推动形成担当作为的好导向、干事创业的好环境、风清气正的好生态。从现实情况看，行业干部整体是好的，但问题也是确实存在的。必须增强忧患意识、坚持问题导向，全面审视行业干部工作，深刻反思、解决问题。习近平总书记在十九届中央政治局第十次集体学习时的讲话强调，坚持公正用人，公在公心、公在事业、公在风气。一定要把这句话牢记在心里。坚持公正用人，公在公心，要坚持公道正派，按照德能勤绩廉要求，把符合好干部标准的人选出来、用起来；公在事业，要根据事业需要、岗位需要选干部、用干部，不能论资排辈、用非所长；公在风气，要坚决杜绝选人用人的不正之风，坚决按照党性要求和组织原则做事，确保政治生态风清气正。

2. 要融入改革发展大局。推动行业高质量发展是国家局党组站在新时代贯彻落实党中央决策部署、保持行业持续健康发展的战略高度作出的重大部署。战略任务确定之后，干部就是决定的因素。要推动干部工作融入行业高质量发展的进程，教育引导行业各级领导班子和领导干部带头履职尽责、带头担当作为、带头承担责任，发挥“头雁效应”；教育引导行业广大干部职工锐意进取、埋头苦干、奋发有为，发扬团结协作精神。要抓住关系行业全局的大事要事，科学配置干部资源、有效调动各方力量，让干部在事业发展中成长，在成长进步中干好事业，致力于把组织优势转化为推动事业发展的不竭动力。

3. 要加强战略规划。干部成长的规律告诉我们，干部培养要有足够时间，干部走向成熟是一个长期过程。要树立系统思维和全局观念，不仅着眼 5 年、10 年，还要着眼更长时间，加强干部工作的战略规划，系统推进素质培养、知事识人、选拔任用、从严管理、正向激励等各个方面。作为推动行业高质量发展的配套规划，国家局将制定中长期干部、人才培养规划。各单位也要客观分析、找准短板、加强规划，既从顶层设计上谋划干部工作布局，又从举措方法上聚焦解决突出问题；既注重年龄结构，又注重经历结构；既注重知识结构，又注重专业结构，要坚持量的储备和质的保证相统一，要与本单位本系统干部队伍实际相结合，要与单位发展战略规划相融合，要与事业发展需要相符合。

**（二）加强领导班子和干部队伍建设**。好班子是带出来的，好队伍是管出来的。要把抓好班子、带好队伍作为当前行业的一项重要政治任务，记在心上、扛在肩上、抓在手上、落实在行动上。

1. 增强领导班子整体功能。衡量选人用人质量的高低，主要看选的干部、配的班子是不是符合工作需要、能不能推动事业发展。新形势新任务新要求在倒逼我们、检验我们。要坚持干部工作一盘棋，统筹调度干部资源，破除部门化、单位化、地域化的壁垒，在更大范围、更多可能的人选中，选拔那些敢干善干、能够干成事、解难事的干部进班子，选拔那些具有专业知识、专业能力、专业作风、专业精神的干部进班子，选拔那些不躲事、不推事、不怕事、不误事的干部进班子，使领导班子结构更优、活力更足、功能更强。习近平总书记指出，团结出凝聚力，出战斗力，出新的生产力，也出干部。行业各级领导班子必须精诚团结、和衷共济、坚强有力。领导班子及班子成员之间，要坚持民主集中制原则来约束自己，正确处理好集体领导与个人分工负责关系，要心往一处想、劲往一处使，使班子整体发挥最大效能，实现“1+1>2”的效果。

2. 从严管理监督干部。爱护干部、对干部负责，不仅要培养干部，更要从严管理干部。党要管党，首先是管好干部；全面从严治党，关键是从严管理干部。好干部是选出来的，更是管出来的，严管就是厚爱，是对干部真正负责。对干部要加强全方位管理，把管思想、管工作、管作风、管纪律统一起来，关注干部社交圈、八小时之外的管理，坚持抓早抓小、防微杜渐，经常敲响思想警钟，使咬耳扯袖、红脸出汗成为常态。要加强党内监督，综合发挥群众监督、舆论监督作用，形成监督合力。管好关键人，加强对各级领导干部特别是一把手的监督，加强对权力集中、资金密集、资源富集的重点部门和关键岗位干部的监督；管到关键处，严明党的政治纪律和政治规矩，严肃组织生活，坚持民主集中制原则，落实好“三会一课”、民主评议党员等制度；管住关键事，紧盯选人用人、审批监管、金融信贷、物资采购、工程项目、销售费用等重点领域，紧盯领导干部利用名贵特产类特殊资源谋取私利问题；管在关键时，聚焦节假日、干部临近离开领导岗位等关键节点，督促各级党员领导干部加强自律、慎独慎微，始终不放纵、不越轨、不逾矩。

3. 激励干部担当作为。干部管理既要敢抓善管、精准施策，体现组织的力度；也要撑腰鼓劲、关爱宽容，体现组织的温度。要认真贯彻党中央《关于进一步激励广大干部新时代新担当新作为的意见》，体现在干部政策上，既不能“翻烙饼”，也不能搞“一刀切”，要对照新修订的《党政领导干部选拔任用工作条例》，强化分类指导、精准施策，既严要求又暖人心。要注重考核的导向及考核结果的运用，充分考虑各单位实际，探索根据区域特点设置差异化指标，让考核更有针对性、科学性，充分发挥考核工作的激励约束作用。体现在用人导向上，要大胆地用，让敢担当善作为的干部有舞台、受褒奖；坚决地调，让不作为慢作为的干部让位子、受警醒；该容的容，让广大干部轻装上阵、敢于担当。体现在真情关爱上，帮助干部解决实际困难，关注身心健康，特别是扎根基层一线、异地交流、援藏援疆援青等艰苦地区的干部，对他们要给予更多的关心关爱，让广大干部安心、安身、安业。体现在为基层减负上，要切实解决“空耗精力的会多文多、名目繁杂的督查检查考核多、流于表面的痕迹管理多”等问题，严格执行中央通知要求的硬杠杠，力戒形式主义、官僚主义，把干部从一些无谓的事务中解脱出来，让广大干部把更多时间、更多精力用在推动行业高质量发展上来。国家局、总公司机关要作出表率，除国家局、总公司统一部署外，机关各部门、各单位不得自行开展督查检查考核，年终各类考核，能合并的合并，不能干扰基层正常工作。

**（三）大力发现培养选拔优秀年轻干部**。年轻干部是烟草事业的生力军和接班人，要切实增强紧迫感、责任感、使命感，坚决贯彻落实国家局党组关于培养选拔优秀年轻干部的工作要求，尽快建立持续选、重视育、适时用、强化管的工作机制，扎实做好年轻干部工作。

1. 在发现使用上建机制。培养选拔优秀年轻干部是一个系统工程，要坚持行业上下联动，进一步解放思想，及时发现优秀年轻干部。各级党组（党委）要对本单位本系统年轻干部深入调研，坚持集中调研和日常了解相结合，建立本级掌握的优秀年轻干部队伍。要坚持组织主导，改进人选产生方式，把好政治关、品行关、作风关、能力关、廉洁关。要实行组织掌握、分类管理、淡化标签，不公示、不公开，不声张、不宣传。要加强对领导班子整体情况和优秀年轻干部储备情况的分析研判，对年轻干部，不要只看经验，要看潜力，看综合素质。对有发展潜力、需要递进培养的抓紧放到关键岗位上历练，对各方面条件比较成熟的及时使用。对领导班子的年龄结构，要有一个杠杠，直属单位领导班子一般要有1名45岁左右的“70后”干部，地市级局（公司）、卷烟工厂等一般要有1名40岁左右的“75后”干部，这既是梯次化配备的需要、也是事业后继有人的需要。优化干部队伍年龄结构，并不意味着提拔任用每个干部都是年轻的，要坚持老中青梯次配备，发挥好各年龄段干部积极性，让整个干部队伍都有干劲、有奔头、有希望。

2. 在培养锻炼上求实效。近年来，“70后”、“80后”以至“90后”干部逐渐成为干部队伍的主体。这些年轻干部大都不缺学历缺阅历，不缺想法缺办法，不缺活力缺定力。总体上看，行业干部队伍是有基础的，关键要教育好、培养好。要有计划地安排年轻干部到党校（行政学院）等进行系统理论教育和严格党性教育；要让年轻干部在基层一线、困难艰苦地方、关键吃劲岗位、正职岗位上扎实历练，在重大斗争中增强斗争勇气、积累斗争经验、提高斗争本领。行业地市级局（公司）、卷烟工厂等基层单位，是年轻干部的直接管理者，也要切实重视起来，只有把各层级年轻干部培养工作做扎实，确保数量充足、质量优良，行业整个干部队伍才有好的基础、才能更加扎实。

3. 在管理监督上严要求。把从严要求贯穿发现培养选拔年轻干部全过程，坚持从严教育、从严管理、从严监督，始终把年轻干部置于党组织管理监督之中，促进年轻干部健康成长。要教育引导年轻干部在常学常新中加强理论修养，在真学真信中坚定理想信念，在学思践悟中牢记初心使命，在细照笃行中不断修炼自我，在知行合一中主动担当作为。年轻干部要正确认识自己，摆正位置，把心思和精力放在工作上，经得住挫折、受得了委屈。做到个人发展服从工作需要、组织决定，不搞自我设计，坚决克服不敢担当、“坐等提拔”等消极思想。要建立持续发现优秀年轻干部的常态机制，跟踪管理、动态更新，既注意补充新的优秀人选，又把相形见绌的调整出去，始终保持一池活水。

**（四）着力集聚各方面优秀人才。**牢固树立人才是第一资源的观念，深化行业人才发展体制机制改革，以更高的站位、更宽阔的视野、更有力的措施，全面提高行业人才发展水平。

1. 以推动行业高质量发展为牵引。着眼建设现代化烟草经济体系、推动行业高质量发展的目标要求，围绕“六个体系”、六条主抓手，研究实施人才支持措施。统筹烟草、工程、机械、化学、生物、信息、经济、管理、法律等各类人才发展，积极实施战略科技人才培养引进计划、首席专家计划和青年人才托举计划等工程，加快培养高层次人才。积极融入“一带一路”建设，培养引进具有全球视野和国际水平的创新管理团队。要坚持需求导向，突出“高精尖缺”，着力解决“卡脖子”问题，实行更加积极、更加开放、更加有效的人才引进政策。

2. 以深化人才发展体制机制改革为动力。要建立党管人才、统分协同、开放自主的人才治理体系，向用人主体放权，发挥用人单位在人才培养、吸引和使用中的主导作用。要构建区域联动、多向拓展、资源共享的人才工作格局，推进人才区域共享，完善人才交流保障机制，促进人才向艰苦边远地区和基层一线流动。要完善科学规范、开放包容、运行高效的人才发展机制，加快形成以需求为导向的培养机制，建立健全以创新能力、质量、贡献为导向的人才评价体系。健全多通道人才成长体系，建立多维度人才激励模式，不简单以物质条件吸引人才。

3. 以强化人才联系服务为保障。各级党组（党委）要加强对人才工作的统一领导，做好联系服务人才工作，政治上充分信任、工作上创造条件、生活上关心照顾，多为他们办实事做好事解难事。领导干部要带头联系人才，重视发挥人才在决策中的参谋智库作用，加强思想沟通、感情交流和意见征询，为他们发挥聪明才智创造良好条件。组织人事部门要履行好分析人才形势、研究人才政策、服务人才需求等职责，在全行业营造“尊重知识、尊重人才”的良好氛围。

## 三、关于行业组织人事干部队伍建设

做好行业党的建设和组织人事工作，必须要有一支过硬的组织人事干部队伍。大家要带头落实全面从严治党要求，弘扬优良传统，坚持更高标准、更高要求，朝着习近平总书记提出的“讲政治、重公道、业务精、作风好”的要求不懈努力。

**（一）要提高政治站位。**“对组工干部来说，第一位的是政治上绝对可靠、对党绝对忠诚。”评价党员、考察干部要突出政治标准，我们自身也必须在政治上更加清醒、更加坚定。必须旗帜鲜明讲政治，树牢“四个意识”、坚定“四个自信”、坚决做到“两个维护”；必须提高政治站位，自觉把各项工作放在党中央重大决策部署、行业改革发展大局中把方向、谋思路、定政策、促改革，在优化工作布局中强弱项、补短板、抓协同。党建、干部、人才工作，件件都连着党的性质、纲领、宗旨，一定要坚持党性原则、站稳政治立场、深怀为民情怀，以对党忠诚之心，选好对党忠诚之人，尽到为党护党之责。

**（二）要践行公道正派。**这是组织人事干部的职业操守。要坚持公正用人，出以公心、事业为上，不能凭个人亲疏、个人好恶来取舍，也不能平衡照顾、论资排辈、降格以求，更不能把职务作为私相授受的个人资源。用干部是为了事业，事业需要什么样的人就选什么样的人，岗位缺什么样的人就配什么样的人，要多考虑“该用谁”而不是“谁该用”，把合适的干部放到合适的岗位上。要严格按规矩办事、按政策办事、按程序办事，公道对待干部，公平评价干部，公正使用干部，不拿原则做交易，真正对党负责、对事业负责、对干部负责。组织人事干部要敢于讲真话，对干部的评价要实事求是，既讲优点，也讲缺点，做到精准画像。要敢于坚持原则，不为人情关系困扰，不计较个人得失，不怕得罪人。对于好干部，关键时候要为他们担当负责；对弄虚作假、不干实事、跑官要官的要揭露出来，严把选任关口，防止带病提拔。

**（三）要提高专业素养。**党建、干部、人才工作的政策性、专业性都很强。当前，最重要的是认真学习贯彻新修订的《党政领导干部选拔任用工作条例》，以及党内各项政策法规，这是大家的分内之事、应尽之责。要深研悟透、熟悉精通、了然于胸，成为“活字典”和“政策通”。组织人事干部一定要熟悉干部，要多角度、全方位地了解干部，透过现象看本质，既看政治素质，也看群众口碑；既看“大事”，也看“小节”；既看显绩，也看潜绩；既听其言，更观其行；既看平时，又要注重了解在完成急难险重任务、处理复杂问题、应对重大考验中的表现。全面、历史、辩证地看待干部。要坚持实践实干实效，往实里做、往实效处做，不能把说了当做了、把做了当做好了。要提高谋划工作的质量、制定政策的质量、推进落实的质量，做“人”的工作，不能大而化之、笼而统之，要以工匠态度做精、以绣花功夫做细、以钉钉子精神做实，不断提高党的建设和组织人事工作质量和水平。

**（四）要锻造过硬作风。**组织人事部门管党员、管干部、管人才，大家往往高看一眼、羡慕敬重。越是这样，越要珍惜这份礼敬、恪守这份责任。要敬畏组织、敬畏党章党规党纪、敬畏法律，慎独慎微慎交友，决不能被围猎，决不能掉入陷阱、缠上水草；要严守组织人事纪律，坚决防止特权思想、防止跑风漏气、防止说情打招呼；要处理好公与私、苦与乐、亲与清的关系，看重责任、看重操守，甘为人梯、甘居人后、甘于奉献，做优秀的干部，不做优越的干部，树立可靠、可信、可敬的良好形象。

做好行业党的建设和组织人事工作，使命光荣、重任在肩、惟行惟勤，要更加紧密地团结在以习近平同志为核心的党中央周围，不忘初心、牢记使命，勇于担当、扎实工作，为谱写行业高质量发展新篇章提供坚强组织保证，以优异成绩迎接新中国成立70周年！

◇据《国烟办通报》2019年第15期摘登

# 扎实开展主题教育　全力推动高质量发展

## ——在2019年烟草行业各直属单位主要负责同志半年工作座谈会上的讲话

张建民

（2019年7月18日）

这次座谈会的主要任务是，深入学习贯彻习近平新时代中国特色社会主义思想和党的十九大精神，认真贯彻落实党中央、国务院决策部署及工业和信息化部党组工作要求，传达学习贯彻国务院领导的重要批示，总结上半年烟草工作，分析行业面临的形势，部署下半年重点工作。

### 一、上半年烟草工作完成情况

今年以来，全行业坚持以习近平新时代中国特色社会主义思想为指导，深入贯彻党的十九大和十九届二中、三中全会精神，认真落实党中央、国务院重大决策部署及工信部党组工作要求，按照年初全国烟草工作会议确定的目标任务，全面加强党的建设，一手抓高质量发展，一手抓高素质干部队伍建设，推进稳运行、优结构、育品牌、降库存、控成本、增税利重点任务落实，行业发展质量和效益稳步提升，各项工作取得显著成效。

**一是党的建设全面加强**。突出党的政治建设，牢记党的政治建设是党的根本性建设，着力从坚定政治信仰、强化政治领导、提高政治能力、净化政治生态四个方面加强行业党的政治建设，增强“四个意识”，坚定“四个自信”，做到“两个维护”。国家局党组把贯彻落实习近平总书记重要讲话和指示批示精神、党中央的决策部署放在首位，第一时间传达学习，结合实际提出贯彻意见，全面深入推动落地见效。按照中央统一部署，扎实开展第一批“不忘初心、牢记使命”主题教育，把学习贯彻习近平新时代中国特色社会主义思想作为主题教育的主线，按照守初心、担使命，找差距、抓落实的总要求，把学习教育、调查研究、检视问题、整改落实四项重点措施贯通起来，把“改”字贯穿始终，确保主题教育取得实效。贯彻落实新修订的《党政领导干部选拔任用工作条例》，加强和改进干部选拔任用工作，严格选人用人标准，净化选人用人风气。充分利用行业领导班子建设专题调研成果，选优配强领导班子，注重培养选拔优秀年轻干部。大力弘扬劳模精神、劳动精神、工匠精神，召开行业第七届先进集体和劳动模范表彰大会，评比表彰59个先进集体和118名劳动模范。加强行业基层党组织建设，贯彻落实《中国共产党支部工作条例（试行）》，以提升组织力为重点，突出政治功能，推动党支部建设标准化、规范化。抓好党建促脱贫，认真落实打赢脱贫攻坚战三年行动计划，加大人才选派和资金投入力度，助力烟叶产区贫困县和定点扶贫地区如期稳定脱贫。对中央专项巡视整改常抓不懈，开展十九大后国家局党组第三轮巡视，加强对巡视整改工作的监督检查。落实审计署审计决定和审计报告意见，认真组织行业相关单位严格按照审计署要求进行整改。防治行业系统性廉洁风险，研究起草严禁领导干部干预和插手采购活动的相关规定，严肃整治领导干部利用名贵特产类特殊资源谋取私利问题。持续加大正风肃纪力度，坚决防止“四风”反弹回潮，研究制定22条具体措施，切实解决形式主义突出问题为基层减负。坚决拥护和服从党中央决定，支持和配合中央纪委国家监委对赵洪顺严重违纪违法进行纪律审查和监察调查。

**二是系统谋划和推动高质量发展**。按照去年行业各直属单位主要负责同志座谈会和今年全国烟草工作会议的安排部署，国家局党组在深入调查研究、广泛征求意见基础上，于2月初制定印发《关于建设现代化烟草经济体系推动烟草行业高质量发展的实施意见》，明确基本遵循和内涵要求，确定战略目标和主攻方向，提出重点举措和保障措施，形成了建设现代化烟草经济“六大体系”、推动行业高质量发展的政策总纲。陆续制定6份配套政策措施和2个专项规划，对实施意见进行细化和补充，实现政策总纲、配套措施、专项规划相互贯通、有机统一，共同构成指导和推动行业高质量发展的政策体系，明确了行业高质量发展的时间表、路线图。行业各单位思想统一、行动迅速，认真研究推动自身高质量发展的举措和办法，坚持边谋划、边实践，主动作为、大胆尝试，初步形成了一些好做法、好经验，在全行业逐步形成推动高质量发展的广泛共识和浓厚氛围。

**三是经济运行稳中向好**。按照高质量发展要求，全行业牢牢把握稳中求进工作总基调，坚持“总量控制、稍紧平衡，增速合理、贵在持续”方针，进一步改善和加强运行调控，促进经济运行稳中向好，呈现出许多新亮点。烟叶规模有效控制，“两烟”库存明显下降，卷烟结构稳步提升，重点品牌持续扩张，创新产品持续快速发展，上半年全行业实现工商税利总额、卷烟工业增加值、烟草商业增加值等主要经济指标稳步增长。

**四是市场环境和状态持续好转**。全行业始终保持打假打私高压态势，着力净化烟草市场环境，上半年全国共查处案值5万元以上假烟走私烟案件5201起，查获假烟17.2万件，查获走私烟7.1万件，收缴制假烟机159台，查获非法烟丝烟叶1.5万吨，公安、司法机关依法拘留4219人、判刑1966人，主要指标同比均保持增长。持之以恒强化卷烟规范经营，上半年共依法查处大户违规经营卷烟5万支或价值5万元以上案件8795起。突出增强市场观念，推进按市场需求组织卷烟供给，密切关注价格、库存、毛利率变化情况，着力维护和保持良好的市场状态。

**五是改革创新持续深化**。贯彻落实“放管服”改革要求，全面压缩行政许可办结时限，目前准运证核发办结时限已缩减至2个工作日以内，其余11项行政许可事项办结时限由16个工作日缩减至8个工作日以内。启动烟草行业一体化在线政务服务平台和“互联网+监管”系统建设，推进零售许可证网上申领和电子化工作。持续推进市场化取向改革，积极开展工商企业网上配货试点。加强行业科技创新基地平台建设，启动第四批行业级烟叶生产技术中心认定。不断加强行业网络安全和信息化建设，探索互联网创新实践，持续开展以CPS为主要内容的行业工业互联网平台试点验证。推进非主业投资整合，着力提升投资质量和效益。推进“三供一业”分离移交收尾总结，加快企业厂办大集体改革工作。

同时，持续加强董事会建设，稳步推进双维公司战略投资转型发展，加快促进烟机工业技术升级，有效提升配套材料保障能力，扎实做好控烟履约、新闻宣传、教育培训、经济研究、学会学术交流、后勤保障、信访稳定、老干部服务等，行业改革发展稳定各方面工作都取得了新的明显成效。

在肯定成绩的同时，也要清醒地看到，行业当前仍然面临不少问题和挑战。全行业必须增强忧患意识、危机意识、责任意识，勇于担当作为，敢于创新突破，采取有效管用措施，有针对性地加以解决。

**二、认真抓好行业高质量发展目标任务的贯彻落实**

自去年行业各直属单位主要负责同志座谈会以来，国家局党组认真学习习近平新时代中国特色社会主义思想，深入贯彻党中央、国务院重大决策部署，全面、系统、深度谋划建设现代化烟草经济“六大体系”、推动行业高质量发展的战略和思路，制定出台了“1+6+2”政策体系，全面绘就了行业未来一个时期的发展蓝图。一分部署，九分落实。全行业要发扬钉钉子精神，认真抓好高质量发展目标任务的贯彻落实，一以贯之、稳扎稳打向前推进。

**（一）把握内涵，把准方向，凝心聚力抓落实。**

高质量发展是体现新发展理念的发展，是关乎烟草行业产业升级、结构优化、动力转换等诸多方面的系统性变革。全行业必须领会内涵实质，把握核心要义，确保方向不跑偏、动作不变形、工作不走样。

准确把握行业高质量发展的内涵。高质量发展是在创新、协调、绿色、开放、共享发展理念指导下，以“创新动力强、全要素生产率高、环境成本低、综合效益好”为基本特征的可持续发展。创新动力强，就是始终把创新摆在行业发展全局的核心位置，创新体系特色鲜明、要素集聚、活力迸发，实现创新环境好、创新机制优、创新水平高，有效推动体制、科技、产品、管理、文化等全方位多维度的创新，充分发挥创新“乘数效应”，让创新成为驱动行业发展的第一动力，最大限度解放和发展烟草生产力。全要素生产率高，就是在传统要素基础上，更加重视知识、人才、技术、数据、信息等新要素投入，加快形成有利于要素合理流动和高效配置的体制机制，优化要素投入结构，改进要素使用方式，提高要素配置效率，充分挖掘各类要素的生产潜力，全面提升行业发展质量和效益。环境成本低，就是绿色发展理念深入人心，更加注重生态安全、低碳循环、清洁环保和节约集约，广泛应用绿色低碳新技术，持续加大节能、减排、降碳力度，实现能耗、物耗及污染物排放量持续降低，全面建设资源节约型、环境友好型行业。综合效益好，就是将经济效益、社会效益、生态效益有机统一，更好地服从和服务于国家战略，发展成果惠及广大消费者、烟农、零售户和行业职工，与人民日益增长的美好生活需要相适应，推动烟草行业整体素质和社会形象持续提升。

切实把准行业高质量发展的方向。面对高质量发展的新要求，全行业必须切实纠正固守旧模式和老套路的倾向，敢于打破传统的思维惯性、路径依赖、政策障碍，有效推动行业发展沿着“六个转向”的路径不断向前迈进。发展方向从“数量追赶”转向“质量追赶”，用好存量资源、提高产品质量、讲求效率效益，真正走质量效益型发展道路。发展动力从“要素驱动”转向“创新驱动”，坚持用现代科学技术改造提升传统烟草产业，推进云计算、大数据、物联网、移动互联、人工智能等新技术与烟草产业深度融合，通过运用新技术、研发新产品、拓展新市场、构建新机制等，持续培育行业发展新动能。发展速度从“高速”转向“合理增速”，坚持稳中求进工作总基调，科学确定增长指标和考核目标，增强运行调控的前瞻性、科学性、有效性，保持经济运行在合理区间，努力实现增长有后劲、发展可持续。发展重点从“规模扩张”转向“结构优化”，坚持以供给侧结构性改革为主线，引导烟叶、卷烟、烟机等全产业链继续在“巩固、增强、提升、畅通”上下功夫，以做强做优做大中式卷烟知名品牌为引领，不断提升产业价值链和产品附加值，有效适应消费需求，推动企业结构、品牌结构、产品结构持续优化升级。发展方式从“外延粗放”转向“内涵集约”，依靠增加技术含量、优化资源配置、深化精益管理、提升队伍素质，推动烟草行业实现更高质量、更有效率、更加公平、更可持续发展。整体发展从“有没有”转向“好不好”，不断强化质量、效益意识，淡化数量、速度情结，处理好量与质的关系，把“好”的要求贯穿到烟草工作全过程、各环节，真正做到战略谋划好、组织运行好、产品服务好、综合效益好、社会形象好，努力走出一条顺应新时代新要求的高质量发展新路子。

**（二）解放思想，改革创新，稳中求进抓落实。**

高质量发展是一项全新的开创性工作，全行业必须破除因循守旧、思想僵化、固步自封的思维，始终坚持解放思想，不断推进改革创新，牢牢把握稳中求进工作总基调，确保高质量发展稳中有进、稳中有为。

坚持解放思想、改革创新。只有思想上的破冰，才有行动上的突围。推动行业高质量发展，必须以解放思想为突破口，打破惯性思维、突破常规手段、创新工作机制，着力破除阻碍高质量发展的思想观念障碍。要有刀刃向内的勇气，敢于找能力不足、找机制缺陷、找管理短板，敢于向突出问题动真碰硬。要有创新求变的意识，克服僵化陈旧观念，摆脱路径依赖和惯性束缚，充分发挥主观能动性，建立新机制、尝试新办法、采取新举措，创造性地开展工作，在先行先试、大胆创新中闯出新路。要有开拓进取的精神，瞄准制约行业发展的堵点、难点、痛点问题，全面深化改革，完善体制机制，有效降低制度性交易成本，持续提高组织运行效率和资源配置效率，扎实推进行业治理体系和治理能力现代化。

坚持“总量控制、稍紧平衡，增速合理、贵在持续”方针。“总量控制、稍紧平衡”是行业的一条宝贵经验，其重点在于从供给端发力，调整供求关系，减少库存压力，稳定市场状态，这符合中央关于供给侧结构性改革的要求，必须长期坚持。同时，随着我国经济由高速增长阶段转向高质量发展阶段，必须立足当前、着眼长远，按照“增速合理、贵在持续”的要求，调整好行业经济增速、税利增速和发展状态，保持经济运行在合理区间，切实增强行业发展的可持续性，这符合中央关于坚持稳中求进工作总基调的要求。“总量控制、稍紧平衡”与“增速合理、贵在持续”是密切联系、有机统一的，全行业要认真贯彻“十六字方针”，进一步统一认识、转变观念、理清思路，不断改善和加强运行调控，坚决防止大起大落，持续提高运行质量和效益，努力实现长期可持续发展。在实际工作中，一方面要保持战略定力，不能急躁冒进、急功近利，持之以恒把稳运行各项要求落到实处；另一方面要改革创新，不能止步不前、无所作为，紧紧抓住和用好重要战略机遇期，以更大的力度推进市场化取向改革，善于攻坚克难，着力破解瓶颈性难题，扎扎实实做好固根本、利长远的事，为推动行业长期可持续发展打下更加坚实的基础。

**（三）因地制宜，务求实效，结合实际抓落实。**

烟草行业是一个完整统一的整体，同时实行分层级管理和专业化分工，推动高质量发展既要坚持整体推进和从大局着手，又要坚持因地制宜和从实际出发，充分发挥各方面主观能动性，做到有统有分、统分结合，确保各项目标任务和政策措施落地见效。

各级部门和单位要立足实际，着力破解自身面临的瓶颈和难题。行业高质量发展政策体系明确了发展的方向、目标、路径和重点。各级部门和单位要充分结合自身实际，精心制定好、认真落实好促进自身高质量发展的措施和办法，克服“等、靠、要”思想，避免本本主义，防止从思路到思路、从原则到原则、“上下一般粗”。要坚持问题导向，主动进行自我纵向对比，搞清楚制约高质量发展的问题是什么、症结在哪里；积极开展行业横向对标，查找与先进部门、先进单位的差距在哪里、原因是什么，拿出破解难题的实招、硬招，对症下药，精准解决，集中精力办好自己的事。要尊重和发挥基层首创精神，鼓励有条件的部门、单位先行先试、率先突破，在符合高质量发展大原则大方向前提下，立足本部门、本单位资源禀赋和发展实际，充分发挥自身优势，加快形成具有自身特色的高质量发展路径和方式。

各类企业要找准定位，注重增强核心竞争力。行业各类企业都是烟草产业链的有机组成部分，但各有其分工和任务，必须准确把握功能定位，找准方向，明确措施，注重增强核心竞争力，努力实现产品服务一流、创新支撑有力、组织运行高效、综合绩效良好。卷烟工业企业要紧紧围绕品牌培育，聚焦中式卷烟主战场。烟草商业企业要紧紧围绕优化销售服务，加快完善零售终端体系，加快向现代流通企业转型升级。烟机企业要紧紧围绕技术装备保障，加快实现国产烟机迭代升级、业态革新，更好地服务烟草农、工、商全产业链。丝束企业要努力提高核心原料保障力。其他各类企业也要找准定位，注重增强质量意识、市场意识，持续深化精益管理，努力发挥特色优势，不断提高竞争能力。

（四）明确责任，强化担当，全员参与抓落实。

习近平总书记指出："有多大担当才能干多大事业，尽多大责任才会有多大成就。"高质量发展是一项艰巨繁重的系统性工程，需要行业上下心往一处想、劲往一处使，自觉担负起改革发展的历史重任，在狠抓落实上出实招，在担当作为中见实功，在促进发展中求实效。

坚持领导带头。推动高质量发展，主要领导要亲自挂帅、靠前指挥，抓住重点任务和关键环节，发挥"头雁效应"，带动整体突破；班子成员要根据职责分工，坚持系统推进，蹄疾步稳地推动各项工作的落实。各级领导干部要以"功成不必在我"和"功成必定有我"的历史担当，切实增强抓落实的使命感、责任感和紧迫感。要有真抓的实劲，扑下身子求真务实，不蜻蜓点水，不浅尝辄止，把每一项工作部署都抓深抓细、落到实处。要有敢抓的狠劲，切实增强工作的主动性、预见性、创造性，敢于动真碰硬，敢于啃硬骨头，不为任何困难所阻，不为任何干扰所惑。要有常抓的韧劲，高质量发展是一个长期过程，不可能一蹴而就，要咬定青山不放松，一抓到底，善作善成，久久为功，推动高质量发展各项工作不断取得新突破。

调动全员参与。高质量发展事关行业每一位干部职工，要采取有效措施，让广大干部职工了解高质量发展、融入高质量发展，形成上下一心、团结奋斗的工作局面。要大力弘扬企业家精神、工匠精神、劳模精神，深化专业学习，提升能力水平，增强工作本领，激励广大干部职工勇于担当负责，积极主动作为。要紧密结合"不忘初心、牢记使命"主题教育，把初心使命变成锐意进取、开拓创新的精气神和埋头苦干、真抓实干的自觉行动，确保高质量发展取得扎扎实实的成效。

## 三、下半年重点工作安排

今年是新中国成立70周年，是全面建成小康社会、实现第一个百年奋斗目标的关键之年。做好今年烟草工作，责任重大、意义重大。全行业要按照年初全国烟草工作会议的安排部署，一以贯之抓好各项既定目标任务的落实，特别是要坚持以党的政治建设为统领，坚定不移推进全面从严治党；坚持在"巩固、增强、提升、畅通"上下功夫，深入推进供给侧结构性改革；坚持以"控总量、守红线、降库存"为首要任务，积极推动烟叶生产提质增效；坚持打假打私、专卖内管同步推进，持续提升烟草市场监管水平；坚持提高政治站位、认真履职尽责，助力打好三大攻坚战。

根据行业发展面临的新形势、新任务，下半年，全行业要按照党中央、国务院的决策部署及工信部党组的工作要求，着力抓重点、补短板、强弱项，下决心解决制约行业高质量发展的突出问题。同时，要着眼明年和今后一段时期，注重保持工作和政策的连续性、稳定性，全力以赴抓好以下重点工作：

（一）扎实开展"不忘初心、牢记使命"主题教育。

扎实开展主题教育，是当前和今后一段时间行业一项重大政治任务。第一批主题教育已经开展一个多月，各单位要继续坚持思想上高度重视、认识上高度统一、行动上高度自觉，把主题教育不断推向深入，做到不偏不空、不走形不变样，确保取得实效。第二批开展的单位要不等不靠，该学的学起来，能改的马上改，提前谋划，做好准备。全行业要深入学习贯彻习近平新时代中国特色社会主义思想，认真贯彻守初心、担使命，找差距、抓落实的总要求，充分认识学习教育是根本、调查研究是途径、检视问题是关键、整改落实是目的，坚持把四项重点措施贯通起来，精心组织，周密安排，强化督导，扎实推进，努力实现理论学习有收获、思想政治受洗礼、干事创业敢担当、为民服务解难题、清正廉洁作表率的具体目标。要把习近平总书记在中央和国家机关党的建设工作会议上的重要讲话精神贯彻落实到主题教育全过程，坚持以党的政治建设为统领，着力深化理论武装，着力夯实基层基础，着力推进正风肃纪，全面提高党的建设质量，在深入学习贯彻党的思想理论上作表率，在始终同党中央保持高度一致上作表率，在坚决贯彻落实党中央各项决策部署上作表率，建设让党中央放心、让人民群众满意的模范机关。要紧密联系烟草行业实际，在为中国人民谋幸福、为中华民族谋复兴的初心和使命中，牢记《烟草专卖法》的立法宗旨，进一步把保证国家财政收入、促进经济社会发展的职责落到实处，牢固树立"国家利益至上、消费者利益至上"行业共同价值观，始终践行以人民为中心的发展思想，任何时候都不能谋取自身特殊利益。

全行业要以"不忘初心、牢记使命"主题教育为契机，开展深刻的警示教育，让全体党员干部经历触及灵魂的政治洗礼。抓好以案明纪、以案促改，坚决肃清赵洪顺案件的恶劣影响，营造风清气正的政治生态。坚定不移推进全面从严治党，堵塞制度机制漏洞，加强不敢腐不能腐不想腐机制建设。

**（二）努力保持行业经济持续健康发展。**

今年以来，行业经济运行稳中向好，市场环境和市场状态显著好转，成绩来之不易，必须倍加珍惜。要坚持稳中求进工作总基调，坚持“总量控制、稍紧平衡，增速合理、贵在持续”方针，确保高质量完成全年主要目标任务，确保按时足额完成国家财政上缴任务，确保工业增加值、商业增加值平稳增长，积极支持财政平衡和经济发展。着力解决经济运行存在的突出问题，尊重市场规律，发挥好行业政策逆周期调节作用，增强运行调控前瞻性、针对性、有效性，进一步巩固“稳”的基础和“好”的态势。科学把握局部和全局、当前和长远的关系，进一步打牢市场基础和工作基础。更加注重品牌培育，坚定实施“大品牌、大市场、大企业”发展战略。全面提升卷烟销售网络建设质量，努力为零售户和消费者提供更加优质的服务。切实加强成本控制，将成本管控贯穿生产经营全流程，千方百计控制新品设计成本、控制卷烟制造成本、控制原辅材料成本、控制仓储物流成本，扎实做好控员增效工作；深化绿色烟草物流建设，不断扩大包装箱循环利用和托盘联运规模。统筹做好进出口工作，高度重视抓好烟叶出口，扎实做好烟机设备及丝束、嘴棒、卷烟纸等烟用物资进口保障工作。

**（三）全面深化改革创新。**

全面深化市场化取向改革。引入适度竞争的机制，建立公平、开放、透明的市场规则，增强市场主体的活力，最大限度提高烟草要素资源配置效率。积极开展烟叶流通体制改革。建立健全贯穿农、工、商全供应链的原烟产品质量管理体系，系统推进烟农增收多元产业发展。认真研究制定行业现代物流发展规划和战略。坚持绿色循环、精益高效、协调共享的工作要求，加快推进智慧物流建设步伐。持续完善科技创新体制机制。强化创新驱动业绩考核导向，突出企业创新主体地位，充分释放创新活力。稳妥推进用工分配制度改革。加强行业用工总量管控，不断优化用工结构，积极推进控员增效。

**（四）深入推进专项治理和规范管理。**

全行业要牢记严格规范是保持行业持续健康发展的“生命线”，始终把高质量发展建立在严格规范基础之上。深入推进重点领域、重点环节专项治理。紧盯烟用物资采购、工程项目建设、大额资金存放以及对外投资，对重大工程项目、重要物资采购开展“双随机、一公开”监督检查，切实加强对“关键少数”的监督，坚决斩断利益输送链条，打好重点领域、重点环节防治廉洁风险攻坚战。持续抓好审计整改。认真落实审计署专项审计和经济责任审计整改意见，按照审计问题清单，持续跟踪督促落实，确保问题整改到位；以审计整改为契机，深入查找制度规定方面存在的漏洞和薄弱环节，立足长效，建立健全相关制度体系；积极配合税务检查工作，提高行业依法纳税水平。持续抓好巡视巡察。推动构建巡视巡察上下联动监督网，强化巡视巡察的政治监督功能，加强对被巡视单位整改落实情况的督导审核，确保巡视反馈问题整改到位、典型问题问责处理到位，推动巡察向县级局（分公司）、烟叶站点等基层单位深化延伸，着力解决基层腐败和作风问题。持续抓好卷烟规范经营。切实强化底线思维，坚持守土有责、守土尽责，对各类不规范经营行为发现一起查处一起，严肃追责，绝不姑息。

**（五）着力加强领导干部能力和作风建设。**

当前，要以加强领导干部能力和作风建设为重点，进一步强本领、提素质、转作风，努力为行业高质量发展提供坚强的组织保证和人才支撑。突出加强党的政治建设，持续提升政治能力。以党的政治建设为统领，进一步提高政治站位，把准政治方向，坚定政治立场，明确政治态度，严守政治纪律，经常校正偏差，做到党中央提倡的坚决响应、党中央决定的坚决照办、党中央禁止的坚决杜绝，增强“四个意识”，坚定“四个自信”，做到“两个维护”，始终同以习近平同志为核心的党中央保持高度一致。加强政治能力训练和政治实践历练，切实提高把握方向、把握大势、把握全局的能力，善于从政治高度审视问题、谋划工作，自觉在党和国家工作大局中找准定位、明确方向，做到一切服从大局、一切服务大局。按照中央要求，在青年干部中开展强化政治理论、增强政治定力、提高政治能力、防范政治风险专题培训，创造条件让干部在斗争实践中经风雨、见世面、长才干、壮筋骨。突出强调专业化要求，持续提升业务能力。采取多种方式，既激发领导干部坚持学习的内驱力，也发挥教育培训的外促力，加强领导干部知识更新、能力培训、实践锻炼，推动领导干部提高战略思维、历史思维、辩证思维、创新思维、法治思维、底线思维能力，结合工作需要认真学习经济、政治、管理、法律、科技、文化等专业知识，努力在提高专业思维和专业素养上狠下功夫，真正做到干一行爱一行，钻一行精一行，管一行像一行。突出增强纪律规矩意识，持续推进正风肃纪。认真落实中央纪委《关于贯彻落实习近平总书记重要批示精神深入落实中央八项规定精神的工作意见》，持续深化纠“四风”工作，坚决克服形式主义、官僚主义，深挖细查“四风”问题隐形变异的种种表现，严防反弹回潮。坚决摒弃特权思想和特权现象，提高政治站位，坚定站稳人民立场，坚决避免与民争利，严肃查处各种形式的以烟谋私、以权谋利行为。坚持严字当头、一严到底，把纪律挺在前面，深化运用监督执纪“四种形态”，抓好纪律教育、政德教育、家风教育，加强对党员、干部全方位的管理监督，一体推进不敢腐不能腐不想腐。各级领导干部要正确处理干净和担当的关系，把干净和担当、勤政和廉政统一起来，勇于挑重担子、啃硬骨头、接烫手山芋，践行新时代好干部标准，不做政治麻木、办事糊涂的昏官，不做饱食终日、无所用心的懒官，不做推诿扯皮、不思进取的庸官，不做以权谋私、蜕化变质的贪官。

（六）不断提升行业软实力。

通过长期努力，烟草行业在基础设施、技术装备等方面，形成了较强的硬实力，但在价值引领、文化建设等软实力方面，存在许多薄弱环节。立足当前，面向未来，全行业必须处理好硬件建设与软件建设、生产发展与员工发展、物质文明与精神文明的关系，把提升行业软实力放到全局工作中去谋划、去思考、去实践，采取务实有效举措，推动行业软实力不断提升。加强文化建设。坚持以社会主义核心价值观为引领，进一步丰富、完善、细化烟草行业文化架构体系，大力宣传贯彻“国家利益至上、消费者利益至上”行业共同价值观，大力弘扬“宽容开放、改革创新、敬业奉献、自律自强”行业精神，大力倡导“讲责任、讲诚信、讲效率、讲奉献”行业行为准则，大力宣传烟草行业先进企业、先进人物、先进事迹，不断发掘和丰富行业文化载体，强化运用行业统一的视觉识别系统，提升行业文化影响力和吸引力，增强干部职工的价值感和归属感。推进学习型行业建设。重视软科学研究，加强智库建设，对行业改革发展重大问题和战略开展前瞻性、针对性、储备性研究，提出专业化、建设性、切实管用的政策建议，服务和支撑科学决策。营造热爱学习、勇于创新的浓厚氛围，引导广大干部职工把学习作为一种追求、一种爱好、一种健康的生活方式，把创新作为一种价值导向、一种思维方式、一种工作习惯，向社会展现出烟草人过硬的能力素质和良好的精神面貌。

推动高质量发展，建设高素质干部队伍，烟草行业已迈出了坚实的步伐。我们要更加紧密地团结在以习近平同志为核心的党中央周围，不忘初心、牢记使命，继续全力推动行业高质量发展，继续着力造就忠诚干净担当的高素质干部队伍，以优异成绩迎接新中国成立70周年！

◇ 据《国烟办通讯》2019年第26期摘登

# 以习近平新时代中国特色社会主义思想为指导 全力推动烟草行业高质量发展

## ——在2018年烟草行业各直属单位主要负责同志座谈会上的讲话

张建民

（2018年8月20日）

这次行业各直属单位主要负责同志座谈会的主要任务是，深入学习贯彻习近平新时代中国特色社会主义思想和党的十九大精神，认真贯彻落实党中央、国务院关于分析研究当前经济形势和经济工作的决策部署以及工信部党组的要求，总结今年以来烟草工作情况，分析行业面临的形势，谋划行业高质量发展的战略和思路，部署当前重点工作。

### 一、今年以来烟草工作推进情况

今年以来，全行业认真学习贯彻习近平新时代中国特色社会主义思想和党的十九大和十九届二中、三中全会精神，认真贯彻落实党中央、国务院重大决策部署，围绕年初全国烟草工作会议确定的目标任务和工作要求，抓好各项重点工作举措的落实，改革发展取得了积极成效。

**党的建设扎实推进。**全行业把学习贯彻习近平新时代中国特色社会主义思想和党的十九大精神作为首要政治任务，开展多形式、分层次、全覆盖的学习培训，行业处级以上领导干部1287人参加了专题培训班，8014人参加了网络专题学习。组织行业各单位开展学习情况自查和现场督查工作，引导广大党员干部进一步树立“四个意识”，增强“四个自信”，自觉维护习近平总书记的核心地位，维护党中央权威和集中统一领导。召开行业党建工作座谈会和落实全面从严治党主体责任工作会议，将党建工作与中心工作一起部署、一起落实。启动十九大后第一轮巡视，对6家省级局（公司）、工业公司进行了常规巡视，对65家单位进行了巡视整改“回头看”。加强党风廉政建设，严肃执纪问责，1—7月共查处违反中央八项规定精神问题14起，给予党纪政纪处分14人、组织处理5人。

**经济运行稳中向好**。坚持“总量控制、稍紧平衡”调控方针，强化对经济形势的分析判断，采取一系列措施，经济运行保持总体平稳、稳中向好的势头。税利总额稳定增长。

**创新驱动成效明显**。全行业深入实施创新驱动发展战略，不断加大科技创新力度，卷烟设计水平、制造水平、控焦稳焦水平、降本增效水平持续提升，烟叶生产科技创新、管理改进、多元产业发展、设施综合利用、助农增收取得显著成效，烟机、丝束、盘纸及辅助材料保障能力不断增强，新型烟草制品技术研发、专利布局、产品储备和境外市场拓展也有了较大进展。制定实施《烟草行业全面加强生态环境保护 坚决打好污染防治攻坚战行动方案》，行业二氧化碳排放量、化学需氧量、氨氮排放量及工业万元产值能耗、万支卷烟能耗等持续下降。

**专卖管理持续加强**。加强与公安等执法部门协作配合，特别是重点地区开展卷烟打假打私专项行动，打掉一批“以黑护假，依假养黑”的涉烟、涉黑、涉恶犯罪团伙。1—7月，全国共查处案值5万元以上假烟案件4135起，同比增长23.36%；收缴制假烟机247台，同比增长94.49%；查获假烟19.78万件，同比增长25.09%；查获走私烟6.14万件，同比下降7.45%；查获烟丝烟叶9457.9吨，同比增长1.61%；公安、司法机关依法拘留4000人，追究刑事责任1558人。持续加大专卖内管力度，全行业共依法查处大户违规经营卷烟案件3244起，查处非法流通真烟19.96亿支，同比增长5.27%。加强市场监管和互联网涉烟监管，继续推进零售市场检查APCD工作法和“双随机、一公开”监管有机结合、落地运行。

**行业改革稳步推进**。按照党中央、国务院关于“加大集团层面公司制改革力度”的要求，配合有关部门研究拟订《中国烟草总公司公司制改革实施方案》《中国烟草集团有限公司章程》等改制文件并正式上报。深化“放管服”改革，推进“双随机、一公开”监管，开展行业行政许可事项标准化建设，推进烟草专卖零售许可证办理与电子工商营业执照数据共享。剥离烟草企业办社会职能，推进烟草企业职工家属区“三供一业”分离移交改革工作。扩大市场化取向改革覆盖面，参与改革的地市级局（公司）达296个，24个省级局（公司）全省纳入改革范围。推进烟叶流通环节改革，促进烟叶资源有序流动。借助“一带一路”建设机遇，与中信银行合作，完成收购哈萨克斯坦阿尔金银行部分股权工作。

同时，全行业持续加强网络安全和信息化建设，扎实推进多元化投资清理清退和资源整合，积极推动绿色物流、精益物流和非烟电商业务拓展，深入推进“双维”投资转型发展，不断加强内部规范管理，有效发挥董事会作用，新闻宣传、教育培训、经济研究、学术交流、后勤保障、老干部工作等都取得了新的成效。

## 二、认真谋划和推动烟草行业高质量发展

党的十九大报告指出，我国经济已由高速增长阶段转向高质量发展阶段，正处在转变发展方式、优化经济结构、转换增长动力的攻关期。在去年12月召开的中央经济工作会议上，习近平总书记进一步指出，中国特色社会主义进入了新时代，我国经济发展也进入了新时代，基本特征就是我国经济已由高速增长阶段转向高质量发展阶段。习近平总书记强调，推动高质量发展，是保持经济持续健康发展的必然要求，是适应我国社会主要矛盾变化和全面建成小康社会、全面建设社会主义现代化国家的必然要求，是遵循经济规律发展的必然要求。推动高质量发展是当前和今后一个时期确定发展思路、制定经济政策、实施宏观调控的根本要求。

烟草行业贯彻落实习近平新时代中国特色社会主义思想尤其是经济思想，必须紧密结合烟草行业的实际，认真总结行业成功的做法和经验，冷静分析行业面临的问题和挑战，主动顺应新时代的新要求，坚决按照党中央、国务院的重大决策部署，坚持稳中求进工作总基调，贯彻新发展理念，推进供给侧结构性改革，建设现代化经济体系，落实科教兴国战略、人才强国战略、创新驱动发展战略、乡村振兴战略、区域协调发展战略、可持续发展战略等国家重大战略，突出抓重点、补短板、强弱项，推动行业发展质量变革、效率变革、动力变革，坚定不移走高质量发

展的道路。

（一）坚持和发扬推动烟草行业发展的成功做法。

烟草行业是一个特殊行业。在改革开放进程中，党中央、国务院针对烟草行业的特殊性，逐步建立、形成和巩固了国家烟草专卖制度，烟草行业也积极探索符合自身特点的发展道路，积累了一些成功的做法和经验，值得全行业倍加珍惜、始终坚持、不断发展。坚持党的领导，加强党的建设，保证党和国家方针政策、重大部署在烟草行业得到贯彻执行、落地见效，营造干事创业、风清气正、廉洁自律的政治生态，保证行业改革发展始终沿着正确的方向推进。坚持专卖制度，稳固“统一领导、垂直管理、专卖专营”和“一套机构、两块牌子”的管理体制，履行好政府管理、企业经营职能，牢固树立并认真践行“国家利益至上、消费者利益至上”行业共同价值观，服务于保证国家财政收入和振兴民族工业的大局，保持行业上下政令统一、指挥灵敏、执行有力、监督到位。坚持“总量控制、稍紧平衡”调控方针，严格执行国家计划管理，适应市场发展变化，改善和加强运行调控，保持“两烟”市场供求协调、价格稳定、盈利提升，防止出现“大起大落”，保持总量不失控、结构不失衡。坚持“大品牌、大市场、大企业”战略，明确中式卷烟发展方向，聚焦品牌培育维护，坚定不移推动重点品牌做大规模、提升价值；打破地区封锁，清理和废除妨碍全国统一市场和公平竞争的各种规定和做法，促进要素资源合理流动和优化配置；高度重视企业家队伍建设，激发市场主体活力，发挥重点企业主力军作用，增强大型国有企业创新力和竞争力。坚持改革创新，以市场为导向，探索专卖体制和市场机制有机结合的路径和方式，营造适度有序竞争格局，明确行政管理各层级职责定位，降低制度性交易成本，提高行业管理效率和资源配置效率；深化公司制和国有企业改革，完善现代企业制度，做强做优做大国有资本；紧紧依靠科技进步、管理创新和员工队伍素质提升，提高原料供应、产品制造、品牌培育、打假打私、配套保障的科学化、现代化水平，推动传统产业转型升级和新兴产业发展。坚持严格规范，高度注重自律，始终把严格规范作为行业持续健康发展的生命线，推进依法行政、依法管理、依法组织生产经营，保持良好的生产经营秩序，防治系统性廉洁风险。坚持共同发展，妥善处理各方面利益关系，努力实现区域之间、企业之间、烟草产业链条各环节之间以及烟草系统内外协调发展，支持革命老区、民族地区、边疆地区、贫困地区经济社会发展，助力脱贫攻坚，形成推动行业改革发展的整体合力。实践证明，凡是以上做法和经验得到认真坚持的时期，就是烟草行业发展比较好的时期；凡是偏离或放松这些做法和经验的时期，烟草工作就会陷入被动，并对行业持续健康发展形成制约和影响。

（二）着力解决制约烟草行业发展的突出问题。

习近平总书记指出，坚持问题导向是马克思主义的鲜明特点。问题是创新的起点，也是创新的动力源。烟草行业自实行专卖制度以来特别是21世纪以来，以省级工商管理体制分开为突破口，通过联合重组、调整职能、理顺产权、订单供货等，内部改革取得了重要进展，行业发展取得了历史性成就。但随着行业内外发展环境的变化，依靠数量扩张支撑行业快速发展的条件已不复存在，传统的发展方式也难以为继。在当前较高的发展平台上，全行业必须增强危机意识、忧患意识，高度重视并着力解决好以下一些突出问题。

从近中期来看，主要是烟叶库存依然过高，通过采取严格的“双控”措施，近几年烟叶收购数量大幅减少，但库存总量和占压资金量仍然很大，部分烟叶存在损失报废的风险，烟叶生产既面临控面积、守红线的压力，也面临稳定核心烟区、稳住核心烟农、提升烟叶质量的压力；卷烟市场回升势头仍不稳定，工商库存、社会库存仍然处于高位，零售价格尚未顺价到位，零售户毛利仍然偏低，经营信心仍显不足；重点品牌增长仍显乏力，卷烟品牌、规格数量偏多，市场集中度不高，新品开发过多、过散，成功率较低，核心竞争力不突出，部分重点品牌规格老化严重；市场秩序环境仍未根本好转，不规范经营行为时有发生，假烟制售、卷烟走私以及真烟非法流通、烟叶非法流通依然严重，尤其是走私新型烟草制品对国内市场的冲击越来越大；传统产能过剩和创新能力不足，卷烟生产能力过高，部分企业开工率严重不足，同时一些关键设备、重要物资的自我保障能力不强，一些核心技术还受制于人。

同时，烟草行业发展是否可持续是一个重大课题，怎样的体制机制、发展方式、增长动力能够支撑行业可持续发展还需深入研究。我们既要有从现在看未来的正向思维，把当前的事办好；也要有从未来看现在的逆向思维，把长远的事谋深。行业长期处于高速增长阶段形成的思维惯性、路径依赖、体制机制、政策体系等没有根本改变，市场有效和政府有为的体制、“专卖＋商业＋工业”的衔接机制有待进一步完善，商业、工业组织结构还需优化调整，机构职能交叉重叠、政策碎片化等问题尚未得到有效解决，班子建设、队伍建设、人才建设等亟需改善和加强。

**（三）坚持稳中求进工作总基调，推动烟草行业高质量发展。**

推进烟草行业各项工作，必须始终坚持问题导向，注意倾听干部职工呼声，深化对行业形势的认识，真正把握发展脉络、找到发展规律、明确发展方向，努力走出一条顺应新时代新要求的新路子。当前，我们要聚集全行业智慧和力量，坚决贯彻落实党中央、国务院的重大决策部署，坚持稳中求进工作总基调，认真谋划烟草行业实现高质量发展的战略和思路。这里，我主要就学习贯彻习近平新时代中国特色社会主义思想尤其是经济思想的认识和体会，结合近段时间听取国家局机关各部门、各单位的汇报和到部分省市调研情况，谈几点初步的想法。

1. 要以新发展理念引领行业高质量发展。

高质量发展是能够很好满足人民日益增长的美好生活需要的发展，是体现新发展理念的发展，涉及发展方式、经济结构、增长动力等诸多方面的系统性重大变革，是推动经济从“有没有”转向“好不好”、从“中低端”转向“中高端”，实现从“数量追赶”向“质量追赶”、从“规模扩张”向“结构优化”、从“要素驱动”向“创新驱动”的更有效率、更加公平、更可持续的发展。

理念是行动的先导，烟草行业实现高质量发展，首先必须以创新、协调、绿色、开放、共享的新发展理念作为推动行业发展的行动指南。立足烟草行业的特点和实际，贯彻创新发展理念，就是要把创新摆在行业发展全局的核心位置，不断推进体制创新、科技创新、产品创新、管理创新等各方面的创新，让创新贯穿烟草行业一切工作，全面激发行业发展动力；贯彻协调发展理念，就是要正确处理行业发展中的重大关系，如专卖制度与公司制改革的关系，稍紧平衡与 GDP、工业增加值的关系，500 多万零售户与电子商务的关系等，补齐短板，强化弱项，注重发展的整体效能，不断增强行业发展的整体性协调性；贯彻绿色发展理念，就是要更加注重生态安全、低碳循环、清洁环保和节约集约，持续加大卷烟及辅料生产过程中的节能、减排、降碳力度，广泛推广绿色物流，逐步减少烟叶生产的面源污染和提高烟田废弃物资源化利用率，推进烟区生态环境绿色化，形成绿色循环发展体系，建设资源节约型、环境友好型行业，持续提升行业发展形象；贯彻开放发展理念，就是要主动参与国际烟草市场的竞争与合作，积极融入“一带一路”建设，持续提高中国烟草在国际市场上的竞争力、影响力和占有率，着力拓展行业发展空间；贯彻共享发展理念，就是要认真落实以人民为中心的发展思想，始终坚持“两个至上”行业共同价值观，切实保障卷烟零售户、烟农和烟草员工的利益，有效凝聚行业发展合力。同时，全行业要充分认识到，创新、协调、绿色、开放、共享的发展理念，是相互贯通、相互促进、具有内在联系的集合体，要树立全面系统的思维，掌握科学统筹的方法，既一起用力一起落实，也要突出重点抓住关键，不断提高贯彻新发展理念的能力和水平。

2. 要以建设现代化烟草经济体系促进行业高质量发展。

党的十九大报告指出，建设现代化经济体系是跨越关口的迫切要求和我国发展的战略目标。习近平总书记强调，建设现代化经济体系，必须把发展经济的着力点放在实体经济上，把提高供给体系质量作为主攻方向，显著增强我国经济质量优势。烟草行业是我国实体经济的重要组成部分，必须坚持质量第一、效益优先，坚持以供给侧结构性改革为主线，着力建设现代化烟草经济体系，推动行业发展质量变革、效率变革、动力变革。立足当前，着眼长远，建设现代化烟草经济体系，行业的努力方向和工作重点：一是建设有机统一、无缝连接的烟草全产业链一体化组织运行体系。坚持以市场为导向，推进按消费需求组织卷烟生产和供应，按工业需求组织原辅材料生产和供应，实现原料生产、产品制造、商业销售、物流配送、配套保障等有机统一、无缝连接，降低烟草产业各环节制度性交易成本，构建全产业链整体竞争优势，增强中国烟草整体竞争实力。二是建设统一开放、竞争有序的烟草市场体系。着眼于构建全国统一大市场，狠抓烟草打假打私，坚决消除地区封锁，切实规范卷烟和烟叶销售，确保全国烟草市场准入畅通、退出有序、适度竞争、秩序良好，尊重和维护消费者的自由消费权，尊重和维护零售户的自主选择权，尊重和维护卷烟工业企业的公平竞争权。三是建设符合供给侧结构性改革要求、结构协调优化的供需动态平衡体系。坚持以供给侧结构性改革为主线，破除无效供给，化解过剩产能，加大生产、流通、分配、消费各环节结构性改革力度，加快形成生产要素从低质低效领域向优质高效领域流动机制，扩大优质增量供给，不断提高供给体系的质量和效率；坚持中式卷烟发展方向不动摇，适应个性化、多样化和不断升级的消费趋势，巩固常规卷烟市场基础，保持细支烟、短支烟、中支烟、爆珠烟等创新产品健康发展势头，挖掘雪茄烟市场潜力，加强新型烟草制品研发储备和境外市场拓展，持续增强烟草产品供给结构对需求变化的适应性和灵活性。四是建设服务产业技术升级、支撑行业高质量发展的创新体系。认真落实创新驱动发展战略，把科技创新摆在更加突出的位置，编制新一轮中长期科技发展规划，研究一些颠覆性、事关烟草行业长远发展的课题，加强关键技术攻关，推动科技重大专项接续发展，支持重大专项成果产业化；加强基础研究、应用基础研究和技术创新工程，持续加大科技研发投入力度，探索建立科技创新基金，重点支持战略综合类、技术创新类、科学研究类、基础支撑类等科研基地平台和重大科技基础设施建设，更加强化以企业为主体、市场为导向、产学研深度融合的技术创新体系，不断完善人才培养、培训体系。五是建设重点突出、集中度高的品牌发展体系。发挥政策引导和市场竞争双重作用，以打造全球领先品牌为目标，制定品牌发展规划，以培育维护十多个规模大、价值高、竞争力强的全国性品牌为重点，精减全国品牌规格数量，激发品牌规格创新活力，构建品牌规格优胜劣汰机制，推动中式卷烟知名品牌持续做强做优做大。六是建设充分发挥市场作用、更好发挥政府作用的运行调控体系。科学界定行业管理的职责边界，处理好专卖行政管理与企业生产经营的关系，加快构建市场机制有效、工商企业有活力、行业调控有度的经济运行体制，探索建立符合高质量发展要求的考核评价体系，推动烟草要素资源配置依据市场规则、市场价格、市场竞争实现效益最大化和效率最优化。

3. 要加强对事关行业高质量发展重大问题的战略研究。

面对复杂多变的行业形势和艰巨繁重的职责任务，烟草行业实现高质量发展，必须在战略上判断准确、谋划科学、赢得主动，善于站在时代前沿和全局高度观察、思考和处理问题，努力在解决突出问题中实现战略突破。全行业必须高度重视并切实加强对一些重大问题的战略研究：一是加强对控烟履约和行业发展关系的研究。既要认真履行控烟履约的法定职责，又要深入研究控烟履约对行业发展的深刻影响，努力找到统筹控烟履约和行业发展的有效路径和可行方式，真正实现烟草行业“在控制中发展、在发展中控制”，避免顾此失彼，克服极端化、片面化。二是加强烟草生产力优化布局研究。烟草生产投入产出高、税利贡献大、回报见效快，各地都有发展烟草生产的强烈愿望。行业必须从战略上认真研究烟草生产力布局规划，牢固树立全国烟草一盘棋思想，以提高行业整体发展质量为目标，遵循市场规律，发挥比较优势，坚持做优做强，根据原料、资源、市场及现有生产力布局状况，合理安排全国烟叶种植、打叶复烤、卷烟生产、物流配送、配套产业等空间布局和产能布局，形成全国烟草统一的生产力布局体系，通过布局优化逐步破除无效供给、增加有效供给、提高供给质量，有效解决重复建设、生产分散、集中度低等问题。三是加强传统烟草转型升级和新兴产业发展研究。产业是高质量发展的重要支撑，烟草行业要在改造提升传统产业、发展新兴产业上下功夫。要着眼质量变革，推进烟草产业向高质化、高端化、绿色化转型；着眼效率变革，推进烟草制造业向数字化、网络化、智能化转变；着眼动力变革，提高科技创新驱动力，建设知识型、技能型、创新型劳动者队伍。烟草产业是传统产业，但传统产业不等于落后产业。如卷烟生产、烟机制造，要加快技术改造步伐，推动向数字化、绿色化、智能化转变，不断提高劳动生产率，打造产业升级版；又如烟叶生产，要结合乡村振兴战略，创新生产组织方式，提高种收装备机械化水平，培育新型职业烟农，推动烟草农业生产、经营、产业体系绿色化，加快建设现代化烟草农业。同时，要密切跟踪新技术、新产品、新业态发展动向和趋势，对网络电商对传统卷烟零售的影响，对“互联网+”、云计算、大数据、人工智能等在烟草行业的应用，对烟草产业链条的延伸和烟叶多功能用途等问题加强基础性、前瞻性研究，超前做好战略储备，积极培育新动能，努力保持行业可持续发展。四是加强体制机制问题研究。在坚持“统一领导、垂直管理、专卖专营”和“一套机构、两块牌子”前提下，要深入研究行业内部体制机制完善问题，处理好政府与市场的关系、专卖与专营的关系、自律与他律的关系、集中与自主的关系，进一步明确职责定位、优化机构设置、理顺组织流程、提高管理效率，通过改革创新，最大限度地解放和发展烟草生产力。

## 三、全力抓好当前重点工作

今年以来，烟草行业整体发展态势良好，全行业要珍惜来之不易的好势头。同时，要把思想认识统一到中央对当前经济形势的判断上来，坚定不移贯彻党中央、国务院对下半年经济工作的各项要求，坚持稳中求进工作总基调，狠抓各项工作的落实，确保完成全年目标任务。

**（一）以加强政治建设为统领，全面落实新时代党的建设总要求。**

深入学习贯彻习近平新时代中国特色社会主义思想和党的十九大精神，推进"两学一做"学习教育常态化制度化，坚持用党的创新理论武装头脑、指导实践、推动工作。认真落实新时代党的建设总要求，坚持把政治建设摆在首位，牢固树立"四个意识"，增强"四个自信"，坚决做到"两个维护"，把坚持正确的政治方向贯彻到谋划重大战略、制定重大政策、部署重大任务、推进重大工作的实践中去，经常对表对标，及时校准偏差，确保烟草行业改革发展始终沿着正确方向推进。牢固树立"抓好党建是最大的政绩"的理念，坚持党建工作和中心工作一起谋划、一起部署、一起考核，坚持党建工作服务生产经营不偏离，把每条战线、每个领域、每个环节的党建工作抓具体、抓深入，以实实在在的改革发展成果检验党组织的工作和战斗力。坚定不移推动履行管党治党政治责任，重视解决压力传导层层递减问题，加强对履行全面从严治党责任情况的督促检查，持续深入抓好行业巡视整改"回头看"检查的问题整改，开展国家局党组第二轮巡视，没有巡察的单位要尽快推进巡察工作，确保全面从严治党各项要求落到实处。要以永远在路上的坚韧和执着正风反腐，重点围绕贯彻中央八项规定精神、解决形式主义和官僚主义等问题，深入开展专项整治，决不让"四风"反弹回潮。坚持无禁区、全覆盖、零容忍，坚持重遏制、强高压、长震慑，保持惩治腐败定力。强化日常监督管理，加紧制定行业问责办法、"四种形态"实施办法，抓早抓小、层层设防、防微杜渐，紧盯选人用人、审批监管、资源开发、金融信贷、大宗采购、工程项目等重点领域和关键环节，深化标本兼治，全面防治系统性廉洁风险。

**（二）以提高质量和效益为中心，聚力抓好经济运行调控。**

截至7月底，行业的经济运行"整体平稳、稳中向好"，但"稳"的基础还不牢固，"好"还需付出艰苦努力。党中央分析当前经济形势后，提出要稳就业、稳金融、稳外贸、稳外资、稳投资、稳预期，我们要结合行业实际很好地贯彻，切实把去库存特别是补短板作为当前深化供给侧结构性改革的重点任务，采取管用见效的措施，努力把好的态势稳固住并发扬光大，使经济运行平稳、健康、可持续，为明年及今后几年打下基础。要坚持"总量控制、稍紧平衡"调控方针，从紧安排卷烟生产，积极促进卷烟销售，在确保完成全年税利总额目标任务前提下，合理调整全年卷烟生产计划总盘子，确保年末卷烟工商库存下降100万～150万箱，社会库存控制在350万箱左右，为改善供需关系、稳定市场价格、提高零售毛利打下更加坚实的基础。调整计划要统筹把握，注重产销协调，解决好个别企业的结构性需求。坚定实施"大品牌、大市场、大企业"发展战略，突出抓好重点品牌的状态维护提升，稳妥推进老产品升级改造，加快推动主导规格状态回暖，确保重点品牌价值不断恢复和提升。有序实施卷烟新品开发和培育，细支烟、短支烟、中支烟、爆珠烟等创新产品要进一步聚焦高端市场，适度控制新品开发和引入速度，切实提高新品培育的成功率。认真落实合作生产专项计划，从计划资源、品牌管理、绩效考核、质量管控、资金注入等方面继续给予重点支持，推动合作生产稳定发展。深化雪茄烟销售模式创新，加强品牌培育，改进管理服务，推动中式雪茄烟品牌进一步发展壮大。持续巩固全国统一大市场建设成果，坚决破除地区封锁和地方保护主义，杜绝妨碍统一市场、公平竞争的各种"潜规则"，完善公平、公正、公开的货源投放规则，健全完善产品竞争机制和进退机制，着力解决品牌规格数量过多、分布过散、不适销品牌规格难以退出等问题，持续提高省际间交易比重，持续提高重点品牌和主导规格市场集中度。严格按合同组织烟叶收购，严明收购纪律，强化质量管理，坚决守住烟叶收购红线。抓好400元/亩烟叶专项补贴政策落实，确保把好事办好、把实事办实，积极助力脱贫攻坚。有效推进烟叶出口，妥善处理新烟叶销售和库存烟叶消化的关系，力争全年出口烟叶16万吨。适应卷烟创新产品快速发展的需要，统筹做好烟机、丝束、盘纸、物流等创新升级工作，不断增强配套保障和服务能力。切实抓好多元化投资清理清退工作，努力提高存量投资和新增战略投资发展质量。

**（三）以强化市场监管为保障，着力净化烟草市场环境。**

这些年，各级烟草专卖局在履行专卖监管职责、规范烟草市场秩序上下了很大功夫，取得了明显成效。但卷烟制假、售假、走私和违法违规经营问题还一定程度存在，还时刻冲击烟草市场，对此，各级专卖局特别是一把手要高度重视，始终把专卖管理监督工作抓在手上，切不可放松，保持高压态势，持之以恒地推进打假打私、治理违法违规卖烟大户、规范卷烟销售等工作，为行业健康发展保驾护航。要坚持“政府领导、部门联合、多方参与、密切协作”的打假打私体系，深入推进“互联网+烟草专卖管理”，依托互联网、大数据、云计算等新技术、新工具，着力打造更加先进实用的专卖监管平台，持续提升市场监管的科学化水平。始终保持打假打私高压态势，加强对制假售假新特点、新变化的分析把握，对制假流动化、售假网络化、运输分散化、劳务外籍化等重点问题，研究制定有针对性的解决方案。坚持源头治理、综合治理，完善跨部门、跨区域协作机制和打假打私激励机制，坚决铲除假烟和走私烟生存土壤，实现重灾区形势的根本好转。继续巩固烟草打私成果，强化海上打击，联合海关总署部署打击新型烟草制品走私活动。持续加强专卖内管工作，强化卷烟规范经营专项督查，推进违规卖烟大户专项治理，下更大力气治理真烟非法流通和烟叶非法流通，严肃查处各种形式的违规经营行为。适时组织开展市场整治专项行动，建立健全与通信管理、公安、市场监管部门联合工作机制，密切与有关互联网企业合作，扭转自媒体领域涉烟违法犯罪活动高发多发的局面。突出加强新型烟草制品市场监管，精心组织查办非法经营重大案件。

**（四）以提高效率增强活力为导向，稳步推进行业内部改革。**

在坚持现行管理体制基础上，按照党中央、国务院的决策部署，配合有关部门，适时将中国烟草总公司改制为依照《公司法》登记的国有独资公司，逐步建立健全符合行业特点的现代企业制度，不断完善烟草国有资产监管体制机制。深化市场化取向改革，坚定不移将改革范围扩大到所有地市级公司，实现省级卷烟营销平台全覆盖，加大工业企业参与改革力度，以工商网上配货为抓手，推广应用“订单驱动、滚动配货、实时合同”的工商货源组织模式，提高协议、订单对市场的响应速度，加快形成以品牌为核心、以市场为导向的资源配置模式。深入落实国务院“放管服”改革要求，全面推行“双随机、一公开”监管，推进行业行政审批标准化建设工作，实行许可证网上申请，完成电子许可证和电子准运证试点工作，落实政务服务“一网通办”要求，着力破解群众办事堵点。积极稳妥推进烟草企业职工家属区“三供一业”分离移交改革工作，确保年底前完成分离移交改革任务，加快推进剥离烟草企业办教育、医疗等社会职能和解决历史遗留问题工作。加大用工分配管理力度，贯彻落实国务院《关于改革国有企业工资决定机制的意见》，配合上级主管部门推进行业工资总额决定机制改革工作，建立健全工资总额和人工成本调控机制，稳步推进行业企业年金方案变更工作。继续推进电子烟等新型烟草制品监管立法，抓紧研究新型烟草制品的计划管理、生产管理、品牌管理、财税管理等系列配套政策。

**（五）以科技创新为重点，加快建设创新型行业。**

加大科技创新的力度，推进创新成果转化运用，全面提高产品设计水平、工艺水平、质量水平。聚焦中式卷烟技术升级，依托行业重大专项，提升打叶复烤、细支卷烟、烟草科研大数据等重点领域科技水平。加强降焦减害技术综合集成和产品应用，持续降低焦油和其他有害成分含量，研发培育“高香气、高品质、低焦油、低危害”创新型特色产品。积极推动现代烟草农业创新升级，继续推进烟草基因组计划、烟草绿色防控重大专项和烟田土壤保育工作。全面推进行业信息化发展规划（2014—2020 年）、“互联网+”行动计划的落实落地，扎实推进云计算、大数据、物联网等新技术与烟草产业的深度融合和创新应用，严格依法建设、管理和使用网络，形成平台、数据、应用、服务、安全协同发展新格局。高度重视国产烟机研发创新，探索推进烟机产品智能化、生产过程智能化和服务保障智能化，努力提高创新产品、烟草农业、标准烟与异型烟共线分拣、新型烟草制品等领域的设备保障能力。推动烟草物流服务升级、管理升级、创新升级，探索推进智慧物流建设，努力打造绿色循环、精益高效、协调共享的烟草供应链物流体系。深入推动产学研结合和技术成果转化，发挥企业主体作用，支持和引导创新要素向企业集聚，不断增强企业创新动力、创新活力、创新实力。大力开展管理创新，扎实推进全员、全过程、全方位精益管理，有效降低生产成本、管理成本、制度性交易成本，不断提高管理效率、劳动效率、全要素生产率。积极营造有利于创新的良好环境，大力弘扬创新文化，鼓励广大员工学习新知识、钻研新技术、运用新方法、展示新本领，让创新在全行业蔚然成风。

新时代呼唤新担当，新时代需要新作为。让我们紧密团结在以习近平同志为核心的党中央周围，认真贯彻落实党中央、国务院重大决策部署，进一步树立“四个意识”、增强“四个自信”、做到“两个维护”，齐心协力，真抓实干，开拓创新，奋力把烟草行业各项工作推上一个新台阶。

◇ 据《国烟办通报》2018 年第 34 期摘登

（编辑：王　静　鲁建敏）

# 大事记

# 2018 年中国烟草大事记

## 1月

1 月 9 日，国家局安全生产委员会会议在北京召开。国家烟草专卖局党组成员、副局长段铁力出席会议，他强调要全力做好 2018 年行业安全生产工作，突出抓好重点预防，强化措施抓落实，切实防范各类重大生产安全事故，努力保持行业安全生产形势持续稳定。

1 月 15 日，印发《烟草行业投资项目管理办法》（国烟计〔2018〕17 号），明确烟草行业投资项目实行负面清单方式管理，做实投资主体的自我约束机制，强化监督问责。

1 月 16 日，2018 年全国烟草工作会议在北京召开。工业和信息化部党组书记、部长苗圩出席会议并讲话，时任国家烟草专卖局党组书记、局长，中国烟草总公司总经理凌成兴主持会议并作工作报告。国家局党组成员、副局长杨培森，国家局党组成员、直属机关党委书记高林，国家局党组成员、副局长徐𬀩、段铁力，中央纪委国家监委驻工业和信息化部纪检监察组副组长孟庆旸出席会议。

1 月 24 日，印发《中国烟草总公司转发财政部关于股份有限公司国有股权管理工作有关问题补充通知的通知》（中烟办〔2018〕24 号）、《中国烟草总公司转发财政部对关于企业国有资产办理无偿划转手续的规定补充通知的通知》，明确了有关责任追究事项。

1 月 25 日，国家局召开行业安全生产电视电话会议。段铁力出席会议并讲话。

## 2月

2 月 1 日，印发《国家烟草专卖局关于烟叶产区贫困县种烟面积减少专项补贴政策的通知》（国烟办〔2018〕33 号），对贫困县烟农因计划减少的种烟面积，由烟草行业每亩补助 400 元，用于烟农开展种植替代、调整产业结构，巩固脱贫成果。

2 月 5 日，烟草行业反腐倡廉警示教育大会在北京举行。凌成兴出席会议并讲话。杨培森、高林、徐𬀩、段铁力出席会议。中央纪委国家监委驻工业和信息化部纪检监察组副组长孟庆旸通报余云东案件有关情况。

2 月 27 日，全国烟草行业落实全面从严治党主体责任工作会议在北京召开。工业和信息化部党组成员、中央纪委国家监委驻工业和信息化部纪检监察组组长郭开朗，凌成兴出席会议并讲话。杨培森主持会议，高林作工作报告，徐𬀩、段铁力，中央纪委国家监委驻工业和信息化部纪检监察组副组长孟庆旸出席会议。

## 3月

3 月 6 日，2018 年全国烟草行业财务审计工作会议在北京召开。徐𬀩出席会议并讲话。

3 月 19—20 日，全国烟草行业巡视整改“回头看”暨第一轮常规巡视动员部署会议在北京召开。高林出席会议并作动员讲话。

## 4月

4 月 8 日，烟草生物技术高层次人才培养计划在深圳华大基因学院正式启动。

4 月 15 日，中国烟草总公司与招商局集团有限公司在北京签署全面战略合作协议。凌成兴出席签约仪式，徐𬀩签署协议。

4 月 16 日，国家局召开 2018 年行业经济运行工作电视电话会议。段铁力出席会议并讲话。

## 5月

5月10日，全国烟草标准化技术委员会工作会议在北京召开。杨培森出席会议并讲话。

5月11日，国家烟草专卖局与中国财贸轻纺烟草工会在北京举行第十四次联席会议。杨培森，中华全国总工会党组成员、副主席、书记处书记江广平出席会议并讲话。

5月20日，第十三届中国传媒大会在云南腾冲开幕。“金长城传媒奖”揭晓，《东方烟草报》被评为“2017年中国传媒融合发展十大行业报”。

## 6月

6月6日，召开凌成兴任期经济责任审计进点会，审计进点会由杨培森主持，凌成兴向审计组作述职报告和表态发言。

6月7日，印发《国家烟草专卖局　中国烟草总公司转发财政部关于印发国有企业境外投资财务管理办法的通知的通知》（国烟财〔2018〕121号），要求行业各单位加强国有企业境外投资财务管理，防范境外投资财务风险。

6月12日，2018年全国烟农增收工作现场会在安徽宣城召开。杨培森出席会议并讲话。

6月22日，中国烟草总公司与阿里巴巴集团、蚂蚁金服集团签署战略合作备忘录。凌成兴和阿里巴巴集团董事局主席马云出席签字仪式并致辞。徐瑬，蚂蚁金服集团董事长兼首席执行官井贤栋，阿里巴巴集团副总裁闻佳、钟天华出席签字仪式。段铁力和阿里巴巴集团副总裁兼阿里云总裁胡晓明代表双方签署备忘录。

## 7月

7月11日，国家局召开烟草行业领导干部大会，中共中央组织部副部长齐玉宣布张建民任工业和信息化部党组成员，国家烟草专卖局党组书记、局长。

7月26日，张建民在北京烟草调研，强调要认真抓好党的建设，确保完成全年目标任务。

7月30日，张建民在北京会见武汉市代市长周先旺一行。

## 8月

8月1—2日，张建民在上海烟草调研，强调着力抓好党的建设，理清长远发展思路。

8月2—4日，张建民在浙江烟草调研，强调全面加强党的建设，积极谋划高质量发展。

8月4—6日，张建民在云南烟草调研，强调全面加强党的建设，推动高质量可持续发展。

8月6—8日，张建民在贵州烟草调研，强调落实全面从严治党主体责任，推动贵州烟草高质量发展。

8月9日，基因定向改良品种低镉“云烟87”、低焦油/烟碱比“云烟87”，通过国家局组织的田间鉴评，实现烟草减害品种培育的突破。

8月20—21日，2018年烟草行业各直属单位主要负责同志座谈会在北京召开。会议的主要任务是：深入学习贯彻习近平新时代中国特色社会主义思想和党的十九大精神，认真贯彻落实党中央、国务院关于分析研究当前经济形势和经济工作的决策部署以及工业和信息化部党组的要求，总结2018年以来烟草工作情况，分析行业面临的形势，谋划行业高质量发展的战略和思路，部署当前重点工作。张建民出席会议并讲话，强调要以习近平新时代中国特色社会主义思想为指导，全力推动烟草行业高质量发展，奋力把烟草行业各项工作推上一个新台阶。杨培森主持会议并发言，高林、徐瑬、段铁力出席会议并发言。

8月27日，国家局党组召开党组会议，传达学习全国宣传思想工作会议精神，传达学习中央纪委国家监委有关座谈会和专题培训班精神，研究行业贯彻落实意见。张建民主持会议并讲话，杨培森、高林、徐瑬、段铁力出席会议。

8月28日，国家市场监督管理总局、国家烟草专卖局联合发布《关于禁止向未成年人出售电子烟的通告》，要求禁止向未成年人出售电子烟，保护未成年人免受电子烟的侵害。

8月31日，国务院新闻办公室“国新发布”APP以《就全力推动烟草行业高质量发展访国家烟草专卖局党组书记、局长，中国烟草总公司总经理张建民》为题转发《中国烟草》2018年第17期“专题”栏目文章。文章中，张建民总结2018年以来烟草工作推进情况，分析行业面临的问题和挑战，提出认真谋划行业高质量发展的思路和要求，对当前重点工作作出安排部署，体现了新一届国家局党组以习近平新时代中国特色社会主义思想为指导，全力推动烟草行业高质量发展的新担当、新作为。

## 9月

9月5日，张建民在北京会见来访的马拉维农业部部长马万那维卡（Joseph Mwanamvekha）一行，双方进行了友好会谈。

9月6日，国家局印发通知，要求国家局、总公司机关各部门、各单位做好谋划和推动行业高质量发展有关工作。

9月17日，为贯彻落实中共中央、国务院《关于打赢脱贫攻坚战三年行动的指导意见》，国家局做好定点扶贫工作，深入推进消费扶贫，在湖北十堰举行首届国家局定点扶贫地区农特产品产销衔接会开幕式暨扶贫干部培训班开班仪式。杨培森出席并讲话。

9月17日，印发《国家烟草专卖局办公室　国家市场监督管理总局办公厅关于优化烟草专卖零售许可办理推进电子营业执照使用解决群众办事堵点有关事项的通知》（国烟办综〔2018〕350号）。

9月18—19日，国家局在四川西昌召开凉山烟叶产业扶贫座谈会暨产销衔接会。杨培森出席并讲话。

9月19—21日，张建民在湖南烟草调研，强调全力推进高质量发展，着力建设高素质干部队伍。

9月25日，张建民在北京会见来访的意大利G. D公司首席执行官保罗·克雷莫尼尼（Paolo Cremonini）一行，双方进行了友好会谈。段铁力一同会见。

9月25日，国家局党组召开党组（扩大）会议，传达学习全国教育大会精神，传达学习中央单位定点扶贫工作推进会精神，研究行业贯彻落实意见。张建民主持会议并讲话。杨培森、高林、徐堃、段铁力出席会议。

9月26日，张建民会见四川省委常委曲木史哈一行。

9月27日，张建民在北京会见来访的德国佛克公司首席执行官约根·佛克（Jurgen Focke）一行，双方进行了友好会谈。段铁力一同会见。

9月28日，在中组部2018年党内统计、干部统计选题分析报告评审中，《烟草行业干部队伍年龄结构比较分析报告》被评为三等奖。

9月28日，召开行业直属单位和机关部门（单位）领导班子建设专题调研动员部署会。张建民主持会议并作动员讲话。杨培森就专题调研工作进行安排部署，高林宣布专题调研方案。

9月29日，国家局、总公司机关在北京举办第十四届职工运动会。

9月30日，烟蚜茧蜂防治蚜虫技术基本实现了植烟面积全覆盖，在大农业推广面积首次超过烟草农业。

9—12月，国家局党组出台关于谋划和推动行业高质量发展任务分工安排，开展22个课题调研，起草了实施意见。

## 10月

10月10日，国家局党组召开党组（扩大）会议，传达学习习近平总书记在中央全面依法治国委员会第一次会议上的重要讲话精神，传达学习中央纪委《关于贯彻落实习近平总书记重要指示精神集中整治形式主义、官僚主义的工作意见》；中央纪委国家监委驻工业和信息化部纪检监察组《关于开展集中整治形式主义、官僚主义工作的意见》；

中央和国家机关警示教育大会精神，研究行业贯彻落实意见。张建民主持会议并讲话。杨培森、高林、段铁力出席会议。

10 月 11 日，国家局召开行业第三次经济运行分析会，总结行业三季度经济运行态势，并对四季度经济运行工作提出具体要求。张建民出席会议并讲话，强调全力做好行业经济运行工作，确保完成年度目标任务。

10 月 15 日，张建民在北京会见来访的日本烟草产业株式会社社长寺畠正道（Masamichi Terabatake）一行，双方进行了友好会谈。

10 月 16 日，国家局党组召开党组（扩大）会议，传达学习全国国有企业改革座谈会精神，研究行业贯彻落实意见。张建民主持会议并讲话。杨培森、高林、徐瑾、段铁力出席会议。

10 月 16 日，张建民会见中国台湾地区新党主席郁慕明。

10 月 17 日，全国脱贫攻坚奖表彰大会暨先进事迹报告会在北京举行。全国 99 名获奖个人和 40 个获奖单位受到表彰，其中湖南中烟工业有限责任公司机关党委副书记、群团工作部副部长（原驻村工作队队长）肖冰被评为“2018 年全国脱贫攻坚奖先进个人”（贡献奖）。

10 月 18—19 日，2018 年全国烟草行业企业管理现场会在河北石家庄召开。段铁力出席会议并讲话。

10 月 22 日，印发《国家烟草专卖局办公室关于开展行业统计专项检查重点抽查工作的通知》（国烟办综〔2018〕408 号）。

10 月 22 日，张建民在北京会见来访的韩国烟草人参公社社长白福寅一行，双方进行了友好会谈。段铁力一同会见。

10 月 22—26 日，由中国烟草总公司承办的 CORESTA 2018 年大会在云南昆明召开。张建民出席会议并致辞。会议期间，郑州院原院长袁行思获得 CORESTA 终身成就奖；中国工程院院士、郑州院院长谢剑平获得 CORESTA 银奖；郑州院高级工程师胡斌当选 CORESTA 产品工艺学组委员会副主席。

10 月 23—24 日，张建民在湖北十堰调研国烟扶贫工作，强调要切实提高政治站位，助推打赢脱贫攻坚战。

10 月 25 日，张建民在云南烟草调研，强调云南烟草要推动高质量发展，走在全行业前列。

10 月 26 日，国家局召开烟草行业警示教育大会，学习贯彻习近平总书记重要批示精神，深入落实中央和国家机关工委警示教育大会精神，通报剖析行业违纪违法典型案件，以案为鉴、以案明纪，进一步夯实行业各级党组织管党治党政治责任，切实推动行业全面从严治党向纵深发展。张建民作警示教育讲话。杨培森主持会议，徐瑾、段铁力出席会议，高林通报行业违纪违法典型案件。

10 月 29 日，张建民在北京会见内蒙古自治区政府常务副主席马学军一行。

10 月 30 日，张建民在瑞士、捷克、英国访问。

10—12 月，国家局党组派出 7 个调研组对国家局机关和行业直属单位领导班子建设开展专题调研。

## 11月

11 月 12 日，印发《中共国家烟草专卖局党组关于贯彻落实打赢脱贫攻坚战三年行动计划指导意见的通知》（国烟党〔2018〕212 号）。

11 月 16 日，张建民在中国烟草实业发展中心调研，强调要全力做好岁末年初工作，积极谋划高质量发展。段铁力一同调研。

11 月 16 日，人力资源和社会保障部印发《关于表彰第十四届中华技能大奖和全国技术能手的决定》（人社部发〔2018〕71 号），四川中烟工业有限责任公司什邡卷烟厂黄勇、红塔烟草（集团）有限责任公司邱仕强被授予“全国技术能手”称号，河南省烟草职业培训中心被评为“国家技能人才培育突出贡献单位”，湖南省耒阳市局肖亦雄被评为“国家技能人才培育突出贡献个人”。

11 月 21 日，2018 年烟草行业设备管理工作现场会在浙江中烟宁波卷烟厂召开。段铁力出席并讲话。

11 月 22—23 日，张建民在天津烟草调研，强调要积极谋划高质量发展，努力完成年度目标任务。

11 月 23 日，张建民在北京会见来访的德国虹霓机械制造股份公司执行董事会主席斯派克曼（Jürgen Spykman），双方进行了友好会谈。段铁力一同会见。

11 月 27 日，国家局党组召开党组（扩大）会议，深入学习贯彻习近平总书记关于脱贫攻坚工作的重要指示精神和李克强总理批示要求，研究行业贯彻落实意见。张建民主持会议并讲话。杨培森、高林、徐𤩽、段铁力，中央纪委国家监委驻工业和信息化部纪检监察组副组长孟庆旸出席会议。

11 月 28—29 日，2018 年全国卷烟营销网络建设现场会在浙江杭州召开。徐𤩽出席会议并讲话。

11 月 30 日，印发《关于开展 2018 年宪法宣传周活动的通知》（国烟法〔2018〕220 号）。

## 12 月

12 月 5—6 日，张建民在宁夏烟草调研，强调要全面从严治党，助力脱贫攻坚，推动高质量发展。

12 月 7 日，张建民在中国烟草国际有限公司调研。徐𤩽一同调研。

12 月 7 日，张建民在北京会见来访的环球烟叶公司主席、总裁兼首席执行官乔治・佛亦民（George Freeman）一行，双方进行了友好交谈。徐𤩽一同会见。

12 月 10 日，张建民会见江西省政府省长易炼红，副省长吴晓军一行。

12 月 10 日，张建民在北京会见来访的毕克苏斯国际公司董事会主席、总裁兼首席执行官斯科一行。徐𤩽一同会见。

12 月 11 日，徐𤩽在北京会见来访的多米尼加驻华大使布里乌尼・加拉维托・塞古拉（Briunny Garabito Segura）一行，双方进行了友好会谈。

12 月 17 日，徐𤩽在北京会见来访的伊士曼化工公司亚太区商务总监梁长威一行，双方进行了友好会谈。

12 月 18 日，张建民会见山西省政府副省长王一新一行。

12 月 18 日，张建民会见美国瑞安先进材料公司董事长、总裁兼首席执行官博恩腾一行。

12 月 19 日，印发《中共国家烟草专卖局党组关于贯彻落实〈中国共产党支部工作条例（试行）〉的意见》（国烟党〔2018〕251 号），加大学习宣传和贯彻落实力度，推动全面从严治党向基层延伸，提升行业党的基层组织建设水平。

12 月 20 日，徐𤩽在北京会见来访的菲莫国际中国战略合作部总裁张剑雄一行，双方进行了友好会谈。

12 月 24 日，国家局党组召开党组会议，传达学习习近平总书记在中央经济工作会议上的重要讲话，传达学习李克强总理在会议上的重要讲话和总结讲话精神，研究部署行业贯彻落实措施。张建民主持会议并讲话。杨培森、高林、徐𤩽、段铁力出席会议。

12 月 24 日，国家局党组召开党组（扩大）会议，传达学习习近平总书记在庆祝改革开放 40 周年大会上的重要讲话，研究行业贯彻落实意见。张建民主持会议并讲话。杨培森、高林、徐𤩽、段铁力出席会议。

12 月 25 日，全国烟叶工作会议在北京召开。张建民、杨培森出席会议并讲话。

12 月 29 日，印发《关于 2018 年深化“放管服”改革重点任务完成情况的报告》（国烟法〔2018〕249 号）。

12 月 29—30 日，国家局、总公司科技委九届二次会议暨 2018 年度总公司科学技术奖评审会议在河南郑州召开，会议评选出总公司 2018 年度科学技术奖获奖项目，其中科学技术进步奖成果 21 项，技术发明奖成果 2 项。“全国烤烟烟叶香型风格区划研究”项目获总公司科学技术进步奖一等奖。

◇ 供稿：国家局办公室；编辑：周　佳

# 行业概览

# 行业改革发展亮点

**【经济运行总体平稳、稳中向好】** 2018年，行业围绕目标任务，着力抓好各项工作举措的落实，改革发展取得新成效，经济运行总体平稳、稳中向好，呈现出许多新亮点。

**税利总额稳定增长。**全行业实现税利总额11556.2亿元，同比增加411.1亿元，增长3.69%，连续五年税利总额超万亿元。全年上缴国家财政总额10000.8亿元，同比增加326.3亿元，增长3.37%。

**市场状态持续好转。**“总量控制、稍紧平衡”调控方针得到坚决落实，卷烟库存大幅压缩，市场供求关系进一步改善，市场信心进一步增强，市场秩序进一步好转，零售户毛利率9.1%。

**品牌培育、结构优化取得新进展。**2018年，全行业在产卷烟品牌88个，同比减少6个。“中华”“利群”“云烟”“芙蓉王”“黄鹤楼”5个品牌销售额超过1000亿元，其中“黄鹤楼”品牌首次突破1000亿元；“双喜·红双喜”“云烟”“利群”3个品牌销量超过300万箱，其中“利群”品牌首次突破300万箱。“双十五”品牌销量占比68.0%、销售额占比78.5%。细支烟、短支烟、中支烟等创新产品销量477.5万箱，同比增加160.9万箱，增长50.8%。

**【烟叶库存总量和库存水平“双下降”】** 为加快解决烟叶库存过高问题，各烟叶产区顾全大局，采取有力措施，坚决把“控总量、守红线”摆在首要位置，守住收购红线，保证“控产量、降库存”的调控大局。全年种植烤烟同比减少134.1万亩。全年收购烤烟同比减少277万担，2017农业年度末全国烟叶库存总量和库存水平近年来首次出现“双下降”。

**【谋划行业高质量发展战略】** 2018年8月，在烟草行业各直属单位主要负责同志座谈会上，国家局党组明确提出，要认真谋划和推动烟草行业高质量发展。要以新发展理念引领行业高质量发展，要以建设现代化烟草经济体系促进行业高质量发展，要加强对事关行业高质量发展重大问题的战略研究。9月，国家局印发《关于做好谋划和推动行业高质量发展有关工作的通知》，决定由国家局党组成员分别牵头，相关部门和单位人员参加，组成专门工作小组，围绕制定实施意见这一总纲，安排部署22个研究课题。加强行业高质量发展的战略研究和前瞻布局，研究制定建设现代化烟草经济体系、推动烟草行业高质量发展的实施意见，系统谋划行业高质量发展的战略和思路。

**【着力改善卷烟供求关系】** 始终坚持“总量控制、稍紧平衡”调控方针，实现销大于产133.9万箱，消化过高库存迈出坚实一步。全面推进市场化取向改革，坚持按订单组织货源，按需求衔接计划，按状态调整策略，持续优化货源供应，市场供求关系明显改善。创新推进零售终端建设，推广全商品扫码、全店铺管理、多方式结算的终端经营模式，截至2018年底，全国共建成现代终端62.4万个。

**【评选十大优秀卷烟新产品】** 2018年1月，国家局评选10款卷烟产品为“2015—2017年度行业十大优秀卷烟新产品”，包括“南京（雨花石）”“天子（金）”“黄金叶（乐途）”“贵烟（跨越）”“钻石（荷花）”“白沙（硬精品三代）”“黄鹤楼（硬银紫）”“利群（西子阳光）”“冬虫夏草（和润）”“娇子（宽窄好运）”等。

**【保持打假打私高压态势，打击涉烟违法活动】** 2018年，各级烟草专卖管理部门着力构建“政府领导、部门联合、多方参与、密切协作”的烟草打假打私体系，与公安、海关等部门密切配合，协同作战，沉重打击源头制假贩私活动。联合公安部在广东、福建等重点地区部署开展烟草打假打私专项行动，有效遏制假私烟反弹。持续加大对制假走私源头、互联网非法售卖、物流寄递环节、新型烟草制品等重点领域的打击治理力度，全年共查处案值5万元以上假烟案件9100起，收缴制假烟机493台，查获假烟40.1万件、走私烟15.2万件、新型烟草制品4406万支，查获烟丝烟叶2.62万吨，拘留7353人，追刑

3220 人。

2018 年 3 月 15 日，吉林省通化梅河口市局开展“3·15”法制宣传活动
吉林省通化市局　陈　雪　摄

【深入推进专卖内管】 2018 年，各级烟草专卖管理部门深入开展违规大户治理，紧盯“二次批发、左右价格、扰乱市场”行为，加大违规经营行为查处力度，卷烟经营进一步得到规范。全年查处大户违规经营卷烟 5 万支或价值 5 万元以上案件 6043 起，依法取缔违规大户 4048 户。国家局对违规经营案件进行通报，进一步强化属地监管职责，落实卷烟非法流通重大案件督办制度，按照发运地认定毁码卷烟来源地，集中移交、督促查处多批卷烟违规经营预警线索。全行业共查处各类违规经营行为 882 起，处理 265 人。

【脱贫攻坚取得实效】 落实乡村振兴战略，支持贫困县打好脱贫攻坚战，实行每亩 400 元贫困县烟农种植面积减少专项补贴政策，各烟叶产区做好补贴对象甄别和补贴金额合算，严格补贴兑现规范管理，对 3.4 万户烟农落实专项补贴 8708 万元，全年实现烟农种烟总收入 550 亿元，户均种烟收入 5.4 万元，同比提高 0.53 万元。发挥农业保险对防灾救灾、保障烟农利益的兜底作用，烟草行业承担保险补贴金额 4.2 亿元，覆盖 17 个省近 100 万户烟农。推进精准扶贫、精准脱贫落地，帮助 4.1 万户贫困烟农实现脱贫。

定点扶贫工作成效显著。2018 年，国家局定点扶贫县（区）分别是湖北省十堰市竹山县、竹溪县，宁夏回族自治区吴忠市红寺堡区。2018 年，国家局全面落实《2018 年中央单位定点扶贫责任书》各项工作任务，主要围绕加强组织领导、深化产业扶贫、完善教育培训、开展督促检查、创新党建扶贫等方面扎实有效开展工作，取得实效。国家局的定点扶贫工作在 2018 年脱贫攻坚成效考核中取得“好”的等次，位列中央和国家机关前百分之三十。

【行业改革稳步推进】 配合财政部、工业和信息化部等有关部门，稳步推进总公司公司制改革。持续深化“放管服”改革，推进“双随机、一公开”监管，开展行政审批标准化建设，推动烟草专卖零售许可管理系统与工商营业执照数据系统对接，有效解决群众办证堵点问题。持续推进剥离国有企业办社会职能，全行业“三供一业”分离移交工作顺利实施。全面推进烟草科技创新，优化创新体制机制，深入实施重大专项，加强科技创新基地平台建设，提升产品质量监督能力，深化绿色、环保、低碳、节约新技术应用，在基础研究、降焦减害、产品创新、标准研制等方面不断取得新进展。推动互联网、大数据、人工智能等新技术与烟草行业深度融合，促进传统烟草优化升级。深化精益管理，完善对标指标体系和工作机制，开展“管理诊断基层行”活动，全年实现降本增效 43.9 亿元。

【党建工作扎实推进】 在抓好生产经营业务的同时，把党的政治建设摆在首位，坚持党建工作与中心工作一起谋划、一起部署、一起落实、一起考核，引导党员干部进一步树牢“四个意识”，坚定“四个自信”，坚决做到“两个维护”。深入学习贯彻习近平新时代中国特色社会主义思想和党的十九大精神，以集中轮训、网络培训、党性锻炼为依托，开展多形式、分层次、全覆盖的学习培训，国家局举办 9 期专题培训班，共培训 1287 人，全行业专题轮训

2018 年 4 月 16 日，黑龙江省哈尔滨市局组织开展学习贯彻党的十九大精神知识竞赛

黑龙江省哈尔滨市局　张子文　摄

7965 人，8030 名处级以上干部完成网上专题班学习。

召开行业党的建设工作座谈会和行业落实全面从严治党主体责任工作会议，层层传导、压紧压实主体责任，检查和通报主体责任落实情况，推动全面从严治党向纵深发展。召开行业警示教育大会，通报剖析行业查处的 36 起违纪违法典型案件，以案为鉴、以案明纪，进一步夯实行业各级党组织管党治党政治责任。

制定《党组巡视工作规划（2018—2022 年）》，启动党的十九大后行业新一轮巡视，对 12 家省级局（公司）、工业公司进行常规巡视，对 65 家单位进行“回头看”检查，发现并推动整改问题 1016 项，新建和修订制度 532 项，追责问责 255 人次。深化监督执纪“四种形态”运用，制定行业问责办法、“四种形态”实施办法，部署开展形式主义、官僚主义集中整治，严肃查处违规违纪问题，全行业纪检监察机构受理信访举报 3138 件次，立案 544 件，给予党纪政纪处分 905 人。

◇ 编辑整理：王　静　鲁建敏

## 全国烟草行业发展概况

**【经济运行总体平稳、稳中向好】** **税利总额稳定增长。**2018 年，全行业实现税利总额 11556.2 亿元，同比增加 411.1 亿元，增长 3.69%。其中，工业税利总额 7149.3 亿元，同比增加 279.6 亿元，增长 4.07%；商业税利总额 4307.8 亿元，同比增加 73.8 亿元，增长 1.74%。全年上缴国家财政总额 10000.8 亿元，同比增加 326.3 亿元，增长 3.37%。自 2015 年起，烟草行业上缴国家财政总额连续四年超万亿元。

**市场状态持续好转。**“总量控制、稍紧平衡”调控方针得到坚决落实，卷烟库存大幅压缩，市场供求关系进一步改善，年末卷烟零售价格到位率 96.1%、零售户毛利率 9.1%，均为近年来最好水平。

**品牌培育实现新突破。**2018 年，全行业在产卷烟品牌 88 个，同比减少 6 个。全年“中华”“利群”“云烟”“芙蓉王”“黄鹤楼”5 个品牌销售额均超过 1000 亿元，其中“黄鹤楼”品牌首次突破 1000 亿元；“双喜·红双喜”“云烟”“利群”3 个品牌销量均超过 300 万箱，其中“利群”品牌首次突破 300 万箱。“双十五”品牌销量占比 68.0%、销售额占比 78.5%。

**结构优化取得新进展。**全年一类烟销量同比增加 67.7 万箱，二类烟销量同比增加 97.2 万箱。细支烟、短支烟、中支烟等创新产品销量 477.5 万箱，同比增加 160.9 万箱，增长 50.8%。

**【调减种收规模，烟叶总量得到较好控制】** 在“三年调控”基础上，近两年国家局继续加大烟叶总量宏观调控力度，严格落实总量调控政策，各烟叶产区把“控总量、守红线”摆在首要位置，严格按订单组织生产，突出抓好移栽面积落实等关键环节过程控制，守住收购红线，保证“控产量、降库存”的调控大局。全年种植烤烟同比减少 134.1 万亩。全年收购烤烟同比减少 277 万担，2017 农业年度末全国烟叶库存总量和库存水平近年来首次出现“双下降”。

烟叶转型升级加快推进。烟叶流通环节改革有效推进，原料基地化供应格局进一步巩固完善；坚持用现代科技改造烟叶生产，集成应用多项关键技术措施，有效提升烟叶内在品质，扎实推进烟叶结构优化；全国“1 + N”

专业化烘烤1137万担，同比提高3.7个百分点；采烤一体化505万担，占比14.29%，同比提高5个百分点。全年推广专分散收3227.9万担，同比提高3.5个百分点；实施原收原调2800.4万担，同比增加908万担。稳步推进均质化复烤加工，均质化加工规模达到2000万担，同比增加700万担，覆盖48家复烤厂和23个重点品牌，“中华”“利群”“芙蓉王”“贵烟”等4个重点品牌实现原料均质化加工全覆盖。烟叶供给总量控制、结构优化、方式转型、质量提升，为卷烟品牌发展打下较为牢固的原料保障基础。

**【现代烟草农业建设扎实推进】** 2018年，各烟叶产区坚持把党中央“三农”工作要求作为烟草农业发展方针，持续推进生产方式转型升级，加强烟田基础设施配套建设，水源工程建设项目经济效益、社会效益和生态效益日益显现。总公司下达18个省份2018年度烟基项目建设计划3.5万件，补贴资金概算6.12亿元；有关省级公司自行审批项目补贴资金概算5.59亿元；行业补贴资金概算合计11.72亿元。新增水源工程评审通过项目16件，核定援建资金14.05亿元；新增完工项目19件、竣工项目20件。截至2018年底，国家局共复函援建项目278件，复函援建资金231.82亿元，拨付援建资金156.5亿元；已开工项目265件，完工项目132件，竣工项目46件。

持续推进生产方式转型升级，稳步提升规模化种植、机械化作业和专业化服务水平。完善“合作社+职业烟农”生产经营模式，2018年新增职业烟农7.7万户，累计达到20.8万户。户均种植面积13.23亩，同比提高0.35亩。烟农合作社注册数1376个，较2017年减少212个，烟农入社率超过95%，同比提高10.18个百分点。专业化育苗基本实现100%覆盖，专业分级达到90%以上，机耕、植保、烘烤均在50%左右。烟叶移栽、田管、农地膜回收等环节专业化服务取得新进展。

烟叶生产技术绿色化水平持续提升。除烟蚜茧蜂外，蠋蝽、赤眼蜂、七星瓢虫等在生物防治技术中的运用也开始示范推广；有机肥工程化生产39.86万吨，新增13.67万吨，施用面积447.28万亩；试点生物质燃料烤房9397座，累计推广3.3万座，合作社生产供应生物质燃料20万吨；新增节水灌溉面积16.3万亩，累计达到72万亩；推广增厚地膜756.32万亩，回收939.07万亩，综合利用473.79万亩，分别占总面积的62.16%、77.18%、38.94%；新增推广烟夹1.1万套。

**【烟农增收，助力脱贫攻坚取得实效】** 多元增收产业转型发展。继2017年在贵州召开全国烟农增收工作现场会后，2018年，以科技增收为主题，国家局在安徽皖南召开全国烟农增收工作现场会，引导各烟叶产区多渠道、高起点、成体系推进烟农增收工作，烟农增收由设施综合利用向科技引领、绿色生态、品牌打造、全产业链转型发展。各烟叶产区开展特色产品选育、功能食品研发、烟草新功能开发、农业资源高效利用等领域项目研发和成果转化，以烟叶产业链条延伸为主线，建立绿色生产技术体系，引导合作社实施品牌和渠道双轮驱动，提高多元产品附加值，培育多元增收优势产业。多元产业发展有效弥补因烟叶计划调减而减少的种烟收入，成为烟叶工作的重要组成部分，为保障烟叶产业稳定发展发挥积极作用。

落实乡村振兴战略，支持贫困县打好脱贫攻坚战，实行“每亩400元贫困县烟农种植面积减少专项补贴政策”。

黑龙江省七台河市勃利县倭肯镇西连村贫困户向勃利县局、勃利烟叶分公司赠送锦旗（2018年）

黑龙江省勃利烟叶分公司 徐翔鹏 摄

各烟叶产区从履行行业社会责任的政治高度出发，加强与地方政府沟通协调，做好补贴对象甄别和补贴金额合算，严格补贴兑现规范管理，对3.4万户烟叶种植面积减少的贫困县烟农落实专项补贴8708万元，全年实现烟农种烟总收入550亿元，户均种烟收入5.4万元，同比提高0.53万元。发挥农业保险对防灾救灾、保障烟农利益的兜底作用，烟草行业承担保险补贴金额4.2亿元，覆盖17个省近100万户烟农。推进精准扶贫、精准脱贫落地，帮助4.1万户贫困烟农实现脱贫。

**【定点扶贫工作成效显著】** **组织领导和扶贫制度建设。**国家局定点扶贫县（区）有3个，分别是湖北省十堰市竹山县、竹溪县，宁夏回族自治区吴忠市红寺堡区。2018年，国家局全面落实《2018年中央单位定点扶贫责任书》各项工作任务，主要围绕加强组织领导、深化产业扶贫、完善教育培训、开展督促检查、创新党建扶贫等方面扎实有效开展工作，取得实效。国家局的定点扶贫工作在2018年脱贫攻坚成效考核中取得“好”的等次，位列中央和国家机关前百分之三十。

国家局多次召开会议，学习贯彻中央精神，部署行业定点扶贫工作，落实各项扶贫工作措施。2018年上半年，国家局调整充实扶贫工作领导小组，由党组主要负责同志担任领导小组组长，并补充机关党建部门和廉政部门主要负责同志为领导小组成员。2018年9月，国家局党组书记、局长、扶贫工作领导小组组长张建民主持召开党组会议暨扶贫工作领导小组第二次会议。会议议定，要落实好前期党组确定的各项扶贫工作措施，同时进一步加大对定点扶贫地区资金支持力度（自2018年起，每个定点地区各增加500万元帮扶资金投入，总计达到6500万元）。建立党组领导调研督导和走访慰问制度，明确局党组书记和分管领导每年要深入各定点扶贫县（区）调研指导、慰问干部，其他党组成员要定期走访慰问非定点县（区）的挂职干部，进一步加强对定点扶贫工作的指导、协调。

印发《国家烟草专卖局　中国烟草总公司机关党建对口帮扶工作方案》《中共国家烟草专卖局党组关于加强烟草行业对口扶贫、蹲点帮扶干部管理的意见》《国家烟草专卖局关于调整充实扶贫工作领导小组组成人员的通知》《国家烟草专卖局2018年定点扶贫工作计划》《国家烟草专卖局定点扶贫县脱贫攻坚督促检查工作实施办法》《中共国家烟草专卖局党组关于贯彻落实打赢脱贫攻坚战三年行动计划指导意见的通知》等文件，进一步统一思想、明确目标，切实履行烟草行业脱贫攻坚帮扶责任。组织专家确定扶贫项目建设分类并建设烟草行业扶贫工作管理系统。

**强化产业扶贫。**加大竹山、竹溪烟叶生产扶持力度，召开定点扶贫地区烟叶产销衔接会，稳定烟叶种植规模，助力两县烟农脱贫增收。竹山县种植烟叶2.07万亩，收购烟叶4.32万担，实现烟农总收入6766.8万元，同比增加865.4万元；竹溪县种植烟叶1.81万亩，收购烟叶3.89万担，实现烟农总收入5527.3万元，同比增加1205.5万元。十堰市烟草系统在竹山、竹溪两县完成烟田基础设施投入84.2万元；由烟草行业援建8188万元（总投资2.1亿元）的竹溪县鸳鸯池水库建设项目完成前期论证工作，2019年将批复实施。向定点扶贫地区协调引进社会企业，吸收贫困人口就业增收。

持续推动非烟产业发展。向竹山县投入1510万元，聚焦郧巴黄牛、郧阳大鸡的养殖及深加工，蜜蜂加工业建设，扶贫车间建设等当地特色产业。向竹溪县投入1252万元，聚焦蔬菜大棚建设，黄牛、娃娃鱼和土鸡等特色农产品深加工基地建设，茶叶、食用菌、魔芋、树莓等产业基地建设。向红寺堡区投入1500万元，聚焦“中烟飞地”肉牛养殖园区及饲草料补贴等项目。

推进红寺堡区弘德包装印刷材料厂（由烟草行业全额投资3.7亿元建设，主要印刷卷烟包装材料）提质增效，2018年，该厂实现营业收入1.96亿元，同比增长13%；实现利税总额3832万元，同比增长117%，其中上缴税金1941万元，净利润1891万元，成为红寺堡区工业增加值和税收贡献第一大户，为地方经济发展作出突出贡献。协调各股东方投资开展联合工房扩建及燃气锅炉改造等技术改造项目，推进该厂技术装备升级。

协调帮助定点扶贫地区引入企业投资。协调贵州时科金年生物科技有限公司到竹山、竹溪两县调研生物化肥投资项目，预计2019年签订投资协议。

**加大扶贫资金投入。**2018年，国家局向定点扶贫地区实际投入无偿帮扶资金共6381.2万元，同比增加1381.2万元。在资金投入和项目安排上，按照聚焦扶贫项目的精准性和资金使用规范性的要求，向竹山县投入2270万元扶贫资金，用于产业增收、基础设施、人居环境改善、教育事业、医疗卫生五大类36小类扶贫项目；向竹溪县投入

2280万元扶贫资金，用于产业增收、人居环境改善、教育事业三大类13小类扶贫项目；向红寺堡区投入1500万元扶贫资金用于发展肉牛养殖、饲料补贴。此外，国家局机关党委向定点扶贫地区的深度贫困村拨付两年党建扶贫资金共631.2万元（提前拨付2019年资金300万元），用于强化村两委建设、促进村集体经济发展。

积极引进烟草行业帮扶资金240.77万元，支持竹山、竹溪两县产业、教育及医疗事业发展。其中浙江中烟向竹山县捐赠50万元用于烟叶救灾；湖北省局（公司）、湖北中烟通过“我看见：消除白内障、荆楚送光明活动”向两县捐赠31.6万元。

扶贫资金管理方面，2018年10—11月，国家局抽调省市各级扶贫专家组成联合督查组对定点扶贫地区党委、政府的主体责任及扶贫资金使用及项目安排等方面进行督促检查工作，形成督促检查报告，对3个定点扶贫地区共提出16项整改意见，并发函督促其整改。

**创新消费扶贫帮扶方式。**响应中央号召开展消费扶贫工作，组织行业各直属单位进行定点扶贫地区农特产品产销衔接调研，并召开定点扶贫地区农特产品产销衔接会，鼓励行业各单位采购国家局定点扶贫地区农特产品，扩大农特产品销路，拓宽贫困群众增收渠道。2018年全行业采购定点扶贫地区农特产品金额2023.34万元。

**扶智先行，加强培训。**扶贫先扶智。2018年，国家局培训扶贫干部、技术人员519人次，其中竹山县技术人员330人次、扶贫干部79人次，竹溪县技术人员36人次、扶贫干部52人次，红寺堡区扶贫干部22人次。组织两期定点扶贫地区干部培训班，通过培训班学习，让基层扶贫干部学有所获、学有所得，提高扶贫干部思想认识、知识能力、管理水平，更好地服务于扶贫工作。此外，国家局委托十堰市局（公司）先后组织培训竹山、竹溪两县烟叶生产技术人员和种烟贫困农民74人。

2018年，向竹山县投入270万元用于教育培训事业，聚焦幼儿园改造、塑胶跑道建设、足球场建设、直播课堂建设、种养殖业培训等方面；向竹溪县投入890万元用于教育培训事业，聚焦教学楼、宿舍楼建设，运动场改造，“双师”教育信息化建设，贫困户技术培训等方面；同时，积极协调湖北省局（公司）、湖北中烟工业有限责任公司通过“湖北希望工程·知音同行助学基金”向两县捐赠95万元，通过“金叶新长城自强班”和“相守计划”向竹溪县捐赠62万元用于资助中小学生放学后的安幼工作，竹山县国烟扶贫工作队通过公益众筹的方式为东河村幼儿园筹集资金2.2万元，切实通过教育扶贫有效阻断贫困的代际传播。

**选优派强干部挂职扶贫。**2018年7月，新增选派两名优秀青年干部到竹山县擂鼓镇新堰村、竹溪县水坪镇洛家河村担任“第一书记”，进一步充实一线扶贫力量，并利用返还党费一次性拨付“第一书记”配套经费15.6万元，用于开展基层党建活动和发展村级集体经济。截至2018年底，国家局共向定点扶贫地区派出挂职干部7人，含挂职副县（区）长3人、县委办副主任2人、“第一书记”2人，初步构建三级立体式干部工作布局模式，工作布局形成县级层面有副县（区）长、乡镇有副书记、村有“第一书记”的“国烟扶贫工作队”。举办第一届烟草行业践行乡村振兴战略纪行暨寻找“最美烟草帮扶村”活动，开展最美烟草帮扶村评选和宣传，吸引上百万人次参与，收到良好的社会反响。

**【强化专卖管理，维护烟草市场良好秩序】** 2018年，烟草行业各级专卖管理部门贯彻落实国家局决策部署，聚焦“三线建设”、切实打牢“两个基础”，专卖监管各项工作取得实效。加强与公安、海关、海警等部门协作配合，联合公安部在广东、福建等重点地区部署开展烟草打假打私专项行动，有效遏制假私烟反弹，实现打假打私形势的明显好转。持续加大对制假走私源头、互联网、物流寄递环节、新型烟草制品等重点领域违法违规活动的打击治理力度。2018年共查处案值5万元以上假烟案件9100起，同比增长52.2%；查获假烟40.1万件，同比增长41.5%；查获走私烟15.2万件，同比增长19.8%；依法拘留7353人，追究刑事责任3220人。突出抓好内管监督问责，有效治理做单改单、货源倾斜、卖大户等各类违规经营问题，全年共依法查处大户违规经营案件6043起，卷烟生产经营秩序进一步好转。

2018年，各级烟草专卖管理部门贯彻国务院“放管服”改革要求，推进工商执照、烟草证件系统对接数据共享，及时解决群众办证堵点问题。全年共审批生产经营类烟草专卖许可证1080份，办理准运证103.8万份；新办烟草专卖零售许可证77.9万份。全面推广运用“双随机、一公开”与APCD工作法相结合的监管新方式，持续推进零售市场监管改革。扎实推进专卖管理队伍建设，2018 年正式开通中国烟草网络学院专卖分院，举办第三届全国烟草专卖管理岗位技能竞赛，线上线下、培训竞赛同步推进，专卖监管队伍进一步加强。深入推进专卖管理信息化建设，运用互联网、大数据技术创新监管手段、加强情报研判、推进纵深打击，专卖监管基础进一步加强。

**【聚焦品牌发展，提高烟草资源配置效率】** 2018 年，烟草行业坚定实施“大品牌、大市场、大企业”发展战略，强化政策引导，鼓励市场竞争，支持产品创新。2018 年，重点卷烟品牌累计销量同比增长 2.2%，增幅较全国总体增幅高 1.9 个百分点，销量比重同比提升 1.58 个百分点。中式卷烟品牌的创新力、竞争力、影响力进一步提升。

控制品牌规格数量，严格新品审批条件，完善品牌规格进退机制，2018 年，全国在产卷烟品牌规格同比减少 21 个。推动品牌合作生产扩大规模、提升结构。

**【推进改革创新，增强烟草行业发展动力和活力】** 2018 年，烟草行业加强高质量发展的战略研究和前瞻布局，印发《关于做好谋划和推动行业高质量发展有关工作的通知》，由国家局党组成员分别牵头，相关部门和单位人员参加，组成专门工作小组，组织开展 22 个课题调研，研究制定建设现代化烟草经济体系、推动烟草行业高质量发展的实施意见，系统谋划行业高质量发展的战略和思路。

配合财政部、工信部等部门，稳步推进总公司公司制改革。持续深化“放管服”改革，推进“双随机、一公开”监管，开展行政审批标准化建设，推动烟草专卖零售许可管理系统与工商营业执照数据系统对接，有效解决群众办证堵点问题。持续推进剥离国有企业办社会职能，全行业“三供一业”分离移交工作顺利实施。

推进烟草科技创新，优化创新体制机制，深入实施重大专项，加强科技创新基地平台建设，提升产品质量监督能力，深化绿色、环保、低碳、节约新技术应用，在基础研究、降焦减害、产品创新、标准研制等方面不断取得新进展。2018 年，烟草行业获得省部级以上科技奖励成果 51 项，其中 23 项成果获中国烟草总公司科学技术奖、8 项成果获中国烟草总公司标准创新贡献奖。获国家知识产权局公开的专利 5416 件，其中发明专利 2347 件，同比分别增长 25.4%、16.1%；获得专利授权 3942 件，其中发明专利 873 件，同比分别增长 19.2%、13.5%。

推动互联网、大数据、人工智能等新技术与烟草行业深度融合，制定以卷烟智能工厂建设为切入点，以构建 CPS（信息物理系统）为核心的两化融合试点方案，促进传统烟草优化升级。

深化精益管理，完善对标指标体系和工作机制，开展“管理诊断基层行”活动，2018 年烟草行业实现降本增效 43.9 亿元。

**【落实全面从严治党要求，加强党的政治建设】** 在抓好生产经营业务的同时，烟草行业把党的政治建设摆在首位，坚持党建工作与中心工作一起谋划、一起部署、一起落实、一起考核，引导党员干部进一步树牢“四个意识”，坚定“四个自信”，坚决做到“两个维护”。深入学习贯彻习近平新时代中国特色社会主义思想和党的十九大精神，以集中轮训、网络培训、党性锻炼为依托，开展多形式、分层次、全覆盖的学习培训，国家局举办 9 期专题培训班，共培训 1287 人，全行业专题轮训 7965 人，8030 名处级以上干部完成网上专题班学习，对 24 家直属单位和 26 家地市级局（公司）、卷烟工厂开展学习情况督查和工作调研。

召开烟草行业党的建设工作座谈会和行业落实全面从严治党主体责任工作会议，层层传导、压紧压实主体责任，检查和通报主体责任落实情况，推动全面从严治党向纵深发展。召开烟草行业警示教育大会，通报剖析行业查处的违纪违法典型案件，进一步夯实行业各级党组织管党治党政治责任。制定《党组巡视工作规划（2018—2022 年）》，启动党的十九大后行业新一轮巡视，对 12 家省级局（公司）、工业公司进行常规巡视，对 65 家单位进行“回头看”检查，发现并推动整改问题 1016 项，新建和修订制度 532 项，追责问责 255 人次。深化监督执纪“四种形态”运用，制定行业问责办法、“四种形态”实施办法，部署开展形式主义、官僚主义集中整治，严肃查处违规违纪问题。全力配合审计署开展经济责任审计和对中国烟草总公司 2017 年度资产负债损益、境外投资及境外国有资产管理使用情况专项审计调查。做好抓党建促脱贫攻坚工作，印发《烟草行业深度贫困地区抓党建促脱贫攻坚工作督查重点的通知》，党的十九大以来累计选派“第一书记”920 名，派出驻村工作队577支。

【推进人才队伍建设】 贯彻落实全国组织工作会议精神，探索健全干部考察机制和办法，组织对56家行业直属单位和国家局、总公司机关27个部门、单位进行专题调研，全面了解领导班子建设情况，为选准干部、配好班子打好坚实基础。统筹做好干部选拔、交流工作，严格干部管理监督，加大年轻干部培养使用力度，大力推进人才队伍建设，营造风清气正、干事创业的良好氛围。致力于选优配强直属单位领导班子，把政治标准放在首位，严把动议提名关、考察考核关、程序步骤关，做到“凡提四必”，完成30名直属单位领导干部推荐考察、19名交流任职、71名试用期考察，组织3批次14名直属单位正职任免谈话，对7名有信访反映的考察对象进行核查。

围绕推动烟草行业高质量发展，开展“加强人才体系建设，构建区域联动、多向拓展、资源共享的人才工作格局”课题调研。向人力资源社会保障部推荐2名享受国务院政府特殊津贴人选，开展第三批学科带头人选拔，组织研究、工程等6个系列高级资格评审，开展第十四届高技能人才评选表彰。加强技能人才队伍建设，开展行业特有职业（岗位）技能鉴定376批次，举办第十六届职业技能竞赛暨第三届烟草专卖管理岗位技能竞赛，省级公司开展各级各类职业（岗位）技能竞赛40届次，166人被评为“烟草行业技术能手”。贯彻落实教育培训规划，整合培训资源，加大网络培训力度，全行业举办培训班2.4万期，培训27.8万人，网络培训覆盖率97.5%。

【控烟履约依法有序推进】 **按计划实施产业调控。**烟草行业认真贯彻落实党中央、国务院重大决策部署及工业和信息化部党组要求，“总量控制、稍紧平衡”调控方针得到坚决落实，卷烟库存大幅压缩，市场供求关系进一步改善，市场秩序进一步好转，调减种收规模，烟叶总量得到较好控制。落实乡村振兴战略，支持贫困县打好脱贫攻坚战，扎实推进精准扶贫、精准脱贫落地，帮助4.1万户贫困烟农实现脱贫。

**严厉打击烟草制品非法贸易。**打击烟草制品非法贸易是履行《烟草控制框架公约》（简称《公约》）的重要组成部分，也是执行《烟草专卖法》及其实施条例的重要举措。烟草行业坚持强化市场监管，维护烟草市场良好秩序。加强与公安、海关、海警等执法部门协作配合，在重点地区联合部署开展卷烟打假打私专项整治行动，组织专门力量，重拳出击摧毁重点地区涉烟犯罪团伙，开创卷烟打假的新局面。持续加大对制假走私源头、互联网非法售卖、物流寄递环节、新型烟草制品等重点领域的打击治理力度，烟草制品非法贸易得到进一步遏制。2018年，卷烟市场净化率继续保持在96%以上，处于全球领先水平。

**严格卷烟包装标识规范管理。**2016年10月1日，《中华人民共和国境内卷烟包装标识的规定》（简称《规定》）正式施行，在警语数量、警示力度、警语面积、对比度等方面进一步强化。2018年，烟草行业严格执行《规定》要求，对454个国产内销卷烟规格和17个境外卷烟（含雪茄烟）规格进行审核。

**做好烟草制品成分管制工作。**继续加强烟草制品成分检测和信息披露。加大科技创新工作力度，持续推进科技减害工作，强化烟草产品质量安全管控和成分管制，深化机理研究，持续降低烟草制品焦油和其他有害成分的含量。加强专业机构建设和科研合作交流，烟草制品成分和燃烧释放物的检测项目不断增加、范围不断拓展、方法不断改进。

2018年，组织对74个品牌736个规格卷烟、14家滤棒供应企业的60个产品、10家国内外卷烟纸生产企业的159个产品、66家烟用接装纸生产企业的254个产品、117家烟用香精生产企业的467个产品、44家烟用水基胶生产企业的177个产品、16家造纸法再造烟叶生产企业的109个产品、13家国内外烟用丝束生产企业的32个产品以及610个批次烟叶等级进行监督检查，产品质量安全体系建设得到进一步加强。

**防止未成年人接触烟草。**坚决落实《公约》及国内相关法律法规规定，加强监督检查，严禁向未成年人销售和由未成年人销售烟草制品，禁止在中国境内设立自动售烟机，禁止通过互联网非法销售烟草制品。明确将中小学校周围列入不予发放烟草专卖零售许可证范围，明确要求卷烟零售户在柜台醒目位置摆放“禁止中小学生吸烟、不向未成年人售烟”的警示牌，并将其作为专卖管理的一项重要内容加强监督检查。

**深化控烟履约相关研究工作。**结合中国控烟履约实际，配合相关部门做好调研工作。掌握《公约》全球发展趋势和世界各国控烟履约动态，深入了解和借鉴各缔约方控烟履约工作的思路、措施和经验。

**参加《公约》第八届缔约方大会。**2018 年 10 月 1—10 日，《公约》第八届缔约方会议和《消除烟草制品非法贸易议定书》第一届缔约方会议在瑞士日内瓦举行。本届大会涉及《公约》第 5.3 条、加强《公约》实施、电子烟的管制和市场发展情况、实施援助和国际合作、烟草种植替代和保护环境等 28 项议题。行业组织专家对相关议题进行深入细致的研究，及时提供专业参谋和智慧支持，配合完成与会任务，维护国家利益。

◇ 编辑整理：王　静　鲁建敏

# 发展计划与经济运行

**【统筹做好“两烟”管理】** 2018 年，国家局以供给侧结构性改革为主线，坚持“总量控制、稍紧平衡”调控方针，为卷烟去库存创造条件。

落实国家局《关于印发加强免税出口卷烟计划和价格管理暂行办法的通知》（国烟计〔2017〕250 号），加强分类审核，出口卷烟中供应有税市场和重点培育类卷烟增幅明显。开展将免税出口卷烟纳入行业卷烟生产经营决策管理系统统一管理的相关调研工作。

持续完善卷烟市场监测体系，准确把握市场动态，完善有利于品牌发展的价格管理机制，制定优秀卷烟新品评选方案，确定“2015—2017 年度烟草行业十大优秀卷烟新产品”，完成各季度十大优秀卷烟新产品市场情况追踪报告。

**【优化行业投资管理水平】** 2018 年，国家局贯彻落实国务院“放管服”改革要求，修订下发新版《烟草行业投资项目管理办法》，并组织对行业各直属单位进行培训。加强对行业投资项目事中事后监管，每季度编制烟草行业重大工程项目建设情况简报。开展“双随机、一公开”投资工作检查试点，研究提出具体工作制度。完善行政许可的管理规定，修订三项行政许可事项的管理办法、服务指南。完成《造纸法再造烟叶厂设计规范》报批，完成《卷烟厂设计规范》标准贡献奖评奖，启动《烟叶工作站设计规范》《烟草行业绿色工房评价标准》修订，完成《烟草行业工程建设标准体系》立项，对行业工程技术专家库进行调整充实。规范信息化投资项目审批程序，组织修订《烟草行业信息化投资项目管理办法》。

谋划和推动行业高质量发展有关课题研究。开展落实“三去一降一补”重点任务、促进传统烟草转型升级和新兴产业发展课题，优化配套产业布局课题等，并提出政策目标和措施建议。严控产能，严格执行“进一退一”政策，先后编制下达两批烟草专用机械购置计划及相应设备淘汰计划，审查申报文件 64 份、申报设备 1184 台/套，下达购置计划 1030 台/套，为行业提升工艺技术水平及细支烟等新品发展提供装备支撑。严格按照行业技术规范、控制指标做好投资项目审批工作。办理投资项目立项 15 个，初步设计 8 个，项目调整 11 个，竣工验收 43 个。办理境外投资项目在国家发展改革委、商务部的备案手续 8 份。办理进口机电产品许可证 35 份，办理烟机设备准购单份 246 份。

参与国家有关部委的专项工作。参与国家发展改革委、商务部牵头组织的 2018 年版市场准入负面清单修订、2018 年版外商投资负面清单修订、机电产品目录修订、中欧投资协定谈判、区域全面经济伙伴关系协定（RCEP）谈判、中新自贸区谈判、自贸区谈判部际联席会议制度、服务贸易负面清单制定、加快服务业发展措施、促进外资增长措施、促进民间投资措施、支持雄安新区发展举措等工作。按国家发展改革委要求对《产业结构调整指导目录》实施情况进行总结，提出政策建议。配合国家发展改革委完善全国投资项目网上审批监管平台建设。

**【行业经济运行概况】** **经济运行质量提升。**产销协调发展。坚持“总量控制、稍紧平衡”调控方针，坚决执行限产压库，持续优化货源供应，市场供求关系改善。结构持续优化，“两烟”库存持续回落。

**重点品牌发展态势良好。**2018 年，行业在产卷烟品牌 88 个，同比减少 6 个。重点品牌累计销量同比增长 2.21%。销量比重 86.57%，同比提高 1.58 个百分点。其中，“双喜·红双喜”“云烟”“利群” 3 个品牌销量超过 300 万箱，“利群”品牌首次突破 300 万箱；“红塔山”“南京”“白沙”“黄鹤楼” 4 个品牌销量超过 200 万箱。

重点品牌销售收入 14085.48 亿元，同比增长 4.7%。其中，“中华”“利群”“云烟”“芙蓉王”“黄鹤楼” 5 个品牌商业销售收入超过1000亿元。重点品牌依然保持极大的市场占有率和影响力。

全年行业创新产品销售2387.65亿支（477.53万箱），同比增长50.83%。其中，销售细支烟1731.35亿支（346.27万箱）、爆珠烟383.75亿支（76.75万箱）、中支烟294.75亿支（58.95万箱）、短支烟217.8亿支（43.56万箱）。

**卷烟市场状态好转。**社会库存逐步回落，为近年来的最低值。

卷烟市场需求继续上升。零售户卷烟经营信心进一步增强，正常经营和稳定订货的客户数量同比上升，零售户订单需求量、满足量同比上升，市场活力进一步增强。

2018年3月，广西桂林市局（公司）开展精益学习管理“六个是”系列活动，全面提升企业精益管理水平

广西区局　供稿

零售户毛利水平进一步提高。全国卷烟整条零售价格到位率96.13%，同比提升1.56个百分点。全国零售户综合毛利率9.1%，同比提升0.78个百分点，均为提税顺价以来最好水平。新疆、甘肃、宁夏等9个省级市场的零售户卷烟综合毛利率均高于10%。

**税利总额稳定增长。**2018年，行业实现税利11556.16亿元，同比增加411.06亿元，增长3.69%，连续五年税利总额超万亿元。19家工业企业中18家企业税利实现正增长。其中6家工业企业税利增长超过10%。33家商业企业中有6家税利增长超过5%。

【企业管理水平稳步提升】 **精益管理水平逐年提高。**2018年，行业不断深化全员、全过程、全方位的精益管理，始终把降本增效摆在精益管理重要位置，累计实现降本增效43.96亿元，超额完成年初国家局下达的36亿元目标任务。行业工商企业8600余个QC小组为企业实现降本增效工作，创造经济效益超过11.26亿元，占行业降本增效总任务比重25%以上。烟用物资公开招标比例逐年提升，行业卷烟材料公开招标比例达到98.35%，香精香料公开招标比例达到98.42%，基本实现应招尽招。

**对标工作有序开展。**不断完善对标指标体系和工作机制，探索开展分层分类对标，2018年行业工业企业全员劳动生产率343.87箱/人·年，同比上升2.36%，总资产贡献率69.09%，同比上升1.01个百分点；商业企业全员劳动生产率224.92箱/人·年，同比上升2.32%，人均卷烟配送效率990.06箱/人，同比上升8.04%。

**质量管理体系建设扎实推进。**2018年，行业以贯彻新版ISO 9000质量管理体系为抓手，以落实体系转版五项工作任务为指引，持续深化管理体系建设，扎实推进目标管理、流程管理、风险管理、标准化等基础管理工作，进一步优化管理流程，降低运行成本，体系建设在夯实基础管理、促进管理整合、提升管理效率等方面发挥积极推动作用。行业共有215家市局（公司）和16家中烟工业公司实施体系转版工作，其中142家市局（公司）发布新版体系文件，12家中烟工业公司通过第三方认证。

**管理诊断工作稳健起步。**2018年，51家省级单位针对335家市局（公司）、90家卷烟工厂、62家复烤企业通过开展“管理诊断基层行”，帮助基层梳理明确管理问题1.05万个，制定提升措施1.1万项，其中大部分问题得到有效解决。

**节能减排工作稳步推进。**2018年，行业能源消耗总量133.02万吨（标准煤），同比减少5.12万吨，下降3.71%。全行业万元工业增加值能耗16.22千克，同比减少1.95千克，降低10.7%。卷烟工业企业万元工业增加值能耗8.61千克，同比减少0.31千克，降低3.47%。

【安全生产】 **落实安全生产责任。**国家局党组高度重视安全生产工作，始终把安全生产作为行业持续健康发展的重要基础，坚持“管行业必须管安全”，注重顶层设计和统筹部署。国家局机关各部门、各单位坚持“管业务必须管安全”，落实业务工作和安全生产“五同时”，不断深化各专业领域安全管理。行业各单位贯彻“管生产经营必须管安全”，落实生产经营单位主体责任，逐级细化分解安全生产责任，建立健全全员安全责任清单，持续完善监督及考核奖惩机制，推进全员安全责任有效落实。

**推进安全生产标准化。**完善安全生产制度和标准体系。2018年，上海烟草集团牵头修订《烟草企业安全生产标准化规范》并发布实施；职工进修学院牵头编制《烟草企业安全生产标准化规范——2018版解读》并形成征求意见稿；郑州烟草研究院牵头制定《烟草行业实验室安全管理规范》立项并完成初稿；云南中烟红塔集团牵头编写《烟草企业安全风险分级管控和事故隐患排查治理双重预防机制建设指南》、山东中烟牵头修订《烟草加工系统粉尘防爆安全规程》等标准均已通过国家粉尘防爆委员会评审。

推进安全生产标准化达标建设。国家局制定印发《关于进一步深入推进烟草行业安全生产标准化建设工作的实施意见》，加强与标准化评审组织、审核等部门的协调沟通，有效保障一级、二级达标企业申报、评审、复评等工作的顺利开展。行业各单位开展新版标准的贯标对标、新老标准转换，标准化达标自查复评，促进岗位达标、专业达标和企业达标水平持续提升。

**优化安全事故应急预案。**组织开展烟草行业生产安全事故应急预案优化范本编制工作，安徽、福建中烟和江苏、广东省局（公司）分别牵头工业和商业系统的范本编制工作，扎实开展烟草工商企业生产安全事故应急预案、专项应急处置方案和应急处置卡的优化编制工作，通过国家应急管理部有关部门组织的评审。

**治理安全事故隐患。**2018年，组织开展两次行业安全生产大检查，共检查208家单位，及时排查事故隐患和安全问题615项，提出意见建议177条，对检查结果和情况分别进行现场反馈及行业通报。加强粉尘防爆管理、危险化学品监管、电气消防管理，组织开展专项检查和整治活动。加强对醋纤、煤炭生产企业的监管，组织开展安全生产工作落实情况专项督查。行业各单位组织开展车辆交通、消防安全、电气安全、有限空间作业等重点领域的拉网式排查和专项治理工作，进一步完善事故预防控制措施，有效防范较大及以上安全责任事故的发生。

**强化全员安全素质。**持续加大安全培训力度，国家局在北京、郑州举办2期安全专业知识和业务能力培训班，在职工进修学院开通网络学院安全生产分院，创建全员安全学习园地。职工进修学院举办行业注册安全工程师能力提升、应急预案优化与管理实践等培训班，提高安全管理人员业务能力。各单位深入开展安全生产宣传教育和培训，组织安全主题宣讲、知识竞赛、技能比武、精益安全实践等活动，推进体验式、实训式培训，编制印发工作手册、实用读本，制作教学片、警示片，持续开展安全文化建设，促进全员安全素养提升。

2018年11月9日，河南省局（公司）组织开展消防知识培训和疏散演练活动，强化全员安全意识

河南省局　供稿

【董事会工作】 **制定工作要点，落实发展目标。**贯彻落实2018年全国烟草工作会议精神，研

究制定《2018 年董事会工作要点》，统筹做好年度董事会工作。与公司经理层一起紧紧围绕国家局党组确定的 2018 年行业总体发展目标，坚持稳中求进总基调，努力推动行业工业企业高质量发展。重点关注各公司经济运行、品牌状态、税利完成、合作生产等情况，认真研究面临的困难和问题，确保完成国家局、总公司确定的年度目标任务。各公司经济运行态势、品牌市场状态持续向好，对高质量发展充满信心，18 家工业公司总体上超额完成年度生产经营目标。

**完善公司治理，推进管理升级。**组织会议，履行职责。审议各公司投资、预算、采购等重点事项，把好议题材料关、政策依据关、会议程序关、文本规范关、会务服务关。全年组织召开董事会现场会议 36 次，书面会议 139 次；审议议案 948 份，签署决议 685 份，听取专题汇报 263 份；召开董事会专门委员会会议 205 次。修订文本格式，提升管理水平。对 2013 年制定的《董事会工作文本格式范本》进行 6 个方面、300 余处修订，进一步规范董事会决策行为和决策程序。加强监事工作，推进有效履职。坚持完善监事工作制度和年度报告制度，协调做好监事调整配备，开展监事工作摸底调研，推进监事有效履职。落实制度要求，做好换届调整。配合人事司对董事会届期、董事和监事调整情况进行梳理，完成 7 家公司董事会换届，5 家公司董事调整。制定管理办法，加强资料管理。对 18 家工业公司董事会会议资料收集与管理、收集范围等工作制定管理办法，提出明确要求，规范董事会会议资料管理。

**开展专项调研，落实工作要求。**贯彻党组织在公司法人治理结构中的法定地位，把加强党的领导和完善公司治理统一起来，对董事会决定的重大事项党组前置讨论研究的落实情况、公司基本管理制度修订完善情况、公司当前经济运行状态及重点品牌发展情况组织开展为期 4 个月的专题调研，形成《关于落实行业党建工作要求　完善省级工业公司内部治理的调研报告》。按照国家局领导要求，就“培育十多个规模大、价值高、竞争力强的全国性品牌”开展为期 2 个多月的专题调研，形成《行业重点品牌分析报告》。按照国家局统一部署，参与 3 个行业高质量发展课题研究。督促各省级工业公司董事会办公室结合各公司生产经营情况，围绕董事会有关工作开展专题调研，撰写调研报告，提升董事会办公室的履职能力和服务水平。

**组织业务培训，加强队伍建设。**为加强干部队伍建设和人才培养，推动行业工业企业高质量发展，组织开展行业省级工业公司现代企业制度培训班。培训班全面回顾行业省级工业公司董事会建设十一年发展历程，系统梳理近年来董事会工作成功经验。培训课程涵盖加强工业公司党建及管理体系建设，三纤公司董事会建设，行业现代企业制度建设，完善法人治理结构，投资、采购、预算管理，监事工作情况，董事会工作文本格式应用等内容。各省级工业公司有关人员参加培训。

◇ 编辑整理：王　静　鲁建敏

## 烟叶生产经营

**【严控烟叶种收总量】**　在“三年调控”基础上，近两年国家局继续加大烟叶总量宏观调控力度，2018 年全国烤烟收购计划继续调减 30 万吨（600 万担），保证“控产量、降库存”的调控大局，2013 年以来烟叶库存数量和库存水平首次实现“双下降”。各烟叶产区贯彻国家局决策部署，坚持把“控总量、守红线”作为烟叶工作首要任务，严格按订单组织生产，控制移栽面积落实等关键环节过程，做到政策宣传、计划分解、过程管控、责任落实“四个到位”。

**【推进烟叶转型升级】**　**提升烟农职业化水平。**继续推动职业烟农培育，引导适度规模种植，稳定和优化烟农队伍。2018 年，全国共培育职业烟农 7.7 万户，累计达到 20.8 万户。户均种植面积 13.23 亩，同比提高 0.35 亩。云南探索“烟草培训 + 政府认定”的协同培育机制，累计培育职业烟农近 11 万户。四川开展职业烟农星级评定并进行差异化补贴，发展和稳定 20 ~ 40 亩规模的优质烟农。

**提升生产组织化水平。**加强烟农专业合作社行业示范社动态管理，组织开展示范社“回头看”评价，促使行业示范社在模式、制度、机制、拓展、创新、效益等方面继续发挥示范引领作用。湖南全面应用“烟农专业合作社运行机制与绩效评价体系研究”项目成果，制定会计核算与财务管理地方标准，改革专业化服务补贴方式，合作社管

2018 年 5 月，福建龙岩上杭县局（分公司）举办烟草职业烟农烘烤师培训班
福建省局　林麦梓　摄

（908 万担）。对接重点品牌原料加工需求，稳步推进均质化复烤加工，均质化加工规模达到 100 万吨（2000 万担），同比增加 35 万吨（700 万担），覆盖 48 家复烤厂和 23 个重点品牌，“中华”“利群”“芙蓉王”“贵烟”等 4 个重点品牌实现原料均质化加工全覆盖。

**【优化烟叶等级结构】** 面对供需等级结构矛盾的压力，各烟叶产区围绕工业需求，将优化结构作为突出重点，在抓

理水平提升。重庆强化合作社财务监管，实施“公司制”改造，对合作社治理结构进行完善提升。引导合作社在自愿平等互利的原则下开展社社重组联合。2018 年全国烟农合作社注册数 1376 个，同比减少 212 个，烟农入社率超过 95%，同比提高 10.18 个百分点。

**专业化服务。**引导烟农合作社延伸服务环节，拓展服务覆盖面，不断提升专业化服务能力。专业化育苗基本实现 100% 覆盖，专业分级达到 90% 以上，机耕、植保、烘烤专业化服务覆盖率约 50%。烟叶移栽、田管、农地膜回收等环节专业化服务取得新进展。技术绿色化水平持续提升。除烟蚜茧蜂外，利用蠋蝽、赤眼蜂、七星瓢虫等的生物防治技术开始示范推广；有机肥工程化生产 39.86 万吨，新增 13.67 万吨，施用面积 447.28 万亩；试点生物质燃料烤房 9397 座，累计推广 3.3 万座，合作社生产供应生物质燃料 20 万吨；新增节水灌溉面积 16.3 万亩，累计达到 72 万亩；推广增厚地膜 756.32 万亩，回收 939.07 万亩，综合利用 473.79 万亩；新增推广烟夹 1.1 万套。

**烟叶流通环节改革创新。**烟叶流通环节改革有效推进，原料基地化供应格局进一步巩固完善。优化专业分级业务流程，落实“站点组织、磅组实施”收购组织模式，推进原收原调、全收全调，加强收购成包、移库检验、原烟备货、交货调运等环节全过程质量管理。全年推广专分散收同比提高 3.5 个百分点；实施原收原调同比增加 45.4 万吨

好下部不适用烟叶田间处理的基础上，综合采取上部不适用烟叶不采不烤、上部 4～6 片一次性成熟采烤、带茎烘烤、采烤一体化等技术措施，着力在提高上部叶可用性上下功夫，优化结构工作力度高于往年。全国“1＋N”专业化烘烤 56.85 万吨（1137 万担），同比提高 3.7 个百分点。采烤一体化 25.25 万吨（505 万担），同比提高 5 个百分点。上部叶一次性采收 872 万亩，同比增加 346 万亩。

福建采烤一体化实施比例达到 23%，“1＋N”专业化烘烤占比达到 51.5%，龙岩上部 4～6 片带茎烘烤比例超过 50%。湖南推进定向生产，与 16 个高端卷烟品牌合作开展原料定制化开发 41 个烟叶基地单元，上部 6 片充分成熟一次性采收覆盖率达到 92%，项目烟叶调拨量 3.74 万吨（74.8 万担），工业可用性实现提升，可用于一类烟配方的占比达到 45%。河南推进浓香型烟叶开发，建立“上六片”核心示范区 6 万亩、收购“上六片”烟叶 0.3 万吨（6 万担）。安徽、湖北等产区通过减少留叶数、弃采 1～3 片上部不适用烟叶的方式优化等级结构，恩施州局（公司）通过“下打上弃”减少不适用烟叶产出，上等烟比例 72.19%，同比提高 8.88 个百分点。

**【多元增收产业转型发展】** **“烟叶＋多元产业”推进烟农增收。**在安徽皖南组织召开以科技增收为主题的全国

烟农增收工作现场会，引导各产区多渠道、高起点、成体系推进烟农增收工作，烟农增收由设施综合利用向科技引领、绿色生态、品牌打造、全产业链转型发展。各烟叶产区开展特色产品选育、功能食品研发、烟草新功能开发、农业资源高效利用等领域项目研发和成果转化，以烟叶产业链条延伸为主线，建立绿色生产技术体系，引导合作社实施品牌和渠道双轮驱动，提高多元产品附加值，培育多元增收优势产业。

安徽皖南烟叶公司构建科技引领烟农增收“1121”模式，初步探索出多元发展的基本路径和方法，形成优质水稻、生态瓜果、农家散养禽蛋“三主导”和稻田共生、功能作物、烟叶设施综合利用“三延伸”的“烟＋N”特色产业组合，确立“烟＋水稻”“烟＋瓜果”“烟＋稻鸭”“烟＋蓝莓”“烟＋食用菌”“烟＋中药材”等多种组合方式，对农户进行产业组合的引导与指导。全年共生产优质稻谷1450吨、食用菌39.7吨、果蔬414.9吨。构建以宣城现代功能农业科创园为主体的创新平台，引入中国农科院烟草研究所、安徽省农科院等5家科研机构和上海烟草集团、安徽中烟等5家企业入园，有针对性开展特色品种选育、功能食品研发、烟草新功能开发、农业资源高效利用等领域研究项目，其中与烟草所合作研发宣木瓜、太子参、覆盆子、皖贝母、瓜蒌、贡菊、无花果等特色农产品。截至2018年底，云南、贵州、四川、安徽、福建烟农增收工作具备产业化发展雏形；湖南、湖北、重庆、山东、江西工作稳步推进。

2018年，实现非烟产业总产值95.63亿元，烟农户均增收4074元。培育产值百万元以上产业项目106个，实现产值38.64亿元，净利润13.63亿元，其中产值超亿元项目11个，产值26.1亿元，净利润9.48亿元。

**打造多元产品品牌**。深度挖掘烟叶产区丰富的生态资源优势，创立特色农产品品牌。截至2018年底，烟叶产区培育56个烟农增收自主品牌，安徽皖南打造“天香皖南”品牌、云南省局共同培育“云香”品牌，统领多元产品发展，推动自有品牌发展。云南大理州局（公司）搭建“云香大理”电商平台，充分利用全州12500户卷烟零售终端资源，打造“卷烟＋农特产品”直营终端，提高烟农增收产品品牌的知名度和美誉度，实现烟农多元增收产品品牌自主化、市场化。

**【烟农补贴】** 由于烟叶质量与等级结构提升，在烟叶收购量同比减少的情况下，实现烟农种烟总收入550亿元、烟叶税107亿元。烟叶收购均价达到28.08元/千克，同比提高1.53元/千克；户均收入5.34万元，同比提高0.48万元。落实对贫困县烟农调减种烟面积给予400元/亩的专项补贴政策。各烟叶产区主动加强与地方政府沟通协调，做好补贴对象甄别和补贴金额核算，严格补贴兑现规范管理，累计对3.4万户烟农补贴8708万元，帮助烟农调整产业结构，巩固脱贫成果。充分发挥农业保险对防灾救灾、保障烟农利益的兜底作用，行业共承担保险补贴金额4.2亿元，覆盖17个省近100万户烟农，覆盖面积达到全国总面积的98%。推进精准扶贫、精准脱贫落地，剩余5.7万户贫困烟农中，截至2018年底，实现4.16万户脱贫。

**【烟田基础设施建设】** 国家局党组以助力脱贫攻坚和履行社会责任的政治担当，继续稳定烟田基础设施和水源工程建设政策，夯实乡村振兴设施基础。持续推进烟田基础设施建设。针对重点产区、突出重点项目，发挥行业补贴资金效益，着眼烟基建设全过程管控，严肃项目计划管理，严格项目验收。总公司下达18个省份2018年度烟基项目建设计划3.5万件，补贴资金概算6.12亿元；有关省级公司自行审批项目补贴资金概算5.59亿元；行业补贴资金概算合计11.72亿元。

坚持建管并重，做好项目评审把关、“管评挂钩”制度落实、复函项目建设督导3项重点工作，援建工作规范有序推进。加强援建资金监管，压实省级局（公司）监管职责，规范援建资金使用。全年新增评审通过项目16件，核定援建资金14.05亿元；新增完工项目19件、竣工项目20件。截至2018年底，国家局共复函援建项目278件，复函援建资金231.82亿元，拨付援建资金156.5亿元；开工项目265件、完工项目132件、竣工项目46件。援建项目陆续完成蓄水并投入使用。

**【烟叶基层建设】** **整合站点收购功能**。推进收购规模5000担以下站点取消设置，合并3万担以下县级分公司的烟叶股和收购站，实行站股合一的管理模式。全国收购站点整合至3805个，同比减少319个。

**加强基层队伍建设。**开展烟叶生产重点技术、烟叶烘烤、烟叶分级、打叶复烤等技术培训，组织东南五省调制技能省一类竞赛，累计培训2200余人次。充实烟站职工队伍，全国平均单站点正式员工6.59人，同比增加0.66人；单站点职工数量9.18人，同比增加0.53人。

**防控烟站系统性廉洁风险。**印发《关于加强烟叶收购站廉洁风险防治的指导意见》，梳理烟站在政策宣传、计划分配、合同管理、物资补贴发放、评级定价、收购过磅、服务烟农、烟基建设等方面存在的问题，聚焦烟站廉洁风险，列出负面清单，理出权力清单，严明纪律，严守底线，提高烟站廉洁风险防控能力。

**【打叶复烤】** 全国共有32家打叶复烤企业（含工业企业复烤车间），62个生产加工点，75条打叶复烤生产线，分布在全国17个省（市、区），年设计加工能力193万吨。其中，独立法人打叶复烤企业26家，56个生产点，66条生产线，年设计加工能力160万吨，原烟仓库131.4万平方米，成品仓库148.04万平方米，原烟挑选车间42.49万平方米；卷烟工业企业所属打叶复烤车间6家，9条生产线，年设计加工能力33万吨。

全行业26家独立核算打叶复烤企业上缴税金总额18.87亿元，同比减少2.73亿元。26家独立法人打叶复烤企业实现加工费收入（含价外费用）同比减少9.48亿元，下降13.28%。

◇ 编辑整理：褚 幸

## 卷烟（雪茄烟）生产经营

**【卷烟产销情况】** **卷烟销量平稳增长。**2018年，全国卷烟销量继续保持平稳增长态势。在全国33个省级单位中，31个销量同比增长。其中云南增加13.95亿支（2.79万箱），江西增加9亿支（1.80万箱），辽宁增加8.40亿支（1.68万箱），位列销量增量前三位。西藏、海南和云南位列增幅前三位，增幅分别为3.87%、1.75%和1.59%。陕西销量减少14.1亿支（2.82万箱），同比下降1.94%，黑龙江销量减少0.25亿支（0.05万箱）。

**单箱结构稳步增长。**33个省级单位单箱结构全部实现同比增长，数量同比持平。14个省级单位单箱结构增加超过全国平均水平，其中浙江、西藏和江西分别提升0.22万元、0.21万元、0.18万元，位居增量前三位；黑龙江、陕西和湖南增幅位居前三位，同比增长分别为6.70%、5.84%和5.64%；19个省级单位单箱结构超过3万元。

**销售额持续提升。**全部33个省级单位销售额同比增长。其中浙江、广东、湖南和江苏位居增加额前四位。西藏、江西、黑龙江、辽宁等16个省级单位超过全国平均增幅，其中西藏位居第一，为9.25%。31个省级单位呈现“销量、结构、销售额增长”的状态。

**【市场状态调控】** **保持稍紧平衡节奏。**坚持“总量控制，稍紧平衡”，大力优化货源供应，满足市场需求，保持均衡销售。引导工商企业坚持市场导向，优化货源供应，持续压缩卷烟库存，不断提升需求预测准确率和货源使用效率，推动供求关系进一步改善，价格水平进一步回升，市场活力进一步增强。2018年，全国卷烟社会库存总体呈下降趋势，全年单月月末社会库存均低于上年同期，“去库存”成果得到持续巩固。

**治理大户稳秩序。**落实“控制大户、发展中户、扶持小户”工作方针，自觉转变经营观念，持续加强对违法违规大户整治力度，大户问题得到有效缓解，卷烟流通秩序好转。依托行业卷烟营销监管平台，加大违规经营问题的预警和处置力度，捆绑搭配、做单改单、货源倾斜、卖大户等问题得到遏制。2018年，全国大户月均数量占比0.87%，同比下降0.6个百分点；月均销量占比7.3%，同比下降4.9个百分点。中国卷烟销售公司先后印发1次公文通报，约谈4家单位，对4家省级公司、4家地市级公司进行发函督办，规范卷烟经营行为，促进流通秩序进一步好转，为市场状态调整提供保障。

**【品牌培育】** **创新品类卷烟。**以细支烟、短支烟、中支烟、爆珠烟为代表的创新产品持续增长。2018年，全国细支烟在销品牌48个，在销规格168个；短支烟在销品牌24个，在销规格43个；中支烟在销品牌35个，在销规格73个；爆珠烟在销品牌34个，在销规格108个。

全年细支烟实现销量1731.35亿支（346.27万箱），同比增加535.7亿支（107.14万箱），增长44.8%；短支烟实现销量217.8亿支（43.56万箱），同比增加92.6亿支（18.52万箱），增长73.99%；中支烟实现销量294.75亿支（58.95万箱），同比增加124.05亿支（24.81万箱），增长72.64%；爆珠烟实现销量383.75亿支（76.75万箱），同比增加205.1亿支（41.02万箱）。

**重点品牌卷烟。**引导工商企业坚持聚焦重点品牌主导规格，开展市场状态维护和产品升级改造，重点品牌销售状态企稳回暖。重点品牌销量月度同比增幅连续22个月高于非重点品牌，大品牌对于行业发展的支撑和引领作用逐渐恢复。“利群”品牌销量首次突破300万箱，“黄鹤楼”品牌销售额首次突破1000亿元。

“双喜·红双喜”“云烟”“利群”品牌销量超过1500亿支（300万箱），“红塔山”“南京”“白沙”“黄鹤楼”品牌销量超过1000亿支（200万箱）。在“双十五”品牌中，12个品牌销量同比保持增长。其中“贵烟”“黄鹤楼”“泰山”位列增量前三位，分别增加72.45亿支（14.49万箱）、55.50亿支（11.10万箱）、52.05亿支（10.41万箱）。“白沙”“双喜·红双喜”“芙蓉王”销量下降，其中“白沙”销量减少19.02万箱，同比下降7.73%。

**【雪茄烟产销情况】** 2018年，安徽中烟生产雪茄烟2.03亿支，山东中烟生产雪茄烟2.74亿支，湖北中烟生产雪茄烟5.09亿支，四川中烟生产雪茄烟20.41亿支。

国产雪茄烟销量同比增长71.91%。其中，卷烟型雪茄烟销量同比增长86.85%；传统雪茄烟销量同比下降11.06%。

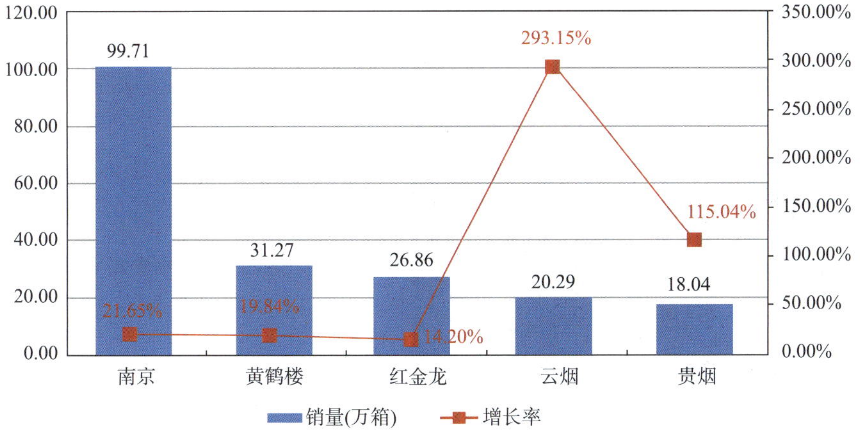


图1 2018年全国细支烟销量前五位品牌及增长率

**【市场化取向改革】** 各单位进一步健全销售规则，规范业务流程，积极开展工商网配试点，推动市场力量向上游高效传导，市场在资源配置中的决定性作用得到更好发挥。2018年省际间交易比重达到54.44%，同比提高0.07个百分点。

“总公司—省公司—市公司”三级监管机制基本建立，销售战线自我约束能力不断增强，尊重市场、遵循规律、遵守规则成为普遍共识，不规范经营行为减少，消费者自由消费权、客户自主选择权和工业企业公平竞争权得到进一步保障。

坚持市场导向、消费驱动，引导和鼓励工商企业加快探索销售新方式，工商零共同面向消费者的现代卷烟销售体系基本形成，不断加快卷烟经营方式转型。浙江、大连等省市商业企业积极探索“互联网+”模式，推动全流程实现信息化支撑、数据化运营、一体化管理，工作效率和管理质量进一步提升。部分单位建立企业微信公众号常态化运营模式，微信销售更加规范有效。江苏中烟、湖南中烟等单位积极开展烟包二维码销售，四川省局（公司）探索店铺二维码销售，二维码功能应用更加成熟。

**【提升网建质量】** 持续推进现代终端建设，引导商业企业实施现代终端标准化、规模化建设，加快推广全商品扫码、全店铺管理、多方式结算的终端经营模式，探索推进流通品牌建设，以普通终端、现代终端、加盟终端、合作终端、直营终端为主体的零售终端体系初见雏形。截至2018年底，全国共建成现代终端62.4万个，同比增长9.1%，占客户总数的比例达到12.7%。

货源投放更加公平，服务体系更加完善，服务行为更加规范，客户盈利明显增加。2018年，全国零售户综合满意度87.30分。

**【提高销售管理水平】** 2018年，行业深入开展销售“制度建设年”活动，推进制度废、改、立工作，提升制度建设规范化、标准化、体系化水平。福建、甘肃、广东、安徽、湖北、山西等省区，围绕货源投放、大户管理、品牌管理和监督管理，重新制定完善一批有质量、可操作的制度，有力巩固改革成果。市场把握能力得到增强，需求预测更加贴近市场，全年预测准确率达到99.11%，同比提高0.37个百分点，为行业计划管理、生产安排提供有效支撑。市场信息监测工作更加扎实，自动采集方式加快推广，数据质量不断改善，市场分析与调控能力得到长足进步。行业销售模式不断创新。

**【物流运行管理与改革】** **全面实现物流运行目标。**2018年，行业商业企业累计向工业企业返还卷烟包装箱近1.15亿只，工业企业累计使用循环利用包装箱包装生产卷烟7535亿支（1507万箱）；工商企业使用托盘联运卷烟5975亿支（1195万箱），其中，使用纸滑托盘联运卷烟580亿支（116万箱）。截至2018年底，工业企业物流从业人员同比下降1.9%，人均作业效率同比提高4.59%；商业企业物流从业人员同比下降4.02%，人均配送效率同比提高8.04%。

**成本费用管控。**2018年，工业企业单箱物流费用257.12元，同比下降0.54%，物流费用占销售收入比率同比下降0.07个百分点，占卷烟三项费用比重同比下降1.22个百分点；商业企业单箱物流费用234.4元，同比增长2.7%，物流费用占销售收入比率同比下降0.02个百分点，占卷烟三项费用比重同比下降0.36个百分点。

**精益物流。**行业工商企业以“全力构建精益高效的发展体系”为指引，以夯实精益物流管理基础、提升精益物流工作层次为重点，努力构建统一完善的精益物流工作体系和评价体系，推行全过程改善和系统性改善；并以精益物流课题研究为引领，聚焦行业重点、难点问题，开展各领域的工作研究与技术创新。

工商企业间推广仓储资源共用共享和合作运输，不断优化仓储运输资源布局。工业企业持续加强积累分析卷烟运输运行数据，优化运输组织调度，提升运行效率和管理水平。各省级局（公司）贯彻落实国家局《关于加强商业企业卷烟物流设备管理的指导意见》，加强对全省设备管理工作的统一谋划和落实督导。通过联合属地工业企业成立物流设备联修组、闲置设备调剂使用、修旧利废等方式，提高设备有效利用率，节省设备购置费用。

**绿色物流。**2018年，国家局印发《烟草行业全面加强生态环境保护坚决打好污染防治攻坚战行动方案》，卷烟包装箱循环利用列入烟草行业贯彻绿色发展理念的主要举措。行业商业企业践行绿色发展理念，坚持包装的绿色化、轻量化、可循环，着力减少白色污染，探索减量包装、可循环包装，并结合前期新能源汽车应用试点情况，按照国家局《关于贯彻落实国务院打赢蓝天保卫战三年行动计划的通知》精神，进一步扩大新能源配送车应用试点范围。截至2018年底，14家省级公司的27个卷烟物流配送中心开展新能源汽车配送卷烟工作。

**智慧物流。**推进行业物流综合监管调度系统拓展应用项目建设和在途系统数据质量提升，优化省级综管系统的分析预测、智能调度、辅助决策等功能。工商企业利用二维码、移动终端等信息传感技术和设备，依托物联网、云计算、大数据、AI等技术，探索与应用智慧物流建设，提高物流运行和管理效率。

**运行机制改革与模式创新。**行业商业企业继续推动物流运行机制改革，深化物流非法人实体化运作与管理。工商企业按照卷烟物流“创新升级”的工作要求，探索“甩

陕西烟草卷烟物流公司开展卷烟包装箱循环利用工作（2018年）
陕西省局　供稿

箱式”卷烟配送、“公铁联运+绿色物流”等方式，改进和创新物流运行模式。按照“行业物流资源整合优化要有新作为”的工作要求，开展储运资源布局优化、共享共用和物流业务整合。行业工业企业共设置省外前置周转库21个，2018年累计前移卷烟124.7亿支（24.94万箱），横向发运卷烟147.8亿支（29.56万箱），市场响应时间平均缩短2天。

◇编辑整理：褚　幸

## 多元化经营

【多元化概况】　截至2018年底，烟草行业多元化投资794亿元（不含中国烟草总公司、中国双维投资有限公司投资），投资企业512家，其中，359家全资控股企业形成资产3051亿元，全年实现营业收入383亿元，实现利润总额90亿元。同比2017年底，全资控股企业数量增加13家，资产增加87亿元，营业收入增加69亿元，利润总额减少5亿元。多元化经营实现利润总额排名前三的是：云南中烟50亿元、上海烟草集团12亿元、福建省公司4亿元。利润增长金额排在前三位的是：湖北中烟增长2亿元；浙江中烟、上海烟草集团各增长1亿元。

【多元化发展格局和资产结构】　2018年，行业多元化发展格局和资产结构进一步优化。卷烟零售企业效益增长较明显，行业62家全资控股企业全年实现营业收入60亿元，同比增长13%，实现利润3.3亿元，同比增长43%。配套材料产业回暖。62家全资控股企业实现营业收入99亿元，同比增长24%，实现利润7.5亿元，同比增长7%，其中52家企业赢利，占企业总数的84%，同比增加5个百分点。金融企业资产总额持续增加。行业各直属单位投资金融企业46家（不含各类优先股投资），共计313亿元。红塔银行、红塔证券、红塔创新和香溢融通等4家行业控股金融企业全年实现利润16.5亿元，同比增长9%。红塔银行资产规模由2017年底909亿元增长到1051亿元。

中国烟草投资管理公司在国产醋纤丝束经营上保障卷烟生产供应，2018年销售丝束26万吨，实现销售利润5.59亿元。稳步推进市场化探索，不断提升基地化、精益化水平，引导丝束生产企业支撑重点品牌发展，满足中短细爆卷烟特殊规格丝束需求。

【多元化整合优化】　**卷烟零售资源整合。**按照“卷烟+非烟”“直营店+零售户”“互联网+实体店”的思路，通过省内品牌整合、管理整合、资产整合等多种方式，推动零售连锁企业转型升级。福建省公司推进“海晟”零售连锁转型，建设非烟业务电商平台，打造“通仙”茶叶等非烟品牌。非烟业务全年销售收入3.9亿元，同比增长40%，非烟业务占比提升至37%。浙江省公司建设“香溢”品牌，利用互联网手段挖掘零售户资源，从经营卷烟向经营渠道资源转变，从经营企业向经营平台转变，增加非烟销售粘性，加强终端控制能力。广东省公司探索“20支”零售与烟草文化体验、生活休闲相结合的复合业态经营模式，搭建聚合连锁管理、支付平台、线上商城、物联网技术的信息平台。四川省公司以建设“诚至诚”电子商务平台为核心，实现线上、线下互补，初步形成中高端烟酒茶产品体系，41家直营店全部实现盈利。大连市公司“春天”连锁与中粮集团等知名国企合作，丰富非烟商品种类，拓展非烟商品销售渠道。

2018年4月26日，安徽黄山屯溪老街“百年徽烟”黄山品牌主题店开业
安徽中烟　郭张杰　摄

同时，湖南省公司“636”、湖北省公司“金叶阳光”、上海烟草集团“海烟烟行”、重庆市公司“渝金香”、贵州省公司“黔彩”、山东省公司“1532”、北京市公司“京烟”、吉林省公司“金叶”、安徽省公司“百年徽烟”等多个零售连锁品牌逐步建立健全管理标准及经营模式。广西区公司和湖南、贵州省公司等单位通过推动“烟草＋彩票”跨界零售项目，拓展盈利渠道。

**配套材料企业省内整合。**云南中烟整合印务企业股权划入新成立的印务管理公司，实行一体化管理。上海烟草集团、湖北中烟等单位通过资产重组、业务整合等方式发挥规模效应。四川中烟成立全资印务公司，自给达到60万箱，进一步降低采购成本。山东中烟爆珠生产技术有所突破，截至2018年底，处于国内领先水平。湖南中烟针对薄片产能过剩情况，及时调整技改项目，进一步合理布局配套材料产业，通过共建研发试验基地，提升配套企业技术研发能力。河南中烟成立装潢、接装纸研发中心，发挥技术创新的驱动作用，构建“共建、共享、共有”模式，提升产品质量。

**金融企业创新发展。**云南中烟支持红塔银行立足烟区建设，为烟农种植烟叶和土地流转提供便捷金融服务；推进红塔证券IPO上市；推动红塔创新研究开展保险、租赁、信用再担保等项目；推动合和集团向金控集团转型。浙江省公司指导香溢融通公司开展面向卷烟零售户的“香溢烟草贷”担保项目，服务主业。

**闲置资产盘活。**广东、贵州中烟和上海烟草集团研究升级改造旧厂址，打造文创园和工业旅游基地。福建中烟改造配套设施转变为酒店经营。湖南、山东省公司等单位开展闲置资产市场化租赁。山东中烟拟与内蒙古自治区公司，以及吉林、海南省公司合作开发闲置资产，探索联合开发模式。

**【酒店整合工作】** **品牌建设取得新进展。**2018年9月，国家局在长沙举办第四批中维系酒店授牌仪式，云南中烟、云南省公司、安徽省公司所属6家酒店加入中维系酒店品牌，品牌规模扩展至41家，覆盖13个省市，客房总数8700间。山东省公司向多家行业外单位输出品牌和管理，所属5家酒店与烟农专业合作社合作推出“中维定制”特色农产品，并通过线上搭建微商城、线下设立展示区等方式促进烟农增收，取得经济、社会效益双丰收。

**集团化运作稳步推进。**编制完成中维系酒店对标管理手册、内化管理指南，完善中维品牌标准体系。启动开展第一批5家酒店品牌审计试点工作，重点围绕运营配置、内控安全两大板块，对照标准查找问题，督促整改。开展会员发展工作。广东中烟、安徽省公司、陕西省公司等多个单位专门制定方案，在本省烟草系统内协助发展会员。利用中国烟草职工进修学院、云南中烟工会等平台发展会员，取得较好效果。截至2018年底，“维享会”会员总数突破12万，积分超过1600万分。

**学习交流气氛活跃。**9月，召开中维酒店品牌标准推广委员会年度会议，研究中维品牌高质量发展思路。11月，举办第五期中维酒店品牌发展培训班，长沙中维神农酒店管理公司、山东中维酒店管理公司、云南中维翠湖宾馆等单位交流酒店提质增效经验。云南中维酒店管理公司完成5家酒店品牌导入培训，举办市场传媒、信息技术等集团化专题业务培训。行业酒店之间开展经验学习、资源交流、技能比武等活动。

**【多元化投资监管】** **坚持问题导向完善监管体系。**云南中烟对多元化投资项目实行负面清单管理，对投资企业开展经济责任审计。湖北省公司研究编制重大事项清单，进一步明确行权主体、行权依据、行权内容和行权责任。湖南省公司探索建立逐级监管、联合监督模式，对投资决策、财务管理、招标采购等方面开展常态化检查。上海烟草集团研究制定董事会资料模板，加强多元化企业法人治理结构建设。

**开展多元化企业法律风险防控。**重点围绕夯实法治基础、加强法律监督、提升法律服务、强化法制宣传等方面，努力构建多元化企业法律风险防控体系。浙江中烟梳理汇总44个流程图、465个风险点、1034条防控措施，编制多元化风险排查与防控表。山东中烟指导将军集团规范完善业务流程244项，收集相关法律法规460部，辨识风险点5871个，编制完成全面风险管理操作手册。湖南中烟聚焦物资采购、重点费用等领域开展全面风险健康体检。

**坚持不懈推动清理清退。**云南中烟根据产业政策、发展战略、业务技术、财务状况等维度，对企业进行筛选，确定清退名单。山东、湖南、四川中烟等单位通过股权转让、兼并重组、清算注销等多种方式持续清退亏损企业。浙江中烟妥善处理历史遗留问题，基本完成职工股清退工作。

**继续推进实体化运作。**广西区公司设立广西双维投资管理公司，省级投资管理公司增至28家。近年新成立的四川中烟投资管理公司、四川诚至诚投资管理公司基本实现资产到位、职能到位，积极谋划补短板、促改革、强动力，多元化投资管理明显加强。

**推进经营管理评价和精益管理工作。**突出重点工作落实情况，开展上年度经营管理评价工作，组织行业宾馆酒店和烟标印刷企业对标工作，积极发挥考核和导向作用。聚焦降本增效，围绕“精益制造、精益成本、精益营销、精益服务”深入推动开展精益实践工作。山东省公司、上海烟草集团、福建中烟建立多元化精益改善长效机制，坚持问题导向，开展精益课题，狠抓成果应用转化，不断挖掘管理潜能，促进降本增效取得实效。

**【中国双维投资有限公司】** **经济效益。**2018 年，双维公司本级实现税利 10.87 亿元，其中利润 10.74 亿元。

**上海庙地区投资企业。**全面加强安全管理，提质增效、稳定经营要求。上海庙矿业公司创新优化矿井生产工艺，提高精煤率和生产效率，落实减亏目标。三新铁路与国铁实现联合运输，2018 年，完成运量 764 万吨，实现净利润 1050.37 万元，实现历史性跨越。

**丝束项目经营。**2018 年，双维伊士曼公司生产丝束 3.06 万吨，完成销售 3.1 万吨，实现利润 2.1 亿元。取得与美国伊士曼公司进口醋片价格谈判成果，价格降低 300 万美元。

**公司转型发展。**深入调研，摸清上海庙能源化工基地投资企业经营中存在的问题和困难，分析企业亏损原因，研判发展前景，采取相应措施，加强企业管理。结合双维公司实际，开展公司总体战略和职能定位的研究工作，同时加强对现有投资项目的监管，压实管理责任，强化日常监管。围绕“一带一路”倡议，与中信银行合作，完成收购哈萨克斯坦阿尔金银行 9.9% 股权。完成认购农业银行非公开发行股票工作。配合红塔银行拓展业务、配合红塔证券推进上市工作。

**安全生产及风险防控。**加强监管，全年对煤炭、丝束企业开展 2 次安全检查，要求企业及时整改相关问题，切实防范化解安全生产隐患。落实国家局党组巡视整改“回头看”检查整改任务，健全完善相关规章制度。编制并印发 5 个投资业务管理文件、制度，进一步理顺投资决策流程，规范投资项目管理，强化投资风险防控。对 12 家投资企业开展法律风险状况调研，初步建立法律风控联系机制，强化对投资企业法律风险防控工作的指导和监督。对上海庙矿业、双维伊士曼、中军基金及其管理公司开展管理审计，督促企业规范经营管理、防范投资风险。

**行业产业扶贫项目。**与湖南中烟、陕西中烟协商，合力协调生产经营计划。2018 年，弘德包装公司实现税利 3810.11 万元，其中，税金 1941.36 万元，利润 1868.75 万元。

◇ 编辑整理：周　佳

## 外事管理与国际拓展

**【外事管理】** 2018 年，加强因公出国（境）管理，全年国家局、总公司机关出国（境）团组实际执行 57 个，行业党组管理干部出国（境）团组实际执行 68 个，出国（境）人员共 827 人次；接待来访团组 29 个 164 人次。

**【卷烟国际市场拓展】** **卷烟销售。**2018 年，行业境外销售卷烟 807.83 亿支，同比减少 47.93 亿支，下降 5.6%。其中，一般贸易出口 266.66 亿支、战略合作项目 236.65

2018 年 10 月 30 日，泰山（TS）品牌卷烟第四届澳大利亚产品巡展暨经销商大会在悉尼举办

山东中烟　李　磊　摄

亿支，同比分别增长12.56%、6.39%，境外生产企业231.11亿支、境外加工项目73.4亿支，同比分别下降24.41%、19.04%。一般贸易出口、战略合作项目、境外生产企业分别占境外卷烟总销量的33%、29%、29%，境外加工项目占9%。"一带一路"国家市场销售569亿支，占比70%，成为行业最重要的境外销售区域。

中烟英美国际有限公司销售115.13亿支，同比增长31.24%。公司主营"双喜""555"品牌，主要市场包括中国免税、越南、孟加拉国等。中烟菲莫国际有限公司销售94.01亿支，同比下降14.58%。公司主营"都宝""RGD""Harmony"品牌，主要市场包括俄罗斯、波兰、巴西、捷克、韩国、匈牙利等。地平线合资公司销售27.51亿支，同比增长11.59%。公司主营"翡翠""地平线"等品牌，主要市场包括俄罗斯、乌克兰、塞尔维亚等。

**经营更加规范。**2018年，境外卷烟销售实现利润14.4亿元，较2017年增长57.8%。整合客户资源，客户质量和集中度提升，传统卷烟客户由120家降至94家；严格执行《国家烟草专卖局关于加强免税出口和境外生产卷烟监管的规定》（国烟专〔2018〕128号）要求，取消2家经营不规范经销商的资质。通过以上举措，2018年合同执行率同比提高4个百分点，卷烟出口回流下降15.8%。

**重点工业公司境外销售情况。**云南中烟优化结构，连续三年主动调减名优烟主流品牌规格，混合型卷烟占其销量的70%以上；广东中烟威尼顿公司积极开拓周边市场，在中国内地、香港特区免税市场投放"吴哥"，在阿联酋投放混合型品牌"利是"；安徽中烟持续加强对中烟国际欧洲公司的支持、管理与保障，新增细支烟设备，进一步丰富公司产品线；浙江中烟深度介入渠道，派员至经销商任职，参与境外销售；上海烟草集团坚持市场导向，以销售和库存数据为依据，合理控制投放节奏，加强生产管控，派团对菲律宾PDMC项目进行全过程监制，保证产品质量；湖南中烟、湖北中烟销量逆势上扬。产品品类更加丰富。全年出口新型烟草制品数量同比实现增长。

**【烟叶进出口】** **烟叶出口去库存成效明显。**2018年，行业烟叶类产品出口签约21.82万吨（436.4万担），同比增长0.66%，出运18.06万吨（361.2万担），同比下降11.33%，其中发运工商陈烟6.81万吨。截至2017烟季末，全国待销烟叶库存同比下降34%，为五年来最低。积极开展新烟谈判，对菲莫国际、日本烟草等跨国公司出口价均有所上涨。密切跟进库存烟叶专项清产核资工作进展，出台《出口工业企业库存烟叶指导意见》；协调促成上海烟草集团、河南中烟、湖北中烟、湖南中烟、浙江中烟等工业公司与烟叶经销商达成批量出口协议；签约工业库存陈烟4.8万吨、发运2.3万吨，其中出运工业库存前三位的为四川进出口公司（5536吨）、山东进出口公司（4830吨）、湖北进出口公司（3726吨）。拜访埃及、阿联酋、伊朗、俄罗斯、白俄罗斯、波兰等国家客户，取得近3万吨意向订单。实地调研西南、西北地区进出口公司，促进工商联动；定期通报分享国际烟叶行情；办理境外企业配套烟丝出口7290吨。中烟国际撤出国内烟叶电子交易管理系统，优化外贸管理系统，减少无效审批、提升办事效率。积极探索人民币作为烟叶出口结算货币，中烟国际香港公司与4家进出口公司、3家客户开展人民币结算业务。2018年出口烟叶人民币合同签约量1.03万吨，金额3.17亿元，出运560吨，结算263.7万元，有效防范汇率风险。

**进口烟叶质量提升。**2018年，圆满完成进口烟叶采购任务，为行业"大品牌"战略提供原料保障。受烟叶调控影响，进口烟叶采购12.04万吨（240.8万担），同比下降12.5%；到货13.32万吨（266.4万担），同比下降17.67%。持续加强进口烟叶质量管理，与烟叶公司共同组织进口烟叶看样会，根据用户质量评价和需求，有针对性地做好统一标准、优化等级、预选备料、控制过程等重点工作。2018年一档烟叶采购占比84.8%，同比增加16.4个百分点。

**【境外烟叶实体化运作】** 2018年，行业境外烟叶实体经营管理水平进一步提升。各境外烟叶实体公司按照提升水平、提升形象、提升实力的要求，扎实推进合同种植和合同收购，更好地满足国内进口烟叶需求。津巴布韦公司优化传统等级配方，压缩中下部烟叶供货规模；巴西公司提升共同等级质量标准，取消不适用等级；阿根廷公司加强原烟收购把控，促进整体质量提升。

天泽公司、中巴烟草出口股份有限公司（简称中巴合资公司）和阿根廷公司合计自营数量3.49万吨，采购比重提升至31.6%。完善中巴合资公司组织架构，公司签约农户1.29万户，同比增长3.6%，积极拓展其他市场销售，经营效益取得历史最好成绩。天泽公司克服津巴布韦外部环境等不利因素，当季合同种植收购抵扣率99.72%，继续保持较高水平；一档烟比例同比提升18个百分点；向其他客户销售非中国需求类型成品片烟超2000吨。阿根廷公司主动加强多方协调，妥善应对阿币突发贬值风险，确保公司经营平稳发展。

【进出口贸易】 2018 年，全国烟草行业实现进出口总值 29.82 亿美元，同比减少 1.78 亿美元，下降 5.63%。其中，出口 13.75 亿美元，同比增长 0.93%；进口 16.07 亿美元，同比下降 10.61%。

**表 1 2018 年全国烟草行业主要进口商品情况**

| 进口商品 | 数 量 | 同比增长（%） | 金 额（万美元） | 同比增长（%） |
|---|---|---|---|---|
| 烟叶 | 13.32 万吨 | -17.88 | 109890.99 | -13.03 |
| 卷烟 | 46.59 万件 | 9.80 | 11928.43 | 16.19 |
| 丝束 | 1.98 万吨 | -41.14 | 9317.34 | -42.39 |
| 滤嘴棒 | 37.61 亿支 | 40.25 | 3906.47 | 18.69 |
| 卷烟纸 | 1.42 万吨 | 8.42 | 5400.23 | 21.23 |

资料来源：中国烟草国际有限公司。

**表 2 2018 年全国烟草行业主要出口商品情况**

| 出口商品 | 数 量 | 同比增长（%） | 金 额（万美元） | 同比增长（%） |
|---|---|---|---|---|
| 烟叶 | 14.44 万吨 | -15.62 | 52248.32 | -16.09 |
| 烟叶副产品 | 3.62 万吨 | 11.19 | 1633.48 | 18.87 |
| 卷烟 | 266.66 万件 | 12.56 | 72951.91 | 20.43 |
| 烟丝 | 0.73 万吨 | -32.45 | 7089.86 | -16.51 |

资料来源：中国烟草国际有限公司。

【推进优化服务、强化管理各项工作】 **加强国营贸易进出口服务保障**。2018 年，行业进口丝束 1.98 万吨、卷烟纸 1.42 万吨、滤棒 37.61 亿支、卷烟 46.59 万件；出口烟机设备 25 台套、卷烟纸 2282 吨、滤棒 17.57 亿支、丙纤丝束 262 吨，醋纤丝束出口实现零的突破，向乌克兰烟厂出口 24 吨。提前开展韩国、比利时丝束试样工作，召开进口丝束座谈会，及时安排其他国家丝束，保障工业企业正常生产经营。创新服务，进口丝束价格下降 2%；把控付汇节奏，降低企业进口成本；进口特规丝束、彩色丝束、异型滤棒、阻燃条卷烟纸等，支持细支烟生产及新品研发；多批次空运各类进口辅料，保障企业紧急需求。

**加大法律与信息支持力度**。进一步完善法律信息服务平台，完成印度尼西亚、斯里兰卡等 15 个国家 200 余条法律信息收集及发布工作，截至 2018 年底，涵盖 40 余个国家、500 余条法律信息；向行业免费提供欧睿全球烟草数据库的使用，数据和研究报告覆盖全球 100 个国家和地区。

**加强境外企业管理和安全防控**。对照巡视、审计发现的问题，制定整改措施，严格落实；制定印发《中烟国际关于加强境外企业内控制度建设的意见》等多个文件，完善境外企业内控体系建设；迪拜瑞世达公司进入清算程序，中烟国际中东公司开始运营，迈出中烟国际与工业公司探索成立区域项目公司的第一步；高度重视境外企业生产经营和人身安全，密切关注津巴布韦政治、社会局势，不断完善境外企业安全管理规章制度和应急预案。

**加强财务管控与审计监督**。积极配合审计署 2 项审计工作，以此为契机全面梳理行业境外投资情况，发现问题、提出整改措施、提升经营规范性与效率效果；持续加强财务制度建设、资金管理、预算管理、国资管理，组织开展国有资产基础管理达标工作；着力构建境外企业审计全覆盖机制，强化审计工作联系，重视审计成果运用，紧盯审计整改落实；通过视频会议系统组织召开全球监察工作会议。

## 附：

## 中国烟草国际有限公司成员企业及驻外机构

中国烟草国际有限公司于 2008 年 8 月 7 日正式挂牌，是由原中国烟草进出口（集团）公司改制而成的经济实体，注册资本 11.53 亿元。中烟国际主要经营业务是：卷烟（含雪茄烟）的进出口业务；烟叶的进出口业务；烟草专用设备和烟用辅料的进出口业务；境外投资及经贸合作；国家允许或中国烟草总公司委托的其他业务。中国烟草国际有限公司在境内外直接或间接投资设立的全资、参股公司 13 家（境内 1 家、境外 12 家）。

### 深圳烟草进出口有限公司

深圳烟草进出口有限公司是中烟国际的控股子公司，成立于 1997 年 12 月，是经原对外贸易经济合作部和国家局批准成立的深圳特区唯一经营烟草进出口业务的经贸公司，公司注册资本 1000 万元，中烟国际持股 51%，中国烟草总公司深圳市公司持股 49%。主要经营烟草、烟草制品及卷烟行业机械设备、卷烟原辅材料的进口业务（具体按外经贸部〔96〕外经贸政审函第 3081 号文执行）；国内商业、物资供销业（不含专营、专控、专卖商品）。2018 年，公司实现营业收入 5.07 亿元，利润总额 1.02 亿元。

## 天利国际经贸有限公司

天利国际经贸有限公司是中烟国际的全资子公司。公司于 1989 年经原对外贸易经济合作部批准，在中国香港特别行政区注册成立，注册资本 2600 万美元。公司主要职责是经营烟草及其制品、烟草机械设备及零部件、烟用辅料等进出口业务；开展烟草经济技术合作及交流活动；负责烟草行业海外机构的管理工作；负责国际烟草商情信息的收集、汇编工作；承担有关出国团组的接待安排工作。2018 年，公司实现营业收入 15.52 亿元，利润总额 4.83 亿元。

## 中烟国际（香港）有限公司

中烟国际（香港）有限公司是天利国际经贸有限公司的全资子公司。公司于 2004 年在中国香港注册，注册资本 1 万港元。2017 年，为贯彻“一带一路”倡议，提升烟草行业整体国际竞争力，中国烟草考虑通过国际业务重组，将中烟国际（香港）有限公司打造成为中国烟草国际资本运作平台。2018 年 2 月，总公司下发《关于中烟国际（香港）有限公司有关事项的批复》（中烟办〔2018〕46 号），同意以中烟国际（香港）有限公司为主体开展相关国际业务经营。2018 年 5 月，天利国际经贸有限公司以自有资金向中烟国际（香港）有限公司注资 5 亿港元，公司正式开始运营。2018 年，公司实现营业收入 31.3 亿元，利润总额 0.78 亿元。

## 迪拜瑞世达贸易有限责任公司

迪拜瑞世达贸易有限责任公司是天利国际经贸有限公司的全资子公司，于 1997 年 6 月在阿联酋迪拜成立，注册资本 30 万美元。主要职责是开拓中东市场，经营中国卷烟、烟叶、烟梗在中东地区的销售业务。2018 年中烟国际中东公司成立后，迪拜瑞世达公司启动清算、撤销程序，截至 2018 年底仍在清算过程中。2018 年，公司实现营业收入 1876.4 万元，利润总额 22.65 万元。

## 中烟国际中东公司

中烟国际中东公司于 2018 年在阿联酋杰贝阿里自贸区注册，国家局批复的投资金额为 300 万美元，由天利公司持股 70%，云烟国际持股 30%。成立中东公司是为了进一步拓展中东地区国际卷烟市场，并规范企业运营，最大程度地降低投资风险，公司将作为中国烟草拓展中东、北非及周边地区的综合性、战略性的“管理经营型”区域总部，现阶段以卷烟的销售和市场拓展为主营业务。2018 年，公司实现营业收入 3261.15 万元，利润总额 74.47 万元。

## 天泽烟草有限责任公司

天泽烟草有限责任公司是天利国际经贸有限公司的全资子公司。为充分利用国内外“两个市场”“两种资源”，贯彻落实国家局转变进口烟叶采购方式、加强境外烟叶实体化运作的指示精神，保障国内卷烟工业对津巴布韦优质烟叶资源需求，2004 年在对津巴布韦代表处进行经营模式变更和改制后，成立天泽烟草有限责任公司，注册资本 168 万津元，投资总额 62 万美元。公司主要经营烟叶采购、烟草合同种植、烟草合同收购，以及烟叶加工、包装、出口等业务。2018 年，公司实现营业收入 9.08 亿元，利润总额 0.32 亿元。

## 中烟国际（北美）股份有限公司

中烟国际（北美）股份有限公司是中烟国际的全资子公司。公司于 2012 年 7 月成立于美国北卡罗来纳州罗利市，注册资本 5000 万美元。公司主要代表中国烟草开展北美及加勒比海地区的烟草业务，包括烟叶采购、烟草合同种植和收购、烟叶加工、对外贸易、技术交流、培训等。2018 年，公司实现营业收入 3.66 亿元，利润总额 0.21 亿元。

## 中烟国际巴西有限公司

中烟国际巴西有限公司于 2002 年 6 月在巴西南大河州注册成立，注册资本 1650 万美元，中烟国际持股 25%，湖北中烟、湖南中烟、广东中烟、浙江中烟、云南中烟、上海烟草集团各持股10%，天利国际经贸有限公司持股15%。公司主要工作是收集、了解巴西烟叶种植、收购、加工、销售信息，协助中国烟叶采购、监督加工验货团组开展工作，协调、解决中国进口烟叶过程中的有关问题，研究探索公司改革、开展实质性经营业务的方案。2018年，公司实现营业收入382.52万元，利润总额3547.32万元。

## 中巴烟草出口股份有限公司

中巴烟草出口股份有限公司是中烟国际巴西有限公司和联一巴西公司于2011年9月在巴西南大河州注册成立的合资公司，注册资本3970.2万巴西雷亚尔。其中，中烟国际巴西有限公司持股51%、联一巴西公司持股49%。公司在巴西从事烟草种植、收购、加工、销售等营利性活动，致力于按照中国烟草的需求，供应加工好的巴西烟草。2018年，公司实现营业收入12.35亿元，利润总额1.57亿元。

## 中烟国际阿根廷有限责任公司

中烟国际阿根廷有限责任公司于2008年在阿根廷萨尔塔省成立，注册资本10万美元。中烟国际持股25%，天利国际经贸有限公司持股15%，福建中烟、云南中烟、江苏中烟各持股20%。公司主要工作是收集、了解阿根廷烟叶种植、收购信息，协助开展中外烟草合作项目。2018年，公司实现营业收入1.35亿元，利润总额0.19亿元。

## 中烟菲莫国际有限公司

中烟菲莫国际有限公司（CTPM国际有限公司）是中烟国际和菲莫国际于2006年在瑞士洛桑注册成立的合资公司，双方各持股50%，注册资本为198万美元。公司利用菲莫国际公司的渠道在国际市场经营中国卷烟品牌，在符合《烟草专卖法》有关规定的前提下，菲莫国际公司的“万宝路”在中国实现许可生产并销售。2018年，公司实现营业收入498.6万美元，利润总额169.3万美元。

## 中烟英美烟草国际有限公司

中烟英美烟草国际有限公司于2012年10月在中国香港成立，注册资本1.98亿美元，其中天利国际经贸有限公司持股40%、广东中烟持股10%、英美烟草持股50%。公司的业务范围包括在全球市场中进行“State Express 555（SE555）”产品的生产、推广与销售，在特定市场（不包括中国内地市场）中进行“双喜”产品的生产、推广与销售，开发并巩固公司品牌的市场份额；负责“双喜”产品及“State Express 555（SE555）”产品的持续维护、研发和提升；股东同意的且当地法律法规许可的其他活动。2013年8月，公司进入业务运营阶段。2018年，公司实现营业收入1.59亿美元，利润总额5140万美元。

## 地平线国际合资有限公司

地平线国际合资有限公司于2016年成立，注册资本3500万美元，其中云烟国际持股30%、天利国际经贸有限公司持股20%、怡通烟草（香港）有限公司（帝国品牌公司子公司）持股50%。公司负责合营品牌的管理，包括制定品牌战略、市场销售及定价、制定媒体策略及广告素材，组织广告宣传、推广活动，开展市场调研，适时拓展其他类型业务，开展国际并购。主要涉及4个合营品牌，其中“大卫杜夫”“威斯”品牌由云南中烟受公司委托在中国市场进行生产和销售，“翡翠”“地平线”品牌由帝国品牌公司受公司委托在国际市场进行生产和销售。2018年，公司实现营业收入8943万美元，利润总额1315万美元。

◎编辑整理：王 静 鲁建敏

# 专卖监督管理

**【推进专卖内管，提升规范经营水平】** **违规大户治理。**各级烟草专卖管理部门紧盯“二次批发、左右价格、扰乱市场”行为，认真查摆问题，细化治理方案，建立长效治理机制。全年查处大户违规经营卷烟5万支或价值5万元以上案件6043起，依法取缔违规大户4048户。以违规大户治理为抓手，深挖卷烟非法流通根源，根据查处和外流卷烟的品牌数量调整卷烟购进、投放量，从源头疏解不适销卷烟外流压力，压缩违规大户活动空间，促进市场秩序好转。

**增强规范意识。**各级烟草专卖管理部门高度重视卷烟非法流通治理，加强考核，落实责任。一些烟草专卖局通过专题培训推动解决经营理念和操作惯性问题，实现规范压力的有效传导。部分重点地区卷烟外流总体数量和重大案件均大幅减少，卷烟规范经营水平提升。国家局组织力量进行重点督导，推动部分地区加强规范经营。

**查处违规经营行为**。国家局对违规经营案件进行通报，进一步强化属地监管职责，落实卷烟非法流通重大案件督办制度，按照发运地认定毁码卷烟来源地，集中移交、督促查处多批卷烟违规经营预警线索。各省级烟草专卖局主动严肃查处"主观故意、组织参与、内外勾结"典型案件，全行业共查处各类违规经营行为882起，处理265人，起到一定的警示震慑作用。有关单位认真贯彻落实《关于加强免税出口和境外生产卷烟监管的规定》，国家局建立不良客户档案，坚决取缔部分严重违规卷烟出口代理客户经营资格。

2018年5月10日，大连市局（公司）参加大连市"'5·10'打击走私主题宣传日"活动

大连市局　王晓佩　摄

## 【保持打假打私高压态势，打击涉烟违法行为】

**打假打私概况**。2018年，各级烟草专卖管理部门着力构建"政府领导、部门联合、多方参与、密切协作"的烟草打假打私体系，与公安、海关等部门密切配合，协同作战，沉重打击源头制假贩私活动，打假打私形势明显好转。全年共查处案值5万元以上假烟案件9100起，收缴制假烟机493台，查获假烟40.1万件、走私烟15.2万件、新型烟草制品4406万支，查获烟丝烟叶2.62万吨，拘留7353人，追刑3220人，主要指标同比显著增长。

**假私源头治理**。国家局联合公安部在广东、福建等重点地区部署开展烟草打假打私专项行动，海关"国门利剑"专项行动继续把非法烟草专卖品列入重点打击产品，有效遏制假私烟反弹。国家局继续实行重点地区联系点制度，专人负责，定期督导。河南、福建、广东、广西持续保持高压态势，集中力量突出制假贩私源头打击治理，取得显著成效。重庆、湖南、广西严厉打击制假转移，源头制假和走私犯罪受到沉重打击。

**打击售假贩私网络**。各级烟草、公安、海关加强案件经营和信息研判，溯源扩线，创新战法，省际间协作进一步增强，跨省联合办案质量水平明显提升。上海烟草、公安破获静安"1·24"全国首起跨国制售假烟案，广东、福建、河南、江苏、陕西、甘肃、重庆、湖南等地先后破获一批在全国有重大影响的假私烟和雪茄烟案件。国家局会同公安部、海关总署加强对重大案件的督导协调，组织开展打击涉烟经济犯罪集中行动，全年共督办重大案件83起，通报表彰12起重大案件和专项行动。

**整治物流寄递涉烟问题**。各级专卖管理部门积极落实四部委打击物流寄递环节涉烟违法犯罪协作机制意见，进一步完善与公安、邮政、交通等部门协作机制，针对物流寄递环节涉烟违法活动开展联合打击行动。浙江、安徽、江西、河南等省组建专班对重点分拨中心实施有效监管，研究运用大数据分析、面单排查等方法实现精准打击，依法惩治一批与售假贩私分子相勾结、非法运输假私卷烟的物流快递人员，物流寄递环节监管力度有效提升。

## 【推进市场监管，维护良好市场秩序】

**市场监管方式创新**。结合市场监管信息化启动示范单位建设，创新市场监管方式，促进科学监管水平的提升。国家局持续推进市场监管信息化建设和零售市场监管改革，"双随机、一公开”与 APCD 工作法相结合的监管新方式全面落地。浙江、北京、安徽、四川等地的烟草专卖局（公司）提高数据分析能力，市场检查针对性进一步增强。

**新型烟草制品市场监管力度加大。**协调和配合有关部门，解决新型烟草制品定性、鉴定问题，结合行业高质量发展课题研究，推动制定完善有关监管办法。联合海关总署、公安部，加强重点地区口岸和机场国际航班进出境旅客查验，打掉多个利用机组和旅行团组走私加热不燃烧卷烟犯罪团伙。各地认真研判新型烟草制品市场状况，重点清理淘宝、京东等网上销售信息，主动出击查处违法违规经营。国家局联合海关总署、公安部多次召开案件推进会，部署打击非法经营和走私新型烟草制品案件侦办工作。浙江宁波“3·18”加热不燃烧卷烟案件境外主犯归案，黑龙江、北京、上海、江苏、湖北、深圳、新疆等地实现判例突破。

浙江省杭州市淳安县局（分公司）专卖管理人员针对行动困难、交通不便的零售户开展定时定点“一对一”服务（2018 年）

浙江杭州淳安县局　王晓峰　摄

**重点领域市场监管加强。**国家局专卖监督管理司与公安部网安局建立联合打击互联网涉烟违法犯罪工作机制，与腾讯公司建立互联网涉烟监管工作机制，协调国家市场监督管理总局及时约谈有关互联网企业，切实解决互联网涉烟监管中存在的突出问题。开展免税烟经营企业贴标情况专项抽查，免税卷烟和雪茄烟经营监管办法得到有效贯彻落实。各省级局加强零售市场监管，深入开展违规大户治理，切实加强“12313”管理，及时针对市场存在的突出问题组织开展零售市场整治行动。全年零售市场查获案件 36.65 万起，同比增长 3%；全国“12313”电话接通 11.3 万条，同比增长 4.1%。

## 【推进许可管理，全面落实“放管服”改革要求】

**专卖许可证管理。**2018 年，各级烟草专卖管理部门贯彻国务院“放管服”改革要求，专卖许可管理更加规范化、高效化、便民化。全年共审批生产经营类烟草专卖许可证 1080 份，办理准运证 103.8 万份；新办烟草专卖零售许可证 77.9 万份。

**解决群众办证堵点问题。**行业上下高度重视百项堵点问题疏解，国家局下发紧急通知进一步规范烟草专卖零售许可证办理，重申各级局在烟草专卖零售许可证变更、延续过程中，不得要求申请人提交工商营业执照原件或复印件；与国家市场监督管理总局联合下发《关于优化烟草专卖零售许可办理推进电子营业执照使用解决群众办事堵点有关事项的通知》，推动烟草专卖零售许可管理系统与工商营业执照数据系统对接，基本解决群众办证堵点问题。

**许可证管理效能提高。**各地进一步压缩零售许可证办结时限，大连、宁夏等地实现新办许可申请 5 日内办结，行政许可效率持续提升。针对年底前零售许可证延续申请的高峰期，相关单位专卖管理部门提前部署，增设办理窗口，配备自助设备，开辟绿色通道，确保延续工作规范高效、稳妥有序。各级专卖管理部门集中开展中小学周边不符合规定零售店的清理治理，树立和维护法治烟草、责任烟草良好形象。

**许可改革持续推进。**完善烟草专用机械生产企业申领许可证条件；各单位稳步推进零售许可改革，全国 24 个省（区、市）实行零售市场准入负面清单制度，零售点合理布局规定进一步修改完善。完成对河南、湖南、广东、四川 4 省许可管理和日常监管的督查，各地按要求对辖区有关持证企业遵守专卖法情况进行例行检查，进一步强化专卖许可后续监管，促进相关企业守法经营。

**【推进基础管理，队伍和信息化建设进一步加强】**

继续深入贯彻落实《关于加强新形势下专卖管理队伍建设的意见》，突出职责落实、素质提升、作风转变，专卖监管队伍进一步加强。中国烟草网络学院专卖分院作为首个专业分院正式开通，在教育主管部门与专业业务部门合作培训新模式上作出积极实践，首期网络培训班培训基层专卖管理人员 4.4 万人，以专家库为核心、各省共商共建的运行机制逐步建立。举办第三届全国烟草专卖管理岗位技能大赛，竞赛形式、内容不断创新，推动高技能专卖管理人才选拔培养。20 个省级局通过举办省级二类岗位竞赛，推动形成学知识、练本领和尊重知识、尊重人才的良好氛围。专卖管理岗位技能鉴定和专卖队伍集中培训扎实推进，全年组织开展 5 批专卖管理师全国统一鉴定，参加鉴定 9023 人次，通过 3727 人，通过率 41.3%；依托职工进修学院开展 4 期县级局局长集中培训，联合国家烟草质检中心开展 2 期专卖人员卷烟真伪鉴别骨干培训，进一步提高专卖队伍技能水平。江苏、天津加强职业素养建设，北京推进行政执法规范化，辽宁、广西探索跨省（区）实战练兵，广东、安徽、河北、青海结合自身实际组织专题培训，专卖队伍建设进一步加强。

继续深入推进行业专卖管理综合信息系统建设，系统建设质量和应用水平进一步提升。贯彻落实国办一体化政务服务平台和“互联网＋监管”建设要求，推进工商营业执照与烟草许可证系统对接数据；以全国烟草专卖统计报表调整为抓手，建立以专卖管理综合信息系统为基础的数据统计机制，部署开展数据校验，切实提高系统数据质量。浙江探索实践“互联网＋专卖”，专卖内管、打假打私、市场监管、许可管理等方面水平进一步提升；上海、广东对接当地政务服务平台，政务服务能力和质量明显提升。

◇ 编辑整理：王　静　鲁建敏

# 政策法规与体制改革

**【落实“七五”普法规划】** **普法中期检查**。2018 年，全行业按照“七五”普法规划安排，持续做好普法各项工作。根据全国普法办关于开展“七五”普法中期检查督导工作的要求，全行业组织开展烟草行业的“七五”普法中期督导工作，印发专门通知，布置督导行业各单位从普法规划制定、普法组织领导、法规队伍建设、普法经费保障、普法责任制建设、普法活动开展、普法工作成效等方面进行全面自查和系统评估，针对存在的问题提出改进完善的工作措施。国家局组织专门力量赴天津、重庆、四川、江西、新疆、黑龙江等省（自治区、直辖市）进行集中抽查。通过督导检查、总结成绩、发现问题、推广经验、改进工作，行业“七五”普法中期检查工作达到预期目的。

**普法宣传主题实践活动**。学习宣传贯彻新修订的《宪法》，全行业开展以学习宪法、遵守宪法、弘扬宪法为核心内容的主题法治宣传实践活动，普及宪法知识，维护宪法权威，增强法治素养，提高法治水平。行业各单位持续推

2018 年 12 月 4 日，天津津南区局（分公司）开展“尊崇宪法、学习宪法、遵守宪法、维护宪法、运用宪法”联合普法宣传活动

天津津南区局　孙　语　摄

进“法律六进”等普法宣传活动，设计普法工作的载体和形式，提高普法工作实际效果。云南中烟连续三年举办全省烟草系统法律知识竞赛。四川省局（公司）启动“送法下基层进站点”活动，组织人员赴凉山、泸州等烟叶主产区向一线站点工作人员开展关于“职务犯罪”问题的专题宣讲。海南省局（公司）在三沙市开展“3·15”国际消费者权益保护日系列宣传活动，并在永兴岛、赵述岛设置假冒伪劣卷烟曝光台并发放法治宣传资料。

**法治建设专题培训。**国家局组织行业“七五”普法讲师团能力培训，依托讲师团打造与烟草专卖业务结合的法治宣传精品课程，促进行业普法水平的提升。2018 年，针对工商企业不同特点，继续举办行业法治建设专题培训班。培训内容覆盖合同管理、商标管理、广告实务、专卖执法、反垄断和反不正当竞争、法律风险防控、行政审批标准化建设等多个涉法工作领域，进一步增强培训的针对性和有效性。

**【推动法律法规制（修）订】** 参与《基本医疗卫生与健康促进法（草案）》等与烟草行业息息相关法案的立法过程，并对 FCTC 第八次缔约方大会和消除烟草制品非法贸易议定书第一次缔约方大会的主要议题进行法律论证和研究。对加热不燃烧卷烟的法律属性和法律适用进行研究论证，明确加热不燃烧卷烟的卷烟属性以及适用烟草专卖法律法规的正当性和合理性，为专卖执法工作提供法律支持。加强与有关司法部门的沟通协调，研究推进涉烟司法解释的修订工作。对广东、湖南等地进行调研，针对目前涉烟刑事司法解释的适用情况和主要问题进行深入研究，对非法经营罪入刑标准、持有零售许可证从事批发业务行为的法律定性、新型烟草制品刑事犯罪等重点问题进行分析和论证，为下一阶段协助司法解释修订奠定基础。

**【制度建设】** **建立制度性文件正面清单制度。**在前期制度规范清理工作的基础上，向全行业印发国家局、总公司 1982—2016 年出台且现行有效的全部制度性文件的正面清单，共计 1118 项，改善长期以来行业内制度性文件系统性不够、时效性不强、数量繁多冗杂、内容相互冲突的一些突出问题，更好地实现制度规范的有章可循和检索便捷。组织人员对近两年新制定印发的各类重要文件开展集中清理及汇编工作，建立正面清单的动态化管理机制，加快构建以审查发布、清单管理、依法公开、定期清理“四个机制”为主要内容的行业制度性文件管理体系。行业各单位开展对本级制定印发的各类制度性文件的清理工作，进一步优化制度体系。

**搭建行业制度性文件备案审查信息系统。**改进行业制度性文件备案审查工作机制，国家局完成行业制度性文件备案审查系统的开发、测试和验收工作，初步实现申请、审查、批准、决定、归档的全流程网上办理，提高备案审查工作的覆盖面和时效性。

**推进烟草行业权责清单制度。**深入贯彻落实国务院“放管服”改革工作要求，研究制定烟草行业国家局、省、市、县级单位的权力清单和责任清单，规范权力名称，梳理权力依据，明确法律责任，切实增强权力运行的合法合规性和公开透明度。

**建立行政复议案件信息季报制度和案卷管理制度。**建立烟草行业行政复议信息报送制度，促进上级局监督和指导下级局的行政复议工作。建立行政应诉案卷管理制度，进一步规范诉讼案件的卷宗管理，增强行政诉讼法律风险防控能力。

**【法治监督】** **规范案卷评查和合同审查工作。**国家局推进专卖执法案卷评查和经济合同审查工作，进一步完善评分标准，细化评查方案和评查规则，督促、指导行业各直属单位在年内全面完成自查工作。在自查环节，部分直属单位高标准、严要求完成自查任务。湖南省局（公司）主动扩大案卷评查范围，将案卷评查升级为案件评查，组织专业队伍，对全省 14 个地（州）市局本级和所辖 30% 县级局，共计 42 个单位的专卖执法制度建设、执法人员资格管理及法规人员履职情况、行政处罚及许可卷宗、专卖执法配套物资管理等 4 个方面进行全面自查。在各直属单位自查基础上，国家局组织检查组对部分直属单位进行实地抽查，及时收集汇总行业各单位在评查中发现的突出问题，组织专门力量进行研究论证，指导和促进基层解决实际问题。

**加强执法资格管理。**加强对行业各单位烟草专卖执法资格考试、执法徽章和检查证发放及使用等工作的管理，审核办理多地新增烟草专卖执法徽章和检查证编码事宜，严控专卖人员执法资格的准入门槛。国家局实地调研部分省份基层专卖人员交叉执法、跨区执法工作的实际情况，研究并初步提出针对性解决方案。

【法律服务】 ***化解商标领域相关法律风险。***国家局、总公司加强对行业各单位商标管理和商标争议解决工作的研究和指导。办理总公司“大丰收”商标续展事项，跟进处理菲莫美国与中国烟草总公司在美注册商标图形争议案件。指导重庆市局（公司）处理“渝烟连锁”系列商标争议案件。针对昆明晨力商贸公司对总公司提出的商标撤销案件，各单位配合国家局收集在提供“不动产出租”“台账管理”等服务时使用注册图形商标的证据材料，提交国家商标管理机关进行异议答辩，保护行业的知识产权财富。指导江苏中烟做好“金陵十二钗”商标著作权案应诉工作，成功实现由法院主持的调解结案，保障企业正常生产经营秩序。

***加强专卖执法前沿法律问题的研究和探索。***以创新和改进执法方式、提高执法效率为目标，先后赴天津、四川等地针对轻微违法案件快速处理试点工作进行调研，对其中涉及的执法程序问题、法律适用问题、证据标准问题，以及可能产生的后续法律风险进行深入研究和评估，指导推动试点工作的有序开展；加强烟草专卖行政执法案由规范化课题研究，对当前执法案由的分类、案件构成要件及案件办理中存在的主要法律问题进行调研并广泛征求意见；加强行政执法环节与刑事司法程序的有效衔接，对其中存在的疑难问题及工作障碍进行研究分析，督促、指导行业各直属单位进一步规范和改进执法案件移送司法的相关工作。

【国有企业改革】 贯彻党中央、国务院关于国有企业集团层面公司制改革部署，配合有关部门继续推进总公司公司制改革。坚持烟草专卖制度，实行“统一领导、垂直管理、专卖专营”和“一套机构、两块牌子”管理体制，先后研究制定《中国烟草总公司公司制改革实施方案》《中国烟草集团有限公司章程》《〈中国烟草总公司公司制改革实施方案〉起草说明》等，推进中国烟草总公司公司制改革。

严格落实国有企业职工家属区“三供一业”分离移交工作，加强督导和检查，做好与财政部的沟通协调和专项预拨付资金的申报工作。2018年，已全部签署正式分离移交协议，完成烟草企业职工家属“三供一业”分离移交工作。

【“放管服”改革】 落实国务院关于推进行政许可标准化建设的工作要求，国家局对烟草行业全部12项行政许可事项中的证明事项进行全面清理，逐项论证，对已取消下放事项监管情况进行自查和评估，强化事中事后监管措施。修订完善许可事项的目录清单、服务指南等规范性文件，并通过网上政务平台向社会发布，全行业行政许可标准化建设的整体水平得到提升。

◇ 编辑整理：褚　幸

## 财务与审计

【保障两个万亿目标实现】 ***税利总额稳步增长。***2018年，国家局分解下达行业工商企业税利目标任务，以税利指标为核心、成本费用控制为重点、预算定额标准为依据，组织开展年度预算编制及中期调整。同时，加强对税利实现进度的跟踪分析，定期公布行业各单位税利增幅、完成进度，促进税利指标更加客观、稳健的反映行业经济运行情况。全行业实现税利总额11556.2亿元，同比增加411.1亿元，增长3.69%，行业税利总额稳步增长。其中工业企业税利增幅达到4.07%，创近四年来增幅新高。

***持续优化资产结构。***截至2018年底，全行业资产负债率17.49%，其中工业资产负债率24.09%，商业资产负债率13.72%，行业财务杠杆率维持在较低水平；“两烟”库存余额占比降至24.26%，下降近2个百分点。

***保持上缴财政超万亿元。***2018年，缴纳各项税金9095亿元，全行业上缴财政总额10000.8亿元，为国家在大规模实施减税降费情况下实现财政增收作出积极贡献。

【配合国家审计工作】 2018年，审计署对行业同时开展经济责任审计和专项审计调查，并延伸审计云南、湖南和河南等省工商企业。国家局制定配合工作方案，下发工作通知，协调完成资料提供、问题解答、后勤保障等相关工作，保证审计工作顺利开展。审计期间共分解审计资料提供单超400余份，组织提供制度文件、会议记录纪要、报告说明、数据资料、统计信息千余份，反馈审计取证单上百份，组织协调有关职能部门解答问题近百次。

**【抓好降本增效】** 持续推进成本费用定额标准体系建设，江苏、贵州、山东等省商业企业，推行预算定额管理取得积极成效，促进企业降本增效。其中，贵州省局（公司）通过银企直联服务，使用“专线直联＋产品组合＋个性改造”的方法，逐步实现烟草资金在市级单位的集中管理，达到财务降本增效、风险管控的目的。2018 年，工业企业销售成本率 26.28%，同比下降 0.18 个百分点；商业企业销售成本率 69.25%，同比下降 0.09 个百分点。重点费用继续大幅下降，其中，业务招待费同比下降 37.04%，会议费同比下降 21.19%，涉外费同比下降 10.64%。河南中烟许昌卷烟厂开展“基于信息系统运用的消耗管控”“精益理念下生产组织方法研究”等创新课题研究，以课题推动降本增效工作深入开展。

**【开展专项自查】** 行业各单位全面开展货币资金专项自查，逐项清查内控制度、现金及银行存款管理、“小金库”等方面的问题，健全管理制度、强化制度执行，形成财务、业务、审计、纪检多部门协调配合、齐抓共管的资金监督管理机制。深入推进超标准乘坐交通工具自查清理，进一步明确纪律要求，清退超标款项，巩固中央专项巡视整改成果，防范“四风”问题反弹，严格贯彻落实中央八项规定精神。

**【完善财务政策保障】** 修订烟草行业水源工程援建项目资金管理办法，调整资金承担主体，促进项目规范运作。统筹安排烟叶生产基础设施建设、水源工程项目援建、工商企业注资等重大事项资金 217.9 亿元，支持“大品牌、大市场、大企业”战略、打叶复烤技改、品牌合作生产等重点工作。制定烟叶清产核资过渡期处置措施，鼓励工业企业积极使用和处置不适用烟叶。协调财政部、税务总局出台烟叶税配套政策，保障烟叶税法有效实施。稳步推进“三供一业”分离移交，组织开展资金申报、审核，申请中央财政补助并同等额度下拨总公司配套补助资金。

**【加强国有资产管理】** 全行业 61 家直属单位实现国有资本基础管理达标，推进国有资本管理工作标准化、制度化，夯实国有资本管理基础。加大闲置资产资源整合力度，全年盘活调剂闲置资产 7400 项；出租资产 2.2 万项，同比增长 1.75%；取得租金收益 17.81 亿元，同比增长 2.33%。持续推进行业“两烟”货款项清理，往来款项占比压减，资产流动性进一步提升。配合财政部研究拟定公司制改革方案，推进总公司层面公司制改革。广西区局（公司）制定《广西烟草商业系统全面预算管理工作考核实施细则》，从源头上控制新生闲置资产，多渠道多方法盘活资产，提高空置资产收益率。四川省局（公司）下发调研表格 21 份，深入整理分析 2016—2017 年度“两烟”结算资金管理数据，制定《关于加强“两烟”结算资金管理的指导意见》，着力提升“两烟”结算资金管理水平。

**【强化内部审计监督】** 贯彻落实习近平总书记在中央审计委员会第一次会议上的重要讲话精神，成立国家局、总公司内部审计委员会，建立健全内部审计工作机制，加强行业内部审计顶层设计。强化对权力运行监督制约，以经济责任审计为主要抓手，以工程投资审计为重点，应用在线审计信息系统，聚焦生产经营管理过程中风险易发多发领域，实现对被审计单位经济事项业务的全覆盖。

全年行业累计开展经济责任审计 1110 余项，基本建设项目审计近 7200 项，内控制度评审超 100 项，信息化投资项目审计近 230 项，其他各类专项审计 8500 余项，提出审计意见建议 3 万余条。通过行业内部审计不断促进规范生产经营、减少风险隐患、降低投资成本、防范国有资产流

江西烟草省级资金统一监管平台（2018 年）

江西省局 供稿

失。推进审计结果公开，国家局共发布7条经济责任审计结果公告，提升审计透明度，强化审计震慑作用。

【财务信息化建设】 优化升级税利预测模型，提升税利预测精准度，行业税利预测值与最终实现值差异逐步缩小。完善财务管控平台功能，加强对财务数据指标的分析运用，实现快报分析自动化生成，为管理决策提供及时准确的参考依据。持续开展行业往来款清理工作，实现工商企业间“两烟”交易数据和财务数据实时共享，规范“两烟”交易资金结算。夯实行业会计基础工作，优质高效完成年度决算，获得财政部通报表扬，督促各单位整改落实年报审计披露的财务问题。行业部分单位探索“互联网+”业财融合创新管理。福建中烟对税利预测、卷烟结算服务、互联网销售等方面进行尝试。安徽省局（公司）自主建设的全省系统电子发票平台试运营上线，覆盖卷烟销售、烟叶生产等主业领域，为后续税收管理、数据共享等工作奠定基础。贵州遵义市局（公司）将“互联网+”运用于财务会计，完成财务共享中心的基础建设，全面实现“资金管理全智能、业务财务全融合、会计核算全自动”。

◇编辑整理：褚 幸

## 烟草科技

【中式卷烟】 **创新产品**。构建中式细支卷烟品类技术体系，深化细支卷烟系统化设计、提质增效关键技术创新和成果推广。细支卷烟单箱原料消耗降至20.8千克，过程损耗接近传统卷烟水平，梗丝、再造烟叶最高使用比例分别达到15%、12%。细支卷烟发展实现技术、产品、品类全面创新，带动短支、中支、爆珠卷烟等创新产品燃烧特性、工艺特性、烟气特性、感官特性整体提升。2018年，细支、短支、中支、爆珠卷烟销量同比分别增长44.81%、73.99%、72.64%、114.78%，创新产品销量占比提高3.44%，对行业单箱结构提升贡献达到1500元。

**降焦减害**。行业控焦稳焦降焦水平持续提升，国产卷烟焦油量稳步降低，2018年降至10.0毫克/支。在创新产品带动下，国产卷烟焦油量同比降低0.06毫克/支，其中创新产品拉动焦油量降低0.08毫克/支。焦油量8毫克/支、6毫克/支以下卷烟销量分别同比增长9.31%、19.65%，销量及增幅创“十三五”以来最好水平。

**关键技术创新和成果推广**。历时3年，由湖南中烟牵头，掌握精准辨香、智能仿香、数字创香等核心技术，构建卷烟数字化调香系统，截至2018年底，应用于指导多家卷烟工业企业的产品开发。山东、贵州、湖北中烟突破爆珠壁材和香精适配关键技术，掌控爆珠及爆珠滤棒高精度、高效率、高可靠性核心制造工艺，成本大幅降低。将军集团爆珠及爆珠滤棒出口韩国等国际市场。蒙昆公司开发应用烟叶生物酶切处理工艺技术，贵州中烟开发应用烟叶水洗工艺技术，开拓不适用烟叶有效利用新途径。

【现代烟草农业建设】 **开辟烟草精准育种三大路径**。基因定向改良育种路径全线贯通，云南烟草科学研究院、中国烟草总公司青州烟草研究所成功培育抗病毒病“K326”、抗黑胫病“红花大金元”、抗PVY“云烟87”，并通过行业审定。规模化基因编辑育种路径，突破编辑素材标准化、工程化、流水线创制关键技术，云南、湖南中烟构建覆盖500个核心基因的育种素材库。全基因组模块

江西中烟技术中心研究人员开展自主香精的制备工艺研究（2018年）
江西中烟 供稿

化育种路径，开启针对多基因复杂性状的设计育种，云南院、青州所构建完成“K326”和“红花大金元”品种的育种模块库，并获得56份优良育种模块。国家局依托华大基因学院的国内外高端教学资源，启动实施为期两年的烟草生物技术高层次人才培养计划，系统化培养高端生物技术人才15人、专业技术人才129人。

**攻克绿色防控新技术**。在烟蚜茧蜂防治蚜虫技术基础上，成功开发蠋蝽、瓢虫防治虫害技术。蠋蝽防治烟青虫、斜纹夜蛾技术由贵州走向全国。贵州突破蠋蝽规模化繁育技术和产品，成功保障17个烟叶主产省试点推广3万余亩。凉山、恩施产区突破瓢虫防治蚜虫技术瓶颈，并推广21万亩。烟蚜茧蜂防治蚜虫技术进一步深化和提升，行业病虫害生物防治工程中心解决蚜茧蜂滞育调控技术问题，蚜茧蜂僵蚜保存时间达到1个月，具备向全国商品化供应条件。蚜茧蜂防治蚜虫技术实现植烟面积全覆盖，在大农业推广面积首次超过烟草农业。

构建免疫诱抗防治病毒病、基质拌菌防治青枯病和黑胫病、波尔多液和生物菌剂联控赤星病和野火病技术体系，并在云南、贵州、湖南、重庆、陕西等10余个烟叶产区规模化应用。遵义、毕节、恩施产区生物有机肥、生物炭基肥、烟杆生物有机肥工程化应用步伐加快，在烟草农业和大农业推广124万亩。

【创新激励机制】 **提升创新效能的政策措施**。强化机制创新：湖北中烟出台创新优先战略实施意见，在选人用人、科研立项、服务采购、职称评审和薪酬分配等方面向科技创新工作优先倾斜。湖南中烟打造“和+”共享创新平台，加大外部创新资源利用，畅通全员创新渠道。

强化人才建设：湖北省局将人才培养工作摆在突出位置，实施行业、省局、市局三级青年人才托举工程，形成“1+11+99”优秀青年人才梯队。海南省局畅通借智引才渠道，夯实研究所科研力量，引进国内外专家6人。四川中烟出台高层次技术研发人才聘任和待遇管理办法，激活人才创新动能，1名青年科技人才入选“天府万人计划”。

强化平台支撑：发挥院士团队科研优势，四川中烟、云南省局、安徽省局分别在生物工程、土壤保育、智慧农业领域建立院士工作站，湖南中烟完成香精香料领域院士工作站筹建，提升研究水平，夯实人才基础。凉山州公司开创烟叶生产技术中心建设新模式，与青州所联创烟叶生产技术中心，并搭建中国农科院博士创新基地。

强化成果转化：将军集团建成集研发、成果转化、推广服务为一体的行业烟用爆珠工程研究中心，加速提升烟用爆珠国产化水平；安徽中烟成立焦甜香生物科技公司，推进香精香料和烟用新材料研发成果产业化。

**“互联网+科研”融合创新**。国家局启动实施烟草科研大数据重大专项。历时一年，郑州院牵头并联合中科院计算机网络信息中心，集中行业力量全力推进专项实施，初步完成科研大数据中心系统架构等底层技术研究，整合中国烟草科技信息中心等单位的上百万条数据资源，初步构建烟草科技知识图谱、烟叶质量分析两个大数据平台，实现知识关联挖掘分析、烟叶质量趋势预测等功能，为数据驱动型的科研活动、知识服务、烟叶生产提供基础支撑。行业各单位积极探索构建大数据驱动的业务新模式，浙江省局、广西中烟推动“互联网+”创新成果与烟草产业链、创新链深度融合；皖南烟叶公司建设“可视、可控、可研”烟叶信息化平台；贵州等烟叶主产区利用现代信息技术促进烟叶生产方式向现代化转变。

【产品质量监督检测】 2018年，国家局共抽检19家中烟公司的438个卷烟产品和15个省55家地市级烟叶产区的610批烟叶，卷烟产品合格率100%，烟叶工商交接等级合格率64.1%，完成原辅材料、再造烟叶、香精香料等10类产品5259份样品质量安全监测。各省级质检站共鉴别检验卷烟270余万条，出具各类检验报告42万余份。上海、云南、贵州等省级局高度重视质检站建设，综合检测能力强，连续多年完成国家局下达的卷烟主流烟气7种成分检测任务，支持卷烟降焦减害深入推进。

行业质检机构资质认定工作获得国家认监委高度认可，获授权设立国家资质认定烟草评审组，完成6家省级质检站的审查认可、资质认定和实验室认可的现场合并评审。上海质检站创新采用“产品目录指引制度”，为指引专卖稽查提供受理产品目录，提高工作效率。强化质检队伍素质提升，组织举办1.2万余人次技术培训。承办第25届亚洲烟气分析合作研究年会，提升中国烟草检验检测国际影响力。

【标准化成效】 **重要标准制（修）订。**完成雪茄烟国家标准修订研究和《烟蚜茧蜂防治烟蚜技术规程》等4项国家标准制定。重点加强卷烟爆珠、加热不燃烧卷烟等关键领域行业标准和总公司标准的研究制定，完成并发布对行业相关工作形成重要基础支撑的行业标准44项、总公司标准8项。

**标准示范推广工作。**国家级烟叶标准化生产示范区和行业商业标准化示范企业示范引领作用进一步加强，促进烟叶生产标准化，提升商业企业管理水平和服务质量。凉山、郴州等地市级公司着力突出工业需求导向，工商协同对关键技术标准和管理标准进行优化。湖北、广东省局探索整省推进商业标准化工作新模式，从示范带动转变为整体提升。

【技术成果】 2018年，全行业获得省部级以上科技奖励成果51项，其中23项成果获总公司科学技术奖、8项成果获总公司标准创新贡献奖。全行业获得国家知识产权局公开的专利5416件，其中发明专利2347件，同比分别增长25.4%、16.1%；获得专利授权3942件，其中发明专利873件，同比分别增长19.2%、13.5%。

【中国烟草学会工作】 **组织建设。**2018年，中国烟草学会（简称“学会”）共召开3次常务理事会议：4月，召开学会七届常务理事会第八次会议，审议通过3名中国科协基层科技工作者代表人选；9月，讨论通过中国烟草学会第八次会员代表大会代表和理事候选人名额分配情况、换届改选方案（草案）和《中国烟草学会章程》修改内容；12月，召开学会第七届常务理事会第十次会议，通过新产业专业委员会主任委员调整，电子商务专业委员会和信息化专业委员会更名事宜。截至2018年底，学会个人会员12267人。制定《托举资助经费使用管理办法》，确保资助经费专款专用、手续完备、账目清楚。组织青年托举人才参加中国科协青年人才托举交流会；落实“青年人才托举工程”款项拨付工作；填报“青年人才托举工程”人才培养跟踪服务系统，实时跟踪托举人才科研动态；加强对托举人才的跟踪、评价，建立青年人才储备库，确保人才培养工作取得实效。

**学术交流。**学会开展2018年优秀论文征集评选活动，共收到省级学会、专业委员会、行业科技期刊推荐和个人申报的论文1660篇，最终评出优秀论文653篇，其中一等奖135篇、二等奖194篇、三等奖324篇。同时，学会联合广东省烟草学会对不适用烟叶的非烟产业化应用进行文献研究及实验研究，探索烟叶尤其是低次不适用烟叶的非烟产业化用途，为不适用干烟叶的产业化路径提出方向性建议。

2018年10月22—26日，2018年CORESTA大会在云南昆明举办，作为CORESTA的中国归口管理联系单位，学会负责会议筹备与召开的组织联络与协调工作，国家烟草专卖局党组书记、局长，中国烟草总公司总经理张建民作大会致辞。大会主题是“科技创新·责任担当”（Science and Innovation: Addressing the needs），来自全球各大烟草公司、科研机构、第三方实验室以及供应商等近600名（其中正式代表498名）科技工作者参加大会。此次大会共发表148篇口头报告，包括1篇大会特邀报告、105篇科技报告、20篇论坛（workshop）报告、21篇分学组或工作组工作报告和1篇终身成就奖报告、89篇墙报。报告和墙报集中展示全球烟草行业以及相关科研领域最新的科研成果和最热门的发展动向。

**科普宣传。**学会开展线上科普宣传活动，入驻中国科学技术协会官方科普平台——科普中国微平台，加入科协“中国科技工作者之家”平台APP。

参与开展全国科普日活动，组织各会员单位开展2018年全国科普日。山东、安徽、福建省等烟草学会举办“烟草科普作品创作大赛”，得到会员单位和广大科技工作者的积极响应和支持；湖北、贵州和河南省等开展科普惠农活动，深入田间地头把脉问诊，培训技术员和骨干烟农2000人次，推动技术落地和技术进步。同时，各省级烟草学会期刊继续设置科普之窗栏目，宣传与烟草发展相关的科技知识，提高消费者对烟草科技、烟草行业的认识。

学会联合中国烟草博物馆组织编撰《新中国卷烟烟标精选图集》，于2018年上半年完成制作工作。

◇ 编辑整理：周 佳

## 信息化建设

【提升两化融合创新】 **制定网信工作实施意见。**国家局组织专题研究并制定印发《贯彻落实习近平总书记在全国网络安全和信息化工作会议上重要讲话精神的实施意见》（国烟办〔2018〕124号），学习网络强国战略思想科学内涵的要求，确定推进信息化与烟草产业融合发展的一系列重点工程，为行业网信事业发展提供基本遵循和行动指南。全行业开展规划“回头看”工作，按照“坚决维护一个大局、落实三个抓手”的工作要求，推进实施意见落实落地。

**服务行业高质量发展。**认真参与行业高质量发展课题研究，按照国家局党组统一部署，信息中心牵头承担“推进互联网、大数据、人工智能等新技术与烟草产业融合创新”子课题研究工作，在系统调研农、工、商、政等领域融合创新的基础上，分析探索实践的成功经验和存在的主要问题，提出加快构建基础技术支撑体系、协同推进融合创新应用建设、持续提升安全保障能力等三方面重点工作。课题研究主要成果列入行业高质量发展实施意见。

**推进新技术与烟草产业深度融合。**国家局制定以卷烟智能工厂建设为切入点，以构建CPS为核心的两化融合试点方案。曲靖卷烟厂初步构建以CPS为主要内容的卷烟工业互联网平台，推动行业制造业与互联网融合试点工作落实落地。持续开展政务信息系统整合共享工作，印发行业政务信息资源公开共享管理暂行办法，为规范各级单位政务信息资源公开共享流程提供支撑。推进烟叶质量追溯试点工作和规范管理等信息系统建设，贵州省局发挥烟叶质量追溯试点牵头单位作用，会同4家工业公司积极推进方案落实。行业各单位信息化创新实践取得新进展。浙江、大连、江西等省（市）局和广西中烟等单位积极探索打造卷烟销售新业态，四川、湖南、广东等省局积极推动“互联网+政务服务”，深化简政放权、放管结合。

【技术支撑体系建设与应用】

**推进行业统一平台建设向纵深发展。**推动行业统一平台升级改造、安全运维一体化管控系统建设，健全技术支撑体系，整合共享能力进一步提升。“烟草行业统一平台基础环境升级改造项目”项目通过终验。行业统一平台“四环境”全面落地为行业内部垂直管理管控型应用提供稳定的、上下贯通的基础支撑环境，为网信工作部门履行技术管理职能提供支撑。福建省局（公司）作为试点单位，完成地市级单位前置机升级改造实施工作，为推动地市级前置机升级改造工作积累经验。

**开展行业互联网架构云和大数据平台技术研究工作。**国家局在与互联网公司签订合作备忘录和赠与协议的基础上，持续开展技术交流活动，论证行业云平台和大数据平台的功能定位和应用方向，为下一步开展建设工作奠定基础。

**推进行业安全运维一体化管控平台建设应用。**平台具备网络管理、安全管理、运维管理等61项功能，并在58家单位推广实施省级模块，基本实现行业网络安全防护和运维管理的上下联动，做到对行业统一平台及运行在该平台上各应用系统的“资产可知、状态可视、运维可管、安全可控”。全年累计对3400余次渗透攻击、800余次暴力破解事件进行及时告警，安全风险发现能力和防护效能得到提高。

【数据应用与服务】 **打造依法依规统计新常态。**贯彻落实党中央、国务院关于深化统计体制改革、提高统计数

云南中烟红云红河集团曲靖卷烟厂生产调度指挥中心智慧工厂3D虚拟仿真管理系统（2018年）

红云红河集团曲靖卷烟厂　林　勇　摄

据质量等决策部署，整合卷烟统计历史数据，充分挖掘数据价值，数据驱动能力进一步提升。国家局召开行业贯彻落实统计违纪违法责任人处分处理建议办法电视电话会议，提出防范统计造假、确保统计数据真实性、为行业改革发展提供可靠数据支撑的要求。开展行业统计工作专项检查，打造依法依规统计新常态。

**提高数据质量控制能力。**通过建立数据质量管控平台、理顺数据问题处理机制、及时维护产品代码信息等手段，全力保障统计应用系统整体平稳运行。工商企业重报次数持续减少，工业打码报废率和商业到货不可识别率明显下降。41 家省级公司实现数据零重报，保障行业统计数据真实准确。

**优化完善行业统计服务体系。**增加创新产品专题分析和雪茄烟分类统计，持续向各单位提供“两打三扫”和订单数据下行服务。全年统计工作再次得到国家统计局的书面表扬。调整产销量核算口径，将卷烟型雪茄纳入卷烟统计范围，并以此作为对省级公司产销量完成情况考核的依据。在各单位支持配合下，组织开展卷烟统计历史数据整合项目建设，将 1982 年以来的历史数据整合进入行业数据中心，丰富完善行业数据资源。更多单位加强重视数据应用工作，安徽中烟树立数据思维意识、强化数据服务能力、创新数据服务模式，努力推动企业高质量发展。

【网络安全运维管控】 **落实网络安全工作责任制实施办法。**明确各级党组（党委）对网络安全负主体责任，落实行业党组（党委）网络安全工作责任制实施办法，不断完善网络安全管理机制、应急保障机制。各单位结合实际制定工作细则，并采取签订责任书和承诺书等方式推动落实网络安全责任。山东省局（公司）、广东中烟等单位明确网络安全责任，构建全员责任体系，增强网络安全保障和防护能力。

**完善网络安全管理机制和应急保障机制。**组织开展行业网络安全自查自评，国家局对 21 家单位进行现场检测，2 次模拟黑客对部分单位互联网网站和系统进行攻击检测，查找行业普遍存在的薄弱环节，推动问题整改。行业全年未发生网络安全责任事故，被公安部评为 2018 年国家网络与信息安全信息通报工作先进单位。各单位优化完善应急预案、处置流程和通报预警机制，落实重保工作要求，改进“一线断网”措施，完成全国“两会”等重点保障任务。浙江中烟探索构建与企业发展战略和信息化建设协调一致的工控安全体系。辽宁省局（公司）、福建中烟等单位加强网络安全管理，得到地方主管部门的通报表扬。江苏省局（公司）、红塔集团、红塔银行参加公安部“网鼎杯”网络安全大赛，晋级半决赛。

**加强行业运维管理规范化工作。**强化统一平台前置环境流程化管理，运维管理规范化、体系化建设水平持续提升。2018 年，国家局协调管理运维服务项目 41 个，完成系统变更 126 次，处理系统权限管理事项 1100 余次，运维日常巡检近 3000 次，桌面技术支持和故障维修近 5000 次，提供视频会议服务 20 次。行业各单位加强安全运维日常工作和服务质量管理，规范运维流程，全年未发生重特大运维保障事故。内蒙古区局（公司）完善信息系统及基础设施运维考核办法，按月对运维商考核打分，提升运维商服务水平。

【管理服务】 **行业网站管理。**不断强化政府网站内容保障，持续加大政务公开力度。持续提升网站服务质量，对各级网站开展常态化监测和绩效评估，国家局内网日均访问量 2.1 万人次；外网日均访问量 1 万余人次，同比增长 20%。网站内容保障力度加大，2018 年发布信息近 4 万条、舆情报告 250 期，中央政府网站采用国家局政务信息 44 条。在国务院办公厅 2018 年度政务公开评估工作中，国家局网站列入“工作总体开展较好”榜单。行业各单位按要求做好网站运行管理工作，网站合格率连续 4 个季度 100%，全行业网站健康指数由一季度的 86.2% 上升到四季度的 95.1%，江苏中烟注重常态化内容保障，实现全年健康指数 100%。

**综合管理。**行业各单位着重提升职能转型、制度建设、项目管理、信息化评价和软件正版化等工作水平，探索建立协同高效、严格规范的信息化管理体系。安徽省局（公司）应用“管理评审”方式加强信息化投资项目管理，探索创新小微信息化应用开发服务的网络采购方法。上海烟草集团推动信息化创新转型和服务提升，全面推行信息化项目第三方全过程审计，强化风险管控。江西中烟重点推进网络安全和信息化考核评价工作，为加强各卷烟厂网信工作提供支撑。

**网信人才管理**。行业各单位结合全面从严治党工作要求，培养懂网络、敢担当、善创新的复合型信息化队伍。行业35家单位开辟专业技术职务和职业技能评聘等多种晋升方式，拓宽人才发展空间，优化人才培养模式。为拓宽工作思路、提升岗位技能，国家局举办4期专题培训班，400余人次参加。营造良好的网信工作学术氛围，信息化专委会开展论文征集等活动，62篇论文获中国烟草学会优秀论文奖。

◇ 编辑整理：褚　幸

## 人事与劳资

**【思想政治建设】** 行业各级党组织和广大党员干部，认真学习贯彻习近平新时代中国特色社会主义思想和党的十九大精神，学习习近平总书记在中央政治局第六次集体学习时的重要讲话精神，把加强党的政治建设摆在首位，树牢“四个意识”、坚定“四个自信”、坚决做到“两个维护”。以党组（党委）理论学习中心组学习为引领，以“三会一课”为主要形式，以集中轮训、网络培训、党性锻炼为依托，开展多形式、分层次、全覆盖学习培训。国家局举办9期处级以上领导干部专题培训班，培训1287人；行业各级党组（党委）理论学习中心组学习6579次、集中交流研讨5786次；发挥网络平台作用，组织8030名处级以上干部完成网上专题学习。成立3个督查组、1个调研组，对24家行业直属单位和26家地市级局（公司）、卷烟工厂开展了学习情况督查和工作调研，推动习近平新时代中国特色社会主义思想入脑入心。

**【行业干部队伍建设】** **加强领导班子和干部队伍建设**。贯彻落实中央《关于适应新时代要求大力发现培养选拔优秀年轻干部的意见》。国家局人事司配合中组部开展行业优秀年轻干部专题调研。创新理念思路，拓宽选人视野，改进察人方式，成立7个调研组，开展领导班子建设情况专题调研，通过述职测评、个别访谈、延伸调研、面谈家访等方式，了解掌握领导班子配备和总体运行情况、班子成员个人情况、优秀干部情况。坚持党管干部原则，落实好干部标准，坚持事业为上、以事择人，努力建设忠诚、干净、担当的高素质专业化干部队伍。致力于选优配强直属单位领导班子，把政治标准放在首位，严把动议提名关、考察考核关、程序步骤关，做到“凡提四必”。完成30名直属单位领导干部推荐考察、19名领导干部交流任职、71名试用期领导干部考察，组织3批次14名直属单位正职任免谈话，对7名有信访反映的考察对象进行核查。开展国家局党组管理的领导干部出国（境）管理、办理退休和兼职审批等工作。

**推动从严管理监督干部落地见效**。严格执行领导干部个人有关事项报告制度，加强对8600余名处级以上干部个人有关事项报告加强数据审核，提高报告质量。行业开展随机抽查919人、重点抽查907人，依规依纪做好查核结果认定处理工作，86人因个人事项填报不符受到组织处理或党政纪处分。结合行业巡视，开展选人用人检查，检查范围延伸到地市级局（公司）、卷烟厂，深入了解基层单位工作情况，进一步规范行业选人用人制度。加强机构编制管理，严格直属单位招聘计划备案管理。制定《贯彻落实关于进一步激励广大干部新时代新担当新作为的意见的通知》，着力解决干部不想为、不能为、不敢为等问题。

**【行业人才队伍建设】** 进一步激发人才创新创造活力，围绕推动行业高质量发展，开展“加强人才体系建设，构建区域联动、多向拓展、资源共享的人才工作格局”课题调研。国家局向人力资源社会保障部推荐2名享受国务院政府特殊津贴人选，开展第三批学科带头人选拔工作，组织研究、工程、经济等6个系列高级资格评审，开展第十四届高技能人才评选表彰活动。加强技能人才队伍建设，开展行业特有职业（岗位）技能鉴定376批次，举办第十六届职业技能竞赛暨第三届烟草专卖管理岗位技能竞赛，省级公司开展各级各类职业（岗位）技能竞赛40届次，166人获得“烟草行业技术能手”。贯彻落实教育培训规划，整合培训资源，加大网络培训力度，全行业举办培训班2.4万期，培训27.8万人，网络培训覆盖率97.5%。

**【行业收入分配管理】** 聚焦业绩导向，加强收入分配宏观调控，“工效挂钩”政策执行、工资内外收入列支及发

2018 年 4 月 28 日，山西昆明烟草有限责任公司制造中心动力车间被中华全国总工会授予“工人先锋号”称号

中烟实业　供稿

放、企业负责人薪酬等规范管理，开展“完善省级公司考核办法”课题调研，修订《省级公司领导薪酬管理暂行办法》等制度规定；首次按照退役军人事务部“总对总”安置方式，做好 283 名退役士兵安置工作。开展企业年金调整工作，全面加强劳动用工管理。按照审计署要求，配合做好专项审计和经济责任审计相关工作。

【国家局机关群团工作】　**机关工会工作。**2018 年，国家局机关工会组织召开第三次会员代表大会，选举产生新一届工会委员会和经费审查委员会，制定工会经费收支管理办法，开展工会审计工作。举办国家局、总公司机关第十四届职工运动会，展现机关干部团结奋进的精神风貌。慰问看望困难职工，为机关全体职工购买公园年票，支持各部门各单位分工会开展独具特色的文体活动。

**机关妇女工作。**组织开展纪念“三八”妇女节活动，举办中医健康知识讲座和健康咨询，组织机关女职工开展为民族地区少年儿童织毛衣公益活动。

**机关青年工作。**国家局机关团委组织举办机关青年干部论文大赛“金叶论坛”，开展“青年大学习”主题团日活动，参加工业和信息化事业改革开放四十周年口述历史采访活动，营造青年干部主动思考行业中心工作和深入研究行业重大问题的浓厚氛围。组织青年干部参加中央和国家机关“根在基层”调研实践活动，协调开展单身青年联谊，为加强青年交流交友搭建平台。

【离退休干部管理】　**全面加强离退休“三项建设”。**进一步完善落实离退休干部阅读文件、政治学习、参加重要活动、通报情况、参观考察等政治待遇制度。强化政治引领，坚持用习近平新时代中国特色社会主义思想武装头脑，帮助大家学习理解理论的内涵、要义和要求。提高政治站位，推进“两学一做”学习教育常态化、制度化，通过讲好理论主课堂，设置讨论分课堂，结合传统红课堂，推送网络微课堂，选树典型活课堂。突出政治功能，组织党支部换届选举，选优配强支部“带头人”，把党性强、威信高、讲奉献的老同志充实到支部班子。组织党支部书记、委员培训，进一步提升党务工作能力。

**深入拓展精准化服务管理。**利用重大节日、住院看望和生日祝贺等时机开展走访慰问，做好健康讲座、定期体检、看病报销等医疗服务保障工作。解决实际困难，提供亲情化、个性化、多样化服务，重点关注离休干部和重病、高龄、失能等家庭负担重的老同志，完善帮扶机制。推进阵地建设，行业各单位结合实际，因地制宜地加大老年活动场所的建设改造，不断完善基础设施、拓展服务功能，老年活动中心、老年大学等学习教育和文化养老的阵地作用更加凸显。解决信访问题，行业各单位高度重视解决老同志信访问题，开门接访、主动下访，把诉求化解在基层，解决在萌芽状态。2018 年，在国家局层面实现零信访。

**积极引导离退休人员发挥作用。**开展请离退休人员“回家看看”活动，组织离退休人员回到单位、岗位，参观技改后的生产车间、先进的物流中心和现代化的烟田设施。召开老干部座谈会，忆往昔、谈变化、话发展、献良策。践行社会责任，组织离退休人员助力脱贫攻坚、开展捐资助学、参与社区治理、传承家风家教，引导其在力所能及的范围内奉献爱心、发挥余热。进一步丰富老年文化生活，举办第五届“中华”杯书画大赛，全行业604名离退休人员参加，报送作品1679幅。培树典型示范导向，行业各单位充分发掘离退休人员中的先进个人和典型事迹，出版发行《烟草行业离退休人员典型事迹100例》，以此引导激励更多的离退休人员珍惜光荣历史、弘扬优良作风、永葆政治本色。

**大力改进信息化工作方式**。开发信息系统，完善基础数据，行业部分单位初步开发形成一套信息服务管理系统，建立离退休人员信息库，采集老同志多种信息，做到动态更新，实现统计分析，工作实现提质增效。

◇ 编辑整理：周　佳

## 党建工作

**【学习贯彻习近平新时代中国特色社会主义思想和党的十九大精神】** **行业学习宣传贯彻情况**。2018年4月下旬至5月中旬，行业56家直属单位开展习近平新时代中国特色社会主义思想和党的十九大精神学习宣传贯彻培训情况自查。国家局人事司成立3个督查组，分别到河北、四川、重庆、云南、广西、安徽、江苏、黑龙江、海南等地区所在的16家直属单位和19家地市局（公司）、卷烟厂开展现场督查。行业各直属单位党组（党委）制定学习宣传贯彻党的十九大精神的实施方案，各级党组织通过专题辅导、交流研讨、巡回宣讲、集中轮训、在线学习、党性锻炼等方式，把《习近平谈治国理政》第二卷和《习近平谈治国理政》第一卷作为权威读本，开展多形式、分层次、全覆盖的学习培训，推动党的十九大精神进企业、进车间、进班组、进网站、进头脑。

2018年，行业1.11万个基层党组织开展座谈交流5.79万次。国家局党组先后组织7期行业处级以上干部培训班，培训1032人；行业各直属单位集中培训处级干部308批次培训8179人，集中轮训基层党组织书记579批次1.61万人。

**国家局机关学习宣传贯彻情况**。国家局机关充分发挥示范引领作用，国家局党组印发《党组理论学习中心组学习实施办法》，及时传达学习贯彻中央大政方针，深入开展讨论交流，巩固深化学习成果。推动学习教育全覆盖，举办机关处级干部学习贯彻习近平新时代中国特色社会主义思想和党的十九大精神专题培训班2期，举办机关党支部委员、群团干部培训班，选派机关司处级干部参加国家局党校学习。开展专题辅导，组织参加“测一测，2018政府工作报告知多少”在线学习答题活动。组织机关党员干部参加工委举办的讲座和宣讲会，观看庆祝改革开放40周年大型展览、中央国家机关庆祝改革开放40周年书画展和电影纪录片《厉害了，我的国》。制定机关年度党建工作要点，及时配发各类学习资料，组织机关党组织及时学习贯彻党的重要会议和重要文件精神。

**【基层党组织建设】** **全面推进行业基层党建工作**。召开行业落实基层党建工作重点任务推进会，开展第二届党员教育电视片观摩交流活动，印发推进党务公开、贯彻《中国共产党支部工作条例（试行）》实施意见。总结行业基层党建工作做法，编印出版《基层党建工作100例》，向各基层党组织发放2.1万册。国家局成立11个考评组，对行业53家直属单位开展党建工作述职评议考核、“一报告两评议”工作，及时通报考核结果；成立15个督导组，对直属单位民主生活会全覆盖督促指导，首次开展量化测评，及时通报相关情况。

开展抓党建促脱贫攻坚工作，印发《烟草行业深度贫困地区抓党建促脱贫攻坚工作督查重点的通知》。党的十九大以来，行业累计选派“第一书记”920名，派出驻村工作队577支，发挥他们在帮助贫困村建强基层党组织、发展壮大村级集体经济、教育宣传组织发动群众中的模范带头作用。

**夯实国家局机关基层组织基础**。国家局党组成员落实双重组织生活制度，带头以普通党员身份参加所在党支部的学习交流。学习贯彻《中国共产党支部工作条例（试行）》，强化党支部政治功能。开展“不忘初心，重温入党志愿书”主题党日活动，落实中央办公厅《关于党的基层组织任期的意见》，组织任期届满的党组织及时换届。为机关各党支部统一配发“三会一课”、党小组记录本，总结推广党支部工作法。

加强组织管理和党员发展工作，定期召开直属机关党委、纪委会议，研究部署机关党建和纪律检查重点工作，召开机关党组织组织委员、纪检委员会议，布置落实机关党建工作任务。对行业巡视整改“回头看”反馈的问题进行整改。突出政治标准发展党员，做好党费的收缴、管理和使用，开展春节、“七一”期间对党员的慰问活动。组织做好党内统计，对党的十八大以来发展党员工作和失联党员处置进行自查。落实保密工作要求，认真开展自查自评，筑牢保密防线。

党建助力扶贫攻坚，制定下发机关党建对口帮扶方案，组织国家局扶贫工作领导小组有关成员单位与国家局定点扶贫县所属贫困村开展联学联建。从机关清理收缴的党费中拨付专项资金，用于支持贫困村脱贫攻坚和驻村“第一书记”开展工作。

**【落实全面从严治党主体责任】** **强化主体责任意识。**2018年，组织召开行业落实全面从严治党主体责任工作会议，各级党组（党委）深化思想认识、提高政治站位，加强对全面从严治党工作的研究谋划、部署推动和督促落实。国家局党组书记与机关和行业直属单位党组织主要负责人签订主体责任书，进一步明确责任内容，传导责任压力。汇总梳理各单位2017年度责任书执行情况，并在全行业通报。通过开展巡视、专项检查等方式跟踪问效，督促各直属单位党组强化措施、落实责任。对卷烟外流、清理职工持股关联企业不彻底等问题进行问责，问责党员领导干部39人，以严肃问责传导压力。

**提高党的建设质量。**坚持党建工作与中心工作深度融合，把党建工作成效转化为企业的创新优势、竞争优势、发展优势。加强党建工作考核，简化程序，突出重点，使党建工作由软指标变为硬约束。2018年，国家局对党建考核结果较差的直属单位党组（党委）及其主要负责人谈话提醒。行业各级党组（党委）及党建、人事、纪检监察等党的工作部门以党的政治建设为统领形成合力，全面推进党的政治建设、思想建设、组织建设、作风建设、纪律建设、制度建设和反腐败斗争。

**聚焦监督执纪问责。**新一届国家局党组明确提出正风反腐，对腐败问题全面从严、一严到底。加强经常性纪律教育和警示教育，组织学习《中国共产党纪律处分条例》，召开全行业警示教育大会，通报剖析烟草行业违纪违法典型案例，以案释纪明纪。直属机关纪委加强对国家局机关党支部纪检工作的指导，要求支部副书记兼任纪检委员。加强问题线索规范处置，开展干部廉政审核。

**【政治巡视工作】** **建立健全巡视工作有关制度。**印发《国家烟草专卖局党组巡视工作规划（2018—2022年）》，明确党组巡视工作指导思想、总体目标、基本原则、工作方针、重点任务、保障措施，结合行业巡视工作实际，健全巡视工作机制，国家局党组制定印发《巡视工作领导小组工作规则》《巡视工作领导小组办公室工作规则》《巡视组工作规则的通知》。

**巩固深化巡视整改成果。**2018年3月26日至4月13日，组成28个检查组，围绕中央专项巡视、国家局党组巡视、行业审计发现问题整改情况以及余云东案件暴露出来的问题，对行业65家单位进行“回头看”检查。检查结束后，组织召开行业电视电话会议实名通报情况，督促整改落实。“回头看”检查发现并整改具体问题1016项，追责问责255人次，推动健全完善一批规章制度。

**组织开展两轮常规巡视。**贯彻中央巡视工作方针，国家局成立3个巡视组，按照“六个围绕、一个加强”要求，完成对12家行业直属单位党组织的常规巡视，查找出被巡视单位党组织履行管党治党政治责任不到位、落实中央八项规定精神不彻底、选人用人不规范等方面问题476个。督促12家被巡视单位党组制定整改措施808条，给予党政纪处分47人、诫勉谈话和组织处理166人。

**【纪律建设】** **深化运用监督执纪“四种形态”。**2018年，国家局廉政办共办理来信来访507件，核查问题线索12件，督办9件。国家局党组对8名司局级干部诫勉谈话、提醒谈话和批评教育；对1名局级干部未如实回复函询问题进行通报。积极配合驻工信部纪检监察组开展执纪审查，12名司局级干部受到党政纪处分。督促指导行业直属单位对王志富案件涉案人员29人依纪依规进行处理。对舆情反映问题、行业重大案件予以跟踪督办，及时掌握进展情况，督促作出规范处置。结合行业实际，研究起草《烟草行业问责工作实施办法（试行）》《烟草行业运用监督执纪“四种形态”的实施办法（试行）》。

**提高警示教育的政治性**。国家局先后于2018年2月、10月组织召开行业警示教育大会，通报余云东案件，传达学习中央和国家机关警示教育大会精神，剖析行业查处的典型案例，要求行业各级党组织和党员干部深刻反思汲取典型案件的警示教训，筑牢拒腐防变的政治根基，在行业内掀起学习党规党纪、剖析反面典型、严守纪律规矩的热潮。

**防治系统性廉洁风险**。对行业职工投资入股关联企业情况进行摸底统计，开展专题调研，组织相关直属单位纪检组长座谈，督促指导清理工作。在全行业部署开展领导干部谋取私利问题整治工作，针对监督执纪中发现的问题，国家局廉政办与运行司做好样品卷烟管理全面检查有关准备工作。加大“蝇贪微腐”整治力度，国家局廉政办与烟叶公司联合开展基层烟站重点抽查，梳理出6个方面25类问题，督促各直属单位严肃查处市、县局和基层站所的腐败问题。

◇ 编辑整理：周　佳

## 规范管理

**【规范管理问题整改】** **全面梳理整改“老问题”**。2018年，行业各级规范管理部门把继续落实中央专项巡视整改任务视为规范管理部门重要的政治责任，高度重视巩固和扩大中央专项巡视整改成果，推动行业整改“老问题”，纠正“新问题”，堵塞管理漏洞，防范廉洁风险。

全面梳理回顾2016年工程建设项目专项治理、烟用物资采购专项治理“两个专项治理”期间国家局专项检查、各单位自查发现的问题整改情况，党的十八大以来国家局巡视发现的规范管理问题整改情况，2016年以来国家局经济责任审计发现的规范管理问题整改情况，2017年国家局规范管理综合督查发现的问题整改情况。对整改不到位的，及时督导进行整改。

**严肃督办整改“新问题”**。针对党的十九大后第一轮、第二轮巡视发现的规范管理问题，国家局对行业11家被巡视单位进行一对一督办整改。针对2018年巡视整改“回头看”检查发现的规范管理问题，全面审核60家直属单位的问题整改情况，提出深化整改意见。针对经济责任审计发现的10个采购项目涉嫌串标围标问题，严格督办5家直属单位进行整改，并编发工作简报，警示其他单位加强对投标人资格的监管。

**依法核查处理举报问题**。2018年督导行业5家单位核查6封举报信件反映的招标采购问题，发现3个招标项目存在投标人资质审核错误、投标资料造假、评委打分错误等问题。有关单位严肃进行整改，流标2个招标项目，取消1个项目中标人的中标资格；深入剖析原因，完善监管制度，切实提高招标采购工作质量，防范招标采购风险。

**严肃问责督促整改落实**。国家局规范办先后约谈2017年规范管理综合督查、2018年国家局巡视整改“回头看”检查、近两年举报发现问题较多的5家行业直属单位，强化层级监督，督促严格整改。行业各单位通过谈话提醒、通报批评、责令检查、诫勉、警告、记过、调离岗位、减扣绩效工资，以及其他党纪政务处分方式问责相关人员2471人次。

**【规范管理监督检查】** **对重点问题强化“点穴式”督查**。围绕“老问题是否落实整改”“是否存在边整边犯、明知故犯问题”，国家局对行业13家直属单位及中烟实业下属1家公司进行专项督查，共检查1230份规范管理问题整改资料及72份新采购项目卷宗，发现“老问题”整改过程中存在的问题定性不准、原因剖析不深、整改措施不实不细、追责问责不力等问题，以及新项目运作过程中存在的规避公开招标、招标文件编制不规范、评标现场监督薄弱、签约履约不合规等问题，及时向被督查单位反馈，督促落实整改。

**对年度重点任务开展情况进行抽查**。研究落实年度规范管理工作重点任务，对行业8家直属单位进行监督检查。根据各种检查发现的问题，国家局印发1次通报和2次专题简报，发放全行业以警示各单位引以为戒、举一反三、加强监管。

**【推进“三个保障机制”落地执行】** **全面推动“应招尽招”工作**。2018年，国家局重点从严格采购方式管控程序、扩大“应招尽招”覆盖面、强化采购目录和年度采购计划的基础地位等方面下功夫，继续巩固和扩大“应招尽招”成果。2018年，除国家局计划分配和从全资三产企业采购外，行业共实施采购项目5.03万项，其中公开招标项目4.18万项，占比83.13%，公开招标项目比例连续三年稳定在80%以上；公开招标金额占比96.07%，公开招标金额比例连续三年稳定在95%以上。

**深入推进“真招实招”工作。**行业各直属单位重点从严格编制和审核招标文件、监督招标代理机构、审查投标资格、防范串通投标、杜绝“阴阳合同”等方面入手，加强对招标工作关键环节廉洁风险点的监督，深入落实“真招实招”。湖南中烟进一步降低投标人门槛，避免设置与履约无关的资质条件和加分项；四川省局将供应商无严重失信违法记录、无行贿犯罪记录、未被烟草行业列入黑名单作为资质条款纳入招标文件；江西中烟深化集中采购，不断提高公开招标成功率；福建省局针对公开招标流标问题进行专题调研，力求破解“真招实招”难题；河北省局推进招标项目进入地方公共资源交易中心，拓宽“真招实招”新途径；安徽省局修改完善采购监督管理办法，确保采购项目流程运作规范；重庆市局实行采购运行“两必审”，招标启动前必由总经理办公会审议招标文件主要内容；合同签订前必由总经理办公会审议中标情况和合同主要条款，杜绝违规操作。

**落实“办事公开民主管理同采购工作深度融合”工作。**行业以“公开目录”为抓手，将办事公开民主管理同业务工作深入融合，特别是全面推动“公开目录”与“采购目录”有机结合，明确责任主体，实现采购工作与办事公开民主管理工作的流程嵌入，在采购工作重要节点上落实全面公开、同步公开。建立联动机制，结合贯彻落实《烟草行业采购管理信息系统建设操作规范》要求，在采购管理系统内设置公开管理模块，强化公开工作的网上运作，落实采购事项的公开主体责任，推进办事公开民主管理同采购业务的深度融合。2018年，全行业共公开信息110.31万条，同比增长8.46%，其中，公开招标采购信息公开数18.47万条、非公开招标采购信息公开数5.43万条。行业信息公开数量不断上升，保障干部职工的知情权、参与权、表达权和监督权。

**【规范管理信息化建设】** **督导采购管理信息系统升级改造。**国家局规范办以现场调研、函询、培训等形式，密切跟踪、及时督导、定期通报行业53家直属单位以及中烟实业下属8家单位的采购管理信息系统升级改造进展情况，有效指导解决百余个行业采购系统建设中反馈的难点问题；以召开现场培训会形式，推广部分直属单位值得借鉴的成功经验；制定并发布供应商库内采购比质比价控制子流程。

在采购管理信息系统升级改造过程中，行业各直属单位探索形成一批特色亮点和成功做法。江苏省局在系统操作和运行保障上率先开展线上统计分析巡查监管；江苏中烟在工业“基础采购目录”编制上源头管控水平不断提升；上海烟草纵向管理权限划分及分级授权模式架构完善，对下属单位、部门流程管控规范高效；湖南中烟采购管理信息系统与企业其他系统互联互通，实现信息共享、数据共融；浙江省局电商采购探索成熟，采购质量和效果得到稳步提升；河南中烟运用信息化技术，可视化把控项目流程节奏，提高采购流程审批效率等。截至2018年底，行业有51家直属单位按照《烟草行业采购管理信息系统建设操作规范》要求完成系统设计开发，其中38家单位实现系统上线试运行。

**推动国家局规范管理信息系统建设。**为推进构建规范管理信息化监督新模式，国家局规范办会同国家局信息中心开展国家局规范管理信息系统建设，2018年，完成该系统建设项目立项、功能需求确定、招标采购和系统功能设计、数据采集设计等工作。完成规范管理信息系统主体架构的搭建工作。

**【规范管理队伍建设】** **加强教育培训。**2018年，国家局规范办梳理收集招标采购相关法律法规及规范性文件34份，并上传到规范办专题网页上供行业各级规范管理人员学习。举办行业采购管理信息系统操作与使用专题培训班，组织行业各直属单位及中烟实业规范管理部门负责人及采购办业务骨干参加培训，并邀请江苏省局等5家单位现场交流先进经验。有针对性地介绍和协调部分单位之间学习交流，促进取长补短。组织专人赴内蒙古自治区局开展规范管理基础知识培训。督促各单位加大教育培训力度，提高规范管理队伍专业素养和能力。

**加强专题研究。**组织行业54家直属单位规范管理部门针对各种招标采购不规范问题开展课题研究，从54个课题成果中评选出17份优秀成果论文供各单位学习借鉴。

◇ 编辑整理：周　佳

# 国家烟草专卖局 中国烟草总公司 组织机构

# 国家烟草专卖局 中国烟草总公司领导成员①

**张建民**

工业和信息化部党组成员、国家烟草专卖局党组书记、局长（2018 年 7 月—）

中国烟草总公司总经理（2018 年 8 月—）

**凌成兴**

工业和信息化部党组成员、国家烟草专卖局党组书记、局长（—2018 年 7 月）

中国烟草总公司总经理（—2018 年 8 月）

**杨培森**

国家烟草专卖局党组成员、副局长

**高　林**

国家烟草专卖局党组成员、直属机关党委书记

**徐　瑾**

国家烟草专卖局党组成员、副局长

**段铁力**

国家烟草专卖局党组成员、副局长

# 国家局、总公司机关各部门、各单位

## 办公室（外事司）

**【主要职责】**

1. 拟订并组织实施机关政务管理的制度和工作规范，协调机关政务工作；负责国家局召开会议的计划管理和组织筹备工作；负责督办工作；负责全国人大代表建议和全国政协委员提案办理工作；负责国家局、总公司机关总值班工作。

2. 负责起草国家局、总公司的重要文件、会议报告及领导讲话；组织、协调行业重大问题调研工作；组织、协调行业电子政务建设；负责编发行业重要信息；负责国家局、总公司新闻、信息发布工作；组织、协调行业履行《烟草控制框架公约》有关工作。

3. 负责国家局、总公司机关公文核稿、收发传递和文件印制工作；指导行业公文处理工作；管理国家局党组、国家局、总公司印章；负责国家局、总公司机关各部门、各单位和行业各直属单位印章管理工作；指导、协调行业档案管理工作；承担国家局保密委员会的日常工作。

4. 负责烟草系统外事管理工作。

5. 负责行业信访、稳定和应急管理工作；负责国家局、总公司机关安全、保卫工作；指导行业社会治安综合治理工作。

6. 承办国家局、总公司交办的其他事项。

**【负责人】**

主任（司长）：张修连

副主任（副司长）：徐　丹、张　政、吴惠春（2018 年 8 月—）②

副巡视员：王　红、梅英明（2018 年 12 月—）③

**【内设机构】** 设综合调研处、秘书处（值班室）、文秘档案处、新闻联络处（行政审批协调处、政务公开处）、信访保卫处、外事处等 6 个内设处室。

## 发展计划司

**【主要职责】**

1. 拟订并组织实施行业发展战略、发展规划；拟订行业生产布局规划；编制行业投资规划，拟订并组织实施投资年度计划；拟订行业技术装备政策。

2. 拟订并组织实施烟草专卖品产供销、进出口的年度计划。

3. 拟订烟草专卖品管理名录；核定全国烟草专卖品生产、经营企业的生产规模。

4. 审核烟草系统投资项目和外资投资项目；负责行业投资项目管理和招投标工作；编制烟草专用机械设备分配计划；负责国家局定点扶贫工作。

5. 拟订烟草专卖品价格政策，管理烟草专卖品价格；收集、整理、分析、发布烟草专卖品价格信息。

---

① 根据中共中央 2018 年 7 月 5 日《关于张建民、凌成兴同志职务任免的通知》（中委〔2018〕553 号）、《关于张建民、凌成兴同志职务任免的通知》（中委〔2018〕554 号），张建民同志任国家烟草专卖局局长、党组书记；免去凌成兴同志的国家烟草专卖局局长、党组书记职务。根据中组部 2018 年 7 月 5 日《张建民、凌成兴同志职务任免》（组任字〔2018〕405 号）通知，张建民同志任工业和信息化部党组成员；免去凌成兴同志的工业和信息化部党组成员职务。根据中组部 2018 年 8 月 6 日干任字〔2018〕495 号通知，张建民同志兼任中国烟草总公司总经理、法定代表人；凌成兴同志不再兼任中国烟草总公司总经理、法定代表人职务。

② 2018 年 9 月，国家局党组印发《关于吴惠春、刘晓杰同志职务任免的通知》（国烟党〔2018〕162 号），吴惠春同志任办公室（外事司）副主任（副司长），试用期一年，任职时间自 2018 年 8 月 27 日党组决定之日起计算。

③ 2018 年 12 月，国家局党组印发《关于白明等十六名同志职务任免的通知》（国烟党〔2018〕246 号），梅英明同志任办公室（外事司）副巡视员，任职时间自 2018 年 12 月 4 日党组决定之日起计算。

6. 承办国家局、总公司交办的其他事项。

【负责人】

司　长：王志江

副司长：袁　超、刘　融

【内设机构】　设综合处、计划处、投资处、价格处等4个内设处室。

## 专卖监督管理司

【主要职责】

1. 监督检查《中华人民共和国烟草专卖法》《中华人民共和国烟草专卖法实施条例》的执行情况。

2. 拟订烟草专卖管理监督制度，监督检查烟草专卖品的生产经营活动。

3. 组织、指导并承办违反烟草专卖法律法规案件的查处，查禁、关停计划外烟厂，保护合法经营；会同国家有关部门取缔非法烟厂和烟草专卖品自由交易市场，打击假冒和走私烟草专卖品等违法活动。

4. 拟订烟草专卖许可证、烟草专卖品准运证管理制度；参与拟订名晾晒烟名录和烟草专卖机械名录。

5. 指导专卖行政执法和专卖队伍建设工作。

6. 承办国家局、总公司交办的其他事项。

【负责人】

司　长：王劲栋

副司长：张全在、舒军龙、李宏光（挂职）（2018年4月—）①

巡视员：白　明（2018年12月—，之前任副巡视员）②

副巡视员：周　瑛

【内设机构】　设综合处、内部监督管理处、市场监督管理处、打假打私处、证件管理处等5个内设处室。

## 经济运行司

【主要职责】

1. 承担行业生产、经营的统一调度工作，协调产供销的衔接；负责行业生产、经营的综合分析和预测监控；拟订并组织实施行业经济运行调控政策和方案。

2. 参与拟订烟草专卖品产供销年度计划，拟订并组织实施卷烟季度、月度生产进度计划；负责行业经济运行考核工作。

3. 负责行业产品结构调整工作；拟订并组织实施卷烟品牌发展规划，指导行业品牌维护与培育工作，组织开展品牌定向整合；依法实施烟草制品商标管理工作；组织开展中外烟草企业间生产技术合作工作。

4. 承担烟草专卖品卷烟材料供应管理工作；承担省级公司之间烟草专用机械设备的有偿转让、无偿划转、租借等管理事项。

5. 指导行业企业管理工作；承担行业质量管理工作，负责推行ISO 9000系列标准；组织开展行业节能减排工作；指导行业安全生产工作，依法处理重大安全事故；协调行业抗灾救灾工作。

6. 承办国家局、总公司交办的其他事项。

【负责人】

司　长：徐维华

副司长：刘　艳、张一峰

副巡视员：孙姝军

【内设机构】　设综合处、生产经营管理处、企业管理处、安全处等4个内设处室。

## 政策法规与体制改革司

【主要职责】

1. 组织起草行业相关法律法规、规章草案和重大政策；审查行业生产经营管理的重要制度、重大经济合同和国家局、总公司机关各部门、各单位拟订的规范性文件；建立和完善专卖管理法规体系和行业管理法规体系。

2. 拟订并组织实施行业体制改革和企业组织结构调整规划和工作方案；指导企业和专业性公司改革工作；承办行业企业设立、分立、合并与撤销工作；指导建立现代企业制度。

3. 调查研究《中华人民共和国烟草专卖法》及《中华人民共和国烟草专卖法实施条例》、国家有关法律法规在行业的执行情况和改革中存在的问题；监督检查行业依法行政，组织实施行政执法责任制工作；承担烟草专卖执法徽章、检查证的申领和批准工作；负责行业普法依法治理工作。

4. 承担行业法律咨询工作，指导行业行政机关和企业法律顾问工作；组织推动行业法制建设工作；参与研究和

① 2018年4月，国家局党组印发《关于李宏光同志任职的通知》（国烟党〔2018〕73号），内蒙古自治区接待办副主任李宏光同志挂职任专卖监督管理司副司长。

② 2018年12月，国家局党组印发《关于白明等十六名同志职务任免的通知》（国烟党〔2018〕246号），白明同志任专卖监督管理司巡视员，任职时间自2018年12月4日党组决定之日起计算。

审议行业对外经济技术合作的有关政策和制度；组织开展烟草专卖法规、政策方面的国际交流。

5. 指导、协调行业行政复议工作，承办相关行政复议、行政应诉工作。

6. 承办国家局、总公司交办的其他事项。

【负责人】

司　长：王玉麟

巡视员：曹松林（2018年12月—，之前任副司长）①、张国宾（2018年9月—）②

【内设机构】　设综合处、政策法规处（行政复议处）、体制改革处等3个内设处室。

## 财务管理与监督司（审计司）

【主要职责】

1. 研究提出行业有关经济政策建议；拟订并组织实施行业财务管理、资产经营管理、会计核算、审计监督的制度、办法。

2. 拟订并组织实施行业国有资产管理规定和国有资产保值增值考核办法、标准。

3. 监督管理行业资金，实施并管理重大金融投资项目；拟订行业税后利润分配政策及方案；拟订行业重大事项资金计划；编制并组织实施行业年度预算；组织行业所属企业上缴国有资本收益和财政专项税后利润，编报行业国有资本经营预算。

4. 负责行业各类财务会计报告的汇总、审核和编报工作；监督检查行业会计信息质量；参与拟订行业财务会计、审计信息化建设发展规划。

5. 负责行业内部审计工作；拟订并组织实施行业内部审计工作规定、办法，拟订行业内部审计发展规划和年度审计项目计划。

6. 承办国家局、总公司交办的其他事项。

【负责人】

司　长：万里明（—2018年11月）

副司长：张孝堂（2018年11月—，主持全面工作）（副厅级）③

副司长：罗明德、陈哲平（—2018年9月）

巡视员：张书东（—2018年2月）、韩敬文

副巡视员：龙　旭

【内设机构】　设综合处、财务处、预算处、会计处、国有资产管理处、审计一处、审计二处、审计三处、机关财务处等9个内设处室。

## 科技司

【主要职责】

1. 承担烟草制品减害降焦工作；拟订行业科技发展政策及战略规划、年度计划；参与拟订行业技术装备政策，参与技术引进和技术改造论证工作；组织国内外科技交流与合作。

2. 承担国家局、总公司科技创新工作领导小组、科学技术委员会、全国烟草标准化技术委员会的日常工作；负责行业创新体系建设及创新能力考核工作；负责行业科技成果评价、推广、奖励；负责科技信息、科技统计及有关知识产权管理工作；研究提出科技经费预算建议。

3. 拟订并组织实施行业科技项目年度计划；组织管理行业重大科技项目；审核烟草新品种和烟草基因工程事项。

4. 负责行业产品质量评价和监督工作；负责行业质量技术监督检验机构建设、审查和认定工作；负责烟草专卖品、烟用材料和相关产品的质量技术监督及质量市场准入工作。

5. 负责行业标准化管理工作；编制并组织实施行业标准制定项目年度计划，管理行业用标准物质和标准样品的制作与发布；组织开展烟草专用仪器计量检定工作。

6. 承办国家局、总公司交办的其他事项。

【负责人】

司　长：张　虹

副司长：雷樟泉（—2018年10月）、王德平

副巡视员：刘刚毅

【内设机构】　设综合处、科技开发处、技术监督处、标准化处等4个内设处室。

## 人事司

【主要职责】

1. 拟订烟草系统人事、劳动工资、思想政治、教育培

① 2018年12月，国家局党组印发《关于白明等十六名同志职务任免的通知》（国烟党〔2018〕246号），曹松林同志任政策法规与体制改革司巡视员，任职时间自2018年12月4日党组决定之日起计算。

② 2018年9月，国家局党组印发《关于张国宾同志任职的通知》（国烟党〔2018〕169号），张国宾同志任政策法规与体制改革司巡视员。

③ 2018年11月，国家局党组印发《关于张孝堂和万里明同志职务任免的通知》（国烟党〔2018〕216号），张孝堂同志任财务管理与监督司（审计司）副司长（副厅级），主持财务管理与监督司（审计司）全面工作。

训工作相关政策和制度；指导烟草系统人事、用工、分配制度改革工作。

2. 负责国家局党组管理干部、机关各部门、各单位干部的管理工作；组织、指导、监督检查烟草系统各级领导班子建设工作；指导烟草系统人事档案管理工作。

3. 负责烟草系统机构编制、人才队伍建设工作；审核各级烟草专卖局的设立、分立、合并与撤销。

4. 负责烟草系统劳动、工资、保障工作；编制烟草系统教育培训规划，指导烟草系统教育培训工作。

5. 指导烟草系统党的建设、思想政治、企业文化建设工作；负责中国烟草职工思想政治工作研究会的日常工作。

6. 承办国家局、总公司交办的其他事项。

【负责人】

司　长：张天峰（正厅级）

副司长：俞进祥

副巡视员：刘　宁、王海巾（2018 年 12 月—）①

【内设机构】　设综合处、系统党建处（烟草行业工会办公室）、系统干部处、机关人事处、干部监督处、劳动工资处、教育培训处、干部档案处等 8 个内设处室。

## 直属机关党委

【主要职责】

1. 负责组织国家局、总公司机关政治理论、科学知识学习，宣传和贯彻党的路线、方针、政策。

2. 负责国家局、总公司机关党风廉政建设和纪律检查的相关工作；负责国家局、总公司机关思想政治工作，组织协调精神文明建设工作。

3. 领导机关各部门、各单位党组织开展各项组织活动。

4. 负责各部门、各单位党组织和党员的管理，开展党员表彰奖励工作；负责各部门、各单位党组织换届选举的指导工作，任免各部门、各单位党组织的负责人。

5. 指导国家局、总公司机关工会、共青团、妇女工作委员会工作。

6. 承办国家局、总公司交办的其他事项。

【负责人】

直属机关党委书记：高　林

直属机关党委常务副书记、纪委书记：李　安（2018 年 8 月—，之前任直属机关党委副书记、纪委书记）②

【内设机构】　设办公室、纪律检查室 2 个内设处室。

## 国家局党组党风廉政建设领导小组办公室

【主要职责】　国家局党组党风廉政建设领导小组对全行业党风廉政建设和反腐败工作实行统一领导，研究决定行业党风廉政建设的重大事项。

国家局党组党风廉政建设领导小组下设办公室，主要职责：

1. 协助国家局党组落实全面从严治党主体责任，组织协调行业党风廉政建设和反腐败工作。

2. 依据《中国共产党问责条例》，对行业直属单位党组织和党的领导干部落实全面从严治党责任情况进行督促检查，按照规定的权限和程序进行问责。

3. 依据《中国共产党党内监督条例》，对行业直属单位党组织领导班子及其成员进行日常监督，对本级处理范围内的有关问题线索及时了解核实，提出处理建议。

4. 推进建立健全行业惩治和预防腐败体系，承担教育、制度、监督等党风廉政建设日常工作。

5. 依据《中国共产党巡视工作条例》以及国家局党组实施办法，组织开展对行业直属单位的巡视工作，指导行业巡察工作。

6. 按照有关规定，配合协助中央纪委驻工业和信息化部纪检组开展相关工作，对其交办的违纪问题线索及时处理，并反馈办理情况。

7. 承办国家局党组和领导小组交办的其他事项。

【负责人】

党风廉政建设领导小组办公室主任：刘　忠

廉政办副主任兼巡视办主任：蔡振华（—2018 年 9 月）

廉政办副主任：张　炜（2018 年 1 月—）③

党组巡视组副组长：屈巍超

党组巡视工作领导小组办公室巡视员：郁　毅（2018

---

① 2018 年 12 月，国家局党组印发《关于白明等十六名同志职务任免的通知》（国烟党〔2018〕246 号），王海巾同志任人事司副巡视员，任职时间自 2018 年 12 月 4 日党组决定之日起计算。

② 根据 2018 年 10 月《中共国家烟草专卖局党组关于李安、高兴智同志职务任免的通知》（国烟党〔2018〕189 号），李安同志任中共国家烟草专卖局直属机关委员会常务副书记，试用期一年，行政级别自 2018 年 8 月 27 日党组决定之日起计算。

③ 2018 年 1 月，国家局党组印发《关于张炜同志职务任免的通知》（国烟党〔2018〕9 号），张炜同志任党风廉政建设领导小组办公室副主任，试用期一年，任职时间自 2018 年 1 月 4 日党组决定之日起计算。

年 12 月—，之前任党组巡视组副组长）①

廉政办副巡视员：张小伍（2018 年 12 月—）②

【领导小组办公室部门设置】 设综合调研处、监督检查一处、监督检查二处、巡视办等 4 个内设机构。

## 规范管理办公室

【主要职责】

1. 按照国家局党组有关行业规范管理的战略任务和工作部署，针对各个阶段的重点工作事项，制定计划，研究措施，推动落实；组织规范管理制度贯彻落实情况的督办督查。

2. 负责谋划、研究健全完善行业规范管理制度，深入调查研究，组织科学论证，及时提出工作建议，构建规范管理保障机制。

3. 组织烟草行业规范管理工作会议，负责指导协调烟草行业规范管理工作信息化建设。

4. 承办国家局、总公司交办的其他事项。

【负责人】

主　任：薛建平

副主任：胡炳辉

副巡视员：郭秀云

【内设机构】 设综合处、业务一处、业务二处等 3 个内设处室。

## 董事会工作办公室

【主要职责】

1. 协调省级工业有限责任公司董事会的工作。

2. 负责国家局、总公司派任省级工业有限责任公司，南通醋酸纤维有限公司、昆明醋酸纤维有限公司和珠海醋酸纤维有限公司董事长、副董事长、董事的日常联络服务工作。

3. 承办国家局、总公司交办的其他事项。

【负责人】

董事会工作办公室主任：张本甫

省级工业公司董事长（部门正职）：张本甫、陈　晖（正厅级）、舒　明、高学林（2018 年 1 月—）③

南通、昆明、珠海醋酸纤维有限公司董事长（部门正职）：姚宗东

董事会工作办公室巡视员：王超英（—2018 年 4 月）、秦　剑（2018 年 12 月—，之前任省级工业公司董事）④

省级工业公司董事（部门副职）：黄翠萍、马伶燕、朱湘海、郭　勤、张弘毅、高学林（—2018 年 1 月）

董事会工作办公室副主任：刘晓杰（2018 年 8 月—）⑤

【内设机构】 设综合处、秘书处 2 个内设处室。

## 中共国家烟草专卖局党校（国家烟草专卖局职工培训中心）

【主要职责】 中共国家烟草专卖局党校（国家烟草专卖局职工培训中心）是国家局直属的事业单位。

1. 负责行业司、处级党员领导干部党校教育，承担有关素质能力培训工作；组织开展相关教学课题研究。

2. 承办国家局、总公司组织的会议及业务培训。

3. 负责教育、培训、会议等服务保障工作。

4. 承办国家局、总公司交办的其他事项。

【负责人】

党校校长：高　林（兼）

党校副校长、培训中心主任：闫亚明（正厅级）（—2018 年 8 月）、程春节（2018 年 8 月—）⑥

党校副校长、培训中心副主任：曾晓三、王丹丹

【内设机构】 设办公室、教务处、总务处等 3 个内设处室。

## 烟草经济研究所

【主要职责】 烟草经济研究所是国家局直属的事业单位。

1. 研究行业改革发展的经济理论和行业经济政策、重

---

① 2018 年 12 月，国家局党组印发《关于白明等十六名同志职务任免的通知》（国烟党〔2018〕246 号），郁毅同志任党组巡视工作领导小组办公室巡视员，任职时间自 2018 年 12 月 4 日党组决定之日起计算。

② 2018 年 12 月，国家局党组印发《关于白明等十六名同志职务任免的通知》（国烟党〔2018〕246 号），张小伍同志任党风廉政建设领导小组办公室副巡视员，任职时间自 2018 年 12 月 4 日党组决定之日起计算。

③ 2018 年 1 月，国家局党组印发《关于委派高学林同志任职的通知》（国烟人〔2018〕18 号），委派高学林同志为江苏、安徽、福建中烟工业有限责任公司董事会董事、董事长，任职时间自 2018 年 1 月 4 日党组决定之日起计算。

④ 2018 年 12 月，国家局党组印发《关于白明等十六名同志职务任免的通知》（国烟党〔2018〕246 号），秦剑同志任董事会工作办公室巡视员，任职时间自 2018 年 12 月 4 日党组决定之日起计算。

⑤ 2018 年 9 月，国家局党组印发《关于吴惠春、刘晓杰同志职务任免的通知》（国烟党〔2018〕162 号），刘晓杰同志任董事会工作办公室副主任，试用期一年，任职时间自 2018 年 8 月 27 日党组决定之日起计算。

⑥ 2018 年 9 月，国家局党组印发《关于程春节、闫亚明同志职务任免的通知》（国烟党〔2018〕166 号），程春节同志任国家烟草专卖局职工培训中心主任、中共国家烟草专卖局党校副校长，任职时间自 2018 年 8 月 27 日党组决定之日起计算。

大产业政策、发展战略。

2. 参与行业有关重大问题的调研工作。

3. 分析研究国际烟草经济与科技信息、国际烟草市场动态及有关国家烟草政策。

4. 分析研究国家经济体制改革和国民经济运行信息；承担行业软科学研究工作。

5. 承担《烟草控制框架公约》履约情况和我国烟草控制法律、法规、政策跟踪研究。

6. 承办国家局、总公司交办的其他事项。

【负责人】

所 长：汪世贵（—2018 年 11 月）

副所长：李保江（2018 年 11 月—，主持全面工作）①

巡视员：李印美（—2018 年 6 月）

副所长：段红斌（2018 年 4 月—）②

【内设机构】 设办公室、政策研究室、产业研究室、控烟履约研究室等 4 个内设处室。

## 离退休干部办公室

【主要职责】

1. 拟订烟草系统离退休干部工作有关制度、规定，指导系统离退休干部工作。

2. 组织开展离退休干部工作人员业务培训；负责离退休干部统计工作。

3. 研究提出国家局、总公司机关离退休干部工作经费预算建议；负责机关离退休干部的服务管理工作；组织机关离退休干部的政治学习、文件传阅以及参加重大政治活动。

4. 承办国家局、总公司交办的其他事项。

【负责人】

主 任：付久海

巡视员：杨章锁（2018 年 12 月—，之前任副主任）③

副巡视员：彭齐宁（—2018 年 6 月）

党委副书记兼纪委书记（机关部门副职）：国文彤（2018 年 4 月—）④

【内设机构】 设综合处、机关离退休干部处 2 个内设处室。

## 机关服务中心（机关服务局）

【主要职责】 机关服务中心（机关服务局）是国家局直属的事业单位。

1. 负责机关及广安门办公楼行政后勤管理工作，拟订并组织实施内部管理制度；负责内部聘用人员的人事、劳动工资管理工作；管理北京金叶园会议中心。

2. 负责机关及广安门办公楼固定资产的管理；负责机关办公用品的采购、保管和供应工作；负责机关及广安门职工食堂的管理及食品的采购供应工作。

3. 负责机关及广安门办公楼交通运输、机动车辆管理、使用及安全工作；负责机关及广安门职工的医疗、保健、计划生育工作；负责机关及广安门办公楼门前三包、绿化、美化工作。

4. 负责机关及广安门办公楼的基本建设、房地产、房改及相关物业管理工作。

5. 负责广安门办公楼的消防、安全保卫工作。

6. 承办国家局、总公司交办的其他事项。

【负责人】

主 任（局长）：綦振平

副主任（副局长）：李卫东

副巡视员：肖东华（—2018 年 7 月）

【内设机构】 设办公室、综合服务处、财务处、生活福利处、基建房产处、广安门管理处等 6 个内设处室。

## 烟草经济信息中心

【主要职责】 烟草经济信息中心是国家局直属的事业单位，承担一定的行业宏观管理职能。

1. 拟订并组织实施行业信息化发展规划和管理制度、办法；拟订行业电子政务和电子商务建设的技术方案。

2. 拟订并组织实施行业信息化规范和标准；审核行业直属单位信息化规划和实施方案。

3. 负责行业统计工作；负责行业数据中心建设和管理工作。

---

① 2018 年 11 月，国家局党组印发《关于汪世贵和李保江同志职务调整的通知》（国烟党〔2018〕213 号），李保江同志主持烟草经济研究所全面工作。

② 2018 年 4 月，国家局党组印发《关于段红斌同志职务任免的通知》（国烟党〔2018〕78 号），段红斌同志任烟草经济研究所副所长，任职时间自 2018 年 4 月 2 日党组决定之日起计算。

③ 2018 年 12 月，国家局党组印发《中共国家烟草专卖局党组关于白明等十六名同志职务任免的通知》（国烟党〔2018〕246 号），杨章锁同志任离退休干部办公室巡视员，任职时间自 2018 年 12 月 4 日党组决定之日起计算。

④ 2018 年 5 月，国家局党组印发《中共国家烟草专卖局党组关于国文彤同志职务任免的通知》（国烟党〔2018〕95 号），国文彤同志任离退休干部办公室党委副书记兼纪委书记（机关部门副职），行政级别自 2018 年 4 月 2 日党组决定之日起计算。

4. 负责建设和管理行业网络通信系统；监督检查行业网络信息安全工作。

5. 承担行业信息系统运行维护管理工作；负责总公司上海容灾中心业务管理工作。

6. 承担国家局机关信息化项目建设工作，办理设备购置等有关事项；承担行业网络安全和信息化领导小组的日常工作。

7. 负责国家局、总公司内、外网站建设、日常管理和内容保障工作；指导、协调行业各单位网站的建设和管理。

8. 承办国家局、总公司交办的其他事项。

**【负责人】**

主　任：陈　彤

副主任：高一军、潘　红

总工程师：江　涛

副巡视员：张雪峰

**【内设机构】** 设综合处、信息统计分析处、系统运行处、网络通信安全处、运行维护管理处、网站管理处等6个内设处室。

## 中国烟草学会及其办事机构

**【主要职责】** 中国烟草学会是依法登记的全国非营利性、学术性社会团体，具有独立法人地位。

中国烟草学会办事机构在国家局、总公司领导下开展工作，接受民政部、中国科协的监督管理和业务指导，执行中国烟草学会理事会决议，处理日常事务。

1. 根据行业发展需要，组织行业科技工作者开展学术交流、科学普及和科技咨询活动，编印学术刊物。

2. 承担中国烟草学会的日常工作；负责协调上海中国烟草博物馆的业务工作。

3. 承办国家局、总公司交办的其他事项。

**【负责人】**

中国烟草学会副理事长：王建雪、张　虹、杨先杰、谢剑平、刘建福、杨　俊、王元英

中国烟草学会办事机构：

主要负责人：王献生（2018年8月—）①

秘书长：王建雪（兼）

副秘书长：韩希昌

副巡视员：哈君利

**【中国烟草学会办事机构内设机构】** 设办公室、学术部、编辑部等3个内设处室。

## 中国烟叶公司（水源工程建设办公室②）

**【主要职责】** 中国烟叶公司是国家局、总公司直属的专业性公司，承担一定的行业宏观管理职能。

1. 组织、指导、协调、管理全国烟叶工作。

2. 研究提出并组织实施现代烟草农业的政策和发展规划；参与拟订烟叶种植、收购、储备、调拨和进口计划；参与拟订烟叶收购、调拨价格及打叶复烤加工费用标准。

3. 指导全国烟叶生产、收购和复烤加工工作；参与拟订烟叶国家标准、生产技术标准和打叶复烤技术标准；核准烟叶收购基准样品，组织烟草新品种审定工作；组织全国烟叶购销交易。

4. 研究提出行业水源工程、基础设施建设总体规划、年度计划；监督和指导补贴资金和援建资金的使用与管理；指导烟叶基层建设和打叶复烤企业管理；参与拟订打叶复烤企业技术改造规划；参与组织烟叶信息化工作。

5. 参与进口烟叶工作，负责进口烟叶国内流通管理，负责烟叶中外技术交流与合作工作。

6. 承办国家局、总公司交办的其他事项。

**【负责人】**

总经理兼水源工程建设办公室主任：陈江华

副总经理：刘建利、关博谦、王现军

总会计师：赵永红

水源工程建设办公室副主任：吴践志（—2018年9月）、赵素芬

副巡视员：卞　卡、刘　昉、杨彭延

**【内设机构】** 设办公室、综合计划部、生产管理部（技术推广部）、收购管理部、复烤企业管理部、财务部、经营部、水源工程建设办公室综合组、水源工程建设办公室基础组、水源工程建设办公室水源组等10个内设部门。

## 中国卷烟销售公司

**【主要职责】** 中国卷烟销售公司是国家局、总公司直属

---

① 国家局党组会2018年8月议定意见，决定王献生同志负责中国烟草学会办事机构工作。

② 根据《国家烟草专卖局关于成立水源工程建设办公室的通知》（国烟人〔2012〕418号），成立水源工程建设办公室，按照非常设机构实行管理。根据《国家烟草专卖局关于中国烟叶公司增设水源工程建设办公室的通知》（国烟人〔2012〕316号），在中国烟叶公司内部增设水源工程建设办公室。

的专业性公司，承担一定的行业宏观管理职能。

1. 组织、指导、协调、管理全国卷烟销售工作，研究提出全国卷烟销售工作的政策和相关制度。

2. 指导全国卷烟销售网络建设和商业企业卷烟现代流通建设工作；拟订卷烟销售网络运行规范，参与拟订卷烟销售网络管理标准。

3. 组织实施全国卷烟市场需求预测工作，参与拟订卷烟销售计划；参与组织卷烟产销衔接和品牌定向整合工作，参与拟订卷烟品牌发展规划。

4. 组织、指导全国卷烟市场调查工作，采集、分析、发布卷烟市场信息；参与组织卷烟销售信息化工作，负责卷烟销售信息网络的管理与维护。

5. 组织、指导全国卷烟交易工作，拟订卷烟营销规则，监督、检查卷烟促销工作；参与拟订进口卷烟销售计划，拟订进口卷烟的国内销售管理办法；组织、协调中外合作国内生产卷烟品牌的市场销售工作；依法对公司的全资企业、参股企业行使出资人权利，经营和管理国有资产，承担保值增值的责任。

6. 承办国家局、总公司交办的其他事项。

【负责人】①

总经理：李春滨

副总经理：连　飞、阮泽锋、崔　萍

副巡视员：李　健（2018 年 12 月—）、李念庆（2018 年 12 月—）

【内设机构】　设办公室、财务部、网建部、信息部、市场管理部、交易管理部等 6 个内设部门。

## 中国烟草投资管理公司

【主要职责】　中国烟草投资管理公司是国家局、总公司直属的专业性公司，承担一定的行业宏观管理职能。

1. 负责行业多元化投资经营工作的归口管理；参与编制行业多元化投资规划，参与审核多元化投资项目；参与审核多元化经营企业国有产权转让、国有资产无偿划转等事项。

2. 拟订行业多元化经营管理规定和企业退出机制，指导建立现代企业制度，完善公司治理结构；建立和完善行业多元化经营企业国有资产保值增值指标体系和目标考核制度。

3. 根据总公司的授权，对总公司直接投资及本公司投资的多元化企业行使出资人权利，履行出资人职责。

4. 负责行业战略性投资项目的规划、论证及组织实施工作。

5. 负责国产醋纤丝束经营，依法经营其他烟用材料；参与拟订醋纤丝束分配计划与价格。

6. 承办国家局、总公司交办的其他事项。

【负责人】

总经理：于明芳（—2018 年 11 月）、郝和国（2018 年 11 月—）②

副总经理：张建华、孙志强

总会计师：刘秋明

副巡视员：刘中华

【内设机构】　设办公室、企业管理部、行业指导管理部、事业发展部、财务管理部、经营部等 6 个内设部门。

## 中国烟草机械集团有限责任公司

【主要职责】　中国烟草机械集团有限责任公司是国家局、总公司直属的专业性公司，承担一定的行业宏观管理职能。

1. 参与拟订并组织实施烟草机械工业的发展规划、年度计划；参与拟订行业技术装备政策及烟草机械生产企业的生产布局、企业定点方案；拟订并组织实施行业设备管理制度，组织、协调行业生产设备的日常管理工作；负责推广新设备、新技术，发布淘汰设备目录。

2. 参与拟订国产烟草机械设备分配计划和价格政策；组织、协调全国烟草机械的购销管理工作；拟订并组织实施烟草机械产品生产经营业务的管理制度。

3. 负责行业设备大修理（翻修）的定点及布局工作，指导定点企业的生产经营和技术管理，拟订并组织实施设备大修理的年度计划；负责行业烟草机械零配件管理工作。

4. 负责烟草机械产品的技术管理工作；负责国内外烟草机械的技术交流、技术合作、对外技术谈判、技术培训和技术咨询服务工作；负责烟草机械引进技术的消化吸收和国产化工作；参与组织烟草机械新产品技术鉴定工作；

---

① 2018 年 12 月，国家局党组印发《关于白明等十六名同志职务任免的通知》（国烟党〔2018〕246 号），李健同志任中国卷烟销售公司副巡视员，李念庆同志任中国卷烟销售公司副巡视员，任职时间自 2018 年 12 月 4 日党组决定之日起计算。

② 2018 年 11 月，国家局党组印发《关于郝和国和于明芳同志职务任免的通知》（国烟党〔2018〕214 号），郝和国同志任中国烟草投资管理公司总经理；免去于明芳同志的中国烟草投资管理公司总经理职务，按照有关规定和原职级待遇办理退休手续。

拟订烟草机械产品的质量标准；参与拟订烟草机械设备进出口年度计划；参与组织烟草机械出口工作，负责组织货源和售后服务，参与组织国际市场开发工作。

5. 依法对控股企业行使出资人权利，经营和管理国有资产，承担保值增值的责任；按照国家局的授权，管理本公司及控股企业的人事、劳动工资及纪检监察工作。

6. 承办国家局、总公司交办的其他事项。

【负责人】①

党组书记、董事长、总经理：王建法

党组成员、副总经理：沈云龙、曲　伟

党组成员、纪检组长：吴　伟

副巡视员：凌卫民、赵美燕（—2018 年 7 月）、范思齐（2018 年 12 月—）②

【内设机构】　设办公室、综合计划部、党建和人力资源部、生产管理部、市场部（营销中心）、财务资产部、技术合作部、设备管理部、审计部、监察室、智能化工作办公室等 11 个内设部门。

【所属企业】　控股上海烟草机械有限责任公司、常德烟草机械有限责任公司、许昌烟草机械有限责任公司、秦皇岛烟草机械有限责任公司、中烟机械技术中心有限责任公司、北京达特集成技术有限责任公司、中烟烟机零配件采购服务中心有限责任公司、中烟物流技术有限责任公司等 8 家企业，参股云南烟草机械有限责任公司。

## 中国烟草国际有限公司

【主要职责】　中国烟草国际有限公司是国家局、总公司直属的专业性公司，承担一定的行业宏观管理职能。

1. 按照集中统一对外原则，组织、指导、协调、管理中国烟草的国际业务；研究提出行业国际业务工作总体规划，拟订并组织实施开拓国际市场战略规划。

2. 统一经营和管理烟草类国营贸易业务，拟订相关规章制度，规范经营秩序；参与拟订烟草进出口产品的年度计划并负责组织实施；参与拟订烟草进出口产品价格；组织实施进口烟叶境外实体化运作。

3. 拟订行业境外企业的发展规划、生产布局；指导、协调、管理行业境外企业及境外卷烟销售网络的生产经营工作；参与拟订开拓国际市场的奖励政策，研究提出相关奖励方案。

4. 统一管理烟草行业境外投资及经贸合作；审查、评估行业境外投资项目和境外企业的设立、分立、合并与撤销，报国家局审批；协调解决对外贸易中的法律纠纷。

5. 依法对公司的全资企业、控股企业、参股企业行使出资人权利，经营和管理国有资产，承担保值增值的责任；根据国家局的授权，管理公司及境外投资控股企业和驻外机构的人事、劳动工资工作。

6. 承办国家局、总公司交办的其他事项。

【负责人】③

董事会

董事长：徐　瑝

董　事：邵　岩、王玉麟、万里明、张天峰、陈江华、谭小燕、张宏实、熊　斌、凌　毅

监　事：张书东、甘　宁、曹松林

经理层

党组书记、总经理：邵　岩

党组成员、副总经理：谭小燕

党组成员、总会计师：张宏实

党组成员、副总经理：熊　斌

党组成员、纪检组长：甘　宁

党组成员、副总经理：凌　毅

副巡视员：张　浩（2018 年 12 月—）、贺燕芳（2018 年 12 月—）

【内设机构】　设公共事务部、企划投资部、国营贸易部、烟叶运营部、市场拓展部、财务管理部、法律事务部、党建和人力资源部、审计部、监察室等 10 个内设部门。

【驻外机构】　公司在境内外直接或间接投资设立的全资、参股公司 13 家（含中烟国际所属公司的子公司），分别是：深圳烟草进出口有限公司、天利国际经贸有限公司（所在地：中国香港）、中烟国际（香港）有限公司（所在地：中国香港）、天泽烟草有限责任公司（所在地：津巴布韦哈拉雷）、迪拜瑞世达贸易有限责任公司（所在地：阿联酋迪拜）、中烟国际巴西有限公司（所在地：巴西圣克鲁斯）、中巴烟草出口股份有限公司（所在地：巴西南大河州）、中烟菲莫国际有限公司（所在地：瑞士洛桑）、中烟国际阿根廷有限责任公司（所在地：阿根廷萨尔塔省）、中烟国际

① 此处仅列中国烟草机械集团有限责任公司本部的领导成员。

② 2018 年 12 月，国家局党组印发《关于白明等十六名同志职务任免的通知》（国烟党〔2018〕246 号），范思齐同志任中国烟草机械集团有限责任公司副巡视员，任职时间自 2018 年 12 月 4 日党组决定之日起计算。

③ 2018 年 12 月，国家局党组印发《关于白明等十六名同志职务任免的通知》（国烟党〔2018〕246 号），张浩同志任中国烟草国际有限公司副巡视员，任职时间自 2018 年 12 月 4 日党组决定之日起计算；贺燕芳同志任中国烟草国际有限公司副巡视员，任职时间自 2018 年 12 月 4 日党组决定之日起计算。

（北美）股份有限公司（所在地：美国北卡罗来纳州）、中烟英美烟草国际有限公司（所在地：中国香港）、地平线国际合资有限公司（所在地：中国香港）、中烟国际中东公司（所在地：阿联酋杰贝阿里自贸区）①。

## 中烟商务物流有限责任公司

【主要职责】　中烟商务物流有限责任公司是国家局、总公司直属的专业性公司，承担一定的行业宏观管理职能。

1. 拟订行业电子商务发展规划，负责烟草电子商务平台建设工作。

2. 制定行业现代物流建设规划，审核各省级工商企业现代物流建设规划并指导实施；物流投资建设项目政策咨询；组织、指导、协调、考评行业物流管理运行工作；拟定行业物流标准；行业物流技术研究、相关信息系统开发和组织实施工作。

3. 负责烟草电子商务平台、行业卷烟生产经营决策管理系统和物流信息系统的运行维护、安全管理和技术支持工作；负责有关数据汇总、分析，提供信息服务。

4. 承办国家局、总公司交办的其他事项。

【负责人】②

总经理：张　文

巡视员：董传国（2018 年 12 月—，之前任副总经理）、范建治（2018 年 12 月—，之前任副总经理）

总工程师：王金亮

副巡视员：李卫国

【内设机构】　设办公室、综合管理部、交易部、物流规划建设部、物流管理运行部、技术部（物流信息化部）、财务部等 7 个内设部门。

【所属企业】　控股北京中烟信息技术有限公司、共同持股中烟新商盟商务物流控股有限公司、参股中烟物流技术有限责任公司。

## 中国烟草实业发展中心③

【主要职责】　中国烟草实业发展中心是国家局、总公司直属的专业性公司。

1. 指导、协调、管理所属企业的生产经营活动；指导所属企业安全生产工作。

2. 组织实施所属企业组织结构调整，指导企业改革。

3. 依法对所属企业的国有资产行使出资人权利，承担国有资产保值增值责任，管理监督所属企业财务资金，组织实施内部审计工作。

4. 管理所属企业人事、劳动工资工作，指导所属企业精神文明建设，负责所属企业纪检监察工作。

5. 承办国家局、总公司交办的其他事项。

【负责人】

党组书记、总经理：赵　琦

党组成员、副总经理：李东梅（副厅级）、刘　龙、孔庆峰

党组成员、纪检组长：由　明

总会计师：严奉炎（2018 年 1 月—）

副巡视员：陈玉秋

【内设机构】　设办公室（外事办公室）、党建和人力资源部、生产部、安全监督管理部、企业管理部、财务部、审计部（监事室）、法律与改革部、市场营销部、物资供应部、纪检监察部（巡察工作办公室）等 11 个内设部门。

【所属企业】　下设黑龙江烟草工业有限责任公司、红塔辽宁烟草有限责任公司、吉林烟草工业有限责任公司、甘肃烟草工业有限责任公司、内蒙古昆明卷烟有限责任公司、深圳烟草工业有限责任公司、山西昆明烟草有限责任公司、海南红塔卷烟有限责任公司等 8 家卷烟工业企业，以及吉林烟草进出口有限责任公司。

## 中国双维投资有限公司

【主要职责】　中国双维投资有限公司是国家局、总公司直属的专业性公司。

1. 负责烟草行业重大战略性投资项目的规划、论证和可行性研究工作。

2. 组织实施经中国烟草总公司批准的投资项目。

3. 承担本公司直接投资企业和投资项目的经营管理工作。

---

① 2018 年，天利国际经贸有限公司和云南烟草国际有限公司合资在阿联酋杰贝阿里自贸区内设立中烟国际中东公司。

② 2018 年 12 月，国家局党组印发《关于白明等十六名同志职务任免的通知》（国烟党〔2018〕246 号），董传国同志任中烟商务物流有限责任公司巡视员，任职时间自 2018 年 12 月 4 日党组决定之日起计算；范建治同志任中烟商务物流有限责任公司巡视员，任职时间自 2018 年 12 月 4 日党组决定之日起计算。

③ 中国烟草实业发展中心成立于 1999 年 1 月。2004 年 11 月，根据国烟法〔2004〕734 号文件，国家局将原由省级局（公司）管理的兰州卷烟厂等 4 家卷烟生产企业调整为中烟实业管理，将原由省级公司持有的红塔辽宁烟草有限责任公司等 4 家卷烟工业企业的股权调整为中烟实业持有，调整后，中烟实业下设 8 家卷烟生产企业。

4. 参与整合中国烟草总公司确定的行业多元化投资项目的优质资产。

5. 根据国家烟草专卖局授权，管理本公司的人事、劳动工资工作。

6. 监督检查公司遵守和执行国家法律、法规以及国家局总公司决定、命令的情况；受理对公司部门和监察对象违反行政纪律行为的控告、检举，调查处理监察对象违反行政纪律的行为；受理监察对象不服行政处分决定的申诉；开展行政问责工作，调查处理监察对象的重大行政过错行为；监督检查部门和所属单位作风建设情况，查处不正之风行为；督促有关部门建立廉政、勤政方面的制度、办法，组织、指导所属单位的监察工作；贯彻执行上级监察机构的工作部署。

7. 承办国家局、总公司交办的其他事项。

【负责人】①

董事会

董事长：徐　瑾

董　事：郝和国、王志江、万里明、张天峰、翟　旭、王玉麟

经理层

党组副书记、副总经理：郝和国（—2018 年 11 月）、万里明（2018 年 11 月—，主持全面工作）

党组成员、纪检组长：成协科

党组成员、副总经理：肖淑英、翟　旭、徐晓新

【内设机构】　设办公室、法律部、投资管理部、企业管理部、财务部、监察室等 6 个内设部门。

【分支机构】　设中国双维投资有限公司银川分公司 1 个分支机构。

## 《中国烟草》杂志社有限公司

【主要职责】　《中国烟草》杂志社有限公司是中国烟草总公司的全资子公司，具有独立的企业法人资格。

1. 编辑、出版、发行国家局的机关刊物《中国烟草》杂志（半月刊）。

2. 建设、维护、管理中国烟草资讯网。

3. 在国家局办公室指导下负责《中国烟草年鉴》编纂、发行工作。

4. 编辑出版发行《新烟草》杂志（旬刊）。

5. 承办《烟草企业文化》杂志（月刊）编辑工作。

6. 管理和经营中烟广告公司。

7. 开展图书音像出版等相关业务。

8. 负责国有资产保值增值。

【负责人】

董事会

董事长：王献生（—2018 年 8 月）、关宏梅（2018 年 8 月—）②

董　事：王献生（—2018 年 8 月）、关宏梅（2018 年 8 月—）、赵百东、任　静、俞进祥、徐　丹

监　事：张书东

经理层

总经理：王献生（—2018 年 8 月）、关宏梅（2018 年 8 月—）

总编辑：赵百东

副总经理：任　静

副巡视员：刘　军（2018 年 12 月—）③

【内设机构】　设总编室、编辑一部、编辑二部、记者部、美术摄影编辑部、网络部、《中国烟草年鉴》编辑部、《新烟草》编辑部（黑龙江新烟草杂志社）、《烟草企业文化》编辑部、综合办公室、广告部（中烟广告公司）、财务部、发行部、市场部、考评部等 15 个内设部门。

◇ 编辑：周　佳

# 省级烟草专卖局（公司）

## 北京市烟草专卖局（公司）

【概　况】　北京市烟草专卖局、北京市烟草公司成立于 1986 年 1 月。1985 年 12 月 31 日，北京市经济委员会与中国烟草总公司共同签署《关于北京市烟草公司上划交接协议书》；同日，北京市政府办公厅下发京政办发〔1985〕

---

① 2018 年 11 月，国家局党组印发《关于万里明和郝和国同志职务任免通知》（国烟党〔2018〕215 号），万里明同志任中共中国双维投资有限公司党组副书记，中国双维投资有限公司副总经理、法定代表人，主持中国双维投资有限公司全面工作；免去郝和国同志的中共中国双维投资有限公司党组书记，中国双维投资有限公司总经理、法定代表人职务，另有任用。

② 2018 年 9 月，国家局党组印发《关于关宏梅、王献生同志职务任免的通知》（国烟党〔2018〕164 号），关宏梅同志任《中国烟草》杂志社有限公司董事长、总经理，任职时间自 2018 年 8 月 27 日党组决定之日起计算。免去王献生同志的《中国烟草》杂志社有限公司董事长、总经理职务，另有任用。

③ 2018 年 12 月，国家局党组印发《关于白明等十六名同志职务任免的通知》（国烟党〔2018〕246 号），刘军同志任《中国烟草》杂志社有限公司副巡视员，任职时间自 2018 年 12 月 4 日党组决定之日起计算。

148 号文件，决定北京市烟草专卖局、北京市烟草公司从 1986 年 1 月 1 日正式成立，上划并开展工作。北京市烟草公司更名为中国烟草总公司北京市公司。市局（公司）机关下设 11 个职能处室，8 个专业部门。下辖东城、西城、朝阳、海淀、丰台、石景山、通州、顺义、延庆、怀柔、大兴、昌平、密云、门头沟、房山、平谷等 16 个区烟草专卖局（公司），北京市烟草专卖局铁路分局、北京市烟草专卖局公路分局、北京烟草营销中心、北京烟草物流中心，以及北京京烟卷烟零售连锁有限公司、北京金健恒通商贸有限公司和北京通大家园物业管理有限公司等 3 个全资子公司，北京黎马敦太平洋包装有限公司 1 个合资公司。截至 2018 年底，总资产 147.83 亿元，其中，固定资产 12.71 亿元、流动资产 129.14 亿元，资产负债率 12.41%。从业人员（含三产和合资公司从业人数）3220 人。

【领导成员】

党组书记、局长、总经理：秦前浩

党组成员、副局长：赵文智

党组成员、纪检组长：周　宾

党组成员、副总经理：殷　刚

党组成员、副总经理：江　涛

总工程师：刘永波

副巡视员：刘进民

副巡视员：杨　捷

## 天津市烟草专卖局（公司）

【概　况】　天津市烟草专卖局、天津市烟草公司组建于 1985 年 10 月。1985 年 10 月 29 日，天津市政府与中国烟草总公司共同签署《关于天津市烟草行业上划交接协议书》，决定自协议书签订之日起上划中国烟草总公司，更名为中国烟草总公司天津市公司。2018 年，天津市局（公司）下辖天津市区第一、第二、第三烟草专卖局（分公司），东丽区、津南区、西青区、北辰区等 4 个区烟草专卖局（分公司），滨海新区烟草专卖局塘沽、汉沽、大港等 3 个烟草专卖分局（分公司），武清区、宝坻区、宁河区、静海区、蓟州区等 5 个区烟草专卖局（有限公司），以及天津市滨海新区烟草专卖局、天津烟草营销中心、天津烟草物流中心、天津市烟草专卖局公路分局、天津市恒大实业公司、天津市津烟卷烟自营总店。市局（公司）机关下设 11 个职能处室、6 个专业部门。截至 2018 年底，总资产 84.41 亿元，其中，固定资产 4.98 亿元、流动资产 78.55 亿元，资产负债率 12.1%。从业人员 2040 人，其中劳务派遣人员 131 人。

【领导成员】①

党组书记、局长、总经理：孙晓莹

党组成员、副总经理：李加春

党组成员、纪检组长：宁书成

党组成员、副局长：徐小波

党组成员：周金超（2018 年 4 月—，之前任副巡视员）

总经济师：刘　群

副巡视员：赵洪义

副巡视员：张宏建（2018 年 4 月—）

## 河北省烟草专卖局（公司）

【概　况】　河北省烟草专卖局成立于 1984 年 3 月，河北省烟草公司成立于 1982 年 11 月。1985 年 1 月，河北省政府与中国烟草总公司签署协议，决定河北省烟草公司自签字之日起上划中国烟草总公司，更名为中国烟草总公司河北省公司。2018 年，河北省局（公司）下辖石家庄、邯郸、保定、张家口、承德、唐山、廊坊、沧州、衡水、邢台、秦皇岛共 11 个地市级烟草专卖局（公司）；153 个县级烟草专卖局，153 个县级卷烟营销机构（126 个县级卷烟营销部、27 个分公司）②，以及中维地产河北有限公司、河北平山温泉烟草职工培训中心、河北中维物业服务有限公司共 3 个多元化经营企业，22 个派驻机构（分别为省公司派驻 11 个市公司的审计办公室和省局派驻 11 个市局的内部专卖管理监督办公室）。省局（公司）机关内设 14 个职能处室、8 个专业部门（含 1 个议事协调机构）。截至 2018 年底，总资产 234.16 亿元，其中，固定资产 11.74 亿元、流动资产 216.96 亿元，资产负债率 17.07%。从业人员 9699 人。

---

① 2018 年 5 月，国家局党组印发《关于周金超、张宏建同志任职的通知》国烟党〔2018〕99 号文件，周金超同志任天津市局（公司）党组成员，试用期一年；张宏建同志任天津市局（公司）副巡视员，周金超和张宏建同志的任职时间自 2018 年 4 月 2 日党组决定之日起计算。

② 2018 年 7 月，国家局、总公司印发《关于调整河北省烟草专卖局（公司）所属部分机构的批复》（国烟人〔2018〕159 号），设立唐山市路南区局（分公司）、路北区局（分公司）、开平区局（分公司）、古冶区局（分公司），同时设立秦皇岛市海港区局（分公司）、山海关区局（分公司）、北戴河区局（分公司）。

2018 年 11 月，国家局、总公司印发《关于调整唐山市局（公司）所属部分机构的批复》（国烟人〔2018〕206 号），撤销唐山市滦县县局（营销部），设立滦州市局（分公司）。

2018 年 12 月，国家局、总公司印发《关于调整河北省烟草专卖局（公司）所属部分机构的批复》（国烟人〔2018〕231 号），设立石家庄市新华区局（分公司）、桥西区局（分公司）、裕华区局（分公司）、长安区局（分公司），同时设立保定市莲池区局（分公司）、竞秀区局（分公司）。

【领导成员】

党组书记、局长、总经理：钱　江（—2018 年 12 月）

党组书记、局长、总经理：张亚林（2018 年 12 月—）①

党组成员、副总经理：俞关勇（部门副职）

党组成员、副局长：戴　勇

党组成员、副总经理：王志涛

党组成员、副总经理：王　辉

党组成员、纪检组长：支树华

副巡视员：贾立业

## 山西省烟草专卖局（公司）

【概　况】　山西省烟草专卖局成立于 1983 年 7 月，山西省烟草公司成立于 1982 年 4 月。1984 年 6 月，山西省烟草公司上划中国烟草总公司，改制更名为中国烟草总公司山西省公司。2018 年，山西省烟草专卖局（公司）下辖太原、大同、阳泉、长治、晋城、朔州、忻州、吕梁、晋中、临汾、运城等 11 个市级烟草专卖局（公司），111 个县级烟草专卖局（营销部）②。省局（公司）机关下设 14 个职能处室、8 个专业部门。2018 年 4 月，省局（公司）人事劳资处更名为人事处、安全保卫处更名为安全管理处、经济信息中心更名为信息中心、烟草学会更名为烟草学会秘书处、职工培训中心更名为教育培训中心。2018 年 9 月，省局（公司）设立群团工作处，工会办公室与群团工作处合署办公。截至 2018 年底，总资产 192.80 亿元，其中，固定资产 20.23 亿元、流动资产 166.31 亿元，资产负债率 15.69%。从业人员 7168 人。

【领导成员】

党组书记、局长、总经理：宋政峰（—2018 年 12 月）

党组书记、局长、总经理：王文忠（2018 年 12 月—）③

党组成员、副局长：张亚林

党组成员、副总经理：冯小云（—2018 年 8 月）

党组成员、纪检组长：张国宾（—2018 年 9 月）

党组成员、副总经理：周武庆

副巡视员：贾安才（—2018 年 3 月）

## 内蒙古自治区烟草专卖局（公司）

【概　况】　内蒙古自治区烟草专卖局、内蒙古自治区烟草公司成立于 1984 年 1 月 1 日。1984 年 9 月，内蒙古自治区烟草公司上划中国烟草总公司，更名为中国烟草总公司内蒙古自治区公司。2018 年，内蒙古自治区烟草专卖局（公司）下辖呼和浩特、满洲里、呼伦贝尔、兴安、通辽、赤峰、锡林郭勒、二连浩特、乌兰察布、包头、鄂尔多斯、巴彦淖尔、乌海、阿拉善等 14 个地市级烟草专卖局（公司）、98 个县级烟草专卖局（营销部）、5 个直属分公司、5 个县级烟草专卖局（分公司）、1 个烟叶分公司。自治区局（公司）机关下设 15 个职能处室、9 个专业部门，以及内蒙古自治区烟草专卖局铁路分局。截至 2018 年底，自治区局（公司）拥有总资产 131.01 亿元，其中，固定资产 10.28 亿元、流动资产 117.98 亿元，资产负债率 19.56%。从业人员 5426 人。

【领导成员】④

党组书记、局长：王志毅（—2018 年 9 月）

党组副书记、总经理：杨　树（2018 年 9 月—，主持全面工作）

党组成员、副总经理：王文忠（—2018 年 12 月）

党组成员、副局长：赵德国（—2018 年 4 月）

党组成员、纪检组长：董建华

党组成员、副总经理：刘　永

## 辽宁省烟草专卖局（公司）

【概　况】　辽宁省烟草专卖局成立于 1983 年 7 月，辽宁省烟草公司成立于 1983 年 5 月。1984 年 9 月 2 日，辽宁省政府与中国烟草总公司签署协议，决定辽宁省公司自签字之日起上划中国烟草总公司，更名为中国烟草总公司辽宁省公司。2006 年，完成母子公司体制改革。2018 年，辽宁省局（公司）下辖沈阳、鞍山、抚顺、本溪、丹东、锦州、

---

① 2019 年 1 月，国家局党组印发《关于张亚林同志任职的通知》（国烟党〔2019〕14 号），张亚林同志任中共河北省局（公司）党组书记、河北省局局长，中国烟草总公司河北省公司总经理，试用期一年，任职时间自 2018 年 12 月 24 日党组决定之日起计算。

② 2018 年 8 月，国家局、总公司印发《关于调整大同市烟草专卖局（公司）所属部分机构的批复》（国烟人〔2018〕161 号），同意撤销山西省烟草公司大同市公司城区营销部、南郊区卷烟营销部、矿区营销部和大同县营销部，同意设立山西省烟草公司大同市公司平城区营销部、云冈区营销部和云州区营销部。

③ 2018 年 12 月，国家局党组印发《关于王文忠同志任职的通知》（国烟党〔2018〕253 号），王文忠同志任中共山西省局（公司）党组书记、山西省烟草专卖局局长，中国烟草总公司山西省公司总经理，试用期一年，任职时间自 2018 年 12 月 4 日党组决定之日起算。

④ 2018 年 9 月，国家局党组印发《关于王志毅和杨树同志职务调整的通知》（国烟党〔2018〕161 号），免去王志毅同志中共内蒙古区局（公司）党组书记，内蒙古区局局长职务；杨树同志主持内蒙古区局（公司）全面工作。

营口、阜新、辽阳、铁岭、朝阳、盘锦、葫芦岛等13个地市级烟草专卖局（公司），51个县级烟草专卖局（营销部）①，15个审计派驻办公室，13个内部专卖管理监督派驻办公室，以及中国烟草辽宁进出口公司，丹东辽东烟草发展有限责任公司。省局（公司）机关下设14个职能处室、8个专业部门。截至2018年底，总资产159.66亿元，其中，固定资产9.99亿元、流动资产140.28亿元，资产负债率13.37%。从业人员6643人。

【领导成员】②

党组书记、局长、总经理：卓俭华

党组成员：李德贤（—2018年9月）

党组成员、副总经理：蒋全波

党组成员、副局长：刘　涛

党组成员、纪检组长：张宝月

党组成员、副总经理：王韶波（2018年6月—）

党组成员、副总经理：吴云勇（2018年6月—）

副巡视员：朱炳文

## 吉林省烟草专卖局（公司）

【概　况】　吉林省烟草专卖局、吉林省烟草公司成立于1983年7月。1984年9月，吉林省政府与中国烟草总公司签署协议，决定吉林省烟草公司自签字之日起上划中国烟草总公司，更名为中国烟草总公司吉林省公司。2018年，吉林省烟草专卖局（公司）下辖长春、吉林、四平、辽源、通化、白城、白山、松原、延边等9个地市级烟草专卖局（公司）。省烟草专卖局（公司）机关下设14个职能处室、8个专业部门，以及金叶烟草有限责任公司、顺达房地产开发有限公司、金叶嘉园物业服务有限责任公司3个直属公司。截至2018年底，总资产88.61亿元，其中，固定资产18.72亿元、流动资产66.72亿元，资产负债率12.28%。从业人员5229人。

【领导成员】

党组书记、局长、总经理：杨　俊

党组成员、副总经理：何　成

党组成员、副局长：聂树忠

党组成员、纪检组长：关宏梅（—2018年9月）

党组成员、副总经理：牛　千

党组成员、副总经理：吴家伟

总经济师：庞晓龙

## 黑龙江省烟草专卖局（公司）

【概　况】　黑龙江省烟草专卖局成立于1983年4月，黑龙江省烟草公司成立于1982年7月。1984年4月，黑龙江省政府与中国烟草总公司签署协议，决定自1984年1月1日起，黑龙江省烟草公司上划中国烟草总公司，更名为中国烟草总公司黑龙江省公司。2018年，黑龙江省局（公司）下辖哈尔滨、齐齐哈尔、大庆、牡丹江、佳木斯、绥化、鸡西、双鸭山、伊春、七台河、鹤岗、黑河、大兴安岭、绥芬河等14个地市级烟草专卖局（公司），65个县级烟草专卖局（分公司），黑龙江省烟草公司哈尔滨烟叶公司、黑龙江省烟草公司牡丹江烟叶公司、中国烟草黑龙江进出口有限责任公司、黑龙江烟叶复烤有限公司、黑龙江烟草投资管理有限公司、牡丹江烟草科学研究所。省局（公司）机关下设15个职能处室、8个专业部门和黑龙江省烟草专卖局铁路分局。截至2018年底，总资产157.71亿元，其中，固定资产11.61亿元、流动资产128.59亿元，资产负债率25.85%。从业人员8930人。

【领导成员】③

党组书记、局长、总经理：刘根甫（—2018年12月）

党组副书记、副局长、副总经理：罗明德（2018年12月—，主持全面工作）

党组成员、副局长：李　健

党组成员、纪检组长：李捍红

党组成员：马保军

党组成员、副总经理：耿金波

党组成员、副总经理：孙旭东

总农艺师：武常青

副巡视员：王永权

---

① 2018年，撤销沈阳市局直属分局、抚顺经济开发区烟草专卖稽查队、营口市西市区局（营销部）、营口市局直属熊岳稽查支队（营销部）、朝阳市局直属分局等，9个县级烟叶公司并入各市级局。

② 2018年8月，国家局党组印发《关于王韶波、吴云勇同志任职的通知》（国烟党〔2018〕150号），王韶波、吴云勇同志任中共辽宁省局（公司）党组成员、中国烟草总公司辽宁省公司副总经理，任职时间自2018年6月1日党组决定之日起计算。吴云勇同志试用期一年。

③ 2019年1月，国家局党组印发《关于罗明德和刘根甫同志职务任免的通知》（国烟党〔2019〕4号），罗明德同志任中共黑龙江省局（公司）党组副书记、黑龙江省局副局长，中国烟草总公司黑龙江省公司副总经理，主持全面工作，试用期一年；免去刘根甫同志中共黑龙江省局（公司）党组书记、黑龙江省局局长，中国烟草总公司黑龙江省公司总经理职务。罗明德同志的任职时间自2018年12月4日党组决定之日起计算。

## 上海市烟草专卖局、上海烟草集团有限责任公司

【概　况】　上海市烟草专卖局成立于1984年2月。上海烟草集团有限责任公司（简称集团公司）的前身是上海烟草（集团）公司，于1993年11月由原上海市烟草公司及所属企业改制而成；2011年1月，根据《国家烟草专卖局　中国烟草总公司关于上海烟草（集团）公司更名改制和完善公司法人治理结构的批复》（国烟法〔2010〕405号），正式更名为上海烟草集团有限责任公司。2018年，上海市烟草专卖局、上海烟草集团有限责任公司下辖黄浦区烟草专卖局（一公司、二公司），静安、虹口、徐汇、杨浦、普陀、长宁、闵行、宝山、浦东新区、松江、青浦、嘉定、奉贤、金山、崇明等区烟草专卖局（有限公司），驻上海铁路专卖局（有限公司），上海烟草贸易中心有限公司、中国烟草上海进出口有限责任公司、上海海烟投资管理有限公司、上海卷烟厂、北京卷烟厂、天津卷烟厂、上海烟草储运公司、上海高扬国际烟草有限公司、上海海烟物流发展有限公司、上海烟草集团太仓海烟烟草薄片有限公司、上海烟草集团苏州中华园大饭店有限公司、上海王宝和大酒店有限公司，并控股上海烟草包装印刷有限公司，上海白玉兰烟草材料有限公司、上海牡丹香精香料有限公司等多个企业。市局、集团公司机关下设23个处室（部门）①。截至2018年底，总资产2048.34亿元，其中，固定资产98.47亿元、流动资产1306.36亿元，资产负债率14.24%。从业人员3607人。

【领导机构】

董事会

董事长：施　超

副董事长：高学林

董　事：郭　勤、张弘毅、姜立功、陆　捷、胡勤伟（职工董事）

监　事：杨桂选

班子成员

党组书记、局长、总经理：施　超

党组副书记、纪检组长、工会主席：杨桂选

巡视员：李钢成（2018年6—11月，之前任党组成员）②

党组成员：曲志刚

党组成员、副局长：姜立功

党组成员、副总经理、中国烟草博物馆常务副馆长：唐　煦

党组成员、副总经理：陆　捷

党组成员、副总经理：赵　斌

党组成员：朱洪武

总会计师：陈宣民

副巡视员：吴俊春（—2018年11月）

上海新型烟草制品研究院副院长：陈超英

上海新型烟草制品研究院副院长：丁逸敏

## 江苏省烟草专卖局（公司）

【概　况】　江苏省烟草专卖局成立于1983年7月，江苏省烟草公司组建于1982年11月。1984年11月26日，江苏省政府与中国烟草总公司签订协议，决定自协议签署之日起，江苏省烟草公司上划中国烟草总公司，更名为中国烟草总公司江苏省公司。2003年7月4日，江苏烟草实行工商分设。2018年，江苏省局（公司）下辖南京、苏州、无锡、常州、镇江、南通、扬州、泰州、盐城、淮安、宿迁、徐州、连云港等13个地市级烟草专卖局（公司），69个县级烟草专卖局（分公司）。省局（公司）机关下设13个职能处室、6个专业部门、1个多元化经营企业。截至2018年底，总资产754.71亿元，其中，固定资产26.24亿元、流动资产670.38亿元，资产负债率4.15%。从业人员1.07万人。

【领导成员】

党组书记、局长、总经理：董秀明

巡视员：杨兴泉（—2018年7月）

党组成员、副总经理：刘加荣（—2018年12月）

党组成员、纪检组长：朱亚涛

党组成员、副局长：刘培峰

党组成员、副总经理：董桂林

副巡视员：潘立慧

总会计师：余慧强

---

① 根据国家局、总公司《关于印发上海市烟草专卖局 上海烟草集团有限责任公司主要职责内设机构和人员编制规定的通知》（国烟人〔2017〕44号），国家局核定的上海市局、集团公司内设机构中有12个职能处室和12个专业部门（原海烟烟草糖酒公司和工程中心不计入此范围）。其中，根据《上海市烟草专卖局 上海烟草集团有限责任公司关于调整部分内设机构的通知》（沪烟专人〔2018〕215号），生产管理部（合作生产办公室）和基建设备部于2018年7月合并为生产设备部（合作生产办公室）。

② 2018年6月，国家局党组印发《关于李钢成同志任免的通知》（国烟党〔2018〕113号），李钢成同志任上海市烟草专卖局（集团公司）巡视员，免去其中共上海市烟草专卖局（集团公司）党组成员职务，任职时间自2018年6月1日党组决定之日起计算。2018年11月，李钢成同志退休。

## 浙江省烟草专卖局（公司）

【概 况】 浙江省烟草专卖局、浙江省烟草公司成立于1984年3月。1984年12月30日，浙江省计划经济委员会与中国烟草总公司签署协议，决定浙江省烟草公司自1985年1月1日起上划中国烟草总公司，更名为中国烟草总公司浙江省公司。2003年7月，浙江烟草实行工商分设。2008年底，完成母子公司体制改革。2018年，浙江省局（公司）下辖杭州、宁波、温州、嘉兴、湖州、绍兴、金华、衢州、丽水、台州、舟山等11个地市级烟草专卖局（公司）、64个县级烟草专卖局（分公司），以及浙江烟草投资管理有限责任公司、浙江烟草进出口有限公司（烟叶生产经营管理办公室）。省局（公司）机关下设13个职能处室、6个专业部门。截至2018年底，总资产785.43亿元，其中，固定资产31.99亿元、流动资产642.52亿元，资产负债率12.90%。从业人员1.01万人。

【领导成员】

党组书记、局长、总经理：邱 萍

党组成员、副局长：李定晓

党组成员、副总经理：包诚善

党组成员、副总经理：林少华

党组成员、纪检组长：关 军

巡视员：于政雄（—2018年8月）

副巡视员：严松涛（—2018年3月）

副巡视员：赵维京（2018年6—8月）①

## 安徽省烟草专卖局（公司）

【概 况】 安徽省烟草专卖局成立于1984年5月，安徽省烟草公司组建于1980年10月。1983年10月，安徽省政府与中国烟草总公司签署协议，安徽省烟草公司上划中国烟草总公司，更名为中国烟草总公司安徽省公司。2006年，省公司完成母子公司体制改革。2018年，安徽省局（公司）下辖合肥、淮北、亳州、宿州、蚌埠、阜阳、淮南、滁州、六安、马鞍山、芜湖、宣城、铜陵、池州、安庆、黄山等16个地市级烟草专卖局（公司）、88个县级烟草专卖局、86个县级卷烟营销部，华环国际烟草有限公司及安徽皖南烟叶有限责任公司。省局（公司）机关下设16个职能部门、8个专业部门（2018年增设烟草学会秘书处）。截至2018年底，总资产365.24亿元，固定资产35.65亿元，流动资产298.64亿元，资产负债率19.4%。从业人员1.08万人。

【领导成员】

党组书记、局长、总经理：问 武

党组成员、副总经理：董建江

党组成员、副局长：张靖江

党组成员、纪检组长：李柏林

党组成员、副总经理：王道支

党组成员、副总经理：张丙利

总农艺师：邵伏文

副巡视员：时玉玲

副巡视员：程 辉

## 福建省烟草专卖局（公司）

【概 况】 福建省烟草专卖局、福建省烟草公司组建于1984年1月1日。1984年12月31日，福建省政府与中国烟草总公司签订协议，决定自协议签署之日起，福建省烟草公司上划中国烟草总公司，更名为中国烟草总公司福建省公司。2006年，完成母子公司体制改革。2018年，福建省局（公司）下辖福州、厦门、宁德、莆田、泉州、漳州、龙岩、三明、南平等9个地市级烟草专卖局（公司），76个县级烟草专卖局（分公司），福建省三明金叶复烤有限公司、福建武夷烟叶有限公司，以及福建烟草海晟投资管理有限公司和中国烟草福建进出口有限责任公司。省局（公司）机关设14个职能处室、9个专业部门。截至2018年底，总资产491亿元，其中，固定资产38.17亿元、流动资产333.12亿元，资产负债率14.02%。从业人员1.39万人，实行全员聘用制。

【领导成员】

党组书记、局长、总经理：张永军

党组成员、副局长：黄星光

党组成员、副总经理：孔祥统

党组成员、副总经理：尤清河

党组成员、纪检组长：纪任德

总农艺师：陈顺辉

副巡视员：刘添毅（—2018年4月）

---

① 2018年6月，国家局党组印发《关于赵维京同志任职的通知》（国烟党〔2018〕114号），赵维京同志任浙江省局（公司）副巡视员，任职时间自2018年6月1日党组决定之日起计算。2018年8月，赵维京同志退休。

## 江西省烟草专卖局（公司）

【概　况】江西省烟草专卖局、中国烟草总公司江西省公司组建于1984年1月。1984年12月，江西省政府与中国烟草总公司签署协议，决定江西省烟草公司自签字之日起上划中国烟草总公司。2004年，实行工商管理体制分设。2006年，完成母子公司体制改革。2018年，江西省局（公司）下辖南昌、九江、上饶、抚州、宜春、吉安、赣州、景德镇、萍乡、新余、鹰潭等11个地市级烟草专卖局（公司），98个县级烟草专卖局（分公司）①，以及江西省烟草专卖局铁路分局、中国烟草井冈山传统教育基地、江西省锦峰投资管理责任有限公司、江西赣南烟叶复烤有限责任公司、江西省烟草培训中心、江西省烟草科学研究所6个二级单位。省局（公司）机关内设15个职能处室、6个专业部门。截至2018年底，总资产238.62亿元，其中，固定资产26.11亿元、流动资产188.21亿元，资产负债率15.04%。从业人员8238人。

【领导成员】

党组书记、局长、总经理：周恩海

党组成员、副总经理：徐素珍

党组成员、副局长：胡义强

党组成员、纪检组长：章建华（—2018年4月）

党组成员、副总经理：李　民

副巡视员：熊也农（—2018年3月）

## 山东省烟草专卖局（公司）

【概　况】山东省烟草专卖局成立于1983年10月，山东省烟草公司组建于1982年4月。1985年12月，山东省烟草公司正式上划中国烟草总公司，更名为中国烟草总公司山东省公司。2018年，山东省局（公司）下辖济南、青岛、淄博、枣庄、东营、烟台、潍坊、济宁、泰安、威海、日照、莱芜、临沂、德州、聊城、滨州、菏泽等17个地市级烟草专卖局（有限公司）、137个县级烟草专卖局（分公司、营销部），以及《东方烟草报》社有限公司、中国烟草山东进出口有限责任公司、中国烟草总公司青州中等专业学校、山东烟草投资管理有限公司、山东烟叶复烤有限公司、山东烟草研究院，17个专卖内管派驻机构，17个审计派驻办。省局（公司）机关下设22个内设机构，1个铁路分局。截至2018年底，总资产402.16亿元，其中，固定资产56.57亿元、流动资产280.38亿元，资产负债率20.11%。从业人员2.07万人。

【领导成员】

党组书记、局长、总经理：吴洪田

党组成员、副总经理：王卫平

党组成员、副局长：宋新忠

党组成员、纪检组长：许　萍

党组成员、副总经理：徐立国

党组成员、副总经理：曹红祥

巡视员：邓志坚（—2018年11月）

## 河南省烟草专卖局（公司）

【概　况】河南省烟草专卖局成立于1983年7月，河南省烟草公司组建于1982年11月。1984年8月，河南省政府和中国烟草总公司签订协议，决定河南省烟草公司及所辖工商企业全部上划中国烟草总公司，更名为中国烟草总公司河南省公司。2006年，取消县级烟草公司法人资格，完成母子公司体制改革。省局（公司）下辖郑州、开封、洛阳、平顶山、安阳、鹤壁、新乡、焦作、濮阳、许昌、漯河、三门峡、南阳、商丘、信阳、周口、驻马店、济源等18个地市级烟草专卖局（公司），134个县级烟草专卖局、135个县级烟草分公司，中国烟草河南进出口有限责任公司、河南烟草投资管理有限公司、天昌国际烟草有限公司和河南省烟草职工培训中心。省局（公司）机关内设15个职能处室、9个专业部门。截至2018年底，总资产384.64亿元，其中，固定资产41.45亿元、流动资产294亿元，资产负债率19.47%。从业人员2.35万人。

【领导成员】

党组书记、局长、总经理：武卫东

党组成员、纪检组长：程春节（—2018年9月）

党组成员、副局长：卢俊良

党组成员、副总经理：赵建州

党组成员、副总经理：王泽宗

党组成员、副总经理：殷建立（2018年6月—）②

---

① 2018年11月，国家局、总公司印发《关于调整九江市局（公司）所属部分机构的批复》（国烟人〔2018〕205号），撤销九江县烟草专卖局，设立九江市柴桑区烟草专卖局。将九江市烟草公司九江分公司名称变更为九江市烟草公司柴桑分公司，九江市柴桑区烟草专卖局和九江市烟草公司柴桑分公司合署办公，负责辖区内的烟草专卖管理和卷烟营销工作。

② 2018年7月，国家局党组印发《关于殷建立同志任职的通知》（国烟党〔2018〕131号），经研究决定，殷建立同志任中共河南省局（公司）党组成员、中国烟草总公司河南省公司副总经理，试用期一年，任职时间自2018年6月1日党组决定之日起计算。

## 湖北省烟草专卖局（公司）

【概　况】　湖北省烟草专卖局成立于1984年3月，湖北省烟草公司成立于1983年8月。1984年11月12日，湖北省政府与中国烟草总公司签署协议，决定湖北省烟草公司自协议书签订之日起上划中国烟草总公司，更名为中国烟草总公司湖北省公司。2006年，完成母子公司体制改革。2018年，湖北省局（公司）下辖武汉、黄冈、襄阳、荆州、十堰、孝感、恩施、宜昌、咸宁、随州、黄石、荆门、鄂州等13个地市级烟草专卖局（公司），仙桃、天门、潜江等3个直管市烟草专卖局（公司）和神农架林区烟草专卖局（公司），89个县级烟草专卖局（营销部）、14个烟叶分公司，以及湖北烟草金叶复烤有限责任公司、湖北省烟草专卖局教育培训中心、湖北省烟草科学研究院（中国烟草白肋烟试验站）、湖北烟草投资管理有限责任公司、中国烟草湖北进出口有限责任公司。省局（公司）机关下设15个职能处室、7个专业部门。截至2018年底，总资产338.72亿元，其中，固定资产34.27亿元、流动资产266.08亿元，资产负债率20.90%；从业人员1.27万人，其中聘用员工2510人。

【领导成员】

党组书记、局长、总经理：顾厚武

党组成员、副局长：徐述舟

党组成员、副总经理：夏汉林

党组成员、副总经理：黄树立（—2018年12月）

党组成员、副总经理：梁　斌

党组成员、纪检组长：董　辉

总会计师：周玉平

## 湖南省烟草专卖局（公司）

【概　况】　湖南省烟草专卖局成立于1983年10月，湖南省烟草公司成立于1983年7月。1985年1月，湖南省烟草公司正式上划中国烟草总公司，更名为中国烟草总公司湖南省公司。省局（公司）下辖长沙市、株洲市、湘潭市、岳阳市、衡阳市、郴州市、常德市、益阳市、娄底市、邵阳市、张家界市、怀化市、湘西土家族苗族自治州、永州市等14个市（州）烟草专卖局（公司）、90个县级局（分公司）及湖南烟叶复烤有限公司和湖南省烟草职工培训中心（中国烟草总公司湘潭烟草中专学校）。省局（公司）机关下设16个职能处室、7个专业部门和1个专业公司（中国烟草湖南进出口有限责任公司）。截至2018年底，总资产423.18亿元，其中，固定资产60.79亿元、流动资产309.92亿元，资产负债率7.86%。从业人员1.72万人。

【领导成员】

党组书记、局长、总经理：樊剑峰

党组成员、副局长：李民灯

党组成员、副总经理：徐文军

党组成员、副总经理：谢建宏

党组成员、副总经理：黄国联

党组成员、纪检组长：代　伟

总农艺师：陆中山

副巡视员：郑则豪

## 广东省烟草专卖局（公司）

【概　况】　广东省烟草专卖局、广东省烟草公司成立于1983年。1985年11月20日，广东省政府和中国烟草总公司签署协议，决定广东省烟草公司自协议签订之日起上划中国烟草总公司，更名为中国烟草总公司广东省公司。广东省局（公司）下辖广州、珠海、汕头、佛山、韶关、河源、梅州、惠州、汕尾、东莞、中山、江门、阳江、湛江、茂名、肇庆、清远、潮州、揭阳、云浮等20个地市级烟草专卖局（公司），广东梅州烟叶复烤有限公司、广东韶关烟叶复烤有限公司，76个县级烟草专卖局（分公司）。省局（公司）机关下设16个职能处室、8个专业部门，中国烟草广东进出口有限公司、广东粤烟投资管理有限公司、广州珠江城置业有限公司等3个专业公司。截至2018年底，总资产509.47亿元，其中，固定资产25.07亿元、流动资产415.31亿元，资产负债率11.71%。从业人员1.36万人。

【领导成员】

党组书记、局长、总经理：刘依平

党组成员、纪检组长：周伟兵

党组成员、副局长：曾　政

党组成员、副总经理：周　亮

党组成员、副总经理：刘志斌

副巡视员：黄　方（—2018年10月）

副巡视员：傅　斌

## 广西壮族自治区烟草专卖局（公司）

【概　况】　广西壮族自治区烟草专卖局成立于1984年1月，广西壮族自治区烟草公司成立于1983年5月。1984年

12 月 1 日，广西壮族自治区人民政府与中国烟草总公司签署协议，决定自 1985 年 1 月 1 日起，广西壮族自治区烟草公司上划中国烟草总公司，更名为中国烟草总公司广西壮族自治区公司。2018 年，广西壮族自治区局（公司）下辖南宁、柳州、桂林、梧州、北海、防城港、钦州、贵港、玉林、百色、贺州、河池、来宾、崇左等 14 个地市级烟草专卖局（公司），93 个县级烟草专卖局（营销部），伊灵烟叶复烤有限责任公司。自治区局（公司）机关下设 16 个职能处室、7 个专业部门和 1 个临时机构。截至 2018 年底，总资产 154.21 亿元，其中，固定资产 19.26 亿元、流动资产 123.72 亿元，资产负债率 17.40%。从业人员 7595 人。

**【领导成员】**

党组书记、局长、总经理：王　全

党组成员、副总经理：席亮文

巡视员：叶青峰（2018 年 4 月—，之前任党组成员、副局长）①

党组成员、副总经理：霍文义

党组成员、纪检组长：赵江波（—2018 年 12 月）

党组成员、纪检组长：肖　春（2018 年 12 月—）②

党组成员、副总经理：陈可忠

总农艺师：李　波

副巡视员：宾能雄

## 海南省烟草专卖局（公司）

**【概　况】**　海南省烟草专卖局、中国烟草总公司海南省公司成立于 1988 年 6 月。2018 年，海南省局（公司）下辖海口、三亚、儋州、琼海等 4 个地市级烟草专卖局（公司），14 个县级烟草专卖局（营销部），持有海南金沙岛卷烟销售有限责任公司 30% 的股份。省局（公司）机关下设 12 个职能处室、6 个专业部门、1 个其他部门、1 个分支机构。截至 2018 年底，总资产 47.88 亿元，其中，固定资产 1.03 亿元、流动资产 43.49 亿元，资产负债率 5.63%。从业人员 146 人，实行全员聘用制。

**【领导成员】**

党组书记、局长、总经理：金忠理

党组成员、副局长（正厅级）：林先德（—2018 年 2 月）

党组成员、副局长：闫玉岗

党组成员、纪检组长：梁开朝

党组成员、副总经理：王　军

党组成员、副总经理：王斌斌

总会计师：徐丽芬

## 重庆市烟草专卖局（公司）

**【概　况】**　重庆市烟草专卖局、重庆市烟草公司成立于 1983 年。1984 年 7 月 14 日，重庆市政府与中国烟草总公司签署协议，决定自 1985 年 1 月 1 日起，重庆市烟草公司上划中国烟草总公司，更名为中国烟草总公司重庆市公司。2018 年，重庆市局（公司）下辖万州、涪陵、黔江、渝中、大渡口、江北、沙坪坝、九龙坡、南岸、北碚、万盛经济技术开发区、渝北、巴南、长寿、江津、合川、永川、南川、綦江、大足、璧山、铜梁、潼南、荣昌、梁平、城口、丰都、垫江、武隆、忠县、开州、云阳、奉节、巫山、巫溪、石柱、秀山、酉阳、彭水等 39 个区（县）烟草专卖局（分公司），重庆市烟草投资管理有限公司 1 个多元化经营企业，中国烟草总公司重庆市公司销售分公司、烟叶分公司、物流分公司等 3 个专业分公司，重庆烟叶复烤有限公司及重庆烟草科学研究所。市局（公司）下设 20 个部门。截至 2018 年底，总资产 205.45 亿元，其中，固定资产 29.72 亿元、流动资产 181.97 亿元，资产负债率 24.89%。从业人员 8695 人。

**【领导成员】**

党组书记、局长、总经理：王永平

党组成员、副总经理：冉幕寿

党组成员、副总经理：刘庆岩

党组成员、副局长：刘　伟

党组成员、纪检组长：刘静瑶

巡视员：李　江（2018 年 8—11 月，之前任党组成员、副总经理）③

---

① 2018 年 4 月，国家局党组印发《关于叶青峰同志职务任免的通知》（国烟党〔2018〕83 号），叶青峰同志任广西区局（公司）巡视员，免去其中共广西区局（公司）党组成员、广西区局副局长职务，任职时间自 2018 年 4 月 2 日党组决定之日起计算。

② 2018 年 12 月，国家局党组印发《关于肖春、赵江波同志任免的通知》（国烟党〔2018〕264 号），免去赵江波同志中共广西壮族自治区局（公司）党组成员、纪检组长职务；肖春同志任中共广西壮族自治区局（公司）党组成员、纪检组长，试用期一年，任职时间自 2018 年 12 月 4 日党组决定之日起计算。

③ 2018 年 8 月，国家局党组印发《关于李江同志任免的通知》（国烟党〔2018〕148 号），李江同志任重庆市局（公司）巡视员，免去其中共重庆市局（公司）党组成员，中国烟草总公司重庆市公司副总经理职务。2018 年 11 月，李江同志退休。

副巡视员：李纯林

副巡视员：刘　劲

## 四川省烟草专卖局（公司）

**【概　况】**　四川省烟草专卖局成立于1983年3月，四川省烟草公司成立于1982年10月。1984年7月9日，中国烟草总公司与四川省政府签署《关于四川省烟草公司上划交接协议书》，规定自签订之日起，全省烟草工商企业上划中国烟草总公司。2018年，四川省局（公司）下辖成都、自贡、攀枝花、泸州、德阳、绵阳、广元、遂宁、内江、乐山、南充、资阳、广安、达州、巴中、雅安、眉山、宜宾、凉山州、阿坝州、甘孜州等21个地市级烟草专卖局（公司），182个县级烟草专卖局，170个县级烟草分公司，以及中国烟草四川进出口有限责任公司、四川烟叶复烤有限责任公司、四川诚至诚烟草投资有限责任公司。截至2018年底，总资产503.01亿元，其中，固定资产44.99亿元、流动资产408.93亿元，资产负债率12.56%。从业人员1.32万人。

**【领导成员】**

党组书记、局长、总经理：李恩华

党组成员、副局长：陈　霖

党组成员、副总经理：肖　瑞

党组成员、纪检组长：唐　强

党组成员、副总经理：麻世强

党组成员、副总经理：耿宏斌

副巡视员：陈东风（—2018年7月）

## 贵州省烟草专卖局（公司）

**【概　况】**　贵州省烟草专卖局成立于1983年9月，贵州省烟草公司成立于1981年11月。1985年11月13日，贵州省政府与中国烟草总公司签署协议，决定自1986年6月1日起，贵州省烟草公司上划中国烟草总公司，更名为中国烟草总公司贵州省公司。2004年1月，贵州烟草实行工商分设。2006年，取消县级公司法人资格，确立地市级公司市场经营主体地位，建立母子公司体制。2018年，贵州省局（公司）下辖贵阳、遵义、六盘水、安顺、毕节、铜仁、黔东南、黔南、黔西南、贵安等10个地市级烟草专卖局（公司），88个县级烟草专卖局、80个县级烟草分公司①，中国烟草贵州进出口有限责任公司、贵州省烟草科学研究院、贵州烟草投资管理有限公司、贵州烟叶复烤有限责任公司。省局（公司）机关下设15个职能处室、8个专业部门。截至2018年底，总资产347.21亿元，其中，固定资产44.74亿元、流动资284.47亿元，资产负债率15.45%。从业人员1.78万人。

**【领导成员】**

党组书记、局长、总经理：高体仁

党组成员、巡视员、副总经理：李智勇（—2018年2月）

党组成员、副局长：任　林

党组成员、纪检组长：钟　勇

党组成员、副总经理：沈　宏

## 云南省烟草专卖局（公司）

**【概　况】**　云南省烟草专卖局成立于1983年11月，云南省烟草公司成立于1982年4月。1985年1月，云南省人民政府与中国烟草总公司签署《关于云南省烟草公司上划交接协议书》，决定自1985年1月1日起，云南省烟草公司上划中国烟草总公司，更名为中国烟草总公司云南省公司。2018年，云南省局（公司）下辖昆明、玉溪、曲靖、红河、楚雄、大理、昭通、保山、文山、普洱、丽江、临沧、德宏、西双版纳、怒江、迪庆等16个地市级烟草专卖局（公司），128个县级局（分公司）②；云南省烟草烟叶公司、中国烟草云南进出口有限公司、云南烟叶复烤有限责任公司、云南华叶投资有限责任公司、云南香料烟有限责任公司等5个直属企业和云南省烟草农业科学研究院、云南省烟草质量监督检测站2个直属事业单位③。省局（公司）机关下设15个职能处室，7个专业部门（增设机关服务中心为机关专业部门）。截至2018年底，总资产1157.89亿元，其中，固定资产65.43亿元、流动资产912.17亿元，资产负债率16.2%。从

---

① 2018年9月，国家局、总公司印发《关于设立铜仁市烟草公司碧江分公司等机构的批复》（国烟人〔2018〕180号），同意设立铜仁市烟草公司碧江分公司、万山分公司和玉屏分公司；碧江分公司与碧江区局合署办公，万山分公司与万山区局合署办公，玉屏分公司与玉屏县局合署办公。

2018年11月，国家局、总公司印发《关于调整黔西南州局（公司）所属部分机构的批复》（国烟人〔2018〕207号），撤销兴仁县烟草专卖局，设立兴仁市烟草专卖局；将黔西南州烟草公司兴仁县分公司名称变更为黔西南州烟草公司兴仁分公司；兴仁市局和黔西南州烟草公司兴仁分公司合署办公。

② 2018年7月，国家局、总公司印发《关于马龙县烟草专卖局更名的批复》（国烟人〔2018〕155号），同意将云南省马龙县烟草专卖局更名为曲靖市马龙区烟草专卖局。

2018年12月，国家局、总公司印发《关于调整昭通市局（公司）所属部分机构的批复》（国烟人〔2018〕232号），撤销云南省水富县烟草专卖局，设立水富市烟草专卖局；将昭通市烟草公司水富县分公司名称变更为昭通市烟草公司水富市分公司；水富市局和昭通市烟草公司水富市分公司合署办公。

③ 国家局、总公司印发《关于调整云南省烟草专卖局（公司）部分机构及人员编制的批复》（国烟人〔2018〕75号），撤销云南省烟草专卖局机关服务中心，增设机关服务中心为省局（公司）专业部门。

业人员 1.79 万人。

**【领导成员】**①

党组书记、局长、总经理：陈卫东（—2018 年 1 月）

党组书记、局长、总经理：李光林（2018 年 1 月—）

党组成员、纪检组长：许力为（—2018 年 8 月）

党组成员、副局长：邓小刚（2018 年 12 月—，之前任党组成员、副总经理）

党组成员、纪检组长：蔡振华（2018 年 8 月—）

党组成员、副总经理：吴践志（2018 年 8 月—）

党组成员、副总经理：包　毅（2018 年 12 月—，之前任副巡视员）

总农艺师：杨荣生（—2018 年 6 月）

副巡视员：段应泽

副巡视员：付昆生（—2018 年 1 月）

副巡视员：杨世田

## 西藏自治区烟草专卖局（公司）

**【概　况】**　西藏自治区烟草专卖局、西藏自治区烟草公司成立于 1998 年 1 月。2001 年 1 月，西藏自治区烟草公司正式上划中国烟草总公司，更名为中国烟草总公司西藏自治区公司。2018 年，西藏自治区局（公司）下辖拉萨、山南、日喀则、林芝、昌都、阿里等 6 个地市级烟草专卖局（公司）。自治区局（公司）机关下设 15 个职能处室、5 个专业部门、1 个临时机构。截至 2018 年底，拥有总资产 37.09 亿元，其中，固定资产 4.03 亿元、流动资产 31.18 亿元，资产负债率 17.96%。从业人员 890 人。

**【领导成员】**

党委书记、局长、总经理：宋　俊

党委委员、副局长：旺　啦

党委委员、副总经理：乔建民

党委委员、副总经理：洛　桑

党委委员、副局长：白向群

党委委员、纪委书记：普　布

党委委员、副总经理：曾　涛（2018 年 12 月—）②

副巡视员：王永长

## 陕西省烟草专卖局（公司）

**【概　况】**　陕西省烟草专卖局成立于 1984 年 9 月，陕西省烟草公司成立于 1984 年 7 月，实行合署办公。1985 年 4 月 3 日，陕西省人民政府与中国烟草总公司签署协议，决定自 1985 年 1 月 1 日起，陕西省烟草公司上划中国烟草总公司，更名为中国烟草总公司陕西省公司。2007 年实施母子公司体制改革。2018 年，陕西省局（公司）下辖西安、咸阳、宝鸡、渭南、铜川、商洛、汉中、安康、延安、榆林、杨凌等 11 个市级烟草专卖局（公司），106 个县级烟草专卖局（分公司），以及陕西烟草投资管理有限公司、陕西烟草进出口有限责任公司、西安铁路烟草专卖分局。省局（公司）机关下设 15 个职能处室、8 个专业部门。截至 2018 年底，总资产 170.88 亿元，其中，固定资产 18.68 亿元、流动资产 127 亿元，资产负债率 17.64%。从业人员 9734 人，实行全员聘用制。

**【领导成员】**

党组书记、局长、总经理：高兴智

党组成员、副局长：吉应城

党组成员、副总经理：梁培荣

党组成员、纪检组长：赵启斌

党组成员、副总经理：董旭红

副巡视员：杨一端

副巡视员：刘　玮（2018 年 4—9 月）③

## 甘肃省烟草专卖局（公司）

**【概　况】**　甘肃省烟草专卖局、甘肃省烟草公司成立于 1984 年 9 月，实行合署办公。1985 年 5 月 15 日，甘肃省经济委员会与中国烟草总公司签署协议，决定从协议签订之日起甘肃省烟草公司上划中国烟草总公司，更名为中国烟草总公司甘肃省公司。2006 年，完成母子公司体制改革。2018 年，甘肃省局（公司）下辖兰州、天水、定西、酒泉、武威、张掖、庆阳、平凉、陇南、白银、金昌、嘉峪关、临夏、甘南等 14 个地市级烟草专卖局（公司），82 个县级

---

① 2018 年 1 月，国家局党组印发《关于李光林、陈卫东同志职务任免的通知》（国烟党〔2018〕14 号），李光林同志任中共云南省局（公司）党组书记、云南省局局长，中国烟草总公司云南省公司总经理；免去陈卫东同志中共云南省局（公司）党组书记、云南省局局长，中国烟草总公司云南省公司总经理职务。

2018 年 12 月，国家局党组印发《关于邓小刚、包毅同志任免的通知》（国烟党〔2018〕266 号），邓小刚同志任云南省烟草专卖局副局长，免去其中国烟草总公司云南省公司副总经理职务；包毅同志任中共云南省烟草专卖局（公司）党组成员、中国烟草总公司云南省公司副总经理，试用期一年，任职时间自 2018 年 12 月 4 日党组决定之日起计算。

2018 年 9 月，国家局党组印发《关于蔡振华、吴践志同志任职的通知》（国烟党〔2018〕173 号），蔡振华同志任中共云南省局（公司）党组成员、党组纪检组组长，试用期一年；吴践志同志任中共云南省局（公司）党组成员、云南省局（公司）副总经理，试用期一年。蔡振华同志和吴践志同志任职时间自 2018 年 8 月 27 日党组决定之日起计算。

② 2018 年 12 月，国家局党组印发《关于曾涛同志任职的通知》（国烟党〔2018〕257 号），曾涛同志任中共西藏自治区局（公司）委员会委员、中国烟草总公司西藏自治区公司副总经理，试用期一年，任职时间自 2018 年 12 月 4 日党组决定之日起计算。

③ 2018 年 4 月，国家局党组印发《关于刘玮同志任职的通知》（国烟党〔2018〕81 号），刘玮任陕西省局（公司）副巡视员，任职时间自 2018 年 4 月 2 日党组决定之日起计算。2018 年 9 月，刘玮同志退休。

烟草专卖局（营销部）和1个县级烟草专卖局（公司），甘肃省烟草专卖局铁路分局。省局（公司）机关下设16个职能处室（2018年新设群团工作处）、6个专业部门。截至2018年底，总资产87.08亿元，其中，固定资产7.58亿元、流动资产65.03亿元，资产负债率6.65%。从业人员3920人，实行全员聘用制。

【领导成员】

党组书记、局长、总经理：师增建

党组成员、副总经理：张 威

党组成员、副总经理：杨 洪

党组成员、副局长：蔺志宏

党组成员：田 成

党组成员、副总经理：何绍青

党组成员、纪检组长：文黎耕

副巡视员：杨 卫

副巡视员：王永毅（—2018年4月）

## 青海省烟草专卖局（公司）

【概 况】 青海省烟草专卖局、青海省烟草公司成立于1984年，1986年1月青海省烟草公司上划中国烟草总公司，更名为中国烟草总公司青海省公司。2004年理顺全省烟草专卖管理体制，2007年完成母子公司体制改革。2018年，青海省局（公司）下辖西宁、海东、海西、格尔木、海南、海北、黄南、玉树、果洛等9个地市级烟草专卖局（公司），35个县级烟草专卖局，34个县级营销部。省局（公司）机关下设12个职能处室、5个专业部门。截至2018年底，总资产36.81亿元，其中，固定资产1.58亿元、流动资产34.27亿元，资产负债率17.39%。从业人员1127人。

【领导成员】

党组书记、局长、总经理：李德义

党组成员、副总经理：秦 刚

党组成员、副总经理：刘海宁

党组成员、纪检组长：李祥红

巡视员：张超凡（—2018年4月）

副巡视员：祁万卷（—2018年2月）

## 宁夏回族自治区烟草专卖局（公司）

【概 况】 宁夏回族自治区烟草专卖局、宁夏回族自治区烟草公司经宁夏回族自治区人民政府批准于1983年10月成立。1986年1月，宁夏回族自治区烟草公司上划中国烟草总公司，更名为中国烟草总公司宁夏回族自治区公司。2018年，宁夏回族自治区局（公司）下辖银川、石嘴山、吴忠、固原、中卫等5个地市级烟草专卖局（公司），22个县级烟草专卖局（分公司），以及宁夏回族自治区公司物流中心。自治区局（公司）机关下设12个职能部门、4个专业部门。截至2018年底，总资产31.1亿元，其中，固定资产3.26亿元、流动资产25.2亿元，资产负债率8.11%。从业人员1175人，实行全员聘用制。

【领导成员】

党组书记、局长、总经理：姜 凯

党组成员、副局长：李光荣

党组成员、副总经理：罗增平

党组成员、纪检组长：李文辉

党组成员、副总经理：虎治富

副巡视员：李俊国

## 新疆维吾尔自治区烟草专卖局（公司）

【概 况】 新疆维吾尔自治区烟草专卖局、新疆维吾尔自治区烟草公司成立于1986年1月1日，同年，新疆维吾尔自治区烟草公司上划中国烟草总公司，更名为中国烟草总公司新疆维吾尔自治区公司，2017年12月，调整为新疆维吾尔自治区烟草公司。2011年，自治区局将各地、州、市烟草专卖局所属县级烟草专卖行政主管部门名称统一为“某某地、州、市某某县（市、区）烟草专卖局”，原县级卷烟经营机构主要任务是市场服务，不再具体从事卷烟的批发与零售及其他经营活动。2018年，新疆维吾尔自治区局（公司）下辖乌鲁木齐、昌吉、博尔塔拉、伊犁、克拉玛依、塔城、阿勒泰、吐鲁番、哈密、巴音郭楞、阿克苏、喀什、和田等13个地市级烟草专卖局（公司），新疆维吾尔自治区烟草专卖局石河子市局、克孜勒苏柯尔克孜自治州烟草专卖局2个地（州、市）烟草专卖局①，93个县级烟草专卖局，新疆烟草进出口有限责任公司、新疆烟草营销中心、新疆烟草物流中心。自治区局（公司）机关下设12个职能处室、4个专业部门。截至2018年底，总资产82.99亿元，其中，固定资产6.58亿元、流动资产69.90亿元，资产负债率13.68%。从业人员2573人。

【领导成员】

党组书记、局长、总经理：邱永春

巡视员：多里坤·阿西木（—2018年5月）

党组成员、副总经理：刘建昌

① 喀什地区烟草专卖局与克孜勒苏柯尔克孜自治州烟草专卖局合署办公。新疆烟草兵团石河子有限公司是兵团国资公司下属企业，人、财、物属兵团国资公司，自治区公司仅对其经营管理工作进行指导。

党组成员、副局长：曲卫东

党组成员、副总经理：孙　勇

党组成员、副总经理：木哈拉木·西日甫

副巡视员：张　力

副巡视员：陈跃敏（—2018 年 3 月）

## 大连市烟草专卖局（公司）

【概　况】　大连市烟草专卖局、大连市烟草公司成立于 1984 年，1994 年上划国家烟草专卖局，在烟草行业内计划单列，是国家局、总公司直接管理的省级烟草专卖局（公司）。2006 年 10 月，国家局印发《国家烟草专卖局关于大连市烟草公司建立母子公司体制改革的批复》（国烟法〔2006〕754 号），批复同意将大连市烟草公司的名称变更为中国烟草总公司大连市公司。2018 年，大连市局（公司）下辖中山、西岗、沙河口、甘井子、旅顺口、金州、普兰店、瓦房店、庄河、长海等 10 个区（市、县）烟草专卖局（分公司），大连烟草营销中心、大连烟草物流中心，大连东方大厦有限公司，大连春天物业管理有限公司。市局（公司）机关下设 11 个职能处室、5 个专业部门。截至 2018 年底，总资产 65.04 亿元，其中，固定资产 2.24 亿元、流动资产 61.72 亿元，资产负债率 9.92%。从业人员 675 人，实行全员聘用制。

【领导成员】

党组书记、局长、总经理：刘　宁

党组成员、副总经理：杨际明

党组成员、副局长：顾　建

党组成员、纪检组长：刘义华

党组成员、副总经理：郭天龙

副巡视员：李成家（2018 年 4—9 月）①

副巡视员：姜卫东（2018 年 11 月—）②

## 深圳市烟草专卖局（公司）

【概　况】　深圳市烟草专卖局、深圳市烟草公司成立于 1986 年。1995 年 4 月，深圳市烟草公司正式上划中国烟草总公司，更名为中国烟草总公司深圳市公司，享有省级烟草专卖管理权、经营权。2018 年，深圳市局（公司）下辖福田、罗湖、盐田、南山、宝安、龙岗、龙华、坪山、光明、大鹏新区等 10 个区烟草专卖局（公司），中深烟草贸易中心，以及深圳烟草进出口有限公司。市局（公司）机关下设 11 个职能处室、6 个专业部门、2 个其他部门。截至 2018 年底，总资产 134.8 亿元，其中，固定资产 4.97 亿元、流动资产 124.69 亿元，资产负债率 4.98%。从业人员 1278 人，实行全员聘用制。

【领导成员】

党组书记、局长、总经理：张亚宾

党组成员、副局长：吴镇丰

党组成员、副总经理：李新忠

党组成员、纪检组长：洪美宣

◇ 编辑：褚　幸

# 省级中烟工业公司

## 河北中烟工业有限责任公司

【概　况】　河北中烟工业有限责任公司前身为河北烟草工商分设后成立于 2003 年 6 月的河北中烟工业公司。2010 年 12 月，国家局、总公司批复同意河北中烟工业公司更名改制为河北中烟工业有限责任公司，并于 2011 年 7 月正式挂牌成立。公司下设张家口卷烟厂有限责任公司、河北白沙烟草有限责任公司 2 家具有独立法人资格的卷烟工业企业。2018 年，公司本部下设 22 个部门，北方烟机配件有限公司 1 家专业公司。截至 2018 年底，公司拥有总资产 175.67 亿元，其中，固定资产 26.15 亿元、流动资产 138.98 亿元，资产负债率 32.49%。从业人员 5016 人。

【领导机构】

董事会

董事长：舒　明

董　事：籍　涛、杨　军、师进辉、秦　剑、马伶燕、李　刚（职工董事）

监　事：王海峰

班子成员③

党组书记、总经理：籍　涛

---

① 2018 年 4 月，国家局党组印发《关于李成家同志任职的通知》（国烟党〔2018〕82 号），李成家同志任大连市局（公司）副巡视员，任职时间自 2018 年 4 月 2 日党组决定之日起计算。2018 年 9 月，李成家同志退休。

② 2018 年 11 月，国家局党组印发《关于姜卫东同志任职的通知》（国烟党〔2018〕208 号），姜卫东同志任大连市局（公司）副巡视员，任职时间自 2018 年 11 月 13 日党组决定之日起计算。

③ 2018 年 12 月，国家局党组印发《关于王玉林和狄东昇同志任职的通知》（国烟党〔2018〕247 号），王玉林同志任中共河北中烟工业有限责任公司总工程师，试用期一年；狄东昇同志任河北中烟工业有限责任公司副巡视员。王玉林和狄东昇同志的任职时间自 2018 年 12 月 4 日党组决定之日起计算。

党组成员、副总经理：师进辉

党组成员、纪检组长：王海峰

党组成员、副总经理：杜为红

党组成员、副总经理：陈昌鸿

总工程师：王玉林（2018 年 12 月—）

副巡视员：狄东昇（2018 年 12 月—）

巡视员：杨　军（—2018 年 11 月）

## 江苏中烟工业有限责任公司

【概　况】　江苏中烟工业有限责任公司前身为江苏烟草工商分设后于 2003 年 9 月成立的江苏中烟工业公司。2006 年 12 月，完成对省内卷烟工业企业的合并重组。2008 年 5 月，经国家局、总公司批复同意，改制更名为江苏中烟工业有限责任公司，并于 2009 年 9 月成立董事会，12 月举行挂牌仪式。公司下设南京卷烟厂、徐州卷烟厂、淮阴卷烟厂等 3 家不具有法人资格的卷烟生产厂，以及南通烟滤嘴有限责任公司、江苏鑫源烟草薄片有限公司 2 个全资子公司。2018 年，公司本部下设 23 个部门。截至 2018 年底，公司总资产 713.94 亿元，其中，固定资产 92.24 亿元、流动资产 580.43 亿元，资产负债率 17.78%。从业人员 5128 人。

【领导机构】

董事会

董事长：高学林（2018 年 1 月—，之前任副董事长，主持工作）①

董　事：曾献兵、马　健、宣晓泉、郭　勤、张弘毅、招启柏

监　事：黄宝生

班子成员

党组书记、总经理：曾献兵

党组成员、副总经理、工会主席：马　健

党组成员、副总经理：宣晓泉

党组成员、副总经理：王轩庭

党组成员、副总经理：王海龙

党组成员、纪检组长：黄宝生

党组成员、副总经理：朱卫星

## 浙江中烟工业有限责任公司

【概　况】　浙江中烟工业有限责任公司最初为浙江烟草工商分设后于 2003 年 7 月成立的浙江中烟工业公司。2007 年 11 月，浙江中烟工业公司改制更名为浙江中烟工业有限责任公司。公司下设杭州、宁波卷烟厂和浙江中烟投资管理有限公司，参股甘肃烟草工业有限责任公司和环球烟草有限责任公司、科伦印象有限责任公司。2018 年，公司本部设 16 个部门。截至 2018 年底，公司总资产 568.55 亿元，其中，固定资产 73.35 亿元、流动资产 428.83 亿元，资产负债率 31.95%。从业人员 3296 人。

【领导机构】

董事会

董事长：张本甫

董　事：许明忠、孟伟刚、杨柳军、朱湘海、王良君（职工董事）

监　事：王德源

班子成员

党组书记、总经理：许明忠

党组成员、副总经理：杨柳军

党组成员、纪检组长：王德源

党组成员、副总经理：娄晓平

党组成员、副总经理：张思荣

党组成员、副总经理：陶建英

党组成员、副总经理：张德春（2018 年 6 月—）②

巡视员：孟伟刚

总工程师：储国海

## 安徽中烟工业有限责任公司

【概　况】　安徽中烟工业有限责任公司前身为安徽烟草工商分设后于 2003 年 4 月成立的安徽中烟工业公司。2010 年，经国家局、总公司批复同意，更名改制为安徽中烟工业有限责任公司。2011 年 6 月 15 日，安徽中烟工业有限责任公司成立董事会。同年 6 月 27 日，正式挂牌成立。公司下设蚌埠卷烟厂、芜湖卷烟厂、合肥卷烟厂、阜阳卷烟厂、滁州卷烟厂等 5 家不具有法人资格的卷烟生产厂，安徽中烟再造烟叶科技有限责任公司、滁州红三环大酒店有限责任公司 2 家全资子公司，中烟国际欧洲有限公司 1 家控股公司，以及华环国际烟草有限公司、双维伊士曼纤维有限公司 2 家参股公司。2018 年，公司本部下设 18 个部门（含合

---

① 2018 年 1 月，国家局、总公司印发《关于委派高学林同志任职的通知》（国烟人〔2018〕187 号），委派高学林同志为江苏、安徽、福建中烟工业有限责任公司董事会董事、董事长，任职时间自 2018 年 1 月 4 日党组决定之日起计算。

② 2018 年 7 月，国家局党组印发《关于张德春同志任职的通知》（国烟党〔2018〕132 号），张德春同志任中共浙江中烟工业有限责任公司党组成员、浙江中烟工业有限责任公司副总经理，试用期一年，任职时间自 2018 年 6 月 1 日党组决定之日起计算。

署办公部门）及1个市场营销中心、1个技术中心和1个物流中心。截至2018年底，公司总资产289.75亿元，其中，固定资产37.90亿元、流动资产218.34亿元，资产负债率28.81%。从业人员5922人。

【领导机构】

董事会

董事长：高学林（2018年1月—，之前任副董事长，主持工作）

董　事：王志彬、郭　勤、张弘毅、张　力、程华良、许新忠（职工董事）

监　事：齐义良

班子成员①

党组书记、总经理：王志彬

党组成员、副总经理：张　力

党组成员、副总经理：程华良

党组成员、副总经理：宁　敏

党组成员、纪检组长：齐义良

党组成员、副总经理：杜　进（2018年12月—，之前任副巡视员）

党组成员、副总经理：王茂林（2018年12月—）

总工程师：刘　云（2018年12月—）

## 福建中烟工业有限责任公司

【概　况】　福建中烟工业有限责任公司最初为福建烟草工商分设后于2003年11月成立的福建中烟工业公司。2010年12月，经国家局、总公司批复同意更名改制为福建中烟工业有限责任公司，2011年7月8日正式挂牌成立。公司下辖龙岩、厦门烟草工业有限责任公司2家具有独立法人资格的卷烟生产企业，福建省龙岩金叶复烤有限责任公司1家打叶复烤企业，福建金闽再造烟叶发展有限责任公司1家烟草薄片生产企业，以及福建鑫叶投资管理集团有限公司1家多元化经营企业。2018年，公司本部下设22个部门，分为12个职能部门和10个专业部门。截至2018年底，公司总资产277.63亿元，其中，固定资产45.01亿元、流动资产202.56亿元，资产负债率29.23%。从业人员4736人。

【领导机构】

董事会

董事长：高学林（2018年1月—，之前任副董事长，主持工作）

董　事：李跃民、王建勇、邱全胜、郭　勤、张弘毅、张　伟（—2018年6月，职工董事）、李海民（2018年6月—，职工董事）②

监　事：林建红

班子成员

党组书记、总经理：李跃民（—2018年12月）

党组书记、总经理：王志江（2018年12月—）③

党组成员、副总经理：王建勇（—2018年12月）④

党组成员、副总经理：王道宽（—2018年12月）

党组成员、副总经理：邱全胜

党组成员、副总经理：伍达明

党组成员、副总经理：林荣欣

党组成员、纪检组长：林建红

## 江西中烟工业有限责任公司

【概　况】　江西中烟工业有限责任公司前身为江西烟草工商分设后于2004年10月成立的江西中烟工业公司。2007年12月，国家局、总公司批复同意江西中烟工业公司与所属南昌卷烟总厂合并重组为一个法人实体，企业名称为江西中烟工业公司。2009年10月，江西中烟工业公司更名改制为江西中烟工业有限责任公司，下设南昌卷烟厂、赣州卷烟厂、广丰卷烟厂、井冈山卷烟厂等4家不具有法人资格的卷烟生产厂。2018年，公司本部下设18个部门。截至2018年底，公司总资产163.47亿元，其中，固定资产32.93亿元、流动资产121.03亿元，资产负债率26.09%。从业人员4603人。

【领导机构】

董事会

董事长：舒　明

---

① 2018年12月，国家局党组印发《关于杜进等三名同志任职的通知》（国烟党〔2018〕249号），杜进、王茂林同志任中共安徽中烟工业有限责任公司党组成员、副总经理，试用期一年；刘云同志任中共安徽中烟工业有限责任公司总工程师，试用期一年。杜进、王茂林、刘云同志的任职时间自2018年12月4日党组决定之日起计算。

② 2018年6月，国家局、总公司印发《关于福建中烟工业有限责任公司董事会换届的通知》（国烟人〔2018〕43号），聘任李海民同志为福建中烟工业有限责任公司第三届董事会董事。

③ 2019年1月，国家局党组印发《关于王志江和李跃民同志职务任免的通知》（国烟党〔2019〕12号），王志江同志任中共福建中烟工业有限责任公司党组书记、总经理，试用期一年，任职时间自2018年12月24日党组决定之日起计算；免去李跃民同志中共福建中烟工业有限责任公司党组书记、总经理职务。

④ 2018年12月，国家局党组印发《关于王建勇同志免职的通知》（国烟党〔2018〕267号），免去王建勇同志中共福建中烟工业有限责任公司党组成员、副总经理职务，另有任用。

董　事：姚庆艳、周恩海、王迪汗、秦　剑、马伶燕、廖新尧（职工董事）

监　事：任用错

班子成员

党组书记、总经理：姚庆艳（—2018 年 12 月）

党组书记、总经理：温东奇（2018 年 12 月—）①

党组成员、副总经理：王迪汗

党组成员、副总经理：张胜健

党组成员、副总经理：赵明强

党组成员、纪检组长：秦日伦

党组成员、副总经理：罗丽珍

副巡视员：缪　波（—2018 年 3 月）

## 山东中烟工业有限责任公司

**【概　况】**　山东中烟工业有限责任公司最初为山东烟草工商分设后于 2004 年 2 月成立的山东中烟工业公司。2009 年 9 月，国家局、总公司批复同意山东中烟更名改制和建立董事会。2010 年 4 月 20 日，山东中烟工业有限责任公司挂牌成立，下设济南卷烟厂、青岛卷烟厂、青州卷烟厂、滕州卷烟厂等 4 家不具有法人资格的卷烟生产厂，以及将军烟草集团有限公司、颐中烟草（集团）有限公司、山东省烟草物资设备有限公司等 3 个全资子公司。2018 年，公司本部下设 18 个部门和 6 个相对独立运行中心。截至 2018 年底，公司总资产 319.75 亿元，其中，固定资产 43.19 亿元、流动资产 227.76 亿元，资产负债率 36.29%。从业人员 5346 人。

**【领导机构】**

董事会

董事长：舒　明

董　事：韩　林、王众声、鹿广瑞、秦　剑、马伶燕、郝光彦

监　事：卢卫铭

班子成员

党组书记、总经理：韩　林（—2018 年 12 月）

党组书记、总经理：王建勇（2018 年 12 月—）②

党组成员、副总经理：王众声

党组成员、副总经理：鹿广瑞

党组成员、副总经理：丛亮滋

党组成员、副总经理：蒋海岩

党组成员、纪检组长：卢卫铭

党组成员、副总经理：王现君

总会计师：李万灵

副巡视员：刘　伟（—2018 年 12 月）

副巡视员：卜晓东（—2018 年 1 月）

## 河南中烟工业有限责任公司

**【概　况】**　河南中烟工业有限责任公司前身为河南烟草工商分设后于 2003 年 10 月成立的河南中烟工业公司。2009 年 8 月，河南中烟工业公司改制更名为河南中烟工业有限责任公司。2011 年 8 月，河南中烟工业有限责任公司挂牌成立。公司下设黄金叶生产制造中心、许昌卷烟厂、安阳卷烟厂、南阳卷烟厂、驻马店卷烟厂、漯河卷烟厂、洛阳卷烟厂等 7 家不具有法人资格的卷烟生产厂，河南卷烟工业烟草薄片有限公司 1 家薄片生产企业，河南金瑞香精香料有限公司、河南金芒果印刷有限公司、许昌永昌印务有限公司、焦作金叶醋酸纤维有限公司等 4 家卷烟辅助材料生产企业，1 个行业级技术中心，1 个博士后科研工作站。2018 年，公司本部下设 22 个部门。截至 2018 年底，公司总资产 408.07 亿元，其中，固定资产 69.16 亿元、流动资产 311.74 亿元，资产负债率 32.09%。从业人员 10171 人。

**【领导机构】**

董事会

董事长：张本甫

董　事：杨自业、杨志忠、吴明山、朱湘海、肖　洪（—2018 年 5 月，职工董事）、刘亚利（2018 年 5 月—，职工董事）③

监　事：刘学鲁

班子成员

党组书记、总经理：杨自业

党组成员、副总经理：杨志忠

党组成员、副总经理：吴明山

党组成员、副总经理：付顺卿

---

① 2018 年 12 月，国家局党组印发《关于温东奇和姚庆艳同志职务任免的通知》（国烟党〔2018〕255 号），温东奇同志任中共江西中烟工业有限责任公司党组书记、总经理，试用期一年，任职时间自 2018 年 12 月 4 日党组决定之日起计算。

② 2018 年 12 月，国家局党组印发《关于王建勇和韩林同志职务任免的通知》（国烟党〔2018〕244 号），王建勇同志任中共山东中烟工业有限责任公司党组书记、总经理，试用期一年，任职时间自 2018 年 12 月 4 日党组决定之日起计算；免去韩林同志中共山东中烟工业有限责任公司党组书记、总经理职务。

③ 2018 年 5 月，国家局、总公司印发《关于河南中烟工业有限责任公司董事会换届的通知》（国烟人〔2018〕87 号），聘任刘亚利同志为河南中烟工业有限责任公司第三届董事会董事。

党组成员、纪检组长：刘学鲁

党组成员、副总经理：许廷选

党组成员、副总经理：李彦伟

## 湖北中烟工业有限责任公司

**【概　况】** 湖北中烟工业有限责任公司最初为湖北烟草工商分设后于2004年1月18日成立的湖北中烟工业公司。2006年，湖北中烟工业公司与武汉烟草（集团）有限公司、武汉卷烟厂实行双向合署办公，重组整合为一个法人实体。2007年11月28日，湖北中烟工业公司正式更名改制为湖北中烟工业有限责任公司。公司下设武汉卷烟厂、襄阳卷烟厂、三峡卷烟厂、广水卷烟厂、红安卷烟厂、恩施卷烟厂等6家不具有法人资格的卷烟生产厂，以及卷烟材料厂、红金龙（集团）有限公司等7家子公司，其中，控股湖北龙乡印刷包装股份有限公司，其余6家为全资子公司。2018年，公司本部下设职能部门12个，专业部门8个。截至2018年底，公司总资产494.6亿元，其中，固定资产45.98亿元、流动资产383.18亿元，资产负债率34.50%。从业人员7165人。

**【领导机构】**

董事会

董事长：陈　晖

董　事：郜　强、黄翠萍、姚　萌、聂广军、程思军（—2018年7月，职工董事）、谭文峰（2018年7月—，职工董事）①

监　事：马超纯

班子成员

党组书记、总经理：郜　强

副总经理、党组成员：姚　萌

副总经理、党组成员：聂广军

纪检组长、党组成员：马超纯

副总经理、党组成员：李　晖

总工程师：陈慧斌

## 湖南中烟工业有限责任公司

**【概　况】** 湖南中烟工业有限责任公司最初为湖南烟草工商分设后于2003年成立的湖南中烟工业公司。2006年10月，湖南中烟工业公司与所属长沙卷烟厂、常德卷烟厂合并重组为一个企业法人，取消长沙卷烟厂、常德卷烟厂法人资格；2007年11月，湖南中烟工业公司改制更名为湖南中烟工业有限责任公司。下辖长沙卷烟厂、常德卷烟厂、郴州卷烟厂、零陵卷烟厂、四平卷烟厂、吴忠卷烟厂等6个不具有法人资格的卷烟厂和具有法人资格的湖南中烟投资管理有限公司、湖南中烟物流有限责任公司，控股常德芙蓉烟叶复烤有限责任公司、湘西鹤盛原烟发展有限责任公司、浏阳天福打叶复烤有限责任公司等3个具有独立法人资格的烟叶加工企业，以及湖南金叶烟草薄片有限责任公司1个具有独立法人资格的烟草薄片加工企业，并持有河北白沙烟草有限责任公司50%的股权。2018年，公司本部内设19个部门，以及市场营销、技术、原料采购3个中心。截至2018年底，公司总资产789.35亿元，其中，固定资产74.16亿元，流动资产603.77亿元，资产负债率13.09%，三项费用率5.47%。公司在册员工9736人。

**【领导机构】**

董事会

董事长：陈　晖

董　事：卢　平、黄翠萍、刘　兴、栾永亮、龚道国（—2018年4月，职工董事）、王　芬（2018年4月—，职工董事）

监　事：高青松

班子成员

党组书记、总经理：卢　平

党组成员、副总经理：刘　兴

党组成员、副总经理：栾永亮

党组成员、纪检组长：高青松

党组成员、副总经理：刘建福

党组成员、副总经理：李　立

党组成员、副总经理：张孝堂（—2018年12月）

党组成员、副总经理：刘　军（2018年4月—）

党组成员、副总经理：龚道国（2018年4月—）

## 广东中烟工业有限责任公司

**【概　况】** 广东中烟工业有限责任公司前身是成立于2003年的广东中烟工业公司。2007年，改制更名为广东中烟工业有限责任公司，是全国烟草行业首家建立董事会的省级工业公司。公司下设广州卷烟厂、韶关卷烟厂、梅州卷烟厂、湛江卷烟厂等4家不具有法人资格的卷烟生产厂。2018年，公司本部下设23个部门。截至2018年底，公司总资产474.43亿元，其中，固定资产45.87亿元、流动资

① 2018年7月，国家局、总公司印发《关于湖北中烟工业有限责任公司董事会换届的通知》（国烟人〔2018〕147号），聘任谭文峰同志为湖北中烟工业有限责任公司第五届董事会董事。

产366.99亿元，资产负债率24.66%。从业人员6172人（包括子企业）。

【领导成员】

董事会

董事长：舒　明

董　事：秦　剑、马伶燕、王　全（—2018年4月）、陈　峰（2018年4月—）、陈仲良、唐　健、张穗强、区广安、王文祥（职工董事）

监　事：王国飞

班子成员

党组书记、总经理：唐　健

巡视员：张穗强（2018年4月—，之前任党组成员、副总经理、总会计师）

党组成员、副总经理：区广安

党组成员、副总经理：袁汉辉

党组成员、纪检组长：王国飞

党组成员、副总经理：张赤兵

党组成员、副总经理：温东奇（—2018年12月）

党组成员：李　斌

党组成员：梁　强

总工程师：许　光（—2018年4月）

副巡视员：李显万

## 广西中烟工业有限责任公司

【概　况】　广西中烟工业有限责任公司前身为2003年广西烟草工商分设后成立的广西中烟工业公司。2008年9月26日，广西中烟工业公司完成公司制改造，更名为广西中烟工业有限责任公司。公司下设南宁卷烟厂、柳州卷烟厂2家不具有独立法人资格的卷烟生产厂，广西中烟天成投资管理有限责任公司、广西真龙物流有限责任公司2家全资子公司，以及广西真龙彩印包装有限公司、广西真龙实业有限责任公司等12家控股公司。2018年，公司本部下设23个部门。截至2018年底，公司总资产229.37亿元，其中，固定资产33.83亿元、流动资产160.07亿元，资产负债率38.10%。从业人员2996人。

【领导机构】

董事会

董事长：舒　明

董　事：秦　剑、马伶燕、周　涛、覃　荣、张穗强、区广安、陈　峰（2018年4月—）①、唐格莲（职工董事）

监　事：王　全

班子成员

党组书记、总经理：周　涛（—2018年11月）

党组书记、总经理：谢昆或（2018年11月—）②

党组成员、纪检组长、巡视员、副总经理：王　全（—2018年1月）

党组成员、副总经理：覃　荣

党组成员、副总经理：陈　峰

党组成员、纪检组长：赵江波（2018年12月—）③

党组成员、副总经理：李　斌

党组成员、副总经理：郭志宏（2018年12月—）

党组成员、副总经理：王　珏（2018年12月—）

总会计师：陈仲良

副巡视员：陆建南

## 重庆中烟工业有限责任公司

【概　况】　重庆中烟工业有限责任公司于2015年11月10日挂牌成立。由原川渝中烟工业有限责任公司拆分组建，是中国烟草总公司全资子公司。公司下辖重庆卷烟厂、涪陵卷烟厂、黔江卷烟厂等3家不具有独立法人资格的卷烟生产厂。2018年，公司本部下设10个管理部门和13个专业部门。截至2018年底，公司总资产153.4亿元，其中固定资产17.9亿元、流动资产127.27亿元，资产负债率34.29%。从业人员2904人。

【领导机构】

董事会

董事长：张本甫

董　事：易从宽、朱湘海、程晓苏、张建华、魏　虹（职工董事）

班子成员

党组书记、总经理：易从宽（—2018年12月）

党组书记、总经理：张　力（2018年12月—）

党组成员、副总经理、工会主席：程晓苏

---

① 2018年4月，国家局、总公司印发《关于调整广西中烟工业有限责任公司董事的通知》（国烟人〔2018〕71号），委派陈峰同志为广西中烟工业有限责任公司董事会董事。

② 2018年12月，国家局党组印发《关于谢昆或和周涛同志职务任免的通知》（国烟党〔2018〕242号），谢昆或同志任中共广西中烟工业有限责任公司党组书记、总经理，试用期一年，任职时间自2018年11月27日党组决定之日起计算。

③ 2018年12月，国家局党组印发《关于赵江波等三名同志任职的通知》（国烟党〔2018〕265号），赵江波同志任中共广西中烟工业有限责任公司党组成员、纪检组长；郭志宏、王珏同志任中共广西中烟工业有限责任公司党组成员、副总经理，试用期一年。郭志宏、王珏同志的任职时间自2018年12月4日党组决定之日起计算。

党组成员、副总经理：张建华

党组成员、副总经理：王　勇

党组成员、副总经理：雷樟泉（2018 年 8 月—）①

党组成员、纪检组长：陈　玟（2018 年 12 月—）

## 四川中烟工业有限责任公司

【概　况】　四川中烟工业有限责任公司成立于 2015 年 11 月 8 日，由原川渝中烟工业有限责任公司拆分组建，是中国烟草总公司的全资子公司，公司下设成都卷烟厂、什邡卷烟厂、绵阳卷烟厂、西昌卷烟厂等 4 家不具有法人资格的卷烟生产厂，以及长城雪茄烟厂、四川三联新材料有限公司。2018 年，公司下设 12 个职能部门和 8 个专业部门。截至 2018 年底，公司总资产 246.86 亿元，其中，固定资产 30.35 亿元、流动资产 203.50 亿元，资产负债率 41.13%。从业人员 4944 人。

【领导机构】

董事会

董事长：张本甫

董　事：彭传新、朱湘海、崔建华、吴　钢、郭爱萍（职工董事）

监　事：樊宣刚

班子成员

党组书记、总经理：彭传新

党组成员、副总经理：崔建华

党组成员、副总经理：吴　钢

党组成员、副总经理：邓　权

党组成员、副总经理：赵屹峰

党组成员、纪检组长：樊宣刚

党组成员、副总经理：薛　飞

副巡视员、工会主席：汤柱国

副巡视员：秦富炳（—2018 年 2 月）

副巡视员：冯跃进（—2018 年 7 月）

## 贵州中烟工业有限责任公司

【概　况】　贵州中烟工业有限责任公司前身为贵州烟草工商分设后于 2003 年 7 月成立的贵州中烟工业公司。2008 年 7 月，国家局、总公司批复同意改制更名为贵州中烟工业有限责任公司。公司下设贵阳卷烟厂、遵义卷烟厂、毕节卷烟厂、贵定卷烟厂、铜仁卷烟厂等 5 家不具备法人资格的卷烟生产厂和兴义烟叶储运站共 6 个二级单位，贵州福贵投资管理公司属多元化子公司，控股贵州黄果树金叶科技有限公司。2018 年，公司本部下设 10 个职能部门，10 个专业部门。截至 2018 年底，公司总资产 313.01 亿元，其中，固定资产 38.77 亿元、流动资产 236.93 亿元，资产负债率 36.88%。从业人员 7827 人。

【领导机构】

董事会

董事长：陈　晖

董　事：白云峰、杨　东、方　静、黄翠萍、王光举（—2018 年 3 月，职工董事）、秦　宁（2018 年 3 月—，职工董事）②

监　事：冯力勤（—2018 年 12 月）

班子成员

党组书记、总经理：白云峰

党组成员、副总经理：杨　东

党组成员、副总经理：方　静

党组成员、纪检组长：冯力勤（—2018 年 12 月）

党组成员、副总经理：关　培

党组成员、副总经理：胡世龙

总工程师：魏　鹰

副巡视员：黄国跃（2018 年 11—12 月）③

## 云南中烟工业有限责任公司

【概　况】　云南中烟工业有限责任公司最初为 2003 年 10 月云南烟草工商分设后成立的云南中烟工业公司。2004 年 1 月 1 日，云南中烟工业公司举行挂牌仪式。2010 年 12 月 28 日，国家局、总公司批复同意云南中烟工业公司更名改制为云南中烟工业有限责任公司。2011 年 1 月 27 日，云南中烟工业有限责任公司挂牌成立。公司集卷烟生产销售、烟草物资配套供应、科研以及多元化经营等为一体，是全国卷烟产销规模最大的省级中烟公司。公司拥有卷烟产量规模位居行业前两位的红塔烟草（集团）有限责任公司（下设玉溪卷烟厂、楚雄卷烟厂、大理卷烟厂、昭通卷烟厂等 4 家不具有法人资格的全资卷烟生产厂）和红云红河烟草

---

① 2018 年 10 月，国家局党组印发《关于雷樟泉同志任职的通知》（国烟党〔2018〕186 号），雷樟泉同志任中共重庆中烟工业有限责任公司党组成员、副总经理，试用期一年，任职时间自 2018 年 8 月 27 日党组决定之日起计算。

② 2018 年 3 月，国家局、总公司印发《关于贵州中烟工业有限责任公司董事会换届的通知》（国烟人〔2018〕62 号），聘任秦宁同志为贵州中烟工业有限责任公司第三届董事会董事。

③ 2018 年 11 月，国家局党组印发《关于黄国跃同志任职的通知》（国烟党〔2018〕207 号），黄国跃同志任贵州中烟工业有限责任公司副巡视员，任职时间自 2018 年 11 月 13 日党组决定之日起计算。根据国烟党〔2018〕229 号文件，免去黄国跃同志贵州中烟工业有限责任公司副巡视员职务，按照有关规定和原职级待遇办理退休手续。

（集团）有限责任公司（下设昆明卷烟厂、红河卷烟厂、曲靖卷烟厂、会泽卷烟厂、新疆卷烟厂、乌兰浩特卷烟厂等6家不具有法人资格的全资卷烟生产厂），以及营销中心、技术中心（云南烟草科学研究院）、云南合和（集团）股份有限公司、云南中烟物资（集团）有限责任公司、云南烟草国际有限公司、培训中心、云南中烟特有职业（工种）职业技能鉴定站、云南中烟新材料科技有限公司等多家直属单位，并参控股云南烟草机械有限责任公司、云南中烟再造烟叶有限责任公司等多家企业。2018 年，公司本部下设 18 个内设机构。截至 2018 年底，公司总资产 3659. 48 亿元，其中，固定资产 333. 98 亿元、流动资产 1998. 19 亿元，资产负债率 39. 85%。从业人员 21739 人。

**【领导机构】**①

董事会

董事长：夜礼斌（—2018 年 1 月）

董事长：陈卫东（2018 年 1 月—）

副董事长：张本甫

董　事：夜礼斌（—2018 年 2 月）、陈卫东（2018 年 2 月—）、张本甫、朱绍明、李光林（—2018 年 2 月）、谢昆或（2018 年 2 月—）、夏开元（—2018 年 2 月）、王　勇（2018 年 2 月—）、武　怡、朱湘海、赵　勇（职工董事）

监　事：郑雄志

班子成员

党组书记：朱绍明（—2018 年 1 月）

党组书记：陈卫东（2018 年 1 月—）

党组副书记、总经理：朱绍明（2018 年 1—12 月）

党组副书记、总经理：周　涛（2018 年 12 月—）

党组副书记：夜礼斌（—2018 年 1 月）

党组成员、副总经理：顾　波（—2018 年 4 月）

党组成员、副总经理：李光林（—2018 年 1 月）

党组成员、副总经理：谢昆或（—2018 年 12 月）

党组成员、副总经理：武　怡（2018 年 1 月—）

党组成员、副总经理：夏开元（2018 年 1 月—）

党组成员、副总经理：王　勇（2018 年 1 月—）

党组成员、副总经理：陈哲平（2018 年 8 月—）

党组成员、纪检组长：郑雄志

副巡视员：赵　勇

副巡视员：和国刚（2018 年 4 月—）

## 陕西中烟工业有限责任公司

**【概　况】**　陕西中烟工业有限责任公司前身为陕西烟草工商分设后于 2003 年 12 月成立的陕西中烟工业公司。2009 年 9 月，经国家局、总公司批复同意，更名改制为陕西中烟工业有限责任公司。公司下设宝鸡卷烟厂、延安卷烟厂、汉中卷烟厂、澄城卷烟厂和旬阳卷烟厂等 5 家不具有法人资格的卷烟生产厂，以及具有独立法人资格的陕西中烟投资管理有限公司。2018 年，公司本部下设 20 个部门。截至 2018 年底，公司总资产 205. 48 亿元，其中，固定资产 30. 33 亿元、流动资产 175. 15 亿元，资产负债率 31. 43%。在岗人员 5319 人。

**【领导机构】**

董事会

董事长：陈　晖

董　事：严金虎、曹兴浪、赵德学、黄翠萍、韩占奎（职工董事）

监　事：奚柏龙

班子成员

党组书记、总经理：严金虎

党组成员、副总经理：曹兴浪

党组成员、副总经理：赵德学

党组成员、副总经理：任　立

党组成员、副总经理：李　强

党组成员、纪检组长：奚柏龙

总会计师：吴建玲（—2018 年 8 月）

副巡视员：马文卷

副巡视员：李宝新

---

① 2018 年 1 月，国家局党组印发《关于陈卫东等七名同志职务任免的通知》（国烟党〔2018〕15 号），陈卫东同志任中共云南中烟工业有限责任公司党组书记、董事长（法定代表人）；朱绍明同志任中共云南中烟工业有限责任公司党组副书记，免去其中共云南中烟工业有限责任公司党组书记职务；武怡同志任中共云南中烟工业有限责任公司党组成员、副总经理兼中共红云红河烟草（集团）有限责任公司党委书记、董事长（法定代表人）；夏开元同志任中共云南中烟工业有限责任公司党组成员、副总经理；王勇同志任中共云南中烟工业有限责任公司党组成员、副总经理兼中共红塔烟草（集团）有限责任公司党委书记、董事长（法定代表人）。武怡、夏开元、王勇同志的任职时间自 2018 年 1 月 4 日党组决定之日起计算。

2018 年 2 月，国家局、总公司印发《关于云南中烟工业有限责任公司董事会换届的通知》（国烟人〔2018〕52 号），委派陈卫东同志为云南中烟工业有限责任公司第三届董事会董事、董事长；委派张本甫同志为云南中烟工业有限责任公司第三届董事会董事、副董事长；委派朱绍明、谢昆或、王勇、武怡、朱湘海同志为云南中烟工业有限责任公司第三届董事会董事；委派郑雄志同志为云南中烟工业有限责任公司监事；聘任赵勇同志为云南中烟工业有限责任公司第三届董事会董事。

2018 年 12 月，国家局党组印发《关于周涛等五名同志职务任免的通知》（国烟党〔2018〕241 号），周涛同志任中共云南中烟工业有限责任公司党组副书记、总经理。

2018 年 12 月，国家局党组印发《关于陈哲平同志任职的通知》（国烟党〔2018〕171 号），陈哲平同志任中共云南中烟工业有限责任公司党组成员、副总经理，试用期一年，任职时间自 2018 年 8 月 27 日党组决定之日起计算。

2018 年 5 月，国家局党组印发《关于和国刚同志任职的通知》（国烟党〔2018〕100 号），和国刚同志任云南中烟工业有限责任公司副巡视员，任职时间自 2018 年 4 月 2 日党组决定之日起计算。

# 其他直属单位

## 中国烟草总公司郑州烟草研究院

【主要职责】 综合性从事烟草科学研究与开发，是国际标准化组织烟草及烟草制品技术委员会（ISO/TC126）国内技术归口单位。主要从事烟草栽培调制及贮保、烟草基因、卷烟加工工艺和卷烟配方、烟草化学、烟用香精香料、卷烟减害降焦、再造烟叶等方面的应用基础和共性技术研究，卷烟厂和烟叶复烤厂的工程设计、行业相关检测仪器的研制、开发等。学科范围覆盖从烟草基因到卷烟生产的全过程。

【负责人】

党组书记、副院长：宋亚强

党组副书记、院长：谢剑平

党组成员、副院长：张建勋

党组成员、副院长：罗登山

党组成员：胡清源

党组成员、纪检组长：裴　丽

【内设机构】 设办公室（外事办公室）、科研开发处（烟草学会秘书处）、财务管理处（审计处）、人事处（研究生处）、党建工作处（机关党委合署办公）、纪检监察处（与党组纪检组合署办公）、后勤管理处等7个职能部门，烟草农业研究室（烟草行业生态环境与烟叶质量重点实验室）、烟草工艺研究室（烟草行业烟草工艺重点实验室）、烟草化学研究室（烟草行业烟草化学重点实验室）、烟草香料研究室（烟草行业烟草香料基础研究重点实验室）等4个科研部门，中国烟草科技信息中心、中国烟草标准化研究中心、国家烟草基因研究中心等3个行业中心，河南新桥烟草科技服务有限公司、郑州嘉德机电科技有限公司、郑州益盛烟草工程设计咨询有限公司等3家多元化经营企业。

## 中国烟草总公司合肥设计院

【主要职责】 负责组织烟草行业固定资产重大投资工程项目的技术审查（咨询）以及行业直属单位审批权限内的重大工程项目的技术咨询。参与行业打叶复烤厂和烟用仓库投资项目的前期工作及总体规划、设计的投标，参与烟草行业工程建设项目施工图第三方审查和项目的相关咨询工作，以及行业工程建设项目设计规范、技术标准的编制、修订工作和实施、监督工作等。

【负责人】

党委书记、院　长：卢安宁（正厅级）

党委委员、副院长：陆　敏

副院长：王　庆（—2018年10月）

党委委员、副院长兼纪委书记：葛　波

【内设机构】 设技术审查处、设计处、经营处、人事处、财务管理处（审计处）、办公室等6个内设处室。

## 中国烟草总公司职工进修学院

【主要职责】 承担行业高层次专业技术和职业技能人员培训、项目研发设计与组织实施工作，行业网络教育培训工作，行业教育培训教材、师资等资源开发、管理工作，黄淮产区的烟叶样品研究与管理工作，行业内外、国（境）内外教育培训合作与交流工作；承办国家局、总公司机关各部门、各单位组织的培训项目，协助国家烟草专卖局　中国烟草总公司职能部门开展年度培训计划制定、培训项目招投标等工作；承担中国烟草学会教育专业委员会和安全生产专业委员会工作。

【负责人】

党组书记、院长：王　宏

党组成员、副院长：杨保吉

党组成员、副院长：刘学义

党组成员、副院长：李广才

党组成员、纪检组长：陈卫华

巡视员：路鹏翔（—2018年9月）

【内设机构】 设办公室（外事办公室）、人事处（离退办）、党建工作处（机关党委、工会办公室）、财务管理处、纪检监察处（审计处、规范办）、安全管理处、烟草农业培训部（黄淮烟叶样品中心）、烟草工业培训部、综合培训部、网络培训部、教学保障中心、信息中心、后勤保障中心等13个部门，并设有博士后研发基地。职业技能鉴定指导中心设综合管理处（质量督导处）、鉴定考核处、标准命题处等3个处室。

## 上海新型烟草制品研究院（上海新型烟草制品研究院有限公司）

【主要职责】 上海新型烟草制品研究院（简称上海院）成立于2015年6月。作为行业级研究机构，上海院承担加热不燃烧卷烟、口含烟、电子烟等新型烟草制品的基础性、关键性、前瞻性技术研究，着力突破专利制约和技术瓶颈，发挥技术成果应用转化的“孵化器”作用，是新型烟草制品的行业研发基地，为行业新型烟草制品高起点、超常规、跨越式发展提供有力支撑。为实现上海院市场化运营，推进行业新型烟草制品研发基地和产销实体落地运行，2016年5月，国家局批复同意设立上海新型烟草制品研究院有限公司，与上海院合署办公。2018年3月26日，国家局、总公司批复同意设立深圳新型烟草制品有限公司，主要从事新型烟草制品的技术研发、产品研发和产业化，注册资本为100万元人民币，其中，上海新型烟草制品研究院有限公司以现金方式出资51万元人民币，占注册资本的51%；深圳烟草工业有限责任公司以现金方式出资49万元人民币，占注册资本的49%。

**【负责人】**

院　长：施　超（兼）

副院长：陈超英

副院长：丁逸敏

## 南通醋酸纤维有限公司

**【概　况】**　南通醋酸纤维有限公司（简称南纤公司）成立于1987年3月，由中国烟草总公司与美国塞拉尼斯公司合资经营，是集化工、化纤、热电为一体的大型工业企业。南纤公司占地面积1190亩，总投资7.59亿美元，其中中方投资占69.32%，美方占30.68%。南纤公司主要产品为烟用二醋酸纤维丝束（简称醋纤丝束）及其配套原料二醋酸纤维素片（简称醋片），其中，醋纤丝束销售到全国近60家卷烟生产企业；醋片作为醋纤丝束的生产原料，除公司自用外，同时供应昆明和珠海两家醋酸纤维有限公司。截至2018年底，公司拥有总资产45.68亿元，其中，固定资产17.21亿元、流动资产23.56亿元，资产负债率10.57%。在岗员工947人。

**【领导成员】**　南纤公司实行董事会领导下的总经理负责制，主要领导成员有：

董事长：姚宗东

副董事长：萨韦博（Scott MC Dougald Sutton）

党委书记、总经理：孙桂泉

党委委员、副总经理：杨占平

党委委员、副总经理：茅　俊

党委委员、副总经理：张　杰

党委委员、副总经理：江建军

副总经理：王文庭（Wen Wang）

副总经理：彭为骏（Wei Jun Peng）

党委委员、工会主席：韩振武

## 昆明醋酸纤维有限公司

**【概　况】**　昆明醋酸纤维有限公司（简称昆纤公司）成立于1993年5月，由中国烟草总公司和美国塞拉尼斯公司共同投资兴建，占地面积19万平方米，总投资9171.3万美元，中方投资比例占70%，美方占30%。昆纤公司主要产品为烟用二醋酸纤维丝束，年生产能力为3.5万吨。截至2018年底，公司拥有总资产8.39亿元，其中，固定资产1.21亿元、流动资产6.97亿元，资产负债率7.2%。在岗员工351人。

**【领导成员】**　昆纤公司实行董事会领导下的总经理负责制，主要领导成员有：

董事长：姚宗东

副董事长：萨韦博（Scott MC Dougald Sutton）

总经理：汪若泉（Bill Wang）

党委书记、副总经理：温　明

党委委员、副总经理：夏　吕

党委委员、总会计师：陆晓红

副总经理：贺兰德（Hugo Hernandz）

副总经理：艾德利（Detlev Alm）

党委委员、工会主席：严　峰

## 珠海醋酸纤维有限公司

**【概　况】**　珠海醋酸纤维有限公司（简称珠纤公司）成立于1993年5月20日，由中国烟草总公司和美国塞拉尼斯公司合资兴建，总投资2.3亿美元，其中中方投资比例占70%、美方占30%。珠纤公司现位于珠海市高栏港经济区精细化工区，占地面积28万平方米。珠纤公司专业生产“华维”品牌烟用二醋酸纤维素丝束，公司搬迁扩建工程于2018年5月全面投产，年生产能力7万吨。截至2018年底，公司拥有总资产24.15亿元，其中，固定资产净值11.96亿元、流动资产10.10亿元，资产负债率45.93%。在岗员工415人。

**【领导成员】**　珠纤公司实行董事会领导下的总经理负责制，主要领导成员有：

董事长：姚宗东

副董事长：萨韦博（Scott MC Dougald Sutton）

党委书记、总经理：王　军

党委委员、副总经理：刘　强

党委委员、副总经理：赵树春

党委委员、总会计师：武晓虹

副总经理：罗莫斯（Enrique Ramos）（2018年1月—）

副总经理：叶志全（Marcus Yip）

党委委员、工会主席、副总经理（兼任）、纪委书记：吴超平

◇编辑：王　静　鲁建敏

# 烟草行业组织机构图

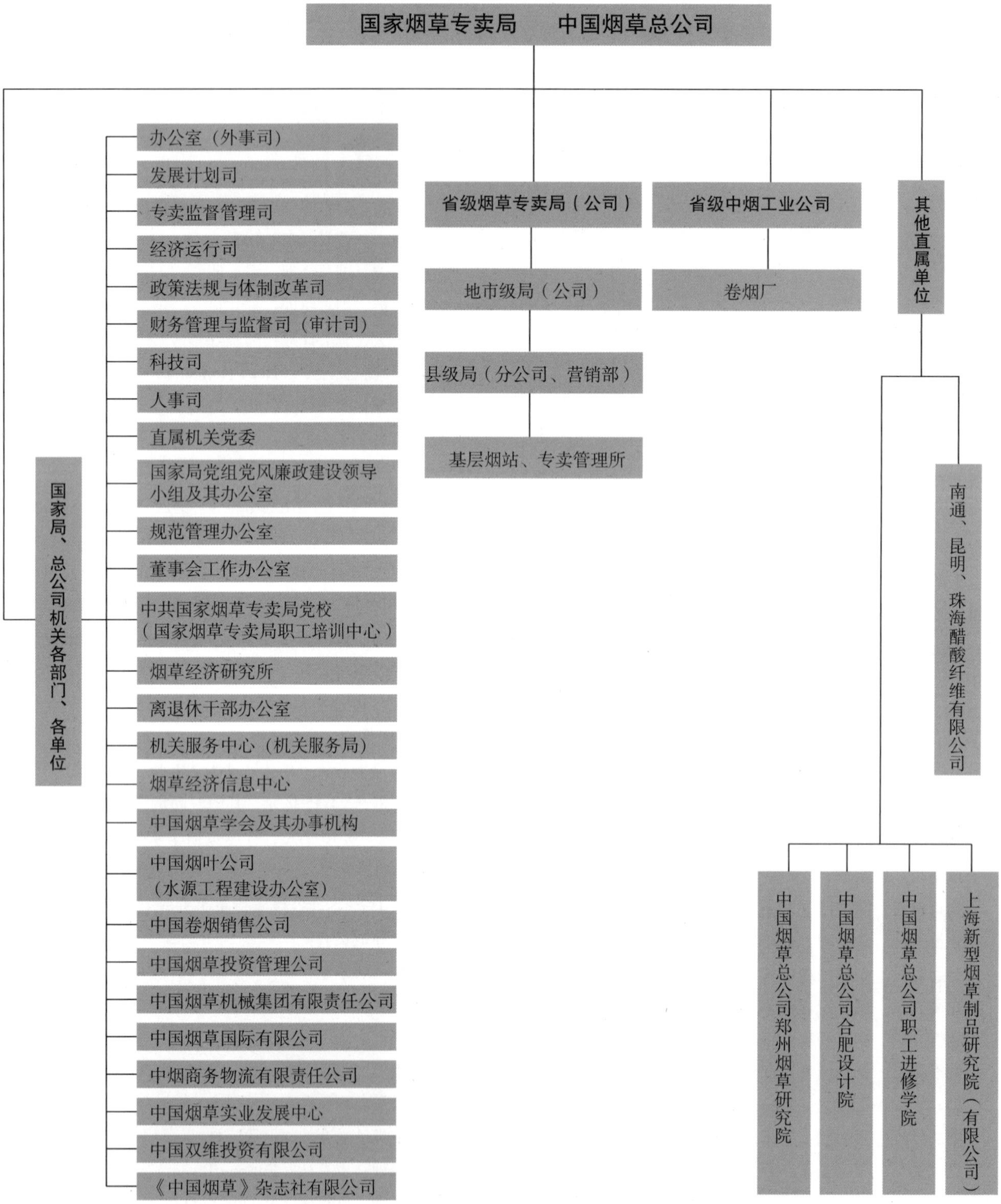
国家烟草专卖局　中国烟草总公司
国家局、总公司机关各部门、各单位
办公室（外事司）
发展计划司
专卖监督管理司
经济运行司
政策法规与体制改革司
财务管理与监督司（审计司）
科技司
人事司
直属机关党委
国家局党组党风廉政建设领导小组及其办公室
规范管理办公室
董事会工作办公室
中共国家烟草专卖局党校（国家烟草专卖局职工培训中心）
烟草经济研究所
离退休干部办公室
机关服务中心（机关服务局）
烟草经济信息中心
中国烟草学会及其办事机构
中国烟叶公司（水源工程建设办公室）
中国卷烟销售公司
中国烟草投资管理公司
中国烟草机械集团有限责任公司
中国烟草国际有限公司
中烟商务物流有限责任公司
中国烟草实业发展中心
中国双维投资有限公司
《中国烟草》杂志社有限公司
省级烟草专卖局（公司）
地市级局（公司）
县级局（分公司、营销部）
基层烟站、专卖管理所
省级中烟工业公司
卷烟厂
其他直属单位
南通、昆明、珠海醋酸纤维有限公司
中国烟草总公司郑州烟草研究院
中国烟草总公司合肥设计院
中国烟草总公司职工进修学院
上海新型烟草制品研究院（有限公司）

2018年，行业始终保持打假打私高压态势，各级专卖管理部门着力构建“政府领导、部门联合、多方参与、密切协作”的烟草打假打私体系，与公安、海关等密切配合，协同作战，沉重打击源头制假贩私活动，为推进行业持续健康发展作出贡献。

1 2018年6月13日，上海杨浦区局（公司）查获一批假冒卷烟

上海杨浦区局　柯丽雯　摄

2 2018年6月4日，浙江温州永嘉县局（分公司）对辖区物流快递站开展错时检查

浙江温州永嘉县局　郑志丽　摄

3 2018年3月22日，福建省局与福州海关举行打击烟草专卖品走私违法犯罪活动合作备忘录签字仪式

福建省局　林麦梓　摄

1 2018年9月27日，湖南长沙市局（公司）联合公安、工商部门设立烟草市场综合治理整顿办公室

湖南长沙市局　欧阳花　摄

2 2018年4月2日，广西南宁横县县局（营销部）联合公安部门开展铲除非法种植烟叶专项行动

广西南宁横县县局　梁秋丽　摄

3 2018年7月25日，四川省公安、工商、邮政、烟草四部门召开打击物流寄递涉烟违法犯罪活动专项行动动员部署电视电话会

四川省局　供稿

4 2018年4月25日，云南大理州、昭通市局（公司）查获一批卷烟制假设备

云南省局　供稿

5 2018年4月1日，宁夏烟草协同公安部门到物流寄递企业开展联合检查

宁夏区局　供稿

2018年，各级烟草专卖管理部门始终聚焦“三线建设”、切实打牢“两个基础”，认真贯彻落实国家局决策部署，深入推进专卖内管和市场监管，全面落实“放管服”改革要求，加强队伍和信息化建设。

1 2018年3月15日，山东烟草开展真假烟鉴别咨询活动

山东省局　供稿

2 2018年9月12日，河南省烟草、工商、公安、质检部门联合开展卷烟市场检查

河南省局　供稿

3 2018年3月15日，湖北咸宁市局（公司）开展“3·15”国际消费者权益日宣传咨询活动

湖北咸宁市局　黄国枫　摄

4 2018年3月15日，广西贺州市城区局（分公司）联合工商部门到卷烟零售点发放普法资料

广西贺州市城区局　毛　岗　摄

5 2018年9月20日，广西烟草联合工商部门开展“双随机、一公开”卷烟市场检查

广西区局　供稿

1 重庆第一片区专卖稽查大队执法人员向零售户普及卷烟真假鉴别技巧（2018年）

重庆市局　供稿

2 2018年3月15日，云南烟草开展真假烟鉴别咨询活动

云南省局　供稿

3 2018年12月12日，陕西西安灞桥区局（分公司）与市场监管部门开展“双随机、一公开”联合执法检查

陕西西安灞桥区局　吕　勇　摄

4 2018年9月25日，宁夏烟草与市场监管部门联合开展卷烟市场检查

宁夏区局　供稿

5 大连甘井子区局（分公司）客户经理指导零售户使用手机店铺管家（2018年）

大连市局　供稿

2018年，烟叶产区各级烟草部门扎实推进烟叶供给总量控制、结构优化、方式转型、质量提升，烟叶生产保持稳定发展，为行业持续健康发展作出贡献。各产区持续开展烟区现代烟草农业建设，推动农业转型升级。坚持把党中央“三农”工作要求作为烟草农业发展方针，持续推进生产方式转型升级。坚持把烟农利益放在首位，多渠道、高起点、成体系推进烟农增收工作，大力开展产业扶贫，助力脱贫攻坚。

1 安徽皖南烟区利用“烟+西瓜”特色产业助农增收（2018年）

安徽皖南烟叶公司　张　萍　摄

2 河南烟农对烟株进行平顶抹杈（2018年）

河南省局　供稿

3 福建龙岩长汀县童坊乡黄坊村烟田（2018年）

《中国烟草》杂志社　供稿

4 江西烟草技术员指导育苗队员育苗（2018年）

江西省局　供稿

5 山东临沂沂水县金旭合作社专业化采摘队员采收烟叶（2018年）

山东省局　供稿

1 山东潍坊诸城市烟区进行机械化采收试验（2018年）
山东潍坊诸城市局　王　源　摄

2 2018年3月3日，湖北恩施州宣恩县专业化育苗服务队开展播种育苗工作
湖北恩施宣恩县烟叶分公司　李　翔　摄

3 广西百色烟区集约化育苗大棚（2018年）
广西百色市局　李东方　摄

1

2

3

4 四川凉山烟区育苗点开展育苗备栽工作（2018年）

《中国烟草》杂志社　宁　志　摄

5 广西百色德保县进行烟叶收购（2018年）

广西百色德保县局　岑　丹　摄

6 贵州遵义市局（公司）合理引导烟农利用大棚种植有机蔬菜实现增收（2018年）

贵州省局　供稿

1 贵州遵义湄潭特色生态烟区（2018年）
贵州遵义市局 秦 旋 摄

2 云南文山州丘北县烟农进行烟田中耕管理（2018年）
云南文山州局 金国龙 摄

1 河北烟草“自营体验店+公益图书馆”卷烟零售终端（2018年）

河北省局　供稿

2 浙江杭州市局（公司）客户经理使用“钉钉”移动工作平台服务零售户（2018年）

浙江杭州市局　徐安琰　摄

3 安徽烟草客户经理指导零售户做好卷烟盘点（2018年）

安徽省局　供稿

1 山东烟草客户经理指导零售户进行卷烟分类陈列（2018年）

山东省局　供稿

2 河南烟草零售户张贴“一户一码、明码实价、诚信经营、放心消费”提示贴（2018年）

河南省局　供稿

3 河南烟草开展“送证上门、持证上墙”活动（2018年）

河南省局　供稿

4 湖北烟草客户经理帮助零售户进行卷烟个性化陈列（2018年）

湖北省局　供稿

3

4

1 广西南宁邕宁区局（营销部）为零售户发放“卷烟经营放心店”标识牌（2018年）

广西区局　供稿

2 重庆烟草客户经理使用移动终端对零售户进行卷烟销售指导（2018年）

重庆市局　供稿

# 专卖管理与“两烟”经营

# 北京市烟草专卖局（公司）

【专卖管理】 **案件查处**。2018年，北京市烟草专卖局按照“建机制、堵源头、打团伙、管市场”的总体要求，深入推进卷烟打假打私，打网办案成效显著。加强执法协作，与公安、交通、邮政、海关、工商等部门建立协作机制，召开公安、烟草打假打私工作会，深化京津冀协作机制建设。全年共查获违法卷烟1.47万件，同比上升0.24%。其中，非法流通卷烟7879件，同比下降4.89%；假烟、走私烟6783件，同比上升6.94%。查处案值5万元以上案件430起，破获网络案件20起。公安、司法机关依法刑拘79人，判刑27人。

**市场监管**。创新监管方式，运用信息化手段提高市场监管科学化水平，卷烟市场秩序持续向好。全面推行随机抽查和网格化管理相结合的监管模式，开展“双随机、一公开”市场抽查，运用APCD工作法加强重点检查，市场监管新模式运行效果良好，全市随机抽查比例12.28%，模型命中率24.59%。开展违法大户、物流寄递环节专项治理，影响市场秩序的主要问题得到有效遏制。全年共查办“双5”案件277起，责令停业整顿40户。加强卷烟市场监测，组织2次市场净化率检查，全市平均市场净化率97.06%，卷烟市场净化水平保持总体平稳。

**行政许可**。开展行政许可标准化建设，制定《北京市烟草专卖局行政许可工作标准》，进一步规范烟草专卖许可证管理。落实简政放权要求，推进负面清单管理，全市16家单位全部实现负面清单管理。加强许可证监督检查，强化后续监管，对7家单位法人变更进行审批发证，开展8家单位行政许可电子卷宗评查，组织开展长期未进货零售户清理整顿，许可证有效率进一步提升。加强对中小学周边零售户管理，截至2018年底存量337户，全年到期未申请延续和不予延续172户，因歇业和其他原因退出184户。召开全市解决办证堵点问题座谈会，推进许可证系统与市场监督管理局信息系统对接，提升行政许可服务水平。截至2018年底，全市共有零售许可证3.44万个，同比减少0.44万个。

**开展专卖行政执法规范课题研究**。加强专卖监管队伍建设，开展专卖行政执法规范课题研究，形成北京烟草“四个一”课题研究成果，即一部20余万字的执法规范、一本10余万字的案例集、一套34集实战教学片、一个“执法一点通”APP软件。组织召开北京烟草专卖行政执法规范现场会，推广课题成果，得到国家局高度评价，认为北京烟草专卖行政执法规范“填补了行业基层专卖行政执法领域的空白”。联合鉴定站组织省级专卖技能竞赛，选派4人参加行业专卖技能竞赛，提升队伍素质。

【经济效益】 2018年，北京市烟草商业系统实现税利65.53亿元，同比增长2.37%，其中利润24.55亿元，同比增长4.21%。三项费用率4.76%。

2018年9月26日，北京海淀烟草组织专卖管理人员到北京卷烟厂参观学习

北京市局 供稿

【卷烟（雪茄烟）经营】 **卷烟销售**。2018年，北京市销量居前三位的品牌依次为“红塔山”“中南海”“南京”，销量分别为72.94亿支（14.59万箱）、45.45亿支（9.09万箱）、20.59亿支（4.12万箱）。

**雪茄烟销售**。2018年，北京市烟草商业系统销售雪茄烟1467.75万支，同比下降61.01%，实现销售收入5154.40万元，同比增长0.31%。

**重点品牌销售**。修订发布《北京

烟草品牌引入退出管理规则》，优化品牌布局、提升品牌结构、保障品牌发展，完善品牌（品类）建设规划。2018 年上半年退出 41 个规格，引入 21 个规格；下半年退出 24 个规格，引入 23 个规格。2018 年上半年退出国产雪茄烟 5 个规格，引入 9 个规格；下半年退出 6 个规格。2018 年全市 25 个自主培育规格实现销量 108.41 亿支（21.68 万箱），同比增长 3.97%。

**新品投放**。规范管理，推动全市卷烟运行态势保持稳中求进的高质量发展。建立新品分层分类投放模型，实现“一品一策”，提升新品卷烟投放精准度。智能分析，建立品牌指标数据库，运用“互联网 +”打造智能平台，建立全方位、多维度、科学公正的新品监测系统。动态调整，尊重市场规则，完善供给布局，优化资源配置，提高新品投放有效性，实现价格坚挺、库存合理、市场规范有序。

**【现代卷烟零售终端建设】** 协助客户自主选择“云 POS”或“中烟新商盟终端系统”，逐步完善各类零售终端业务集成平台功能，探索整店管理和全商品扫码，提升现代终端建设内涵。截至 2018 年底，全市 16 个区局（公司）共计 396 户零售户使用终端业务集成平台（普通零售终端 330 户，京烟直营店 66 户）。全市有现代终端 1083 户，其中“云 POS”709 户，“中烟新商盟”终端 374 户。有自律互助小组 791 个。

深入研究配货模式、配货系统等关键环节，制定新的网上配货工作流程和规则，提高配货成功率和客户需求响应速度。截至 2018 年底，全市网上配货客户 192 户。

印发《北京烟草卷烟经营大户管理办法》，深化客户分类工作，确保客户经营能力、价格执行、规范经营与评价档位相匹配；细化中、高档位客户货源投放标准，提升客户结构布局科学合理性。2018 年卷烟经营大户销量占比 13.79%，同比下降 4.60%。

开展聚类投放，搭建聚类投放模型，应用聚类分析算法，将经营能力相近的客户划分为同一类型，形成 15 个客户群组，进行货源投放和运营维护，提高精准投放和精细服务。开展分层分类，建立五维立体评价模型，通过对 48 项指标的采集与应用，初步达到“为零售户立体画像”的标准。升级终端业务集成平台，利用云技术打通基础信息库、进销存管理、会员管理层面的基础数据，完善分析与应用，实现数据的全面整合优化，形成专门类别的精准分析。搭建完成北京烟草大数据应用集成平台框架，基本实现工、商、零、消四维数据展示功能，包括终端数据监控、市场状态监控和品牌实时分析，动态呈现数据变化与分布。为销售人员配备新型移动办公平台，完善软件功能，提高信息采集、分析、调取工作效率。

**【特事辑要】** 1 月 19—20 日，北京市局（公司）召开 2018 年全市烟草工作会议。

2 月 12 日，国家局党组成员、副局长段铁力一行走访北京节日市场。

5 月 2 日，北京市局（公司）党组召开专题会议，听取关于国家局党组巡视“回头看”检查组反映问题整改落实情况的报告，研究讨论整改中的重点问题，部署下一步重点工作。

7 月 19 日，北京市烟草专卖局（公司）与红塔辽宁烟草有限责任公司工商协同、对口合作协议签约仪式在红塔辽宁沈阳卷烟厂举行。

7 月 26 日，国家烟草专卖局党组书记、局长，中国烟草总公司总经理张建民在北京烟草调研。

8 月 30 日，国家局党组成员、直属机关党委书记高林在北京烟草调研。

9 月 9 日，北京烟草黎马敦足球队第九次获得“我爱足球”北京城市足球联赛之 2018 年“工体杯”首都职工足球联赛冠军。

11 月 7 日，北京烟草举行纪念改革开放 40 周年大会。

12 月 4 日，国家局党组成员、副局长徐䶮在北京烟草调研。

12 月 20—21 日，北京市烟草专卖局、北京市公安局、北京市交通委员会、北京市邮政管理局联合召开物流寄递环节打假打私专项行动总结表彰座谈会。

## 2018 年北京市烟草专卖商业主要情况统计

| 区局（公司）名称 | | 东城区烟草专卖局（公司） | 西城区烟草专卖局（公司） | 朝阳区烟草专卖局（公司） | 海淀区烟草专卖局（公司） | 丰台区烟草专卖局（公司） |
|---|---|---|---|---|---|---|
| 主要负责人/法定代表人（含党政领导） | | 李　梅 | 孟庆伟 | 郑思贤 | 张秀武 | 曹　盛 |
| 所属县级单位 | | — | — | — | — | — |
| 总资产（万元） | | 32492 | 33572 | 152333 | 115032 | 79074 |
| 资产负债率（%） | | 13.72 | 14.45 | 10.82 | 6.59 | 4.01 |
| 从业人员（人） | | 90 | 106 | 167 | 136 | 123 |
| 所属业务机构 | 营销机构 | 1 个访销中心 | 1 个访销中心 | 1 个访销中心 | 1 个访销中心 | 1 个访销中心 |
| | 物流配送机构 | — | — | — | — | — |
| | 专卖稽查机构 | 1 个稽查支队 | 1 个稽查支队 | 1 个稽查支队 | 1 个稽查支队 | 1 个稽查支队 |
| | 烟叶机构 | — | — | — | — | — |
| 实现税利 | 万元 | 22226 | 21266 | 112608 | 73340 | 57835 |
| | 比上年增长（%） | 0.43 | -0.40 | 2.51 | 3.28 | -7.28 |
| 实现利润 | 万元 | 5584 | 3295 | 37297 | 23671 | 18603 |
| | 比上年增长（%） | -2.60 | 8.47 | 2.85 | 2.66 | -8.99 |
| 卷烟销售收入（万元） | | 93853 | 100531 | 427213 | 281545 | 222226 |
| 查处涉烟违法案件（起） | | 202 | 140 | 219 | 496 | 263 |
| 查处涉烟违法案件案值（万元） | | 333 | 204 | 1499 | 1110 | 881 |
| 烟基建设投入资金（万元） | | — | — | — | — | — |
| 烟基设施新增受益面积（万亩） | | — | — | — | — | — |
| 烟叶种植（万亩） | | — | — | — | — | — |
| 烟叶收购（万担） | | — | — | — | — | — |
| 烟农户数（户） | | — | — | — | — | — |
| 实现烟农总收入（万元） | | — | — | — | — | — |
| 零售户数（户） | | 1418 | 1443 | 4436 | 3000 | 2656 |
| 零售户销售毛利率（%） | | 13.23 | 12.78 | 13.98 | 14.00 | 12.41 |

| 区局（公司）名称 | | 石景山区烟草专卖局（公司） | 通州区烟草专卖局（公司） | 顺义区烟草专卖局（公司） | 延庆区烟草专卖局（公司） | 怀柔区烟草专卖局（公司） |
|---|---|---|---|---|---|---|
| 主要负责人/法定代表人（含党政领导） | | 魏学忠 | 夏建瓴 | 刘向宇 | 王献军 | 韦　琪 |
| 所属县级单位 | | — | — | — | — | — |
| 总资产（万元） | | 16504 | 52995 | 42526 | 7905 | 13609 |
| 资产负债率（%） | | 8.44 | 13.03 | 13.03 | 10.02 | 5.14 |
| 从业人员（人） | | 62 | 94 | 105 | 68 | 83 |
| 所属业务机构 | 营销机构 | 1 个访销中心 | 1 个访销中心 | 1 个访销中心 | 1 个访销中心 | 1 个访销中心 |
| | 物流配送机构 | — | — | — | — | — |
| | 专卖稽查机构 | 1 个稽查支队 | 1 个稽查支队 | 1 个稽查支队 | 1 个稽查支队 | 1 个稽查支队 |
| | 烟叶机构 | — | — | — | — | — |

续表

| 区局（公司）名称 | | 石景山区烟草专卖局（公司） | 通州区烟草专卖局（公司） | 顺义区烟草专卖局（公司） | 延庆区烟草专卖局（公司） | 怀柔区烟草专卖局（公司） |
|---|---|---|---|---|---|---|
| 实现税利 | 万元 | 10853 | 44701 | 35935 | 8229 | 9569 |
| | 比上年增长（%） | -8.63 | 3.07 | 6.06 | 23.16 | 3.36 |
| 实现利润 | 万元 | 1956 | 14417 | 11058 | 1280 | 1695 |
| | 比上年增长（%） | -25.50 | 2.54 | 6.36 | 50.37 | -3.81 |
| 卷烟销售收入（万元） | | 48731 | 173531 | 142303 | 39723 | 44992 |
| 查处涉烟违法案件（起） | | 110 | 329 | 249 | 73 | 118 |
| 查处涉烟违法案件案值（万元） | | 90 | 641 | 191 | 78 | 80 |
| 烟基建设投入资金（万元） | | — | — | — | — | — |
| 烟基设施新增受益面积（万亩） | | — | — | — | — | — |
| 烟叶种植（万亩） | | — | — | — | — | — |
| 烟叶收购（万担） | | — | — | — | — | — |
| 烟农户数（户） | | — | — | — | — | — |
| 实现烟农总收入（万元） | | — | — | — | — | — |
| 零售户数（户） | | 633 | 2968 | 3161 | 1090 | 1375 |
| 零售户销售毛利率（%） | | 12.59 | 11.25 | 12.54 | 13.52 | 11.43 |

| 区局（公司）名称 | | 大兴区烟草专卖局（公司） | 昌平区烟草专卖局（公司） | 密云区烟草专卖局（公司） | 门头沟区烟草专卖局（公司） | 房山区烟草专卖局（公司） | 平谷区烟草专卖局（公司） |
|---|---|---|---|---|---|---|---|
| 主要负责人/法定代表人（含党政领导） | | 陈江华 | 李路春（—2018年4月）史红军（2018年4月—） | 李　强（2018年12月—，之前任副局长、副经理，主持工作） | 罗斌科 | 姚琴声 | 刘晓凡（2018年12月—，之前任副局长、副经理，主持工作） |
| 所属县级单位 | | — | — | — | — | — | — |
| 总资产（万元） | | 36438 | 42247 | 15163 | 4661 | 37018 | 10626 |
| 资产负债率（%） | | 5.01 | 5.29 | 6.95 | 9.34 | 13.65 | 7.77 |
| 从业人员（人） | | 121 | 107 | 76 | 53 | 101 | 72 |
| 所属业务机构 | 营销机构 | 1个访销中心 | 1个访销中心 | 1个访销中心 | 1个访销中心 | 1个访销中心 | 1个访销中心 |
| | 物流配送机构 | — | — | — | — | — | — |
| | 专卖稽查机构 | 1个稽查支队 | 1个稽查支队 | 1个稽查支队 | 1个稽查支队 | 1个稽查支队 | 1个稽查支队 |
| | 烟叶机构 | — | — | — | — | — | — |
| 实现税利 | 万元 | 42274 | 47778 | 12167 | 6138 | 31163 | 11105 |
| | 比上年增长（%） | -0.42 | 2.55 | 3.87 | 11.74 | 10.48 | 8.93 |
| 实现利润 | 万元 | 12403 | 14997 | 2673 | 509 | 9253 | 2323 |
| | 比上年增长（%） | 0.35 | 1.07 | 2.04 | 47.08 | 11.41 | 8.63 |
| 卷烟销售收入（万元） | | 170980 | 187973 | 54220 | 31693 | 125487 | 50051 |
| 查处涉烟违法案件（起） | | 297 | 438 | 147 | 68 | 334 | 68 |
| 查处涉烟违法案件案值（万元） | | 656 | 487 | 128 | 94 | 398 | 118 |
| 烟基建设投入资金（万元） | | — | — | — | — | — | — |
| 烟基设施新增受益面积（万亩） | | — | — | — | — | — | — |
| 烟叶种植（万亩） | | — | — | — | — | — | — |

续表

| 区局（公司）名称 | 大兴区烟草专卖局（公司） | 昌平区烟草专卖局（公司） | 密云区烟草专卖局（公司） | 门头沟区烟草专卖局（公司） | 房山区烟草专卖局（公司） | 平谷区烟草专卖局（公司） |
|---|---|---|---|---|---|---|
| 烟叶收购（万担） | — | — | — | — | — | — |
| 烟农户数（户） | — | — | — | — | — | — |
| 实现烟农总收入（万元） | — | — | — | — | — | — |
| 零售户数（户） | 2725 | 3249 | 1799 | 545 | 2376 | 1518 |
| 零售户销售毛利率（%） | 13.09 | 11.87 | 11.30 | 12.40 | 10.80 | 12.07 |

◇ 撰稿：王智誉；编辑：王　静　鲁建敏

## 天津市烟草专卖局（公司）

【专卖管理】　**打假破网**。始终保持打假打私高压态势，全面深化“京津冀闽粤深”6省市协同办案机制，扩展联合执法范围；严厉查处物流寄递环节涉烟违法行为，联合海关缉私局严查加热不燃烧新型烟草制品走私违法活动；严格落实“打网络”责任制，着力提升大要案处置水平。全年破获涉烟违法网络案件21起，创历年来最高纪录，其中破获“1·6”“5·9”“5·28”等3起部督网络案件，有力震慑涉烟违法犯罪分子。全年破获涉烟违法案件1742起，查获违法卷烟1.07万件，总案值5478万元。

**专卖内管**。持续治理真烟非法流通，强化区局（分公司）规范经营主体责任，约谈超过外流率警戒线的6家单位主要负责人，组织规范经营全面检查，责令存在问题的单位限期整改。加强事前事中监管，落实“三员互控”，强化预警筛查，严格按规定对外流隐患突出的品牌（规格）实施投放调控，从源头上有效防范卷烟外流。坚持真烟案件追根溯源，对1141户次涉案零售户实施货源调控，2018年全市卷烟外流量同比减少近1/4。

**市场监管**。持续加大违法违规卖烟大户治理力度，下调高档位客户投放限量标准，全市26档以上客户订货量占比降至20.69%，同比降低8.58个百分点，“五倍销量客户”户数、订货量占比分别降至1.98%和11.78%，同比降低2.23个和18.93个百分点。完善违法违规大户治理长效机制，全面建立大户档案，先后将625户重点大户列入“黑名单”，安排专门力量加强监管，并依法取缔卷烟经营资格116户。

**“放管服”改革**。落实“互联网+政务服务”要求，在全行业第一批完成与市场监管委等政府机关的政务信息资源共享，同时升级改造专卖管理信息系统，精简办证材料，彻底解决堵点问题，实现零售许可证“一网通办”。整合优化专卖、销售、物流等环节工作流程，新客户办证入网时间由平均45个工作日压缩至最长13个工作日，大幅提升服务效率。

**法治烟草建设**。深化法治烟草建设，整合法律人才资源成立普法讲师团，全面开展“送法下基层”活动，编制天津市烟草行业第一期普法课件库。动态调整法律风险点和防控措施，做好制度规定的“废、改、立、留”工作，探索建立重大决策事项筛选模型，提升法律风险管控水平。全面推广轻微涉烟违法案件快速处理程序，充分发挥外聘法律顾问作用，加强依法行政、依法管理能力建设。

2018年3月15日，天津武清区局（有限公司）开展法律宣传活动
天津武清区局　胡欣欣　摄

【经济效益】　2018年，天津市烟草商业系统实现税利42.47亿元，同

比增长4.06%，其中利润15.99亿元、增长6.02%。三项费用率4.02%。

【卷烟经营】 **卷烟销售**。2018年，天津市销量居前三位的品牌依次是“双喜·红双喜”“红塔山”“利群”，销量分别为23.47亿支（4.69万箱）、22.85亿支（4.57万箱）、21.84亿支（4.37万箱）。

2018年，全市烟草商业系统实现卷烟销售收入161.16亿元，同比增长3.55%。实现卷烟税利42.01亿元，同比增长4.13%。其中利润15.93亿元，同比增长5.99%。

**品牌培育**。制定《2018年品牌培育创新专项工作实施方案》《新品上市推广方案》，加强品牌评测和引退管理，全年引进卷烟新品42个，退出评测排名靠后品规37个。完善细化“三定一选一铺”销售策略，探索以商圈为依托的精准培育方式。2018年销售重点品牌卷烟47.22万箱，同比增长2.07%。“细短中爆”创新产品累计销售7.35万箱，同比增长37.38%。品牌培育攻坚战的深入开展，助推销售结构的稳步上移，全年平均单箱销售收入29625元，同比增加958元，增长3.34%，一、二类烟销量分别增长8.45%和10.34%。

**终端建设**。深耕终端建设基础工作，制定《天津烟草2018—2020年现代终端建设规划实施方案》《2018年现代终端验收与考评办法》，修订完善《天津烟草终端建设物资管理办法》，加大终端建设投入，积极推广终端“云POS”系统。从严开展现代终端验收考评，截至2018年底，全市共建成现代终端4817户，占比17.73%。全市卷烟零售户自律互助小组1904个。以“线上+线下”立体化培训体系为依托，精心组织第二季零售户培训，进一步提升零售户经营能力。大力推广“烟商贷”服务，全年新增获批客户290户，授信额度2878万元，累计授信1.15亿元，有效缓解零售户资金周转压力。

**客户管理方式转变**。坚持“限制大户、发展中户、扶植小户”原则，完善货源投放调控机制，缩小优质货源在不同档位间的投放量差，切实将优质货源向落地销售、价格坚挺、规范经营的客户倾斜；推进零售户档位评测试点工作，制定新的零售户档位测评办法，总结试点经验，并在全市行业推广运行；健全完善销售管理制度，从客户分档、投放规则、大户监管、货款结算等关键环节入手，提升销售网络建设水平。

【信息化融合】 深入推进信息化融合，制定《天津烟草行业“互联网+”行动实施计划》，对“互联网+”智慧党建、现代流通、高效政务进行顶层设计。推进采购管理系统、省级营销平台、预算管理系统、专卖零售许可证网上办理系统的开发应用，4个系统2018年底前全部上线运行。制定《网络安全工作责任制实施细则》。

【自主创新】 加强自主创新和企业管理，制定《天津市烟草行业科技创新专家库管理办法》《天津烟草行业科学技术进步奖励办法》，促进创新项目专题研究与群众性创新活动相结合，加强创新成果报告撰写的培训与指导，形成《天津烟草行业新版质量管理小组活动成果报告撰写规范》。2018年，天津烟草创新活动取得丰硕成果，15个QC小组被评为天津市“优秀质量管理小组”，物流中心QC小组因“建立送货人员工作量评价方法”项目成果被中国质量协会评为“全国优秀质量管理小组”；在中国烟草学会年度优秀论文评比中，全市行业27篇论文获奖，其中一等奖5篇。获奖数量和等级均创历史新高。

【特事辑要】 1月29日，天津市局（公司）召开2018年全市烟草工作会议。

7月26—27日，国家局党组成员、直属机关党委书记高林在天津烟草调研。

11月22—23日，国家烟草专卖局党组书记、局长，中国烟草总公司总经理张建民在天津烟草调研，强调要着力抓好党的建设，努力完成各项年度目标任务，积极谋划高质量发展，切实抓好班子带好队伍。

**2018年天津市烟草专卖商业主要情况统计**

| 区局（公司）名称 | 天津市区第一烟草专卖局（分公司） | 天津市区第二烟草专卖局（分公司） | 天津市区第三烟草专卖局（分公司） | 东丽区烟草专卖局（分公司） | 津南区烟草专卖局（分公司） |
|---|---|---|---|---|---|
| 主要负责人/法定代表人（含党政领导） | 孙晓莹 | 孙晓莹 | 孙晓莹 | 孙晓莹 | 孙晓莹 |
| 所属县级单位 | — | — | — | — | — |
| 总资产（万元） | 1586 | 1894 | 1778 | 1017 | 811 |
| 资产负债率（%） | — | — | — | — | — |

续表

| 区局（公司）名称 | | 天津市区第一烟草专卖局（分公司） | 天津市区第二烟草专卖局（分公司） | 天津市区第三烟草专卖局（分公司） | 东丽区烟草专卖局（分公司） | 津南区烟草专卖局（分公司） |
|---|---|---|---|---|---|---|
| 从业人员（人） | | 85 | 90 | 85 | 67 | 69 |
| 所属业务机构 | 营销机构 | 1个营销网建科 | 1个营销网建科 | 1个营销网建科 | 1个营销网建科 | 1个营销网建科 |
| | 物流配送机构 | — | — | — | — | — |
| | 专卖稽查机构 | 2个稽查大队 | 2个稽查大队 | 2个稽查大队 | 1个稽查大队 | 1个稽查大队 |
| | 烟叶机构 | — | — | — | — | — |
| 实现税利 | 万元 | 38457 | 46138 | 46137 | 21901 | 17606 |
| | 比上年增长（%） | 4.51 | 3.95 | 5.14 | 4.08 | 4.28 |
| 实现利润 | 万元 | 15683 | 19068 | 19372 | 9157 | 7088 |
| | 比上年增长（%） | 7.25 | 5.67 | 7.76 | 6.31 | 7.04 |
| 卷烟销售收入（万元） | | 133179 | 158166 | 156045 | 73876 | 60810 |
| 查处涉烟违法案件（起） | | 175 | 88 | 213 | 31 | 122 |
| 查处涉烟违法案件案值（万元） | | 673 | 215 | 162 | 269 | 236 |
| 烟基建设投入资金（万元） | | — | — | — | — | — |
| 烟基设施新增受益面积（万亩） | | — | — | — | — | — |
| 烟叶种植（万亩） | | — | — | — | — | — |
| 烟叶收购（万担） | | — | — | — | — | — |
| 烟农户数（户） | | — | — | — | — | — |
| 实现烟农总收入（万元） | | — | — | — | — | — |
| 零售户数（户） | | 2344 | 2535 | 2680 | 1363 | 1664 |
| 零售户销售毛利率（%） | | 9.60 | 9.60 | 9.60 | 9.60 | 9.60 |

| 区局（公司）名称 | | 西青区烟草专卖局（分公司） | 北辰区烟草专卖局（分公司） | 滨海新区烟草专卖局塘沽分局、塘沽分公司 | 滨海新区烟草专卖局汉沽分局、汉沽分公司 | 滨海新区烟草专卖局大港分局、大港分公司 |
|---|---|---|---|---|---|---|
| 主要负责人/法定代表人（含党政领导） | | 孙晓莹 | 孙晓莹 | 孙晓莹 | 孙晓莹 | 孙晓莹 |
| 所属县级单位 | | — | — | — | — | — |
| 总资产（万元） | | 949 | 933 | 1489 | 427 | 905 |
| 资产负债率（%） | | — | — | — | — | — |
| 从业人员（人） | | 66 | 65 | 127 | 53 | 70 |
| 所属业务机构 | 营销机构 | 1个营销网建科 | 1个营销网建科 | 1个营销网建科 | 1个营销网建科 | 1个营销网建科 |
| | 物流配送机构 | — | — | 1个送货中心 | 1个送货中心 | 1个送货中心 |
| | 专卖稽查机构 | 1个稽查大队 | 1个稽查大队 | 2个稽查大队 | 1个稽查大队 | 1个稽查大队 |
| | 烟叶机构 | — | — | — | — | — |
| 实现税利 | 万元 | 21994 | 20808 | 38411 | 7165 | 15465 |
| | 比上年增长（%） | 4.80 | 4.10 | 3.72 | 3.25 | 3.27 |
| 实现利润 | 万元 | 9224 | 8696 | 16559 | 2567 | 6109 |
| | 比上年增长（%） | 6.77 | 5.71 | 4.80 | 4.05 | 4.37 |
| 卷烟销售收入（万元） | | 73883 | 70037 | 126708 | 26658 | 54107 |
| 查处涉烟违法案件（起） | | 234 | 91 | 127 | 29 | 76 |

续表

| 区局（公司）名称 | 西青区烟草专卖局（分公司） | 北辰区烟草专卖局（分公司） | 滨海新区烟草专卖局塘沽分局、塘沽分公司 | 滨海新区烟草专卖局汉沽分局、汉沽分公司 | 滨海新区烟草专卖局大港分局、大港分公司 |
|---|---|---|---|---|---|
| 查处涉烟违法案件案值（万元） | 222 | 479 | 592 | 11 | 30 |
| 烟基建设投入资金（万元） | — | — | — | — | — |
| 烟基设施新增受益面积（万亩） | — | — | — | — | — |
| 烟叶种植（万亩） | — | — | — | — | — |
| 烟叶收购（万担） | — | — | — | — | — |
| 烟农户数（户） | — | — | — | — | — |
| 实现烟农总收入（万元） | — | — | — | — | — |
| 零售户数（户） | 1725 | 1599 | 2359 | 732 | 1140 |
| 零售户销售毛利率（%） | 9.60 | 9.60 | 9.60 | 9.60 | 9.60 |

| 区局（公司）名称 | | 武清区烟草专卖局（有限公司） | 宝坻区烟草专卖局（有限公司） | 宁河区烟草专卖局（有限公司） | 静海区烟草专卖局（有限公司） | 蓟州区烟草专卖局（有限公司） | 天津市烟草专卖局公路分局 |
|---|---|---|---|---|---|---|---|
| 主要负责人/法定代表人（含党政领导） | | 唐有鍙 | 刘欣凯 | 杨如顺 | 吴宝旺 | 刘爱华（—2018年4月）<br>白　岩（2018年4月—） | 王振军 |
| 所属县级单位 | | — | — | — | — | — | — |
| 总资产（万元） | | 7444 | 6014 | 2908 | 4661 | 7112 | — |
| 资产负债率（%） | | 22.91 | 24.49 | 30.47 | 24.14 | 19.65 | — |
| 从业人员（人） | | 124 | 109 | 73 | 81 | 110 | 36 |
| 所属业务机构 | 营销机构 | 1个营销网建科 | 1个营销网建科 | 1个营销网建科 | 1个营销网建科 | 1个营销网建科 | — |
| | 物流配送机构 | 1个送货中心 | 1个送货中心 | 1个送货中心 | 1个送货中心 | 1个送货中心 | — |
| | 专卖稽查机构 | 1个稽查大队 | 1个稽查大队 | 1个稽查大队 | 1个稽查大队 | 1个稽查大队 | 3个稽查大队 |
| | 烟叶机构 | — | — | — | — | — | — |
| 实现税利 | 万元 | 23633 | 19513 | 10743 | 15701 | 22619 | — |
| | 比上年增长（%） | 3.07 | 3.83 | 3.58 | 3.01 | 2.71 | — |
| 实现利润 | 万元 | 3627 | 2879 | 1117 | 2317 | 4032 | — |
| | 比上年增长（%） | 2.83 | 2.00 | 5.92 | 3.37 | 1.77 | — |
| 卷烟销售收入（万元） | | 115552 | 96218 | 55544 | 77215 | 107366 | — |
| 查处涉烟违法案件（起） | | 135 | 103 | 61 | 96 | 53 | 108 |
| 查处涉烟违法案件案值（万元） | | 223 | 88 | 199 | 196 | 168 | 1715 |
| 烟基建设投入资金（万元） | | — | — | — | — | — | — |
| 烟基设施新增受益面积（万亩） | | — | — | — | — | — | — |
| 烟叶种植（万亩） | | — | — | — | — | — | — |
| 烟叶收购（万担） | | — | — | — | — | — | — |
| 烟农户数（户） | | — | — | — | — | — | — |
| 实现烟农总收入（万元） | | — | — | — | — | — | — |
| 零售户数（户） | | 2274 | 1838 | 1320 | 1778 | 2038 | — |
| 零售户销售毛利率（%） | | 9.60 | 9.60 | 9.60 | 9.60 | 9.60 | — |

◇ 撰稿：高栓龙；编辑：王　静　鲁建敏

# 河北省烟草专卖局（公司）

【专卖管理】 **打假打私**。河北省各级烟草专卖管理部门在“破网络、抓主犯”上下功夫，以大数据应用为依托，以各地涉案的微信、QQ 号等线索为基础数据，逐步探索专卖部门自身发掘网上涉烟线索的新方法。2018 年全省共查处涉烟案件 19371 起，其中案值 5 万元以上 164 起；查处假烟案件 4331 起，查获假烟 3125 件；查处走私烟案件 334 起，其中案值 5 万元以上 37 起，查获走私烟 933 件。侦破国标案件 75 起，其中 2 起被列为部督案件，公安、司法机关依法刑拘 317 人，批捕 250 人，判刑 181 人。

**深化协作机制建设**。不断深化京津冀区域协作和全省十四部门联合打假机制建设，持续推动多部门协作向深层次推进。与河北省邮政管理局共同印发《建立联合打击寄递渠道涉烟违法违规行为的联合工作机制》，与石家庄海关签署《建立打击走私烟草专卖品的协作机制》，与河北省公安厅网络安全保卫总队联合印发《关于与公安网安部门建立联合打击互联网涉烟违法犯罪工作机制的通知》，健全打击互联网涉烟违法犯罪工作机制。将海关、邮政、经侦、刑警、技侦、网安、巡特警、公交分局、高速巡警和基层派出所等多层级部门纳入协同办案体系，形成扁平化、常态化的案件侦破合作机制。

2018 年 3 月 15 日，河北石家庄市局（公司）与市工商局开展“提倡品质消费、严厉打击假冒伪劣卷烟”系列活动
河北石家庄市局　张　贺　摄

**市场监管**。先后协调省公安厅、省工商局、省邮政局等部门，组织开展多次卷烟市场联合整治专项行动，形成监管高压态势。各级专卖管理部门以规范市场秩序、打击物流寄递环节涉烟违法行为、强化互联网涉烟监管为重点，有针对性地开展“猎狐一号”“利剑”“金盾一号”“秋风行动”等系列专项整治行动。融合 APCD 工作法、“双随机、一公开”和网格化管理各项要求，查处公开摆卖非法卷烟行为。各市局相继开通“涉烟违法违规举报平台”微信公众号，不断拓展平台功能。印发《关于落实开展加热不燃烧烟草制品监管工作的通知》，解决好涉及新型烟草制品的定性、定价等相关政策法律问题。全年全省共查获新型加热不燃烧烟草制品 57.5 万支。2018 年 3 月，石家庄市局与北京市海淀区局配合，查获加热不燃烧烟草制品 10.08 万支，涉案金额 400 万元，打掉以北京为源头、辐射整个华北地区的加热不燃烧烟草制品供货网。

**内部监管**。召开全省内管基础管理工作现场会，推进京津冀内管协同工作，建立《信息共享制度》《培训交流制度》《检查协作制度》等 3 项制度。治理违法违规大户，全年依法查处大户违法违规经营案件 317 起，依法取缔违法违规大户 193 户，查处非法流通卷烟 1.53 万件。全省查处违规经营行为 22 起。

【经济效益】 2018 年，全省烟草商业系统实现税利 135.73 亿元，同比增长 6.66%；实现利润 45.57 亿元，同比增长 9.49%。卷烟单箱销售收入 2.34 万元，同比增长 4.63%，全国增幅排名第八位；单箱税利 5681 元。三项费用率 4.99%，同比下降 0.02 个百分点。

【卷烟（雪茄烟）经营】 **卷烟销售**。2018 年，河北省销量居前三位的品牌为“钻石”“红塔山”“云烟”，销量分别为 367.50 亿支（73.50 万箱）、116.91 亿支（23.38 万箱）、91.01 亿支（18.20 万箱）。

全年实现卷烟销售收入 559.52 亿元，同比增长 4.98%。实现卷烟税利 134.91 亿元，同比增长 6.62%，其中利润 44.92 亿元、增长 9.21%。

**雪茄烟销售**。做好市场调研与分析，科学规划雪茄烟各档次产品结构，优化雪茄烟产品布局，全省引入“茂大（1号）”“王冠（塑2支全叶卷）”2个新品规格。拓展雪茄烟产品覆盖范围，进一步提高市场覆盖率和市场份额。截至2018年底，全省共有在销雪茄烟7个品牌、35个规格，销售雪茄烟1.09亿支，同比增长25.62%；实现销售收入8101.18万元，同比增长12.09%。

**重点品牌销售**。围绕“大品牌、大市场、大企业”战略，进一步优化品牌引入退出机制，完善品牌培育制度规则，做好不适销品牌清退工作，推进品牌布局更加合理、品牌结构提升，更加适应高质量发展需要。全年全省共引入新品规格71个，退出不适销规格72个。重点品牌占总销量比重的86.86%，同比增长1.69个百分点。重点品牌销售收入526.46亿元，同比增长5.09%，占总销售额比重的94.09%；重点品牌单箱销售收入同比增长2.7%。

**零售终端建设**。全省以提升客户盈利为关键，注重顶层设计推动和标准化建设考核，提升终端形象、优化终端服务、发挥终端功能，推进零售终端建设扩面提质。2018年5月和7月，分别召开全省系统南、北片区终端建设推进会，初步建立普通、现代和直营的零售终端体系，形成“在终端着力、靠终端发力”的销售新格局。截至2018年底，全省共有卷烟零售户自律互助小组15031个；小组之家5560个，占自律互助小组总数的36.99%；零售户培训率均达到100%；累计处理违约客户18430户次。

**现代物流建设**。全省深入推进非法人实体化建设，完善预算定额标准体系，加强精益管理和科技创新力度，持续提升物流服务保障、专业管控和自主创新能力。做好异形烟分拣创新，加快细标一体化分拣线项目改造；《物流在行业规范经营中的地位与作用》课题获得行业优秀成果三等奖，2人被评为烟草行业“最美物流人”。2018年全省单箱物流费用、单箱仓储费用、单箱分拣费用、单箱管理费用，分别排全行业第七位、第五位、第六位、第六位。

【烟叶产销】　**烟叶种植与收购**。2018年，河北省6个县、22个乡、73个行政村、459户烟农种植烟叶面积2.5万亩，签订烟叶收购合同459份。实际收购烟叶0.385万吨（7.7万担），实现烟农收入总计8775万元。

**烟叶基础设施建设**。2018年，烟草行业共投入烟叶生产基础设施建设项目补贴资金310万元，其中总公司投入77万元、河北省公司投入233万元，用于购置烟用机械45台、烟夹70套，以及新能源烤房改造试点50座，有效改善烟区周边贫困地区基本农田生产条件。通过租赁土地、完善设施配套、转租给烟农和帮助烟农调换地块等形式，实现烟叶种植轮作面积0.5万亩。

**现代烟草农业建设**。推动烟农专业合作社建设，扶持合作社组建育苗、机耕、移栽、植保、烘烤、分级、运输等专业队和物资设施配套服务组，依托育苗工场、烘烤工场和配套农机具推进烟叶生产机械化进程，提高生产效率，推动烟叶生产方式转型升级。全年全省烟叶产区入社农户353户，烟农入社率76.9%；专业化育苗面积1.52万亩，机耕1.8万亩，植保1.6万亩。

**适用技术推广应用**。全省烟叶产区开展新品种、新技术的试验示范，引进“延安1号”“CF228”等新品种进行品比试验。推广测土配方施肥技术和应用防雹网防雹技术，增强防灾减灾能力。开展带肥滴灌水肥一体化试验，推广不带肥滴灌面积1.32万亩，占总移栽面积的52.8%。推广膜下小苗移栽面积1.3万亩，占移栽总面积的52%，地膜覆盖率100%。各烟叶产区利用闲置育苗棚培育6000余亩烟蚜茧蜂防治烟蚜，为全省烟叶优质适产奠定基础。累计举办生产技术培训班17期，参训人员1300人次，印发宣传资料1400余册。

**产业扶贫脱贫**。2018年，全省烟叶产业共吸纳贫困户915户、贫困人口2149人，实现贫困人口增收295万元，户均增收3224元，人均增收1373元。健全完善烟区生产服务体系，烟农综合利用育苗大棚、密集烤房、基本烟田开展杏干、干菜加工，培育食用菌、种植错季蔬菜等，实现总产值121.8万元、纯收入57万元。

【精益管理】　开展精益营销、精益物流、精益专卖、精益机关四项活动，积极探索并形成“同行精益、共创价值”理念，提出“双聚+1134”的工作思路，即聚焦聚力高质量发展一个总目标，紧扣全员优质服务型现代卷烟流通企业建设一条主线，以对标管理、管理诊断、体系转版三项工程为抓手，深化价值创造和管理增值，实现严规范、优服务、重创新、高效益4项支撑新突破，推进精益管理深耕厚植，促进企业发展转型升级。2018年，全省累计实现降本增效3268.85万元。成功承办2018年全国烟草行业企业管理现场会，并在会上作精益管理主题报告。

**强化创新驱动**。不断完善科技创新管理与奖励机制，将科技创新项目奖励金额提高6倍、优秀QC课题奖励提高3.5倍。邢台市局（公司）的“专卖询问笔录系统的研发”和石家庄市局（公司）“提高卷烟零售户毛利率”2个项目分别获得全国烟草行业第二十九届优秀质量管理小组成果二、三等奖。全省5家单位的8名研发人员被评为全国烟草行业组织的2018年度精益改善“周达人”，其中3人被评为“月达人”。在河北省第三十八届质量管理小组成果发布会上，全省烟草商业系统7家单位的14个QC小组获河北省二等质量科技成果，2家单位被评为“河北省质量管理小组活动优秀企业”，6人被评为“河北省质量管理小组活动卓越领导者”，7人被评为“优秀推进者”。

**【特事辑要】** 1月29—30日，2018年河北省烟草商业系统工作会议在石家庄召开。

5月24日，国家局党组成员、副局长段铁力在河北烟草调研。

8月28—29日，国家局党组成员、副局长段铁力在河北烟草调研。

10月18—19日，2018年全国烟草行业企业管理现场会在河北石家庄召开。河北省副省长徐建培致辞，国家局党组成员、副局长段铁力出席会议并讲话。

**2018年河北省烟草专卖商业主要情况统计**

| 地市级局（公司）名称 | | 石家庄市烟草专卖局（公司） | 邯郸市烟草专卖局（公司） | 保定市烟草专卖局（公司） | 张家口市烟草专卖局（公司） | 承德市烟草专卖局（公司） |
|---|---|---|---|---|---|---|
| 主要负责人/法定代表人（含党政领导） | | 贾立业 | 范造来 | 王春怀 | 陆 军 | 徐 立 |
| 所属县级单位[1] | | 新华区、桥西区、裕华区、长安区、藁城区、鹿泉区、栾城区等7个县级烟草专卖局（分公司）[2]，辛集市、晋州市、灵寿县、行唐县、平山县、正定县、邑县、赵县、元氏县、赞皇县、新乐市、无极县、深泽县、井陉县等14个县级烟草专卖局（营销部） | 邯山区、丛台区、复兴区、永年区等4个县级烟草专卖局（分公司），大名县、魏县、曲周县、邱县、鸡泽县、广平县、成安县、临漳县、磁县、涉县、馆陶县、峰峰矿区、武安市等13个县级烟草专卖局（营销部） | 莲池区、竞秀区、满城区、清苑区、徐水区等5个县级烟草专卖局（分公司），涿州、雄县、博野县、望都县、安新县、定兴县、阜平县、高碑店市、高阳县、涞水县、涞源县、蠡县、曲阳县、容城县、顺平县、安国市、易县、唐县等18个县级烟草专卖局（营销部） | 万全区烟草专卖局（分公司），沽源县、尚义县、张北县、康保县、怀安县、怀来县、赤城县、涿鹿县、蔚县、阳原县等10个县级烟草专卖局（营销部） | 平泉市局（分公司），丰宁满族自治县、滦平县、承德县、围场满族蒙古族自治县、隆化县、兴隆县、宽城满族自治县等7个县级烟草专卖局（营销部） |
| 总资产（万元） | | 281878 | 161177 | 220821 | 98324 | 66643 |
| 资产负债率（%） | | 20.93 | 28.99 | 27.59 | 17.81 | 20.46 |
| 从业人员（人） | | 1038 | 1173 | 1343 | 604 | 588 |
| 所属业务机构 | 营销机构 | 1个营销中心 | 1个营销中心 | 1个营销中心 | 1个营销中心 | 1个营销中心 |
| | 物流配送机构 | 1个物流配送中心 | 1个物流配送中心 | 1个物流配送中心 | 1个物流配送中心 | 1个物流配送中心 |
| | 专卖稽查机构 | 1个稽查支队、21个稽查大队 | 1个稽查支队、17个稽查大队 | 1个稽查支队、23个稽查大队 | 1个稽查支队、12个稽查大队 | 1个稽查支队、9个稽查大队 |
| | 烟叶机构 | 1个烟叶管理科、3个烟叶收购站 | — | 1个烟叶管理科、3个烟叶收购站 | 1个烟叶管理科 | — |
| 实现税利 | 万元 | 236090 | 130688 | 207680 | 86100 | 65286 |
| | 比上年增长（%） | 7.27 | 5.95 | 6.13 | 5.28 | 7.40 |
| 实现利润 | 万元 | 87536 | 41916 | 66880 | 29397 | 19891 |
| | 比上年增长（%） | 6.80 | 9.61 | 5.90 | 9.01 | 12.33 |

续表

| 地市级局（公司）名称 | 石家庄市烟草专卖局（公司） | 邯郸市烟草专卖局（公司） | 保定市烟草专卖局（公司） | 张家口市烟草专卖局（公司） | 承德市烟草专卖局（公司） |
|---|---|---|---|---|---|
| 卷烟销售收入（万元） | 917892 | 577757 | 846999 | 372606 | 291174 |
| 查处涉烟违法案件（起） | 3101 | 3814 | 2026 | 1159 | 425 |
| 查处涉烟违法案件案值（万元） | 1941 | 1699 | 1525 | 481 | 243 |
| 烟基建设投入资金（万元） | 6.35 | — | 0.00 | 303.65 | — |
| 烟基设施新增受益面积（万亩） | 0.00 | — | 0.00 | 0.83 | — |
| 烟叶种植（万亩） | 0.50 | — | 0.20 | 1.80 | — |
| 烟叶收购（万担） | 1.53 | — | 0.57 | 5.60 | — |
| 烟农户数（户） | 103 | — | 38 | 318 | — |
| 实现烟农总收入（万元） | 1555 | — | 682 | 6538 | — |
| 零售户数（户） | 33927 | 33532 | 35719 | 15847 | 12819 |
| 零售户销售毛利率（%） | 13.00 | 12.20 | 14.00 | 13.00 | 10.66 |

| 地市级局（公司）名称 | | 唐山市烟草专卖局（公司） | 廊坊市烟草专卖局（公司） | 沧州市烟草专卖局（公司） | 衡水市烟草专卖局（公司） | 邢台市烟草专卖局（公司） | 秦皇岛市烟草专卖局（公司） |
|---|---|---|---|---|---|---|---|
| 主要负责人/法定代表人（含党政领导） | | 王友安 | 马宝平 | 毛建民 | 付英乐 | 王　文 | 裴世勇 |
| 所属县级单位[1] | | 滦州市烟草专卖局（分公司）[3]，路南区、路北区、开平区、古冶区等4个县级烟草专卖局（分公司）[4]，丰润区、丰南区、滦南县、乐亭县、迁安市、迁西县、遵化市、玉田县、曹妃甸区等9个县级烟草专卖局（营销部） | 安次区、广阳区、三河市、大厂回族自治县、香河县、永清县、固安县、霸州市、文安县、大城县等10个县级烟草专卖局（营销部） | 任丘市、泊头市、黄骅市、河间市、沧县、肃宁县、孟村回族自治县、东光县、海兴县、献县、青县、吴桥县、盐山县、南皮县等14个县级烟草专卖局（营销部） | 冀州区烟草专卖局（分公司），桃城区、枣强县、武邑县、深州市、武强县、饶阳县、安平县、故城县、景县、阜城县等10个县级烟草专卖局（营销部） | 邢台县、沙河市、内丘县、临城县、隆尧县、柏乡县、宁晋县、巨鹿县、平乡县、广宗县、南和县、任县、南宫市、新河县、威县、清河县、临西县等17个县级烟草专卖局（营销部） | 抚宁区、海港区、山海关区、北戴河区等4个县级烟草专卖局（分公司），昌黎县、卢龙县、青龙满族自治县等3个县级烟草专卖局（营销部） |
| 总资产（万元） | | 224503 | 136433 | 146576 | 63328 | 129098 | 92657 |
| 资产负债率（%） | | 20.85 | 17.32 | 24.06 | 27.61 | 32.92 | 23.06 |
| 从业人员（人） | | 915 | 619 | 1042 | 756 | 1093 | 415 |
| 所属业务机构 | 营销机构 | 1个营销中心 | 1个营销中心、1个电访中心 | 1个营销中心 | 1个营销中心、1个电访中心 | 1个营销中心、1个电访中心 | 1个营销中心 |
| | 物流配送机构 | 1个物流配送中心 | 1个物流配送中心 | 1个物流配送中心 | 1个物流配送中心 | 1个物流配送中心、3个中转站 | 1个物流配送中心 |
| | 专卖稽查机构 | 1个稽查支队、14个稽查大队 | 1个稽查支队、10个稽查大队 | 1个稽查支队、15个稽查大队 | 1个稽查支队、12个稽查大队 | 1个稽查支队、18个稽查大队 | 1个稽查支队、7个稽查大队 |
| | 烟叶机构 | — | — | — | — | — | — |
| 实现税利 | 万元 | 158179 | 112943 | 121900 | 66001 | 98618 | 66728 |
| | 比上年增长（%） | 5.86 | 5.23 | 7.70 | 10.80 | 4.61 | 8.35 |

续表

| 地市级局（公司）名称 | | 唐山市烟草专卖局（公司） | 廊坊市烟草专卖局（公司） | 沧州市烟草专卖局（公司） | 衡水市烟草专卖局（公司） | 邢台市烟草专卖局（公司） | 秦皇岛市烟草专卖局（公司） |
|---|---|---|---|---|---|---|---|
| 实现利润 | 万元 | 58581 | 40896 | 36390 | 17113 | 27462 | 23029 |
| | 比上年增长（%） | 11.65 | 12.86 | 7.81 | 16.69 | 9.96 | 9.44 |
| 卷烟销售收入（万元） | | 621475 | 450423 | 510748 | 293168 | 440265 | 272696 |
| 查处涉烟违法案件（起） | | 890 | 1352 | 1429 | 1563 | 3104 | 493 |
| 查处涉烟违法案件案值（万元） | | 1104 | 2427 | 553 | 853 | 1078 | 984 |
| 烟基建设投入资金（万元） | | — | — | — | — | — | — |
| 烟基设施新增受益面积（万亩） | | — | — | — | — | — | — |
| 烟叶种植（万亩） | | — | — | — | — | — | — |
| 烟叶收购（万担） | | — | — | — | — | — | — |
| 烟农户数（户） | | — | — | — | — | — | — |
| 实现烟农总收入（万元） | | — | — | — | — | — | — |
| 零售户数（户） | | 27608 | 15054 | 24229 | 13321 | 20911 | 10707 |
| 零售户销售毛利率（%） | | 13.96 | 10.00 | 13.00 | 11.00 | 10.07 | 13.00 |

注：1. 统计表没有标注未上划的4个县级单位，分别为邯郸市局（公司）下辖的肥乡县烟草专卖局（经理部），保定市局（公司）下辖的定州卷烟经理部，张家口市局（公司）下辖的宣化区、崇礼县烟草专卖局（公司）。

2. 根据国烟人〔2018〕231号文件，2018年12月4日，设立石家庄市新华区、桥西区、裕华区、长安区烟草专卖局（分公司）；设立保定市莲池区、竞秀区烟草专卖局（分公司）。

3. 根据国烟人〔2018〕206号文件，2018年11月21日，撤销唐山市滦县烟草专卖局（营销部），设立滦州市烟草专卖局（分公司）。

4. 根据国烟人〔2018〕159号文件，2018年7月24日，设立唐山市路南区、路北区、开平区、古冶区烟草专卖局（分公司）；设立秦皇岛市海港区、山海关区、北戴河区烟草专卖局（分公司）。

◇ 撰稿：苏维民；编辑：王　静　鲁建敏

# 山西省烟草专卖局（公司）

【专卖管理】 **打假打私**。2018年，山西省各级烟草专卖局持续推进打假打私，充分发挥涉烟案件情报线索分析平台功能作用，协同公安、交通、邮政等相关部门联合开展行动，重点打击物流、寄递和货物运输领域涉烟违法犯罪活动。全省全年共查处假烟案件3781起，其中5万元以上假烟案件72起。查处假烟1843.95件，案值2155.98万元；查处走私卷烟152.49件，案值91.12万元。向公安机关移送案件45起，公安、司法机关依法拘留41人，逮捕31人，判刑32人。破获符合国家局标准的网络案件23起。

**市场监管**。各级局结合市场监管信息系统应用，健全完善"一单、两库、一细则"，以"双随机、一公开"和APCD工作法的有效结合为核心，试点探索"山西烟草县级局市场监管模式"，提高市场监管的针对性。持续推进违法卖烟大户治理活动，全面推行"一户一码"管理，深入开展卷烟零售户守法经营率季度专项检查，扎实推进违法违规卖烟大户治理行动，责令暂停经营262户、注销119户，全省零售户守法经营率稳定在97%以上。

**证件管理**。各级局贯彻"放管服"改革要求，优化办证流程，实行新办及延续3个工作日内办结，变更及管理类事项当场办结，试点利用"互联网+微信服务"，实现网上申请办理。截至2018年底，全省系统共有持证零售户12.49万户，其中城市持证零售户6.03万户、农村持证零售户6.46万户。

**内部专卖监督管理**。持续抓规范经营，省局出台《卷烟违规经营责任追究规定（试行）》，综合施策、部门联动，全省系统真烟外流数量同比减少70.9%，其中跨省外流卷烟数量同比减少64.72%，为历年最低。

2018年8月2—5日，山西烟草举办第三届烟草专卖管理岗位技能竞赛。图为卷烟真伪鉴别竞赛赛场

山西省局　供稿

【经济效益】　山西省烟草商业系统实现税利总额88.97亿元，同比增长4.38%，其中利润31.07亿元、增长6.11%。卷烟单箱销售收入2.74万元，同比增长4.6%。卷烟单箱税利同比增长3.94%。三项费用率4.95%，同比下降0.12个百分点。实现降本增效1107.65万元，完成国家局下达任务的110.77%。

【卷烟（雪茄烟）经营】　**卷烟（雪茄烟）销售**。山西省销量居前三位的品牌为“云烟”“红塔山”“红河”，销量分别为124.16亿支（24.83万箱）、68.18亿支（13.64万箱）、43.02亿支（8.60万箱）。销售雪茄烟1.22亿支，同比增长57.77%。

卷烟（含雪茄烟）实现销售收入360.51亿元，同比增长5.03%。实现税利88.91亿元，同比增长4.30%，其中利润31.05亿元、同比增长5.85%。

**品牌培育**。推进“自主调控、区域联动、全省联控”三位一体品牌市场联控机制，全面启动“云烟（紫）”“云烟（福）”全省联调联控，采取月度总量控制、投放策略调整、辅助策略跟进等“组合拳”策略，推动重点品牌价值持续回升。2018年，全省重点品牌销量同比增长2.83%，增幅高于全国平均水平0.56个百分点；销量占比80.85%，同比提高1.9个百分点。按照《全省卷烟品牌规格退出实施细则》规定，实施分结构、分品类、分梯次卷烟品牌规格评价和引入退出，全年共清退卷烟品牌规格29个、引进27个。紧抓选点投放范围和新品投放策略两个关键点位，实施上市时间和投放客户类型“两个差异化”，紧扣新品培育成功率实施动态定期评测和严格考核评价，新品培育成功率达到84.62%。加大细、中、短、爆等创新型卷烟的消费和潜力挖掘，全省细支烟销量74.44亿支（14.89万箱），同比增长38.81%；中支烟销量6.49亿支（1.30万箱），同比增长106.99%；短支烟销量7.16亿支（1.43万箱），同比增长21.37%；爆珠烟销量12.35亿支（2.47万箱），同比增长178.19%。

**卷烟销售网络建设**。深化市场化取向改革，实现省级卷烟销售平台全覆盖、全应用。激发市公司市场销售主体创新活力，先后在吕梁、长治召开全省系统卷烟销售工作推进会，通过现场观摩、经验介绍、交流互动，营造“比学赶帮超”的工作氛围。全省共有卷烟零售户自律互助小组3840个；建成零售示范终端685户，占比5.61‰。出台《卷烟经营大户管理办法》，针对违规大户采取“两减、三限、一停”处理措施；组织开展“新晋商、巧算账、增信心、助盈利”主题销售活动。零售户盈利水平稳步提升，平均毛利率8.92%，部分自律互助小组客户毛利率超过10%，市场状态达到近年来最好水平。

【烟叶产销】　**烟叶种植与收购**。2018年，全省种植烤烟1.62万亩，共有种烟农户596户，签订烟叶种植收购合同596份，收购烟叶0.24万吨（4.83万担），上等烟比例54%、中等烟比例46%。国家局检查工商交接等级合格率在80%以上。烟叶收购均价26.2元/千克，同比增加1.8元/千克。烟农实现总收入6344万元，同比减少3075万元。户均收入 10.64 万元，同比减少 0.26 万元。

**现代烟草农业建设**。在山西省烟草种植面积中，机械化耕地面积 1.62 万亩，起垄 1.62 万亩，移栽 0.59 万亩，覆膜 1.56 万亩，施肥 1.54 万亩。湿润育苗技术推广 1.5 万亩、轮作 0.8 万亩、沤制有机肥 0.5 万亩、小苗深栽 1.5 万亩，开展烟田废弃地膜捡拾 1.5 万亩。

【精益管理】 **财务管理**。建立月度税利目标衔接机制，逐月通报各市局税利增幅和完成进度。狠抓降本增效，组织开展全省系统固定资产大盘点、大清查，盘活闲置资产 183 项，处置无效资产 435 项。

**物流管理**。稳步推进物流新改建项目，长治市局（公司）新建配送中心投入运行，太原、晋中等市局（公司）异型烟分拣线改造升级初见成效。探索建立同厂家备品备件统一调配管理机制和物流运行分析台账管理机制，拓展物流降本增效新途径，物流费用控制水平继续保持行业领先。推广应用新能源物流配送车 22 辆，绿色物流建设得到国家局肯定。

**质量管理**。在全国烟草行业第二十九届优秀质量管理小组成果发布会上，运城市公司“执行者”QC 小组成果“变形托盘自动检测装置的研制”获得一等奖；太原市公司“精细严”QC 小组成果“循环利用卷烟包装箱装运托盘的研制”和临汾市公司“702”QC 小组成果“提高客户经理实地拜访精准率”获得二等奖；长治市公司“新跃”QC 小组引进应用成果“提升临烟物流异型烟分拣效率”获得引进应用奖。

**规范管理**。完善投资项目和物资采购管理制度，加快推进采购管理信息平台建设，建立健全中介机构、印刷、车辆等供应商库，公开招标金额占比 91.61%，同比提高 1.59 个百分点。多方协调、落实进度，按期完成“三供一业”分离移交协议签订工作。

【特事辑要】 1 月 22—23 日，山西省烟草专卖局（公司）在太原召开 2018 年全省烟草工作会议。

**2018 年山西省烟草专卖商业主要情况统计**

| 地市级局（公司）名称 | | 太原市烟草专卖局（公司） | 大同市烟草专卖局（公司） | 阳泉市烟草专卖局（公司） | 长治市烟草专卖局（公司） | 晋城市烟草专卖局（公司） |
|---|---|---|---|---|---|---|
| 主要负责人/法定代表人（含党政领导） | | 李建民 | 张跃斌 | 乔继光 | 李振芳 | 张家驰（—2018 年 6 月）张春荣（2018 年 6 月—） |
| 所属县级单位 | | 清徐县、古交市、阳曲县、娄烦县等 4 个县级烟草专卖局（营销部） | 平城区、云冈区、云州区、新荣区、阳高县、天镇县、浑源县、灵丘县、广灵县、左云县等 10 个县级烟草专卖局（营销部）[1] | 平定县、盂县 2 个县级烟草专卖局（营销部） | 长治县、潞城市、屯留县、长子县、壶关县、平顺县、黎城县、武乡县、襄垣县、沁县、沁源县、城区、郊区等 13 个县级烟草专卖局（营销部） | 城区、泽州县、高平市、阳城县、沁水县、陵川县等 6 个县级烟草专卖局（营销部） |
| 总资产（万元） | | 197970 | 143806 | 41955 | 109153 | 74930 |
| 资产负债率（%） | | 14.24 | 26.77 | 17.38 | 23.35 | 23.75 |
| 从业人员（人） | | 754 | 658 | 229 | 711 | 377 |
| 所属业务机构 | 营销机构 | 1 个营销中心 | 1 个营销中心 | 1 个营销中心 | 1 个营销中心 | 1 个营销中心 |
| | 物流配送机构 | 1 个物流配送中心 | 1 个物流配送中心、1 个配送中转站 | 1 个物流配送中心 | 1 个物流配送中心、6 个配送中转站 | 1 个物流配送中心、4 个配送中转站 |
| | 专卖稽查机构 | 1 个稽查支队、17 个稽查大队 | 1 个稽查支队、10 个稽查大队 | 1 个稽查支队、3 个稽查大队 | 1 个稽查支队、13 个稽查大队 | 1 个稽查支队、6 个稽查大队 |
| | 烟叶机构 | — | — | — | 1 个烟叶总站、5 个烟叶站 | — |

续表

| 地市级局（公司）名称 | | 太原市烟草专卖局（公司） | 大同市烟草专卖局（公司） | 阳泉市烟草专卖局（公司） | 长治市烟草专卖局（公司） | 晋城市烟草专卖局（公司） |
|---|---|---|---|---|---|---|
| 实现税利 | 万元 | 160299 | 88524 | 30175 | 78094 | 49293 |
| | 比上年增长（%） | 3.59 | 4.64 | 3.98 | 3.97 | 4.04 |
| 实现利润 | 万元 | 60987 | 33132 | 10086 | 26392 | 17304 |
| | 比上年增长（%） | 2.28 | 7.35 | 5.26 | 4.78 | 2.75 |
| 卷烟销售收入（万元） | | 611513 | 356540 | 123799 | 322753 | 194183 |
| 查处涉烟违法案件（起） | | 947 | 781 | 517 | 1066 | 428 |
| 查处涉烟违法案件案值（万元） | | 1921 | 370 | 107 | 302 | 198 |
| 烟基建设投入资金（万元） | | — | — | — | 0 | — |
| 烟基设施新增受益面积（万亩） | | — | — | — | 0.00 | — |
| 烟叶种植（万亩） | | — | — | — | 0.15 | — |
| 烟叶收购（万担） | | — | — | — | 0.26 | — |
| 烟农户数（户） | | — | — | — | 108 | — |
| 实现烟农总收入（万元） | | — | — | — | 338 | — |
| 零售户数（户） | | 14038 | 10103 | 5880 | 12425 | 8138 |
| 零售户销售毛利率（%） | | 11.05 | 10.19 | 9.69 | 8.23 | 10.60 |

| 地市级局（公司）名称 | | 朔州市烟草专卖局（公司） | 忻州市烟草专卖局（公司） | 吕梁市烟草专卖局（公司） | 晋中市烟草专卖局（公司） | 临汾市烟草专卖局（公司） | 运城市烟草专卖局（公司） |
|---|---|---|---|---|---|---|---|
| 主要负责人/法定代表人（含党政领导） | | 任守军 | 曲　涛 | 张竞华 | 义晋瑞 | 姚　宏 | 杨新民 |
| 所属县级单位 | | 朔城区、平鲁区、山阴县、怀仁市[2]、应县、右玉县等6个县级烟草专卖局（营销部） | 忻府区、原平市、代县、繁峙县、定襄县、五台县、宁武县、神池县、岢岚县、五寨县、保德县、静乐县、偏关县、河曲县等14个县级烟草专卖局（营销部） | 离石区、汾阳市、孝义市、中阳县、柳林县、石楼县、交口县、方山县、临县、岚县、兴县、交城县、文水县等13个县级烟草专卖局（营销部） | 榆次区、太谷县、祁县、平遥县、介休市、灵石县、榆社县、左权县、和顺县、昔阳县、寿阳县等11个县级烟草专卖局（营销部） | 尧都区、侯马市、曲沃县、翼城县、襄汾县、洪洞县、霍州市、古县、吉县、安泽县、浮山县、乡宁县、蒲县、大宁县、永和县、隰县、汾西县等17个县级烟草专卖局（营销部） | 盐湖区、临猗县、永济市、万荣县、河津市、新绛县、稷山县、铝厂厂区、绛县、闻喜县、夏县、垣曲县、平陆县、芮城县、风陵渡区等15个县级烟草专卖局（营销部） |
| 总资产（万元） | | 46052 | 109292 | 109891 | 108647 | 144832 | 133291 |
| 资产负债率（%） | | 18.77 | 35.81 | 25.51 | 22.21 | 30.53 | 24.84 |
| 从业人员（人） | | 344 | 665 | 824 | 659 | 796 | 961 |
| 所属业务机构 | 营销机构 | 1个营销中心 | 1个营销中心 | 1个营销中心 | 1个营销中心 | 1个营销中心 | 1个营销中心 |
| | 物流配送机构 | 1个物流配送中心 | 1个物流配送中心、4个配送中转站 | 1个物流中心、8个配送中转站 | 1个物流中心、3个中转站 | 1个物流配送中心、1个配送中转站 | 1个物流配送中心、3个配送中转站 |
| | 专卖稽查机构 | 1个稽查支队、6个稽查大队 | 1个稽查支队、14个稽查大队 | 1个稽查支队、13个稽查大队 | 1个稽查支队、11个稽查大队 | 1个稽查支队、17个稽查大队 | 1个稽查支队、15个稽查大队 |
| | 烟叶机构 | — | — | — | — | 3个烟叶总站、7个烟叶站 | 5个烟叶总站、19个烟叶站 |

续表

| 地市级局（公司）名称 | | 朔州市烟草专卖局（公司） | 忻州市烟草专卖局（公司） | 吕梁市烟草专卖局（公司） | 晋中市烟草专卖局（公司） | 临汾市烟草专卖局（公司） | 运城市烟草专卖局（公司） |
|---|---|---|---|---|---|---|---|
| 实现税利 | 万元 | 45237 | 69610 | 83880 | 85928 | 97623 | 100390 |
| | 比上年增长（%） | 4.10 | 3.81 | 4.86 | 6.35 | 3.50 | 4.69 |
| 实现利润 | 万元 | 16505 | 23338 | 26576 | 30245 | 32659 | 33238 |
| | 比上年增长（%） | 11.25 | 4.52 | 6.98 | 10.87 | 2.62 | 10.47 |
| 卷烟销售收入（万元） | | 180675 | 286387 | 352693 | 350734 | 407137 | 418718 |
| 查处涉烟违法案件（起） | | 676 | 529 | 754 | 754 | 1358 | 1054 |
| 查处涉烟违法案件案值（万元） | | 136 | 167 | 518 | 290 | 469 | 505 |
| 烟基建设投入资金（万元） | | — | — | — | — | 0 | 0 |
| 烟基设施新增受益面积（万亩） | | — | — | — | — | 0.00 | 0.00 |
| 烟叶种植（万亩） | | — | — | — | — | 0.50 | 0.97 |
| 烟叶收购（万担） | | — | — | — | — | 1.60 | 2.97 |
| 烟农户数（户） | | — | — | — | — | 244 | 244 |
| 实现烟农总收入（万元） | | — | — | — | — | 2147 | 3859 |
| 零售户数（户） | | 6327 | 10872 | 13566 | 13412 | 14957 | 15186 |
| 零售户销售毛利率（%） | | 9.20 | 8.84 | 8.00 | 9.36 | 10.02 | 9.00 |

注：1. 根据国烟人〔2018〕161号文件，撤销大同市城区烟草专卖局、山西省烟草公司大同市公司城区营销部；撤销大同市南郊区烟草专卖局、山西省烟草公司大同市公司南郊区卷烟营销部；撤销大同市矿区烟草专卖局、山西省烟草公司大同市公司矿区营销部；撤销山西省大同县烟草专卖局、大同市烟草公司大同县营销部。设立大同市平城区烟草专卖局、山西省烟草公司大同市公司平城区营销部；设立大同市云冈区烟草专卖局、山西省烟草公司大同市公司云冈区营销部；设立大同市云州区烟草专卖局、山西省烟草公司大同市公司云州区营销部。

2. 根据国烟人〔2018〕154号文件，怀仁县烟草专卖局更名为怀仁市烟草专卖局，将朔州市烟草公司怀仁县营销部更名为朔州市烟草公司怀仁市营销部。怀仁市烟草专卖局与朔州市烟草公司怀仁市营销部合署办公。

◇ 撰稿：朱永胜；编辑：王　静　鲁建敏

# 内蒙古自治区烟草专卖局（公司）

【专卖管理】　**卷烟打假打私**。强化专卖意识，坚持守土有责、守土负责、守土尽责原则，坚持部门联动、协调配合联合打假打私机制，以“飓风”行动为纽带，加大市场监管力度、打击力度，打假破网成效创历史新高。2018年，查获涉烟违法案件1.49万起。破获制售假烟网络案件20起，其中，符合国家局标准的网络案件14起。公安、司法机关依法刑拘47人，逮捕45人，判刑20人。

**市场监管**。强化责任意识，区局与全区各盟市烟草专卖局“一把手”签订《内蒙古自治区烟草专卖局2018年度落实专卖管理行政执法主体责任书》，各盟市局与专卖执法人员签订《内蒙古自治区烟草专卖管理人员廉洁自律承诺书》。构建“打击严厉、管理到位、疏导及时、服务周到”的市场监管体系，做到“红线不能碰、大门不能破、口子不能漏”。2018年，在全区范围内组织开展元旦、春节期间清理整顿卷烟市场专项行动，与工商部门联合开展清理整顿无证无照经营行为专项行动，与公安部门联合开展“飓风十号”清理整顿卷烟市场专项行动。市场净化率不断提升，全区平均市场净化率96.3%。制定《内蒙古自治区烟草专卖局2018年依法严管违法违规卖烟大户实施方案》，深入开展违法违规大户治理工作，督导检查覆盖率100%。取缔违法违规经营零售户120户。全年受理卷烟真伪鉴别检验44944批次，未发生检验结论复议案件。

**【经济效益】** 2018年，内蒙古自治区烟草商业系统实现税利70.39亿元，同比增长2.66%。其中，实现利润23.17亿元，同比增长2.28%。单箱卷烟销售收入2.32万元，单箱卷烟税利6553元。三项费用率6.03%，同比减少0.25个百分点。

**【卷烟（雪茄烟）经营】** 2018年，内蒙古全区销量居前三位的卷烟品牌是“云烟”“红塔山”“南京”。全年销量分别为130.95亿支（26.19万箱）、55.55亿支（11.11万箱）、35.6亿支（7.12万箱）。全区销售重点品牌437.95亿支（87.59万箱），同比增长1.76%。

全年实现卷烟销售收入247.62亿元，同比增长4.52%；实现税利（含烟叶）70.05亿元，同比增长2.89%。其中实现利润23.20亿元，同比增长2.90%。①

全区销售雪茄烟总量0.95亿支（0.19万箱），同比增长57.88%。

**【深化市场化取向改革】** 贯彻落实国家局关于市场化取向改革的部署要求，推动改革向纵深方向发展。全区14家盟（市）烟草专卖局市场化取向改革规定动作基本到位，新的业务模式基本确立，流程再造基本完成。销售业务规则进一步完善，调整优化地市级公司的货源投放、订单采集流程，建立健全货源投放策略评价机制，提升货源投放的公平性、科学性、有效性。依托省级卷烟营销平台的监督管理模块，建立起监督、反馈、实时响应机制，实现卷烟销售业务流程的全面覆盖、全程跟踪、实时监控和分级预警。建立全区省级营销平台预警监管机制，将预警监督管理权限下放至各盟（市）公司，设立专人实时监控。积极探索工商网配模式，即“订单驱动、滚动配货、实时合同”模式，根据订单需求滚动配货，工商信息深度共享。截至2018年底，各盟（市）公司与浙江、上海、湖南、云南中烟等工业公司开展工商网配工作，与河南、四川中烟等工业公司进行数据对接。

**【终端建设】** 规范市场秩序，开展全区违法违规大户治理工作。截至2018年底，全区共有自律互助小组5134个，自律互助小组起到稳价格、调状态、增盈利、促规范等作用。

**【烟叶产销】** *烟叶种植*。2018年，与758户烟农签订生产收购合同，烟叶种植面积0.95万亩，收购烟叶4.75万担，烟农户均收入6.3万元，同比增长2.18%，创历史新高，实现财政增税、烟农增收、企业增利的“三增”目标。

*烟叶生产精益管理*。2018年，推进烟叶生产精益管理格局，即“精良技术形成集成体系、精准作业实现重点示范、精细管理构建基本框架、精确信息形成多元支撑、精密组织彰显调控水平、精干队伍提供人才保障”。实施水肥一体化技术的作业面积428.5亩，占烟叶种植总面积4.51%，较常规作业亩均节省成本约450元。基础设施保障实行“网格化”监管，全区在用密集式烤房890座、机井18眼，沟渠6.73千米，管网1.26千米，分级室189个，烟用机械104台。加强技术技能培养，组织技术人员参加生产技术培训441人次，注重烟农专项技术培训，增强烟农自主生产能力，组织烟农开展育苗、整地、田管、采收、调制、分级培训1888人次。

*烟农增收*。紧紧围绕党中央“坚决打赢脱贫攻坚战”重大部署，落实国家局烟农增收工作要求，发挥烟叶主业创收优势、基础设施保障优势、行业技术支撑优势、合作社组织引领优势和行业扶贫政策优势“五大优势”，巩固提升“主业稳收、辅业增收、扶贫助收”烟农增收新格局。2018年，烟农实现亩均收入5027.8元，同比增长38.35%。

**【创建内蒙古烟草“责任文化”新理念】** 2018年，区局（公司）党组立足内蒙古烟草改革实际和高质量发展

---

① 销售收入、税利、利润统计口径与2017年有调整。

要求，坚持问题导向，打破惯性思维，运用战略思维、创新思维、辩证思维，创立和构建适合内蒙古烟草自身发展的“责任文化”新理念、新体系。“责任文化”即“责任为纲、文化铸魂”。

【管理创新】 **夯实管理基础**。开展管理创新、制度创新、体制创新、科技创新，以精益和创新为抓手，在经济运行、创新型企业建设、投资采购、服务基层等方面，着力全员、全过程、全方位精益管理，进一步夯实企业管理基础。信息中心机房搬迁、升级改造全面完成，提升信息化系统的应用广度与深度，基本实现基础工作信息化、日常工作数字化。以降本增效为目标，加强财务预算核算管理，促进企业持续开源节流。职工家属区“三供一业”分离移交顺利完成。增强审计监督效能，加大审计力度。全年开展审计项目323项，发现问题并提出审计建议650条，区局（公司）审计处获评2018年内蒙古自治区“工人先锋号”。以QC小组活动为重点，推进全面质量管理。“轻型烟田滴灌覆膜机的研制”QC成果获得烟草行业第二十九届优秀质量管理小组成果评比二等奖、首届内蒙古自治区质量创新大赛一等奖。截至2018年底，QC小组创造经济效益191.85万元。

**强化风险防控**。增强安全意识、落实安全责任，层层人人签订安全责任书，加强重点防范、提升安全水平，狠抓隐患排查整治。实施区局（公司）机关办公楼消防安全改造工程，每季度组织开展全区行业安全大检查。全年下达检查意见书95份，提出隐患和问题369项，其中347项整改到位，隐患整改率94%。2018年，全区行业没有发生一般以上安全生产事故，确保生产经营平稳运行。开展电子结算审计，各单位进一步提高资金风险防控意识，加强资金管控，完善内控制度，确保资金安全。

【特事辑要】 7月12—13日，内蒙古自治区烟草专卖局（公司）在鄂尔多斯市召开2018年全区烟草工作座谈会。

10月14—16日，内蒙古自治区烟草专卖局（公司）在通辽市召开全区烟草行业“责任文化”现场会。

**2018年内蒙古自治区烟草专卖商业主要情况统计[1]**

| 地市级局（公司）名称 | 呼和浩特市烟草专卖局（公司） | 满洲里市烟草专卖局（公司） | 呼伦贝尔市烟草专卖局（公司） | 兴安盟烟草专卖局（公司） | 通辽市烟草专卖局（公司） |
|---|---|---|---|---|---|
| 主要负责人/法定代表人（含党政领导） | 董德富 | 乔立中 | 王文兵 | 郝文亮 | 王明新 |
| 所属县级单位 | 土默特左旗、托克托县、和林格尔县、清水河县、武川县等5个县级烟草专卖局（营销部）和新城区、赛罕区、回民区、玉泉区等4个城区烟草专卖局（营销部） | 扎赉诺尔区1个烟草专卖局（营销部） | 海拉尔区、牙克石市、扎兰屯市、根河市、额尔古纳市、阿荣旗、莫力达瓦达斡尔族自治旗、鄂伦春自治旗、鄂温克族自治旗、新巴尔虎左旗、新巴尔虎右旗、陈巴尔虎旗、大杨树等13个旗、市、区烟草专卖局（营销部） | 乌兰浩特市、阿尔山市、扎赉特旗、科尔沁右翼前旗、科尔沁右翼中旗、突泉县等6个县级烟草专卖局（营销部） | 科尔沁区、科尔沁左翼后旗、科尔沁左翼中旗、开鲁县、库伦旗、奈曼旗、扎鲁特旗、霍林郭勒市等8个县级烟草专卖局（营销部） |
| 总资产（万元） | 177636 | 10468 | 52184 | 43487 | 66504 |
| 资产负债率（%） | 22.44 | 10.96 | 32.21 | 37.36 | 21.07 |
| 从业人员（人） | 706 | 67 | 645 | 257 | 461 |

续表

| 地市级局（公司）名称 | | 呼和浩特市烟草专卖局（公司） | 满洲里市烟草专卖局（公司） | 呼伦贝尔市烟草专卖局（公司） | 兴安盟烟草专卖局（公司） | 通辽市烟草专卖局（公司） |
|---|---|---|---|---|---|---|
| 所属业务机构 | 营销机构 | 1个营销中心、1个电访中心 | 1个营销中心 | 1个营销中心、1个电访中心 | 1个营销中心 | 1个营销中心 |
| | 物流配送机构 | 1个配送中心 | 1个配送中心 | 1个配送中心、2个配送分中心、11个物流中转站 | 1个物流配送中心 | 1个配送中心 |
| | 专卖稽查机构 | 1个稽查支队、2个稽查大队 | 1个稽查大队 | 1个稽查支队、13个稽查大队 | 1个稽查支队、6个稽查大队 | 1个稽查支队 |
| | 烟叶机构 | — | — | — | — | — |
| 实现税利 | 万元 | 120187 | 8784 | 46016 | 28915 | 56077 |
| | 比上年增长（%） | 2.06 | 0.20 | 3.71 | -0.16 | 7.42 |
| 实现利润 | 万元 | 46076 | 2508 | 11223 | 7202 | 15895 |
| | 比上年增长（%） | 3.75 | -6.62 | 7.56 | -4.58 | 10.29 |
| 卷烟销售收入（万元） | | 397412 | 32369 | 182946 | 111902 | 208955 |
| 查处涉烟违法案件（起） | | 2074 | 211 | 1257 | 1085 | 1294 |
| 查处涉烟违法案件案值（万元） | | 1352 | 97 | 215 | 141 | 326 |
| 烟基建设投入资金（万元） | | — | — | — | — | — |
| 烟基设施新增受益面积（万亩） | | — | — | — | — | — |
| 烟叶种植（万亩） | | — | — | — | — | — |
| 烟叶收购（万担） | | — | — | — | — | — |
| 烟农户数（户） | | — | — | — | — | — |
| 实现烟农总收入（万元） | | — | — | — | — | — |
| 零售户数（户） | | 12702 | 1215 | 24960 | 7433 | 12955 |
| 零售户销售毛利率（%） | | 13.07 | 11.00 | 12.00 | 9.87 | 15.00 |

| 地市级局（公司）名称 | 赤峰市烟草专卖局（公司） | 锡林郭勒盟烟草专卖局（公司） | 二连浩特市烟草专卖局（公司） | 乌兰察布市烟草专卖局（公司） | 包头市烟草专卖局（公司） |
|---|---|---|---|---|---|
| 主要负责人/法定代表人（含党政领导） | 刘凤君 | 孙宏宁 | 高志明 | 王　强 | 李志军（—2018年7月）牛其广（2018年7月—） |
| 所属县级单位 | 红山区、松山区、阿鲁科尔沁旗、巴林左旗、巴林右旗、林西县、克什克腾旗、翁牛特旗等8个县级烟草专卖局（营销部）；喀喇沁旗、宁城县、元宝山区、敖汉旗烟草专卖局（分公司）和松山区烟叶分公司 | 锡林浩特市、阿巴嘎旗、苏尼特左旗、苏尼特右旗、镶黄旗、多伦县、太仆寺旗、正蓝旗、西乌珠穆沁旗、东乌珠穆沁旗、乌拉盖管理区等11个县级烟草专卖局（营销部） | — | 集宁区、察哈尔右翼前旗、察哈尔右翼中旗、察哈尔右翼后旗、丰镇市、四子王旗、化德县、兴和县、商都县、凉城县、卓资县等11个县级烟草专卖局（营销部） | 土默特右旗、固阳县、达尔罕茂明安联合旗、白云区、石拐区、东河区、九原区、青山区、昆都仑区等9个县级烟草专卖局（营销部） |
| 总资产（万元） | 91410 | 17211 | 6498 | 71914 | 175130 |
| 资产负债率（%） | 28.19 | 13.85 | 29.43 | 17.56 | 19.64 |

续表

| 地市级局（公司）名称 | | 赤峰市烟草专卖局（公司） | 锡林郭勒盟烟草专卖局（公司） | 二连浩特市烟草专卖局（公司） | 乌兰察布市烟草专卖局（公司） | 包头市烟草专卖局（公司） |
|---|---|---|---|---|---|---|
| 从业人员（人） | | 826<br>（包括离岗14人） | 296 | 32 | 467 | 392 |
| 所属业务机构 | 营销机构 | 1个营销中心 | 1个营销中心 | 1个营销中心 | 1个营销中心、1个电访中心 | 1个营销中心 |
| | 物流配送机构 | 1个配送中心、2个中转站 | 1个配送中心、8个物流中转站 | 1个物流配送中心 | 1个配送中心 | 1个物流配送中心 |
| | 专卖稽查机构 | 1个稽查支队、2个稽查大队 | 1个稽查支队、2个稽查大队 | 1个稽查支队 | 1个稽查支队 | 1个稽查支队、2个稽查大队 |
| | 烟叶机构 | 1个烟叶科、7个烟叶站、2个烟叶收购点 | — | — | — | — |
| 实现税利 | 万元 | 74696 | 20799 | 4446 | 55161 | 113931 |
| | 比上年增长（%） | 4.25 | 3.79 | 3.43 | 5.44 | 1.80 |
| 实现利润 | 万元 | 20890 | 3662 | 1393 | 16166 | 47224 |
| | 比上年增长（%） | -2.92 | -8.29 | -2.64 | 3.49 | 2.88 |
| 卷烟销售收入（万元） | | 270569 | 93462 | 16031 | 203845 | 354651 |
| 查处涉烟违法案件（起） | | 1880 | 1145 | 69 | 1661 | 1426 |
| 查处涉烟违法案件案值（万元） | | 433 | 190 | 40 | 391 | 971 |
| 烟基建设投入资金（万元） | | 0 | — | — | — | — |
| 烟基设施新增受益面积（万亩） | | 0.00 | — | — | — | — |
| 烟叶种植（万亩） | | 0.95 | — | — | — | — |
| 烟叶收购（万担） | | 4.54 | — | — | — | — |
| 烟农户数（户） | | 758 | — | — | — | — |
| 实现烟农总收入（万元） | | 4776 | — | — | — | — |
| 零售户数（户） | | 16424 | 4801 | 461 | 7932 | 10013 |
| 零售户销售毛利率（%） | | 15.00 | 13.00 | 13.25 | 16.50 | 11.73 |

| 地市级局（公司）名称 | 鄂尔多斯市烟草专卖局（公司） | 巴彦淖尔市烟草专卖局（公司） | 乌海市烟草专卖局（公司） | 阿拉善盟烟草专卖局（公司） |
|---|---|---|---|---|
| 主要负责人/法定代表人（含党政领导） | 张若宇 | 齐翠敏 | 杜秀亭 | 孟凡超 |
| 所属县级单位 | 东胜区、康巴什区、达拉特旗、准格尔旗、准格尔经济开发区直属分局、伊金霍洛旗、杭锦旗、乌审旗、鄂托克旗、鄂托克前旗等10个县级烟草专卖局（营销部）、乌兰木伦直属分局、棋盘井经济开发区直属分局、上海庙经济开发区直属分局等4个县级烟草专卖局 | 乌拉特前旗、乌拉特中旗、乌拉特后旗、杭锦后旗、五原县、磴口县和临河区局等7个县级烟草专卖局（营销部） | 海勃湾区、乌达区、海南区等3个县级烟草专卖局（营销部） | 阿拉善左旗、阿拉善右旗、额济纳旗等3个县级烟草专卖局（营销部）、乌斯太烟草专卖分局、东风场区烟草专卖分局（批发部）[2] |

续表

| 地市级局（公司）名称 | | 鄂尔多斯市烟草专卖局（公司） | 巴彦淖尔市烟草专卖局（公司） | 乌海市烟草专卖局（公司） | 阿拉善盟烟草专卖局（公司） |
|---|---|---|---|---|---|
| 总资产（万元） | | 153593 | 61586 | 35145 | 14391 |
| 资产负债率（%） | | 22.21 | 26.18 | 14.89 | 31.31 |
| 从业人员（人） | | 452 | 319 | 120 | 98 |
| 所属业务机构 | 营销机构 | 1个营销中心 | 1个营销中心 | 1个营销中心、3个卷烟营销部 | 1个营销中心 |
| | 物流配送机构 | 1个物流配送中心 | 1个物流配送中心 | 1个物流配送中心 | 1个物流配送中心 |
| | 专卖稽查机构 | 1个稽查支队、2个稽查大队 | 1个稽查支队、2个稽查大队 | 1个稽查支队 | 1个稽查支队、4个稽查大队 |
| | 烟叶机构 | — | — | — | — |
| 实现税利 | 万元 | 99970 | 48771 | 22132 | 9288 |
| | 比上年增长（%） | 0.54 | 2.71 | 1.41 | 3.36 |
| 实现利润 | 万元 | 39754 | 15448 | 8357 | 2071 |
| | 比上年增长（%） | 2.23 | 1.33 | -0.69 | -5.17 |
| 卷烟销售收入（万元） | | 321946 | 174053 | 72668 | 39224 |
| 查处涉烟违法案件（起） | | 1290 | 1067 | 369 | 222 |
| 查处涉烟违法案件案值（万元） | | 1552 | 201 | 98 | 54 |
| 烟基建设投入资金（万元） | | — | — | — | — |
| 烟基设施新增受益面积（万亩） | | — | — | — | — |
| 烟叶种植（万亩） | | — | — | — | — |
| 烟叶收购（万担） | | — | — | — | — |
| 烟农户数（户） | | — | — | — | — |
| 实现烟农总收入（万元） | | — | — | — | — |
| 零售户数（户） | | 9270 | 6511 | 1860 | 1442 |
| 零售户销售毛利率（%） | | 20.00 | 13.67 | 6.76 | 12.60 |

注：1. 卷烟销售收入、税利、利润等统计口径与2017年有调整。

2. 2018年9月起，阿拉善盟烟草专卖局（公司）全权接收东风场区烟草专卖分局（卷烟批发部）的专卖管理和卷烟营销工作。

◇ 撰稿：班晓华；编辑：鲁建敏　王　静

# 辽宁省烟草专卖局（公司）

【专卖管理】　**案件查处**。2018年，辽宁省烟草专卖局查处各类涉烟案件12440起，其中案值5万元以上案件470起，同比增长27.03%。涉案卷烟总金额1.06亿元，同比增长10.78%；查扣各类非法卷烟2.05亿支，同比增长1.83%，其中非法流通卷烟1.1亿支，假烟0.2亿支，走私烟0.74亿支。查扣非法烟丝烟叶266.2吨。全年破获公安部、国家局标准网络案件30起，省局标准网络案件7起，其中6起被国家局、公安部列为督办案件。公安、司法机关依法逮捕71人，拘留64人，判刑34人。

**卷烟市场监管**。全面推行市场综合治理，完善机构建设，创新监管方式，开展大户治理，营造稳定的市场秩序和良好的市场环境。加强市场监管机构建设，全省13个市局全部建立市场监管大队，以“每个县局都要建立一个专卖稽查所”为目标，全年全省建成44个专卖稽查所。推进监管方式创新转型，积极推动“双随机、一公开”原则和APCD工作法全面落地，有效提升市场管控能力。持续开展违法违规卖烟大户专项治理，全年全省划分市场监管网格4471个，其中无重点监管户的绿色网格4188个，占比93.67%。定期开展市场核查，全省平均核查净化率96.18%，同比提升7个百分点。

**行政许可改革**。深入贯彻“放管服”改革要求，全面落实“互联网+政务服务”工作要求，把准行政许可的准

2018 年 3 月 15 日，辽宁烟草开展“3·15”普法宣传活动
辽宁省局　供稿

线，不断提高审批管理和服务水平。统一全省零售许可准入负面清单，制定下发《关于印发辽宁省烟草专卖零售许可准入负面清单的通知》。统一全省行政许可标准化管理工作规范，健全完善信息公开制、一次性告知制、首问负责制等制度规定，形成标准化许可服务工作新局面。统一全省行政许可网上办理平台。全面实现行政许可事项的受理、办理、咨询等全流程网上办理，形成“只进一扇门”“最多跑一次”的行政许可办理新格局。

**专卖信息化建设**。持续推进行业专卖管理信息系统建设工作，组织成立全省行业专卖管理信息系统项目建设小组，设计辽宁个性化报表查询功能 24 项，保障各项专卖数据统计的及时性、准确性。着力打造更加先进实用的市场监管平台，实现网格信息展示、区县交叉互检、市管员胜任能力评价等功能，为 APCD 工作法和“双随机、一公开”落地提供有力的信息支撑。

**【经济效益】**　2018 年，辽宁省烟草商业系统实现税利 85.92 亿元，同比增长 5.28%，其中利润 28.46 亿元，同比增长 6.75%。三项费用率 6.35%。

**【卷烟（雪茄烟）经营】**　**卷烟销售**。2018 年，辽宁省卷烟销量居前三位的品牌为“七匹狼”“红塔山”“南京”，销量分别为 61.5 亿支（12.3 万箱）、60 亿支（12 万箱）、54.85 亿支（10.97 万箱）。

2018 年，辽宁省烟草商业系统实现卷烟销售收入 292.71 亿元，同比增长 6.82%。实现卷烟税利 82.77 亿元，同比增长 7.8%，其中利润 27.08 亿元，同比增长 12.93%。

**雪茄烟销售**。2018 年，辽宁省烟草商业系统销售雪茄烟 7184 万支，同比增长 83.88%，雪茄烟实现销售收入 5308 万元，同比增长 64.44%。全年全省系统经营的雪茄烟共有 8 个品牌 45 个规格，新引入 7 个规格，分别为“长城（行者）”“长城（红色 132）”“长城（132 原味）”“长城（迷你香草）”“长城（5 支传奇 1 号）”“黄山松（回味迎客松）”“黄鹤楼（雪之景 9 号）”。

**品牌培育**。2018 年，辽宁省局（公司）修订全省品牌引进退出管理办法，进一步明确引退条件，严格品牌退出管理，量化清退条件，加快清退不适销品规。截至 2018 年底，全省在销卷烟规格 316 个，品牌规格数量进一步精简。全年销售重点品牌同比增长 3.9%。全年累计销售“人民大会堂”品牌卷烟 49.3 亿支（9.86 万箱），同比增长 21.27%。

**现代零售终端建设**。2018 年，辽宁省局（公司）出台全省终端建设三年发展规划、2018 年建设方案、终端投入管理办法，初步明确以打造现代终端为重点，以旗舰终端、加盟终端、合作终端、普通终端为辅助的终端建设模式。确定“辽叶 e 家”为全省现代终端流通品牌，同步设计品牌 Logo 及品牌内涵。省局（公司）于 2018 年 9 月完成统采项目招标工作，并组织召开终端建设推进会，全力推进建设进程。提高现代终端建设标准，截至 2018 年底，全省累计建成现代终端 6111 户，占零售户总数的 4.53%。

**市场化取向改革**。2018 年，全省系统持续推进市场化取向改革，全面应用省局（公司）营销平台，截至 6 月，省局（公司）营销平台已在全省 13 个地市级公司全面运行。强化大户治理，建立大户综合管控长效机制，更加注重中小客户经营能力提升，截至 2018 年底，全省大户户数占比为 0.02%，大户进货量占比 0.14%。以沈阳、鞍山、辽阳市局（公司）3 家单位为试点，推动货源投放从限量投放升级到精准投放，截至 2018 年底，销量占比 1% 以上的主销规格全省整体订足率达到60%以上、订足面达到70%以上。

**卷烟物流建设**。有序推进物流基础设施建设，鞍山市局（公司）新物流中心完成整体搬迁，抚顺、盘锦市局（公司）新物流中心主体框架完成，营口市局（公司）新物流中心建设项目完成墙体建设施工。扎实推进烟草物流绿色发展，以铁岭、葫芦岛市局（公司）为试点单位，在行业内率先与福建中烟进行纸滑托联运工作。

【烟叶产销】 **烟叶种植与收购**。2018年，签订烤烟种植合同3288份，种植面积7.7万亩，实际收购烤烟1.23万吨（24.61万担）。烟叶收购均价22.53元/千克，上等烟比例为47.13%。在国家局组织的烟叶收购等级质量检查中，烤烟质量等级平均合格率为81.87%。实现烟农种烟总收入2.8亿元；烟叶平均亩产值为3746元。

**烟叶生产基础设施建设**。2018年，全省下达烟叶生产基础设施建设项目实施计划151项，实际建设项目151项，投入行业补贴资金321.63万元，其中中国烟草总公司补贴160.37万元，省内商业企业补贴166.92万元（含综合管理费用6.50万元）。

**烟叶生产技术推广**。落实控氮增密技术措施，严控氮肥施用量，扩大高碳基土壤修复肥示范面积，试点推广镁肥施用，适当增加移栽密度，田间整齐度进一步提高，等级结构进一步优化。按照国家局烟草绿色防控重大专项主推“三虫三病”防治技术要求，全省建立绿色防控综合示范区1.05万亩，全面推广烟蚜茧蜂防治蚜虫工作，试点开展蠋蝽防治烟青虫、斜纹夜蛾技术，不断扩大生物防治的范围。全省立项实用技术推广课题5项，课题涵盖栽培技术、生产技术和病害防治等领域，以适用技术推广促进烟叶质量提升。

**促进烟农多元增收**。坚持“主业稳收、辅业增收”工作方针，推动烟农多元增收工作有序开展。2018年，全省开展育苗设施综合利用面积11.89万平方米，开展农机利用70台（套），开展烟田轮作21.49万亩，培育产值超百万元的甜菜套种规模产业1个，试点开展黑木耳种植、大棚蔬菜、花卉苗圃等多元增收项目，全年实现烟农累计多元化经营销售收入1046万元，户均增收3180元，实现25户贫困烟农脱贫销卡。

**现代烟草农业建设**。继续推进实施烟农合作社示范社建设，加快地区烟农合作社资源整合，打造烟农综合合作社示范社44个。进一步创新烟需物资采购方式，协助烟农合作社自主公开招标采购，提升烟农合作社经营能力和服务水平，充分发挥合作社和烟农自主选择权。提升机械起垄、施肥、覆膜、中耕培土等环节机械化作业比例，试点推广无人机植保作业面积3万亩，有效提升烟叶生产作业效率。

【对外交流与合作】 2018年，中国烟草辽宁进出口公司实现“两烟”进出口总值1551万美元，其中进口总值1026万美元，出口实现525万美元。实现销售收入2.45亿元，实现税利1.25亿元。

2018年，中国烟草辽宁进出口公司在卷烟出口业务方面大力加强市场开发，规范履行出口合同，全年出口“人民大会堂”品牌卷烟2450万支。以市场需求为导向，优化配打结构，新开发出TBC、TBBE、TBKH等级烟叶，在烟叶出口方面取得良好成效，全年未形成新的库存积压。

【管理创新】 2018年，全面完成省局机关及13个地市级（公司）质量体系转版升级工作，优化流程2733个，识别相关方436个，流程风险识别1069项，修订标准化文件774个。

2018年，全省行业发布QC成果16项，其中沈阳市局“安全巡查智能化信息管理APP研发”和鞍山市局“创新市场监管新模式”2项成果分别在全国烟草行业第二十九届优秀质量管理小组成果发布会上获得三等奖。全省行业组建精益改善团队85个，参与人数495人，向各单位征集合理化建议457条。编制印发《全省行业“管理诊断基层行”活动方案》，全省行业各单位围绕主要业务领域开展自我诊断活动，查找出问题667个，制定整改提升措施614项，向省局提报诊断需求169项，实现对业务工作的全面自查和改进提升。

【特事辑要】 1月8日，辽宁省委常委、省总工会主席关志鸥一行在辽宁省局（公司）调研。

1月23—24日，辽宁省局（公司）在沈阳召开2018年全省烟草工作会议。

7月24—25日，国家局党组成员、副局长徐璒在辽宁烟草调研并听取工作汇报，走访丹东市部分不同业态的卷烟零售户。

## 2018 年辽宁省烟草专卖商业主要情况统计

| 地市级局（公司）名称 | | 沈阳市烟草专卖局（公司） | 鞍山市烟草专卖局（公司） | 抚顺市烟草专卖局（公司） | 本溪市烟草专卖局（公司） |
|---|---|---|---|---|---|
| 主要负责人/法定代表人（含党政领导） | | 王韶波（—2018 年 8 月）胡志伟（2018 年 8 月—） | 胡志伟（—2018 年 8 月）兰艳丰（2018 年 8 月—） | 刘 林 | 姜明春 |
| 所属县级单位[1] | | 和平区、沈河区、大东区、皇姑区、铁西区、于洪区、浑南区、苏家屯区、沈北新区、辽中区、新民市、康平县、法库县等 13 个县级烟草专卖局（营销部） | 海城市、台安县、岫岩满族自治县等 3 个县级烟草专卖局（营销部） | 清原满族自治县、新宾满族自治县、抚顺县等 3 个县级烟草专卖局（营销部） | 本溪满族自治县、桓仁满族自治县、南芬区等 3 个县级烟草专卖局（营销部） |
| 总资产（万元） | | 407264 | 119945 | 66567 | 49429 |
| 资产负债率（%） | | 11.09 | 17.97 | 17.51 | 19.43 |
| 从业人员（人） | | 1312 | 416 | 331 | 242 |
| 所属业务机构 | 营销机构 | 1 个营销中心 | 1 个营销中心 | 1 个营销中心 | 1 个营销中心 |
| | 物流配送机构 | 1 个卷烟物流配送中心 | 1 个卷烟物流配送中心 | 1 个卷烟物流配送中心 | 1 个卷烟物流配送中心 |
| | 专卖稽查机构 | 20 个稽查大队 | 1 个稽查支队、5 个稽查大队 | 2 个稽查支队、11 个稽查大队 | 1 个稽查支队、3 个稽查大队、6 个市管大队 |
| | 烟叶机构 | — | — | — | — |
| 实现税利 | 万元 | 260462 | 84621 | 43214 | 32856 |
| | 比上年增长（%） | 7.64 | 7.86 | 8.34 | 8.29 |
| 实现利润 | 万元 | 99709 | 31015 | 13364 | 10086 |
| | 比上年增长（%） | 10.83 | 8.46 | 15.70 | 15.76 |
| 卷烟销售收入（万元） | | 860868 | 280873 | 157390 | 120200 |
| 查处涉烟违法案件（起） | | 1983 | 1498 | 372 | 566 |
| 查处涉烟违法案件值（万元） | | 3659 | 1314 | 293 | 265 |
| 烟基建设投入资金（万元） | | — | — | — | — |
| 烟基设施新增受益面积（万亩） | | — | — | — | — |
| 烟叶种植（万亩） | | — | — | — | — |
| 烟叶收购（万担） | | — | — | — | — |
| 烟农户数（户） | | — | — | — | — |
| 实现烟农总收入（万元） | | — | — | — | — |
| 零售户数（户） | | 28437 | 11748 | 7489 | 5251 |
| 零售户销售毛利率（%） | | 9.75 | 12.00 | 6.00 | 11.30 |

| 地市级局（公司）名称 | 丹东市烟草专卖局（公司） | 锦州市烟草专卖局（公司） | 营口市烟草专卖局（公司） | 阜新市烟草专卖局（公司） |
|---|---|---|---|---|
| 主要负责人/法定代表人（含党政领导） | 苏广昌 | 卜剑飞（—2018 年 1 月）赵静波（2018 年 1 月—） | 王 琳 | 刘铁成（—2018 年 8 月）张 明（2018 年 8 月—） |

续表

| 地市级局（公司）名称 | | 丹东市烟草专卖局（公司） | 锦州市烟草专卖局（公司） | 营口市烟草专卖局（公司） | 阜新市烟草专卖局（公司） |
|---|---|---|---|---|---|
| 所属县级单位[1] | | 东港市、凤城市、宽甸满族自治县等3个县级烟草专卖局（营销部） | 凌海市、北镇市、黑山县、义县等4个县级烟草专卖局（营销部） | 盖州市、大石桥市、老边区、鲅鱼圈区等4个县级烟草专卖局（营销部） | 阜新蒙古族自治县、彰武县2个县级烟草专卖局（营销部） |
| 总资产（万元） | | 117158 | 89639 | 86256 | 52064 |
| 资产负债率（%） | | 29.84 | 14.26 | 8.73 | 29.54 |
| 从业人员（人） | | 470 | 414 | 303 | 646 |
| 所属业务机构 | 营销机构 | 1个营销中心 | 1个营销中心 | 1个营销中心 | 1个营销中心 |
| | 物流配送机构 | 1个卷烟物流配送中心 | 1个卷烟物流配送中心 | 1个卷烟物流配送中心 | 1个卷烟物流配送中心 |
| | 专卖稽查机构 | 1个稽查支队、10个稽查大队 | 1个稽查支队、10个稽查大队 | 1个稽查支队、6个稽查大队 | 1个稽查支队、6个稽查大队 |
| | 烟叶机构 | 10个烟叶站 | — | — | 4个烟叶站 |
| 实现税利 | 万元 | 56527 | 58284 | 58659 | 35780 |
| | 比上年增长（%） | -5.09 | 7.99 | 8.63 | 1.75 |
| 实现利润 | 万元 | 18342 | 19740 | 20691 | 9571 |
| | 比上年增长（%） | -19.19 | 14.10 | 11.37 | -3.01 |
| 卷烟销售收入（万元） | | 167255 | 206414 | 199108 | 124919 |
| 查处涉烟违法案件（起） | | 652 | — | 1545 | 535 |
| 查处涉烟违法案件案值（万元） | | 2911 | — | 879 | 330 |
| 烟基建设投入资金（万元） | | 219 | — | — | 0.00 |
| 烟基设施新增受益面积（万亩） | | 1.00 | — | — | 0.00 |
| 烟叶种植（万亩） | | 3.70 | — | — | 0.70 |
| 烟叶收购（万担） | | 10.46 | — | — | 2.84 |
| 烟农户数（户） | | 1768 | — | — | 252 |
| 实现烟农总收入（万元） | | 12595 | — | — | 2720 |
| 零售户数（户） | | 9354 | 11880 | 9568 | 6427 |
| 零售户销售毛利率（%） | | 11.00 | 11.00 | 12.00 | 12.00 |

| 地市级局（公司）名称 | 辽阳市烟草专卖局（公司） | 铁岭市烟草专卖局（公司） | 朝阳市烟草专卖局（公司） | 盘锦市烟草专卖局（公司） | 葫芦岛市烟草专卖局（公司） |
|---|---|---|---|---|---|
| 主要负责人/法定代表人（含党政领导） | 汤海洋 | 赵静波（—2018年1月）<br>汪　清（2018年1月—） | 苏方鹏（—2018年8月）<br>王龙宪（2018年8月—） | 姜守信 | 曹志良 |
| 所属县级单位[1] | 灯塔市、辽阳县2个县级烟草专卖局（营销部） | 开原市、调兵山市、昌图县、西丰县等4个县级烟草专卖局（营销部） | 北票市、凌源市、朝阳县、建平县、喀喇沁左翼蒙古族自治县等5个县级烟草专卖局（营销部） | 大洼区、盘山县2个县级烟草专卖局（营销部） | 兴城市、绥中县、建昌县等3个县级烟草专卖局（营销部） |

续表

| 地市级局（公司）名称 | | 辽阳市烟草专卖局（公司） | 铁岭市烟草专卖局（公司） | 朝阳市烟草专卖局（公司） | 盘锦市烟草专卖局（公司） | 葫芦岛市烟草专卖局（公司） |
|---|---|---|---|---|---|---|
| 总资产（万元） | | 62144 | 62486 | 59870 | 49708 | 75795 |
| 资产负债率（%） | | 17.42 | 28.01 | 22.56 | 12.58 | 19.84 |
| 从业人员（人） | | 273 | 639 | 528 | 189 | 357 |
| 所属业务机构 | 营销机构 | 1个营销中心 | 1个营销中心 | 1个营销中心 | 1个营销中心 | 1个营销中心 |
| | 物流配送机构 | 1个卷烟物流配送中心 | 1个卷烟物流配送中心 | 1个卷烟物流配送中心 | 1个卷烟物流配送中心 | 1个卷烟物流配送中心 |
| | 专卖稽查机构 | 1个稽查支队、2个稽查大队 | 1个稽查支队、8个稽查大队 | 1个稽查支队、1个稽查大队 | 1个稽查支队、4个稽查大队 | 1个稽查支队、9个稽查大队 |
| | 烟叶机构 | — | 9个烟叶站 | 4个烟叶站 | — | — |
| 实现税利 | 万元 | 44122 | 55448 | 45276 | 37365 | 48242 |
| | 比上年增长（%） | 8.03 | 1.12 | -1.19 | 5.70 | 4.42 |
| 实现利润 | 万元 | 14857 | 17097 | 12903 | 13844 | 15778 |
| | 比上年增长（%） | 12.16 | 1.66 | -12.93 | 10.76 | 12.93 |
| 卷烟销售收入（万元） | | 154608 | 183049 | 156859 | 127202 | 172780 |
| 查处涉烟违法案件（起） | | 222 | 864 | 881 | 358 | 1276 |
| 查处涉烟违法案件案值（万元） | | 477 | 271 | 308 | 423 | 327 |
| 烟基建设投入资金（万元） | | — | 103 | 0 | — | — |
| 烟基设施新增受益面积（万亩） | | — | 0.00 | 0.00 | — | — |
| 烟叶种植（万亩） | | — | 2.00 | 1.30 | — | — |
| 烟叶收购（万担） | | — | 6.21 | 5.10 | — | — |
| 烟农户数（户） | | — | 683 | 585 | — | — |
| 实现烟农总收入（万元） | | — | 6874 | 5906 | — | — |
| 零售户数（户） | | 6500 | 11526 | 12197 | 4975 | 9422 |
| 零售户销售毛利率（%） | | 10.75 | 10.50 | 13.00 | 10.00 | 10.00 |

注：1. 根据辽宁省烟草专卖局、中国烟草总公司辽宁省公司《关于印发辽宁省烟草行业机构编制管理办法的通知》（辽烟人〔2017〕184号），裁撤沈阳市局直属分局、抚顺市经济开发区烟草专卖稽查支队、营口市西市区局（营销部）、营口市局直属熊岳稽查支队（营销部）、朝阳市局直属分局；宽甸烟叶分公司、凤城烟叶分公司合并到丹东市局（公司），阜蒙县烟叶分公司、彰武县烟叶分公司合并到阜新市局（公司），昌图县烟叶分公司、开原市烟叶分公司、西丰县烟叶分公司合并到铁岭市局（公司），北票市烟叶分公司、建平县烟叶分公司合并到朝阳市局（公司）。

◇ 撰稿：董春亮；编辑：鲁建敏　王　静

# 吉林省烟草专卖局（公司）

【专卖管理】　**案件查处**。2018年，吉林省烟草专卖局查办各类涉烟违法案件1984起。查扣非法流通卷烟1346.2件、假烟931.4件、走私烟1214.2件，共计3491.8件。公安、司法机关依法抓捕犯罪嫌疑人68人，逮捕46人，判刑20人。

吉林省局联合省公安厅、交通厅、邮政局制定下发吉林省四厅局《关于联合建立打击物流寄递环节涉烟违法犯罪活动协作机制实施意见》，严厉打击物流寄递环节涉烟违法犯罪活动，有效切断各类非法卷烟的运输通道。在延边、白山、通化等边境地区持续加大与公安、海关等部门的联合检查力度。其他各地区也加强调度积极配合协作，严厉打击朝鲜走私卷烟。重点案件实现突破，截至2018年底，全省各级烟草专卖局破获规模较大案件19起，符合国家局标准网络案件15起，其中，部督案件2起、公安部“云端案件”① 2起。吉林市侦破的“4·23”网络案件是吉林省首起加热不燃烧新型卷烟网络案件，此案抓获犯罪嫌疑人4人，查获加热不燃烧卷烟557.8条，同时查获账本4本、车辆2台，端掉窝点4处，核查资金流239万元，总涉案金额250万元。长春市局与公安部门联合侦破的“8·29”特大非法生产烟丝案，逮捕23人，查获烟叶、烟丝1112.3吨，生产设备12台，涉案金额8000余万元。

———————

① “云端案件”是被列为公安部经侦局“云端行动系统”的案件。

**"两节" 专项行动**。为确保元旦、春节期间卷烟市场秩序稳定，开展为期3个月的"两节"专项行动，对全省卷烟市场进行集中清理。专项行动期间，全省办理案件646起，收缴假冒商标卷烟289.15万支，收缴走私卷烟261.56万支，案值556.1万元，罚款21.55万元。长春、吉林、四平、通化、松原地区共查办6起符合国家局标准的销售假烟网络案件，总涉案金额1615.23万元，公安、司法机关依法逮捕17人、刑拘17人。

**行政许可改革**。落实"放管服"工作要求，提高办证效率，完善烟草专卖零售许可改革的配套措施，制定办法、优化流程、规范审批制度，明确准予许可和不予许可的规定；全面梳理吉林省局行政许可审批项目清单、权力清单和责任清单，并报国家局、吉林省职改办审核批准，全省各级行政许可事项均达到"只跑一次"的相关要求。吉林省主动同吉林省工商局进行沟通衔接，研究办法，解决技术问题，确保"多证合一"工作的运行平稳。

**市场监管信息化**。运行市场监管信息系统。以辽源市、吉林市烟草专卖局两个试点单位为抓手，以点带面开展全省推广应用工作，各级烟草专卖局全部建立市场监管模型并运用于实际工作中，做到对重点区域、重点部位、重点商户进行有针对性的检查，切实提高市场检查的针对性和实效性。加强线索信息网络建设。坚持市场监管与打假破网相结合，注重发挥三员互动机制、商户信息员作用，切实拓宽案件线索来源渠道，加强信息、线索研判，力求做到对制假活动早发现、早打掉，对大要案件早经营、早破获。

**【经济效益】** 2018年，吉林省烟草商业系统实现税利47.71亿元，同比增长1.34%；利润12.27亿元，同比增长1.15%。卷烟单箱销售收入2.35万元、单箱税利0.53万元。三项费用率8.02%，同比下降0.25个百分点。全年实现降本增效1803万元，超计划目标20.2%。

**【卷烟经营】** **卷烟销售**。2018年，吉林省销量居前三位的卷烟品牌分别为"长白山""南京""红塔山"，销量分别为122.47亿支（24.49万箱）、47.09亿支（9.42万箱）、41亿支（8.2万箱）。

实现卷烟销售收入212.22亿元（含税），同比增长4.59%；实现税利47.71亿元，同比增长2.66%；实现利润12.27亿元，同比增长4.60%。销量居前三名的是长春市局（公司）、吉林市局（公司）、四平市局（公司），占比分别为30.55%、15.07%、11.72%。

**雪茄烟销售**。全年销售雪茄烟4680万支（936箱），同比增长16.43%；实现销售收入（含税）3118万元，同比增长15.57%。

**细支烟销售**。全年累计销售细支烟90.8亿支（18.16万箱），同比增长20.45%。

**网络建设**。现代终端建设规模稳步扩大，质量逐步提高。全省建成现代终端18340个，占比16.24%。现代终端扫码率达到90%。全省有自律互助小组1658个。市场化取向改革全面推进，9个地市公司平台与行业平台数据全面对接，实现全覆盖。需求预测、货源采购、货源投放、订单采集、货款结算、监督管理等六大模块功能作用发挥，改革规定动作基本落地，有效提升销售管理水平。

吉林长春榆树市局（分公司）客户经理帮助零售户整理柜台（2018年）

吉林省局　供稿

**品牌培育**。2018年，注重发挥老产品支撑和新产品带动作用，突出发挥试点单位引领作用，"长白山"卷烟呈稳中有进发展态势。全年"长白山"品牌销量122.45亿支（24.49万箱），销售收入（含税）45.98亿元。"长白山（迎春中支）""长白山（细支人参）""长白山（韵藏天下）"3个新品卷烟销量共 7.79 亿支（1.59 万箱）。

【卷烟物流建设】 卷烟单箱物流费用 239.89 元，人均配送效率 929.30 箱。全省费用率 1.18%。物流非法人实体化运作与精益物流工作结合，不断优化物流网络布局和资源配置，持续开展线路优化，整合中转站，推进弹性送货。吉林市局（公司）探索分拣塑膜打孔技术，深度挖掘精益降本途径，全年节约 6 万 ~8 万元。延边州局（公司）开展自主保全（TPM）对分拣车间烟气净化设备进行改造，通过自制滤芯，价格从 8500 元/套降低到 1300 元/套，在解决分拣车间 PM10 浓度过高的同时，每年可以节约费用 2 万余元。全省物流卷烟物流从业人员 975 人，同比减少 82 人，下降 7.76%；物流车辆 333 辆，同比减少 12 辆，下降 3.48%；物流人均配送效率 929.30 箱/人，同比增长 8.77%；库存周转次数 12.97 次，同比增长 7.01%；送货响应时间 30.39 小时，同比下降 22.4%。

【烟叶产销】 **烟叶种植与收购**。2018 年，吉林省签订烤烟种植收购合同 1925 份，种植烤烟 6 万亩，收购 0.9 万吨（18.04 万担），收购上等烟占比 39.41%，同比提高 4.66 个百分点，烟叶担均价 1192 元，同比增加 29 元。调拨结算烤烟 0.92 万吨（18.35 万担）。实现烟叶税利 1.77 亿元，同比下降 29.4%，其中利润 0.84 亿元，上缴烟叶税金 0.93 亿元。贫困县专项补贴面积 1.89 万亩，补贴烟农 973 户，补贴资金 755.82 万元。

**现代烟草农业**。全省种植专业户 1688 户、种植面积 4.03 万亩，家庭农场 237 户、种植面积 1.97 万亩，2 种种植主体已覆盖全部烟区。全省机械整地、起垄、中耕、施肥、刨坑、覆膜达到 100%，培土、拔杆达到 50% 以上，实现降低烟农劳动强度和用工，提高田间作业质量，推进烟叶种植标准化生产。等级质量水平提高，全省烟叶平均等级合格率 74.31%，平均等级纯度 93.35%。烟农亩均收入 3580 元，同比增加 93.67 元。

**烟叶生产基础设施建设**。2018 年，吉林省烟基项目落实建设 152 件，其中，新能源烤房改造试点 80 座，专用农机 72 台套。行业补贴资金 146 万元。

【特事辑要】 4 月 18 日，吉林省局（公司）联合云南中烟在长春举办云产中支新品卷烟发布会。

8 月 10 日，吉林省省长景俊海、常务副省长吴靖平分别就吉林烟草商业上半年经济运行情况作出批示。

9 月 4 日至 11 月 3 日，国家局党组第二巡视组在吉林省局（公司）驻点巡视。

12 月 12 日，吉林省地方志编纂委员会副主任孟亚男一行在省局（公司）反馈《吉林省志（1991—2005）· 烟草志》复审综合意见，《烟草志》通过省地方志编纂委员会复审。

**2018 年吉林省烟草专卖商业主要情况统计**

| 地市级局（公司）名称 | 长春市烟草专卖局（公司） | 吉林市烟草专卖局（公司） | 四平市烟草专卖局（公司） | 辽源市烟草专卖局（公司） | 通化市烟草专卖局（公司） |
|---|---|---|---|---|---|
| 主要负责人/法定代表人（含党政领导） | 于显峰（—2018 年 10 月）<br>陈　红（2018 年 10 月—，临时负责） | 吴晓旭 | 车大光 | 黄继坤 | 王　崙（2018 年 1 月—） |
| 所属县级单位[1] | 榆树市、农安县、德惠市、双阳区、九台区等 5 个县级烟草专卖局（分公司）；二道区、南关区、朝阳区、宽城区、绿园区、净月区、高新区、经济技术开发区、汽车产业开发区等 9 个区烟草专卖局（营销部），1 个物流配送中心、1 个柳河烟叶生产管理部 | 永吉县、桦甸市、舒兰市、磐石市、蛟河市等 5 个县级烟草专卖局（分公司），船营区、昌邑区、丰满区、龙潭区等 4 个区烟草专卖局，1 个物流配送中心 | 公主岭市、梨树县、伊通满族自治县、双辽市等 4 个县级烟草专卖局（分公司），1 个物流配送中心 | 东丰县、东辽县 2 个县级烟草专卖局（分公司） | 梅河口市、柳河县、集安市、辉南县、通化县等 5 个县级烟草专卖局（分公司） |

续表

| 地市级局（公司）名称 | | 长春市烟草专卖局（公司） | 吉林市烟草专卖局（公司） | 四平市烟草专卖局（公司） | 辽源市烟草专卖局（公司） | 通化市烟草专卖局（公司） |
|---|---|---|---|---|---|---|
| 总资产（万元） | | 239427 | 89495 | 57896 | 29250 | 54224 |
| 资产负债率（%） | | 14.84 | 7.23 | 11.47 | 11.83 | 13.60 |
| 从业人员（人） | | 1478 | 652 | 428 | 214 | 396 |
| 所属业务机构 | 营销机构 | 1个营销中心 | 1个营销中心 | 1个营销中心 | 1个营销中心 | 1个营销中心 |
| | 物流配送机构 | 1个配送中心 | 1个物流配送中心、4个对接点 | 1个配送中心、4个中转站 | 1个配送中心 | 1个物流配送中心、3个中转站 |
| | 专卖稽查机构 | 1个稽查支队、19个稽查大队 | 1个稽查支队、12个稽查大队 | 1个稽查支队、6个稽查大队、25个专卖管理所 | 1个稽查支队、5个稽查大队 | 1个稽查支队、18个专卖管理所 |
| | 烟叶机构 | 1个烟叶经营管理处、18个生产烟站 | — | — | — | — |
| 实现税利 | 万元 | 179335 | 68164 | 52329 | 19441 | 41208 |
| | 比上年增长（%） | 5.78 | 4.94 | 4.45 | 3.93 | 4.64 |
| 实现利润 | 万元 | 60438 | 17770 | 15268 | 4624 | 11453 |
| | 比上年增长（%） | 8.91 | 11.49 | 6.89 | 14.81 | 10.60 |
| 卷烟销售收入（万元） | | 610024 | 266503 | 201620 | 79535 | 158545 |
| 查处涉烟违法案件（起） | | 381 | 619 | 248 | 94 | 179 |
| 查处涉烟违法案件案值（万元） | | 1438 | 1872 | 130 | 59 | 162 |
| 烟基建设投入资金（万元） | | 39 | — | — | — | — |
| 烟基设施新增受益面积（万亩） | | 0.36 | — | — | — | — |
| 烟叶种植（万亩） | | 2.58 | — | — | — | — |
| 烟叶收购（万担） | | 8.30 | — | — | — | — |
| 烟农户数（户） | | 760 | — | — | — | — |
| 实现烟农总收入（万元） | | 8153 | — | — | — | — |
| 零售户数（户） | | 25096 | 19173 | 13412 | 4665 | 10299 |
| 零售户销售毛利率（%） | | 9.40 | 14.21 | 13.80 | 10.00 | 10.27 |

| 地市级局（公司）名称 | 白城市烟草专卖局（公司） | 白山市烟草专卖局（公司） | 松原市烟草专卖局（公司） | 延边朝鲜族自治州烟草专卖局（公司） |
|---|---|---|---|---|
| 主要负责人/法定代表人（含党政领导） | 单加杰 | 郭　辉 | 谭继民（—2018年1月）<br>任大胜（2018年1月—） | 于文龙 |
| 所属县级单位[1] | 镇赉县、通榆县、大安市、洮南市等4个县级烟草专卖局（分公司） | 抚松县、靖宇县、长白县、临江市等4个县级烟草专卖局（分公司）、江源区烟草专卖局（营销部），1个物流配送中心 | 前郭尔罗斯蒙古族自治县烟草专卖局（分公司）、扶余市局（分公司）、长岭县局（分公司）、乾安县局（分公司）等4个县级烟草专卖局（分公司） | 敦化市、珲春市、和龙市、龙井市、图们市、汪清县、安图县等7个县级烟草专卖局（分公司），1个物流配送中心 |
| 总资产（万元） | 51456 | 27436 | 47672 | 62487 |
| 资产负债率（%） | 11.20 | 11.27 | 14.35 | 11.82 |
| 从业人员（人） | 536 | 289 | 403 | 594（含劳务派遣） |

续表

| 地市级局（公司）名称 | | 白城市烟草专卖局（公司） | 白山市烟草专卖局（公司） | 松原市烟草专卖局（公司） | 延边朝鲜族自治州烟草专卖局（公司） |
|---|---|---|---|---|---|
| 所属业务机构 | 营销机构 | 1个营销中心 | 1个营销中心 | 1个营销中心 | 1个卷烟营销中心、1个品牌发展部、1个渠道发展部、1个采购供应部、1个综合管理部、1个市场部 |
| | 物流配送机构 | 1个配送中心、4个物流中转站 | 1个配送中心、4个物流中转站 | 1个配送中心、3个物流中转站 | 1个物流配送中心、5个中转站 |
| | 专卖稽查机构 | 1个稽查支队、8个稽查大队 | 1个稽查支队、6个稽查大队 | 1个稽查支队、9个稽查大队 | 1个稽查支队、10个稽查大队 |
| | 烟叶机构 | 1个烟叶经营管理科、1个洮北烟叶管理办公室、9个烟叶工作站 | — | — | 1个烟叶经营管理科、9个烟叶收购站 |
| 实现税利 | 万元 | 37281 | 20909 | 39163 | 38195 |
| | 比上年增长（%） | -8.33 | 4.44 | 3.27 | -8.37 |
| 实现利润 | 万元 | 10235 | 3783 | 10440 | 8331 |
| | 比上年增长（%） | -19.12 | 1.57 | 10.32 | -24.96 |
| 卷烟销售收入（万元） | | 127790 | 89400 | 155438 | 146450 |
| 查处涉烟违法案件（起） | | 74 | 77 | 80 | 220 |
| 查处涉烟违法案件案值（万元） | | 23 | 144 | 93 | 355 |
| 烟基建设投入资金（万元） | | 64 | — | — | 87 |
| 烟基设施新增受益面积（万亩） | | 1.13 | — | — | 0.42 |
| 烟叶种植（万亩） | | 1.86 | — | — | 1.55 |
| 烟叶收购（万担） | | 6.00 | — | — | 5.00 |
| 烟农户数（户） | | 455 | — | — | 710 |
| 实现烟农总收入（万元） | | 7044 | — | — | 6300 |
| 零售户数（户） | | 9383 | 4195 | 13159 | 8276 |
| 零售户销售毛利率（%） | | 8.50 | 9.40 | 8.33 | 12.00 |

注：1. 2018年，吉林省局（公司）对所属单位进行机构设置调整。

◇ 撰稿：王兴谦；编辑：鲁建敏　王　静

# 黑龙江省烟草专卖局（公司）

【专卖管理】　**案件查处**。2018年，黑龙江省烟草专卖局查处各类涉烟违法案件1.33万起；捣毁违法加工藏匿窝点284处；查获非法烟叶574吨，非法卷烟4564件，案值累计6284万元；破获网络案件31起，其中公安部、国家局督办案件11起，符合公安部、国家局标准网络案件9起，省局标准网络案件11起。公安、司法机关依法刑拘117人，判刑53人。贯彻落实国家局打击加热不燃烧新型烟草制品的工作部署，严防加热不燃烧卷烟经走私入境。捣毁非法加工烟丝窝点4个，受到国家局充分肯定。

**部分重大案件**。东宁市局“5·24”无证生产烟草制品部督案件。2018年5月24日，东宁市局联合东宁市公安局经侦大队，破获“5·24”无证生产烟草制品网络案件，查处制假烟丝厂1个，烟叶库房3处，涉案车辆7台，烟丝烟叶150.24吨，烟机及零部件31台，总案值623.46万元。东宁市公安局抓捕8名犯罪嫌疑人。

哈尔滨市局“8·27”加热不燃烧烟草制品国标网络案

件。2018 年 8 月 27 日，哈尔滨市局联合市公安局食药环境和旅游城管保卫支队，破获“8·27”加热不燃烧烟草制品国标网络案件，总涉案金额（交易流水）逾亿元。4 名犯罪嫌疑人已被哈尔滨市公安局抓捕归案。

绥芬河市非法经营卷烟部督网络案件。绥芬河市局联合市公安局，破获 1 起跨黑龙江、山东、河北、辽宁等 11 个省份通过互联网非法经营走私烟案件。抓获犯罪嫌疑人 7 人，查处违法卷烟窝点 4 个，收缴非法卷烟 5000 余条，交易流水中涉案金额 9000 余万元。

**市场监管**。黑龙江省局成立省、市、县三级领导小组，强化卷烟打假打私政府职能，完善跨部门、跨区域的联合打假打私工作机制。加强与黑龙江省公安、邮政、交通运输部门开展联合执法和日常监管，全面实施物流寄递企业的网格化管理。开展“龙啸十号”“净域二号”专项行动，取得突破性成果。推进“异地、交叉、隐身、错时”季度检查与考评，各级烟草专卖局履行市场监管职责，持续创新市场监管方式，严考核、压责任，狠抓日常监管质量提升，全省卷烟市场净化率持续保持在 98% 以上。

强化国务院“放管服”改革工作和烟草专卖许可证管理办法及实施细则的执行，落实负面清单制度、简化申办流程、优化行政服务、强化后续监管，许可管理不断加强。2018 年全省新发放零售许可证 22595 户，变更 1855 户，延续 73026 户。

**内部专卖管理监督**。贯彻落实“新理念、新目标、新要求”“加强领导、严格问责”要求，组织开展全省卷烟规范经营专项督查、严肃查处卷烟非法流通典型案件、强化对生产加工企业的内部监管，实现治理新成效。2018 年，全省查获卷烟非法流通案件 1279 起，查获非法流通卷烟（不含走私烟）1008.89 件。

**【经济效益】** 2018 年，黑龙江省烟草商业系统实现税利 63.09 亿元，同比增长 3.36%，其中利润 16.27 亿元，同比下降 3.05%。全年实现降本增效 3288 万元，货币资金收益率 3.16%；2018 年全省行业重点费用同比降低 5.21%，三项费用率 9.93%，同比增加 0.18 个百分点；累计处置闲置资产 147 项，净值 427.76 万元。

**【卷烟（雪茄烟）经营】** **卷烟销售**。2018 年，黑龙江省卷烟销量居前三位的品牌规格为“林海灵芝（如意）”“红塔山（软经典）”“哈尔滨（老巴夺）”，销量分别为 55.65 亿支（11.13 万箱）、40.65 亿支（8.13 万箱）、38.4 亿支（7.68 万箱）。

全年实现卷烟销售收入 229.33 亿元，同比增长 7.23%。实现卷烟税利 61.05 亿元，同比增长 7.67%，其中利润 17.37 亿元，同比增长 13.32%。单箱销售收入 2.07 万元，单箱税利 5509 元。

**雪茄烟销售**。2018 年，黑龙江省烟草商业着力开拓雪茄烟市场，增强雪茄烟培育能力，推动国产雪茄烟持续健康发展。全年销售雪茄烟 3812 万支，同比增加 688 万支，增长 22.02%；雪茄烟单箱值 3.54 万元，同比减少 3051.68 元，下降 7.93%。

**品牌培育及市场开拓**。2018 年，全省继续加强培育行业重点品牌，坚定实施“大品牌、大市场、大企业”发展战略，坚持“优胜劣汰”“进一退一”新品引入制度，管好品牌准入窗口，优化品牌引入退出机制，通过对各工业企业的品牌布局进行科学优化，规避商业资源内耗，发掘细分市场，推动各工业企业单箱结构全面提高，促进整体单箱结构有效提升。2018 年销售重点品牌卷烟同比增长 1.64%，占总销量的 68.27%；销售细支烟 106.45 亿支（21.29 万箱），同比增长 17.28%；中支烟 45.2 亿支（9.04 万箱），同比增长 33.8%；短支烟 3.35 亿支（0.67 万箱），同比增长 72.78%；爆珠烟 5.85 亿支（1.17 万箱），同比增长 61.33%。注重开发旅游市场，丰富品牌培育方式。全年销售地产卷烟 145 亿支（29 万箱），同比增长 0.37%。“龙烟（呈祥）”销量 6.5 亿支（1.3 万箱），同比增长 74.29%。

**增强渠道掌控力**。稳步推进新型终端建设，不断增强渠道掌控力。2018 年底，全省建设加盟终端 82 户，新现代终端 3854 户，直营终端 23 户，旅游终端 686 户。加强新技术应用，推进“互联网＋营销”，搭建“微商盟”移动订货平台，全省微信订货覆盖率达到 29%；搭建“新商通”管理平台，采集卷烟消费数据 675 万条。全省共有自律互助小组 8189 个。

**物流建设**。坚持精益管理做除法的理念，继续推动送货线路优化和中转站整合，全省物流中转站比上年减少 7 个；三级物流配送车辆同比减少 58 台；物流从业人员同比减少 92 人。加快推进哈尔滨、绥化、鸡西新物流中心建设，物流非法人实体化运作基本完成。开展卷烟包装箱循环利用工作，2018 年全省返还卷烟包装箱 172.63 万件，返还比例 87.46%。

【烟叶产销】 **烟叶企业概况**。黑龙江省局（公司）下设哈尔滨烟叶公司和牡丹江烟叶公司，承担全省烟叶收购、加工与销售工作。

哈尔滨烟叶公司成立于2001年12月，2006年12月由黑龙江烟叶公司改制而成。下辖11家烟叶分公司和双城直属烟叶经营站。截至2018年底，公司拥有总资产16.13亿元。其中，固定资产0.95亿元、流动资产14.99亿元，资产负债率61.2%。从业人员1075人。

牡丹江烟叶公司成立于2001年12月，2006年12月改制为中国烟草总公司黑龙江省公司的全资子公司。下辖8个烟叶分公司和2个烟叶生产经营站。截至2018年底，公司拥有总资产20.67亿元，其中，固定资产1.42亿元、流动资产19.07亿元，资产负债率59.6%。从业人员711人。

**烟叶种植与收购**。严控种植规模、坚守收购红线。2018年，全省落实种植面积17.29万亩，实际收购烤烟2.78万吨（55.5万担），签订种植收购合同4499份，全省烟叶收购均价23.83元/千克。上等烟比例43.24%，在国家局收购检查中，等级合格率83.5%，工商交接等级合格率62.25%。稳步推进现代烟草农业建设，耕地、起垄机械化作业率和测土施肥率100%，植保专业化服务覆盖率50%，全年推广新能源烤房改造75座，烟蚜茧蜂绿色防控和有机肥增施工作实现全覆盖，烟叶质量安全得到保障。

全年全省实现烟叶销售收入13.47亿元，同比下降26.11%。实现烟叶税利3.5亿元，同比下降33.19%，其中利润0.84亿元，同比下降70.73%。实现烟农收入6.88亿元（含生产投入补贴），上缴税金2.67亿元。

【对外交流与合作】 中国烟草黑龙江进出口有限责任公司成立于1992年5月。主要经营烟草及其制品的进出口贸易、烟草行业机械设备、原材料和技术的进出口及代理业务。截至2018年底，公司拥有总资产15.02亿元。其中，固定资产419万元、流动资产14.88亿元，资产负债率143.52%。从业人员36人。

2018年，公司积极拓展境外烟草市场，不断密切与境外客户贸易往来，成功开拓美国、柬埔寨、越南、菲律宾、日本等新兴市场，巩固中东、东南亚、俄罗斯、欧洲等传统市场，进一步发展同印度尼西亚盐仓集团股份有限公司、联一国际有限责任公司、联合烟草有限公司、普瑞铭国际烟草公司、环球烟草公司的合作关系，并采取“进出结合”方式挖掘好日烟国际公司、英美烟草公司等潜力客户，开发好恒丰贸易（香港）有限公司、德国CNT烟草集团等新兴客户。公司坚持“大品牌”战略，以“555”“爱喜（ESSE）”作为黑龙江进口卷烟市场主导品牌，结合进口卷烟销售市场实际，采取措施下大力气开拓市场、提升服务水平，强化以降本增效为目标的内部管理，努力促进“两烟经营”协调发展。

2018年，出口烟叶2210吨，销售进口卷烟8203件，实现销售收入0.71亿元。

牡丹江烟叶公司宁安分公司专业化分级现场（2018年）
牡丹江烟叶公司　万德坤　摄

【特事辑要】 1月29日，黑龙江省局（公司）在哈尔滨召开2018年全省烟草工作会议。

7月26—27日，国家局党组成员、副局长徐瑾在黑龙江烟草调研。其间，徐瑾走访哈尔滨市、伊春市、佳木斯市部分卷烟零售户，详细了解零售终端建设、卷烟市场、稳价工作等情况。

11月5—7日，国家局党组成员、副局长段铁力在黑龙江烟草考察调研。其间，段铁力走访哈尔滨市部分卷烟零售户，参观哈尔滨市局（公司）企业文化展厅；在黑龙江烟草工业哈尔滨卷烟厂调研。

## 2018年黑龙江省烟草专卖商业主要情况统计

| 地市级局（公司）名称 | | 哈尔滨市烟草专卖局（公司） | 齐齐哈尔市烟草专卖局（公司） | 绥化市烟草专卖局（公司） | 大庆市烟草专卖局（公司） | 佳木斯市烟草专卖局（公司） |
|---|---|---|---|---|---|---|
| 主要负责人/法定代表人（含党政领导） | | 王富民 | 于晓晨（—2018年3月）<br>和发皓（2018年3月—） | 李殿民 | 孙胜良（—2018年3月）<br>于晓晨（2018年3月—） | 王志国 |
| 所属县级单位 | | 呼兰区、阿城区、双城区、五常市、尚志市、巴彦县、宾县、依兰县、延寿县、木兰县、通河县、方正县等12个县级烟草专卖局（分公司） | 讷河市、克山县、克东县、拜泉县、依安县、富裕县、甘南县、龙江县、泰来县等9个县级烟草专卖局（分公司） | 肇东市、安达市、海伦市、庆安县、望奎县、兰西县、青冈县、明水县、绥棱县等9个县级烟草专卖局（分公司） | 肇州县、肇源县、林甸县、杜尔伯特蒙古族自治县等4个县级烟草专卖局（分公司） | 富锦市、同江市、抚远市、桦南县、桦川县、汤原县等6个县级烟草专卖局（分公司） |
| 总资产（万元） | | 431577 | 128748 | 89691 | 107301 | 71028 |
| 资产负债率（%） | | 28.21 | 32.44 | 44.09 | 23.57 | 41.64 |
| 从业人员（人） | | 1740 | 518 | 725 | 387 | 456 |
| 所属业务机构 | 营销机构 | 1个营销中心、1个电访中心 | 1个营销中心 | 1个营销中心 | 1个营销中心 | 1个营销中心 |
| | 物流配送机构 | 1个物流配送中心、12个物流中转站 | 1个物流中心 | 1个配送中心 | 1个物流中心 | 1个配送中心 |
| | 专卖稽查机构 | 1个稽查支队、21个稽查大队 | 1个稽查支队、15个稽查大队 | 1个稽查支队、4个稽查大队 | 1个稽查支队、5个稽查大队 | 1个稽查支队、8个稽查大队、1个铁路专卖分局 |
| | 烟叶机构 | — | — | — | — | — |
| 实现税利 | 万元 | 217514 | 74725 | 60373 | 54824 | 41382 |
| | 比上年增长（%） | 7.15 | 6.10 | 9.74 | 7.62 | 9.55 |
| 实现利润 | 万元 | 67439 | 24964 | 15803 | 18143 | 10057 |
| | 比上年增长（%） | 8.30 | 9.91 | 20.41 | 12.28 | 19.63 |
| 卷烟销售收入（万元） | | 775571 | 262459 | 236934 | 194815 | 164051 |
| 查处涉烟违法案件（起） | | 1634 | 1071 | 1188 | 3587 | 1129 |
| 查处涉烟违法案件案值（万元） | | 1868 | 422 | 294 | 552 | 466 |
| 烟基建设投入资金（万元） | | — | — | — | — | — |
| 烟基设施新增受益面积（万亩） | | — | — | — | — | — |
| 烟叶种植（万亩） | | — | — | — | — | — |
| 烟叶收购（万担） | | — | — | — | — | — |
| 烟农户数（户） | | — | — | — | — | — |
| 实现烟农总收入（万元） | | — | — | — | — | — |
| 零售户数（户） | | 45974 | 19752 | 22125 | 11510 | 11232 |
| 零售户销售毛利率（%） | | 11.60 | 13.73 | 10.89 | 14.16 | 12.00 |

| 地市级局（公司）名称 | 牡丹江市烟草专卖局（公司） | 鸡西市烟草专卖局（公司） | 双鸭山市烟草专卖局（公司） | 黑河市烟草专卖局（公司） | 鹤岗市烟草专卖局（公司） |
|---|---|---|---|---|---|
| 主要负责人/法定代表人（含党政领导） | 单文林 | 顾宏伟 | 纪　扬 | 张宝忠 | 王　强 |

续表

| 地市级局（公司）名称 | | 牡丹江市烟草专卖局（公司） | 鸡西市烟草专卖局（公司） | 双鸭山市烟草专卖局（公司） | 黑河市烟草专卖局（公司） | 鹤岗市烟草专卖局（公司） |
|---|---|---|---|---|---|---|
| 所属县级单位 | | 海林市、宁安市、穆棱市、东宁市、林口县等5个县级烟草专卖局（分公司） | 密山市、虎林市、鸡东县等3个县级烟草专卖局（分公司） | 集贤县、宝清县、饶河县、友谊县等4个县级烟草专卖局（分公司） | 北安市、五大连池市、嫩江县、逊克县、孙吴县等5个县级烟草专卖局（分公司） | 萝北县、绥滨县2个县级烟草专卖局（分公司） |
| 总资产（万元） | | 65239 | 52211 | 39592 | 37460 | 32389 |
| 资产负债率（%） | | 38.98 | 33.13 | 34.05 | 39.63 | 36.63 |
| 从业人员（人） | | 387 | 291 | 280 | 301 | 175 |
| 所属业务机构 | 营销机构 | 1个营销中心 | 1个营销中心 | 1个营销中心 | 1个营销中心、1个电访中心 | 1个营销中心 |
| | 物流配送机构 | 1个配送中心 | 1个配送中心 | 1个配送中心 | 1个配送中心 | 1个配送中心 |
| | 专卖稽查机构 | 4个稽查大队 | 1个稽查支队、6个稽查大队 | 1个稽查支队、9个稽查大队 | 1个稽查支队、13个稽查大队 | 1个稽查支队、7个稽查大队 |
| | 烟叶机构 | — | — | — | — | — |
| 实现税利 | 万元 | 35449 | 29326 | 21806 | 21068 | 17258 |
| | 比上年增长（%） | 10.55 | 8.59 | 4.96 | 6.88 | 6.25 |
| 实现利润 | 万元 | 7700 | 8058 | 3896 | 4951 | 4108 |
| | 比上年增长（%） | 25.63 | 20.79 | 10.06 | 33.59 | 12.42 |
| 卷烟销售收入（万元） | | 147124 | 112518 | 93881 | 85166 | 69911 |
| 查处涉烟违法案件（起） | | 980 | 1289 | 240 | 476 | 838 |
| 查处涉烟违法案件案值（万元） | | 1020 | 254 | 922 | 78 | 91 |
| 烟基建设投入资金（万元） | | — | — | — | — | — |
| 烟基设施新增受益面积（万亩） | | — | — | — | — | — |
| 烟叶种植（万亩） | | — | — | — | — | — |
| 烟叶收购（万担） | | — | — | — | — | — |
| 烟农户数（户） | | — | — | — | — | — |
| 实现烟农总收入（万元） | | — | — | — | — | — |
| 零售户数（户） | | 9167 | 7950 | 6921 | 8486 | 4359 |
| 零售户销售毛利率（%） | | 10.60 | 12.85 | 13.77 | 12.50 | 13.00 |

| 地市级局（公司）名称 | 伊春市烟草专卖局（公司） | 七台河市烟草专卖局（公司） | 大兴安岭地区烟草专卖局（公司） | 绥芬河市烟草专卖局（公司） |
|---|---|---|---|---|
| 主要负责人/法定代表人（含党政领导） | 金　涛 | 孙承华 | 李芳远 | 任大力 |
| 所属县级单位 | 铁力市、嘉荫县2个县级烟草专卖局（分公司） | 勃利县烟草专卖局（分公司） | 呼玛县、漠河市[1]、塔河县等3个县级烟草专卖局（分公司） | — |
| 总资产（万元） | 28966 | 25419 | 7210 | 4464 |
| 资产负债率（%） | 28.22 | 29.49 | 54.09 | 37.81 |
| 从业人员（人） | 162 | 150 | 110 | 40 |

续表

| 地市级局（公司）名称 | | 伊春市烟草专卖局（公司） | 七台河市烟草专卖局（公司） | 大兴安岭地区烟草专卖局（公司） | 绥芬河市烟草专卖局（公司） |
|---|---|---|---|---|---|
| 所属业务机构 | 营销机构 | 1个营销中心、1个电访中心 | 1个营销中心 | 1个营销中心 | 1个营销中心 |
| | 物流配送机构 | 1个配送中心 | 1个物流配送中心 | 1个物流配送中心 | 1个配送中心 |
| | 专卖稽查机构 | 1个稽查支队、8个稽查大队 | 1个稽查支队、2个稽查大队 | 1个稽查支队、2个稽查大队 | 1个稽查支队 |
| | 烟叶机构 | — | — | — | — |
| 实现税利 | 万元 | 15145 | 13571 | 5367 | 2701 |
| | 比上年增长（%） | 7.17 | 9.00 | 7.90 | 8.04 |
| 实现利润 | 万元 | 4519 | 3397 | 307 | 397 |
| | 比上年增长（%） | 15.99 | 31.97 | 79.53 | 26.84 |
| 卷烟销售收入（万元） | | 57367 | 54130 | 27337 | 12070 |
| 查处涉烟违法案件（起） | | 437 | 311 | 61 | 82 |
| 查处涉烟违法案件案值（万元） | | 163 | 65 | 11 | 71 |
| 烟基建设投入资金（万元） | | — | — | — | — |
| 烟基设施新增受益面积（万亩） | | — | — | — | — |
| 烟叶种植（万亩） | | — | — | — | — |
| 烟叶收购（万担） | | — | — | — | — |
| 烟农户数（户） | | — | — | — | — |
| 实现烟农总收入（万元） | | — | — | — | — |
| 零售户数（户） | | 3921 | 3987 | 1643 | 644 |
| 零售户销售毛利率（%） | | 14.59 | 10.00 | 12.47 | 15.73 |

注：1. 根据《国家烟草专卖局关于漠河县烟草专卖局更名的批复》（国烟人〔2018〕158号），漠河县烟草专卖局更名为漠河市烟草专卖局。

◇撰稿：柳　涛；编辑：鲁建敏　王　静

# 上海市烟草专卖局、上海烟草集团有限责任公司①

【专卖管理】　**案件查处**。2018年，上海市烟草专卖局查获各类违法卷烟1.34万件，总案值1.25亿元。其中，假烟5472.9件，涉案金额5849.46万元；走私卷烟1257.39件，涉案金额1106.72万元。破获符合公安部、国家局标准以上网络案件44起，其中11起为部级督办案件，创造上海打击涉烟违法犯罪活动的历史新纪录。

上海徐汇“1·18”互联网运销IQOS走私烟网络案总案值6360.47万元，为上海首例利用互联网运销加热不燃烧类型烟草制品的走私烟网络案。上海静安“1·24”跨国生产销售假冒注册商标商品案总涉案金额逾亿元，为全国首起跨国制售假烟案件。上海青浦“7·31”专车运销假烟网络案总案值3941.27万元，是上海地区首次破获以雇佣专车形式非法运输卷烟的部级督办案件。公安、司法机关依法查获违法车辆123辆；抓获涉烟犯罪嫌疑人285人，依法刑事拘留115人，追究刑事责任60人。

**市场监管**。2018年，上海市局探索运用新技术、新工具，推动市场监管模式规范化、智慧化、精准化转型升级，努力净化烟草市场环境。通过建立数据分析模型、优化市场监管模式、全面推广专卖移动执法装备等措施，着力打造先进实用的专卖监管平台，持续提升市场监管的科学化水平。持续深化多方协作机制，不断提升打击合力，先后联合市海警总队、交警总队开展专项整治行动，封堵海上、道口等卷烟非法流入源头，规范烟草专卖品流通秩序；并与市通信管理局建立《关于联合打击利用互联网等信息网络非法经营烟草专卖品协作机制》，强化互联网领域监管。

**证件管理**。2018年，上海市局按照“放管服”改革相关要求，推进烟草专卖零售许可改革，深化“宽进严管重

① 上海烟草集团有限责任公司工业情况详见《烟草工业》栏目。

服务”的工作理念，全面实行负面清单管理模式，创新事中事后监管模式，探索“互联网+政务服务”，依托“一网通办”平台建设，为申请人和持证户营造更加良好的烟草营商环境。其中，零售许可负面清单从主体资格、经营模式、经营场所和特殊区域4个方面，规定禁止准入和限制准入的16种情形。5月，根据市政府“一网通办”安排部署，烟草专卖零售许可证实现全程网上办理。12月，正式实现电子营业执照数据对接；进一步简化申办材料、缩短审批期限，烟草专卖零售许可证承诺办理时限减至15个工作日，为申请人提供更加快速便捷周到的办理服务。截至2018年底，上海市有烟草专卖零售许可持证户41272户，同比增长5.92%，新型优质业态占比不断增加，管理运行质量稳步提升。

**【经济效益】** 2018年，上海市烟草商业主业实现税利102.21亿元，同比增长6.48%，其中利润47.77亿元，同比增长11.2%。卷烟单箱销售收入（不含税）3.48万元，同比增长4.44%；卷烟单箱税利1.27万元，同比增长6.19%。三项费用率5.21%。

**【卷烟经营】** *卷烟销售*。2018年，上海市销量居前三位的品牌为“红双喜”“中华”“利群”，销量分别为137.37亿支（27.47万箱）、52.51亿支（10.5万箱）、35.66亿支（7.13万箱）。2018年，实现卷烟销售收入（不含税）279.59亿元，同比增长4.72%。

*品牌培育再升级*。以有效供给为导向、数据集成为驱动，着力构建“五个有”品牌状态分析评价体系，即消费群体有口碑、零售终端有利润、商业企业有结构、工业企业可持续、国家税收有保障。以“精准策略、精准谋局、精准终端”为抓手，形成多层次联动走访机制，建立立体化信息跟踪体系，采取差异化市场销售策略，着力构建全国市场系统化布局。

*销售平台一体化*。聚焦“全面对标学习大连网建现场会经验、全面构建现代卷烟营销新体系”工作，深化市场化取向改革，稳步推进完善卷烟统销模式；持续优化商零网配模式，借助“微零通”有序推进流程试点；构建工商零共同面向消费者的销售体系，形成统一体系平台建设规划。

*海外市场新布局*。加快推进“一带一路”沿线市场布局，做实做精免税市场、做深做透有税市场，拓展集团品牌海外市场影响力和发展空间；深化海外市场信息体系建设，引入海外经销商竞争机制，优化境外落地产销模式，市场掌控和品牌培育能力不断增强。

**【特事辑要】** 5月11日，国家局党组成员、副局长段铁力在上海指导2018年度第一次信息系统容灾演练。

2018年8月27日，上海杨浦烟草赴大连市局（公司），开展对标学习和业务交流

上海杨浦区局　邵海生　摄

7月，上海烟草集团有限责任公司推进人事制度改革，首批机关后备干部输送销售一线工作正式启动。

8月1—2日，国家烟草专卖局党组书记、局长，中国烟草总公司总经理张建民在上海烟草调研。其间，中共中央政治局委员、上海市委书记李强，上海市委常委、常务副市长周波，上海市委常委、市委秘书长诸葛宇杰参加会见。

10月18日，上海市委副书记、市长应勇到上海大酒店，详细了解上海大酒店作为首届中国国际进口博览会服务保障定点酒店的各项准备情况。

11月14—15日，国家局党组成员、副局长杨培森在上海烟草调研。其间，杨培森调研基层联系点上海卷烟厂的党建工作，考察浦东科技创新园区和上海新型烟草制品研究院。

## 2018年上海市烟草专卖商业主要情况统计

| 区局（公司）名称 | | 上海市黄浦区烟草专卖局、上海烟草集团黄浦烟草糖酒有限公司一公司 | 上海市黄浦区烟草专卖局、上海烟草集团黄浦烟草糖酒有限公司二公司 | 上海市虹口区烟草专卖局（有限公司） | 上海市静安区烟草专卖局（有限公司）[1] | 上海市徐汇区烟草专卖局（有限公司） |
|---|---|---|---|---|---|---|
| 主要负责人/法定代表人（含党政领导） | | 黎辉婷 | 陆志明（—2018年4月）黎辉婷（2018年5月—） | 单国荣 | 胡伟坚 | 仲玉顺 |
| 所属县级单位 | | — | — | — | — | — |
| 总资产（万元） | | 134888 | 45466 | 45775 | 37212 | 18154 |
| 资产负债率（%） | | 19.50 | 0.14 | 21.83 | 14.30 | 8.17 |
| 从业人员（人） | | 169 | 412 | 334 | 248 | 128 |
| 所属业务机构 | 营销机构 | 1个营销部 | 1个营销部 | 1个营销部 | 1个营销部 | 1个营销部 |
| | 物流配送机构 | — | — | — | — | — |
| | 专卖稽查机构 | 1个稽查支队 | 1个稽查支队 | 1个稽查支队 | 1个稽查支队 | 1个稽查支队 |
| | 烟叶机构 | — | — | — | — | — |
| 实现税利 | 万元 | 44566 | 14331 | 23737 | 27145 | 18462 |
| | 比上年增长（%） | 1.65 | -5.74 | 5.79 | — | 1.19 |
| 实现利润 | 万元 | 14959 | 4326 | 1343 | 5905 | 4237 |
| | 比上年增长（%） | -1.03 | -10.82 | 87.05 | — | -0.77 |
| 卷烟销售收入（万元） | | 164115 | 52411 | 125692 | 118680 | 81087 |
| 查处涉烟违法案件（起） | | 85 | 29 | 134 | 179 | 119 |
| 查处涉烟违法案件案值（万元） | | 439 | 253 | 652 | 565 | 1171 |
| 烟基建设投入资金（万元） | | — | — | — | — | — |
| 烟基设施新增受益面积（万亩） | | — | — | — | — | — |
| 烟叶种植（万亩） | | — | — | — | — | — |
| 烟叶收购（万担） | | — | — | — | — | — |
| 烟农户数（户） | | — | — | — | — | — |
| 实现烟农总收入（万元） | | — | — | — | — | — |
| 零售户数（户） | | 963 | 416 | 1175 | 1051 | 680 |
| 零售户销售毛利率（%） | | 18.30 | 15.48 | 16.50 | 16.20 | 15.76 |

| 区局（公司）名称 | 上海市杨浦区烟草专卖局（有限公司） | 上海市普陀区烟草专卖局（有限公司） | 上海市长宁区烟草专卖局（有限公司） | 上海市闵行区烟草专卖局（有限公司） | 上海市宝山区烟草专卖局（有限公司） |
|---|---|---|---|---|---|
| 主要负责人/法定代表人（含党政领导） | 傅军海 | 朱小岗 | 刘晓晴 | 张　定 | 王　平 |
| 所属县级单位 | — | — | — | — | — |

续表

| 区局（公司）名称 | | 上海市杨浦区烟草专卖局（有限公司） | 上海市普陀区烟草专卖局（有限公司） | 上海市长宁区烟草专卖局（有限公司） | 上海市闵行区烟草专卖局（有限公司） | 上海市宝山区烟草专卖局（有限公司） |
|---|---|---|---|---|---|---|
| 总资产（万元） | | 20259 | 18450 | 15938 | 40330 | 32045 |
| 资产负债率（%） | | 7.53 | 0.08 | 13.95 | 4.00 | 5.27 |
| 从业人员（人） | | 161 | 160 | 105 | 287 | 213 |
| 所属业务机构 | 营销机构 | 1个营销部 | 1个营销部 | 1个营销部 | 1个营销部 | 1个营销部 |
| | 物流配送机构 | — | — | — | — | — |
| | 专卖稽查机构 | 1个稽查支队 | 1个稽查支队 | 1个稽查支队 | 1个稽查支队 | 1个稽查支队 |
| | 烟叶机构 | — | — | — | — | — |
| 实现税利 | 万元 | 21334 | 22246 | 16283 | 37454 | 27861 |
| | 比上年增长（%） | -8.23 | 6.47 | -1.98 | 3.71 | 7.19 |
| 实现利润 | 万元 | 4035 | 4762 | 3617 | 10102 | 6966 |
| | 比上年增长（%） | -36.51 | 22.41 | -3.85 | 1.67 | 19.23 |
| 卷烟销售收入（万元） | | 98530 | 100744 | 72688 | 156982 | 117261 |
| 查处涉烟违法案件（起） | | 156 | 129 | 88 | 356 | 238 |
| 查处涉烟违法案件案值（万元） | | 724 | 724 | 334 | 879 | 618 |
| 烟基建设投入资金（万元） | | — | — | — | — | — |
| 烟基设施新增受益面积（万亩） | | — | — | — | — | — |
| 烟叶种植（万亩） | | — | — | — | — | — |
| 烟叶收购（万担） | | — | — | — | — | — |
| 烟农户数（户） | | — | — | — | — | — |
| 实现烟农总收入（万元） | | — | — | — | — | — |
| 零售户数（户） | | 1078 | 731 | 546 | 2365 | 1961 |
| 零售户销售毛利率（%） | | 15.60 | 15.79 | 15.73 | 15.88 | 15.60 |

| 区局（公司）名称 | | 上海市浦东新区烟草专卖局（有限公司） | 上海市松江区烟草专卖局（有限公司） | 上海市青浦区烟草专卖局（有限公司） | 上海市嘉定区烟草专卖局（有限公司） |
|---|---|---|---|---|---|
| 主要负责人/法定代表人（含党政领导） | | 吴俊春<br>（—2018年12月）<br>高文博<br>（2018年12月—） | 王伟家<br>（—2018年7月）<br>徐豪渊<br>（2018年8月—） | 包华杰 | 王卫东 |
| 所属县级单位 | | — | — | — | — |
| 总资产（万元） | | 72945 | 40294 | 25786 | 30893 |
| 资产负债率（%） | | 14.13 | 12.49 | 26.05 | 6.94 |
| 从业人员（人） | | 473 | 223 | 236 | 344 |
| 所属业务机构 | 营销机构 | 1个营销部、3个分公司 | 1个营销部 | 1个营销部 | 1个营销部 |
| | 物流配送机构 | — | — | — | — |
| | 专卖稽查机构 | 1个稽查支队、3个专卖管理署 | 1个稽查支队 | 1个稽查支队 | 1个稽查支队 |
| | 烟叶机构 | — | — | — | — |
| 实现税利 | 万元 | 90723 | 31165 | 25629 | 33866 |
| | 比上年增长（%） | 16.20 | 7.57 | 5.08 | 6.95 |
| 实现利润 | 万元 | 23267 | 8498 | 5166 | 7010 |
| | 比上年增长（%） | 0.63 | 17.20 | 11.94 | 14.28 |

续表

| 区局（公司）名称 | 上海市浦东新区烟草专卖局（有限公司） | 上海市松江区烟草专卖局（有限公司） | 上海市青浦区烟草专卖局（有限公司） | 上海市嘉定区烟草专卖局（有限公司） |
|---|---|---|---|---|
| 卷烟销售收入（万元） | 399663 | 128548 | 11673 | 154417 |
| 查处涉烟违法案件（起） | 489 | 390 | 308 | 272 |
| 查处涉烟违法案件案值（万元） | 1407 | 690 | 976 | 654 |
| 烟基建设投入资金（万元） | — | — | — | — |
| 烟基设施新增受益面积（万亩） | — | — | — | — |
| 烟叶种植（万亩） | — | — | — | — |
| 烟叶收购（万担） | — | — | — | — |
| 烟农户数（户） | — | — | — | — |
| 实现烟农总收入（万元） | — | — | — | — |
| 零售户数（户） | 6268 | 2374 | 2992 | 2760 |
| 零售户销售毛利率（%） | 15.46 | 15.03 | 15.19 | 15.11 |

| 区局（公司）名称 | | 上海市奉贤区烟草专卖局（有限公司） | 上海市金山区烟草专卖局（有限公司） | 崇明县烟草专卖局（有限公司） | 上海市烟草专卖局驻上海铁路专卖局（有限公司） |
|---|---|---|---|---|---|
| 主要负责人/法定代表人（含党政领导） | | 张　锐 | 苗　慰 | 刘彦博 | 沈祖明 |
| 所属县级单位 | | — | — | — | — |
| 总资产（万元） | | 41228 | 34069 | 19183 | 4445 |
| 资产负债率（%） | | 15.72 | 6.33 | 5.26 | 5.55 |
| 从业人员（人） | | 390 | 248 | 175 | 29 |
| 所属业务机构 | 营销机构 | 1个营销部 | 1个营销部 | 1个营销部 | 1个营销部 |
| | 物流配送机构 | — | — | — | — |
| | 专卖稽查机构 | 1个稽查支队 | 1个稽查支队 | 1个稽查支队<br>1个专卖管理所 | 1个稽查队 |
| | 烟叶机构 | — | — | — | — |
| 实现税利 | 万元 | 24991 | 23487 | 19553 | 3171 |
| | 比上年增长（%） | 5.28 | 3.98 | 3.77 | -2.07 |
| 实现利润 | 万元 | 3869 | 4582 | 4108 | 1103 |
| | 比上年增长（%） | 16.13 | -1.32 | 3.93 | 2.89 |
| 卷烟销售收入（万元） | | 117980 | 105342 | 88242 | 11629 |
| 查处涉烟违法案件（起） | | 182 | 155 | 219 | — |
| 查处涉烟违法案件案值（万元） | | 860 | 555 | 507 | — |
| 烟基建设投入资金（万元） | | — | — | — | — |
| 烟基设施新增受益面积（万亩） | | — | — | — | — |
| 烟叶种植（万亩） | | — | — | — | — |
| 烟叶收购（万担） | | — | — | — | — |
| 烟农户数（户） | | — | — | — | — |
| 实现烟农总收入（万元） | | — | — | — | — |
| 零售户数（户） | | 2695 | 3141 | 2942 | 68 |
| 零售户销售毛利率（%） | | 15.51 | 15.44 | 15.94 | 16.03 |

注：1. 根据《上海市烟草专卖局　上海烟草集团有限责任公司办公室转发国家烟草专卖局　中国烟草总公司关于上海烟草集团静安烟草糖酒有限公司吸收合并上海烟草集团闸北烟草糖酒有限公司的批复的通知》（沪烟专办法〔2017〕32号），上海市静安区烟草专卖局（一公司）与上海市静安区烟草专卖局（二公司）（上海烟草集团闸北烟草糖酒有限公司）合并为上海市静安区烟草专卖局（有限公司）。

◇ 撰稿：韩沅君；编辑：鲁建敏　王　静

# 江苏省烟草专卖局（公司）

【专卖管理】 **案件查处**。2018年，江苏省烟草专卖局始终保持高压态势，全省查处涉烟违法案件1.86万起，同比下降9.19%；查获各类违法卷烟4.13万件，同比上升9.26%，其中非法流通卷烟3.02万件，假冒卷烟0.93万件，走私卷烟0.18万件。全省上报符合公安部、国家局标准的网络案件69起。全年全省侦办公安部、国家局督办案件7起，其中加热不燃烧新型卷烟案件3起。南通“8·16”制售假烟案件得到公安部、国家局的充分肯定。公安、司法机关依法拘留涉烟违法人员444人，逮捕126人，判刑298人。

**打假破网**。全省加强对互联网环节涉烟违法犯罪活动的打击力度，办理5起利用互联网涉烟违法犯罪的网络案件。加大对物流寄递环节涉烟违法犯罪活动的打击力度，查处物流寄递环节涉烟违法案件3094起。加大对新型烟草制品涉烟违法犯罪活动的打击力度，查处违法经营加热不燃烧卷烟案件14起。加大案件研判力度，注重对重点线索追根溯源，到制假贩私重点地区端窝点、断源头，有效打击跨地区、集团化、网络化的制售假烟和走私贩私犯罪团伙。推进公安派驻烟草打假办公室建设，全省13个地市公安派驻市级局层面烟草打假办公室和52个县（区）公安派驻县级局层面烟草打假办公室成立到位、有效运行。全面落实与公检法、工商、海警、海关、交通、邮政等部门卷烟打假协作机制，形成严厉打击涉烟违法犯罪活动的强大合力。加大与省际兄弟单位的协作力度，加强情报互通、信息共享。全省商请省外协助调查72次，协助省外调查12次。

**市场监管**。进一步转变市场监管方式，提升市场监管水平，市场净化率保持在97%以上。推进网格化管理、APCD工作法运用、“双随机、一公开”监管检查三项重点工作，力促零售户纳入网格化及时率、零售户重点信息维护率、重点零售户核查计划制定率、“双随机、一公开”应用率、检查结果登记率“五个百分百”，提升市场检查的有效性和公平性。坚持常态化、制度化开展卷烟市场秩序综合评价，推动市场监管工作实现由单一性向综合性转变，监管措施由面上普查向重点突出转变，监管方式由粗放型向精益型转变，提升市场监管的针对性和有效性、卷烟市场的净化率和控制力。落实《关于禁止向未成年人出售电子烟的通告》精神，广泛开展宣传，引导社会各界共同为未成年人健康成长创造良好的社会环境。全面提升零售户守法经营、诚信经营意识。全省适时开展市场集中整治行动，在元旦、春节、“五一”、中秋节、国庆节前后，统一组织开展“今冬明春”打假打私专项整治、“利剑1号”、“利剑2号”、“百日会战”等4次市场集中整治行动，有效巩固市场监管成果。

**内部专卖管理监督**。推进大户治理。出台《深化治理违法违规卖烟大户工作实施方案》，将治理大户工作列入各市局年度关键质效指标考核体系，加大违法违规卖烟大户的监管治理力度。全年全省取消违法违规卖烟大户经营资格280户。加大对卷烟规范经营工作的督导力度，对13个市局（公司）卷烟规范经营工作进行为期2个月的全面督导检查，指出37个规范经营风险问题点，提出44条内管工作建议。落实内管监督责任。全年全省内管部门累计参与规则制定300余次，推动新建制度19项、完善制度9项。加强专卖内管日常监督，排查内部违法违规经营行为。

2018年7月26日，江苏省局（公司）举办第三届专卖管理岗位技能竞赛
江苏省烟草学会 王丰 摄

**证件管理**。优化江苏政务服务网烟草分站网上申请和服务功能，与邮政部门EMS系统、市场监督管理部门电子营业执照验证平台做好对接，推进“不见面审批（服务）”，全年全省受理网上申请办件6.29万件，网上申请办件率46.94%，推动办理时限由法定20个工作日统一压缩至8个工作日以内。做实许可证后续监管。定期通报全省许可证后续监管进展情况，按期完成烟草专卖零售许可证变更、延续、停歇业、注销、撤销、撤回等后续管理工作。截至2018年底，全省许可证后续监管处置措施及时率达到90%以上。

【经济效益】 2018年，江苏省烟草商业系统实现税利295.06亿元，同比增长4.6%，其中利润134.14亿元，同比增长7.77%。三项费用率1.81%，同比下降0.35个百分点。

【卷烟（雪茄烟）经营】 **卷烟（雪茄烟）销售**。2018年，江苏省烟草商业系统实现卷烟销售收入1006.5亿元，同比增长4.16%。重点品牌销量比重首次突破90%。本地区卷烟销量居前三位的品牌为“南京”“苏烟”“利群”，销量分别为451.25亿支（90.25万箱）、151.88亿支（30.38万箱）、78.21亿支（15.64万箱）。卷烟单箱销售收入3.71万元，同比增长3.82%；单箱税利10867元，同比增长4.26%。销售雪茄烟6754.85万支，同比增长52%。

**保持良好市场状态**。2018年，江苏烟草商业坚持“总量控制、稍紧平衡”原则，把满足市场需求、努力保持均衡销售、严控真烟非法流通、严控大户规模数量和保持良好市场状态作为主要调控目标。全年全省超5倍户均销量大户比例逐月下降，全年累计户数比例为0.23%，销量比例为1.32%；全年外流卷烟931.2件，同比下降76.96%。在运行调控举措上，把提高供需匹配水平作为“稳销量”的核心手段，把顺应消费升级作为“提结构”的核心动力，把发挥数据的指导作用作为“保状态”的核心方法，把供货面、订货面、订足面，订单满足率、货源利用率“三面两率”作为省、市两级营销部门开展销售分析的重要工具，探索“全商品扫码、全店铺管理、多方式结算”的终端经营新模式，全年零售户盈利水平稳定在10%以上，年底社会月存销比为0.8左右，零售户盈利水平得到有效保障。

**品牌培育**。运用微信、二维码等工具收集消费信息；强化数据分析和结果利用，主动与工业企业分享消费研判结果。2018年，全省开展大规模消费调查活动2次，各地市开展消费专题调查活动36次。提升品牌培育水平，增强供需匹配程度，着力“为品牌找客户”和“为客户找品牌”；协同工业企业谋划丰富品牌培育策略库，提升面向零售户服务的水平，保障零售户的知情权，建立统一的信息公示清单，确保订货自主选择权，确保订单信息真实准确。严控大户数量规模，统一单品单户最高限量，扩大紧俏卷烟投放面，缩小供货档级差。在全省范围内推广应用“江苏烟草客户服务子系统”。2018年，全省零售户拜访到位率达到96.15%以上，客户经理平均在店服务时长为7.51分钟。服务质量、零售户经营信心明显提升。

**提升网建质量**。统一零售户分类、分档管理办法，统一卷烟货源投放工作规范和营销信息公开办法等10多项核心业务制度流程；建立“三面两率”策略指标体系。提高基础管理水平。开展证人、证址、证照、证卡“四个相符”和客户分类等基础信息的摸底排查、信息更新维护等工作，全省客户“四个相符”到位率和客户分类基础信息准确率显著提升。注重商品陈列，提高陈列效果、改善店面形象。2018年，全省有自律互助小组6328个。

【特事辑要】 10月26—27日，国家局党组成员、副局长段铁力在江苏烟草调研。

**2018年江苏省烟草专卖商业主要情况统计**

| 地市级局（公司）名称 | 南京市烟草专卖局（公司） | 苏州市烟草专卖局（公司） | 无锡市烟草专卖局（公司） | 常州市烟草专卖局（公司） |
|---|---|---|---|---|
| 主要负责人/法定代表人（含党政领导） | 李潮江（—2018年11月）<br>张一兵（2018年11月—，牵头负责） | 董桂林（—2018年1月）<br>潘立慧（2018年1月—） | 廉　文 | 杨增科（—2018年2月）<br>唐　卿（2018年3月—） |

续表

| 地市级局（公司）名称 | | 南京市烟草专卖局（公司） | 苏州市烟草专卖局（公司） | 无锡市烟草专卖局（公司） | 常州市烟草专卖局（公司） |
|---|---|---|---|---|---|
| 所属县级单位 | | 浦口区、六合区、江宁区、溧水区、高淳区等5个县级烟草专卖局（分公司），以及第一、第二、第三、第四分局（分公司） | 吴中（相城）区、吴江区、昆山市、太仓市、常熟市、张家港市等6个县级烟草专卖局（分公司） | 江阴市、宜兴市、锡山区等3个县级烟草专卖局（分公司） | 武进区、金坛区、溧阳市等3个县级烟草专卖局（分公司） |
| 总资产（万元） | | 1008584 | 940798 | 696394 | 418271 |
| 资产负债率（%） | | 10.70 | 11.22 | 9.63 | 13.11 |
| 从业人员（人） | | 1090 | 1229 | 753 | 614 |
| 所属业务机构 | 营销机构 | 1个营销中心 | 1个营销中心 | 1个营销中心 | 1个营销中心 |
| | 物流配送机构 | 1个物流配送中心、1个中转站 | 1个物流配送中心 | 1个物流配送中心、1个中转站 | 1个物流配送中心 |
| | 专卖稽查机构 | 1个稽查支队、10个稽查大队 | 1个稽查支队、8个稽查大队 | 1个稽查支队、4个稽查大队 | 1个稽查支队、7个稽查大队 |
| | 烟叶机构 | — | — | — | — |
| 实现税利 | 万元 | 424778 | 458586 | 304951 | 199229 |
| | 比上年增长（%） | 2.95 | 5.23 | 5.71 | 5.59 |
| 实现利润 | 万元 | 190998 | 212318 | 153272 | 91035 |
| | 比上年增长（%） | 2.39 | 8.63 | 15.29 | 8.95 |
| 卷烟销售收入（万元） | | 1253471 | 1330077 | 823572 | 582124 |
| 查处涉烟违法案件（起） | | 2462 | 1090 | 2135 | 1566 |
| 查处涉烟违法案件案值（万元） | | 4449 | 12653 | 5654 | 3246 |
| 烟基建设投入资金（万元） | | — | — | — | — |
| 烟基设施新增受益面积（万亩） | | — | — | — | — |
| 烟叶种植（万亩） | | — | — | — | — |
| 烟叶收购（万担） | | — | — | — | — |
| 烟农户数（户） | | — | — | — | — |
| 实现烟农总收入（万元） | | — | — | — | — |
| 零售户数（户） | | 19948 | 35090 | 21562 | 17207 |
| 零售户销售毛利率（%） | | 11.57 | 8.00 | 8.04 | 8.00 |

| 地市级局（公司）名称 | 镇江市烟草专卖局（公司） | 南通市烟草专卖局（公司） | 扬州市烟草专卖局（公司） | 泰州市烟草专卖局（公司） |
|---|---|---|---|---|
| 主要负责人/法定代表人（含党政领导） | 李江苏（—2018年8月）李一匡（2018年8月—） | 高 翔 | 周强华 | 徐 春 |
| 所属县级单位 | 句容市、丹阳市、丹徒区、扬中市等4个县级烟草专卖局（分公司） | 海安县、如皋市、如东县、通州区、海门市、启东市等6个县级烟草专卖局（分公司） | 宝应县、高邮市、江都区、邗江区、仪征市等5个县级烟草专卖局（分公司） | 靖江市、泰兴市、姜堰区、兴化市等4个县级烟草专卖局（分公司） |
| 总资产（万元） | 301694 | 533810 | 360921 | 343772 |

续表

| 地市级局（公司）名称 | | 镇江市烟草专卖局（公司） | 南通市烟草专卖局（公司） | 扬州市烟草专卖局（公司） | 泰州市烟草专卖局（公司） |
|---|---|---|---|---|---|
| 资产负债率（%） | | 12.27 | 9.90 | 11.89 | 10.46 |
| 从业人员（人） | | 539 | 875 | 785 | 750 |
| 所属业务机构 | 营销机构 | 1个营销中心 | 1个营销中心 | 1个营销中心 | 1个营销中心 |
| | 物流配送机构 | 1个物流配送中心 | 1个物流配送中心 | 1个物流配送中心、2个中转站 | 1个物流配送中心、3个中转站 |
| | 专卖稽查机构 | 1个稽查支队、5个稽查大队 | 1个稽查支队、9个稽查大队 | 1个稽查支队、7个稽查大队 | 1个稽查支队、7个稽查大队 |
| | 烟叶机构 | — | — | — | — |
| 实现税利 | 万元 | 137628 | 305213 | 178699 | 183282 |
| | 比上年增长（%） | 5.02 | 7.21 | 4.46 | 3.57 |
| 实现利润 | 万元 | 61235 | 143835 | 78849 | 79327 |
| | 比上年增长（%） | 7.98 | 12.71 | 9.82 | 6.20 |
| 卷烟销售收入（万元） | | 412041 | 862647 | 531709 | 560204 |
| 查处涉烟违法案件（起） | | 761 | 1054 | 1272 | 971 |
| 查处涉烟违法案件案值（万元） | | 1916 | 1447 | 1543 | 1495 |
| 烟基建设投入资金（万元） | | — | — | — | — |
| 烟基设施新增受益面积（万亩） | | — | — | — | — |
| 烟叶种植（万亩） | | — | — | — | — |
| 烟叶收购（万担） | | — | — | — | — |
| 烟农户数（户） | | — | — | — | — |
| 实现烟农总收入（万元） | | — | — | — | — |
| 零售户数（户） | | 13882 | 30418 | 19347 | 21316 |
| 零售户销售毛利率（%） | | 8.42 | 9.00 | 8.91 | 8.00 |

| 地市级局（公司）名称 | 盐城市烟草专卖局（公司） | 淮安市烟草专卖局（公司） | 宿迁市烟草专卖局（公司） | 徐州市烟草专卖局（公司） | 连云港市烟草专卖局（公司） |
|---|---|---|---|---|---|
| 主要负责人/法定代表人（含党政领导） | 张加成（—2018年1月）赵宏贵（2018年1月—） | 李建强 | 唐　卿（—2018年3月）刘　磊（2018年3月—） | 李前效 | 张礼伯 |
| 所属县级单位 | 响水县、滨海县、阜宁县、射阳县、建湖县、大丰区、东台市等7个县级烟草专卖局（分公司） | 淮安区、淮阴区、涟水县、洪泽区、金湖县、盱眙县等6个县级烟草专卖局（分公司） | 沭阳县、泗阳县、泗洪县、宿豫区等4个县级烟草专卖局（分公司） | 丰县、沛县、铜山区、睢宁县、邳州市、新沂市、贾汪区等7个县级烟草专卖局（分公司）、1个直属分局（分公司） | 东海县、赣榆区、灌云县、灌南县等4个县级烟草专卖局（分公司） |
| 总资产（万元） | 377673 | 201602 | 139639 | 323555 | 161711 |
| 资产负债率（%） | 12.64 | 12.71 | 11.40 | 11.56 | 15.87 |
| 从业人员（人） | 989 | 677 | 639 | 1199 | 619 |

续表

| 地市级局（公司）名称 | | 盐城市烟草专卖局（公司） | 淮安市烟草专卖局（公司） | 宿迁市烟草专卖局（公司） | 徐州市烟草专卖局（公司） | 连云港市烟草专卖局（公司） |
| --- | --- | --- | --- | --- | --- | --- |
| 所属业务机构 | 营销机构 | 1个营销中心 | 1个营销中心 | 1个营销中心 | 1个营销中心 | 1个营销中心 |
| | 物流配送机构 | 1个物流配送中心、2个中转站 | 1个物流配送中心 | 1个物流配送中心、3个中转站 | 1个物流配送中心 | 1个配送中心 |
| | 专卖稽查机构 | 1个稽查支队、8个稽查大队 | 1个稽查支队、6个稽查大队 | 1个稽查支队、7个稽查大队 | 1个稽查支队、13个稽查大队 | 1个稽查支队、7个稽查大队 |
| | 烟叶机构 | — | — | — | — | — |
| 实现税利 | 万元 | 204110 | 121038 | 90479 | 201561 | 93022 |
| | 比上年增长（%） | 5.69 | 5.20 | 7.68 | 6.78 | 5.28 |
| 实现利润 | 万元 | 86857 | 47956 | 34496 | 76341 | 33168 |
| | 比上年增长（%） | 10.71 | 9.28 | 15.19 | 7.04 | 7.05 |
| 卷烟销售收入（万元） | | 632288 | 390410 | 297164 | 666664 | 317824 |
| 查处涉烟违法案件（起） | | 2537 | 929 | 1202 | 1439 | 1210 |
| 查处涉烟违法案件案值（万元） | | 1315 | 2817 | 1281 | 2813 | 1265 |
| 烟基建设投入资金（万元） | | — | — | — | — | — |
| 烟基设施新增受益面积（万亩） | | — | — | — | — | — |
| 烟叶种植（万亩） | | — | — | — | — | — |
| 烟叶收购（万担） | | — | — | — | — | — |
| 烟农户数（户） | | — | — | — | — | — |
| 实现烟农总收入（万元） | | — | — | — | — | — |
| 零售户数（户） | | 31854 | 19862 | 21116 | 45095 | 20939 |
| 零售户销售毛利率（%） | | 9.07 | 9.00 | 8.00 | 9.14 | 6.80 |

◇ 撰稿：张　华；编辑：鲁建敏　王　静

# 浙江省烟草专卖局（公司）

**【专卖管理】**　**案件查处。**2018年，浙江省烟草专卖局破获各类涉烟违法案件1.98万起。查获违法卷烟4.78万件，同比增长29.19%。其中，非法流通卷烟2.87万件，同比增长7.09%；假冒卷烟1.37万件，同比增长148.55%；走私烟5366件，同比增长16.65%。破获符合公安部、国家局标准的网络案件82起，其中移动互联网案件55起、部督案件13起。向公安机关移送案件290起，公安、司法机关依法刑拘231人，逮捕112人，判刑314人。

全省侦办加热不燃烧卷烟案件55起，追究刑事责任193人，居全国第一；查获加热不燃烧卷烟5.56万条，居全国第二。宁波“3·18”“NB1807”走私加热不燃烧卷烟系列专案，完整摧毁从销售终端到国外顶层供应源头的全环节犯罪链条，并向全国28家单位移交线索200余条，受到国家局特别表彰。打掉运假专车112辆，破获温州瑞安“12·9”、衢州“1·14”、台州玉环“11·10”等包运团伙部督案。

**市场监管。**全省专卖管理人员做好市场监管工作，为全国卷烟营销网络建设现场会做保障。整治实体零售终端售假售私，修订完善市场净化率考核方案，组织检查人员明察暗访，日常监管与集中整治相结合、专卖监管与多线协同相结合、行业监管与公众监督相结合，营造干净规范的市场环境。开展“天网二号”专项行动，查获寄递包裹

2.14万个，卷烟7788.7件，其中假烟4193.8件，走私烟1373.7件。深入推进大户治理。通过细化治理方案，压缩违规大户空间，全省取消大户经营资格243户，劝退101户，停业整顿386户，降级降档1712户。

行政许可改革。实现移动端全面办证，“一网通办”模式全面落地。全省办理网上行政许可申请12.9万件，占总办件量74.27%，其中移动端办证申请4.64万件。打通省政务网数据库，“一证通办”的数据共享模式逐步建立。作为全省首家“证照联办”改革试点单位，推进与工商部门“一窗受理”证照联办模式，“一网通办、一证通办、一事通办”格局基本形成。

2018年，浙江台州市局（公司）依托全省系统移动工作平台，开发“烟智测”子模块。图为零售户（左）在“烟智测”平台填写品牌测评信息
浙江省局　供稿

【经济效益】　2018年，浙江省烟草商业系统实现税利330.03亿元，同比增长4.57%，其中利润149.74亿元，同比增长7.33%。三项费用率3.23%，同比增加0.14个百分点。卷烟单箱销售收入4.58万元，同比增长4.81%，继续位列全国烟草行业第一。

【卷烟（雪茄烟）经营】　卷烟销售。2018年，浙江省销量居前三位的品牌分别为“利群”“双喜·红双喜”“中华”，销量分别为420.01亿支（84万箱）、112.34亿支（22.47万箱）、87.75亿支（17.55万箱）。

全年实现卷烟销售收入1111.34亿元，位列行业商业企业第二位。实现卷烟税利328.16亿元，同比增长5.05%，其中利润148.22亿元，同比增长8.36%。

雪茄烟销售。全年销售雪茄烟0.49亿支，同比下降7.03%；实现销售收入5699万元，同比增长20.35%。通过特色终端建设，加强雪茄烟文化宣传。

品牌培育。定制品牌产品“玉溪（创客）”销量超过1万箱、“云烟（小云端）”价稳量增。“细支、中支、短支”新品类合计销量52.53亿支（10.5万箱），单箱销售额6.36万元，销售额比上年增加29.33亿元。创新产品聚焦一类烟，重点是高端烟以上，满足卷烟消费多元化选择的需求。

全年销售重点品牌卷烟同比增长2.27%，占总销量的88%。

终端建设。以举办全国卷烟营销网络建设现场会为契机，推进终端“品牌化建设、平台化运营、数字化管理”打造，初步构建具有浙烟特色的现代零售终端体系。打造涵盖“香溢直营店，香溢合作店，现代终端（三星、二星、一星），普通终端（甲类、乙类）”的“四层七类”终端体系。升级终端建设标准。建立选点要求、硬件形象、人员培训、管理制度、软件系统、营销支撑“六个统一”标准，加强升降退等动态管理，增强终端建设的活力。推广消费行为采集。推进支付宝结算项目，积累消费数据，深化支付宝消费者数据分析，并为零售户提供“多刷多保、多刷多贷、多刷低费率”等金融增值服务。全省支付宝结算客户4.9万户，涵盖45万个消费者。

物流建设。坚持成本、效率、服务和安全四个导向，推进技改升级，深化资源整合，打造智慧物流，提升精益品质，加快绿色发展。物流费用持续下降，全省物流总费用6.41亿元，同比下降0.79%，连续两年保持下降趋势。增效提质成效明显，全省物流从业人员降至2298人，人均配送效率998.67箱/人·年，同比增长10.61%。服务质量不断提升，卷烟包装破损率百万分之五，远低于行业平均水平；全省分拣和送货保持零差错，实现全年零售户零投诉，配送到户率100%。分类对标取得实效，推进县级分公司两项对标。推进全省站线精减工作，其中衢州市局（公司）撤并全部县级站点，实现全区一库制运作。

【对外交流与合作】 **进出口公司概况**。浙江烟草进出口有限公司是中国烟草总公司浙江省公司的全资子公司。截至2018年底，公司总资产9720万元，其中，固定资产465万元、流动资产9208万元，资产负债率20%。公司实现销售收入1.27亿元。实现利润1916万元。

**烟叶出口**。防范经营风险，优化操作流程，保持全年烟叶出口平稳。一是防范风险，保证出口烟叶安全经营。与客户进行沟通，将出口收汇条件从信用证与电汇相结合的方式改为装运前全额电汇的支付方式，保证出口收汇的安全与及时。二是精心操作，实现出口烟叶按时装运。研究出口单据新要求、新变化，优化出口流程，加快出口手续，实现出口烟叶的按时发运。三是稳定价格，提高产区种烟积极性。面对烟叶出口宏观下行压力，一方面争取烟叶出口价格稳中有升，另一方面权衡成本与汇率因素。2018年，实现烟叶（薄片）出口411吨、金额108.32万美元。

**卷烟（雪茄烟）进口**。2018年，进口卷烟（雪茄烟）到货共计16个批次、2.5亿支。其中，中烟英美“555”8302万支，南洋兄弟“双喜”9880万支，日本烟草“MEVIUS”1610万支、“骆驼”（CAMEL）200万支，韩国烟草“爱喜”（ESSE）2595万支，英美烟草“健牌”（KENT）2400万支；进口雪茄烟1.37万支。

【互联网+烟草专卖商业】 11月28—29日，全国卷烟营销网络建设现场会在浙江杭州召开，全方位展示浙江烟草商业“互联网+烟草专卖商业”成果。

打造“互联网+烟草专卖商业”的模式。“平台运营、数据驱动、一体管理、融合发展”的“互联网+烟草专卖商业”浙江模式初步成型。以数据驱动为核心，提升企业管理能力；以平台运营为基石，打造农工商零消供应链；以终端升级为关键，增强渠道掌控能力；以队伍赋能为保障，支撑销售管理能力。

闯出高质量发展新路径。搭建并进一步完善“一朵云、两张网、五大平台、三个支撑”的“1253”基础架构①，探索出高平台上高质量发展的新路径。以“精准到位、简明务实、互联互通、共享共赢”为理念，推动发展方式从经营卷烟向经营资源转变，从经营商业向经营平台转变，实现商业模式变革，打造面向未来的核心竞争力。

【特事辑要】 1月22—23日，全省烟草专卖商业工作会议在杭州召开。

5月29—30日，时任国家烟草专卖局党组书记、局长，中国烟草总公司总经理凌成兴在浙江烟草调研。

6月13—15日，国家局党组成员、副局长杨培森在浙江烟草调研。

8月2—4日，国家烟草专卖局党组书记、局长，中国烟草总公司总经理张建民在浙江烟草调研。

9月12—13日，国家局党组成员、直属机关党委书记高林在浙江烟草调研。

11月19—20日，国家局党组成员、副局长段铁力在浙江烟草调研。

11月28—29日，全国卷烟营销网络建设现场会在浙江杭州召开，全方位展示浙江烟草商业“互联网+烟草专卖商业”成果。

---

① “1253”基础架构：“一朵云”为浙烟专有云，既是“云”平台，也是“云”思维。在“云”上，计算资源、存储资源、网络资源统一管理、安全可控，数据壁垒得以打通，业务链条无缝衔接，应用模块自由组合，有效解决以前应用系统庞杂重复、各自为阵、与业务融合不够等痛点问题。“两张网”是表现形式，即实现员工一站式办公的内网和统一服务外部客户的外网。“五大平台”是具体内容，数据分析平台是基础，重在让数据驱动运营；经营管理平台、专卖管理平台、综合管理平台覆盖企业业务，重在打造全新业务管理模式；移动工作平台支撑营销、专卖、综合等业务应用的实时在线，重在提升智能办公水平。“三个支撑”为技术体系、信息安全、治理管控，是强力保障。“1253”是一个有机整体，共同构成了“互联网+浙烟专卖商业”的基础架构。

## 2018 年浙江省烟草专卖商业主要情况统计

| 地市级局（公司）名称 | | 杭州市烟草专卖局（公司） | 宁波市烟草专卖局（公司） | 温州市烟草专卖局（公司） | 嘉兴市烟草专卖局（公司） | 湖州市烟草专卖局（公司） | 绍兴市烟草专卖局（公司） |
|---|---|---|---|---|---|---|---|
| 主要负责人/法定代表人（含党政领导） | | 陈兴煜 | 郑敏强 | 蒋仲泉 | 陈月华 | 龚一正 | 邵作民 |
| 所属县级单位 | | 萧山区、余杭区、富阳区、临安区、桐庐县、建德市、淳安县等7个县级烟草专卖局（分公司） | 余姚市、慈溪市、奉化区、宁海县、象山县、鄞州区、镇海区、北仑区等8个县级烟草专卖局（分公司） | 乐清市、瑞安市、苍南县、平阳县、永嘉县、泰顺县、文成县、洞头区等8个县级烟草专卖局（分公司） | 嘉善县、平湖市、海宁市、海盐县、桐乡市等5个县级烟草专卖局（分公司） | 长兴县、安吉县、德清县等3个县级烟草专卖局（分公司） | 诸暨市、上虞区、嵊州市、新昌县等4个县级烟草专卖局（分公司） |
| 总资产（万元） | | 910353 | 714793 | 646742 | 370014 | 266915 | 377825 |
| 资产负债率（%） | | 17.41 | 14.08 | 20.72 | 15.96 | 21.58 | 18.00 |
| 从业人员（人） | | 1211 | 1318 | 1401 | 814 | 679 | 841 |
| 所属业务机构 | 营销机构 | 1个营销中心 | 1个营销中心 | 1个营销中心 | 1个营销中心 | 1个营销中心 | 1个营销中心 |
| | 物流配送机构 | 1个配送中心、5个中转站/对接点 | 1个配送中心、5个中转站/对接点 | 1个配送中心、4个中转站/对接点 | 1个配送中心 | 1个配送中心、1个中转站/对接点 | 1个配送中心 2个中转站/对接点 |
| | 专卖稽查机构 | 1个稽查支队、10个稽查大队、7个稽查中队、34个专卖管理所 | 1个稽查支队、10个稽查大队、8个稽查中队、30个专卖管理所 | 1个稽查支队、11个稽查大队、13个稽查中队、35个专卖管理所 | 1个稽查支队、7个稽查大队、5个稽查中队、17个专卖管理所 | 1个稽查支队、5个稽查大队、4个稽查中队、18个专卖管理所 | 1个稽查支队、6个稽查大队、4个稽查中队、23个专卖管理所 |
| | 烟叶机构 | — | — | — | 1个烟叶科 | — | 2个烟叶科、2个烟叶收购站 |
| 实现税利 | 万元 | 585284 | 504225 | 438378 | 282398 | 190149 | 278090 |
| | 比上年增长（%） | 3.99 | 3.46 | 5.07 | 4.84 | 4.82 | 2.84 |
| 实现利润 | 万元 | 269094 | 232341 | 191285 | 126518 | 83610 | 123124 |
| | 比上年增长（%） | 5.16 | 8.71 | 7.15 | 7.18 | 7.50 | 6.27 |
| 卷烟销售收入（万元） | | 1669966 | 1470357 | 1321749 | 820960 | 564188 | 828374 |
| 查处涉烟违法案件（起） | | 3492 | 2824 | 2548 | 1785 | 1644 | 1835 |
| 查处涉烟违法案件案值（万元） | | 7064 | 6486 | 7186 | 3278 | 2862 | 2517 |
| 烟基建设投入资金（万元） | | — | — | — | — | — | — |
| 烟基设施新增受益面积（万亩） | | — | — | — | — | — | — |
| 烟叶种植（万亩） | | — | — | — | 0.07 | — | 0.09 |
| 烟叶收购（万担） | | — | — | — | 0.20 | — | 0.21 |
| 烟农户数（户） | | — | — | — | 652 | — | 648 |
| 实现烟农总收入（万元） | | — | — | — | 273 | — | 462 |
| 零售户数（户） | | 37197 | 42486 | 45285 | 24447 | 19600 | 28476 |
| 零售户销售毛利率（%） | | 7.60 | 9.26 | 8.70 | 8.00 | 10.00 | 8.00 |

| 地市级局（公司）名称 | 金华市烟草专卖局（公司） | 衢州市烟草专卖局（公司） | 丽水市烟草专卖局（公司） | 台州市烟草专卖局（公司） | 舟山市烟草专卖局（公司） |
|---|---|---|---|---|---|
| 主要负责人/法定代表人（含党政领导） | 方录生 | 朱建辉 | 沈伏恒 | 陈修年 | 林勇刚 |

续表

| 地市级局（公司）名称 | | 金华市烟草专卖局（公司） | 衢州市烟草专卖局（公司） | 丽水市烟草专卖局（公司） | 台州市烟草专卖局（公司） | 舟山市烟草专卖局（公司） |
|---|---|---|---|---|---|---|
| 所属县级单位 | | 义乌市、东阳市、永康市、兰溪市、浦江县、武义县、磐安县等7个县级烟草专卖局（分公司） | 江山市、龙游县、常山县、开化县等4个县级烟草专卖局（分公司） | 青田县、缙云县、云和县、景宁县、遂昌县、松阳县、龙泉市、庆元县等8个县级烟草专卖局（分公司） | 玉环市、温岭市、黄岩区、临海市、天台县、仙居县、三门县等7个县级烟草专卖局（分公司） | 普陀区、岱山县、嵊泗县等3个县级烟草专卖局（分公司） |
| 总资产（万元） | | 409187 | 150961 | 124965 | 499667 | 108883 |
| 资产负债率（%） | | 23.12 | 18.34 | 28.20 | 22.89 | 24.21 |
| 从业人员（人） | | 1050 | 539 | 692 | 1054 | 328 |
| 所属业务机构 | 营销机构 | 1个营销中心 | 1个营销中心 | 1个营销中心 | 1个营销中心 | 1个营销中心 |
| | 物流配送机构 | 1个配送中心、6个中转站/对接点 | 1个配送中心 | 1个配送中心、6个中转站/对接点 | 1个配送中心、5个中转站/对接点 | 1个配送中心、1个配送分中心、1个中转站/对接点 |
| | 专卖稽查机构 | 1个稽查支队、10个稽查大队、7个稽查中队、25个专卖管理所 | 1个稽查支队、6个稽查大队、3个稽查中队、13个专卖管理所 | 1个稽查支队、10个稽查大队、8个稽查中队、14个专卖管理所 | 1个稽查支队、9个稽查大队、7个稽查中队、30个专卖管理所 | 1个稽查支队、5个稽查大队、2个稽查中队、8个专卖管理所 |
| | 烟叶机构 | — | — | 1个烟叶科 | — | — |
| 实现税利 | 万元 | 300911 | 115276 | 100010 | 343089 | 77700 |
| | 比上年增长（%） | 4.42 | 4.88 | 3.40 | 4.88 | 4.94 |
| 实现利润 | 万元 | 129617 | 46898 | 34358 | 153078 | 31784 |
| | 比上年增长（%） | 5.37 | 5.30 | 4.24 | 7.52 | 6.48 |
| 卷烟销售收入（万元） | | 904548 | 361303 | 350637 | 1020106 | 242035 |
| 查处涉烟违法案件（起） | | 2257 | 508 | 888 | 1549 | 466 |
| 查处涉烟违法案件案值（万元） | | 6209 | 4471 | 2155 | 3857 | 360 |
| 烟基建设投入资金（万元） | | — | — | — | — | — |
| 烟基设施新增受益面积（万亩） | | — | — | — | — | — |
| 烟叶种植（万亩） | | — | — | 0.01 | — | — |
| 烟叶收购（万担） | | — | — | 0.03 | — | — |
| 烟农户数（户） | | — | — | 33 | — | — |
| 实现烟农总收入（万元） | | — | — | 48 | — | — |
| 零售户数（户） | | 32805 | 15253 | 14910 | 37482 | 7019 |
| 零售户销售毛利率（%） | | 9.84 | 10.70 | 8.00 | 8.50 | 8.20 |

◇ 撰稿：张庆娜；编辑：鲁建敏　王　静

# 安徽省烟草专卖局（公司）

**【专卖管理】** **案件查处**。2018年，安徽省烟草专卖局查处涉烟违法案件3.88万起，涉案金额2亿元，其中，案值5万元以上的案件368起。查获各类非法卷烟1.22万件，同比增长16%，其中假冒卷烟5092件，同比减少8.8%；走私烟175件，同比增长100.7%。公安、司法机关依法拘留248人、逮捕144人、判刑177人，同比分别增长9.7%、28.6%、1.7%。破获符合公安部、国家局标准的国标网络案件37起、省局标准的网络案件45起，同比分别增长

61%、15%。

**市场监管**。建立物流寄递环节多部门联合工作新机制。联合公安、交通、邮政部门，下发《安徽省四厅局关于建立物流寄递环节打击涉烟违法犯罪协作机制的意见》，进一步加强全省各级烟草专卖部门、公安机关、交通运输管理部门、邮政管理部门的协作配合，形成联合打击物流寄递环节涉烟违法犯罪活动的新局面。池州市“3·13”非法经营卷烟机案件，联合质检站、省人民检察院等部门明确涉案物品定性问题，由公安部、国家局联合挂牌督办，是全国卷烟打假中首例非法经营卷烟机案。

2018年10月，安徽烟草举办“维权杯”真假烟鉴别比赛

安徽省局　供稿

**内部管理**。推进专卖管理信息化建设，落实《数字专卖管理信息系统案件、证件模块使用规范（试行）》。完成“智慧专卖”项目技术架构、功能架构设计，通过专家技术评审并完成项目立项。深化“放管服”改革要求，推进“互联网+政务服务”工作进度，完成专卖管理信息系统与省工商局电子营业执照对接工作，实现实时读取电子工商营业数据，为实施电子许可证做准备。

**【经济效益】**　2018年，安徽省烟草商业系统实现税利166.48亿元，同比增长4.15%，其中利润62.48亿元，同比增长5.6%。单箱卷烟销售收入3.52万元，单箱税利9260元。三项费用率5.53%。实施精益水电管理、精益采购管理，实现降本增效4500万元。

**【卷烟（雪茄烟）经营】**　**卷烟销售**。2018年，安徽省烟草商业系统销售细支烟41.15亿支（8.23万箱），爆珠烟10.05亿支（2.01万箱），短支烟4.85亿支（0.97万箱）。本地区销量居前三位的品牌是“黄山”“利群”“中华”，销售“黄山”529.72亿支（105.94万箱），同比增长0.9%；“利群”60.79亿支（12.16万箱），同比持平；“中华”37.48亿支（7.5万箱），同比下降2.24%。

实现卷烟销售收入633.59亿元，同比增长4.25%；实现卷烟税利163.79亿元，同比增长5.24%，其中利润61.65亿元，同比增长8.0%。

**雪茄烟销售**。销售雪茄烟9338.16万支，同比增长59.14%。合肥市局（公司）开展试点工作，解决雪茄烟分销业务中“市场准入难、养护配送难、需求满足难、市场把握难、市场监管难”的“五难”问题，探索建立“统一开放、运行顺畅、先进适用”的中高端雪茄烟分销模式，并将试点成果运用于中高端雪茄烟全国统一订货平台“雪茄购”。2018年9月20日，“雪茄购”平台正式上线。

**物流建设**。2018年，全省配送卷烟179.78万箱，同比增加0.6万箱，增长0.33%；单箱物流费用271.63元，同比增加16.68元，增长6.54%；物流费用率0.9%，同比增加0.02个百分点，增长2.27%；库存周转次数20.63次，同比增加1.09次，增长5.58%；物流从业人员1926人，同比减少27人，下降1.38%；人工费用比例73.72%，同比增加0.31个百分点；物流配送车辆567辆，同比减少31辆，下降5.29%。

**【烟叶产销】**　**烟叶种植与收购**①。2018年，安徽省烟叶种植面积11.5万亩，烟农1752户，户均种植规模65.3亩，实际收购烟叶1.55万吨（31万担）；上等烟比例68.6%，同比提高6.6个百分点。复烤加工烟叶5.88万吨（117.57万担），同比减少0.93万吨（18.6万担）；储存成品烟叶6.1万吨（122万担），同比增加0.63万吨（12.6万担）。

---

① 烟叶种植与收购中各项数据均含安徽皖南烟叶有限责任公司。

实现烟叶税利 2.82 亿元。实现烟农收入 3.90 亿元。

**烟叶生产方式转型**。全面推进以新型种植模式为统领，以信息化、专业化为支撑的绿色生产体系，共落实 1∶1 轮作新型农户 1015 户，长期流转土地面积 20.4 万亩；深入推进“三优化”工作，调减次优质烟田 2.13 万亩、烟农 404 户；深化专业化服务体系建设，探索以水肥耦合、烘烤和分级三大服务为核心的全程专业化服务；推进信息化动态管理体系建设，完成 21.24 万亩烟田、1216 座育苗大棚、801 处烤房群的地图绘制，完成 52 座育苗大棚、400 座烤房的物联网设施安装与应用；强化订单生产管理和配套技术，全省上等烟比例继续保持较高增长。

**安徽皖南烟叶有限责任公司**。安徽皖南烟叶有限责任公司位于安徽省宣城市，成立于 2004 年 12 月 31 日，是全国烟草行业唯一跨地区股份制专业化烟叶生产企业，参股企业为中国烟草总公司安徽省公司、安徽省烟草公司宣城市公司、芜湖市公司、黄山市公司。截至 2018 年底，总资产 14.10 亿元，其中固定资产 1.23 亿元、流动资产 12.32 亿元，资产负债率 7.64%。在岗员工 415 人，实行全员聘用制，其中本科以上学历 141 人，高级职称 7 人，技师以上职业技能资格 25 人。公司党组书记、董事长、总经理：徐海清。

2018 年落实烟叶种植面积 10.74 万亩，收购烟叶 1.46 万吨（29.19 万担），同比下降 11.28%；收购综合均价 26.83 元/千克，同比增长 1.9%。烟农 1524 户，户均种植规模 70.5 亩，亩均收益 3770 元。实现总利润 1.29 亿元，同比减少 37.95%；实现税利 2.60 亿元，同比减少 25.86%。三项费用率 16.05%。

设定构建现代生产经营新模式的目标，实施信息化和机械化，以订单生产为抓手，健全完善绿色生产体系，持续提升烟叶生产运行质量。上等烟比例提高 5.7%，新型种植模式推广率达到 73%，优质烟农面积占比 55%，优质区域面积占比 40%，探索打造集订单生产、全程绿色生产、全程机械化、智慧农业、职业烟农等“五位一体”的样板区，辐射带动皖南烟区整体实现高质量发展。

以“研发、推广、生产、营销、保障”为发展关键环节，初步探索多元发展的基本路径和方法。构建以宣城市现代功能农业科创园为主体的创新平台，有针对性地开展特色品种选育、功能食品研发、烟草新功能开发、农业资源高效利用等领域研究项目。根据产业发展规划和科创园创新项目方向，确立“烟 + 水稻”“烟 + 瓜果”“烟 + 稻鸭”“烟 + 蓝莓”“烟 + 食用菌”“烟 + 中药材”等多种特色产业组合方式，并对农户进行产业组合的指导。全年共生产优质稻谷 1450 吨、食用菌 39.7 吨、果蔬 414.9 吨。全年实现烟农收入 980.91 万元。

**【科技创新】** 坚持科学创新、活力创新、规范创新。1 项科技项目成果获得中国烟草总公司科学技术进步奖三等奖，5 个 QC 小组荣获安徽省优秀质量管理小组成果一等奖，2 个 QC 小组分别获得中国烟草总公司第二十九届优秀质量管理小组成果一等奖、二等奖，2 个 QC 小组被评为“全国优秀质量管理小组”。获得专利授权 11 件，其中发明专利 2 件。

**【特事辑要】** 1 月 19 日，安徽省局（公司）召开 2018 年工作会议。

3 月 5 日，安徽省局（公司）“成长文化日”被评为“安徽省文明单位创建十佳品牌”。

6 月 12 日，2018 年全国烟农增收工作现场会在安徽宣城召开。国家局党组成员、副局长杨培森出席会议。

10 月 31 日，安徽省局（公司）举行“安徽省理论宣讲示范基地”揭牌仪式。

**2018 年安徽省烟草专卖商业主要情况统计**

| 地市级局（公司）名称 | 合肥市烟草专卖局（公司） | 淮北市烟草专卖局（公司） | 亳州市烟草专卖局（公司） | 宿州市烟草专卖局（公司） |
|---|---|---|---|---|
| 主要负责人/法定代表人（含党政领导） | 梁跃华 | 张　浩 | 金大林 | 吴修军 |
| 所属县级单位 | 巢湖市、庐江县、肥东县、肥西县、长丰县、瑶海区、庐阳区、包河区、蜀山区等 9 个县级烟草专卖局（营销部） | 濉溪县烟草专卖局（营销部）、1 个直属分局（营销部） | 涡阳县、蒙城县、利辛县等 3 个县级烟草专卖局（营销部），1 个直属分局（营销部） | 灵璧县、泗县、萧县、砀山县等 4 个县级烟草专卖局（营销部），1 个直属分局（营销部） |

续表

| 地市级局（公司）名称 | | 合肥市烟草专卖局（公司） | 淮北市烟草专卖局（公司） | 亳州市烟草专卖局（公司） | 宿州市烟草专卖局（公司） |
|---|---|---|---|---|---|
| 总资产（万元） | | 370390 | 71578 | 57564 | 120795 |
| 资产负债率（%） | | 5.50 | 14.81 | 6.96 | 14.38 |
| 从业人员（人） | | 1260 | 298 | 793 | 761 |
| 所属业务机构 | 营销机构 | 1个营销中心 | 1个营销中心 | 1个营销中心 | 1个营销中心 |
| | 物流配送机构 | 1个物流中心、2个配送站 | 1个物流中心、1个配送站 | 1个卷烟物流中心、3个中转站 | 1个物流中心、4个配送站 |
| | 专卖稽查机构 | 9个稽查队、32个专卖管理所 | 3个稽查队、7个专卖管理所 | 4个稽查队、14个专卖管理所 | 5个稽查队、17个专卖管理所 |
| | 烟叶机构 | — | — | — | — |
| 实现税利 | 万元 | 323141 | 42203 | 78404 | 94047 |
| | 比上年增长（%） | 4.74 | 9.94 | 6.86 | 6.36 |
| 实现利润 | 万元 | 136437 | 14780 | 18556 | 30914 |
| | 比上年增长（%） | 6.00 | 14.35 | 17.00 | 11.96 |
| 卷烟销售收入（万元） | | 1160908 | 169826 | 366969 | 393478 |
| 查处涉烟违法案件（起） | | 21840 | 949 | 3738 | 2259 |
| 查处涉烟违法案件案值（万元） | | 2409 | 319 | 1468 | 1240 |
| 烟基建设投入资金（万元） | | — | — | — | — |
| 烟基设施新增受益面积（万亩） | | — | — | — | — |
| 烟叶种植（万亩） | | — | — | — | — |
| 烟叶收购（万担） | | — | — | — | — |
| 烟农户数（户） | | — | — | — | — |
| 实现烟农总收入（万元） | | — | — | — | — |
| 零售户数（户） | | 29644 | 8722 | 18915 | 23106 |
| 零售户销售毛利率（%） | | 10.49 | 13.38 | 12.00 | 9.00 |

| 地市级局（公司）名称 | 蚌埠市烟草专卖局（公司） | 阜阳市烟草专卖局（公司） | 淮南市烟草专卖局（公司） | 滁州市烟草专卖局（公司） |
|---|---|---|---|---|
| 主要负责人/法定代表人（含党政领导） | 江　南 | 胡志刚 | 孙太勇（—2018年5月）<br>王天山（2018年5月—） | 孙志强 |
| 所属县级单位 | 怀远县、五河县、固镇县等3个县级烟草专卖局（营销部），1个直属分局（营销部） | 临泉县、阜南县、太和县、颍上县、界首县等5个县级烟草专卖局（营销部），1个直属分局（营销部） | 寿县、凤台县2个县级烟草专卖局（营销部），田家庵大通、谢家集八公山、潘集区等3个分局（营销部），毛集分局 | 来安县、全椒县、天长市、定远县、凤阳县、明光市等6个县级烟草专卖局（营销部），1个直属分局（营销部） |
| 总资产（万元） | 95317 | 171701 | 132914 | 132599 |
| 资产负债率（%） | 14.23 | 11.52 | 6.23 | 14.35 |
| 从业人员（人） | 480 | 975 | 496 | 678 |

续表

| 地市级局（公司）名称 | | 蚌埠市烟草专卖局（公司） | 阜阳市烟草专卖局（公司） | 淮南市烟草专卖局（公司） | 滁州市烟草专卖局（公司） |
|---|---|---|---|---|---|
| 所属业务机构 | 营销机构 | 1 个营销中心 | 1 个营销中心 | 1 个营销中心 | 1 个营销中心 |
| | 物流配送机构 | 1 个物流中心 | 1 个物流中心、3 个配送站 | 1 个物流中心、2 个中转站 | 1 个物流中心、4 个配送站 |
| | 专卖稽查机构 | 4 个稽查队、10 个专卖管理所 | 6 个稽查队、24 个专卖管理所 | 1 个稽查支队、5 个稽查队、9 个专卖管理所 | 7 个稽查队、14 个专卖管理所 |
| | 烟叶机构 | — | — | — | — |
| 实现税利 | 万元 | 74826 | 160696 | 87966 | 101775 |
| | 比上年增长（%） | 4.45 | 8.76 | 3.10 | 2.45 |
| 实现利润 | 万元 | 24600 | 57941 | 35088 | 35501 |
| | 比上年增长（%） | 8.50 | 12.46 | 7.62 | 4.15 |
| 卷烟销售收入（万元） | | 314270 | 636890 | 333047 | 410777 |
| 查处涉烟违法案件（起） | | 1493 | 1656 | 2984 | 4835 |
| 查处涉烟违法案件案值（万元） | | 934 | 3122 | 382 | 1176 |
| 烟基建设投入资金（万元） | | — | — | — | — |
| 烟基设施新增受益面积（万亩） | | — | — | — | — |
| 烟叶种植（万亩） | | — | — | — | — |
| 烟叶收购（万担） | | — | — | — | — |
| 烟农户数（户） | | — | — | — | — |
| 实现烟农总收入（万元） | | — | — | — | — |
| 零售户数（户） | | 13660 | 22826 | 12781 | 15167 |
| 零售户销售毛利率（%） | | 11.00 | 9.83 | 8.00 | 11.00 |

| 地市级局（公司）名称 | 六安市烟草专卖局（公司） | 马鞍山市烟草专卖局（公司） | 芜湖市烟草专卖局（公司） | 宣城市烟草专卖局（公司） |
|---|---|---|---|---|
| 主要负责人/法定代表人（含党政领导） | 岳　文 | 施书林 | 胡家木 | 耿利永 |
| 所属县级单位 | 霍邱县、金寨县、霍山县、舒城县等 4 个县级烟草专卖局（营销部），1 个叶集区烟草专卖局（营销部）、1 个直属皋城分局（营销部） | 含山县、和县、当涂县等 3 个县级烟草专卖局（营销部），钢城分局（营销部） | 无为县、芜湖县、繁昌县、南陵县等 4 个县级烟草专卖局（营销部），1 个直属分局（营销部）、江北分局（营销部） | 郎溪县、广德县、宁国市、泾县、绩溪县、旌德县、宣州区等 7 个县级烟草专卖局（营销部） |
| 总资产（万元） | 147794 | 129473 | 186890 | 132919 |
| 资产负债率（%） | 6.72 | 11.09 | 14.44 | 8.22 |
| 从业人员（人） | 642 | 411 | 544 | 523 |

续表

| 地市级局（公司）名称 | | 六安市烟草专卖局（公司） | 马鞍山市烟草专卖局（公司） | 芜湖市烟草专卖局（公司） | 宣城市烟草专卖局（公司） |
|---|---|---|---|---|---|
| 所属业务机构 | 营销机构 | 1个营销中心 | 1个营销中心 | 1个营销中心 | 1个营销中心、7个县级营销部 |
| | 物流配送机构 | 1个物流中心、4个配送站 | 1个物流中心 | 1个物流中心、1个中转站 | 1个物流中心、1个中转站 |
| | 专卖稽查机构 | 1个稽查支队、5个稽查队、14个专卖管理所、1个专卖管理所（稽查队） | 4个稽查队、10个专卖管理所 | 1个稽查支队、6个稽查队、12个专卖管理所 | 1个稽查支队、1个稽查大队、7个稽查中队、15个专卖管理所 |
| | 烟叶机构 | — | — | — | — |
| 实现税利 | 万元 | 122879 | 82929 | 121936 | 92023 |
| | 比上年增长（%） | 0.53 | 4.68 | 3.05 | 6.87 |
| 实现利润 | 万元 | 49944 | 34160 | 51465 | 35005 |
| | 比上年增长（%） | 2.36 | 5.97 | 4.49 | 9.27 |
| 卷烟销售收入（万元） | | 456235 | 301748 | 439365 | 349709 |
| 查处涉烟违法案件（起） | | 3036 | 1169 | 4377 | 1096 |
| 查处涉烟违法案件案值（万元） | | 956 | 939 | 2006 | 845 |
| 烟基建设投入资金（万元） | | — | — | — | — |
| 烟基设施新增受益面积（万亩） | | — | — | — | — |
| 烟叶种植（万亩） | | — | — | — | — |
| 烟叶收购（万担） | | — | — | — | — |
| 烟农户数（户） | | — | — | — | — |
| 实现烟农总收入（万元） | | — | — | — | — |
| 零售户数（户） | | 19404 | 10363 | 12404 | 13141 |
| 零售户销售毛利率（%） | | 13.50 | 10.00 | 10.00 | 11.83 |

| 地市级局（公司）名称 | 铜陵市烟草专卖局（公司） | 池州市烟草专卖局（公司） | 安庆市烟草专卖局（公司） | 黄山市烟草专卖局（公司） |
|---|---|---|---|---|
| 主要负责人/法定代表人（含党政领导） | 王　凯 | 胡守华 | 王　鸿 | 刘新华 |
| 所属县级单位 | 枞阳县烟草专卖局（营销部）和义安区、铜官区烟草专卖局 | 东至县、石台县、青阳县、贵池区等4个县级烟草专卖局（营销部） | 桐城市、怀宁县、潜山县、岳西县、太湖县、望江县、宿松县、宜城区等8个县级烟草专卖局（营销部） | 歙县、休宁县、祁门县、黟县、黄山区、屯溪区、徽州区等7个县级烟草专卖局（营销部） |
| 总资产（万元） | 86327 | 85189 | 158854 | 87900 |
| 资产负债率（%） | 12.40 | 12.20 | 6.92 | 8.06 |
| 从业人员（人） | 254 | 531 | 742 | 347 |

续表

| 地市级局（公司）名称 | | 铜陵市烟草专卖局（公司） | 池州市烟草专卖局（公司） | 安庆市烟草专卖局（公司） | 黄山市烟草专卖局（公司） |
|---|---|---|---|---|---|
| 所属业务机构 | 营销机构 | 1 个营销中心 | 1 个营销中心 | 1 个营销中心 | 1 个营销中心 |
| | 物流配送机构 | 1 个物流中心 | 1 个物流中心、1 个配送站 | 1 个物流中心、4 个配送站 | 1 个物流中心 |
| | 专卖稽查机构 | 1 个稽查支队、3 个稽查队、8 个专卖管理所 | 4 个稽查大队、10 个专卖管理所 | 1 个稽查支队、8 个稽查队、32 个专卖管理所 | 7 个稽查队（管理所）、2 个驻点管理所 |
| | 烟叶机构 | — | 1 个烟叶工作站 | — | — |
| 实现税利 | 万元 | 47860 | 51801 | 116322 | 44167 |
| | 比上年增长（%） | 4.29 | 12.54 | 5.00 | 6.28 |
| 实现利润 | 万元 | 19542 | 19142 | 42717 | 15402 |
| | 比上年增长（%） | 4.50 | 20.50 | 5.88 | 11.49 |
| 卷烟销售收入（万元） | | 178382 | 193006 | 453052 | 178285 |
| 查处涉烟违法案件（起） | | 986 | 2120 | 3632 | 2588 |
| 查处涉烟违法案件案值（万元） | | 292 | 347 | 920 | 459 |
| 烟基建设投入资金（万元） | | — | 282 | — | — |
| 烟基设施新增受益面积（万亩） | | — | 0.50 | — | — |
| 烟叶种植（万亩） | | — | 0.78 | — | — |
| 烟叶收购（万担） | | — | 1.81 | — | — |
| 烟农户数（户） | | — | 228 | — | — |
| 实现烟农总收入（万元） | | — | 2928 | — | — |
| 零售户数（户） | | 7284 | 7845 | 22231 | 8893 |
| 零售户销售毛利率（%） | | 8.75 | 12.67 | 8.50 | 14.47 |

◇ 撰稿：程国亚；编辑：褚　幸

# 福建省烟草专卖局（公司）

【专卖管理】　**案件查处**。2018 年，福建省烟草专卖局查处各类涉烟违法案件 1.24 万起，同比增长 18.3%；查获假冒卷烟 3.83 万件，同比增长 276%；查获大型制假烟机 132 台，同比增长 5 倍；查获非法烟叶烟丝 778 吨，同比增长 142%；查获走私烟 1142 件，同比减少 12%；查获非法流通卷烟 4971 件，同比增长 23%。查处符合公安部、国家局标准的网络案件 61 起。公安、司法机关依法拘留 676 人，逮捕 351 人，判刑 280 人。

**打假打私**。以“云霄防反弹、全省防扩散”为打假方针，落实全省卷烟打假打私联席会议机制。加强与漳州市委、市政府沟通，与云霄县政府签订新一轮卷烟打假综合治理框架协议，保持云霄打假高压态势。与公安多警种协作，完善驻点联合打假长效机制，共同开发涉烟违法犯罪情报研判信息系统。与边防、海关签订《打击走私烟草制品合作备忘录》，与邮政、交管部门联合开展打击物流寄递环节涉烟违法犯罪行为。与广东、深圳、海南、北京等省级局建立联合打假协作机制。

**卷烟市场监管**。推进 APCD 工作法与“双随机、一公开”融合。开展旅游景区卷烟市场秩序专项整治和打击非法经营烟叶原料专项行动，突出重点区域、重点对象、重要时节的监管。深化“放管服”改革，加快“互联网 + 政务服务”工作，以标准化促进行政许可规范化，缩减办证时限、提升服务质量。出台《深入开展违法违规卖烟大户治理工作实施方案》，定期召开会议，推进违法违规卖烟大户治理。全省共查处大户违法违规经营卷烟“双 5”（涉案金额超过 5 万元、涉案卷烟超过 5 万支）案件 117 起，取缔非法大户 178 户。

【经济效益】 2018年，福建省烟草商业系统实现税利171.4亿元，与上年持平，其中利润72亿元，同比下降2.46%。卷烟单箱销售收入（不含税）2.86万元，单箱税利0.87万元。三项费用率6.18%。

【卷烟（雪茄烟）经营】 **卷烟（雪茄烟）销售**。2018年，福建省销量居前三位的卷烟品牌为“七匹狼”“利群”“中华”，销量分别为511.25亿支（102.25万箱）、35.9亿支（7.18万箱）、35.7亿支（7.14万箱）。销售雪茄烟4336万支，同比增长90.85%。

全年实现卷烟销售收入549.44亿元，同比增长5.11%。实现卷烟税利143.84亿元，同比增长4.76%，其中利润55.39亿元，同比增长6.86%。

**重点品牌及创新品类销售**。全年重点品牌卷烟销量同比增长1.88%，占总销量的90.95%。重点品牌卷烟实现销售收入517.27亿元，占比94.14%。销售细支烟48.25亿支（9.65万箱），同比增长67.15%；短支烟6.2亿支（1.24万箱），同比增长59.16%；中支烟13.6亿支（2.72万箱），同比增长59.03%；爆珠烟10.25亿支（2.05万箱）。

**现代物流建设**。承办2018年全国烟草行业物流工作现场会，工商物流、两烟物流、智能物流、精益物流、法人实体等5项工作成果得到国家局肯定，并在全行业推广应用。加快异形卷烟分拣设备技改，构建“五个一”（绘就“一张蓝图”、搭建“一个平台”、做大“一张网”、做实“一公里”、做优“一百米”）智能物流体系，全面推行电子签收、在线支付等送货服务智能应用，全省优化送货线路10条，中转站由26个减少到19个。纸滑托盘联运范围覆盖全省9个地市，联运量达到91.59万箱。全省卷烟库存周转次数22.72次。卷烟货款电子结算率99.8%。“两烟物流一体化”管理项目获得中国烟草总公司科学技术进步奖三等奖。

【烟叶产销】 **种植与收购**。2018年，福建省种烟农户总数为4.11万户，种植面积61.53万亩。收购烟叶7.89万吨（157.88万担），同比减少3.02万吨（60.38万担）。收购均价29.86元/千克，同比增加1.2元/千克。上等烟比例69.9%，同比增加7.3个百分点。烟叶收购等级合格率84.3%，同比提高2个百分点。全年实现烟农收入（不含补贴）23.57亿元，烟农户均收入（不含补贴）5.73万元。

全年实现烟叶税利17.42亿元，同比下降23.59%，其中利润9.5亿元，同比下降28.57%。

**烟叶提质增效**。开展“烟叶烘烤年”活动，强化保湿增香烘烤配套技术，专业化烘烤比例达到51.5%。推进绿色生产，实现地膜回收再利用和烟蚜茧蜂防治蚜虫覆盖率100%。试点开展精准测产、智能化收购和全程质量追溯工作，实现专分散收全面覆盖。工商交接等级平均合格率70.7%。

**烟叶生产基础设施**。推广烟基建设廉政风险防控课题成果，严格规范项目管理。2018年度预算投入资金2900万元，建设项目2613个。截至2018年底，国家局复函援建水源项目39个，援建资金23.34亿元，项目全部开工建设，其中完工项目26个。

**课题研究**。与工业企业合作开展“福建上下部叶深化应用研究”项目，继续做好原烟颜色调控和片烟仓储醇化2个项目研究，制定《福建原烟保管与养护技术规范》《福建片烟醇化及养护管理规范》。

福建龙岩上杭县烟农对烟株进行打顶抹杈（2018年）
福建龙岩上杭县局　郭子雄　摄

【合作与交流】 中国烟草福建进出口有限责任公司前身是成立于1985年1月1日的中国烟草进出口公司福建分公司。1991年更名为中国烟草福建进出口公司，同年公司由福州迁址到厦门。2001年11月，改制更名为中国烟草福建进出口有限责任公司，股东分别是中国烟草进出口（集团）公司、福建省烟草公司、福建中烟工业公司、龙岩卷烟厂、厦门卷烟厂。2006年12月，改制为一人有限责任公司，成为中国烟草总公司福建省公司的全资子公司。公司经营范围涵盖烟叶出口和卷烟进口两项，其中烟叶、烟梗销售到印度尼西亚、柬埔寨、越南、菲律宾、埃及、阿联酋、德国、俄罗斯、荷兰等国家或地区，并负责为福建、天津、内蒙古三省（市、区）提供包括“555”“红双喜”“Mevius”“健牌（KENT）”“爱喜（ESSE）”“长寿（Long Life）”“阿里山”等品牌在内的进口卷烟和“博格”品牌雪茄烟。截至2018年底，总资产4.38亿元，其中，固定资产7483万元、流动资产2.04亿元，资产负债率11.90%。从业人员47人。

2018年，实现进出口贸易总额2659.73万美元。实现销售收入3.3亿元，同比增长17.66%。实现税利1.58亿元，同比增长11.32%。实现利润5041万元，同比增长39.99%。出口烟叶（含烟梗、薄片等）7579.1吨，出口实现1345.32万美元。进口卷烟（含雪茄烟）6.75亿支，进口额1314.41万美元。销售进口卷烟6.48亿支，销售额2.41亿元。

【特事辑要】 1月23日，福建省烟草商业系统工作会议在福州召开。

4月13日，福建省副省长李德金、省政府副秘书长刘琳一行在福建烟草调研。

12月12日，福建省副省长李德金在福建烟草调研。

### 2018年福建省烟草专卖商业主要情况统计

| 地市级局（公司）名称 | | 福州市烟草专卖局（公司） | 厦门市烟草专卖局（公司） | 宁德市烟草专卖局（公司） | 莆田市烟草专卖局（公司） | 泉州市烟草专卖局（公司） |
|---|---|---|---|---|---|---|
| 主要负责人/法定代表人（含党政领导） | | 黄学良 | 黄端启 | 林茂新 | 林师训 | 游文忠 |
| 所属县级单位 | | 城北、城南、长乐、福清、闽侯、连江、平潭、罗源、闽清、永泰等10个县级烟草专卖局（分公司） | 思明区、湖里区、集美区、第一分局等4个县级烟草专卖局（分公司） | 蕉城区、福安市、福鼎市、霞浦县、古田县、屏南县、寿宁县、周宁县、柘荣县等9个县级烟草专卖局（分公司） | 仙游县、城厢区、涵江区、秀屿区等4个县级烟草专卖局（分公司） | 安溪县、永春县、惠安县、德化县、晋江市、石狮市、南安市、鲤城区、洛江区、丰泽区、泉港区等11个县级烟草专卖局（分公司） |
| 总资产（万元） | | 398119 | 271653 | 152760 | 161061 | 553594 |
| 资产负债率（%） | | 15.32 | 8.85 | 11.29 | 6.20 | 13.14 |
| 从业人员（人） | | 1238 | 774 | 697 | 602 | 1309 |
| 所属业务机构 | 营销机构 | 1个营销中心、10个客户服务中心 | 1个营销中心、1个电访中心、6个客户服务中心 | 1个营销中心、1个电访中心、9个客户服务中心 | 1个营销中心、1个服务响应部、4个客户服务中心 | 1个营销中心、1个客户服务响应中心、11个客户服务中心 |
| | 物流配送机构 | 1个配送中心、1个中转站、5个对接站 | 1个配送中心 | 1个配送中心、4个中转站 | 1个配送中心 | 1个配送中心、3个中转站、2个对接点 |
| | 专卖稽查机构 | 1个稽查支队、11个稽查大队、32个专卖管理所 | 1个稽查支队、8个稽查大队 | 1个稽查支队、9个稽查大队、19个专卖管理所 | 1个稽查支队、5个稽查大队、15个专卖管理所 | 1个稽查支队、13个稽查大队 |
| | 烟叶机构 | — | — | — | — | — |
| 实现税利 | 万元 | 269541 | 181449 | 100430 | 120702 | 328490 |
| | 比上年增长（%） | 4.83 | 3.75 | 5.43 | 5.20 | 6.37 |

续表

| 地市级局（公司）名称 | | 福州市烟草专卖局（公司） | 厦门市烟草专卖局（公司） | 宁德市烟草专卖局（公司） | 莆田市烟草专卖局（公司） | 泉州市烟草专卖局（公司） |
|---|---|---|---|---|---|---|
| 实现利润 | 万元 | 103809 | 74953 | 35329 | 47837 | 131909 |
| | 比上年增长（%） | 7.37 | 10.84 | 7.53 | 8.72 | 9.89 |
| 卷烟销售收入（万元） | | 1011991 | 670679 | 398611 | 449126 | 1225377 |
| 查处涉烟违法案件（起） | | 2863 | 862 | 1718 | 754 | 1246 |
| 查处涉烟违法案件案值（万元） | | 2574 | 2948 | 1572 | 10600 | 7918 |
| 烟基建设投入资金（万元） | | — | — | — | — | — |
| 烟基设施新增受益面积（万亩） | | — | — | — | — | — |
| 烟叶种植（万亩） | | — | — | — | — | — |
| 烟叶收购（万担） | | — | — | — | — | — |
| 烟农户数（户） | | — | — | — | — | — |
| 实现烟农总收入（万元） | | — | — | — | — | — |
| 零售户数（户） | | 27915 | 18919 | 15524 | 13350 | 42284 |
| 零售户销售毛利率（%） | | 11.80 | 11.70 | 10.30 | 11.00 | 10.70 |

| 地市级局（公司）名称 | | 漳州市烟草专卖局（公司） | 龙岩市烟草专卖局（公司） | 三明市烟草专卖局（公司） | 南平市烟草专卖局（公司） |
|---|---|---|---|---|---|
| 主要负责人/法定代表人（含党政领导） | | 罗万达 | 周志攀 | 白万明 | 张清明 |
| 所属县级单位 | | 城区、龙海市、漳浦县、云霄县、东山县、诏安县、南靖县、平和县、华安县、长泰县等10个县级烟草专卖局（分公司） | 新罗区、永定区、上杭县、武平县、长汀县、连城县、漳平市等7个县级烟草专卖局（分公司） | 城区、永安市、沙县、大田县、尤溪县、将乐县、泰宁县、建宁县、宁化县、清流县、明溪县等11个县级烟草专卖局（分公司） | 延平区、建阳区、武夷山市、邵武市、建瓯市、光泽县、顺昌县、浦城县、松溪县、政和县等10个县级烟草专卖局（分公司） |
| 总资产（万元） | | 305594 | 254145 | 391614 | 242712 |
| 资产负债率（%） | | 13.16 | 9.41 | 14.40 | 16.16 |
| 从业人员（人） | | 979 | 1938 | 2104 | 2119 |
| 所属业务机构 | 营销机构 | 1个营销中心（含1个订单部）、10个客户服务中心 | 1个营销中心、7个客户服务中心 | 1个营销中心、1个电访中心、11个客户服务中心 | 1个营销中心、1个电访中心、10个客户服务中心 |
| | 物流配送机构 | 1个配送中心、4个中转站、1个对接站 | 1个配送中心 | 1个配送中心、3个中转站、3个对接点 | 1个配送中心、5个中转站 |
| | 专卖稽查机构 | 1个稽查支队、10个稽查大队、25个专卖管理所 | 1个稽查支队、7个稽查大队、27个专卖管理所 | 1个稽查支队、11个稽查大队、4个稽查中队、25个专卖管理所 | 1个稽查支队、10个稽查大队 |
| | 烟叶机构 | — | 1个烟叶生产部；1个烟叶购销部；48个烟叶收购站；3个烟叶收购点；1个烟科分所、1个烟叶生产技术中心（合署办公）、5个试验站 | 1个烟科分所（烟叶生产技术中心）、1个烟叶生产部、1个烟叶购销部、1个基础办、1个田间试验场、3个烟叶技术试验推广站、83个烟草站（点） | 1个烟科分所（烟叶生产技术中心）、1个烟叶生产部（烟田基础设施建设办公室）、1个烟叶购销部、69个烟叶站、3个试验站 |

续表

| 地市级局（公司）名称 | | 漳州市烟草专卖局（公司） | 龙岩市烟草专卖局（公司） | 三明市烟草专卖局（公司） | 南平市烟草专卖局（公司） |
|---|---|---|---|---|---|
| 实现税利 | 万元 | 216822 | 124886 | 155969 | 121926 |
| | 比上年增长（%） | 4.71 | -11.69 | -5.06 | -14.86 |
| 实现利润 | 万元 | 82001 | 49268 | 74472 | 50548 |
| | 比上年增长（%） | 6.42 | -24.60 | -9.25 | -22.42 |
| 卷烟销售收入（万元） | | 832136 | 320608 | 267637 | 318243 |
| 查处涉烟违法案件（起） | | 893 | 523 | 810 | 1629 |
| 查处涉烟违法案件案值（万元） | | 1033 | 846 | 1470 | 1190 |
| 烟基建设投入资金（万元） | | — | 1927 | 1997 | 1314 |
| 烟基设施新增受益面积（万亩） | | — | 1.00 | 13.38 | 0.97 |
| 烟叶种植（万亩） | | — | 16.64 | 28.12 | 16.76 |
| 烟叶收购（万担） | | — | 46.80 | 69.33 | 41.75 |
| 烟农户数（户） | | — | 12479 | 18885 | 9775 |
| 实现烟农总收入（万元） | | — | 69021 | 107649 | 59025 |
| 零售户数（户） | | 33136 | 14970 | 12700 | 12944 |
| 零售户销售毛利率（%） | | 11.80 | 10.70 | 10.10 | 11.40 |

◇ 撰稿：傅积恩；编辑：褚　幸

# 江西省烟草专卖局（公司）

**【专卖管理】** **案件查处**。2018 年，江西省烟草专卖局查处案值 5 万元以上大要案件 1294 起，同比增长 30.05%，其中，假冒卷烟、走私烟大要案件 588 起。查获各类违法卷烟 2.65 万件，其中假冒卷烟、走私烟 1.34 万件。公安、司法机关依法拘留 506 人，同比增长 10.3%；判刑 222 人，同比增长 39.6%。破获符合公安部、国家局标准的网络案件 38 起，符合省局标准的网络案件 19 起，省局、公安厅督办案件 22 起。

**打假打私**。联合省公安厅开展“雷霆 2 号”卷烟打假专项行动。“中秋”“国庆”市场专项整治行动，查处各类涉烟违法案件 3612 起，其中，案值 5 万元以上大要案件 190 起，1 万元以上案件 503 起；查处违法收购卷烟案件 338 起，查获假冒卷烟、走私烟 1662.68 件，非法流通真烟 2317.63 件；公安、司法机关依法刑拘 81 人。

元旦、春节市场专项整治行动，查处各类涉烟违法案件 564 起，其中，5 万元以上大要案 20 起，1 万元以上案件 68 起；查获假冒卷烟、走私烟 346.3 件，非法流通真烟 169.64 件；公安、司法机关依法拘留 12 人。梳理违法违规大户 1379 户，其中停业整顿 32 户，取缔或注销 20 户。

**市场监管**。强化全省专卖联动办案，初步形成“政府领导、部门联合、多方参与、密切协作”的综合治理格局。以“三个严厉打击”为重点，联合公安、市场监管等部门，组织实施违法违规大户专项治理。其中，约谈大户 3401 人次，降级降档 96 户，限供停供 353 户，取消经营资格 189 户，停业整顿 598 户；公安、司法机关依法刑拘 24 人。

**【经济效益】** 江西省烟草商业系统实现税利 126.62 亿元，同比增长 2%。实现利润 49.65 亿元，同比增长 1.47%。卷烟单箱销售收入 3.52 万元，同比增长 5.39%。卷烟单箱税利 0.93 万元，同比增长 4.49%。三项费用率 5.18%，同比下降 0.2 个百分点。

**【卷烟（雪茄烟）经营】** **卷烟销售**。2018 年，江西省销量居前三位的卷烟品牌为“金圣”“利群”“庐山”，其中，销售“金圣”224.88 亿支（44.98 万箱），同比增长 17.52%；“利群”102.27 亿支（20.46 万箱），同比下降 5.16%；“庐山”78.65 亿支（15.73 万箱），同比增长0.87%。

实现卷烟销售收入464.07亿元，同比增长6.88%。实现税利122.40亿元，同比增长6.30%。

**雪茄烟销售**。2018年，江西省烟草商业系统销售雪茄烟0.71亿支，同比增加0.4亿支，增长133.9%。

**重点品牌销售**。坚定“大品牌、大市场、大企业”发展战略。全年销售重点品牌同比增长4.13%，销量占比85%，同比增加2.24个百分点。重点品牌单箱销售收入3.93万元，同比增长3.15%。

江西九江市新型卷烟零售终端（2018年）

江西九江市局　王　宇　摄

**现代终端建设**。持续深化零售终端建设。进一步优化资源，转变发展方式，实现终端建设由局部推进向全面发展转变，由偏重硬件建设向注重软硬件建设相结合转变，由传统管理终端向现代管理终端转变，促进全省系统终端建设水平全面提升。截至2018年底，全省现代终端户数23314户，同比增长38.55%。

**【烟叶产销】** **烟叶种植与收购**。江西省烟叶种植面积23.50万亩，分布在4个市20个县，同比减少12.62万亩；收购烟叶2.92万吨（58.43万担），同比减少1.80万吨（36.07万担）；烟农户数（种植合同数）1.08万户；烟叶收购均价23.84元/千克，同比减少1.20元/千克；实现烟农总收入6.96亿元；实现烟叶税1.53亿元，同比减少1.07亿元。

**烟叶销售**。销售烟叶2.89万吨（57.71万担），同比减少1.08万吨（21.54万担）；实现烟叶销售收入14.06亿元，同比减少6.86亿元；上缴税金2.42亿元，同比减少1.42亿元；实现利润1.42亿元，同比减少3.69亿元。2018年度烟叶出口备货烟叶0.13万吨（2.56万担），同比增加0.06万吨（1.19万担）。

**烟叶生产基础设施建设**。烟叶生产基础设施建设资金概算投入2756.40万元；国家局新复函援建江西省水源工程项目3件，援建金额2.53亿元。截至2018年底，国家局累计复函援建项目17件，援建资金12.07亿元。援建赣南原中央苏区新农村建设项目26个，投入援建资金5740万元。

**烟叶生产技术推广**。组织开展烟蚜茧蜂防治蚜虫技术推广工作。在抚州、宜春、吉安、赣州等烟区累计建立烟草绿色防控示范区46个，示范区面积1.47万亩，辐射区面积6.01万亩，分别占全省植烟面积的6.26%、25.59%。全年散放烟蚜茧蜂约2.23亿头，累计实现放蜂面积46.68万亩。其中，烟区放蜂23.48万亩，基本实现全覆盖；大农业放蜂23.20万亩，与全省植烟面积基本持平。

**【企业管理】** 优化专卖、烟叶等业务“赛马”平台。突出“赛马”指标导向性。对市局（公司）设置“销售、专卖、税利、烟叶、内管”5个对标维度、选树32项对标指标；对县局（分公司），设置“销售、专卖、烟叶”3个维度、选树指标51项；对基层网格工作站设置卷烟销售1个维度、选树指标9项。在专卖、烟叶等业务分平台上，按照优先级层次，形成综合排行榜指标体系。突出“赛马”规则公正性。针对基数不同，提出相对增幅概念，实现“先进不减速，后进快提速”的激励导向。突出“赛马”标杆合理性。按照地理区域、经济水平、人口规模进行分层分类对标，发挥标杆的拉力作用。

强化QC创新突破作用。组织召开全省系统第七届优秀质量管理小组成果发布会，评出二等奖5项、三等奖7项、优秀奖8项，覆盖销售、物流、烟叶、财务等多个领域。赣州市局（公司）“降低鲜烟进烤用工量”、吉安市局（公司）“烟叶质量精准追溯系统的研发”分别获得全国烟草行业第二十九届优秀质量管理小组成果一等奖、二等奖。

提升问题解决与风险防控能力。开展企业管理诊断基层行及质量管理体系转版活动，推动质量管理体系转版，强化新版体系风险防控作用，提升质量管理体系在创建优秀商业企业中的基础作用。

【特事辑要】 7月4—5日，国家局党组成员、副局长徐瑩在江西烟草调研。

11月23日，江西省省长易炼红在江西中烟工业有限责任公司技术中心、南昌卷烟厂和江西省烟草专卖局（公司）南昌市物流配送中心调研。

**2018年江西省烟草专卖商业主要情况统计**

| 地市级局（公司）名称 | | 南昌市烟草专卖局（公司） | 九江市烟草专卖局（公司） | 上饶市烟草专卖局（公司） | 抚州市烟草专卖局（公司） |
|---|---|---|---|---|---|
| 主要负责人/法定代表人（含党政领导） | | 旷 麟 | 王 健 | 岑 俭 | 熊体科（—2018年4月，暂时负责）<br>肖红武（2018年4月—） |
| 所属县级单位 | | 南昌县、进贤县、安义县、新建区、东湖区、西湖区、青山湖区、青云谱区等8个县级烟草专卖局（分公司） | 九江城区、柴桑区[1]、瑞昌市、武宁县、修水县、湖口县、都昌县、彭泽县、庐山市、庐山、永修县、德安县、共青城市等13个县级烟草专卖局（分公司） | 信州区、上饶县、广丰区、玉山县、铅山县、横峰县、弋阳县、鄱阳县、余干县、万年县、德兴市、婺源县等12个县级烟草专卖局（分公司） | 临川区、东乡区、崇仁县、乐安县、宜黄县、南丰县、南城县、黎川县、金溪县、广昌县、资溪县等11个县级烟草专卖局（分公司） |
| 总资产（万元） | | 249002 | 178678 | 221716 | 170723 |
| 资产负债率（%） | | 14.72 | 19.17 | 21.06 | 30.73 |
| 从业人员（人） | | 855 | 702 | 888 | 911 |
| 所属业务机构 | 营销机构 | 1个营销中心 | 1个营销中心 | 1个营销中心 | 1个营销中心 |
| | 物流配送机构 | 1个配送中心 | 1个配送中心 | 1个配送中心 | 1个物流中心 |
| | 专卖稽查机构 | 1个稽查支队、11个稽查大队 | 1个稽查支队、15个稽查大队 | 12个机动中队 | 1个稽查支队、13个稽查大队 |
| | 烟叶机构 | — | — | — | 21个烟叶工作站 |
| 实现税利 | 万元 | 192093 | 144915 | 184408 | 89579 |
| | 比上年增长（%） | 6.11 | 8.68 | 4.09 | -20.55 |
| 实现利润 | 万元 | 78161 | 58502 | 78362 | 33266 |
| | 比上年增长（%） | 6.90 | 14.75 | 8.09 | -31.68 |
| 卷烟销售收入（万元） | | 688382 | 547048 | 669378 | 324705 |
| 查处涉烟违法案件（起） | | 3858 | 2385 | 3372 | 2737 |
| 查处涉烟违法案件案值（万元） | | 4694 | 2566 | 3798 | 2011 |
| 烟基建设投入资金（万元） | | — | — | — | 312 |
| 烟基设施新增受益面积（万亩） | | — | — | — | 0.30 |
| 烟叶种植（万亩） | | — | — | — | 5.50 |
| 烟叶收购（万担） | | — | — | — | 13.87 |
| 烟农户数（户） | | — | — | — | 2230 |
| 实现烟农总收入（万元） | | — | — | — | 18964 |
| 零售户数（户） | | 19063 | 18371 | 23422 | 12471 |
| 零售户销售毛利率（%） | | 8.10 | 12.00 | 7.50 | 9.20 |

| 地市级局（公司）名称 | | 宜春市烟草专卖局（公司） | 吉安市烟草专卖局（公司） | 赣州市烟草专卖局（公司） | 景德镇市烟草专卖局（公司） |
|---|---|---|---|---|---|
| 主要负责人/法定代表人（含党政领导） | | 朱辉明 | 揭东轲 | 刘　辉 | 熊晓雯 |
| 所属县级单位 | | 袁州区、丰城市、樟树市、高安市、万载县、上高县、宜丰县、奉新县、靖安县、铜鼓县等10个县级烟草专卖局（分公司） | 吉州区、青原区、吉安县、吉水县、峡江县、新干县、永丰县、泰和县、遂川县、万安县、安福县、永新县、井冈山市等13个县级烟草专卖局（分公司） | 章贡区、赣县区、南康区、信丰县、大余县、上犹县、崇义县、安远县、龙南县、定南县、全南县、宁都县、于都县、兴国县、瑞金市、会昌县、寻乌县、石城县等18个县级烟草专卖局（分公司） | 城区、乐平市、浮梁县等3个县级烟草专卖局（分公司） |
| 总资产（万元） | | 185403 | 156657 | 248552 | 79815 |
| 资产负债率（%） | | 21.69 | 19.55 | 17.47 | 24.43 |
| 从业人员（人） | | 787 | 962 | 1547 | 291 |
| 所属业务机构 | 营销机构 | 1个营销中心 | 1个营销中心 | 1个营销中心 | 1个营销中心 |
| | 物流配送机构 | 1个物流中心 | 1个物流配送中心 | 1个物流配送中心 | 1个物流配送中心 |
| | 专卖稽查机构 | 1个稽查支队、10个稽查大队 | 1个稽查支队、13个稽查大队 | 1个稽查支队、20个稽查大队 | 1个稽查支队、3个稽查大队 |
| | 烟叶机构 | 4个烟叶工作站 | 6个中心烟站 | 13个中心烟站 | — |
| 实现税利 | 万元 | 148832 | 118908 | 203014 | 55449 |
| | 比上年增长（%） | 46.84 | -4.79 | 1.60 | 3.83 |
| 实现利润 | 万元 | 59381 | 47934 | 78035 | 21937 |
| | 比上年增长（%） | 6.50 | -9.40 | -2.71 | 6.50 |
| 卷烟销售收入（万元） | | 549689 | 412841 | 706492 | 210902 |
| 查处涉烟违法案件（起） | | 3381 | 2228 | 4583 | 989 |
| 查处涉烟违法案件案值（万元） | | 2016 | 1483 | 3563 | 659 |
| 烟基建设投入资金（万元） | | 2184 | 6845 | 937 | — |
| 烟基设施新增受益面积（万亩） | | 2.40 | 3.98 | 0.30 | — |
| 烟叶种植（万亩） | | 1.25 | 4.55 | 12.20 | — |
| 烟叶收购（万担） | | 3.49 | 10.75 | 30.33 | — |
| 烟农户数（户） | | 345 | 2879 | 5324 | — |
| 实现烟农总收入（万元） | | 5006 | 15644 | 39994 | — |
| 零售户数（户） | | 18742 | 17646 | 38132 | 6366 |
| 零售户销售毛利率（%） | | 9.54 | 8.50 | 10.10 | 10.27 |

| 地市级局（公司）名称 | | 萍乡市烟草专卖局（公司） | 新余市烟草专卖局（公司） | 鹰潭市烟草专卖局（公司） | 江西省烟草专卖局铁路分局 |
|---|---|---|---|---|---|
| 主要负责人/法定代表人（含党政领导） | | 肖红武（—2018年5月，主持全面工作）<br>熊体科（2018年5月—，主持全面工作） | 余　坚 | 刘在强（—2018年3月）<br>何福荣（2018年3月—） | 钟海峰（2018年3月—，主持全面工作） |
| 所属县级单位 | | 安源区、湘东区、芦溪县、上栗县、莲花县等5个县级烟草专卖局（分公司） | 分宜县、渝水区2个县级烟草专卖局（分公司） | 贵溪市、月湖区、余江区[2]等3个县级烟草专卖局（分公司） | — |
| 总资产（万元） | | 66812 | 49261 | 53859 | 1827 |
| 资产负债率（%） | | 14.93 | 19.94 | 22.61 | 2.44 |
| 从业人员（人） | | 336 | 227 | 211 | 36 |
| 所属业务机构 | 营销机构 | 1个营销中心 | 1个营销中心 | 1个营销中心 | 1个卷烟经营部 |
| | 物流配送机构 | 1个物流配送中心 | 1个物流中心 | 1个物流中心 | — |
| | 专卖稽查机构 | 1个稽查支队、6个稽查大队 | 1个稽查支队、1个稽查大队 | 1个稽查支队、3个稽查大队 | 1个专卖（法规）科 |
| | 烟叶机构 | — | — | — | — |
| 实现税利 | 万元 | 59466 | 47503 | 32236 | 442 |
| | 比上年增长（%） | 4.32 | 8.46 | -15.84 | 16.34 |
| 实现利润 | 万元 | 22953 | 19215 | 11991 | 162 |
| | 比上年增长（%） | 4.95 | 17.42 | -19.02 | 28.00 |
| 卷烟销售收入（万元） | | 226597 | 177632 | 125144 | 10710 |
| 查处涉烟违法案件（起） | | 1279 | 1138 | 1403 | 143 |
| 查处涉烟违法案件案值（万元） | | 1327 | 575 | 900 | 345 |
| 烟基建设投入资金（万元） | | — | — | — | — |
| 烟基设施新增受益面积（万亩） | | — | — | — | — |
| 烟叶种植（万亩） | | — | — | — | — |
| 烟叶收购（万担） | | — | — | — | — |
| 烟农户数（户） | | — | — | — | — |
| 实现烟农总收入（万元） | | — | — | — | — |
| 零售户数（户） | | 7971 | 4273 | 3977 | 83 |
| 零售户销售毛利率（%） | | 12.36 | 10.21 | 10.20 | 14.33 |

注：1. 2018年11月21日，国家局、总公司印发《关于调整九江市局（公司）所属部分机构的批复》（国烟人〔2018〕205号），撤销九江县烟草专卖局，设立九江市柴桑区烟草专卖局。将九江市烟草公司九江分公司名称变更为九江市烟草公司柴桑分公司，九江市柴桑区烟草专卖局和九江市烟草公司柴桑分公司合署办公，负责辖区内的烟草专卖管理和卷烟营销工作。

2. 2018年9月26日，国家局、总公司印发《关于调整鹰潭市局（公司）所属部分机构的批复》（国烟人〔2018〕185号），撤销余江县烟草专卖局，设立鹰潭市余江区烟草专卖局。鹰潭市余江区烟草专卖局和鹰潭市烟草公司余江分公司合署办公。

◇ 撰稿：王建宁；编辑：褚　幸

# 山东省烟草专卖局（公司）

【专卖管理】 **案件查处**。2018年，山东省局保持“真打、硬打、狠打”高压态势，维护卷烟市场秩序。全省查处涉烟违法案件3.78万起，查获非法卷烟2.07万件，总案值1.58亿元，同比分别增长17.42%、3.47%、17.66%。其中，查获案值5万元（或20万支）以上大要案件415起、非法卷烟5382件、案值5289万元，同比分别增长38.8%、34.04%、33.37%；查获假冒卷烟、走私烟案件1.49万起、非法卷烟5861件、案值6313万元；查获真烟非法流通案件2.25万起、非法流通卷烟1.48万件、案值8358万元，同比分别增长11.42%、5.88%、45.47%。公安、司法机关依法拘留909人、逮捕367人、判刑371人。破获符合国家局、公安部标准的制售假冒卷烟走私烟网络案件84起，其中5起案件被列为部级督办案件。

**打击新型卷烟走贩私活动**。协调省打私办，召集公安、海关、海警、边防等部门研究制定针对打击加热不燃烧新型卷烟走贩私活动的工作措施，省打私办下发《关于开展打击加热不燃烧新型卷烟走贩私活动的通知》，加大联合打击整治力度。2018年，山东济南、青岛等7个地市共破获17起加热不燃烧卷烟走贩私案件，查获加热不燃烧卷烟340.3件。其中，淄博“1·25”案件查获加热不燃烧卷烟37件，公安、司法机关依法刑事拘留15人、逮捕5人；威海“6·5”案件查获加热不燃烧卷烟206件，公安、司法机关依法抓获涉案人员10人。

**“齐鲁利剑”专项行动**。2018年，由山东省社会治安综合治理委员会（简称省综治委）牵头，省综治委规范烟草市场秩序联席会议的15家成员单位共同参与，联合开展全省烟草市场治理“齐鲁利剑”专项行动，打击利用互联网和物流寄递环节非法经营烟草专卖品行为，切断非法卷烟购、销、储、运新渠道。省公安厅、交通运输厅、邮政管理局、山东省局（公司）联合制定下发《全省打击物流寄递环节涉烟违法犯罪协作配合办法》。全省查处互联网和物流寄递环节假冒卷烟、走私烟案件1.09万起、非法卷烟4264件、案值4720万元，同比分别增长46.7%、8.86%、3.43%，分别占查处的全部假冒卷烟走私烟案件的73.63%、72.75%、74.77%；破获的84起符合国家局、公安部标准的制售假冒卷烟走私烟网络案件中，70起涉及互联网和物流寄递环节。

**市场监管**。推进零售市场检查APCD工作法和“双随机、一公开”监管改革要求落地实施；协调工商部门，通过“公示系统（山东）协同监管门户”依法公示检查结果并推送至省公共信用信息平台，实现部门信息共享、协同监管和联合惩戒。建立全省互联网和物流寄递环节涉烟案件信息库，初步实现全省数据共享；在临沂市建立全省涉烟案件大数据分析研判室，综合分析研判互联网和物流寄递环节涉烟案件，提升市场监管针对性和有效性。2018年，全省通过大数据分析获取案件线索1968条，其中达到刑事立案标准的案件线索21条；查获非法卷烟1611件，其中假冒卷烟、走私烟1550件。全年查处大户违规经营5万支或案值5万元以上案件103起，取消违规大户经营资格134户。查获市内串码卷烟6862万支，同比增长55.72%。

**“放管服”改革**。制定下发《关于深化“放管服”改革进一步规范烟草专卖许可管理工作的通知》，完成25万零售许可证延续换发工作。进一步优化专卖许可证审批流程，许可证办理全面实现“最多跑一次”。2018年，全省办证时间均在15个工作日以内，其中4个市局压缩到5个工作日，1个市局压缩到2个工作日；省局准运证核发办理时限压缩到1个工作日。

【经济效益】 2018年，山东省烟草商业系统实现税利193.84亿元，同比增长1.96%；实现利润总额53.14亿元，同比下降1.53%。单箱销售收入2.63万元，单箱税利5990元。三项费用率9.36%，同比下降0.18个百分点。

【卷烟（雪茄烟）经营】 **卷烟销售**。2018年，山东省实现卷烟销售收入838.05亿元，同比增加23.29亿元，增长2.86%。全国重点品牌销量同比增加44.6亿支（8.92万箱），增长3.49%。实现重点品牌销售收入776.13亿元，同比增加23.89亿元，增长3.18%。本地区销量居前三位的品牌为“泰山”“南京”“利群”。其中，销售“泰山”670.98亿支（134.20万箱），同比增长4.87%；“南京”150.97亿支（30.19万箱），同比增长5.71%；“利群”99.55亿支（19.91万箱），同比下降4.37%。推广细支烟专柜陈列，丰富细支烟品类，全年销售细支烟179.64亿支（35.93万箱），同比增加8.39万箱，增长30.46%。

**雪茄烟销售**。增加雪茄烟品牌宽度，健全雪茄烟产品线，填补雪茄烟细分市场。2018 年，全省销售雪茄烟 1030.61 万支，同比减少 89.99 万支，下降 8.03%。

【烟叶产销】 **烟叶种植与收购**。2018 年，山东省种植烤烟 24.3 万亩，烟农户数 7132 户。收购烟叶 3.27 万吨（65.40 万担），其中上等烟比例 52.1%，同比提高 10.4 个百分点。收购均价 23.56 元/千克，同比增加 0.12 元/千克。实现烟农总收入 8.96 亿元（含补贴），同比减少 1.52 亿元；户均收入 12.49 万元（含补贴），同比减少 1.65 万元。调拨烟叶 3.30 万吨（65.99 万担），同比下降 13.67%。

实现烟叶销售收入 16.54 亿元，实现烟叶税利 0.29 亿元，同比下降 84.32%，亏损 2.18 亿元。

**烟叶生产基础设施建设**。2018 年，山东省投入资金 2043.20 万元，实施烟田水利、农用机械、烤房修复等基础设施项目 1413 项；诸城墙夼供水引水水源工程建设进度达到 88%。

**提升烟叶生产水平**。逐户审查预留烟田轮作情况，把烟田轮作纳入合同管理，调整低洼易涝、病害易发地块 6.6 万亩，轮作烟田 13.1 万亩，轮作比例达到 53.8%，全省根茎类病害明显减少。落实“大垄大窝大水小苗快栽”移栽要求，高标准完成提前集中移栽任务，移栽周期缩短至 10 天。全省推广水造井窖法移栽 12.8 万亩，移栽效率提高 5 倍以上。组织烟田灌溉，开展滴灌、微喷灌 17.5 万亩。创新收购流程，实施分部位、错时收购，新增加分级前的质量管理员、分级和收购、打包环节的质量监督员，全面推行无人值守称重系统、原收原调和质量追溯，烟叶等级纯度提高。山东“中棵烟”培育材料被编入《2019 年中国烟叶生产实用技术指南》。

**现代烟草农业转型**。严格控制 100 亩以上种植大户，重点发展种烟专业户和 100 亩以下的家庭农场，全省户均规模 34 亩，同比减少 5 亩，烟农亩均收入同比增长 109 元。推广植物疫苗等防病措施，实现烟蚜茧蜂全覆盖，推广诱捕器 20.48 万亩，推广丽蚜小蜂、赤眼蜂、蠋蝽等生物天敌防治技术。创新绿色烘烤模式，潍坊市示范笼式烘烤，研发推广环保节能炉。推进水造井窖移栽、烟农合作互助小组等工作创新，设立创新成果共享平台，2018 年发布 81 期、107 项创新成果。

**推进多元化增收产业**。与华大基因、青州烟草研究所等科研机构合作，规划建设成果转化示范基地；与山东农业大学、青岛农业大学等合作，引进三色小米、羊肚菌、花金龟等高附加值产品。利用育苗大棚、轮作烟田等资源，建设沂南小米、诸城食用菌、莒县丹参茶等生产基地，其中产值百万元以上项目 5 个。开展秸秆养殖花金龟的示范，开拓密集烤房综合利用、秸秆循环利用新途径。引导合作社实施品牌和渠道双轮驱动，培育特色品牌 12 个。

【合作与交流】 **卷烟出口业务**。协同山东中烟做好信息共享、新产品投放，“TS－红将军”“TS－望岳细支”“TS－香缘”等产品实现国际市场销售。拓展皇津企业有限公司、八仙烟草（香港）有限公司、天传免税店、深圳免税店等客户，先后在中东、东欧、澳大利亚、西非、东非、东南亚取得市场份额。2018 年出口卷烟 27.46 亿支，同比增加 1.50 亿支，增长 5.78%。

**卷烟进口业务**。开展市场调研分析，建立健全进口卷烟数据保障机制。2018 年进口卷烟销售 2.64 亿支，同比增加 0.40 亿支，增长 18.07%。其中，“555”卷烟销售 1.31 亿支，同比增加 0.31 亿支，增长 31.33%，月度平均上柜率 5.21%，同比增加 1.48 个百分点。进口雪茄烟 4.67 万支，同比持平。

2018 年 11 月，山东烟农专业合作社成员挑选采收的金丝皇菊

山东省局　供稿

**烟叶类产品出口业务**。加强与国际客户合作，全流程出口代理浙江中烟、上海烟草集团、湖北中烟等库存烟叶；协调瑞博斯公司、诸城复烤厂及多家工业企业的出口加工备货，实现烟梗出口3800吨，烟草薄片等副产品出口337吨。2018年，出口烟叶4857吨，同比减少672吨，下降12.15%；出口烟梗4150吨，同比减少878吨，下降17.46%；出口薄片51吨，同比减少261吨，下降83.65%。2018年烟叶类产品出口量居全国第四位。

【特事辑要】 7月30—31日，山东省局（公司）在青岛市黄岛区召开“山东烟叶特色定位应用研究”重大专项田间观摩鉴评会。

10月18—20日，工业和信息化部党组成员、中央纪委国家监委驻工业和信息化部纪检监察组组长郭开朗在山东烟草调研。

10月30—31日，山东省局（公司）系统管理创新现场会在菏泽、聊城召开。

## 2018年山东省烟草专卖商业主要情况统计

| 地市级局（公司）名称 | | 济南市烟草专卖局（有限公司） | 青岛市烟草专卖局（有限公司） | 淄博市烟草专卖局（有限公司） | 枣庄市烟草专卖局（有限公司） |
|---|---|---|---|---|---|
| 主要负责人/法定代表人（含党政领导） | | 宋洪润 | 刘太良 | 谢　云 | 张建军 |
| 所属县级单位 | | 市中区、历下区、天桥区、槐荫区、历城区、章丘区、长清区、平阴县、济阳区[1]、商河县等10个县级烟草专卖局（营销部） | 市北区、黄岛区、胶州市、平度市等4个县级烟草专卖局（分公司），市南区、李沧区、崂山区、城阳区、即墨区[2]、莱西市等6个县级烟草专卖局（营销部） | 张店区、周村区、临淄区、桓台县、高青县等5个县级烟草专卖局（营销部），博山区、淄川区、沂源县等3个县级烟草专卖局（分公司） | 滕州市、市中区、薛城区、山亭区、峄城区、台儿庄区等6个县级烟草专卖局（营销部） |
| 总资产（万元） | | 281547 | 383275 | 137620 | 116392 |
| 资产负债率（%） | | 23.62 | 15.37 | 34.45 | 29.39 |
| 从业人员（人） | | 1136 | 1138 | 976 | 923 |
| 所属业务机构 | 营销机构 | — | 1个营销中心、1个电访中心 | 1个营销中心、1个电访中心 | 1个卷烟营销科 |
| | 物流配送机构 | 1个卷烟配送中心 | 1个配送中心、5个配送站 | 1个配送中心 | 1个配送中心、1个物流中转站 |
| | 专卖稽查机构 | 1个稽查支队、10个稽查大队 | 1个稽查支队、10个稽查大队 | 1个稽查支队、8个稽查大队 | 1个稽查支队、6个稽查大队 |
| | 烟叶机构 | — | 4个烟叶收购站、2个烟叶收购点 | 3个烟叶收购站 | — |
| 实现税利 | 万元 | 187247 | 284255 | 78905 | 72462 |
| | 比上年增长（%） | 2.56 | 4.07 | -3.56 | 4.06 |
| 实现利润 | 万元 | 65793 | 104999 | 18557 | 19592 |
| | 比上年增长（%） | 6.05 | 5.99 | 0.60 | 5.50 |
| 卷烟销售收入（万元） | | 650255 | 950991 | 311837 | 275896 |
| 查处涉烟违法案件（起） | | 1525 | 3319 | 579 | 1933 |
| 查处涉烟违法案件案值（万元） | | 1359 | 1239 | 562 | 745 |
| 烟基建设投入资金（万元） | | — | 6 | 0 | — |
| 烟基设施新增受益面积（万亩） | | — | 0.10 | 0.00 | — |
| 烟叶种植（万亩） | | — | 0.60 | 0.39 | — |
| 烟叶收购（万担） | | — | 1.62 | 1.05 | — |

续表

| 地市级局（公司）名称 | 济南市烟草专卖局（有限公司） | 青岛市烟草专卖局（有限公司） | 淄博市烟草专卖局（有限公司） | 枣庄市烟草专卖局（有限公司） |
|---|---|---|---|---|
| 烟农户数（户） | — | 115 | 123 | — |
| 实现烟农总收入（万元） | — | 2270 | 1404 | — |
| 零售户数（户） | 25246 | 30916 | 16174 | 12493 |
| 零售户销售毛利率（%） | 14.36 | 14.20 | 13.76 | 13.37 |

| 地市级局（公司）名称 | | 东营市烟草专卖局（有限公司） | 烟台市烟草专卖局（有限公司） | 潍坊市烟草专卖局（有限公司） | 济宁市烟草专卖局（有限公司） |
|---|---|---|---|---|---|
| 主要负责人/法定代表人（含党政领导） | | 姜自谦 | 于纪刚 | 杨忠武 | 邵　健 |
| 所属县级单位 | | 东营区、河口区、垦利区、广饶县、利津县等5个县级烟草专卖局（营销部） | 芝罘区、莱山区、福山区、牟平区、蓬莱市、龙口市、招远市、莱州市、莱阳市、栖霞市、海阳市、长岛县等12个县级烟草专卖局（营销部） | 诸城市、安丘市、昌乐县、临朐县、高密市、青州市等6个县级烟草专卖局（分公司），奎文区、寒亭区、潍城区、昌邑市、寿光市、坊子区等6个县级烟草专卖局（营销部） | 任城区、兖州区、曲阜市、泗水县、邹城市、微山县、鱼台县、金乡县、嘉祥县、汶上县、梁山县等11个县级烟草专卖局（分公司、营销部） |
| 总资产（万元） | | 69124 | 261991 | 234604 | 200054 |
| 资产负债率（%） | | 22.54 | 21.81 | 40.78 | 19.77 |
| 从业人员（人） | | 583 | 1290 | 2511 | 1158 |
| 所属业务机构 | 营销机构 | 1个卷烟营销科 | 1个网建市场科、1个卷烟销售科 | 1个卷烟销售科、1个网建市场科 | 1个营销中心 |
| | 物流配送机构 | 1个配送中心 | 1个配送中心 | 1个配送中心 | 1个配送分公司 |
| | 专卖稽查机构 | 1个稽查支队、5个稽查大队 | 1个稽查支队、13个稽查大队 | 1个稽查支队、12个稽查大队 | 1个稽查支队、11个稽查大队 |
| | 烟叶机构 | — | — | 33个烟叶收购站 | — |
| 实现税利 | 万元 | 49975 | 172442 | 166006 | 147797 |
| | 比上年增长（%） | 2.52 | 5.99 | -1.78 | 2,90 |
| 实现利润 | 万元 | 13132 | 56369 | 26884 | 44850 |
| | 比上年增长（%） | 0.69 | 4.98 | -12.31 | 2.22 |
| 卷烟销售收入（万元） | | 191542 | 629112 | 702360 | 543691 |
| 查处涉烟违法案件（起） | | 623 | 3829 | 5786 | 2583 |
| 查处涉烟违法案件案值（万元） | | 231 | 1139 | 1288 | 1064 |
| 烟基建设投入资金（万元） | | — | — | 1160 | — |
| 烟基设施新增受益面积（万亩） | | — | — | 0.80 | — |
| 烟叶种植（万亩） | | — | — | 9.15 | — |
| 烟叶收购（万担） | | — | — | 23.90 | — |
| 烟农户数（户） | | — | — | 2236 | — |
| 实现烟农总收入（万元） | | — | — | 32241 | — |
| 零售户数（户） | | 8088 | 26942 | 29758 | 27639 |
| 零售户销售毛利率（%） | | 13.58 | 13.23 | 14.13 | 13.74 |

| 地市级局（公司）名称 | | 泰安市烟草专卖局（有限公司） | 威海市烟草专卖局（有限公司） | 日照市烟草专卖局（有限公司） | 莱芜市烟草专卖局（有限公司） |
|---|---|---|---|---|---|
| 主要负责人/法定代表人（含党政领导） | | 方士浩 | 邓基刚 | 王暖春 | 渠庆忠 |
| 所属县级单位 | | 泰山区、岱岳区、新泰市、肥城市、宁阳县、东平县等6个县级烟草专卖局（营销部） | 市区、文登区、荣成市、乳山市等4个县级烟草专卖局（营销部、分公司） | 东港区、岚山区、莒县、五莲等4个县级烟草专卖局（分公司） | 莱城区、钢城区2个县级烟草专卖局（营销部） |
| 总资产（万元） | | 102158 | 102627 | 91980 | 31857 |
| 资产负债率（%） | | 24.05 | 19.12 | 24.87 | 35.68 |
| 从业人员（人） | | 874 | 501 | 1072 | 359 |
| 所属业务机构 | 营销机构 | 1个营销中心 | 1个卷烟营销科 | 1个卷烟营销科、1个电访中心 | 1个营销中心、1个电访中心 |
| | 物流配送机构 | 1个配送中心 | 1个物流配送中心、2个物流中转站 | 1个配送中心 | 1个配送中心 |
| | 专卖稽查机构 | 1个稽查支队、6个稽查大队 | 4个稽查大队 | 1个稽查支队、5个稽查大队 | 1个稽查支队、2个稽查大队 |
| | 烟叶机构 | — | — | 15个烟叶工作站、1个烟叶试验站 | 2个烟叶收购站 |
| 实现税利 | 万元 | 81053 | 67740 | 59760 | 20702 |
| | 比上年增长（%） | 5.99 | 6.49 | -1.77 | 1.59 |
| 实现利润 | 万元 | 20656 | 19378 | 11360 | 3221 |
| | 比上年增长（%） | 0.56 | 5.61 | -16.19 | -8.16 |
| 卷烟销售收入（万元） | | 321822 | 255071 | 232063 | 88483 |
| 查处涉烟违法案件（起） | | 4326 | 860 | 553 | 403 |
| 查处涉烟违法案件案值（万元） | | 961 | 1230 | 352 | 132 |
| 烟基建设投入资金（万元） | | — | — | 43 | 60 |
| 烟基设施新增受益面积（万亩） | | — | — | 1.77 | 0.00 |
| 烟叶种植（万亩） | | — | — | 3.10 | 0.54 |
| 烟叶收购（万担） | | — | — | 9.37 | 1.60 |
| 烟农户数（户） | | — | — | 1343 | 197 |
| 实现烟农总收入（万元） | | — | — | 12946 | 1386 |
| 零售户数（户） | | 18949 | 11507 | 11840 | 5334 |
| 零售户销售毛利率（%） | | 13.90 | 14.02 | 13.63 | 13.56 |

| 地市级局（公司）名称 | 临沂市烟草专卖局（有限公司） | 德州市烟草专卖局（有限公司） | 聊城市烟草专卖局（有限公司） | 滨州市烟草专卖局（有限公司） | 菏泽市烟草专卖局（有限公司） |
|---|---|---|---|---|---|
| 主要负责人/法定代表人（含党政领导） | 王建军 | 丛建军 | 李传存（—2018年1月）<br>王建民（2018年1月—） | 巩红卫 | 邓　伟 |

续表

| 地市级局（公司）名称 | | 临沂市烟草专卖局（有限公司） | 德州市烟草专卖局（有限公司） | 聊城市烟草专卖局（有限公司） | 滨州市烟草专卖局（有限公司） | 菏泽市烟草专卖局（有限公司） |
|---|---|---|---|---|---|---|
| 所属县级单位 | | 兰山区、罗庄区、河东区等3个县级烟草专卖局（营销部），郯城县、兰陵县、莒南县、沂水县、蒙阴县、平邑县、费县、沂南县、临沭县等9个县级烟草专卖局（分公司） | 德城区、禹城市、乐陵市、宁津县、齐河县、临邑县、平原县、武城县、夏津县、庆云县等10个县级烟草专卖局（营销部）和陵城区烟草专卖局（分公司） | 东昌府区、临清市、冠县、莘县、阳谷县、东阿县、茌平县、高唐县等8个县级烟草专卖局（营销部） | 滨城区、沾化区、惠民县、阳信县、无棣县、博兴县、邹平县等7个县级烟草专卖局（分公司、营销部） | 牡丹区、定陶区、曹县、成武县、单县、巨野县、郓城县、鄄城县、东明县等9个县级烟草专卖局（营销部） |
| 总资产（万元） | | 263361 | 111443 | 81714 | 73801 | 146870 |
| 资产负债率（%） | | 27.87 | 30.30 | 20.58 | 22.88 | 32.55 |
| 从业人员（人） | | 2581 | 715 | 751 | 778 | 1388 |
| 所属业务机构 | 营销机构 | 1个卷烟销售科、1个网建市场科、1个订单采集部 | 1个卷烟营销科 | 1个卷烟营销科、1个电访中心 | 1个卷烟营销科 | 1个网建市场科、1个卷烟销售科 |
| | 物流配送机构 | 1个物流分公司、5个配送中转站 | 1个物流配送中心 | 1个物流配送中心 | 1个物流配送中心 | 1个物流配送中心 |
| | 专卖稽查机构 | 1个稽查支队、12个稽查大队 | 1个稽查支队、11个稽查大队 | 1个稽查支队、8个稽查大队 | 1个稽查支队、7个稽查大队 | 1个稽查支队、9个稽查大队 |
| | 烟叶机构 | 44个烟叶收购站、1个烟叶收购点 | — | — | — | — |
| 实现税利 | 万元 | 187519 | 71004 | 77248 | 60478 | 132924 |
| | 比上年增长（%） | -1.44 | 4.93 | 5.29 | 4.45 | 6.76 |
| 实现利润 | 万元 | 42856 | 16197 | 17574 | 14575 | 34265 |
| | 比上年增长（%） | -15.53 | 26.79 | 11.98 | -0.47 | 5.57 |
| 卷烟销售收入（万元） | | 700210 | 290526 | 313936 | 243539 | 516438 |
| 查处涉烟违法案件（起） | | 4717 | 2248 | 1543 | 1265 | 1321 |
| 查处涉烟违法案件案值（万元） | | 1954 | 776 | 505 | 489 | 646 |
| 烟基建设投入资金（万元） | | 770 | — | — | — | — |
| 烟基设施新增受益面积（万亩） | | 2.00 | — | — | — | — |
| 烟叶种植（万亩） | | 10.54 | — | — | — | — |
| 烟叶收购（万担） | | 28.32 | — | — | — | — |
| 烟农户数（户） | | 3126 | — | — | — | — |
| 实现烟农总收入（万元） | | 38942 | — | — | — | — |
| 零售户数（户） | | 37153 | 18465 | 21284 | 14753 | 34171 |
| 零售户销售毛利率（%） | | 13.97 | 13.28 | 13.78 | 13.40 | 13.50 |

注：1. 2018年11月21日，国家局、总公司印发《关于调整济南市局（公司）所属部分机构的批复》（国烟人〔2018〕208号），撤销济阳县烟草专卖局，设立济南市济阳区烟草专卖局。济南市济阳区烟草专卖局和山东济南烟草有限公司济阳营销部合署办公。

2. 2018年4月13日，国家局、总公司印发《关于调整青岛市烟草专卖局（公司）所属部分机构的批复》（国烟人〔2018〕78号），将即墨市烟草专卖局更名为青岛市即墨区烟草专卖局。青岛市即墨区烟草专卖局与山东青岛烟草有限公司即墨营销部合署办公。

◇ 撰稿：蔡世龙；编辑：褚　幸

# 河南省烟草专卖局（公司）

【专卖管理】 **打假策略**。2018年，河南省烟草专卖局把卷烟打假作为优化烟草业转型升级环境的重要举措，坚持“政府领导、部门联合、多方参与、密切协作”，推动打假工作不断取得重大战果。聚力重点地区打假，将烟草打假与扫黑除恶紧密结合，摧毁“以黑护假、依假养黑”四大涉烟犯罪团伙，漯河等重点地区的打假取得历史性突破。坚持源头治理、区域防范，构建“重点地区”“毗邻地区”“省际边界”三道打假防线，建立预警防治一体化、网上网下一体化机制，形成“打得准、防得严、拦得住”的全省协同作战新局面。

**案件查处**。2018年，全省查处假冒卷烟案件1万余起，查获假烟1.18万件。捣毁制假窝点464个，收缴制假设备133台，查获违法烟叶烟丝596吨；破获千万元以上大案12起，侦办符合公安部、国家局标准的网络案件73起，其中部督案件15起。公安、司法机关依法刑拘808人、逮捕425人、判刑270人。

**重案要案**。漯河“2·8”“12·2”案件被公安部列入2018年打击涉烟犯罪典型案例。其中，漯河“2·8”制售假烟网络案件，捣毁生产加工窝点11处，缴获YJ14－23卷烟机2台，切丝机、回潮机、炒丝机、筛丝机各1台，假烟172.66件，烟丝、烟叶、烟梗等16吨，涉案金额1.7亿元。公安、司法机关依法刑拘60人、批准逮捕14人、移送起诉38人。“12·2”制售假烟网络案件涉及河南、安徽、湖北、福建等多个省份，捣毁制假窝点7个，缴获YJ14－23卷烟机等制假设备4台，查获假烟1200余件，涉案金额8000余万元。公安、司法机关依法抓获犯罪嫌疑人26人、刑拘21人、逮捕16人。

**市场监管**。深化APCD工作法应用，南阳、驻马店市局纳入全国推广应用示范单位。全省推进“双随机、一公开”监管模式，识别可疑零售户26.09万户。严打物流寄递环节涉烟违法行为，组织集中行动5176次，查获违法包裹2.37亿余个、违法卷烟2923件，案值3925万元。强化真烟非法流通治理，查获非法流通案件2.3万起，查获卷烟1.89万件。开展“利剑2018——护航中原”市场专项整治行动，严管违法违规卖烟大户，严查真烟非法流通和串码销售，严打卷烟售假贩假行为，查处违法大户1215户、取缔46户，大户减少5154户，排查“僵尸户”4.1万户。

**依法行政**。落实“放管服”改革要求，制定《河南省烟草专卖执法证件管理办法》，降低办证门槛，压缩审批时限，优化办理流程，群众办证“堵点”问题得到有效解决。2018年，依法审批生产经营类许可事项45件、准运证5.12万份，新办专卖零售许可证6.17万份。

【经济效益】 2018年，河南省烟草商业系统实现税利229.76亿元，其中实现利润71.28亿元。三项费用率9.04%。

【卷烟（雪茄烟）经营】 **卷烟销售**。2018年，河南省销量居前三位品牌是“黄金叶”“红旗渠”“利群”，分别实现销量619.60亿支（123.92万箱）、269.55亿支（53.91万箱）、111.75亿支（22.35万箱）。

2018年，实现卷烟销售收入907.58亿元，同比增长4.05%；单箱卷烟销售收入2.99万元，同比增加1107元。

**雪茄烟销售**。印发《河南烟草专卖商业系统雪茄烟营销工作规划（2018—2020）》，培育雪茄烟重点品牌，构建雪茄烟品牌体系。2018年，销售雪茄烟0.06亿支。

**重点品牌**。销售行业重点品牌占总销量的78.29%，同比增加2.93个百分点。其中，超过100万箱品牌1个：“黄金叶”销量619.60亿支（123.92万箱）；超过50万箱品牌1个：“红旗渠”销量269.55亿支（53.91万箱）；超过20万箱品牌1个：“利群”销量111.75亿支（22.35万箱）。

**现代化建设与物流**。新建现代零售终端1.55万户、累计建成3.21万户；新增零售户自律互助小组1.63万个，零售户“懂经营、会算账、育品牌、能赚钱”能力逐步提高。

深化非法人实体化建设，物流从业人员减少278人、车辆减少34辆，平均送货响应时间减少3.16小时，库存周转次数提高5.81次，单车装载量增加169.91箱。

【烟叶产销】 **烟叶种植与收购**。2018年，河南省种植烟叶68万亩，收购烟叶9.29万吨（185.78万担）。全省烟农总户数3.14万户，签订种植合同3.14万份。户均种植面积21.66亩，同比增加1.16亩。签订购销协议9.52万吨（190.3万担），其中，与省外工业企业签订5.95万吨（119万担），与省内工业企业签订3.42万吨（68.3万担），签订

2018 年 3 月 5 日，河南安阳市局（公司）开展“学雷锋”志愿服务活动，组织志愿者现场解答烟草专卖法律法规相关问题

河南安阳市局　岳小兵　摄

烟叶出口计划 0.15 万吨（3 万担）。实现烟叶税 5.75 亿元，同比增长 13.19%。

**烟叶技术推广**。加大小苗膜下移栽、井窖式移栽等示范推广力度，全省推广 21.07 万亩。优化品种布局，“中烟 100”种植 23.7 万亩、占比 34.8%，“云烟 87”种植 25.5 万亩、占比 37.5%，烟叶品种布局更趋科学合理。

推进烟叶供给侧结构性改革，推广“上 6 片”技术，在许昌、平顶山、漯河、南阳、驻马店推广示范“上 6 片” 8.7 万亩、收购 0.33 万吨（6.5 万担）。全年收购上等烟占比 67.27%，同比增加 11.96 个百分点。加强烟站“精细实”管理，全面推广烟叶产后补贴方式，烟叶生产投入持续规范。加强浓香品牌标准体系建设，狠抓土壤保育、绿色防控等良种良法配套技术示范与应用，创新烟叶生产组织形式，推进烟叶原收原调和专分散收，强化收购过程管控和质量管控，国家局抽查烟叶等级合格率 82.21%，工商交接等级合格率 65.8%。

**烟叶生产基础设施建设**。2018 年，河南省烟草商业系统投入资金 0.63 亿元，其中国家局补贴资金 0.06 亿元，省内烟草行业配套资金 0.57 亿元，完成河南省内烟叶生产基础设施建设项目 2380 件，增加烟田受益面积 17.8 万亩。截至 2018 年底，国家局批复河南水源工程援建项目 8 件，开工建设 8 件、完工 6 件，援建资金 10.52 亿元。许昌市福泉水源工程、南阳市内乡县打磨岗灌区水源工程、三门峡市灵宝市白虎潭水库水源工程、平顶山市郏县烟草重点水源工程 2018 年竣工验收。

**支农惠农**。落实贫困县种烟面积减少专项补贴 57.59 万元，保障贫困烟农利益。探索基础设施闲置期资源综合利用，2828 座育苗大棚开展蔬菜、草莓、鲜切花等种植；8690 座密集烤房烘干核桃、杏脯、药材、辣椒、红薯、粉条等产品；采收烟叶后种植越冬蔬菜 6.9 万亩，烟田轮作期间种植蔬菜等 30.5 万亩。全面实施烟叶种植农业保险，全省参保烟田 58.96 万亩，行业补贴保费 1689.72 万元。

2018 年，实现烟农总收入 26.15 亿元，同比增加 3.72 亿元，增长 16.58%；亩均收入 3845 元，同比增加 903 元，增长 30.69%；户均收入 8.3 万元，同比增加 2.24 万元，增长 36.96%，带动 3400 余户烟农实现脱贫。

**【进出口贸易】**　中国烟草河南进出口有限责任公司成立于 1985 年 7 月，2006 年 12 月完成股权划转，调整为中国烟草总公司河南省公司的全资子公司，投资参股企业有天昌国际烟草有限公司、许昌京昌包装有限公司和郑州市商业银行。截至 2018 年底，总资产 3.72 亿元，其中，固定资产 143 万元、流动资产 2.34 亿元，资产负债率 23.87%。从业人员 22 人。

2018 年，中国烟草河南进出口有限责任公司出口烟叶及烟叶副产品 7538 吨，同比增加 2536 吨，增长 50.7%。实现出口销售收入 1845 万美元，同比增加 776 万美元，增长 72.59%。进口卷烟 1.63 亿支，同比基本持平。实现税利 5718 万元，同比增加 1095 万元，增长 23.69%，其中利润 2435 万元。

**【特事辑要】**　4 月 2 日，河南省公安厅、河南省烟草专卖局联合下发《关于在扫黑除恶专项斗争中深入开展卷烟打假工作的通知》，将卷烟打假纳入“扫黑除恶”专项斗争。

7 月 19 日，河南省副省长刘伟就烟草业转型升级进行专题调研。

7月20日，河南省烟草专卖局、工商行政管理局、公安厅、交通运输厅、邮政管理局召开联席会议，通报上半年全省物流寄递环节涉烟监管工作情况，部署“利剑2018——护航中原”专项行动。

8月14日，河南省委副书记、省长陈润儿专题调研河南烟草业转型升级工作。

8月28日，河南省烟草市场综合治理现场会在平顶山召开。

12月27日，《河南烟草志》系列丛书发布会在郑州举行，丛书分为《河南烟草志》《河南烟标集萃》《河南烟标图录》。

## 2018年河南省烟草专卖商业主要情况统计

| 地市级局（公司）名称 | | 郑州市烟草专卖局（公司） | 开封市烟草专卖局（公司） | 洛阳市烟草专卖局（公司） | 平顶山市烟草专卖局（公司） | 安阳市烟草专卖局（公司） |
|---|---|---|---|---|---|---|
| 主要负责人/法定代表人（含党政领导） | | 蒋中民 | 胡晓洲 | 苏永士 | 张五庆 | 王院生 |
| 所属县级单位 | | 登封市、新密市、荥阳市、巩义市、新郑市、中牟县、上街区、北城区、南城区、西城区、航空港区等11个县级烟草专卖局（分公司） | 兰考县、通许县、杞县、尉氏县、城区、祥符区等6个县级烟草专卖局（分公司） | 偃师市、孟津县、新安县、宜阳县、伊川县、汝阳县、嵩县、洛宁县、栾川县、城区、吉利区等11个县级烟草专卖局（分公司） | 郏县、叶县、宝丰县、鲁山县、汝州市、舞钢市、石龙区、市区等8个县级烟草专卖局（分公司） | 安阳县、汤阴县、内黄县、滑县、林州市、城区等6个县级烟草专卖局（分公司） |
| 总资产（万元） | | 385687 | 125884 | 195049 | 148850 | 163235 |
| 资产负债率（%） | | 22.07 | 31.28 | 21.69 | 49.62 | 25.41 |
| 从业人员（人） | | 1304 | 744 | 1766 | 2275 | 602 |
| 所属业务机构 | 营销机构 | 1个营销中心 | 1个营销中心 | 1个营销中心 | 1个营销中心 | 1个营销中心 |
| | 物流配送机构 | 1个物流配送中心、2个配送中转站 | 1个物流配送中心 | 1个物流配送中心、4个物流中转站 | 1个物流配送中心、3个配送中转站 | 1个物流公司、2个配送中转站 |
| | 专卖稽查机构 | 1个稽查支队、11个稽查大队 | 1个稽查支队、6个稽查大队 | 1个稽查支队、11个稽查大队 | 1个稽查支队、8个稽查大队 | 1个稽查支队、6个稽查大队 |
| | 烟叶机构 | 4个烟叶收购点 | — | 1个烟叶营销中心、46个烟叶收购点 | 1个烟叶营销中心、13个烟叶工作站、20个烟叶收购点 | — |
| 实现税利 | 万元 | 359190 | 104290 | 166669 | 104927 | 127097 |
| | 比上年增长（%） | 5.60 | 2.06 | 1.29 | -11.60 | 1.57 |
| 实现利润 | 万元 | 131253 | 33484 | 48899 | 17390 | 46710 |
| | 比上年增长（%） | 12.19 | 6.12 | -10.40 | -41.40 | 0.65 |
| 卷烟销售收入（万元） | | 1411974 | 447737 | 623345 | 467030 | 495846 |
| 查处涉烟违法案件（起） | | 2709 | 937 | 2761 | 2308 | 1916 |
| 查处涉烟违法案件案值（万元） | | 4738 | 672 | 1031 | 1211 | 1249 |
| 烟基建设投入资金（万元） | | — | — | 274 | 1850 | — |
| 烟基设施新增受益面积（万亩） | | — | — | 0.40 | 5.00 | — |
| 烟叶种植（万亩） | | 0.41 | — | 13.00 | 9.10 | — |
| 烟叶收购（万担） | | 0.81 | — | 32.83 | 26.69 | — |
| 烟农户数（户） | | 142 | — | 6073 | 2716 | — |
| 实现烟农总收入（万元） | | 907 | — | 43272 | 38396 | — |
| 零售户数（户） | | 31667 | 16757 | 21479 | 15232 | 18698 |
| 零售户销售毛利率（%） | | 10.20 | 10.20 | 10.00 | 9.17 | 10.00 |

| 地市级局（公司）名称 | | 鹤壁市烟草专卖局（公司） | 新乡市烟草专卖局（公司） | 焦作市烟草专卖局（公司） | 濮阳市烟草专卖局（公司） | 许昌市烟草专卖局（公司） |
|---|---|---|---|---|---|---|
| 主要负责人/法定代表人（含党政领导） | | 金　华<br>（—2018年4月）<br>乔中兴<br>（2018年6月—） | 张芦敏 | 王孝亭 | 张　军 | 王宏超 |
| 所属县级单位 | | 浚县、淇县、城区等3个县级烟草专卖局（分公司） | 新乡县、原阳县、延津县、封丘县、长垣县、卫辉市、辉县市、获嘉县、城区等9个县级烟草专卖局（分公司） | 修武县、武陟县、温县、孟州市、沁阳市、博爱县、城区等7个县级烟草专卖局（分公司） | 濮阳县、清丰县、南乐县、台前县、范县、城区等6个县级烟草专卖局（分公司） | 魏都区、建安区、禹州市、襄城县、长葛市、鄢陵县等6个县级烟草专卖局（分公司） |
| 总资产（万元） | | 34001 | 137727 | 77226 | 76447 | 161729 |
| 资产负债率（%） | | 12.13 | 20.26 | 25.93 | 18.59 | 33.53 |
| 从业人员（人） | | 239 | 573 | 584 | 639 | 1742 |
| 所属业务机构 | 营销机构 | 1个营销中心 | 1个营销中心 | 1个营销中心 | 1个营销中心 | 1个营销中心 |
| | 物流配送机构 | 1个物流配送中心 | 1个物流配送中心、2个配送中转站 | 1个物流配送中心 | 1个物流配送中心 | 1个物流配送中心 |
| | 专卖稽查机构 | 1个稽查支队、3个稽查大队 | 1个稽查支队、9个稽查大队 | 1个稽查支队、7个稽查大队 | 1个稽查支队、7个稽查大队 | 1个稽查支队、6个稽查大队 |
| | 烟叶机构 | — | — | — | — | 1个烟叶营销中心、9个烟叶工作站、24个烟叶收购点 |
| 实现税利 | 万元 | 33607 | 120454 | 76084 | 70952 | 139654 |
| | 比上年增长（%） | 4.42 | 6.61 | 2.67 | -2.69 | 3.36 |
| 实现利润 | 万元 | 11047 | 42213 | 23957 | 23568 | 48160 |
| | 比上年增长（%） | 8.34 | 8.11 | 5.52 | -3.62 | 2.20 |
| 卷烟销售收入（万元） | | 137901 | 482339 | 318489 | 296899 | 432686 |
| 查处涉烟违法案件（起） | | 605 | 1524 | 1119 | 1634 | 1579 |
| 查处涉烟违法案件案值（万元） | | 159 | 745 | 232 | 672 | 2095 |
| 烟基建设投入资金（万元） | | — | — | — | — | 1983 |
| 烟基设施新增受益面积（万亩） | | — | — | — | — | 3.63 |
| 烟叶种植（万亩） | | — | — | — | — | 10.20 |
| 烟叶收购（万担） | | — | — | — | — | 31.82 |
| 烟农户数（户） | | — | — | — | — | 3151 |
| 实现烟农总收入（万元） | | — | — | — | — | 48202 |
| 零售户数（户） | | 5652 | 17557 | 9616 | 10234 | 16647 |
| 零售户销售毛利率（%） | | 15.49 | 9.60 | 10.00 | 10.00 | 10.95 |

| 地市级局（公司）名称 | 漯河市烟草专卖局（公司） | 三门峡市烟草专卖局（公司） | 南阳市烟草专卖局（公司） | 商丘市烟草专卖局（公司） |
|---|---|---|---|---|
| 主要负责人/法定代表人（含党政领导） | 朱超杰<br>（—2018年4月）<br>苏　展<br>（2018年4月—） | 张敬榜 | 赵振远<br>（—2018年4月）<br>宋守晔<br>（2018年4月—） | 陈保军 |

续表

| 地市级局（公司）名称 | | 漯河市烟草专卖局（公司） | 三门峡市烟草专卖局（公司） | 南阳市烟草专卖局（公司） | 商丘市烟草专卖局（公司） |
|---|---|---|---|---|---|
| 所属县级单位 | | 临颍县、舞阳县、城区等3个县级烟草专卖局（分公司）和1个城区烟叶分公司 | 卢氏县、灵宝市、陕州区、渑池县、义马市、城区等6个县级烟草专卖局（分公司） | 镇平县、内乡县、西峡县、淅川县、邓州市、唐河县、新野县、社旗县、方城县、桐柏县、南召县、油田、城区等13个县级烟草专卖局（分公司） | 梁园区、睢阳区、永城市、夏邑县、虞城县、宁陵县、民权县、睢县、拓城县等9个县级烟草专卖局（分公司） |
| 总资产（万元） | | 64255 | 152337 | 257695 | 162485 |
| 资产负债率（%） | | 43.00 | 27.48 | 29.42 | 20.57 |
| 从业人员（人） | | 1171 | 1277 | 3077 | 1579 |
| 所属业务机构 | 营销机构 | 1个营销中心 | 1个营销中心 | 1个营销中心 | 1个营销中心 |
| | 物流配送机构 | 1个物流配送中心 | 1个物流配送中心、3个配送中转站 | 1个物流配送中心 | 1个物流配送中心、3个配送中转站 |
| | 专卖稽查机构 | 1个稽查支队 | 1个稽查支队、6个稽查大队 | 1个稽查支队、13个稽查大队 | 1个稽查支队、9个稽查大队 |
| | 烟叶机构 | 1个烟叶营销中心、22个烟叶收购点 | 1个烟叶营销中心、5个烟叶工作站、42个烟叶收购点 | 1个烟叶营销中心、12个烟叶工作站、37个烟叶收购点 | 1个烟叶工作站、4个烟叶收购点 |
| 实现税利 | 万元 | 52890 | 88193 | 214476 | 168467 |
| | 比上年增长（%） | -18.80 | -21.18 | -7.55 | 3.46 |
| 实现利润 | 万元 | 7588 | 33339 | 56358 | 55193 |
| | 比上年增长（%） | -59.47 | -40.57 | -24.88 | 5.27 |
| 卷烟销售收入（万元） | | 238873 | 212330 | 863569 | 691292 |
| 查处涉烟违法案件（起） | | 594 | 721 | 3961 | 1553 |
| 查处涉烟违法案件案值（万元） | | 2837 | 255 | 1275 | 915 |
| 烟基建设投入资金（万元） | | 152 | 64 | 486 | — |
| 烟基设施新增受益面积（万亩） | | 0.72 | 2.00 | 1.90 | — |
| 烟叶种植（万亩） | | 2.84 | 15.70 | 9.00 | 1.20 |
| 烟叶收购（万担） | | 8.16 | 43.35 | 20.69 | 2.90 |
| 烟农户数（户） | | 754 | 12073 | 3408 | 170 |
| 实现烟农总收入（万元） | | 11343 | 59795 | 29134 | 4138 |
| 零售户数（户） | | 6989 | 8613 | 35390 | 21412 |
| 零售户销售毛利率（%） | | 7.60 | 10.00 | 9.10 | 14.92 |

| 地市级局（公司）名称 | 信阳市烟草专卖局（公司） | 周口市烟草专卖局（公司） | 驻马店市烟草专卖局（公司） | 济源市烟草专卖局（公司） |
|---|---|---|---|---|
| 主要负责人/法定代表人（含党政领导） | 张建平 | 赵友亮（—2018年6月）<br>郑　杰（2018年6月—） | 宋守晔（—2018年4月）<br>高保昌（2018年5月—） | 尚贺伟 |

续表

| 地市级局（公司）名称 | | 信阳市烟草专卖局（公司） | 周口市烟草专卖局（公司） | 驻马店市烟草专卖局（公司） | 济源市烟草专卖局（公司） |
|---|---|---|---|---|---|
| 所属县级单位 | | 浉河区、平桥区、罗山县、息县、淮滨县、潢川县、光山县、商城县、新县、固始县等10个县级烟草专卖局（分公司） | 淮阳县、商水县、项城市、郸城县、太康县、西华县、扶沟县、沈丘县、鹿邑县、城区等10个县级烟草专卖局（分公司） | 遂平县、西平县、上蔡县、汝南县、平舆县、新蔡县、正阳县、确山县、泌阳县、驿城区等10个县级烟草专卖局（分公司） | — |
| 总资产（万元） | | 150152 | 136377 | 139023 | 19530 |
| 资产负债率（%） | | 19.23 | 42.81 | 25.80 | 22.63 |
| 从业人员（人） | | 1231 | 1651 | 1837 | 221 |
| 所属业务机构 | 营销机构 | 1个营销中心 | 1个营销中心 | 1个营销中心 | 1个营销中心 |
| | 物流配送机构 | 1个物流配送中心、2个配送中心站 | 1个物流配送中心、4个配送中转站 | 1个物流配送中心 | 1个物流配送中心 |
| | 专卖稽查机构 | 1个稽查支队、10个稽查大队 | 1个稽查支队、10个稽查大队 | 1个稽查支队、10个稽查大队 | 1个稽查支队、7个稽查队 |
| | 烟叶机构 | 3个烟叶收购点 | 5个烟叶收购点 | 1个烟叶营销中心、14个烟叶收购点 | 4个烟叶收购点 |
| 实现税利 | 万元 | 145363 | 151246 | 140476 | 17833 |
| | 比上年增长（%） | 3.53 | 4.60 | -2.05 | 0.81 |
| 实现利润 | 万元 | 44916 | 38170 | 41709 | 5217 |
| | 比上年增长（%） | 5.56 | 7.39 | 15.17 | -6.34 |
| 卷烟销售收入（万元） | | 600655 | 697259 | 588592 | 69015 |
| 查处涉烟违法案件（起） | | 6510 | 1613 | 2276 | 225 |
| 查处涉烟违法案件案值（万元） | | 3570 | 1469 | 828 | 86 |
| 烟基建设投入资金（万元） | | 598 | — | 932 | — |
| 烟基设施新增受益面积（万亩） | | 1.17 | — | 2.98 | — |
| 烟叶种植（万亩） | | 0.73 | 1.00 | 4.10 | 0.72 |
| 烟叶收购（万担） | | 2.10 | 2.90 | 11.53 | 2.00 |
| 烟农户数（户） | | 238 | 198 | 1810 | 666 |
| 实现烟农总收入（万元） | | 2843 | 3876 | 16755 | 2832 |
| 零售户数（户） | | 23837 | 21837 | 21165 | 2922 |
| 零售户销售毛利率（%） | | 10.00 | 10.00 | 9.12 | 8.50 |

◇ 撰稿：范素娟；编辑：褚　幸

# 湖北省烟草专卖局（公司）

**【专卖管理】** **案件查处**。2018年，湖北省烟草专卖局共查处涉烟违法案件3.29万起，同比增长8.52%，其中假冒卷烟案件1.32万起、走私烟案件376起、非法流通卷烟案件1.93万起。查获非法卷烟2.40万件，同比下降21.3%，其中假冒卷烟5682件、走私烟944件、非法流通卷烟1.74万件。涉烟违法案件总案值1.85亿元。捣毁制售假烟窝点53个，公安、司法机关依法拘留237人、判刑138人。全年查处涉烟违法重大案件134起，其中符合公安部、国家局标准的网络案件33起，符合省公安厅、省局标准的重大案件101起。公安部、国家局督办案件8起。

2018 年 11 月 20 日，湖北武汉市局（公司）召开烟草制品零售点合理布局规定（修订草案）听证会

湖北武汉市局　罗昊苏　摄

**打假协作机制建设**。健全完善执法协作机制。省局与武汉海关、省公安厅共同制定打击走私烟草专卖品工作办法，与省邮政局健全快递环节涉烟违法活动联合执法机制，与公安部门完善重大涉烟案件认定标准。部署开展 4 次楚天卷烟市场专项整治行动，共出动联合执法人员 18.6 万人次，查处涉烟违法案件 1.39 万起，查获非法卷烟 9804 件、非法烟叶烟丝 239.4 吨、制假设备 9 台，案值 9389 万元。

**卷烟零售市场监管**。创新市场监管方式，推行“双随机、一公开”检查和 APCD 工作法，依托武汉大数据情报中心实施监管，全省零售市场净化率达到 97.19%，同比增加 0.6 个百分点。加强“互联网 + 物流寄递”领域和新型烟草制品监管，查处“互联网 + 物流寄递”领域重大案件 58 起，破获全省首例非法经营加热不燃烧新型烟草制品团伙案件，涉案金额 2000 余万元。

**内部专卖管理监督**。组织开展全省系统卷烟规范经营自查整改，持续推进违法违规经营大户治理。全省共查处重点大户 803 户。其中，取消经营资格 288 户、占比 35.87%，停业整顿 368 户、占比 45.83%，采取查处监管措施 147 户、占比 18.3%。健全烟草工业企业废弃烟草专卖品管理机制，监督销毁报废烟机设备 124 台（套），销毁烟叶废弃物 1.82 万吨。

**行政许可服务**。落实“放管服”改革、“互联网 + 政务服务”工作要求，制定印发烟草制品零售点合理布局指导意见，明确零售许可负面清单，规范许可行为，优化行政服务。武汉、恩施、宜昌、十堰、黄石、孝感、咸宁、潜江等市级局设立实体办证窗口或进驻当地政府政务服务大厅。黄冈市局全面推广“流动办证大厅”，开展“两日许可 + 五日销售”试点，打造“一个专班、一辆专车、一套设备”的上门办证服务模式。

**【经济效益】**　2018 年，湖北省烟草商业系统实现税利 177.04 亿元，同比增加 5.84 亿元，增长 3.41%。其中，利润 68.92 亿元，同比增加 7.89 亿元，增长 12.93%；税金 108.12 亿元，同比减少 2.05 亿元，下降 1.86%。卷烟单箱销售收入 3.30 万元，同比增加 3500 元，增长 11.86%。卷烟单箱税利 9688 元，同比增长 10.69%。三项费用率 7.01%，同比提高 0.43 个百分点。实现降本增效 4619.26 万元，完成年度任务的 106.93%。

**【卷烟（雪茄烟）经营】**　**卷烟经营**。2018 年，湖北省销量居前三位的卷烟品牌为“黄鹤楼”“红金龙”“利群”，其中，销售“黄鹤楼”403.71 亿支（80.74 万箱），同比增长 4.61%；“红金龙”264.37 亿支（52.87 万箱），同比下降 5.96%；“利群”39.07 亿支（7.81 万箱），同比增长 13.55%。全年实现卷烟销售收入 562.60 亿元，同比增长 5.20%。实现卷烟税利 161.46 亿元，同比增长 1.81%，其中利润 60.27 亿元，同比增长 5.94%。

**雪茄烟销售**。2018 年，湖北省烟草商业系统销售传统雪茄烟 363.54 万支，同比减少 42.84 万支，下降10.52%。

**重点品牌**。落实“大品牌、大市场、大企业”战略，优化品牌布局，首次将国产雪茄和进口卷烟纳入《品牌引入退出管理办法（试行）》，严控卷烟品规进退关口，从紧控制在销规格数量。2018 年，全省重点品牌卷烟销量同比增长 1.14%，占全省卷烟总销量的 94.03%，高出全国平均水平 7.46 个百分点，同比增加 0.95 个百分点。销售创新品类卷烟 60.5 亿支（12.1 万箱），同比增长 79.27%。

**现代终端建设**。全省共有现代零售终端1.7万户，占零售户总数的9%；自律互助小组9423个。

【烟叶产销】 **种植与收购**。2018年，湖北省签订烟叶种植合同3.16万份，种植烟叶47.49万亩，同比减少2.43万亩。收购烟叶5.20万吨（104.05万担），同比增加0.18万吨（3.54万担），其中烤烟4.58万吨（91.5万担），同比增加0.04万吨（0.87万担）。全省烟农总数3.16万户，实现烟农总收入14.44亿元，同比增加1.38亿元。烤烟户均收入6.22万元，同比增加1.53万元；亩均收入3083元，同比增加451元。

实现烟叶税利16.99亿元，同比增长70.07%。其中，实现烟叶税金5.39亿元，同比下降6.42%；烟叶利润11.60亿元。

**烟叶精益生产管理**。推进烟叶提质增效工作，全省烤烟上等烟率68.04%，同比增加11.75个百分点，高出全国平均水平1.68个百分点；上中等烟率99.22%，同比增加1.15个百分点。收购均价29.2元/千克，同比提高2.18元/千克，高出全国平均价1.13元/千克。国家局收购检查等级合格率83.1%，同比增加3个百分点。国家局工商交接检查合格率64.25%，同比增加0.45个百分点。加强烟叶精益生产，开展工商合作质量管控，落实先进适用技术，健全自然灾害保险机制，全省共投入种植保险2743万元，覆盖烟农31574户、烟田47.49万亩。推进烟叶生产基础设施建设，全年投入建设资金3250.6万元，其中国家局投入资金229.73万元，全省系统投入资金3020.87万元，实施项目2154个。

**现代烟草农业建设**。推动规模化种植，全省土地流转18.61万亩，培育20~50亩职业烟农7686户，烤烟户均种植面积20.2亩，同比增加2.39亩。烤烟1000亩以上连片种植20处4.68万亩，50亩以上连片种植24.87万亩、占比56.78%。专业化育苗、机耕、植保、烘烤、分级服务覆盖率分别达到99.23%、81.85%、81.59%、70.45%、99.78%。全省烤烟基地单元收购烟叶3.97万吨（79.42万担）、占比86.8%，4个特色优质烟叶基地单元收购烟叶0.57万吨（11.3万担）、占比12.35%，基本形成以基地单元原收直调为主的市场格局。

**多元化促农增收**。利用育苗大棚，培育花卉、苗木、瓜果、香菇、蔬菜、中药材等特色产业。开展密集烤房综合利用，用于地膜加工、食用菌及药材烘干、香菇种植、天麻养殖等。引导烟农与地方龙头企业合作，利用烟田复种套种雪里蕻、小油菜、西兰花、苦荞、大蒜等烟后作物。开展地膜回收加工、有机肥生产加工，发展养殖产业和休闲观光产业。全省通过多元经营实现产值3.39亿元，烟农增收1.35亿元。

【合作与交流】 中国烟草湖北进出口有限责任公司为中国烟草总公司湖北省公司的全资子公司。公司业务范围包括烟叶出口、卷烟进口两项主营业务以及卷烟零售、进口设备、仪器、红酒等拓展业务。截至2018年底，总资产2.77亿元，其中，固定资产0.25亿元、流动资产2.37亿元，资产负债率134.95%。

公司全年签订烟叶类出口合同2.04万吨，发运烟叶类产品1.24万吨，规模居全国口岸公司第四位；进口卷烟国内销售3256箱；拓展经营销售985万元。公司将烟叶销售至中东、欧洲、北非、北美、印度尼西亚等多个国家和地区，与环球公司、联一国际、英国普瑞铭、天利国际等多个大型国际烟草公司保持业务往来。

【“改革创新发展年”工作】 将2018年作为全省系统“改革创新发展年”，省局（公司）、各市级局（公司）分别成立改革创新工作领导小组和工作专班，统筹推进改革创新工作。下发“改革创新发展年”工作方案，制定改革创新任务清单，实施工作清单销号制度。开展各类创新活动、QC小组活动和重大专项课题研究，确立改革创新重大专项课题10个，梳理改革创新有效建议251条；成立创新工作室、创客联盟等各类创新组织54个，开展创新项目66项；注册成立QC活动小组162个，开展改善课题163项。全面布局“互联网+智慧鄂烟”建设，生产经营管理逐步向数字化转型。

【特事辑要】 3月23日，湖北省局（公司）召开全省系统基础管理提升工作总结暨“改革创新发展年”工作启动会议。

7月13日，共青团湖北省委和湖北省局（公司）共同启动“湖北希望工程·知音同行助学基金”，湖北省局（公司）荣获“湖北希望工程突出贡献奖”。

9月16—17日，国家局党组成员、副局长杨培森在湖北十堰市调研。

9月17日，首届国家局定点扶贫地区农特产品产销衔接会开幕式暨扶贫干部培训班开班仪式在湖北十堰市举行。国家局党组成员、副局长杨培森出席并讲话。

10月23—24日，国家烟草专卖局党组书记、局长，中国烟草总公司总经理张建民在湖北十堰市调研国烟扶贫工作。

12月12—14日，国家局党组成员、直属机关党委书记高林在湖北烟草调研。

## 2018年湖北省烟草专卖商业主要情况统计

| 地市级局（公司）名称 | | 武汉市烟草专卖局（公司） | 黄冈市烟草专卖局（公司） | 襄阳市烟草专卖局（公司） | 荆州市烟草专卖局（公司） |
|---|---|---|---|---|---|
| 主要负责人/法定代表人（含党政领导） | | 唐剑放 | 张俊初 | 龚春竹 | 胡宜旺 |
| 所属县级单位 | | 江岸区、江汉区、硚口区、汉阳区、武昌区、青山区、洪山区、蔡甸区、江夏区、黄陂区、新洲区、东西湖区、汉南区等13个区烟草专卖局（营销部）[1] | 黄州区、团风县、红安县、麻城市、罗田县、英山县、浠水县、蕲春县、武穴市、黄梅县等10个县级烟草专卖局（营销部）和龙感湖分局（公司） | 老河口市、枣阳市、宜城市、樊城区、襄城区、襄州区、谷城县、保康县、南漳县等9个县级烟草专卖局（营销部）和南漳县、保康县2个烟叶分公司 | 荆州区、沙市区、江陵县、松滋市、公安县、石首市、监利县、洪湖市等8个县级烟草专卖局（营销部） |
| 总资产（万元） | | 595519 | 167258 | 143526 | 172304 |
| 资产负债率（%） | | 31.62 | 45.53 | 48.71 | 48.94 |
| 从业人员（人） | | 1280 | 890 | 1132 | 914 |
| 所属业务机构 | 营销机构 | 1个营销中心 | 1个营销中心、1个电访中心 | 1个营销中心 | 1个营销中心、1个电访中心 |
| | 物流配送机构 | 1个物流配送中心 | 1个配送中心、8个中转站 | 1个配送中心 | 1个配送中心 |
| | 专卖稽查机构 | 1个稽查支队、16个稽查大队 | 1个稽查支队、11个稽查大队 | 1个稽查支队、16个稽查中队、1个口子稽查大队 | 1个稽查支队、13个稽查大队 |
| | 烟叶机构 | — | — | 11个烟叶站、26个烟叶收购组 | — |
| 实现税利 | 万元 | 408132 | 140590 | 140882 | 154051 |
| | 比上年增长（%） | 1.79 | 2.97 | 7.29 | 3.79 |
| 实现利润 | 万元 | 165359 | 50389 | 46644 | 56361 |
| | 比上年增长（%） | 5.37 | 4.69 | 18.42 | 5.80 |
| 卷烟销售收入（万元） | | 1394718 | 493872 | 481415 | 537755 |
| 查处涉烟违法案件（起） | | 5625 | 7838 | 1561 | 4522 |
| 查处涉烟违法案件案值（万元） | | 7443 | 1577 | 689 | 2135 |
| 烟基建设投入资金（万元） | | — | — | 298 | — |
| 烟基设施新增受益面积（万亩） | | — | — | 0.98 | — |
| 烟叶种植（万亩） | | — | — | 4.29 | — |
| 烟叶收购（万担） | | — | — | 9.00 | — |
| 烟农户数（户） | | — | — | 2738 | — |
| 实现烟农总收入（万元） | | — | — | 11219 | — |
| 零售户数（户） | | 33566 | 25009 | 15016 | 15537 |
| 零售户销售毛利率（%） | | 12.60 | 11.79 | 13.15 | 12.93 |

| 地市级局（公司）名称 | | 十堰市烟草专卖局（公司） | 孝感市烟草专卖局（公司） | 恩施土家族苗族自治州烟草专卖局（公司） | 宜昌市烟草专卖局（公司） |
|---|---|---|---|---|---|
| 主要负责人/法定代表人（含党政领导） | | 朱　天<br>（—2018年3月）<br>王洪斌<br>（2018年3月—） | 史广礼 | 谭志平 | 赵传良 |
| 所属县级单位 | | 城区、郧阳区、竹溪县、丹江口市、房县、竹山县、郧西县等7个县级烟草专卖局（营销部）和竹山县、郧西县、竹溪县、房县等4个烟叶分公司 | 孝南区、孝昌县、大悟县、云梦县、安陆市、应城市、汉川市等7个县级烟草专卖局（营销部） | 恩施市、利川市、建始县、巴东县、宣恩县、咸丰县、来凤县、鹤峰县等8个县级烟草专卖局（营销部）和8个烟叶分公司 | 城区、夷陵区、枝江市、宜都市、当阳市、远安县、秭归县、兴山县、长阳土家族自治县、五峰土家族自治县等10个县级烟草专卖局（营销部） |
| 总资产（万元） | | 143018 | 150602 | 278912 | 146787 |
| 资产负债率（%） | | 54.64 | 45.28 | 58.15 | 42.06 |
| 从业人员（人） | | 822 | 778 | 2330 | 1030 |
| 所属业务机构 | 营销机构 | 1个营销中心 | 1个营销中心 | 1个营销中心 | 1个营销中心、1个电访中心 |
| | 物流配送机构 | 1个配送中心 | 1个配送中心 | 1个物流中心 | 1个配送中心、9个中转站 |
| | 专卖稽查机构 | 1个稽查支队、7个稽查大队、15个稽查中队 | 1个稽查支队、8个稽查大队 | 1个稽查支队、1个省级口子大队、7个稽查大队、3个口子中队 | 1个稽查支队、10个稽查大队 |
| | 烟叶机构 | 17个烟叶收购站、3个烟叶收购点 | — | 44个烟叶站、124个烟叶收购组 | 9个烟叶站、22个烟叶收购组 |
| 实现税利 | 万元 | 100070 | 126333 | 188109 | 121234 |
| | 比上年增长（%） | 11.31 | 1.61 | 28.60 | 3.07 |
| 实现利润 | 万元 | 46130 | 48233 | 110384 | 44444 |
| | 比上年增长（%） | 65.70 | -0.16 | 97.61 | 9.36 |
| 卷烟销售收入（万元） | | 256792 | 415719 | 276068 | 387326 |
| 查处涉烟违法案件（起） | | 816 | 2152 | 1853 | 2013 |
| 查处涉烟违法案件案值（万元） | | 562 | 544 | 1413 | 900 |
| 烟基建设投入资金（万元） | | 220 | — | 2082 | 651 |
| 烟基设施新增受益面积（万亩） | | 0.00 | — | 3.14 | 1.36 |
| 烟叶种植（万亩） | | 7.57 | — | 30.95 | 4.58 |
| 烟叶收购（万担） | | 15.90 | — | 68.35 | 10.60 |
| 烟农户数（户） | | 3098 | — | 22197 | 3501 |
| 实现烟农总收入（万元） | | 22205 | — | 97281 | 13433 |
| 零售户数（户） | | 12551 | 13437 | 10358 | 15141 |
| 零售户销售毛利率（%） | | 12.96 | 13.62 | 14.30 | 15.43 |

| 地市级局（公司）名称 | 咸宁市烟草专卖局（公司） | 随州市烟草专卖局（公司） | 黄石市烟草专卖局（公司） | 荆门市烟草专卖局（公司） |
|---|---|---|---|---|
| 主要负责人/法定代表人（含党政领导） | 陈　劲 | 魏晓敏 | 李斌红 | 李远宏 |

续表

| 地市级局（公司）名称 | | 咸宁市烟草专卖局（公司） | 随州市烟草专卖局（公司） | 黄石市烟草专卖局（公司） | 荆门市烟草专卖局（公司） |
|---|---|---|---|---|---|
| 所属县级单位 | | 咸安区、嘉鱼县、赤壁市、通城县、崇阳县、通山县等6个县级烟草专卖局（营销部） | 随县、广水市、曾都区等3个县级烟草专卖局（营销部） | 大冶市、阳新县2个县级烟草专卖局（营销部）和1个直属分局（营销部） | 钟祥市、京山市[2]、沙洋县、城区等4个县级烟草专卖局（营销部） |
| 总资产（万元） | | 71889 | 52137 | 91843 | 79677 |
| 资产负债率（%） | | 41.91 | 45.85 | 37.49 | 42.32 |
| 从业人员（人） | | 488 | 327 | 379 | 397 |
| 所属业务机构 | 营销机构 | 1个营销中心 | 1个营销中心 | 1个营销中心 | 1个营销中心 |
| | 物流配送机构 | 1个配送中心 | 1个配送中心 | 1个配送中心 | 1个配送中心 |
| | 专卖稽查机构 | 1个稽查支队、7个稽查大队 | 1个稽查支队、4个稽查大队、6个稽查中队 | 1个稽查支队、5个稽查大队 | 1个稽查支队、4个稽查大队 |
| | 烟叶机构 | — | — | — | — |
| 实现税利 | 万元 | 68722 | 53445 | 72791 | 73211 |
| | 比上年增长（%） | 0.03 | 8.94 | 1.41 | 7.11 |
| 实现利润 | 万元 | 22980 | 16780 | 28977 | 27731 |
| | 比上年增长（%） | 5.12 | 6.15 | 7.93 | 16.30 |
| 卷烟销售收入（万元） | | 247441 | 189110 | 243498 | 248879 |
| 查处涉烟违法案件（起） | | 1778 | 696 | 1040 | 1864 |
| 查处涉烟违法案件案值（万元） | | 1083 | 379 | 615 | 466 |
| 烟基建设投入资金（万元） | | — | — | — | — |
| 烟基设施新增受益面积（万亩） | | — | — | — | — |
| 烟叶种植（万亩） | | — | — | — | — |
| 烟叶收购（万担） | | — | — | — | — |
| 烟农户数（户） | | — | — | — | — |
| 实现烟农总收入（万元） | | — | — | — | — |
| 零售户数（户） | | 8399 | 6384 | 8305 | 8381 |
| 零售户销售毛利率（%） | | 13.68 | 12.06 | 12.37 | 12.58 |

| 地市级局（公司）名称 | 鄂州市烟草专卖局（公司） | 仙桃市烟草专卖局（公司） | 天门市烟草专卖局（公司） | 潜江市烟草专卖局（公司） | 神农架林区烟草专卖局（公司） |
|---|---|---|---|---|---|
| 主要负责人/法定代表人（含党政领导） | 涂　凯 | 罗建勋 | 汪　鹏 | 叶景军 | 陆　芳 |
| 所属县级单位 | — | — | — | — | — |
| 总资产（万元） | 42428 | 47665 | 40217 | 41300 | 4668 |
| 资产负债率（%） | 44.61 | 39.80 | 45.19 | 55.06 | 24.21 |
| 从业人员（人） | 166 | 178 | 178 | 133 | 32 |

续表

| 地市级局（公司）名称 | | 鄂州市烟草专卖局（公司） | 仙桃市烟草专卖局（公司） | 天门市烟草专卖局（公司） | 潜江市烟草专卖局（公司） | 神农架林区烟草专卖局（公司） |
|---|---|---|---|---|---|---|
| 所属业务机构 | 营销机构 | 1个营销中心、1个电访中心 | 1个营销中心 | 1个营销中心 | 1个营销中心 | 1个营销中心 |
| | 物流配送机构 | 1个配送中心 | 1个配送中心 | 1个配送中心 | 1个配送中心 | 1个配送部、1个配送站 |
| | 专卖稽查机构 | 1个稽查支队 | 1个稽查大队、2个稽查中队 | 1个稽查大队 | 1个稽查大队、1个稽查中队 | 1个稽查大队 |
| | 烟叶机构 | — | — | — | — | — |
| 实现税利 | 万元 | 34142 | 36571 | 30564 | 31701 | 3252 |
| | 比上年增长（%） | -1.58 | 0.17 | 4.41 | 11.11 | 5.53 |
| 实现利润 | 万元 | 12857 | 15137 | 12156 | 11108 | 1302 |
| | 比上年增长（%） | -1.45 | -0.12 | 11.82 | 4.56 | 22.33 |
| 卷烟销售收入（万元） | | 120384 | 120205 | 105790 | 100614 | 11957 |
| 查处涉烟违法案件（起） | | 192 | 170 | 449 | 265 | 15 |
| 查处涉烟违法案件案值（万元） | | 143 | 102 | 181 | 179 | 3 |
| 烟基建设投入资金（万元） | | — | — | — | — | 0 |
| 烟基设施新增受益面积（万亩） | | — | — | — | — | 0.00 |
| 烟叶种植（万亩） | | — | — | — | — | 0.10 |
| 烟叶收购（万担） | | — | — | — | — | 0.20 |
| 烟农户数（户） | | — | — | — | — | 40 |
| 实现烟农总收入（万元） | | — | — | — | — | 280 |
| 零售户数（户） | | 3842 | 3670 | 2955 | 2537 | 508 |
| 零售户销售毛利率（%） | | 12.66 | 12.64 | 11.85 | 12.91 | 15.70 |

注：1. 根据《国家烟草专卖局 中国烟草总公司关于武汉市烟草专卖局（公司）所属机构更名的批复》（国烟人〔2018〕246号），武汉市烟草专卖局江岸区分局等13家机构名称由区分局变更为区局。

2. 根据《国家烟草专卖局关于京山县烟草专卖局更名的批复》（国烟人〔2018〕162号），将京山县烟草专卖局更名为京山市烟草专卖局。京山市局与荆门市烟草公司京山营销部合署办公。

◇ 撰稿：李菲菲；编辑：褚 幸

# 湖南省烟草专卖局（公司）

【专卖管理】 **案件查处。**2018年，湖南省烟草专卖局查处各类涉烟违法案件1.68万起。其中，假冒卷烟案件9237起，案值5万元以上非法流通真烟案件1177起，5万元以上假冒卷烟案件289起。查获各类非法卷烟5.87万件。其中，非法流通真烟4.25万件，假冒卷烟1.4万件，走私烟0.22万件。查获非法烟叶烟丝657.5吨。破获符合公安部、国家局标准的网络案件70起，符合省局标准的网络案件21起，公安、司法机关依法刑拘384人、逮捕224人、判刑183人。取缔违法违规大户1583户，其中取消经营资格770户，劝退歇业813户。对违法违规大户行政罚款1424户，停业整顿343户。加大对无证户的清理查处力度，取缔无证户3628户。

**大案要案。**2018年，湖南省办结4起公安部、国家局督办的网络案件。常德市2017年“12·3”制售假冒卷烟网络案，捣毁制丝、制假、藏假窝点7个，现场查获烟丝加工专用设备2台（套）、卷烟膜包机3台（套）、烟丝12.17吨、散支烟0.25吨、假冒卷烟1979.28件、外包装标识9000个、卷烟纸19.79吨，案值近3000万元，公安、司法机关依法刑拘18人、逮捕10人。

怀化沅陵县2017年“8·23”制售假冒卷烟网络案，捣毁制假窝点3个、仓储窝点1个，现场查获各类假冒卷烟1153件、制假设备6台（套）及大量商标纸等烟用物资，标值近 1500 万元，刑拘 28 人、逮捕 20 人。

衡阳市 2017 年“5·24”制售假冒卷烟网络案，查获快递包裹 3925 个，查获涉案假冒卷烟 349.53 件，标值 710.18 万元，刑拘 9 人、逮捕 5 人。

长沙浏阳市局破获的非法经营案，现场查获各类走私卷烟 302 件，案值 263.3 万元，刑拘并逮捕 4 人。

湖南烟草特色卷烟零售终端（2018 年）

湖南省局　供稿

【经济效益】　2018 年，湖南省烟草商业系统实现税利 236.88 亿元，同比增长 4.8%。实现利润 95.39 亿元，同比增长 7.22%。单箱卷烟销售收入 3.09 万元，同比增长 5.46%。单箱税利 7812.17 元，同比增长 5.34%。三项费用率 7.16%，同比减少 0.1 个百分点。

【卷烟（雪茄烟）经营】　**卷烟销售**。2018 年，湖南省实现卷烟销售收入 789.92 亿元，同比增长 6.08%。实现利润 72.95 亿元，同比增长 7.2%。

销售细支烟 34.35 亿支（6.87 万箱），中支烟 2.65 亿支（0.53 万箱），短支烟 10.80 亿支（2.16 万箱），爆珠烟 16.75 亿支（3.35 万箱），高价位卷烟 11.4 亿支（2.28 万箱）。

湖南省销量居前三位的品牌分别是“白沙”“芙蓉王”“双喜”，其中，销售“白沙”600.40 亿支（120.08 万箱），同比下降 3.51%；“芙蓉王”288.75 亿支（57.75 万箱），同比增长 5.16%；“双喜”120.75 亿支（24.15 万箱），同比下降 7.37%。全省在销重点品牌共 31 个，销量同比增长 0.56%，占全省销量的 92.65%，同比增加 0.21 个百分点。

**雪茄烟销售**。湖南省烟草商业系统销售雪茄烟 3843.25 万支，同比增加 1563.52 万支，增长 68.58%。实现雪茄烟销售收入 3367.83 万元，同比增加 1241.25 万元，增长 58.37%。

【烟叶产销】　**烟叶种植与收购**。2018 年，湖南省落实烤烟合同种植面积 105.6 万亩，同比减少 5.98 万亩。与 41 个县（区）、443 个乡镇、3946 个行政村的 4.96 万户烟农签订烤烟种植收购合同，同比减少 1.04 万户。户均种植面积 21.19 亩，同比增加 2.59 亩。

收购烟叶 12.89 万吨（257.75 万担），其中，烤烟 12.87 万吨（257.35 万担），收购均价 27.63 元/千克，同比提高 0.91 元/千克。收购上等烟比例 66.35%、中等烟比例 33.65%，烟叶收购等级合格率 83.33%，同比提高 1.22 个百分点；工商交接等级合格率 67.88%，同比提高 3.18 个百分点。完成烟叶原收原调 12.87 万吨（257.3 万担），同比增加 4.12 万吨（82.3 万担）；均质化加工 5.4 万吨（108 万担），同比增加 0.4 万吨（8 万担）。

2018 年，实现烟叶税利 38.66 亿元，同比增长 7.33%，其中烟叶税金 20.08 亿元、净利润 18.58 亿元。

**烟叶基础设施建设**。完成烟叶生产基础设施建设投资 3.53 亿元，其中，国家局补贴资金 0.57 亿元，省内烟草行业配套资金 2.96 亿元。省公司拨付水源工程援建资金 2.76 亿元。完成烟叶基础设施建设项目和密集烤房及配套设施技术规程的标准编制；优化升级烟叶基础设施项目管理信息系统，研发手机 APP；全面完成 2015 年度土地整理项目验收，2016 年度土地整理项目及常规烟基项目验收基本完成；试点应用生物质颗粒燃烧机 700 套，研发四履带折腰式垂直深耕机。

**产业脱贫助农增收**。加大扶贫助收力度，针对贫困烟农制定精准帮扶方案，共帮助3233户贫困烟农顺利脱贫。2018年，全省实现烟农总收入50.3亿元（含补贴6.91亿元），拓宽辅业增收路径，帮助烟农实现辅业收入7.79亿元。全省新培育职业烟农0.8万户，累计培育2.18万户。捐赠烟叶救灾资金242.82万元、烟叶种植保险理赔6307万元，有效减少烟农灾害损失。

【管理创新】 持续开展"管理诊断"，查找短板。3项QC课题分别获得全国烟草行业优秀质量管理小组成果一、二等奖。深入推进"放管服"改革，正式接入省级"互联网+政务服务"平台，加强线上线下服务平台的融合建设，降低准入门槛，简化办证手续，缩短办证时间，进一步提高专卖许可证办证服务水平。

【技术创新】 全面推进创新型企业建设，获得中国烟草总公司科学技术进步奖二等奖和技术发明奖三等奖各1项，获得省部级成果11项、授权专利47件，发布企业标准1项。滑托盘联运试点全面启动，单箱分拣费用、人均配送效率两项指标排全国第一位，单箱物流费用排全国烟草行业第二位。探索"互联网+烟草"创新实践，推动省级卷烟营销平台、零售终端系统、GIS/GPS系统、数据交互平台、烟叶电子发票系统、采购管理系统升级改造等，全面提升信息应用服务和支撑能力。

【合作与交流】 中国烟草湖南进出口有限责任公司成立于1991年10月，主要经营范围为烟叶出口、卷烟进口、烟机设备出口等。2007年12月成为中国烟草总公司湖南省公司的全资子公司，并设立董事会和监事会。公司下设综合部、财务部、业务部等3个部门，干部职工实行委派制。截至2018年底，总资产2.46亿元，其中，固定资产79.7万元、流动资产2.45亿元，资产负债率7.56%。从业人员13人。

2018年，实现主营业务收入1.93亿元，实现利润3365万元，出口创汇2242万美元。出口烟叶7533.7吨，实现销售收入1.28亿元。进口卷烟1.18亿支，实现销售收入6404.9万元。非烟业务出口创汇283.2万美元，实现利润55万元。

【特事辑要】 3月28日，湖南省副省长陈飞在湖南省局（公司）调研。

4月24—27日，国家局党组成员、副局长徐瑺在湖南烟草调研。

6月19日，湖南省人大常委会副主任、党组书记刘莲玉在长株潭烟草物流园调研项目规划和环保工作。

9月19—21日，国家烟草专卖局党组书记、局长，中国烟草总公司总经理张建民在湖南烟草调研。湖南省副省长陈飞、吴桂英一同调研。

11月28—29日，国家局党组成员、副局长段铁力在湖南烟草开展高质量发展专题调研。

12月28日，湖南省烟叶工作会在长沙召开。

**2018年湖南省烟草专卖商业主要情况统计**

| 地市级局（公司）名称 | 长沙市烟草专卖局（公司） | 株洲市烟草专卖局（公司） | 湘潭市烟草专卖局（公司） | 衡阳市烟草专卖局（公司） | 邵阳市烟草专卖局（公司） |
|---|---|---|---|---|---|
| 主要负责人/法定代表人（含党政领导） | 吴奇林 | 陈新田 | 蔡国强 | 秦江顺 | 王　昆 |
| 所属县级单位 | 长沙县、望城区、浏阳市、宁乡市[1]等4个县级烟草专卖局（分公司） | 株洲县、醴陵市、攸县、茶陵县、炎陵县等5个县级烟草专卖局（分公司） | 湘潭县、湘乡市、韶山市等3个县级烟草专卖局（分公司） | 衡南县、耒阳市、常宁市、衡阳县、祁东县、衡东县、衡山县、南岳区等8个县级烟草专卖局（分公司） | 邵东县、新邵县、隆回县、邵阳县、武冈市、新宁县、绥宁县、城步苗族自治县、洞口县等9个县级烟草专卖局（分公司） |
| 总资产（万元） | 479792 | 209830 | 124351 | 252774 | 180204 |
| 资产负债率（%） | 6.97 | 10.27 | 5.35 | 8.34 | 7.33 |

续表

| 地市级局（公司）名称 | | 长沙市烟草专卖局（公司） | 株洲市烟草专卖局（公司） | 湘潭市烟草专卖局（公司） | 衡阳市烟草专卖局（公司） | 邵阳市烟草专卖局（公司） |
|---|---|---|---|---|---|---|
| 从业人员（人） | | 700 | 426 | 430 | 761 | 1258 |
| 所属业务机构 | 营销机构 | 1个营销中心、1个服务中心、4个客户服务分部 | 1个营销中心 | 1个营销中心、3个市场服务分部 | 1个营销中心 | 1个营销中心 |
| | 物流配送机构 | 1个配送中心、2个中转站 | 1个物流配送中心 | 1个物流配送中心 | 1个配送中心、4个中转站 | 1个配送中心 |
| | 专卖稽查机构 | 1个稽查支队、11个稽查大队 | 1个稽查支队、9个稽查大队 | 1个稽查支队、5个稽查大队 | 1个稽查支队、13个稽查大队 | 1个稽查支队、13个稽查大队 |
| | 烟叶机构 | 1个烟叶生产经营部（烟基办）、1个烟叶生产技术中心、2个烟叶生产经营分部、8个烟叶站 | 1个烟叶生产经营部（烟基办）、1个烟叶生产经营分部、1个烟叶站 | — | 6个烟叶站 | 1个烟叶生产经营部、4个烟叶站 |
| 实现税利 | 万元 | 328441 | 159894 | 111770 | 214628 | 165799 |
| | 比上年增长（%） | 4.47 | 3.37 | 6.40 | 5.77 | 7.11 |
| 实现利润 | 万元 | 129866 | 63271 | 44130 | 87158 | 55525 |
| | 比上年增长（%） | 1.10 | 2.81 | 8.39 | 10.85 | 10.54 |
| 卷烟销售收入（万元） | | 1010247 | 494228 | 355766 | 628316 | 557694 |
| 查处涉烟违法案件（起） | | 1606 | 1413 | 1020 | 1097 | 2225 |
| 查处涉烟违法案件案值（万元） | | 8100 | 1499 | 1598 | 3671 | 3919 |
| 烟基建设投入资金（万元） | | 2537 | 391 | — | 1024 | 1332 |
| 烟基设施新增受益面积（万亩） | | 1.25 | 0.40 | — | 0.50 | 0.61 |
| 烟叶种植（万亩） | | 7.95 | 1.90 | — | 5.80 | 4.14 |
| 烟叶收购（万担） | | 19.95 | 4.49 | — | 13.55 | 8.23 |
| 烟农户数（户） | | 3186 | 791 | — | 2285 | 2508 |
| 实现烟农总收入（万元） | | 31506 | 7560 | — | 22051 | 13800 |
| 零售户数（户） | | 32686 | 17944 | 10943 | 24082 | 24855 |
| 零售户销售毛利率（%） | | 11.60 | 11.40 | 11.40 | 11.50 | 11.39 |

| 地市级局（公司）名称 | 岳阳市烟草专卖局（公司） | 常德市烟草专卖局（公司） | 张家界市烟草专卖局（公司） | 益阳市烟草专卖局（公司） | 郴州市烟草专卖局（公司） |
|---|---|---|---|---|---|
| 主要负责人/法定代表人（含党政领导） | 吴胜波 | 颜　玫 | 李雄伟 | 李晓洋 | 高志强 |
| 所属县级单位 | 岳阳县、华容县、平江县、临湘市、湘阴县、汨罗市等6个县级烟草专卖局（分公司） | 桃源县、临澧县、石门县、安乡县、汉寿县、澧县、津市市等7个县级烟草专卖局（分公司） | 慈利县、桑植县、武陵源区等3个县级烟草专卖局（分公司） | 桃江县、沅江市、安化县、南县等4个县级烟草专卖局（分公司） | 桂阳县、嘉禾县、宜章县、永兴县、临武县、安仁县、桂东县、汝城县和资兴市等9个县级烟草专卖局（分公司） |
| 总资产（万元） | 206251 | 212495 | 99030 | 151146 | 325610 |

续表

| 地市级局（公司）名称 | | 岳阳市烟草专卖局（公司） | 常德市烟草专卖局（公司） | 张家界市烟草专卖局（公司） | 益阳市烟草专卖局（公司） | 郴州市烟草专卖局（公司） |
|---|---|---|---|---|---|---|
| 资产负债率（%） | | 14.32 | 4.53 | 20.87 | 5.20 | 26.86 |
| 从业人员（人） | | 532 | 681 | 401 | 479 | 1641 |
| 所属业务机构 | 营销机构 | 1个营销中心 | 1个营销中心、7个客户服务分部 | 1个营销中心 | 1个营销中心、4个客户服务分部 | 1个营销中心 |
| | 物流配送机构 | 1个配送中心 | 1个配送中心、2个区域中转站 | 1个配送中心 | 1个配送中心、2个物流中转站 | 1个配送中心、4个物流中转站 |
| | 专卖稽查机构 | 1个稽查支队、13个稽查大队 | 1个稽查支队、11个稽查大队 | 1个稽查支队、5个稽查大队 | 1个稽查支队、7个稽查大队 | 1个稽查支队、9个稽查大队 |
| | 烟叶机构 | — | 3个烟叶站 | 5个烟叶站 | — | 1个烟叶生产经营部、7个烟叶生产经营分部、22个烟草站、32个收购点 |
| 实现税利 | 万元 | 181248 | 208684 | 77869 | 139926 | 251678 |
| | 比上年增长（%） | 9.33 | 7.19 | 5.05 | 3.53 | 10.04 |
| 实现利润 | 万元 | 68033 | 83975 | 38269 | 50317 | 131342 |
| | 比上年增长（%） | 10.64 | 18.22 | 7.56 | 3.78 | 26.05 |
| 卷烟销售收入（万元） | | 599876 | 630644 | 180766 | 470837 | 411649 |
| 查处涉烟违法案件（起） | | 1507 | 1310 | 439 | 846 | 1216 |
| 查处涉烟违法案件案值（万元） | | 2020 | 4655 | 554 | 1528 | 3919 |
| 烟基建设投入资金（万元） | | — | 2416 | 862 | — | 15818 |
| 烟基设施新增受益面积（万亩） | | — | 0.76 | 1.13 | — | 6.65 |
| 烟叶种植（万亩） | | — | 4.50 | 5.10 | — | 38.00 |
| 烟叶收购（万担） | | — | 12.10 | 13.06 | — | 90.86 |
| 烟农户数（户） | | — | 2144 | 2474 | — | 20431 |
| 实现烟农总收入（万元） | | — | 18438 | 20651 | — | 142354 |
| 零售户数（户） | | 24016 | 21633 | 6157 | 18241 | 15715 |
| 零售户销售毛利率（%） | | 11.07 | 11.10 | 11.86 | 11.45 | 11.24 |

| 地市级局（公司）名称 | 永州市烟草专卖局（公司） | 怀化市烟草专卖局（公司） | 娄底市烟草专卖局（公司） | 湘西土家族苗族自治州烟草专卖局（公司） |
|---|---|---|---|---|
| 主要负责人/法定代表人（含党政领导） | 幸　勤 | 向宝铸 | 肖　曦 | 瞿红兵 |
| 所属县级单位 | 零陵区、祁阳县、东安县、双牌县、宁远县、蓝山县、新田县、江华瑶族自治县、江永县、道县等10个县级烟草专卖局（分公司） | 沅陵县、辰溪县、溆浦县、麻阳县、新晃县、芷江县、洪江市、洪江区、会同县、靖州县、通道县等11个县级烟草专卖局（分公司） | 新化县、冷水江市、涟源市、双峰县等4个县级烟草专卖局（分公司） | 龙山、永顺、花垣、凤凰、古丈、保靖、泸溪等7个县级烟草专卖局（分公司） |

续表

| 地市级局（公司）名称 | | 永州市烟草专卖局（公司） | 怀化市烟草专卖局（公司） | 娄底市烟草专卖局（公司） | 湘西土家族苗族自治州烟草专卖局（公司） |
|---|---|---|---|---|---|
| 总资产（万元） | | 237089 | 120329 | 135297 | 193156 |
| 资产负债率（%） | | 20.03 | 14.73 | 13.19 | 29.11 |
| 从业人员（人） | | 1483 | 871 | 581 | 2225 |
| 所属业务机构 | 营销机构 | 1个营销中心 | 1个营销中心 | 1个营销中心、4个市场服务分部 | 1个营销中心、7个客户服务分部 |
| | 物流配送机构 | 1个配送中心、6个中转站 | 1个配送中心、5个中转站 | 1个物流中心、2个中转站、1个对接点 | 1个配送中心、4个中转站 |
| | 专卖稽查机构 | 1个稽查支队、4个稽查大队 | 1个稽查支队、11个稽查大队 | 1个稽查支队、6个稽查大队 | 1个稽查支队、10个稽查大队 |
| | 烟叶机构 | 1个烟叶生产经营分部、16个烟叶站 | 1个烟叶生产经营部、2个烟叶生产经营分部、1个烟叶站、8个收购点 | — | 1个烟叶生产经营部、1个生产技术中心、7个烟叶生产经营分部、1个烟基办、14个烟叶站 |
| 实现税利 | 万元 | 190706 | 111590 | 108743 | 127057 |
| | 比上年增长（%） | 3.84 | 2.81 | 6.80 | 4.17 |
| 实现利润 | 万元 | 82924 | 36534 | 38502 | 62965 |
| | 比上年增长（%） | 9.67 | -1.52 | 6.69 | 7.55 |
| 卷烟销售收入（万元） | | 430317 | 391048 | 379481 | 238759 |
| 查处涉烟违法案件（起） | | 1437 | 1102 | 688 | 883 |
| 查处涉烟违法案件案值（万元） | | 2974 | 2236 | 1701 | 1439 |
| 烟基建设投入资金（万元） | | 4319 | 313 | — | 6254 |
| 烟基设施新增受益面积（万亩） | | 2.75 | 0.00 | — | 0.62 |
| 烟叶种植（万亩） | | 22.00 | 1.08 | — | 15.90 |
| 烟叶收购（万担） | | 53.45 | 2.75 | — | 39.33 |
| 烟农户数（户） | | 9106 | 528 | — | 6450 |
| 实现烟农总收入（万元） | | 82900 | 4347 | — | 57812 |
| 零售户数（户） | | 21700 | 17432 | 15689 | 10278 |
| 零售户销售毛利率（%） | | 11.00 | 11.83 | 11.78 | 11.79 |

注：1. 2018年4月18日，国家局、总公司印发《关于宁乡县在烟草专卖局（分公司）更名的批复》（国烟人〔2018〕81号），同意将宁乡县烟草专卖局更名为宁乡市烟草专卖局，将长沙市烟草公司宁乡县分公司更名为长沙市烟草公司宁乡市分公司，宁乡市烟草专卖局与长沙市烟草公司宁乡市分公司合署办公。

◇撰稿：李　焕；编辑：褚　幸

# 广东省烟草专卖局（公司）

**【专卖管理】** *卷烟打假打私*。建立物流寄递环节打击涉烟违法犯罪协作机制，巩固粤桂、粤闽跨省及省内跨区执法合作。分片治理持续推进，打击粤东假烟生产，整治珠三角非法中转分销，拦截粤西过境运输假冒卷烟、走私烟。联合省公安厅，全面开展打击涉烟违法犯罪百日专项行动。4起案件被公安部、国家局通报表扬。2018年，广东省烟草专卖局共查处各类涉烟违法案件26481起。查获大型制假烟机323台，查获假冒卷烟13.96万件、非法烟丝烟叶3039.57吨、假冒卷烟商标标识9455.18万张。公安、司法机关依法刑拘2182人、逮捕1449人、判刑538人。查处国际网络案件115起。

**市场监管**。推进大户治理，查处卷烟违法违规经营大户1278户，取消或注销零售户经营资格211户，暂停供货或降级降档处理892户。开展非烟治理，查获非法卷烟数量同比增长228.8%，涉案案值同比增长170.7%。完善监管方式，组织开展“双随机、一公开”监管自查，持续加强对属地生产经营企业的监管。

**依法行政**。落实“放管服”改革要求，全省109个办证窗口入驻政府网厅，推进“一网通办”工作，疏解烟草专卖零售许可办理堵点问题。完善案件检查监督，加大日常案件检查督导力度，加强与司法部门沟通协调。

【经济效益】 2018年，广东省烟草商业系统实现税利298.06亿元，同比增长4.82%，其中利润109.42亿元，同比增长6.21%。三项费用率5.42%。

【卷烟（雪茄烟）经营】 **卷烟（雪茄烟）销售**。2018年，广东省销量居前三位的品牌分别为“双喜·红双喜”“芙蓉王”“利群”，销量分别为971.16亿支（194.23万箱）、154.50亿支（30.90万箱）、77.79亿支（15.56万箱）。

销售细支烟42.8亿支（8.56万箱），同比增长56.7%。销售雪茄烟1.48亿支，同比增长65.93%。

**重点品牌**。构建工商全面协同机制，建立共同面向市场的产、供、销快速响应机制，全年行业30个重点品牌（不含“红金龙”）销量占总销量的93.19%，同比增长1.96%。全年退出或置换品牌规格48个。通过调协议、促动销、优投放、育新品、强考核等协同作业，基本保持“双喜”市场状态平稳，全年销售省产“双喜”887.55亿支（177.51万箱），同比增长0.13%；单箱销售收入2.6万元。

**规范经营**。建立全省营销平台关键经营指标监测体系，推行卷烟经营日常监督联动处理机制，持续加强大户治理，严管销售大户，严打“二次批发、左右价格、扰乱市场”等违规问题。

**现代终端建设**。持续开展现代终端建设，全省累计建成现代终端5.5万户，占全省零售户总数的16.7%，建成4036个终端消费体验区。新增自律互助小组8872个。

【烟叶产销】 **烟叶生产与收购**。2018年，广东省落实烟叶种植面积15.89万亩。实际收购烟叶2.12万吨（42.35万担），其中上等烟占比59.70%，同比提高13.48个百分点，中等烟占比39.41%，下低等烟占比0.89%。烟叶收购均价26.07元/千克，同比增长8.17%。烟叶工商交接检查等级质量合格率72.9%。侧重重点品牌均质化加工，全年复烤加工烟叶3.9万吨（78万担）。

2018年5月11日，广东烟草商业系统第四届优秀质量管理小组成果发布会在揭阳举行

广东省局　供稿

2018年，烟叶生产扶持补贴投入资金约1亿元，11个烤烟种植县（市）实现烟叶税1.21亿元，烟农户均收入7.84万元。

**烟叶生产基础设施建设**。建设烟叶生产基础设施建设项目703个，投入补贴资金699.48万元，其中广东省烟草商业系统投入资金572.2万元。截至2018年底，烟夹配置率100%；购置100套生物质颗粒燃烧设备，推动烤房设备改造升级。根据国家局关于烟叶生产基础设施建设项目动态管理的要求，结合各产区上报的拟核销项目，开展2018

年烟基项目核销工作，推动烟基动态管理信息系统项目建设工作，提升烟基建设管理信息化水平。

**烟农增收**。实现烟农收入5.52亿元；亩均收入3474.47元（不含生产投入补贴），同比增加102.16元，增长3.03%；户均收入7.84万元，同比增加0.97万元，增长14.05%。开展烟叶基础设施综合利用、基本烟田利用、烟叶延伸产业等多元增收项目，实现总产值7363万元，其中净收入2295万元，亩均收入增加144.46元。开展精准扶贫工作，对贫困烟农实施精准包户服务，定期入户指导。截至2018年底，全省在册的259户贫困烟农实现全部脱贫。

**【对外经贸】** 中国烟草广东进出口有限公司前身为1984年12月21日成立的中国烟草广东进出口公司。2001年，更名改制为中国烟草广东进出口有限责任公司，股东分别为原中国烟草进出口（集团）公司、中国烟草总公司广东省公司、原广州卷烟一厂、原广州卷烟二厂。2007年，调整为中国烟草总公司广东省公司的全资子公司，更名为中国烟草广东进出口有限公司，成为中国烟草总公司广东省公司的全资子公司。截至2018年底，公司拥有总资产3.29亿元，其中，固定资产53.37万元、流动资产3.28亿元，资产负债率31.10%。

2018年，公司实现销售收入4.65亿元。实现税利1.52亿元，其中利润7156万元。出口实现2596万美元。其中，出口烟叶571.10吨，实现销售收入2190.76万元；出口烟丝574.92吨，实现销售收入0.93亿元；出口成型纸和水松纸等烟用辅料实现销售收入5903.58万元。

**【特事辑要】** 1月23日，广东烟草商业系统2018年工作会议在广州召开。

### 2018年广东省烟草专卖商业主要情况统计

| 地市级局（公司）名称 | | 广州市烟草专卖局（有限公司） | 中山市烟草专卖局（有限责任公司） | 珠海市烟草专卖局（有限公司） | 东莞市烟草专卖局（有限公司） |
|---|---|---|---|---|---|
| 主要负责人/法定代表人（含党政领导） | | 陈秉恒 | 刁百尧 | 罗春华 | 管伟华（—2018年8月）<br>钟荣林（2018年8月—） |
| 所属县级单位 | | 越秀区、荔湾区、海珠区、白云区、天河区、黄埔区、番禺区、南沙区、花都区、从化区和增城区等11个区烟草专卖分局 | — | 横琴新区、斗门区2个烟草专卖局（分公司） | 第一、第二、第三、第四、第五、第六、第七烟草专卖分局 |
| 总资产（万元） | | 709451 | 94394 | 59418 | 183555 |
| 资产负债率（%） | | 48.32 | 31.55 | 20.35 | 22.14 |
| 从业人员（人） | | 1206 | 295 | 222 | 878 |
| 所属业务机构 | 营销机构 | 1个营销管理中心、11个卷烟营销部 | 1个营销管理中心、4个管理中心营销部 | 1个营销中心、1个电访中心 | 1个营销管理中心、7个卷烟营销部 |
| | 物流配送机构 | 1个物流配送中心 | 1个物流配送中心 | 1个配送中心 | 1个物流配送中心 |
| | 专卖稽查机构 | 1个稽查支队、11个稽查大队 | 1个稽查支队、4个稽查大队 | 1个稽查支队、6个稽查大队 | 1个稽查支队、7个稽查大队 |
| | 烟叶机构 | — | — | — | — |
| 实现税利 | 万元 | 445152 | 118928 | 82151 | 273679 |
| | 比上年增长（%） | 4.53 | 5.85 | 4.30 | 3.90 |
| 实现利润 | 万元 | 178076 | 46496 | 33168 | 107389 |
| | 比上年增长（%） | 6.55 | 3.04 | 4.61 | 5.80 |

续表

| 地市级局（公司）名称 | 广州市烟草专卖局（有限公司） | 中山市烟草专卖局（有限责任公司） | 珠海市烟草专卖局（有限公司） | 东莞市烟草专卖局（有限公司） |
|---|---|---|---|---|
| 卷烟销售收入（万元） | 1434936 | 379817 | 263307 | 895426 |
| 查处涉烟违法案件（起） | 4566 | 806 | 770 | 2096 |
| 查处涉烟违法案件案值（万元） | 26675 | 6830 | 1082 | 10524 |
| 烟基建设投入资金（万元） | — | — | — | — |
| 烟基设施新增受益面积（万亩） | — | — | — | — |
| 烟叶种植（万亩） | — | — | — | — |
| 烟叶收购（万担） | — | — | — | — |
| 烟农户数（户） | — | — | — | — |
| 实现烟农总收入（万元） | — | — | — | — |
| 零售户数（户） | 39463 | 14798 | 9128 | 35268 |
| 零售户销售毛利率（%） | 13.80 | 13.80 | 13.81 | 10.65 |

| 地市级局（公司）名称 | | 佛山市烟草专卖局（有限责任公司） | 肇庆市烟草专卖局（有限责任公司） | 江门市烟草专卖局（有限公司） | 惠州市烟草专卖局（有限责任公司） |
|---|---|---|---|---|---|
| 主要负责人/法定代表人（含党政领导） | | 范　波 | 谷　涛 | 林　显（—2018年3月）<br>李程坚（2018年3月—） | 赖科东 |
| 所属县级单位 | | 南海区、顺德区、三水区、高明区等4个烟草专卖局（分公司），1个直属分局 | 高要区、四会市、广宁县、怀集县、德庆县、封开县等6个县级烟草专卖局（分公司），1个直属分局 | 开平市、台山市、新会区、鹤山市、恩平市等5个县级烟草专卖局（分公司），1个直属分局 | 博罗县、惠东县、惠阳区、龙门县、大亚湾区等5个县级烟草专卖局（分公司） |
| 总资产（万元） | | 150482 | 56636 | 92897 | 138855 |
| 资产负债率（%） | | 30.56 | 25.04 | 24.98 | 25.09 |
| 从业人员（人） | | 737 | 558 | 726 | 604 |
| 所属业务机构 | 营销机构 | 1个营销管理中心 | 1个营销管理中心 | 1个营销中心 | 1个营销管理中心 |
| | 物流配送机构 | 1个物流配送中心 | 1个物流配送中心 | 1个物流配送中心、1个物流配送分中心、2个物流中转站 | 1个物流配送中心 |
| | 专卖稽查机构 | 1个稽查支队、5个稽查大队 | 1个稽查支队、7个稽查大队、17个稽查中队 | 1个稽查支队、6个稽查大队 | 1个稽查支队、5个稽查大队 |
| | 烟叶机构 | — | — | — | — |
| 实现税利 | 万元 | 272548 | 108009 | 137659 | 159927 |
| | 比上年增长（%） | 5.54 | 4.28 | 2.70 | 5.46 |
| 实现利润 | 万元 | 111645 | 36670 | 48039 | 60873 |
| | 比上年增长（%） | 9.56 | 3.44 | 6.56 | 5.50 |
| 卷烟销售收入（万元） | | 877670 | 379753 | 475372 | 530930 |
| 查处涉烟违法案件（起） | | 1494 | 1537 | 953 | 2200 |

续表

| 地市级局（公司）名称 | 佛山市烟草专卖局（有限责任公司） | 肇庆市烟草专卖局（有限责任公司） | 江门市烟草专卖局（有限公司） | 惠州市烟草专卖局（有限责任公司） |
|---|---|---|---|---|
| 查处涉烟违法案件案值（万元） | 6338 | 2620 | 4819 | 12980 |
| 烟基建设投入资金（万元） | — | — | — | — |
| 烟基设施新增受益面积（万亩） | — | — | — | — |
| 烟叶种植（万亩） | — | — | — | — |
| 烟叶收购（万担） | — | — | — | — |
| 烟农户数（户） | — | — | — | — |
| 实现烟农总收入（万元） | — | — | — | — |
| 零售户数（户） | 29380 | 14643 | 17856 | 18574 |
| 零售户销售毛利率（%） | 10.00 | 10.00 | 13.99 | 13.30 |

| 地市级局（公司）名称 | | 茂名市烟草专卖局（有限责任公司） | 阳江市烟草专卖局（有限责任公司） | 云浮市烟草专卖局（有限责任公司） | 湛江市烟草专卖局（有限公司） |
|---|---|---|---|---|---|
| 主要负责人/法定代表人（含党政领导） | | 梁树桥 | 翁　飞 | 黄小健（—2018年4月）<br>马德龙（2018年4月—） | 陈胜希 |
| 所属县级单位 | | 信宜市、高州市、化州市、电白区等4个县级烟草专卖局（分公司），1个直属分局 | 阳春市、阳东区、阳西县等3个县级烟草专卖局（分公司） | 罗定市、新兴县、郁南县、云安区等4个县级烟草专卖局（分公司），1个直属分局 | 徐闻县、遂溪县、吴川市、雷州市、廉江市等5个县级烟草专卖局（分公司） |
| 总资产（万元） | | 54489 | 29468 | 30681 | 58660 |
| 资产负债率（%） | | 27.64 | 23.55 | 26.27 | 24.40 |
| 从业人员（人） | | 649 | 407 | 380 | 615 |
| 所属业务机构 | 营销机构 | 1个营销中心 | 1个营销中心 | 1个营销中心 | 1个营销管理中心 |
| | 物流配送机构 | 1个物流配送中心 | 1个物流配送中心 | 1个物流配送中心 | 1个物流配送中心、5个物流对接点 |
| | 专卖稽查机构 | 1个稽查支队、5个稽查大队 | 1个稽查支队、8个稽查大队 | 1个稽查支队、6个稽查大队 | 1个稽查支队、7个稽查大队 |
| | 烟叶机构 | — | — | — | — |
| 实现税利 | 万元 | 86743 | 58182 | 62572 | 116366 |
| | 比上年增长（%） | 10.13 | 4.70 | 3.81 | 5.32 |
| 实现利润 | 万元 | 25953 | 17645 | 19623 | 38167 |
| | 比上年增长（%） | 12.16 | 5.44 | 4.87 | 8.60 |
| 卷烟销售收入（万元） | | 325443 | 215311 | 227341 | 417809 |
| 查处涉烟违法案件（起） | | 1313 | 677 | 547 | 1921 |
| 查处涉烟违法案件案值（万元） | | 3145 | 2124 | 3499 | 2668 |
| 烟基建设投入资金（万元） | | — | — | — | — |
| 烟基设施新增受益面积（万亩） | | — | — | — | — |
| 烟叶种植（万亩） | | — | — | — | — |

续表

| 地市级局（公司）名称 | 茂名市烟草专卖局（有限责任公司） | 阳江市烟草专卖局（有限责任公司） | 云浮市烟草专卖局（有限责任公司） | 湛江市烟草专卖局（有限公司） |
|---|---|---|---|---|
| 烟叶收购（万担） | — | — | — | — |
| 烟农户数（户） | — | — | — | — |
| 实现烟农总收入（万元） | — | — | — | — |
| 零售户数（户） | 14547 | 9575 | 8904 | 15727 |
| 零售户销售毛利率（%） | 13.03 | 15.38 | 12.84 | 9.20 |

| 地市级局（公司）名称 | | 汕头市烟草专卖局（有限责任公司）[1] | 潮州市烟草专卖局（有限责任公司） | 汕尾市烟草专卖局（有限公司） | 揭阳市烟草专卖局（有限公司） |
|---|---|---|---|---|---|
| 主要负责人/法定代表人（含党政领导） | | 朱伟优 | 许暖镇 | 赵中华（—2018年7月）<br>庄　智（2018年7月—） | 赖少洪 |
| 所属县级单位 | | 澄海区、潮阳区、龙湖区等3个县级烟草专卖局（分公司），南澳县1个县级烟草专卖局（公司） | 潮安区和饶平县烟草专卖局（分公司） | 陆丰市、海丰县、陆河县等3个烟草专卖局（分公司），1个直属分局 | 普宁市、揭东区、揭西县、惠来县等4个县级烟草专卖局（分公司） |
| 总资产（万元） | | 107007 | 50583 | 59846 | 113018 |
| 资产负债率（%） | | 24.34 | 34.95 | 24.49 | 23.06 |
| 从业人员（人） | | 687 | 423 | 547 | 777 |
| 所属业务机构 | 营销机构 | 1个营销管理中心 | 1个营销中心、3个营销部 | 1个营销管理中心 | 1个营销中心 |
| | 物流配送机构 | 1个物流配送中心 | 1个物流配送中心 | 1个物流配送中心 | 1个配送中心 |
| | 专卖稽查机构 | 1个稽查支队、7个稽查大队 | 1个稽查支队、4个稽查大队 | 1个稽查支队、5个稽查大队 | 1个稽查支队、9个稽查大队 |
| | 烟叶机构 | — | — | — | — |
| 实现税利 | 万元 | 188324 | 87576 | 93595 | 221053 |
| | 比上年增长（%） | 5.34 | 4.07 | 4.92 | 5.76 |
| 实现利润 | 万元 | 69369 | 30333 | 32541 | 83819 |
| | 比上年增长（%） | 3.11 | 5.29 | 4.23 | 5.83 |
| 卷烟销售收入（万元） | | 638374 | 305294 | 326193 | 739722 |
| 查处涉烟违法案件（起） | | 925 | 539 | 632 | 916 |
| 查处涉烟违法案件案值（万元） | | 38650 | 14230 | 2386 | 22079 |
| 烟基建设投入资金（万元） | | — | — | — | — |
| 烟基设施新增受益面积（万亩） | | — | — | — | — |
| 烟叶种植（万亩） | | — | — | — | — |
| 烟叶收购（万担） | | — | — | — | — |
| 烟农户数（户） | | — | — | — | — |
| 实现烟农总收入（万元） | | — | — | — | — |
| 零售户数（户） | | 14629 | 6618 | 11213 | 17814 |
| 零售户销售毛利率（%） | | 9.50 | 10.68 | 13.90 | 14.46 |

| 地市级局（公司）名称 | | 韶关市烟草专卖局（有限公司） | 梅州市烟草专卖局（有限公司） | 河源市烟草专卖局（有限责任公司） | 清远市烟草专卖局（有限公司） |
|---|---|---|---|---|---|
| 主要负责人/法定代表人（含党政领导） | | 罗福命 | 谢平华（—2018年8月）<br>管伟华（2018年8月—） | 杨熙广 | 方文青 |
| 所属县级单位 | | 南雄市、始兴县、曲江区、乐昌市、乳源瑶族自治县、仁化县、翁源县、新丰县等8个县级烟草专卖局（分公司），南雄烟科所（粤北技术中心）[2] | 梅县区、兴宁市、五华县、大埔县、蕉岭县、平远县、丰顺县等7个县级烟草专卖局（分公司），1个直属分局 | 东源县、龙川县、紫金县、连平县、和平县等5个县级烟草专卖局（分公司） | 佛冈县、阳山县、连南县、连山县、英德市、连州市、清新区等7个县级烟草专卖局（分公司），1个直属分局 |
| 总资产（万元） | | 109232 | 121572 | 58798 | 80521 |
| 资产负债率（%） | | 35.28 | 44.59 | 19.68 | 17.69 |
| 从业人员（人） | | 1289 | 1091 | 424 | 764 |
| 所属业务机构 | 营销机构 | 1个营销中心 | 1个营销中心、8个营销部 | 1个营销中心 | 1个营销中心 |
| | 物流配送机构 | 1个配送中心 | 1个物流配送中心、3个中转站、3个对接点 | 1个物流中心、4个配送中转站 | 1个物流中心 |
| | 专卖稽查机构 | 1个稽查支队、9个稽查大队 | 1个稽查支队、8个稽查大队 | 1个稽查支队、8个稽查大队 | 1个稽查支队、8个稽查大队 |
| | 烟叶机构 | 9个烟叶工作站、20个烟叶工作点 | 5个烟叶工作站、6个烟叶仓库、19个烟叶工作点 | — | 1个烟叶工作站 |
| 实现税利 | 万元 | 113546 | 132814 | 96689 | 102686 |
| | 比上年增长（%） | 4.25 | 1.56 | 3.46 | 4.17 |
| 实现利润 | 万元 | 39816 | 43087 | 32643 | 31601 |
| | 比上年增长（%） | 7.27 | -4.34 | 2.07 | 5.68 |
| 卷烟销售收入（万元） | | 421250 | 486649 | 338342 | 380291 |
| 查处涉烟违法案件（起） | | 1073 | 665 | 1772 | 1416 |
| 查处涉烟违法案件案值（万元） | | 3357 | 6900 | 10000 | 2285 |
| 烟基建设投入资金（万元） | | 297 | 1366 | — | 114 |
| 烟基设施新增受益面积（万亩） | | 1.83 | 4.13 | — | 0.20 |
| 烟叶种植（万亩） | | 10.60 | 4.77 | — | 0.52 |
| 烟叶收购（万担） | | 27.51 | 13.35 | — | 1.49 |
| 烟农户数（户） | | 4743 | 2092 | — | 209 |
| 实现烟农总收入（万元） | | 35027 | 21446 | — | 1902 |
| 零售户数（户） | | 10146 | 13941 | 11485 | 12315 |
| 零售户销售毛利率（%） | | 15.57 | 11.66 | 10.10 | 8.80 |

注：1. 2018年，汕头市南澳县局（公司）尚未体制上划，汕头市局（有限公司）总资产、资产负债率、从业人员数据不含南澳县局（公司）。
2. 南雄烟科所（粤北技术中心）行政关系隶属韶关市局（公司）。

◇ 撰稿：张 慧；编辑：褚 幸

# 广西壮族自治区烟草专卖局（公司）

【专卖管理】　**案件查处**。2018年，广西壮族自治区烟草专卖局查处各类涉烟违法案件1.54万起，其中真烟非法流通案件9103起，符合公安部、国家局标准的网络案件54起，部督案件13起；公安、司法机关依法逮捕424人、判刑234人。查处案值超过百万元的案件176起，同比增长93.4%。查处的案值百万元以上案件数，符合公安部、国家局标准的网络案件数，以及查获的非法卷烟、走私烟、假冒卷烟数量五项指标均为历史新高，走私烟查获数量居全国第一，占全国查获总量的50%，假冒卷烟查获数量居全国第四。

查获各类违法卷烟12.11万件，同比增长59.95%。其中，查获假冒卷烟3.82万件，同比增长229.09%；走私烟7.60万件，同比增长28.6%；非法流通卷烟6975.74件，案值5000余万元；制假烟机48台（套）。

**打假打私**。坚持“守国门、堵通道、清市场”的工作方针，发挥烟草、公安长期联合打假的优势，查处贵港“6·1”，桂林“7·17”、“11·25”，来宾“7·31”案等符合国家局、公安部标准的卷烟制假售假网络案，打击制假活动向广西转移扩散。其中，贵港“6·1”案被列为国家局、公安部联合督办案件，并被公安部列入2018年打击涉烟犯罪典型案例；桂林“7·17”案被列为国家局、公安部联合督办案件，“11·25”案被公安部列入2018年打击涉烟犯罪典型案例。

继续开展边境打私专项行动，防城港、钦州、北海、崇左、百色5个市局实行统一指挥，联防联动，整治重点村屯。其中，北仑河沿线查处走私烟案件900起，查获走私烟4.3万件，同比增长31.7%，占全自治区查获走私烟总量的56.4%。公安、司法机关依法抓获涉私人员455人、查扣涉私车船1700余台（艘），走私入境卷烟数量连续两年下降超过50%。

**市场监管**。制定卷烟规范经营运行标准，强化重点地区、重点单位督导，对自治区内工商企业“两烟”生产经营实施全过程监管。印发督办任务11份，各级内管部门提出调整货源投放策略意见786条，对3.64万户零售户进行供货调整；实施预警异地交叉检查89次，发现内部不规范经营问题30项，监督销毁工业企业废弃烟草专卖品5669.77吨。加强真烟非法流通治理，印发专项督办文件34份，整改问题32项。加大对违法违规卖烟大户防控和查处力度，取缔大户经营资格3户。

开展APCD预警分析和“双随机、一公开”检查。开展“春雷”和散支烟（白皮烟）专项行动，实施错时错峰检查，开展市场检查26万余户次，错时检查9万余户次，对物流寄递环节常态化监管，查处非法寄递卷烟案件2933起，查扣非法卷烟8699件，其中假冒卷烟2962件，走私烟5100件。

**依法行政**。推进“互联网+政务服务”建设，解决堵点问题。优化零售许可资源配置，强化后续监管，全年依法新办零售许可证2.22万户、注销2.03万户。搭建全系统共享的电商采购平台，落实“应招尽招”“真招实招”的要求，全自治区公开招标比例达到94.89%，同比提升3.96个百分点。开展办事公开民主管理，全年公开信息28180条。

【经济效益】　广西壮族自治区烟草商业系统实现税利104.58亿元，同比增长2.95%，其中利润33.56亿元，同比增长4.79%。三项费用率6.95%，同比增加0.06个百分点。

【卷烟（雪茄烟）经营】　**卷烟销售**。2018年，广西销量居前三位的品牌为“真龙”“双喜”“红塔山”，销量分别为322.51亿支（64.50万箱）、68.91亿支（13.78万箱）、60.98亿支（12.20万箱）。全国重点品牌卷烟销量同比增长3.55%，占总销量的91.68%。全年实现单箱销售收入2.79万元，同比增长4.17%。

销售细支烟19.74亿支（3.95万箱），同比增长55.9%；短支烟5.68亿支（1.14万箱），同比增长24.5%；中支烟2.27亿支（0.45万箱），同比增长47.3%；爆珠烟11.97亿支（2.39万箱）。实现单箱销售收入4.46万元。

**雪茄烟销售**。销售雪茄烟6228.5万支，同比增长90.47%。与四川中烟强化工商协同，全年销售川产雪茄烟0.47亿支，同比增加0.28亿支，占广西壮族自治区雪茄烟总销量的74.95%。

**现代终端建设**。推进“11236”三位一体终端建设新模式的实施。自治区累计建成现代终端4.02万户，占比18.3%；推广终端信息系统4.34万户，占比19.8%。

**卷烟物流建设**。南宁、柳州、百色市公司与广西中烟协同开展工作试点，探索建立物流供应链管理机制。出台《广西烟草商业物流现场管理规范实施细则》，建立物流现

2018年5月4日，广西烟草开展“烟田党旗红 助烟农打顶”主题党员活动日活动

广西区局 供稿

场管理日常运行机制。推进物流标准化体系建设和物流标准作业，编制标准文件554份，编写SOP493份。开展价值流分析56项，收集合理化提案254条。

全面推行“今访明送”送货模式，实行准时送货，灵活设置配送周期，探索电子签收、多方式货款支付等便民服务。撤并中转站5个，减少配送车10辆，减少物流从业人员27人。物流费用率同比减少0.05个百分点，人均配送效率同比增长2.1%，库存周转次数同比增长8.8%。严格执行到货验收、安全仓储、先进先出、“两扫一打”、配送到户等管理规定，全年在途系统到货确认率100%、开锁率99.84%、入库扫码识别率100%、出库扫码识别率99.996%、条烟打码率99.941%、“送货服务”满意度91.84分。

【烟叶产销】 **烟叶种植和收购**。2018年，广西壮族自治区烤烟合同种植面积为13.26万亩；收购烤烟1.51万吨(30.26万担)。上等烟比例60.4%，同比增加14个百分点；中等烟比例39.44%；下低等烟比例0.16%，同比减少13个百分点；上中等烟叶收购比例达到99.8%，基本消除下低等烟叶。国内调拨烤烟1.44万吨（28.8万担），出口备货烤烟0.05万吨（1万担）。烟农户数6891户。全年实现烟农种烟收入（不含补贴）3.87亿元，烟农户均收入5.62万元，其中2934户职业烟农户均收入8.32万元。烟叶产业带动579户烟农实现脱贫。

**多元化促农增收**。聚焦育苗大棚种瓜果、密集烤房培育食用菌、烟草农机服务大农业、基本烟田烟稻轮作4项综合利用，探索农资代购、劳务输出、有机肥堆沤、废旧地膜加工等多元化经营，拓宽烟农增收渠道，实现多元化辅业总产值2.15亿元，净收入0.72亿元。

【烟叶生产管理】 **“党支部+合作社+农户”新模式**。在烟区建立标准化党支部，在烟站设立党小组。全面推广“党支部+合作社+农户”新模式，在土地流转、标准化作业、专业化服务等“做精主业”环节发挥服务保障作用。全自治区共组建新模式合作社37家，入社烟农4059人，服务种烟面积7.75万亩。建立党员烟叶生产“责任田”“示范户”“示范基地”，成立党员服务烟叶生产“先锋队”，在生产关键环节到烟田开展作业服务，发挥党支部和党员的先锋模范带头作用。

**优化生产布局**。贯彻落实行业“控总量、守红线”政策，明确广西烟叶“小而精、小而优”发展定位。持续优化烟叶生产布局，对种植规模小的烟区和易涝、易病的烟田进行优化；对贫困县烟农因计划减少的种烟面积进行专项补贴。从源头控制种植规模，全自治区种烟县由15个优化至11个，种烟乡镇由100个优化至83个，烟农户数同比减少24.42%，种烟县（市）、乡镇和烟农数量同比优化幅度分别达到27%、17%、25%。

**专业化服务**。修订烟叶标准229个、新建烟叶标准22个，提升烟叶生产标准的适用性和可操作性。推广适用技术。冬耕深翻11.27万亩，占比85%；增施有机肥11.23万亩，占比85%；高垄深栽12.53万亩，占比95%；地膜覆盖11.15万亩，占比84%；烟蚜茧蜂防治蚜虫13.26万亩，占比100%。专业化烘烤1.10万吨（21.93万担），其中，“1+N”专业化烘烤0.45万吨（9.05万担），采烤一体化0.60万吨（11.99万担），采烤分一体化0.04万吨（0.89万担），烘烤损失率下降。完善田间优化的技术标准，种植收购合同中加入优化标准和措施，将下部4片上部2片不适用烟叶处理在田间，将病残叶、过熟叶、欠熟叶剔除在烘烤之前，将青杂烟叶清除在出炉之后，解决下低等不适用烟叶比例高的问题。

**精益烟叶管理**。开展“精益烟叶管理年”活动，对14个环节、49个工作节点进行梳理诊断，制定41条改进措施。围绕“精准生产、精确烘烤、精良设施、精品烟站、精细营销”等精益管理目标，实现标准化工作、精益改善活动与烟叶生产管理全过程有机结合，以合作社互助组建设为抓手，开展户户对标、组组对标活动，实现网格化管理。

**防灾体系建设**。持续加强防雹体系建设，全自治区累计开展防雹作业58轮（次）、发射消雹弹338余枚，雹灾面积仅1566亩，冰雹灾害得到控制。继续开展政策性烟叶种植保险，全自治区种植面积投保比例达到98.5%，获得理赔金额1002.97万元。

【特事辑要】 2月13日，国家局党组成员、副局长徐瑾在桂林市局（公司）卷烟物流中心调研。

2月27日，广西壮族自治区副主席费志荣在广西区局（公司）调研。

8月21日，广西区局（公司）、工商局2018年“双随机、一公开”联合检查启动仪式在自治区工商局举行。

**2018年广西壮族自治区烟草专卖商业主要情况统计**

| 地市级局（公司）名称 | | 南宁市烟草专卖局（公司） | 柳州市烟草专卖局（公司） | 桂林市烟草专卖局（公司） | 梧州市烟草专卖局（公司） | 北海市烟草专卖局（公司） |
|---|---|---|---|---|---|---|
| 主要负责人/法定代表人（含党政领导） | | 孙中标 | 韦毓云 | 李　斌 | 何珠勇 | 陈卫红 |
| 所属县级单位 | | 青秀区、兴宁区、江南区、西乡塘区、良庆区、邕宁区、武鸣区、宾阳县、横县、隆安县、上林县、马山县等12个县级烟草专卖局（营销部） | 城区、柳江县、柳城县、鹿寨县、融安县、融水苗族自治县、三江侗族自治县等7个县级烟草专卖局（营销部） | 城区、临桂县、灵川县、永福县、兴安县、全州县、灌阳县、阳朔县、荔浦县、平乐县、资源县、恭城瑶族自治县、龙胜各族自治县等13个县级烟草专卖局（营销部） | 城区、苍梧县、岑溪市、藤县、蒙山县等5个县级烟草专卖局（营销部） | 城区、合浦县2个县级烟草专卖局（营销部） |
| 总资产（万元） | | 231005 | 101241 | 163070 | 46294 | 49888 |
| 资产负债率（%） | | 32.91 | 12.87 | 25.31 | 14.95 | 18.00 |
| 从业人员（人） | | 898 | 514 | 723 | 410 | 249 |
| 所属业务机构 | 营销机构 | 1个营销中心 | 1个营销中心 | 1个营销中心 | 1个营销中心 | 1个营销中心 |
| | 物流配送机构 | 1个物流中心、6个中转站 | 1个物流中心、5个中转站 | 1个物流中心、9个中转站 | 1个物流中心、3个送货部 | 1个物流中心 |
| | 专卖稽查机构 | 1个稽查支队、15个稽查大队 | 1个稽查支队、4个稽查大队 | 1个稽查支队、16个稽查大队 | 1个稽查支队、5个稽查大队 | 1个分局、1稽查支队、4个稽查大队 |
| | 烟叶机构 | — | — | — | — | — |
| 实现税利 | 万元 | 219760 | 109273 | 131602 | 51621 | 47489 |
| | 比上年增长（%） | 7.35 | 4.34 | -1.01 | 1.78 | 1.89 |
| 实现利润 | 万元 | 78949 | 39977 | 44163 | 16208 | 18120 |
| | 比上年增长（%） | 5.22 | 8.32 | 4.36 | 9.83 | 9.62 |
| 卷烟销售收入（万元） | | 738543 | 368766 | 470656 | 194161 | 164208 |

续表

| 地市级局（公司）名称 | 南宁市烟草专卖局（公司） | 柳州市烟草专卖局（公司） | 桂林市烟草专卖局（公司） | 梧州市烟草专卖局（公司） | 北海市烟草专卖局（公司） |
|---|---|---|---|---|---|
| 查处涉烟违法案件（起） | 2974 | 1443 | 1340 | 723 | 449 |
| 查处涉烟违法案件案值（万元） | 6247 | 1809 | 30000 | 3074 | 3549 |
| 烟基建设投入资金（万元） | — | — | — | — | — |
| 烟基设施新增受益面积（万亩） | — | — | — | — | — |
| 烟叶种植（万亩） | — | — | — | — | — |
| 烟叶收购（万担） | — | — | — | — | — |
| 烟农户数（户） | — | — | — | — | — |
| 实现烟农总收入（万元） | — | — | — | — | — |
| 零售户数（户） | 31806 | 18756 | 24689 | 12986 | 8654 |
| 零售户销售毛利率（%） | 14.20 | 14.29 | 14.09 | 12.00 | 14.37 |

| 地市级局（公司）名称 | | 防城港市烟草专卖局（公司） | 钦州市烟草专卖局（公司） | 贵港市烟草专卖局（公司） | 玉林市烟草专卖局（公司） | 百色市烟草专卖局（公司） |
|---|---|---|---|---|---|---|
| 主要负责人/法定代表人（含党政领导） | | 何奇枢 | 黎　云 | 郑　刚 | 林光耀 | 范东升 |
| 所属县级单位 | | 城区、上思县、东兴市等3个县级烟草专卖局 | 城区、灵山县、浦北县等3个县级烟草专卖局（营销部） | 城区、桂平市、平南县等3个县级烟草专卖局（营销部） | 城区、北流市、容县、陆川县、兴业县、博白县等6个县级烟草专卖局（营销部） | 城区、田阳县、田东县、平果县、德保县、靖西市、那坡县、西林县、凌云县、乐业县、田林县、隆林各族自治县等12个县级烟草专卖局（营销部） |
| 总资产（万元） | | 29306 | 49451 | 58773 | 64793 | 111258 |
| 资产负债率（%） | | 34.04 | 28.29 | 23.35 | 21.49 | 19.20 |
| 从业人员（人） | | 176 | 368 | 455 | 582 | 1073 |
| 所属业务机构 | 营销机构 | 1个营销中心 | 1个营销中心 | 1个营销中心 | 1个营销中心 | 1个营销中心 |
| | 物流配送机构 | 1个物流中心、1个中转站 | 1个物流中心、3个中转站 | 1个物流中心、2个中转站 | 1个物流中心、7个中转站 | 1个物流中心、12个中转站 |
| | 专卖稽查机构 | 1个稽查支队、3个稽查大队 | 1个稽查支队、4个稽查大队 | 1个稽查支队、5个稽查大队 | 1个稽查支队、8个稽查大队 | 1个稽查支队、13个稽查大队 |
| | 烟叶机构 | — | — | — | — | 1个烟叶科、1个烟叶科研所、9个烟叶站 |
| 实现税利 | 万元 | 25062 | 49894 | 65826 | 75150 | 91921 |
| | 比上年增长（%） | 2.71 | 6.81 | 0.29 | 6.61 | -3.33 |
| 实现利润 | 万元 | 5737 | 14489 | 22649 | 22279 | 32913 |
| | 比上年增长（%） | -9.92 | 0.74 | 10.85 | 2.62 | -2.59 |

续表

| 地市级局（公司）名称 | 防城港市烟草专卖局（公司） | 钦州市烟草专卖局（公司） | 贵港市烟草专卖局（公司） | 玉林市烟草专卖局（公司） | 百色市烟草专卖局（公司） |
|---|---|---|---|---|---|
| 卷烟销售收入（万元） | 100357 | 183819 | 243557 | 274457 | 265005 |
| 查处涉烟违法案件（起） | 1666 | 971 | 777 | 606 | 533 |
| 查处涉烟违法案件案值（万元） | 87563 | 13000 | 7089 | 4500 | 234 |
| 烟基建设投入资金（万元） | — | — | — | — | 1490 |
| 烟基设施新增受益面积（万亩） | — | — | — | — | 1.10 |
| 烟叶种植（万亩） | — | — | — | — | 10.23 |
| 烟叶收购（万担） | — | — | — | — | 22.85 |
| 烟农户数（户） | — | — | — | — | 5608 |
| 实现烟农总收入（万元） | — | — | — | — | 29128 |
| 零售户数（户） | 5067 | 13992 | 18028 | 19484 | 20091 |
| 零售户销售毛利率（%） | 16.78 | 14.05 | 14.00 | 13.75 | 14.20 |

| 地市级局（公司）名称 | | 贺州市烟草专卖局（公司） | 河池市烟草专卖局（公司） | 来宾市烟草专卖局（公司） | 崇左市烟草专卖局（公司） |
|---|---|---|---|---|---|
| 主要负责人/法定代表人（含党政领导） | | 王五权 | 谢绍彬 | 宾彬超 | 覃忠达 |
| 所属县级单位 | | 城区、钟山县、富川瑶族自治县、昭平县等4个县级烟草专卖局（营销部） | 金城江区、宜州市、罗城仫佬族自治县、环江毛南族自治县、南丹县、天峨县、东兰县、巴马瑶族自治县、凤山县、都安瑶族自治县、大化瑶族自治县等11个县级烟草专卖局（营销部） | 城区、忻城县、合山市、象州县、武宣县、金秀瑶族自治县等6个县级烟草专卖局（营销部） | 江州区、扶绥县、宁明县、大新县、龙州县、天等县、凭祥市等7个县级烟草专卖局（营销部） |
| 总资产（万元） | | 46509 | 68430 | 37295 | 38152 |
| 资产负债率（%） | | 23.35 | 12.06 | 24.11 | 27.87 |
| 从业人员（人） | | 469 | 641 | 351 | 362 |
| 所属业务机构 | 营销机构 | 1个营销中心 | 1个营销中心 | 1个营销中心 | 1个营销中心 |
| | 物流配送机构 | 1个物流中心、3个中转部 | 1个物流中心、11个中转站 | 1个物流中心、5个中转站 | 1个物流中心、5个中转站 |
| | 专卖稽查机构 | 1个稽查支队、5个稽查大队 | 1个稽查支队、12个稽查大队 | 1个稽查支队、1个稽查大队 | 1个稽查支队、7个稽查大队 |
| | 烟叶机构 | 1个烟叶科、8个烟叶站 | 1个烟叶科、5个烟叶站 | — | — |
| 实现税利 | 万元 | 42708 | 70012 | 40781 | 39597 |
| | 比上年增长（%） | 4.12 | 4.26 | 3.06 | 0.09 |
| 实现利润 | 万元 | 12385 | 20918 | 12068 | 11581 |
| | 比上年增长（%） | 8.17 | -1.40 | 9.39 | 17.38 |

续表

| 地市级局（公司）名称 | 贺州市烟草专卖局（公司） | 河池市烟草专卖局（公司） | 来宾市烟草专卖局（公司） | 崇左市烟草专卖局（公司） |
|---|---|---|---|---|
| 卷烟销售收入（万元） | 156146 | 254698 | 156112 | 157149 |
| 查处涉烟违法案件（起） | 533 | 504 | 573 | 2078 |
| 查处涉烟违法案件案值（万元） | 932 | 827 | 3582 | 1697 |
| 烟基建设投入资金（万元） | — | — | — | — |
| 烟基设施新增受益面积（万亩） | — | — | — | — |
| 烟叶种植（万亩） | 2.00 | 1.03 | — | — |
| 烟叶收购（万担） | 5.23 | 2.18 | — | — |
| 烟农户数（户） | 1849 | 434 | — | — |
| 实现烟农总收入（万元） | 6797 | 2720 | — | — |
| 零售户数（户） | 10129 | 18467 | 11465 | 10418 |
| 零售户销售毛利率（%） | 14.36 | 16.35 | 14.38 | 14.30 |

◇ 撰稿：黄祥进；编辑：褚　幸

## 海南省烟草专卖局（公司）

【专卖管理】　打假打私。2018年，海南省烟草专卖局对各类涉烟违法犯罪行为保持高压严打态势，查处各类涉烟违法案件2519起，其中，假冒卷烟案件1716起，符合公安部、国家局标准的网络案件7起，符合省级标准的网络案件8起。

重大案件。销售假冒卷烟网络案件中屯昌、澄迈县局（营销部）“10·30”、儋州市局（公司）“6·12”案被列为公安部、国家局部级督办案件，儋州市局（公司）“12·1”、保亭县局（营销部）“11·14”案被列为符合公安部、国家局标准的网络案件，琼海市局（公司）“6·12”案被列为公安部打击假冒卷烟犯罪集群战役案件，涉案金额均超过千万元。三亚市局（公司）“4·8”案销售假冒卷烟网络案件现场查获假冒卷烟312件，涉案金额4200余万元。

市场监管。组织开展烟草行业“海南无假货”品牌维护行动，打造诚信、公平、放心的市场消费环境；开展市场监管示范建设，组织实施“3·15”法制宣传、“国门利剑2018”、利用互联网非法销售卷烟问题专项治理、打击物流寄递环节涉烟违法行为等专项行动，全面净化卷烟市场环境；加大信息情报分析力度，推进情报导侦工作，全年推送情报信息4334条，根据情报信息查获假冒卷烟案件730起，查获物流寄递环节非法流通卷烟1069件。

行政服务。根据“放管服”改革要求，优化省内卷烟运输管理，实现行政审批系统与省政务中心电子证照库、省市场监管局信息系统“双对接”，解决群众办事堵点问题；完善系统功能，简化办证程序，推广儋州、三亚市局

2018年3月15日，海南烟草专卖管理人员进行“3·15”普法宣传
海南省局　供稿

(公司)办证模式经验，提高便民服务水平。截至2018年底，全省18个市县局全面取消新办零售许可距离限制，实施负面清单制度，解决“办证难”问题。

**内部专卖管理监督**。推进依法严管违法违规卖烟大户专项行动，从根源上切断真烟非法流入、流出的源头。全省查获卷烟非法流通案件597起，其中，查处案值5万元以上的卷烟非法流通案件22起、查获非法流通卷烟342件。

**【经济效益】** 2018年，全省烟草商业系统实现税利42.17亿元，同比增长5.30%，其中利润16.55亿元，同比增长5.32%。单箱销售收入3.02万元，同比增长3.97%，单箱税利0.93万元，同比增长3.49%。三项费用率3.80%，同比增加0.14个百分点。

**【卷烟（雪茄烟）经营】** **卷烟（雪茄烟）销售**。海南省销量居前三位的品牌为“红塔山”“芙蓉王”“云烟”，销量分别为49.15亿支（9.83万箱）、37.2亿支（7.44万箱）、20.9亿支（4.18万箱）。销售传统雪茄烟225万支。

实现卷烟（雪茄烟）销售收入158.91亿元，同比增长5.26%。实现卷烟（雪茄烟）税利42.16亿元，同比增长5.27%，其中净利润12.42亿元，同比增长6.40%。

**重点品牌**。全年重点品牌卷烟销量同比增长0.65%，占销售总量的87.68%，其中“中华”“芙蓉王”“红塔山”“云烟”“白沙”“利群”“双喜·红双喜”“黄鹤楼”“玉溪”“黄山”等10个重点品牌共销售177.6亿支（35.52万箱），同比下降0.26%。

全年“三沙”等海南省自有品牌卷烟在全国实现销量13.35亿支（2.67万箱），同比增长41.24%。

**网络建设**。探索建设具有海南特色的现代卷烟零售终端，全年建成高级现代终端60户、高级雪茄终端3户、中级现代终端436户。新增卷烟零售户自律互助小组1332个，逐步发挥稳定卷烟价格、增加零售户盈利的作用。推进卷烟销售移动应用升级项目，落实全省统一客户分档工作，建立微信订货服务号。

**现代物流建设**。落实琼北地区卷烟仓储分拣一体化后续工作，推动海口、三亚新物流中心项目建设，其中三亚新物流中心项目进入施工阶段。启动“甩箱式”物流配送系统试点工作，实现物流综合管控系统上线运行，完成物流法人论证工作，完善补充配送模式管理规定。

**【管理创新】** **精益管理**。启动新版质量管理体系转版升级，推进管理诊断基层行活动，全面优化流程，推动管理创新，加强课题研究，统筹推进标准化管理、对标管理、QC小组等各项管理活动。组织召开全省系统第二届优秀质量管理小组成果发布会，激发员工参与企业精益管理的积极性、主动性。

**降本增效**。研究制定《市级公司全面预算管理工作考核细则》，加强预算管理，强化成本意识，严格控制重点管控费用，全年业务招待费同比下降55.55%。

**【特事辑要】** 1月23日，海南省局（公司）召开2018年全省烟草工作会议。

3月5日，海南省副省长彭金辉在海南烟草调研。

3月5—9日，国家局党组成员、直属机关党委书记高林在海南烟草调研。

6月1日，海南省局（公司）召开纪念海南省烟草专卖局（公司）成立30周年大会。

**2018年海南省烟草专卖商业主要情况统计**

| 地市级局（公司）名称 | 海口市烟草专卖局（公司） | 三亚市烟草专卖局（公司） | 琼海市烟草专卖局（公司） | 儋州市烟草专卖局（公司） |
|---|---|---|---|---|
| 主要负责人/法定代表人（含党政领导） | 李　云 | 陈益峰 | 李　敏 | 崔宇慧 |
| 所属县级单位 | 澄迈县、文昌市、定安县、临高县等4个县级烟草专卖局（营销部） | 乐东县、陵水县、保亭县、五指山市等4个县级烟草专卖局（营销部） | 万宁市、屯昌县、琼中县等3个县级烟草专卖局（营销部） | 东方市、昌江县、白沙县等3个县级烟草专卖局（营销部） |

续表

| 地市级局（公司）名称 | | 海口市烟草专卖局（公司） | 三亚市烟草专卖局（公司） | 琼海市烟草专卖局（公司） | 儋州市烟草专卖局（公司） |
|---|---|---|---|---|---|
| 总资产（万元） | | 112321 | 40571 | 40753 | 25172 |
| 资产负债率（%） | | 16.87 | 19.31 | 13.75 | 15.91 |
| 从业人员（人） | | 421 | 259 | 228 | 197 |
| 所属业务机构 | 营销机构 | 1个营销中心 | 1个营销中心 | 1个营销中心 | 1个营销中心 |
| | 物流配送机构 | 1个物流中心、1个物流配送中转站、3个物流对接点 | 1个物流中心、1个物流配送中转站、3个物流对接点 | 1个物流中心、3个物流对接点 | 1个物流中心、2个物流配送中转站 |
| | 专卖稽查机构 | 1个稽查支队、11个稽查大队 | 1个稽查支队、9个稽查大队 | 1个稽查支队、6个稽查大队 | 1个稽查支队、7个稽查大队 |
| | 烟叶机构 | — | — | — | 1个烟叶科 |
| 实现税利 | 万元 | 138706 | 57405 | 46557 | 38649 |
| | 比上年增长（%） | 8.20 | 7.10 | 1.20 | 6.39 |
| 实现利润 | 万元 | 20700 | 8654 | 8026 | 5553 |
| | 比上年增长（%） | 2.48 | 9.64 | 0.14 | 6.81 |
| 卷烟销售收入（万元） | | 751953 | 332820 | 277539 | 226384 |
| 查处涉烟违法案件（起） | | 1300 | 544 | 438 | 237 |
| 查处涉烟违法案件案值（万元） | | 1084 | 6229 | 272 | 5474 |
| 烟基建设投入资金（万元） | | — | — | — | — |
| 烟基设施新增受益面积（万亩） | | — | — | — | — |
| 烟叶种植（万亩） | | — | — | — | 0.20 |
| 烟叶收购（万担） | | — | — | — | 0.40 |
| 烟农户数（户） | | — | — | — | 100 |
| 实现烟农总收入（万元） | | — | — | — | 1000 |
| 零售户数（户） | | 21843 | 10790 | 10708 | 10196 |
| 零售户销售毛利率（%） | | 11.28 | 13.00 | 13.07 | 13.06 |

◇撰稿：安　婷；编辑：褚　幸

# 重庆市烟草专卖局（公司）

【专卖管理】　**案件查处**。2018年，重庆市烟草专卖局共查处涉烟违法案件1万余起；查获违法卷烟1.1万件，实物案值1.22亿元，其中查获非法流通真烟数量同比增长45.11%。查处涉烟违法网络案件32起，其中符合公安部、国家局标准的网络案件17起，符合市局标准网络案件15起。

以“扫黑除恶”专项斗争为契机，持续深化联合执法机制，调动打假破网积极性。2018年，国家局高度重视的“9·25”制售假冒卷烟特大网络案件，查获实物案值600余万元，公安、司法机关依法逮捕25人，直诉2人。

**市场监管**。深化“铁拳”“渝铁1号”专项行动，拓展“百人团”机动稽查，重点整治真烟非法流通，严管违法违规大户、烟酒商店、铁路“背包客”。全面实施异地执法、交叉执法、错时执法。市场净化率保持98.6%以上。压紧规范经营责任，紧盯规范经营动态，问责违规经营行为。深入开展违法违规零售户治理，加强分类处置，全年限投、停投品牌规格28个，依法取缔违规大户52户，降低违规零售户订货级档2630户次。

**零售许可“放管服”改革**。扎实推进行政许可标准化，疏通零售许可办证“堵点”，积极推进“一网通办”“全渝通办”，实现零售许可申请只跑一趟。落实“双随机、一公开”监管要求，强化执法监督，专卖执法透明度和公信力稳步提升。严格零售许可“宽进严管”，全年新办零售许可证1.66万个，依法注销异常许可证1.43万个，依法取消经营资格117户。

【经济效益】 2018年，重庆市烟草商业系统实现税利106.63亿元，同比下降0.92%，其中利润39.35亿元，同比下降4.06%。卷烟单箱销售收入3.30万元，同比增长4.36%；单箱税利8531元，同比增长3.51%。三项费用率7.23%。

【卷烟经营】 **卷烟销售概况**。2018年，重庆市实现销售收入412.62亿元，同比增加10.44亿元，增长2.6%。实现卷烟税利98.04亿元，同比增长3.68%，其中利润35.78亿元，同比增长6.93%。

**重点品牌销售**。2018年，在销卷烟品牌65个，规格321个。其中，国内卷烟品牌51个，规格281个（含消化库存品牌规格7个）；国外卷烟品牌6个，规格21个；细支卷烟品规共计66个。

销量居前三位的品牌为“龙凤呈祥”“云烟”“玉溪”。其中，销售“龙凤呈祥”203.66亿支（40.73万箱），同比减少7.3亿支（1.46万箱），下降3.46%；“云烟”62.63亿支（12.52万箱），同比增加0.15亿支（0.03万箱），增长0.27%；“玉溪”37.95亿支（7.59万箱），同比增加1.4亿支（0.28万箱），增长3.76%。2018年，销量居前十位的品牌实现销量449.65亿支（89.93万箱），同比减少12.85亿支（2.57万箱），下降2.78%。

全国重点品牌卷烟销量同比增加12.55亿支（2.51万箱），增长2.51%；实现销售收入361.60亿元，同比增加16.28亿元，增长4.82%。

【雪茄烟销售】 2018年，重庆市烟草商业系统销售雪茄烟6210万支。中高档雪茄烟实现销售收入391.7万元，同比增加159万元，同比增长68.63%。在销雪茄烟品牌8个，规格19个。

加强雪茄烟品牌培育，加大中高档雪茄烟引入和置换力度，引入“王冠（小国粹）”“长城（盛世5号）”2个中高档雪茄烟产品；稳定在销雪茄烟品牌规格，加快市场拓展，扩大市场规模。

【卷烟销售管理】 以“信息采集、市场分析、需求预测、货源组织、货源投放”为核心节点，建立需求导向型卷烟销售流程。重视卷烟市场供求关系、价格水平、存销比、专卖查处案件和内管预警信息，动态调整货源投放策略。以客户订购量、订购金额为主要维度，推广“积分法”客户分档；按照“商业管上限、工业管下限”的原则，“订单驱动、滚动配货、实时合同”的模式，将工商网配扩展至8家工业企业；坚持“按档位投放为主、选点投放为辅”的原则，划分为5个片区并制定实施差异化投放策略，同时对部分紧俏品牌规格实行“档位+业态+市场类型”的精准投放；选择试点区县单位推广“积分商城”应用，由零售户自主兑换紧俏品牌规格，解决供非所需、供需失衡等问题；健全订单采集规范，加强应急补货管理，严控同一会话多张订单，锁死内部IP地址，开展结算信息清理。

开展“走出去、请进来、坐下来、沉下去”活动，学习先进经验，提升队伍素质，丰富客户服务方式和内涵。根据客户特点，分类为特殊群体客户、重点客户和普通客户，为开展分类服务、差异化服务创造条件。其中，对重点客户实行“自愿申报—动态管理—逐步收紧”管理模式，采取分梯次、差异化投放紧俏及新品的货源投放策略，提升服务质量。

重庆丰都县局（分公司）客户经理帮助零售户整理卷烟柜台（2018年）

重庆市局 供稿

【新型终端建设】 借鉴广西、大连、杭州终端建设经验，印发《2019—2021年新型现代终端建设实施方案》，谋划和推进直营、加盟、合作和现代四类新型现代终端建设，完善零售终端体系，提升现代终端建设水平。

截至2018年底，共有零售户自律互助小组5398个，小组在稳定价格、保障盈利、培育品牌、规范经营等方面的作用得到初步发挥。

【烟叶产销】 **烟叶种植与收购**。2018年，重庆市共签订烤烟种植合同1.32万份，种植面积40.57万亩，收购烤烟4.67万吨（93.3万担）。全市烟农户数1.53万户，实现烟农总收入12.84亿元，户均收入8.4万元，同比增加1.75万元。

实现烟叶税利8.11亿元，同比下降36.99%，其中利润3.57亿元，同比下降55.21%。

**烟叶基础设施建设**。2018年，完成2548万元的项目建设。其中，密集烤房80座，烤房加热设备维修更换1249座，装烟方式改造设备863座，土建613座。完成水源工程援建资金划拨2.25亿元。

**现代烟草农业建设**。实现采烤一体化等国家局主推技术执行率100%；实现烤烟上等烟比例62.3%，同比增加20.2个百分点；上中等烟比例100%，同比增加9.8个百分点；中部叶比例61.7%，同比增加3.4个百分点。实现烤烟收购均价26.9元，同比增加4.6元；亩均收入3098元，同比增加405元；烤烟烟农户均收入9.53万元（不含白肋烟），同比增加2.88万元。

烟叶绿色发展扎实落地。增厚废旧地膜集中处理率、蚜茧蜂覆盖率均达到100%；烟用农家肥亩均施用131.3千克。烟叶信息化水平提升。烟叶全面质量管理信息系统完成三期建设。烟叶质量追溯体系启动建设，全市91条5000担以上的收购线实现自动等级识别。

【特事辑要】 11月17—19日，在中外企业文化2018深圳峰会上，重庆市局（公司）被中国企业文化研究会评为“改革开放40年中国企业文化典范组织”。

11月29日，国家发展和改革委员会调研组及国家烟草专卖局发展计划司在重庆烟草开展烟草运行及产业扶贫情况调研。

12月10日，重庆市局（公司）联合市公安局开展代号为“黎明”的卷烟打假专项行动，捣毁永川区大安镇一家大型地下制假烟厂。

## 2018年重庆市烟草专卖商业主要情况统计

| 地市级局（公司）名称 | | 万州区烟草专卖局（分公司） | 黔江区烟草专卖局（分公司） | 涪陵区烟草专卖局（分公司） | 渝中区烟草专卖局（分公司） | 大渡口区烟草专卖局（分公司） |
|---|---|---|---|---|---|---|
| 主要负责人/法定代表人（含党政领导） | | 李　明 | 邹　毅（—2018年10月）<br>王　平（2018年10月—） | 陶云辉 | 李兴奇 | 赵　飞 |
| 所属县级单位 | | — | — | — | — | — |
| 总资产（万元） | | 15425 | 9834 | 11201 | 6652 | 3155 |
| 资产负债率（%） | | — | — | — | — | — |
| 从业人员（人） | | 273 | 304 | 179 | 79 | 51 |
| 所属业务机构 | 营销机构 | 6个区域客户服务部 | 4个区域客户服务部 | 5个区域客户服务部 | 1个区域客户服务部 | 1个客户服务部 |
| | 物流配送机构 | — | — | — | — | — |
| | 专卖稽查机构 | 1个稽查支队、9个稽查大队 | 1个稽查支队、4个稽查大队 | 1个稽查支队、5个稽查大队 | 1个稽查支队、4个稽查大队 | 1个稽查支队、2个稽查大队 |
| | 烟叶机构 | 2个烟叶工作站、1个烟叶仓储中心 | 3个烟叶工作站、14个烟叶收购点 | 1个烟叶科、1个烟叶工作站、4个烟叶收购点 | — | — |
| 实现税利 | 万元 | 22824 | 12777 | 16261 | 23475 | 10834 |
| | 比上年增长（%） | -1.47 | -59.86 | -24.78 | 5.87 | 6.60 |
| 实现利润 | 万元 | -531 | 543 | -781 | 4041 | 1365 |
| | 比上年增长（%） | — | -97.32 | — | 10.51 | 22.90 |

续表

| 地市级局（公司）名称 | 万州区烟草专卖局（分公司） | 黔江区局烟草专卖局（分公司） | 涪陵区烟草专卖局（分公司） | 渝中区烟草专卖局（分公司） | 大渡口区烟草专卖局（分公司） |
|---|---|---|---|---|---|
| 卷烟销售收入（万元） | 149456 | 45703 | 96640 | 114425 | 64490 |
| 查处涉烟违法案件（起） | 338 | 91 | 109 | 187 | 224 |
| 查处涉烟违法案件案值（万元） | 448 | 317 | 205 | 528 | 181 |
| 烟基建设投入资金（万元） | 52 | — | 292 | — | — |
| 烟基设施新增受益面积（万亩） | 0.00 | — | 0.24 | — | — |
| 烟叶种植（万亩） | 1.52 | 3.22 | 0.87 | — | — |
| 烟叶收购（万担） | 3.50 | 7.50 | 1.93 | — | — |
| 烟农户数（户） | 1293 | 1007 | 160 | — | — |
| 实现烟农总收入（万元） | 4036 | 10171 | 2356 | — | — |
| 零售户数（户） | 5973 | 1896 | 3991 | 1858 | 1298 |
| 零售户销售毛利率（%） | 8.00 | 5.30 | 7.20 | 8.20 | 6.00 |

| 地市级局（公司）名称 | | 江北区烟草专卖局（分公司） | 沙坪坝区烟草专卖局（分公司） | 九龙坡区烟草专卖局（分公司） | 南岸区烟草专卖局（分公司） | 北碚区烟草专卖局（分公司） |
|---|---|---|---|---|---|---|
| 主要负责人/法定代表人（含党政领导） | | 程念民 | 邱先勋 | 楚　鹰 | 谢小波 | 郭　敏 |
| 所属县级单位 | | — | — | — | — | — |
| 总资产（万元） | | 6413 | 9329 | 10494 | 11201 | 5340 |
| 资产负债率（%） | | — | — | — | — | — |
| 从业人员（人） | | 75 | 85 | 100 | 94 | 85 |
| 所属业务机构 | 营销机构 | 1个客户服务部 | 1个区域客户服务部 | 4个区域客户服务部 | 1个客户服务部 | 1个客户服务部 |
| | 物流配送机构 | — | — | — | — | — |
| | 专卖稽查机构 | 5个稽查支队 | 1个稽查支队、5个稽查大队 | 1个稽查支队、4个稽查大队 | 5个稽查大队 | 4个稽查队 |
| | 烟叶机构 | — | — | — | — | — |
| 实现税利 | 万元 | 30595 | 36777 | 43182 | 33581 | 17885 |
| | 比上年增长（%） | 4.30 | 6.20 | 4.08 | 7.43 | 5.18 |
| 实现利润 | 万元 | 6086 | 7344 | 8974 | 6720 | 2488 |
| | 比上年增长（%） | 7.08 | 14.15 | 4.02 | 17.88 | 18.48 |
| 卷烟销售收入（万元） | | 143956 | 200755 | 200617 | 183839 | 104994 |
| 查处涉烟违法案件（起） | | 559 | 706 | 329 | 487 | 116 |
| 查处涉烟违法案件案值（万元） | | 540 | 798 | 714 | 317 | 180 |
| 烟基建设投入资金（万元） | | — | — | — | — | — |
| 烟基设施新增受益面积（万亩） | | — | — | — | — | — |
| 烟叶种植（万亩） | | — | — | — | — | — |
| 烟叶收购（万担） | | — | — | — | — | — |
| 烟农户数（户） | | — | — | — | — | — |
| 实现烟农总收入（万元） | | — | — | — | — | — |
| 零售户数（户） | | 2565 | 3656 | 5809 | 2833 | 3068 |
| 零售户销售毛利率（%） | | 8.00 | 9.00 | 10.00 | 7.00 | 9.00 |

| 地市级局（公司）名称 | | 万盛经济技术开发区烟草专卖局（分公司） | 渝北区烟草专卖局（分公司） | 巴南区烟草专卖局（分公司） | 长寿区烟草专卖局（分公司） | 江津区烟草专卖局（分公司） |
|---|---|---|---|---|---|---|
| 主要负责人/法定代表人（含党政领导） | | 何明川 | 范　毅<br>（—2018 年 11 月）<br>戴　翔<br>（2018 年 11 月—） | 张琼华 | 刘　晗<br>（—2018 年 11 月）<br>杨万长<br>（2018 年 11 月—） | 王宏勇 |
| 所属县级单位 | | — | — | — | — | — |
| 总资产（万元） | | 2002 | 15849 | 10362 | 4108 | 6636 |
| 资产负债率（%） | | — | — | — | — | — |
| 从业人员（人） | | 52 | 144 | 85 | 95 | 118 |
| 所属业务机构 | 营销机构 | 1 个客户服务部 | 5 个区域客户服务部 | 3 个区域客户服务部 | 1 个客户服务部、2 个基层队部 | 7 个区域客户服务部 |
| | 物流配送机构 | — | — | — | — | — |
| | 专卖稽查机构 | 2 个稽查大队 | 1 个稽查支队、6 个稽查大队 | 1 个稽查支队、3 个稽查大队 | 1 个稽查支队、4 个稽查大队 | 1 个稽查支队、7 个稽查大队 |
| | 烟叶机构 | — | — | — | — | — |
| 实现税利 | 万元 | 5546 | 68220 | 27317 | 12520 | 25368 |
| | 比上年增长（%） | 4.95 | 8.02 | 10.47 | 2.70 | 7.73 |
| 实现利润 | 万元 | 128 | 14419 | 4578 | 821 | 2708 |
| | 比上年增长（%） | 81.8 | 11.12 | 23.46 | 24.51 | 13.34 |
| 卷烟销售收入（万元） | | 36823 | 366137 | 132540 | 68070 | 131658 |
| 查处涉烟违法案件（起） | | 65 | 657 | 394 | 208 | 243 |
| 查处涉烟违法案件案值（万元） | | 30 | 2835 | 469 | 144 | 351 |
| 烟基建设投入资金（万元） | | — | — | — | — | — |
| 烟基设施新增受益面积（万亩） | | — | — | — | — | — |
| 烟叶种植（万亩） | | — | — | — | — | — |
| 烟叶收购（万担） | | — | — | — | — | — |
| 烟农户数（户） | | — | — | — | — | — |
| 实现烟农总收入（万元） | | — | — | — | — | — |
| 零售户数（户） | | 1270 | 6729 | 4347 | 3024 | 4231 |
| 零售户销售毛利率（%） | | 10.89 | 6.00 | 15.00 | 8.00 | 6.60 |

| 地市级局（公司）名称 | 合川区烟草专卖局（分公司） | 永川区烟草专卖局（分公司） | 南川区烟草专卖局（分公司） | 綦江区烟草专卖局（分公司） | 大足区烟草专卖局（分公司） |
|---|---|---|---|---|---|
| 主要负责人/法定代表人（含党政领导） | 谷　华<br>（—2018 年 9 月）<br>高　态<br>（2018 年 10 月—） | 杨智中 | 张文平 | 鄢世伦 | 李朝彬<br>（—2018 年 11 月）<br>孙文东<br>（2018 年 11 月—） |
| 所属县级单位 | — | — | — | — | — |
| 总资产（万元） | 6404 | 6041 | 4892 | 5113 | 4923 |
| 资产负债率（%） | — | — | — | — | — |
| 从业人员（人） | 117 | 101 | 156 | 83 | 102 |

续表

| 地市级局（公司）名称 | | 合川区烟草专卖局（分公司） | 永川区烟草专卖局（分公司） | 南川区烟草专卖局（分公司） | 綦江区烟草专卖局（分公司） | 大足区烟草专卖局（分公司） |
|---|---|---|---|---|---|---|
| 所属业务机构 | 营销机构 | 1个客户服务部、8个区域客户部 | 1个营销部门、5个区域客户服务部 | 4个区域客户服务部 | 4个区域客户服务部 | 1个区域客户服务部 |
| | 物流配送机构 | — | | — | — | 3个区域配送部 |
| | 专卖稽查机构 | 1个稽查支队、6个稽查大队 | 1个稽查支队、6个稽查大队 | 1个稽查支队、4个稽查大队 | 1个稽查支队、4个稽查大队 | 2个稽查支队、4个稽查大队 |
| | 烟叶机构 | — | — | 1个烟叶工作站 | — | — |
| 实现税利 | 万元 | 21771 | 19378 | 11367 | 16044 | 16099.19 |
| | 比上年增长（%） | 2.84 | 6.80 | -8.91 | 3.27 | 6.74 |
| 实现利润 | 万元 | 2007 | 1965 | 350 | 1438 | 1704 |
| | 比上年增长（%） | 1.63 | 28.44 | -82.05 | 4.24 | 19.70 |
| 卷烟销售收入（万元） | | 114979 | 117535 | 65312 | 98729 | 97245 |
| 查处涉烟违法案件（起） | | 251 | 192 | 126 | 287 | 273 |
| 查处涉烟违法案件案值（万元） | | 239 | 229 | 145 | 203 | 231 |
| 烟基建设投入资金（万元） | | — | — | 163 | — | —— |
| 烟基设施新增受益面积（万亩） | | — | — | 0.15 | — | — |
| 烟叶种植（万亩） | | — | — | 0.87 | — | — |
| 烟叶收购（万担） | | — | — | 2.00 | — | — |
| 烟农户数（户） | | — | — | 182 | — | — |
| 实现烟农总收入（万元） | | — | — | 2640 | — | — |
| 零售户数（户） | | 4250 | 4101 | 2563 | 3198 | 3211 |
| 零售户销售毛利率（%） | | 7.00 | 6.50 | 7.80 | 4.80 | 6.50 |

| 地市级局（公司）名称 | | 璧山区烟草专卖局（分公司） | 铜梁区烟草专卖局（分公司） | 潼南区烟草专卖局（分公司） | 荣昌区烟草专卖局（分公司） | 开州区烟草专卖局（分公司） |
|---|---|---|---|---|---|---|
| 主要负责人/法定代表人（含党政领导） | | 罗晓庆 | 王东生 | 张光伟 | 江　山 | 戴　翔（—2018年11月）<br>柏红燕（2018年11月—） |
| 所属县级单位 | | — | — | — | — | — |
| 总资产（万元） | | 4219 | 3390 | 4108 | 4493 | 2931 |
| 资产负债率（%） | | — | — | — | — | — |
| 从业人员（人） | | 74 | 70 | 63 | 74 | 93 |
| 所属业务机构 | 营销机构 | 4个区域客户服务部 | 3个区域客户服务部 | 1个客户服务部 | 1个客户服务部 | 5个区域客户服务部 |
| | 物流配送机构 | — | — | — | — | — |
| | 专卖稽查机构 | 1个稽查大队、3个稽查中队 | 1个稽查支队、2个稽查大队 | 3个稽查大队 | 3个稽查大队 | 1个稽查支队、6个稽查大队 |
| | 烟叶机构 | — | — | — | — | — |
| 实现税利 | 万元 | 13407 | 11052 | 10663 | 13367 | 15357 |
| | 比上年增长（%） | 6.63 | 6.78 | 6.48 | 5.89 | 3.61 |
| 实现利润 | 万元 | 1144 | 807 | 767 | 1361 | 1163 |
| | 比上年增长（%） | 30.85 | 20.13 | 22.78 | 13.29 | 1.29 |

续表

| 地市级局（公司）名称 | 璧山区烟草专卖局（分公司） | 铜梁区烟草专卖局（分公司） | 潼南区烟草专卖局（分公司） | 荣昌区烟草专卖局（分公司） | 开州区烟草专卖局（分公司） |
|---|---|---|---|---|---|
| 卷烟销售收入（万元） | 83093 | 69300 | 68070 | 81752 | 96067 |
| 查处涉烟违法案件（起） | 127 | 215 | 208 | 213 | 233 |
| 查处涉烟违法案件案值（万元） | 84 | 103 | 144 | 105 | 260 |
| 烟基建设投入资金（万元） | — | — | — | — | — |
| 烟基设施新增受益面积（万亩） | — | — | — | — | — |
| 烟叶种植（万亩） | — | — | — | — | — |
| 烟叶收购（万担） | — | — | — | — | — |
| 烟农户数（户） | — | — | — | — | — |
| 实现烟农总收入（万元） | — | — | — | — | — |
| 零售户数（户） | 2604 | 3035 | 3024 | 2571 | 3674 |
| 零售户销售毛利率（%） | 8.70 | 7.20 | 8.00 | 8.00 | 5.00 |

| 地市级局（公司）名称 | | 梁平区烟草专卖局（分公司） | 武隆区烟草专卖局（分公司） | 城口县烟草专卖局（分公司） | 丰都县烟草专卖局（分公司） | 垫江县烟草专卖局（分公司） |
|---|---|---|---|---|---|---|
| 主要负责人/法定代表人（含党政领导） | | 雷　放 | 袁力平 | 侯　平<br>（—2018年8月）<br>夏刚东<br>（2018年8月—） | 皮屹峰<br>（—2018年8月）<br>张斗奎<br>（2018年8月—） | 杨　军 |
| 所属县级单位 | | — | — | — | — | — |
| 总资产（万元） | | 3072 | 26560 | 1110 | 15622 | 3167 |
| 资产负债率（%） | | — | — | — | — | — |
| 从业人员（人） | | 86 | 289 | 32 | 207 | 89 |
| 所属业务机构 | 营销机构 | 1个客户服务部 | 1个客户服务部、2个片区客户服务部 | 2个区域客户服务部 | 3个区域客户服务部 | 3个区域客户服务部 |
| | 物流配送机构 | — | — | — | — | — |
| | 专卖稽查机构 | 1个稽查支队、4个稽查大队 | 1个稽查支队、2个稽查大队 | 1个稽查大队 | 1个稽查大队、3个稽查中队 | 1个稽查大队、3个稽查中队 |
| | 烟叶机构 | — | 4个烟叶工作站 | — | 2个烟叶工作站、11个烟叶收购点 | — |
| 实现税利 | 万元 | 7258 | 19560 | 3058 | 9189 | 8182 |
| | 比上年增长（%） | 1.64 | 6.29 | 3.84 | -34.25 | 10.61 |
| 实现利润 | 万元 | -487 | 9242 | 90 | -126 | 239 |
| | 比上年增长（%） | — | 14.81 | 368.26 | — | 222.81 |
| 卷烟销售收入（万元） | | 44344 | 37994 | 17177 | 46360 | 54095 |
| 查处涉烟违法案件（起） | | 195 | 218 | 146 | 232 | 274 |
| 查处涉烟违法案件案值（万元） | | 119 | 125 | 71 | 50 | 55 |
| 烟基建设投入资金（万元） | | — | 98 | — | 957 | — |
| 烟基设施新增受益面积（万亩） | | — | 0.35 | — | 0.02 | — |
| 烟叶种植（万亩） | | — | 4.35 | — | 2.78 | — |
| 烟叶收购（万担） | | — | 10.00 | — | 6.40 | — |
| 烟农户数（户） | | — | 1568 | — | 892 | — |
| 实现烟农总收入（万元） | | — | 13179 | — | 8551 | — |
| 零售户数（户） | | 3089 | 2049 | 1099 | 3353 | 2554 |
| 零售户销售毛利率（%） | | 4.00 | 14.93 | 8.00 | 6.80 | 6.00 |

| 地市级局（公司）名称 | | 忠县烟草专卖局（分公司） | 云阳县烟草专卖局（分公司） | 奉节县烟草专卖局（分公司） | 巫山县烟草专卖局（分公司） | 巫溪县烟草专卖局（分公司） |
|---|---|---|---|---|---|---|
| 主要负责人/法定代表人（含党政领导） | | 夏刚东（—2018年8月）<br>许安定（2018年8月—） | 秦　宝 | 张明礼（—2018年8月）<br>陈伦飞（2018年8月—） | 高　态（—2018年9月）<br>向永光（2018年9月—） | 谭　波 |
| 所属县级单位 | | — | — | — | — | — |
| 总资产（万元） | | 2876 | 3822 | 10908 | 18926 | 17391 |
| 资产负债率（%） | | — | — | — | — | — |
| 从业人员（人） | | 91 | 88 | 231 | 301 | 187 |
| 所属业务机构 | 营销机构 | 5个区域客户服务部 | 5个区域客户服务部 | 3个区域客户服务部 | 1个区域客户服务部 | 1个客户服务部 |
| | 物流配送机构 | — | — | — | — | — |
| | 专卖稽查机构 | 1个稽查大队、4个稽查中队 | 1个稽查大队、4个稽查中队 | 3个稽查中队 | 3个稽查大队 | 1个稽查大队、3个稽查支队 |
| | 烟叶机构 | — | — | 3个烟叶工作站 | 1个烟叶科、4个烟叶工作站 | 1个烟叶科、2个烟叶工作站 |
| 实现税利 | 万元 | 5407 | 9650 | 18588 | 21948 | 12947 |
| | 比上年增长（%） | 1.79 | -0.51 | -22.81 | 7.58 | -21.97 |
| 实现利润 | 万元 | -1150 | 50 | 4125 | 8461 | 4384 |
| | 比上年增长（%） | — | -71.62 | -52.06 | 10.08 | -42.31 |
| 卷烟销售收入（万元） | | 38575 | 66200 | 65889 | 47508 | 39595 |
| 查处涉烟违法案件（起） | | 120 | 193 | 672 | 134 | 303 |
| 查处涉烟违法案件案值（万元） | | 100 | 201 | 204 | 120 | 89 |
| 烟基建设投入资金（万元） | | — | — | 528 | 248 | 77 |
| 烟基设施新增受益面积（万亩） | | — | — | 0.38 | 3.68 | 0.35 |
| 烟叶种植（万亩） | | — | — | 4.15 | 5.22 | 2.83 |
| 烟叶收购（万担） | | — | — | 10.07 | 12.06 | 6.55 |
| 烟农户数（户） | | — | — | 2049 | 2503 | 940 |
| 实现烟农总收入（万元） | | — | — | 12409 | 17199 | 8626 |
| 零售户数（户） | | 2308 | 3109 | 2603 | 1930 | 1979 |
| 零售户销售毛利率（%） | | 6.00 | 8.00 | 3.50 | 6.00 | 6.00 |

| 地市级局（公司）名称 | | 石柱土家族自治县烟草专卖局（分公司） | 秀山土家族苗族自治县烟草专卖局（分公司） | 酉阳土家族苗族自治县烟草专卖局（分公司） | 彭水苗族土家族自治县烟草专卖局（分公司） |
|---|---|---|---|---|---|
| 主要负责人/法定代表人（含党政领导） | | 徐小洪 | 吴　静 | 肖　鹏 | 吴树成 |
| 所属县级单位 | | — | — | — | — |
| 总资产（万元） | | 12657 | 4375 | 20070 | 34422 |
| 资产负债率（%） | | — | — | — | — |
| 从业人员（人） | | 203 | 102 | 302 | 407 |
| 所属业务机构 | 营销机构 | 1个客户服务部、3个区域客户服务部 | 4个区域客户服务部 | 1个营销部门、5个区域客户服务部 | 1个区域客户服务部 |
| | 物流配送机构 | — | — | 1个区域配送部 | — |
| | 专卖稽查机构 | 1个稽查大队、3个稽查中队 | 4个稽查支队、1个稽查大队 | 1个稽查大队、5个稽查中队 | 4个稽查中队 |
| | 烟叶机构 | 2个烟叶工作站 | — | 1个烟叶科、4个烟叶工作站 | 6个烟叶工作站 |

续表

| 地市级局（公司）名称 | | 石柱土家族自治县烟草专卖局（分公司） | 秀山土家族苗族自治县烟草专卖局（分公司） | 酉阳土家族苗族自治县烟草专卖局（分公司） | 彭水苗族土家族自治县烟草专卖局（分公司） |
|---|---|---|---|---|---|
| 实现税利 | 万元 | 9698 | 8281 | 21112 | 18344 |
| | 比上年增长（%） | -0.69 | 7.88 | 24.21 | -24.60 |
| 实现利润 | 万元 | 1183 | -654 | 7131 | 4802 |
| | 比上年增长（%） | -23.33 | — | 67.13 | -54.46 |
| 卷烟销售收入（万元） | | 40895 | 61678 | 48855 | 43210 |
| 查处涉烟违法案件（起） | | 102 | 150 | 172 | 89 |
| 查处涉烟违法案件案值（万元） | | 75 | 219 | 78 | 121 |
| 烟基建设投入资金（万元） | | 162 | — | 397 | 455 |
| 烟基设施新增受益面积（万亩） | | 0.20 | — | 0.00 | — |
| 烟叶种植（万亩） | | 3.04 | — | 5.22 | 7.83 |
| 烟叶收购（万担） | | 7.00 | — | 12.00 | 17.69 |
| 烟农户数（户） | | 815 | — | 1666 | 2211 |
| 实现烟农总收入（万元） | | 9333 | — | 16702 | 23230 |
| 零售户数（户） | | 1974 | 2035 | 2050 | 2595 |
| 零售户销售毛利率（%） | | 8.00 | 7.40 | 7.00 | 8.50 |

◇撰稿：王　智；编辑：褚　幸

## 四川省烟草专卖局（公司）

【专卖管理】　**案件查处**。2018年，四川省烟草专卖局拓展协作机制，进一步深化与海关、邮政、市场监管等单位部门的协作机制，加大联合执法力度。全年全省共查获非法卷烟5.37亿支，其中，查获假烟2.88亿支，查获走私烟3.86万支。全年破获案值5万元以上假烟案件1071起；破获各类网络案件105起，其中案值百万元以上案件68起，公安部督案件2起。公安、司法机关依法拘留527人、逮捕280人、判刑349人。

**市场监管**。首次提出将基础市场、基础管理和基础素质作为评价专卖工作的重要标准，以“下沉式”督导为手段，深入一线了解实情、评估水平、协助改进。全面升级专卖信息系统：市场监管方面，以分类监管和检查模式转型“双轮驱动”，升级系统分析模块和预警模式，预警综合违规查获率28.3%；案件办理方面，针对轻微违法案件处理、无主案件查处、罚款解缴等执法堵点，开通业务模块，案件快处、罚款快缴陆续落地。创新开展行政许可标准化建设，重点完善负面清单、合理布局和后续监管等3项制度，开展中小学周围零售户专项清理，落实许可管理督查。全年全省市场净化率98.48%。

**专卖服务能力建设**。紧扣“放管服”改革要求，解决群众办事堵点，要求办证部门主动采集办证资料，免费提供复印服务。与四川省市场监管局进行数据对接，实现工商执照信息在线验证。探索推进网上办证，在试点单位基本实现材料收审线下“一口清”、线上“一键提”，群众办证由“最多跑一次”向“一次不用跑”转变。

通过强化专卖执法宣传，将“全员专卖”理念向行业外延伸，为专卖执法创造有利的舆论环境。攀枝花“6·30”部督案件专题纪录片《千里截源》在中央电视台播出，全省打击物流寄递环节涉烟违法犯罪专项行动在人民网、中新网等主流媒体进行报道。

【经济效益】　2018年，四川省烟草商业系统实现税利（含多元化企业）248.21亿元，同比增长2.1%，其中利润（含多元化企业）99.98亿元，同比增长2.27%。三项费用率6.3%，同比增加0.01个百分点。

【卷烟（雪茄烟）经营】 **卷烟销售**。实现卷烟销售收入829.34亿元，同比增长4.83%。实现卷烟税利219.12亿元，同比增长4.23%，其中，卷烟利润83.29亿元，同比增长5.91%。实现卷烟单箱销售收入3.41万元，同比增长4.62%。实现卷烟单箱税利0.89万元，同比增长4.02%。

**市场开拓**。全省市场化取向改革推广单位达到21家地市级公司，实现全覆盖。面向消费者的现代营销体系成功破题，制定《体系建设总体规划方案》，初步搭建面向所有工业品牌、覆盖所有客户、聚合数据流量的营销支撑平台。成都、德阳、阿坝等7家单位承担子课题试点，截至2018年底，进入系统平台开发阶段。开展终端智慧收银设备铺设。特色终端建设探索升级，打造“烟草＋旅游”跨界模式，建成特色终端377个。2018年，全省客户满意度为85.42分。

【烟叶产销】 **烟叶种植和收购**。2018年，四川省实际移栽烤烟108.39万亩。收购烤烟142.7万吨（285.4万担），收购晾晒烟0.03万吨（0.56万担）。烤烟上等烟比例65.54%。有种烟农户6.71万户，实现烟农总收入60.34亿元，户均售烟收入5.9万元。全年烟叶销售收入74.48亿元。实现税利27.78亿元，其中利润14.48亿元。

**烟叶生产基础设施建设**。四川省累计建设水源工程项目16件，总投资21.11亿元，援建资金15.78亿元。截至2018年底，完工项目6件，在建项目9件，项目平均进度83.76%。2018年，全省建设田间基础设施1万件，烟草行业投入1.55亿元，基础设施更加完善。

**现代烟草农业建设**。2018年，四川省有烟农专业合作社88个，入社烟农6.5万户，烟农入社率97%。专业化育苗、烘烤、分级分别同比提高4个、3个和8个百分点。全省机械化作业率同比增加3个百分点，生产效率提升。户均种烟规模达到16.14亩。

**促农增收**。四川省形成“利用育苗设施种植蔬菜、中药材、食用菌等”“利用密集烤房开展七星瓢虫繁育、产品脱水烘干、豆腐乳生产等”“利用基本烟田种植茭白、青储饲料、酿酒专用粮、榨菜等”促农增收成熟模式，全年实现设施利用净收入5.68亿元。在凉山冕宁县打造促进烟农增收产业开发区，建成并投产地膜回收厂和生物质燃料厂，实现销售收入43.2万元；广元成立“广元金源肥业有限公司”，申报“金芝源”有机肥品牌，成为四川省烟农专业合作社首家有机肥企业。截至2018年底，全省创建多元经营品牌11个。通过各种渠道，全年全省实现非烟收入15.13亿元，烟农户均增收2.25万元，1670户烟农实现脱贫。

【对外交流与合作】 中国烟草四川进出口有限责任公司成立于1993年5月27日，2007年完成体制改革后，成为中国烟草总公司四川省公司的下属全资子公司，经营性质为国有独资外贸企业。截至2018年底，公司拥有总资产4.76亿元，其中流动资产4.35亿元，固定资产0.41亿元，资产负债率29.29%。

2018年，进出口公司持续转观念、转方式、转作风，以建设“四个一流”烟草外贸强企为目标，保持发展定力、努力担当作为，经济运行在稳中求进中持续突破，烟叶出口在动能转换中稳健发展，卷烟进口在供给侧改革中增量提质。全年累计出口烟叶2.25万吨，进口卷烟4.23亿支。出口实现6655.31万美元。实现主营业务收入6.8亿元。实现税利2.0亿元，其中利润1.01亿元。

四川烟区烟农进行烟叶采收（2018年）

《中国烟草》杂志社　供稿

【管理创新】 2018年，四川省烟草商业系统实现降本增效5281万元。5个团队在行业“精益团队”评比中获得表彰，18名员工在行业“精益达人”评比中获得表彰。按照ISO9001：2015标准要求开展体系转版，全省系统各单位共制（修）订体系文件3660个，13家市、州局（公司）及复烤公司发布体系文件。全年形成QC成果189个，取得直接经济效益1998万元，全省集中发布25个优秀成果。

【特事辑要】 1月9日，四川省烟草专卖局（公司）帮扶的“凉山州普格县特补乃乌村幸福美丽新村”项目，被评为“首届四川慈善奖——最具影响力慈善项目”。

4月6日，新华社以《齐帮共助迈向幸福生活——四川凉山特补乃乌村脱贫攻坚见闻》为题，报道四川省局（公司）帮扶特补乃乌村工作，点击量过10万次。

6月15日，四川省局与省公安厅共同部署筹建的打击涉烟违法犯罪研判室正式建成并上线运行。

9月18—19日，国家局在凉山组织召开凉山烟叶产业扶贫座谈会暨产销衔接会。国家局党组成员、副局长杨培森和四川省委常委、省烟草发展工作领导小组组长曲木史哈出席并讲话，省政协副主席、凉山州委书记林书成致辞。

**2018年四川省烟草专卖商业主要情况统计**

| 地市级局（公司）名称 | | 成都市烟草专卖局（公司） | 自贡市烟草专卖局（公司） | 攀枝花市烟草专卖局（公司） | 泸州市烟草专卖局（公司） |
|---|---|---|---|---|---|
| 主要负责人/法定代表人（含党政领导） | | 周德文 | 秦高华 | 杨　宇 | 局长、经理、法定代表人：徐忠良<br>党组书记：邓明智 |
| 所属县级单位 | | 青羊区、金牛区、武侯区、高新区、成华区、锦江区等6个烟草专卖局，一分公司（青羊、金牛区局）、二分公司（武侯区局、高新分局）、三分公司（成华、锦江区局）等3个分公司，以及龙泉驿区、青白江区、新都区、温江区、双流区、郫都区、简阳市、都江堰市、彭州市、邛崃市、崇州市、金堂县、大邑县、蒲江县、新津县等15个县级烟草专卖局（分公司） | 富顺县、荣县烟草专卖局（分公司），自流井区烟草专卖局（直属分公司），以及贡井区、大安区、沿滩区等3个县级烟草专卖局 | 米易县、盐边县、仁和区等3个县级烟草专卖局（分公司）和1个直属分公司，以及东区、西区2个县级烟草专卖局 | 古蔺县、叙永县、合江县、泸县、江阳区、龙马潭区、纳溪区等7个县级烟草专卖局（分公司） |
| 总资产（万元） | | 938692 | 75208 | 92167 | 147916 |
| 资产负债率（%） | | 13.79 | 11.26 | 20.50 | 18.92 |
| 从业人员（人） | | 1882 | 263 | 617 | 1095 |
| 所属业务机构 | 营销机构 | 1个营销中心 | 1个营销中心 | 1个营销中心 | 1个营销中心 |
| | 物流配送机构 | 1个物流公司 | 1个物流中心 | 1个物流中心 | 1个物流中心 |
| | 专卖稽查机构 | 1个稽查支队、24个稽查大队 | 1个稽查支队、6个稽查大队 | 1个稽查支队、7个稽查大队 | 1个稽查支队 |
| | 烟叶机构 | — | — | 31个烟叶站 | 16个烟叶站 |
| 实现税利 | 万元 | 726309 | 67065 | 43963 | 106785 |
| | 比上年增长（%） | 6.66 | 6.35 | 6.09 | 2.01 |
| 实现利润 | 万元 | 319072 | 25456 | 14225 | 32422 |
| | 比上年增长（%） | 9.04 | 5.40 | 21.22 | -3.90 |

续表

| 地市级局（公司）名称 | 成都市烟草专卖局（公司） | 自贡市烟草专卖局（公司） | 攀枝花市烟草专卖局（公司） | 泸州市烟草专卖局（公司） |
| --- | --- | --- | --- | --- |
| 卷烟销售收入（万元） | 2200681 | 254014 | 113626 | 343554 |
| 查处涉烟违法案件（起） | 9373 | 1881 | 535 | 1336 |
| 查处涉烟违法案件案值（万元） | 28600 | 1442 | 588 | 1664 |
| 烟基建设投入资金（万元） | — | — | 2280 | 1265 |
| 烟基设施新增受益面积（万亩） | — | — | 1.11 | 1.00 |
| 烟叶种植（万亩） | — | — | 7.90 | 7.60 |
| 烟叶收购（万担） | — | — | 20.80 | 18.97 |
| 烟农户数（户） | — | — | 4674 | 3698 |
| 实现烟农总收入（万元） | — | — | 26500 | 25821 |
| 零售户数（户） | 43214 | 6723 | 3981 | 11904 |
| 零售户销售毛利率（%） | 13.73 | 10.92 | 6.00 | 10.61 |

| 地市级局（公司）名称 | | 德阳市烟草专卖局（公司） | 绵阳市烟草专卖局（公司） | 广元市烟草专卖局（公司） | 遂宁市烟草专卖局（公司） |
| --- | --- | --- | --- | --- | --- |
| 主要负责人/法定代表人（含党政领导） | | 刘兴红 | 王　斌 | 何成伟 | 局长、经理、法定代表人：袁　成<br>党组书记：田志丹 |
| 所属县级单位 | | 中江县、罗江区[1]、广汉市、什邡市、绵竹市、旌阳区等6个县级烟草专卖局（分公司） | 涪城（游仙）区、江油市、三台县、安州区、梓潼县、盐亭县、北川羌族自治县、平武县等8个县级烟草专卖局（分公司） | 利州区、昭化区、朝天区、剑阁县、旺苍县、苍溪县、青川县等7个县级烟草专卖局（分公司） | 船山区、射洪县、蓬溪县、大英县、安居区等5个县级烟草专卖局（分公司） |
| 总资产（万元） | | 128186 | 184655 | 74483 | 60697 |
| 资产负债率（%） | | 14.31 | 25.66 | 15.19 | 10.86 |
| 从业人员（人） | | 485 | 586 | 652 | 301 |
| 所属业务机构 | 营销机构 | 1个营销中心 | 1个营销中心 | 1个营销中心 | 1个营销中心 |
| | 物流配送机构 | 1个物流中心 | 1个物流公司、1个物流中转站 | 1个物流中心 | 1个物流中心 |
| | 专卖稽查机构 | 1个稽查支队、7个稽查大队 | 1个稽查支队、10个稽查大队 | 1个稽查支队、7个稽查大队 | 1个稽查支队、5个稽查大队 |
| | 烟叶机构 | 1个烟叶中心 | — | 1个烟叶中心、4个烟叶站 | — |
| 实现税利 | 万元 | 98217 | 118685 | 52670 | 59955 |
| | 比上年增长（%） | 2.61 | 2.97 | -15.02 | 4.89 |
| 实现利润 | 万元 | 37576 | 46550 | 13681 | 21568 |
| | 比上年增长（%） | 3.45 | 7.60 | -30.32 | 6.31 |
| 卷烟销售收入（万元） | | 376578 | 458538 | 202714 | 200549 |

续表

| 地市级局（公司）名称 | 德阳市烟草专卖局（公司） | 绵阳市烟草专卖局（公司） | 广元市烟草专卖局（公司） | 遂宁市烟草专卖局（公司） |
|---|---|---|---|---|
| 查处涉烟违法案件（起） | 5264 | 2771 | 1165 | 1017 |
| 查处涉烟违法案件案值（万元） | 1842 | 948 | 611 | 410 |
| 烟基建设投入资金（万元） | 0 | — | 930 | — |
| 烟基设施新增受益面积（万亩） | 0.00 | — | 0.20 | — |
| 烟叶种植（万亩） | 0.34 | — | 3.91 | — |
| 烟叶收购（万担） | 0.48 | — | 8.00 | — |
| 烟农户数（户） | 399 | — | 1618 | — |
| 实现烟农总收入（万元） | 466 | — | 10697 | — |
| 零售户数（户） | 12174 | 17147 | 9503 | 7003 |
| 零售户销售毛利率（%） | 10.00 | 9.00 | 9.98 | 12.87 |

| 地市级局（公司）名称 | | 内江市烟草专卖局（公司） | 乐山市烟草专卖局（公司） | 南充市烟草专卖局（公司） | 宜宾市烟草专卖局（公司） |
|---|---|---|---|---|---|
| 主要负责人/法定代表人（含党政领导） | | 局长、经理、法定代表人：张　斌<br>党组书记：薄冀川 | 局长、经理、法定代表人：尹　柯<br>党组书记：窦忠实 | 钟　智（—2018年5月）<br>孙泽芝（2018年5月—） | 罗柱石 |
| 所属县级单位 | | 市中区、东兴区、隆昌市、资中县、威远县等5个县级烟草专卖局（分公司） | 市中区、峨眉山市、夹江县、井研县、沙湾区、五通桥区、沐川县、犍为县、马边彝族自治县、峨边彝族自治县、金口河区等11个县级烟草专卖局（分公司） | 顺庆区、南部县、阆中市、西充县、仪陇县、营山县、蓬安县等7个县级烟草专卖局（分公司），高坪区、嘉陵区2个县级烟草专卖局 | 翠屏区、南溪区、叙州区[2]、江安县、长宁县、高县、筠连县、珙县、兴文县、屏山县等10个县级烟草专卖局（分公司） |
| 总资产（万元） | | 79316 | 118595 | 136774 | 146051 |
| 资产负债率（%） | | 16.96 | 19.27 | 30.38 | 31.24 |
| 从业人员（人） | | 332 | 376 | 604 | 662 |
| 所属业务机构 | 营销机构 | 1个营销中心 | 1个营销中心 | 1个营销中心 | 1个营销中心 |
| | 物流配送机构 | 1个物流中心 | 1个物流中心、3个物流中转站 | 1个物流公司、2个物流中转站 | 1个物流中心、3个物流中转站 |
| | 专卖稽查机构 | 1个稽查支队、5个稽查大队 | 1个稽查支队、11个稽查大队 | 1个稽查支队、9个稽查大队 | 1个稽查支队、10个稽查大队 |
| | 烟叶机构 | — | — | — | 1个烟叶中心、8个烟叶站 |
| 实现税利 | 万元 | 75554 | 91557 | 111328 | 97811 |
| | 比上年增长（%） | 3.15 | 3.17 | 4.06 | 4.15 |
| 实现利润 | 万元 | 26730 | 36493 | 38828 | 23641 |
| | 比上年增长（%） | 3.65 | 8.19 | 6.96 | 11.91 |
| 卷烟销售收入（万元） | | 297047 | 295740 | 443792 | 374326 |
| 查处涉烟违法案件（起） | | 1093 | 596 | 2014 | 1436 |
| 查处涉烟违法案件案值（万元） | | 1000 | 762 | 2507 | 2116 |

续表

| 地市级局（公司）名称 | 内江市烟草专卖局（公司） | 乐山市烟草专卖局（公司） | 南充市烟草专卖局（公司） | 宜宾市烟草专卖局（公司） |
|---|---|---|---|---|
| 烟基建设投入资金（万元） | — | — | — | 645 |
| 烟基设施新增受益面积（万亩） | — | — | — | 0. 32 |
| 烟叶种植（万亩） | — | — | — | 5. 20 |
| 烟叶收购（万担） | — | — | — | 12. 52 |
| 烟农户数（户） | — | — | — | 1265 |
| 实现烟农总收入（万元） | — | — | — | 15907 |
| 零售户数（户） | 8608 | 9869 | 16116 | 10724 |
| 零售户销售毛利率（%） | 10. 85 | 10. 98 | 8. 56 | 11. 23 |

| 地市级局（公司）名称 | | 广安市烟草专卖局（公司） | 达州市烟草专卖局（公司） | 巴中市烟草专卖局（公司） | 雅安市烟草专卖局（公司） |
|---|---|---|---|---|---|
| 主要负责人/法定代表人（含党政领导） | | 刘丹云 | 蒲　适 | 熊良政 | 谭新生（—2018 年 5 月）<br>何梦皓（2018 年 5 月—） |
| 所属县级单位 | | 广安区、岳池县、武胜县、邻水县、华蓥市、前锋区等 6 个县级烟草专卖局（分公司） | 通川区、达川区、宣汉县、开江县、万源市、大竹县、渠县等 7 个县级烟草专卖局（分公司） | 巴州区、恩阳区、通江县、平昌县、南江县等 5 个县级烟草专卖局（分公司） | 雨城区、名山区、荥经县、汉源县、石棉县、天全县、芦山县等 7 个县级烟草专卖局（分公司）和宝兴县烟草专卖局 |
| 总资产（万元） | | 69854 | 100740 | 60392 | 60891 |
| 资产负债率（%） | | 27. 46 | 23. 18 | 28. 06 | 15. 00 |
| 从业人员（人） | | 399 | 603 | 304 | 225 |
| 所属业务机构 | 营销机构 | 1 个营销中心 | 1 个营销中心 | 1 个营销中心 | 1 个营销中心 |
| | 物流配送机构 | 1 个物流中心 | 1 个配送中心、3 个物流中转站 | 1 个物流中心 | 1 个物流中心 |
| | 专卖稽查机构 | 1 个稽查支队、7 个稽查大队 | 1 个稽查支队、7 个稽查大队 | 1 个稽查支队、5 个稽查大队 | 1 个稽查支队、8 个稽查大队 |
| | 烟叶机构 | — | 2 个烟叶站 | — | — |
| 实现税利 | 万元 | 59901 | 78960 | 58045 | 31823 |
| | 比上年增长（%） | 2. 02 | -0. 32 | 3. 47 | -0. 08 |
| 实现利润 | 万元 | 19674 | 21537 | 15153 | 7038 |
| | 比上年增长（%） | 2. 55 | -4. 80 | 13. 35 | -1. 95 |
| 卷烟销售收入（万元） | | 211204 | 304194 | 202042 | 137326 |
| 查处涉烟违法案件（起） | | 1460 | 1911 | 794 | 775 |
| 查处涉烟违法案件案值（万元） | | 409 | 1377 | 641 | 317 |
| 烟基建设投入资金（万元） | | — | 307 | — | — |
| 烟基设施新增受益面积（万亩） | | — | 0. 20 | — | — |
| 烟叶种植（万亩） | | — | 0. 29 | — | — |
| 烟叶收购（万担） | | — | 0. 64 | — | — |

续表

| 地市级局（公司）名称 | 广安市烟草专卖局（公司） | 达州市烟草专卖局（公司） | 巴中市烟草专卖局（公司） | 雅安市烟草专卖局（公司） |
|---|---|---|---|---|
| 烟农户数（户） | — | 994 | — | — |
| 实现烟农总收入（万元） | — | 532 | — | — |
| 零售户数（户） | 10509 | 14359 | 9079 | 4143 |
| 零售户销售毛利率（%） | 6.80 | 10.29 | 12.08 | 11.81 |

| 地市级局（公司）名称 | | 眉山市烟草专卖局（公司） | 资阳市烟草专卖局（公司） | 凉山彝族羌族自治州烟草专卖局（公司） | 阿坝藏族羌族自治州烟草专卖局（公司） | 甘孜藏族自治州烟草专卖局（公司） |
|---|---|---|---|---|---|---|
| 主要负责人/法定代表人（含党政领导） | | 四朗彭措 | 易　伟 | 郭明全 | 陈隽逸 | 局长、经理、法定代表人：陈志学<br>党组书记：青志勇 |
| 所属县级单位 | | 东坡区、彭山区、仁寿县、洪雅县、青神县、丹棱县等6个县级烟草专卖局（分公司） | 雁江区、安岳县、乐至县等3个县级烟草专卖局（分公司） | 西昌市、会理县、会东县、德昌县、盐源县、冕宁县、普格县、宁南县、越西县、喜德县、甘洛县、昭觉县、布拖县、美姑县、金阳县、雷波县、木里县等17个县级烟草专卖局（分公司） | 汶川县、茂县、松潘、九寨沟县、理县、小金县、马尔康市、黑水县、金川县、红原县、阿坝县、若尔盖县、壤塘县等13个县级烟草专卖局（分公司） | 康定市、泸定县、丹巴县、九龙县、理塘县、雅江县、巴塘县、乡城县、稻城县、得荣县、炉霍县、道孚县、色达县、甘孜县、新龙县、石渠县、德格县、白玉县等18个县级烟草专卖局（分公司） |
| 总资产（万元） | | 98471 | 56224 | 743390 | 40012 | 29614 |
| 资产负债率（%） | | 17.42 | 20.69 | 31.02 | 9.29 | 1.96 |
| 从业人员（人） | | 334 | 290 | 2490 | 205 | 231 |
| 所属业务机构 | 营销机构 | 1个营销中心 | 1个营销中心 | 1个卷烟营销中心 | 1个营销中心 | 1个营销中心 |
| | 物流配送机构 | 1个物流中心 | 1个物流中心、1个物流中转站 | 1个配送中心、13个物流中转站 | 1个物流中心 | 1个物流中心 |
| | 专卖稽查机构 | 1个稽查支队、6个稽查大队 | 稽查支队1个、稽查大队3个 | 1个稽查支队、18个稽查大队 | 1个稽查支队、13个稽查大队 | 1个稽查支队、18个稽查大队 |
| | 烟叶机构 | — | — | 30个烟叶站 | — | — |
| 实现税利 | 万元 | 85892 | 43404 | 388351 | 20043 | 22673 |
| | 比上年增长（%） | 2.08 | 5.34 | -7.08 | -1.82 | 2.97 |
| 实现利润 | 万元 | 34086 | 11111 | 214711 | 4406 | 5870 |
| | 比上年增长（%） | 2.16 | 2.29 | -10.32 | -8.48 | 5.49 |
| 卷烟销售收入（万元） | | 276026 | 168164 | 379571 | 98133 | 105460 |
| 查处涉烟违法案件（起） | | 549 | 970 | 1983 | 554 | 196 |
| 查处涉烟违法案件案值（万元） | | 1548 | 590 | 3010 | 149 | 108 |
| 烟基建设投入资金（万元） | | — | — | 2226 | — | — |
| 烟基设施新增受益面积（万亩） | | — | — | 0.89 | — | — |
| 烟叶种植（万亩） | | — | — | 83.78 | — | — |
| 烟叶收购（万担） | | — | — | 225.10 | — | — |

续表

| 地市级局（公司）名称 | 眉山市烟草专卖局（公司） | 资阳市烟草专卖局（公司） | 凉山彝族羌族自治州烟草专卖局（公司） | 阿坝藏族羌族自治州烟草专卖局（公司） | 甘孜藏族自治州烟草专卖局（公司） |
|---|---|---|---|---|---|
| 烟农户数（户） | — | — | 55834 | — | — |
| 实现烟农总收入（万元） | — | — | 363278 | — | — |
| 零售户数（户） | 7190 | 7664 | 11688 | 3626 | 2791 |
| 零售户销售毛利率（%） | 10.26 | 10.99 | 12.86 | 14.72 | 15.62 |

注：1. 2018 年 2 月，国家局批复同意罗江县烟草专卖局更名为罗江区烟草专卖局。

2. 根据国烟人〔2018〕184 号文件，撤销宜宾市宜宾县烟草专卖局，设立宜宾市叙州区烟草专卖局；四川省烟草公司宜宾市公司宜宾县分公司更名为四川省烟草公司宜宾市公司叙州分公司。

◇ 撰稿：张羽翔；编辑：周　佳

# 贵州省烟草专卖局（公司）

【专卖管理】　**案件查办**。2018 年，贵州省各级烟草专卖部门破获各类涉烟案件 7067 起，其中，5 万元以上案件 723 起、网络案件 70 起；破获部督案件 2 起。公安、司法机关依法刑事处理 426 人，其中，拘留 160 人、逮捕 141 人、判刑 125 人。查获非法烟叶、烟丝 1843.11 吨，非法真品卷烟 5913.06 万支，假私卷烟 3364.07 万支。

铜仁“5·18”非法经营假烟网络案件。该案打掉位于四川省成都市一假烟仓储窝点，现场查获假烟 252.6 万支，摧毁涉及福建、四川、贵州、广西、重庆、河南、陕西、浙江等地的涉烟违法犯罪网络，涉案假烟 510.74 万支，涉案金额 480 万元，逮捕 5 人。

**打假打私**。密切保持与省法院、检察院、公安等部门联系，推动贵州省涉烟行政执法与刑事司法协作机制顺畅运转。与贵州邮政开展战略合作，就加强邮件检查、协同实施涉烟监管和配合调查涉烟线索等达成共识、开展协作。响应打击走私“国门利剑 2018”联合专项行动，以“堵运输、打分销、治末端”为重点，深入推进卷烟打私工作。

**烟叶流通秩序维护**。开展“黔锋七号”打击非法经营烟叶专项行动，严防烟叶外流，堵截运输通道，全面打击非法收购、运输、加工和贩卖烟叶等违法犯罪活动。2018 年，全省查办非法烟叶、烟丝案件 404 起，较大规模烟叶网络案件 37 起。其中，遵义“9·14”非法经营烟叶网络案件（部督）犯罪团伙从辽宁、吉林省组织非法烟叶，到贵州省进行销售，该案查获非法烟叶 7.92 吨，涉案金额 767.06 万元，依法刑拘 10 人、逮捕 5 人、判刑 5 人。

**市场监管**。融入“双随机、一公开”要求，探索新形势下专卖市场监管运行机制。以信息技术应用为支撑，完善市场主体异常分析机制，构建精益化、流程化、智能化的市场监管检查模式。强化非法流通真品卷烟治理，查办 5 万元以上真烟案件 271 起，案值 30 万元或数量 30 万支以上案件 39 起，案值 80 万元或数量 80 万支以上案件 4 起，非法经营真品卷烟网络案件 12 起。2018 年，贵州省卷烟市场净化率稳定保持在 97% 以上。

**证件管理**。2018 年，新办烟草专卖零售许可证 2.15 万个。截至 2018 年底，贵州省有持证卷烟零售经营户 20.05 万户。落实后续监督证件管理，依法清理“空壳证”2046 个，新办不营业或超期停业证 3034 个，人证不符证 1981 个，无证经营户 1048 户。

【经济效益】　2018 年，贵州省烟草商业系统实现税利（含多元化）149.58 亿元，同比下降 2.31%，其中，实现利润 55.07 亿元，同比下降 3.36%。三项费用率 10.56%。

【卷烟经营】　**卷烟销售**。实现销售收入 475.23 亿元，同比增长 4.66%。实现卷烟税利 113.91 亿元，同比增加 3.54 亿元，增长 3.21%。实现卷烟利润 38.92 亿元，同比增加 1.8 亿元，增长 4.85%。实现卷烟单箱销售收入 3.24 万元，同比增加 0.13 万元，增长 4.16%。卷烟单箱税利 7757.29 元，同比增加 207.97 元，增长 2.75%。

**品牌培育及市场拓展**。围绕“大品牌、大市场、大企业”发展战略，在统筹资源、营造环境、引导消费等方面强化举措，在精准营销、精细培育、精实管理等方面优化方法，重点品牌实现较好发展。

**销售网络建设**。深化现代营销方式，网上订货率 93.5%，城镇客户网上结算比例 40.6%。严格规范经营，重点对客户分档、货源供应、代订货、改（删）单等不规范行为进行监督预警。加强市场调研，开展全省“农村卷烟市场”“卷烟零售价位区间市场运行”“市场监测运行质量”等6个专题专项调研，为把控市场销售、建设网络渠道、提升服务质量、监测市场状态等方面提供数据支撑和决策依据。

贵州毕节大方县进行烤烟双行凹垄、井窖式移栽（2018年）
贵州毕节大方县局　吕　鹏　摄

**市场化取向改革**。建立“1466”卷烟营销新生态价值体系，构建“1”个智慧平台，深度挖掘消费、品牌、终端和社会“4”个维度价值，做精做优“需求预测、货源组织、客户分档、货源投放、品牌培育、监督管控”6个关键环节，做实做细“信息监测、工商协同、终端建设、状态调控、客户服务、队伍转型”6个保障动作，全面系统深化市场化取向改革架构和理论体系基本成形。以贵阳市公司为试点，对“1466”体系重点内容进行深入探索，初步完成12个业务单元、32个业务流程、56个业务节点优化；初步搭建营销监督管控平，深化卷烟营销改革各项内容逐步植入系统；初步运行“一键预测”模式、工商库存共管快速响应机制、省市县三级监管机制。

【烟叶产销】　**烟叶种植与收购**。2018年，贵州省涉及种烟县64个、种烟乡镇634个、种烟村3983个、烟农7.48万户。签订烟叶种植收购合同7.48万份。烟叶种植面积175.4万亩。收购烟叶20.17万吨（403.4万担），上等烟比例为64.57%。收购均价26.8元/千克。烟叶实现产值54.07亿元。

贵州省从烟农调度、制样、分级、评级、成包、调运全流程入手，全面推行烟叶精准收购管理模式，加快推行原收原调，烟叶收购流程规范，等级标准把握准确。推广原收原调15.06万吨（301.15万担），占比74.65%。全省烟叶平均等级合格率82.86%。

**烟叶销售**。坚持市场导向、需求导向，推进烟叶供给侧结构性改革，加大烟叶区域矛盾、等级矛盾协调力度，加强与贵州、湖南、江苏等省的重点工业企业合作，烟叶实现平稳销售。全年销售烟叶20.53万吨（410.63万担）。实现烟叶销售收入124.96亿元。

**烟叶生产技术推广**。坚持市场导向，组织工业企业、烟叶基地单元、科研院所共同制定基地单元生产技术方案和施肥方案，按工业需求选择品种，加大后备品种筛选力度，贵州省初步形成以“云烟”系列、“K326”品种为主，以“NC102”“云烟105”“云烟116”“贵烟202”为辅的品种格局。

坚持节令优先，严格按节令组织生产，贵州省4月底前移栽完成96%，9月10日前采收完成98%，10月10日前收购完成96%，“三基本”目标全部实现，有效减轻不利气候对烟叶生产质量的影响。

坚持绿色生产，深翻炕冬、深沟高垄、有机肥施用、密集烘烤推广达到100%，土壤保育、绿色防控、生态保护稳步推进，全省施用有机肥15.3万吨，推广绿肥压青54.45万亩；清除地膜80%以上；烟蚜茧蜂放蜂175万亩，性诱剂防控98万亩，生物农药使用48万亩，蠋蝽生物防控2万亩，烟叶绿色发展的技术体系不断完善。

**现代烟草农业建设**。2018年，贵州省建成综合服务型烟农专业合作社119家，其中25家被评为行业示范社。全省烟农专业合作社拥有农机具5.66万台（套），育苗大棚

95 万平方米、密集烤房 9.4 万座、有机肥加工场 51 个，总资产 25.75 亿元。全省合作社共培育专业化服务队员 7.71 万人，开展专业化育苗 175.4 万亩、机耕 131.55 万亩、植保 140.32 万亩、烘烤 157.86 万亩、分级 403.4 万担，服务比例分别达到 100%、75%、80%、90%、100%，实现专业化服务经营总收入 7.85 亿元，其中烟草补贴 3.2 亿元；实现利润 0.35 亿元。

在贵州省 11 个县开展现代烟草农业转型升级探索，在优化烟区布局、清洁能源利用、新型经营主体培育、专业化服务、机械作业、山地生态烟叶生产体系建设、基层信息化管理和原料定制化生产等 8 个方面初步总结出全省现代烟草转型升级经验。

**助农增收**。强化科技创新，培育特色产业，贵州省有机肥、食用菌、特色种植养殖产业化发展和合作社社会化服务分别实现产值 1 亿元、0.7 亿元、4.3 亿元、1.1 亿元。立足行业优势，以市场需求为导向，以烟农专业合作社为主体，充分利用设施开展多元增收，全省利用育苗大棚 239.29 万平方米、密集烤房 7083 座、基本烟田 40 万亩，实现烟农增收 7.5 亿元。安排贫困农户种植面积 8.7 万亩，帮助 3079 户贫困烟农脱贫。

**【企业管理】** 2018 年，贵州省公司突出加强财务审计工作，开展审计项目 2523 项，促进增收节支 6880.99 万元。依法全面完成贵州烟草凯达物业公司破产工作，启动贵阳南明烟叶复烤厂破产清算。在行业率先试点运行叶质量追溯信息平台；打造“GT－2315 云上贵烟”体系，“云上贵烟”信息化规划初稿编制完成；烟叶收购中停止使用纸质农（副）产品收购发票，全面推行电子发票。“一岗双责”全员安全责任制有效落实，安全标准化、信息化和安全文化建设深入推进，连续七年实现安全生产“六零一降”，新增注册安全工程师 86 人。

**【特事辑要】** 4 月 9—11 日，国家局党组成员、副局长徐瑩在贵州烟草调研。

8 月 6—8 日，国家烟草专卖局党组书记、局长，中国烟草总公司总经理张建民在贵州烟草调研。其间，贵州省委书记、省人大常委会主任孙志刚，省委副书记、省长谌贻琴会见张建民，省委常委、省委秘书长刘捷，副省长吴强参加会见。

10 月 17—18 日，国家局党组成员、直属机关党委书记高林在贵州烟草调研。

**2018 年贵州省烟草专卖商业主要情况统计**

| 地市级局（公司）名称 | 贵阳市烟草专卖局（公司） | 遵义市烟草专卖局（公司） | 六盘水市烟草专卖局（公司） | 安顺市烟草专卖局（公司） | 毕节市烟草专卖局（公司） |
|---|---|---|---|---|---|
| 主要负责人/法定代表人（含党政领导） | 龙丽琴（—2018 年 12 月）陈　勇（2018 年 12 月—） | 丁　伟（—2018 年 7 月）朱忠彬（2018 年 7 月—，主持工作） | 蒋诗栋 | 周　华（—2018 年 1 月）付生华（2018 年 1 月—） | 陈文相（—2018 年 12 月）彭　宇（2018 年 12 月—，临时负责） |
| 所属县级单位 | 清镇市、开阳县、息烽县、修文县等 4 个县级烟草专卖局（分公司），南明区、云岩区、观山湖区、白云区、乌当区、花溪区等 6 个县级烟草专卖局 | 务川仡佬族苗族自治县、湄潭县、播州区、仁怀市、习水县、道真仡佬族苗族自治县、余庆县、桐梓县、正安县、绥阳县、凤冈县、赤水市、汇川区、红花岗区等 14 个县级烟草专卖局（分公司） | 盘州市、水城县、六枝特区、钟山区等 4 个县级烟草专卖局（分公司） | 西秀区、紫云苗族布依族自治县、镇宁布依族苗族自治县、平坝区、普定县、关岭布依族苗族自治县等 6 个县级烟草专卖局（分公司） | 七星关区、大方县、黔西县、金沙县、织金县、纳雍县等 6 个县级烟草专卖局（分公司），威宁彝族回族自治县、赫章县 2 个县级烟草专卖局 |
| 总资产（万元） | 383286 | 587573 | 143225 | 118520 | 452377 |

续表

| 地市级局（公司）名称 | | 贵阳市烟草专卖局（公司） | 遵义市烟草专卖局（公司） | 六盘水市烟草专卖局（公司） | 安顺市烟草专卖局（公司） | 毕节市烟草专卖局（公司） |
|---|---|---|---|---|---|---|
| 资产负债率（%） | | 23.34 | 20.64 | 13.08 | 12.79 | 26.28 |
| 从业人员（人） | | 1302 | 3390 | 938 | 833 | 3447 |
| 所属业务机构 | 营销机构 | 1个卷烟营销中心 | 1个卷烟营销中心 | 1个卷烟营销中心 | 1个卷烟营销中心 | 1个卷烟营销中心 |
| | 物流配送机构 | 1个卷烟配送中心 | 1个卷烟配送中心 | 1个卷烟物流配送中心 | 1个卷烟配送中心 | 1个卷烟物流配送中心 |
| | 专卖稽查机构 | 1个稽查支队、11个稽查大队 | 1个稽查支队、14个稽查大队 | 1个稽查支队、4个稽查大队 | 1个稽查支队、6个稽查大队 | 1个稽查支队、8个稽查大队 |
| | 烟叶机构 | 1个烟叶生产经营部、10个烟叶站 | 1个烟叶营销中心、42个烟叶站 | 1个烟叶生产经营部 | 1个烟叶营销中心、4个烟叶站 | 1个烟叶营销中心 |
| 实现税利 | 万元 | 252727 | 302748 | 103816 | 82095 | 245439 |
| | 比上年增长（%） | 2.76 | -6.84 | 2.12 | -3.08 | -15.38 |
| 实现利润 | 万元 | 93447 | 123590 | 40093 | 24964 | 86133 |
| | 比上年增长（%） | 2.58 | 17.29 | 9.53 | -17.34 | -26.79 |
| 卷烟销售收入（万元） | | 960118 | 850491 | 353941 | 327904 | 702913 |
| 查处涉烟违法案件（起） | | 1078 | 1549 | 603 | 267 | 774 |
| 查处涉烟违法案件案值（万元） | | 3731 | 2436 | 2605 | 550 | 1530 |
| 烟基建设投入资金（万元） | | 106 | 3681 | 4774 | 126 | 4407 |
| 烟基设施新增受益面积（万亩） | | 0.08 | — | 3.69 | 0.22 | 0.34 |
| 烟叶种植（万亩） | | 4.30 | 44.50 | 10.80 | 4.30 | 50.50 |
| 烟叶收购（万担） | | 10.00 | 101.80 | 25.00 | 10.00 | 115.70 |
| 烟农户数（户） | | 2424 | 15472 | 4565 | 1146 | 27444 |
| 实现烟农总收入（万元） | | 18238 | 182470 | 38742 | 15837 | 205896 |
| 零售户数（户） | | 24938 | 32744 | 15031 | 14210 | 27276 |
| 零售户销售毛利率（%） | | 9.82 | 10.39 | 9.04 | 10.36 | 10.64 |

| 地市级局（公司）名称 | 铜仁市烟草专卖局（公司） | 黔东南苗族侗族自治州烟草专卖局（公司） | 黔南布依族苗族自治州烟草专卖局（公司） | 黔西南布依族苗族自治州烟草专卖局（公司） | 贵安新区烟草专卖局（公司） |
|---|---|---|---|---|---|
| 主要负责人/法定代表人（含党政领导） | 杨双剑（2018年2月—，之前主持工作） | 陈　熹（—2018年12月）<br>蒋　聪（2018年12月—） | 杨秀祥（—2018年1月）<br>莫天前（2018年1月—） | 王　贵（—2018年1月）<br>杨秀祥（2018年1—12月）<br>罗　斐（2018年12月—，临时负责） | 朱　峻 |
| 所属县级单位 | 德江县、沿河土家族自治县、思南县、石阡县、印江土家族苗族自治县、江口县、松桃苗族自治县、玉屏侗族自治县、万山区、碧江区等10个县级烟草专卖局（分公司）[1] | 岑巩县、镇远县、施秉县、麻江县、丹寨县、黄平县、天柱县、锦屏县、黎平县、三穗县、榕江县、从江县、剑河县、雷山县、台江县和凯里市等16个县级烟草专卖局（分公司） | 都匀市、福泉市、瓮安县、长顺县、独山县、惠水县、平塘县、贵定县、龙里县、荔波县、罗甸县、三都水族自治县等12个县级烟草专卖局（分公司） | 兴义市、兴仁市[2]、普安县、安龙县、贞丰县、晴隆县、册亨县、望谟县等8个县级烟草专卖局（分公司） | — |

续表

| 地市级局（公司）名称 | | 铜仁市烟草专卖局（公司） | 黔东南苗族侗族自治州烟草专卖局（公司） | 黔南布依族苗族自治州烟草专卖局（公司） | 黔西南布依族苗族自治州烟草专卖局（公司） | 贵安新区烟草专卖局（公司） |
|---|---|---|---|---|---|---|
| 总资产（万元） | | 161958 | 146834 | 154629 | 240181 | 18876 |
| 资产负债率（%） | | 23.17 | 10.99 | 20.70 | 13.25 | 30.90 |
| 从业人员（人） | | 1715 | 1269 | 1588 | 1302 | 50 |
| 所属业务机构 | 营销机构 | 1个卷烟营销中心 | 1个卷烟营销中心 | 1个卷烟营销中心 | 1个卷烟营销中心 | 1个卷烟营销中心 |
| | 物流配送机构 | 2个配送中心、3个物流中转站 | 1个物流中心、1个直送站、3个区域中转站 | 1个配送中心、5个物流中转站 | 1个卷烟物流中心、4个中转站 | — |
| | 专卖稽查机构 | 1个稽查支队、10个稽查大队 | 1个稽查支队、17个稽查大队 | 1个稽查支队、12个稽查大队 | 1个稽查支队、8个专卖稽查大队 | 1个稽查支队 |
| | 烟叶机构 | 1个烟叶生产经营部、19个烟叶站 | 1个烟叶生产经营部 | 12个烟叶中心站 | 1个烟叶生产经营部、30个烟叶站 | — |
| 实现税利 | 万元 | 111988 | 128603 | 94827 | 145279 | 6853 |
| | 比上年增长（%） | 0.76 | 0.62 | -10.46 | 1.45 | 12.25 |
| 实现利润 | 万元 | 39779 | 51791 | 21566 | 60125 | 2206 |
| | 比上年增长（%） | 25.63 | -2.32 | -29.60 | -15.95 | 17.97 |
| 卷烟销售收入（万元） | | 390340 | 390721 | 426825 | 316515 | 32564 |
| 查处涉烟违法案件（起） | | 318 | 1500 | 567 | 399 | 12 |
| 查处涉烟违法案件案值（万元） | | 693 | 991 | 1769 | 2404 | 70 |
| 烟基建设投入资金（万元） | | 440 | 193 | 215 | 534 | — |
| 烟基设施新增受益面积（万亩） | | — | — | 0.30 | 0.97 | — |
| 烟叶种植（万亩） | | 13.00 | 14.50 | 6.50 | 27.00 | — |
| 烟叶收购（万担） | | 29.95 | 33.85 | 14.80 | 62.30 | — |
| 烟农户数（户） | | 3513 | 4774 | 3234 | 12250 | — |
| 实现烟农总收入（万元） | | 41002 | 52513 | 24680 | 100635 | — |
| 零售户数（户） | | 15357 | 21371 | 20786 | 16001 | 932 |
| 零售户销售毛利率（%） | | 12.13 | 11.02 | 11.25 | 11.51 | 10.58 |

注：1. 根据《国家烟草专卖局　中国烟草总公司关于设立铜仁市烟草公司碧江分公司等机构的批复》（国烟法〔2018〕180号），铜仁市碧江区、万山区、玉屏侗族自治县成立烟草分公司。

2. 根据《国家烟草专卖局　中国烟草总公司关于调整黔西南州局（公司）所属部分机构的批复》（国烟人〔2018〕207号），兴仁县烟草专卖局（分公司）更名为兴仁市烟草专卖局（分公司）。

◎ 撰稿：郭娟娟；编辑：周　佳

# 云南省烟草专卖局（公司）

【专卖管理】　**案件查处**。2018年，云南省烟草专卖局查办案件2.04万起，其中大要案1989起；查获假冒卷烟2.77亿支、走私卷烟4875.21万支；查获烟叶、烟丝1.22万吨（24.43万担）；涉案物品案值约9.69亿元。破获一批重特大案件，捣毁机器包装假烟大型地下窝点11个、大型地下制丝窝点17个。公安、司法机关依法刑事拘留225人，批捕307人，判刑161人。云南省夺回卷烟市场空间9.45亿支（1.89万箱）。

**“三元地区”专项整治**。2018年，查获涉及红河州泸西县“三元地区”非法经营烟叶、烟丝案件77起，捣毁非法囤积、加工烟叶窝点13个，收缴非法拼装设备101台（套），打掉7条完整非法烟丝生产线，查获烟叶烟丝0.2

万吨（3.9 万担），涉案价值 1.1 亿元，依法惩处违法犯罪嫌疑人 206 人，42 人主动到公安机关投案自首，签订不再从事涉烟违法犯罪活动承诺书。

**边境缉私打假。**云南省局与昆明海关签署《打击涉烟违法犯罪合作备忘录》（MOU），与云南出入境检验检疫局签署《共同加强口岸烟草疫病疫情防控和打击涉烟违法犯罪合作备忘录》，保障边境涉烟缉私打假工作的顺利开展。全年查获走私卷烟 4875.21 万支、查获走私出境烟叶 0.36 万吨（7.3 万担），防止烟叶走私出境、境外假冒卷烟和走私卷烟流入国内。

**内部专卖管理。**明确各州（市）局（公司）主要负责人是治理违规大户的第一责任人，进一步细化各级内管、营销、专卖部门的职责，各负其责，形成治理合力，坚决遏制卷烟非法流通。全年全省取缔违法违规经营大户经营资格 212 户，列为重点监管对象 3.43 万户，查处大户违法违规经营卷烟 5 万支或价值 5 万元以上案件 384 起。加强烟叶生产收购全过程管理，重点跟踪监管 20 亩以上的烟叶种植大户，取消烟叶种植合同 1.84 万份，处理违规收购烟叶问题 1897 个。注重与卷烟工业企业、烟机辅料企业沟通协作，推动涉烟企业规范管理。

**创新监管方式。**加强许可证后续监管，坚决依法取消违规经营户经营资格。持续提升与工商部门数据共享的深度和广度，推进零售许可证在“多证合一”改革背景下稳步实施。与公安部门联合立项共同开发专卖打假打私智能化系统平台，充分运用大数据、人工智能、机器学习等信息化智能化手段，开展技术侦察，主动获取和挖掘涉烟线索。综合运用公安内部资源和烟草部门各类平台和数据资源开展分析研判，建立涉烟案件样本相关数据分析建模，实现由可疑线索到打击成果的转换。

**【经济效益】** 2018 年，云南省烟草商业系统实现税利 416.53 亿元，同比下降 8.12%，其中利润 224.29 亿元，同比下降 13.15%。三项费用率 7.95%，同比增加 0.38 个百分点。

**【卷烟（雪茄烟）经营】** **卷烟销售。**全年实现卷烟销售收入 551.32 亿元，同比增长 4.98%；实现卷烟税利 137.35 亿元，同比增长 5.7%；实现卷烟单箱销售收入 3.1 万元，卷烟单箱税利 0.77 万元。

**重点品牌培育。**深化工商协同，推进工商合作共育品牌，构建顶层设计战略联动机制，工商共同研究制定营销方案，加强市场调研、货源衔接、市场调控、信息共享和品牌评价，探索工商统一协调指挥管理新途径，初步形成良性品牌营销协作新机制。

**终端建设。**2018 年，云南省共建设“云香印象”现代终端 2394 个、体验终端 566 个、旅游终端 187 个，初步建成一批形象好、特色鲜明、有影响力的品牌终端，在终端品牌培育、信息采集、稳定价格上发挥示范引领作用。

**卷烟物流管理。**物流快速响应市场能力进一步增强，卷烟订单当日和次日送达率 85.6%，同比提高 6 个百分点；零售户到货准时率 92.8%，同比提高 3 个百分点；全省单箱物流费用 220.8 元，较全国平均水平低 13.6 元，物流运行效率持续提升。

**【烟叶产销】** **烟叶生产经营。**2018 年，云南省种植烟叶 602.61 万亩，同比减少 19.93 万亩。收购烟叶 81.56 万吨（1631.26 万担），其中，收购烤烟 79.77 万吨（1595.5 万担）。国内销售烟叶 77.79 万吨（1555.72 万担），其中，烤烟 77.76 万吨（1555.14 万担）。出口烟叶 7.28 万吨（145.61 万担），其中，烤烟 5.73 万吨（114.65 万担）。种烟农户 67.78 万户，同比减少 6.72 万户；实现烟农收入 238.62 亿元，同比增加 1.78 亿元。

2018 年，实现烟叶税利 269.09 亿元，同比下降 12.52%，其中利润 165.01 亿元，同比下降 16.16%。

**烟叶生产基础设施建设。**全年行业投入云南省烟叶生产基础设施建设总资金 4.13 亿元，其中，申请国家局补贴 1.55 亿元，省内烟草配套 2.58 亿元，建设基础设施项目 5.83 万件，受益基本烟田 20.92 万亩，设施化基本烟田增加到 1675 万亩。截至 2018 年底，累计申报烟草水源工程援建项目 141 件，概算总投资 161.01 亿元，申请援建资金 123.36 亿元；国家局共函复云南省烟草水源项目 104 件、援建资金 82.28 亿元，其中，2018 年复函 9 件、援建资金 6.75 亿元。

**控制烟叶生产规模。**云南省公司把严控烟叶规模作为首要任务贯穿到烟叶生产全过程，继续严把十大“关口”，首次实行烟叶非法流通与烤烟计划挂钩管理，坚决守住烤烟收购计划红线。全省 590.9 万亩烤烟种植覆盖 98 个县（市、区）、861 个乡（镇）、5845 个村委会、64.89 万户

文山普者黑绿色生态优质烟叶示范园区（2018年）

云南文山州局　金国龙　摄

烟农，同比减少2个乡（镇）、256个村委会、6.7万户烟农。

**稳定核心烟区**。积极应对基本烟田流失严重、核心优质烟区逐渐流失的严峻形势，省公司将烟区规划作为重大专项课题，围绕卷烟工业品牌原料需求和最好气候、最好土壤、最有经验烟农队伍等3个条件要求，重新梳理、划定烟叶生产核心区域，划定烟叶生产基本烟田。省公司下发《关于贯彻乡村振兴战略推进土地流转稳定核心烟区的指导意见》，以承包地“三权”分置改革为契机，加快推进核心烟区土地长期稳定有序流转。2018年，各类烟叶生产经营主体流转土地106.5万亩，占全省烤烟种植面积的18%，稳定核心烟区成为推动云南烟叶高质量发展的重大战略和重要保障。

**烟叶绿色生产**。加快绿色科技成果转化应用，2018年全省烟田种植绿肥并压青45.6万亩，轮作种植530.5万亩，水肥一体化应用24.8万亩，化肥亩均用量较2017年减少5%；烟蚜茧蜂防治蚜虫技术100%全覆盖，并在大农业上应用721.74万亩；推广生物质燃料烤房2.36万座，覆盖烟田面积42万亩，占全省的7.1%，替代燃煤14.2万吨；推广0.01毫米地膜422.4万亩，回收地膜面积432.4万亩，资源化利用298.9万亩。

**烟叶生产提质增效**。推进烟叶供给侧结构性改革，建设“行业第一车间”“中式卷烟基地”，首次开展“云南烟草商业烟叶质量奖”评选工作，推动烟叶质量全面提高。烟叶收购调拨期间，派出12个检查组38名质检人员，在省烟叶公司、10家复烤厂和6家省内卷烟厂开展驻点抽检。国家局检查烟叶收购等级质量合格率84.3%，同比提高1.4个百分点。

**优质烟叶原料保障**。按照工业需求，因地制宜布局特色品种，2018年云南省种植“K326”和“红花大金元”特色品种185.5万亩，收购烟叶24.91万吨（498.2万担），占31.22%。推动工商企业深度融合，云南省共建烟叶基地单元195个，其中特色烟叶单元57个。为满足云南中烟高端卷烟品牌发展需要，继续实施“2260”高端特色烟叶开发，定向生产、定向供给优质烟叶3万吨（60万担）。

**烟农多元增收**。持续加强职业烟农培育，2018年新增职业烟农3.5万户，累计达11万户，占种烟农户总数的17%。继续加强烟农专业合作社建设，全省有烟农合作社452个，入社烟农63.4万户，入社率97.7%。在合作社的组织带领下，烟农积极开展烟后作物种植，利用育苗大棚、烤房和农机等生产资源开展花卉、苗木等特色农业发展，培育“旭润庄园”“玉溪庄园”“润色添香”等烟农增收自主品牌，打造亿元以上产业3个，5000万元至1亿元的产业3个，1000万元至5000万元的产业6个，500万元以上产业3个，全年实现每户烟农非烟产业增收2900元。

**【交流与合作】**　2018年，中国烟草云南进出口有限公司围绕打造国际化、专业化烟草外贸企业，持续提高工作效率和质量，全年实现进出口总值2.62亿美元。实现税利6.11亿元，同比增长21%。

**烟叶出口**。进出口公司加大新烟销售力度，围绕客户需求，狠抓订单备货保障，新烟销售比例达到94%。持续推进库存烟叶消化，将东南亚及中东市场作为主要着力点，深挖欧美市场潜力，库存烟叶结构进一步优化。全年累计出口烟叶6.94万吨（138.8万担）。

**资源置换**。把助力国内卷烟工业企业消化不适用烟叶库存与拓展出口烟叶原料渠道有机结合，持续深化与工业企业的沟通协作，全年烟叶置换量1.15万吨（23万担）。

**农艺合作**。坚持把实施“烟叶可持续发展计划”项目（简称STP项目）作为云南烟叶出口“通行证”的重要抓手，加强与外方的沟通协调，推进农艺版块和加工厂管理板块及配套信息化建设，配合完成云南烟草烟叶供应链管理信息系统开发、STP信息化管理平台构建工作。先后完成省级培训3次，推动8个试点区域成立项目领导小组和执行小组，及时组织开展经验交流，摸索总结工作成效和方法，为项目的持续深化打牢基础。

**进口贸易**。严格执行国家局下达的年度卷烟及雪茄烟进口计划，及时对品牌结构和市场布局作出调整，确保货源供应；严格执行进口仪器采购流程，注重风险识别和防控，确保采购过程的合法合规性。全年进口到货274.2万美元，进口卷烟7920万支，一般商品内贸采购仪表仪器到货131台（套），实现进口业务销售收入7518万元，实现利润1210万元。

**【管理创新】** 2018年，云南省公司推进2015版质量管理体系换版工作，在实施体系换版中，构建以质量手册为统领，以部门（岗位）说明书、流程文件、工作文件等为支撑的质量管理体系，共计制定新版体系文件721项。全省烟草商业系统共提出精益改善建议2810条；在2017—2018年QC小组活动周期内，共注册QC小组429个，开展QC课题442项，结题348项，实现直接经济效益8624万元；全年省公司发布31项优秀QC小组活动成果和25条优秀精益改善建议。全年实现降本增效5.6亿元，实现货币资金收益20亿元。

**【特事辑要】** 2月10日，云南省委、省政府在昆明召开全省烟草工作座谈会。云南省委书记、省人大常委会主任陈豪强调，烟草产业要继续当好全省稳增长促发展的“中流砥柱”，进一步实现提质增效升级，为全省完成既定的经济社会发展主要预期目标发挥应有作用。

8月4—6日，国家烟草专卖局党组书记、局长，中国烟草总公司总经理张建民在云南烟草调研，云南省委常委、常务副省长宗国英一同调研。其间，云南省委书记、省人大常委会主任陈豪，云南省委副书记、省长阮成发会见张建民，双方就云南烟草改革发展交换意见。

8月31日，云南省政府在红河州泸西县召开“三元地区”非法经营烟叶专项整治工作总结会议。

10月22—26日，中国烟草总公司承办的国际烟草科学研究合作中心（CORESTA）2018年大会在云南昆明召开，来自50余个国家和地区的近600名代表参加会议。国家烟草专卖局党组书记、局长，中国烟草总公司总经理张建民出席闭幕晚宴并致辞，云南省副省长董华一同出席。张建民表示，希望大家能相互理解、相互支持，加强合作、共同担当，努力推动世界烟草科技创新与发展。

10月25日，国家烟草专卖局党组书记、局长，中国烟草总公司总经理张建民在云南烟草调研。云南省副省长董华一同调研。其间，云南省委书记、省人大常委会主任陈豪等参加会见。

12月29日，云南省烟草产业高质量发展工作会议在昆明召开。云南省委书记、省人大常委会主任陈豪出席会议并讲话，云南省委副书记、省长阮成发主持会议，国家局党组成员、副局长杨培森出席并讲话。

**2018年云南省烟草专卖商业主要情况统计[1]**

| 地市级局（公司）名称 | 昆明市烟草专卖局（公司） | 玉溪市烟草专卖局（公司） | 曲靖市烟草专卖局（公司） | 红河哈尼族彝族自治州烟草专卖局（公司） |
|---|---|---|---|---|
| 主要负责人/法定代表人（含党政领导） | 包 毅 | 田泽华 | 吴立著 | 邓云龙 |
| 所属县级单位 | 呈贡区、安宁市、五华区、盘龙区、西山区、官渡区、东川区、晋宁区、富民县、宜良县、嵩明县、石林彝族自治县、禄劝彝族苗族自治县、寻甸回族彝族自治县等14个县级烟草专卖局（分公司） | 红塔区、江川区、澄江县、通海县、华宁县、易门县、峨山彝族自治县、新平彝族傣族自治县、元江哈尼族彝族傣族自治县等9个县级烟草专卖局（分公司） | 麒麟区、宣威市、沾益区、马龙区[2]、陆良县、师宗县、罗平县、富源县、会泽县等9个县级烟草专卖局（分公司） | 蒙自市、个旧市、开远市、弥勒市、建水县、石屏县、泸西县、元阳县、红河县、绿春县、屏边苗族自治县、河口瑶族自治县、金平苗族瑶族傣族自治县等13个县级烟草专卖局（分公司） |

续表

| 地市级局（公司）名称 | | 昆明市烟草专卖局（公司） | 玉溪市烟草专卖局（公司） | 曲靖市烟草专卖局（公司） | 红河哈尼族彝族自治州烟草专卖局（公司） |
|---|---|---|---|---|---|
| 总资产（万元） | | 1128372 | 798817 | 1332300 | 780855 |
| 资产负债率（%） | | 13.93 | 9.41 | 17.34 | 11.55 |
| 从业人员（人） | | 1747 | 962 | 2736 | 1245 |
| 所属业务机构 | 营销机构 | 1个营销中心、14个区域市场部 | 1个营销中心、9个区域市场部 | 1个营销中心 | 1个营销中心、13个客户服务分中心 |
| | 物流配送机构 | 1个物流中心、4个物流中转站 | 1个物流分公司、8个物流中转站 | 1个物流分公司、9个物流中转站 | 1个配送中心、4个物流中转站 |
| | 专卖稽查机构 | 1个稽查支队、14个稽查大队 | 1个稽查支队、9个稽查大队 | 1个稽查支队、9个稽查大队 | 1个稽查支队、13个稽查大队 |
| | 烟叶机构 | 53个烟叶收购站 | 50个烟叶收购站 | 91个烟叶收购站 | 41个烟叶收购站 |
| 实现税利 | 万元 | 620595 | 362308 | 626849 | 445070 |
| | 比上年增长（%） | 14.88 | 11.98 | -22.66 | 20.22 |
| 实现利润 | 万元 | 339258 | 232101 | 333657 | 281611 |
| | 比上年增长（%） | 20.78 | 14.23 | -33.16 | 34.69 |
| 卷烟销售收入（万元） | | 996862 | 272532 | 661010 | 495407 |
| 查处涉烟违法案件（起） | | 3617 | 593 | 1913 | 2329 |
| 查处涉烟违法案件案值（万元） | | 23745 | 3583 | 19100 | 13819 |
| 烟基建设投入资金（万元） | | 4708 | 4273 | 11996 | 2846 |
| 烟基设施新增受益面积（万亩） | | 1.70 | 2.81 | 4.84 | 2.51 |
| 烟叶种植（万亩） | | 50.00 | 55.60 | 120.79 | 51.90 |
| 烟叶收购（万担） | | 135.10 | 150.10 | 326.00 | 140.20 |
| 烟农户数（户） | | 49388 | 64710 | 169497 | 53218 |
| 实现烟农总收入（万元） | | 210400 | 224692 | 501032 | 211580 |
| 零售户数（户） | | 25201 | 9118 | 20995 | 11346 |
| 零售户销售毛利率（%） | | 8.00 | 9.25 | 8.00 | 13.31 |

| 地市级局（公司）名称 | 楚雄彝族自治州烟草专卖局（公司） | 大理白族自治州烟草专卖局（公司） | 昭通市烟草专卖局（公司） | 保山市烟草专卖局（公司） |
|---|---|---|---|---|
| 主要负责人/法定代表人（含党政领导） | 晏　飞 | 樊在斗 | 任志斌 | 周　锋 |
| 所属县级单位 | 楚雄市、双柏县、牟定县、南华县、姚安县、大姚县、永仁县、元谋县、武定县、禄丰县等10个县级烟草专卖局（分公司） | 大理市、宾川县、祥云县、弥渡县、南涧彝族自治县、巍山彝族回族自治县、漾濞彝族自治县、永平县、云龙县、洱源县、剑川县、鹤庆县等12个县级烟草专卖局（分公司） | 昭阳区、鲁甸县、巧家县、镇雄县、彝良县、威信县、大关县、盐津县、永善县、绥江县、水富市[3]等11个县级烟草专卖局（分公司） | 隆阳区、施甸县、腾冲市、龙陵县、昌宁县等5个县级烟草专卖局（分公司） |
| 总资产（万元） | 649839 | 517528 | 343474 | 364867 |
| 资产负债率（%） | 13.90 | 13.23 | 19.94 | 15.54 |
| 从业人员（人） | 1229 | 1205 | 1740 | 893 |

续表

| 地市级局（公司）名称 | | 楚雄彝族自治州烟草专卖局（公司） | 大理白族自治州烟草专卖局（公司） | 昭通市烟草专卖局（公司） | 保山市烟草专卖局（公司） |
|---|---|---|---|---|---|
| 所属业务机构 | 营销机构 | 1个营销中心 | 1个营销中心、12个区域市场部 | 1个营销中心、11个卷烟市场部 | 1个营销中心 |
| | 物流配送机构 | 1个物流分公司 | 1个物流分公司、12个物流中转站 | 1个物流分公司、11个物流中转站 | 1个物流分公司、5个物流中转站 |
| | 专卖稽查机构 | 1个稽查支队、10个稽查大队 | 1个稽查支队、12个稽查大队 | 1个稽查支队、11个稽查大队 | 1个稽查支队、5个稽查大队 |
| | 烟叶机构 | 79个烟叶收购站 | 79个烟叶收购站 | 43个烟叶收购站 | 40个烟叶收购站 |
| 实现税利 | 万元 | 339879 | 303757 | 193920 | 193495 |
| | 比上年增长（%） | -16.43 | -0.18 | 2.75 | -34.48 |
| 实现利润 | 万元 | 196127 | 163170 | 84205 | 85713 |
| | 比上年增长（%） | -25.04 | 0.78 | 11.01 | -50.66 |
| 卷烟销售收入（万元） | | 245900 | 349093 | 418625 | 275122 |
| 查处涉烟违法案件（起） | | 460 | 2152 | 1977 | 1519 |
| 查处涉烟违法案件案值（万元） | | 2143 | 4050 | 6371 | 4557 |
| 烟基建设投入资金（万元） | | 3318 | 6050 | 2414 | 5424 |
| 烟基设施新增受益面积（万亩） | | 2.47 | 4.19 | 0.25 | 1.74 |
| 烟叶种植（万亩） | | 60.20 | 47.10 | 24.10 | 42.40 |
| 烟叶收购（万担） | | 162.50 | 127.10 | 65.00 | 114.50 |
| 烟农户数（户） | | 75324 | 48934 | 20154 | 39359 |
| 实现烟农总收入（万元） | | 238900 | 198816 | 87814 | 162769 |
| 零售户数（户） | | 9323 | 12654 | 13963 | 8934 |
| 零售户销售毛利率（%） | | 9.54 | 16.47 | 9.80 | 10.50 |

| 地市级局（公司）名称 | 文山壮族苗族自治州烟草专卖局（公司） | 普洱市烟草专卖局（公司） | 丽江市烟草专卖局（公司） | 临沧市烟草专卖局（公司） |
|---|---|---|---|---|
| 主要负责人/法定代表人（含党政领导） | 何文炜 | 徐元飞 | 廖世勇 | 曹敬东 |
| 所属县级单位 | 文山市、砚山县、西畴县、麻栗坡县、马关县、丘北县、广南县、富宁县等8个县级烟草专卖局（分公司） | 景东彝族自治县、镇沅彝族哈尼族拉祜族自治县、墨江哈尼族自治县、景谷傣族彝族自治县、宁洱哈尼族彝族自治县、江城哈尼族彝族自治县、澜沧拉祜族自治县、孟连傣族拉祜族佤族自治县、西盟佤族自治县和思茅区等10个县级烟草专卖局（分公司） | 玉龙纳西族自治县、永胜县、华坪县、宁蒗彝族自治县、古城区等5个县级烟草专卖局（分公司） | 临翔区、凤庆县、永德县、云县、镇康县、耿马县傣族自治县、沧源佤族自治县、双江拉祜族佤族布朗族傣族自治县等8个县级烟草专卖局（分公司） |
| 总资产（万元） | 382984 | 326100 | 233151 | 231225 |
| 资产负债率（%） | 15.57 | 21.37 | 14.57 | 23.52 |
| 从业人员（人） | 996 | 792 | 456 | 703 |

续表

| 地市级局（公司）名称 | | 文山壮族苗族自治州烟草专卖局（公司） | 普洱市烟草专卖局（公司） | 丽江市烟草专卖局（公司） | 临沧市烟草专卖局（公司） |
|---|---|---|---|---|---|
| 所属业务机构 | 营销机构 | 1个营销中心 | 1个营销中心、10个区域市场部 | 1个营销中心 | 1个营销中心、8个区域市场部 |
| | 物流配送机构 | 1个配送中心、4个物流中转站 | 1个物流分公司 | 1个物流分公司 | 1个物流分公司、8个配送服务中转站 |
| | 专卖稽查机构 | 1个稽查支队、8个稽查大队 | 1个稽查支队、10个稽查大队 | 1个稽查支队、5个稽查大队 | 1个稽查支队、8个稽查大队 |
| | 烟叶机构 | 43个烟叶收购站 | 53个烟叶收购站 | 24个烟叶收购站 | 32个烟叶收购站 |
| 实现税利 | 万元 | 196004 | 202223 | 150550 | 191474 |
| | 比上年增长（%） | -33.30 | -23.90 | -6.29 | 13.46 |
| 实现利润 | 万元 | 91754 | 94452 | 79939 | 108546 |
| | 比上年增长（%） | -49.58 | -41.04 | -12.59 | 27.59 |
| 卷烟销售收入（万元） | | 291851 | 266585 | 192814 | 199566 |
| 查处涉烟违法案件（起） | | 1879 | 1246 | 328 | 1256 |
| 查处涉烟违法案件案值（万元） | | 12026 | 5401 | 924 | 3923 |
| 烟基建设投入资金（万元） | | 1746 | 465 | 8726 | 5018 |
| 烟基设施新增受益面积（万亩） | | 5.73 | 0.12 | 4.62 | 0.61 |
| 烟叶种植（万亩） | | 37.00 | 37.00 | 22.20 | 27.80 |
| 烟叶收购（万担） | | 100.00 | 100.00 | 60.00 | 75.00 |
| 烟农户数（户） | | 19679 | 38168 | 21289 | 35332 |
| 实现烟农总收入（万元） | | 140032 | 143082 | 84525 | 103900 |
| 零售户数（户） | | 13942 | 11382 | 7281 | 8372 |
| 零售户销售毛利率（%） | | 12.54 | 8.20 | 15.10 | 8.00 |

| 地市级局（公司）名称 | 德宏傣族景颇族自治州烟草专卖局（公司） | 西双版纳傣族自治州烟草专卖局（公司） | 怒江傈僳族自治州烟草专卖局（公司） | 迪庆藏族自治州烟草专卖局（公司） |
|---|---|---|---|---|
| 主要负责人/法定代表人（含党政领导） | 王　兵 | 尤　辉（—2018年12月）<br>张国鲲（2018年12月—） | 王纪文 | 肖　玛 |
| 所属县级单位 | 芒市、瑞丽市、陇川县、盈江县、梁河县等5个县级烟草专卖局（分公司） | 景洪市、勐海县、勐腊县等3个县级烟草专卖局（分公司） | 福贡县、兰坪白族普米族自治县、贡山独龙族怒族自治县等3个县级烟草专卖局（分公司）和1个州局直属分局 | 德钦县、维西傈僳族自治县、香格里拉市等3个县级专卖局（分公司） |
| 总资产（万元） | 53189 | 64676 | 15318 | 20448 |
| 资产负债率（%） | 13.63 | 11.20 | 10.97 | 15.36 |
| 从业人员（人） | 193 | 170 | 98 | 139 |

续表

| 地市级局（公司）名称 | | 德宏傣族景颇族自治州烟草专卖局（公司） | 西双版纳傣族自治州烟草专卖局（公司） | 怒江傈僳族自治州烟草专卖局（公司） | 迪庆藏族自治州烟草专卖局（公司） |
|---|---|---|---|---|---|
| 所属业务机构 | 营销机构 | 1个营销中心、5个区域市场部 | 1个卷烟营销中心 | 1个营销中心 | 1个营销中心 |
| | 物流配送机构 | 1个物流分公司、4个卷烟配送中转站、1个直送管理站 | 1个物流分公司 | 1个物流分公司 | 1个物流分公司 |
| | 专卖稽查机构 | 1个稽查支队、5个稽查大队 | 1个稽查支队、3个稽查大队 | 1个稽查支队、4个稽查大队 | 1个稽查支队、3个稽查大队 |
| | 烟叶机构 | — | — | — | — |
| 实现税利 | 万元 | 339949 | 54266 | 13163 | 12349 |
| | 比上年增长（%） | 8.43 | 5.17 | 9.07 | 2.15 |
| 实现利润 | 万元 | 14346 | 20210 | 3008 | 2561 |
| | 比上年增长（%） | 7.02 | 5.97 | 6.29 | 4.43 |
| 卷烟销售收入（万元） | | 155860 | 210977 | 60836 | 51895 |
| 查处涉烟违法案件（起） | | 261 | 535 | 154 | 83 |
| 查处涉烟违法案件案值（万元） | | 1468 | 3806 | 284 | 336 |
| 烟基建设投入资金（万元） | | — | — | — | — |
| 烟基设施新增受益面积（万亩） | | — | — | — | — |
| 烟叶种植（万亩） | | — | — | — | — |
| 烟叶收购（万担） | | — | — | — | — |
| 烟农户数（户） | | — | — | — | — |
| 实现烟农总收入（万元） | | — | — | — | — |
| 零售户数（户） | | 7303 | 8320 | 1821 | 2510 |
| 零售户销售毛利率（%） | | 8.00 | 13.66 | 12.00 | 10.98 |

注：1. 烟叶相关情况不含云南香料烟有限责任公司数据。

2. 2018年7月18日，《国家烟草专卖局关于马龙县烟草专卖局更名的批复》（国烟人〔2018〕155号）同意将云南省马龙县烟草专卖局更名为曲靖市马龙区烟草专卖局。

3. 2018年12月4日，国家局、总公司下发《关于调整昭通市局（公司）所属部分机构的批复》（国烟人〔2018〕232号），撤销云南省水富县烟草专卖局，设立水富市烟草专卖局；将昭通市烟草公司水富县分公司名称变更为昭通市烟草公司水富市分公司；水富市局和昭通市烟草公司水富市分公司合署办公。

◇ 撰稿：王津军；编辑：周　佳

# 西藏自治区烟草专卖局（公司）

【专卖管理】　2018年，西藏自治区烟草专卖局按照“建机制、堵源头、打团伙、管市场”的总体要求，加强与自治区公安、工商、海关、邮政等部门协作，巩固协作机制，严格依法治烟。全年先后组织开展“高原卫士”“依法严管违规卖烟大户”“三大节日期间卷烟市场监管专项整治行动”等专项行动。全年查获各类涉烟案件362起，同比下降2%，其中5万元以上案件23起。查获各类涉案非法卷烟332.92万支，同比增长14.02%，案值518.14万元，同比增长15.61%。其中，查获真品非法流通卷烟270.46万支，占比81.24%；查获假冒卷烟62.46万支，占比18.76%；上缴罚没款50.36万元。全自治区卷烟市场净化率92.88%。

【经济效益】　2018年，西藏自治区烟草商业系统实现销售收入42.52亿元，增长9.46%。实现税利10.77亿元，同比增长7.58%，其中利润3.8亿元，同比增长21.50%。实

2018 年 9 月 17 日，西藏自治区局（公司）召开西藏烟草行业高质量发展工作座谈会

西藏区局　古　桑　摄

现卷烟单箱销售收入 4.25 万元，同比增长 5.17%。三项费用率 9.05%，同比减少 0.55 个百分点。

【卷烟（雪茄烟）经营】　**品牌培育**。自治区公司落实“大品牌、大市场、大企业”发展战略，紧跟消费趋势和西藏卷烟市场实际，强化引退机制，建立品牌属性跟踪和生命周期管理，加强市场信息监测，不断调整和优化货源供应策略，重点突出挖掘潜力，初步呈现高端引领、新品助推、特色带动、品类上移的品牌发展格局。

**卷烟销售市场化取向改革**。持续增强卷烟市场活力，全年引入卷烟新品 56 个，退出 77 个，“进一退一、退二进一”优胜劣汰机制基本形成。严格规范卷烟零售户分档、货源分配，做到公平公正、公开透明，“客我关系”不断向好。强化工商协同营销，加强客户经理技能培训，促进工商零三方互动，客户满意度 90.54%，同比提高 7.35 个百分点。

**网络建设**。加强网络建设基础工作，深化“四网合一”，全自治区网络订货客户为 6233 户，电子结算客户 1.15 万户，电子结算资金交易比重达到 95.73%。跨行结算客户 838 户，增长 36.04%。

【管理创新】　强化集约管理，确立两级经营管理模式，严控基层网点建设，防止盲目上项目。修订完善《机关主要职责内设机构和人员编制规定》，理顺机关本部、直属单位职能职责，确保资源合理配置、工作高效运行。深化改革创新，财务管理模式改革全面完成，实现业务统一化、标准化、公开化，构建了上下贯通、有机融合、阳光作业的管理格局。按照物流体制改革总体思路，推进自治区公司与地市级公司商商共库、仓储一体化管理改革。全面完成西藏自治区烟草质量监督站筹建工作，并与年底投入试运行，打破涉案卷烟一直由四川省烟草质量监督站代检的历史。

【特事辑要】　1 月 29 日，西藏自治区烟草专卖局（公司）召开自治区烟草行业工作会议。

7 月 27 日，国家局党组成员、副局长杨培森在西藏烟草调研。

**2018 年西藏自治区烟草专卖商业主要情况统计**

| 地市级局（公司）名称 | 拉萨市烟草专卖局（公司） | 山南市烟草专卖局（公司） | 日喀则市烟草专卖局（公司） | 林芝市烟草专卖局（公司） | 昌都市烟草专卖局（公司） | 阿里地区烟草专卖局（公司） |
|---|---|---|---|---|---|---|
| 主要负责人/法定代表人（含党政领导） | 王永长（—2018 年 4 月）<br>曾　涛（2018 年 4 月） | 张连海（—2018 年 3 月）<br>拉　果（2018 年 4 月—） | 张开友 | 扎　西（—2018 年 4 月）<br>索朗次仁（2018 年 4 月—） | 曾　涛（—2018 年 4 月）<br>刘海青（2018 年 4 月—） | 旺　扎 |
| 所属县级单位 | — | — | — | — | — | — |
| 总资产（万元） | 32622 | 8836 | 15459 | 13285 | 15634 | 4945 |
| 资产负债率（%） | 2.20 | 14.41 | 32.39 | 6.10 | 4.42 | 87.15 |
| 从业人员（人） | 225 | 91 | 113 | 89 | 91 | 49 |

续表

| 地市级局（公司）名称 | | 拉萨市烟草专卖局（公司） | 山南市烟草专卖局（公司） | 日喀则市烟草专卖局（公司） | 林芝市烟草专卖局（公司） | 昌都市烟草专卖局（公司） | 阿里地区烟草专卖局（公司） |
|---|---|---|---|---|---|---|---|
| 所属业务机构 | 营销机构 | 1个营销中心、6个县级营销网点 | 1个营销中心、5个县级营销网点 | 1个营销中心、4个县级营销网点 | 1个营销中心、4个县级营销网点 | 1个营销中心、5个县级营销网点 | 1个营销中心、4个县级营销网点 |
| | 物流配送机构 | 1个配送中心 | 1个配送中心 | 1个配送中心 | 1个配送中心 | 1个配送中心 | 1个配送中心 |
| | 专卖稽查机构 | 1个稽查支队 | 1个稽查支队、2个稽查大队 | 1个稽查支队、3个稽查大队 | 1个稽查支队 | 1个稽查支队、5个稽查大队 | 1个稽查支队 |
| | 烟叶机构 | — | — | — | — | — | — |
| 实现税利 | 万元 | 40207 | 7682 | 12433 | 7221 | 9694 | 2196 |
| | 比上年增长（%） | 7.00 | -1.20 | 13.91 | -4.07 | 2.43 | 11.82 |
| 实现利润 | 万元 | 10807 | -34 | 1138 | -47 | 773 | -747 |
| | 比上年增长（%） | 24.60 | — | 51.08 | — | -16.04 | — |
| 卷烟销售收入（万元） | | 213736 | 50433 | 77150 | 48759 | 58602 | 17101 |
| 查处涉烟违法案件（起） | | 87 | 52 | 139 | 11 | 42 | 32 |
| 查处涉烟违法案件案值（万元） | | 225 | 69 | 151 | 10 | 52 | 12 |
| 烟基建设投入资金（万元） | | — | — | — | — | — | — |
| 烟基设施新增受益面积（万亩） | | — | — | — | — | — | — |
| 烟叶种植（万亩） | | — | — | — | — | — | — |
| 烟叶收购（万担） | | — | — | — | — | — | — |
| 烟农户数（户） | | — | — | — | — | — | — |
| 实现烟农总收入（万元） | | — | — | — | — | — | — |
| 零售户数（户） | | 3837 | 1516 | 2120 | 1248 | 1313 | 561 |
| 零售户销售毛利率（%） | | 18.00 | 13.00 | 13.00 | 23.56 | 16.01 | 14.28 |

◇ 撰稿：陆礼茂；编辑：周　佳

# 陕西省烟草专卖局（公司）

**【专卖管理】** *卷烟打假*。2018年，陕西省烟草专卖局持续健全完善“政府领导、部门联合、多方参与、密切协作”的打假打私体系，按照“建机制、堵源头、打团伙、管市场”卷烟打假总体要求，增强行政执法与刑事司法衔接力度，凝聚卷烟打假打私工作合力。探索移动互联新形势下打假破网的新思路，逐步构建完善大数据模式下的情报导侦体系，增强异常信息分析、案件线索收集、重大案件经营能力和水平。贯彻落实关于禁止向未成年人出售电子烟的通告，加大宣传和监管力度，全年查获案值5万元以上电子烟案件4起。2018年，陕西省共查处假冒、走私卷烟案件1.05万起，查获假冒、走私卷烟3034.38万支。破获假烟网络案件29起，其中符合国家局标准的网络案件23起，符合省局标准的网络案件6起。公安、司法机关依法逮捕127人，判刑44人。

安康“10·25”案件。安康“10·25”特大假烟网络案件为公安部、国家局督办案件。在全国发起3起集群战役，在广东、福建等21省立案17起，查获假冒卷烟210.38万支，打掉假烟仓储窝点13个，抓获涉案人员97人，逮捕18人，公安机关核定该犯罪集团涉案资金13亿元，案值150亿元以上，为陕西烟草成立以来重大网络案件涉案值之最。

西安“12·5”案件。西安“12·5”特大假烟网络案件被国家局、公安部列为督办案件。打掉以广东东莞为发货源头，销售范围覆盖陕西、广东、福建等全国22省（自治区、直辖市）80余个地市的特大假冒卷烟网络，抓获涉案人员22人，逮捕13人；查获假冒卷烟533.84万支，打掉假烟仓储窝点9个，查获制假设备1台，涉案金额超3.2亿元。

**市场监管**。结合市场监管信息系统运用，加快推进“双随机、一公开”和APCD工作法的有机结合，促进市场监管方式的转变和监管效能的进一步提升。2018年，延安、渭南市局被国家局确定为市场监管系统应用示范单位。陕西省局与省公安厅、省邮政管理局、西安海关在全省范围内联合开展“打击假冒走私烟草制品百日专项行动”，突出对寄递渠道、公路运输和走私等环节的监管打击。专项行动期间，全省共查处各类涉烟违法案件1万余起，其中假烟案件4687起，走私烟案件109起，真烟案件5227起；查获各类非法卷烟4558.7万支。开展“依法严管违法违规卖烟大户专项行动”，严查“二次批发、左右价格、扰乱市场”的大户问题，全省共有2623户违法、违规卖烟大户纳入动态重点监管库，其中22户被依法取消卷烟零售资格。

**证件管理**。持续深化“放管服”改革，制定印发《陕西省烟草专卖零售许可证办理服务指南》《陕西省烟草专卖局办公室关于进一步做好“放管服”改革相关专卖管理工作的通知》，在全省推行“511”办证模式（5个工作日内完成办证、1个访销周期和1个送货周期内完成入网送货），提高审批效率。开展生产经营企业及零售户基础信息核查及处理工作，全年全省共清理更正各类许可证4813户。实现烟草专卖零售许可管理系统与工商营业执照数据系统对接，19个县级局零售许可进驻政府政务服务大厅办理。截至2018年底，陕西省有持证卷烟零售户13.85万户，较上年减少4695户。

**【经济效益】** 2018年，陕西省烟草商业系统实现税利102.84亿元，同比下降2.53%，其中利润31.97亿元，同比下降11.13%。实现卷烟单箱销售收入2.53万元，单箱税利0.69万元。三项费用率7.25%，同比减少0.11个百分点。

**【卷烟（雪茄烟）经营】** **卷烟销售**。2018年，实现卷烟销售收入（不含税）362.06亿元，同比增长4.29%。实现卷烟税利98.84亿元，同比增长3.25%，其中利润31.01亿元，同比增长3.3%。

**卷烟品牌管理**。修订完善《陕西省品牌引入退出管理规则》，开展品牌竞争力评价。全年退出卷烟品牌规格50个，引入46个。截至2018年底，有国产在销规格227个，较上年减少4个。扩大工商协同网上配货范围，与上海、云南、四川、河南、浙江和湖南等6家卷烟工业企业开展工商网上配货，营销资源配置效率进一步提高。设立工商协同办公专区，为工业企业代表提供专属服务。与云南中烟、湖南中烟签订战略合作协议。支持陕西中烟发展，明确2个二类以上重点培育卷烟品规，提升陕西省产卷烟销售结构和品牌价值。

**销售网络建设**。制定《陕西省现代卷烟零售终端建设指导意见》《陕西省终端建设投入管理办法》，确定涵盖直营终端、加盟终端、合作终端、现代终端、普通终端的卷烟零售终端现代体系。推动“丝路情”流通品牌建设，打造直营终端旗舰店、标准店、便利店三种样板店，与40户

2018年8月15日，陕西咸阳市局（公司）驻村工作队人员指导烟农科学采收烟叶

陕西咸阳市局　魏　锋　摄

现代卷烟零售终端实现数据对接。印发《陕西省卷烟烟草零售客户经理职能转型指导意见》，评选出全省25名“客户服务之星”。加快营销信息化升级，全面开展全渠道订货、全商品扫码、全方式支付、全店铺管理的数字化门店建设。

【烟叶产销】 **烟叶种植与收购**。2018年，陕西省种植烤烟26.2万亩，收购烟叶3.39万吨（67.76万担）。陕西省调拨烟叶3.39万吨（67.76万担），其中国内销售3.19万吨（63.76万担），出口备货0.2万吨（4万担）。有烟农1.28万户，实现烟农售烟收入7.7亿元、户均收入（不含补贴）6万元。

2018年，实现烟叶税利2.91亿元。上缴地方烟叶税1.7亿元，同比提高21个百分点。

**供给侧结构性改革**。陕西省局制定7项改革配套措施和烟叶专项工作考核办法。召开陕西烟叶供给侧结构性改革座谈会，探索建立工商研合作机制，与云南、湖南中烟先后签订战略合作框架协议。优化烟叶种植布局，全省烟叶种植县由25个优化到19个，100亩以上集中连片种植比例由上年的42%提高到53.7%，户均种植规模由上年的18.6亩提高到20.5亩。优化烟叶质量与结构，全省收购烟叶的上等烟比例为42.9%、中部烟比例为49%、桔黄烟比例为86%，同比分别提高12.1个、4.8个和6个百分点，下低等烟种植比例同比减少6.1个百分点。烟叶收购均价为22.7元/千克，同比增加2元/千克。

加强收购、调拨等级质量管理，在国家局收购检查中，陕西省烟叶收购等级合格率为81.5%，其中，商洛市公司合格率位居全国第二位。谋划推动陕西烟叶高质量发展的方向和路径，开展4个课题的调查研究和专题研讨。

**现代烟草农业建设**。2018年，陕西省计划新增烟叶生产基础设施建设项目905件，计划投入资金716.5万元，重点用于新能源烤房建设和已建烤房维护修缮。对全省2005—2015年项目基础信息进行全面信息采集录入。在建的旬阳冷水河水库和镇安云镇水库建设进度分别完成50%和40%，储备项目陇县南峡沟水库完成省级行业评审。洛南惠农烟叶合作社建设蚯蚓粪有机肥厂，成功注册“鹿池牌”有机肥商标，实现订单式加工生产；汉滨区新禾丰烟叶合作社注册“秦叶情”商标，利用合作社微信公众号、“秦叶情”电子商务平台和实体店经营，实现线上线下相结合，统一销售烟农（社员）生产的香菇、富硒大米、土鸡、黑猪肉等，拓宽烟农增收渠道。

【对外交流与合作】 2018年，陕西省公司出口烟叶0.45万吨（9万担），实现进出口总值1674万美元，同比增长33%。实现销售收入1.43亿元，同比增长37%。实现税利4546.85万元，同比增长92.83%，其中利润2222.3万元，同比增长97.59%。

省公司紧紧抓住“一带一路”建设重大机遇，新发掘约旦盖都拉烟丝厂、毛里求斯贝鲁卡公司、阿联酋国际烟草制品公司、柬埔寨威尼顿集团有限公司、乌克兰哈马迪烟草公司、阿联酋迪拜益升华有限责任公司等6家客户，建立大小客户兼顾的稳定型客户组合，开辟新的国际市场。引进“阿里山（天韵）”“建牌（紫冰）”等新品卷烟并落地销售，填补进口古巴雪茄烟在陕西省市场空白。

【企业管理】 开展制度“废改立”工作，全年新建和修订管理制度50余项。开展“精益管理基层年”活动，连续三年完成国家局降本增效任务。加快推进4家市公司异型卷烟设备技改项目，完成物流管控平台升级，物流成本费用关键指标保持行业前列。出台《关于激发科技创新活力调动“两个积极性”的配套措施》，开展创新型企业建设试点。2018年，陕西省烟草商业系统实施各类采购项目462项，公开招标采购项目和金额占比分别为80.1%、93.68%。12月，全面完成职工家属区“三供一业”分离移交任务。

【特事辑要】 3月20日至4月20日，国家局巡视组对陕西省局（公司）党组开展巡视整改“回头看”工作。

5月17日，国家局对商洛破获“11·7”特大制售假烟网络案件进行了通报表彰。此案被制作成纪录片《雷霆行动》在央视《天网》节目中播出。

10月17日，陕西省局（公司）党组在全省烟草商业系统开展集中整治形式主义和官僚主义自纠。

## 2018 年陕西省烟草专卖商业主要情况统计

| 地市级局（公司）名称 | | 西安市烟草专卖局（公司） | 咸阳市烟草专卖局（公司） | 宝鸡市烟草专卖局（公司） | 渭南市烟草专卖局（公司） | 铜川市烟草专卖局（公司） |
|---|---|---|---|---|---|---|
| 主要负责人/法定代表人（含党政领导） | | 张爱峰 | 王云彪 | 沈　宏 | 赵军辉 | 李文哲 |
| 所属县级单位 | | 阎良区、临潼区、长安区、高陵区、鄠邑区、新城区、碑林区、莲湖区、灞桥区、未央区、雁塔区、蓝田县、周至县等 13 个县级烟草专卖局（分公司）以及 1 个高新分局（营销部） | 秦都区、渭城区局、兴平市、彬州市、长武县、淳化县、永寿县、旬邑县、礼泉县、乾县、武功县、三原县、泾阳县等 13 个县级烟草专卖局（分公司）[1] | 陇县、千阳县、扶风县、麟游县、凤县、岐山县、太白县、凤翔县、眉县、陈仓区等 10 个县烟草专卖局（分公司）以及 1 个城区局（分公司） | 华州区、韩城市、华阴市、合阳县、澄城县、大荔县、蒲城县、白水县、富平县、潼关县等 10 个县级烟草专卖局（分公司）以及 1 个直属分局（城区分公司） | 耀州区、城区、宜君县等 3 个县级烟草专卖局（分公司）[2] |
| 总资产（万元） | | 451526 | 105480 | 106577 | 82929 | 23645 |
| 资产负债率（%） | | 19.34 | 15.61 | 22.44 | 27.12 | 20.91 |
| 从业人员（人） | | 1448 | 818 | 764 | 921 | 194 |
| 所属业务机构 | 营销机构 | 1 个卷烟营销中心 | 1 个卷烟营销中心 | 1 个卷烟营销中心 | 1 个卷烟营销中心 | 1 个卷烟营销中心 |
| | 物流配送机构 | 1 个物流分公司 | 1 个物流分公司 | 1 个物流分公司 | 1 个物流分公司 | 1 个物流分公司 |
| | 专卖稽查机构 | 1 个专卖稽查支队、18 个专卖稽查大队 | 1 个专卖稽查支队、13 个专卖稽查大队 | 1 个专卖稽查支队、11 个专卖稽查大队 | 1 个专卖稽查支队、11 个专卖稽查大队 | 1 个专卖稽查支队、3 个专卖稽查大队 |
| | 烟叶机构 | — | 1 个烟叶分公司、1 个烟叶总库 | 1 个烟叶分公司、1 个烟叶总库 | — | — |
| 实现税利 | 万元 | 357349 | 98220 | 77525 | 90612 | 18885 |
| | 比上年增长（%） | 5.38 | 0.97 | -9.58 | 4.79 | -2.90 |
| 实现利润 | 万元 | 130241 | 24806 | 20460 | 17647 | 3863 |
| | 比上年增长（%） | 3.76 | -3.76 | -24.15 | 8.46 | -13.23 |
| 卷烟销售收入（万元） | | 1197340 | 392532 | 294429 | 391422 | 92996 |
| 查处涉烟违法案件（起） | | 8127 | 1654 | 1601 | 4862 | 204 |
| 查处涉烟违法案件案值（万元） | | 3463 | 653 | 494 | 688 | 58 |
| 烟基建设投入资金（万元） | | — | 19 | 23 | — | — |
| 烟基设施新增受益面积（万亩） | | — | 0.55 | 0.05 | — | — |
| 烟叶种植（万亩） | | — | 0.65 | 3.30 | — | — |
| 烟叶收购（万担） | | — | 1.80 | 8.20 | — | — |
| 烟农户数（户） | | — | 307 | 1633 | — | — |
| 实现烟农总收入（万元） | | — | 2098 | 8468 | — | — |
| 零售户数（户） | | 34888 | 15499 | 10903 | 16085 | 2498 |
| 零售户销售毛利率（%） | | 10.46 | 8.79 | 8.50 | 9.86 | 8.59 |

| 地市级局（公司）名称 | | 商洛市烟草专卖局（公司） | 汉中市烟草专卖局（公司） | 安康市烟草专卖局（公司） | 延安市烟草专卖局（公司） | 榆林市烟草专卖局（公司） | 杨凌示范区烟草专卖局（公司） |
|---|---|---|---|---|---|---|---|
| 主要负责人/法定代表人（含党政领导） | | 崔传斌（—2018年10月）<br>洪　炜（2018年10月—） | 许　刚 | 雷学锋 | 王进录 | 韦　卫 | 王绥延 |
| 所属县级单位 | | 洛南县、丹凤县、商南县、山阳县、镇安县、柞水县等6个县级烟草专卖局（分公司）以及1个商州分局（分公司） | 汉台区、南郑区[3]、城固县、洋县、西乡县、勉县、宁强县、略阳县、镇巴县、留坝县、佛坪县等11个县级烟草专卖局（分公司） | 汉滨区、汉阴县、石泉县、宁陕县、紫阳县、岚皋县、平利县、镇坪县、旬阳县、白河县等10个县级烟草专卖局（分公司）[4] | 吴起县、志丹县、安塞区、宝塔区、甘泉县、子长县、延川县、延长县、宜川县、富县、洛川县、黄陵县、黄龙县等13个县级烟草专卖局（分公司） | 神木市、绥德县、榆阳区、府谷县、定边县、靖边县、横山区、米脂县、子洲县、清涧县、佳县、吴堡县、神府煤田等13个县级烟草专卖局（分公司） | — |
| 总资产（万元） | | 81471 | 100092 | 104084 | 74063 | 151700 | 7557 |
| 资产负债率（%） | | 13.12 | 24.67 | 16.32 | 38.55 | 27.16 | 22.77 |
| 从业人员（人） | | 759 | 778 | 988 | 938 | 660 | 45 |
| 所属业务机构 | 营销机构 | 1个卷烟营销中心 | 1个卷烟营销中心 | 1个卷烟营销中心 | 1个卷烟营销中心 | 1个卷烟营销中心 | 1个卷烟营销物流中心 |
| | 物流配送机构 | 1个物流分公司 | 1个物流分公司 | 1个物流分公司 | 1个物流分公司 | 1个物流分公司 | — |
| | 专卖稽查机构 | 1个专卖稽查支队、7个专卖稽查大队 | 1个专卖稽查支队、11个专卖稽查大队 | 1个专卖稽查支队、10个专卖稽查大队 | 1个专卖稽查支队、13个专卖稽查大队 | 1个专卖稽查支队、13个专卖稽查大队 | 1个专卖稽查支队 |
| | 烟叶机构 | 1个烟叶分公司、1个烟叶技术中心、1个烟叶总库、1个烟叶集中库 | 1个烟叶分公司、1个烟叶总库、15个烟叶站点 | 1个烟叶分公司、1个烟叶总库、42个烟叶站点 | 1个烟叶分公司、1个烟叶总库 | — | — |
| 实现税利 | 万元 | 53399 | 82590 | 52239 | 59074 | 108269 | 7158 |
| | 比上年增长（%） | -25.52 | -3.72 | -40.83 | -3.79 | 1.94 | 3.65 |
| 实现利润 | 万元 | 18004 | 25993 | 10605 | 11090 | 37520 | 2424 |
| | 比上年增长（%） | -51.11 | -10.08 | -73.21 | -25.23 | 2.49 | 4.71 |
| 卷烟销售收入（万元） | | 163995 | 280695 | 191399 | 250821 | 379644 | 24582 |
| 查处涉烟违法案件（起） | | 1676 | 2802 | 1904 | 972 | 948 | 34 |
| 查处涉烟违法案件案值（万元） | | 596 | 557 | 422 | 953 | 941 | 15 |
| 烟基建设投入资金（万元） | | 28 | 150 | 658 | 270 | — | — |
| 烟基设施新增受益面积（万亩） | | 0.08 | 0.22 | 1.35 | 0.00 | — | — |
| 烟叶种植（万亩） | | 7.90 | 5.20 | 7.70 | 1.45 | — | — |
| 烟叶收购（万担） | | 22.58 | 11.30 | 19.95 | 3.93 | — | — |
| 烟农户数（户） | | 4173 | 2141 | 3736 | 759 | — | — |

续表

| 地市级局（公司）名称 | 商洛市烟草专卖局（公司） | 汉中市烟草专卖局（公司） | 安康市烟草专卖局（公司） | 延安市烟草专卖局（公司） | 榆林市烟草专卖局（公司） | 杨凌示范区烟草专卖局（公司） |
|---|---|---|---|---|---|---|
| 实现烟农总收入（万元） | 26135 | 12133 | 22854 | 5142 | — | — |
| 零售户数（户） | 8845 | 14665 | 11945 | 9165 | 12833 | 708 |
| 零售户销售毛利率（%） | 9.07 | 8.00 | 9.00 | 9.00 | 9.04 | 9.30 |

注：1. 根据《关于调整咸阳市局（公司）所属部分机构的批复》（陕烟人〔2018〕124号），同意将彬县烟草专卖局更名为彬州市烟草专卖局，将咸阳市烟草公司彬县分公司更名为咸阳市烟草公司彬州分公司；撤销咸阳市烟草专卖局秦都分局；撤销咸阳市烟草专卖局渭城分局；撤销咸阳市烟草公司城区客户服务中心。

2. 根据《关于印发铜川市烟草专卖局（公司）主要职责、内设机构和人员编制规定的通知（陕烟人〔2018〕98号）》，铜川市烟草专卖局直属分局更名为铜川市城区烟草专卖局。

3. 2018年12月，国家局、总公司印发《关于调整汉中市局（公司）所属部分机构的批复》（国烟人〔2018〕221号），撤销南郑县烟草专卖局，设立汉中市南郑区烟草专卖局。

4. 2018年，汉滨分局更名为汉滨区烟草专卖局，汉滨烟叶分公司与汉滨区烟草专卖局合并。

◇ 撰稿：王　玉；编辑：周　佳

# 甘肃省烟草专卖局（公司）

【专卖管理】　**打假打私**。2018年，甘肃省烟草专卖局坚持以“建机制、堵源头、打团伙、管市场”为主线，围绕情报信息收集分析、调查取证、案件移送等环节，建立并完善打假打私体系。突出情报信息的主导作用，建立中心主导、辐射全省的涉烟案件情报信息网络。完善打假打私经费管理办法和奖励规定，落实联合办案机制，突出集群作战优势，强化与公、检、法等部门的协作配合。建立物流寄递环节打击涉烟违法犯罪协作机制，集中开展“全省卷烟市场清理整顿”“陇剑6号”“打击物流寄递渠道涉烟违法活动”等专项行动。2018年，全省查处各类走私卷烟案件3300起，查获假私卷烟454.8万支，破获百万元以上网络案件21起，其中千万元以上网络案件6起。刑事拘留23人，批捕22人，判刑17人。

兰州市局破获的“3·30”走私雪茄烟案查获实物案值2000余万元，上网追逃犯罪嫌疑人3人，抓获犯罪嫌疑人10人，捣毁窝点6处，落实涉案金额1.3亿元。

**市场监管**。坚持以提升市场净化率为目标，围绕“管、控、查”3个环节，建立和完善市场监管体系。在“管”上下功夫，以“双随机、一公开”市场监管模式为基础，发挥APCD工作法发现异常的作用，加大多部门综合执法力度，加强对卖烟大户日常监控，精准监管重点区域、重点市场和重点对象，遏制违法违规经营行为。在“控”上下功夫，强化市场信息采集，掌握周边市场动向，掌控卷烟市场主动权。在“查”上下功夫，以查办真烟非法流通大要案件为重点，组织专项治理，严防非法卷烟流入流出。2018年，全省查处真烟非法流通案件6676起，查获非法流通卷烟4723万支，其中案值5万元以上或20万支以上大要案件82起。2018年市场净化率93.38%。

**内部专卖管理监督**。围绕货源投放、客户分档、订单采集等重点环节，建立覆盖卷烟营销活动全过程、系统预警识别、多部门协同配合的标准化监管体系和工作规范。加大对卖烟大户管理力度，严肃查处大户“二次批发、左右价格、扰乱市场”等违法违规经营行为。对强制订购、捆绑销售、甩卖大户和“主观故意、组织参与、内外勾结”等违规经营行为坚决“一案双查”，严肃追究责任。2018年，全省查处违法违规售烟大户86户，依法取缔16户。对平凉、天水、临夏等市（州）局真烟非法流通治理和规范经营情况进行实地督查。开展2次烟叶合同签订、收购、合同执行专项监督检查，开展6次卷烟打扫码规定执行情况专项检查，对庆阳、陇南烟叶种植收购调拨及甘肃烟草工业有限责任公司销毁1台烟机进行现场监督。

**专卖基础管理**。围绕“放管服”改革、行政执法规范、行政许可平台应用等重点，建立和完善专卖基础管理体系。落实“一窗办、一网办、简化办、马上办”的改革措施，推动线上线下融合，进一步简化审批手续，缩短审批时间，提高服务质量。甘肃省局下辖涉及行政许可事项的4家地市级局和67家县级局全部实现“一网通办”，4项行政许可事项和10项其他行政权力事项全部实现“最多跑一次”，行政许可事项办理时限压缩至5个工作日。深化市场监管改革，推行“互联网+监管”模式，将“双随机”监管、定向监管和专项监管相互结合，以专卖信息系统为载体，着力提升市场监督能力。

【经济效益】 2018年，甘肃省烟草商业系统实现税利52.43亿元，同比增长3.34%，其中利润15.71亿元，同比增长4.97%。三项费用率7.24%，同比增加0.23个百分点。

【卷烟经营】 **卷烟经营**。2018年，实现卷烟销售收入222.38亿元，同比增长3.59%。实现卷烟税利52.58亿元，同比增长4.6%，其中利润16.26亿元，同比增长6.27%。实现卷烟单箱销售收入2.54万元，实现单箱税利0.6万元。

2018年1月18日，甘肃陇南礼县中转站送货员安装防滑链应对雨雪天气
甘肃省局 供稿

**品牌培育**。围绕“大品牌、大市场、大企业”发展战略，以品牌管理为抓手，设定不同市场规模品牌规格上限和不同品类品牌组合宽度上限，实现全省系统品牌管理同标准运行。以品牌评价为手段，构建省市两级品牌评价体系，开展月度品牌培育评价和半年度品牌评价。抓好市场潜力大、盈利水平高的一二类和高三类卷烟，提升一类烟市场份额，稳固二类烟市场规模，促进三类烟特别是高三类烟稳定增长。加强传统优势品牌规格的营销维护，突出抓好细支、爆珠、短支、中支等创新产品和雪茄烟的品牌培育。

**销售网络建设**。坚持把增强渠道控制力作为营销网络提质升级的主攻方向，探索实践“互联网＋新零售”模式，推广“微商盟”移动订货平台、“新商盟”终端管理平台和“陇之情”消费者服务平台。截至2018年底，全省建成现代卷烟零售终端2.65万户，占比22.1%。深化客户服务工作，落实“135”工作法应用规范和客户经理工作规范等服务标准，针对不同区域、不同业务零售客户卷烟经营状况，实施差异化服务措施，加大对客户的培训和经营指导。

**市场化取向改革**。坚持以市场需求为导向，实现省级卷烟营销平台全覆盖、全省卷烟营销同基点运行。以营销战线“制度建设年”为契机，加强顶层设计，全面梳理完善现有营销网建制度，建立和完善《卷烟需求预测管理规范》《卷烟货源采购管理规范》等配套制度规范。应用省级卷烟营销平台，推进数据集中和资源整合，加快推广工商网上配货模式。

【烟叶产销】 **烟叶种植与收购**。2018年，甘肃省种植烟叶2.7万亩，签订烟叶收购合同1927份，户均种烟面积14.01亩，收购烟叶0.35万吨（7.07万担），完成收购计划的95.54%。上等烟叶比例为23.9%，收购均价22.25元/千克。收购等级合格率为81%。实现烟农总收入（含产前投入补贴）8460.02万元，烟农户均收入4.39万元。销售烟叶0.37万吨（7.34万担）。实现烟叶税利0.58亿元，其中利润0.34亿元。

**烟叶精益生产**。2018年，甘肃省开展9个烟叶新品种试验研究400亩，推广烤烟新品种“云烟99”“延安1号”1700亩。开展烟草水肥一体化试验研究40亩，推广先进适用技术5项。推广烤烟小苗膜下深栽1.02万亩、黄色诱虫板1.6万亩、烟蚜茧蜂生物防治烟蚜技术0.2万亩，实现烟草病虫害防控由化学防治为主向绿色防控的转变。推广上部烟叶充分成熟一次性采收1万亩，烟田轮作2.3万亩、深耕2.6万亩。推广精益烟叶生产示范面积1万亩，精益育苗减工1个，降低用工成本80元；精益施肥亩均减少化肥用量9.58千克，降低成本34.32元；精益烘烤亩均降低成本

21 元。通过精益烟叶生产，总生产成本亩均降低 154.32 元。

**现代烟草农业建设**。建立完善涵盖生产技术、信息管理、现代烟草农业等内容的烟叶生产经营工作标准、管理标准和技术标准，分产区建立、宣贯烟叶生产标准体系。推进烟叶合作社转型升级，培育职业烟农，重点提升育苗、机耕、植保、烘烤、分级等 5 个环节的专业化服务覆盖率。截至 2018 年底，全省共有烟叶生产专业合作社 11 个，入社农户 513 户，占比 26.6%。专业化育苗、植保、分级分别达到 52.6%、30.4%、61.5%。耕地、起垄、覆膜环节机械化作业率分别达到 100%、58.7%、45.2%。截至 2018 年底，全省有职业烟农 565 户，种植面积 1.22 万亩，占比 45.2%。

**促进烟农增收**。探索烟农增收渠道，进一步延长烟叶产业链，引导烟农通过专业合作社等形式利用可经营性资产开展多元化经营。以烟叶合作社为主体，将烟草机械扩展至大农业的生产服务，利用育苗大棚基本烟田种植区域特色优势农产品，提高烟农收入。2018 年，全省利用三类烟基础设施和基本烟田实现产值 1500 万元。推进烟叶种植保险，实现烟叶种植保险制度全覆盖。

**【管理创新】** 推进基层单位和省局机关标准化（质量）体系建设工作，初步构建以标准化为主要平台的精益管理体系。聚焦营销、专卖、物流等 5 个重点领域，开展“管理诊断基层行”活动。2018 年，通过管理诊断，明确企业管理问题 416 个，制定提升措施 564 项，“问题发现—纠偏—再评价”机制作用有效发挥。强化成本管控，全年全省烟草商业系统完成降本增效 980.68 万元。开展创新工作，实施重点创新项目 59 个，甘肃省公司表彰奖励创新成果 4 项。

**【特事辑要】** 8 月 21 日，工业和信息化部党组成员、中央纪委国家监委驻工业和信息化部纪检监察组组长郭开朗在甘肃烟草调研指导工作。郭开朗强调要牢牢扭住年初确定的目标任务，特别是生产目标、销售目标不放松；要进一步推进全面从严治党工作向更高标准、更高质量迈进。

**2018 年甘肃省烟草专卖商业主要情况统计**

| 地市级局（公司）名称 | | 兰州市烟草专卖局（公司） | 天水市烟草专卖局（公司） | 定西市烟草专卖局（公司） | 酒泉市烟草专卖局（公司） | 武威市烟草专卖局（公司） |
|---|---|---|---|---|---|---|
| 主要负责人/法定代表人（含党政领导） | | 向 阳 | 孙 军 | 张 毅 | 王进立 | 谢 东 |
| 所属县级单位 | | 兰州新区、城关区、七里河区、安宁区、西固区、红古区、永登县、榆中县、皋兰县等 9 个县级烟草专卖局（营销部） | 秦州区、麦积区、张家川回族自治县、清水县、甘谷县、秦安县、武山县等 7 个县级烟草专卖局（营销部） | 安定区、临洮县、陇西县、岷县、通渭县、渭源县、漳县等 7 个县级烟草专卖局（营销部） | 敦煌市烟草专卖局（公司），瓜州县、玉门市、肃州区、金塔县等 4 个县级烟草专卖局（营销部） | 凉州区、民勤县、古浪县、天祝藏族自治县等 4 个县级烟草专卖局（营销部） |
| 总资产（万元） | | 183688 | 57582 | 40798 | 37689 | 29937 |
| 资产负债率（%） | | 4.56 | 4.25 | 6.88 | 4.45 | 5.56 |
| 从业人员（人） | | 585 | 356 | 288 | 236 | 198 |
| 所属业务机构 | 营销机构 | 1 个营销中心 | 1 个营销中心 | 1 个营销中心 | 1 个营销中心 | 1 个营销中心 |
| | 物流配送机构 | 1 个物流配送中心 | 1 个物流配送中心 | 1 个物流配送中心 | 1 个物流配送中心 | 1 个物流配送中心 |
| | 专卖稽查机构 | 1 个稽查支队、2 个稽查大队、26 个稽查中队 | 1 个稽查支队、7 个稽查大队、17 个稽查中队 | 1 个稽查支队、7 个稽查大队、13 个稽查中队 | 1 个稽查支队、5 个稽查大队 | 1 个稽查支队、4 个稽查大队 |
| | 烟叶机构 | — | — | — | — | — |

续表

| 地市级局（公司）名称 | | 兰州市烟草专卖局（公司） | 天水市烟草专卖局（公司） | 定西市烟草专卖局（公司） | 酒泉市烟草专卖局（公司） | 武威市烟草专卖局（公司） |
|---|---|---|---|---|---|---|
| 实现税利 | 万元 | 128161 | 57818 | 45138 | 26786 | 31129 |
| | 比上年增长（%） | 2.86 | 7.64 | 3.08 | 3.44 | 4.48 |
| 实现利润 | 万元 | 48630 | 17432 | 12956 | 7811 | 8771 |
| | 比上年增长（%） | 5.74 | 12.97 | 3.42 | 3.79 | 3.71 |
| 卷烟销售收入（万元） | | 492551 | 242060 | 194522 | 115586 | 134334 |
| 查处涉烟违法案件（起） | | 935 | 722 | 850 | 771 | 2653 |
| 查处涉烟违法案件案值（万元） | | 1666 | 310 | 470 | 130 | 410 |
| 烟基建设投入资金（万元） | | — | — | — | — | — |
| 烟基设施新增受益面积（万亩） | | — | — | — | — | — |
| 烟叶种植（万亩） | | — | — | — | — | — |
| 烟叶收购（万担） | | — | — | — | — | — |
| 烟农户数（户） | | — | — | — | — | — |
| 实现烟农总收入（万元） | | — | — | — | — | — |
| 零售户数（户） | | 16632 | 15168 | 12508 | 6500 | 7561 |
| 零售户销售毛利率（%） | | 14.97 | 14.04 | 14.36 | 14.60 | 14.45 |

| 地市级局（公司）名称 | | 张掖市烟草专卖局（公司） | 庆阳市烟草专卖局（公司） | 平凉市烟草专卖局（公司） | 陇南市烟草专卖局（公司） | 白银市烟草专卖局（公司） |
|---|---|---|---|---|---|---|
| 主要负责人/法定代表人（含党政领导） | | 朵守红 | 魏小敏 | 王来云 | 牛　军 | 苏斌成 |
| 所属县级单位 | | 甘州区、高台县、临泽县、山丹县、民乐县等5个县级烟草专卖局（营销部） | 西峰区、合水县、华池县、环县、宁县、庆城县、镇原县、正宁县等8个县级烟草专卖局（营销部） | 崆峒区、泾川县、灵台县、崇信县、华亭县、庄浪县、静宁县等7个县级烟草专卖局（营销部） | 成县、徽县、两当县、西和县、礼县、文县、宕昌县、康县、武都区等9个县级烟草专卖局（营销部） | 白银区、平川区、靖远县、景泰县、会宁县等5个县级烟草专卖局（营销部） |
| 总资产（万元） | | 26879 | 61948 | 34201 | 48797 | 40348 |
| 资产负债率（%） | | 4.37 | 15.24 | 4.16 | 5.74 | 12.85 |
| 从业人员（人） | | 199 | 433 | 316 | 358 | 243 |
| 所属业务机构 | 营销机构 | 1个营销中心 | 1个营销中心 | 1个营销中心 | 1个营销中心 | 1个营销中心 |
| | 物流配送机构 | 1个仓储配送中心 | 1个物流配送中心 | 1个物流配送中心 | 1个物流配送中心 | 1个物流配送中心 |
| | 专卖稽查机构 | 1个稽查支队、5个稽查大队 | 1个稽查支队、8个稽查大队、18个稽查中队 | 1个稽查支队、7个稽查大队 | 1个稽查支队、9个稽查大队、3个稽查中队 | 1个稽查支队、5个稽查大队、12个稽查中队 |
| | 烟叶机构 | — | 3个烟叶收购站 | — | 3个烟叶收购站 | — |
| 实现税利 | 万元 | 22718 | 48690 | 31537 | 52071 | 33854 |
| | 比上年增长（%） | 2.69 | 5.72 | 5.93 | 5.95 | 4.18 |
| 实现利润 | 万元 | 6309 | 15506 | 8589 | 15934 | 10059 |
| | 比上年增长（%） | 1.17 | 6.96 | 5.70 | 7.56 | 8.53 |
| 销售卷烟 | 亿支 | 20.38 | 36.75 | 29.83 | 43.85 | 29.30 |
| | 比上年增长（%） | 0.62 | 1.04 | 0.61 | -0.06 | 0.66 |
| 卷烟销售收入（万元） | | 98224 | 197766 | 137613 | 214257 | 146876 |

续表

| 地市级局（公司）名称 | 张掖市烟草专卖局（公司） | 庆阳市烟草专卖局（公司） | 平凉市烟草专卖局（公司） | 陇南市烟草专卖局（公司） | 白银市烟草专卖局（公司） |
|---|---|---|---|---|---|
| 查处涉烟违法案件（起） | 347 | 398 | 697 | 436 | 542 |
| 查处涉烟违法案件案值（万元） | 96 | 168 | 307 | 123 | 160 |
| 烟基建设投入资金（万元） | — | 0 | — | 0 | — |
| 烟基设施新增受益面积（万亩） | — | 0.00 | — | 0.00 | — |
| 烟叶种植（万亩） | — | 1.60 | — | 1.10 | — |
| 烟叶收购（万担） | — | 4.34 | — | 2.73 | — |
| 烟农户数（户） | — | 1411 | — | 516 | — |
| 实现烟农总收入（万元） | — | 5174 | — | 3286 | — |
| 零售户数（户） | 6717 | 10741 | 9643 | 11657 | 8985 |
| 零售户销售毛利率（%） | 14.68 | 14.46 | 14.30 | 15.13 | 14.40 |

| 地市级局（公司）名称 | | 金昌市烟草专卖局（公司） | 嘉峪关市烟草专卖局（公司） | 临夏回族自治州烟草专卖局（公司） | 甘南藏族自治州烟草专卖局（公司） |
|---|---|---|---|---|---|
| 主要负责人/法定代表人（含党政领导） | | 任志刚（—2018年7月）<br>高鹏程（2018年7月—） | 田富昌 | 金　明 | 李红地 |
| 所属县级单位 | | 永昌县烟草专卖局（营销部） | — | 临夏市、永靖县、临夏县、和政县、康乐县、广河县、东乡族自治县、积石山保安族东乡族撒拉族自治县等8个县级烟草专卖局（营销部） | 舟曲县、临潭县、卓尼县、夏河县、迭部县、碌曲县、玛曲县、合作市等8个县级烟草专卖局（营销部） |
| 总资产（万元） | | 16213 | 14760 | 26102 | 9168 |
| 资产负债率（%） | | 7.88 | 7.04 | 6.12 | 8.13 |
| 从业人员（人） | | 109 | 55 | 206 | 191 |
| 所属业务机构 | 营销机构 | 1个营销中心 | 1个营销中心 | 1个营销中心 | 1个营销中心 |
| | 物流配送机构 | 1个物流配送中心 | — | 1个物流配送中心 | 1个物流配送中心 |
| | 专卖稽查机构 | 1个稽查支队、1个稽查大队 | 1个稽查支队 | 1个稽查支队、8个稽查大队 | 1个稽查支队、3个稽查大队 |
| | 烟叶机构 | — | — | — | — |
| 实现税利 | 万元 | 11248 | 8811 | 23655 | 11830 |
| | 比上年增长（%） | -0.99 | 4.99 | 3.71 | 4.87 |
| 实现利润 | 万元 | 3511 | 2712 | 5928 | 2468 |
| | 比上年增长（%） | 5.64 | 3.72 | 0.17 | 17.12 |
| 卷烟销售收入（万元） | | 48555 | 36819 | 106552 | 58064 |
| 查处涉烟违法案件（起） | | 490 | 95 | 683 | 533 |
| 查处涉烟违法案件案值（万元） | | 64 | 17 | 155 | 182 |

续表

| 地市级局（公司）名称 | 金昌市烟草专卖局（公司） | 嘉峪关市烟草专卖局（公司） | 临夏回族自治州烟草专卖局（公司） | 甘南藏族自治州烟草专卖局（公司） |
|---|---|---|---|---|
| 烟基建设投入资金（万元） | — | — | — | — |
| 烟基设施新增受益面积（万亩） | — | — | — | — |
| 烟叶种植（万亩） | — | — | — | — |
| 烟叶收购（万担） | — | — | — | — |
| 烟农户数（户） | — | — | — | — |
| 实现烟农总收入（万元） | — | — | — | — |
| 零售户数（户） | 2451 | 1532 | 7538 | 3892 |
| 零售户销售毛利率（%） | 14.94 | 14.17 | 13.00 | 12.72 |

◇撰稿：毕耜栋；编辑：周　佳

## 青海省烟草专卖局（公司）

**【专卖管理】**　**案件查处**。青海省烟草专卖局以查办案件为首要任务，加强三级专卖执法联动机制建设，持续完善卷烟打假协作机制，扎实推进毗邻地区打假合作。以大数据分析、情报研判为抓手，与行业涉烟情报研判室建立协作机制，完善全省涉烟情报信息推送、反馈工作制度，全年累计推送各类有价值涉烟情报190余份，有效提升打假破网的精准度。

2018年，青海省查处各类涉烟违法案件455起，其中假烟案件362起；查获各类非法卷烟450.13万支，假私卷烟210.98万支。破获符合公安部、国家局标准的网络案件2件，符合省局标准的网络案件9件。公安、司法机关依法刑事拘留12人、逮捕6人。

**落实“放管服”要求**。推进“互联网+政务服务”，行政许可服务平台上线运行。扎实开展“双随机、一公开”，按时完成行业专卖信息系统与电子营业执照系统对接，有效解决群众办证堵点问题。

**内部管理监督**。加强规范经营警示教育，加大真烟非法流通治理力度，加强内管交叉检查和内管业务培训，强化数据分析与预警筛选，构建专卖、营销、内管“三线联动、齐抓规范”的工作格局，内管工作基础持续加强，全年未发生被国家局追责的真烟外流案件。

**【经济效益】**　2018年，青海省烟草商业系统销售卷烟108.17万支（21.63万箱），同比增长0.33%。实现税利16.28亿元，同比增长4.99%。实现利润5.80亿元，同比增长9.55%。实现销售收入65.84亿元，实现平均单箱销售收入3.04万元。三项费用率5.6%。

2018年12月9日，青海省局（公司）举办第二届青烟发展高峰论坛
青海省局　供稿

【卷烟经营】 2018 年，青海省公司明确品牌培育重点，确定重点培育品牌规格目录，抓好创新型品牌培育，合理控制品牌（规格）总量，健全完善品牌评价机制，持续提升品牌培育水平。

【管理创新】 2018 年，省局将“压实责任、强化执行”确定为工作主题，以任务清单的形式明确全年 42 项重点工作任务，并通过制定省局机关各处室具体任务清单，与各市州局主要负责人签订“综合目标责任书”方式分解任务、压实责任。突出提高执行力，省局党组发挥示范带头作用，班子成员结合分管工作确定年度责任目标清单，在工作中对照检查。

以“解放思想 + 提高执行力”为主旨，以“青烟发展论坛 + 创新小平台”为机制，以“一地一主题”为分论坛建设特色，启动第二届青烟发展论坛，举办第二届高峰论坛，营造执行文化氛围。

精益管理取得新突破，全省烟草商业系统各单位完成自我管理诊断，省级科技创新项目进展顺利，全年实现降本增效 210.43 万元。开展市州局（公司）分层分类对标探索，14 项对标指标中 12 项指标优于上年同期，指标排名提升 9 项，12 项提升速度高于行业平均水平。

【特事辑要】 2 月 9 日，全省烟草工作会议在西宁召开。

8 月 21—24 日，工业和信息化部党组成员、中央纪委国家监委驻工业和信息化部纪检监察组组长郭开朗在青海烟草调研指导工作。

9 月 18—20 日，国家局党组成员、副局长段铁力围绕商业企业高质量发展课题在青海烟草调研。

**2018 年青海省烟草专卖商业主要情况统计**

| 地市级局（公司）名称 | | 西宁市烟草专卖局（公司） | 海东市烟草专卖局（公司） | 海西蒙古族藏族自治州烟草专卖局（公司） | 格尔木市烟草专卖局（公司） | 海北藏族自治州烟草专卖局（公司） |
|---|---|---|---|---|---|---|
| 主要负责人/法定代表人（含党政领导） | | 李安益 | 王青萍 | 徐　凯 | 李　伟 | 杨立群 |
| 所属县级单位 | | 湟中县、大通回族土族自治县、湟源县等 3 个县级烟草专卖局（营销部） | 平安区、互助土族自治县、循化撒拉族自治县、化隆回族自治县、民和回族土族自治县、乐都区等 6 个县级烟草专卖局（营销部） | 都兰县、乌兰县、天峻县、茫崖行委、大柴旦行委等 5 个县级烟草专卖局（营销部）和冷湖行委烟草专卖局 | — | 刚察藏族自治县、祁连县、门源回族自治县等 3 个县级烟草专卖局（营销部）和海晏县 1 个县级烟草专卖局 |
| 总资产（万元） | | 39040 | 14695 | 7134 | 6169 | 3482 |
| 资产负债率（%） | | 18.43 | 6.13 | 8.93 | 9.67 | 8.07 |
| 从业人员（人） | | 246 | 187 | 105 | 56 | 81 |
| 所属业务机构 | 营销机构 | 营销中心 | 1 个营销中心 | 1 个营销中心 | 1 个营销中心 | 1 个营销中心 |
| | 物流配送机构 | — | 6 个物流中转站 | 3 个物流中转站 | 1 个物流中转站 | 3 个物流中转站 |
| | 专卖稽查机构 | 1 个稽查支队 | 1 个稽查支队、8 个稽查大队 | 1 个稽查支队、6 个稽查大队 | 1 个稽查支队 | 1 个稽查支队、3 个稽查大队 |
| | 烟叶机构 | — | — | — | — | — |
| 实现税利 | 万元 | 64428 | 18338 | 7584 | 9322 | 4890 |
| | 比上年增长（%） | 5.22 | 0.55 | 0.30 | 1.16 | 3.40 |
| 实现利润 | 万元 | 13252 | 2590 | 716 | 2217 | 1013 |
| | 比上年增长（%） | 2.63 | -7.79 | -19.19 | 2.59 | 3.47 |

续表

| 地市级局（公司）名称 | 西宁市烟草专卖局（公司） | 海东市烟草专卖局（公司） | 海西蒙古族藏族自治州烟草专卖局（公司） | 格尔木市烟草专卖局（公司） | 海北藏族自治州烟草专卖局（公司） |
|---|---|---|---|---|---|
| 卷烟销售收入（万元） | 346974 | 104170 | 38803 | 40231 | 20873 |
| 查处涉烟违法案件（起） | 150 | 119 | 95 | 50 | 21 |
| 查处涉烟违法案件案值（万元） | 464 | 57 | 28 | 30 | 10 |
| 烟基建设投入资金（万元） | — | — | — | — | — |
| 烟基设施新增受益面积（万亩） | — | — | — | — | — |
| 烟叶种植（万亩） | — | — | — | — | — |
| 烟叶收购（万担） | — | — | — | — | — |
| 烟农户数（户） | — | — | — | — | — |
| 实现烟农总收入（万元） | — | — | — | — | — |
| 零售户数（户） | 10096 | 5742 | 1728 | 1170 | 1236 |
| 零售户销售毛利率（%） | 21.11 | 10.27 | 10.43 | 10.71 | 10.68 |

| 地市级局（公司）名称 | | 海南藏族自治州烟草专卖局（公司） | 黄南藏族自治州烟草专卖局（公司） | 玉树藏族自治州烟草专卖局（公司） | 果洛藏族自治州烟草专卖局（公司） |
|---|---|---|---|---|---|
| 主要负责人/法定代表人（含党政领导） | | 陈永忠 | 李　铎 | 孟云雁 | 肖　鹏 |
| 所属县级单位 | | 共和县、贵德县、兴海县、贵南县、同德县等5个县级烟草专卖局（营销部） | 泽库县、河南蒙古族自治县、同仁县、尖扎县等4个县级烟草专卖局（营销部） | 称多县、杂多县、治多县、囊谦县、曲麻莱县等5个县级烟草专卖局（营销部） | 久治县、达日县2个县级烟草专卖局（营销部） |
| 总资产（万元） | | 4239 | 3970 | 9094 | 2771 |
| 资产负债率（%） | | 12.90 | 3.75 | 2.88 | 4.16 |
| 从业人员（人） | | 73 | 70 | 83 | 48 |
| 所属业务机构 | 营销机构 | 1个营销中心 | 1个营销中心 | 1个营销中心 | 1个营销中心 |
| | 物流配送机构 | 2个物流中转站 | 4个物流中转站 | 6个物流中转站 | 1个物流中转站 |
| | 专卖稽查机构 | 1个稽查支队、5个稽查大队 | 1个稽查支队、4个稽查大队 | 1个稽查支队、5个稽查大队 | 1个稽查支队、2个稽查大队 |
| | 烟叶机构 | — | — | — | — |
| 实现税利 | 万元 | 5817 | 4117 | 4183 | 2664 |
| | 比上年增长（%） | 5.29 | 4.55 | 3.18 | -3.69 |
| 实现利润 | 万元 | 542 | 903 | 584 | 540 |
| | 比上年增长（%） | 93.57 | 12.73 | 4.10 | 3.65 |
| 卷烟销售收入（万元） | | 34880 | 20196 | 19467 | 11853 |
| 查处涉烟违法案件（起） | | 33 | 8 | 8 | 4 |
| 查处涉烟违法案件案值（万元） | | 17 | 14 | 10 | 4 |
| 烟基建设投入资金（万元） | | — | — | — | — |
| 烟基设施新增受益面积（万亩） | | — | — | — | — |

续表

| 地市级局（公司）名称 | 海南藏族自治州烟草专卖局（公司） | 黄南藏族自治州烟草专卖局（公司） | 玉树藏族自治州烟草专卖局（公司） | 果洛藏族自治州烟草专卖局（公司） |
|---|---|---|---|---|
| 烟叶种植（万亩） | — | — | — | — |
| 烟叶收购（万担） | — | — | — | — |
| 烟农户数（户） | — | — | — | — |
| 实现烟农总收入（万元） | — | — | — | — |
| 零售户数（户） | 1678 | 713 | 567 | 415 |
| 零售户销售毛利率（%） | 10.62 | 12.02 | 10.30 | 10.21 |

◇ 撰稿：马世亮；编辑：周 佳

# 宁夏回族自治区烟草专卖局（公司）

【专卖管理】 **案件查处**。2018 年，宁夏回族自治区烟草专卖局落实《严厉打击物流寄递环节涉烟违法行为工作规定》，会同银川海关印发《罚没走私卷烟管理办法》，协同开展培训、督导、检查。加强与西北烟草产品质量检测站协作，在全自治区建成卷烟远程视频鉴别检验系统，完善联合打假和执法协作体系。全年查处各类涉烟违法案件 2719 起，查获假私卷烟 451.25 万支，查处 5 万元以上假烟案件 52 起，抓获涉烟违法人员 22 人。银川市局联合公安部门，以情报信息网络串并搭建为突破口，建立联合打击假冒伪劣烟草专卖品工作协作机制，成立“卷烟联合打击整顿办公室”，形成立体式卷烟打假模式。

**打击物流寄递环节涉烟违法行为**。确定“围点打源”总体治理方针，开展“百日严打”卷烟市场治理专项行动，突出上打进港分拨中心“源头”、下围配送末端“网点”，形成区、市、县三级纵深治理格局。与自治区公安、邮政、交通、商务等部门联合开展打击物流寄递涉烟违法犯罪活动“雷霆 2018－Ⅰ号”专项行动，在快递、道路运输、零担物流 3 个领域“下功夫、上手段”，严厉打击跨地区、集团化、网络化涉烟违法犯罪团伙。全年共查处物流寄递环节假烟案件 2396 起，同比增长 35.65%，查获假烟 395.63 万支。

**净化卷烟市场**。坚持以“专项行动＋日常治理”为抓手，发挥联合执法优势，突出重点对象、重点区域、重点渠道、重点场所监督管控，强化春节、中秋、国庆等重要时间节点卷烟市场监管。依托市场监管信息平台，融合运用 APCD 工作法和“双随机、一公开”工作，编制形成《宁夏烟草系统“145”层级网格化市场监管工作规范》，提升市场监管科学化水平，卷烟市场净化率始终保持在 98% 以上。银川市局突出加强商圈、集镇、工业园区、物流园区等重点区域监管，采取夜查、周末巡查、节日检查等方式，着重治理窗口地带、旅游景点、综合市场等区域摆摊兜售假烟走私烟违法行为，不间断对礼品回收店、摆摊回收烟酒等恶意调包、回收贩假行为实施高压打击。

**“放管服”改革**。落实“依法许可、公平公正、管理规范、服务周到”要求，推进“互联网＋政务服务”，提前 22 天解决行政许可群众办事堵点问题，成为全自治区首家、行业首批从市场监管部门对接获取电子营业执照单位。优化服务措施，提高服务质量，3 个地市级局进驻当地政府市民大厅统一受理，行政许可“5 日办结率”达到 95% 以上。

【经济效益】 2018 年，宁夏回族自治区烟草商业系统实现税利 17.37 亿元，同比增长 2.44%，其中利润 5.81 亿元，同比增长 1.81%。实现卷烟单箱销售收入 2.91 万元，实现单箱税利 7051 元。三项费用率 6%，同比增加 0.26 个百分点。

【卷烟（雪茄烟）经营】 **品牌培育**。按照“品牌要做大、规格要做精、价格要上扬”要求，优化卷烟品类布局，形成以 13 个主导规格为主体、49 个护卫规格为辅助、99 个潜力规格为补充的卷烟梯次结构布局。在试点品牌预警管控机制基础上形成全自治区统一运行标准，保持 7 个主导成熟规格份额稳定、弹性良好，抓好一、二类特色品牌和三类升级产品引入布局，发挥重点品牌的引擎驱动作用。

**终端建设**。把提升渠道掌控力作为主攻方向，按照“城乡一体、整体推进”建设思路，推进卷烟零包主导陈列、整店改造提升、终端资源开发、业态转型升级，推进微信订货、零售终端管理系统升级项目开发。截至2018年底，建成现代卷烟零售终端6494户，零售户月均收益2772元。

宁夏吴忠市局（公司）客户经理在零售户店中开展终端维护（2018年）
宁夏吴忠市局　梁　炜　摄

**市场化取向改革**。将吴忠、固原市公司纳入第三批改革试点范围，于6月上线运行省级卷烟营销平台，实现改革全面覆盖。完善客户分档、货源供应规则，按档位建立市场信息采集点，推进订单与策略分离重点任务落实，编制由市场营销、品牌营销、服务营销等类别卷烟营销标准体系并试运行，推动改革任务全面落地、深化落实。

【管理创新】　**降本增效**。以层级分解降本增效为目标，提高目标指标科学性、支持措施全面性、目标管控有效性。深化定额标准体系建设，组织试点单位探索突破、其他市公司系统推进，基本建立以成本和资源为主体的定额标准体系，推进企业降本增效。全年实现降本增效216.9万元，其中，源头控制实现降本增效42.06万元，过程控制实现降本增效41.7万元，项目（课题）攻关实现降本增效133.14万元。

**精益管理**。开展“管理诊断基层行”活动，实施全面流程优化改进，统筹推进关键质量目标管理、分类对标、绩效管理等工作，借助管理体系信息平台开展全面督察考核，深化精益管理长效机制。管理诊断发现问题355个，制定改进措施449条；核心业务（营销、专卖、物流）流程识别率100%，优化改进率87%。

**创新驱动**。制定落实《进一步加强科技创新工作的意见》《科技创新奖励办法》，从自治区、市两个层级完善创新管理体制和评选激励机制，开展精益改善主题实践活动，为员工搭建微创新、小创新实践平台。集中开展6个自治区级科技创新项目，精益理念宣传贯彻面达到82.8%，精益改善活动员工参与率达到69.5%，QC小组活动普及率36.1%，通过各类创新和精益改善活动取得经济效益133.14万元。

【精准扶贫】　重点抓好盐池县王乐井乡双圪垯村等8个驻村工作队配置，选派政治素质过硬、群众基础扎实、为民务实清廉的党员干部担任驻村“第一书记”和工作队员，以脱产扶贫、兼顾帮扶相结合的形式开展脱贫攻坚工作。在盐池县王乐井乡双圪垯村，先后实施基础母羊补栏、优质牧草种植补贴、标准化羊圈建设、村级互助资金壮大等产业项目，推进滩羊产业发展。在原州区头营镇平乐村、西吉县震湖乡东岔村，利用生态移民、劳务输出时机，采取土地流转、集中连片方式整合耕地资源，发展马铃薯、兰花、苜蓿种植业。立足烟草实际，用好烟叶政策，制定落实《革命老区彭阳县基本烟田基础设施建设项目规划（2017—2020年）》，改善彭阳烟区生产条件，夯实烤烟种植基础。充分挖掘牛羊肉、马铃薯、小黑豆等特色优质农产品，通过微商电商、宁夏烟草商业系统惠民购等平台拓宽销路、增加农民收入。2018年，宁夏区局（公司）机关对口帮扶盐池县王乐井乡双圪垯村正式脱贫“摘帽”。

**【特事辑要】** 1月29日，宁夏区烟草专卖局（公司）召开2018年全自治区烟草商业系统工作会议，全面安排部署2018年工作目标任务。

7月23—27日，宁夏区烟草专卖局举办第一届烟草专卖管理岗位技能（省级二类）竞赛及2018年全区烟草专卖管理业务技能大赛。

8月30—31日，国家局党组成员、副局长杨培森在宁夏回族自治区吴忠市红寺堡区调研国家局定点帮扶工作。

12月5—6日，国家烟草专卖局党组成员、局长，中国烟草总公司总经理张建民在宁夏烟草调研。

## 2018年宁夏回族自治区烟草专卖商业主要情况统计

| 地市级局（公司）名称 | | 银川市烟草专卖局（公司） | 石嘴山市烟草专卖局（公司） | 吴忠市烟草专卖局（公司） | 固原市烟草专卖局（公司） | 中卫市烟草专卖局（公司） |
|---|---|---|---|---|---|---|
| 主要负责人/法定代表人（含党政领导） | | 金　伟 | 邹振军 | 张元锁 | 段金良 | 杨万龙 |
| 所属县级单位 | | 永宁县、灵武市、贺兰县、兴庆区、金凤区、西夏区等6个县级烟草专卖局（分公司） | 平罗县、惠农区、大武口区等3个县级烟草专卖局（分公司） | 青铜峡市、盐池县、同心县、利通区、红寺堡区等5个县级烟草专卖局（分公司） | 西吉县、彭阳县、隆德县、泾源县、原州区等5个县级烟草专卖局（分公司） | 中宁县、海原县、沙坡头区等3个县级烟草专卖局（分公司） |
| 总资产（万元） | | 93343 | 31574 | 36705 | 21801 | 23074 |
| 资产负债率（%） | | 7.17 | 5.98 | 8.08 | 11.25 | 9.44 |
| 从业人员（人） | | 357 | 148 | 226 | 207 | 158 |
| 所属业务机构 | 营销机构 | 1个营销营销中心 | 1个卷烟营销中心 | 1个卷烟营销中心 | 1个卷烟营销中心 | 1个卷烟营销中心 |
| | 物流配送机构 | 1个物流配送中心 | 1个物流配送中心 | 1个物流配送中心 | 1个物流配送中心 | 1个物流配送中心 |
| | 专卖稽查机构 | 1个稽查支队、6个稽查大队 | 1个稽查支队、3个稽查大队 | 1个稽查支队、5个稽查大队 | 1个稽查支队、6个稽查大队 | 1个稽查支队、4个稽查大队 |
| | 烟叶机构 | — | — | — | — | — |
| 实现税利 | 万元 | 73512 | 15849 | 26429 | 19924 | 18476 |
| | 比上年增长（%） | 2.76 | 1.51 | 1.97 | 3.28 | 1.95 |
| 实现利润 | 万元 | 23710 | 3501 | 6698 | 4566 | 4753 |
| | 比上年增长（%） | 3.95 | -1.61 | 3.10 | 7.11 | 2.10 |
| 卷烟销售收入（万元） | | 321405 | 79473 | 126917 | 99045 | 88227 |
| 查处涉烟违法案件（起） | | 1631 | 612 | 484 | 735 | 589 |
| 查处涉烟违法案件案值（万元） | | 808 | 175 | 164 | 215 | 124 |
| 烟基建设投入资金（万元） | | — | — | — | — | — |
| 烟基设施新增受益面积（万亩） | | — | — | — | — | — |
| 烟叶种植（万亩） | | — | — | — | — | — |
| 烟叶收购（万担） | | — | — | — | — | — |
| 烟农户数（户） | | — | — | — | — | — |
| 实现烟农总收入（万元） | | — | — | — | — | — |
| 零售户数（户） | | 11015 | 3504 | 5198 | 5636 | 4589 |
| 零售户销售毛利率（%） | | 15.08 | 14.64 | 14.59 | 14.40 | 14.20 |

◇ 撰稿：潘　亮；编辑：周　佳

# 新疆维吾尔自治区烟草专卖局（公司）

【专卖管理】 **打私打假**。2018年，新疆维吾尔自治区烟草专卖局持续完善“政府领导、部门联合、多方参与、密切协作”打假打私长效机制，开展打击涉烟违法犯罪活动，规范全自治区卷烟市场秩序。树立“见烟、见人、见网”案件经营意识，探索大数据分析和情报导侦方法，组织开展“春雷Ⅳ”“亮剑”“打击加热不燃烧新型烟草制品”等专项行动，全面加强网络案件侦破。“春雷”“亮剑”专项行动及2起重大国标网络案件受到国家局通报表彰，霍尔果斯口岸打私专班治理效果得到国家局领导肯定。与海关、公安、邮政等单位建立全维度、多层次、广覆盖的打假打私长效机制，通过完善内部决策、优化响应流程，为打假打私提供强力支撑。

2018年，全自治区共查处各类涉烟违法案件4085起，查获各类非法卷烟3096.29万支，案值3856.12万元。查处案值5万元以上案件166起。公安、司法机关依法刑事拘留103人，判刑23人。

**专卖内管**。加大卷烟非法流通问题治理力度，督导下属各单位紧抓订单采集、打码到条、货源投放等卷烟经营重点环节，落实调查核实、案件督办、一案双查等制度，强化真烟外流防控。全年全自治区查处卷烟非法流通案件2554起，查获真烟1068.46万支，案值834.17万元。加大对违法违规卖烟大户治理工作力度，下发《依法严管违法违规卖烟大户专项行动实施方案》，分4个阶段由专卖、营销协同配合开展依法严管违法违规经营大户专项整治行动，依法严管“二次批发、左右价格、扰乱市场”卖烟大户，取缔违法违规经营户12户，其中违法违规经营大户6户。结合基层考核调研工作情况，建立跟踪督办台账，针对问题逐一销号，对未在规定时限内整改完毕或拒不整改的单位按照相关制度追责。

**证件管理**。推进“放管服”改革，提升烟草行政管理水平和政务服务质量，破解群众办事堵点问题，对现有行政审批事项办理时效、办理通道、负面清单的建立等内容进行规范，解决群众办证堵点问题。2018年，全自治区零售许可审批办结事项由15个工作日缩减至8个工作日以内，除新办、经营地址变更等必须现场勘验事项外，一律在窗口当场办结。

【经济效益】 2018年，新疆维吾尔自治区烟草商业系统实现销售收入201亿元，同比增长5.24%。实现税利48.81亿元，同比增长3.9%，其中利润16.19亿元，同比减少5.8%。三项费用率4.85%，同比增加0.09个百分点。

【卷烟经营】 **卷烟销售**。实现卷烟单箱销售收入2.76万元，同比增长4.11%。卷烟单箱税利0.66万元，同比增长1.93%。

**销售策略**。调整市场状态，坚持“双轮驱动、分区施策、局部调整”销售策略，改善供求关系，社会存量趋于

2018年1月25日，新疆石河子市局与地方有关部门开展联合执法活动
新疆石河子市局 张粲粲 摄

合理水平。优化品类布局，坚持“规划引领、科学评价、精准发力”营销手段，落实“品类布局”和“工商协同”两个规划，推动销售结构上移。

**卷烟终端建设**。深化零售终端建设，开展合作终端、旅游终端建设，发挥现代终端功能。2018 年全自治区建成现代终端 1.39 万户，占总户数的 16.96%。明码实价执行率保持在 98% 以上。零售户满意度 92.15 分。

**【对外交流与合作】** 2018 年，新疆烟草进出口有限责任公司拥有总资产 8910 万元，其中，固定资产 64 万元、流动资产 8834 万元，资产负债率 48.26%。全年实现税利 7194 万元，其中利润 1426 万元。销售烟叶（梗）0.41 万吨（8.2 万担）。

**【基础管理】** **精益管理**。自治区公司推进精益管理，国家局公布的 14 项对标指标中，新疆自治区公司单箱人工费用、单箱卷烟管理费用、人均卷烟配送效率 3 项指标排名行业前三名，另有 9 项指标优于行业平均水平，同比提高 78.57%。

**质量管理**。在自治区局（公司）机关、乌鲁木齐市公司、塔城地区公司、喀什地区公司等 4 个试点单位开展质量管理体系转版升级工作，通过调研、文件梳理、内审、总结等 4 个阶段，共修订完善文件 700 余份，优化关键流程 150 余个，发现改进点 200 余项。

**物流建设**。2018 年，新疆工商一体化物流配送中心正式运行，全年完成回收包装箱任务 101.26%，单箱分拣费用降幅 7.89%。

**【特事辑要】** 1 月 22 日，自治区局（公司）在乌鲁木齐市召开新疆维吾尔自治区烟草工作会议。

5 月 22 日，新疆烟草、乌鲁木齐海关召开共同打击走私卷烟犯罪活动工作座谈会。

12 月 21 日，自治区公司召开 2018 年度“卷烟放心消费店”表彰授牌大会。

**2018 年新疆维吾尔自治区烟草专卖商业主要情况统计**

| 地市级局（公司）名称 | 乌鲁木齐市烟草专卖局（公司） | 昌吉回族自治州烟草专卖局（公司） | 新疆维吾尔自治区石河子市烟草专卖局、新疆烟草兵团石河子有限公司 | 博尔塔拉蒙古自治州烟草专卖局（公司） | 伊犁哈萨克自治州烟草专卖局（公司） |
|---|---|---|---|---|---|
| 主要负责人/法定代表人（含党政领导） | 秘秀峰 | 商志刚 | 党委书记、经理：李　栋<br>局长：林　岳 | 李　方 | 郜生权 |
| 所属县级单位 | — | 昌吉市、五家渠市、阜康市、呼图壁县、玛纳斯县、吉木萨尔县、奇台县、木垒哈萨克自治县等 8 个县级烟草专卖局 | — | 博乐市、阿拉山口市、精河县、温泉县、双河市等 5 个县级烟草专卖局 | 伊宁市、伊宁县、霍城县、察布查尔锡伯自治县、巩留县、新源县、特克斯县、昭苏县、尼勒克县、霍尔果斯市、可克达拉市等 11 个县级烟草专卖局 |
| 总资产（万元） | 71591 | 16096 | 19096 | 7899 | 24877 |
| 资产负债率（%） | 50.20 | 52.08 | 25.01 | 73.65 | 82.79 |
| 从业人员（人） | 467 | 249 | 135 | 85 | 200 |

续表

| 地市级局（公司）名称 | | 乌鲁木齐市烟草专卖局（公司） | 昌吉回族自治州烟草专卖局（公司） | 新疆维吾尔自治区烟草专卖局石河子市局、新疆烟草兵团石河子有限公司 | 博尔塔拉蒙古自治州烟草专卖局（公司） | 伊犁哈萨克自治州烟草专卖局（公司） |
|---|---|---|---|---|---|---|
| 所属业务机构 | 营销机构 | 1个营销管理中心 | 1个营销中心 | 1个营销管理中心 | 1个营销中心 | 1个营销中心 |
| | 物流配送机构 | 1个物流配送中心 | 1个物流配送中心 | 1个物流配送中心 | 1个物流配送中心 | 1个物流配送中心 |
| | 专卖稽查机构[1] | 1个稽查支队 | 1个稽查支队、9个稽查大队 | 1个稽查支队 | 1个稽查支队 | 1个稽查支队、3个稽查大队、1个莫合烟稽查支队 |
| | 烟叶机构 | — | — | — | — | — |
| 实现税利 | 万元 | 86119 | 30232 | 12846 | 7907 | 25457 |
| | 比上年增长（%） | 1.14 | 5.21 | -2.27 | 0.60 | -2.01 |
| 实现利润 | 万元 | 14093 | 3445 | 1600 | -77 | 1350 |
| | 比上年增长（%） | 5.33 | 4.74 | -3.56 | -142.86 | -7.66 |
| 卷烟销售收入（万元） | | 493050 | 179756 | 75844 | 53492 | 158902 |
| 查处涉烟违法案件（起） | | 387 | 318 | 125 | 87 | 624 |
| 查处涉烟违法案件案值（万元） | | 1751 | 123 | 40 | 34 | 927 |
| 烟基建设投入资金（万元） | | — | — | — | — | — |
| 烟基设施新增受益面积（万亩） | | — | — | — | — | — |
| 烟叶种植（万亩） | | — | — | — | — | — |
| 烟叶收购（万担） | | — | — | — | — | — |
| 烟农户数（户） | | — | — | — | — | — |
| 实现烟农总收入（万元） | | — | — | — | — | — |
| 零售户数（户） | | 12419 | 8569 | 3098 | 2669 | 7867 |
| 零售户销售毛利率（%） | | 15.83 | 15.28 | 15.17 | 14.65 | 14.58 |

| 地市级局（公司）名称 | 克拉玛依市烟草专卖局（公司） | 塔城地区烟草专卖局（公司） | 阿勒泰地区烟草专卖局（公司） | 吐鲁番地区烟草专卖局（公司） | 哈密市烟草专卖局（公司） |
|---|---|---|---|---|---|
| 主要负责人/法定代表人（含党政领导） | 曾广宇 | 谭　军 | 张新兵 | 姜朝斌 | 王　勇 |
| 所属县级单位 | 克拉玛依区、白碱滩区、乌尔禾区、独山子区等4个县级烟草专卖局 | 塔城市、额敏县、沙湾县、乌苏市、奎屯市、托里县、裕民县、和布克赛尔蒙古自治县等8个县级烟草专卖局 | 阿勒泰市、北屯市、布尔津县、福海县、富蕴县、吉木乃县、哈巴河县、青河县等8个县级烟草专卖局 | 高昌区、托克逊县、鄯善县等3个县级烟草专卖局 | 伊州区、巴里坤哈萨克自治县、伊吾县等3个县级烟草专卖局 |
| 总资产（万元） | 7687 | 11850 | 11371 | 8952 | 8424 |
| 资产负债率（%） | 76.19 | 58.60 | 78.21 | 70.30 | 68.36 |
| 从业人员（人） | 78 | 188 | 135 | 108 | 109 |

续表

| 地市级局（公司）名称 | | 克拉玛依市烟草专卖局（公司） | 塔城地区烟草专卖局（公司） | 阿勒泰地区烟草专卖局（公司） | 吐鲁番地区烟草专卖局（公司） | 哈密市烟草专卖局（公司） |
|---|---|---|---|---|---|---|
| 所属业务机构 | 营销机构 | 1个营销中心 | 1个营销中心 | 1个营销中心 | 1个营销中心 | 1个营销中心 |
| | 物流配送机构 | 1个物流配送中心 | 1个物流配送中心 | 1个物流配送中心 | 1个物流配送中心 | 1个物流配送中心 |
| | 专卖稽查机构[1] | 1个稽查支队 | 1个稽查支队 | 1个稽查支队 | 1个稽查支队、3个稽查大队 | 1个稽查支队、1个稽查大队 |
| | 烟叶机构 | — | — | — | — | — |
| 实现税利 | 万元 | 8096 | 21214 | 11227 | 9437 | 13129 |
| | 比上年增长（%） | -0.79 | -0.51 | 3.94 | 10.77 | 5.20 |
| 实现利润 | 万元 | 352 | 2078 | 573 | 138 | 1334 |
| | 比上年增长（%） | -23.46 | -1.51 | -18.93 | 283.59 | 38.29 |
| 卷烟销售收入（万元） | | 53336 | 129047 | 70588 | 61901 | 80090 |
| 查处涉烟违法案件（起） | | 112 | 606 | 408 | 147 | 174 |
| 查处涉烟违法案件案值（万元） | | 37 | 208 | 69 | 83 | 64 |
| 烟基建设投入资金（万元） | | — | — | — | — | — |
| 烟基设施新增受益面积（万亩） | | — | — | — | — | — |
| 烟叶种植（万亩） | | — | — | — | — | — |
| 烟叶收购（万担） | | — | — | — | — | — |
| 烟农户数（户） | | — | — | — | — | — |
| 实现烟农总收入（万元） | | — | — | — | — | — |
| 零售户数（户） | | 2029 | 6714 | 3626 | 3343 | 3753 |
| 零售户销售毛利率（%） | | 15.34 | 14.86 | 15.08 | 14.73 | 15.14 |

| 地市级局（公司）名称 | | 巴音郭楞蒙古自治州烟草专卖局（公司） | 阿克苏地区烟草专卖局（公司） | 喀什地区烟草专卖局（公司） | 和田地区烟草专卖局（公司） |
|---|---|---|---|---|---|
| 主要负责人/法定代表人（含党政领导） | | 白玉龙 | 包　利 | 岳　坤 | 梅方柏 |
| 所属县级单位 | | 库尔勒市、铁门关市、焉耆回族自治县、博湖县、和静县、和硕县、轮台县、尉犁县、若羌县、且末县等10个县级烟草专卖局 | 库车县、沙雅县、新和县、拜城县、阿瓦提县、温宿县、乌什县、柯坪县、阿克苏市、阿拉尔市等10个县级烟草专卖局 | 喀什市、英吉沙县、莎车县、泽普县、叶城县、岳普湖县、伽师县、麦盖提县、疏勒县、疏附县、巴楚县、图木舒克市、乌恰县、阿图什市、阿克陶县等15个县级烟草专卖局 | 皮山县、墨玉县、和田市、洛浦县、策勒县、于田县、民丰县、昆玉市等8个县级烟草专卖局 |
| 总资产（万元） | | 21926 | 18527 | 24037 | 10308 |
| 资产负债率（%） | | 49.37 | 61.10 | 75.42 | 90.80 |
| 从业人员（人） | | 195 | 232 | 215 | 126 |
| 所属业务机构 | 营销机构 | 1个营销中心 | 1个营销中心 | 1个营销中心 | 1个营销中心 |
| | 物流配送机构 | 1个物流配送中心 | 1个物流配送中心 | 1个物流配送中心 | 1个物流配送中心 |
| | 专卖稽查机构[1] | 1个稽查支队 | 1个稽查支队 | 1个稽查支队 | 1个稽查支队 |
| | 烟叶机构 | — | — | — | — |

续表

| 地市级局（公司）名称 | | 巴音郭楞蒙古自治州烟草专卖局（公司） | 阿克苏地区烟草专卖局（公司） | 喀什地区烟草专卖局（公司） | 和田地区烟草专卖局（公司） |
|---|---|---|---|---|---|
| 实现税利 | 万元 | 26556 | 32049 | 38928 | 14517 |
| | 比上年增长（%） | 0.02 | 0.38 | 11.14 | 18.70 |
| 实现利润 | 万元 | 2668 | 4208 | 6180 | 1868 |
| | 比上年增长（%） | -4.19 | -1.00 | 37.54 | 41.25 |
| 卷烟销售收入（万元） | | 165386 | 189463 | 220593 | 82848 |
| 查处涉烟违法案件（起） | | 411 | 284 | 245 | 157 |
| 查处涉烟违法案件案值（万元） | | 159 | 70 | 176 | 115 |
| 烟基建设投入资金（万元） | | — | — | — | — |
| 烟基设施新增受益面积（万亩） | | — | — | — | — |
| 烟叶种植（万亩） | | — | — | — | — |
| 烟叶收购（万担） | | — | — | — | — |
| 烟农户数（户） | | — | — | — | — |
| 实现烟农总收入（万元） | | — | — | — | — |
| 零售户数（户） | | 8451 | 7811 | 8171 | 4344 |
| 零售户销售毛利率（%） | | 15.03 | 14.86 | 14.65 | 14.59 |

注：1. 2018年，乌鲁木齐市局、博尔塔拉蒙古自治州局、克拉玛依市局、巴音郭楞蒙古自治州局、喀什地区局等成立专卖稽查支队。

◇ 撰稿：韩　敏；编辑：周　佳

# 大连市烟草专卖局（公司）

【专卖管理】　**案件侦办**。2018年，大连市烟草专卖局统筹全地区专卖执法力量，巩固政府主导多方参与联合执法机制，强化全链条联合监管网络，突出大要案件侦破，聚焦重点领域、重点环节开展专项整治，严查物流寄递和互联网涉烟违法行为。联合辽宁省公安厅、海关、烟草和大连海关等部门建立打击加热不燃烧新型烟草制品走私贩私工作机制，严打非法经营活动。全年与市公安、邮政、海关等部门开展联合执法行动200余次，查处各类涉烟违法案件414起，查获非法卷烟1225万支，涉案金额931万元，抓捕犯罪嫌疑人46人。全年破获涉烟违法案件20起，其中，符合国家局标准的网络案件4起、符合市局标准的网络案件6起。

**市场监管**。持续加强对清退注销违法违规大户的后续监管，开展实时监控、定期检查、逐户走访，完善大户监管长效机制，保持高压监管打击态势。全年清理清退违法违规大户19户，大户治理成果有效巩固。开展“元春”“百日会战”市场专项整治行动，全面应用APCD工作法，深化“双下沉”“四到户”工作机制，推进全域网格化管理；探索建立“互联网+专卖管理”模式，逐步建立市场数据库、案件情报库，强化监管数据应用分析，提升监管效率和市场净化率。持续推进“放管服”改革，开通运行行政许可网上办理平台，加快微信办证平台建设，压缩许可证办理时限至5天，实行一周7天无休便民服务。截至2018年底，大连市有持证卷烟零售户2.61万户，新办证3987户、停业346户、注销3594户。

**内部专卖管理监督**。2018年，大连市局坚持守底线、筑防线，深化内部监管信息系统建设，健全多部门联合监管协作机制，盯紧易外流卷烟品牌和重点客户订单，加强异常客户信息预警与排查，严打真烟非法流通。持续强化内部日常监管和定期检查，狠抓苗头性问题整改与落实，严防“主观故意、组织参与、内外勾结”触碰底线的违规行为发生。全年开展全地区内管专项集中检查2次，抽查卷

2018年9月11日，大连市局（公司）为全地区第一家“春天便利”加盟终端建成一周年送去祝福

大连市局（公司） 何 智 摄

烟打扫码12次，检查送货线路63条、客户200户次、送货车辆42台次、送货人员83人次，检查自营店10户。市公司营销中心组织品牌引进及退出会议12次、货源供应策略方案制定47次，筛选和下发预警客户47户次，监管订货异常客户252户次，走访调查销量异常客户112户次、疑似相同微信ID订货客户455户次，货源停供客户8户。

**法治烟草建设**。2018年，先后开展“3·15”消费者权益日、“12·4”国家宪法学习宣传教育、“禁止向未成年人出售电子烟”等专题法治宣传活动。成立案卷、合同、普法宣传等3支普法讲师团，引领普法先锋路，营造良好普法氛围。举办以宪法为主题的法治烟草大讲堂，强化案卷制作培训，对合同承办“关键部门”进行专题交流。全面启动“七五”普法中期自查工作。规范合同管理，制定《大连烟草常用合同模板》，涵盖买卖、租赁、仓储、技术、工程、承揽、委托、运输、服务等13个领域总计61份合同示范文本。开展卷烟真伪咨询鉴别服务，全年接待消费者真假烟咨询157件，鉴别卷烟7.87万支；举办真假烟识别培训22场次80余个学时，参训人员500余人次。

**【经济效益】** 2018年，大连市烟草商业系统实现税利（含多元化经营）23.59亿元，同比增长4.89%，其中利润8.88亿元，同比增长8.28%。三项费用率1.99%，同比减少0.2个百分点。

**【卷烟（雪茄烟）经营】** **卷烟销售**。实现卷烟销售收入66.09亿元。实现卷烟税利21.27亿元，同比增长5.39%，其中利润8.83亿元，同比增长7.77%。实现卷烟单箱销售收入2.6万元。实现卷烟单箱税利0.84万元。

**品牌培育**。落实“大品牌、大市场、大企业”战略，规划年度卷烟品牌布局，完善品牌引入退出规则，新品毛利贡献率86.68%。制定《合作品牌培育方案》，与红塔辽宁烟草有限责任公司合作推出“人民大会堂·16”系列特色卷烟，丰富合作品牌价类品规，推动本土特色卷烟产品迭代升级。强化“中华”品牌地销培育，丰富“中华”品牌家族成员。

**卷烟销售网络建设**。打造“13531”工程升级版，建立“春天便利”加盟终端200家，建成首个覆盖大连全域的连锁终端品牌。加快推进“4S”（Smoking、Show、Sale、Survey）直营终端升级改造，建成2家“春天名品总汇旗舰店”，引入“店中店”跨界合作模式，实现资源共享、合作共赢。强化新现代终端扩容提质升级，推进全店铺管理、全商品扫码、多方式支付，建立新现代终端2040户，优质新现代终端占比达60%。制定《大连烟草农网建设方案》，明确农网建设指导意见，探索建设普惠式新型农网。

**【“互联网+卷烟”销售】** 2018年，大连市公司继续深化搭建3个新平台，即“微商盟”移动订货平台、

“新商通”终端管理平台和“春天服务”消费者销售平台的应用，丰富指尖销售、政策宣传、客户风采等图文推送，持续提升“微商盟”客户关注度；开通“400服务专线”，扩充云端商品，“新商通”使用客户超过2300户，全商品销售额突破30亿元。截至2018年底，超过81%的零售户绑定“微商盟”移动订货平台，75%客户以微信订货为主。“新商通”终端管理平台完成交易6404万笔，实现交易额32.36亿元，采集卷烟消费数据3454.6万条。

【物流管理与应用创新】 大连市公司学习借鉴行业先进单位纸滑托应用新经验，推动设备、系统改造升级，强化“理论＋实操＋交流”一体化业务培训，建立应用《岗位手册》《操作规范》《纸滑托入库作业流程》等标准化作业方法。通过技术创新破解制约作业效率提升难题，在实践中持续检验和改进技术操作效果，形成以“三标四化”为基准的创新工作模式，在2018年全国烟草行业物流工作现场会上交流分享工作经验。

【特事辑要】 1月26日，大连烟草历史陈列厅建成并正式对外开放，再现大连烟草30余载创业发展历程。

8月31日至12月18日，国家局党组第一巡视组对大连市局（公司）党组开展党的十九大后国家局党组第二轮巡视工作，并围绕巡视发现问题反馈巡视意见。

9月7日，大连烟草首批赴上海烟草挂职人员工作总结会在上海召开，双方全面回顾沪连对口合作一年来工作成果，交流探讨进一步深化合作的意见设想。

12月10日，国家版权局为大连烟草“微商盟”移动订货平台颁发计算机软件著作权登记证书，企业首个软件著作权正式获批通过；12日，国家知识产权局为大连烟草颁发“DLYC”商标注册证书，标志着大连市局（公司）在知识产权领域再添成果。

**2018年大连市烟草专卖商业主要情况统计**

| 地市级局（公司）名称 | | 中山区烟草专卖局（分公司） | 西岗区烟草专卖局（分公司） | 沙河口区烟草专卖局（分公司） | 甘井子区烟草专卖局（分公司） | 旅顺口区烟草专卖局（分公司） |
|---|---|---|---|---|---|---|
| 主要负责人/法定代表人（含党政领导） | | 李建波 | 温景全 | 冉　仪 | 李成家（—2018年9月）<br>唐功杰（2018年9月—） | 王仁君 |
| 所属县级单位 | | — | — | — | — | — |
| 总资产（万元） | | — | — | — | — | — |
| 资产负债率（%） | | — | — | — | — | — |
| 从业人员（人） | | 26 | 24 | 28 | 50 | 42 |
| 所属业务机构 | 营销机构 | 1个销售管理科 | 1个销售管理科 | 1个销售管理科 | 1个销售管理科 | 1个销售管理科、2个市场部 |
| | 物流配送机构 | — | — | — | — | — |
| | 专卖稽查机构 | 1个专卖监督管理科（专卖稽查支队） | 1个专卖监督管理科（专卖稽查支队） | 1个专卖监督管理科（专卖稽查支队） | 1个专卖监督管理科（专卖稽查支队） | 1个专卖监督管理科（专卖稽查支队） |
| | 烟叶机构 | — | — | — | — | — |
| 实现税利 | 万元 | 18193 | 12063 | 20814 | 42859 | 11884 |
| | 比上年增长（%） | -0.54 | -8.81 | 2.42 | 4.03 | 5.00 |

续表

| 地市级局（公司）名称 | | 中山区烟草专卖局（分公司） | 西岗区烟草专卖局（分公司） | 沙河口区烟草专卖局（分公司） | 甘井子区烟草专卖局（分公司） | 旅顺口区烟草专卖局（分公司） |
|---|---|---|---|---|---|---|
| 实现利润 | 万元 | 7807 | 5055 | 8791 | 17678 | 4575 |
| | 比上年增长（%） | -3.46 | -13.29 | 0.32 | 1.79 | 5.73 |
| 卷烟销售收入（万元） | | 55545 | 37466 | 64305 | 134634 | 38863 |
| 查处涉烟违法案件（起） | | 24 | 19 | 31 | 53 | 32 |
| 查处涉烟违法案件案值（万元） | | 41 | 69 | 68 | 106 | 24 |
| 烟基建设投入资金（万元） | | — | — | — | — | — |
| 烟基设施新增受益面积（万亩） | | — | — | — | — | — |
| 烟叶种植（万亩） | | — | — | — | — | — |
| 烟叶收购（万担） | | — | — | — | — | — |
| 烟农户数（户） | | — | — | — | — | — |
| 实现烟农总收入（万元） | | — | — | — | — | — |
| 零售户数（户） | | 1304 | 874 | 1754 | 4118 | 1659 |
| 零售户销售毛利率（%） | | 11.77 | 11.79 | 12.07 | 11.96 | 11.76 |

| 地市级局（公司）名称 | | 金州区烟草专卖局（分公司） | 普兰店区烟草专卖局（分公司） | 瓦房店市烟草专卖局（分公司） | 庄河市烟草专卖局（分公司） | 长海县烟草专卖局（分公司） |
|---|---|---|---|---|---|---|
| 主要负责人/法定代表人（含党政领导） | | 王发令 | 董广明 | 孙克战<br>（—2018年1月）<br>薛云丽<br>（2018年1月—） | 张　宏 | 曲新德 |
| 所属县级单位 | | — | — | — | — | — |
| 总资产（万元） | | — | — | — | — | — |
| 资产负债率（%） | | — | — | — | — | — |
| 从业人员（人） | | 72 | 66 | 74 | 72 | 13 |
| 所属业务机构 | 营销机构 | 1个销售管理科、4个市场部 | 1个销售管理科、5个市场部 | 1个销售管理科、5个市场部 | 1个销售管理科、5个市场部 | 1个销售管理科 |
| | 物流配送机构 | — | — | — | — | — |
| | 专卖稽查机构 | 1个专卖监督管理科（专卖稽查支队） | 1个专卖监督管理科（专卖稽查支队） | 1个专卖监督管理科（专卖稽查支队） | 1个专卖监督管理科（专卖稽查支队） | 1个专卖监督管理科（专卖稽查支队） |
| | 烟叶机构 | — | — | — | — | — |
| 实现税利 | 万元 | 39540 | 16160 | 25793 | 17703 | 2066 |
| | 比上年增长（%） | 7.12 | 5.29 | 8.00 | 5.00 | -14.87 |

续表

| 地市级局（公司）名称 | | 金州区烟草专卖局（分公司） | 普兰店区烟草专卖局（分公司） | 瓦房店市烟草专卖局（分公司） | 庄河市烟草专卖局（分公司） | 长海县烟草专卖局（分公司） |
|---|---|---|---|---|---|---|
| 实现利润 | 万元 | 16180 | 5900 | 10179 | 6444 | 572 |
| | 比上年增长（%） | 8.73 | 9.69 | 10.70 | 9.44 | -26.57 |
| 卷烟销售收入（万元） | | 124701 | 54535 | 83150 | 59822 | 7898 |
| 查处涉烟违法案件（起） | | 18 | 42 | 48 | 67 | 10 |
| 查处涉烟违法案件案值（万元） | | 265 | 47 | 61 | 51 | 2 |
| 烟基建设投入资金（万元） | | — | — | — | — | — |
| 烟基设施新增受益面积（万亩） | | — | — | — | — | — |
| 烟叶种植（万亩） | | — | — | — | — | — |
| 烟叶收购（万担） | | — | — | — | — | — |
| 烟农户数（户） | | — | — | — | — | — |
| 实现烟农总收入（万元） | | — | — | — | — | — |
| 零售户数（户） | | 5210 | 3347 | 3455 | 3508 | 519 |
| 零售户销售毛利率（%） | | 11.87 | 12.28 | 12.32 | 12.57 | 12.28 |

◇ 撰稿：贾效伟；编辑：周　佳

## 深圳市烟草专卖局（公司）

【专卖管理】　**案件查处**。2018 年，深圳市烟草专卖局发挥“政府主导、部门联合”优势，深化与市公安、市场监督管理局、海关缉私局等部门合作机制，持续增强打假打私合力。着手与深圳市公安经侦局合作开发“经纶系统”，研发“打击涉烟违法犯罪预警预测工作模型”，提升案件经营能力。开展“今冬明春”和“云枭一号”两次卷烟打私专项整治行动，查处案件 1343 件，案值 9946.65 万元。案值 5 万元以上涉烟违法案件 216 起，25 万元以上案件 101 起，100 万元以上案件 24 件。查获涉案非法卷烟 1.27 万件，其中假烟 4678.24 件，走私烟及出口回流卷烟 4889.77 件。公安、司法机关依法拘留 230 人，逮捕 151 人，追究刑事责任 22 人。

在新型烟草制品监管上取得进展，全年破获加热不燃烧卷烟案件 7 起，查获加热不燃烧烟支 13.52 万支，涉案金额 70 余万元。公安、司法机关依法拘留 7 人、逮捕 3 人。

**重大案件**。破获光明“5·7”跨省涉烟重大案件。专案组历时近 5 个月的深挖扩线，掌握北京、天津、福建漳州地区的上、下线人员信息，抓捕犯罪嫌疑人 3 人，锁定涉案人员 42 人，涉案团伙销售假烟逾 5000 万支，涉案金额逾 5000 万元。

福田“10·17”中转分销案件。该案是深圳烟草与市公安机关联合破获的“扫黑除恶”涉枪卷烟案件，案件嫌疑人反侦查意识极强，专案组以“分段监控、隐蔽侦查、引蛇出洞”的策略，历时 2 个月，抓捕嫌疑人 6 人，查处车辆 4 辆，查获假私卷烟 329.98 万支，案值 322.3 万元。

**市场监管**。与市网格办联合召开烟草专卖网格化管理工作总结会，下发《关于进一步推进全市烟草专卖网格化管理工作的指导意见》。加强对违规大户的治理工作，明确 7 项重点目标任务，开展 2 次督导提升治理效果，建立部门联动、分类监管长效机制。结合行业 APCD 工作法在卷烟市场监管工作中的探索实践，开展“双随机、一公开”市场监管试点工作，完成“一单、两库、一细则”任务。

**证件管理**。2018 年，市局着力解决办证拥堵问题，部分街道政务服务大厅整合烟草零售许可证相关业务，申请人就近在街道服务点提交材料，无须再到区局办证大厅办理。实现烟草专卖零售许可系统与电子营业执照系统对接，申请人通过深圳市市场和质量监督管理委员会网站，采集“统一社会信用代码”“商事主体名称”信息提交办理申请。调研深圳市中小学周边卷烟零售户情况，开展周边50米卷烟零售许可证退出工作，共清退23户。

【经济效益】 2018年，深圳市烟草商业系统实现税利59.49亿元（不含进出口，含多元化经营），同比增长4.5%，其中利润25.52亿元，同比增长7.8%。三项费用率2.89%，同比减少0.05个百分点。

【卷烟（雪茄烟）经营】 **卷烟销售**。实现卷烟销售收入181.2亿元，同比增长4.49%。实现卷烟税利59.54亿元，同比增长4.54%，其中利润25.57亿元，同比增长7.89%。实现卷烟单箱销售收入3.88万元，实现单箱税利1.10万元。

**品牌培育**。修订《深圳烟草卷烟引入退出评价管理办法》，强调卷烟品规发展规划。2018年，深圳市有在销卷烟品牌95个，其中，国产品牌61个，进口品牌11个，雪茄烟品牌23个（含国产品牌10个、进口品牌13个）。在销卷烟总规格448个，国产在网卷烟规格（雪茄烟除外）349个。全年全市引进国产新品卷烟（雪茄烟除外）50个，退出42个。

全市纳入“311”品牌培育（各区公司培育3个重点品牌规格、客户经理小组协同培育1个重点品牌规格、客户经理单兵培育1个重点品牌规格）的品牌规格有140个，其中一级规格24个、二级规格38个、三级规格78个，全市重点培育规格总数占在销规格的42%，品牌培育覆盖88%的工业企业。开展新品市场调研45余次，工商协同开展线下销售活动、品牌宣讲会50余场次。

**现代零售终端建设**。提升卷烟现代终端质量，清退不合格“深圳特专”1400户，新引入800户。截至2018年底，全市拥有5800户“深圳特专”授权商户，占全部卷烟零售客户的15%。持续优化特专商户服务质量，发挥现代终端功能，“深圳特专”现代终端总体实现3.53%的销量增幅，实现重点品牌卷烟销量同比增长3.74%。

**现代卷烟物流建设**。推进6S现场管理，提升物流工作效率。实施“立库区件烟出库LED信息显示项目”，自主设计人机工程学工作台。开展早班劳动竞赛，物流中心全年分拣效率保持在每小时约1万条高位水平。增加简易手工打码线一条，打码机、计算机、工作台等部分利旧翻新，高峰期提升异型烟分拣效率20%～30%。保障设备有效作业率稳定在99%以上、卷烟破损率少于0.1‰。

全年物流中心卷烟入库准确率、扫码率均为100%。完成条烟分拣1.36亿条，同比增加0.31%，卷烟分拣破损率小于0.01‰，卷烟分拣差错率小于0.01‰，订单差错率小于0.1‰。

2018年11月9日，在第十六届全国烟草行业职业技能竞赛暨第三届烟草专卖管理岗位技能竞赛上，深圳市局选手获得奖项

深圳市局　郑淮锐　摄

【管理创新】 科学合理分解年度降本增效目标任务并做好定

期监测，实现降本增效 806 万元，年度目标完成率 100.75%。QC 小组活动成果显著，罗湖区公司成果"创建基于大型综合体的室外吸烟区"获得全国烟草行业优秀质量管理小组二等奖。推进质量管理体系转版工作，形成覆盖各部门、各单位的工作标准 28 册，岗位说明书 196 份。试点先行开展管理诊断基层行活动，3 家区公司试点单位提出诊断需求 26 项，由深圳市公司相关部门跟进落实。选派 16 人次参加行业质量管理、管理诊断、QC 小组、最佳实践等培训班。

【特事辑要】 4 月 17 日，深圳市局与市公安局经侦局开展打击涉烟违法犯罪活动工作交流。

12 月 27 日，深圳市局（公司）与深圳大学签订战略合作框架协议和鹏程奖学金协议。

## 2018 年深圳市烟草专卖商业主要情况统计

| 地市级局（公司）名称 | | 福田区烟草专卖局（公司） | 罗湖区烟草专卖局（公司） | 南山区烟草专卖局（公司） | 盐田区烟草专卖局（公司） | 宝安区烟草专卖局（公司） |
|---|---|---|---|---|---|---|
| 主要负责人/法定代表人（含党政领导） | | 张　玲 | 刘志平 | 童　彬 | 纪振辉 | 陈东文 |
| 所属县级单位 | | — | — | — | — | — |
| 总资产（万元） | | 34081 | 34091 | 27278 | 24415 | 46421 |
| 资产负债率（%） | | 17.38 | 17.75 | 18.08 | 16.84 | 10.82 |
| 从业人员（人） | | 96 | 100 | 96 | 64 | 149 |
| 所属业务机构 | 营销机构 | 1 个业务科 | 1 个业务科 | 1 个业务科 | 1 个业务科 | 1 个业务科 |
| | 物流配送机构 | — | — | — | — | — |
| | 专卖稽查机构 | 1 个专卖科 | 1 个专卖科 | 1 个专卖科 | 1 个专卖科 | 1 个专卖科 |
| 实现税利 | 万元 | 36501 | 35104 | 28243 | 25791 | 62821 |
| | 比上年增长（%） | 1.05 | 1.43 | 2.99 | 2.88 | 8.08 |
| 实现利润 | 万元 | 3896 | 4022 | 1604 | 2098 | 8150 |
| | 比上年增长（%） | 1.67 | 1.54 | 12.64 | -0.03 | 18.72 |
| 卷烟销售收入（万元） | | 198312 | 189358 | 161472 | 143753 | 332579 |
| 查处涉烟违法案件（起） | | 65 | 141 | 11 | 39 | 387 |
| 查处涉烟违法案件案值（万元） | | 1000 | 1413 | 1160 | 700 | 2812 |
| 烟基建设投入资金（万元） | | — | — | — | — | — |
| 烟基设施新增受益面积（万亩） | | — | — | — | — | — |
| 烟叶种植（万亩） | | — | — | — | — | — |
| 烟叶收购（万担） | | — | — | — | — | — |
| 烟农户数（户） | | — | — | — | — | — |
| 实现烟农总收入（万元） | | — | — | — | — | — |

续表

| 地市级局（公司）名称 | 福田区烟草专卖局（公司） | 罗湖区烟草专卖局（公司） | 南山区烟草专卖局（公司） | 盐田区烟草专卖局（公司） | 宝安区烟草专卖局（公司） |
|---|---|---|---|---|---|
| 零售户数（户） | 3503 | 2767 | 2456 | 3446 | 9990 |
| 零售户销售毛利率（%） | 17.96 | 18.05 | 10.75 | 10.00 | 13.34 |

| 区局（公司）名称 | | 龙岗区烟草专卖局（公司） | 光明新区烟草专卖局（公司） | 坪山区烟草专卖局（公司） | 龙华区烟草专卖局（公司） | 大鹏新区烟草专卖局（公司） | 深圳中深烟草贸易中心 |
|---|---|---|---|---|---|---|---|
| 主要负责人/法定代表人（含党政领导） | | 赖远彪 | 杨正中 | 周建辉 | 赖远程 | 李　昶 | 刘思雄 |
| 所属县级单位 | | — | — | — | — | — | — |
| 总资产（万元） | | 43386 | 7297 | 4814 | 12416 | 2955 | 18436 |
| 资产负债率（%） | | 12.60 | 41.65 | 20.19 | 45.69 | 67.50 | 2.10 |
| 从业人员（人） | | 135 | 72 | 57 | 103 | 50 | 25 |
| 所属业务机构 | 营销机构 | 1个业务科 | 1个业务科 | 1个业务科 | 1个业务科 | 1个业务科 | 1个业务科 |
| | 物流配送机构 | — | — | — | — | — | — |
| | 专卖稽查机构 | 1个专卖科 | 1个专卖科 | 1个专卖科 | 1个专卖科 | 1个专卖科 | — |
| | 烟叶机构 | — | — | — | — | — | — |
| 实现税利 | 万元 | 55764 | 18054 | 16340 | 37118 | 12999 | 1852 |
| | 比上年增长（%） | 5.38 | 4.03 | 4.58 | 3.38 | 4.43 | 28.08 |
| 实现利润 | 万元 | 6569 | 601 | 877 | 3355 | 225 | 1134 |
| | 比上年增长（%） | 16.01 | -2.75 | 19.32 | 7.74 | 92.30 | 46.89 |
| 卷烟销售收入（万元） | | 299152 | 123609 | 94017 | 205757 | 77671 | 3263 |
| 查处涉烟违法案件（起） | | 215 | 88 | 60 | 171 | 28 | — |
| 查处涉烟违法案件案值（万元） | | 1621 | 1072 | 285 | 844 | 240 | — |
| 烟基建设投入资金（万元） | | — | — | — | — | — | — |
| 烟基设施新增受益面积（万亩） | | — | — | — | — | — | — |
| 烟叶种植（万亩） | | — | — | — | — | — | — |
| 烟叶收购（万担） | | — | — | — | — | — | — |
| 烟农户数（户） | | — | — | — | — | — | — |
| 实现烟农总收入（万元） | | — | — | — | — | — | — |
| 零售户数（户） | | 11632 | 3172 | 3180 | 5977 | 2034 | — |
| 零售户销售毛利率（%） | | 10.00 | 17.80 | 10.97 | 12.58 | 17.76 | — |

◇ 撰稿：陈　兰；编辑：周　佳

1 2018年2月9日，上海烟草集团上海卷烟厂进行创新项目验收评审

上海烟草集团　供稿

2 上海烟草集团天津卷烟厂借助触摸屏，员工实现对精益活动随时提议、跟踪、查询（2018年）

上海烟草集团　供稿

3 2018年11月5日，福建龙岩金叶复烤有限责任公司组织开展特有工种技能鉴定

福建省局　供稿

1 2018年8月13日，广西南宁市局（公司）物流配送中心异标合一分拣线成功试运行

广西南宁市局 滕定生 摄

2 红云红河集团曲靖卷烟厂智慧工厂3D虚拟仿真管理系统（2018年）

《中国烟草》杂志社
郑旭南 摄

3 红云红河集团乌兰浩特卷烟厂推行质量讲堂现场教学（2018年）

云南中烟 供稿

“2018年，行业科技工作着力打好创新产品升级、新型烟草制品定型、烟叶创新升级、创新激励机制改革、创新保障提升五个攻坚战，持续提升支撑引领高质量发展的科技供给能力，各项工作取得明显成效。”

1 2018年7月4日，中烟机械集团组织召开烟机研发项目验收会
山东中烟　供稿

2 2018年6月11日，滇西应用技术大学与云南中烟红塔集团大理卷烟厂签署校企合作协议
云南中烟　供稿

3 郑州烟草研究院科研人员进行烟草感官组学研究（2018年）
郑州院　张敬一　摄

4 2018年5月11日，华维品牌协同创新机制推动启动会暨三纤公司技术中心揭牌仪式在南通举行
南纤公司　供稿

## 对外交流与合作

1 2018年10月22—26日，国际烟草科学研究合作中心（CORESTA）2018年大会在云南昆明召开

云南省局　供稿

2 2018年3月30日，日本烟草株式会社代表团到上海烟草集团北京卷烟厂访问交流

上海烟草集团　供稿

3 2018年10月10日，“七匹狼”品牌菲律宾上市发布会举行

福建中烟　供稿

4 2018年6月28日，日本烟草株式会社常务执行董事兼中国事业部部长山下和人到红云红河集团访问交流

云南中烟　供稿

浙江制造
ZHEJIANG MADE
XINHAI新海®
安全用火倡导者
3防铠甲
安全不假
新海打火机
男人的好伙伴
畅销世界五大洲
新海
新海
GB
本产品符合
国标GB 25722-2010
《打火机安全与质量》
品牌热线
0574-63029666
http://www.xinhaigroup.com

今天国际
LOGIS-TECH
票简称：今天国际　股票代码：300532
让生产与物流
更加智慧
智慧物流·智能制造系统提供商
智能生产解决方案 * 智能仓储解决方案 * 智能配送解决方案 * 智能物流信息化解决方案
深圳市今天国际物流技术股份有限公司
深圳|香港|北京|上海|合肥|昆明|厦门|重庆|乌鲁木齐
总部地址：深圳市罗湖区笋岗东路宝安广场A座10楼
电话：（86-755）25161222 传真：（86-755）25161166 网址：www.nti56.com

# 创一流的雷达传感器和微波无损检测设备

南木测控 NANMU TECHNOLOGY

无锡市南木测控科技有限公司坐落于素有民族工业摇篮之称的江苏省无锡市。公司成立于 2012 年 3 月，团队核心成员均来自于国内的机载雷达研究所和世界 500 强公司，是一家具有卓越创新力、致力于微波探测领域的技术型研发公司。

公司经过 7 年的发展，在微波无损检测领域，专注于烟用特种滤棒的质量控制系统研究，目前已经完成了爆珠滤棒和复合滤棒在线检测系统的研发和测试，并逐步在国内各卷烟厂和滤棒厂实现交付。

特种滤棒在线检测系统的性能指标完全对标和保加利亚艾格公司同类产品，并成为中烟机械技术中心认证产品。公司客户包括中国航天 804 所、中国航天 149 厂、中船重工 702 所、中航工业雷达所和中烟机械技术中心等国有大型企业和相关民营企业。

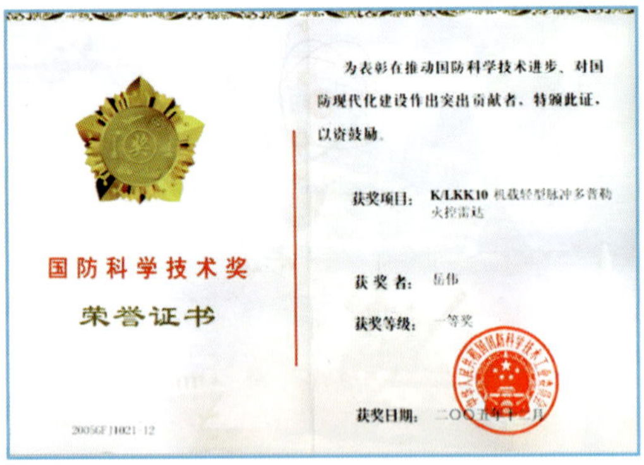
国防科学技术奖

荣誉证书

为表彰在推动国防科学技术进步、对国防现代化建设作出突出贡献者，特颁此证，以资鼓励。

获奖项目：K/LKK10

获奖者：岳伟

获奖等级：一等奖

获奖日期：

## 产品特点

**无需加热**

系统采用机器学习算法，在运行过程中实时优化检测参数，有效解决温度、中线胶等问题的影响，实现开机即用，功耗低，生产效率高。

**检测速度快**

系统采用独立知识产权的微波检测技术，检测速度最大可达 600 米 / 分钟，充分满足各型生产设备、尤其是新一代产线设备的生产检测需求。

**极小尺寸的微波传感器**

微波传感器尺寸极小，无需拆除其他部件，即可实现多型设备的直接加装。

**超高检测精度**

爆珠位置检测误差 ±0.2mm，复合棒间隙：> 0.5mm。

### 质量控制系统利用微波无损检测技术，可实现：

爆珠滤棒在线质量控制

滤棒内嵌爆珠的缺失检测、间距偏差检测和破损漏液检测。

复合滤棒在线质量控制

滤棒复合单元的长度、错排、间隙。

### 产品系列包括：

NMKDF-S 系列

主要针对德国豪尼公司 KDF2 以及国内 ZL22 系列生产设备和同等速度复合滤棒成型设备

NMKDF-SH 系列

主要针对德国豪尼公司 KDF3/KDF4 以及国内 ZL26 系列生产设备和同等速度复合滤棒成型设备

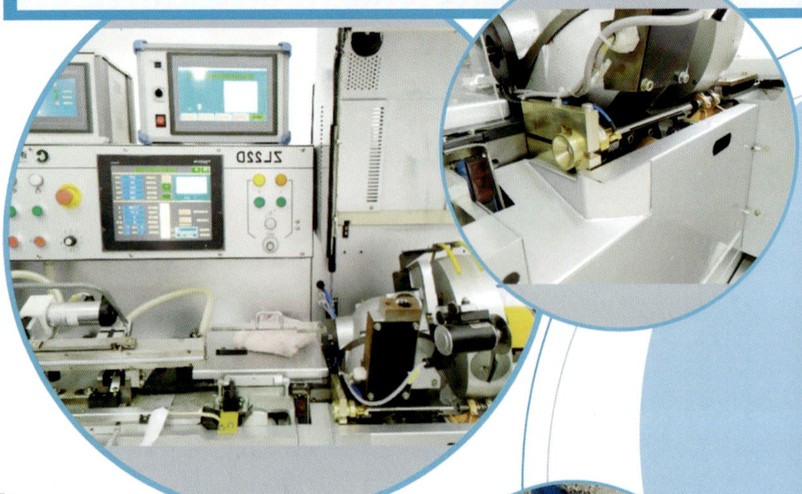


### 产品主要技术指标

在线检测速度 200 米 / 分钟，最大 600 米 / 分钟

距离检测误差< ±0.2mm

爆珠质量检测

爆珠滤棒缺珠、定位偏差、植入性破损、缺液

复合滤棒复合单元长度、间隙、错排、相位

闭环控制 系统相位反馈

漏检率 0.01%

误检率 0.05%

合格率 99.99%

剔除精度 单支剔除

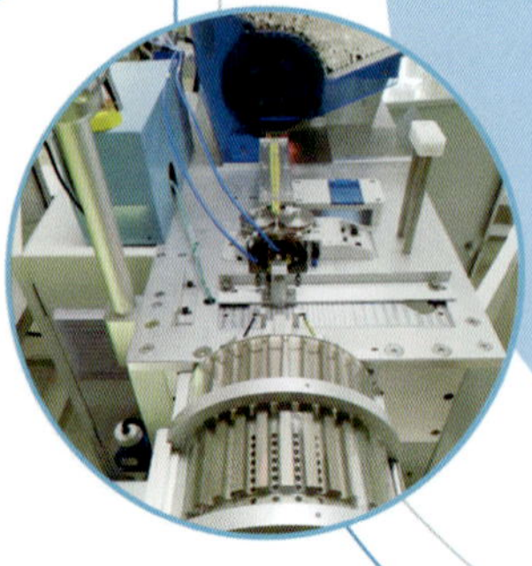

联系人：岳伟　　电话：17321457836　0510-68510223　　邮箱：wei.yue@nanmu-tech.com

地址：无锡市滨湖区锦溪路 100 号 21 楼 502 室

# 烟草工业

# 卷烟生产

## 境内卷烟生产

### 河北中烟工业有限责任公司

【经济效益】 2018年，河北中烟工业有限责任公司实现卷烟销售收入（不含税）191.38亿元，同比增长20.23%。实现税利131.39亿元，同比增长27.26%，其中利润10.65亿元，同比增长55.43%。公司三项费用率9.47%。

万元产值综合能耗12.86千克标煤，万支卷烟综合能耗3.11千克标煤。烟叶、滤棒、盘纸平均消耗分别为6.69千克/万支、2511支/万支、592米/万支。水、电平均消耗分别为0.08吨/万支、8.89千瓦时/万支。

【主要产品与品牌建设】 2018年，河北中烟生产自有品牌卷烟有“钻石”“新石家庄”2个，其中，生产“钻石”品牌38个规格、“新石家庄”品牌1个规格，合作生产卷烟品牌有“白沙”“双喜”“红玫”“利群”“雄狮”“红金龙”“南京”等7个。

2018年，河北中烟聚焦品牌建设，抓住行业运行态势持续向好的有利机遇，顺应卷烟消费结构整体上移趋势，以强化“荷花”及“钻石”新品培育为突破口，自有品牌转型升级工作取得成效。2018年，自有品牌实现单箱批发销售收入2.08万元，同比增长14.12%。实现单箱批发销售收入2.19万元，同比增长14.44%。

【“钻石（荷花）”系列卷烟】 2018年，河北中烟以打造舒适性卷烟为目标，构建“荷香”品类卷烟，先后成功上市“钻石（荷花绿水青山）”“钻石（软荷花）”“钻石（双中支荷花）”3款新品卷烟。

截至2018年底，“钻石”品牌“荷花”品系卷烟拥有全国超千箱省级市场有25个，基本形成以几大区域市场为带动，各地市场持续增长的全国市场发展格局。

【技术创新】 2018年，河北中烟以“荷花梦”战略目标为指引，坚持创新驱动，强化技术支撑和产品支撑，扎实推进产品研发、质量保障、技术创新等工作。全年共开发、储备新产品22个，其中“钻石（双中支荷花）”“钻石（细支西柏坡）”等7款新品上市销售，研发储备“钻石（20mm中支）”“钻石（22mm中支）”“钻石（75mm短支）”等不同规格新产品。构建覆盖全流程、全环节、全要素的“荷花”系列产品生产质量保障体系。

开展“核磁共振法测定烟草制品水分研究”，成功申报行业标准项目。推进与郑州院合作“基于自主品牌的原料综合利用及保障技术研究”项目；合作开发新型清香型薄片“HBZY-04”，成功应用到卷烟产品配方中。在功能滤棒、卷烟等新型辅材研究上寻求突破，完成双中支沟槽芯线滤棒、沟槽颗粒复合滤棒、咖啡色加香卷烟纸等辅材的设计与验证，并在部分新品中得到应用。推进卷烟调香基础数据库构建工作，实现香精香料风格特征、基本味觉特征的数字量化表达。

【原料保障】 按照“钻石（荷花）”系列原料保障工作领导小组工作要求，围绕供应、技术、储备等3个保障维度开展各项工作。加强“钻石（荷花）原料定制化加工基地”建设，建立“荷花”原料联合研究室，建成涵盖烟叶全面生命周期的信息档案管理系统，逐步实现烟叶质量信息全产业链追溯。

推进“152”原料保障工程，进一步优化产区布局，逐步形成以国内优质核心产区为主体的原料供应布局，加强质量预测研判，强化调拨节点研究，抢调等级质量较好、适配率较高的荷花原料。全面实施点、线、面三维度质量管理模式，落实烟叶质量信息采集、烟叶调拨眼光平衡会及质量预警机制，加大“3+2”质量检验力度，全面开展原烟选叶工作，100%开展均质化加工。

【生产质量保证体系建设】 2018年，围绕“把荷花品牌培育和打造成为全国性高端品牌，把河北中烟打造成为北方强势工业企业”的战略目标，着眼企业高质量发展，形成以精益营销、精益研发、精益制造和精益供应为主价值链，以精益管控、精益队伍为基础和保障的“精益六合”管理体系。

1月22日，正式启动“钻石”品牌“荷花”系列产品

---

注：《烟草工业》栏目，“××中烟工业有限责任公司”简称“××中烟”或“公司”。

生产质量保障体系建设。该保障体系从酝酿规划到严格论证，共历时8个月，有11个专业组、上百名人员参加此项工作，编撰完成覆盖“荷花”系列卷烟生产全流程、全环节、全要素的《“荷花”系列产品生产质量保障体系》，确保“荷花”生产制造过程“全稳态”管控。《保障体系》包括《运行手册》和352个支撑性文件，共166.6万字，分为目标、理念、生产运行、制度保障、文化底蕴五个层级。把质量管理拓展到种植管理、过程控制、品质管控、工作质量、市场反馈等方面，实现质量管理的全员化、全方位、全过程，进而确保产品质量的持续提升。

【特事辑要】 4月10—13日，河北中烟党组和深圳市局（公司）党组联合开展2018年第一季度党组中心组（扩大）学习。

10月18日，2018年全国烟草行业企业管理现场会在河北石家庄召开。河北省副省长徐建培到会致辞。国家局党组成员、副局长段铁力出席会议。

## 所属企业

### 张家口卷烟厂有限责任公司

【经济效益】 2018年，张家口卷烟厂有限责任公司（简称张烟公司）实现卷烟销售收入87.58亿元（不含税），同比增长23.29%。实现税利56.91亿元，同比增长34.03%，其中利润2.55亿元，同比增长534.67%。

全年万元产值综合能耗14.48千克标煤，万支卷烟综合能耗3.08千克标煤。烟叶、滤棒、盘纸平均消耗分别为6.64千克/万支、2508支/万支、592米/万支。水、电平均消耗分别为0.06吨/万支、7.98千瓦时/万支。

【主要产品】 2018年，张烟公司在产卷烟品牌有“钻石”“新石家庄”等。合作生产品牌有浙江中烟“利群（新版）”“雄狮（红老版）”；湖北中烟“红金龙（硬蓝爱你）”；江苏中烟“南京（红）”。

【品牌建设】 张烟公司在“荷花梦”引领下，实施“荷花”系列产品生产质量保障体系建设，全面推进高质量发展。加强对“钻石（一品荷花）”“钻石（细支荷花）”“钻石（荷花绿水青山）”等产品的生产加工环节把控，以“荷花”品系快速发展带动“钻石”品牌的全面提升，提升产品品位和品牌价值。生产“钻石（细支心世界）”“钻石（扁蓝时尚）”改造产品和“钻石（细支西柏坡）”等新产品，并选派工作组，完成“钻石”品牌首次省外合作加工任务。

【技术创新】 2018年，张烟公司在精益管理方面再度取得成效，全年开展精益六西格玛课题17项，2个课题获得“中国质量协会质量技术奖六西格玛优秀课题”；开展QC课题43项，其中1项获得全国烟草行业第二十九届优秀质量管理小组成果发布会二等奖，1项获得全国优秀QC小组优秀成果奖；创新课题立项136项，其中结题131项。拥有全国注册六西格玛黑带10人，国家局“精益改善达人”1人；收集上报河北中烟合理化建议275条。

【特事辑要】 6月29日，张烟公司召开纪念建党97周年暨“一先双优”表彰大会。

### 河北白沙烟草有限责任公司

【经济效益】 2018年，河北白沙烟草有限责任公司（简称河北白沙）实现卷烟销售收入（不含税）93.0亿元，同比增长15.64%。实现税利63.92亿元，同比增长21.23%，其中利润0.26亿元，同比下降47.6%。

2018年12月5日，河北白沙举行其前身石家庄卷烟厂建厂70周年仪式

河北中烟　供稿

全年万元产值综合能耗11.96千克标煤，万支卷烟综合能耗3.22千克标煤。烟叶、滤棒、盘纸平均消耗分别为6.71千克/万支、2513支/万支、593米/万支。水、电平均消耗分别为0.11吨/万支、7.53千瓦时/万支。

【主要产品】 2018年，河北白沙主要生产“钻石”“白沙”“双喜”“红玫”系列产品，其中，“白沙”“双喜”“红玫”为合作生产品牌。

【技术创新】 河北白沙以专项攻关为突破点，运用六西格玛、精益生产、质量诊断等技术方法，搭建层次清晰的创新体系，技术创新能力持续增强。持续推进“创新工作室”建设，4个省级创新工作室和1个市级创新工作室全年开展创新项目111项，创造经济效益466.4万元。2018年，获得国家发明专利授权1件，实用新型专利3件，软件著作权6项；1个课题获得全国烟草行业第二十九届优秀质量管理小组成果发布会一等奖；2项创新项目获得河北省企业管理现代化创新成果一等奖。1人被评为2018年全国烟草行业精益改善达人大赛的“精益月度达人”。1人获评“河北省突出贡献技师”，2个班组获评2018年全国质量信得过班组。河北白沙获评“2018年度河北省质量信得过班组建设优秀企业”。

【特事辑要】 8月28日，国家局党组成员、副局长段铁力在河北白沙考察，调研指导全国烟草行业企业管理现场会河北白沙分会场筹备工作。

9月7日，河北白沙印发《河北白沙烟草有限责任公司石家庄卷烟厂五年发展规划（2018—2023）》。

12月5日，河北白沙举行建厂70周年暨荷花品牌第6000万条卷烟下线仪式。

**2018年河北中烟工业有限责任公司所属企业/生产厂情况统计**

| | | 张家口卷烟厂有限责任公司 | 河北白沙烟草有限责任公司 | 所属生产厂 |
|---|---|---|---|---|
| | | | | 保定卷烟厂 |
| 法人资格 | | 独立法人 | 独立法人 | 非独立法人 |
| 主要负责人/法定代表人（含党政领导） | | 董事长：籍　涛<br>党委副书记、总经理：胡自强<br>党委书记：李松卯 | 董事长：籍　涛<br>党委书记、总经理：王玉立 | 党委副书记、厂长：马立志<br>党委书记：张永开<br>纪委书记：周志刚 |
| 成立时间 | | 1939年 | 1948年 | 1902年 |
| 从业人员（人） | | 2406 | 1551 | 934 |
| 卷烟生产能力（亿支） | | 500 | 425 | 177 |
| 卷烟品牌 | 自有品牌 | 钻石、新石家庄 | 钻石 | 钻石 |
| | 合作生产品牌 | 利群、雄狮、红金龙、南京 | 白沙、双喜、红玫 | 白沙、双喜、红玫 |

◇撰稿：田然煜；编辑：周　佳

# 上海烟草集团有限责任公司

【主要产品与品牌建设】 ***主要产品。***2018年，上海烟草集团有限责任公司（简称集团公司）所属卷烟生产企业有上海烟草集团有限责任公司上海卷烟厂、上海烟草集团北京卷烟厂、上海烟草集团有限责任公司天津卷烟厂、上海高扬国际烟草有限公司。2018年，“中华”品牌着力顺价销售、库存合理，实现商业销售收入1506.1亿元，同比增长1.22%。实现税利1008.01亿元，同比增长19.2%。

***合作生产。***与工业企业合作生产卷烟200亿支（40万箱）。其中，与安徽中烟合作生产“红双喜”63.5亿支（12.7万箱）、“大前门”44亿支（8.8万箱）；与山东中烟合作生产“红双喜”22亿支（4.4万箱）、“大前门”18亿支（3.6万箱）；与河南中烟合作生产“红双喜”31.5亿支（6.3万箱）、“大前门”21亿支（4.2万箱）。

***品牌建设。***加快品类构建、结构提升。全年实现“中华（金短支）”“牡丹（青柠细支）”“凤凰（咖啡细支）”“中南海（京韵细支）”“恒大（记忆1949中支）”等11款新产品上市销售。

【管理创新】 ***形成品牌新动力。***落实品牌管理协调会的要求，平衡新品与传统品牌、新品与技术创新、新品与设备创新、新品开发速度与质量之间的“四个关系”，完善处于长期培育期的各款新产品品类特征、价类优势，优化创新产品市场布局、产能调整、资源配置，加快新旧动能转换。

**构建产能新布局**。确立“一个工厂，两个生产板块，两个管理层级”管理架构和“条线延伸＋属地管理”运行模式，调整优化卷包设备布局方案。

**【原辅材料保障】** **烟叶精益管理**。精益管控原料库存，探索烟叶置换工作，消化不适用烟叶，降低库存水平，持续优化烟叶结构；精细管控烟叶质量，强化采购、加工环节质量控制，丰富烟叶养护技术手段，保障在库原料质量稳定，持续提升优质原料供应保障能力。

**工商网配服务**。建立“承运商网站”信息平台，通过运输资源保障性管理、车队差异化配送准时率考核等手段，持续推进精细化流程、标准化作业，实现工商网配快速响应。2018 年，以省为单位逐批推广工商网配，已覆盖 8 个省份、115 个网配点。

**【技术创新】** **技术中心概况**。上海烟草集团有限责任公司技术中心下设科技科、综合管理部、产品研究室、原料研究室、工艺材料研究室、调香研究室、烟草化学研究室、标准化研究室、工艺质量科、理化实验室等 10 个科室和北京、天津 2 个工作站，形成“十科两站”的组织架构。与集团海烟薄片公司、白玉兰公司、烟印公司、储运公司、牡丹香精香料公司分别共同组建烟草薄片研究室、滤棒技术研究室、包装设计印刷研究室、烟叶储存养护研究室、香精香料研究室等 5 个联合研究室。截至 2018 年底，共有员工 196 人，其中本科及以上学历 180 人，中级以上职称 138 人，占总人数的 70.4%。

2018 年，技术中心承接历年接转项目 73 项，新立项目 47 项，年度科技项目 120 项；主持 2 个国家局重大专项子项目、2 个国家局重点项目、1 个国家局重点实验室项目的研究工作。获得中国烟草总公司科学技术进步奖二等奖 1 项、三等奖 1 项；申请专利 34 件；发表核心期刊论文 10 篇，SCI 论文 5 篇，国际烟草科学研究合作中心（CORESTA）会议交流论文 4 篇。主持的“降低卷烟烟气中 TSNAs 的综合技术及在中南海品牌的应用研究”“烟叶和烟气中重金属形态及价态研究”项目分别获得中国烟草总公司科学技术进步奖二等奖、三等奖。

**创新成果**。研发上市“中华（双中支）”“中华（金短支）”“中华（硬 5 支）”“恒大（记忆 1949 中支）”“中南海（清正）”“中南海（典 5）”“中南海（京韵细支）”“牡丹（金细支）”“牡丹（金短支）”“牡丹（青柠细支）”“凤凰（咖啡细支）”“凤凰（五彩细支出口）”等 11 款新产品。有序推进“中华（软）”“中华（硬）”2019 年贺岁版研发上市及“熊猫（中支）”产品定型工作。完成“中华（硬）”提质维护，开展“中华（软）”提质储备、“中华（双中支）”小包质量改善、“中华（金中支）”“中华（双中支）”卷烟纸包灰性能改善、“红双喜（硬上海）”天津转线维护、“大前门（短支）”维护工作。

**【合作与交流】** 中国烟草上海进出口有限责任公司（简称进出口公司）为上海烟草集团有限责任公司的全资子公司，注册资本 5846 万元。截至 2018 年底，实收资本 5846 万元。

**优化市场布局**。拓展海外机场、全球港口免税市场。截至 2018 年底，集团产品在海外共取得 74 个国家和地区的 275 件商标注册证书，并在 134 个国家和地区提出 435 件商标的注册申请。

2018 年 10 月 29 日，上海卷烟厂膨胀烟丝正式切换生产取得圆满成功
上海烟草集团　供稿

**优化经营模式**。2018 年，进出口公司实现进出口贸易总额 3.26 亿美元，实现出口创汇 2.84 亿美元，实现利润 6.76 亿元人民币。卷烟境外销售 57.42 亿支，实现出口创汇 2.77 亿美元；境外落地生产销售卷烟 7.52 亿支。

2018 年，“中华”品牌实现境外销量 36.29 亿支，“熊猫”品牌实现境外销量 1.95 亿支，“红双喜”品牌实现境外销量 3.71 亿支，“中南海”品牌实现境外销量 7.09 亿支，“金鹿”品牌实现境外销量 5.97 亿支。此外“牡丹”品牌实现境外销量 0.57 亿支，“凤凰”品牌实现境外销量 1.84 亿支。

## 所属企业

### 上海烟草集团有限责任公司上海卷烟厂

【卷烟生产】 2018 年，上海烟草集团有限责任公司上海卷烟厂主要生产的卷烟品牌有“熊猫”“中华”“红双喜”“牡丹”“大前门”。

万元产值综合能耗 3.09 千克标煤，万支卷烟综合能耗 3.2 千克标煤。烟叶、滤棒、盘纸平均消耗分别为 6.82 千克/万支、2519 支/万支、600 米/万支。水、电平均消耗分别为 0.01 吨/万支、12.27 千瓦时/万支。

【技术创新】 依托“项目知识库管理系统”，对创新项目进行全生命周期管理，全年实施科技项目 10 项（含 5 项结转），厂级创新项目 69 项，QC 课题 171 项；完成 19 本专业领域的 TWI 作业分解，建立 98 份设备保养手册，推动精益工具在生产一线的广泛应用。参加集团公司 2018 年优秀精益课程评选活动，获得二等奖 2 个、三等奖 1 个。

【技术改造】 稳定常规品牌生产，推进各项技术改造项目。实施花烟手包扩容改造，“中华（金中支）”日产水平由 400 包/人提升到 600 包/人。加快推进新设备引进和调试进度，单机（不含超细支设备）平均到厂调试验收时间由 133 天缩短到 81 天。稳步推进浦东科技创新园区（北区）制丝设备调试和卷包设备搬迁，截至 2018 年底，膨胀烟丝正式切换到新生产线生产，并完成 8 组卷包机组、6 组装箱机、4 组发射机的设备搬迁和 2 组全新装箱机的安装调试工作。

【质量管理】 紧盯“Q3A0”和感官质量评价指标，深入开展“Q3A0”专题分析，系统推进质量内控标准落地，构建卷烟感官质量评价体系，细化“专人专牌”质量分析协调机制。完善新品调试内外协调机制，加快制造过程工艺研究成果转化，推动先进质量管理技术均衡发展，深化质量管理向“生产 + 研发”转型。

### 上海烟草集团北京卷烟厂

【经济效益】 2018 年，上海烟草集团北京卷烟厂主要生产的卷烟品牌有“中南海”“牡丹”“红双喜”。实现卷烟销售收入 50.33 亿元。实现税利 34.75 亿元，同比增长 6.20%，其中利润 3.26 亿元。实现出口额 1347.93 万美元。

万元产值综合能耗 14.52 千克标煤，万支卷烟综合能耗 4.23 千克标煤。烟叶、滤棒、盘纸平均消耗分别为 6.18 千克/万支、2522 支/万支、594 米/万支。水、电平均消耗分别为 0.10 吨/万支、14.75 千瓦时/万支。

【技术创新】 完成内销“中南海（清正烤烟）”“中南海（京韵细支烤烟）”“中南海（典 5）”和出口“中南海（细支京忆）”“中南海（细支清净香）”研发上市。结合新产品开发，稳步推进新技术、新工艺、新材料应用研究，国家局卷烟减害技术重大专项《降低卷烟烟气中 TSNAs 的综合技术及在“中南海”品牌的应用研究》获得中国烟草总公司科学技术进步奖二等奖。

发表 SCI 源学术论文 4 篇、核心期刊学术论文 4 篇、CORESTA 会议交流论文 2 篇，其中 2 篇论文获得中国烟草学会优秀论文奖二等奖。出版学术专著 1 部。申请发明专利 12 件、实用新型专利 6 件。

【精益管理】 组建 36 个精益改善小团队，建立季度精益推进例会机制；召开首次精益改善大会，收集改善案例 104 项；建立 5S 和 TPM 日常检查审计机制，推进 5S、JI、管理者标准化作业常态化运行；完成推广区 AM3 审计、示范区 PM5 预审计和 5 项非制造过程改善项目，培养 6 名 5S－TTT 诊断师；推进 TCM 目标成本应用，实施“4＋2”项 TCM 项目并完成 50 项节能减排降耗课题，实现节约效益 2800.29 万元；78 项 QC 课题取得成果，制丝车间切丝

QC 小组获得“全国质量管理小组活动 40 周年纪念大会”银奖，被评为“全国优秀质量管理小组”。

## 上海烟草集团有限责任公司天津卷烟厂

【卷烟生产】 2018 年，上海烟草集团有限责任公司天津卷烟厂万元产值综合能耗 11.84 千克标煤，万支卷烟综合能耗 3.25 千克标煤。烟叶、滤棒、盘纸平均消耗分别为 6.79 千克/万支、2520 支/万支、600 米/万支。水、电平均消耗分别为 0.06 吨/万支、12.09 千瓦时/万支。

【品牌建设】 推进“恒大”品牌建设，“恒大（烟魁 1903）”“恒大（烟魁 1919）”“恒大（记忆 1949）”“恒大（烟魁 1949 中支）”“恒大（记忆 1949 中支）”等 5 款产品实现税利 4.12 亿元。

【信息化建设】 实现业务指令子系统在制丝生产过程中的全覆盖，逐步完善 i－Data 子系统描述性统计功能，建立从问题发现、报警提醒、任务下达、辅助分析到处置记录的质量数据应用模型，完成部分功能的设计开发工作；对制丝断流率指标的设立进行探索与论证，建立包括断流判定、统计查询、对比分析等功能在内的断流率数据分析模型，实现相关功能的上线试行。

【精益管理】 完善课题和项目的立项评审机制，强化指导，确保专业化创新研究深度。以优秀操作法为试点，开展管理流程设计、输出物探索，尝试软精益推进有效途径。集中组织并完成降本增效项目 14 项，实现降本金额 447 万元，节约资金 912 万元。全年产生精益行动和建议成果 3694 项。

## 上海高扬国际烟草有限公司

【吸收合并前期工作】 上海高扬国际烟草有限公司（简称上海高扬公司）根据上海烟草集团有限责任公司吸收合并上海高扬公司的计划，继续向浦东科技创新园区实施搬迁，根据“安全、稳定、规范”的工作原则，在资产处置稳步推进、房屋处置妥善解决、学习教育认真落实等方面有序开展吸收合并前期准备工作，全年通过无偿划转、拍卖转让、报废处置和拆除搬迁等方式完成 1077 台套固定资产的处置和迁移工作。

【员工劳动关系转移】 上海高扬公司在集团公司的指导下，于 1 月初将所有员工劳动关系向集团公司进行转移，完成员工调动、人事档案移交和员工社保、公积金、企业年金等账户的转移手续。

## 上海烟草集团有限责任公司上海烟草储运公司

【生产经营】 2018 年，上海烟草集团有限责任公司上海烟草储运公司完成卷烟吞吐 2163.9 亿支（432.78 万箱），同比增长 3.22%；烟叶吞吐 29.02 万吨，同比增长 14.16%；辅料吞吐 4.26 万吨，同比增长 2.16%；汽车运输 666.62 万吨千米，同比增长 5.10%。全年柴油油耗 7.23 升/百吨千米，综合能耗 1273.74 吨标煤。市内外卷烟配送订单执行率达到 100%。

【物流运营】 坚持市场导向，持续推进工商网配业务。主动对接营销中心需求，以省为单位逐批推广，全年共覆盖 8 个省份、115 个商业点，累计发运卷烟 2574 门点次、152.3 亿支（30.46 万箱）。网配到货精度由 2 天提升到 0.5 天，卷烟外埠配送准时率累计达到 95.31%，卷烟配送顾客满意度达到 97.5。全面配套浦东科技园区试产，自主开展配送路线的实地勘测工作，提前规划物流路线和应急预案。

【质量管理】 推广充氮低氧机械调控技术，完成相关制度编制，进行内外 5 个库区近 60 万担烟叶的试点应用。推进仓库养护技术集成应用的研究，探索养护质量数据自动采集技术。以大数据分析应用为手段，探索建立在库中华原料质量综合评价和风险防控体系。开展感官评吸，确立评吸的组织形式，选择具有代表性的 100 余个品种原料进行专项评吸，研究在库烟叶内在质量的变化趋势。

## 上海海烟物流发展有限公司

【生产经营】 2018 年，上海海烟物流发展有限公司共分拣配送卷烟 403.77 亿支（80.75 万箱），同比增长 0.49%。销售卷烟 89.21 亿支（17.84 万箱），同比下降 3.27%。实现主营业务收入 70.78 亿元，同比增长 3.44%。实现税利 14.99 亿元，同比增长 8.19%，其中利润 5.13 亿元，同比增长 30.69%。三项费用率 1.90%。

**【终端建设】** 以“规范为纲、状态为先”为主线，以“卷烟销售、品牌培育、客户服务、终端建设”为抓手，提升风险防控能力、精准管理能力、联防联控能力、风险处置能力，建设风险防控体系。以网建会课题为载体，率先试点，配合打造上海卷烟网配模式，结合特点，探索新型终端合作关系模式。

**2018 年上海烟草集团有限责任公司所属企业/生产厂情况统计**

| | 上海烟草集团有限责任公司上海卷烟厂 | 上海烟草集团北京卷烟厂 | 上海烟草集团有限责任公司天津卷烟厂 | 上海高扬国际烟草有限公司 | 上海烟草集团有限责任公司上海烟草储运公司 | 上海海烟物流发展有限公司 |
|---|---|---|---|---|---|---|
| 法人资格 | 非独立法人 | 独立法人 | 非独立法人 | 独立法人 | 非独立法人 | 独立法人 |
| 主要负责人/法定代表人（含党政领导） | 党委书记、厂长：朱洪武 | 党委副书记、厂长：曲志刚<br>党委书记、副厂长：蔡继东 | 党委委员、厂长：李钢成<br>党委书记、副厂长：唐　涛 | 总经理：周　栋 | 党委委员、总经理：刘正渝<br>党委书记、副总经理：陆　焱 | 党委委员、总经理：管振毅<br>党委书记、副总经理：王玉丽 |
| 成立时间 | 1925 年 | 1970 年 | 1919 年 | 1992 年 | 1986 年 | 2002 年 |
| 从业人员（人） | 2093 | 841 | 799 | 0 | 421 | 609 |
| 卷烟生产能力(亿支) | 900 | 400 | 350 | 95 | — | — |
| 卷烟品牌 | 熊猫、中华、牡丹、红双喜、大前门 | 中南海、牡丹、红双喜 | 恒大、红双喜、江山、牡丹、凤凰 | 中华、红双喜、大前门 | — | — |

◇ 撰稿：韩沅君；编辑：褚　幸

# 江苏中烟工业有限责任公司

**【卷烟产销】** 2018 年，江苏中烟工业有限责任公司生产细支烟 532.55 亿支（106.51 万箱），生产高端卷烟 109.55 亿支（21.91 万箱），生产高价位卷烟 12.95 亿支（2.59 万箱），生产短支烟 2.05 亿支（0.41 万箱），生产爆珠烟 6.55 亿支（1.31 万箱），生产出口烟 6.02 亿支（1.2 万箱）。与省外卷烟生产企业合作生产卷烟 457.5 亿支（91.5 万箱）。

实现卷烟销售收入（不含合作生产回购）576.27 亿元，同比增长 5.39%。实现税利 541.41 亿元，同比增长 8.22%，其中利润 91.03 亿元，同比增长 12.13%。三项费用率 4.71%，同比增加 0.66 个百分点。

万元产值综合能耗 4.61 千克标煤，万支卷烟综合能耗 2.64 千克标煤。烟叶、滤棒、盘纸平均消耗分别为 5.41 千克/万支、2148 支/万支、642 米/万支。水、电平均消耗分别为 0.1 吨/万支、10.24 千瓦时/万支。

**【主要产品与品牌建设】** *自产卷烟情况。*2018 年，江苏中烟品牌发展继续保持良好态势。全年自产“苏烟” 16 个规格（含 3 个出口规格），自产“南京” 32 个规格（含 7 个出口规格）。

2018 年，江苏中烟围绕“育品牌、提结构、稳状态、严管理、共发展”工作主线，坚持“苏烟”“南京”双品牌战略，聚焦一类烟，不断强化细支卷烟引领优势，推进“苏烟”品牌恢复性发展，优化产品结构、提升品牌价值。

推进品牌文化建设，跟踪消费趋势，不断完善产品链建设。2018 年，“南京（大观园爆冰）”正式上市，进一步拓宽细支卷烟产品链，围绕构建“苏烟”品牌发展支撑体系，打造“水韵文化”系列产品，推进“苏烟（灵韵）”系列产品研究，推动“苏烟”品牌恢复性发展。

*合作生产情况。*2018 年，江苏中烟与省外企业合作生产卷烟。其中，与山东中烟合作生产“南京（红）”；与广西中烟合作生产“南京（红）”“南京（佳品）”“南京（紫树）”；与吉林烟草工业有限责任公司合作生产“南京（红）” “南京（紫树）”；与江西中烟合作生产“南京（红）”“南京（紫树）”；与黑龙江烟草工业有限责任公司合作生产“南京（红）” “南京（紫树）” “南京（绿）”“南京（金砂）”；与陕西中烟合作生产“南京（红）”“南京（佳品）”；与河北中烟合作生产“南京（红）”。

*市场调控。*强化品牌发展规划性，以市场为导向，以工商共赢为基础，组织编制《三年至五年发展规划》。提升市

场状态监测的精确性，进一步细化价格采集指标，优化价格分析方法。常态化开展市场状态诊断，2018年共开展各类市场监测调研17轮，覆盖全国21省51市。提升品牌运行调控的精准性，根据地区、规格和时段的差异，动态设置底线价格、目标价格和上限价格3个调控指标，建立动态货源调拨调控机制。同时，建立以“三面两率一户均”指标体系为基础的投放调控机制，结合主要竞品市场表现和动销情况，协同商业公司持续优化投放策略，货源投放的精准性明显提升。

【原材料保障】 **原料供给。**坚持配方导向和基地化供应，持续优化烟叶布局，深化烟叶基地单元建设，开展采购过程管控，加大进口烟叶采购，将不适用烟叶在工业企业内部调剂消化。全年采购国内烟叶11.19万吨（223.7万担），上等烟占比77.8%，配方满足率94%。采购进口烟叶1.27万吨（25.4万担），工业调剂烟叶1.19万吨（23.85万担）。

**材料采购。**持续开展精益采购，实施规范和创新双轮驱动，完成1025亿支（205万箱）自产内销卷烟和457.5亿支（91.5万箱）合作加工卷烟所需的配套烟用材料和烟机零配件的购进。按照“应招尽招、真招实招”的原则，完成2019—2020年度烟用材料和烟机零配件公开招标工作，全年节约采购资金1.95亿元。强化供应商考核，完善质量协同改进机制，持续提升材料质量的稳定，全面推进烟用物资网上交易，规范管理水平提升。

**原料利用。**深化与云南楚雄、安徽华环、福建三明等3家复烤企业的“区域加工中心”建设，完善烟叶复烤加工特色工艺标准体系，推进配方打叶，持续深化烟叶均质化加工，烟叶复烤加工平均出片率66.31%。强化叶组配方技术研究，开展烟叶耗用与库存匹配度分析，科学调整配方结构，着力缓解烟叶结构性矛盾。

【技术创新】 **优化科技创新组织管理。**推进企业技术中心非法人实体建设，起步搭建江苏鑫源烟草薄片有限公司创新体系建设。强化公司科技管理委员会领导作用及其办公室协调促进作用，加强科技项目管理，构建覆盖江苏省烟草工业系统的“三级两维”科技管理工作网络。全年共有公司级科技项目107项。

**推动产品创新高质量运行。**加快创新产品类研发，2018年，“苏烟（水韵）”“苏烟（甜韵）”“南京（大观园爆冰）”正式上市，完成“苏烟（灵韵）”短支、短细产品研发工作。完成“南京（大观园）”“南京（红楼卷）”质量提升及“南京（十二钗系列）”包装背面诗词商标换版工作。“南京（雨花石）”在2018年细支卷烟产品质量专项抽查中再次获得感官质量和卷烟质量综合得分双第一。

**提升专项技术创新能力。**2018年，公司新增授权专利97件，其中发明专利18件；新增软件著作权27件；核心期刊发表论文28篇。牵头承担的“中式卷烟细支烟品类构建与创新”项目获得2018年中国烟草总公司科学技术进步奖二等奖，参与的“全国烤烟烟叶香型风格区划研究”获得2018年中国烟草总公司科学技术进步奖一等奖，牵头承担的“高温气流干燥对料液施加效果的关键技术研究与应用”获得中国商业联合会科学技术一等奖。全年承担或参与国家局重大专项9项，重点项目2项，行业标准项目研究12项。

完成2款再造烟叶新产品研发和一款产品升级改造，再造梗丝实现产品应用。持续加大新工艺、新材料、新技术集成创新力度，推广应用配方技术研究、定长切丝、高通风率稳定性研究等成果。全年苏产烟焦油平均值9.29毫克/支，同比减少0.41毫克/支；一氧化碳加权平均值8.47毫克/支。

推进配方技术升级，加快使用清产核资烟叶，开展简

2018年1月30日，江苏中烟召开2018年工作会议暨二届三次职工（会员）代表大会

江苏中烟　凌绍清　摄

化设计纸箱及塑料烟箱生产应用。按年度配方烟丝基准价测算，全年节约配方原料成本 5100 万元，使用造纸法再造烟叶 3230 吨，节约烟用材料成本 214.7 万元。

**推进技改工程建设。**强化投资项目前置性审查，探索应用分部分项工程概算管控模式；优化卷包车间空间布局，强化设备产能配置，夯实生产组织模式优化硬件基础。2018 年，"南京"品牌专线通过行业竣工审计，"苏烟"品牌专线投产运行，再造梗丝生产线投入试生产。

**【对外交流与合作】** 2018 年，江苏中烟加强对出口卷烟客户的规范管理，对卷烟回流高发区域的出口货源进行流向管控，严防出口卷烟回流现象的发生。巩固东南亚、西亚、中亚重点市场，新开辟吉布提、埃塞俄比亚等市场。拓展"南京"品牌细支烟市场，其市场接受程度较高，价格保持稳定，市场状态良好。

所罗门合作生产项目建成运行，实现阶段性生产。所罗门合作生产项目顺利完成卷烟工厂建设和设备调试工作，于 11 月取得卷烟生产牌照。制定出台《所罗门项目卷烟生产管理办法》，通过制度建设促进项目健康稳定发展。

**【管理创新】** **深化战略管理。**立足全局关键问题，开展 5 项战略课题研究和 11 个高质量发展专题研究。全面开展"十三五"规划实施情况中期评估工作，研究明确调整思路，谋划布局公司高质量发展。

**优化组织运行管理。**推进生产组织模式优化，徐州卷烟厂率先实现"三班两运转"生产运行模式，江苏鑫源烟草薄片有限公司实现"双线双岗"操作。全面完成综合管理体系建设，启动推进综合管理信息平台建设。强化督办落实工作，调整优化绩效考核，推动发展压力的层层传导、同向发力。

**紧抓产品质量管理。**完成质量管理体系升级换版，推进《产品质量管控方案》落地生效，自产卷烟市场反馈率保持 0.02ppm 水平，合作生产卷烟市场反馈率 0.01ppm。

**加强精益管理。**以管理诊断作为精益管理的主要抓手，开展自我诊断、组织专家诊断和督导整改落实，实现主要业务全覆盖。2018 年，公司有 10 个管理创新课题取得实际成果；3 项 QC 成果获得全国烟草行业第二十九届优秀质量管理小组成果发布会一、二等奖。全年实现降本增效 2.36 亿元。

**【特事辑要】** 1 月 30 日，江苏中烟 2018 年工作会议暨二届三次职工（会员）代表大会在南京召开。

7 月 27 日，江苏中烟召开 2018 年上半年经济运行分析会。

10 月 26—27 日，国家局党组成员、副局长段铁力在江苏烟草调研。段铁力考察调研江苏中烟工业有限责任公司南京卷烟厂，并听取江苏烟草关于高质量发展的专题工作汇报。

**2018 年江苏中烟工业有限责任公司所属生产厂情况统计**

| | | 江苏中烟工业有限责任公司南京卷烟厂 | 江苏中烟工业有限责任公司徐州卷烟厂 | 江苏中烟工业有限责任公司淮阴卷烟厂 |
|---|---|---|---|---|
| 法人资格 | | 非独立法人 | 非独立法人 | 非独立法人 |
| 主要负责人（含党政领导） | | 党委书记、厂长：戴　戈 | 党委书记、厂长：招启柏 | 党委书记、厂长：施　彬 |
| 成立时间 | | 1948 年 | 1939 年 | 1945 年 |
| 从业人员（人） | | 1427 | 1706 | 1244 |
| 卷烟生产能力（亿支） | | 454 | 414 | 412 |
| 卷烟品牌 | 自有品牌 | 苏烟、南京 | 苏烟、南京、一品梅、红杉树 | 苏烟、南京、华西村、罗曼蒂克 |
| | 合作生产品牌 | — | — | — |

◇ 撰稿：徐　璐；编辑：周　佳

# 浙江中烟工业有限责任公司

**【经济效益】** 2018 年，浙江中烟工业有限责任公司实现销售收入 873.39 亿元，同比增长 5.21%。实现税利 438.18 亿元，同比增长 5.88%，其中利润 43.52 亿元，同比增长 20.5%。三项费用率 6.45%，同比减少 0.23 个百分点。

**【主要产品】** 2018 年，浙江中烟生产的主要卷烟品牌为"利群""大红鹰""雄狮""摩登"，国内市场销售的在产规格有 28 个。在国际市场销售的在产品牌有"摩登""利群”2个品牌56个规格。

“利群”系列有23个规格，全部为烤烟型。其中，一类烟16个、二类烟7个；细支烟3个、中支烟1个、短支烟1个。全年共生产“利群”（含出口烟、样烟）1543.98亿支（308.8万箱），同比增长0.6%。

2018年，“利群”品牌跨越新台阶。全年品牌商业批发市值为1287.04亿元，同比增长3.62%。“大红鹰”系列有1个规格，即“大红鹰（软蓝）”，烤烟型、三类烟。“雄狮”系列有4个规格，其中，烤烟型3个、外香型1个；四类烟、五类烟各2个。

**【品牌建设】** 2018年，浙江中烟以“利群”发展目标为引领，内外统筹，抓结构升级，以强化市场驱动为前提，实施“营销+互联网”“一地一策”等战略，推动“利群”品牌向高质量发展迈进。全年“利群”省际交易比重72.37%，同比提升0.01个百分点。境外市场总体稳定，“利群”有税市场占比达到29%，同比减少2个百分点。

**【原料保障】** **原料采购**。2017年度（2017年7月1日至2018年6月30日）采购烟叶总量19.04万吨（380.88万担）（按原烟口径，片烟按65%折回原烟），同比下降7.99%。其中，国内烤烟16.58万吨（331.63万担），同比下降9.14%；进口片烟1.38万吨（27.60万担），同比增长5.77%；工业调剂片烟0.15万吨（2.96万担），同比下降30.99%；晾晒烟0.13万吨（2.67万担），同比下降1.26%；调入国内可用于“利群”的片烟10.37万吨（207.5万担），同比减少0.65万吨（12.92万担）。

**以“利群”适配率为导向调控**。通过烟叶收购、调拨、选叶等3套数据对比分析，掌握各环节烟叶质量及其变化，实施选后烟叶跨省加工模式，实现烟叶有效利用。2017年度，全口径“利群”意向适配率85.62%，国内“利群”使用意向适配率84.00%。“利群”动态保障月份25.35个月，同比下降0.15个月。

**【对标管理】** 在稳抓成本费用控制、追求提质降本增效的基础上，浙江中烟将对标与精益管理进一步融合，推进管理短板的研究补缺和指标水平的突破提升。充分发挥对标工作的目标管理引擎作用，开展指标实现情况的多维度分析和对比，对落后区间的指标开展重点关注。按照烟草行业卷烟工厂分类对标工作开展的推进要求，杭州、宁波两卷烟厂的业务骨干参加行业分类对标专题研讨，对指标分类方法和统计口径提出合理建议，遵照新的报送要求，进行对标数据的核对和上报。开展卷烟工厂全面对标竞赛活动，推进工作向纵深发展。2018年，浙江中烟29项对标指标有23个得以提升，提升率达到79.31%。

**【技术创新】** **新品研发**。2018年，浙江中烟先后完成境内外设计开发卷烟新产品9个，设计更改卷烟产品54个规格，其中，完成境内新产品为“利群（新二代）”“利群（夜西湖）”“利群（阳光橙中支）”“利群（江南韵）”“利群（楼外楼）”等5个，完成“摩登（国际版H）”等4款境外及境外工厂生产新产品的包装及烟支配套设计，完成设计更改22个。

**科研立项**。2018年，“美拉德反应中间体的可控制备及其在卷烟中的应用研究”项目完成国家局验收；“面向快速响应的企业智慧物流关键技术及应用”项目完成浙江省科技成果鉴定，并获得浙江省科技进步三等奖。

**成果培育**。加强项目过程管理，重视成果总结、提炼。2018年，浙江中烟获得国际质量管理优秀QC成果金奖1项，全国优秀QC小组1个，全国质量信得过班组1个，省部级优秀QC成果8项，中质协优秀六西格玛项

杭州卷烟厂车间女工一丝不苟检查烟支（2018年）
浙江中烟杭州卷烟厂　唐克文　摄

目 1 项。

**知识产权。**全年申请专利 110 件，其中发明专利 70 件，实用新型专利 37 件，外观专利 3 件；获得专利授权 108 件，其中发明专利 55 件。截至 2018 年底，累计申请专利 1369 件，其中发明专利 641 件；累计获得专利授权 959 件，其中发明专利 335 件。全年申请著作权 13 项，授权 10 项，累计获得著作权 178 项。主持参与行业标准 6 项，其中主持标准项目 1 项，申报行业标准 5 项。

**【特事辑要】** 5 月 29—30 日，时任国家烟草专卖局党组书记、局长，中国烟草总公司总经理凌成兴在浙江烟草调研。其间，凌成兴考察浙江中烟宁波卷烟厂新厂房。

6 月 14 日，国家局党组成员、副局长杨培森考察浙江中烟宁波卷烟厂。

8 月 3 日，国家烟草专卖局党组书记、局长，中国烟草总公司总经理张建民在浙江中烟调研。张建民强调要聚焦品牌培育，维护“利群”品牌良好态势，增强创新动力，坚定不移把“利群”品牌做优、做大。

9 月 13 日，国家局党组成员、直属机关党委书记高林一行在浙江中烟调研指导工作。其间，高林参观杭州卷烟厂，考察新产品生产现场。

11 月 20 日，国家局党组成员、副局长段铁力一行调研浙江中烟宁波卷烟厂，考察生产车间，参观厂史馆和技改馆，现场了解宁波卷烟厂推进设备管理精益化的做法和成效。

**2018 年浙江中烟工业有限责任公司所属生产厂情况统计**

| | 浙江中烟工业有限责任公司杭州卷烟厂 | 浙江中烟工业有限责任公司宁波卷烟厂 |
|---|---|---|
| 法人资格 | 非独立法人 | 非独立法人 |
| 主要负责人(含党政领导) | 厂长：周小忠<br>党委书记：张立新 | 厂长：虞文进<br>党委书记：王良君 |
| 成立时间 | 1949 年 | 1925 年 |
| 从业人员(人) | 1175 | 989 |
| 卷烟生产能力（亿支） | 500 | 500 |
| 卷烟品牌 | 利群、雄狮 | 利群、雄狮、摩登 |

◇ 撰稿：孙　琦；编辑：周　佳

# 安徽中烟工业有限责任公司

**【经济效益】** 2018 年，安徽中烟工业有限责任公司实现卷烟销售收入 398.77 亿元，同比增长 12.09%。实现税利 251.13 亿元，同比增长 13.14%，其中利润 8.52 亿元，同比增长 19%。三项费用率 7.99%，同比减少 0.66 个百分点。

万元产值综合能耗 8.08 千克，万支卷烟综合能耗 2.55 千克。烟叶、盘纸、滤棒平均消耗分别为 6.67 千克/万支、593 米/万支、1670 支/万支。水、电平均消耗 0.07 立方米/万支、9.15 千瓦时/万支。

**【主要产品与品牌建设】** “黄山”品牌是安徽中烟核心品牌，也是行业重点骨干品牌之一，具有典范“焦甜香”品类的独特风格，是中式卷烟经典文化代表品牌。2018 年，安徽中烟组织制定《“黄山”品牌 2.0 发展纲要（草案）》及 8 个子规划，规划新时代“黄山”品牌战略。精准施策，培育品牌，持续推进重点产品市场布局，全年浙江省外 27 个省级市场实现“黄山”品牌 6 个关键价区产品全覆盖。聚焦重点产品，持续加大培育力度，推进市场提结构、促转型，调优市场状态，截至 2018 年底，初步建立“三位一体”市场价格监测体系。

**【原材料保障】** **烟叶基地建设。**2018 年，安徽中烟在云南、贵州、四川、湖南、福建、安徽南部等优质烟叶产区，与安徽省烟草商业企业共建国家局现代烟草农业及特色烟叶基地单元 21 个。根据基地烟叶质量工业论证报告，工商研三方共同制定生产技术方案和工作方案，并督促产区落实到位。依托烟叶基地单元平台，与云南、湖南、福建等省局合作开展科技项目研究，持续提高基地单元建设水平。

**烟叶供应。**2018 年，安徽中烟签订国内烤烟交易计划 4.63 万吨（92.6 万担）。围绕“黄山”品牌高质量发展原料需求，公司原料部与技术中心一体化运作，快速响应市场，提高采购工作效率。采购过程中，早谋划、早打算，与产区公司统一检验目光，共同制定新烟样品，开展原收原调和专业化分级散叶收购工作。优化复烤加工点布局，推进3个区域加工中心建设，细化复烤监打作业规范，提高人员专业技能，强化打叶复烤技术标准执行力，推进均质化加工，探索切尖分类加工，提高烟叶资源利用率。

【技术创新】 **新品开发**。开发上市“黄山（红方印前店后坊中支）”“黄山（红方印前店后坊细支）”两款产品，开发储备“黄山（天高云淡中支）”“黄山（一品黄山细支）”等6款产品，改造升级“黄山（最美高铁）”“黄山（中国画细支）”“黄山（红手印）”等10余款产品；研发定型5款“都宝”产品。

卷烟产品质量稳定提升，总公司、省公司卷烟产品、烟用材料质量抽检合格率100%，产品质量市场投诉率0.013ppm，同比下降37.7%。

**技术项目**。2018年，公司共申报国家局重大专项项目2项、重点项目1项、重点实验室项目3项、行业标准1项、科学技术奖和技术发明奖各1项。评选产生公司2017年度科学技术进步奖一等奖2项、二等奖4项、三等奖14项、优秀奖10项。科研项目首次通过安徽省科技厅组织的第三方成果评价，论文首次在CORESTA大会进行宣读，2项科技成果获得中国烟草总公司科学技术进步奖三等奖。推进“石斛PLUS”爆珠、凝胶滤棒、空管滤棒、香味缓释等新材料新技术的集成应用，PEG香味缓释滴丸技术取得重要进展。

**技术中心建设**。修订《技术中心专家岗位序列设置及聘任办法》，完善管理、技术、技能“川字型”科技人才成长通道。完善管理干部配备、高级职称聘任，启动专家岗位聘任工作。1人获评行业学科带头人，7人受聘高级职称。推进皖南焦甜香功能性原料研究中心的建设，完成香料和爆珠生产线的总体规划设计，进入基建施工阶段，安徽中烟全资资子公司焦甜香生物科技有限公司获国家局批复。加强省部级重点实验室、联合实验室等创新平台有效运行，充分发挥科研创新平台引领作用。持续改进提升国家认可检测实验室检验能力，顺利通过国家认可委复评审。

**专利统计**。截至2018年底，公司获得授权专利433件，应用专利365件，应用率达到84%，未应用及停用专利68件，占全部有效专利的15%左右。2018年，申请专利78件；获得专利授权63件，其中发明专利8件。

【合作与交流】 **管理和服务支持CTIEC项目**。按照现代企业制度治理具体内容，协同中欧国际欧洲有限公司（CTIEC）新增和修订15项基础管理制度并开始运行。保障CTIEC卷烟产销基地项目的生产、后勤服务，完成新一轮增资，保障CTIEC必要的固定资产投入及合理的流动资金。协调改造一台（套）细长支卷烟设备发运到罗马尼亚，丰富CTIEC产品线。全年向CTIEC发运烟叶0.12万吨（2.4万担）、膨胀烟丝45吨（900担）、配件3批次。

2018年初，CTIEC第二届三次董事会暨一届九次股东会在云南玉溪召开，会议对增资（确定总额度60%）、购置设备、落实审计整改等工作作出安排。12月，完成增资汇款，共计1480万美元，其中安徽中烟918.39万美元，红塔集团37.95万美元，陕西中烟182.16万美元。CTIEC全年实现利润239.1万美元。

**与STG公司品牌合作**。2018年上半年，与斯堪的纳维亚烟草集团（STG）的联合品牌“王冠（赛悦）”（CIRELLO）完成国内上市工作。下半年进一步深化合作，商讨开展全叶卷雪茄的合作，经过2次正式商谈后，截至2018年底，达成初步合作意向。

2018年11月20日，安徽中烟召开高质量发展调研成果汇报会

安徽中烟　供稿

**菲莫合作联合品牌项目**。2018 年，联合品牌项目实现 “DUBLISS – NEXT” 和 “DUBLISS – MR PHILIP MORRIS” 双品牌运营。中烟菲莫国际有限公司（CTPMI）在下半年完成“DUBLISS – MR PHILIP MORRIS” 新联合品牌在俄罗斯的上市工作。同时，通过推出限量版、爆珠新品升级等方式，保持原 DUBLISS – NEXT 超细支规格产品的吸引力和竞争力。

**中国台湾地区免税市场**。中国台湾地区市场加强市场调研和掌控，关注各项政策措施运行情况，保证销售策略的落实，安徽中烟逐步提高对市场和品牌的知情权、话语权、主导权。

**蒙古免税市场**。蒙古市场先后投放“都宝（细支爆珠）”新品、“都宝（爆珠）”正常支和细支新品。免税市场“黄山”品牌形象和影响力得到进一步提升。

【特事辑要】 4 月 25 日，国家局党组成员、副局长杨培森在安徽烟草调研。

5 月 8—11 日，国家局党组成员、直属机关党委书记高林在中烟国际欧洲有限公司调研。

5 月 8—9 日，国家局党组成员、副局长段铁力在安徽烟草调研。

5 月 25—27 日，安徽中烟参加在合肥召开的 “2018 世界制造业大会” 和 “2018 中国国际徽商大会”。

11 月 1 日，“新时代　新黄山” 黄山品牌创牌 60 周年暨黄山品牌高质量发展研讨会在合肥召开。国家局党组成员、副局长徐瑺出席研讨会并讲话。

11 月 20 日，安徽中烟召开以 “全面推进高质量发展　奋力开创黄山品牌 2.0 时代” 为主题的高质量发展调研成果汇报会。

**2018 年安徽中烟工业有限责任公司所属生产厂情况统计**

| | | 安徽中烟工业有限责任公司蚌埠卷烟厂 | 安徽中烟工业有限责任公司芜湖卷烟厂 | 安徽中烟工业有限责任公司合肥卷烟厂 | 安徽中烟工业有限责任公司阜阳卷烟厂 | 安徽中烟工业有限责任公司滁州卷烟厂 |
|---|---|---|---|---|---|---|
| 法人资格 | | 非独立法人 | 非独立法人 | 非独立法人 | 非独立法人 | 非独立法人 |
| 主要负责人（含党政领导） | | 党委书记、厂长：王茂林 | 党委书记、厂长：黄　剑 | 党委书记、厂长：刘　云 | 厂长、党委书记：王子郁 | 厂长、党委书记：林　河 |
| 成立时间 | | 1942 年 | 1949 年 | 1949 年 | 1948 年 | 1949 年 |
| 从业人员（人） | | 1071 | 951 | 965 | 737 | 810 |
| 卷烟生产能力（亿支） | | 400 | 400 | 413 | 200 | 200 |
| 卷烟品牌 | 自有品牌 | 黄山、红三环 | 黄山、都宝 | 黄山 | 黄山、红三环 | 黄山、红三环 |
| | 合作生产品牌 | — | 利群 | — | 红双喜、大前门 | — |

◇ 撰稿：孙　群；编辑：周　佳

# 福建中烟工业有限责任公司

【经济效益】 2018 年，福建中烟工业有限责任公司实现卷烟销售收入（不含出口、合作生产）256.10 亿元，同比增长 4.61%。实现税利 192.38 亿元，同比增长 4.85%，其中利润 12.57 亿元，同比下降 2.76%。三项费用率 8.17%。

万元产值综合能耗 8.22 千克标煤，万支卷烟综合能耗 2.63 千克标煤。烟叶、滤棒、盘纸平均消耗分别为 6.78 千克/万支、2479 支/万支、588 米/万支。水、电平均消耗分别为 0.06 吨/万支、10.06 千瓦时/万支。

【主要产品与品牌建设】 **主要产品**。福建中烟生产的主要卷烟品牌有 “七匹狼” “金桥” “古田” “石狮” “土楼” 等，在产规格有 67 个，其中 “七匹狼” “金桥” 被列为全国重点卷烟品牌。许可生产 “万宝路” “长寿” 品牌卷烟。

**品牌发展思路**。坚持以 “七匹狼” 为主，“古田” “金桥” “土楼” 等其他品牌为辅的品牌发展战略推动品牌发展向中高端转型。“七匹狼” 品牌继续保持烟草行业重点品牌中的位置，全年 “七匹狼” 商业销售额在烟草行业重点品牌中第 14 位。培育新产品，推出细支烟、中支烟、爆珠烟等特色中高端卷烟。主动对接货源需求，落实卷烟协议进度。

【原材料保障】 持续提升原料保障能力，稳定核心烟叶产区份额并扩大上等烟采购比例，稳步优化原料结构。全面推广“应用原料生态仓储四段式气调养护”技术，实施烟叶个性化养护。“原料养护生态杀虫与清洁仓间建设”项目获得行业物流重点课题优秀成果一等奖。全年采购国内外烟叶 5.22 万吨（104.36 万担），其中，国内烟叶 4.24 万吨（84.8 万担），进口烟叶 0.98 万吨（19.56 万担）。通过工业调剂、出口让售等方式继续消减不适用烟叶。

【技术创新】 **技术中心概况**。福建中烟工业有限责任公司技术中心成立于 2006 年。2011 年 1 月，获得国家局行业级技术中心认定，同年 11 月获得国家级技术中心认定。2013 年 8 月，博士后科研工作站获批准设立，同年 9 月技术中心搬迁至厦门市集美区杏林湾科教园区。技术中心按非法人实体化运作，实行扁平化管理和开放式运行，下设 15 个职能部门及博士后工作站。有员工 171 人，其中博士研究生学历 8 人，硕士研究生学历 41 人，高级职称 44 人，中级职称 96 人。2018 年，在行业技术中心评价中排名第六。截至 2018 年底，拥有授权专利 1243 件，其中发明专利 325 件。

**技术创新**。建立年度科技座谈会机制，加快学科创新体系建设，推进专家库建设，优化科研经费管理，促进激发科技创新活力政策措施的落地。建设综合创新平台，实现科技项目和管理创新项目的流程化管理。全年开展各类科技研究项目 83 项，取得科技成果 32 项。推荐申报国家局项目 3 个，通过国家局科技成果鉴定项目 3 个。全年获得专利授权 91 件，其中发明专利 43 件；制（修）订并发布行业标准 17 项，2 个项目分别获得中国烟草总公司科学技术进步奖三等奖、福建省标准贡献奖。2018 年，卷烟焦油量加权平均值 10.08 毫克/支，同比下降 5.08%。一、二类烟焦油量加权平均值 10.23 毫克/支，同比下降 7.67%。

**新品研发**。坚持市场导向，持续推进消费者需求管理体系建设和产品模块化设计研究，全年开发“七匹狼（金砖时代）”“土楼（1575 金中支）”“土楼（1575 冰抹茶）”“七匹狼（乘风启航）”等新产品，有序推进短支、中支等产品储备。加强自主掌控香原料开发，储备抹茶香等珠液香精，优化滤棒香线香精。

【企业管理】 开展高质量发展专题研究，搭建企业高质量发展评价指标体系。制定精益管理体系评价标准，促进管理重心由降低成本向创造价值转变。持续推进卓越绩效管理，编制《管理大纲》，完善流程和风险管理机制，开展管理成熟度自评，通过新版质量、环境管理体系第三方认证审核。拟订《卷烟联运滑托盘应用规范》行业标准。工商卷烟纸滑托盘联运拓展到 14 个地市。开展塑料烟箱回收使用试验，启动同城工商卷烟越库分拣试点。全年实现降本增效 1.33 亿元。

【交流与合作】 **技术合作**。继续与郑州烟草研究院、国家烟草质量监督检验中心、厦门大学、福州大学等科研院所及高校开展项目合作。

**境外合作**。8 月 10 日和 10 月 10 日分别在柬埔寨西哈努克港和菲律宾马尼拉举行“七匹狼”上市发布会。

【特事辑要】 8 月 7 日，福建中烟成立 15 周年座谈会召开。启动举办“不忘初心、勇往直前”十五周年主题图片

2018 年，龙岩烟草工业有限责任公司卷包车间开展“古田杯”机械维修工技能竞赛

龙岩烟草工业 供稿

巡回展，制作《福建中烟15周年印象影集》。

## 所属企业

### 龙岩烟草工业有限责任公司

**【经济效益】** 2018年，龙岩烟草工业有限责任公司实现卷烟销售收入137.32亿元，同比增长4.16%。实现税利106.95亿元，同比增长3.5%，其中利润5.09亿元，同比下降10.88%。

**【企业管理】** 启动智能工厂试点工作，开展“卷烟智能制造CPS模型规范”行业标准设计。深化应用批次质量管理系统，加强关键质量风险识别与控制，有效保障产品质量的全程监控、精准管理。中细支烟落地生产，提升订单响应速度，订单响应平均周期为30.65天，同比缩短1.35天。添置改造设备，全年新增、续建各类设备购置、改造、维保项目185项。参与行业创优对标，11类指标同比提升。开展节支降耗工作，全年公司实现降本增效金额2178.43万元，烟用材料成本节约940.84万元。物资、工程、服务采购公开招标金额占比97.12%。开展创新创效活动，推动群智创新。

### 厦门烟草工业有限责任公司

**【经济效益】** 2018年，厦门烟草工业有限责任公司实现卷烟销售收入107.95亿元，同比提高5.23%。实现税利78.96亿元，同比提高7.07%，其中利润4.87亿元，同比提高12.7%。三项费用率5.41%。

**【企业管理】** 公司成为行业首批智能工厂试点验证单位。全生产过程批次管理信息系统、设备卓越绩效管理及运维信息系统上线运行。完成一区卷包、动力集控系统改造，中支滤棒实现自主生产。深化质量风险管理和卷烟过程烟虫防治，强化过程管控。围绕“提质、降本、增效”，开展全员、全过程、全方位的精益专题和全员改善活动。开展设备自主维修项目共132项，其中高速机自主项修为行业首例。

**2018年福建中烟工业有限责任公司所属企业情况统计**

| | | 龙岩烟草工业有限责任公司 | 厦门烟草工业有限责任公司 |
|---|---|---|---|
| 法人资格 | | 独立法人 | 独立法人 |
| 主要负责人/法定代表人（含党政领导） | | 党委书记、董事长：廖材河<br>党委副书记、总经理：姜志强 | 党委书记、董事长：吴志文<br>党委副书记、总经理：邱晓卫 |
| 成立时间 | | 1951年 | 1948年 |
| 从业人员（人） | | 1730 | 1430 |
| 卷烟生产能力（亿支） | | 778 | 600 |
| 卷烟品牌 | 自有品牌 | 七匹狼、石狮、古田、土楼 | 七匹狼、石狮、金桥 |
| | 许可生产品牌 | 万宝路 | 长寿 |
| | 来牌加工品牌 | 妙香 | — |

◇ 撰稿：卢永梅；编辑：周　佳

# 江西中烟工业有限责任公司

**【经济效益】** 2018年，江西中烟工业有限责任公司实现卷烟销售收入203.56亿元，同比增长16.20%。实现税利139.25亿元，同比增长16.35%，其中利润3.51亿元，同比下降30.36%。三项费用率6.63%，同比减少0.86个百分点。

万元产值综合能耗8.54千克标煤，万支卷烟综合能耗2.64千克标煤。烟叶、滤棒、盘纸平均消耗分别为6.83千克/万支、2543支/万支、596米/万支。水、电平均消耗分别为0.14吨/万支、10.91千瓦时/万支。

**【“金圣”品牌培育】** ***品牌发展思路***。2018年，“金圣”品牌聚焦主导市场、围绕重点规格开展品牌培育。加强对一、二类卷烟抓好结构的提升，重点针对“金圣（智圣出山）”“金圣（智圣出山·国味）”“金圣（硬红瑞香）”“金圣（吉品）”“金圣（滕王阁·长天）”等规格开展专项活动，提升“金圣”品牌形象。

**品牌销售情况。**全年“金圣”品牌实现销售收入193.16亿元，同比增长25.19%。实现单箱销售收入3.21万元，同比增长4.71%。

**境外市场拓展。**全年出口卷烟5149万支，有“金圣（瓷）”“金圣（瓷·细支）”“金圣（瓷9+1）”“金圣（圣地中国红）（出口版）”“金圣（华天下·沉香细支）”“金圣（华天下·檀香细支）”等6个规格，截至2018年底，公司出口卷烟产品在境外超过90家免税门店上架销售。

2018年7月，江西中烟井冈山卷烟厂组织开展2018年特有工种职业技能鉴定实操考试

江西中烟井冈山卷烟厂　刘道津　摄

**【“金圣”新品研发】** **新产品开发。**2018年，设计开发“金圣（滕王阁·长天）”“金圣（圣地中国红·出口版）”“金圣（瓷·细支）”“金圣（瓷9+1）”“金圣（华天下·沉香细支）”“金圣（华天下·檀香细支）”等6款新品，并陆续投放市场。

**特色品类构建。**出口烟方面，全年设计开发“金圣（圣地中国红·出口版）”“金圣（瓷·细支）”“金圣（瓷9+1）”“金圣（华天下·沉香细支）”“金圣（华天下·檀香细支）”等5款出口新品，进一步提高“金圣”品牌的市场影响力。产品创新方面，开发新品中支烟“金圣（滕王阁·长天）”，标志着公司品牌完成在“短、细、中、爆”等创新型产品规格上的全方位布局。

**【原辅材料保障】** **原料保障。**2018年，江西中烟共采购国内原烟2.51万吨（50.27万担）；进口烟叶0.31万吨（6.4万担），其中，进口巴西烟叶0.06万吨（1.27万担）、津巴布韦烟叶0.25万吨（4.99万担）。全年自有品牌生产耗用烟叶原料2.64万吨（52.88万担）。调拨入库原料2.67万吨（53.40万担）。

优化产区布局，烟叶产区集中在云南、湖南、湖北和江西4个省。建有国家级烟叶基地单元10个，其中云南7个、湖南2个、江西1个。开展精准采购，推行烟叶外观等级质量预检复检“两级控制”模式，进一步加强公司烟叶采购外观质量控制工作，其中湖南、云南两地上等烟比例达到86.56%，实际采购量100%满足产品研发的计划需求。加强过程管控，推行标准化选叶和均质化加工，提高片烟加工质量，在线水分抽检合格率100%，综合加工出片率65.34%。

**辅料采购。**2018年，公司采购烟用物资22.72亿元，其中专卖品卷烟材料实际采购金额5.67亿元，非专卖品卷烟材料实际采购金额16.5亿元，零配件采购入库金额0.55亿元。开展卷烟纸、醋纤滤棒、接装纸等烟用材料采购项目公开招标工作。烟机零配件方面，完成带类采购项目、喂丝机专用配件采购项目、TG80型压棒机专用配件采购项目、电气零配件候选供应商采购项目公开招标工作。

**【技术创新】** **江西中烟工业有限责任公司技术中心。**技术中心成立于2007年1月，是行业认定技术中心、省级企业技术中心和省级工程技术研究中心，拥有博士后科研工作站。中心占地面积约6600余平方米，设有“五部一室一站”，有在岗员工75人，其中硕士研究生以上学历33人。

2018年，技术中心以加快“金圣”品牌发展为核心，坚持新品开发和经典产品提质改造为重点，重塑产品形象，推进科技创新，创新能力有增强。

**香料技术研究。**在行业内首创干珠免捏设计技术，并率先运用于“金圣（滕王阁·长天）”中支卷烟。探索烟用材料赋香技术，完成11种自主研发香料1.34万千克的生产供应，标志着自研香原料在产品中得到大规模应用。推广使用生物酶制剂，分别应用于“金圣（瓷·细支）”“金圣（典藏瑞香）”“金圣（软瑞香）”等规格的正式生产。进行烟叶加速陈化实验，以喷施微生物菌剂的方法，实现降低烟叶杂气、刺激性，减弱烟叶劲头的目的。

**原料提质研究。**加强2017年度片烟、2018年度烟叶基地烟叶样品的质量评价和制样送检，对省内烟叶试验样品进行感官质量评价，进一步掌握省产烟叶的质量信息。截至2018年底，完成清选烟叶1.81万吨（36.2万担），全年多数产地中部上等烟的A类烟比例有明显提高，中部上等烟等级纯度有所提升。开展“个性化的打叶复烤加工工艺条件对烟叶质量影响”等项目研究，分别在彬州、赣州等地烟叶复烤厂开展分段打叶、均质化加工、打叶复烤多元化提质技术的研究。以赣州卷烟厂烟叶醇化库为调研基地，与郑州院等科研单位合作交流，探索赣州的气候条件下，原烟存放环境对其品质的影响，获得烟叶醇化提质的方法。

**质量管控。**全年共完成621批次工艺质量跟踪及11个牌号13次的工艺技术标准的修订。开展“滕王阁”专用梗丝加工试验研究、箱式贮丝和柜式贮丝的工艺质量对比分析研究，以及“金圣（智圣出山）”“金圣（滕王阁·紫光）”优化卷烟质量的工艺测试分析。开展梗线HDT设备工艺改善，建立卷烟机台评审机制，从设备上提升工艺保障。持续优化卷烟产品质量检测标准，开展季度质量巡检，保证公司产品质量及质量安全。拓展技术服务内容，参与相关新版体系的修订宣传贯彻培训，指导各卷烟厂规划检测能力和仪器配置方案。开展“金圣（智圣出山）”“金圣（硬红瑞香）”等7款产品的转移生产试验，以及“金圣（硬滕王阁）”加香滤棒自主生产的测试及“滕王阁”专用梗测试和重现试验。

**【技术改造】** 2018年，江西中烟广丰卷烟厂易地技改项目实现后勤管理、生产管理用房、动力中心及联合工房制丝车间主体封顶。南昌卷烟厂制丝工艺创新提质就地技改项目完成总体规划初步设计并获得国家局正式批复。井冈山卷烟厂易地技改项目结算审计基本完成。赣州卷烟厂易地技改总体竣工通过国家局验收，二期片烟醇化库建设项目完工并投入使用。

**【特事辑要】** 2月7日，江西中烟召开2018年工作会议。

2月24日，江西省委常委、赣州市委书记李炳军在江西中烟赣州卷烟厂进行新年慰问和工作调研。

3月22日，江西省委常委、常务副省长毛伟明在江西中烟调研，实地察看卷烟生产、技术创新和产品研发等情况，并召开现场座谈会，听取工作汇报。

7月4—5日，国家局党组成员、副局长徐䇹在江西烟草调研，听取江西烟草工商两家的工作汇报。

11月23日，江西省委副书记、省长易炼红在江西中烟就全省烟草行业转型创新发展进行专题调研。江西省副省长吴晓军一同调研。

12月26日，国家局党组成员、副局长段铁力在江西中烟南昌卷烟厂调研。

**2018年江西中烟工业有限责任公司所属生产厂情况统计**

| | 江西中烟工业有限责任公司南昌卷烟厂 | 江西中烟工业有限责任公司赣州卷烟厂 | 江西中烟工业有限责任公司广丰卷烟厂 | 江西中烟工业有限责任公司井冈山卷烟厂 |
|---|---|---|---|---|
| 法人资格 | 非独立法人 | 非独立法人 | 非独立法人 | 非独立法人 |
| 主要负责人（含党政领导） | 党委副书记、厂长：罗　飚<br>党委书记、副厂长：李铁军 | 党委副书记、厂长：何善懋<br>党委书记：黄　平 | 党委副书记、厂长：毛小东<br>党委书记：徐辉广<br>（2018年3月—，<br>之前任党委书记、副厂长） | 党委副书记、厂长：华　刚<br>党委书记：刘　曜 |
| 成立时间 | 1950年 | 2013年 | 1988年 | 1982年 |
| 从业人员（人） | 1346 | 1110 | 1161 | 520 |
| 卷烟生产能力(亿支) | 270 | 300 | 100 | 150 |
| 卷烟品牌　自有品牌 | 金圣 | 金圣、庐山 | 金圣、庐山 | 金圣 |
| 卷烟品牌　合作生产品牌 | 南京、利群 | 双喜、红玫、椰树 | — | 利群、雄狮 |

◇ 撰稿：李前进；编辑：周　佳

# 山东中烟工业有限责任公司

【经济效益】 2018年，山东中烟工业有限责任公司实现卷烟销售收入293.8亿元，同比增长5.05%。实现卷烟税利196.12亿元，同比增长8.24%，其中利润21.67亿元，同比增长35.92%。三项费用率9.91%，同比减少0.11个百分点。

万元产值综合能耗11.23千克标煤，万支卷烟综合能耗2.76千克标煤。烟叶、滤棒、盘纸平均消耗分别为6.67千克/万支、2501支/万支、590米/万支。水、电平均消耗分别为0.05吨/万支、9.01千瓦时/万支。

【主要产品】 **自有品牌**。2018年，山东中烟生产的卷烟品牌主要有“泰山”“哈德门”。

**合作生产品牌**。合作生产上海烟草集团“红双喜”品牌、“大前门”品牌，湖南中烟“白沙”品牌，湖北中烟“红金龙”品牌，江苏中烟“南京”品牌。

【品牌建设】 **“泰山”品牌培育**。不断突出品牌风格特色，“泰山（儒风细支）”“泰山（心悦）”等稳步增长，“泰山（茉莉香韵）”上市表现良好。“泰山”品牌商业销量连续四年实现增长，继续位列行业“双十五”品牌，全年实现商业销售额364.72亿元，同比增长8.42%；实现单箱销售额2.21万元，同比增长1.57%。

**统筹市场拓展**。省内加强工商协同，完善新品开发机制，快速响应市场变化。实施专项提升工程，推动“泰山”品牌转型升级、提质增效。2018年，鲁产卷烟省内市场份额为53.45%，同比增加0.24个百分点，其中，一、二类卷烟市场份额16.67%，同比增加1.42个百分点。省外狠抓根据地市场和重点城市市场建设，以卷烟上柜率为抓手，在稳规模、上结构、树标杆上实现突破，市场贡献度不断提高。

**加强品类建设**。突出产品风格特色，做实“茶甜香”品类，推出“泰山（茉莉香韵）”；挖掘品牌资源，扩展“国际烤烟型”品类，推出“泰山（红将二代）”“泰山（金将中支）”；尝试经典品牌价值回归，推出“哈德门（壹号）”。推进品牌形象提升工程，统一品牌形象设计，按照形象、要素、品牌“三统一”原则，编制发布识别系统和应用规范系统。

**推进市场建设**。省内市场：在“工商协同、信息沟通、市场调控”3个机制的基础上，建立“新品开发”机制，成立“泰山”品牌培育领导小组，卷烟营销团队紧密协作，专家评吸团队密切配合，共同面向零售户和消费者，快速响应市场需求和变化。省外市场：加强根据地市场和重点城市建设，以北京、河北、黑龙江等为根据地市场，新疆为重点关注市场，选择46个省会城市和重点地级市，紧盯总量、市场份额和上柜率等各项指标，稳定规模调整结构。

**创新销售手段和模式**。搭建营销工具与服务响应平台，建设移动营销平台和专项呼叫客服制度。推动二维码营销2.0版本建设，优化活动模式，实施会员积分制度。启动品牌经理负责制，实施品牌策略、布局、保障等系列化运作。探索开展“互联网+营销”，逐步搭建完成会员管理系统、服务保障系统、大数据分析应用系统和营销应用系统等5个自有信息化系统。

【原辅材料保障】 **原料采购**。坚持控制国产烤烟，年度国产烤烟采购总量6.58万吨（131.5万担），其中上等烟叶2.83万吨（56.5万担），控制至近10年最低水平；采购资金同比下降约4亿元。针对山东烟叶采购，公司会同农科院青州烟草所确定核心种植、采购区域，加强与山东省局（公司）协调合作，实行分类施策、定点采购。

强化基地烟叶质量跟踪评价，跟进落实配套技术，基地烟叶主导种植品种符合率达到96.8%。把控烟叶等级合格率、纯度、水分、重量等关键指标，落实“三级检验+质量巡检”制度，推行“一厂一策、协议加工”，质管人员“分片蹲点、跟班监督”，成品烟叶“车车检、库库验”和业务员“驻点调运、监督发货”等管控措施，确保成品烟叶质量的稳定、均衡、均质。

**烟用材料管理**。2018年，公司组织实施招标采购9次，卷烟设备改造大修成本减少181.4万元，同比下降5.6%。严格烟用材料、备品备件供应商资质认证、评价考核，夯实质量保证基础。推行烟用材料“双向延伸”质量管控模式和“4+2”管控体系，烟用材料、备品备件入库检验合格率100%，烟用材料监督检验合格率100%。严格采购计划审核，实时下达、跟踪调度采购订单，定期分析异常库存，采购需求与生产计划符合率保持100%。实施烟用材料采购预警、差别备货，全面推行寄售管理，供应及时率和准确率、具备可利用价值的烟用物资调剂使用率保持100%。

【技术创新】 **技术中心概况**。山东中烟工业有限责任公司技术中心成立于2006年10月，2007年通过国家发展改革委、科技部、财政部、海关总署、税务总局等五部委联合组织的国家认定企业技术中心的认定。2018年，有在岗员工135人，其中博士研究生学历2人，硕士研究生学历45人，大学以上学历119人；高级职称27人，中级职称90人。2018年，取得行业科技项目成果2项、公司级科技项目成果10项。

**产品研发**。推行产品研发项目化，加强创新成果应用融合，全年开发9款、推出4款新产品，启动10款中高端特色产品研备。外围加热不燃烧卷烟具备境外上市条件。

**机制建设**。贯彻行业激发科技创新活力、调动“两个积极性”要求，公司出台“创新十条”。统筹推进科技创新，构建国家级技术中心为主体、2个行业工程中心为两翼、4家卷烟厂科技委为助推的“一体两翼四助推”全员创新体系。

**平台建设**。创办科技创新“泰山大讲堂”，加强与郑州院、青州所、山东大学等科研机构、高校技术合作，搭建开放性创新平台。挂牌成立行业烟用爆珠工程研究中心，行业在卷烟工业领域共设立3家工程研究中心，公司占2家。

**技术攻关**。推进项目研究，有行业项目立项4项，公司项目立项54项，公司在研项目66项；细支烟重大专项通过行业鉴定，烟用爆珠品控项目获总公司科学技术进步奖三等奖。“模块化配方打叶”“山东烟叶提质应用研究”“再造烟叶技术”取得阶段性成果，中空滤棒应用关键技术取得突破。全年新增专利21件，截至2018年底，累计拥有专利400件。

注重产品维护，持续提升控制精度，重点规格卷烟感官质量波动收窄15%，单支焦油加权平均值减少0.15毫克。

【交流与合作】 **境外市场拓展**。拓展免税市场，实现由点到面逐步覆盖，在韩国、新加坡、日本等原有市场基础上，新增珠海免税集团（境内关外）、中国台湾地区、乐天（越南）等市场，“泰山（TS）”品牌在免税市场销量快速增长。巩固传统主销市场，由点到面扩大中东区域市场覆盖面；不断完善澳大利亚市场布局，推进“一带一路”市场拓展，通过加大对巴基斯坦、泰国、中亚等市场拓展力度，进一步完善市场布局。

**产品结构优化**。在主销市场动荡背景下，销售结构连续五年提升。通过丰富产品线、优化境外产品布局，形成涵盖卷烟、雪茄的门类齐全的“泰山（TS）”产品体系，满足高、中、低档市场和消费者需求，稳定市场销量。加大境外免税市场、高端市场投放，提升产品结构，扩大高端产品销量，超高端产品“泰山（香缘）”在中国澳门上市，雪茄境外市场拓展实现“零”突破。

**境外渠道建设**。加大境外渠道建设力度，增加境外市场投入，通过境外旗舰店建设、免税专柜建设等方式，提升境外渠道建设水平。2018年，在泰国新建境外旗舰店3家，参

2018年11月，“泰山”品牌清迈体验店（清迈）举行开业揭牌仪式
山东中烟 李 磊 摄

加德国多特蒙德烟草展，提升“泰山（TS）”品牌影响力。连续四年在澳大利亚组织品牌路演活动，“泰山（TS）”品牌加盟店在澳大利亚不断增加，形成以旗舰店为依托、以加盟店为补充、以零售店为延伸的销售网络。

【管理创新】 **工艺管理**。贯彻新版《卷烟工艺规范》，提高过程质量和产品质量稳定性，卷烟产品质量抽检合格率100%，过程西格玛水平4.21。开展“质量月”活动，组织工艺质量改善，完成优秀课题20余项，群众性质量活动获行业一等奖1个、二等奖2个。

**精益管理**。实施管理创新、精益课题研究，开展管理诊断与全员改善活动，11项成果获得省现代化管理创新成果奖。深挖管理潜力，15项指标优于行业对标平均水平，其中2项为行业先进。新版质量管理体系通过第三方认证。

**设备管理**。统一调配设备资源，建立产能即时应对机制，满足创新产品需求。实施设备精益管理，提升工艺质量保障水平。推进能源管理和技术节能，万支卷烟综合能耗同比下降1.1%，全年节约能源费用540万元。

**技术改造**。严控非生产性投资项目，优先保障技术改造及安全生产项目，新上项目投资规模同比下降23.7%。滕州卷烟厂易地技改项目具备整体验收条件，济南卷烟厂烟叶醇化库项目投入使用，新型烟草制品装备工程研究中心、新型卷烟材料研发制造中心项目有序推进。

【特事辑要】 5月23日，山东省委常委、济南市委书记王忠林在济南卷烟厂调研。

10月19日，工业和信息化部党组成员、中央纪委国家监委驻工业和信息化部纪检监察组组长郭开朗在济南卷烟厂开展工作调研。

**2018年山东中烟工业有限责任公司所属生产厂情况统计**

| | | 山东中烟工业有限责任公司济南卷烟厂 | 山东中烟工业有限责任公司青岛卷烟厂 | 山东中烟工业有限责任公司青州卷烟厂 | 山东中烟工业有限责任公司滕州卷烟厂 |
|---|---|---|---|---|---|
| 法人资格 | | 非独立法人 | 非独立法人 | 非独立法人 | 非独立法人 |
| 主要负责人（含党政领导） | | 党委书记、副厂长：赵善强<br>党委副书记、厂长：孟庆华 | 党委书记、副厂长：张　彤<br>党委副书记、厂长：刘所锋 | 党委书记、副厂长：李继东<br>党委副书记、厂长：王海滨 | 党委书记、副厂长：李继鹏<br>党委副书记、厂长：徐　伟 |
| 成立时间 | | 1928年 | 1919年 | 1948年 | 1951年 |
| 从业人员（人） | | 1480 | 1390 | 1053 | 853 |
| 卷烟生产能力（亿支） | | 662 | 773 | 250 | 150 |
| 卷烟品牌 | 自有品牌 | 泰山、哈德门 | 泰山、哈德门 | 泰山、哈德门 | 泰山、哈德门 |
| | 合作生产品牌 | 红金龙 | 红双喜、大前门 | 南京、白沙 | — |

◇ 撰稿：秦日旭；编辑：周　佳

# 河南中烟工业有限责任公司

【经济效益】 2018年，河南中烟工业有限责任公司生产高端卷烟46.95亿支（9.39万箱），同比增长28.89%，其中高价位卷烟25.51亿支（5.1万箱），同比增长37.68%。生产细支烟91.38亿支（18.28万箱），同比增长15.6%。生产合作品牌卷烟152.5亿支（30.5万箱），同比增长45.24%。生产出口烟15.35亿支，同比增长62.23%。

高端卷烟实现销量44.67亿支（8.93万箱），同比增长25.64%，其中高价位卷烟23.99亿支（4.8万箱），同比增长24.16%。细支卷烟实现销量90.79亿支（18.16万箱），同比增长28.43%。出口烟实现销量14.1亿支，同比增长29.29%。

合作生产浙江中烟卷烟品牌“利群”27亿支（5.4万箱）、“雄狮”3亿支（0.6万箱），上海烟草集团“红双喜”31.5亿支（6.3万箱）、“大前门”21亿支（4.2万箱），湖南中烟“白沙”40亿支（8万箱），云南中烟“红梅”30亿支（6万箱）。

实现卷烟销售收入446.49亿元，同比增长8.98%。实现税利321.27亿元，同比增长9.03%，其中利润37.41亿

河南中烟许昌卷烟厂质检人员检查产品的外观质量（2018 年）
河南中烟　王弥霄　摄

元，同比下降 4.27%。三项费用率 9.76%，同比增加 0.67 个百分点。实现降本增效 1.6 亿元。

万元产值综合能耗 9.53 千克标煤，万支卷烟综合能耗 2.81 千克标煤。水、电平均消耗分别为 0.10 吨/万支、8.94 千瓦时/万支。烟叶、滤棒、盘纸平均消耗分别为 7.16 千克/万支、2434 支/万支、574 米/万支。

【品牌建设】　**新品开发**。持续完善价类、品类和品规布局，构建“6 + N”重点产品体系，抓好一类烟战略布局，推进二类烟增量扩销。强化产品创新，顺应个性化、多样化和不断升级的消费需求，全年新产品研发成功率超过 11%，开发上市“黄金叶（天尊）”“黄金叶（国色细支）”“黄金叶（豫香）”“黄金叶（摩卡）”“黄金叶（TIME）”“黄金叶（红火）”等 6 款产品。

**品质维护**。推进产品维护向数字化、全要素、全过程转变，提高产品维护的系统性、高效性和科学性。深化标准体系和管控体系建设，开展短支烟核心技术及质量控制体系构建。完成“黄金叶（小黄金）”“黄金叶（黄金眼）”“黄金叶（爱尚）”“黄金叶（炫尚）”“黄金叶（浓香细支）”等 5 款产品提质优化工作；完成 18 款产品共 34 个批次的配方维护。

**品牌培育**。提升“黄金叶”品牌培育质量和水平。成立品牌管理委员会，完善品牌培育决策机制，提升品牌决策科学性。强化策略管理，构建“策略提报—策略执行—执行监督—效果评估—优化改进”的闭环管理流程，初步实现品牌培育卷宗式管理。

全年销售“黄金叶”一、二类烟 55.73 万箱，同比增加 14.86 万箱，增长 36.35%，增量、增幅分别居重点品牌第三位和第七位。“黄金叶（天叶）”销量突破 4 万箱，居行业高价位卷烟销量第二位；“黄金叶（天香细支）”销量 3.19 万箱，同比增长 36.31%；“黄金叶（乐途）”“黄金叶（爱尚）”销量分别为 75.45 亿支（15.09 万箱）、64.7 亿支（12.94 万箱），分别居行业二类烟单规格第 10 位、第 13 位。新产品“黄金叶（小目标）”“黄金叶（大 M）”销量分别为 34.95 亿支（6.99 万箱）、6.65 亿支（1.33 万箱）。

【技术创新】　**技术中心概况**。河南中烟工业有限责任公司技术中心成立于 2007 年 3 月，为行业级技术中心。下设烟气分析、超净分析、常规分析、理化分析、香精香料分析、卷烟及烟用材料物理指标检测等标准实验室，拥有先进大型仪器设备 70 余台（套），总价值 9696.8 万元。截至 2018 年底，员工 129 人，平均年龄 40 岁，其中博士研究生学历 4 人，硕士研究生学历 45 人；中高级以上专业技术资格 107 人，其中高级职称 40 人；1 名国务院特殊津贴专家、1 名行业学科带头人、5 名国家卷烟感观（官）质量评吸委员会委员、1 名标准化委员会委员、1 名中国烟草品种审定委员会委员、2 名国家烟叶等级质量检验委员会委员。

**科技管理**。制定发布关于激发科技创新活力调动“两个积极性”的实施方案和工作安排意见，全面梳理制约公司激发创新活力的规章制度，对《科技项目管理办法》《科学技术奖励办法》2 项核心制度进行优化完善。实施项目管理全流程监管，强化项目立项、实施、结题、评奖等全过程管理。全年验收科技成果 38 项，开展省级科技成果评价 4 项，评选出公司级科技创新团体奖 3 个、科学技术进步奖 28 项、标准研究奖 14 项、发明专利奖 57 项、科技论文奖 48 项。组建人才专家库，依托专家力量，开展人才共享课题攻关。

**科研成果**。发表科技论文 138 篇，获得授权专利 534 件，其中发明专利 61 件。取得项目成果 42 项，获得省科学技术进步奖 6 项，其中“烟草特有 N-亚硝胺代谢机制及减效技术”“再造烟叶质量稳定性提升关键技术研究及应用”2个项目获得二等奖，“甘薯烤甜香料的研制与规模化生产应用”“凸显醇香风格的天然香料靶向制备技术开发及应用”“过程质量均一化即时控制技术开发与应用”“制丝重点过程质量诊断与纠偏系统”4个项目获得三等奖。

**【合作与交流】** 2018年，向缅甸、印度、巴拿马、印度尼西亚、智利、巴布亚新几内亚、伯利兹、新加坡、菲律宾、巴基斯坦、阿联酋、伊朗等国家和地区出口卷烟14.1亿支，出口实现1540.84万美元。同时，创新合作交流，向缅甸、印度尼西亚、越南等国家出口烟叶630吨，出口实现310万美元。

**【特事辑要】** 1月31日至2月1日，河南中烟召开2018年工作会议。

8月14日，河南省委副书记、省长陈润儿在河南中烟调研烟草业转型升级工作。

11月23日，河南省慈善总会与河南中烟联合举行精准扶贫革命老区新县捐赠仪式。河南中烟向省慈善总会捐款800万元，用于支持革命老区新县的脱贫攻坚建设。

12月7日，河南省副省长刘伟在河南中烟洛阳卷烟厂调研。

**2018年河南中烟工业有限责任公司所属生产厂情况统计**

| | | 河南中烟工业有限责任公司黄金叶生产制造中心 | 河南中烟工业有限责任公司许昌卷烟厂 | 河南中烟工业有限责任公司安阳卷烟厂 | 河南中烟工业有限责任公司南阳卷烟厂 | 河南中烟工业有限责任公司驻马店卷烟厂 | 河南中烟工业有限责任公司漯河卷烟厂 | 河南中烟工业有限责任公司洛阳卷烟厂 |
|---|---|---|---|---|---|---|---|---|
| 法人资格 | | 非独立法人 | 非独立法人 | 非独立法人 | 非独立法人 | 非独立法人 | 非独立法人 | 非独立法人 |
| 主要负责人（含党政领导） | | 总经理：陈春喜<br>党委书记：郑国兴 | 厂长：刘金福<br>党委书记：曾显峰 | 厂长：范国民<br>党委书记：范国民（—2018年5月）陈清棠［2018年5月—，之前任党委副书记（主持工作）］ | 厂长：李松峰<br>党委书记：杨玉良 | 厂长：董建兴<br>党委书记：常明升 | 厂长：吕 飞<br>党委书记：赵群发 | 厂长：齐建华<br>党委书记：黄光富 |
| 成立时间 | | 2014年 | 1949年 | 1945年 | 1950年 | 1949年 | 1946年 | 1981年 |
| 从业人员（人） | | 2390 | 1595 | 1087 | 982 | 793 | 775 | 882 |
| 卷烟生产能力（亿支） | | 730 | 390 | 253 | 211 | 150 | 225 | 150 |
| 卷烟品牌 | 自有品牌 | 黄金叶、红旗渠 | 黄金叶 | 黄金叶、红旗渠、发时达 | 黄金叶、红旗渠 | 红旗渠、散花 | 黄金叶、红旗渠、散花 | 黄金叶、红旗渠 |
| | 合作生产品牌 | — | — | — | 红双喜、大前门 | 红梅 | 利群、雄狮、白沙 | — |

◇ 撰稿：陈仕文；编辑：褚 幸

# 湖北中烟工业有限责任公司

**【经济效益】** 2018年，湖北中烟工业有限责任公司实现税利605.18亿元，同比增长6.4%，其中利润90.39亿元，同比增长10.2%。

**【主要产品与品牌建设】** 2018年，湖北中烟生产的内销卷烟品牌主要有“黄鹤楼”“红金龙”。

全年境外实现卷烟销量31.51亿支，其中一般贸易出口7.54亿支，境外生产销售23.97亿支。“RGD”实现境外销量25.51亿支，“黄鹤楼”实现境外销量5.89亿支。积极培育新品，新品实现税利4.73亿元，为卷烟产品提供新亮点，同时多价位、多规格产品研发，进一步丰富“黄鹤楼”产品线。

2018 年 5 月，湖北中烟襄阳卷烟厂卷包车间鲁班 QC 小组被评为“全国优秀质量管理小组”

湖北中烟襄阳卷烟厂　骆　毅　摄

【管理创新】　2018 年，湖北中烟围绕“管理融合年”的各项任务，强化方针目标引领。持续加强战略管理，组织开展公司“十三五”战略规划中期审视，提升战略规划的有效性。全面升级综合管理体系，制定《湖北中烟 2018 年综合管理体系建设实施方案》。加强标准管理，推进标准化重大专项实施，全年完成标准制（修）订计划 266 项。全面推进精益管理，企业 QC 成果获得烟草行业优秀质量管理小组成果三等奖 1 项、获评“全国优秀质量管理小组”2 个、“全国质量信得过班组”2 个，获得省级管理创新成果一等奖 3 项。确立降本增效工作“主体全员化、项目科学化、成果显性化”的总体目标，全年实现降本增效 1.89 亿元。

【原辅材料保障】　**多措并举降库存**。2018 年，湖北中烟烟叶工作围绕“降库存”首要任务，实施“控、出”结合，源头控制计划，加大减值出口力度，烟叶库存水平持续下降。截至 2018 年底，公司库存烟叶 37 个月，同比减少 5 个月。零配件平均库存周转率 127%，同比提高 61%。3 ~ 5 年呆滞库存占比 31%，同比下降 12%。

**严格质量管控**。2018 年，烟叶平均接收质量等级合格率 65.2%，质量符合率达到 96%。国家局烟叶工商交接质量监督检查合格率 69.9%，同比提高 4.7%，排名全国第五。片烟烟碱 CV 值 < 5% 的模块占比 99.1%，水分 CV 值 <2.5% 的模块占比 97.2%。材料入库检验质量抽检合格率 99.7%，同比提高 0.3%；同一材料同一质量问题发生率为零；下达质量整改 15 次，同比下降 44%；因质量问题影响生产时间同比减少 89 小时，下降 23%。

**创新采购模式，提升非烟物资网采效率**。通过夯实制度、平台、运行 3 个保障，总体呈现点增、面扩、效益升的良好局面。全年试点物资网采品类 12 个，采购次数 174 次；网采金额 700 万元，较预算金额降低 20%；节约采购时间 50%；质量问题反馈信息减少；网采实施响应率 100%。

【技术创新】　**创新体制机制**。加强创新优先战略顶层设计，制定《湖北中烟创新优先战略实施意见》，发布《湖北中烟科研项目对外合作管理办法》《湖北中烟科研物资和服务采购管理办法》《湖北中烟三新技术评价、验证及转化管理办法》等 13 项科技创新保障制度，优化星系模式创新体系的运行机制，以技术研发中心为龙头，逐步形成以 6 家卷烟厂、2 家直属单位和黄鹤楼科技园为支撑的融通创新工作模式，科技创新活力进一步迸发。

**强化技术突破**。细支烟创新、爆珠技术升级、特色功能滤棒创新、精益制造、原料保障体系建设等 6 个重大专项全面推进，取得阶段性成果 15 个，其中 12 个成果已转化应用，重大专项技术引领推动品牌发展。2018 年，2 项成果分别获得湖北省科技进步奖二等奖、三等奖；申请专利 368 件，其中发明专利 199 件；获得专利授权 267 件，其中发明专利 83 件；初步构建滤棒、爆珠等四类成果库，入库成果 113 个；完成 53 项产品实现类和技术保障类标准的制（修）订。

【合作与交流】　1 月底，“黄鹤楼（8 度双爆珠）”陆续在深圳、珠海等免税店及 DFS、DUFRY 等免税渠道上市。

11 月，湖北中烟 2018 年度境外客户座谈会在香港统一联邦国际有限公司举行，与全球各地的卷烟、雪茄烟、辅料等经销商共商合作发展。

【特事辑要】　5 月 8 日，湖北省委副书记马国强在恩施卷烟厂调研。

10 月 23—24 日，国家烟草专卖局党组书记、局长，中国烟草总公司总经理张建民在十堰调研国烟扶贫工作。

11 月 22 日，“黄鹤楼”品牌第 1000 亿支产品在武汉卷烟厂新厂顺利下线。

11月26日，湖北省副省长曹广晶在湖北中烟调研。

12月12—14日，国家局党组成员、直属机关党委书记高林在湖北烟草调研。

**2018年湖北中烟工业有限责任公司所属生产厂情况统计**

| | 湖北中烟工业有限责任公司武汉卷烟厂 | 湖北中烟工业有限责任公司襄阳卷烟厂 | 湖北中烟工业有限责任公司三峡卷烟厂 | 湖北中烟工业有限责任公司广水卷烟厂 | 湖北中烟工业有限责任公司红安卷烟厂 | 湖北中烟工业有限责任公司恩施卷烟厂 |
|---|---|---|---|---|---|---|
| 法人资格 | 非独立法人 | 非独立法人 | 非独立法人 | 非独立法人 | 非独立法人 | 非独立法人 |
| 主要负责人（含党政领导） | 党委书记：谭文峰<br>厂长：刘致华 | 党委书记：杨林波<br>副厂长（主持生产经营工作）：邹名扬（—2018年8月）朱　巍（2018年8月—） | 党委书记：戚新平<br>厂长：孙德平 | 党委书记、厂长：张志生 | 党委书记：张小平（2018年7月—，之前任党委书记、厂长）；<br>副厂长（主持生产经营工作）：王闰光（2018年7月—） | 党委书记：何中柱<br>副厂长（主持生产经营工作）：王　军 |
| 成立时间 | 1916年 | 1944年 | 1998年 | 1970年 | 1980年 | 2009年 |
| 从业人员（人） | 1692 | 1331 | 766 | 468 | 719 | 599 |
| 卷烟生产能力（亿支） | 750 | 350 | 150 | 145 | 136 | 339 |
| 卷烟品牌 | 黄鹤楼 | 黄鹤楼、红金龙 | 红金龙 | 黄鹤楼、红金龙 | 黄鹤楼、红金龙 | 黄鹤楼、红金龙 |

◇ 撰稿：张小沛；编辑：褚　幸

# 湖南中烟工业有限责任公司

**【经济效益】** 2018年，湖南中烟工业有限责任公司实现卷烟销售收入901.55亿元，同比增长1.30%，其中出口实现9182.40万美元，同比增长12.61%。实现税利767.62亿元，同比增长0.64%，其中利润95.09亿元，同比下降6.43%。

全年万支卷烟综合能耗3.05千克标煤，万元产值综合能耗6.01千克标煤。烟叶、滤棒、盘纸年平均消耗分别为6.74千克/万支、1676支/万支、593米/万支，水、电平均消耗分别为0.12吨/万支、9.59千瓦时/万支。

**【主要产品】** 2018年，湖南中烟内销卷烟品牌主要有“白沙”“芙蓉王”“芙蓉”“相思鸟”。

1月，爆珠烟“芙蓉王（硬蓝细支）”“芙蓉王（硬新版）”上市。2018年，“芙蓉王（硬蓝细支）”商业销量0.54亿支（0.11万箱）；“芙蓉王（硬新版）”商业销量2.19亿支（0.44万箱）。2月，短支烟“芙蓉王（硬匠心手作）”上市，商业销量115万支（23箱）。4月，第一款“芙蓉王”中支烟“芙蓉王（硬领航）”上市，商业销量1.95亿支（0.39万箱）。

3月，“白沙（硬新和气生财细支）”上市，商业销量0.52亿支（0.10万箱）。

**【卷烟合作生产】** 2018年，湖南中烟与河北、陕西、山东、河南、重庆中烟合作生产“白沙”370亿支（74万箱），同比增长12.56%。其中，与河北中烟合作生产190亿支（38万箱），与山东中烟合作生产25亿支（5万箱），与河南中烟合作生产40亿支（8万箱），与陕西中烟合作生产57.5亿支（11.5万箱），与重庆中烟合作生产57.5亿支（11.5万箱）。合作生产卷烟回购370亿支（74万箱），同比增长16.61%。其中回购销售实现销量372.46亿支（74.49万箱），同比增长16.64%。

**【技术创新】** *技术研发中心概况*。原名湖南中烟工业有限责任公司技术中心，成立于2006年，2010年6月更名为湖南中烟工业有限责任公司技术研发中心。2018年，技术中心在册人员202人（非在册博士后4人），其中博士研究

湖南中烟长沙卷烟厂安全员检查设备安全，落实安全生产网格化管理（2018 年）

湖南中烟　供稿

生学历 23 人、硕士研究生学历 67 人，有高级职称 75 人、中级职称 84 人。截至 2018 年底，共申请专利 89 件，获得授权专利 109 件，发布行业技术标准 19 项，发表科技论文 15 篇，培育烤烟新品种 1 个。

**“4＋1”技术体系的推广应用。**确保烟叶使用价值最大化。开发种、采、烤、分、收全流程的“4＋1”烟叶生产关键技术，分别为优质烟叶个体发育和群体结构调控技术、上部烟叶一次性采烤技术、烟叶烤香工艺技术、土壤改良综合技术和成熟采收管理。2018 年，在全国 40 个烟叶基地单元推广“4＋1”技术体系示范田 56.3 万亩，其中清香型产区 25 万亩，中间香型产区 26.1 万亩，浓香型产区 5.2 万亩。组织对主要烟叶基地进行 42 场次、4000 余人次的技术培训，对重点基地开展 3 轮基地运行评价和技术效果评估，基地种植密度普遍超过 1100 株。

**生物技术育种研究。**完成生物技术育种研究平台相关仪器的采购以及设备安装和调试，建成遗传转化车间、组培车间、素材储存车间。遗传转化车间和组培车间的年生产能力达到 20 万株组培苗。创新开展遗传转化和组培技术前期验证工作，克服无菌苗出苗率低，分化不整齐等技术问题，解决 T0 代早花处理技术障碍，建立基因编辑遗传转化和组织培育技术体系。

**推进科技项目全生命周期管理。**印发《科研项目全生命周期管理实施方案》，着力“立项”“执行”“鉴定”“评奖”“应用推广”等 5 个重点环节管理，建立不同生命周期的评价标准与激励办法，科技管理更为精益；通过项目定级评价，加强战略导向；通过增设优秀项目申报奖、优秀项目执行奖、项目鉴定奖，加大正向激励。2018 年，技术人员申报传统烟草类项目 18 项。其中，应用基础研究类 16 项、应用技术研究类 12 项、烟草农业类 5 项。

**【特事辑要】**　1 月 25 日，2018 年湖南烟草工业工作会议在长沙召开。

3 月 27 日，湖南省委书记、省人大常委会主任杜家毫在常德卷烟厂易地技改项目建设现场调研。

3 月 28 日，湖南省副省长陈飞在湖南中烟调研。

4 月 24 日，国家局党组成员、副局长徐瑾在湖南中烟调研。

6 月 22 日，湖南中烟向第二十一届“芙蓉学子”暨湖南希望工程助力脱贫攻坚大型公益活动项目捐款 1000 万元。

**2018 年湖南中烟工业有限责任公司所属生产厂情况统计**

| | 湖南中烟工业有限责任公司长沙卷烟厂 | 湖南中烟工业有限责任公司常德卷烟厂 | 湖南中烟工业有限责任公司郴州卷烟厂 | 湖南中烟工业有限责任公司零陵卷烟厂 | 湖南中烟工业有限责任公司四平卷烟厂 | 湖南中烟工业有限责任公司吴忠卷烟厂 |
|---|---|---|---|---|---|---|
| 法人资格 | 非独立法人 | 非独立法人 | 非独立法人 | 非独立法人 | 非独立法人 | 非独立法人 |
| 主要负责人（含党政领导） | 党委书记、厂长：刘　军 | 党委书记、厂长：龚道国 | 党委书记、副厂长：孟令军（主持全面工作） | 党委书记、厂长：刘正宇（—2018 年 3 月）党委书记、厂长：陈国联（2018 年 3 月—） | 党委书记、厂长：孙贤军 | 党委书记：李朝辉 党委委员、副厂长：郭三明（主持全面工作） |

续表

| | | 湖南中烟工业有限责任公司长沙卷烟厂 | 湖南中烟工业有限责任公司常德卷烟厂 | 湖南中烟工业有限责任公司郴州卷烟厂 | 湖南中烟工业有限责任公司零陵卷烟厂 | 湖南中烟工业有限责任公司四平卷烟厂 | 湖南中烟工业有限责任公司吴忠卷烟厂 |
|---|---|---|---|---|---|---|---|
| 成立时间 | | 1947 年 | 1951 年 | 1939 年 | 1976 年 | 1948 年 | 1970 年 |
| 从业人员（人） | | 2269 | 3057 | 1356 | 909 | 583 | 414 |
| 卷烟生产能力（亿支） | | 1117 | 1000 | 265 | 250 | 150 | 120 |
| 卷烟品牌 | 自有品牌 | 白沙、芙蓉王 | 芙蓉王 | 芙蓉王、白沙、相思鸟 | 芙蓉王、白沙 | 白沙 | 白沙 |
| | 许可生产品牌 | 万宝路 | — | — | — | — | — |

◇ 撰稿：周腾浪；编辑：褚　幸

# 广东中烟工业有限责任公司

【卷烟生产】　2018 年，广东中烟工业有限责任公司万元产值综合能耗 6.67 千克标煤，万支卷烟综合能耗 2.19 千克标煤。烟叶、滤棒、盘纸平均消耗分别为 6.65 千克/万支、2511 支/万支、592 米/万支。水、电平均消耗分别为 0.0057 吨/万支、9.53 千瓦时/万支。

【主要产品与品牌建设】　**主要产品**。2018 年，广东中烟生产的内销卷烟有“双喜”“椰树”“羊城”“红玫”共 4 个品牌 47 个规格。更新改造 1 个规格，为“双喜（花悦）”；年末停产 1 个规格，为“双喜（沉香）”。

**卷烟合作生产**。全年与省内外工业企业合作生产“双喜”279.16 亿支（55.83 万箱）、“椰树”6.37 亿支（1.27 万箱）、“红玫”21.98 亿支（4.40 万箱）。其中，与广西中烟柳州卷烟厂合作生产量为 120 亿支（24 万箱），与陕西中烟合作生产量为 60 亿支（12 万箱），与江西中烟合作生产量为 35 亿支（7 万箱），与深圳烟草工业有限责任公司合作生产量为 27.5 亿支（5.5 万箱），与河北白沙烟草有限责任公司合作生产量为 15 亿支（3 万箱），与重庆中烟合作生产量为 25 亿支（5 万箱），与四川中烟合作生产量为 25 亿支（5 万箱）。

**品牌建设**。优化以“双喜”为母品牌，“双喜（国喜）”“双喜（五叶神）”为子品牌的“一体两翼”品牌架构，逐步形成形象差异化、风格系列化的产品体系。聚焦重点规格，“双喜”结构整体上移。利用大数据应用的决策支撑作用，持续探索现代化销售模式。

**新品研发**。2018 年，研发新品 8 个，其中“双喜（莲香细支）”“双喜（珍藏细支）”“双喜（春天中细支）”完成研发，具备上市条件；4 个储备产品进入市场测试阶段。加强对市场反馈问题的分析评估，优化特色工艺，开展重点规格的升级改造和质量优化。

**老产品维护**。全面改造“双喜（花悦）”“双喜（金 01）”

广东中烟广州卷烟厂督导员工严格进行安全生产（2018 年）

广东中烟　供稿

"双喜（硬红五叶神）""双喜（软红五叶神）""双喜（硬蓝红玫王）""双喜（软蓝红玫王）"，增强市场适应能力。

**市场发展。**围绕"稳销量、提结构、育新品、强管理"销售工作主线，优化"一体两翼"品牌架构，推动产品结构、销售模式、销售效率实现突破，"双喜"品牌结构稳步提升。2018年，"双喜"实现商业销量1377.5亿支（275.5万箱），同比下降1.2%；实现单箱销售收入2.42万元，同比增长1.4%。其中，一类烟实现销量66亿支（13.2万箱），同比增长3.7%；二类烟197.5亿支（39.5万箱），同比增长1.5%。

**【原料保障】** 购进烟叶原料10.47万吨（209.47万担），其中国内烤烟8.34万吨（166.8万担）、直购烟梗0.48万吨（9.54万担）、薄片0.27万吨（5.41万担）、进口烤烟1.35万吨（27.02万担）。在国内烟叶采购中，上等烟执行比例70%，中部烟42%。采购烟叶的区域结构、等级结构和部位结构基本合理，满足"双喜"品牌发展需要。

按照"降低库存，优化结构"的工作思路，依法依规多措并举，通过配方调整、工业调剂及烟叶出口，多途径消化不适用烟叶。全年消化使用库存烟叶0.59万吨（11.74万担）。针对质量下降较快的3个等级烟叶，根据技术中心质量鉴定结果进行降级，并进行消化处理。

**【技术创新】** **技术中心概况。**广东中烟工业有限责任公司技术中心成立于2005年，承担企业科技管理、产品开发、工艺质量管理、基础研究、检测监督、综合管理等职能，2008年被认定为国家企业技术中心。截至2018年底，共有员工136人，其中博士研究生学历9人，硕士研究生学历67人，高级职称53人、中级职称75人。

技术中心在研项目82项，其中广东中烟项目62项，主持或参与国家局项目20项，研究内容涉及卷烟材料、卷烟工艺、再造烟叶等多个研究领域。

**技术成果转化。**优化"双喜"技术研发平台，进一步增强工商合作研发平台、外部创新技术资源合作平台等的创新能力，激发创新潜能。深入开展配方研究，妥善处理配方设计与烟叶库存的关系。加强科研成果应用，三元多孔颗粒使用效能提升技术节约成本超过550万元。加强包装设计开发，完成8款包装设计储备。围绕"陈化烟叶提质、科技成果转化、检测方法开发"，提升基础科研能力和检测技术水平，支撑产品创新发展。

**【境外企业管理】** 持续加强卷烟出口基地建设，推进境外企业和国际市场发展。加强境外企业管理，规范企业运营，优化成本管控。2018年，境外控股企业国际市场实现总销量59.9亿支。其中，威尼顿集团有限公司（简称威尼顿公司）49亿支，金叶卷烟厂（澳门）有限公司（简称澳门金叶）10.9亿支。

威尼顿公司夯实本土市场，加大开拓东南亚市场力度，高端品牌"吴哥"在中国内地和香港特区免税市场上市，持续推广"利是"品牌爆珠和细支品类，保持行业境外企业排头兵位置。澳门金叶加大研发力度，自主品牌"老双喜""MU"等品类规格不断完善，"老双喜"实现销量0.84亿支。

**【特事辑要】** 2月，广东省省长马兴瑞对广东中烟工作作出批示，充分肯定广东中烟2017年的工作。

2月，广东省副省长陈良贤对广东中烟工作作出批示，肯定广东中烟注重创新，履行社会责任。

12月，广东烟草工商系统召开高质量发展销售会议。

**2018年广东中烟工业有限责任公司所属生产厂情况统计**

| | 广东中烟工业有限责任公司广州卷烟厂 | 广东中烟工业有限责任公司韶关卷烟厂 | 广东中烟工业有限责任公司梅州卷烟厂 | 广东中烟工业有限责任公司湛江卷烟厂 |
|---|---|---|---|---|
| 法人资格 | 非独立法人 | 非独立法人 | 非独立法人 | 非独立法人 |
| 主要负责人（含党政领导） | 王文祥 | 何锦章 | 饶智华 | 崔要强 |
| 成立时间 | 2012年 | 1950年 | 1939年 | 1978年 |
| 从业人员（人） | 1985 | 762 | 757 | 605 |
| 卷烟生产能力（亿支） | 750 | 284 | 317 | 228 |
| 卷烟品牌 | 双喜、椰树 | 双喜 | 双喜 | 椰树、红玫、双喜、羊城 |

◇ 撰稿：安　婧；编辑：褚　幸

# 广西中烟工业有限责任公司

**【经济效益】** 2018年，广西中烟工业有限责任公司实现卷烟销售收入218.68亿元，同比增长5.88%。实现税利154.56亿元，同比增长7.27%，其中，利润总额11.17亿元，同比下降2.83%。公司及下属多元化企业三项费用率8.09%，同比增加0.72个百分点。收入成本率31.49%，同比减少1.58个百分点。

全年万元产值综合能耗8.66千克标煤，万支卷烟综合能耗2.69千克标煤。水、电平均消耗分别为0.09吨/万支、11.09千瓦时/万支。

**【主要产品与品牌建设】** **卷烟销售。**2018年，广西中烟自主品牌“真龙”“甲天下”2个品牌共30个规格在产在销。“真龙”高端卷烟实现销量15.5亿支（3.1万箱），同比下降0.02%；“真龙”细支卷烟实现销量41.5亿支（8.3万箱）。“甲天下”系列卷烟实现销量34.95亿支（6.99万箱），同比下降22.6%。

**品牌建设。**品牌特色构建方面，着力打造“匠心”品牌特色，构建“真龙”品牌特色风格品类，打造“真龙（海韵）”等高端系列与“真龙（刘三姐）”等细支系列产品，涵盖传统龙文化、地域民俗文化、山水人文文化、消费时尚潮流文化等多样化、个性化的产品特色品系。市场拓展方面，2018年在广西区内市场份额提高至41.5%，14个地市销量同比提升；区外广东、新疆、湖南、山东、重庆、四川等6个省区市场“真龙”销量超过万箱，16个省区同比增长超过50%。

**合作生产。**2018年，品牌合作生产总量312.5亿支（62.50万箱）。其中，合作生产江苏中烟“南京”67.5亿支（13.5万箱）；合作生产浙江中烟“利群”95.5亿支（19.1万箱）、“大红鹰”28.5亿支（5.7万箱）、“雄狮”1亿支（0.2万箱）；合作生产广东中烟“双喜”120亿支（24万箱）。

**【技术创新】** **技术中心概况。**广西中烟技术中心（互联网研究中心）主要承担产品研发、质量监控、创新管理及互联网研究等职责。公司总经理兼任技术中心主任。设置“七所二科二中心”的组织架构，包括产品研究一所、二所、材料研究所、工艺标准与监督所、原料研究所、应用基础研究所、新型卷烟研究所、综合管理科、科研项目管理科和检测中心、互联网研究中心，检测中心下设负责产品分析测试的实验室和负责产品监督检验的检测站。企业博士后科研工作站挂靠技术中心。截至2018年底，技术中心共有科技研发人员115人，其中博士研究生学历10人、硕士研究生学历40人、高级职称24人、中级职称47人。技术中心先后通过广西壮族自治区级技术中心认证、国家烟草专卖局行业级技术中心认定及广西壮族自治区级研发中心认证，技术中心检测中心是中国合格评定国家认可委员会（CNAS）认可的国家级实验室。

**科研项目和技术创新成果。**全年共实施开展科技计划项目151项，其中对外合作项目80项；在研省部级项目44项，承担及参与行业重点项目5项。完成可可香颗粒、中支五星空管滤棒等卷包新材料开发与应用。“角鲨烯减害关键技术创新与应用”项目成果获得2018年广西科技进步奖三等奖，“高吸附性能多孔淀粉的研制、产业化及应用研究”“基于辩证论治及方剂组分配伍理论的生物学减害技术研发应用”2个项目获得2017年度中国商业联合会科学技术奖三等奖，“非燃烧抽吸雾化系统专利微导航”项目列入2018年广西科技计划项目并获得自治区财政扶持资金25万元。公司顺利通过知识产权管理体系第一次监督审核；全年获授权专利52件，其中发明专利19件；公司累计已获授权专利410件，其中发明专利135件。

**【对外交流与合作】** 以“夯基础、强管理，促发展”为主线，按照高质量发展要求，坚定不移地有针对性地选择和拓展目标市场，强化渠道和销售管理，稳步推进“真龙”品牌和产品国际化。立足东盟市场，发挥广西—东盟贸易区优惠政策和地缘经济优势，逐步打造在东盟地区卷烟市场有一席之地的“真龙”品牌。努力打开在中亚、中东、非洲地区销售局面。充分利用经销商和行业境外生产中心的当地资源，深入目标市场进行充分需求调研，积极推进研发适合当地消费者口味和需求的新产品。聚焦“真龙”品牌培育与发展，抓好免税和有税两类市场，免税渠道树形象，有税市场打基础。全年卷烟出口量3.45亿支（0.69万箱）。与柬埔寨威尼顿集团进行境外合作生产项目的密切合作，全年实现合作生产1.2亿支（0.24万箱）。

**【精益管理】** **精益管理。**2018年，广西中烟广泛开展以“降低成本、提高效率”为目标的精益课题研究，共完成

广西中烟采用光伏发电、热泵、密集烤房三位一体的烟叶烘烤工艺专利投入使用（2018 年）

广西中烟　胡亚杰　摄

354 个群众性创新活动课题，创造直接经济效益 3000 多万元。有 1 个 QC 课题获行业一等奖，公司连续 15 年获此殊荣；5 个 QC 课题获国家级优秀课题；2 个精益课题获得国家级一等奖；7 个六西格玛课题获得国家级优秀项目；1 个班组获评“全国质量信得过班组”；1 个课题获得 TPM 六项改善案例一等奖。公司有 10 项指标超过行业平均水平，20 项指标同比进步，7 项指标排名同比提高，指标改善率 62.5%。

**设备管理。**开展“设备现场自主深度维修”和“净有效作业率提升”工作及专项竞赛活动，全年完成 3 组设备自主维修，降低维修成本 1065.7 万元；卷接、包装设备净有效作业率分别为 90.15%、79.02%，同比提升 4.01、3.31 个百分点。

**【“互联网 +”建设】**　2018 年广西中烟“互联网 +”持续引领科技向纵深发展。“战略目标分解与重点工作管理系统”完成绩效考核移动端开发并实现对外输出。“互联网 + 采购”拓展至办公用品、设备、五金耗材等 5 个采购品类。卷烟数据关联项目已具备小规模试点条件。大数据技术研究与应用完成多块数据可视化大屏的开发建设。自主深度开发团队已具备数据大屏、微信后台技术支持等自主服务能力。广泛开展“互联网 +”思维普及和技能培训，培训时长超过 500 学时，培训学员超过 1500 人。

**【原料保障】**　广西中烟实施“一主三早”采购策略，即“主动出击、早衔接、早调拨、早加工”，精准分类，落实 2018 年度 84.1 万担烟叶采购计划，采购计划完成率 100%。加强烟叶质量控制，上等烟比例、核心产区烟叶等级质量同比分别提升 1.2%、2.6%；推广烟叶生产关键技术，提高广西区内烟叶耐熟性和成熟度，下等烟叶同比下降 13.2%。加大工艺指标落实力度，2018 烤季精片选损耗率 0.67%，较上一烤季下降 0.13 个百分点，A 片复检合格率 90.33%、B 片复检合格率 87.66%，均实现稳步提升。

扎实推进科技创新，强化科研成果转化，完成“提升‘真龙’品牌保山基地烟叶工业可用性的关键技术研究与应用”等 19 个科技项目结题评审；实施“土壤厌氧消毒法（ASD）改良土壤及防控烤烟土传病害的研究”等 5 项科研项目，持续提高广西基地烟叶质量；获得“一体式烟秆拔秆粉碎机”等授权专利 3 件，申报“一种采用光伏发电、热泵、密集烤房的烟叶烘烤工艺”等专利 10 件；“精细化密集烘烤技术体系研究及应用”项目建立技术体系，并在百色全面推广应用、在贺州示范，烟叶烘烤技术到位率明显提升。

**【特事辑要】**　9 月 17 日，广西中烟“高吸附性能多孔淀粉的研制、产业化及应用研究”“基于辩证论治及方剂组分配伍理论的生物学减害技术研发应用”2 个项目分别获得 2016 年度、2017 年度中国商业联合会科学技术奖三等奖。

9 月 26 日，广西中烟市场营销中心工会小组获评“全国模范职工小家”。

10 月 30 日，广西中烟南宁卷烟厂的“基于移动互联网的产品全周期质量管理”典型经验，获评“2018 年全国质量标杆”。

12 月 17 日，中国财贸轻纺烟草工会副主席王双清在广西中烟调研，肯定班组建设工作成绩。

**2018 年广西中烟工业有限责任公司所属生产厂情况统计**

| | | 广西中烟工业有限责任公司南宁卷烟厂 | 广西中烟工业有限责任公司柳州卷烟厂 |
|---|---|---|---|
| 法人资格 | | 非独立法人 | 非独立法人 |
| 主要负责人（含党政领导） | | 党委书记、厂长：卢　健 | 党委书记、厂长：郭志宏（—2018 年 12 月） |
| 成立时间 | | 1975 年筹建，1978 年正式生产 | 1946 年 |
| 从业人员（人） | | 888 | 865 |
| 卷烟生产能力（亿支） | | 425 | 478 |
| 卷烟品牌 | 自有品牌 | 真龙 | 真龙、甲天下 |
| | 合作生产品牌 | 利群、大红鹰、雄狮 | 南京、双喜 |

◇ 撰稿：陶海游；编辑：王　静　鲁建敏

# 重庆中烟工业有限责任公司

**【经济效益】** 2018 年，重庆中烟工业有限责任公司实现卷烟销售收入 139.18 亿元，同比增长 13.55%。实现税利 89.65 亿元，同比增长 11.9%。亏损 1.19 亿元。三项费用率 9.3%，同比下降 1.2 个百分点。全年实现降本增效 0.6 亿元，超额完成国家局下达的 0.5 亿元年度目标。

全年万元产值综合能耗 12.79 千克标煤，万支卷烟综合能耗 3.66 千克标煤。烟叶、滤棒、盘纸年平均消耗分别为 6.73 千克/万支、2517.39 支/万支、595.25 米/万支。水、电平均消耗分别为 0.08 吨/万支、10.34 千瓦时/万支。

**【主要产品与品牌建设】** **自有品牌。**“天子（重庆 20 年）”“天子（壹号）”“天子（千里江山细支）”“天子（中支）”“天子（金）”“龙凤呈祥（硬珍品）”“龙凤呈祥（遇见）”。

**合作生产。**2018 年，重庆中烟合作生产广西中烟“真龙”7.5 亿支（1.5 万箱）、“甲天下”10 亿支（2 万箱），云南中烟“红塔山”9.9 亿支（1.98 万箱）、“红山茶”14.98 亿支（3 万箱）、“红梅”20 亿支（4 万箱），湖北中烟“黄鹤楼”13.3 亿支（2.65 万箱）、“红金龙”6.8 亿支（1.35 万箱），湖南中烟“白沙”57.5 亿支（11.5 万箱），广东中烟“双喜”17.5 亿支（3.5 万箱）、“红玫”7.5 亿支（1.5 万箱），河北中烟“钻石”7.5 亿支（1.5 万箱）。

**产品开发。**紧扣消费趋势，适应市场需求，推进新品研发及维护工作，全年研发报批“天子（中支）”“天子（中国心中支）”“天子（千里江山中支）”“天子（新时代）”“龙凤呈祥（盛世）”“龙凤呈祥（硬遇见）”等 6 款新产品，填补公司中支烟品类空白，实现“短、细、中、爆”的聚类发展。

**市场拓展。**通过深化工商协同、抓队伍管理、下沉工作重心等举措，密切“工、商、零、消”协同关系，营造重庆市场地产烟品牌培育销售消费氛围。打造以成都市场为核心，德阳、绵阳、遂宁、眉山等城市为依托，川西、川北板块为补充的消费市场，积极谋求新品引入，精心培育

重庆中烟员工精心调试生产设备（2018 年）

重庆中烟　张光旭　摄

主力产品，实现四川市场总量、收入、结构的再提升。聚焦川渝以外重点市场、核心品规和主力客户，坚持科学布局、分类指导，提速区外市场增势。推进终端建设，对终端资源实施信息化管理，全年建设现代零售终端 LED 展览展示项目 2 万余平方米。

【原料保障】 **烟叶基地建设**。全面推进烟叶基地单元建设。2018 年，重庆中烟拥有烟叶基地单元 8 个，其中行业级基地单元 3 个，省级基地单元 5 个。完成烟叶调拨 3.56 万吨（71.18 万担），其中调拨云南烟叶 1.15 万吨（22.9 万担）。上等烟比例为 60.83%，中等烟比例为 39.17%；中部烟比例为 61.01%。调拨特色烟叶品种“K326” 0.91 万吨（18.2 万担），占比 0.26%；配额采购进口烟叶 1366.2 吨，其中巴西 653.4 吨，津巴布韦 712.8 吨。

【技术创新】 **重点项目推进**。2018 年，重庆中烟通过国家局减害技术重大专项项目“降低烟气中氨释放量的烟叶调制技术研究”的验收；完成“天子品牌品类构建及相关技术研究与应用”等行业重点项目申报。针对细支烟材料，深化细支烟“三纸一棒”组配对焦油等烟气常规成分以及 7 种成分释放量的影响规律研究，为细支烟卷制材料参数提供参考。推动地产烟叶模块化应用的“模块—工艺—料香—掺配”组合处理技术应用于产品；田间生物调控技术取得较好成效，上等烟、橘色烟比例提高，质量得分提高，成分更加协调。

**科研成果**。公司项目“提高再造烟叶浆料留着率的关键技术研究与应用”获得 2018 年中国烟草总公司科技进步三等奖；在核心期刊等发表论文 21 篇（包括 1 篇 SCI）；申请专利 95 件，其中实用新型专利 39 件，发明专利 44 件，外观设计专利 12 件，获得授权 8 件。

**科研平台建设**。完成国家级博士后科研工作站的申报，已通过重庆市人力资源与社会保障局审核和推荐，待人力资源和社会保障部审批。依托科研平台，开展一系列项目研究，在烟草废弃物综合利用方面，提取出烟草废弃物中的高价值组分，剩余废渣再生产有机肥，开发出国内首款植物源水溶性生物杀虫剂；在重庆烟叶工业可用性研究方面，获取多炕次高成熟度烟叶样品和大量试验数据。同时，进一步加强重点实验室建设，完成重点实验室年报填报和提交，通过重庆市科委组织的会议答辩、实验室现场考察以及实验室学术委员会委员增补工作。

2018 年，国家烟草专卖局省际交叉抽检和市场监督抽检公司产品 30 牌次，合格率 100%，其中 13 牌次包装卷制 100 分；卷烟材料共抽检卷烟纸、接装纸、铝箔、滤棒共 15 个样品，合格率 100%；香精香料 32 个样品，合格率 100%。重庆市二级站监督抽检公司产品 10 牌次，抽检合格率 100%，其中 5 个品规卷制与包装得分 100 分。

【对外交流与合作】 2018 年，进口丝束 600 吨，其中普通规格 400 吨，特殊规格 200 吨；进口卷烟纸 80 吨。在卷烟出口方面，结合“天子”和“龙凤呈祥”品牌发展目标，筹备国际市场拓展工作，制定卷烟出口业务工作计划，完善相关资质，确定出口卷烟规格、数量与目标市场，并与中烟国际、深圳烟草进出口公司等管理单位和专业企业建立工作联系机制，同时，完成系统安装、产品包装设计、条形码申请以及 2019 年出口卷烟计划申报工作。在境外实体化经营方面，对缅甸邦康烟厂提供多方面的工作指导和协助，为其计划上报、工作协调、物资供应等方面提供支持。

【特事辑要】 3 月 29 日，重庆市市长唐良智一行在重庆卷烟厂考察指导工作并作批示。

**2018 年重庆中烟工业有限责任公司所属生产厂情况**

| | 重庆中烟工业有限责任公司<br>重庆卷烟厂 | 重庆中烟工业有限责任公司<br>涪陵卷烟厂 | 重庆中烟工业有限责任公司<br>黔江卷烟厂 |
|---|---|---|---|
| 法人资格 | 非独立法人 | 非独立法人 | 非独立法人 |
| 主要负责人（含党政领导） | 厂长：刘大富<br>党委书记：张云义 | 厂长、党委副书记：陈　瑜<br>党委书记：李朝海 | 党委书记、厂长：李大学 |
| 成立时间 | 1938 年 | 1964 年 | 1976 年 |
| 从业人员（人） | 1028 | 732 | 780 |

续表

| | | 重庆中烟工业有限责任公司<br>重庆卷烟厂 | 重庆中烟工业有限责任公司<br>涪陵卷烟厂 | 重庆中烟工业有限责任公司<br>黔江卷烟厂 |
|---|---|---|---|---|
| 卷烟生产能力（亿支） | | 250 | 200 | 200 |
| 卷烟品牌 | 自有品牌 | 天子、龙凤呈祥、宏声 | 天子、龙凤呈祥、宏声 | 龙凤呈祥 |
| | 合作生产品牌 | 红塔山、红山茶、红梅、白沙、红金龙、黄鹤楼、真龙、甲天下 | — | 双喜、红玫、钻石 |

◇ 撰稿：范　森；编辑：王　静　鲁建敏

## 四川中烟工业有限责任公司

**【经济效益】** 2018 年，四川中烟工业有限责任公司实现卷烟销售收入 211 亿元，同比增长 8.5%；实现税利 146.4 亿元，同比增长 10.3%；利润总额 5.1 亿元，同比增长 2.2 倍；三项费用率 9.26%，同比下降 0.32 个百分点。

**【主要产品与品牌建设】** **品牌基本情况。**2018 年，以“娇子（宽窄）”系列、“娇子（格调）”系列为代表的新品迅猛发展，加速引领川烟品牌崛起。

2018 年，川烟新品销量 38.99 万箱，同比增加 14.39 万箱，增长 58.49%，占三类以上川烟销量的 46.43%。其中，“娇子（宽窄）”系列销量 43.6 亿支（8.72 万箱），同比增加 23.4 亿支（4.68 万箱），增长 116.12%；“娇子（格调）”系列销量 83.95 亿支（16.79 万箱），同比增加 41.15 亿支（8.23 万箱），增长 96.16%；“娇子（X）”销量 81.65 亿支（16.33 万箱），同比增加 2.78 亿支（0.56 万箱），增长 3.52%，连续 13 年保持正向增长。

2018 年，合作生产浙江中烟“利群”146 亿支（29.2 万箱）、“雄狮”16.5 亿支（3.3 万箱）；湖北中烟“黄鹤楼”26.25 亿支（5.25 万箱）、“红金龙”23.75 亿支（4.75 万箱）；云南中烟“红塔山”20 亿支（4 万箱）、“云烟”15 亿支（3 万箱）；广东中烟“双喜”25 亿支（5 万箱）。

**品牌发展亮点。**“娇子”品牌发展呈现出四个亮点：一是品牌结构提升全国第一，“娇子”品牌销量 78.45 万箱，同比增长 10.2%；商业销售收入 230 亿元，同比增长 22%；单箱收入 2.94 万元，同比增加 2850 元，排名全国第一。二是重点规格同价位销量全国第一，“娇子（宽窄好运）”销量 3.7 万箱。三是中支烟销量全国第一，全年销量 20 万箱，同比增长 19%。四是在国家局质量监督抽查中，“娇子（宽窄五粮浓香中支）”和“娇子（格调细支）”排名同类第一，“娇子（宽窄五粮醇香）”排名全牌号第一。

**“润甜香”品类构建。**“润甜香”品类构建以重大专项为统领，通过自主创新、集成创新和协同创新，构建原料、配方、工艺加工、自主调香、三纸一棒等五大技术支撑体系。优选出符合“润甜香”品质需求的 2 个特色品种，筛选出 3 种特色烟花提取物；创新运用抽屉分类法进行原料模块分组加工，模块打叶量约 19 万担，片烟平均单批次规模 5000 担。探索出具有四川中烟特色的烟梗复切加工工艺技术，自主研发成功 TS－003、KZ－Z33 再造烟叶。测定彰显“润甜香”风格特征的 21 个烟气特征成分和 16 个烟丝特征成分，研发储备 10 余个特色香原料，开发出 3 种润甜功能模块香精，调制出 10 余款爆珠，应用核心香原料产品规格数占总数的三分之一。开发出 3 个“润甜香”功能加香卷烟纸、2 种香线滤棒和 10 余款爆珠滤棒。纳米缓释技术、胶原蛋白纤维、降温材料、超微植物颗粒等一批新型材料的探索性研究有序推进。

**宽窄文化建设。**持续推进宽窄文化建设，提升品牌影响力。开展“宽窄”品牌文化宣讲系列活动，及时发布企业改革创新发展成果。召开宽窄哲学研究峰会，出版《宽窄九章》《宽窄文化专刊》，提升“宽窄”品牌价值内涵。

**市场培育。**加强产销协调和工商协同，精准调控投放策略，川烟市场状态达到近十年最好水平，快速响应市场，强化货源保障。聚焦重点品规重点市场，抓好产品市场布局。省内着力提升市场份额，省外着力扩大规模潜力优势品规布局面，以关键价位段及重点市场为率先突破口，促进品牌培育“结构化、规模化、归核化”。同时，加强品牌培育团队建设，着力提升综合业务素质能力，全年开展多项业务技能培训，并举行营销师技能鉴定考试。加强核心零售户维护，着力推进终端建设。建立重点品规客户分档指标体系，强化重点终端陈列，拓展旅游市场和婚庆市场。聚焦元旦、春节、“五一”、端午、中秋、国庆、“百年川烟”等节庆开展主题活动，提升川烟品牌形象。

【技术创新】 2018 年，四川中烟大力推进品类构建，以 35 项科研项目（其中 2018 新立项 22 项）整体推进“润甜香”品类构建研究。全年新立项科研项目 29 项，验收成果 8 项，在研项目 75 项。截至 2018 年底，累计拥有授权专利 429 件，注册商标 552 件。研发上市“娇子（宽窄平安中支）”“娇子（宽窄五粮浓香细支）”“娇子（格调短支）”“娇子（金格调）”4 款产品，重点优化维护“娇子（宽窄五粮醇香）”“娇子（宽窄如意）”（省外版）、“娇子（清甜香）”等产品。

【原辅材料保障】 2018 年，调拨烟叶 3.78 万吨（75.66 万担），其中，上半年 2.37 万吨（47.43 万担），下半年 1.41 万吨（28.23 万担）；采购国内烟叶 3.46 万吨（69.29 万担），进口烟叶 0.32 万吨（6.37 万担）；上等烟占比 49%，中等烟占比 51%；烤烟 3.38 万吨（67.63 万担）。

根据品牌对烟叶原料的需求，2018 年四川中烟稳定 8 个国家级烟叶基地单元，基地烟叶调拨 30 万担以上。

全年烟用材料采购金额 35.35 亿元（含税），其中备品备件采购金额 1.17 亿元。开展香精香料、商标纸、封签等 13 个项目的公开招标工作，公开招标比例达到 97.64%，降低采购成本 2133.84 万元。全年材料供货及时率 100%。

【生产管理】 精细加工稳步提升。推进先进质量管理模式，解决关键工序质量控制难点，强化原辅料质量管控，开展持续创新改进，产品实物质量水平稳步提升。

精实保障有力。加强目标与组织绩效管理，编制“三步走”战略可行性报告，强化重点工作督办。严控成本费用，多项财务指标位居行业前列，全年降本增效 6629 万元。“互联网 +”销售建设稳步推进，网络信息安全保障能力进一步提升。构建“双重预防”安全机制，年度“八无八控”安全目标全面完成。

创新与改进管理。修订完善创新管理相关标准，丰富创新活动奖励方式，探索创新积分机制。全年立项开展六西格玛项目 23 个，开展 QC 小组活动课题 107 个，实施精微改善活动 74 项。1 个项目获得中国质量协会质量技术奖二等奖，2 个项目被评为中国质量协会质量技术奖六西格玛优秀项目，1 个 QC 小组被中国质量协会评为“全国优秀质量管理小组”。

狠抓内部基础管理、规范管理、业务管理、绩效考核管理等，加强团队建设，加强队伍建设。着力提升全员综合业务素质能力，全年开展多项业务技能培训。

2018 年 11 月 7—8 日，川烟工业百年华诞暨优品生活发展论坛在成都举办
四川中烟　供稿

【交流与合作】 2018 年，四川中烟出口创汇 525.6 万美元，同比增长 233.5%；出口卷烟、雪茄烟 8850 万支，同比增长 198.1%；出口滤嘴棒 1030 万支，同比增长 68.6%。继续稳定发展境内关外市场，在加强与中国免税品（集团）有限责任公司、日上免税行（上海）有限公司合作的基础上，新增与珠海市免税企业集团有限公司合作；发展境外免税市场，持续推进与环球免税店（DFS）、迪拜机场免税店（DDF）、皇权集团（KING POWER）等合作，新增与杜福睿（DUFRY）、天传免税等合作，产品

销售区域扩展到东南亚、中东、东欧、北美等20多个国家和地区。

国际交流合作持续推进，举办百年川烟发展国际交流论坛；协调组织美国阿塔迪斯公司、荷兰阿吉奥雪茄公司雪茄国际合作年会3次；与欧洲《雪茄杂志》（Cigar Journal）合作，开展广告宣传和产品评吸评分，“长城（毛氏1号）”得到专家组95分的高度评价。进口供应保障服务圆满完成，全年进口德国罗地亚丝束399.19吨，进口奥地利瓦腾斯卷烟纸447.3吨，办理美国、巴西、津巴布韦进口烟叶植检手续4461.5吨；根据成都卷烟厂的需求进口德国虹霓公司2台套分选除杂机，推进四川中烟首次设备进口工作。

**【特事辑要】** 2月11日，四川中烟召开2018年工作会。

3月20日，四川中烟举办“全国文明单位”创建成果汇报暨媒体交流会。

4月3日，四川省委书记彭清华在西昌卷烟厂调研。

5月18—19日，第四届“中国雪茄之乡”全球推介之旅在什邡举行。

7月9日，四川中烟召开2018年科技创新大会，并举办“四川中烟工业有限责任公司院士工作站”“四川省新型烟草制品工程技术研究中心”揭牌仪式。

7月27日，青海省副省长田锦尘在长城雪茄烟厂调研。

9月9日，四川中烟与长征干部学院共建的“长征精神—宽窄文化”研究中心正式成立暨红色图书馆捐赠仪式在中共阿坝州委党校（长征干部学院）举行。

9月19—20日，国家局党组成员、副局长杨培森在四川中烟本部、长城雪茄烟厂调研。

11月7日，百年川烟发展国际交流论坛在成都举办。

11月7—8日，川烟工业百年华诞暨优品生活发展论坛在成都举办。

**2018年四川中烟工业有限责任公司所属生产厂情况统计**

| | | 四川中烟工业有限责任公司成都卷烟厂 | 四川中烟工业有限责任公司什邡卷烟厂 | 四川中烟工业有限责任公司绵阳卷烟厂 | 四川中烟工业有限责任公司西昌卷烟厂 |
|---|---|---|---|---|---|
| 法人资格 | | 非独立法人 | 非独立法人 | 非独立法人 | 非独立法人 |
| 主要负责人（含党政领导） | | 党委副书记、厂长：<br>姜　鸥<br>党委书记、副厂长：<br>余　强（—2018年9月） | 党委副书记、厂长：<br>刘　柳<br>党委书记、副厂长：<br>刘谋志 | 党委书记、厂长：<br>刘　林（—2018年7月）<br>余　强（2018年9月—） | 党委书记：<br>张　楠（—2018年3月）<br>薛　飞（2018年3月—）<br>厂长：张　楠 |
| 成立时间 | | 1952年 | 1918年 | 1952年 | 1985年 |
| 从业人员（人） | | 1401 | 1076 | 982 | 588 |
| 卷烟生产能力（亿支） | | 350 | 270 | 190 | 175 |
| 卷烟品牌 | 自有品牌 | 娇子 | 娇子 | 娇子 | 娇子、天下秀、五牛 |
| | 合作生产品牌 | — | 黄鹤楼、红金龙、云烟 | 利群、红塔山、雄狮 | 双喜 |

◇撰稿：江　磊　张　春；编辑：鲁建敏　王　静

# 贵州中烟工业有限责任公司

**【卷烟产销】** 2018年，贵州中烟工业有限责任公司实现卷烟销售收入363.38亿元，同比上升11.55%。实现税利277.91亿元，同比增长11.90%，其中利润29.57亿元，同比增长15.78%。三项费用率7.15%。

全年万元产值综合能耗8.76千克标煤，万支卷烟综合能耗2.76千克标煤。烟叶、滤棒、盘纸平均消耗分别为6.94千克/万支、2512.4支/万支、595.34米/万支。水、电平均消耗分别为0.1吨/万支、9.27千瓦时/万支。

**【主要产品与品牌建设】** 2018年，贵州中烟生产的自有卷烟品牌有“贵烟”“黄果树”“遵义”，合作生产的卷烟品牌有“利群”“雄狮”。

产销规模总体稳定，创新产品取得突破，自有品牌发展良好。2018年，贵州中烟爆珠烟实现增长，实现商业销量105.79亿支（21.16万箱），同比增长1.16倍，持续保持行业爆珠烟产销第一位。“贵烟（国酒香30）”“贵烟（小国酒香）”“贵烟（跨越）”“贵烟（萃）”“贵烟（行者）”“贵烟（细支行者）”“贵烟（魔力）”“贵烟（细支国酒香30）”等爆珠烟总销量110.60亿支（22.12万箱）。“贵烟（跨越）”商业销量67.04亿支（13.41万箱），列行业单规格一类细支烟第一位；“贵烟（行者）”列行业单规格一类短支烟第一位，销量同比增长3.69倍。全年“贵烟”品牌产量517.58亿支（103.52万箱），同比增长20.24%；商业销量490.5亿支（98.1万箱），同比增长17.33%。自有品牌单箱结构16736.94元，同比增长9.19%。出口卷烟销售收入同比增长100.91%。

2018年，贵州中烟合作生产浙江中烟卷烟品牌“利群”“雄狮”共125亿支（25万箱）。

**【管理创新】** 实施“精造工程”，践行品质革命，建立健全评审评价、问题解决和全方位质量保障机制。发现问题500余个，下达整改任务37项，开展集中评价3次。验证管理标准83个、技术标准128个、工作标准53个，全面建立覆盖到岗位的质量信誉管控体系和质量系统修复机制。产品在国家各级市场抽检中继续保持100%合格率，自有品牌满分率持续提升。各项管理精准推进，公司6项对标指标排在行业前五位，11项指标超过行业平均水平，18项指标与行业平均水平差距不断缩小，一类烟单箱烟叶成本成为行业标杆。

持续深化创新体系和标准化管理体系建设，模块化、系统化管控能力明显提升。24个公司级创新（精益）项目累计产生经济效益1.1亿元。全面推进降本增效工作，完成1.1亿元降本增效目标。卷烟包装箱循环利用完成率115%，降低烟箱采购成本3000万元。

**【技术改造】** 2018年，贵州中烟如期实现贵定、铜仁、遵义3家卷烟厂易地技改和兴义烟叶库工程项目，贵定、铜仁卷烟厂转移生产目标达成，“三厂一站”项目投资控制良好，节余投资约12亿元。贵定烟叶库15万平方米工程完工，兴义烟叶库9.5万平方米工程进入收尾阶段，金叶薄片正式投入生产。

**【原料保障】** 烟叶质量稳步提升，原料均质化水平持续提高。以“贵烟”品牌需求为导向，围绕11个核心产区，完成中部上等烟叶采购53.04万担，同比增加25.52万担。抓原料均质化加工质量提升，“贵烟”品牌列为行业原料均质化加工全覆盖“四大重点品牌”。

2018年6月5日，贵州中烟遵义卷烟厂新厂制丝A线试投料产出第一批烟丝
贵州中烟遵义卷烟厂　王维洪　摄

**【技术创新】** **卷烟产品创新。**“贵烟（细支行者）”“贵烟（魔力）”“贵烟（金百合）”相继上市，短支烟、中支烟、细支烟等多款不同类型卷烟完成研发储备，混合型卷烟已完成试制。多款特色香原料、烟叶特殊处理等新工艺完成应用研究。攻克红外加热、微加热器加热等关键技术。全年获得省部级科技成果8项，

转化成果10项，获专利授权44件，其中，发明专利6件。科研平台效能持续提高，截至2018年底，有13个平台有序运行，其中2个为新建科研合作平台。

**爆珠研发**。立足自主创新，推进自主开发，爆珠研发制造成为集成创新典范。爆珠生产成本同比下降30.39%，生产效率与质量稳定性大幅提高，年生产能力突破200吨，取得具有完全自主知识产权的核心技术40余项，获专利授权7件。

**工艺创新**。卷烟工艺研究加速向打叶复烤前移，不同醇化质量烟叶形成差异化养护。MES系统工艺模块建设实施，已形成“贵烟”制造评价体系及工艺评价指标库。白肋烟烘焙干燥试验装置投入试运行，“SP32”膨胀烟丝试验装置进入调试。三厂易地技改工艺验证及品牌转移有序推进，开展工艺验证50次，整改完善182项，顺利完成20个产品规格的生产转移。

**【交流与合作】** 2018年，贵州中烟大力开拓境外市场，出口卷烟2.28亿支（0.46万箱），其中“贵烟（国酒香）”系列占比43.78%。出口实现收入1342万美元，同比增长112.34%，结构明显提升。新增缅甸市场，中国香港特别行政区邮轮特供、中国香港特别行政区高铁站2个境外市场。

**【特事辑要】** 1月17日，“贵烟（跨越）”被国家局、总公司评为2015—2017年度烟草行业“十大优秀卷烟新产品”。

3月7日，贵州省副省长陶长海在贵州中烟贵阳卷烟厂调研。

4月9—11日，国家局党组成员、副局长徐䓪在贵州烟草调研。

8月6—8日，国家烟草专卖局党组书记、局长，中国烟草总公司总经理张建民在贵州烟草调研，考察贵州中烟贵阳卷烟厂、技术中心，强调要抓好品牌培育，保持“贵烟”发展良好态势，并就推动贵州烟草高质量发展提出三点要求：一要抓好队伍建设；二要抓好重大战略问题研究；三要抓好改革创新。

9月20日，“2018贵州企业100强”榜单揭晓，贵州中烟自开展此项评比以来，连续13年获评“贵州企业100强”。

10月17—18日，国家局党组成员、直属机关党委书记高林在贵州烟草调研。

**2018年贵州中烟工业有限责任公司所属生产厂情况统计**

| | | 贵州中烟工业有限责任公司贵阳卷烟厂 | 贵州工业有限责任公司遵义卷烟厂 | 贵州中烟工业有限责任公司毕节卷烟厂 | 贵州中烟工业有限责任公司贵定卷烟厂 | 贵州中烟工业有限责任公司铜仁卷烟厂 |
|---|---|---|---|---|---|---|
| 法人资格 | | 非独立法人 | 非独立法人 | 非独立法人 | 非独立法人 | 非独立法人 |
| 主要负责人（含党政领导） | | 厂长、党委书记：王光举 | 党委书记、厂长：马　亚 | 厂长、党委书记：罗　军（—2018年3月）；副厂长、党委副书记（主持工作）：赵科文（2018年3月—） | 厂长、党委书记：谭天兵 | 党委书记、厂长：李　柏 |
| 成立时间 | | 1940年 | 1978年 | 1974年 | 1951年 | 1977年 |
| 从业人员（人） | | 1956 | 1230 | 1125 | 774 | 495 |
| 卷烟生产能力（亿支） | | 500 | 300 | 300 | 150 | 100 |
| 卷烟品牌 | 自有品牌 | 贵烟、黄果树 | 贵烟、黄果树、遵义 | 贵烟、黄果树、遵义 | 贵烟、黄果树、遵义 | 黄果树、遵义 |
| | 合作生产品牌 | — | — | 利群、雄狮 | — | — |

◇撰稿：高　雕；编辑：王　静　鲁建敏

# 云南中烟工业有限责任公司

**【经济效益】** 2018 年，云南中烟工业有限责任公司所属卷烟生产企业有红塔烟草（集团）有限责任公司和红云红河烟草（集团）有限责任公司。其中，红塔集团下设玉溪、楚雄、大理、昭通卷烟厂等 4 家省内卷烟生产厂；红云红河集团下设昆明、红河、曲靖、会泽卷烟厂等 4 家省内卷烟生产厂及新疆卷烟厂、乌兰浩特卷烟厂 2 家省外全资卷烟生产厂。

按主业合并口径统计，全年实现税利 1245.89 亿元，同比下降 1.30%。其中利润 175.02 亿元，同比下降 5.95%。省内卷烟企业单箱卷烟销售收入 1.84 万元，同比增长 1.55%；单箱税利 1.51 万元，同比增长 0.08%。三项费用率 8.13%，同比增加 0.70 个百分点。

万元产值综合能耗 5.71 千克标煤，同比下降 3.48%；万支卷烟综合能耗 2.24 千克标煤。烟叶、滤棒、卷烟纸平均消耗分别为 6.5 千克/万支、2501 支/万支、590 米/万支。水、电平均消耗分别为 0.054 吨/万支、7.24 千瓦时/万支。

**【主要产品与品牌建设】** **主要产品。**2018 年，云南中烟在产卷烟品牌 15 个。其中，红塔集团生产“玉溪”“红塔山”“红梅”“阿诗玛”“新兴”“威斯”等 6 个卷烟品牌；红云红河集团生产“云烟”“红河”“小熊猫”“红山茶”“茶花”“钓鱼台”“雪莲”“呼伦贝尔”“金钟”等 9 个卷烟品牌。

2018 年，“云烟”品牌有 69 个规格在销，销量同比增长 2.05%，市场占有率 7.64%，增加 0.13 个百分点；“红塔山”品牌有 22 个规格在销，销量同比增长 0.59%，市场占有率 5.6%，增加 0.01 个百分点；“玉溪”品牌有 33 个规格在销，销量同比增长 3.69%，市场占有率 2.96%，增加 0.1 个百分点；“红河”品牌共有 17 个规格在销，销量同比下降 3.33%，市场占有率 2.02%，减少 0.08 个百分点。

云产卷烟品牌累计实现商业批发销售收入 2657.36 亿元，同比增长 2.66%。其中，“云烟”品牌累计实现商业批发销售收入 1138.82 亿元，同比增长 3.19%；“玉溪”品牌累计实现商业批发销售收入 731 亿元，同比增长 3.77%；“红塔山”品牌累计实现商业批发销售收入 492.33 亿元，同比增长 0.93%；“红河”品牌累计实现商业批发销售收入 182.95 亿元，同比下降 0.08%。

2018 年，云南中烟贯彻高质量发展理念，聚焦品牌发展核心，提升品牌发展质量和效率，制定云产卷烟《2018—2020 年云产卷烟品牌发展规划》《2018—2020 年云产卷烟品类发展规划》，明确今后三年建设高质量品牌发展体系的主要目标、工作重点和关键措施。推进结构全面上移、价位适度交叉、风格各有侧重、整体协同互补的品牌组合战略，做大“云烟”、做精“玉溪”、做强“红塔山”、做稳“红河”、做专“X”品牌，打造品牌形象定位清晰、风格特征突出鲜明、品类特色错位布局的品牌集群，逐步改变三大品牌价格档次、市场布局交叉重叠的发展格局。

2018 年 6 月 5 日，云南中烟召开云产卷烟品牌发展座谈会

云南中烟　供稿

**新品销售。**加快产品培育，推进原创性技术创新集成和成果

转化，优化产品线布局，围绕品类、品牌、品质和品种实施全方位、立体化创新。2018年，云南中烟获国家局准产批复新品21个，上市销售新品16个，全年实现商业销量30.55亿支（6.11万箱），其中“红塔山（新时代）”14.9亿支（2.98万箱）、“玉溪（中支阿诗玛）”3.6亿支（0.72万箱）、“云烟（小熊猫家园）”3亿支（0.6万箱）、“红塔山（硬传奇）”2.15亿支（0.43万箱）、“云烟（中支金腰带）”2.05亿支（0.41万箱）、“玉溪（中支和谐）”1.9亿支（0.38万箱）、“钓鱼台（中支）”1.4亿支（0.28万箱）。

合理布局创新品类市场，加大创新品类卷烟生产销售，2018年，云南中烟在销45个“细短中爆”创新产品商业销量211.05亿支（42.21万箱）。其中，云产细支烟实现销量160.35亿支（32.07万箱），短支烟销量14.9亿支（2.98万箱），中支烟销量21.55亿支（4.31万箱），爆珠烟销量26.6亿支（5.32万箱）。

**卷烟合作生产**。2018年，云南中烟与9个合作方签订合作生产合同，合作生产云南中烟品牌卷烟709.55亿支（141.91万箱）[含“云烟（苁蓉）”]，同比下降12.83%，其中“红塔山”239.85亿支（47.97万箱）、“云烟”230.01亿支（46.0万箱）、“红梅”130.25亿支（26.05万箱）、“红河”81.66亿支（16.33万箱）、“红山茶”14.98亿支（3万箱）、“玉溪”12.81亿支（2.56万箱）。

【技术创新】 **云南中烟工业有限责任公司技术中心概况**。云南中烟工业有限责任公司技术中心于2014年3月18日成立，由原云南中烟工业有限责任公司科技开发部、云南中烟工业有限责任公司原料部、云南烟草科学研究院、红塔集团技术中心和红云红河集团技术中心合并组建而成。拥有行业重点实验室2个，行业标准重点研究室2个，云南省重点实验室1个，院士工作站1个，归口统筹企业博士后科研工作站3个。

**基础应用研究**。基因育种、烟草与健康、微生物技术应用等走在行业前列，爆珠、重组造粒、缓释材料等技术实现多点突破，有色卷烟纸、保鲜包装设备工艺等技术研究不断深化，实现3D商标纸、陶瓷内衬纸、商标纸附香等技术储备，滤棒创新技术先后应用到20余个新品中。2018年，获发明专利授权125件，获省部级及以上科技奖励10项。

**产品维护开发**。维护好老产品、拓展好次新品、培育好新产品，2018年云南中烟共上市销售“云烟（细支珍品）”“云烟（细支云龙）”“玉溪（中支阿诗玛）”“玉溪（108）”“红塔山（新时代）”“红河（A7）”等16个新产品，研发储备国内市场新品50余个、国际市场新品20余个。

【原辅材料保障】 **原料计划及平衡管理**。截至2018年6月30日，云南中烟原料总库存102.08万吨（2041.5万担），总价值836.6亿元。云南中烟原料库存总量于2018年首次下降，比上一年度下降1.3%。2018年云南中烟与省外工业企业江苏中烟、河北中烟、河南中烟、陕西中烟工业调剂调出库存片烟3.53万吨（70.51万担），其中红塔集团工业调剂片烟2.3万吨（46.04万担），红云红河集团工业调剂片烟1.22万吨（24.47万担）。

**原料采购调拨**。2018烤烟年度云南中烟国内烟叶调拨共计37.19万吨（743.7万担），其中云南省内烟叶28.9万吨（578万担），占比77.7%；省外烟叶8.29万吨（165.7万担），占比22.3%。完成2018年“2260”高端特色烟叶补贴资金拨付及烟叶生产技术交流培训和田间检查工作，完成“2260”烟叶取样、制样及烟叶样品检测工作。2018年“2260”高端特色烟叶可用于云产卷烟普一类以上的占比达到51.3%，同比提升14.5个百分点。

**辅料保障**。云南中烟物资（集团）有限责任公司（简称物资集团）成立于2006年，由云南中烟物资配套公司改制而成，是云南中烟的全资子公司。主要从事全省烟草工业生产所需的卷烟材料、烟机零配件以及仓储运输的经营业务；履行全省卷烟材料、烟机设备和零配件以及非烟用物资行政管理职能。代管云南烟草机械有限责任公司，参股上海中臣烟草机械配件有限责任公司。截至2018年底，拥有总资产50.83亿元，其中固定资产0.74亿元、流动资产49.57亿元，资产负债率60.87%。从业人员315人。全年实现主营业务收入124.36亿元，实现利润1.69亿元。

与阿里巴巴网络技术有限公司携手开发的非生产性物资网上商城上线运行，云南中烟非生产性物资从传统采购进入网络采购阶段。牵头推进行业“烟用材料供应商管理”课题研究，完成标准编制并通过行业分标委审定。深化“云南省绿色供应链环境管理及试点示范项目”研究，完成烟用材料绿色供应链环境管理评价指标体系。加强丝束库存管控和物流配送，全年月平均库存同比下降2200吨，减少资金占压约8800万元。

【交流与合作】 **云南烟草国际有限公司概况。**云南烟草国际有限公司（简称云烟国际）成立于2006年，是云南中烟的全资子公司。2014年7月，云南中烟调整拓展国际市场管理体制，云烟国际从“管理经营型”主导向“经营实体型”主体转变，按照“产销分离”原则，主要负责统一运作云南中烟国际市场销售；云南中烟卷烟品牌国际市场培育、开发、销售、分销渠道管理、参与国际市场产品等的开发与维护；云南中烟的境外品牌运营、国际市场供应链管理、云南中烟的境外投资、国际市场兼并收购、国际合作等业务。截至2018年底，拥有总资产38.12亿元，本部从业人员95人，其中驻境外工作人员23人。

**境外实体化运作。**云南中烟及其下属企业有8家境外参控股境外营销公司，其中云烟国际全资控股天成（太平洋）有限公司（简称天成公司）、红塔瑞士有限责任公司（简称红塔瑞士）；天成公司控股云南烟草国际（缅甸）服务有限公司、钓鱼台（香港）烟草有限公司、金成烟草有限公司，红塔瑞士控股红塔瑞士罗马尼亚公司；1家参股的国际合资公司，即与帝国品牌公司合资运营的地平线国际合资有限公司；1家行业内参股营销公司，即中烟国际中东公司。3家有资产关系的境外生产企业，其中香港红塔国际烟草有限公司、老挝寮中红塔好运烟草有限公司为控股，中烟国际欧洲有限公司为参股；2家参股的烟叶公司，即中烟国际阿根廷有限公司、中烟国际巴西有限公司；4个境外许可生产项目，缅甸环球项目、印度尼西亚ROCK项目、阿根廷项目、纳米比亚项目。

**卷烟境外销售。**2018年，境外卷烟销量（含出口烟、境外生产销售）228.24亿支，占行业境外总销量的28.25%，比重较2017年上升0.22个百分点。

2018年，云南中烟国际市场混合型卷烟销量占比持续提升。全年实现销量161.85亿支，占总销量的72.78%，同比提高4.88个百分点。“GEM”“Win”两个品牌年销量均超过30万件，“Marble”“云烟”“阿诗玛”“翡翠”4个品牌销量超过20万件，这6个品牌对总销量的贡献度达到78.23%，品牌集中度提升0.33个百分点。加大新品在国际市场的投放力度，全年上市销售9个新产品，启动6个新品的开发工作。

**跨国烟草公司合作。**2018年，与帝国品牌公司合资运营的地平线公司运行良好，国际市场“翡翠”“地平线”2个品牌实现销量27.51亿支，同比增长11.57%，产品在俄罗斯、乌克兰、塞尔维亚、西班牙、德国、安道尔等13个国家和地区销售，成为云南中烟境外市场销量贡献中的重要增长点。

2018年6月4—8日，云南中烟举办第十六届职业技能竞赛暨第四届烟叶评级职业技能竞赛

云南中烟　供稿

**供应链管理。**2018年，与招商物流公司洽谈合作进行业务模式创新，推动云南中烟境外供应链建设，降低物流成本，全年实现降本增效1400万元。配合完成并通过年度海关AEO高级企

业认证所需的专项审计。

【管理创新】 **强化基础管理**。完善财务考核指标及定额标准体系，成立云南中烟内部审计委员会，对9家单位开展经济责任审计、管理审计。全年实现降本增效5.9亿元，公开招标金额占比99.09%。举办云南烟草工商企业“七五”普法法律知识竞赛。

**深化管理创新**。以组织管控、目标、绩效、流程、创新为重点深化管理体系建设，明确权责边界，建立跨部门、跨岗位分工与协作机制，推进企业由“职能管理”向“流程管理”转变。实施群众性创新创效活动，开展“管理诊断基层行”“点线面”相结合精益改善等活动，云南中烟以系统管理为核心提升整体管控效能、红云红河集团片烟物流跟踪、曲靖卷烟厂智能制造等先进管理经验受到肯定。启动云南中烟高质量发展“八大体系”建设，一些体系渐趋成熟。

**推进两化融合和技改项目**。制定并实施《信息化互联网转型升级规划（2018—2020）》，建设云南中烟专有云平台，成立云南中烟——腾讯联合实验室，探索互联网技术与工业制造融合模式，正式上线运行“互联网+采购”平台。楚雄卷烟厂易地搬迁技改、大理卷烟厂就地技改等4个项目通过行业整体工程竣工验收，会泽卷烟厂就地技改、新疆卷烟厂易地技改等项目投入使用，红河卷烟厂易地技改等项目进展顺利。

【特事辑要】 1月23日，云南中烟召开2018年工作会议。

2月10日，云南省委、省政府召开全省烟草工作座谈会。省委书记陈豪、省长阮成发出席会议并讲话。

2月26日，泰国烟草专卖局局长道奈·素提尼帕彭在云南中烟参观访问。云南中烟党组书记、董事长陈卫东与其会见。

4月20日，俄罗斯联邦总统顾问格拉季耶夫、俄中地区发展基金俄罗斯基金管理公司总经理杰米尔卡得耶夫在红塔集团参观访问。

4月26日，在云南省庆祝“五一”国际劳动节暨表彰大会上，大理卷烟厂获得“省五一劳动奖状”，曲靖卷烟厂制造二部四工班封箱作业区获评“省五一巾帼标兵岗”，云南中烟营销中心刘徽荣获“省五一劳动奖章”，云南中烟营销中心周嘉荣获“省五一劳动奖章”，并被评为“省技术状元”，红塔集团李海英获评“省五一巾帼标兵”。

5月4日，云南省副省长董华在云南烟草调研。

5月22日，云南省委常委、曲靖市委书记李文荣在云南中烟调研。

6月5日，云南中烟在昆明召开云产卷烟品牌发展座谈会。云南省副省长董华到会致辞，国家局党组成员、副局长徐盚出席会议并讲话。

7月17日，乌鲁木齐市人大常委会党组书记、副主任张爱华在新疆卷烟厂调研“七五”普法工作开展情况。

8月4—6日，国家烟草专卖局党组书记、局长，中国烟草总公司总经理张建民在云南烟草调研，并对云南烟草提出三点要求：一要高度重视正风肃纪，努力营造风清气正的良好政治生态；二要高度重视重大战略研究，推动行业高质量发展；三要高度重视创新，推动行业可持续发展。

10月13日，内蒙古自治区政府副主席张韶春在乌兰浩特卷烟厂调研。

11月22日，云南省委常委、曲靖市委书记李文荣在会泽卷烟厂调研。

12月29日，云南省委、省政府召开全省烟草产业高质量发展工作会议。云南省委书记陈豪，国家局党组成员、副局长杨培森出席会议并讲话。

## 红塔烟草（集团）有限责任公司

【经济效益】 2018年，红塔集团本部及省内四厂实现卷烟销售收入599.01亿元，同比下降1.3%。实现税利510.56亿元，同比下降0.92%，其中利润64.89亿元。三项费用率6.88%，同比提高0.77个百分点。

万元产值综合能耗5.71千克标煤，万支卷烟综合能耗2.36千克标煤。烟叶、滤棒、盘纸平均消耗分别为6.07千克/万支、1668.57支/万支、600.26米/万支。水、电平均消耗分别为0.07吨/万支、7.53千瓦时/万支。

【主要产品与品牌建设】 2018 年，红塔集团卷烟品牌商业销量 2312.2 亿支（462.44 万箱），同比减少 54.45 亿支（10.89 万箱）、下降 2.3%；单箱批发销售收入 2.75 万元，同比增加 1036 元、增长 3.92%。其中，“玉溪”品牌商业销量 703.85 亿支（140.77 万箱），同比增长 3.69%，居行业一类烟销量第二位；单箱批发销售收入 5.19 万元，同比增长 0.07%；批发销售收入 731 亿元，同比增长 3.77%。“红塔山”品牌商业销量 1332.05 亿支（266.41 万箱），同比增长 0.59%；单箱批发销售收入 1.85 万元，同比增长 0.34%；批发销售收入 492.33 亿元，同比增长 0.93%。

2018 年，红塔集团上市新品“玉溪（中支华叶）”“玉溪（中支和谐）”“玉溪（中支阿诗玛）”“玉溪（硬金）”“红塔山（新时代）”“红塔山（硬传奇）”，合计商业销量 22.6 亿支（4.52 万箱）。全年集团“细中短爆”新品类卷烟（剔除爆珠烟重复计算量）累计实现商业销量 72.85 亿支（14.57 万箱），同比增长 138.76%；新品、次新品累计商业销量 110.85 亿支（22.17 万箱），实现税利 47.11 亿元；高端卷烟商业销量 36.75 亿支（7.35 万箱），同比增加 9.55 亿支（1.91 万箱）、增长 35.18%。

【生产管理】 加大装备技术改造力度，完成 13 万箱细支、10 万箱中支、6 万箱短支卷烟和 3 万箱爆珠嘴棒的年产能布局，新品类卷烟生产设备保障能力提高；推进 MES 系统（生产制造执行系统）建设，打造数字化、智能化卷烟工厂，年内 MES 系统在大理卷烟厂实现完整功能上线运行，在楚雄、昭通和玉溪复烤一车间实现主功能上线运行。全年计划生产满足率 100%、准时发货率 98.77%、准时到货率 94.72%，柔性化生产能力和快速响应市场能力持续提升。

【科技创新】 加强科技项目研究应用，2018 年新立项目和转接历年延续科技项目 51 项，评审产生集团科技进步奖 47 项，获得云南中烟科学技术进步奖一、二等奖各 1 项，三等奖 3 项和云南省科学技术进步奖三等奖 1 项。加强知识产权管理，全年申请专利 538 件，获授权 284 件（其中发明专利 15 件、实用新型专利 267 件、外观设计专利 2 件），登记计算机软件著作权 25 件。2018 年 8 月，集团被评为“国家知识产权优势企业”。

【技术改造】 楚雄卷烟厂易地搬迁、大理卷烟厂就地技改项目通过中国烟草总公司整理工程竣工验收，玉溪卷烟厂就地技改、大理卷烟厂打叶复烤原地技改、昭通卷烟厂制丝工艺改造等项目加快推进。

【原辅材料保障】 2018 年，红塔集团选派工作组分赴省内外 35 个烟区，加强产区、品种优化布局衔接和工商交接质检前移，推进烟叶精准采购；统筹推进“2260”“高原阳光”“抚仙湖畔”高端特色烟叶开发，开展科研项目 14 项，构建优质烟叶开发技术支撑体系，为品牌发展提供特色优质原料保障；加大工业调剂和陈烟使用力度，持续优化烟叶库存结构。截至 2018 年底，省内外烟叶工商交接 16.69 万吨（333.7 万担），等级合格率 71.8%，基地化采购率 84.5%；采购进口烤片 0.83 万吨（16.69 万担）；工业调剂（调出）烤片 1.9 万吨（37.92 万担）。

完成烟用材料、烟机零配件采购，持续推进规范管理、供应商资质审核及质量保障能力评价、国产烟机零配件寄售等重点举措。全年物资采购金额 65.27 亿元，其中，卷烟材料 59.78 亿元、复烤及仓储物资 0.62 亿元、烟机配件 1.25 亿元、非烟物资 3.62 亿元。公开招标采购率：卷烟材料 98.08%、香精香料 100%、复烤及仓储物资 100%、烟机配件 99.95%、非烟物资 99.51%。抽检卷烟材料 7967 个批次，一次交验合格率 99.97%，质量综合评价得分 97.75 分；国产烟机配件寄售比例 17.7%，寄售金额 1877 万元，同比增加 1414.18 万元、增长 406%，废旧物资处置实现销售收入 2204 万元，同比增长 42%。

## 红云红河烟草（集团）有限责任公司

【经济效益】 2018 年，红云红河烟草（集团）有限责任公司实现卷烟销售收入 811.03 亿元，同比增长 0.6%；实现税利 611.28 亿元，同比下降 2.06%；实现利润 62.11 亿元，同比下降 18.66%。三项费用率 6.17%，同比提高 0.63

个百分点。

全年万元产值综合能耗7.32千克标煤，万支卷烟综合能耗2.74千克标煤。烟叶、嘴棒、盘纸平均消耗分别为6.34千克/万支、2512.73支/万支、591.16米/万支。水、电平均消耗分别为0.05吨/万支、8.80千瓦时/万支。

**【主要产品与品牌建设】** 2018年，红云红河集团生产“云烟”“红河”“小熊猫”“红山茶”“茶花”“钓鱼台”“雪莲”“呼伦贝尔”“紫气东来”“冬虫夏草”“大青山”等11个品牌119个规格，并互动加工红塔集团“红塔山”品牌3个规格、“红梅”1个规格。

**重点品牌销售。**2018年，红云红河集团创新产品和二类卷烟销售实现突破。全年创新产品商业销量129.35亿支（25.87万箱），同比增加91.9亿支（18.38万箱）；细支烟销量114.8亿支（22.96万箱），其中，“云烟（细支云龙）”年销量超过60亿支（12万箱）；“云烟（中支大重九）”“钓鱼台（中支）”“云烟（中支金腰带）”“云烟（小熊猫家园）”等新品合计销售7.1亿支（1.42万箱）。全年二类卷烟商业销量203亿支（40.6万箱），同比增长76.36%。

全年“云烟”品牌商业销量1816.85亿支（363.37万箱），实现销售收入1138.83亿元，分别列行业第二位、第三位；单箱销售额3.13万元。“红河”品牌商业销量481.35亿支（96.27万箱），同比降低3.33%；实现销售收入182.95亿元，同比降低0.08%；单箱销售额超过1.9万元。

**新产品开发。**2018年，红云红河集团推出“云烟（中支大重九）”“钓鱼台（中支）”“云烟（中支金腰带）”“云烟（中支天眼）”“云烟（小熊猫家园）”“红河（去野）”等新品，研发储备“云烟（中支蓝烟庄）”“云烟（金云龙）”“云烟（中支V8）”等规格。

**【生产管控】** 优化产能布局，超前布局创新产品设备规划，抓紧“中细短爆”设备改造，形成细支烟40万箱、中支烟20万箱、短支烟6万箱年产能布局。加强生产全过程质量监控，“云烟（软印象烟庄）”综合质量位列行业第一；开展QC活动，3个QC小组获评“全国优秀质量管理小组”。加强物流建设，探索“智慧物流”，全年卷烟准时发货率99.59%，高于基准值1.09个百分点。

**【技术创新】** 深化工艺研究，推进工艺质量智能管控云平台构建。加强技术创新，加大专利研发和课题研究力度，全年获专利授权74件，2项课题获得云南中烟科技进步奖。15件发明专利、94件实用新型专利、12件软件著作权获云南中烟知识产权奖励。深化两化融合，以行业智能制造主要试点单位为契机，加快推进基于CPS的智能制造平台项目建设和转化运用，曲靖卷烟厂智能制造与互联网融合的发展实践得到行业认可。举办全国烟草行业卷烟工厂厂长培训班并作智能工厂建设应用展示，在“首届工业互联网平台创新发展暨两化融合推进会”展示智能制造试点成果，红云红河集团在“2018IDC中国数字化转型”评选中获评“运营模式转型领军者”。加快技术改造，昆明卷烟厂打叶复烤易地技改及新建烟叶仓储设施项目、昆明卷烟工商物流一体化建设项目有序推进，红河卷烟厂易地技改项目、曲靖卷烟厂打叶复烤易地技改及新建烟叶仓库项目加快建设，会泽、新疆卷烟厂技改项目抓紧决算验收审核，乌兰浩特卷烟厂技改项目通过国家局组织的总体竣工验收。

**【原辅材料保障】** 加强烟叶基地建设，主动切入商业“土地流转烤烟规模化产业化示范种植”改革，精选核心种植区和高端原料生产示范基地，协调商业合理布局良区良种，持续提升原料保障能力。抓好原料采购，把好纯度关、标准关、部位关、品种关，完成国内烟叶采购16.7万吨（334.06万担），占总计划的91.46%，落实进口烟叶采购计划0.75万吨（15.08万担）。

严格公开招标，启动议价机制，控制卷烟材料采购成本，全年采购卷烟材料68.4亿元，同比节约采购资金5749万元，公开招标金额占比100%。使用SRM系统完成零配件寻源采购、报价与订单管理，开展“工厂间、供需双方间协同库存”“零配件寄售”等，全年采购烟机零配件1.87亿元，公开招标金额占比100%。建立非烟用物资集中采购供应商库和产品库，实行“即买即用”零库存管理，完善物料“到货验收”环节，全年采购非烟用物资2.87亿元，公开招标金额占比100%。

## 2018 年云南中烟工业有限责任公司所属生产企业/生产厂情况统计

| | | 红塔烟草（集团）有限责任公司 | 所属生产厂 | | | |
|---|---|---|---|---|---|---|
| | | | 玉溪卷烟厂 | 楚雄卷烟厂 | 大理卷烟厂 | 昭通卷烟厂 |
| 法人资格 | | 独立法人 | 非独立法人 | 非独立法人 | 非独立法人 | 非独立法人 |
| 主要负责人/法定代表人（含党政领导） | | 党委书记：夏开元（—2018 年 1 月）王　勇（2018 年 1 月—）党委副书记：王　勇（—2018 年 1 月）李　恒（2018 年 12 月—）董事长：王　勇 总裁：夏开元（—2018 年 1 月）总经理：李　恒（2018 年 11 月—） | 厂长：马云参 党委书记：胡　霈（2018 年 8 月—） | 厂长：彭黎明 党委书记：范　斌 | 厂长：袁国旺 党委书记：吕　坚 | 厂长：张志勇 党委书记：谢成明（—2018 年 2 月）刘向虹（2018 年 8 月—） |
| 成立时间 | | 1956 年 | 1956 年 | 1974 年 | 1950 年 | 1970 年 |
| 从业人员（人） | | 9032（含集团本部和省内四厂） | 2980 | 1790 | 1262 | 1968 |
| 卷烟生产能力（亿支） | | 2050 | 1100 | 300 | 250 | 400 |
| 卷烟品牌 | 自有品牌 | 玉溪、红塔山、红梅、阿诗玛、小马宝、新兴、GEM | 玉溪、红塔山、红梅、阿诗玛、马宝新兴、GEM | 玉溪、红塔山、红梅 | 玉溪、红塔山、红梅 | 玉溪、红塔山、红梅 |
| | 合作生产品牌 | — | — | — | — | — |
| | 委托加工品牌 | — | — | — | — | — |

| | | 红云红河烟草(集团)有限责任公司 | 所属生产厂 | | | | | |
|---|---|---|---|---|---|---|---|---|
| | | | 昆明卷烟厂 | 红河卷烟厂 | 曲靖卷烟厂 | 会泽卷烟厂 | 新疆卷烟厂 | 乌兰浩特卷烟厂 |
| 法人资格 | | 独立法人 | 非独立法人 | 非独立法人 | 非独立法人 | 非独立法人 | 非独立法人 | 非独立法人 |
| 主要负责人/法定代表人（含党政领导） | | 党委书记、董事长：武　怡（董事长任职自 2018 年 1 月始）总经理：杨煜文（2018 年 11 月—） | 厂长：刘　豪 党委书记：夏家全 | 厂长：许永明 党委书记：张　涛 | 厂长：张云飞 党委书记：马　珍 | 厂长：邓林昆 党委书记：罗　琼（—2018 年 8 月）周应奎（2018 年 8 月—） | 厂长：程振西 党委书记：白九重 | 厂长：王力家 党委书记：吴　岗 |
| 成立时间 | | 2008 年 | 1922 年 | 1985 年 | 1966 年 | 1973 年 | 1960 年 | 1981 年 |
| 从业人员（人） | | 10509 | 3878 | 1353 | 2528 | 680 | 752 | 878 |
| 卷烟生产能力（亿支） | | 2925 | 937 | 628 | 742 | 146 | 313 | 160 |
| 卷烟品牌 | 自有品牌 | 云烟、红河、小熊猫、红山茶、茶花、雪莲、呼伦贝尔 | 云烟、茶花、雪莲 | 云烟、红河 | 云烟、红河、红山茶 | 云烟、红河、小熊猫 | 云烟、红河、雪莲 | 云烟、红河、红山茶、呼伦贝尔 |
| | 合作生产品牌 | — | — | — | — | — | — | — |
| | 互动加工品牌 | 红塔山、红梅 | — | 红塔山 | — | — | 红塔山、红梅 | — |

◇ 撰稿：王宏先　彭　林　杨裕萍；编辑：王　静　鲁建敏

# 陕西中烟工业有限责任公司

【经济效益】 2018年，陕西中烟工业有限责任公司实现销售收入197.67亿元，同比增长4.55%。实现税利126.3亿元，同比增长2.2%，其中利润5.7亿元，同比增长13.26%。三项费用率8.26%，同比减少0.16个百分点。

全年万支卷烟综合能耗3.23千克标煤。烟叶、滤棒、盘纸平均消耗分别为6.69千克/万支、2510支/万支、592米/万支。水、电平均消耗分别为0.08吨/万支、8.20千瓦时/万支。

【主要产品与品牌建设】 **主要产品。**2018年，陕西中烟生产自有卷烟品牌有“好猫”“猴王”“延安”等3个品牌30个规格（含出口）。“好猫”实现销售收入71.35亿元，同比增长2.43%。“延安”实现销售收入32.18亿元，同比增长15.8%。

2018年，陕西中烟合作生产浙江中烟卷烟品牌“利群”“雄狮”，湖南中烟卷烟品牌“白沙”，广东中烟卷烟品牌“双喜”“红玫”“椰树”。

**品牌培育。**按照“商业搭台、工业唱戏”模式，陕西中烟分别于4月、7月、11月联合江苏省局（公司）、湖北省局（公司），广东省局（公司）召开陕烟品牌发展座谈会，工商共同培育陕烟品牌力度得到进一步加大。探索定制烟销售，10月，推出消费者个性化定制卷烟服务，截至2018年底，共销售定制烟2033条。推动卷烟营销由方法创新向模式创新转变，密切关注新型业态，与陕西中石油、西安每一天、江苏苏果等连锁零售企业建立合作伙伴关系，增强现代终端品牌培育功能。

【技术创新】 **新品研发延续风格。**2018年，陕西中烟新产品持续强化“甜雅净”风格，“延安（中支1935）”“好猫（中支金丝猴）”上市销售；“延安（千年帝都）”获得准产，“好猫（金猴王）”顺利转版。针对非洲项目，联合开发出“好猫（梦幻）”“好猫（荣耀）”，其中“好猫（梦幻）”于2018年底开始落地生产。

**突出产品维护重点，稳定质量。**坚持“均质向好，彰显风格，过程把控，注重细节，凡变必研，先研后变”产品维护方针，突出维护重点，聚焦技术瓶颈，落实“一品一策”。以提升卷烟加工过程稳定性为核心，开展以功效系数法为基础的卷烟生产过程稳定性评价方法研究，确定35项评价关键指标。推进理化检测与感官评价相结合的产品维护模式，完善配方维护效果验证和评审的闭环管理，强化配方预研，完善项目负责制、细化责任单元、加强在线评价，产品维护的精准度不断提升，产品质量更加稳定。

**持续攻关关键技术。**开展功能性香料板块评价应用、卷烟产品风格强化及保润、陕西卷烟产品风格特征等技术研究，建立384个香精香料数据库，筛选具有明显增香、降刺微生物菌株67株。完成制定烟叶基地单元建设规划（2018—2020年），针对陕西省内及周边产区的烟叶特征实

宝鸡卷烟厂职工在查验卷烟质量（2018年）

陕西中烟宝鸡卷烟厂 张亚伦 摄

施模块配方打叶，完成下部烟叶配方模块 2 个和省外福建南平、三明等主产区小模块配方打叶以及“全收全调”试点。以“三纸一棒”烟用材料为重点，持续强化各种烟用材料之间的集成优化设计；以构建和完善科研基础数据库为重点，进一步建立和完善香精香料、烟用材料、烟叶以及卷烟的气相色谱—质谱、高分辨质谱等多项科研基础数据库。

【对外交流与合作】 **强化中高端卷烟出口。**2018 年，陕西中烟有税市场以“好猫（长乐细支）”为主，主要销往中东市场。大力推动与中国免税品（集团）有限责任公司开展合作，免税市场销售主要为“好猫（细支天赋）”和“延安（圣地河谷）”“延安（1935）”等中高端系列卷烟。加强卷烟出口规范管理，进一步修改卷烟出口回流管控文件，并将其纳入公司标准体系。

**大力扶持境外实体运作。**2018 年，陕西中烟境外实体化运作以生产经营水平实现质的飞跃为目标，围绕夯实基础、扶持品牌、原料配给重心，加大对境外控股企业蒙古烟草有限责任公司的管理扶持。全年新建库房 3000 平方米，并完成生产车间改造用于新品卷烟生产；派出技术服务团组赴蒙古实地工作，推动人员管理和安全管理的规范性；按需完成配套原辅料的供给，全年累计发运烟丝 193.85 吨，金额 814.17 万元人民币，配套辅料金额 201.68 万元人民币。

**加速非洲品牌合作项目落地。**2018 年，陕西中烟持续推进在非洲许可生产“好猫”品牌合作项目，紧抓现场写实、落地生产和营销网络构建三大核心，紧扣项目进度时间，加大推进力度。12 月 7 日，在津巴布韦 SAVANA 烟草公司举行落地生产开工仪式，标志着该项目合作完成前期各项基础准备并进入新的阶段。全年生产卷烟 109 万支，用于当地市场试销。

【企业管理】 **以综合管理体系推动精益管理提质增效。**2018 年，陕西中烟围绕“深化提高—精准发力—提质增效”这一主线，坚持打好精益管理持久战。通过流程优化和重点改进协同推动点、线、面各项工作，深入开展标准化良好行为企业创建活动，累计完成 167 项重点标准的制（修）订，优化流程 535 项，综合管理体系顺利转版。制定 2018—2020 年对标规划，开展对标工作，2 项指标达到行业先进水平，12 项达到行业平均水平。聚焦质量薄弱环节和改进点，组织“产品质量管理提升年”系列活动。推进精益课题、精益改善，系统推进管理诊断，不断强化 QC 创新作用，管理改进效果明显。严格预算定额标准执行，2018 年实现降本增效 8253 万元。

**实现巡察全覆盖。**坚守政治巡察职能定位，高标准、严要求组织推进，先后制定印发公司党组巡察工作实施办法，巡察工作规划，巡察工作领导小组、巡察组、巡察办工作规则。制定巡察工作方案，编制包括巡察工作流程、谈话提纲等 20 个文书模板的巡察工作手册，基本建立较为完善的巡察工作制度体系。按照政治素质高、业务能力强、作风纪律硬的标准，从全省烟草工业系统选配业务骨干进入人才库。坚持实事求是、依规依纪、精准聚焦，及时向被巡察单位党组织

澄城卷烟厂举行技改新线首批产品下线仪式（2018 年）
陕西中烟澄城卷烟厂　王红喜　摄

反馈并督促开展整改，充分发挥巡察工作的政治体检作用。

【特事辑要】 1月22日，2018年陕西省烟草工业系统工作会议在宝鸡市召开。

1月22日，陕西中烟澄城卷烟厂异地技改新线首批产品下线。

**2018年陕西中烟工业有限责任公司所属生产厂情况统计**

| | | 陕西中烟工业有限责任公司宝鸡卷烟厂 | 陕西中烟工业有限责任公司延安卷烟厂 | 陕西中烟工业有限责任公司汉中卷烟厂 | 陕西中烟工业有限责任公司澄城卷烟厂 | 陕西中烟工业有限责任公司旬阳卷烟厂 |
|---|---|---|---|---|---|---|
| 法人资格 | | 非独立法人 | 非独立法人 | 非独立法人 | 非独立法人 | 非独立法人 |
| 主要负责人（含党政领导） | | 党委书记：张国亮<br>厂长：蒋东凯 | 党委书记：韩占奎<br>厂长：秦　宏 | 党委书记：丁　毅<br>厂长：付　斌 | 党委书记：舒　奇<br>厂长：白　丰 | 党委书记：金新伟<br>厂长：仝智强 |
| 成立时间 | | 1949年 | 1970年 | 1975年 | 1976年 | 1976年 |
| 从业人员（人） | | 2497 | 1247 | 1047 | 917 | 900 |
| 卷烟生产能力（亿支） | | 400 | 250 | 250 | 60 | 100 |
| 卷烟品牌 | 自有品牌 | 延安、好猫、猴王 | 好猫、延安 | 延安、好猫、猴王 | 延安 | 延安、猴王 |
| | 合作生产品牌 | 双喜、红玫、椰树 | 白沙、南京 | 利群、雄师、白沙、黄鹤楼、红金龙 | — | — |
| | 委托加工品牌 | — | — | — | — | — |

◇撰稿：许　杨；编辑：鲁建敏　王　静

# 中国烟草实业发展中心

【经济效益】 2018年，中国烟草实业发展中心（简称中烟实业）所属企业实现卷烟销售收入641.72亿元，同比增长5.84%。实现税利448.54亿元，同比增长6.77%，其中利润33.34亿元，同比增长18.18%。三项费用率8.15%。2018年，所属企业完成降本增效2.58亿元。

中烟实业所属工业企业万元产值综合能耗11.56千克标煤，万支卷烟综合能耗3.5千克标煤。烟叶、滤棒、盘纸平均消耗分别为6.96千克/万支、2525支/万支、595米/万支。水、电平均消耗分别为0.09吨/万支、9.6千瓦时/万支。

【主要产品与品牌建设】 *主要产品*。2018年，中烟实业所属企业主要生产“兰州”“长白山”“人民大会堂”“冬虫夏草”“大青山”“哈尔滨”“林海灵芝”“龙烟”“紫气东来”“三沙”“宝岛”等自有品牌，其中，“兰州”“长白山”被列为重点卷烟品牌，“人民大会堂”在东北和华北9个省级市场视同行业鼓励培育品牌进行考核。合作生产的卷烟品牌主要有“云烟”“红塔山”“南京”“双喜”“红梅”“利群”“红河”“红金龙”“玉溪”“黄鹤楼”。自有品牌单箱销售额同比增加1234元，增长5.07%；实现税利同比增长11%，占税利总额的68.5%。

*坚持低焦发展方向*。全年“兰州”卷烟共实现商业销量401.95亿支（80.39万箱），同比增长0.46%；商业单箱销售额同比增加623元，增长2.71%。

“长白山”卷烟坚持低焦发展方向，2018年实现商业销量375.1亿支（75.02万箱），同比增长5.41%；商业单箱销售额同比增加202元，增长0.96%。“长白山”卷烟省内市场销售份额27.04%，同比提高3个百分点。

*创新产品*。细支烟、中支烟、爆珠烟等创新产品实现商

业销量274.6亿支（54.92万箱），同比增长61.78%。“长白山（777）”细支烟实现销量77.3亿支（15.46万箱），位居行业细支烟商业销量第四位。“冬虫夏草（和润）”细支烟实现销量17.75亿支（3.55万箱），同比增长43.31%。“人民大会堂（硬红细支）”实现销量19.4亿支（3.88万箱）。“三沙（细支）”销量超5000箱。“兰州”品牌细支烟实现销量21.5亿支（4.3万箱），同比增长28.2%。“哈尔滨（老巴夺）”中支烟实现销量66.8亿支（13.36万箱），居行业中支烟销量第二位。“长白山（迎春中支）”2018年3月上市，全年实现销量12.85亿支（2.57万箱）。

**卷烟合作生产。**2018年，中烟实业所属企业合作生产卷烟874.35亿支（174.87万箱），同比下降6.58%。合作生产云南中烟卷烟品牌“红塔山”209.95亿支（41.99万箱）、“玉溪”10亿支（2万箱）、“云烟”149.35亿支（29.87万箱）、“红河”81.65亿支（16.33万箱）、“红梅”80.15亿支（16.03万箱）；合作生产浙江中烟卷烟品牌“利群”75亿支（15万箱）；合作生产湖北中烟卷烟品牌“黄鹤楼”5亿支（1万箱）、“红金龙”25.75亿支（5.15万箱）；合作生产江苏中烟卷烟品牌“南京”210亿支（42万箱）；合作生产广东中烟卷烟品牌“双喜”27.5亿支（5.5万箱）。

**【科技创新】** 2018年，中烟实业所属企业自有品牌卷烟实测焦油含量加权平均值8.60毫克/支，低于行业平均水平，其中甘肃烟草工业有限责任公司自有品牌卷烟实测焦油含量加权平均值为7.8毫克/支，处于行业领先水平。全年投入研发资金2.59亿元，同比增长10.9%。全年共获授权发明专利4件，2项精益物流课题获得2018年度行业精益物流重点课题研究成果三等奖，2项QC小组成果获得全国烟草行业第二十九届优秀质量管理小组成果三等奖。深圳烟草工业有限责任公司承担国家局2018年度科技项目重大专项1项，参与的“全国烤烟烟叶香型风格区划研究”项目获得总公司科学技术进步奖一等奖。深圳烟草工业与上海新型烟草制品研究院合资组建的深圳新型烟草制品有限公司实现实体化运营。

**【降本增效】** 中烟实业全年组织管理诊断交流6次，分析解决重点问题；推进体系转版，7家所属企业通过新版体系认证；开展分类对标，实施预算定额管控，有效控制重点费用，2018年中烟实业所属企业销售收入成本率同比减少0.59个百分点；累计完成卷烟包装箱循环利用133.03万箱，完成托盘联运34.17万箱。

**【特事辑要】** 1月19日，国家局党组成员、副局长杨培森在内蒙古烟草调研，并对内蒙古昆明卷烟有限责任公司进行考察。

1月23日，2018年中烟实业工作会议在北京召开。

3月5日，海南省副省长彭金辉在海南烟草调研。

3月5—9日，国家局党组成员、直属机关党委书记高林在海南烟草调研。

3月11日，海口市委副书记、市长丁晖在海南红塔卷烟有限责任公司调研。

9月7日，工业和信息化部党组成员、中央纪委国家监委驻工业和信息化部纪检监察组组长郭开朗，国家局党组成员、直属机关党委书记高林在中烟实业机关调研。

9月26日，波兰大使馆副领事思孟与波兰代表团访问黑龙江烟草工业有限责任公司。

11月5—7日，国家局党组成员、副局长段铁力在黑龙江烟草调研。

11月16日，国家烟草专卖局党组书记、局长，中国烟草总公司总经理张建民在中烟实业机关调研。国家局党组成员、副局长段铁力一同调研。

11月26日，西藏自治区党委副书记、政府常务副主席庄严一行在吉林烟草工业有限责任公司延吉卷烟厂调研。

12月20日，由红塔辽宁烟草有限责任公司建立的“辽宁卷烟工业史馆”在沈阳正式开馆。

12月24日，山西省副省长王一新、山西省政协副主席李晓波在山西昆明烟草有限责任公司调研。

## 所属企业

### 黑龙江烟草工业有限责任公司

**【经济效益】** 2018年，黑龙江烟草工业有限责任公司（简称黑龙江烟草工业）实现卷烟销售收入92.92亿元，同比增长13.64%。实现税利57.16亿元，同比增长18.14%，其中利润5.07亿元。三项费用率9.84%。

全年万元产值综合能耗20.42千克标煤，万支卷烟综合能耗4.98千克标煤。烟叶、滤棒、盘纸平均消耗分别为6.62千克/万支、2516支/万支、590米/万支。水、电平均消耗分别为0.11吨/万支、9.52千瓦时/万支。

**【主要产品】** **自有品牌**。2018年，黑龙江烟草工业"哈尔滨（老巴夺）"实现销量66.85亿支（13.37万箱），同比增长75.46%；"龙烟（呈祥）"实现销量8.6亿支（1.72万箱），同比增长59.26%。推出"龙烟（北国风光）"系列8款新产品。在国家局开展的卷烟产品质量监督市场抽检中，"龙烟（呈祥）"品牌获得二类细支烟综合质量第二名；"哈尔滨（老巴夺）"品牌2次抽检均保持在三类烟前五名。

**合作生产**。全年合作生产江苏中烟卷烟150亿支（30万箱），其中"南京（红）"94.2亿支（18.84万箱）、"南京（紫树）"42亿支（8.4万箱）、"南京（金砂）"12.5亿支（2.5万箱）、"南京（绿）"1.3亿支（0.26万箱）。合作生产湖北中烟卷烟30.75亿支（6.15万箱），其中"黄鹤楼（硬金砂）"5亿支（1万箱）、"红金龙（软精品）"23.25亿支（4.65万箱）、"红金龙（软九州）"2.5亿支（0.5万箱）。

**【创新工作】** 黑龙江烟草工业技术研发中心获得CNAS颁发的国家实验室认可证书。申报2件国家发明专利。参与行业"烟用包装膜、条与盒包装纸、内衬纸阻隔性检测方法"项目；完成"功能性再造烟叶的开发及应用"项目研究。"黑龙江省安全烟叶种植区域及关键技术研究"项目获得中烟实业科技创新奖三等奖。实施精益管理，实现降本增效4498万元。

### 红塔辽宁烟草有限责任公司

**【经济效益】** 2018年，红塔辽宁烟草有限责任公司（简称红塔辽宁）实现销售收入72.42亿元，同比增长3.99%；实现税利45.89亿元，同比增长9.89%。三项费用率10.79%。

全年"人民大会堂"实现销量71.05亿支（14.21万箱），同比增长13.69%，销售收入29.12亿元，同比增长14.73%；实现税利21.49亿元，占税利总额的47.15%。

全年中细支烟实现销量26亿支（5.2万箱），其中"人民大会堂（硬红细支）"20.5亿支（4.1万箱）。

**【原料保障】** 2018年采购原料2.07万吨（41.3万担），其中进口烟叶0.07万吨（1.35万担），辽宁烟叶0.42万吨

"五一"前夕，营口卷烟厂卷包车间机械维修班被营口市总工会评为营口"工人先锋号"（2018年）

红塔辽宁　供稿

(8.34 万担)，工业调剂烟叶 0.55 万吨（11 万担），联营调剂烟叶 1 万吨（20 万担）。

【管理创新】 推进质量体系转版，完成 234 个标准的评审发布。万支卷烟综合能耗 3 千克标煤，同比下降 2 个百分点。公司 34 项对标指标有 25 项同比进步，指标提升率 74%。

【技术创新】 与郑州烟草研究院签署《“人民大会堂”品牌协同创新技术合作协议》，创建联合实验室。研发设计 14 个新品，升级维护 6 个系列产品，其中“人民大会堂（大生产振兴）”“人民大会堂（辽宁 16）”“人民大会堂（辽宁 16 细支）”上市；“人民大会堂（盛京细支）”实现市场测试。通过应用新技术、配方优化、工艺调整等措施，降低“人民大会堂（硬红）”单箱成本 304.6 元。公司沈阳质检站获得中国合格评定国家认可委员会（CNAS）专家推荐认可。

## 吉林烟草工业有限责任公司

【经济效益】 2018 年，吉林烟草工业有限责任公司（简称吉林烟草工业）合作生产卷烟 79.98 亿支（16 万箱）。其中，合作生产云南中烟“红梅”19.98 亿支（4 万箱），同比下降 56.57%；合作生产江苏中烟“南京”60 亿支（12 万箱），同比增长 9.09%。

实现卷烟销售收入（不含税）120.48 亿元，同比增长 9.63%。实现税利 81.1 亿元，同比增长 10.31%。

全年万元产值综合能耗 10.38 千克标煤，万支卷烟综合能耗 2.78 千克标煤。烟叶、滤棒、盘纸平均消耗分别为 6.05 千克/万支、2282 支/万支、584 米/万支。水、电平均消耗分别为 0.04 吨/万支、8.98 千瓦时/万支。三项费用率 11.08%。实现降本增效 3500 万元。

【主要产品与品牌建设】 **“长白山”品牌。**2018 年，吉林烟草工业“长白山”卷烟实现商业销量 375 亿支（75 万箱），同比增长 5.4%。一、二类烟实现销量 87.5 亿支（17.5 万箱），同比增长 20.4%。省内实现销量 122.5 亿支（24.5 万箱），同比增长 12.7%，市场占比 27.1%。“长白山（777）”实现销量 77.5 亿支（15.5 万箱），同比增长 25.7%，在全国细支烟商业销量中位列第四位。“长白山（迎春中支）”上市 9 个月，实现销量 13 亿支（2.6 万箱）。

**品牌合作生产。**2018 年，合作生产卷烟 79.98 亿支（16 万箱）。其中，合作生产云南中烟卷烟品牌“红梅”19.98 亿支（4 万箱）；合作生产江苏中烟卷烟品牌“南京”60 亿支（12 万箱）。

【原料保障】 2018 年，吉林烟草工业调入原烟 0.87 万吨（17.3 万担），签订进口烟叶合同 0.16 万吨（3.17 万担），全年减少烟叶采购 0.04 万吨（8 万担），对外调剂烟叶 0.495 万吨（9.9 万担），库存烟叶同比减少 1.61 万吨（32.2 万担）。

## 甘肃烟草工业有限责任公司

【经济效益】 2018 年，甘肃烟草工业有限责任公司（简称甘肃烟草工业）实现卷烟销量收入 150.1 亿元，同比增长 0.86%。实现税利 113.57 亿元，同比增长 0.40%，其中利润 6.79 亿元，同比下降 2.71%。三项费用率 4.23%，同比减少 0.58 个百分点。

全年万支产值综合能耗 9.2 千克标煤，万支卷烟综合能耗 3.03 千克标煤。烟叶、滤棒、盘纸、水平均消耗分别为 6.82 千克/万支、2519 支/万支、595 米/万支、0.08 吨/万支。

【主要产品与品牌建设】 2018 年，甘肃烟草工业生产的自有卷烟品牌有“兰州”。合作生产的卷烟品牌全部为浙江中烟的“利群”。

全年“兰州”品牌共实现工业销量 397.45 亿支（79.49 万箱），排名行业 16 个鼓励培育品牌第四位。“兰州”品牌（均为 8 毫克/支及以下低焦油卷烟）商业销量为 401.95 亿支（80.39 万箱），居行业同类产品的第三位；“兰州”品牌 6 毫克/支及以下低焦油卷烟商业销量为 92 亿支（18.4 万箱），居行业同类产品的第二位。“兰州（细支珍品）”全年实现销量 16 亿支（3.2 万箱），同比增长 12.68%，销量排名行业细支烟第 23 位。“兰州”品牌销售市场覆盖全国 33 个省（市、区）、371 个地级市。全年合作生产“利群”75 亿支（15 万箱）。

【技术创新】 设计开发“兰州（黑中支）”“兰州（中支飞天梦）”2 个新产品。“兰州”品牌卷烟实测焦油含量加权平均值 7.8 毫克/支，继续保持行业先进水平。加强叶组配方深入研究，拓宽烟叶使用范围，扩大不适用烟叶应用力度，助力烟叶降库存。开展科研项目研究，“影响兰州（桥）细支卷烟产品品质的工艺研究”获得中烟实业科技项目二等奖。全年获得专利授权 12 件。

【管理创新】 2018 年，实现降本增效 3344 万元。注重目标引领，34 项对标指标同比进步 24 项。5 项课题获得“中国质量协会优秀六西格玛项目奖”。“原料养护生态杀虫与清洁仓间建设”项目课题获得 2018 年度行业精益物流重点课题研究成果三等奖。两班制运行模式达到预期效果，实现生产集中度、生产效率、节能降耗、过程控制能力等综合提升。创新物流管理机制，全年单箱物流费用 183 元，低于行业平均水平。

## 内蒙古昆明卷烟有限责任公司

【经济效益】 2018 年，内蒙古昆明卷烟有限责任公司（简称蒙昆公司）实现卷烟销售收入 67.85 亿元，同比增长 5.69%。实现税利 54.85 亿元，同比增长 6.87%，其中利润 3.17 亿元，同比下降 26.04%。三项费用率 9%。

全年万元产值综合能耗 9.67 千克标煤，万支卷烟综合能耗 4.65 千克标煤。烟叶、滤棒、盘纸平均消耗分别为 7.20 千克/万支、2560 支/万支、608 米/万支。水、电平均消耗分别为 0.14 吨/万支、10.56 千瓦时/万支。

【主要产品与品牌建设】 **自有品牌**。蒙昆公司自有卷烟品牌为“冬虫夏草”“云烟（苁蓉）”“大青山”。2018 年，公司卷烟品牌拓展到 27 个省、196 个地市。其中，生产“冬虫夏草”系列卷烟 24.20 亿支（4.84 万箱），同比增长 13.61%，实现销量 21.70 亿支（4.34 万箱），同比增长 29.79%。

**卷烟合作生产**。合作生产云南中烟卷烟品牌“红河（软甲）”35.10 亿支（7.02 万箱）。

【原料保障】 2018 年，调拨烟叶 1.14 万吨（22.86 万担），工业调剂烟叶 0.21 万吨（4.17 万担）。开发原料库存预警程序，实时监测库存水平。公司生物酶切技术科研成果取得阶段性突破，烟叶使用效率得到提高。

【管理创新】 抓好对标工作。公司 2018 年度对标指标达到行业平均水平的指标有 14 项，达到行业先进水平的指标有 2 项。全年共实施精益自主改善项目 117 项，实现降本增效 5752 万元。

## 深圳烟草工业有限责任公司

【经济效益】 2018 年，深圳烟草工业有限责任公司（简称深圳烟草工业）实现卷烟销售收入 65.5 亿元，同比增长 4.6%。实现税利 50.4 亿元，同比增长 3.0%，其中利润总额 6.3 亿元，同比减少 5.2%。三项费用率 5.3%。

全年万元产值综合能耗 6.10 千克标煤，万支卷烟综合能耗 2.15 千克标煤。烟叶、滤棒、盘纸平均消耗分别为 6.72 千克/万支、2508 支/万支、598 米/万支。

【主要产品与品牌建设】 2018 年，深圳烟草工业在产卷烟自有品牌“双喜（好日子）”，出口品牌“好日子”“特美思”，合作生产卷烟品牌“双喜”。

依托销售信息化系统，加强价格动态跟踪，调控货源投放。全年“双喜（好日子）”实现销量 155.4 亿支（31.08 万箱），同比增长 3.2%。其中，一类烟 22 亿支（4.4 万箱），同比增长 25.1%；二类烟 59 亿支（11.8 万箱），同比增长 6.1%。

2018 年 9 月 20 日，深圳烟草工业有限责任公司召开公司成立 30 年总结表彰大会

深圳烟草工业　供稿

实现税利 27.3 亿元，同比增长 1.68%。三项费用率 7.65%。

全年万元产值综合能耗 14.59 千克标煤，万支卷烟综合能耗 4.51 千克标煤。烟叶、滤棒、盘纸平均消耗分别为 6.73 千克/万支、2513 支/万支、600 米/万支，水、电平均消耗分别为 0.16 吨/万支、11.11 千瓦时/万支。

**【主要产品与品牌建设】** 2018 年，山昆公司主要生产品牌 4 个，其中“云烟”“红河”“红塔山”为合作生产品牌，“紫气东来”为自有品牌。全年生产自有品牌“紫气东来”1.42 亿支（0.28 万箱）。

**【原料保障】** 2018 年，采购国产烟叶 1.4 万吨（28 万担），进口烟叶 0.07 万吨（1.3 万担）。国内烟叶采购上等烟比例 72%，其中云南烟叶采购 0.5 万吨（10 万担），占国产烟叶采购量的 36%。

**【管理创新】** 以管理提升、提质增效为切入点，推进目标管理和体系专版，夯实基础管理。制定 10 个方面精益管理重点工作，细化 45 项工作措施，通过源头管控、过程控制、课题攻关等途径，完成降本增效 1658 万元。全员劳动生产率、万支卷烟综合能耗、三类烟香料成本、二类烟单箱嘴棒成本指标进入行业对标前三名。

**【科技创新】** 推出“双喜（细支金樽好日子）”“双喜（听装盛世好日子）”2 款新品，研发储备多款中支烟、细支烟新产品。修订《科技项目管理制度》，完善科研激励机制，在中烟实业科技项目评审中获得一、二、三等奖各 1 项。

## 山西昆明烟草有限责任公司

**【经济效益】** 2018 年，山西昆明烟草有限责任公司（简称山昆公司）实现销售收入 43.22 亿元，同比增长 3.71%；

**【科技创新】** 在中文核心、科技核心期刊上发表《酶法辅助乙醇提取制备接骨木多酚及其活性研究》等 4 篇科技论文。申报 2 件实用新型专利。制丝车间精益 QC 小组“研制混丝柜挡边带残留烟丝清扫装置”、技改先锋 QC 小组“缩短综合站房机电安装工程施工时间”获得中烟实业第十四届优秀质量管理小组成果三等奖。

**【降本增效】** 公司 34 项对标指标中 15 项同比改善。19 项卷烟工厂分类对标指标中，13 项指标同比进步。梳理确定 11 项精益管理诊断重点推进项目，26 项精益课题，全年实现降本增效 871 万元。推进 MES 系统、综合采购平台升级、二维码销售平台等信息化重点项目，发挥信息化对业务流程的支撑作用。全年累计回收卷烟包装箱 93 万个，节约采购成本 197.83 万元。

## 海南红塔卷烟有限责任公司

**【经济效益】** 2018 年，海南红塔卷烟有限责任公司（简称海南红塔）实现卷烟销售收入 29.16 亿元，同比增长

5.66%。实现税利18.31亿元，同比增长4.75%，其中利润1.27亿元，同比增长3.65%。三项费用率6.14%，同比减少0.36个百分点。

全年万元产值综合能耗14.35千克标煤，万支卷烟综合能耗3.66千克标煤。烟叶、滤棒、盘纸平均消耗分别为6.99千克/万支、2508支/万支、594米/万支。

【主要产品与品牌建设】 海南红塔自有品牌为“三沙”“宝岛”。全年自有品牌卷烟实现销量13.3亿支（2.66万箱），同比增长41.24%。2018年新增8个省外地市级市场，实现自有品牌销售覆盖全国19个省区76个重点城市。

【技术创新】 开发具有海南特色的高端中式浓香型“三沙（中支）”卷烟。获得中烟实业科技项目三等奖1项。参与行业《烟用热熔胶中苯及苯系物含量测定分析方法》标准的制定。申报专利2件，其中国家发明专利1件，实用新型专利1件，实现海南红塔国家专利申报“零”的突破。实施“卷接机组烟支外观检测系统改造”“滤棒成型机组规格及爆珠添加装置改造”等40余项技术创新改造项目，提升装备水平。

【降本增效与管理创新】 2018年，实现卷烟包装箱上机循环使用61.24万件，节约成本474万元。初步搭建预算定额标准体系，实现4个自有品牌规格卷烟销售成本同比减少650万元。全年实现降本增效1307万元。参加质量小组活动，1个质量小组被评为“全国优秀质量管理小组”、2个项目获得中烟实业优秀课题二等奖、4个项目获得海南省优秀课题一等奖。

## 吉林烟草进出口有限责任公司

因朝鲜受联合国制裁，对朝出口业务暂停。

会议费、车辆运行费等重点费用同比分别下降21.47%、24.28%。

**2018年中国烟草实业发展中心所属企业/生产厂情况统计**

| | | 黑龙江烟草工业有限责任公司 | 所属生产厂 | | | |
|---|---|---|---|---|---|---|
| | | | 哈尔滨卷烟厂 | 海林卷烟厂 | 穆棱卷烟厂 | 绥化卷烟厂 |
| 法人资格 | | 独立法人 | 非独立法人 | 非独立法人 | 非独立法人 | 非独立法人 |
| 主要负责人/法定代表人（含党政领导） | | 董事长：孔庆峰<br>党委副书记、总经理：马保军<br>党委书记：李维新 | 厂长：谢东升<br>党委书记：安　毅 | 党委书记、厂长：宋延彬 | 党委副书记、副厂长：唐雪冰 | 党委书记、厂长：阮　见 |
| 成立时间 | | 2007年 | 1902年 | 1970年 | 1977年 | 1970年 |
| 从业人员（人） | | 3737 | 1388 | 717 | 500 | 625 |
| 卷烟生产能力（亿支） | | 500 | 290 | 80 | 70 | 60 |
| 卷烟品牌 | 自有品牌 | 哈尔滨、林海灵芝、龙烟 | 哈尔滨、林海灵芝、龙烟 | 林海灵芝 | 哈尔滨、林海灵芝 | 哈尔滨 |
| | 合作生产品牌 | 南京、黄鹤楼、红金龙、红河 | 黄鹤楼、红金龙、南京 | 红金龙 | — | 红河 |
| | 委托加工品牌 | — | — | — | — | — |

| | | 红塔辽宁烟草有限责任公司 | 所属生产厂 | | 吉林烟草工业有限责任公司 | 所属生产厂 | |
|---|---|---|---|---|---|---|---|
| | | | 沈阳卷烟厂 | 营口卷烟厂 | | 延吉卷烟厂 | 长春卷烟厂 |
| 法人资格 | | 独立法人 | 非独立法人 | 非独立法人 | 独立法人 | 非独立法人 | 非独立法人 |
| 主要负责人/法定代表人（含党政领导） | | 董事长：陈玉秋<br>党组书记、<br>总经理：慈　东 | 厂长：李　军<br>党委书记：裴禄军 | 厂长：高延迪<br>党委书记：刘韶军<br>（2018年7月—） | 董事长：陈玉秋<br>党组书记、<br>总经理：吕子军 | 厂长：金光泽<br>党委书记：杨国栋 | 厂长：张玉良<br>党委书记：张利军 |
| 成立时间 | | 2003年 | 1908年 | 1909年 | 2006年 | 1975年 | 1933年 |
| 从业人员（人） | | 1646 | 624 | 748 | 3226 | 1564 | 1340 |
| 卷烟生产能力（亿支） | | 570 | 281 | 289 | 690 | 390 | 300 |
| 卷烟品牌 | 自有品牌 | 人民大会堂 | 人民大会堂 | 人民大会堂 | 长白山 | 长白山 | 长白山 |
| | 合作生产品牌 | 玉溪、红塔山、云烟、红梅 | 玉溪、红塔山、红梅 | 玉溪、红塔山、云烟 | 红梅、南京 | — | 红梅、南京 |
| | 委托加工品牌 | — | — | — | — | — | — |

| | | 甘肃烟草工业有限责任公司 | 所属生产厂 | | 内蒙古昆明卷烟有限责任公司 | 深圳烟草工业有限责任公司 |
|---|---|---|---|---|---|---|
| | | | 兰州卷烟厂 | 天水卷烟厂 | | |
| 法人资格 | | 独立法人 | 非独立法人 | 非独立法人 | 独立法人 | 独立法人 |
| 主要负责人/法定代表人（含党政领导） | | 董事长：李东梅<br>党组书记、<br>总经理：田　成 | 厂长：廖国太<br>党委书记：牟怀斌 | 厂长：王乐平<br>党委书记：岳彦虎<br>（—2018年7月） | 董事长：刘　龙<br>党委书记、<br>总经理：王旭东 | 董事长：李东梅<br>党委书记、<br>总经理：梁　强 |
| 成立时间 | | 2007年 | 1936年 | 1970年 | 2003 | 1988年 |
| 从业人员（人） | | 2170 | 1114 | 765 | 1248 | 613 |
| 卷烟生产能力（亿支） | | 852 | 482 | 370 | 250 | 234 |
| 卷烟品牌 | 自有品牌 | 兰州 | 兰州 | 兰州 | 冬虫夏草、云烟（苁蓉）、大青山 | 双喜（好日子） |
| | 合作生产品牌 | 利群 | 利群 | — | 红河 | 双喜 |
| | 委托加工品牌 | — | — | — | — | — |

| | | 山西昆明烟草有限责任公司 | 海南红塔卷烟有限责任公司 | 吉林烟草进出口有限责任公司 |
|---|---|---|---|---|
| 法人资格 | | 独立法人 | 独立法人 | 独立法人 |
| 主要负责人/法定代表人（含党政领导） | | 董事长：刘　龙<br>总经理：陈景云<br>党委书记：刘根栓 | 董事长：孔庆峰<br>党委书记、总经理：梁生龙 | 总经理：李建平（—2018年11月）<br>鲍立泰（2018年11月—） |
| 成立时间 | | 1928年 | 1978年 | 1999年 |
| 从业人员（人） | | 983 | 576 | 16 |
| 卷烟生产能力（亿支） | | 247 | 150 | — |
| 卷烟品牌 | 自有品牌 | 紫气东来 | 三沙、宝岛 | — |
| | 合作生产品牌 | 云烟、红河、红塔山 | 红塔山、红梅、云烟 | — |
| | 委托加工品牌 | — | — | — |

◇ 撰稿：曹建平；编辑：褚　幸

# 境外卷烟生产

## 威尼顿集团有限公司

【概　况】　威尼顿集团有限公司位于柬埔寨首都金边市，成立于1993年7月，由原广州卷烟一厂（现划归广东中烟工业有限责任公司）与柬埔寨的亚细安国际有限公司于1993年7月15日合资在柬埔寨金边市设立，其中原广州卷烟一厂占60%股份，柬埔寨亚细安国际有限公司占40%股份。经过增资及股权转让，现有股权关系中，广东中烟工业有限责任公司占80%股份，亚细安国际有限公司占20%股份。截至2018年底，公司总资产8385万美元，其中，固定资产2173万美元、流动资产5638万美元，资产负债率35.71%。拥有员工846人。公司占地面积约25.3万平方米。公司董事长：区广安；总经理：谢乐机。

【生产经营】　2018年，公司生产卷烟50.39亿支，同比下降4.85%。销售卷烟49亿支，同比下降9.84%。实现主营业务收入6722万美元，同比下降6.82%。

【主要产品与发展战略】　***主要产品***。公司生产的卷烟品牌主要有“吴哥”“利是”“椰树”“金宝”“皇冠”等，主销地为柬埔寨。

“吴哥”品牌定位高端市场，致力于将其塑造成柬埔寨国烟。“利是”品牌定位中端市场，通过持续优化卷烟配方，提高质量，目前已经成为柬埔寨畅销的中档烟产品。“金宝”“皇冠”定位低端市场，是基础性品牌。

***发展战略***。威尼顿公司落实企业的本地化战略，做好“品牌本地化、营销本地化、原料本地化、人才本地化”。公司在柬埔寨国内市场占有率超过40%。

威尼顿公司主要从事柬埔寨境内的烟草生产、加工和销售。通过烟草科技创新，加大科研力度，威尼顿公司推出“吴哥（沉香）”“利是（爆珠）”“吴哥（罐装）”“吴哥（细支沉香）”等一系列新产品。

## 金叶卷烟厂（澳门）有限公司

【概　况】　金叶卷烟厂（澳门）有限公司位于中国澳门特别行政区，成立于1992年，初始投资2476万港元，由原广州卷烟二厂（现划归广东中烟工业有限责任公司）、中国烟草总公司广东省公司、香港永发烟草有限公司、澳门南粤（集团）有限公司共同出资组建，分别占股份的27%、20%、28%、25%。1993年，香港永发烟草有限公司将14%的股份转让给金叶（香港）烟草国际有限公司，股东变为5家。2001年，香港永发烟草有限公司、澳门南粤（集团）有限公司分别出售金叶卷烟厂（澳门）有限公司14%、25%共计39%的股份，由原广州卷烟二厂、中国烟草总公司广东省公司、金叶（香港）烟草国际有限公司分别收购28%、6%、5%。经过2次股东变更，公司股东为广东中烟工业有限责任公司、中国烟草总公司广东省公司、金叶（香港）烟草国际有限公司，投资8501万港元，分别占股份的55%、26%、19%。截至2018年底，公司总资产3.88亿港元，其中，固定资产3449万港元、流动资产3.45亿港元，资产负债率10.30%。公司拥有4980平方米的厂房，共有员工69人。拥有2台PROTOS卷接机和3台GD包装机。年卷烟生产能力30亿支。公司董事长：区广安；总经理：朱业开。

【生产经营】　2018年，公司生产卷烟11.11亿支，同比下降2.41%。销售自产卷烟10.72亿支，同比下降7.77%。主要市场为中国境内免税店、中国香港、中国澳门和中东、非洲、太平洋岛屿地区，以及巴拿马、秘鲁、美国等国家。全年实现销售收入2.8亿港元，同比下降9.35%。

【产品介绍与品牌战略】　***产品介绍***。2018年，公司生产经营“双喜”品牌的9个规格：“双喜（软盒）”“双喜（硬盒）”“双喜（软盒经典）”“双喜（硬盒经典）”“双喜（硬盒逸品）”“双喜（硬盒典藏逸品）”“双喜（老双喜硬盒）”“双喜（老双喜罐装）”“双喜（老双喜细支硬盒）”。生产经营“五叶神”品牌6个规格：“五叶神（硬盒红）”“五叶神（硬盒金）”“五叶神（硬盒金誉品）”“五叶神

（尚品罐装）”“五叶神（誉品罐装）”“五叶神（精品罐装）”。公司自主品牌有“MU”6个规格和“吉利”2个规格。

**品牌战略。**公司继续以“稳销量、提结构、降成本、促宣传”为工作核心。以“双喜”“MU”品牌为主要抓手。在稳定“双喜”品牌市场规模的基础上，通过高结构规格提升品牌价值。在维护好现有“MU”产品市场的基础上，纵深发展“MU”品牌理念，加强新品研发。

## 中烟国际欧洲有限公司

**【概　况】**　中烟国际欧洲有限公司，英文名称 S. C. CHINA TOBACCO INTERNATIONAL EUROPE COMPANY S. R. L.，简称 CTIEC，公司注册地为罗马尼亚伊尔霍夫县（ILFOV）班德里蒙（PANTELIMON），经营范围主要为卷烟生产及销售。是中国烟草在欧洲的唯一生产基地，也是截至2018年底中国国有企业在罗马尼亚投资额最大的合资公司。

1997年4月，陕西省烟草公司、原宝鸡卷烟厂（现划归陕西中烟工业有限责任公司）、原中国烟草进出口（集团）公司（现中国烟草国际有限公司）与西安丰佳科技实业发展有限公司（现为丰佳国际集团）共同出资注册成立罗马尼亚宝丰烟草公司。主要卷烟产品为“金丝猴”（GOLDEN MONKEY）和“双马”（DOUBLE HORSE）。2003年，中国烟草进出口（集团）公司（现中国烟草国际有限公司）退出，丰佳国际通过收购其股权后股份提高到50%。

2005年，芜湖卷烟厂通过设备入股、现金收购的方式，取得罗马尼亚宝丰烟草实业有限责任公司73%的股权。2007年7月，红塔烟草（集团）有限责任公司收购罗马尼亚宝丰烟草实业有限责任公司25%的股权。2007年8月，宝丰烟草实业有限责任公司重组，正式成立中烟国际欧洲有限公司（CTIEC），其中安徽中烟占60.5%、红塔集团25%、陕西中烟12%、丰佳国际2.5%。

2015年6月，完成第三轮变更的全部商业登记程序，注册资本为3975万美元。股权结构组成中，中国烟草总股权比例达到99.24%，其中，安徽中烟61.58%、红塔集团25.44%、陕西中烟12.21%；丰佳国际0.76%。第四轮增资于2018年12月到位，尚未在罗马尼亚工商部门进行注册资本更新。

公司设“一厂六部”：工厂、国际市场拓展部、采购部（兼境内销售部）、财务部、综合行政部、产品研发部。截至2018年底，公司拥有总资产4601万美元，其中，固定资产1494万美元、流动资产3107万美元，资产负债率64.8%。共有员工185人，其中中方员工23人。工厂占地面积为3.9万平方米，拥有1条3000千克/小时叶丝线、1条1000千克/小时梗丝线、1条1000千克/小时白肋烟处理线、5台卷烟机和7台包装机。年卷烟生产能力50亿支。公司董事长：王志彬；监事会主席：赵西纯；总经理：赵冬清。

**【生产经营】**　2018年，公司生产卷烟24.75亿支，其中罗马尼亚境内自有品牌1.15亿支，出口自有品牌18.62亿支，委托加工4.98亿支。销售卷烟24.66亿支，其中自有品牌在罗马尼亚本土市场销售1.32亿支，自有品牌在罗马尼亚境外销售18.61亿支，销售委托加工卷烟4.73亿支。销售烟丝195吨。

实现销售收入9397万美元，上缴税金5989万美元，实现利润134万美元。

**【主要产品】**　公司自有卷烟品牌包括“都宝”品牌系列和“金丝猴（GOLDEN MONKEY）”品牌。其中，主导品牌“都宝”根据不同区域市场，在保持统一品牌标识的前提下，采取不同的品牌表现形式：在罗马尼亚本土及欧洲周边、中东非洲市场有“D&B”“DUBAO”“DUBLISS”子品牌，在中国台湾地区及东南亚市场有“D&B”“Derby”子品牌。2018年，公司主导品牌“都宝”系列产品合计销售21.5万件（含烟丝折算）。

“都宝”品牌作为中国烟草海外市场拓展的首推品牌之一，其市场定位为中端、中高端价位。其中，“DUBAO”是“都宝”的中低端子品牌，竞争品牌为MORE、LUCKY STRIKE等三大公司中低端品牌；“D&B”是“都宝”中端子品牌，竞争品牌为WINSTON、PALL MORE、CHESTERFIELD等三大公司中端品牌；“DUBLISS”是“都宝”中高端品牌，通过提升品牌档次和形象，将之打造成“PARLIAMENT”“MARLBORO”“KENT”等全球知名品牌的同台竞技者。“金丝猴（GOLDEN MONKEY）”作为本土低端过渡性品牌，通过“低价位、高品质、广结网”的模式，打造分销渠道；后期逐步向“DUBAO”中低端产品过渡。

**【产品研发】**　完成巴尔干市场新品牌共计8个规格产品的开发并投入市场销售；开发储备英国市场、哈萨克斯坦市场，包含爆珠系列在内的多款产品；对乌克兰市场产品以及部分烟丝产品配方进行维护。与采购部分工协作，根据产品配方需求，联系洽谈多家烟叶公司，以基本保持卷烟原有风格为前提，尽可能降低配方使用成本。

## 蒙古烟草有限责任公司

【概 况】 蒙古烟草有限责任公司位于蒙古国首都乌兰巴托市，成立于2001年，主要从事其自有品牌及陕烟授权品牌在蒙生产以及在当地及周边国家的销售。蒙古公司由陕西中烟工业有限责任公司及其他3家股东共同投资设立，中方资本占51%，含陕西中烟工业有限责任公司41%、中国烟草总公司陕西省公司10%；外方资本49%，含蒙古阿哈穆德音乎其公司30%、蒙古新大陆公司19%。占地面积8742平方米，共有员工138人，其中中方管理及技术人员10人。拥有卷接包设备5台（套）。年卷烟生产能力20亿支，占蒙古国31%卷烟市场份额，居蒙古烟草行业第一位。公司董事长：李强；总经理：田虎明。

【生产经营】 2018年，公司实现销售收入2797.58万美元。实现税利1915.71万美元，其中利润162.22万美元。截至2018年底，公司总资产3176.38万美元，其中固定资产530.23万美元、流动资产1224.34万美元，资产负债率30.66%。

【主要产品与发展战略】 公司卷烟品牌有“红鹰”系列，“金叶丛”“蒙古包”“都宝（DUBLISS）”系列，“好猫”“延安”“猴王”等。其中，主导品牌“红鹰”系列市场销量连续多年居蒙古卷烟市场第一位。与安徽中烟的合作品牌“都宝（DUBLISS）”的销量逐年上涨，已成为蒙古卷烟市场中端产品的重要品牌之一。2018年，蒙古公司品牌发展思路为“延伸主导品牌产品规格的生命线”，确立“都宝”“红鹰”系列为两大主导品牌，丰富主导品牌的产品规格；向蒙古市场投放“红鹰（细支爆珠）”“都宝（细支爆珠）”“都宝（圆角）”规格卷烟。

截至2018年底，“红鹰”系列已拥有“红鹰”“红鹰（圆角）”“红鹰（细支）”“红鹰（细支爆珠）”等规格；“都宝”系列开发“都宝（蓝）”“都宝（黑）”“都宝（爆珠）”“都宝（细支）”“都宝（细支爆珠）”等规格，延伸了品牌的生命线，提高了公司的产品结构和市场覆盖率。

## 平壤白山烟草有限责任公司

【概 况】 平壤白山烟草有限责任公司位于朝鲜平壤市龙城区，成立于2008年4月23日，公司是由吉林烟草工业有限公司与朝鲜烟草进出口商社合资组建的卷烟生产企业，投资总额为400万欧元，其中，中方以设备折价出资，股份占51%；朝方以土地、厂房等配套设施折价出资，股份占49%。截至2018年底，公司总资产1900.5万美元，其中，固定资产902.4万美元、流动资产998.1万美元，资产负债率64.7%。公司占地面积6674平方米，拥有8台MK9卷烟机组、5台MK95卷烟机组、7台ZB43A硬盒机组、5台SASIB软包机组、1台ZJ17卷接机组、1台ZB45硬盒机组。年卷烟生产能力100亿支。公司董事长：朴光石；社长：朴永浩。

【生产经营】 根据商务部《关于执行联合国安理会第2375号决议，做好关闭境外涉朝合资合作企业相关工作的通知》，2017年11月28日，中方人员撤离。2018年无经营统计数据。

## 大同江烟草有限公司

【概 况】 大同江烟草有限公司位于朝鲜平壤市乐浪区，成立于2000年，公司是由吉林烟草工业有限责任公司与朝鲜双林贸易会社合资组建的卷烟生产企业，投资总额为150.5万美元，其中中方占50.8%、朝方占49.2%。截至2018年底，公司拥有总资产457.3万美元，其中，固定资产129.1万美元、流动资产328.2万美元，资产负债率32.4%。公司占地面积5100平方米，拥有2台YJ14卷烟机组、4台MK95卷烟机组、3台ZB41硬盒机组、1台YB22软包机组。年卷烟生产能力19亿支。公司董事长：朴光石；社长：吴永哲。

【生产经营】 根据商务部《关于执行联合国安理会第2375号决议，做好关闭境外涉朝合资合作企业相关工作的通知》，2017年11月28日，中方人员撤离。2018年无经营统计数据。

# 罗先新兴烟草会社

【概　况】　罗先新兴烟草会社位于朝鲜罗先特别市，成立于2001年，公司是吉林烟草工业有限责任公司在朝鲜独资设立的卷烟生产企业，注册资本为313万欧元。截至2018年底，拥有总资产376.5万美元，其中，固定资产229.1万美元、流动资产147.5万美元，资产负债率-6.2%。会社占地面积8400平方米，拥有1台PASSIM70卷烟机组、4台MK95卷烟机组、1台ZB43A硬盒包装机组、1台FK硬盒包装机组、3台SASIB软盒包装机组、2台YB22A软盒包装机组。年卷烟生产能力20亿支。公司董事长：朴光石；社长：金明孙

【生产经营】　根据中国烟草实业发展中心《关于吉林烟草工业有限责任公司做好关闭境外涉朝企业相关工作的通知》，2017年12月28日，中方人员撤离。2018年无生产经营活动，设备设施封存。

# 老挝寮中红塔好运烟草有限公司

【概　况】　1992年，公司在老挝万象市成立。2008年7月28日，资产重组更名为老挝寮中红塔好运烟草有限公司，红塔集团控股61%，海南省烟草公司持股30%，老挝因得·沙伯服装厂占股份6%，老挝D.D建筑有限公司占股份3%。2012年12月经第十一届股东会第九次会议、第十六届董事会第五次会议决议，将海南省烟草公司所占30%股份转让给红塔集团，集团持股91%，沙湾万里进出口有限公司持股6%，老挝道沙湾有限公司持股3%。截至2018年底，公司总资产8708.83万美元，其中，固定资产净值3545.21万美元、流动资产4865.48万美元，资产负债率16.92%。公司占地面积31万平方米，为云南中烟规模设施最齐全、面积最大的境外生产企业。共有员工638人，其中中方员工84人。生产制造部下设动力、复烤、制丝、卷接包、嘴棒、烟叶提取物6个车间，拥有烟叶提取物设备1套、梗叶混合制丝生产线1条、4500千克/小时打叶复烤线1条、卷包机组7台（套）、滤棒成型机3台。年卷烟生产能力80亿支。公司董事长：王勇；总经理：马旭。

【生产经营】　2018年，公司生产卷烟55.11亿支，同比增加5.51亿支、增长11.1%。销售卷烟55.34亿支，同比增加3.3亿支、增长6.35%。实现卷烟销售收入7246.56万美元，同比增长5.58%，其中在老挝有税市场实现销售收入3512.44万美元，同比下降6.49%；免税市场实现销售收入430.81万美元，同比增长35.21%；其他国家市场实现销售收入3303.31万美元，同比增长18.46%。全年实现利润总额251.73万美元，同比下降51.95%；实现净利润186.06万美元，同比下降44.39%。

【主要产品与品牌建设】　2018年，公司主要生产品牌有“玉溪”“红塔山”“阿诗玛”“红梅”“云烟”等烤烟型卷烟，以及“GEM”系列混合型卷烟。“GEM”主要在老挝有税市场销售，少量在免税市场销售，结构定位为中低端产品，在老挝市场的占有率超过45%；结合公司细支烟设备的投入使用，开发“GEM（新丝路）”“GEM（红花）”“GEM（JN蓝冰爆珠）”“GEM（JN蓝莓爆珠）”等系列新产品，拓展有税和免税市场。“玉溪”“红塔山”“阿诗玛”品牌卷烟在老挝有税、免税市场以及海外市场销售，“红塔山”主要销售地区为越南、柬埔寨、新加坡、马来西亚市场，“阿诗玛”主要销售地区为新加坡和中东地区，“红梅”主要销售地区为新加坡、马来西亚、印度尼西亚、菲律宾市场。

2018年，生产“玉溪”0.11亿支，销售0.11亿支；生产“红塔山”9.61亿支，销售9.34亿支；生产“云烟”1.99亿支，销售1.82亿支；生产“阿诗玛”1.24亿支，销售1.34亿支；生产“红梅”2.43亿支，销售2.43亿支；生产“GEM”32.82亿支，销售33.45亿支；生产“红花”1.28亿支，销售1.29亿支。为盘活产能、拓展公司业务，代加工卷烟4.18亿支，同比增加3.18亿支。

# 香港红塔国际烟草有限公司

【概　况】　1992年，楚雄卷烟厂在中国香港创建控股企业雄伟（国际）烟草有限公司。1998年，国家烟草专卖局批准将楚雄卷烟厂的资产划转红塔集团，同年12月9日，雄伟（国际）烟草有限公司更名为香港红塔国际烟草有限公司，红塔集团控股70%，新加坡仁恒国际投资有限公司持股30%。2007年，红塔集团将15%的股权划转云南中烟工业有限责任公司，公司注册资本增至1.29亿港元。2011年，云南中烟将15%的股权划转云南烟草国际有限公司，

公司股权结构变为：红塔集团控股55%，新加坡仁恒国际投资有限公司持股30%，云南烟草国际有限公司持股15%。香港红塔公司是持有中国香港特别行政区香烟生产许可证的3家公司之一。截至2018年底，公司总资产4.12亿港元，其中固定资产1.17亿港元、流动资产2.95亿港元。年卷烟生产能力57亿支。公司占地面积8289平方米，共有员工118人，拥有5条卷接包生产线、2台KDF2滤嘴棒成型机。公司董事长：夏开元（—2018年6月）、王勇（2018年6月—）；总经理：张进武。

【生产经营】 2018年，公司生产卷烟37.23亿支，同比下降9.31%；销售卷烟37亿支，同比下降11.06%。实现销售收入3.64亿港元，同比下降18.02%。实现利润总额3143万港元，同比下降32.17%。

【主要产品与品牌建设】 2018年，公司主要生产传统烤烟型“玉溪”“红塔山”“阿诗玛”“红梅”“云烟（硬珍）”“云烟（软珍）”等品牌，混合型“BRASS”“MARBLE”“ASHIMA”“STRAND”“ESTON”等品牌，代加工“L. J. HELMSMAN”“大唐”品牌。公司拓展来牌加工业务，与香港祥悦贸易有限公司协议代加工“中国梦”品牌卷烟。

全年生产“玉溪”4.27亿支，销售3.89亿支；生产“红塔山”0.96亿支，销售0.95亿支；生产“阿诗玛”5.63亿支，销售5.63亿支；生产“红梅”2.1亿支，销售2.1亿支；生产“云烟”3.04亿支，销售3.02亿支；生产“钓鱼台”0.13亿支，销售0.13亿支；生产“红河（WIN）”0.6亿支，销售0.6亿支；生产“MARBLE”18.87亿支，销售18.75亿支；生产“BRASS”0.33亿支，销售0.7亿支；生产“IF”0.67亿支，销售0.67亿支；生产“ESTON”0.05亿支，销售0.05亿支；生产“中国梦”0.23亿支，销售0.23亿支。

## 环球烟草有限责任公司

【概　况】 环球烟草有限责任公司成立于2013年12月1日，所在地为阿联酋富查伊拉自由区。前身为2012年成立的环球烟草企业，是由瓦达尼亚贸易有限责任公司全额控股、具有卷烟生产许可的自由区企业。2013年，浙江中烟与瓦达尼亚共同对环球烟草企业进行增资，并将其改组为环球烟草有限责任公司，作为双方合资经营的企业，主要从事卷烟生产。环球烟草有限责任公司总投资500万美元，其中，瓦达尼亚持股60%、浙江中烟持股40%。公司占地面积1万平方米，年卷烟生产能力60亿支。截至2018年底，公司总资产1.26亿元，其中固定资产5189.68万元、流动资产7381.48万元，资产负债率34.39%。从业人员总数约200人。公司董事长：Badar Rashid Murad Albalooshi（瓦达尼亚委派）；总经理：Badar Rashid Murad Albalooshi（—2018年4月，瓦达尼亚委派），Abhijit Pal（2018年4月—，瓦达尼亚委派）。

【生产经营】 2018年，公司生产卷烟44.34亿支，同比下降18.69%；销售卷烟39.80亿支，同比下降33.9%。实现卷烟销售收入1.93亿元，同比增长9.65%；实现利润1151.87万元，同比增长76.9%。

【主要产品与品牌战略】 2018年，公司的品牌战略和发展思路是巩固和拓展现有市场，开发新市场。完成新产品开发共计9个规格：“摩登（阿曼银）”“摩登（阿曼金）”“摩登（封口包装蓝巴基斯坦）”“摩登（细支白伊朗）”“摩登（封口包装蓝伊朗）”“摩登（超细褐红色）”“摩登（超细黑巴基斯坦）”“摩登（普通红土库曼斯坦）”“摩登（普通蓝土库曼斯坦）”。

## 科伦印象有限责任公司

【概　况】 科伦印象有限责任公司于2016年6月29日正式成立，位于印度尼西亚东爪哇省徐图利祖县。注册资本7572.57万元，其中浙江中烟持股15%、印度尼西亚的塞班国际有限责任公司持股50%、韦查耶和平有限责任公司持股35%。公司占地面积1.25万平方米，年卷烟生产能力20亿支。共有员工50人，其中中方员工5人。截至2018年底，公司总资产8901.23万元。其中固定资产7835.80万元、流动资产964.40万元，资产负债率39.39%。公司董事长：林乃轩；总经理：刘文敬。

【生产经营】 2018年，公司生产卷烟3.56亿支，同比增长114.45%；销售卷烟3.81亿支，同比增长144.23%。实现卷烟销售收入2694.84万元，同比增长75.27%。

【主要产品与品牌战略】 公司立足印度尼西亚本土，辐射东南亚周边国家及地区，以打造“摩登”中式混合型卷烟代表品牌为主，同时结合当地特色，开发有针对性的特色产品。“摩登”定位于年轻时尚动感品牌，品牌销售区域覆盖印度尼西亚有税市场雅加达、巴厘岛、泗水、棉兰等主要城市和区域，印度尼西亚全国性知名大型连锁超市 indomaret、alfamart 以及地区性连锁超市 minimart、Coco-mart。东南亚周边区域已覆盖中国台湾、印度、马来西亚，以及非洲尼日利亚。

公司具备一定的自主产品研发能力，2018 年开发“摩登（马来西亚 C）”“摩登（台湾 H）”“摩登（台湾 S）”等规格卷烟。

◇ 编辑：褚　幸

# 雪茄烟生产

## 2018 年全国雪茄烟产销概况

2018 年，全国烟草行业中，安徽中烟、山东中烟、湖北中烟、四川中烟等 4 家省级卷烟工业企业具备雪茄烟生产能力。全年累计生产雪茄烟同比增长 89.44%。

2018 年，全国雪茄烟销量和销售额保持稳定增长。国产雪茄烟销量同比增长 71.8%，销售额同比增长 54%。

在坚持烟草专卖制度的前提下，加快推进雪茄烟销售模式创新，搭建行业中高端雪茄烟全国统一订货平台，逐步建立行业中高端雪茄烟特色分销模式，实现便捷化运营和集约化管理，解决准入难题，提升配送效率，助力中式雪茄烟品牌进一步发展壮大。

## 安徽中烟工业有限责任公司

**【蚌埠卷烟厂雪茄烟生产部概况】**　安徽中烟工业有限责任公司雪茄烟生产主要由安徽中烟蚌埠卷烟厂雪茄烟生产部承担，蚌埠卷烟厂、芜湖卷烟厂承担部分机制雪茄烟生产任务。安徽中烟蚌埠卷烟厂雪茄烟生产部前身为蒙城雪茄烟厂，位于安徽省蒙城县。2001 年 10 月，经国家局批准在蒙城雪茄烟厂原厂址成立雪茄烟生产部，隶属于蚌埠卷烟厂管理，不具有法人资格，更名为蚌埠卷烟厂雪茄烟生产部。2005 年 4 月，更名为安徽黄山卷烟总厂蚌埠卷烟厂雪茄烟生产部。2006 年 5 月，更名为安徽中烟工业公司蚌埠卷烟厂雪茄烟生产部。2011 年 7 月，更名为安徽中烟工业有限责任公司蚌埠卷烟厂雪茄烟生产部。

截至 2018 年底，雪茄烟生产部拥有制茄芯生产线 1 条，产能 1500 千克/小时，可生产雪茄烟用丝及片状茄芯；拥有进口荷兰 AJIO 公司的卷制、包装及配套设备共 37 台；拥有国产纱布茄衣制作机组 20 台（套）、卷制及包装设备 10 台（套）。生产部设备产能 2.4 亿支/年。

**【雪茄烟产销】**　2018 年，生产雪茄烟 2.03 亿支，同比增长 11.35%。雪茄烟批发销量 1.99 亿支，同比增长 22.7%；实现批发收入 2.11 亿元，同比增长 19.23%；单支售价 1.06 元，同比下降 2.75%。

**【主要产品与品牌建设】**　**主要产品**。2018 年，在产的雪茄烟有“王冠”1 个品牌 32 个产品系列规格，包括半叶卷雪茄烟 12 个产品、全叶卷雪茄烟 13 个产品、微型雪茄烟 7 个产品。

**新品研发**。2018 年，完成新品“全叶卷王冠（徽商）”“王冠（国粹风度）”“王冠（蓝色假日）”“王冠（假日风情）”“王冠（假日）”和微型雪茄烟“王冠（国粹—满堂彩）”6 款新品包装设计打样工作，并申报准产待批。开发储备“全叶卷王冠（徽商—如意）”、“王冠（徽商—鸿运）”、半叶卷新品“王冠（原味 1 号黄金版）”、“王冠（香韵咖啡）”、“王冠（香韵陈皮）”等产品。

**生产城市定制销售产品**。与大连市烟草公司合作开发生产全叶卷产品“王冠（国粹—大连 16）”、半叶卷产品“王冠（奶香 10 支—大连印象）”；与绍兴市烟草公司合作开发生产全叶卷“王冠（梅兰竹菊—绍兴十景）”“王冠（经典铝 2 支全叶卷—绍兴十景）”；与舟山市烟草公司合作开发生产“王冠（经典铝 2 支全叶卷—舟山茄画）”；与桂林市烟草公司合作开发生产“王冠（奶香 10 支—印象桂林）”；与合肥市烟草公司合作开发生产“王冠（国粹—1896）”。

**【合作交流】**　4 月，与斯堪的纳维亚烟草集团（STG）联合开发半叶卷产品“王冠（赛悦）”首批生产上市，全年销售 34.6 万支，填补“王冠”雪茄烟与国际雪茄公司合作生产在国内上市的空白。

5 月，赴四川长城雪茄烟厂质量控制与设备管理学习交流；10 月，赴湖北三峡雪茄烟厂参与手工雪茄技师技能考评；12 月，赴山东济南雪茄厂全程参与雪茄部操作维修岗位技能鉴定考评。

# 山东中烟工业有限责任公司

【雪茄烟制造中心概况】 山东中烟工业有限责任公司雪茄烟制造中心前身为始建于1999年12月的将军烟草集团有限公司技术中心雪茄烟实验室。2004年5月，国家局正式批准将军烟草集团有限公司济南卷烟厂生产雪茄烟，济南卷烟厂成立雪茄烟生产工段。2008年12月，山东中烟工业公司济南雪茄烟制造中心正式成立。2010年，山东中烟工业公司更名改制为山东中烟工业有限责任公司后，中心更名为山东中烟工业有限责任公司济南雪茄烟制造中心。2011年3月，山东中烟设立山东中烟工业有限责任公司雪茄烟制造中心筹备办公室。2012年5月，山东中烟工业有限责任公司雪茄烟制造中心成立，负责雪茄烟生产、产品研发、品牌建设、市场营销等工作。

雪茄烟生产具体由济南卷烟厂雪茄烟生产车间承担。截至2018年底，雪茄烟生产车间占地面积8500平方米。具备年产手工雪茄烟98万支、机制雪茄烟3300万支、卷烟型雪茄6亿支的生产能力。有员工177人。

【雪茄烟产销】 2018年，生产雪茄烟2.74亿支，同比增长16.46%。实现工业调拨2.82亿支，同比增长15.96%；商业批发2.66亿支，同比增长9.46%；工业调拨销售收入1.2亿元，同比增长18.87%；商业批发销售收入1.8亿元，同比增长11.83%。2018年，省外市场销售比重、"将军（战神）"传统雪茄烟单品销量、机制雪茄烟单支均价3项指标均居行业首位。

2018年8月4日，青岛国际啤酒节鲁产雪茄烟展示现场

山东中烟　邓文臣　摄

【主要产品与品牌建设】 2018年，山东中烟在产的雪茄烟品牌为"泰山""将军"2个品牌，手工雪茄、机制雪茄和卷烟型雪茄3个品类，"巅峰""战神""阔佬""3G""豹"五大系列24个规格。

组织开展以"相约琴岛　凭海临风"为主题的青岛国际啤酒节鲁产雪茄烟展示展览活动，参与安徽合肥中式雪茄品牌推介活动、四川什邡雪茄风情节、海南儋州雪茄文化旅游节等，加大对鲁产雪茄烟的宣传，提升品牌影响力。

市场布局初具规模。新开拓地市级市场11个，以各省重点市场为核心，梯次化推进市场拓展，成熟型、成长型、导入型三类市场初步形成。2018年，青岛及陕西、吉林、天津、河北等8个市场调拨销量超过1000万支，湖南、江西等9个市场调拨销量超过700万支，12个规模市场销量及收入比重占比48%。

结合"互联网+"探索中高端雪茄烟销售模式，实现点、线、面有机结合。根据商业公司、专业雪茄吧个性化需求，全年完成定制雪茄烟22.47万支，定制范围覆盖全国10个省、14个地市。

【技术创新】 **产品研发**。以高端引领和结构提升为产品研发切入点，完成高端机制雪茄烟"将军（战神荣耀）"、高端卷烟型雪茄烟"泰山（中海御叶）"的产品开发设计。加强新材料新工艺研究与应用，从盒型结构、色彩搭配等方面创新，开展新产品个性化商标设计。2018年，"泰山"雪茄烟包装获全球四大顶级工业设计奖项之一的德国"红点"奖；开展智能养护项目创新研究，完成《雪茄智能养护箱研制》申报工作，有序推进多用途智能雪茄烟养护项目。

**工艺标准**。优化完成"泰山（黑豹细支）"等5款卷烟型雪茄烟工艺标准，制定完成9款新产品工艺标准及25款定制产品工艺标准；实时管控产品出厂质量及市场质量，全年开展质量检验42次，形成季度质量检验报告4份；深入原料发酵、烟叶分选等重点工艺技术研究，消化吸收国外先进工艺，逐渐形成自身特色工艺。

**项目研究**。先后参加中国农业科学院烟草研究所举办的国产烟叶交流与质量评价会、吉林蛟河晒烟质量风格评价及可持续发展研讨会，完成墨西哥、多米尼加、古巴调研考察等工作，为产品研发、工艺提升及海外市场拓展与合作提供有力参考。

**技术交流合作**。与海南省局（公司）签订雪茄烟战略合作协议，成立雪茄烟战略合作领导小组及其下设机构，双方就雪茄烟种植以及烟草产业链延伸等重大创新课题进行探讨。与墨西哥图伦特公司签订双边战略合作协议，在技术、品牌等方面进行深度交流合作。

2018 年 10 月 26 日，2018 红点传达设计大奖颁奖典礼在德国柏林举行，“泰山”雪茄烟包装获“红点”奖

山东中烟　张　欢　摄

【原辅材料保障】　制定年度原料需求计划，完成 2018 年度多米尼加等进口烟叶采购工作，共计 18.5 吨。通过烟叶消化和采购调整等手段，雪茄原料库存持续优化，库存状况日趋合理，国产雪茄烟原料由 2013 年库存 6.2 万担优化至 2018 年末的 1.2 万担。根据市场销售及生产计划安排，合理制定季度材料采购需求，满足生产保障。

【综合管理夯实基础】　2018 年，修订完善并发布《雪茄制造中心市场营销工作管理规定》等 9 项标准化文件。制定完成《雪茄烟商标材料设计与打样费用审批核销办法（修订稿）》等 8 项管理制度。

## 湖北中烟工业有限责任公司

【三峡卷烟厂概况】　湖北中烟工业有限责任公司雪茄烟生产主要由湖北中烟三峡卷烟厂承担。湖北中烟三峡卷烟厂前身为成立于 1899 年的茂大卷叶烟制造所，位于湖北省宜昌市。2004 年，三峡卷烟厂成为湖北中烟工业有限责任公司所属生产厂。

截至 2018 年底，三峡卷烟厂拥有 8 套卷接包生产设备和 40 多台（套）雪茄烟专业生产设备。雪茄烟主要生产“黄鹤楼”“顺百利”“茂大”“三峡”等品牌系列，卷烟（包括机制雪茄烟）年生产能力 150 亿支（30 万箱），手卷雪茄烟 1.76 亿支。在册职工 766 人。

【雪茄烟产销】　2018 年，湖北中烟生产雪茄烟 5.09 亿支，同比增长 42.98%；实现销量 4.18 亿支，同比增长 14.53%。

【主要产品与品牌建设】　**形象升级**。2018 年，湖北中烟在产的雪茄烟品牌主要有“黄鹤楼”“顺百利”“茂大”“三峡”等。2018 年，湖北中烟结合现有雪茄烟产品以及“黄鹤楼”品牌形象、定位，完成对品牌整套视觉形象体系的升级，涵盖从产品包装到平面视觉多个维度。设计品味、品牌视觉的提升，让“黄鹤楼”雪茄烟更贴合高端人群消费习惯，让产品品质感再度拔升，对标国际一流。

**产品定制**。2018 年，湖北中烟继续探索开展雪茄烟定制，其中上海、长沙、深圳、杭州、桂林、厦门等销区在传统雪茄烟、中高端雪茄烟定制上取得新进展，全国首创鸭嘴型定制雪茄烟在重庆市场发布；宜昌销区探索旅游定制，协同研发昭君故里、醉美三峡、如画三峡、天赐三峡等旅游创意产品，昭君故里已选点投放。

**销售终端**。利用雪茄吧、品牌旗舰店、形象店等雪茄烟专业终端，打造“黄鹤楼”雪茄烟文化传播、品牌体验、产品销售的阵地和窗口，湖北中烟在雪茄烟仓储、产品展示等方面给予支持和指导。2018 年，在全国市场共建设重点品牌形象店 547 家，初步形成遍及全国重点城市的雪茄烟专业终端网络。

【技术创新与新品研发】　湖北中烟雪茄烟研发技术团队，始终坚持“中式雪茄”发展理念。2018 年，与海南签订雪茄烟叶战略合作协议，积极探索国产雪茄烟叶研究应用；统筹雪茄烟成品、储备烟支生产及烟叶发酵管理，应用去梗机、内胚器等工器具，实施全手卷雪茄烟卷制操作工晋级考核等，叶束式手卷雪茄烟生产由每人每天 50 支提高到 60 支。全年研发新产品 21 个规格，涵盖叶束式、叶片式、叶丝式三大类别。

【易地技改项目】　2016 年 12 月 13 日，国家烟草专卖局正式批准三峡卷烟厂易地搬迁技术改造项目建设。项目建设用地面积约 370 亩，项目规划总投入 12.4 亿元，按照技改完成后，卷烟、机制雪茄烟产能规模为 159.1 亿支，其中机制雪茄烟 9.1 亿支。

2018 年，项目建设稳步推进，企业完成易地搬迁技术改造项目（含原料库）环境影响评价、地质初勘、总体规划及初步设计招标。

# 四川中烟工业有限责任公司

**【长城雪茄烟厂概况】** 四川中烟工业有限责任公司雪茄烟生产主要由四川中烟长城雪茄烟厂承担。四川中烟长城雪茄烟厂成立于2007年9月。2009年实施易地技术改造，总投资12亿元，占地30万平方米，2011年4月建成投产。截至2018年底，工厂在岗在册职工392人，总资产12.56亿元。产品涵盖手工、机制全系列，拥有“长城”“狮牌”“工字”3个品牌，具备机制标准雪茄烟设备产能4亿支，雪茄型卷烟（中高速设备）产能60亿支，国内市场在产在销61个规格，产销规模位居全国首位，出口地涵盖欧洲、南美等11个国家和地区，是目前亚洲最大的雪茄烟厂、中国雪茄的领军企业。

**【雪茄烟产销】** 2018年，生产雪茄烟（不包含雪茄型卷烟）20.41亿支，同比增长146.96%；实现工业调拨13.33亿支，同比增长91.02%；实现销售收入11.46亿元，同比增长45.99%；实现税利7.1亿元，同比增长100.45%。标准雪茄烟市场份额持续提升。出口雪茄烟162万支。

**【主要产品与品牌建设】** 2018年，四川中烟拥有“长城”“狮牌”“工字”3个品牌，国内市场在销57个规格（不包含卷烟），产销规模居全国首位，出口地涵盖欧洲、南美等11个国家和地区。

**产品开发。**以“醇甜香”雪茄烟品类为统领，研发“长城（揽胜1号）”手工雪茄烟，开发国产手工雪茄烟最高价位“长城（GL1号）”等高端产品。升级改造“长城（迷你原味）”“长城（迷你咖啡）”2款机制雪茄烟，维护优化“长城（陈皮薄荷）”“长城（132原味）”等10余款产品，研发储备“大泉坑（3号）”“长城（益川老坊）”等产品。

全面梳理产品架构，机制雪茄烟以主导规格培育为重点，抓好陈皮薄荷、醇雅奶香、软传奇等重点产品的持续扩量；手工雪茄烟梳理形成“长城（G）”“长城（132）”“长城（盛世）”三大系列。完善品牌价值体系，建立“国茄长城、中式雪茄之源”的品牌定位，确定“中国的味道、世界的长城”的品牌宣传语，建立包含品牌历史、品牌理念、工艺技术、产品体系、品质分级在内的长城雪茄烟品牌核心价值体系。

**【原料供给与创新】** **原料供给体系。**利用商业公司、雪茄烟种植公司优势资源，在海南儋州、湖北恩施以及四川什邡开展国产优质原料种植技术研究，总结评价方法，建立栽培、调制及工业运用标准，构建优质可控的原料供给体系。

**技术研究。**争取江南大学陈坚院士的学术资源优势，利用“橡木桶发酵”“地窖发酵”“132秘制发酵”的传统技术，挖掘四川国酒名茶的地域特色，制定“醇甜香”品类构建核心原料技术体系研究计划，并启动重点项目“国产优质雪茄原料开发与应用研究”。

**应用创新。**丰富完善“醇甜香”雪茄烟叶处理技术，相继取得各类专利技术18件，长城雪茄工艺技术研究及应用项目获得公司科技创新奖励三等奖，“长城（软传奇）”获公司产品研发及成果维护奖。基于浙烟模式的雪茄型卷烟卷包成品检验和过程检验数据采集分析系统上线运行，有效提升质量改进工作，制丝工序的优质优产率从60%提升到85%以上；卷包质量优等品率达到85.7%。烟斗丝填补国内烟斗丝空白，“道”系列烟斗丝架构基本形成，并被国家局指定为行业唯一的烟斗丝生产经营企业。

**技术交流。**与奥丁格大卫杜夫集团在原料、产品、技术、代理国际市场、海外战略等5个方面开展合作，同时与古巴哈伯纳斯集团开展双向交流考察，奠定战略合作基础。

四川中烟工业有限责任公司长城雪茄烟厂（2018年）
四川中烟长城雪茄烟厂　孙　茂　摄

◇编辑：王　静　鲁建敏

# 烟草机械工业

## 烟机工业概况

2018年，全国烟草机械工业企业深入学习贯彻落实党的十九大精神和习近平新时代中国特色社会主义思想，认真贯彻落实行业工作部署与要求，积极应对烟机市场发生快速而急剧的变化，采取行之有效的措施，实现党的建设进一步加强，运营状态企稳回升，创新产品强势推出，发展质量不断提高。

**做精烟机产品。**6月，7000支/分钟ZJ112A型卷接机组、400包/分钟ZB47B型包装机组样机通过国家局组织的鉴定，填补国内中高速细支卷接包设备的空白，实现国产细支中高速卷接包设备主力机型新的突破。

9月，“1000千克/小时不适用烟叶水洗工艺设备及生产线研制”项目通过国家局组织的鉴定。该项目自2012年开始实验线研发，历经6年，实现生产过程参数可调、可控，产品质量稳定的工业化生产，有效去除不适宜配方烟叶的杂气、刺激性。水洗烟项目的成功鉴定是继滚筒—气流式烘丝设备后，国产烟机在烟叶处理设备领域的又一重大自主创新，为行业处理不适应库存烟叶提供新的手段。

**对外交流合作。**2018年，重点组织灵活包装设备、复合滤棒成型设备的合作生产谈判，组织上海烟草机械有限责任公司与瑞士AIGER公司、意大利GIMA TT公司签署灵活包装机合作生产协议；许昌烟草机械有限责任公司与荷兰ITM公司签署分格装卸盘设备的合作生产协议、与瑞士AIGER公司签署复合滤棒成型设备的合作生产协议，实现多对象、多领域、多产品合作生产实质性落地的新突破。

同时，持续开展与HAUNI、G.D、FOCKE等国际先进烟机制造企业的技术交流和合作探讨，探讨合作生产的可能性。与意大利GARBUIO公司进行切丝机合作生产谈判；与意大利COMAS公司进行切丝机合作生产谈判和新型烟草制品装备技术交流；与德国HAUNI公司进行新型烟草装备技术交流，继续开展制丝全面技术合作，召开制丝技术全面合作第26次、第27次协调指导委员会会议；与德国FOCKE公司进行F5异型包装机的技术交流和合作生产探讨；与意大利G.D公司和德国HAUNI公司进行新型烟草制品装备技术交流。

**拓展国内外烟机市场。**2018年，继续贯彻落实国家“一带一路”倡议。加强与跨国烟草公司的合作，尤其是日烟国际。2018年，与日烟国际签订“保密协议”和“主供应协议”，就“日烟——菲律宾”项目进行实质性合作。加强对中资卷烟厂的服务保障，对老挝红塔和纳米比亚红云红河项目，为中资企业的发展提供装备支持。传统区域性市场得到巩固和加强，以俄罗斯为代表的东欧地区和以中国台湾地区为代表的东南亚市场产品信誉得到客户认可，提升客户粘合度。

截至2018年底，全国烟草专用机械持证生产企业共有43家。

## 中国烟草机械集团有限责任公司

**【概　况】**　中国烟草机械集团有限责任公司（简称集团公司）组建于1999年，由中国烟草总公司、上海烟草集团有限责任公司和中国烟草总公司云南省公司、山东省公司、河南省公司共同出资组建，是烟草行业内第一家按现代企业制度框架组建的专业化集团公司。后经股权变更，集团公司由中国烟草总公司控股，上海烟草集团及云南中烟、山东中烟、河南中烟等4家工业公司参股。2008年，经中国烟草总公司批准（中烟办〔2008〕305号），集团公司新增湖南中烟、湖北中烟、江苏中烟、安徽中烟、广东中烟等5家股东。增资扩股后，中国烟草总公司股权比例占67%，上海烟草集团占5%，云南中烟、河南中烟、山东中烟、湖南中烟、湖北中烟、江苏中烟、安徽中烟、广东中烟分别占3.5%。集团公司是中国烟机工业核心企业，对全国烟草专用机械的生产经营担负一定的行业管理职能。2011年，中国烟草总公司对集团公司增加投资10亿元（中烟办〔2011〕178号），总公司所占股权比例增至74.69%，上海烟草集团股权比例占3.87%，云南中烟、河南中烟、山东中烟、湖南中烟、湖北中烟、江苏中烟、安徽中烟、广东中烟分别占2.68%。

集团公司下辖8家控股企业，包括上海烟草机械有限责任公司、常德烟草机械有限责任公司、许昌烟草机械有限责任公司、秦皇岛烟草机械有限责任公司等4家烟机生产企业，北京达特集成技术有限责任公司、中烟烟机零配件采购服务中心有限责任公司2家专业公司，以及设在上海专门从事烟机产品开发的中烟机械技术中心有限责任公司、中烟物流技术有限责任公司。同时，集团公司持有云南烟草机械有限责任公司30%的股份。集团公司本部下设12个部室。

截至2018年底，集团公司总资产136.89亿元，负债41.43亿元，所有者权益95.45亿元。

2018年6月13日，日烟国际全球工程副总裁Frank Harting先生一行在上海烟机考察

上海烟机　供稿

【领导机构】

董事会

董事长：王建法

副董事长：陆　捷

董　事：曲　伟、顾　波（—2018年7月）、夏开元（2018年7月—）、王众声、许廷选、刘建福、聂广军（—2018年7月）、陈慧斌（2018年7月—）、王轩庭、杜　进、张赤兵、齐　琳（职工董事）

监事会

主　席：张书东（—2018年7月）、罗明德（2018年7月—）

监　事：王玉麟（—2018年7月）、曹松林（2018年7月—）、陈俊奎（职工董事）

班子成员

党组书记、总经理：王建法

党组成员、副总经理：沈云龙

党组成员、副总经理：曲　伟

党组成员、纪检组长：吴　伟

享受公司副职待遇：付　嘉、郭冬青

副巡视员：凌卫民

副巡视员：赵美燕（—2018年7月）

副巡视员：范思齐（2018年12月—）

【主要产品】　集团公司生产卷接包设备、滤棒成型及辅联设备609台，其中，成套设备144套，单机207台；实现销售649台，其中，成套设备139套，单机268台。生产制丝、打叶复烤及二氧化碳膨胀烟丝生产线设备988台，其中，成线5条，单机244台；实现销售983台，其中，含成线3条，单机302台。

【企业管理】　**精益管理**。集团公司进一步强化精益管理对控股企业管理工作的指导作用，推动企业精益管理工作不断深化。在山东青州烟草培训中心组织开展第一期烟机企业精益管理培训班，介绍精益管理优秀经验和做法，传授精益管理工作方法和工具。持续修订完善《精益管理工作创优评价办法》，作为集团公司控股生产企业精益管理工作评价的基本标准。注重企业精益管理工作经验交流，定期编制集团公司精益管理《工作动态》，组织开展常德烟机公司精益管理项目结题暨经验交流会。督促和引导各控股生产企业积极参加“‘黄金叶’杯全国烟草行业精益改善达人大赛”，取得较好成绩，并在活动中学习行业精益改善活动的先进经验和做法，探索在集团公司内部开展“精益改善达人”“精益改善优秀课题”等评比活动。

**质量管理**。集团公司进一步强化质量管理工作力度，以质量管理体系建设为依托，通过夯实质量管理基础，不断提升企业产品实物质量和服务质量。3月，在许昌召开2018年度烟机产品质量分析座谈会，会议通过集团公司2018年度《产品质量改进计划》，明确集团公司2018年质量的九项工作部署和要求。9月，开展对常德烟机公司生产的ZJ118型卷接机组质量行检，对秦皇岛烟机公司库存及装配现场的零件（铸件、钣金件、机加件等）进行抽查。开展群众性质量管理小组活动，5月，开展2017年度QC小组活动成果的预审，10月，开展成果发布，评出一等奖成果3个、二等奖成果8个、三等奖成果8个。

## 所属企业

### 上海烟草机械有限责任公司

【概　况】　上海烟草机械有限责任公司（简称上海烟机）前身为始建于1952年的上海烟草公司机械厂。1959年更名为上海轻工业机械制造厂；1970 年更名为上海烟草工业机械厂，是中国第一家烟草机械专业生产企业；1999 年成为中烟机械集团公司控股企业；2002 年改制更名为上海烟草机械有限责任公司。下辖上海烟草机械新场铸造有限责任公司、上海中臣烟草机械配件有限责任公司、上海中臣烟草数控技术有限公司、上海英国莫林斯烟草机械零备件寄售站有限公司以及上海烟机综合生活服务部等 5 家企业。截至 2018 年底，上海烟机拥有总资产 34.43 亿元，其中，固定资产 9.93 亿元、流动资产 22.4 亿元，资产负债率 32.98%。从业人员 1021 人。上海烟机党委书记、董事长：郭宏斌；总经理：韩 芸（2018 年 9 月—）。

【生产经营】 2018 年，上海烟机实现工业总产值 16.51 亿元，工业增加值 8.09 亿元；实现销售收入 15.15 亿元，其中，主营业务收入 14.86 亿元，整机实现收入 5.94 亿元，同比下降 7.9%；大修理实现收入 6.93 亿元；零配件实现销售收入 1.92 亿元；非烟销售收入 0.07 亿元。全年实现税利 1.88 亿元，利润总额 0.87 亿元。公司三项费用率 19.7%。万元产值综合能耗为 11.66 千克标煤。

【主要产品】 主要产品：ZB45 型硬盒硬条包装机组、ZB25 型软盒硬条包装机组、ZB47 型硬盒硬条包装机组、ZB48 型硬盒硬条包装机组、ZB28 型软盒硬条包装机组、ZB416 型硬盒硬条包装机组、ZB48A 硬盒硬条包装机组。

【技术创新】 2018 年，上海烟机生产的 ZB47（细支）、ZB48A 等一批高速、超高速包装机组科技项目通过样机鉴定，具备大规模市场推广条件。落实国家局细支烟技术装备创新升级重大项目，ZB416 平台高速细支包装机组开展试制，ZB48 平台细支机型完成设计。交付四川中烟国内首台新型烟草包装机（加热不燃烧双铝包）进入在用户现场调试阶段。规格快换式柔性包装机基本完成设计。加快研究和推广智能烟机、智能服务，设备健康状态监测系统在宁波行业设备管理现场会上展示，并在宁波等多家卷烟企业安装试用。

## 常德烟草机械有限责任公司

【概 况】 常德烟草机械有限责任公司（简称常德烟机）成立于 1969 年，1999 年完成公司制改造，是中国最早从事烟草机械产品研发和生产制造的企业之一，下辖常德烟机配件经销服务有限责任公司、常德金叶机械有限责任公司、常德旺达物业服务有限责任公司。截至 2018 年底，常德烟机拥有总资产 25.36 亿元，其中，固定资产 4.5 亿元、流动资产 20.06 亿元，资产负债率 20.85%。从业员工总数 1167 人。常德烟机董事长、总经理：周诗伟；党委书记：秦继玉。

【生产经营】 2018 年，常德烟机生产烟草机械整机 135 台（套）[含烟机整机 97 台（套），烟机大修 38 台（套）]、销售烟草机械整机 154 台（套）[含烟机整机 119 台（套），烟机大修 35 台（套）]。实现工业总产值 14.79 亿元（现价，不含税，下同）、工业增加值 5.47 亿元、产品销售收入 15.19 亿元、出口实现销售收入 2879 万元、实现税利 2.56 亿元、实现利润 1.89 亿元。三项费用率 13.88%，同比减少 6.28 个百分点。万元产值综合能耗 12 千克标煤。

【主要产品】 主要产品有：ZJ17 型卷接机组、ZJ17E 型卷接机组、ZJ118 型卷接机组、ZJ112 型卷接机组、ZJ112A

常德烟机自主研发产品 TK10 手帕纸条巾包装机组亮相全国生活用纸展览会（2018 年）

常德烟机 供稿

型卷接机组、ZJ116 型卷接机组、ZJ116A 型卷接机组、YF13 型卷烟储存输送系统、YF14 型卷烟储存输送系统、YF171A 型滤棒储存输送装置、FY113 型废烟支处理机、ZL26A 型纤维滤棒成型机组、YF27B 型滤棒气力输送装置、YF27C 型滤棒气力输送装置、YF27D 型滤棒气力输送装置、YF26 型滤棒接收装置、YF26C 型滤棒接收装置、YF26D 型滤棒接收装置、YF26E 型滤棒接收装置、YF26F 型滤棒接收装置、TJ91 型茄衣成型机、TJ91A 型茄衣成型机。

【技术创新】 ZJ116A 型卷接机组通过集团公司验收，ZJ119 型卷接机组首台样机通过用户（常德卷烟厂）交验，卷接设备智能管理系统在该产品样机试运行并通过专家评审；ZJ112A 型细支卷接机组样机通过国家局鉴定。至此，公司先后完成速度覆盖 5000 支/分钟、6000 支/分钟、7000 支/分钟、10000 支/分钟细支卷接机组研发和配套细支滤棒输送设备研发，细支烟产品系列化基本形成；与上海新型烟草制品研究院及多家卷烟工业企业开展炭加热、电加热不燃烧卷烟生产设备的合作开发，取得阶段性成果。

## 许昌烟草机械有限责任公司

【概　况】 许昌烟草机械有限责任公司（简称许昌烟机）位于河南省许昌市，于 1958 年经国家经济委员会批准创建，1965 年划归中国烟草工业公司管理，1969 年划归国家轻工部管理，1987 年划归中国烟草总公司管理，1999 年划归中国烟草机械集团有限责任公司，2002 年改制，更名为许昌烟草机械有限责任公司。下辖许昌富思特烟机配件有限公司 1 个全资子公司。截至 2018 年底，许昌烟机拥有总资产 13.98 亿元，其中，固定资产 8.1 亿元，流动资产 8.44 亿元，资产负债率 29.42%。有从业人员 1105 人，其中在岗人员 1079 人。许昌烟机董事长：沈云龙；党委书记、总经理：张维群。

【生产经营】 2018 年，许昌烟机公司共生产烟机产品 204 台（套），销售烟机产品 246 台（套）。实现工业总产值 6.98 亿元，工业增加值 2.49 亿元。实现销售收入 7.53 亿元，出口实现销售收入 2247 万元；实现税利 6668 万元，利润 976 万元。三项费用率 24.84%，同比减少 6.36 个百分点。万元产值综合能耗 17 千克标煤。

【主要产品】 2018 年，产品主要三大类：（1）滤棒成型类产品：ZL28 型纤维滤棒成型机组、ZL29 型纤维滤棒成型机组、ZL26C 型纤维滤棒成型机组、ZL26D 型纤维滤棒成型机组、ZL27 型纤维滤棒成型机组、ZL22D 型纤维滤棒成型机组、YL43 型复合滤棒成型机组、YL43A 型复合滤棒成型机组、ZL41 型复合滤棒成型机组；（2）辅联物流类产品：ZF12B 型卷烟储存输送系统、ZF19 型卷烟储存输送系统、YF17 型卷烟储存输送装置、YF17A 型卷烟储存输送装置、ZF25 型滤棒自动发射与接收系统、ZF25A 型滤棒自动发射与接收系统、YF71 型盘纸自动更换机、YF73 型盘纸自动更换机、YF72 型卷接机组物料站、YF712/713 型包装机组物料站、YF611 型条盒储存输送系统、YF611A 型条盒储存输送系统、YF172 型滤棒固化储存输送装置、FY114 型废烟处理机、FY115 型废烟支处理机、YP19 型装封箱机、YJ35D 型装盘机、YJ36 型装盘机、YJ37 型装盘机、YB17B 型卸盘机、YB111 型卸盘机；（3）卷接类产品：ZJ19B、ZJ15、ZJ114 型卷接机组。

【技术创新】 2018 年，许昌烟机重点研发项目取得阶段性成果：500 米/分钟细支滤棒成型机（基于 ZL29）昆明样机输出的细支滤棒用于用户正常生产，玉溪样机完成用户交验，具备集团验收条件；ZL29 滤棒成型机组自主电控系统研制于 9 月 21 日通过许昌烟机科技委内部验收评审；超高速包装机组物料站研制（YF716）样机的厂内通电调试进入收尾阶段，准备内部测试验收；2500 支/分钟滤棒发射机研制（YF28），试验单元组装完成，开始进行电气调试。

商业物流设备新产品研制进展顺利：自动拆箱机、有轨穿梭车 2 种产品在湖南白沙物流有限公司试用，于 2018 年 9 月完成用户验收，并实现销售；拨烟机构、条烟发射机两种产品完成出厂前测试，待条件成熟后到客户现场安装试用。

2018 年共申请受理专利数 9 件，其中，发明专利 3 件，实用新型专利 6 件；获得专利授权 8 件，其中发明专利 2 件，授权实用新型专利 6 件。

## 秦皇岛烟草机械有限责任公司

【概　况】 秦皇岛烟草机械有限责任公司（简称秦皇岛烟机）前身为中国轻工业机械总公司秦皇岛轻工业机械厂，1989 年 4 月划归中国烟草总公司管理，更名为中国烟草总公司秦皇岛烟草工业机械厂，2002 年 3 月改制为秦皇岛烟草机械有限责任公司。下辖秦皇岛弘和机械有限责任公司、秦皇岛金叶物流有限责任公司 2 家企业。秦皇岛烟机党委书记、董事长：郭冬青；总经理：王小飞。

**【生产经营】** 2018年，秦皇岛烟机生产烟草机械整机988台（套）、大修54台（套），销售烟草机械整机983台（套）、大修57台（套）。实现工业总产值7.02亿元（现价）、工业增加值2.39亿元、税利9898.66万元、利润2933万元；三项费用率24.19%，同比下降2.39个百分点。万元产值综合能耗19.34千克标煤。

**【主要产品】** 秦皇岛烟机主要产品有三大类。制丝线产品：WQ91转辊式加温加湿机、WQ91B型转辊式加温加湿机（合作产品）、SH661L型滚筒薄板式烘丝机、SY232型压梗机（合作产品）、SJ18D加料机、SJ1236A加料机、SJ27B加香机、SJ292A加香机、WQ51A刮板式烟梗回潮机、WQ3114E滚筒式叶片回潮机、SQ221型切丝机（合作产品）、SQ36型模块化曲（直）刃水平滚刀式切丝机、SQ71型旋转式柔性切丝机（合作生产）、WQ617喷射管式加温加湿机、SH38型滚筒管板式烘丝机、45ZXZ0001809电控系统、FT6312推板式垂直切片机、WQ7192型隧道式烟梗回潮机、FJ55振动滑槽、SH911B燃油（气）管道式烘丝机等。

膨胀线产品：二氧化碳线SP27（T41）.2工艺阀站、SP27.8高压压缩机单元、SP27（T41）.6低压回收罐单元、SP27（T41）.11贮罐单元、WQ397滚筒式叶丝回潮机、SP67（T41）.7升华器、WF38C滚筒式热风润叶机、膨胀烟丝线叶片处理段电控系统、膨胀烟丝配套生产线工段中控系统等。

打叶复烤产品：BFS24风分器、MT2105打叶器、MT25052落料器、KG325A烟梗复烤机、KG235C烟片复烤机、WCL24仓式喂料机、EMS风分器、MT25072落料器、DPM5带式输送机、KG263型烟片复烤机、WCL14喂料机、DPH08带式输送机、45ZXP0001809滚筒式烟片复烤干燥控制系统等、GPT35D贮柜、DPM12带式输送机等。

**【技术创新】** 加快推进传统工业与信息化融合，推进烟机智能化。组建自动控制及智能化室，制定黑灯工厂、集控系统技术方案，开展技术交流。进一步开展细支烟升级创新重大专项课题研究，以滚筒气流烘丝机、超薄压梗机、旋转分切机为代表的细支烟专用制丝设备逐步推向市场。

2018年，“1000千克/小时不适用烟叶水洗工艺设备及生产线研制”“500千克/小时雪茄烟制丝线研制”“垂直料管式加香设备研制”“隧道式烟丝回潮工艺及设备研究”等重点项目通过验收。与虹霓公司、COMAS、Garbuio等国外先进烟机制造公司分别就新型烟草制品薄片技术、SD-EVO切丝机进行合作交流。持续推进研发体系建设，优化研发平台管理。通过河北省高新技术企业认定和河北省企业技术中心评价工作。全年秦皇岛烟机有16件专利技术（其中发明专利2件）被国家知识产权局授权。

## 中烟机械技术中心有限责任公司

**【概　况】** 中烟机械技术中心有限责任公司（简称技术中心）成立于1999年，2012年经中国烟草总公司批复同意进行股权改制，成为中国烟草机械集团有限责任公司的全资子公司，主要负责烟草机械研发与设计。截至2018年底，技术中心拥有总资产2.81亿元，其中，固定资产0.65亿元、流动资产2.12亿元，资产负债率2.13%。在岗员工74人。技术中心党总支书记、总经理：陈　黎；执行董事：曲　伟。

**【生产经营】** 2018年，技术中心实现营业收入3423.59万元，其中技术使用费收入208.3万元，技术研发收入3208.49万元。亏损873.67万元。三项费用率35.17%，同比增加7.89个百分点。

**【技术创新】** 2018年，技术中心有在研项目24项，其中新立项项目2项。由技术中心主持研发的ZL29纤维滤棒成型机获得中国烟草总公司科学技术进步奖三等奖；“1000千克/小时不适用烟叶水洗工艺设备及生产线研制”项目通过国家局项目鉴定；“导轨式商标纸堆垛机研制”通过集团公司项目鉴定；“120包/分全开式烟盒包装机研究”“独立驱动烟支切割装置研制”“接装机喷胶系统研制”“无胶自动拼接技术研究与应用”等4个项目通过集团公司项目验收。由技术中心承担的《烟草机械　通用技术条件》（YC/T 10—2018）系列烟草行业标准（共16项标准）制定。

2018年，技术中心申报新专利11件，其中发明2件，实用新型4件，外观设计1件，软件著作权4件；获得专利授权14件，其中发明专利8件，实用新型专利3件，软件著作权3件。申报科技论文7篇，1篇科技论文获2018年度中国烟草学会优秀论文一等奖。

## 北京达特集成技术有限责任公司

**【概　况】** 北京达特集成技术有限责任公司（简称达特公司）成立于1998年，原名为北京达特膨胀烟丝成套设备工程有限责任公司。2002年，更名为北京达特烟草成套设备技术开发有限责任公司。2013年，更名为北京达特集成技术有限责任公司。达特公司由中国烟草机械集团有限责任公司、五洲工程设计研究院、秦皇岛烟草机械有限责任公司共同投资组建，注册资本5000万元。达特公司集科、工、贸于一体，实施机、光、电、控一体化的成套设备工程，并承揽烟草物流设计（咨询）与集成业务、烟草农业机械集成业务。截至2018年底，达特公司拥有总资产3.06亿元，其中，固定资产163.49万元，流动资产3.03亿元，资产负债率65.33%。从业人员102人。董事长：凌卫民；总经理：李建梅；党总支书记：尉培旭。

【生产经营】 2018年，达特公司实现营业收入4.1亿元。实现税利8511.88万元，其中利润4816.72万元。

【技术创新】 2018年，达特公司开发“生物质燃烧机的研制及试验”“空气源热泵烤房的研制及试验”2个新项目。生物质燃烧机分别在云南、湖南、贵州等3个省的6个烟叶复烤点进行对比测试，该产品趋于成熟，可构建产能批量供应。空气源热泵烤房进行试验，初步达到预期实验效果，截至2018年底，就两次烤烟试验发现的问题进行技术改进，预计可在2019年形成产品。

## 中烟烟机零配件采购服务中心有限责任公司

【概　况】 中烟烟机零配件采购服务中心有限责任公司（简称零配件中心）前身为成立于1995年的北京特思达机电技术开发有限责任公司，最初由中国烟草机械集团有限责任公司控股，上海、常德、许昌、秦皇岛烟机公司共同出资组建。2012年9月26日，北京特思达公司经转股、更名、增资、变更经营范围，由中国烟草机械集团有限责任公司独资组建并更名为中烟烟机零配件采购服务中心有限责任公司，担负行业烟机零配件集中采购与服务职责。公司本部下设3个事业部。截至2018年底，公司拥有总资产3.68亿元，其中，固定资产196.2万元、流动资产3.6亿元，资产负债率25%。有从业人员25人。董事长、总经理：付　嘉。

【生产经营】 2018年，零配件中心实现销售收入5.71亿元。实现税利9875万元，其中利润5307万元。三项费用率3.64%，同比减少2.09个百分点。

## 中烟物流技术有限责任公司

【概　况】 2017年9月，国家局印发《国家烟草专卖局中国烟草总公司关于设立中烟物流技术有限责任公司的批复》（国烟法〔2017〕280号）文件，同意中国烟草机械集团有限责任公司、中烟商务物流有限责任公司共同投资设立中烟物流技术有限责任公司。公司注册资本为5000万元人民币，其中，中国烟草机械集团有限责任公司占70%，中烟商务物流有限责任公司占30%。公司于2017年11月30日正式成立。2018年，公司拥有总资产4509.11万元，其中，流动资产4389.25万元，资产负债率3.62%。从业人员50人。总经理：姜新荣。

【生产经营】 2018年，公司成功中标达特公司长株潭一期技术服务项目、长株潭二期工商共库项目、固原市新建物流配送中心物流设备采购项目、郑州市卷烟物流配送中心（工商一体化）仓储、分拣、空压机设备与系统集成项目以及山东德州烟草有限公司卷烟物流配送中心异型烟分拣线购置项目，全年签订合同金额近2亿元。

【主要产品】 公司自主设计研发条烟分拣设备5套：FJ15000新立式分拣机、FJ25000循环分拣机、FJ35000高速分拣机、FJ100000超高速分拣机、YX5000异型烟分拣及合单系统，具有设备占地面积小、投资少、运行成本低等优势。

## 云南烟草机械有限责任公司

【概　况】 云南烟草机械有限责任公司（简称云南烟机）由云南中烟工业有限责任公司与中国烟草机械集团有限责任公司共同出资，在原云南烟草机械厂基础上，于2008年6月23日正式注册成立。云南烟机经营范围涵盖烟用包装、卷接、储存、输送机械生产销售及大修理，烟机技术改造、零配件设计生产销售，烟用农业机械设计生产销售。截至2018年底，云南烟机拥有总资产6.45亿元，其中，固定资产3164万元，流动资产6.0亿元，资产负债率60.42%。从业人员331人。云南烟机董事长：胡　霈（—2018年8月）、金亦斌（2018年8月—）；总经理：殷伟刚（—2018年1月）；党委书记：杨建东。

【生产经营】 2018年，云南烟机实现工业总产值4.93亿元，工业增加值1.78亿元。实现产品销售收入5.0亿元，其中烟机修理及改造收入3.2亿元，烟机零配件销售收入3836万元，制丝线（贮柜）改造收入438万元，上海配套件收入414万元，烟用农机销售收入1.33亿元。实现税利8134万元，其中利润5000万元。三项费用率11.05%。万元产值综合能耗 2.41 千克标煤，万元增加值能耗 6.67 千克标煤。

【技术创新】 以推动企业高质量发展为根本，加快学习积累和消化吸收卷烟机、成型机的专业技术知识。推进建立烟机修理改造技术标准化体系。加大技术创新力度，“FOCKE350S 包装机组适配 φ7.3×45mm 双铝包设备改造”项目在云南中烟科技项目立项，“一种电动旋转打塘自行式烟苗移栽机”“一种油电式旋转打塘自行式烟苗移栽机”获实用新型专利授权，“一种多功能履带式烟草种植管理作业车”获发明专利授权。QC 小组活动成果“KDF3 成型机滤棒载香凝胶施加装置的研制”获得云南中烟 QC 成果二等奖。

## 烟草专用机械持证生产企业名单

| 序号 | 企业名称 | 企业地址 |
|---|---|---|
| 1 | 上海烟草机械有限责任公司 | 上海市浦东新区云间路 2555 号 |
| 2 | 常德烟草机械有限责任公司 | 湖南省常德市长庚路 99 号 |
| 3 | 许昌烟草机械有限责任公司 | 河南省许昌市永昌路 6 号 |
| 4 | 秦皇岛烟草机械有限责任公司 | 河北省秦皇岛市经济技术开发区龙海道 67 号 |
| 5 | 天津华一有限责任公司 | 天津市红桥区丁字沽三号路 8 号 |
| 6 | 昆明船舶设备集团有限公司 | 云南省昆明市人民东路 3 号 |
| 7 | 颐中（青岛）烟草机械有限公司 | 山东省青岛市崂山区株洲路 88 号 |
| 8 | 贵州平水机械有限责任公司 | 贵州省安顺市平坝县 210 信箱 |
| 9 | 北京长征高科技有限公司 | 北京市经济技术开发区地盛北街 1 号 25 号楼 |
| 10 | 张家口市通用机械有限责任公司 | 河北省张家口市桥西区新村南路 14 号 |
| 11 | 杭州萧山烟草机械设备有限公司 | 浙江省杭州市萧山区临浦镇通一村（后沈） |
| 12 | 沈阳飞机工业（集团）有限公司 | 辽宁省沈阳市皇姑区陵北街 1 号 |
| 13 | 武汉船用机械有限责任公司 | 湖北省武汉市青山区武东街 9 号 |
| 14 | 昆明风动新技术集团发展有限公司 | 云南省昆明市高新区科泰路 |
| 15 | 中国船舶工业总公司七一五研究所宜昌分部 | 湖北省宜昌市绿萝路 43 号 |
| 16 | 巩义市建设机械制造有限公司 | 河南省巩义市城东石灰务工业区 |
| 17 | 云南烟草机械有限责任公司 | 云南省昆明市高新技术开发区科医路 43 号 |
| 18 | 昆明烟机集团二机有限公司 | 云南省昆明市东郊金马寺 |
| 19 | 昆明烟机集团三机有限公司 | 云南省昆明市经济技术开发区信息产业基地拓翔路 235/237 号 |
| 20 | 宝应仁恒实业有限公司 | 江苏省扬州市宝应县苏中北路 18 号 |
| 21 | 江苏恒森烟草机械有限公司 | 江苏省无锡市锡山区羊尖镇机械装备产业园胶阳路 |
| 22 | 宁波轻工机械制造有限公司 | 浙江省宁波市镇海区骆驼工业区南一西路 78 号 |
| 23 | 智思控股集团有限公司 | 江苏省武进市高新技术产业开发区凤鸣路 18 号 |
| 24 | 北京达特集成技术有限责任公司 | 北京市经济技术开发区地盛北街 1 号 25 号楼 |
| 25 | 东方机器制造（昆明）有限公司 | 云南省昆明市经济技术开发区昌宏路 88 号 |
| 26 | 南京大树智能科技股份有限公司 | 江苏省南京市江宁区经济技术开发区挹淮街 8 号 |
| 27 | 机科发展科技股份有限公司 | 北京市海淀区首体南路 2 号 |
| 28 | 扬州市天宝自动化工程有限公司 | 江苏省扬州市宝应县柳堡镇仁里工业园区 |
| 29 | 合肥安大电子检测技术有限公司 | 安徽省合肥市高新技术开发区天达路 2 号安大科技园电子楼 |
| 30 | 云南紫金科贸有限公司 | 云南省昆明市金星广场 A 幢 3 楼 |
| 31 | 上海兰宝坤大智能技术有限公司 | 上海市奉贤区金汇镇金碧路 228 号 6 幢 1 层 |
| 32 | 开封东方机械有限公司 | 河南省通许县北工业园区丽星路中段 |
| 33 | 深圳市格雷柏智能装备股份有限公司 | 深圳市福田区天安数码城创新科技广场 B1710 |
| 34 | 郑州竹林智研机械设备制造有限公司 | 河南省巩义市竹林镇镇北街 |
| 35 | 湖南傲派自动化设备有限公司 | 湖南省湘潭市湘潭县易俗河镇梧桐路以西（湘潭天易示范区傲派工业园） |
| 36 | 北京航天雷特机电工程有限公司 | 北京市丰台区科学城恒富中街 2 号 1 号楼 6498 室 |
| 37 | 常德瑞华制造有限公司 | 湖南省常德市武陵工业新区 2 号路 518 号 |

续表

| 序号 | 企业名称 | 企业地址 |
|---|---|---|
| 38 | 南京焦耳科技有限责任公司 | 南京市高新区南京软件园（西区）团结路99号孵鹰大厦A座404－405室 |
| 39 | 河南施普盈科技有限公司 | 河南省许昌市许由路与学院路交叉口许昌汉诺威自动化有限公司大门口东侧 |
| 40 | 张家口市东力机械制造有限责任公司 | 河北省张家口市张家口高新技术产业开发区富强路24号 |
| 41 | 上海坤大信息技术有限公司 | 上海市闵行区联航路1588号 |
| 42 | 南京文采科技有限责任公司 | 江苏省南京市建邺区嘉陵江东街18号3号楼2层 |
| 43 | 安徽飞翔烟机配套有限公司 | 安徽省安庆市桐城市范岗镇红旗路41号 |

注：39～43为新增烟草专用机械持证生产企业。

◇撰稿：高　超；编辑：周　佳

## 卷烟辅助材料生产

### 南通醋酸纤维有限公司

**【生产经营】** 2018年，南通醋酸纤维有限公司（简称南纤公司）围绕“安全、绿色、创新、共赢”的核心价值观，推动生产经营活动有序进行。其中，生产丝束10.1万吨，销售丝束10.05万吨；生产醋片16.53万吨，销售醋片6.62万吨。2018年实现利润24.62亿元。

**【辅料生产供应】** 南纤公司确保辅料生产供应，辅料主要为醋纤丝束油剂，用于醋纤丝束生产润滑、集束、防静电。醋纤丝束油剂以白油、乳化剂为主要原料，根据醋纤丝束的生产特点和要求配制。2018年，生产油剂1683吨，除自用外，还向昆明和珠海2家醋酸纤维有限公司销售油剂416吨。

**【技术创新】** **协同创新。**南纤公司在行业3家醋酸纤维有限公司协同创新发展中发挥头雁作用。根据《三纤公司中长期科技发展战略规划》《华维品牌协同创新机制》，支持配合董事会日常工作小组完成“三纤公司技术中心”挂牌，建章立制。制定华维协同工作小组落地计划，全年召开3次协同工作小组会议，推动安全、研发、工艺技术和信息化等方面的协同工作。

**技术成果。**2018年，南纤公司通过中知（北京）公司的第三方知识产权体系认证；通过国家知识产权局评审，被评为“国家知识产权优势企业”。完成浙江中烟8.0/15000新规格丝束开发，及5.1/22000规格丝束的开发，通过用户认证。开展多品种浆粕与塑料级醋片的开发试验。通过技术指标调整，生产试验验证鲍利葛软木浆的产品质量与使用性能，均达到设计要求；多批次开展棉浆试验，提高棉浆醋片的生产适应性；联合技术中心开展生物基塑料级醋片的生产试验，在生产试验—用户反馈的基础上不断总结经验，优化工艺，提高塑料级醋片质量，提升用户满意度。全年获得专利授权19件，其中发明专利13件、实用新型专利6件。

2018年5月10日，三纤公司华维协同工作会议在南纤公司召开
南纤公司　供稿

**【品牌建设】** 坚持以“服务烟草”为己任，以用户和卷烟品牌需求为关注焦点，推进“华维”品牌建设。2018年，公司丝束用户满意度和忠诚度指数分别为93.36、96.56。树立“产品质量是品牌的核心”的理念，全面推进“包包一流、线线一致”质量改进方案，加强现场管理，降低品质缺陷，重点改进和攻关细支烟丝束断丝和底部粘连问题，基本解决断头率和飞花的世界同行生产质量难题。树立“服务是竞争力”的理念，通过改进丝束出棒率、推进特规丝束国产替代进口、提供丝束使用现场技术指导等服务举措，与用户共创价值。通过上海烟草集团供应方资质认证评审，连续四年获评上海烟草集团“三星”供应商，获评湖南中烟“和+创新联盟”优秀供应商。

**【企业管理】** **安全环保。**南纤公司全年实现“零事故、零伤害、零污染”目标。强化EHS管理体系［环境管理体系（EMS）和职业健康、安全管理体系（OHSMS）两体系的整合］责任的落实力度，严格落实安全标准化管理。加强隐患风险防控力度，启动双重预防机制建设，组织重大危险源评价备案，做好工艺变更和施工方案评审，深化设备维护与改善，组织各类安全专项检查、自查自评和突击检查。加强项目安全的监管力度。加强安全、绿色文化的建设力度，完善应急预案和安全管理制度，组织安全考试和案例学习，开展专题安全活动。加强环境保护的治理力度，严控各类污染物排放总量和达标排放，有序开展危废处置，推进环境安全达标工作。

**降本增效。**提产销：通过压缩检修和设备改造周期、提升开车速度、优化工改流程等举措，减少产能损失。克服丝束销售分配机制改革增加的不确定性，取得丝束认购计划和分配计划同行第一，细支烟丝束销量持续增长，中支烟丝束销售实现突破。

控成本：通过运用PI数据工具、六西格玛管理方法、裂解炉烟气余热利用节能技术等方式控制能耗、物耗，通过提升物资代理招标率、错峰采购大宗原辅料等举措控制采购成本，两大主产品总成本保持基本稳定。

降费用：通过项目评估审减项目预算；通过自主维修、修旧利废、备件国产化等举措节省维修费用；严格预算管控，三项费用同比下降达到近七年最低水平；通过减少外租仓库面积、降低丝束短驳、增加木浆自主装卸等举措节省物流仓储费用。

强管理：通过优化资金筹划，全年实现财务收益3647万元，年度“零贷款”；完成50个TPM（全员生产维修）改善课题，在提高设备安全性能提升运行及维护效率、改善现场环境等方面有成效。聚焦提升经营效益、生产效率和管理效能3个主题，实施2018年度精益“项目池”，财务收益超2400万元。

**【工程建设】** 2018年，南纤公司六期工程建设在安全、质量、进度、费用方面全面受控，按期完成各项工作任务。以“三服从”原则推进各项工作，切实落实项目安全管理责任制；着重项目源头质量控制，首次全面推行工程项目建设监理制，通过定期检查、关键点控制和日常抽检等措施确保质量受控；如期交付醋片大楼，正式启动安装工程，六期其他土建项目、设备采购等工作进行符合预期目标；通过公开招标、设置拦标价、设备国产替代、细化工程量清单、控制变更等措施，降低和控制六期采购成本。

**【特事辑要】** 3月28日，南纤公司召开2017年度先进表彰大会。会议表彰78个先进集体、项目和个人。

5月11日，三纤公司召开华维品牌协同创新机制推进启动会暨三纤公司技术中心揭牌仪式。

◇ 撰稿：刘静静；编辑：周　佳

## 昆明醋酸纤维有限公司

**【生产经营】** 2018年，昆明醋酸纤维有限公司（简称昆纤公司）生产丝束3.44万吨，销售丝束3.59万吨，实现利润3.69亿元。

**【协同创新】** 2018年，昆纤公司以“华维”品牌为纽带，推进三纤协同工作在昆纤公司的落实，发布《昆纤公司华维协同工作规则》，参与和落实三纤公司过程报警联锁、协同机制组织调整、人力资源3P项目等重点工作。

昆纤公司依托三纤协同机制，主动提出协同要求，在搬迁技改可研报告编制、新规格丝束协同开发、低粘高浓醋片试用等重点工作中，借鉴经验，分析问题，实施系列设备改进和精益管理措施，诸多协同创新方面的工作在昆纤公司开展，三纤协同创新发展在昆纤公司发挥的作用日渐显现。

**【客户服务】** 昆纤公司聚焦“华维”品牌建设，重点关注客户对产品和服务的认可度、满意度、忠诚度，在客户亟需的中支烟丝束规格开发上取得突破，在生产现场精益管理和客户服务水平上取得进步，协助和支持南纤、珠纤及技术中心与云南中烟的深度合作，推进“华维”品牌在云南市场的发展。

持续提高客户服务水平，实施“客户服务管理改进”项目，升级客户信息管理系统，开发客户服务手机 APP，将客户反馈和现场调查标准化，建立客户“分配计划完成情况月报表”。与重点客户开展“监测技术的交流培训”等技术交流，采用“请进来、走出去”等方式，持续加强与客户的沟通和交流，客户对昆纤在解决问题效果的提升给予肯定。全年共走访客户 81 次，其中，总经理室成员带队走访客户 20 次。客户关注的吸阻稳定性继续保持历史最佳水平，客户异常反馈同比下降 42.1%。

【搬迁技改】 昆纤公司抽调专业技术人员，成立前期筹备办公室，建立 5 个前期准备管理制度，搭建财务管理等 4 个平台，规范搬迁前期准备各项工作。依托三纤公司协同创新机制，经过 7 轮内审，4 轮三纤专家组评审和技术把关，完成集三纤技术亮点的项目可研报告；与昆明市共同委托的专业评估机构对项目投资费用进行 3 次评估审核，向昆明市政府提交《昆明醋酸纤维有限公司易地搬迁技改工程投资费用评估报告》；就拟选址与国家级昆明经开区协调用地规划、土地平整等事宜，与经济开发区签署意向性投资项目合作协议；完成立项必备的能源、水保、环境等专业评估工作。

【安全环保】 昆纤公司全年无一般及以上安全事故，三废排放达标率 100%，20 万工时严重伤害指标为零。

【特事辑要】 8 月 4 日，国家烟草专卖局党组书记、局长，中国烟草总公司总经理张建民在昆纤公司考察调研，云南省委常委、常务副省长宗国英一同调研。针对当前重点工作，张建民强调，要全面加强党的建设，认真贯彻落实习近平新时代中国特色社会主义思想和党的十九大精神，坚持把政治建设摆在首位，树牢“四个意识”，做到“两个维护”，抓好班子、带好队伍，严格执行中央八项规定精神和廉洁自律各项规定；要确保完成年度目标任务，解决问题、迎难而上，切实提高核心竞争力；要努力适应市场变化，注重产品创新，加强技术研究，不断提升品牌创新力、影响力。

◇ 撰稿：李如音；编辑：周　佳

## 珠海醋酸纤维有限公司

【生产经营】 2018 年，珠海醋酸纤维有限公司（简称珠纤公司）生产丝束 5.72 万吨，销售丝束 5.37 万吨。产品销往全国 15 个省（自治区、直辖市），市场占有率 19%。实现利润 6.56 亿元。

【技术创新】 2018 年，珠纤公司成功开发特规丝 7.5/16000 并批量供应福建中烟；开展 K4 成型机 DOE 优化试验，发现稳定性新显著因子，提升制棒稳定性；首创行业“四改五”高效柔性化生产技术，实现固定空间下的增线提效，技改后，纺丝机台特种规格丝束产能提升 25%；醋酸纤维绿色关键工艺系统集成创新项目的应用使生产能耗降低 20% 以上（与活性炭工艺相比），同时减少主要尾气污染物排放约 60%（与活性炭工艺相比）。

2018 年，每吨产品综合能耗下降 14.5%，废水实现零排放，挥发性有机化合物（VOC）排放量下降 35%，持续改善区域环境；公司全年开展创新项目 28 个，参与创新项

2018 年 5 月，珠纤公司搬迁扩建工程全面投入试生产，全线产出正品
珠纤公司　马佳泰　摄

目人数150人次，创新指数2.55。截至2018年底，公司拥有在保护期内的授权专利16件，其中发明专利8件，实用新型专利8件。

【品牌建设】　2018年，珠纤公司成功开发5.3/28000、7.5/16000等新规格产品，正在开发8.0/15000规格。公司领导带队走访各省工业公司用户2轮次，客服人员全年走访用户165厂次，同比增长47%；组织用户开展专题技术交流会议12次，同比增长100%；全力开拓新用户，新增安徽、山东2家省级中烟用户；2018年，公司顾客服务契合度94.3分。

截至2018年底，珠纤丝束覆盖“双喜”“黄鹤楼”“芙蓉王”“利群”“贵烟”“黄金叶”“红塔山”等14个重点品牌，重点品牌覆盖率90%。

【企业管理】　2018年，珠纤公司践行“担当责任、狠抓落实、提高质量、成为用户首选”的年度管理主题，以“质量提升年”系列活动为抓手，通过开展质量提升管理沙龙、举办“全面质量提升”大讨论、评选公司质量奖及质量提升标兵等活动，促进全员特别是各级管理人员主动思考、积极作为，研究和探索新系统条件下的安全质量控制、设备稳定运行、能源消耗降低、人力资源管理等，持续提高公司运行效率。截至2018年底，完成新组织架构实施方案的具体部署；完成智能成品仓库系统的调研、汇报、招评标等工作，正式进入实施阶段；持续完善MES、PI、SPC系统，保障生产的稳定运行。珠纤公司获评“2018年珠海市质量提升优秀企业”。

【搬迁扩建】　3月，珠纤公司搬迁工程制浆区域试投料一次性成功，正式投入生产运行；5月，搬迁扩建工程全面投入试生产，全线产出正品，提前4个月完成整体工程；12月，顺利通过搬迁扩建项目生产装置72小时考核，公司搬迁扩建项目生产能力、产品质量和原材料消耗均达到设计要求和行业标准。

【特事辑要】　5月21日，珠纤公司获得市级计量保证体系专项奖励资金10万元，这是珠海市首次对企业通过计量保证体系认定进行奖励。

9月14—16日，面对超强台风“山竹”来袭，珠纤公司提前谋划、层层落实、妥善实施、有效管控，未发生人员伤害事故，财产损失不大，关键设备无损坏，将灾难损失降到了最低。

◇ 撰稿：张瑾晶；编辑：周　佳

## 其他卷烟辅助材料生产企业名单

| 辅料生产企业名称 | 出资人（烟草企业） | 总资产（万元） | 总产值（万元） | 总利润（万元） | 主要经营项目 |
|---|---|---|---|---|---|
| 中烟摩迪（江门）纸业有限公司 | 中国烟草总公司参股 | 78244 | 40173 | 3956 | 主要经营卷烟纸、成型纸、其他用于烟草制造业的各种纸类制品的加工、生产和销售及其他特定用途纸，并提供与此相关的服务 |
| 张家口钻石工贸有限公司 | 张家口卷烟厂有限责任公司子公司 | 442 | 1482 | 180 | 主要经营纸箱、水松纸、铝箔纸加工，卷烟零售、物业管理 |
| 石家庄荷花卷烟材料有限责任公司 | 河北白沙烟草有限责任公司子公司 | 3638 | 5017 | 167 | 主要经营内衬纸生产、销售；循环利用塑料包装箱整理、销售；日用百货销售等 |
| 上海烟草包装印刷有限公司 | 上海烟草集团有限责任公司控股 | 209586 | 90779 | 12597 | 主要经营出版物印刷、包装印刷、其他印刷（凭许可证），从事货物与技术的进出口业务，各类广告的设计、制作，纸制品的加工等 |
| 上海白玉兰烟草材料有限公司 | 上海海烟投资管理有限公司全资 | 38657 | 26397 | 255 | 主要负责滤棒的研发、制造 |
| 上海烟草集团太仓海烟烟草薄片有限公司 | 上海烟草集团有限责任公司控股 | 35246 | 12921 | 960 | 主要经营烟草薄片委托加工、烟叶购进、烟草薄片生产销售，以及与烟草薄片生产相关的技术咨询服务，烟草薄片仓储、香料销售 |
| 上海牡丹香精香料有限公司 | 上海烟草集团有限责任公司控股 | 18929 | 23633 | 5577 | 主要负责烟用香精香料的研制、开发、生产、销售、运输及其相关领域内的咨询服务 |

续表

| 辅料生产企业名称 | 出资人（烟草企业） | 总资产（万元） | 总产值（万元） | 总利润（万元） | 主要经营项目 |
|---|---|---|---|---|---|
| 南通烟滤嘴有限责任公司 | 江苏中烟工业有限责任公司全资设立 | 170296 | 134566 | 3 | 主要负责烟滤嘴的加工、销售 |
| 蚌埠卷烟材料厂 | 隶属安徽中烟有限责任公司、集体企业 | 43160 | 39894 | 247 | 主要经营滤棒、卷烟纸、BOPP 薄膜、卷烟商标、水松纸、成型纸、香精香料、铝箔纸、乳胶、布带等卷烟辅料 |
| 芜湖卷烟材料厂 | 隶属安徽中烟有限责任公司、集体企业 | 28442 | 10261 | －243 | 主要经营滤棒、包装装潢、印刷、日用杂品零售等 |
| 合肥烟草工贸总公司 | 隶属安徽中烟工业有限责任公司、集体企业 | 17796 | 10879 | 2304 | 主要经营纸箱、铝箔纸、接装纸、卡纸、滤棒等卷烟辅材 |
| 阜阳卷烟材料厂 | 隶属安徽中烟工业有限责任公司、集体企业 | 10758 | 7818 | 849 | 主要经营纸箱、铝箔纸、接装纸、卡纸、滤棒等卷烟辅材 |
| 滁州卷烟材料厂 | 隶属安徽中烟工业有限责任公司、集体企业 | 27820 | 13107 | 62 | 主要经营纸箱、铝箔纸、接装纸、卡纸、滤棒等卷烟辅材 |
| 厦门鑫叶印务有限公司 | 福建鑫叶投资管理集团有限公司全资 | 16290 | 25529 | 5151 | 主要经营卷烟商标印刷，同时专业承制包括广告印刷品、商标、台历、出版物、手提袋等各类中高档包装装潢印刷品 |
| 厦门鑫叶包装材料有限公司 | 福建鑫叶投资管理集团有限公司全资 | 8659 | 9466 | 700 | 主要经营烟草专用铝箔复合纸、烟用框架纸、烟用接装纸（水松纸）、纸箱等多种包装材料 |
| 厦门鑫恒晟印务有限公司 | 福建鑫叶投资管理集团有限公司全资 | 12841 | 20636 | 5060 | 主要经营包装装潢及烟草制品商标的印刷业务等 |
| 福建三华彩印有限公司 | 福建鑫叶投资管理集团有限公司控股 | 93710 | 16329 | 6674 | 主要经营商标、广告等印刷品，兼营装潢设计 |
| 厦门五福印务有限公司 | 福建鑫叶投资管理集团有限公司参股 | 15531 | 16733 | 3854 | 主要经营卷烟商标印刷等 |
| 福建省石狮市富兴包装材料有限公司 | 福建鑫叶投资管理集团有限公司参股 | 15322 | 13289 | 931 | 主要经营水松纸、铝箔纸、卡纸等卷烟辅料的经营与管理等 |
| 山东鲁烟莱州印务有限公司 | 将军烟草集团有限公司全资 | 31283 | 26186 | 2521 | 主要经营包装装潢印刷品印刷 |
| 山东将军开元纸业有限公司 | 将军烟草集团有限公司全资 | 9514 | 7594 | 496 | 主要经营瓦楞纸、纸箱、铝箔纸、卡纸及包装制品生产、销售，包装装潢印刷 |
| 山东将军烟草新材料科技有限公司 | 将军烟草集团有限公司全资 | 30580 | 11935 | 3068 | 主要经营滤棒加工，醋纤滤棒生产销售，进出口业务，烟用辅助材料销售，烟叶库智能管理系统，房屋租赁等 |
| 将军集团济南包装材料分公司 | 将军烟草集团有限公司直属 | 11273 | 11128 | －95 | 主要经营纸张、纸制品、塑料制品、烟用辅助材料的批发零售，卷烟纸分切销售、塑化烟箱租赁、包装装潢印刷品印刷 |
| 济南泉永印务有限公司 | 将军烟草集团有限公司控股 | 24379 | 16061 | 1860 | 主要经营印制卷烟商标、包装箱（盒）及其他纸质包装物、本册制造 |

续表

| 辅料生产企业名称 | 出资人（烟草企业） | 总资产（万元） | 总产值（万元） | 总利润（万元） | 主要经营项目 |
|---|---|---|---|---|---|
| 将军集团临清纸业分公司 | 将军烟草集团有限公司直属 | 8602 | 4556 | 993 | 主要经营包装装潢印刷品印刷，批发、零售纸张、纸制品，烟用辅助材料、烟用配件、机械零部件、机械设备及配件，房屋租赁 |
| 颐中烟草（集团）有限公司卷烟材料分公司 | 颐中烟草（集团）有限公司直属 | 192432 | 7299 | 1679 | 主要经营卷烟辅助材料制造 |
| 颐中烟草（集团）有限公司烟台分公司 | 颐中烟草（集团）有限公司全资 | 4480 | 2312 | －135 | 主要加工、制造、销售：丝束成型助剂、添加剂、化工助剂 |
| 颐中（青岛）实业有限公司 | 颐中烟草（集团）有限公司全资 | 26686 | 20861 | －1556 | 主要经营铝箔纸、卷烟辅料及下脚料、包装物制造、加工；香精香料生产、销售 |
| 颐中（潍坊）实业有限公司 | 颐中烟草（集团）有限公司全资 | 15788 | 11830 | 89 | 主要经营卷烟配套的原辅材料（烟草专卖品除外），加工销售 |
| 颐中（滕州）实业有限公司 | 颐中烟草（集团）有限公司全资 | 1752 | 1549 | 118 | 主要经营烟用嘴棒、铝箔复合、乳胶、水松纸、薄片加工 |
| 青州新华包装制品有限公司 | 颐中烟草（集团）有限公司全资 | 10666 | 11695 | 387 | 主要负责卷烟商标、水松纸等卷烟辅料的生产与经营 |
| 烟台颐中包装有限公司 | 颐中烟草（集团）有限公司控股 | 2530 | 3057 | －453 | 主要经营纸箱的制造；纸箱、纸板、包装物料的批发 |
| 青岛嘉泽包装有限公司 | 颐中烟草（集团）有限公司参股 | 50861 | 64928 | 4008 | 主要经营烟用接装纸、内衬纸、拆封拉线、BOPP薄膜、卡纸、烟标、礼品盒、过滤嘴及其他包装材料、胶粘剂（不含危险品） |
| 青岛黎马敦包装有限公司 | 颐中烟草（集团）有限公司参股 | 50924 | 60326 | 7659 | 主要生产和销售包装制品 |
| 河南金瑞香精香料有限公司 | 河南中烟工业有限责任公司全资 | 20195 | 20297 | 1829 | 主要生产、销售烟用香精香料 |
| 河南金芒果印刷有限公司 | 河南中烟工业有限责任公司控股 | 17600 | 13273 | 878 | 主要生产、销售烟标装潢 |
| 许昌永昌印务有限公司 | 河南中烟工业有限责任公司控股 | 14433 | 17030 | 100 | 主要生产、销售烟标装潢 |
| 焦作金叶醋酸纤维有限公司 | 河南中烟工业有限责任公司控股 | 27184 | 15108 | 1502 | 主要生产、销售烟用醋酸纤维丝束 |
| 驻马店发时达工贸有限公司 | 河南中烟工业有限责任公司控股 | 8224 | 12224 | 40 | 主要生产、销售接装纸、内衬纸等，加工烟用滤棒 |
| 郑州黄金叶实业总公司 | 隶属河南中烟工业有限责任公司、集体企业 | 50925 | 30664 | 268 | 主要生产、销售烟标装潢、框架纸等，加工烟用滤棒 |
| 河南新郑金芒果实业总公司 | 隶属河南中烟工业有限责任公司、集体企业 | 18719 | 18036 | 494 | 主要生产、销售接装纸、框架纸等，加工烟用滤棒 |
| 安阳红旗渠集团 | 隶属河南中烟工业有限责任公司、集体企业 | 25427 | 28860 | 1000 | 主要生产、销售烟标装潢、框架纸等，加工烟用滤棒 |

续表

| 辅料生产企业名称 | 出资人（烟草企业） | 总资产（万元） | 总产值（万元） | 总利润（万元） | 主要经营项目 |
|---|---|---|---|---|---|
| 南阳双龙实业公司 | 隶属河南中烟工业有限责任公司、集体企业 | 19093 | 21110 | 1163 | 主要生产、销售烟标装潢、框架纸等，加工烟用滤棒 |
| 漯河沙河实业有限公司 | 隶属河南中烟工业有限责任公司、集体企业 | 13990 | 20224 | 855 | 主要生产、销售烟标装潢、框架纸等，加工烟用滤棒 |
| 许昌帝豪实业公司 | 隶属河南中烟工业有限责任公司、集体企业 | 23073 | 23230 | 56 | 主要生产、销售接装纸、内衬纸、框架纸、烟箱等，加工烟用滤棒 |
| 洛阳烟草服务中心 | 隶属河南中烟工业有限责任公司、集体企业 | 14045 | 12456 | 207 | 主要生产、销售烟标装潢、框架纸等，加工烟用滤棒 |
| 常德金鹏印务有限公司 | 湖南中烟投资管理有限公司控股 | 106353 | 120241 | 23821 | 主要负责全省系统卷烟商标生产经营 |
| 湖南九子龙印务有限公司 | 湖南中烟投资管理有限公司参股 | 6073 | 7403 | 282 | 主要负责全省系统卷烟商标生产经营 |
| 湖南永怡印刷包装有限公司 | 湖南中烟投资管理有限公司控股 | 5399 | 10427 | 259 | 主要负责全省系统卷烟商标生产经营 |
| 常德市芙蓉实业发展有限责任公司 | 湖南中烟投资管理有限公司全资 | 39384 | 48111 | 4030 | 主要负责全省系统水松纸、铝箔纸、框架纸、纸箱生产经营 |
| 常德芙蓉大亚化纤有限公司 | 湖南中烟投资管理有限公司控股 | 15195 | 14245 | 1929 | 主要负责全省系统滤棒生产经营 |
| 四平芙蓉纸品有限责任公司 | 湖南中烟投资管理有限公司全资 | 3096 | 4704 | 465 | 主要负责全省系统水松纸、铝箔纸、框架纸、纸箱生产经营 |
| 湖南兴泰包装材料有限公司 | 湖南中烟投资管理有限公司全资 | 6109 | 10653 | 365 | 主要负责全省系统水松纸、纸箱、框架纸生产经营 |
| 郴州永旺包装材料有限公司 | 湖南中烟投资管理有限公司全资 | 2028 | 6174 | 144 | 主要负责全省系统铝箔纸、纸箱生产经营 |
| 湖南和鑫包装材料有限公司 | 湖南中烟投资管理有限公司控股 | 12675 | 2797 | 60 | 主要负责全省系统卷烟纸、BOPP 薄膜、纸箱生产经营 |
| 广西真龙实业有限责任公司 | 广西中烟天成投资管理有限责任公司全资 | 36618 | 24080 | 1869 | 主要经营接装纸、铝箔纸、卡纸等烟用辅料的研发、生产、销售及 CNAS 实验室认可的项目检测服务 |
| 广西真龙彩印包装有限公司 | 广西中烟天成投资管理有限责任公司控股 | 66465 | 70622 | 15514 | 主要经营烟用接装纸的制版印刷 |
| 广西真龙天瑞彩印包装有限公司 | 广西真龙彩印包装有限公司全资设立 | 26231 | 16800 | 2684 | 主要经营烟用配套烟标印刷和各类中高档包装装潢产品彩色印刷 |
| 四川三联新材料有限公司 | 四川中烟工业有限责任公司控股 | 255144 | 77514 | 15711 | 主要生产、经营滤棒及相关配套产品；电子烟、鼻烟等的设计、生产、销售 |
| 陕西省卷烟材料厂 | 陕西中烟投资管理有限公司全资 | 26277 | 14291 | 346 | 主要生产经营烟用滤棒、烟箱、内衬纸等卷烟辅料 |
| 宝鸡好猫实业（集团）有限公司 | 陕西中烟工业有限责任公司全资 | 48264 | 25262 | －113 | 主要生产经营烟用印刷品、烟用滤棒等 |

续表

| 辅料生产企业名称 | 出资人（烟草企业） | 总资产（万元） | 总产值（万元） | 总利润（万元） | 主要经营项目 |
|---|---|---|---|---|---|
| 宁波大安化学工业有限公司 | 陕西中烟投资管理有限公司参股 | 138839 | 118213 | 14870 | 主要生产经营乙醋酐、二醋片等 |
| 西安惠大化学工业有限公司 | 陕西中烟投资管理有限公司参股 | 43104 | 61026 | 10235 | 主要生产经营烟用丝束等 |
| 陕西金叶科教集团股份有限公司 | 陕西中烟投资管理有限公司参股 | 257500 | 99800 | 6400 | 主要经营包装印刷品生产，大学教育、房地产等 |
| 宁夏弘德包装材料有限公司 | 陕西中烟投资管理有限公司参股 | 45728 | 19634 | 2198 | 主要经营烟用包装印刷品生产销售等 |
| 贵州西牛王印务有限公司 | 贵州福贵投资管理有限公司参股 | 41040 | 23400 | 2288 | 主要经营烟标印刷、商标设计与制作、开发新包装产品、纸包装印刷商标等 |
| 贵阳黄果树纸业有限公司 | 贵州福贵投资管理有限公司控股 | 4627 | 9078 | 611 | 主要生产经营包装纸箱、箱板原纸、瓦楞纸、水松纸、铝箔纸、纸制品、废造纸原料、废塑料、废丝束、废玻璃的回收与销售 |

◇ 编辑：周　佳

# 烟叶加工

## 打叶复烤

2018 年，全国共有 32 家打叶复烤企业（含工业企业复烤车间），62 个生产加工点，75 条打叶复烤生产线，分布在全国 17 个省（市、区），年设计加工能力为 193 万吨（3855 万担）。其中独立法人打叶复烤企业 26 家，56 个生产点，66 条生产线，年设计加工能力为 160 万吨（3195 万担），有原烟仓库 131.4 万平方米，成品仓库 148.04 万平方米，原烟挑选车间 42.49 万平方米。卷烟工业企业所属打叶复烤车间 6 家，9 条生产线，年设计加工能力 33 万吨（660 万担）。

2018 年，26 家独立核算打叶复烤企业上缴税金 18.87 亿元，较 2017 年的 21.60 亿元减少 2.73 亿元；实现净利润共计 8.54 亿元，同比减少 3.92 亿元，同比下降 31.46%。26 家独立法人打叶复烤企业实现加工费收入（含价外费用）66.25 亿元，同比减少 9.48 亿元，同比降低 13.28%；平均吨烟加工费收入（含价外费用）为 6127.34 元。

### 丹东辽东烟草发展有限责任公司

【概　况】　丹东辽东烟草发展有限责任公司位于辽宁省凤城市，成立于 1996 年 7 月 9 日。有中国烟草总公司辽宁省公司、辽宁省烟草公司丹东市公司、红塔烟草（集团）有限责任公司、红塔辽宁烟草有限责任公司、辽宁省烟草公司阜新市公司、辽宁省烟草公司铁岭市公司、辽宁省烟草公司朝阳市公司、中国烟草辽宁进出口公司等 8 家股东，隶属于中国烟草总公司辽宁省公司。公司拥有年储存烟叶 1.5 万吨（30 万担）的物流中心 1 个，年打叶复烤能力 3 万吨（60 万担）的现代化生产线 1 条。从业人员 146 人。

公司法定代表人：车世平

【生产经营】　2018 年，公司复烤加工烟叶 1.14 万吨（22.72 万担），生产成品片烟 0.76 万吨（15.2 万担）。实现主营业务收入 5620 万元。实现税利 1900 万元，其中利润 803 万元。

【基础管理】　2018 年，公司合理安排加工计划，整个加工周期主要质量指标均达到行业相关标准和客户的要求。其中，成品含水率 11.53%，一类杂物率为零，二类杂物率 0.105‰；叶片率：上等烟 79.68%、中等烟 77.43%、下等烟73.53%，叶中含梗率1.46%。设备有效作业率97.6%，客户满意度97.56%。

## 延边友利打叶复烤有限责任公司

【概　况】　延边友利打叶复烤有限责任公司位于吉林省延吉市延龙路1号。公司于2003年9月正式投入生产运营，隶属于吉林烟草工业有限责任公司，注册资金6054万元，拥有6000千克/小时整套打叶复烤设备，年生产能力3万吨（60万担）。从业人员372人。

公司党委书记：刘成学；董事长（法定代表人）：金胜龙；总经理：董秀吉

【生产经营】　2018年，公司复烤加工烟叶1.24万吨（24.73万担），同比下降14.77%；产出片烟0.84万吨（16.8万担），同比下降11.09%。实现加工收入5546.58万元，同比增长4.49%。实现税利794.35万元，同比下降33.07%。

## 黑龙江烟叶复烤有限公司

【概　况】　黑龙江烟叶复烤有限公司位于黑龙江省哈尔滨市，2012年6月经国家烟草专卖局　中国烟草总公司批准成立，2012年11月正式挂牌，是由中国烟草总公司黑龙江省公司、红塔烟草（集团）有限责任公司、湖南中烟工业有限责任公司、湖北中烟工业有限责任公司、广东中烟工业有限责任公司等5家烟草工商企业投资经营的打叶复烤企业，由黑龙江省烟草专卖局（公司）控股管理，实行董事会领导下的总经理负责制，下设勃利、绥化、林口等3家打叶复烤厂。注册资本为6.59亿元，拥有3条12000千克/小时打叶复烤生产线，年复烤加工能力13.5万吨（270万担）。截至2018年底，公司总资产4.01亿元，其中固定资产0.59亿元、流动资产2.77亿元。资产负债率10.5%。从业人员679人。

公司总经理、法定代表人：徐志敏（—2018年2月）、马彦领（2018年2月—）

【生产经营】　2018年，公司加工原烟2.24万吨（46.74万担），产出成品片烟1.57万吨（31.4万担）。实现销售收入0.93亿元。亏损1.04亿元。

## 华环国际烟草有限公司

【概　况】　华环国际烟草有限公司成立于1994年5月，隶属于安徽省烟草专卖局（公司），坐落于安徽省滁州市凤阳县，2011年合并重组涡阳烟叶复烤厂，由中国烟草总公司安徽省公司、上海烟草集团有限责任公司、安徽中烟工业有限公司共同投资。2014年吸收合并蚌埠烟叶储运公司，正式形成3家股东单位共同经营管理的股份制企业，公司注册资本12.91亿元，三方股东出资比例分别为54.75%、40.54%、4.72%。公司下辖华环生产加工中心、涡阳烟叶复烤厂和蚌埠储运分公司等3个非独立法人分支机构。拥有2条12000千克/小时的打叶复烤生产线，年设计生产能力6万吨（120万担）。截至2018年底，公司总资产16.62亿元，其中固定资产7.91亿元、流动资产8.42亿元。资产负债率4.52%。从业人员2424人。

公司党委书记、董事长、总经理：王新胜

【生产经营】　2018年，公司复烤加工烟叶5.88万吨（117.57万担），同比下降14%。实现主营业务收入2.68亿元，同比下降16.02%。亏损5286.92万元。

【烟叶加工】　继续开展华环公司加工中心建设，以工商协同打叶复烤示范线建设为抓手，通过开展基于环形辊道线的智能化分选技术应用、打叶复烤均质化调控技术、中控参数化加工及SPC技术应用等课题研究，推进上海、安徽、江苏等重点卷烟工业企业原料区域加工中心建设，稳定重点工业企业加工规模。仓储中心建设初具规模。100万担“中华”原料醇化库投入运营，围绕“醇化库+门户库”的定位，贯彻“清洁仓间”标准，推进仓储管理同质化，开展低氧防虫、直送卷烟厂等创新实践，全年累计进出仓超5万吨（100万担）。

## 福建武夷烟叶有限公司

【概　况】　福建武夷烟叶有限公司位于福建省邵武市，成立于2000年12月。有中国烟草总公司福建省公司、福建省烟草公司南平市公司、浙江中烟工业有限责任公司、上海烟草集团有限责任公司、江苏中烟工业有限责任公司、红塔烟草（集团）有限责任公司、安徽中烟工业有限责任公司、山东中烟工业有限责任公司、四川中烟工业有限责任公司、重庆中烟工业有限责任公司等10家股东，隶属于福建省烟草专卖局（公司）管理。公司占地面积513亩，年复烤加工能力3万吨（60万担）。截至2018年底，公司总资产12.47亿元，其中固定资产4.97亿元，流动资产7.04亿元。资产负债率2.32%。从业人员1209人（含季节性人员）。

公司总经理：杨连意（2018年8月—）；法定代表人：张清明（2018年8月—，之前任总经理、法定代表人）

【生产经营】 2018年，公司复烤加工烟叶3.75万吨（74.5万担），产出片烟2.5万吨（50万担）。实现销售收入1.7亿元，其中加工收入1.17亿元。实现税利2999万元，其中利润266万元。

## 福建省龙岩金叶复烤有限责任公司

【概　况】 福建省龙岩金叶复烤有限责任公司位于福建省永定县，2003年4月，由原龙岩卷烟厂打叶复烤分厂改制而来，隶属于福建中烟工业有限责任公司。有福建中烟工业有限责任公司、龙岩烟草工业有限责任公司、厦门烟草工业有限责任公司、福建省烟草公司龙岩市公司、上海烟草集团有限责任公司、湖北中烟工业有限责任公司、广东中烟工业有限责任公司等7家股东。公司拥有2条12000千克/小时打叶复烤生产线。公司总资产12.23亿元，其中固定资产11.33亿元。从业人员389人。

公司党委书记、总经理：姜林忠

【生产经营】 2018年，公司复烤加工烟叶2.14万吨（42.76万担），产出成品片烟1.42万吨（28.49万担）。实现销售收入1.14亿元，其中加工收入0.92亿元。上缴税金2748万元。亏损7311万元。

【生产管理】 扩大选叶生产能力，优化库容调配、质量追溯及质量数据传递方式，完善选叶两班制生产模式，调整烟叶清选标准，选叶等级质量抽检合格率94.5%，选叶杂物抽检合格率98.2%。

【技术创新】 开展打叶复烤叶片结构“降大提中”技术研究及应用，改进框栏配置、切断模式、打叶模式。建立箱内片烟密度偏差率在线检测与控制系统，箱内片烟密度偏差率控制在6.74%。

## 福建省三明金叶复烤有限公司

【概　况】 福建省三明金叶复烤有限公司位于福建省三明市，成立于1998年10月。有中国烟草总公司福建省公司、福建省烟草公司三明市公司、湖北中烟工业有限责任公司、上海烟草集团有限责任公司、江苏中烟工业有限责任公司、福建中烟工业有限责任公司、贵州中烟工业有限责任公司、红云红河烟草（集团）有限责任公司、湖南中烟工业有限责任公司、四川中烟工业有限责任公司、重庆中烟工业有限责任公司等11家股东，隶属于福建省烟草专卖局（公司）管理，注册资本9.13亿元。公司占地面积25.3万平方米，拥有1条处理能力12000千克/小时的国产打叶复烤生产线，年复烤加工能力4.5万吨（90万担）。截至2018年底，公司总资产10亿元，其中固定资产5.39亿元，流动资产3.86亿元。资产负债率7.28%。从业人员819人。

公司总经理：白万明（—2018年8月）、赖禄祥（2018年8月—）；法定代表人：白万明

【生产经营】 2018年，公司复烤加工烟叶3.36万吨（67.18万担），产出成品片烟2.26万吨（45.12万担）。实现销售收入1.5亿元，其中加工收入1.26亿元。实现税利232万元。亏损1633万元。

【质量提升】 烟叶加工质量持续提升，成品烟碱变异系数均值2.58%，含水率变异系数均值1.7%，均好于行业对标先进指标。打后中片率均值39.59%，同比增加7.71个百分点；烟叶自然出片率67.86%。

【技术创新】 参与《打叶复烤　细支卷烟原料加工工艺指南》等2项行业标准制定，牵头开展“细支卷烟‘专属性、定制化’打叶复烤示范线关键技术研究与应用”技术升级重大专项研究。参与的“烟叶和烟叶提取物中茄尼醇的测定　高效液相色谱法”（GB/T31758—2015）获得2018年福建省标准贡献奖二等奖。参与的“商业企业卷烟和烟叶物流一体化管控模式研究与应用”项目获得中国烟草总公司科学技术进步奖三等奖、福建省公司科学技术进步奖一等奖。

## 江西赣南烟叶复烤有限责任公司

【概　况】　江西赣南烟叶复烤有限责任公司位于江西省赣州市经济技术开发区香江大道166号，成立于2009年11月，是由中国烟草总公司江西省公司发起，赣州、抚州、吉安市烟草公司及江西中烟工业有限责任公司、红塔烟草（集团）有限责任公司、原川渝中烟工业有限责任公司、山东中烟工业有限责任公司、湖南中烟工业有限责任公司、浙江中烟工业有限责任公司、广东中烟工业有限责任公司和上海烟草集团有限责任公司等12家省内外烟草工商企业共同投资兴建的国有股份制企业，注册资本8.51亿元。占地400亩。年加工能力3万吨（60万担）。截至2018年底，公司总资产9.53亿元。从业人员113人。

公司党委书记、董事长、法定代表人：韩爱平；党委委员、总经理：廖为发

【生产经营】　2018年，公司复烤加工原烟1.35万吨（27.07万担），产出成品片烟0.88万吨（17.6万担）。实现营业收入8040.9万元。实现税利1450.26万元，其中利润338.85万元。

【技术改造】　10月，完成工艺技术升级改造，技改总投资1.19亿元。引入原烟收储系统，提升数字化仓库建设水平。引入原烟智能配方库系统和均质化管理系统，提升均质化控制水平。引入把头处理线，提升多样化加工和个性化生产服务能力。升级改造烤片机，提升保香除杂、低温慢烤和水分均匀性的控制水平。升级改造除杂、除尘系统，提升整线杂物控制和粉尘控制水平。优化中央集中控制平台和生产线布局，提升打叶复烤生产线工艺配套、物料通畅、安全稳定和精简高效等管理水平。

铺把工人将烟把均匀铺上生产线，进行复烤加工（2018年）
江西赣南烟叶复烤公司　杨飞龙　摄

## 山东烟叶复烤有限公司

【概　况】　山东烟叶复烤有限公司位于山东济南，成立于2011年1月，由中国烟草总公司山东省公司与上海烟草集团有限责任公司共同投资组建，隶属于中国烟草总公司山东省公司。公司下辖山东烟叶复烤有限公司诸城复烤厂、沂水复烤厂、潍坊复烤厂、临沂办事处和山东瑞博斯烟草有限公司1个全资子公司，拥有4条打叶复烤生产线和1条造纸法再造烟叶生产线，年设计复烤加工能力7.5万吨（150万担），年薄片生产能力0.65万吨（13万担）。截至2018年底，公司总资产10亿元，其中固定资产3.83亿元，流动资产4.69亿元。资产负债率11.77%。从业人员1082人。

公司分党组书记：徐立国；分党组副书记、董事长、总经理、法定代表人：孙德育

【生产经营】　2018年，公司复烤加工烟叶5.4万吨（108.7万担），生产造纸法再造烟叶4021吨。月度平均代存成品405万担，销售残次废弃烟叶碎片6436吨。实现营业总收入5.02亿元。实现税利9958万元，其中利润2995万元。

【技术创新】　围绕打叶复烤技术升级重大专项要求，注重项目研究与实际应用紧密结合，全年与卷烟工业企业开展联合项目12项，在研项目1项，在研标准项目3项，其中诸城复烤厂在智能化片烟混配、均质化生产批

次管理平台、烟叶原料异地同质化养护等多方面均取得成效，形成一套自主核心创新技术体系。瑞博斯公司推进烟用植物纤维全降解地膜、加热不燃烧重组烟叶研究等项目技术研究，为进一步开拓新的业务增长点奠定基础。

## 天昌国际烟草有限公司

**【概　况】**　天昌国际烟草有限公司位于河南省许昌市。2011 年 9 月，天昌国际烟草有限公司吸收合并三门峡金红烟草有限责任公司、宝丰金叶烟草有限责任公司、南阳金业烟草有限责任公司，重组整合为新的天昌国际烟草有限公司，隶属于中国烟草总公司河南省公司管理。公司投资总额 27.4 亿元，注册资本 22.48 亿元，有中国烟草总公司河南省公司、河南中烟工业有限责任公司、上海烟草集团有限责任公司、浙江中烟工业有限责任公司、湖北中烟工业有限责任公司、中国烟草河南进出口有限责任公司、江苏中烟工业有限责任公司、贵州中烟工业有限责任公司、红云红河烟草（集团）有限责任公司、安徽中烟工业有限责任公司、吉林烟草工业有限责任公司、红塔烟草（集团）有限责任公司、天利国际经贸有限公司、四川中烟工业有限责任公司、广东中烟工业有限责任公司、重庆中烟工业有限责任公司等 16 家股东。公司下辖天昌复烤厂、三门峡复烤厂、宝丰复烤厂、南阳复烤厂等 4 家打叶复烤生产厂，拥有 5 条打叶复烤生产线，年设计复烤加工能力 10.5 万吨（210 万担）。

公司党委书记：林　睿；总经理：张利红（—2018 年 4 月）、赵遂生（2018 年 4 月—）

**【生产经营】**　2018 年，公司复烤加工烟叶 8.37 万吨（167.33 万担），产出片烟 5.52 万吨（110.4 万担）。实现加工及经营收入 5.35 亿元。实现税利 9285 万元，其中利润 1178 万元。

**【技术改造】**　宝丰复烤厂技术改造项目投入生产试运行并举行设备交接验收仪式。南阳复烤厂技术改造项目完成原烟库、选叶备料车间、原烟接收设备、选叶设备和除尘设备安装运行。天昌复烤厂易地技术改造项目完成联合工房施工图审查备案。

天昌公司宝丰复烤厂选叶现场（2018 年）

天昌公司　供稿

## 湖北烟草金叶复烤有限责任公司

**【概　况】**　湖北烟草金叶复烤有限责任公司位于湖北省恩施州经济开发区。2009 年 12 月，恩施金叶有限责任公司、襄樊金叶有限责任公司重组整合为湖北烟草金叶复烤有限责任公司；湖北烟草金叶复烤有限责任公司是中国烟草总公司湖北省公司控股管理的子公司，公司下设非独立法人的湖北烟草金叶复烤有限责任公司恩施复烤厂、湖北烟草金叶复烤有限责任公司襄樊复烤厂。2010 年 1 月，公司正式挂牌成立。公司有中国烟草总公司湖北省公司、湖北中烟工业有限责任公司、湖南中烟工业有限责任公司、浙江中烟工业有限责任公司、红云红河烟草（集团）有限责任公司、红塔烟草（集团）有限责任公司、山东中烟工业有限责任公司、四川中烟工业有限责任公司、广西中烟工业有限责任公司、安徽中烟工业有限责任公司等 10 家股东，注册资本 11.74 亿元。公司下辖恩施复烤

湖北烟草金叶复烤有限责任公司恩施复烤厂人员在进行烟叶复烤加工（2018年）

湖北烟草金叶复烤有限责任公司　供稿

厂、襄阳复烤厂2个打叶复烤生产厂。拥有12000千克/小时打叶复烤生产线2条，9000千克/小时打叶复烤生产线1条，年复烤加工能力5.25万吨（105万担）。截至2018年底，公司总资产13.34亿元。资产负债率9.46%。从业人员1020人。

公司党组书记、总经理：程瑞武；董事长、法定代表人：黄树立

【生产经营】　2018年，公司复烤加工烟叶5.48万吨（109.57万担），产出成品片烟3.62万吨（72.4万担）。实现加工收入2.06亿元。实现税利4145万元，其中利润915万元。

【技术改造】　6月，正式动工恩施复烤厂仓储区建设项目，推进基础工程施工和相关配套项目，预计2019年7月全面建成。襄阳复烤厂易地技改项目准备接受国家局整体验收，前期准备工作就绪并正式申报。

## 湖南烟叶复烤有限公司

【概　况】　湖南烟叶复烤有限公司位于湖南省郴州市，于2011年9月29日注册登记，同年10月正式运作。公司实行“一个法人，两点生产加工”的经营模式，辖郴州、永州2家复烤厂，有3条打叶复烤生产线，年设计加工能力9万吨（180万担）。公司有19家股东，注册资本22.88亿元，其中，中国烟草总公司湖南省公司占股本51.98%，湖南中烟工业有限责任公司、广东中烟工业有限责任公司、上海烟草集团有限责任公司等18家卷烟工业企业股东占股本48.02%，由中国烟草总公司湖南省公司控股管理。截至2018年底，公司总资产28.83亿元。从业人员624人

公司党组书记、总经理、法定代表人：曹　健

【生产经营】　2018年，公司复烤加工烟叶9.55万吨（191万担），产出成品6.15万吨（123万担）。实现营业总收入4.3亿元。实现税利1.24亿元，其中利润5729万元。

【技术改造】　公司启动打叶复烤技术升级重大专项工作，郴州复烤厂A线被国家局列为行业8条打叶复烤示范线之一，并承担4个相关项目的研究。郴州复烤厂易地技改项目编制完成《项目整体竣工验收报告》初稿。永州复烤厂易地技改项目进入项目扫尾和审计结算阶段。

## 常德芙蓉烟叶复烤有限责任公司

【概　况】　常德芙蓉烟叶复烤有限责任公司位于湖南省常德市鼎城区灌溪镇鼎城高新技术产业园，成立于2005年12月7日，隶属于湖南中烟工业有限责任公司。由湖南中烟，湖南省烟草公司常德、张家界市公司共同出资组建，注册资本3721万元。公司占地面积15.7万平方米，拥有12000千克/小时打叶分风线、1500千克/小时叶尖处理线、3000千克/小时叶基处理线、9600千克/小时复烤线、9600千克/小时打包线、16000千克/小时铺叶摆把线，年复烤加工能力3万吨（60万担）。员工188人，其中大专以上学历人员169人。

公司总经理、法定代表人：侯　军

【生产经营】 2018年，公司复烤加工烟叶3.23万吨（64.55万担），产品出片率65.77%，实物产品得率93.99%。实现加工收入1.44亿元。实现税利3472.23万元，其中利润1315.06万元。

## 湘西鹤盛原烟发展有限责任公司

【概　况】 湘西鹤盛原烟发展有限责任公司位于湖南省吉首市，成立于1999年。由湖南中烟和湖南省烟草公司湘西土家族苗族自治州公司共同出资组建，注册资本9000万元，隶属于湖南中烟管理。截至2018年底，公司拥有总资产5.52亿元，占地面积11.20万平方米，在岗员工1260人。拥有1条12000千克/小时打叶线、1条9600千克/小时烤片线、1条3600千克/小时烤梗线、1台12000千克/小时真空回潮机、1条12000千克/小时打包线，年设计复烤加工能力3万吨（60万担）。

公司党支部书记、总经理、法定代表人：张其龙

【生产经营】 2018年，公司复烤加工烟叶2.75万吨（55万担），产出片烟1.84万吨（36.76万担）。实现销售收入12003.12万元。实现利润832.12万元，上缴税金2377.39万元。

【技术改造】 2018年，公司易地技改项目支付资金5514.45万元；项目累计拨付资金18800万元，累计使用资金13972.67万元。8月，开工建设，截至2018年底，倒班宿舍主体结构完成，职工食堂一层砌体完成30%，锅炉房一层结构完成；工业垃圾站砌体完成30%；污水处理站土方开挖完成；联合工房Ⅱ－A、Ⅱ－B区主体完成70%，Ⅰ区垫层浇筑完成，Ⅲ－A、B区一层结构完成，Ⅳ区垫层浇筑完成；原烟库、综合库承台砖胎膜砌筑完成。

## 浏阳天福打叶复烤有限责任公司

【概　况】 浏阳天福打叶复烤有限责任公司注册成立于2004年12月，为湖南中烟工业有限责任公司3家复烤企业之一。由湖南中烟工业有限责任公司，湖南省烟草公司长沙、衡阳市公司共同出资组建，注册资本1.6亿元。公司拥有总资产4.92亿元，占地面积12.61万平方米，设有9部1室。有1条12000千克/小时分类加工打叶复烤生产线、1条6000千克/小时人机结合精选试验线。年复烤加工能力3万吨（60万担）。员工170人。

公司总经理、法定代表人：李昌平

【生产经营】 2018年，公司复烤加工烟叶2.75万吨（55.04万担），产出片烟1.84万吨（36.72万担）。实现销售收入12216.8万元。实现利润561.04万元，上缴税金2088.62万元。

【技术改造】 2018年，“芙蓉王”全配方片烟预处理线和打叶复烤专线技术改造项目总投资由国家局批复的16.56亿元（不含烟草专用机械）调整为1.97亿元（其中片烟预处理项目约1.5亿元，精选车间项目约0.47亿元）。保留原有打叶复烤线，在原有打叶复烤车间新增1条10000千克/小时“芙蓉王”烟预处理线，实施相关动能配套改造。

## 广东韶关烟叶复烤有限公司

【概　况】 广东韶关烟叶复烤有限公司位于广东省韶关市，成立于1992年，2003年改制为有限公司，由中国烟草总公司广东省公司、广东中烟工业有限责任公司和深圳烟草工业有限责任公司共同出资组建。占地面积9万余平方米。拥有1条6000千克/小时打叶复烤生产线，年复烤加工能力1.5万吨（30万担）。截至2018年底，公司总资产5.47亿元。从业人员151人。

公司党委书记、总经理、法定代表人：卢道明

【生产经营】 2018年，公司复烤加工烟叶2.90万吨（58.02万担），产出片烟1.87万吨（37.4万担）。实现营业收入1.03亿元。实现加工收入8900.41万元。实现税利270.18万元，其中利润124.60万元。

【技术改造】 公司“十二五”打叶复烤技术改造项目于2016年10月12日正式动工，2017年9月8日，主体项目投入试运行。根据行业发展形势需要，公司对项目新建仓库和旧车间改造等部分内容进行调整，调整报告于2018年1月获国家局批复，项目总投资由3.45亿元调整至3.39亿元。截至2018年底，累计完成投资2.0亿元，其中技改一期工程的联合工房、锅炉房、室外配套工程建设完成，消防、防雷等专项工程验收完成，二期工程选叶车间及原烟仓库建设项目完成招标与合同签订和旧建筑的拆除工作，进入施工准备阶段。

## 广东梅州烟叶复烤有限公司

【概　况】　广东梅州烟叶复烤有限公司位于广东省梅州市梅县区，成立于1999年12月，隶属于中国烟草总公司广东省公司，由中国烟草总公司广东省公司、广东中烟工业有限责任公司和深圳烟草工业有限责任公司共同投资组建。占地面积5.71万平方米，有4.6万平方米的烟叶仓库。主要生产设备为6000千克/小时的打叶复烤生产线，年加工能力1.5万吨（30万担）。截至2018年底，公司总资产3.73亿元。资产负债率4.71%。从业人员175人。

公司主要负责人、法定代表人：肖大强

【生产经营】　2018年，公司复烤加工烟叶1.93万吨（38.68万担），产出片烟1.30万吨（26.02万担）。实现营业总收入8959.23万元。实现加工收入6239.55万元。实现税利1026.05万元，其中利润27.16万元。

【技术改造】　实施“十二五”打叶复烤生产线局部技术改造项目第二期，即烟叶挑选与原烟堆放一体库（1.09万平方米）和工艺质检中心各1栋，该项目于2018年7月底完成验收工作，并于8月6日烤季开始时投入使用。其他的相关辅助工程，如厂区公共道路工程、原烟仓库空调系统项目等均在有序进行中。

【技术创新】　全年公司开展QC小组课题12个，参赛课题累计产生的直接经济效益67.15万元。获得实用新型专利授权3件；正在受理的专利3件，其中实用新型专利2件、发明专利1件。同时，公司引进行业先进单位的课题成果，结合自身实际，推广应用四川烟叶复烤有限责任公司“降低打叶机组断料时的耗电量”课题成果，并运用QC工具方法，对原有课题进行改进，每年可为公司节约生产成本数万元。

## 广西伊灵烟叶复烤有限责任公司

【概　况】　广西伊灵烟叶复烤有限责任公司是广西唯一的一家打叶复烤企业，隶属于中国烟草总公司广西区公司管理。公司前身为2000年筹建并于2002年6月正式投产的南宁伊灵打叶复烤厂。2003年6月，中国烟草总公司广西壮族自治区烟草公司、南宁卷烟厂、柳州卷烟厂、百色市烟草公司、贺州市烟草公司等5个股东单位共同出资改制成立广西伊灵烟叶复烤有限责任公司，2007年10月新增河池市烟草公司、桂林市烟草公司2个股东单位，2016年7月15日河池市烟草公司以货币方式向广西伊灵烟叶复烤有限责任公司缴纳出资100万元，注册资本变更为4.2亿元。公司占地面积25.07万平方米。经营业务范围包括烟叶打叶复烤加工和纸箱加工，有1条6000千克/小时打叶复烤生产线和1条纸箱生产线，年打叶复烤加工设计能力为1.5万吨（30万担），年纸箱加工能力为300万个。截至2018年底，公司总资产5.24亿元。从业人员136人。

公司董事长、法定代表人：霍文义（—2018年6月）、李　波（2018年6—9月）；党支部书记、总经理、法定代表人：卢洪元（2018年9月—，之前任党支部书记、总经理）

【生产经营】　2018年，公司复烤加工烟叶2.1万吨（42.04万担），产出片烟1.38万吨（27.52万担），烟箱加工133.11万个。实现销售收入7323.33万元，其中打叶复烤收入6080.43万元，纸箱加工收入1242.90万元。实现税利1743.48万元，其中利润508.33万元。

【企业管理】　2018年，公司全面完成管理体系新版体系转版升级取证工作，标准化管理水平进一步提升。着力挖掘潜力提高企业盈利能力，通过开拓潜在市场全年实现增收65万元。开展对标创优工作，提高公司发展质量，在行业的14项对标指标中，公司有12项达到行业对标指标，达标率85.71%，其中达到先进指标的有9项。

## 四川烟叶复烤有限责任公司

【概　况】　四川烟叶复烤有限责任公司成立于2011年12月，由原四川三益烟草有限责任公司、四川三友打叶复烤有限公司、宜宾三原烟叶复烤有限责任公司等3家公司整合而成。公司本部设在成都，实行“一个法人、多点加工”的组织模式和现代企业股份制管理模式，下辖会理、德昌、会东、泸州、宜宾等5个复烤厂。公司有14家股东，其中卷烟工业企业股东12家，分别为：云南中烟工业有限责任公司、浙江中烟工业有限责任公司、江苏中烟工业有限责任公司、湖北中烟工业有限责任公司、四川中烟工业有限责任公司、上海烟草集团有限责任公司、广东中烟工业有限责任公司、重庆中烟工业有限责任公司、湖南中烟工业有限责任公司、安徽中烟工业有限责任公司、山东中烟工业有限责任公司、中国烟草实业发展中心，四川省内烟草商业企业股东2家，分别为：中国烟草总公司四川省公司、中国烟草四川进出口有限责任公司，由中国烟草总公司四川省公司控股管理。公司有6条打叶复烤生产线，具有13.5万吨（270万担）的年设计生产能力、20万吨（400万担）的年实际加工能力。截至2018年底，公司总资产34亿元。从业人员517人。

公司总经理、法定代表人：步　克

【生产经营】　2018年，公司复烤加工烟叶11.31万吨(226.13万担)，产出成品片烟6.94万吨（138.8万担）。实现加工收入4亿元。实现税利1.38元，其中利润6457万元。

【技术改造】　围绕“智慧工厂”建设目标，加速推进“十二五”打叶复烤技术改造项目建设，修订完善项目施工现场管理等6项制度，优化调整项目管理组织机构，进一步明确指挥部和现场办两级职能职责，实现组织与监管、决策与执行“两个分离”。根据客户需求优化完善生产线工艺布局、质量控制技术和仓储物流设施，更加匹配工业区域加工中心建设要求。协调地方政府、行业部门和相关机构，克服了会东项目取土、净地使用、农民阻工、配套设置不足等问题和困难，完成会东项目场平工作和新厂设备招标工作。截至2018年底，项目正式进入主体工程施工阶段。

## 贵州烟叶复烤有限责任公司

【概　况】　贵州烟叶复烤有限责任公司于2010年1月12日挂牌成立，隶属于贵州省烟草公司控股并管理。下设贵州烟叶复烤有限责任公司毕节、遵义、铜仁、黔南、湄潭、黔西南、贵阳复烤厂等7家打叶复烤厂。公司由中国烟草总公司贵州省公司、上海烟草集团有限责任公司、湖南中烟工业有限责任公司等19家单位出资组建，注册资本46.76亿元。拥有12000千克/小时打叶复烤生产线8条，其中毕节复烤厂2条，其余6家复烤厂各1条，年复烤加工能力32万吨（640万担）。截至2018年底，公司总资产55.36亿元。从业人员1062人。

公司党委书记：杨秀祥；总经理：刘登乾

【生产经营】　2018年，公司复烤加工烟叶20.4万吨(408万担)，产出成品片烟14.2万吨（284万担）。实现营业收入8.51亿元。实现税利2.82亿元，其中利润1.51亿元。

【技术改造】　公司对遵义复烤厂实施就地技术改造，对湄潭复烤厂、铜仁复烤厂实施易地技术改造，三厂初步设计批复总概算18亿元。2018年，遵义复烤厂技改项目进行整改完善、竣工验收、竣工结算等收尾工作。湄潭复烤厂技改项目完成联合工房标段、原烟库标段和生产管理用房标段施工合同签订，在办理施工前相关手续。铜仁复烤厂技改项目完成原烟库标段和成品库标段施工合同签订，在办理施工前相关手续，完成联合工房标段和生产管理用房标段施工资格预审。黔西南复烤厂仓储建设项目完成2栋钢结构原烟库和1栋钢结构综合库建设，项目整体工程形象进度达到80%。贵阳复烤厂技改项目在沟通协调地方政府进行土地退还相关工作，组织规划就地技改设计方案。毕节复烤厂仓储及辅助设施项目完成设计招标工作，正进行初步设计和概算编制。

## 重庆烟叶复烤有限公司

【概　况】　重庆烟叶复烤有限公司成立于2013年9月，是按照现代企业制度组建的股份制打叶复烤企业，注册资本9.81亿元，股东有中国烟草总公司重庆市公司（持股88.22%），重庆中烟工业有限责任公司（持股5.51%），湖南中烟工业有限责任公司（持股3.19%），江苏中烟工业有限责任公司（持股3.08%）。公司下辖重庆烟叶复烤有限公司万州复烤厂（原重庆万兴烟叶有限责任公司）和重庆烟叶复烤有限公司彭水复烤厂（原重庆金益烟草有限责任公司）。有在册职工281人。截至2018年底，公司总资产10.25亿元，其中固定资产4.53亿元。资产负债率2.61%。

公司法定代表人：黄玉平

【生产经营】　2018年，公司复烤加工烟叶4.52万吨(90.39万担)，出片率65.53%。实现营业收入1.84亿元。实现税利1648.33万元。

【技术改造】　2018年，公司易地技改项目立项调整方案获国家局批复同意，完成主机设备选型，土地合宗事项完成市规划和自然资源局审签。

## 云南省烟草烟叶公司

【概　况】　云南省烟草烟叶公司位于云南省昆明市，成立于1982年7月1日，是中国烟草总公司云南省公司的全资子公司。公司本部占地面积39.27万平方米，建筑面积22.19万平方米。拥有1条12000千克/小时和2条6000千克/小时的打叶复烤生产线，年加工生产量10万吨（200万担）左右，是集烟叶购进、加工、销售、仓储及技术研发为一体的国有中型企业。新建的烟叶醇化中心占地面积29.94万平方米，一期完成建筑面积为6.25万平方米的仓库建设，可存储烟叶6.5万吨（130万担）。公司自2004年开始探索应用配方打叶技术，与17家卷烟工业企业开展配方打叶合作，年配方加工烟叶占比93%以上。截至2018年底，公司总资产55.91亿元。从业人员496人。

公司党委书记、总经理、法定代表人：王跃武

【生产经营】　2018年，公司储备烟叶计划7.29万吨（145.75万担），优化配置计划3.72万吨（74.3万担）。实现主营业务收入54亿元。实现税利7.56亿元，其中利润4.11亿元。

【工艺质量管控】　公司进行润叶工艺调整、改善叶片尺寸均匀性和片形结构、改善叶片装箱温度等工艺改善工作，组织开展“降低叶中含梗率工艺试验”“叶片复烤机凉房状态试验”等工艺项目试验。通过工艺改善试验工作，弥补生产工艺管理中存在的不足和公司整体工艺布局缺陷，提升个性化加工水平。

烟叶挑选作业（2018年）

云南烟叶复烤有限责任公司　郑富成　供稿

## 云南烟叶复烤有限责任公司

【概　况】　云南烟叶复烤有限责任公司位于云南省昆明市，成立于2009年12月16日，由8家打叶复烤企业重组整合后组建，2010年1月1日正式运行，是全国第一家重组整合的股份制打叶复烤企业。公司实行董事会领导下的总经理负责制，共19家股东单位，注册资本为52.75亿元，中国烟草总公司云南省公司是最大的股东，股权比例为50.74%。公司下属10家复烤厂分布在云南省7个州（市），拥有10条打叶复烤生产线，年设计加工能力28.5万吨（570万担），年均加工烟叶45万吨（900万担），为26家工商客户和13家州（市）烟草公司提供烟叶收储加工服务。从业人员1272人。

公司党委书记、总经理、法定代表人：王树荣

【生产经营】　2018年，公司收储烟叶58.89万吨（1177.87万担），复烤加工烟叶48.24万吨（964.79万担），综合出片率66.1%，产品得率94.12%。实现税利7.76亿元。

【技术创新】　秉承“创新引领发展、科技引领未来”的战略思维，向云南省局（公司）申报获批复科技项目5项，向国家局申报重大专项科技项目获批复1项。全年获得授权专利11件，其中发明专利1件，实用新型专利10件。申报QC优秀课题。参与2018年行业标准《打叶复烤生产线工艺性能测试方法》《打叶复烤细支卷烟片烟质量要求》《打叶复烤细支卷烟原料加工工艺指南》等行业标准的制定。

## 红河烟叶复烤有限公司

【概　况】　红河烟叶复烤有限公司位于红河州弥勒市，成立于2003年8月8日，由红云红河烟草（集团）有限责任公司和云南省烟草公司红河州公司共同出资，由红云红河烟草（集团）有限责任公司控股，注册资本2亿元。2018年10月22日，中国烟草总公司下发《关于红河烟叶复烤有限公司股权无偿划转事项的批复》（中烟办〔2018〕

168 号），同意云南省烟草公司红河州公司将持有的红河烟叶复烤有限公司 11% 的股权无偿划转至红云红河烟草（集团）有限责任公司。划转基准日为 2017 年 12 月 31 日。公司占地面积 71.11 万平方千米，拥有 2 条 12000 千克/小时打叶复烤生产线，年复烤加工能力为 6 万吨（120 万担），主要为红云红河集团提供原烟收购、复烤加工和仓储（片烟醇化）服务。截至 2018 年底，有总资产 18.12 亿元，员工 135 人。

公司总经理：李云贵；法定代表人：阙劲松

【生产经营】 2018 年，公司复烤加工烟叶 5.68 万吨（113.56 万担），产出成品片烟 4.16 万吨（83.18 万担）。实现加工收入 1.87 亿元。实现税利 1.66 亿元，同比减少 2303 万元。

## 曲靖天福烟叶复烤有限责任公司

【概　况】 曲靖天福烟叶复烤有限责任公司位于云南省曲靖市，成立于 2003 年 11 月，由曲靖卷烟厂、曲靖市烟草公司共同出资组建。2008 年，公司股权划转红云红河集团和云南中烟。公司注册资本 2.46 亿元，红云红河集团持有 95% 的股份，云南中烟持有 5% 的股份。占地面积约 8 万平方米，配备 12000 千克/小时打叶复烤生产线 2 条，年复烤加工能力 6 万吨（120 万担）。截至 2018 年底，公司总资产 3.77 亿元，其中固定资产 0.29 亿元、流动资产 3.4 亿元。资产负债率 12.54%。从业人员 193 人。

公司董事长：徐剑峰；总经理：高　文

【生产经营】 2018 年，公司复烤加工烟叶 4.11 万吨（82.14 万担），产出片烟 2.67 万吨（53.3 万担）。完成模块混配烟叶复烤加工 0.71 万吨（14.16 万担），产出片烟 0.7 万吨（13.91 万担）。实现主营业务收入 1.89 亿元。实现税利 0.72 亿元，其中利润 0.45 亿元。

## 咸阳烟叶复烤有限责任公司

【概　况】 咸阳烟叶复烤有限责任公司位于陕西省咸阳市，始建于 1978 年，1986 年上划陕西省局，1995 年并入宝鸡卷烟厂。2003 年划归咸阳市烟草专卖局（公司）管理。2006 年 12 月 18 日，由咸阳市烟草公司、宝鸡市烟草公司、商洛市烟草公司、汉中市烟草公司、延安市烟草公司、安康市烟草公司、湖南中烟工业有限责任公司、原川渝中烟工业有限责任公司等 8 家卷烟工商企业联手，对原咸阳烤烟复烤厂进行改制，成立咸阳烟叶复烤有限责任公司，注册资本 9000 万元。2008 年，公司增资扩股，新增陕西省烟草公司和陕西中烟工业有限责任公司 2 个股东，湖南中烟工业有限责任公司、咸阳市烟草公司和原川渝中烟工业有限责任公司分别增资，新增股本 7000 万元，总注册资本达到 1.6 亿元。2009 年投资 1.28 亿元的打叶复烤生产线技改项目顺利投产，生产能力和加工质量大幅提升。2014 年 12 月，按照陕西省公司《关于对咸阳烟叶复烤有限责任公司增加投资的通知》（中烟陕财〔2014〕84 号）精神，陕西省公司增加投资 1.14 亿元，咸阳复烤公司总资本达到 2.74 亿元。公司占地面积 14.58 万平方米，有 9000 千克/小时打叶复烤生产线 1 条，年烟叶加工能力 3 万吨（60 万担）。截至 2018 年底，公司总资产 4.08 亿元。资产负债率 16.82%。

公司党总支书记、董事长：王云彪；党总支副书记、副董事长、总经理：张晓军

【生产经营】 2018 年，公司加工原烟 2.34 万吨（46.85 万担），产出成品 1.55 万吨（31 万担）。实现销售收入 9694.27 万元。实现税利 2346.54 万元，其中利润 475.52 万元。

# 薄片生产

## 上海烟草集团太仓海烟烟草薄片有限公司

【概　况】 上海烟草集团太仓海烟烟草薄片有限公司成立于 2004 年 1 月，2007 年 7 月开始试生产。公司由原上海烟草（集团）公司、广东省金叶烟草薄片技术开发有限公司共同出资组建，注册资本 3.9 亿元。2015 年 12 月，公司完成投资方变更和工商登记注册手续，成为上海烟草集团有限责任公司全资子公司。公司占地面积 14.85 万平方米，年生产能力为 1 万吨造纸法烟草薄片。从业人员 207 人。

党总支书记、总经理、法定代表人：郭　亮；党总支书记兼副总经理：宗宝祥（—2018 年 3 月）

【生产经营】 2018 年，公司生产薄片产品 4120.56 吨，全部为上海烟草集团有限责任公司生产。其中，纸质薄片

产品797.94吨、纸质薄片S产品2822.76吨、Z薄片产品499.86吨。销售薄片4120.56吨。实现营业收入1.65亿元。实现税利2541.51万元。

## 江苏鑫源烟草薄片有限公司

【概　况】　江苏鑫源烟草薄片有限公司成立于2011年10月，为江苏中烟工业有限责任公司全资子公司，位于淮安市清江浦区。公司拥有2000千克/小时再造烟叶生产线和50千克/小时再造烟叶试验线，年生产再造烟叶能力1万吨，生产再造梗丝能力0.4万吨。截至2018年底，公司总资产11.39亿元，其中固定资产6.44亿元、流动资产4.31亿元。资产负债率31.4%。有从业人员237人。

公司党委书记、总经理：金殿明；董事长：王轩庭

【生产经营】　2018年，公司生产再造烟叶4558.61吨，销售薄片4508.34吨；生产再造梗丝318.06吨，销售再造梗丝236.33吨。实现销售收入2.22亿元。实现税利6698万元，其中利润4062万元。

【技术提升】　再造烟叶生产线运行效能持续提升，最高生产车速由2018年初140米/分钟提升至150米/分钟，单吨产品综合能耗1.03吨标煤，同比下降8.04%；纸机设备有效作业率82.99%，同比增长2.87%。再造梗丝验证生产线建设项目建成，于9月进行试生产，12月，再造梗丝上市销售。

## 安徽中烟再造烟叶科技有限责任公司

【概　况】　安徽中烟再造烟叶科技有限责任公司位于安徽省蚌埠市，2011年4月成立，是安徽中烟工业有限责任公司全资子公司，注册资本1亿元。拥有瑞典ANDRITZ公司生产的YANKEE 1台，荷兰Alfa Laval公司生产的Decanter Centrifuge 2台以及上海高新纸机等生产设备，设计加工生产能力1万吨/年。截至2018年底，公司总资产4.5亿元，其中固定资产2.88亿元，流动资产1.63亿元。资产负债率5.01%。从业人员169人。

公司董事长：宁　敏；党委书记、总经理：张玲珑

【生产经营】　2018年，公司生产薄片3702吨，销售薄片3839.55吨。实现销售收入1.0亿元。实现税利1949.83万元，其中利润589.80万元。

## 福建金闽再造烟叶发展有限公司

【概　况】　福建金闽再造烟叶发展有限公司位于福建省罗源县，2003年4月由原龙岩卷烟厂打叶复烤分厂改制而来，隶属于福建中烟工业有限责任公司。注册资金1.76亿元，由福建中烟工业有限责任公司、厦门烟草工业有限责任公司、龙岩烟草工业有限责任公司共同投资。占地面积17.12万平方米。截至2018年底，公司总资产5.96亿元。从业人员336人。

公司党委书记、法定代表人：陈泉根

【生产经营】　2018年，公司生产再造烟叶5004.45吨，销量造纸法再造烟叶5175.07吨。实现销售收入2.28亿元。上缴税金218.34万元，实现利润70.18万元。

【技术改造】　“七匹狼”专用再造烟叶生产线技术改造项目投入运行，日均产量45.6吨，产能提高1.67倍；标煤单耗减少10%。

【技术创新】　成立爆珠、卷式薄片和异型滤棒项目组，爆珠生产线具备批量生产能力，产品质量获得福建中烟工业有限责任公司认可。卷式薄片生产能力基本具备并成功中试。滤棒加工项目2018年5月获得国家局颁发的“滤嘴棒定向加工”许可证。开展关键核心技术课题研究，2018年公司在研科技项目16项、其中省公司级科技项目5项、企业自主11项科技项目结项；发布QC成果17项，其中省公司级QC项目二等奖1个、三等奖3个。获得发明专利授权7件，申报对外奖励和知识产权示范管理等5个奖项。公司被福州市委、市政府授予“福州市知识产权示范企业”称号。

## 山东瑞博斯烟草有限公司

【概　况】　山东瑞博斯烟草有限公司位于山东省沂水县，2002年6月成立，是国家烟草专卖局批准成立的造纸法再造烟叶生产企业，为山东烟叶复烤有限公司的全资子公司。公司注册资金6378.5万元，占地18.11万平方米，经营范围为烟草薄片委托加工、生产销售、生产技术服务、烟草专用机械购进、烟叶购进、仓储等。公司建有1条造纸法再造烟叶生产线，年生产加工能力0.65万吨，供热站、空压

站、变电站、供水站、污水处理站等配套公用设施完善。截至 2018 年底，公司总资产 1.31 亿元。资产负债率 16.54%。从业人员 173 人。

公司党委书记、总经理、法定代表人：赵长友（—2018 年 3 月）；党委书记：邢振雷（2018 年 3 月—）；总经理、法定代表人：迟建国（2018 年 3 月—）

【生产经营】 2018 年，公司生产造纸法再造烟叶 4021 吨，销售造纸法再造烟叶 3954 吨。实现营业收入 8520 万元。实现税利 978 万元，其中利润 19 万元。

## 河南卷烟工业烟草薄片有限公司

【概　况】 河南卷烟工业烟草薄片有限公司位于河南省许昌市建安区工业园区，2006 年 7 月成立，是河南中烟工业有限责任公司全资子公司。有幅宽 2640 毫米烟草薄片长网纸机、卧式螺旋沉降式离心机、滚筒式薄片烘干机、高浓磨浆机、预压式打包机、流浆箱等主要设备，年生产能力 1.5 万吨。截至 2018 年底，公司总资产 5.11 亿元。从业人员 291 人。

公司党委书记、董事长、法定代表人：武超伟

【生产经营】 2018 年，公司生产再造烟叶 8396 吨、再造烟叶成丝 3590 吨，销售再造烟叶 3389 吨、再造烟叶成丝 3511 吨。实现销售收入 2.45 亿元。实现税利 7393 万元，其中利润 4947 万元。

【技术创新】 公司开展膜分离、新型外纤应用、低外纤等技术研究，开发出净片产品（X－2），产品烧纸气、灼烧感等固有质量缺陷显著降低。在 X－2 产品基础上，形成大分子物质调控、功能型添加剂应用等技术，初步形成净片研发技术体系。与郑州烟草研究院、郑州轻工业大学、天津科大等科研院所开展 7 个项目的合作，“再造烟叶固有质量缺陷改进技术研究”项目取得重大突破，研究成果在净片开发中得到有效应用。全年参与行业标准研究项目 5 项，申报国际专利 2 件、发明专利 9 件、实用新型 5 件；获授权发明专利 1 件、实用新型 7 件；发表核心期刊论文 8 篇，出刊 4 篇；成功申报许昌市重点实验室。“再造烟叶质量稳定性关键技术及应用”项目获得河南省科技进步二等奖，实现省部级科技奖项历史突破。

【技术改造】 新增成丝人工装箱口，成丝生产能力从日产 15 吨提升至 22 吨。完成了新污水站建设，污水、污泥处理效果提升，打破制约薄片公司生产运行和长远发展的环保瓶颈。设计开发静态磨片安装精度在线检测仪器，为精细化作业提供典范，填补薄片行业空白。

## 湖北新业烟草薄片开发有限公司

【概　况】 湖北新业烟草薄片开发有限公司位于湖北省武汉市经济技术开发区，2001 年 11 月成立，隶属湖北中烟工业有限责任公司直属管理。有原料投料系统、梗末液萃取设备、高低浓磨磨浆机、离心分离机、蒸汽双效浓缩等设备，年生产能力 1 万吨。截至 2018 年底，公司总资产 6.6 亿元，其中固定资产 0.41 亿元、流动资产 6.06 亿元。从业人员 271 人。

公司党委书记、法定代表人：熊　斌

【生产经营】 2018 年，公司产出量 5848.34 吨，销售量 3975.50 吨。实现销售收入 2.3 亿元。实现税利 6887.36 万元，其中利润 4974.45 万元。

## 湖南金叶烟草薄片有限责任公司

【概　况】 湖南金叶烟草薄片有限责任公司位于湖南省衡阳市祁东县洪桥街道办文化路 11 号，2004 年 4 月 20 日注册成立，隶属于湖南中烟工业有限责任公司管理，注册资本 7250 万元，其中，湖南中烟工业有限责任公司占 90% 股份，广东省金叶科技开发有限公司占 10% 股份。公司占地面积 11.05 万平方米，拥有 1 条年设计生产能力 1 万吨再造烟叶生产线。截至 2018 年底，公司拥有总资产 2.39 亿元，设置 12 个部（室）、2 个车间。在岗员工 303 人。

公司法定代表人、总经理：王江涛

【生产经营】 2018 年，公司生产薄片 1814.5 吨，实现销量 1900 吨。实现主营业务收入 7365.1 万元。实现税利 395.21 万元。亏损 311.79 万元。

◇ 编辑：周　佳

# 科研和教育培训

# 科研院所①

2018 年全国烟草行业主要科研机构（排名不分先后）：

中国烟草总公司郑州烟草研究院

中国烟草总公司合肥设计院

上海新型烟草制品研究院（上海新型烟草制品研究院有限公司）

中国烟草科技信息中心

中国烟草标准化研究中心

国家烟草基因研究中心

云南省烟草农业科学研究院（中国烟草育种研究〈南方〉中心）

中国烟草总公司黑龙江省公司牡丹江烟草科学研究所（中国烟草东北农业试验站、中国烟草进出口烟叶检测站）

福建省烟草专卖局烟草科学研究所（中国烟草东南农业试验站）

湖北省烟草科学研究院（中国烟草白肋烟试验站）

贵州省烟草科学研究院（中国烟草西南农业试验站）

湖南省烟草科学研究所（中国烟草中南农业试验站）

中国烟草总公司青州烟草研究所（中国农业科学院烟草研究所、中国烟草遗传育种研究〈北方〉中心）

国家烟草栽培生理生化研究基地

广东省烟草南雄科学研究所

江西省烟草科学研究所

河南省烟草科学研究所

山东烟草研究院

重庆烟草科学研究所

陕西省烟草科学研究所

中国烟草总公司海南省公司海口雪茄研究所

四川省烟草科学研究所

## 中国烟草总公司郑州烟草研究院

【概　况】　中国烟草总公司郑州烟草研究院（简称郑州院）位于河南省郑州市，始建于 1958 年，主要从事烟草栽培调制及贮保、烟草基因、卷烟加工工艺和卷烟配方、烟草化学、烟用香精香料、卷烟减害降焦、再造烟叶等方面的应用基础和共性技术研究，以及卷烟厂和烟叶复烤厂的工程设计、行业相关检测仪器的研制、开发等。学科范围覆盖从烟草基因到卷烟生产的全过程。郑州院是国际标准化组织烟草及烟草制品技术委员会（ISO/TC 126）国内技术归口单位，是国际烟草科学研究合作中心（CORESTA）的分会员单位。2018 年，在职员工 318 人，其中各类专业技术人员 283 人，包括中国工程院院士 1 人，国家级有突出贡献专家 1 人，总公司科技杰出贡献奖获得者 1 人，行业科技领军人才 1 人，享受国务院政府特殊津贴专家 7 人，行业学科带头人 7 人，研究员 37 人，硕士和博士研究生学历人员 205 人。

党组书记、副院长：宋亚强；院长、党组副书记：谢剑平

【科技奖励】　2018 年，郑州院有 15 个项目（包括 7 个牵头承担项目）获得省部级奖励，是建院以来获奖项目最多的一年。其中，“全国烤烟烟叶香型风格区划研究”项目获得中国烟草总公司科学技术进步奖一等奖；“烟草特有 N－亚硝胺代谢机制及减效技术”项目获得河南省科学技术进步奖二等奖。在第五届中国烟草总公司标准创新贡献奖评出的 8 个获奖项目中，郑州院获得 7 项，其中 3 项为牵头承担项目、4 项为共同承担项目。

【行业科技重大专项】　“卷烟增香保润”重大专项。2018 年，“卷烟增香保润”重大专项总结工作全面完成。该重大专项先后启动 38 项科技项目，14 家试点企业配套 111 项科技项目；获得行业科技进步奖 7 项；出版专著 1 部，申请软件著作权 3 项，发布标准 17 项，申请专利 459 件，发表论文 447 篇。在提高卷烟保润性能、新型香料开发应用和通过加香加料提高烟叶使用价值等三大领域取得系列重要成果，推动试点卷烟规格香精香料自主掌控水平从 48.79% 增长到 68.73%，推动试点品牌配方上等烟叶使用率平均降

① 科研院所中云南省烟草农业科学研究院（中国烟草育种研究〈南方〉中心）、福建省烟草专卖局烟草科学研究所（中国烟草东南农业试验站）、湖北省烟草科学研究院（中国烟草白肋烟试验站）、贵州省烟草科学研究院（中国烟草西南农业试验站）、湖南省烟草科学研究所（中国烟草中南农业试验站）等单位实行“两块牌子、一套机构”管理模式；中国烟草总公司黑龙江省公司牡丹江烟草科学研究所（中国烟草东北农业试验站、中国烟草进出口烟叶检测站）和中国烟草总公司青州烟草研究所（中国农业科学院烟草研究所、中国烟草遗传育种研究〈北方〉中心）等单位实行“三块牌子、一套机构”管理模式。

低9%左右，最高达到15%以上。

**“烟草科研大数据”重大专项。**“烟草科研大数据资源体系与数据标准体系研究”等3个先导性项目进展顺利，为专项开展提供基础。“烟草科技知识图谱构建与应用研究”“烟叶质量大数据分析及应用研究”2项示范性应用项目取得阶段性成果，为专项实施提供重要经验。

**“细支卷烟升级创新”重大专项。**制定“细支卷烟升级创新”重大专项2018年工作要点；各首席专家及工作团队对项目的执行情况开展多种形式的检查与指导，促进项目顺利实施。细支卷烟提质降耗、卷烟配方及材料系统化设计，梗丝、再造烟叶应用等方面工作稳步推进，为细支卷烟快速发展提供保障。

**“打叶复烤技术升级”重大专项。**该重大专项于2018年3月启动，以卷烟工业企业需求为导向，以打叶复烤技术升级为目标，研究卷烟模块配方设计、加工工艺技术向打叶复烤前移，实现卷烟生产全流程整体优化。2018年，研究制定《专项研究规划》，形成《重大专项实施方案》，10个项目通过评审。

**“烟草基因组计划”重大专项。**构建烟草基因功能元件全景图，系统解析烟草基因组中的染色质构象与互作、遗传变异、非编码RNA、甲基化等功能位点。聚焦烟草重要品质性状，筛选获得一批关键调控节点。获得一批新的参与调控精胺、甘氨酸、脯氨酸、纤维二糖等的功能基因。

**【合作与交流】** **院企合作。**与湖北省局、山东中烟签订战略合作协议，与贵州中烟签订“共建‘贵烟品牌烟草工艺联合实验室’协议”，与行业重点企业的合作更加紧密。

持续深入参与河南烟草转型升级工作，在农业领域重点就提高上部烟叶可用性、原料基地建设、土壤保育等开展工作。在香精香料领域，做好“黄金叶（小目标）”产品维护工作；开发中支卷烟、薄壁中空滤棒卷烟等产品，持续丰富“黄金叶”产品规格；开发数十种天然香料、特征组分、香精等产品，广泛用于“黄金叶”20余款产品。

成功开发降低梗丝不良感官特征的梗丝减害添加剂，在四川中烟、云南中烟进入实际应用阶段；香精香料领域通过深度参与河南中烟、山东中烟、陕西中烟的产品开发和改造，促进香精香料应用，累计销售额较上年增长15%。

**国内学术交流。**举办院级学术活动115人次，行业科技重大专项专家报告会、食品科学学科评估专家报告会、基因组研究关键技术与作物育种应用高级研修班等活动聚集知名学者，聚焦科学前沿，开拓视野、启发新知。

**国际交流合作。**在云南昆明举办的2018年CORESTA大会取得一系列重要成果，李翔、金静静博士在分论坛作主题发言，曹培健博士作大会特邀报告，胡斌博士当选科学委员会产品工艺组副主席，谢剑平院长获得CORESTA银奖，原院长袁行思获得CORESTA终身成就奖。

**【特事辑要】** 10月22—26日，在云南昆明举办的2018年CORESTA大会上，郑州院取得一系列重要成果。中国烟草总公司为此于11月8日致贺信，对郑州院在大会上取得的成绩和荣誉表示热烈祝贺。

12月25日，为庆祝郑州院建院60周年，郑州院举行质检基因科研实验大楼启用揭牌仪式。

## 中国烟草总公司合肥设计院

**【概　况】** 中国烟草总公司合肥设计院（简称合肥设计院）成立于1990年6月，位于安徽省合肥市，是国家局、总公司直属管理的烟草行业专业设计院，具有国家住房和城乡建设部批准的“轻纺行业（食品发酵烟草工程）专业甲级”“建筑行业（建筑工程）乙级”“轻型钢结构工程设计专项乙级”设计资质。合肥设计院的主要职责是受国家局、总公司委托负责组织烟草行业固定资产重大投资工程项目的技术审查（咨询）及行业直属单位审批权限内的重大工程项目的技术咨询；参与行业打叶复烤厂和烟用仓库投资项目的前期工作及总体规划、设计的投标；参与烟草行业工程建设项目施工图第三方审查和项目的相关咨询工作，以及行业工程建设项目设计规范、技术标准的编制、修订工作和实施、监督工作等。合肥设计院下设6个职能部门：技术审查处、设计处、经营处、人事处、财务管理处（审计处）及办公室。截至2018年底，在职员工59人，其中，具有副高及以上职称33人，中级职称21人，并有35人次取得一级注册建筑师、一级注册结构工程师、注册公用设备工程师、注册造价工程师等各类注册执业资格。

党委书记、院长：卢安宁

【技术咨询与项目设计】 2018 年，合肥设计院承接国家局委托技术咨询项目 13 项，省级局公司委托项目 3 项，申报投资额 43.15 亿元，核减总投资 8105 万元。在完成国家局及行业其他直属单位委托技术审查（咨询）工作的同时，合肥设计院参与行业技改项目的公开招投标，相继在昆明卷烟厂烟叶仓库、黑龙江烟叶复烤有限公司技改、毕节复烤厂仓储及辅助设施、徐州卷烟厂烟叶仓库以及遵义湄潭、董公寺烟叶仓储设施等设计项目上中标，全年通过公开招投标、竞争性谈判共签订设计和第三方审查合同 34 项。

【技术创新】 牢固树立“行业院服务行业”的宗旨意识，集中精力推进全过程工程咨询服务和建筑信息模型（BIM）技术应用，编写全过程工程咨询工作手册，深度介入湖北中烟三峡卷烟厂和青海卷烟物流配送中心技改项目技术咨询的前期跟踪服务。按照“一年打基础，两年见成效，三年上台阶”的规划稳步推进 BIM 技术学习应用，同马钢集团设计研究院有限责任公司签订合作培训协议，培训教学有序推进，并在浙江中烟宁波卷烟厂仓储项目上完成实战演练。

【技术服务】 贯彻国家局党组压缩产能、控制投资、提高投资效益的精神，紧盯行业工程投资建设“源头治理”，做好行业工程项目建设的参谋和助手。2018 年，合肥设计院编制 4 期《烟草行业重大工程项目建设情况季度简报》，完成《烟叶工作站设计规范》修订申报工作。

【人才队伍建设】 2018 年，通过公开招聘引进 2 名注册高素质人才，1 人通过一级注册建筑师执业资格考试，1 人通过注册电气工程师执业资格考试。1 人通过行业高级经济师专业技术资格评审，7 人通过行业高级工程师专业技术资格评审，职称评审通过率和通过人数均创下历年新高。

## 上海新型烟草制品研究院
## （上海新型烟草制品研究院有限公司）

【概　况】 上海新型烟草制品研究院（简称上海院）成立于 2015 年 6 月。作为行业级研究机构，上海院承担加热不燃烧卷烟、口含烟、电子烟等新型烟草制品的基础性、关键性、前瞻性技术研究，着力突破专利制约和技术瓶颈，发挥技术成果应用转化的“孵化器”作用，是新型烟草制品的行业研发基地，为行业新型烟草制品高起点、超常规、跨越式发展提供有力支撑。为实现上海院市场化运营，推进行业新型烟草制品研发基地和产销实体落地运行，2016 年 5 月，国家局批复同意设立上海新型烟草制品研究院有限公司，有限公司与上海院合署办公。

院长：施　超

【技术创新】 2018 年，上海院在加热不燃烧领域自主设计针式电加热产品，完成产品定型；烟棒电加热系统及传统中支卷烟专用加热器，均基本完成样机制作及验证。在电子烟领域，开发新产品、口含烟和储备样品。2018 年，申请专利 137 件，其中，中国专利申请 100 件（含发明专利 34 件），PCT 国际申请 11 件。

【服务行业】 **专利服务**。全面启动专利分析集成中心建设，第一期收录 9 个国家 2 个组织数万条新型烟草制品专利数据，囊括各大烟草公司、电子烟公司、无烟气烟草相关公司的专利数据。

**产品审核**。2018 年，启动行业新型烟草制品出口技术审核工作，完成 18 份技术审核报告。

**高端合作**。上海院与知名企业、高校、研究院（所）等在基础研究、特种材料开发、产品解决方案等方面开展全方位合作。与英美烟草公司等国际跨国烟草公司就新型烟草制品安全风险评估等基础性、前瞻性技术开展项目合作与交流。

**技术咨询**。为部分卷烟工业企业器具改进、产品实现提供建设性的意见和建议；参与国家局关于“新型烟草制品发展和配套管理政策研究”调研；每月编发信息情报，密切关注不同国家（地区），内容涵盖市场销量、品牌信息、法律法规制度、技术创新等。创办《新烟》内刊，开展行业新型烟草技术研究、市场信息和工作经验交流。

【管理创新】 健全技术研发体系，加快建立以市场为导向、以促进成果快速转化和应用为重点的新型烟草制品技术研发体系，实现基础研究、应用技术研发、产品开发之间的逐层推进和有效传导。创新科研管理模式，进一步加大以项目为载体的科研管理力度，探索项目灵活立项、科研过程成果评价与认可机制创新，为研究开发、技术集成、成果转化等工作开展提供有据可依的制度保护、资金保障。创新考核激励机制，创新思维、大胆探索，充分发挥业绩考核和科技奖励的双重激励作用。以激发科研人员创新活力为着眼点，设计具有科研型企业特点的薪酬制度和个人绩效积分制，探索适应科研人员成长的薪酬晋级（晋岗）模式。

**【境外销售】** 2018 年，实现境外上市产品 5 款。

## 中国烟草科技信息中心

**【概　况】** 中国烟草科技信息中心（简称科技信息中心）是国家局 1986 年 4 月批准建立的行业科技信息事业机构，时称全国烟草科技情报站，1989 年 3 月更名为全国烟草科技情报中心，1994 年更名为中国烟草科技信息中心。主要业务由国家局科技司领导和指导，部分业务与行政管理工作由中国烟草总公司郑州烟草研究院领导。主要承担国内外烟草科技、经济等烟草类信息的搜集、研究、加工、报道、交流及信息资源建设工作；承担《烟草科技》期刊的编辑出版工作；承担软科学研究、情报调研、科技评估评价、科技政策研究、烟草知识产权研究、科技查新以及信息咨询服务和创新体系建设咨询服务等工作；承担中国烟草科教网的建设、维护与对外服务，承担国家局科技业务管理系统开发与维护；承担行业烟草科研大数据重大专项以及烟草科研大数据中心的研究、开发、建设、维护与服务等工作。科技信息中心下设《烟草科技》编辑部、信息资源部、情报研究部、知识产权研究室、网络系统部和综合部 6 个部门。2018 年，有在册职工 22 人，其中，高级职称 16 人（正高 2 人），中级职称 4 人，初级职称 1 人，技师 1 人。

主任：郑新章

**【烟草科研大数据重大专项】** **先导性项目整体进展顺利**。“烟草科研大数据资源体系与数据标准体系研究”项目完成烟草科研大数据资源体系研究全部工作；标准体系研究工作逐步推进，标准体系架构编制工作基本完成；完成 30 余项数据元业务标准制定；完成《烟草科研数据共享管理办法》等制度撰写工作；完成 3 项基础标准和 4 项技术标准的制定工作。

“烟草科研大数据总体架构和异构资源智能调度关键技术研究”项目完成《烟草科研大数据总体架构方案》《烟草科研大数据中心技术架构方案》《烟草科研大数据中心基础设施环境方案》《烟草科研大数据中心运维管理体系方案》等的编写。

“烟草科研数据融合与关联挖掘关键技术研究”项目完成烟草科研大数据融合管理引擎、准实时烟草科研大数据仓库、主题库管理软件的需求分析和系统设计，完成烟草科研专业数据库管理与汇交工具、烟草科研主题数据库整合与发布工具的研发；完成大数据加工流水线技术和图数据处理，以及多维数据仓库技术的研发，构建支持烟草多领域异构数据的大数据仓库原型系统。

**完成第二批项目申报与专家评审，启动相关研究工作。** 组织协调各单位、部门申报第二批重大专项项目，确定 8 个项目。提前部署若干项目开展工作，为重大专项加速推进做好准备。全年发布 7 期月报、1 期季报。

**“烟草科技知识图谱构建与应用研究”等项目取得阶段性成果。** “烟草科技知识图谱构建与应用研究”项目完成烟草科研领域知识图谱的表达及构建方法研究，形成“烟草科技领域—专家人才—研究成果”的科技资源知识图谱，实现烟草科技领域资源知识多角度多层级查询展示、关联查询、社区发现、研究热点、影响力分析、研究热点发现及趋势分析等功能，可为科研人员准确把握研究方向和提高科研活动效率提供支持。

**【《烟草科技》期刊】** 全年编辑出版发行中文版《烟草科技》12 期，英文增刊 1 期，发表各类学术论文 198 篇，其中，中文版 188 篇，英文增刊 10 篇。全年共收到稿件 589 篇。

2018 年，《烟草科技》期刊评价指标全面提高，绝大多数指标居轻工业类首位。根据《中国学术期刊影响因子年报》数据，在 28 种轻工业期刊中，《烟草科技》期刊各项评价指标均有不同程度提高，影响力指数（CI）、综合总被引等指标排名第一，复合影响因子、期刊综合影响因子、Web 下载量指标排名第二。

期刊学术影响力持续增强，继续是英国《科学文摘》、荷兰《文摘与引文数据库》等收录期刊，继续是中文核心期刊（第5次）、中国科技核心期刊、中国科学引文数据库（CSCD）核心库来源期刊、中国核心学术期刊、中国学术期刊文摘数据库收录期刊。

期刊数字化出版加快推进，2018年继续为中国知网、万方数据、百度学术、COAJ平台、超星域出版、中国学术期刊文摘数据库、中科院CSCD、Scopus等国内外各重要数据库及出版平台，以及“烟草学术期刊”微信公众号等发送当期数据，并实现在中国知网的网络首发。

**【信息资源建设】** **烟草科技文献数据库群**。2018年，新加工发布各类文献56985篇（条），全文新增48443篇，均比上年有所增加。

**烟草技术类专利信息资源建设**。全年共检索、筛选中国烟草专利12.23万件，加工、标引、入库烟草技术类专利1.44万件；采集国外烟草专利基础数据3317件，标引烟草技术类专利740件。回溯标引1993—2014年国外专利2.96万件。

**中国烟草数字图书馆信息资源建设**。全年加工制作烟草类数字图书77本，数字期刊25本；共有数字图书21914本，其中烟草类图书1838本。

**中国烟草科教网及其各类业务系统日常维护**。完成中国烟草科教网、郑州院网站，以及CMS后台管理系统的运行和维护工作。科教网访问量达到210万次/年以上，充分显示网站的影响力进一步增强。完成科技业务管理系统运行和维护工作，全年新增加项目、成果等科技数据3100余份（种）。通过中国烟草科教网、院电子院务系统等网站平台，全年共加工、审核并发布各类信息7637篇，发布国外烟草动态类信息960余条。

**【情报研究和科技统计评估评价】** 完成2017年度中国烟草技术类专利统计分析工作，撰写《2017度中国烟草技术类专利统计分析报告》等，以及4期《烟草技术类专利统计分析报告》（季报），完成《创新型行业建设书面调研分析报告》和《跨国烟草企业科技创新工作开展情况报告》。开展行业科技查新与专题检索服务工作，全年共完成科技查新139项。完成“专利分析评价体系的研究与应用”等与工商企业合作的科研项目的相关研究工作。

**【科技信息咨询和专题培训服务】** 以《烟草科技》理事会为服务平台，对行业21家工商企业提供较高质量的综合服务。完成对湖北、浙江、上海、山东、广东等工业公司的信息咨询服务工作。对行业工商企业提供科技论文撰写、信息资源检索与有效利用等专题培训服务，为相关单位科研能力的提升提供协助。

**【科研成果】** 2018年，科技信息中心申请专利22件，其中发明专利12件；全年获得发明专利授权1件，实用新型专利授权19件；登记计算机软件著作权2项。发表第一作者或通讯作者论文13篇（核心期刊11篇）。出版《烟草科技词系统》等专业著作3部，总字数超过400万字。

## 中国烟草标准化研究中心

**【概　况】** 中国烟草标准化研究中心（简称标准化中心）位于河南省郑州市，成立于1995年1月，是国家局批准建立的行业标准化、计量专业机构，隶属于郑州烟草研究院，业务上受国家局科技司和郑州院领导、国家市场监督管理总局、国家标准化管理委员会指导。主要职责是负责全国烟草标准化技术委员会秘书处的日常工作，专门从事烟草标准化的研究及推广，为行业提供标准体系框架，引导行业科学地制（修）订标准；作为ISO/TC126烟草及烟草制品技术委员会及其分技术委员会的国内技术对口单位和SC2烟叶分技术委员会的副主席和联合秘书处承担单位，负责配合国家局科技司组织行业参与国际标准化活动，承担国际标准投票，开展国际标准新工作项目提案，跟踪研究烟草相关国际标准化发展趋势和工作动态；作为烟草行业计量技术归口单位，承担烟草行业专用计量器具的技术审核、计量标准（基准）建立和量值溯源以及重要标准物质的研制。标准化中心下设4个部门。2018年，有在岗员工24人，其中，研究员4人、高级工程师13人、工程师7人。

主任：范　黎

**【标准化技术委员会工作】** 2018年3月，全国烟草标准化技术委员会（简称全标委）完成换届选举工作；召开全标委会议，实现与国家标准委各项要求的对接；配合上海院完成《电子烟》国家标准的编制；配合国家局科技司开展《烟草术语第2部分：烟草制品与烟草加工》第1号修改单的调研、编制、审定与报批工作；配合全国烟草标准化技术委员会农业分技术委员会，组织全标委对4项国家标准进行报批稿审查。

配合国家局科技司完成2018年度标准制（修）订项目立项专家评审，并审查49项标准项目合同；组织卷烟、烟用材料、企业、卷烟标样委标准（标样）审定；配合国家标准委发布国家标准1项，配合国家局科技司审查发布行业标准及计量检定规程44项、中国烟草总公司企业标准8项，审定通过2018年度烟叶基准样品和烟气分析标准样品，审定定值2018年度卷烟感官标准样品。完成“中国烟草标准化信息工作平台”中的“标准管理”等子模块上线运行，申报行业2019年度标准项目的收集、2018年度国家局、总公司标准项目合同签订工作。

**【计量工作】** 完成《烟草行业专用计量器具技术审核规范》系列标准。依据该标准，选取国内外6家公司具有代表性的卷烟和滤棒物理性能综合测试台进行计量技术审核的摸底实验，与5家卷烟工业企业开展吸阻/通风等类别专用检测设备期间核查的合作，以《烟草专用电子皮带秤计量性能评价方法》为切入点，首次开展在线计量类行业标准的申报。通过计量校准实验室CNAS认可现场复评审工作，向国家局及国家市场监管总局递交“烟用恒温干燥箱检定装置”行业最高计量标准建立的申报材料。完成《卷烟含末率测定仪检定规程》。依托“卷烟和滤棒物理性能综合测试台检定装置”等8个行业最高计量标准，对6500余件相关专用计量器具开展计量检定或校准。

**【国际标准化工作】** 协助土耳其标准局（TSE）共同组织召开ISO/TC126/SC2第20届会议的同时，推进中国标准《烟草及烟草制品有机氯农药残留量的测定气相色谱－串联质谱联用法》国际标准提案工作；联合TSE与CORESTA秘书长和各成员国专家沟通交流，争取到提名中国专家张威成为项目“烟草　以烟碱计总植物碱含量的测定　使用硫氰化钾（KSCN）和二水合二氯异氰尿酸钠（DCIC）的连续流动分析法”联合负责人的机会；成功向TC126/SC 1申请，将标准化中心主导的图像法，作为后续修订ISO/NP 20193“烟草及烟草制品　烟丝宽度的测定”标准的参考依据。标准化中心牵头的“ISO 3402烟草及烟草制品　调节和测试的大气环境”国际标准修订——行业标准类项目，完成研究工作及相关报告的起草和专家审定工作。协助郑州院以联合召集人的身份编制ISO 20714“电子烟溶液　烟碱、丙二醇和甘油的测定　气相色谱法”并进入DIS阶段。

2018年，组织行业企业及专家完成43项国际标准项目投票工作，投票率继续保持在100%；组织行业参加3次ISO/TC126境外会议和2次网络会议（WebEx）；组织行业企业完成ISO 20193测定烟丝宽度的国际共同实验；编制并发行4期《国际标准化动态》；组织行业完成3项国际标准新工作项目提案和专家论证工作；组织并指导行业相关专家参与完成ISO/TC126/WG10“深度抽吸模式”等9个ISO工作组的本年度标准制（修）订工作。

**【标准物质（样品）研制工作】** 2018年，完成“烟用乙酸乙烯酯纯度标准物质”主要研制工作。针对CORASTA放弃CM9的制作的现状，开展“常规分析用吸烟机通用监测卷烟的研制”项目，完成第一批的小样投料，效果良好，为2019年系统研制常规分析用吸烟机通用监测卷烟打下基础。继续对“烟草行业标准物质体系构成与要求”“烟草行业卷烟标准样品体系构成与要求”项目深入研究。

**【产品质量安全工作】** 配合行业添加剂安全性评价委员会（简称安评委），对上海烟草集团有限责任公司“欧盟优先列表添加剂安全性研究报告”开展技术咨询。“烟用胶粘剂安全卫生要求”“烟用热熔胶中苯酚和2，6-二叔丁基-4-甲基苯酚的测定气相色谱－质谱联用法”通过安评委的审定，进一步完善烟用材料质量安全标准子体系。

**【科研成果】** 2018年，标准化中心1个牵头项目获得中国烟草总公司标准创新贡献奖二等奖，4个参与项目获得二、三等奖各2项；1个项目获得郑州院青年科学技术进步奖三等奖。在《烟草科技》等期刊发表论文9篇。获得授权发明专利2件、实用新型专利7件、软件著作权2项。正式发布标准5项。牵头开展的在研项目13项。

## 国家烟草基因研究中心

【概　况】　国家烟草基因研究中心（简称基因研究中心）成立于2010年12月，隶属中国烟草总公司郑州烟草研究院，业务上接受国家烟草专卖局科技主管部门的指导和管理。根据国家局的总体部署和烟草基因组计划重大专项的整体安排，基因中心主要负责开展烟草基因组研究工作。2018年，基因研究中心下设烟草生物信息学实验室、烟草分子生物学实验室、烟草代谢组学实验室和综合室等4个部门。基因研究中心有科研、管理人员26人，其中，69%具有博士学位，27%具有留学背景，42%具有高级职称。

主任：罗登山（兼）

【科研工作情况】　*科研项目*。2018年，基因研究中心承担各类科研项目32项。构建烟草基因功能元件全景图，系统解析烟草基因组中的染色质构象与互作、遗传变异、非编码RNA、甲基化等功能位点；聚焦烟草重要品质性状（烟碱、类黄酮和类西柏烷等），系统分析基因调控网络信息，筛选获得一批关键调控节点；获得一批新的参与调控精胺、甘氨酸、脯氨酸、纤维二糖、芸香苷、绿原酸、甘油酸、莨菪苷、棉子糖、植物色素、氯离子等功能基因。

建立利用三代测序数据填补基因组缺失序列的方法，开发并行化烟草基因组缺失序列填补软件；构建栽培烟草多基因CRISPR/Cas9编辑体系；在同一株烟草中成功实现对低镉、抗PVY和TMV基因的多基因编辑；开发烟草叶片原生质体制备方法，基本构建基于原生质体的代谢组学前处理和分析方法，完成烟草代谢组学研究从组织水平到细胞水平的过渡；发现2个在烟草抗旱过程起重要调控作用的新小RNA，并创制相关遗传材料；研究发现转录因子NtMYB27能够抑制烟草叶片中黄酮醇（芸香苷）的合成。

*科研平台建设*。烟草生物信息学平台在着力构建烟草功能元件全景图的基础上，不断充实中国烟草基因组数据库，数据库主要分析工具访问量10万余次。同时，瞄准烟草育种需求，开展烟草育种大数据构建及应用研究，对烟草育种大数据基因型、表型、文献等数据的整理分析，制定相应数据规范，完成烟草育种大数据后台管理系统和数据录入系统的程序开发。

烟草基因芯片平台辅助构建完成以“K326”为底盘品种、OX2028/Samsun为供体亲本的分子模块库，在烟草品种鉴定、高密度遗传连锁图谱构建、基因定位、全基因组模块构建分析以及定向遗传改良前景和背景选择中发挥重要作用。

烟草代谢组学平台不断提升技术水平，为云南中烟工厂化育种编辑素材和关键代谢酶提供检测服务，与福建中烟合作开发用于烟叶质量提升的菌液和酶制剂，与湖南省公司合作开展烟叶香型风格相关研究，并为多家单位提供代谢组学检测服务。

【基因减害研究】　围绕推进低害品种培育的战略任务，基因研究中心按照重大专项的统一布局，重点开展苯酚和氯离子的功能基因研究工作，获得一批功能基因并明确其功能。在烟气苯酚含量方面，获得“云烟87”苯酚前体物含量相关2个基因EMS突变体纯合株系及BC2种子，开展“红花大金元”苯酚前体物含量相关2个基因的EMS突变体筛选，完成“K326”苯酚前体物含量相关15个基因的编辑，纯合突变体鉴定工作有序推进。在苯酚前体物绿原酸方面，鉴定调控绿原酸合成关键基因HQT，超表达HQT基因能够提高烟草绿原酸含量20%以上。在氯离子方面，构建clc2、slah1、slah5等基因的基因编辑，截至2018年底，获得slah1和slah5基因编辑T0代植株，发现基因编辑植株叶片氯离子含量下降20%～40%，证明这些基因与烟草氯离子吸收转运有关。

【学术交流】　2018年，基因研究中心组织各类学术活动20次，邀请基因研究领域的专家、学者到郑州院作报告。基因研究中心副主任曹培健应邀作2018年CORESTA大会特邀报告；组织科研骨干参加美国植物学年会、国际植物分子生物学大会等学术会议；金静静博士获得“2018年国家公派高级研究学者和访问学者及博士后项目”支持，赴德国开展为期3个月的访问研究。

基因研究中心作为主要承办单位，承办国家专业技术人才知识更新工程高级研修项目——基因组研究关键技术与作物育种应用高级研修班。邀请顶尖专家组成师资团队，对国内外业界前沿趋势进行战略展望，对当前主流技术及应用进行详细阐释，行业内外100余位科研人员参加培训。

【科研成果】 2018年，基因研究中心发表各类学术论文40篇，其中，SCI论文13篇、核心期刊论文15篇、CORESTA会议特邀报告论文1篇、国际会议墙报论文11篇。发表论文中，最高影响因子为4.26，影响因子超过2的论文有12篇。全年申请专利31件，其中，发明专利23件，实用新型专利8件；获得专利授权21件，其中，发明专利11件，实用新型专利10件。获得计算机软件著作权5项。

## 云南省烟草农业科学研究院［中国烟草育种研究（南方）中心］

【概　况】 云南省烟草农业科学研究院位于云南省昆明市，前身是成立于1955年的云南省烟草科学研究所，2009年3月更名为云南省烟草农业科学研究院，是云南省烟草专卖局（公司）的直属科研机构；中国烟草育种研究（南方）中心（简称南方中心）成立于1995年，与云南省烟草农业科学研究院实行合署办公。围绕“国内领先、国际一流”现代烟草农业科研院发展，实施“研究一粒种子、集成一项技术、解读一片烟叶”攻关，在烟草育种、栽培、植保、烘烤、烟叶质量分析等方面，开展基础研究、应用研究和成果转化推广，特别在生物技术、品种选育、功能基因研究、种子繁育技术、节本增效栽培技术、烟叶安全性领域处于行业引领地位。拥有博士后科研工作站、国家烟草基因工程研究中心、烟草行业烟草生物技术育种重点实验室、云南省烟草农业工程技术中心、中美烟草分子育种联合实验室、烟草种质资源库和世界烟草品种园、华大烟草分子育种联合研究院等创新平台。2018年，南方中心下设8个部门。在岗员工107人，其中，正高级职称13人、副高级职称36人，博士研究生学历37人、硕士研究生学历41人，烟草行业学科带头人4人，享受国务院政府特殊津贴1人。

党委书记、院长、主任：顾华国

【技术创新】 **生物技术育种**。2018年，南方中心自育“云烟”系列品种全国种植995万亩，占全国烤烟种植面积的73.8%。自育烤烟品种“云烟121”通过全国农业评审，“云烟119”通过全国烟草品种审定，推荐“云烟218”参加全国区试，分别在全国9个省（市）、云南3个州（市）开展7个引进品种、6个合作选育品种的田间试验，巩固提升烟草品种选育领先优势。

**植烟土壤培育**。完善植烟土壤质量评价体系、数据共享平台建设，明确“中棵烟”需肥规律，优化水肥一体化、酸性土壤改良、叶面营养高效施用技术等，推广有机无机肥配施技术。制定烟草漂浮育苗病害防控方法，构建生防菌高效筛选评价平台，开发“互联网+烟草植保”手机APP平台。

**技术应用**。完善生物质颗粒燃料加工、生产、应用一体化应用技术，优化集成“‘红花大金元’和‘K326’烘烤关键技术”，明确田间灰色烟的生理生化机理，选出5种高效抑制化合物，为解决烟叶“挂灰”难题提供重要理论基础。

**烟叶安全性检测**。完成样品检测1.05万个，出具数据23.1万个，数据准确率100%。研究开发腈菌唑胶体金快速检测试纸条，为烟叶质量监测提供准确、高效的检测服务。

【科研攻关】 低镉“云烟87”新品种改良获得成功，高碱中糖助降焦品种通过田间鉴评，低NNN品种改良、低NNK基因克隆取得进展。抗黑胫病“红花大金元”改良新品系通过全国品种审定，定向改良抗马铃薯Y病毒（PVY）的“云烟87”通过农业评审，利用短N基因导入片段培育抗TMV品种申请国际专利保护。开展“云烟87”、“云晒1号”、晾烟、黄花烟等基因组测序，其中“云烟87”基因组精细图挂载至染色体，提高特质基因挖掘、分子标记开发精度和效率。挑选400份核心种质与“云烟87”回交构建导入系，创制包含3.2万个单株，成为世界上最大的烟草导入系群体，基本涵盖烟草本身具有的基因。

【技术服务】 组织5个专家服务团，针对性服务云南省烟叶产区，解决烟叶生产技术难题，提供技术支撑；服务“2260”高端特色烟叶开发，制定技术方案，推广先进适用技术。为云南省13个州市36个县区15家卷烟工业企业73个烟叶基地单元提供技术依托服务；派出科技人员40余人次深入德宏烟叶生产一线，指导帮助阿昌族群众科学种烟；推进“互联网+”服务创新，构建“专家、烟农、烟田”三位一体服务模式，全年开展手机远程诊断解决烟叶生产技术问题1200余件；派出专家541人次，培训科技人员和烟农万余人；发布《烤烟病虫情报》《云南特色优质烟叶生产技术指导》各12期，发放技术手册2万册、挂图5万张。

**【科研成果】** 2018年，南方中心开展科研项目70项，其中国家自然科学基金项目5项、国家局项目6项、云南省科技厅项目4项、云南省公司项目36项、中国烟叶公司技改项目2项、云南省质监局地方标准项目8项、参与项目9项。获科技成果奖励15项，其中省部级科技成果奖励4项；获授权专利21件，其中发明专利15件；申请受理发明专利47件。发表SCI论文8篇，核心期刊论文24篇，CORESTA会议论文3篇、2人作大会报告。

**【科研平台建设】** 购置仪器设备30余台（套），持续完善阳光温室、负压温室等设施和石林板桥田间试验点建设。烟草商业首家院士工作站揭牌，科技创新平台持续优化提升。

**【国际合作与交流】** 依托中美烟草分子育种联合实验室平台，合作选育出优质新品系3个，开展2018年中美烟草分子育种联合实验室学术年会。邀请知名专家学术作讲座10余场次，培训交流500余人次。1名科研骨干赴美国北卡罗来纳大学开展为期3个月的合作研究，4人参加CORESTA学术交流，1个团组赴以色列、德国学术交流。

## 中国烟草总公司黑龙江省公司牡丹江烟草科学研究所（中国烟草东北农业试验站、中国烟草进出口烟叶检测站）

**【概　况】** 中国烟草总公司黑龙江省公司牡丹江烟草科学研究所（简称牡丹江烟草科学研究所）位于黑龙江省哈尔滨市，始建于1985年，隶属于黑龙江省烟草专卖局。始建名称为黑龙江省烟草科学研究所。1995年，经国家局批准在黑龙江省烟草科学研究所的基础上成立中国烟草东北农业试验站；1998年成立中国烟草进出口烟叶检测站。2008年1月单位名称变更为中国烟草总公司黑龙江省公司牡丹江烟草科学研究所。2016年经黑龙江省烟草专卖局批准搬迁到哈尔滨市哈药路17号。主要承担烤烟新品种选育、生物技术研究、烤烟栽培技术研究与推广、植物营养与肥料、病虫害防治技术、烘烤技术研究，以及全国进出口烟叶及其制品的转基因检测和监测工作。2018年，牡丹江烟草科学研究所下设6个科研科室和2个行政后勤服务科室。有在岗员工26人，享受国务院政府特殊津贴专家1人；高级职称18人（正高2人），中级职称3人。

党委书记、所长：刘永中

**【科研工作】** 2018年，牡丹江烟草科学研究所承担各类科研课题25项，其中主持省局课题20项、协作课题5项。申报国家局课题和省局课题各1项，10项课题进行结题鉴定（验收）。获得发明专利授权1件，推荐4个烤烟新品系参加全省烤烟品种生产试验、7个烤烟新品系参加全省烤烟品种区域（小区）试验。

**加强分子育种研究，提高品种抗病性。**利用基因编辑技术对黑龙江省3个主栽烟叶品种的基因组编辑，以筛选纯合突变的后代材料并留种。收集和引进优质烟草种质资源22份，筛选优质抗角斑病烟草材料，对获得的抗烟草角斑病材料进行抗性遗传规律研究。

**加强绿色防控技术研究，提高烟叶安全性。**建立黑龙江省烟草主要病虫害绿色防控工作技术规程，指导2家烟叶公司建立5个繁蜂基地、6000亩绿色防控示范田和2万亩的绿色防控辐射区。“弱毒疫苗”项目在海南完成3个疫苗田间防效鉴定。省内TVBMV－TMV1单联疫苗示范布点4个，示范面积500亩。成功建立弱毒疫苗发酵工艺和弱毒疫苗长期保存方法。

**加强特色烟叶关键技术研究，提高工业可用性。**实施“五五”栽培模式，增施有机肥与高培土技术、减氮增密、控制单叶长度与重量，优化等级结构。集成烘烤研究成果，从减少采收次数入手，提高烟叶田间成熟度；从调整烘烤工艺入手，提高烘烤后熟程度；以设备进步及工艺调整为重点，解决烟叶存在的“三青”及中上部烟叶挂灰尘等问题，提高烟叶的可用性。

**【科研成果】** 2018年，“烟草靶斑病发病规律及综合防治技术研究”“促进烟株根系生长发育配套技术研究与开发”“黑龙江省烟叶综合标准体系（修订）”“烟草PVY抗性相关基因功能研究”“烟草农药应用数据库开发”通过黑龙江省局组织的鉴定。“烤烟种子催芽包衣技术的开发与推广”“烤烟优质、多抗新品种选育”“隧道式型煤炉在密集烤房上的应用与推广”“黑龙江省烟叶化学成分协调性的监测与分析”“应用噬菌体进行烟草野火病、角斑病生物防治技术研究”通过黑龙江省烟草专卖局组织的验收。

**【技术服务】** 深入调研，针对气候条件、环境因素、品种需求及生产中存在的问题进行调研，为两家烟叶公司制定生产技术方案。与卷烟工业企业对接，合作开展绿色生态特色优质烟叶关键技术研究开发，提高龙江烟叶工业可用性。根据土壤、烟叶化验数据指导施肥，全年共化验土壤样品2477个，根据化验结果结合当地的实际情况提出施肥建议。开展病虫害防治工作，发布病虫简报6期，通过电话、互联网进行病虫害远程诊断，技术咨询1000余起、实物诊断100余件，现场指导150余场次。开展技术培训，对2家烟叶公司技术人员和烟农进行病虫害诊断、绿色防控、标准化生产、烟叶烘烤标准化培训。

**【转基因检测】** 完成烟草转基因检测样品116个，检测结果与国外检测机构一致。

## 福建省烟草专卖局烟草科学研究所（中国烟草东南农业试验站）

**【概　况】** 福建省烟草专卖局烟草科学研究所位于福建省福州市。1997年5月，在福建省三明市成立福建省烟草专卖局烟草农业科学研究所，2002年初迁到福州，与中国烟草东南农业试验站（简称东南站）实行“两块牌子，一套班子”管理，隶属福建省烟草专卖局（公司），2004年全面异地搬迁至福州市，2016年11月更名为福建省烟草专卖局烟草科学研究所。福建省烟草专卖局烟草科学研究所在福州市晋安区宦溪镇设科研基地，在龙岩、南平、三明3个主产烟区设分所（烟叶生产技术中心），形成以省烟科所为龙头，龙岩、三明、南平3个分所和9个产烟县烟叶生产技术实验推广站组成的“139”烟草农业科研体系。2018年，省烟科所下设6个研究室和福建省烟草病虫害预测预报及综合防治二级站。有在职员工13人，其中行业学科带头人1人、研究员2人、高级农艺师5人、农艺师5人，博士研究生学历2人、硕士研究生学历8人。

所长：陈顺辉（—2018年6月）、李春英（2018年8月—）

**【科研工作】** 主持“烟草青枯病抗性基因定位及CB－1新品系培育研究”“烤房防治烟叶霉烂病技术规程”等2项国家局科研项目研究；参加“应用噬菌体防治烟草细菌病害技术研究”“烟草—土壤系统碳氮循环与生物价值评价”“彰显翠碧一号质量风格特征的关键加工技术研究与应用”等5项国家局重点科研项目研究；主持或承担“福建上下部烟叶深化应用研究”等省局重点项目16项。

**特色品种选育**。2个新品系参加2018年全国烤烟品种区试；9个新品系参加2018年福建省烤烟品种区试，筛选出清香特色明显、综合性状较优的“0970A”和“1602”2个新品系。完成全国品种区试、全国外引品种试验在福建区试点试验和福建省烤烟品种区试工作。完成“中国烟草资源平台建设——青枯病鉴定”试验，鉴定出9份对青枯病抗性较强的种质资源。在宦溪基地完成常规育种工作，收获育种后代材料800余份。通过EMS诱变育种处理CB－1获得6个抗病M5株系，通过抗性重复鉴定，筛选出最强抗性株系，开展抗病感病材料杂交、回交，为抗性基因定位打下基础。

**土壤保育与栽培技术研究**。开展“烟草—土壤系统碳氮循环与生态价值评价”研究；开展“福建上下部烟叶深化应用”研究；开展“气候条件对福建烤烟生产的影响”研究；开展“镁营养对烤烟生产的影响”研究，初步明确烟株对镁的吸收积累规律、镁对烟叶产质量的影响，以及镁对缓解烟株高温强光伤害的生理机理等。

**烟草绿色防控技术研究与推广**。深入推进绿色防控技术研发与试验示范，综合开展绿色防控核心区建设。2018年，福建省共建立6个烟草绿色防控核心示范区（面积2.8万亩），27个辐射区（总面积10.64万亩），农药使用量较2015年大幅减少。建立1个面积500亩的防控烟草灰霉病单项靶标示范片，烟蚜茧蜂防治蚜虫技术持续保持烤烟全覆盖。

**烟叶采收烘烤技术研究与推广**。应用国家局重点项目

"不同部位烟叶密集烘烤保香去杂技术研究与应用"的研究成果，对采收成熟度进行量化，扭转下部叶太迟采、上部叶过早采的局面。在烘烤工艺上运用变黄期"提前缓慢排湿"、定色期"低跨度升温"、干筋期"保湿适温干筋"烟叶的提质增香烘烤技术，烤后烟叶质量有了明显提高。开展"上下部叶采收成熟度对烟叶质量的影响""上部叶不同采收方式与烟叶质量关系研究""上部叶带茎烘烤""密集烤房三改四层装烟烘烤试验"等试验研究工作。根据不同品种、不同地区、不同气候条件、不同烟叶生长情况，在烘烤期间深入烟区对烟技员及烟农进行烘烤指导。

***片烟醇化特性及醇化调控技术研究***。围绕提高"两个中心"建设水平，加强与工业企业科研合作，完成片烟醇化部分样品的化学成分、外观和感官评价，做到边试验边指导片烟仓储管理工作。制定并下发福建片烟醇化保管与养护技术规范，该规范在三明、南平烟叶复烤企业推广应用。

***原烟颜色变化影响因素及调控技术研究***。研究结果认为储藏环境温度和原烟水分含量是影响福建原烟颜色变化的主要影响因素，在一定温度和水分范围条件下，温度影响大于水分含量因素。根据试验结果，结合福建气候条件，编制"福建原烟保管与养护管理技术规范"，并在2018年原烟收购保管过程中推广应用。

**【技术服务】** 立足科研服务生产，逐步完善提升烤烟生产技术。制定2019年福建省烤烟生产重点技术指导意见。做好病虫害预报预测，全年下发7期病虫预报信息，提高病虫害防治效率。承担江苏、福建、贵州、湖南、浙江5家卷烟工业企业在福建烟区烟叶基地单元的技术服务工作。根据各卷烟工业企业对烟叶质量要求和质量反馈意见，协助产区制定生产技术方案和质量改进意见，为烟叶产区开展技术培训和技术指导工作。全年为烟叶产区提供集中技术培训15场次，累计培训产区烟技员、烟农2000人次以上。

**【科研成果】** 制定并发布《烟叶烘烤期霉烂病防治技术规程》《福建省烟蚜茧蜂防治烟蚜技术标准》2项企业标准；制定《福建片烟醇化保管与养护技术规范》《福建原烟保管与养护管理技术规范》2项企业技术管理规范。出版专著1部。获得发明专利授权1件，实用新型专利1件；发表论文4篇，其中2篇论文分别获得福建省烟草学会学术论文一、二等奖；5个科研项目通过福建省局成果鉴定或验收。获得中国烟草总公司2018年科学技术进步奖二等奖1项；获得中国烟草总公司福建省公司2018年度科技进步奖一等奖1项、二等奖2项、三等奖7项。

## 湖北省烟草科学研究院（中国烟草白肋烟试验站）

**【概　况】** 湖北省烟草科学研究院（中国烟草白肋烟试验站）是全国唯一的白肋烟农业科研单位，其前身为成立于1986年的湖北省鄂西烟草科研所，1991年5月组建湖北省白肋烟研究所，1997年6月更名为湖北省烟草科研所；1997年7月，国家局决定在湖北省建立中国烟草白肋烟试验站，并与湖北省烟草科研所合署办公，隶属湖北省烟草专卖局（公司）；2002年8月，湖北省烟草科研所由湖北省恩施搬迁到武汉；2013年7月更名为湖北省烟草科学研究院。承担全国白肋烟和全省烤烟及其他晾晒烟的农业技术等方面的科学研究，承担国家局、湖北省烟草专卖局（公司）下达的科研任务，承担全省烟叶和土壤样品的重点指标的化验检测任务，负责全国白肋烟和全省烟草良种繁殖、包衣加工、计划调拨与经营，负责湖北省烟叶生产新技术推广的咨询、培训等科技服务工作，指导湖北省烟区病虫害预测预报及综合防治和先进实用烟叶生产技术推广。湖北省烟草科学研究院下设4个研发中心、4个研发服务部门和2个综合管理部门。2018年，共有在职员工30人，其中，行业学科带头人1人、研究员4人、副研究员3人、高级农艺师11人、高级工程师1人；博士研究生学历7人、硕士研究生学历15人。

院长：杨春雷

**【科研项目与成果】** 2018年主持或参与的科研项目26项，均做到有序高效、顺利开展。"白肋烟早生快发栽培与可控调制技术研发、集成及应用研究"获得2018年中国烟草总公司科学技术进步奖三等奖。"烟草降碱减害生化调控技术及应用"获得2018年湖北省政府技术发明二等奖，这是湖北省烟草科学研究院主持承担项目首次获得省政府技术发明奖。

主持的“湖北植烟土壤保育及修复技术研究与应用”项目通过省部级成果评价，“适应清江流域和环神农架地区抗青枯病、TMV 特色优质烤烟新品种选育”项目通过国家局验收，2 项成果分别通过省局组织的结题验收和成果鉴定。参与的行业基因组计划项目“基于基因组编辑技术的烟草重要基因功能研究”通过国家局验收。

全年共有 3 件发明专利、3 件实用新型专利和 1 项计算机软件著作权获得授权，公开发明专利 7 件。在《应用科学开放期刊》（Open Journal of Applied Sciences）、《计算分子生物科学》（Computational Molecular Bioscience）、《烟草科技》等国内外核心期刊上发表论文 20 篇。1 篇论文在 2018 年 CORESTA 大会上进行宣读并入选会议论文集。参与编写出版《中国烟草昆虫图鉴》等 4 部专著。

**【平台建设】** 继续完善“产、学、研”紧密结合的科技创新体系，构建科技创新平台。与华中农业大学联合建立“博士后创新实践基地”，围绕“湖北烤烟抗青枯病基因标记开发与主栽品种分子改良”两项湖北省公司重点项目开展合作研究。以湖北省局和郑州院签订战略合作协议为契机，加强与郑州院技术合作与交流，以科研项目为纽带，在“湖北醇甜香型烟叶物质基础研究”方面开展合作。与湖北香青化肥有限公司共同成立新型烟草专用肥料院企共建研发中心，致力于新型烟草专用肥料的研发及推广。

**【良种繁育】** 充分发挥湖北省烟草科研院“良、繁、加、推”一体化体系，完成烤烟、白肋烟、马里兰烟及雪茄烟包衣加工、调拨 12.67 万袋。完成湖北省公司调拨计划，满足烟叶产区生产需要，种子质量 100% 达到国家标准。

**【成果转化与科技服务】** 配合产区强化培训指导，科技人员在湖北省局组织的全省烟叶适时移栽现场培训等培训会上进行授课，多次受邀到烟叶产区公司培训授课和现场指导，超过 1000 人次。围绕平衡施肥、土壤保育、烟叶降碱剂等成熟技术，配合产区公司和相关部门做好技术服务和培训工作。

平衡施肥技术在湖北省推广应用 40 万亩，土壤保育技术在湖北省进行推广应用，100% 覆盖全省烟区；与湖北香青化肥有限公司共同研发的专利产品“新型烟草专用复合肥”，能促进烟株早生快发，改善烟株田间农艺性状，提高烟叶质量，在全省示范推广 3.5 万亩，同时获得省外烟叶产区的高度认可。“烟草降碱减害生化调控技术及应用”技术取得美国专利授权，在产区示范应用 6000 亩，可降低烟叶烟碱含量 20%~30%，改善烟叶感官质量，提高上部烟叶可用性。在恩施烟叶产区进行“三控四调五及时”烟草黑胫病、青枯病绿色防控技术应用，控制烟草黑胫病和青枯病的发生与危害。组织发放烟草病虫情报 48 期，及时指导产区做好烟叶生产植保工作。

## 贵州省烟草科学研究院
## （中国烟草西南农业试验站）

**【概　况】** 贵州省烟草科学研究院于 1999 年在贵阳成立，与中国烟草西南农业试验站合署办公，隶属贵州省烟草专卖局（公司）。主要从事烟草农业科技知识创新，以应用研究为主，强化基础研究，引领贵州烟草农业发展。总部在贵阳，设品种选育一室、品种选育二室、品种选育三室、生物技术研究中心、农艺研究开发中心 5 个科研部门；良种繁育中心、分析检测中心、成果转化中心 3 个业务部门；党群工作办公室、科研与信息管理办公室、财务管理办公室、纪检监察审计办公室、安全后勤管理办公室、综合管理办公室 6 个管理部门，共 14 个部门。在福泉、龙岗设有 2 个试验基地。2018 年，有在岗员工 129 人，其中科技人员 83 人，博士研究生学历 22 人，硕士研究生学历 44 人，高级职称 49 人，中级职称 28 人。

党委书记、院长：聂长春（—2018 年 7 月）；党委副书记、副院长（主持工作）：王　丰（2018 年 7 月—）

**【技术创新】** 2018 年，贵州省烟草科学研究院承担在研项目 50 项，其中国家自然科学基金项目 7 项，省部级项目 19 项，省公司项目 19 项，研究院自立项目 2 项。获得科技项目立项 20 项，其中国家自然科学基金 2 项，总公司烟草基因组计划重大专项 2 项，省科技厅科技支撑计划 4 项。

*烤烟新品系表现良好。*“贵烟 8 号”完成全国烤烟新品种工业评价工作，“贵烟 6 号”“2015PB5”参加全国烤烟品种区试；选育的烤烟新品系“6036”“6028”表现优异，

评吸质量获上海、湖南、贵州等卷烟工业企业认可。

**基因定向改良新材料**。利用基因定向改良技术，获得抗白粉病“K326”“贵烟6号”“贵烟8号”定向改良材料，以及兼抗烟草脉带花叶病毒和马铃薯Y病毒的“云烟87”定向改良材料。

**贵州清甜香、蜜甜香型烟叶生产技术体系初步构建**。初步建立烤烟生物质量效益综合评价模型，完善烤烟“两深一改一覆盖”，即深耕深栽、炭基肥改土、生物覆盖的根系培育技术。优化和构建旱地烟、田烟的高效种植模式。

**综合示范区土壤保育效果初显**。植烟土壤平均容重从2017年的1.30下降至2018年的1.25，同比下降3.85%。开发功能型生物有机肥1种，完善牛粪和菇渣有机肥的发酵工艺，开发“韭菜坪2号”“毕纳1号”品种配套水溶性根施肥配方。

**绿色防控示范应用效果显著**。开发斜纹夜蛾、烟青虫、棉铃虫等5种高效持久诱芯，筛选出3种高效防治烟草赤星病的复配剂，研发形成1套烘烤烟叶腐烂病的综合防控技术。开发可以同时检测PVY和TMV的“二合一”快速检测试纸条。

**烘烤工艺、设备升级改造**。优化“442烘烤工艺”，着力解决低温低湿变黄、凋萎不足、转火过急、升温过快等问题，示范应用17.66万亩。初步制定贵州省生物质颗粒燃烧机、热泵烤房技术规范，筛选出3种类型生物质颗粒燃烧机，全省示范应用生物质颗粒燃烧机3429台（套），热泵烤房208台（套）。

**初步开发烟草多用途产品或试制品**。形成烟草蛋白提取工艺，FI蛋白和FII蛋白提取纯度达到86.13%和33.2%。形成烤后烟叶中烟碱、绿原酸等重要小分子单体的程序化提取工艺。建立烟叶浸膏、精油、净油等分段组分的提取方法及重要致香物质单体的纯化方法，筛选出在增香保润、除杂降刺、改善余味等方面有明显作用的烟草本源香气提取物7个，分离出具有重要生物活性的高价值化学成分单体69个。初步开发烟草本源香特色卷烟试制品1个，以及黑妹子烟草精华素保洁粉、全粉、软膏等4款烟草消毒产品。

**开展高层次平台建设**。与美国北卡罗来纳州立大学签署“共建中美烟草联合育种中心协议书”，进一步深化双方在烟草育种上的合作研究。与中国烟草投资公司合作共建成果孵化中心，初步构建孵化中心运行管理机制，有效解决成果转化资金不足和渠道不畅的问题。推动贵州省科技成果转化园建设工作，组织召开科技成果推介会。

**【技术服务】** 组建4个技术服务小组，采取由点及面的方式，以威宁、兴义、石阡、凤冈4个县（市）为重点，采用定期技术指导、定点技术监控、定向技术培训的“三定”工作模式，累计服务产区656人·天，累计培训20余次，受训人数2000人次。为上海烟草集团和江苏、湖南、安徽中烟4家卷烟工业企业，以及21个烟叶基地单元提供生产技术方案制定、技术培训等服务。

全年生产销售烤烟良种133.24万包，实现销售收入828.51万元，有效保障全省烤烟生产用种。共检测各类样品5651个，组织烟叶样品评吸870个。烟叶转基因检测237个样品，为全省烟叶出口提供安全保障。

**【科研成果】** 2018年，获得贵州省局（公司）科学技术进步奖一等奖1项、二等奖2项、三等奖3项；获得贵州省局（公司）创新创效二等奖1项。发表论文40篇，其中SCI收录9篇；获得中国烟草学会优秀论文一等奖1篇。获得发明专利授权9件，发布地方标准9项，获得计算机软件著作权2项。

**【合作交流】** 全年开展各类学术交流、现场观摩、专题培训等10余次。3篇论文入选2018年CORESTA大会进行学术交流，其中1篇在会上宣读。邀请津巴布韦专家到研究院科研基地及产区指导烟草育种工作，进一步明确烟草育种工作方向。邀请加拿大圭尔夫大学、长江大学等国内外高校4名专家到贵州省烟草科学研究院举办烟草绿色防控学术讲坛，并承办“贵州省烟草病害绿色防控学术活动周”活动。

## 湖南省烟草科学研究所（中国烟草中南农业试验站）

**【概　况】** 湖南省烟草科学研究所位于湖南省长沙市，成立于2013年12月。中国烟草中南农业试验站是国家局批准成立的5个烟草农业试验站之一，于1997年初筹建，2000年7月授牌成立。2015年8月，湖南省烟草科学研究所与中国烟草中南农业试验站合署办公。湖南省烟草科学研究所有专职人员8人，其中高级职称3人，中级职称5人；博士研究生学历4人，在读博士4人。

所长：周志成

【技术创新与服务】 **技术成果**。2018年，湖南省烟草科学研究所主持或主要参与国家局重大专项和重点项目2项、主持省公司重点项目15项。

**烤烟育种**。“工厂化育种”获得“K326”核心基因编辑T1株系近万份，构建抗病—品质分子育种模块BC4F1群体，表面致香前体物高世代分子模块和“云烟87”定向改良的BC2代材料、新品系“CZ43”通过全国烟草品种审定，“HN2146”等4个新品系在全国烤烟品种区试中表现突出且具有良好推广应用前景。

**绿色防控**。筛选出多个高效防治青枯病、黑胫病和赤星病、野火病的生防菌群，获得生物消毒剂、伤口保护剂和典型症状控制剂等防控病毒病制剂3种，研制防治烟草主要根茎类病害的生物型菌肥。成功在室内实现齿唇姬蜂和食蚜蝇人工小规模饲养；发明1种异色瓢虫人工饲料，初步制定异色瓢虫规模化饲养地方标准，实现异色瓢虫人工规模化饲养；进行天敌引诱剂开发，人工合成1种对天敌有较好诱集效应的关键化合物荆芥内脂。

**土壤保育**。研发烟草垂直耕作机械设备，研究粉垄深松技术结合外源有机物料补充的保水减肥提质效果；完成核心功能菌群的筛选及田间试验验证；开展低镉烟叶栽培技术研究，开展外源刺激诱导根尖组织结构变化研究，探明烟草降Cd胁迫印迹的作用机理，明确菌肥和褪黑素降Cd作用机理，开展不同污染区域烟叶降Cd技术集成，田间烟叶降Cd达到50%以上。

【科研成果】 **新品种示范推广**。在湖南省高端卷烟原料定制化开发区建立新品种展示园9个、千亩核心示范片3个，推广新品种“湘烟3号”“湘烟5号”4万余亩，“湘烟5号”“HN2146”“SY15230”等新品种（系）的工业可用性得到多家卷烟工业企业认可。

**绿色防控技术示范推广**。湖南省8个烟区建立绿色防控示范区60个5.86万亩，辐射区52.17万亩。全省推广性诱剂60.4万亩、食诱剂5.4万亩、杀虫灯3.2万亩、波尔多液55.2万亩、青枯病XQ生防菌剂5.67万亩，释放赤眼蜂11.5万亩、瓢虫1万亩。烟蚜茧蜂防治蚜虫推广覆盖全省烟田105.6万亩（100%覆盖），大农业推广107.5万亩。

【科研成果】 “适应武陵山区钾高效抗黑胫病特色优质烤烟新品种选育”“烤烟‘高温逼熟’形成机制、指标体系与防控技术研究”2个总公司项目通过专家组验收；“湘江流域烟区烟草主要虫害和烟草病毒病、青枯病绿色防控技术体系构建研究与应用”“湖南烟区植烟土壤有机质分布特征及有机肥影响烤烟品质机理研究与应用”项目获得田间鉴评组专家一致好评。

【知识产权】 2018年，湖南省烟草科学研究所获授权实用新型专利6件；发表科研论文27篇，其中SCI论文2篇，2篇论文分别获得中国烟草学会优秀论文二、三等奖。

## 中国烟草总公司青州烟草研究所［中国农业科学院烟草研究所、中国烟草遗传育种研究（北方）中心］

【概　况】 中国烟草总公司青州烟草研究所与中国农业科学院烟草研究所合署办公，中国农业科学院烟草研究所始建于1958年，1987年经国家科委批准增挂“中国烟草总公司青州烟草研究所”（简称青州所）牌子，受中国农业科学院、中国烟草总公司和山东省政府领导，主要开展烟草农业科学研究和成果转化工作。中国烟草遗传育种研究（北方）中心成立于1999年，为非独立法人科研事业机构，挂靠青州所。青州所下设4个职能部门、8个研究室（中心）、1个青州科技服务中心、1个《中国烟草科学》编辑部、1个实体公司（青岛农特生物科技有限责任公司）；建有19个国内创新平台和3个国际合作平台；青岛中烟种子有限责任公司、上海烟草集团有限责任公司原料研究一室等科技成果转化平台也设在青州所。

2018年，有在岗员工192人，其中专业技术人员173人，45岁以下专业技术人员121人，占专业技术人员总数的70%；正高级职称30人，副高级职称61人，中级职称71人，中级以下11人；具有博士研究生学历70人，硕士研究生学历66人，硕士以上学历占专业技术人员总数的

79%。享受国务院政府特殊津贴 16 人，农业部和山东省突出贡献专家 3 人，烟草行业学科带头人 2 人，中国农业科学院“农科英才”3 人，中国农业科学院创新团队首席科学家 7 人。在读博士研究生 21 人、硕士研究生 103 人，外国留学生 8 人，在站博士后 15 人。

党委副书记、所长：王元英

【科研立项】 2018 年，青州所承担中国农业科学院科技创新工程专项和中央级公益性科研院所基本科研业务费专项，牵头实施总公司绿色防控重大专项。2018 年，新增纵向科研项目立项 52 项，包括国家自然科学基金项目 6 项（青年基金 5 项、地区联合基金 1 项），国家重点研发计划双减项目 1 项、参加面源污染课题 1 项，承担农业部标准项目 10 项，农业部财政专项 2 项（保种专项、风险评估专项各 1 项），科技部平台运行 1 项，总公司烟草基因组计划重大专项项目 3 项，中国烟叶公司技改项目 4 项，国家博士后基金及国家重点实验室项目 17 项。新增各类工、商企业合作项目 96 项。

【技术创新】 推进烟草基因组计划重大专项、烟草绿色防控重大专项等研究工作，在高香低焦烤烟新品系选育、高密度遗传图谱构建、烟草腋芽发育调控等领域均取得突破。改良“K326”“CF228”通过全国烟草品种审定委员会审定，利用突变体材料和分子育种手段培育的定向改良烟草品系（低苯并芘红大）、高香气品系（高蔗糖酯红大）、特征香韵新品系感官质量获得行业专家的高度评价。

八大生态区烟草绿色防控模式初步建成，开发绿色防控技术产品 27 项，烟蚜茧蜂、理化诱控、生物农药等技术在产区大面积应用；国家重点研发计划“烟草化肥农药减施增效技术集成研究”取得进展，通过熟化烟草优势产区化学氮肥减施技术和农药控制技术，集成化肥农药减施技术模式 3 套，实现烟草化肥农药分别减量 25%；“烟草有益功能成分代谢调控与生物反应器构建”“烟草及其内生真菌活性成分提取鉴定及深度开发利用”取得新的进展。

【技术平台】 依托中国农业科学院烟草研究所建立的“农业部烟草产业产品质量监督检验测试中心”获得全国名特优新农产品营养品质评价鉴定机构和全国农产品质量安全科普示范基地资质；农业部风险评估实验室更名为“农业农村部烟草和香熏植物产品质量安全风险评估实验室（青岛）”，搭建学科领域拓展新平台。在安徽宣城共建宣城现代功能农业科创园和长三角生物功能产品研究院，签署沪皖现代烟草农业高科技示范园新一轮共建协议。在四川凉山，共建中国农业科学院博士创新基地（西昌）、研究生培养实践基地（西昌）和四川凉山院企联创烟叶技术中心。

【成果转化】 成功转化烟草花叶病毒病快速检测卡、烟青虫等昆虫诱捕器、新型双源物联网杀虫灯等 3 个科研成果；开发多款烟草特种肥料产品并在重点烟区布置肥效实验。开展仓储害虫诱捕器、高效转光农膜、飞防助剂等多种技术和产品研发工作。调研对接各省市级以上烟草公司和卷烟工业企业 21 家，广泛探索合作模式和合作内容，开拓新的合作领域。

【科研成果】 获得省部级科技成果奖励 5 项，其中主持 3 项（获得中国烟草总公司科学技术进步奖二等奖 1 项、青岛市科学技术进步奖三等奖 2 项），参与 2 项（获得四川省政府科学技术进步奖三等奖 1 项）；2 个烤烟新品种改良“K326”“CF228”通过审定，1 个烤烟新品系“CF234”通过农业评审。以第一单位发表学术论文 130 篇，其中 SCI 论文 53 篇，中文核心 58 篇，国际会议论文 3 篇；获得专利授权 30 件，其中发明专利 21 件；主持制定国家标准 14 项；出版著作 9 部；取得软件著作权 7 项。

【国际合作】 与英国约克大学签订科技合作备忘录，共建“中英生物资源高值化利用联合实验室”，充分利用约克大学教育、科研资源和青州所的优势学科，确定双方在生物质资源筛选与评价、农业微生物基因工程菌剂研发、烟草秸秆等农业废弃物处理与安全利用等相关领域开展广泛合作与交流，搭建世界领先的绿色可持续化研究领域国际合作平台。

## 国家烟草栽培生理生化研究基地

【概　况】 国家烟草栽培生理生化研究基地（简称烟草基地）于 1997 年 11 月依托河南农业大学烟草学院组建，为河南农业大学正处级单位，是从事烟草生产理论和技术创新研究，开展技术推广和技术服务，培养高层次人才的科学研究机构。依托国家烟草栽培生理生化研究基地，2005年国家局批准设立烟草行业烟草栽培重点实验室。国家烟草栽培生理生化研究基地立足于整合全校与烟草专业相关的科研力量和平台资源，组建烟草栽培生理、烟草遗传育种、烟草调制分级、烟草品质生态、烟草化学、烟草加工工艺、烟草生物技术、现代烟草农业工程技术8个学术团队。烟草基地有从事烟草教学和科研工作的教师75人，其中享受国务院特殊津贴专家1人，国家局学科带头人2人，河南省管优秀专家1人，河南省学术技术带头人2人，国家局科技委委员2人，校级教学名师3人，教授15人，副教授（含高级实验师）28人，博士生导师10人，硕士生导师26人。具有博士学位的教师57人，占职工总数的76%。此外，在国内外、行业内外聘请名誉教授、兼职教授、兼职硕士生导师20余人。

主任：赵铭钦

**【技术创新】** 2018年，烟草基地主要在优质雪茄烟区域定位与特色挖掘、雪茄烟晾房研制与晾制技术、烟草农业减害等方面取得成果。全年获得中国烟草总公司科学技术进步奖二、三等奖各1项，新增国家自然科学基金项目2项，烟草行业重大重点科研项目12项，结题项目10项。以第一作者或通讯作者发表学术论文108篇，其中SCI、EI论文35篇，影响因子5.0以上SCI论文2篇。申请发明专利22件，获发明专利授权12件。

**【成果转化】** 研发的高碳基有机肥在全国多个烟叶产区试验示范中产生良好效果。成功研发利用秸秆、烟梗等废弃物采用气爆方法和微生物发酵技术生产有机肥；采用碳化方法生产生物炭，利用压块技术生产生物质燃料的方法和产品，取得多项发明专利，并在烟叶和粮食作物生产上累计推广面积100余万亩。选育出的高香气特色品种“豫烟11号”得到卷烟工业企业的重视，与河南中烟、浙江中烟合作进行工业应用研究。选育出的“豫烟6号”“豫烟10号”烤烟新品种被多数工业企业作为彰显浓香型特色的烤烟品种在黄淮烟区进行大面积推广种植。选育出的高抗根结线虫病的烤烟品种“豫烟12号”，在河南省一些病害严重的区域作为搭配品种种植，发挥很好的抗病作用。在新型烤房研发方面，研发生物质烤房、液体燃料烤房和热泵烤房及其配套产品，取得10余件发明专利，5年来在全国累计推广10万座以上。

**【学科建设与人才培养】** *学科建设*。在作物学国家一级重点学科下，组建烟草栽培生理生态、烟草育种与生物技术、烟草品质与化学等3个烟草学科团队，参与国家一级重点学科的建设。在烟草学（农科类）河南省级重点二级学科下，设立烟草栽培生理生态、烟草遗传育种与生物技术、烟草化学与加工技术、烟草调制与现代烟草农业4个学科方向。在烟草科学与工程（工科类）校级重点学科下，设立烟草化学与调香工程、烟草信息工程、烟草加工工程与工艺等学科方向。

2018年，召开烟草学科建设年度推进会，制定烟草学科建设三年（2018—2020）行动计划，明确各个学科方向的建设目标和具体任务，锁定优先研究领域和研究重点。组建烟草栽培生理、烟草遗传育种、烟草调制加工、烟草品质生态、烟草化学与调香、烟草工程与工艺、烟草生物技术和现代烟草农业工程技术等8个学术研究团队，培育和造就一支高素质、宽领域、能战斗、善创新的人才队伍。

*人才培养*。2018年，烟草基地引进青年英才3人、优秀博士4人，选派4名教师分别到国内外高校访学进修与开展学习交流。1人被评为河南省文明教师，1人被评为2018年度“河南农业大学最美教师”，1人被评为2018年度河南农业大学教学名师，1人被学校推荐为教育部“长江学者”青年英才，2人获得河南省教学技能竞赛高校工科类一等奖。

**【服务行业】** 2018年，烟草基地承担河南、云南、四川等省级局（公司），河南、山东、安徽等省级工业公司科研项目67项。新增行业重大重点科研项目12项。与江西省公司、毕节市公司、洛阳市公司等单位的战略合作继续推进。与烟草企业合作培养函授专科、本科和在职农业推广硕士研究生200余名，30余名在职硕士研究生获得硕士学位。

**【学术交流与国际合作】** 实施国际化战略，开展与国际烟草科技界技术合作。2018年，与美国布莱斯研究院联合成立国际有机烟草与可持续发展研究中心，为中国有机烟叶生产和产品认证搭建国际合作平台。进一步加强与美国弗吉尼亚理工大学、美国肯塔基大学、美国北卡罗来纳州立大学等院校的联系与学术交流。召开烟草行业烟草栽培重点实验室第四届学术委员会第二次会议，承办中国烟草学会农业专业委员会栽培与营养学组学术交流会、中国生物炭产业技术创新战略联盟第一届第二次理事会议暨生物炭技术与装备创新研讨会，举办《烟草有机生产与可持续发展》国际论坛和河南省生物炭工程技术研究中心学术年会。选派优秀教师参加 CORESTA 大会，有 5 篇学术论文在大会上宣读，发表墙报 2 篇。先后派出 2 位教师分别赴美国、加拿大做访问学者，10 余位教师分别赴英国、法国、俄罗斯等地进行学术交流与参观访问。

## 广东省烟草南雄科学研究所

**【概　况】** 广东省烟草南雄科学研究所（简称南雄烟科所）位于广东省南雄市，前身是成立于 1963 年的“广东省南雄烟草试验站”，1987 年改名为“广东省南雄烟草研究所”，2002 年更名为“广东省烟草南雄科学研究所”。2012 年 12 月，广东省烟草专卖局（公司）成立广东烟草粤北烟叶生产技术中心，与广东省烟草南雄科学研究所合署办公，行政关系隶属于韶关市烟草专卖局（公司），业务上由广东省烟草专卖局（公司）相关职能部门管理。主要职责是：开展烟草品种选育、栽培、调制、植保、现代烟草农业建设等方面科技项目的研究和成果转化工作。南雄烟科所下设科技管理与协作办公室、烟草育种研究室、烟草栽培与调制研究室、烟草植物保护研究室和检测检验室等 5 个职能部门。2018 年，有在岗员工 26 人，其中副高级职称 6 人，中级职称 6 人，博士研究生学历 2 人，硕士研究生学历 7 人。

所长：李茂军

**【技术创新】** 2018 年，南雄烟科所在研国家局科技项目 2 项，广东省局（公司）科技项目 14 项，相关中烟工业公司科技项目 6 项。内容涉及新品种选育、土壤保育、烟草绿色防控等，其中自主创新“红彩真猎蝽”繁育方面取得突破性的进展。

**【技术服务】** 完成全省 16.1 万亩烤烟生产良种繁育、包衣加工与供应。完成广东省植烟土壤、烟用肥料、烟叶样品的日常检测和质量监测工作。开展广东省烟草病虫害预测预报工作，发放病虫情报 11 期；举办各类技术培训 14 期，受训 3200 余人次，发放各类技术资料 1 万余份；派出技术员 41 人次，解决各类生产技术问题 18 件；为 4 家中烟工业公司的 4 个烟叶基地单元提供技术服务。

**【科研成果】** 2018 年，鉴定和验收科技项目 10 项；获得广东省科技进步奖三等奖 1 项，广东省农业技术推广奖一等奖 1 项、二等奖 1 项；出版专著 2 部，发表学术论文 4 篇；获发明专利授权 4 件、实用新型专利 8 件。

**【成果转化】** 坚持创新驱动导向，通过强化技术培训和技术指导、建设示范片等多种方式，2018 年推广应用的主要成果有“烟草病虫害绿色防控技术”16.1 万亩，“土壤保育”各类技术 9.32 万亩，“测土配方施肥技术”16.1 万亩，取得经济社会效益。

**【合作交流】** 坚持以工业需求为导向，以项目为纽带，采取“产学研”和“工商研”合作的模式加强合作交流。与华南农业大学、广东省农业科学院、广东省生态环境与土壤研究所等高等院校、科研院所建立良好的科研协作关系，挖掘合作方的智力资源和设备优势，确保土壤保育、绿色防控等共性、重大科技项目顺利实施。联合广东省各烟叶产区公司、相关中烟工业公司，以工业需求为导向，共同开展定向技术攻关研究、开发与技术推广工作。

## 江西省烟草科学研究所

**【概　况】** 江西省烟草科学研究所（简称江西烟科所）成立于 1994 年，原名江西省烟叶科学研究所，2017 年 8 月，更名为江西省烟草科学研究所，是江西省烟草专卖局（公司）直属科研机构。江西省烟草科学研究所是江西省烟叶科学研究的龙头单位，负责烟草技术研究，负责全省烟叶三级技术研发服务体系的组织、协调和指导工作，组织全省烟叶科技协作，开展烟叶生产技术指导。江西烟科所拥有实验场所面积 1400 平方米，实验室配置多种分析仪器设备，设备原值达 1600 余万元，具备烟草育种、栽培营养、生理生化、烘烤调制、质量评价和植物保护等科研条件。2018 年，有在岗员工 18 人，其中高级农艺师 3 人，农艺师

9人，工程师1人。

所长：何宽信

【科研工作】 **烟叶生产技术体系**。通过对江西烟叶理化指标和内在质量多年分析，采用大数据分析方法，构建特色优质烟叶质量评价指标体系，将江西烟区划分为3个类型烟叶产区，制定3套烤烟生产技术要点，构建江西省烟叶生产技术体系。该体系分区域突出合理调控播种移栽期和改善根际环境促早发、调整肥料施用方式、加强田间管理等技术关键。

**烟叶特色挖掘**。一方面，通过研究烟叶物质组分与生态因素关系，探究江西稀土元素、温度等土壤、气候生态条件对烤烟物质组分及风格特色的影响。研究发现赣州和抚州地区烟叶稀土元素总量和钇（Y）等5种元素平均含量以及宜春烟区硒（Se）含量显著高于外省和省内其他地区，烟株团棵期和成熟期相对较高的温度条件能促进烟叶关键物质组分积累、挥发性香气组分的形成，大田期较多的雨水条件会减少含氮化合物积累、促进碳水化合物的积累，成熟期较少的降雨量更有利于焦香香韵的表达。

另一方面，针对烟区烟叶品质状况及年度间的均衡性评价，构建基于关键理化指标的江西烤烟质量评价模型。经多次检验，该模型与感官质量匹配度接近85%，年度间稳定性较好。

**烟叶实用技术研究**。品种专题，在品种、栽培、植保和烘烤等4个专题共组织实施项目8项，试验示范38个。筛选到“CC67”“PVH2233”等适应性较强、香气质量较好的新品种（系），提出“闽烟12号”和“F31－2”品种的关键配套技术，获得24份核心种质资源、7个F1品系、6个高世代潜力株系，57个优良单株。

栽培专题，明确育苗方式等壮苗培育技术要点，提出适应江西生态条件的施肥方法，应用烤烟专用肥优化配方开展试验示范2000亩。

植保专题，推广绿色防控技术，通过国家局绿色防控技术专项检查，建立规模烟蚜茧蜂繁蜂点11个，优化烟草病毒病绿色防控技术，对本土赤星病、青枯病拮抗微生物在田间定殖进行探索应用。

烘烤专题，初步建立改善上部烟叶质量的采烤方法，优化“同步预热低湿变黄”密集烘烤工艺，明确变黄期进行间歇性排湿是提升中下部烟散叶烘烤质量的关键。

【技术服务】 2018年，江西烟科所继续发挥技术优势，强化对江西省烟叶技术服务。服务基层方面，完成2期全省烟叶新进员工生产基础技术培训，针对近年新进烟叶从业人员，精心组织举办烘烤基础知识培训班和栽培生产技术培训班。应烟叶产区邀请，选派技术骨干先后赴赣州、抚州、吉安等地完成培训班授课，培训人员超过1000人次，内容涉及栽培、烘烤和植保等方面。项目实施过程中选派技术人员驻点指导试验开展和当地烟叶生产，科研与生产技术服务兼顾。配合烟叶生产部门提出2019年优化改进全省烤烟生产技术的建议。

【知识产权】 2018年，撰写科研论文11篇（公开发表10篇），申报发明专利4件，申报实用新型专利8件；获得授权专利3件。

【交流合作】 与玉溪中烟种子有限责任公司合作开展外引新品种筛选，获得“CC67”“PVH2233”等适应性较强、香气质量较好的新品种，并利用玉溪中烟种子有限责任公司的优势资源开展育种加代。加强与上海烟草集团、广东中烟、江西中烟等企业的合作，对口做好制定基地建设方案、实施相关技术项目等基地单元技术服务工作。加强与科研单位及工业企业的项目合作，联合青州所、江西中烟等单位开展“江西烟草病毒病绿色防控技术研究与应用”“特征香韵烤烟突变模块解析与工业可用性研究”“江西烤烟提质增香关键栽培技术研究”等项目研发。

## 河南省烟草科学研究所

【概　况】 河南省烟草科学研究所（简称河南烟科所）位于河南省郑州市，于2014年12月10日成立，为河南省烟草专卖局（公司）的专业部门。主要承担国家局和省局（公司）下达的烟草农业科研任务；负责全省系统科技创新、管理创新等重点科研项目攻关，重点开展烟草新品种选育、栽培与耕作、植物保护、烘烤调制、资源环境等烟草农业科学技术研究；负责全省烤烟良种试验示范；提供烟草农业新品种、新技术、新工艺、新方法技术示范、推广及培训服务；承担本系统技术中心的业务指导；完成省局（公司）领导交办的其他工作。河南省烟草科学研究所内设烟草育种、烟草植保、烟草栽培、调制与分级、烟草管理创新等5个研究室和1个综合办公室。2018年，有在岗员工10人，具有中高级技术职称人员9人，其中研究员2人、高级农艺师3人、高级经济师1人，博士研究生学历2人、硕士研究生学历4人。

所长：黄元炯

**【“示范方”建设】** **落实责任**。河南烟科所联合4个烟叶产区、3家卷烟工业企业和2家科研单位，在河南省5个重点县建设“中国（河南）浓香烤烟良种良法配套关键技术示范方”，示范品种5个，示范面积550亩。按照《关于印发中国（河南）浓香烤烟良种良法配套关键技术示范方建设方案的通知》（豫烟办〔2018〕70号）要求，明确示范方建设目标、要求、分工。河南烟科所全体人员实行驻点包片责任制，在各关键环节深度参与生产技术落实。

**技术集成**。围绕工业需求，坚持良种良法配套，突出良种选择、土壤改良等重点技术组装配套，应用适宜各产区的特色技术，做到烟叶长好长熟、采好采熟、烤好烤熟，改善烟叶品质，提高香气质量。在田间表现方面，示范方烟叶发育正常，群体结构合理，优良品种的特征特性得到彰显，为多项先进适用的集成应用及良种良法配套提供宝贵的实践经验。

**工商研协同**。始终坚持工业需求导向，河南中烟、上海烟草集团、贵州中烟深度参与示范方地块选择、品种选择、方案制定、观摩评价、质量评价的全过程。召开示范方建设座谈会和现场观摩会。示范方所在市、县公司对示范方烟叶采取单种、单收、单调，做到单独分级、单独收购、单独存放、单独调拨。践行“工业说好才是真的好”的理念，突出工业需求导向，邀请重点工业企业专家参与内外观质量评价，并在河南中烟组织开展样品评吸。

**【技术创新】** **重点项目**。科学实施“中国（河南）浓香型烤烟品种筛选与配套技术的研究应用”重大专项研究，联合河南农业大学，明确研究目标内容与分工协作方式，制定总体实施方案和2018年研究方案，组织实施四类田间试验，进行各品种烤后烟叶的外观质量评价、化学分析及工业感官质量评价等，提交项目总结报告。组织2018年全国烤烟品种区域试验，按照试验方案要求，在许昌（建安区）、三门峡（陕州区）安排区域试验和生产试验并取得成效。

**技术标准**。依托良种良法配套示范方建设，利用示范区落实标准化，推广先进技术与管理经验，固化形成成熟技术体系，根据河南省烟叶生产重点环节技术应用现状、短板及需求，编制土壤保育、整地、培育壮苗、烤烟漂浮育苗病虫害综合防治、烟叶移栽等5个技术规程，为开展良种良法配套，探索多项先进适用技术的集成应用，规范烟叶生产各重点环节技术应用标准。

**科技产出**。坚持狠抓科研队伍素质，注重通过学术交流增长见识、提升水平。选派多人参加人力资源和社会保障部、国家局高级技能人才研修班，中高级以上职称人员达到90%，通过国家局研究员资格评审1人，通过国家局高级经济师资格评审1人。

**【技术服务】** **课题调研**。以示范方建设为载体，针对品种筛选与应用、土壤修复与改良、主要病虫害防治、上部叶质量改进等课题，通过搜集资料、分析数据、实地考察、座谈交流等形式，开展调研，形成《全省烤烟品种应用情况调研及对策探讨》《河南植烟土壤问题及对策》《2018年河南省主产区病虫害发生情况调研报告》，为下一步开展技术创新与推广应用提供科学依据。

**技术指导**。通过举办培训班、开展技术指导、召开技术交流座谈会等形式为基层开展技术服务。组织举办浓香型特色烤烟品种示范关键技术培训班，内容包括示范方品种特征特性、病虫害综合防治技术、土壤保育关键技术、田间管理及群体调控关键技术、烟叶采收烘烤关键技术、上部叶生产管理和工业企业对示范方烟叶质量的基本要求等。全年共赴基层开展技术咨询服务、驻点技术指导累计60余天，召开各类技术交流、座谈、研讨会30余场次。

**技术交流**。开展对外交流，与河南农业大学联合开展烟叶样品外观质量和感官质量评价2次；赴上海烟草集团开展良种良法配套示范方建设工业需求意见座谈；参加全国烤烟品种试验及烟叶重点技术督查；参加国家局绿色防控重大专项实施及关键技术推广情况检查和烘烤调研；参加中烟种子公司“工、商、种”技术交流。

**【科研成果】** 2018年，获得中国物流与采购联合会科技进步三等奖1项，河南省科学技术进步二等奖1项，申报专利4件，出版技术专著2部，发表核心期刊论文2篇，4篇论文获得河南省烟草学会2018年优秀论文一等奖。

# 山东烟草研究院

【概　况】 山东烟草研究院（简称研究院）始建于2011年2月25日，隶属于山东省烟草专卖局（公司），主要从事烟草农业、卷烟销售、电子商务与现代物流、经济运行、现代企业管理、信息技术、造纸法再造烟叶技术等方面的研究开发。2018年5月，造纸法再造烟叶技术研究中心机构及所属人员划转至山东烟叶复烤有限公司。截至2018年底，研究院下设办公室、人力资源部、财审部、科研管理部4个职能部门和现代烟草农业、经济与管理、信息技术3个研究中心；拥有信息技术实验室、近红外光谱技术研究实验室、烟草农业实验室3个专业实验室。2018年，有员工29人，其中，享受国务院政府特殊津贴1人，烟草行业有突出贡献专家1人；高级职称4人，博士研究生学历2人，硕士研究生学历10人。

分党组书记、院长：马宏伟

【技术创新】 2018年，承担和参与承担新立科研项目13项，在研项目47项。

**开展烟叶特色定位研究**。形成《〈山东烟叶特色定位应用研究〉项目2017年度烟叶样品评吸分析报告》。开展烟叶地方性杂气主要影响因素及调控技术研究，为研究山东烟叶地方性杂气调控技术奠定基础。

**开展绿色防控技术研究**。围绕“三病四虫”，确立“一基、两减、三坚持”（即以促烟株营养均衡，健壮生长为基础；以减少化肥用量，减少农药用量为根本；以坚持配方施肥，坚持预测预报，坚持综合治理为立足点）总体技术路线；明确6项核心技术，开展12项单项技术研究。构建“311311”（三深一高，一波三蜂，一粘一诱）技术集成模式，初步形成“蠋蝽—赤眼蜂—诱捕器”三位一体的烟青虫/斜纹夜蛾立体防控技术体系和“源头控制—免疫诱抗（弱毒疫苗）黄板诱蚜—烟蚜茧蜂（瓢虫）”系统化的病毒病防治技术体系。

**开展近红外光谱与淀粉相关研究**。新构建烟叶淀粉指标的定量模型，进一步扩充烟叶快速检测的适用范围，实现对烟叶化学成分协调性的快速评价分析。

**开展涉烟法律适用性研究**。查找完善1981—2017年度山东烟草专卖管理大事记，增加行政处罚案例指南部分内容，根据国家法律法规及行业相关规定修改、废改情况进一步修订法律规章部分，完成《烟草专卖执法实务指南》的编纂和审稿工作。

【技术服务】 **推进高质量发展研究工作**。研究院站在山东省局（公司）的高度，从科研的角度，在近年科研创新积累的基础上，形成卷烟销售、烟叶生产、专卖管理等六方面9个具有前瞻性、战略性、创新性的发展建议，为山东省烟草商业系统推进高质量发展提供参考。

**开展技术推广服务工作**。建立“1234”（一院、两站、三中心、四落地）农业技术推广模式，山东省推广土著菌肥1669.58吨、5.57万亩，示范区内减少化肥用量20%～30%；烟田主要病害绿色防控技术示范推广1800余亩，示范烟田烟株长势较好，田间发病率较低，发病程度较轻。

**开展烤烟后备品种筛选与示范**。在临沂、日照和青岛等设置试验点6个，以“NC55”为对照，筛选“云烟116”“RY21”“CF232”“CF227”“CC67”“CC700”等新品种进行对比试验，筛选“CF228”“Y48”“NC－YATAS6”“NC71”“豫烟6号”等烤烟品种进行生产试验，为丰富全省烤烟后备品种提供详实的数据支撑。

**开展信息技术咨询服务工作**。对山东省局（公司）和滨州市局（公司）相关网站和系统进行安全测试、功能测试、性能测试等软件测评，保障相关系统和软件的安全稳定运行。

**开展烟叶质量检测服务工作**。在山东省105个烟叶站（点）采集烟叶样品1007个，全面展示2018年全省烟叶品质，为2019年烟叶生产提供参考。

**首次实现知识产权转化**。就烟草专用有机、无机微生物一体肥生产与山东万德源生物工程有限公司合作，产生收益15万元左右。

【科研成果】 2018年，获得中国烟草总公司科学技术进步奖一、二、三等奖各1项，省局（公司）科技进步奖一等奖2项。获得中国烟草学会优秀论文一等奖1项；获得省烟草学会优秀科普原创作品金奖1项、银奖1项。授权发明专利2件，主持起草地方标准2项、省局（公司）企业标准5项。

## 重庆烟草科学研究所

【概　况】　重庆烟草科学研究所（简称重庆烟科所）成立于2011年6月9日，位于重庆市，由西南大学和重庆市烟草专卖局（公司）共同设立，属校企双方共建非法人单位，主要负责开展烟草科研、试验示范、烟叶生产技术培训与推广等工作，着力于提升重庆烟叶科技水平和科研能力。下设3个业务管理部门和6个科研部门。在巫山县设立渝东北区域技术中心，彭水县设立渝东南区域技术中心，同时作为科技试验工作站。2018年，有在岗员工57人，其中，高级职称12人，副高职称18人，中级职称7人。

名誉所长：李加纳；所长：陈中玉

【技术创新】　**品牌打造**。2018年，把服务重庆“渝金香”烟叶品牌建设作为项目研发、成果转化和技术培训的出发点和落脚点。在科研中，努力找准品牌发展的“短板”，逐步突破品牌发展的“瓶颈”，全力疏通品牌发展的“软肋”。

**品种研究**。2018年，研制的新品系“CF8704”通过全国区试生产试验和农业评审。通过工业评吸，重庆中烟对“CF8704”给予较高评价。全市引进6个新品种（系）进行小区试验和大田示范，基本明确各品种（系）在重庆烟区的适应性和适宜区域，根据田间表现初步筛选出“CC143”“云烟121”“PVH2291”等潜力品种，同时，对“CC27”“云烟105”“云烟110”“CC27”等品种继续开展大田示范。

**栽培技术**。开展良种良法良区集成示范，针对重庆中烟等工业企业的需求，深入开展“K326”“CF8704”“云烟116”等品种配套栽培试验，摸清3个品种在重庆烟区的种植特性，研究配套的施肥水平、种植密度、留叶数、烘烤工艺等关键技术。制定《重庆烟区K326品种配套技术方案》《烤烟新品系CF8704生产配套技术方案》。

**土壤改良**。重庆市烟田100%推广使用优质农家肥促进土壤理化特性的改善。在施用生石灰调酸的基础上，又在黔江县、石柱县、彭水县等地推广基质拌菌、牡蛎壳粉调酸等技术，实现技术产品化。

**绿色防控**。组织起草《2018年全市病虫害绿色防控工作方案和技术方案》。按照“分区管理、分类防治”的整体防控策略，结合重庆市病虫害发生实际，明确“三病一虫”防控靶标，构建渝东南和渝东北绿色防控技术模式。初步制定渝东南和渝东北绿色防控技术企业标准2个，针对重点靶标，分别制定白粉病、小地老虎、根茎病害等绿色防控技术标准3个。

【技术服务】　牵头起草《2018年烟叶生产技术实施方案》。组织全市烟叶生产区县技术人员开展绿色防控专题技术培训，参训人员80余人次。在收购结束后，组织开展“渝金香”烟叶品牌生产的关键技术，以及土壤保育、K326配套栽培等技术培训，累计参训人数300余人次。

【科研成果】　2018年，获授权专利2件，其中，发明专利1件；申报专利6件。公开发表论文12篇，其中SCI收录4篇；被国内外期刊接收论文6篇。

## 陕西省烟草科学研究所

【概　况】　陕西省烟草科学研究所（简称陕西烟草所）原名陕西省烟草研究所，成立于1992年8月。2017年，正式更名为陕西省烟草科学研究所，隶属陕西省烟草专卖局（公司）。主要职责是开展重大课题和关键技术攻关，承担烟草农业技术研究。2018年，有在岗员工9人，其中研究员2人、高级农艺师2人、高级经济师2人、农艺师1人、技术员2人。

所长：张振平

【四项在研科技项目】　**品种研究**。历经10年选育的烤烟新品种“秦烟201”通过全国烤烟品种委员会组织的农业评审，自育烤烟新品系“9E07”“9B02”参加2018年全国烤烟品种区域试验，选育出“6F01－1”“6F13－2”优良新品系，提交陕西省品种区试。

**栽培研究**。烟田土壤现状评价体系基础数据库和评价体系初步建立，为秦巴烟区土壤现状评价奠定基础，确定土壤有机含量、微生物区系组成和根系分泌物组成与含量等指标，为烤烟合理施用有机肥，开发蚯蚓粪肥—化肥自制技术提供理论依据；通过使用植物免疫诱抗剂，为烟株健康提供技术支撑。

**植保研究**。因地制宜选择集成“三虫三病”绿色防控技术体系，建立有区域特色的绿色防控示范区 6.34 万亩，化学农药使用量比 2015 年（绿色防控项目开展基准年）减少 30%以上。

【技术服务】 “秦烟 201”“9B02”“9E07”“9A05”等 4 个烤烟新品种在产区示范种植 2800 余亩，合作选育的“延安 1 号”在黑龙江、山东、河北等多个产区进行试验示范；在陕西省 6 个种烟市建立绿色防控示范区 27 个，共计 9700 亩；引进 5 种蚯蚓品种，研制和推广新型蚯蚓粪有机肥；提出陕西典型烟区烟农合作社经营管理模式，助推产区绿色发展和烟叶提质增效。

【技术成果】 2018 年，获陕西省公司科学技术进步一等奖 1 项，发表科技论文 6 篇，其中 SCI 收录 1 篇、申报专利 4 件、获得专利授权 1 件。

## 中国烟草总公司海南省公司海口雪茄研究所

【概　况】 中国烟草总公司海南省公司海口雪茄研究所（简称雪茄研究所）位于海南省海口市。2015 年 7 月，国家局、总公司批复成立全国唯一的雪茄烟专业研究机构海南雪茄研究所，2017 年 12 月更名为中国烟草总公司海南省公司海口雪茄研究所。主要职责是承担雪茄烟叶的科学技术研究及成果转化推广，承担雪茄产品研发和市场研究，组织开展科研项目攻关，为持续改善雪茄烟叶和雪茄产品的品质安全提供技术保障，为雪茄产业发展提供科技支撑。2018 年，有在岗员工 18 人，具有博士研究生学历 7 人（含博士生导师 2 人），具有正高级职称 5 人，具有副高级职称 8 人，加拿大籍专家 1 人，海南省高层次人才 5 人。在雪茄烟遗传育种、栽培营养、植物保护、调制加工、质量安全与风险评估、产品研发、市场研发等领域均有 1～2 名高级职称专家。

所长：刘好宝

【技术创新】 **体制创新**。2018 年，雪茄研究所办理非法人独立运行分支科研机构营业执照和独立财务账户；完成机构设置和领导分工，基本构建行政、科研、人事、财务、党务五大机制体系。

**机制创新**。初步建立布局合理、定位清晰、分工协作、运行高效的科技创新体系；探索构建目标明确和绩效导向的管理制度，逐步形成职责规范、科学高效的组织管理机制。牵头制定《海南省烟草专卖局烟草种质资源管理暂行办法》，制定出台知识产权管理、车辆管理、实验室管理等 11 项规章制度。成立绩效考核管理委员会、绩效考核管理工作办公室、科研项目物资采购管理小组，进一步加强岗位管理、绩效考核管理、科研项目物资采购管理工作。

**技术创新**。2018 年，进一步优化移栽期、烟叶采收成熟度等关键栽培技术，持续探索橡胶林套种雪茄烟复合种植新模式和侧枝烟培育技术。自主研发智能化控制晾房和小型发酵设备，初步确定适宜海南烟叶的晾制和发酵参数。产品研发方面，使用试验烟叶开发的 3 款试制产品。

【技术成果】 2018 年，新立项并启动海南省局（公司）科研项目 2 项；承担上海烟草集团口含烟项目 1 项；与上海烟草集团联合申报国家局科研项目 1 项。同山东中烟达成合作立项意向。完成《雪茄产业中长期发展规划纲要》撰写。新收集、引进雪茄烟种质资源 40 余份，入库种质资源总数达到近 240 份；配制杂交组合 60 余个，其中得到卷烟工业企业高度认可的有 3 个；筛选出的 5 个扩试材料田间表现突出，调制加工特性优良，香气质好，工业评价较高。全年发表科技论文 5 篇。

【交流合作】 **国内交流合作**。举办“海南雪茄烟田间考察及技术交流研讨会”，邀请国家局科技司、中国烟叶公司领导和国内中烟企业到会指导；同山东中烟、四川中烟分别签署战略合作框架协议，在雪茄产品研发、创新平台建设、市场贸易研究等多个重点领域开展合作；同中国农业科学院烟草研究所联合建立博士后培养基地；邀请山东、四川、云南等相关烟草工商企业，中国农业科学院烟草研究所等科研院所，海南建恒哈瓦那雪茄有限公司、东方永德大卫杜夫雪茄有限公司等种植企业到研究所基地考察，并就烟叶种植技术、产品开发、项目合作等方面进行深入交流。

**国际交流合作**。邀请美国肯塔基大学烟草研究发展中心相关教授就世界烟草研究热点进行专题讲座，并就双方联合共建国际重点实验室、项目合作、人才交流等内容达成一致意向。邀请美国罗瓦伊纳（古巴）雪茄公司、柬埔寨雪茄种植企业到研究所基地考察，并就烟叶种植技术、产品开发、项目合作等方面进行深入交流。

## 四川省烟草科学研究所

【概　况】　四川省烟草科学研究所（简称四川烟科所）位于四川省成都市，前身是2009年7月在四川省西昌市成立的四川省烟草技术中心。2015年4月，四川省烟草技术中心办公地点由西昌市迁至成都市，2016年10月更名为四川省烟草科学研究所。四川烟科所主要承担四川省烟草商业系统科技创新项目攻关，重点开展烟草农业科学技术研究；提供烟草农业新品种、新技术、新工艺、新方法技术示范、推广及培训服务；承担各产区烟叶技术中心的业务指导任务。下设有技术研究部、综合管理部2个部门。2018年，有在岗员工14人，其中研究员1人，高级农艺师6人，农艺师2人；博士后1人，硕士研究生学历11人。

党支部书记、所长：肖　勇

【技术创新】　2018年，四川烟科所主持开展新品种选育、育苗方式改良、土壤改良等方面科研项目6项，参与科研项目10余项，结题验收项目2项。

烤烟新品种选育研究与应用项目阶段性成果通过专家评审，筛选出特色材料80份，4个新品系进入四川省区试，4个新品系进入四川中烟“宽窄花园”品种第二轮筛选，筛选出符合四川中烟“宽窄”品牌风格特色要求的新品系“YKS－9”，推荐新品系“SC3267”参加全国烤烟品种区试。培育的特色新品系“09－011”在广元市进入生产试种，所产烟叶进入四川中烟新品牌主配方。

植烟土壤质量提升关键技术研究与集成应用项目通过验收。项目针对各产区生态条件提出最优轮作模式，创新集成新型全元微生物肥的研制技术、缓释钾肥施肥技术和土壤改良剂技术。项目研究成果可有效改良植烟土壤，提升肥力，提高烟叶质量。

通过筛选、检测、评估适用于四川烟田的高效安全农药品种，筛选、评估农药增效剂，筛选、优化烟草生长不同生育期喷雾器械，形成4套针对烟草不同生育期精准用药技术标准和规程，构建1套以“三虫三病”为核心靶标的精准用药技术体系。研究成果可提高防治效果20%，降低农药用量30%以上。

【技术服务】　在烟叶各个生产阶段派出专家到四川省各烟区基层一线和田间地头，为烟农答疑解惑，促进技术落实。参加产区技术培训会议10余次，培训烟叶技术员1000余人次，提升烟区技术队伍素质。及时发布病虫情报5期，预测病虫害发生情况，推广绿色防控技术，降低损失。参与四川省烟叶生产技术方案编写和生产建议撰写，促进科研成果转化应用。推进“四川科研微信群”互动平台交流，在线沟通科技进展和工作经验，及时为烟区答疑解惑。与四川烟叶复烤有限责任公司达成实验室共建协议，培养实验室检测人员，产品质量控制环节前移。

【技术成果】　2018年，获得四川省科技进步三等奖1项，获得四川省公司科技进步一等奖、二等奖各1项；申报专利2件；发表科技论文11篇。“烤烟新品种选育研究与应用”“植烟土壤质量提升关键技术研究与集成应用”2个科技项目通过四川省公司验收。

【成果转化】　培育的特色烟叶新品种“09－011”，经过多年农业示范和工业评价，2018年实现大面积种植。成功研制的少基质育苗盘正式在四川省推广，在凉山、攀枝花、广元等州市推广使用面积1483亩，新规格育苗盘烟苗根系体积增加、活力增强，基质成本下降60%，漂盘材料成本下降50%。研制的新配方育苗肥，在烟区经过小试、中试和示范，明确效果，可降低成本27%，2018年度开始全面推广。研制凉山烟区速效提苗肥和追肥配方，经过田间示范和工程验证，于2018年度投入生产应用。力推的“上部叶带茎一次性烘烤”技术，受到烟农的广泛好评，上部烟叶质量提升明显，推广比例大幅提升。

【交流合作】　注重与对口卷烟工业企业交流沟通，赴江苏中烟等卷烟工业企业技术中心调研，以满足工业需求为目标的科研导向。推动联合科技创新平台建设，与中国农科院烟草所签订共建“烟草功能成分开发及利用重点实验室”“烟草生物质育苗材料工程研究中心”合作协议，支持凉山州“院企联创烟叶技术中心”建设。重视借脑借力协作技术攻关，与行业内外多家科研院所共同承担科技研发项目，工商研相结合的科技创新体系建设进一步深化。

◇ 撰稿：石昌盛；编辑：周　佳

**表 1　国家级工业企业技术中心**

| 序　号 | 名　称 | 认定时间 |
| --- | --- | --- |
| 1 | 上海烟草集团有限责任公司技术中心 | 1995 年 |
| 2 | 红塔烟草（集团）有限责任公司技术中心 | 1997 年 |
| 3 | 湖北中烟工业有限责任公司技术中心 | 2003 年 |
| 4 | 湖南中烟工业有限责任公司技术中心 | 2004 年 |
| 5 | 红云红河烟草（烟草）有限责任公司技术中心 | 2004 年 |
| 6 | 山东中烟工业有限责任公司技术中心 | 2007 年 |
| 7 | 广东中烟工业有限责任公司技术中心 | 2008 年 |
| 8 | 福建中烟工业有限责任公司技术中心 | 2011 年 |

**表 2　行业工业企业技术中心**

| 序　号 | | 名　称 |
| --- | --- | --- |
| 1 | 卷烟工业企业 | 上海烟草集团有限责任公司技术中心 |
| 2 | | 云南中烟工业有限责任公司技术中心 |
| 3 | | 湖北中烟工业有限责任公司技术中心 |
| 4 | | 湖南中烟工业有限责任公司技术中心 |
| 5 | | 广东中烟工业有限责任公司技术中心 |
| 6 | | 山东中烟工业有限责任公司技术中心 |
| 7 | | 福建中烟工业有限责任公司技术中心 |
| 8 | | 浙江中烟工业有限责任公司技术中心 |
| 9 | | 安徽中烟工业有限责任公司技术中心 |
| 10 | | 江西中烟工业有限责任公司技术中心 |
| 11 | | 广西中烟工业有限责任公司技术中心 |
| 12 | | 河南中烟工业有限责任公司技术中心 |
| 13 | 非卷烟工业企业 | 南通醋酸纤维有限公司技术中心 |
| 14 | | 南通烟滤嘴有限责任公司技术中心 |
| 15 | | 中国烟草机械集团有限责任公司技术中心 |
| 16 | | 上海烟草包装印刷有限公司技术中心 |

**表 3　行业烟叶生产技术中心**

| 序　号 | 名　称 |
| --- | --- |
| 1 | 湖北省烟草公司恩施州公司烟叶生产技术中心 |
| 2 | 云南省烟草公司玉溪市公司烟叶生产技术中心 |
| 3 | 贵州省烟草公司遵义市公司烟叶生产技术中心 |
| 4 | 云南省烟草公司曲靖市公司烟叶生产技术中心 |
| 5 | 山东潍坊烟草有限公司烟叶生产技术中心 |
| 6 | 贵州省烟草公司毕节市公司烟叶生产技术中心 |
| 7 | 山东临沂烟草有限公司烟叶生产技术中心 |
| 8 | 福建省烟草公司三明市公司烟叶生产技术中心 |

表4　省级烟草农业科研机构

| 序　号 | 名　称 | 隶属单位 | 备　注 |
|---|---|---|---|
| 1 | 云南省烟草农业科学研究院 | 云南省烟草专卖局（公司） | 同时挂牌：中国烟草育种（南方）中心 |
| 2 | 中国烟草总公司黑龙江省公司牡丹江烟草科学研究所 | 黑龙江省烟草专卖局（公司） | 同时挂牌：中国烟草东北农业试验站、中国烟草进出口烟叶检测站 |
| 3 | 福建省烟草专卖局烟草科学研究所 | 福建省烟草专卖局（公司） | 同时挂牌：中国烟草东南农业试验站 |
| 4 | 湖北省烟草科学研究院 | 湖北省烟草专卖局（公司） | 同时挂牌：中国烟草白肋烟试验站 |
| 5 | 贵州省烟草科学研究院 | 贵州省烟草专卖局（公司） | 同时挂牌：中国烟草西南农业试验站 |
| 6 | 湖南省烟草科学研究所 | 湖南省烟草专卖局（公司） | 同时挂牌：中国烟草中南农业试验站 |
| 7 | 中国烟草总公司青州烟草研究所 | 中国农业科学院 | 同时挂牌：中国农业科学院烟草研究所、中国烟草遗传育种研究（北方）中心 |
| 8 | 广东省烟草南雄科学研究所 | 广东省烟草专卖局（公司） | |
| 9 | 江西省烟草科学研究所 | 江西省烟草专卖局（公司） | |
| 10 | 河南省烟草科学研究所 | 河南省烟草专卖局（公司） | |
| 11 | 山东烟草研究院 | 山东省烟草专卖局（公司） | |
| 12 | 重庆烟草科学研究所 | 重庆市烟草专卖局（公司） | |
| 13 | 陕西省烟草科学研究所 | 陕西省烟草专卖局（公司） | |
| 14 | 中国烟草总公司海南省公司海口雪茄研究所 | 海南省烟草专卖局（公司） | |
| 15 | 四川省烟草科学研究所 | 四川省烟草专卖局（公司） | |

表5　行业重点实验室

| 序　号 | 名　称 | 依托单位 |
|---|---|---|
| 1 | 烟草行业烟草化学重点实验室 | 中国烟草总公司郑州烟草研究院 |
| 2 | 烟草行业烟草工艺重点实验室 | |
| 3 | 烟草行业烟草香料基础研究重点实验室 | |
| 4 | 烟草行业卷烟烟气重点实验室 | 上海烟草集团有限责任公司 |
| 5 | 烟草行业烟草栽培重点实验室 | 河南农业大学 |
| 6 | 烟草行业卷烟功能材料重点实验室 | 湖南中烟工业有限责任公司 |
| 7 | 烟草行业卷烟调香技术重点实验室 | 云南中烟工业有限责任公司 |
| 8 | 烟草行业卷烟工艺与装备研究重点实验室 | 云南中烟工业有限责任公司<br>中烟机械技术中心有限责任公司 |
| 9 | 烟草行业工业生物技术重点实验室 | 郑州轻工业大学 |
| 10 | 烟草行业烟草病虫害监测与综合治理重点实验室 | 中国烟草总公司青州烟草研究所 |
| 11 | 烟草行业烟草基因资源利用重点实验室 | |
| 12 | 烟草行业烟草生物技术育种重点实验室 | 云南省烟草农业科学研究院 |
| 13 | 烟草行业烟草分子遗传重点实验室 | 贵州省烟草科学研究院 |
| 14 | 烟草行业烟用植物应用研究重点实验室 | 湖北中烟工业有限责任公司 |
| 15 | 烟草行业燃烧热解研究重点实验室 | 安徽中烟工业有限责任公司 |
| 16 | 烟草行业纤维过滤材料重点实验室 | 南通醋酸纤维有限公司 |

续表

| 序号 | 名称 | 依托单位 |
|---|---|---|
| 17 | 烟草行业再造烟叶技术研究重点实验室 | 广东中烟工业有限责任公司<br>广东省金叶科技开发有限公司 |
| 18 | 烟草行业烟草加工形态研究重点实验室 | 河南中烟工业有限责任公司<br>中国烟草总公司郑州烟草研究院 |
| 19 | 烟草行业生态环境与烟叶质量重点实验室 | 中国烟草总公司郑州烟草研究院<br>中国农业科学院农业资源与农业区划研究所 |
| 20 | 烟草行业黄淮烟区烟草病虫害绿色防控重点实验室 | 河南省农业科学院烟草研究所<br>河南省农业科学院植物保护研究所 |
| 21 | 烟草行业山地烤烟品质与生态重点实验室 | 贵州省烟草科学研究院 |

### 表6　行业工程研究中心

| 序号 | 名称 | 依托单位 |
|---|---|---|
| 1 | 国家烟草基因工程研究中心 | 云南省烟草农业科学研究院 |
| 2 | 烟草行业新型烟草制品装备工程研究中心 | 颐中烟草（集团）有限公司 |
| 3 | 烟草行业病虫害生物防治工程研究中心 | 云南省烟草公司玉溪市公司 |
| 4 | 烟草行业特种滤棒工程研究中心 | 四川三联新材料有限公司 |
| 5 | 烟草行业微生物有机肥工程研究中心 | 贵州省烟草公司遵义市公司 |
| 6 | 烟草行业生物炭基肥工程研究中心 | 贵州省烟草公司毕节市公司 |
| 7 | 烟草行业烟用爆珠工程研究中心 | 将军烟草集团有限公司 |

### 表7　博士后科研工作站

| 序号 | 名称 | 建站时间 |
|---|---|---|
| 1 | 上海烟草集团有限责任公司博士后科研工作站 | 2002年 |
| 2 | 广西中烟工业有限责任公司博士后科研工作站 | 2004年 |
| 3 | 广东中烟工业有限责任公司博士后科研工作站 | 2006年 |
| 4 | 湖南中烟工业有限责任公司博士后科研工作站 | 2007年 |
| 5 | 河南中烟工业有限责任公司博士后科研工作站 | 2008年 |
| 6 | 浙江中烟工业有限责任公司博士后科研工作站 | 2008年 |
| 7 | 湖北中烟工业有限责任公司博士后科研工作站 | 2008年 |
| 8 | 云南烟草科学研究院博士后科研工作站 | 2010年 |
| 9 | 中烟机械技术中心有限责任公司博士后科研工作站 | 2010年 |
| 10 | 安徽中烟工业有限责任公司博士后科研工作站 | 2013年 |
| 11 | 云南省烟草农业科学研究院博士后科研工作站 | 2013年 |
| 12 | 四川中烟工业有限责任公司博士后科研工作站 | 2013年 |
| 13 | 江西中烟工业有限责任公司博士后科研工作站 | 2013年 |
| 14 | 福建中烟工业有限责任公司博士后科研工作站 | 2013年 |
| 15 | 贵州中烟工业有限责任公司博士后科研工作站 | 2013年 |
| 16 | 云南中烟工业有限责任公司博士后科研工作站 | 2014年 |
| 17 | 中国烟草总公司郑州烟草研究院博士后科研工作站 | 2015年 |
| 18 | 重庆中烟工业有限责任公司博士后科研工作站 | 2016年 |

表8　院士工作站

| 序号 | 建设单位 | 院士姓名、所在单位 |
|---|---|---|
| 1 | 贵州省烟草科学研究院 | 武维华 |
| 2 | 云南烟草科学研究院 | 孙汉董（中国科学院植物研究所） |
| 3 | 四川中烟工业有限责任公司 | 陈坚（江南大学） |
| 4 | 安徽皖南烟叶有限责任公司 | 赵春江（北京市农林科学院） |
| 5 | 云南省烟草农业科学研究院 | 张福锁（中国农业大学） |

◇ 撰稿：石昌盛；编辑：周　佳

# 教育培训

## 中共国家烟草专卖局党校（国家烟草专卖局职工培训中心）

**【概　况】**　中共国家烟草专卖局党校（国家烟草专卖局职工培训中心）［简称党校（培训中心）］成立于1991年12月，为国家烟草专卖局直属事业单位。承担着烟草行业局、处两级党员领导干部及国家局机关科级干部的教育培训工作，受中央党校、中央和国家机关分校业务指导，是烟草行业处级以上党员领导干部理论学习、党性锻炼、知识扩充和能力提升的重要基地。自1992年和2000年，分别设立处级、司局级党员领导干部进修班，连续对行业处级、司局级党员领导干部进行教育培训。2001年3月，开设国家局、总公司机关科级干部培训班，联合国家局人事司持续16期对机关青年干部进行短期培训。2011年至2012年，连续举办4期青年干部培训班，对行业司局级后备干部进行系统轮训。2017年5月，被确立为中央党校中央和国家机关分校第五片区牵头负责单位。

2018年，党校（培训中心）有教职工24人，其中教学管理人员14人，具有高级职称2人、中级职称12人。

党校校长：高　林（兼）；党校副校长、培训中心主任（正厅级）：闫亚明（—2018年8月）、程春节（2018年8月—）

**【教育培训】**　2018年，党校（培训中心）落实《中共国家烟草专卖局党组关于加强和改进新形势下烟草行业党校工作的实施意见》，依据中央党校中央和国家机关分校教学计划安排，推动党的创新理论进课堂、进教材、进头脑，完成各项教学培训任务。

**完成领导干部到党校讲党课任务。**国家局党组主要领导到党校听取学员学习成果汇报，国家局党组成员带头到党校作专题党课讲座6次，国家局机关以及行业有关负责同志受邀到党校作专题党课讲座12次，丰富教学内容，提升教学质量。

**完成司局级和处级党员领导干部基本理论进修班教学任务。**全年共举办行业司局级班1期、处级班2期，培训司局级干部32人、处级干部312人。党的理论教育和党性教育总计安排专题课程110讲，占总课时70%，面授率接近100%。特别开设习近平新时代中国特色社会主义思想教学单元，占总课时50%。组织学员赴井冈山进行党性锻炼，突出理想信念教育。组织学员围绕行业重大现实问题开展研究，突出理论联系实际学风。

**完成国家局机关科级干部培训班教学任务。**全年共安排15个学习日，培训国家局机关年轻干部27人。突出培训的针对性和实效性，设置习近平新时代中国特色社会主义思想、行业重大现实问题和青年干部理想信念党性锻炼等3个专题学习内容。以高质量的教学引导青年干部自觉做新时代党的创新理论的忠实践行者。

**拓展瑞金、兴国等党性教育现场教学点。**落实《实施意见》关于创新党性教育方式要求，依托井冈山教育基地，组织春季学期司局级班学员赴瑞金、兴国等红色教育基地进行党性锻炼，取得良好效果。

**【教研成果】**　党校（培训中心）着力培养自有师资，开发党校自有特色课程。落实《实施意见》关于加强师资队伍建设要求，研发“遵循党校姓党根本原则，刻苦学习提高履职能力”“如何做好党性分析”“深入探索新时代烟草行业面对的重大时代课题”“规律视角中的烟草行业高质量发展”等专题课程，全年为国家局机关及行业各类培训班讲课12次。紧扣贯彻习近平新时代中国特色社会主义思想、推动行业高质量发展等重大专题，形成一批较高质量研究成果。组织学员或派员参与国家局课题组开展研究，形成课题成果20余个；高质量全新改版校刊《学习与交流》，全年发行6期，刊发36篇理论文章；在中央党校《理论动态》全文刊发纪念马克思200周年诞辰理论文章《马克思主义与中国共产党》；提交的“电子烟纳入国家烟草专卖监管的关键所在”获得中国烟草学会2018年度优秀论文二等奖；撰写《党校学员要争做新时代学习型党员领导干部》《〈共产党宣言〉与共产党人的理想信念》《学习运用马克思主义真理力量》等理论文章8篇。

◇撰稿：高　佳；编辑：周　佳

## 中国烟草总公司职工进修学院

**【概　况】**　中国烟草总公司职工进修学院前身是河南省烟草工业学校，成立于1985年。1992年，更名为中国烟草总公司郑州中等专业学校，2001年改制更名为中国烟草总公司职工技术培训中心，2009年更名为中国烟草总公司职工进修学院。2011年，国家烟草专卖局职业技能鉴定指导中心设立在学院。2014年，中国烟草学会教育培训专业委员会、安全生产专业委员会在学院设立办事机构。2015年，中国烟草网络学院在学院正式运行。2017年，中国烟草总公司黄淮烟叶样品中心在学院建成揭牌。学院承担行业高层次专业技术和职业技能人才培训、行业远程教育培训行业、职业技能鉴定，以及行业职业技能竞赛管理、教育培训理论研究与资源开发建设、黄淮烟叶样品研究与管理等多项职责。

2018年，进修学院有在职在编教职工98人，其中，具有本科以上学历95人，硕士研究生以上学历49人（含博士研究生学历10人），高级专业技术资格35人，高级企业培训师资格34人；行业专家委员会委员20余人。

进修学院党组书记、院长：王　宏

**【教育培训】**　2018年，进修学院以建设行业高层次专业技术和职业技能人才培训基地为目标，按照“精管理、促升级、创品牌”工作主线，通过改革促发展、创新增活力、提质树品牌，主体业务取得良好成效。全年举办培训班279期，其中国家局培训班27期，学院自主培训班198期，培训2.2万人次。网络培训实现行业全覆盖，注册学员近38万人。合作开展专业硕士研究生教育，在读247人。指导实施行业职业技能鉴定375批次，鉴定总量3.44万人次，获证1.75万人次；组织三级以上职业资格证书复核1.36万人次，合格1.3万人次。指导行业各单位开展省级一、二类竞赛40届次，承办国家级二类竞赛1届次，省级一、二类竞赛15届次。审定新教材12种，为行业培训提供教材共计51种6.8万册。

**【教研成果】**　突出研发重点，着力开展中高级专业技术人才、职业技能人才和经营管理人才培训项目研发，全年研发培训项目157个，组织教研活动近百次。专业教师积极参与行业科学研究和技术攻关，发表学术论文16篇，参与行业标准建设3项、科研项目2项，获得中国烟草总公司科学技术进步奖2项。学院获得发明专利授权2件、实用新型专利1件和软件著作权4件。

◇撰稿：蔡　恒；编辑：周　佳

### 各省级公司所属部分教育培训机构情况

| 名　称 | 成立时间 | 隶属单位 | 2018年主要工作 |
|---|---|---|---|
| 上海烟草集团教育培训中心 | 2011年 | 上海烟草集团有限责任公司 | 完成厂处级干部培训班、科级管理人员专项培训、党务工作者和全体党员政治理论轮训、专卖管理和卷烟销售高技能素质提升培训班等培训项目。举办各类培训84项，培训学员8357人次 |
| 山西烟草教育培训中心 | 2005年10月 | 山西省烟草专卖局（公司） | 组织培训班30期，培训学员1886人次，累计1208课时。开展处级领导干部党性教育培训、基层党组织书记轮训，专卖技能竞赛选手集训，专业技能鉴定培训及专卖、营销2个专业的职业资格证书复核培训等 |

续表

| 名　称 | 成立时间 | 隶属单位 | 2018 年主要工作 |
| --- | --- | --- | --- |
| 内蒙古区局（公司）教育培训中心 | 2017 年 9 月 | 内蒙古自治区烟草专卖局（公司） | 承办培训班 5 期，培训 330 人次，其中，承办 2 期党的十九大精神专题培训班，95 名处级以上干部参加学习；组织 2 期全自治区行业基层党支部书记、1 期自治区局机关党员干部党性修养井冈山传统教育专题轮训，235 人次参加培训 |
| 吉林烟草职业培训中心 | 2004 年 12 月 | 吉林省烟草专卖局（公司） | 开展各类项目 19 个，培训 24 期，培训学员 1017 人次，其中，培训中心自主培训项目 6 个，协助鉴定站组织鉴定考试 7 期，承接会议 4 次等 |
| 黑龙江烟草专卖局（公司）教育培训中心 | 2011 年 | 黑龙江省烟草专卖局（公司） | 举办各类培训班 26 期，培训学员 1550 人次。完成黑龙江省党性教育轮训、干部能力建设、内训师资培养、新进员工入职等综合培训 |
| 浙江烟草工业教育培训中心 | 2011 年 11 月 | 浙江中烟工业有限责任公司 | 完成 195 个培训课程，培训学员 1.2 万人次，累计脱产培训 16.3 万课时。有 3117 人参加网络培训，占总人数 94.66%，累计参加网络培训 17.8 万课时 |
| 安徽烟草职工培训中心 | 2000 年 11 月 | 安徽省烟草专卖局（公司） | 完成安徽省党性教育轮训、干部能力建设、内训师资培养、新进员工入职等综合培训。实施特有职业（岗位）技能鉴定 733 人次，获证 364 人次，建立“2344”培训体系 |
| 江西省烟草职工培训中心 | 1991 年 | 江西省烟草专卖局（公司） | 举办各类培训班 88 期，培训学员 1.2 万人次。完成江西省党性教育轮训、岗位技能提升、干部能力建设、内训师资培养、综治安全管理、信息化管理、新进员工入职等综合培训 |
| 中国烟草井冈山传统教育基地 | 1996 年 | 江西省烟草专卖局（公司） | 举办各类培训班 146 期，培训学员 3.37 万人次。完成烟草行业党性教育培训、江西省党性教育轮训、干部能力建设等综合培训 |
| 山东烟草职工培训中心 | 2001 年 | 山东省烟草专卖局（公司） | 举办各类培训班 231 个班次，培训学员 1.87 万人次。完成 6 期基层党组织书记暨处级以上干部学习贯彻党的十九大精神专题集中轮训；自主开发实施“沂蒙精神”红色教育培训项目，培训 300 余人次 |
| 中国烟草总公司青州中等专业学校 | 1983 年 12 月 | 山东省烟草专卖局（公司） | 持续与海尔集团开展校企合作。全年招生 108 人 |
| 河南省烟草职工培训中心 | 2009 年 | 河南省烟草专卖局（公司） | 举办各类培训班 196 期，1.64 万人次参加。开发《新型烟草专卖品的监管》《逆反营销》《物流现场管理》等 10 余门新课程、新课件 |
| 教育培训中心（技能鉴定站） | 2015 年 | 河南中烟工业有限责任公司 | 举办培训班 917 期，培训 8143 人、5.47 万人次。举办第三届烟叶评级职业技能竞赛、第二届烟机设备维保团体竞赛，举办 12 期“黄金叶”讲坛 |
| 湖北省烟草专卖局教育培训中心 | 2009 年 | 湖北省烟草专卖局（公司） | 举办培训班 1029 个，培训 4.92 万人次。首次举办全省烟草商业系统科级干部培训班，共培训 359 人 |
| 湖南省烟草职工培训中心 | 2002 年 | 湖南省烟草专卖局（公司） | 举办各类培训班 114 期，培训学员 8971 人次。完成 19 期省党性教育轮训、干部能力建设、内训师培养等综合培训 |
| 广东中烟工业有限责任公司员工教育培训中心 | 2014 年 9 月 | 广东中烟工业有限责任公司 | 举办各类内部培训班 1200 期，培训 3.1 万人次。备战行业首届培训师教学技能竞赛 |
| 广西烟草商业系统教育培训中心 | 2010 年 8 月 | 广西壮族自治区烟草专卖局（公司） | 举办培训班 83 期，培训学员 4415 人次，培训学时合计 278 天 |

续表

| 名　称 | 成立时间 | 隶属单位 | 2018 年主要工作 |
|---|---|---|---|
| 广西烟草工业教育培训中心 | 2011 年 11 月 | 广西中烟工业有限责任公司 | 负责广西烟草工业系统教育培训工作的组织与实施，广西中烟培训项目的承办和教、学、研管理 |
| 四川烟草教育培训中心 | 2008 年 | 四川省烟草专卖局（公司） | 举办各类培训班 761 期，累计培训 5.29 万人次 |
| 贵州烟草商业教育培训中心 | 2011 年 11 月 | 贵州省烟草专卖局（公司） | 举办培训班 49 期（含网络培训），培训学员 1.68 万人次，培训学时合计 233 天 |
| 云南中烟工业有限责任公司培训中心 | 1983 年 | 云南中烟工业有限责任公司 | 举办各类培训班 128 期，培训 7744 人次，其中，云南中烟培训班 49 期，培训 3181 人次；工业企业培训班 18 期，培训 1048 人次；商业企业培训班 3 期，培训 274 人次；省外企业培训班 8 期，培训 306 人次；自主开发培训班 43 期，培训 2532 人次；国家局培训班 7 期，培训 403 人次 |
| 西藏自治区教育培训中心 | 2017 年 | 西藏自治区烟草专卖局（公司） | 举办各类培训班 71 期，培训 785 人次，其中，开通雪域分院"学习贯彻党的十九大网络专题班"，298 人参加 |

◇ 编辑：周　佳

# 授权专利

**【授权专利概况】** 2018 年，中国烟草行业获得国家知识产权局授权的烟草技术类专利共计 3941 件，同比增长 19.2%。其中，发明专利 873 件、实用新型专利 2730 件、外观设计专利 338 件，分别占比 22.2%、69.3%、8.6%。发明专利同比下降 13.5%，实用新型专利和外观设计专利同比分别增长 34.3%、28.0%。

**【专利权人分类统计】** 按照专利权人分类统计，2018 年，卷烟工业企业、各级烟草专卖局（公司）、科研单位的授权专利数量居前三位，分别占授权专利总数的 64.6%、16.4% 和 7.7%。卷烟工业企业、科研单位、各级烟草专卖局（公司）的授权发明专利数量居前三位，分别占授权发明专利总数的 61.1%、13.8% 和 9.5%。

**表 1　2018 年国内烟草行业不同类型专利权人授权专利统计**　（单位：件）

| 序　号 | 专利权人类型 | 专利总数 | 发明专利 | 实用新型 | 外观设计 |
|---|---|---|---|---|---|
| 1 | 卷烟工业企业 | 2665 | 574 | 1816 | 275 |
| 2 | 各级烟草专卖局（公司） | 676 | 89 | 554 | 33 |
| 3 | 科研单位 | 316 | 130 | 163 | 23 |
| 4 | 卷烟材料厂或公司 | 247 | 67 | 164 | 16 |
| 5 | 烟草机械公司 | 79 | 27 | 52 | 0 |
| 6 | 复烤加工厂或公司 | 42 | 3 | 39 | 0 |
| 7 | 烟叶公司 | 2 | 2 | 0 | 0 |
| 8 | 进出口公司 | 2 | 0 | 2 | 0 |
| 9 | 教育单位 | 4 | 2 | 2 | 0 |
| 10 | 其他单位 | 95 | 46 | 39 | 10 |

【专利权人授权专利统计】 2018年，云南中烟工业有限责任公司、河南中烟工业有限责任公司、湖北中烟工业有限责任公司的授权专利数量居前三位，分别占授权专利总数的19.2%、11.4%和8.3%。云南中烟工业有限责任公司、湖北中烟工业有限责任公司、中国烟草总公司郑州烟草研究院的授权发明专利数量居前三位，分别占授权发明专利总数的18.9%、11.2%和10.2%。在国内烟草行业授权发明专利总数前十名中，授权发明专利所占比例较高的单位分别是：中国烟草总公司郑州烟草研究院，占比56.30%；浙江中烟工业有限责任公司，占比53.70%；福建中烟工业有限责任公司，占比52.00%。

**表2　2018年授权专利总数前十名的国内烟草行业专利权人**　　单位：件

| 序　号 | 专利权人 | 专利总数 | 发明专利 | 实用新型 | 外观设计 |
|---|---|---|---|---|---|
| 1 | 云南中烟工业有限责任公司 | 756 | 165 | 489 | 102 |
| 2 | 河南中烟工业有限责任公司 | 449 | 64 | 376 | 9 |
| 3 | 湖北中烟工业有限责任公司 | 326 | 98 | 184 | 44 |
| 4 | 湖南中烟工业有限责任公司 | 239 | 27 | 200 | 12 |
| 5 | 中国烟草总公司贵州省公司 | 182 | 18 | 158 | 6 |
| 6 | 上海烟草集团有限责任公司 | 162 | 32 | 108 | 22 |
| 7 | 中国烟草总公司郑州烟草研究院 | 158 | 89 | 69 | 0 |
| 8 | 广东中烟工业有限责任公司 | 142 | 27 | 69 | 46 |
| 9 | 中国烟草总公司云南省公司 | 124 | 41 | 83 | 0 |
| 10 | 中国烟草总公司山东省公司 | 120 | 11 | 104 | 5 |

**表3　2018年授权发明专利总数前十名的国内烟草行业专利权人**　　单位：件

| 序　号 | 专利权人 | 专利总数 | 发明专利 | 发明专利占比（%） |
|---|---|---|---|---|
| 1 | 云南中烟工业有限责任公司 | 756 | 165 | 21.8 |
| 2 | 湖北中烟工业有限责任公司 | 326 | 98 | 30.1 |
| 3 | 中国烟草总公司郑州烟草研究院 | 158 | 89 | 56.3 |
| 4 | 河南中烟工业有限责任公司 | 449 | 64 | 14.3 |
| 5 | 福建中烟工业有限责任公司 | 98 | 51 | 52.0 |
|  | 浙江中烟工业有限责任公司 | 95 | 51 | 53.7 |
| 6 | 中国烟草总公司云南省公司 | 124 | 41 | 33.1 |
| 7 | 上海烟草集团有限责任公司 | 162 | 32 | 19.8 |
| 8 | 湖南中烟工业有限责任公司 | 239 | 27 | 11.3 |
|  | 广东中烟工业有限责任公司 | 142 | 27 | 19.0 |
| 9 | 中国烟草机械集团有限责任公司 | 63 | 24 | 38.1 |
| 10 | 广西中烟工业有限责任公司 | 69 | 23 | 33.3 |

◇ 国家局科技司　供稿；编辑：周　佳

# 新闻舆论和文化建设

## 行业新闻舆论管理

【行业媒体完成年度重点报道】《中国烟草》杂志、《东方烟草报》、国家局行业网站3家行业媒体完成年度重点报道工作。国家局办公室每季度下发行业媒体宣传报道要点，促进行业媒体围绕国家局党组中心工作开展宣传报道。根据国家局领导要求，组织行业媒体学习中央宣传思想工作会议精神，及时协调落实纪念改革开放40周年宣传报道计划，协调落实上级相关保密工作要求。重点指导开展新媒体工作，通过组织第三届行业微电影微视频作品评选，为行业创新对外宣传方式作出有益尝试。

【完善新闻发布制度】通过日常管理和组织培训等方式，进一步完善行业新闻发布机制，注重新闻发布、政策解读和舆情回应有机结合。探索创新方式方法，推动行业媒体在创新内容载体、拓展传播渠道、增强传播效果等方面改革创新，如《中国烟草》杂志社充分运用国务院新闻办公室新闻发布信息化平台（简称“国新发布”APP）扩大杂志文章影响力，《东方烟草报》社视频拍摄、舆情监控能力有较大提升，行业网站在利用图表等进行政策解读方面有所突破。

【做好对外宣传报道】全年组织举办两次专题新闻发布会，邀请《人民日报》、新华社等中央媒体参加，主动向社会发布行业的生产经营和经济运行、精准帮扶老少边穷地区经济社会发展等新闻信息，国家局领导亲自参加新闻发布会进行发布和解答记者提问。组织中央和地方媒体赴四川凉山等地开展扶贫工作专题采访，《人民日报》、新华社等多家主流媒体全年累计报道近50篇，中国政府网转载烟草新闻43条。

2018年11月5日，《中国烟草》杂志社有限公司工作座谈会在北京召开
《中国烟草》杂志社　陈兴杰　摄

## 主要报刊

【《中国烟草》杂志】**概况。**《中国烟草》杂志的前身为《中国烟草工作》，创刊于1985年。1997年1月起更名为《中国烟草》。1999年起由月刊改为半月刊，2001年分为综合版和经济版。2003年按照中央宣传部门的决定，《中国烟草》杂志实行“管办分离”的管理体制。刊物由国家烟草专卖局主管，《中国烟草》杂志社有限公司主办。刊物以“坚持正确导向、服务烟草行业、探索改革思路、贴近职工生活”为办刊宗旨，坚持正确舆论导向，围绕中心，服务大局，坚持“三贴近”原则，全面、准确、及时、深入地宣传阐释国家局党组的方针任务和工作部署，组织采写专题报道和重要文章，充分发挥“喉舌、窗口、园地”作用，为行业改革发展营造良好舆论氛围。2018年，《中国烟草》杂志征订量6.92万份，同比增长7%，连续19年保持稳定增长；2018年，《中国烟草》杂志再次入选“中国报刊经营价值百强”，同时，被评为“全国报刊融合创新二十强”。

**展示行业正面形象，营造良好舆论氛围。**2018年以来，《中国烟草》共有《就全力推动烟草行业高质量发展访国家烟草专卖局党组书记、局长，中国烟草总公司总经理张建民》《践行“税收法定”护航烟叶生产——解读〈中华人民共和国烟叶税法〉》《解读“每亩补助400元”》等9篇文章被“国新发布”APP转发，在更高平台、更大范围、更深层次上积极宣传解读行业政策方针和主要工作，凝聚正能量，传播好声音，获得国家局领导批示：“很好！”

5月31日世界无烟日之际，《中

国烟草》杂志从全局上把握、整体上考量，主动发声、引领舆论，及时组织策划采写刊发《履约于心　责任于行》一文，并在中国烟草资讯网、“中国烟草资讯”微信公众号和移动客户端上发布推广，一日之内文章阅读量4.7万人次，正面客观引导控烟履约的民情社意，得到国家局领导批示：“很好”。

**服务行业改革发展，推动行业工作落实。**围绕国家局党组的工作部署，针对行业改革发展的热点、难点、焦点问题，《中国烟草》杂志推出了一系列重大专题报道。特别是2018年全国烟草行业各直属单位主要负责人座谈会召开后，《中国烟草》围绕会议精神作连续性深入解读报道，重点关注行业贯彻落实会议情况，以述评等形式对行业30余年改革发展形成的7条宝贵经验和五大发展理念在行业的贯彻落实进行梳理、解读。

2018年7月，《中国烟草》杂志社在云南省曲靖市举办通讯员培训和教学实践活动

《中国烟草》杂志社　陈兴杰　摄

2018年是改革开放40周年，《中国烟草》开辟“述说40年——与改革开放同频共振”专栏，回顾40年来行业改革发展的大事要事，策划制作“改革开放40周年增刊”。2018年恰逢海南建省和兴办经济特区30周年，也是海南省烟草专卖局（公司）成立30周年，《中国烟草》杂志策划编采《三十而立看海南》一组6篇文章，对海南烟草做全方位深度报道。

**打造“精神家园”，不断提升文化获得感。**2018年夏天以来，台风叠加，洪灾不断，《中国烟草》杂志社及时组织记者到受灾地区采访，对抗击自然灾害进行深入报道。“术业”栏目面向全行业开展“金叶工匠征文”，全面展示行业金叶工匠敬业精业、孜孜不倦的探索精神。“领创者”栏目对行业科技创新带头人进行报道，积极营造培育创新型人才的“热氛围”“强磁场”，推动创新在行业蔚然成风。“基层”“人物”“汇智”“关注”等栏目，基层通讯员上稿率高、上稿质量好，编辑与通讯员形成良性互动，充分体现“行业杂志行业办”的特点。

**适应形势发展，打造全媒体平台。**2018年，以《中国烟草》杂志为主、多刊综合、多媒体形式于一体的现代化全媒体矩阵进一步巩固发展，既充分满足广大读者的多样化需要，更形成开展行业新闻舆论工作的集群效应。

**【《中国烟草学报》】　概况。**《中国烟草学报》（简称《学报》）创刊于1992年，由中国烟草学会主办，面向国内外公开发行，主要刊登烟草工业、农业、经济等方向学术论文、研究报告，以及反映烟草科研进展、学术动态的综述类论文。2018年，《学报》始终强化服务行业改革发展、服务作（读）者的办刊理念，注重发挥专家作用，坚持倡导论文原创和良好学风建设，推进调查研究和约（组）稿工作，联合职能部门完成“烟草行业科技期刊定位分析与未来发展”研究工作，推进微信公众号等新媒体建设，期刊学术质量和影响力不断提升。

**期刊收录进一步拓展。**继《学报》被中国科技核心期刊、中国科学引文数据库（CSCD）核心库来源期刊、美国《化学文摘》（CA）、美国《烟草文摘》（TA）收录后，2018年《学报》在补充版权信息和完善英文网站基础上，成功加入瑞典隆德大学图书馆公开存取（OA）目录 Dictionary of Open Access Journals（DOAJ）。DOAJ是全世界最大的OA资源检索平台，截至2018年底，《学报》上传英文摘要30篇，全文5篇，并提供中文PDF全文的链接，进一步提高国际显示度。

**综合引证指标稳中有升。**2018年，《学报》刊发学术论文110篇。根据中国知网《中国学术期刊影响因子统计年报》显示，《学报》影响因子1.100，被引频次2689，较上年提升明显，基金论文比77%，影响力指数（CI）1025.172，排名位于轻工业学科类期刊前列。

**再次入选《中文核心期刊要目总览》。**2018年，《学报》连续第三次入选《中文核心期刊要目总览》（第八版）。从中国7000余种中文学术期刊中评选出的1981种"中文核心期刊"，是中国发布最早并在高等院校、科研单位学术评价中最受重视、最权威的评价体系之一。连续第三次入选是对《学报》办刊质量和影响力的充分肯定。

**利用微信平台，推进资源共享。**2018年，《学报》加强微信公众号等新媒体建设，不断更新平台内容，创新互动模式，通过开展专题科普、有奖问答等活动，不断提高平台吸引力和关注度，关注人数较上年增长142%。

**壮大编委会专家队伍。**2018年，《学报》继续发挥编委会专家在办刊指导和论文把关等方面的重要作用，根据专业需要增选胡军等4位外审专家为编委，进一步扩大和丰富《学报》编委会专业覆盖面。

**组织优秀论文翻译推介工作。**2018年，《学报》制作完成优秀论文英文选集，在CORESTA 2018年昆明大会期间进行集中展示和发放，进一步增进国内外科技工作者的学术交流；与中国知网合作，确立"全文翻译—国际化数字发行"工作途径，不断推动《学报》刊发科技成果的宣传和推广。

**【《烟草科技》】** **概况。**《烟草科技》是国家烟草专卖局主管、郑州烟草研究院主办、中国烟草科技信息中心编辑出版的综合性烟草科学研究和技术开发类学术刊物，主要刊登烟草工业、农业及科技管理等方面的学术论文、研究报告、研究简报，以及反映国内外烟草科研进展、学术动态的综述等，国内外公开发行，是国家局指定的国际学术交流刊物。

2018年《烟草科技》紧紧围绕行业科技重大专项和重点科研领域组稿，在期刊学术质量、国内外影响力和加速科技成果传播等多个方面取得新的突破。全年编辑出版发行中文版《烟草科技》12期，英文版增刊1期，发表各类学术论文198篇（中文版188篇、英文版增刊10篇），全年收到稿件589篇，均比上年有所增加。

**期刊评价指标全面提高。**绝大多数指标居轻工业类首位。据《中国学术期刊影响因子年报》数据，在28种轻工业期刊中《烟草科技》期刊各项评价指标均有不同程度提高，影响力指数（CI）、综合总被引等指标排名第一位，复合影响因子、期刊综合影响因子、Web下载量指标排名第二。

**期刊学术影响力持续增强。**继续列为英国《科学文摘》、荷兰《文摘与引文数据库》等收录期刊，继续列为中文核心期刊（第5次）、中国科技核心期刊、中国科学引文数据库（CSCD）核心库来源期刊、中国核心学术期刊、中国学术期刊文摘数据库收录期刊。

**期刊数字化出版加快推进。**2018年继续为中国知网、万方数据、百度学术、中国科技期刊开放获取平台（COAJ平台）、超星域出版、中国学术期刊文摘数据库、中国科学引文数据库（CSCD）、Scopus数据库等国内外各重要数据库、出版平台，以及"烟草学术期刊"微信公众号等发送当期数据，并实现在中国知网的网络首发。

**【《新烟草》杂志】** 《新烟草》创刊于1986年，由中国烟草总公司主管，黑龙江省烟草公司、《中国烟草》杂志社有限公司主办。2013年7月由半月刊变更为旬刊，其中包括《新烟草（旺铺）》2期，《新烟草（现代烟草农业）》1期。2018年《新烟草（旺铺）》发行量为19.4万份，同比增长4%；《新烟草（现代烟草农业）》发行量为3.55万份，同比增长5%。

2018年，《新烟草（旺铺）》在传达国家局精神、提振市场信心、助力重点品牌培育、现代终端建设等方面加强策划报道。《明码实价以后》《小店铺有大格局》《你与销售高手差距在哪里》等专题报道在读者中引起较大反响。杂志拥有几百名骨干零售户通讯员。

《新烟草（现代烟草农业）》围绕行业烟叶生产重点工作，以大量篇幅宣传报道各产区助力烟农脱贫，成为指导产区烟叶生产的必备刊物和服务烟农生产生活的"精神食粮"。同时，积极为国家局相关部门及相关客户做好宣传服务，自2014年起参与中国烟叶公司专题调研，专业能力不断增强。

**【《东方烟草报》】** **概况。**《东方烟草报》创刊于1992年，是由山东省烟草专卖局主管，中国烟草总公司山东省公司主办，《东方烟草报》社有限公司出版发行，面向全国公开发行的烟草主流媒体。该报为周七报，包括正报及《金周刊》《山东视窗》《中国烟机》《中烟物流》《爱晚亭》《现代卷烟营销》等。2018年，《东方烟草报》发行量23.4万份，《金周刊》发行量157万份，理事会单位数量246家。有在岗员工123人。

**围绕行业发展提升舆论引导能力。**2018年，《东方烟草报》努力提高政治站位，进一步深化统筹管理和分级落实机制，优化"专题报道组+"模式，实行驻外站大区化管理，新闻宣传水平、舆论引导能力显著提升。围绕学习宣传贯彻党的十九大精神和全国烟草工作会、行业直属单位主要负责人座谈会精神开设的“深入领会习近平新时代中国特色社会主义思想”“适应新时代　聚焦新目标　落实新部署”“全面开启烟草行业高质量发展新篇章”专栏，及时报道行业实际举措和成效。圆满完成“两会”行业新闻报道，开展“庆祝改革开放 40 年”系列报道，努力讲好行业故事，传递正能量、树立好形象，重点报道得到国家局领导批示和行业单位的高度认可。

2018 年 11 月，《东方烟草报》社被中国报业协会评为“改革开放四十年·报业经营管理先进单位”

《东方烟草报》社　供稿

探索专题报道一体化管理模式，推出“寻找最美烟草物流人”等策划，提高报道专业性和影响力；《金周刊》发挥终端平台优势，关注行业重点、社会热点，力促工商形成协同培育品牌的合力，提振客户经营信心，起到较好的示范辐射作用。2018 年，报社、报纸及报社主要领导分别获评“改革开放四十年·中国报业经营管理先进单位”“2017 年中国传媒融合发展十大行业报”“中国报业经营管理领军人物”等。

**加速推进新媒体建设**。2018 年，《东方烟草报》新媒体建设继续呈现良好发展势头。积极探索内容融合，与传统媒体实现时效性互补，30 余次采用报网联动等全媒体报道方式，进一步提升报网融合水平。“东方烟草报社”微信矩阵主号紧跟行业重点热点工作，精耕细作，用户持续增长；“精益烟草”“烟草物流”等各子号通过与行业工作紧密结合，持续开展行业精益达人、精益团队、最美物流人、最美烟草帮扶村等评选，行业职工书画展、摄影展、微视频大赛等活动，并不断创新形式、内容，报社微信矩阵粉丝总量突破 100 万人。加大新业务开发力度，搜烟系统成功上线运行；新闻传播追踪与评估系统基本建成；网站、客户端及部分微信公众号成功获批互联网新闻信息服务许可证。

**舆情工作**。2018 年，包含舆情监测分析管理系统、高分可视化系统和监测大屏在内的行业舆情监测中心建成，全年监测、上报国家局行业舆情 1.9 万条，报告 203 个，第一时间报送行业网络舆情检测结果，并进行多维度对比分析，全面展现行业外部舆论环境。同时，根据合作单位需求增加定制化内容，进一步增加报告含金量、提升合作满意度，舆情服务工作得到行业广泛认可。

**【《烟草企业文化》】**　《烟草企业文化》由中国烟草职工思想政治工作研究会、《中国烟草》杂志社有限公司主办，《中国烟草》杂志社有限公司编辑出版的内刊，面向烟草行业各直属单位发送，是中国烟草思想政治工作研究会的会刊。

2018 年，《烟草企业文化》围绕学习宣传贯彻党的十九大精神、全面推进党的建设等重点组织“特别报道”。保持文化特色，总结行业党建工作经验，尝试更新“明事析理”栏目内容，邀请行业专家就一些长期以来比较模糊的问题进行答疑解惑。

## 网络媒体

**【国家局行业网站】**　**概况**。2018 年，国家局行业网站（简称行业网站）在国家局党组坚强领导下，在局办公室主管和机关各部门、各单位大力支持下，通过全行业各单位网站工作部门共同努力，各项工作取得明显成效，《政府网站发展指引》（简称《指引》）要求进一步落实落地。受关注度不断攀升，截至 2018 年 11 月，行业网站内网日均访问量 2.1 万人次，外网日均访问量 1.04 万人次，外网日均访问量同比增长 20%；行业网站通讯员业务水平进一步提升，首次实现省、市级局和卷烟厂在行业网站稿件登载全覆盖。国家局内网发布各类信息1.3万余条，外网发布各类信息2.4万余条，有37条政务信息被中央政府门户网站采用。

**行业网站政务服务能力明显提升。**政务公开力度不断加大。政务信息资源整合稳步推进，完成政务信息资源的规划和资源目录编制工作，国家局政务信息整合共享系统接入国家电子政务外网数据交换平台，实现与各部委政务信息资源的交换与共享，并向社会开放可公开利用的数据。政务服务应用逐步深化。按照“互联网+政务服务”要求，行业各单位结合实际，推动政务服务线上线下融合发展。

**行业网站建设更加规范有序。**宣传报道围绕中心注重质量。认真贯彻落实习近平总书记在全国宣传思想工作会议上的重要讲话精神，紧紧围绕国家局党组的新部署、新要求，着力报道行业各单位深入学习贯彻习近平新时代中国特色社会主义思想和党的十九大精神情况，以及加强党的建设，开展改革创新，推动高质量发展的新举措、新成效，及时向全行业和全社会传递烟草行业正能量。2018年烟草行业各直属单位主要负责同志座谈会召开后，行业网站第一时间开设专栏专题进行宣传报道，发布行业学习贯彻座谈会精神稿件104篇。四川中烟策划“川烟工业百年华诞暨优品生活发展论坛活动”宣传报道，陆续推出微信宣传图片和《回首川烟百年　开启荣耀新诗篇》等微信文章，并在网站开办“川烟百年华诞”专题。河南中烟抓住品牌税利贡献、企业发展的重要契机等新闻点，积极在行业网站等主流媒体开展宣传。云南中烟开设“云南中烟党建在线”，全面报道全省系统党建工作开展情况。为保证国家局网站稿件质量，国家局信息中心网站管理处对各单位报送稿件的错误和共性问题进行分类汇总，在网站工作交流群采用微课堂方式对行业通讯员进行案例教学。

**各项规范要求贯彻落实有力。**按照《国务院办公厅关于加强政府网站域名管理的通知》，行业网站对行业19家政府网站分配tobacco. gov. cn后缀的二级域名，并进行专题部署。按照国办《“我为政府网站找错”留言办理规范》建立行业各级政府网站网民留言规范性审核流程，在指定时间内按照规范流程予以答复和公开，办结率100%。按照国办要求，行业各级政府网站及时在首页显著位置转载“群众办事百项堵点疏解行动”活动链接。按照有关部门要求，组织全行业进行各级网站和信息系统使用地图情况排查，签订“‘问题地图’清理整治承诺书”，进一步强化和落实“问题地图”责任制。

**新媒体发展健康有序。**行业各单位不断加强政务微博、微信、移动客户端等政务公开新渠道建设，开设10个政务微信公众号和2个移动客户端，运行良好、初见成效。广东中烟开设的移动端网页和双喜传媒手机APP，为重点零售户配置多媒体触摸显示屏，实现外部网站PC端、手机端、APP客户端、触摸显示屏的立体式传播。福建省局通过手机网改版升级，公众号高频率推送，微视频摄制等措施，提升用户黏性。海南省局创建3个微信企业号和公众号，实现在微信上开展零售许可证办理、专卖法宣传、市场监管及相关通知发送等功能，拓宽公众服务渠道。

**行业网站管理取得明显成效。**行业网站健康度进一步提升。连续3个季度抽查监测合格率实现100%，网站健康指数由一季度的86.2%上升到三季度的97.1%。行业各单位采取有效措施不断提高网站健康水平。为进一步贯彻落实国务院关于加强网站工作的要求，国家局借鉴有关部委和行业经验，设计制定《烟草行业各直属单位网站绩效评估方案》，将在广泛征求意见并修改完善后实施。

网站安全工作进一步加强。行业各单位不断提高“红线”意识，把握“底线”思维，落实网络安全主体责任，不断加强网站防攻击、防篡改和防病毒能力建设，2018年上半年，国家局组织有关专业技术机构，采用黑客常用手段对20家单位的外部网站进行远程渗透检测，20家单位均有效抵御国家局的攻击测试，以实战方式验证防护能力。为加强行业舆情监测，国家局联合各单位建立舆情监测长效机制。截至2018年11月底，行业网站向国家局领导上报舆情监测报告232期，上报舆情1095条。

【中国烟草资讯网】　**充分发挥新媒体优势，积极配合做好政务公开工作。**2018年初，根据国家局办公室有关要求，增加在“中国烟草资讯”微信公众号和移动客户端上发布行业控烟履约、烟农帮扶、打假打私等权威信息，以及向“国新发布”APP报送领导访谈、政策解读等信息。

**继续做好《中国烟草》杂志网络化、资讯网编辑工作。**在按时发布杂志网络版的基础上，在《中国烟草》杂志创新增加二维码文章，全年制作二维码文章135篇。围绕“标题口语化、内容精炼化”原则，改编杂志文章发布在微信公众号上。微信公众号订阅人数增加到4.7万人，比上年翻番。2018年初，移动客户端创新利用APP“直播栏目”同步资讯网图文直播全国烟草工作会议，全年推送1800余条信息，下载人数2万余人次，实现比上年翻番。

2018年，中国烟草资讯网策划制作10余个网络专题、7个征集启事，发布各类信息1.7万余条。2018年，中国烟草资讯网点击总量3.9亿余次，总浏览量3.2亿多次，日均点击量150余万次，日均访问人数2.1万人次。

**加强网络安全管理**。学习贯彻《中华人民共和国网络安全法》和国家局保密工作有关文件，定期进行应用系统、服务器安全维护，进行杂志社投稿系统和资讯网搜索系统的服务器操作系统升级加固，配合国家局信息中心等多个部门多次梳理几十项服务器的软硬件信息，进行中国烟草杂志社办公电脑涉密文件检查。同时，严格执行保密规定，上网信息施行“三级审核制”，全方位加强网络信息安全保障工作，做到全年“零”重大网络信息安全事故。

# 志鉴编纂

## 行业志鉴编纂

**【《中国烟草年鉴》】** 《中国烟草年鉴》是由国家烟草专卖局组织编纂，全面反映中国烟草行业改革和发展情况以及所属各企业发展概貌的专业性、权威性行业综合年鉴。自1996年创刊以来，已先后编纂出版1991—1995年、1981—1990年、1996—1997年、1998—1999年、2000年、2001年、2002年、2003年、2004年、2005年、2006年、2007年、2008年、2009年、2010年、2011—2012年、2013年、2014年、2015年、2016年、2017年、2018年共22卷。从2004年卷起，由《中国烟草》杂志社有限公司《中国烟草年鉴》编辑部具体负责编辑工作。

《中国烟草年鉴（2018）》正文部分包括11个栏目，依次为：特载，行业概览，国家烟草专卖局　中国烟草总公司组织机构，专卖管理与“两烟”经营，烟草工业，科研和教育培训，新闻舆论和文化建设，公益活动，大事记，重要政策法规与文件选登，附录。2018卷年鉴“栏目”下设“分目”“条目”。主要收录2017年全国烟草行业发展的主要工作情况。各栏目内容充实，信息量大，反映行业改革发展的历程，具有很强的权威性、延续性。为更直接展示行业工作与成就，《中国烟草年鉴（2018）》在正文中配图，采用四色印刷，表现形式更加多样化；并以彩图配合相关栏目，生动、直观、全面地反映行业各方面发展情况，彩图涉及面广，内容丰富。

《中国烟草年鉴（2018）》在总体结构上，积极适应烟草行业改革发展和行业类年鉴编纂新要求，突出综述性条目和特色条目，加强对行业总体情况的反映，力求全面呈现烟草产业各发展环节的情况，精简常规性内容。

《中国烟草年鉴（2018）》对“公益活动”栏目做出调整，以省为单位进行统计，概述各省烟草商业（工业）系统公益活动的总体情况，各省级公司所属企业不再单独统计。公益活动分类列出具体项目，包括扶贫济困、捐资助学、灾害救助，以及献血、植树、志愿活动等其他社会公益活动。

## 省级公司志鉴编纂

**【《安徽省志·烟草志（1996—2010）》】** 该志书是《安徽省志》的组成部分，由安徽省烟草专卖局（公司）和安徽中烟工业有限责任公司合编，形成送审稿报送安徽省地方志办公室评审。全书分为6篇23章，约50万字。2018年底完成定稿成书，出版编号ISBN 978-7-5144-1987-0，由方志出版社公开出版。

**【《吉林省志·烟草志》（第二卷）】** 该志书是《吉林省志》（第二卷）组成部分，由吉林烟草学会秘书处负责编纂工作。《吉林省志·烟草志》（第二卷）初稿共设7篇34章122节，另有概述、附录，图片300幅，总字数56万字，经吉林省地方志编纂委员会初审，调整为7篇34章126节，及概述、附录，图片114幅、烟标126张，全志总字数62万字，于2018年12月12日通过吉林省地方志编纂委员会复审。编写人员按照复审意见对稿件进行调整修改和补充完善。

**【《河南烟草志》系列丛书】** 《河南烟草志》系列丛书于2007年底启动，2018年底定稿成书，由中州古籍出版社公开出版。丛书由《河南烟草志》《河南烟标集萃》《河南烟标图录》组成。

《河南烟草志》共4册，以志为主体，以述、记、志、传、图、表、录为基本体裁，详细记录自1621年烟叶传入河南，到2008年（人物部分记录到2018年6月）河南烟草业及相关单位、部门和人物在国内外烟草市场上的活动。

分为烟草农业、烟草工业、卷烟销售、烟草专卖、烟草进出口与对外合作、烟草税收与财务审计、计划统计与多元化经营、烟草科技、机构队伍和烟草文化等10篇。

《河南烟标集萃》共3册，收录1912—2012年河南卷烟企业拥有、使用过的，图案优美、寓意深刻、生产周期较长、社会影响和经济效益显著的主要品牌烟标1500余枚。以历史时期为单元，按20世纪初到30年代烟标、抗日战争全面爆发时期烟标、解放战争时期烟标、抗美援朝时期烟标、社会主义改造时期烟标、"文化大革命"时期烟标、20世纪七八十年代烟标、烟草专卖体制建立以后烟标共8个单元依序编排，逐枚配以文字资料，彰显河南烟标文化。

《河南烟标图录》共3册，收录百年来河南6000余枚烟标，按烟标名称、图案分类辑录，设地域名城、山水名胜、花鸟鱼虫（兽）、民风民俗、珠宝器物、园林宫殿、阁楼塔寺、科技教育、文化体育、人物先贤、时代掠影、史海钩沉和其他等13大类，是一部河南烟标大全。

**【《云南省志·烟草志（1978—2005）》】** 该志书为《云南省志（1978—2005）》的分志之一，列为卷五十二。志书承接第一部《云南省志·烟草志》，上限始于1981年，下限止于2005年，为保持事物发展的连续性、完整性，个别内容适当上溯或下延。志书由云南省烟草专卖局（公司）和云南中烟工业有限责任公司合编。2008年7月报送云南省地方志办，2018年9月按照终审意见进行修改后，2018年12月由云南人民出版社出版发行。

**【《北京烟草年鉴》】** 由北京市烟草专卖局（公司）组织编纂的内部资料，创刊于2005年，按照年度编写，截至2018年底，出版14卷。

**【《安徽省烟草专卖局（公司）年鉴》】** 由安徽省烟草专卖局（公司）组织编纂，分年度编写。2018年，组织人员集中编纂安徽省局（公司）2017年相关资料，截至2018年底，稿件进入出版流程。

**【《安徽中烟工业有限责任公司年鉴》】** 由安徽中烟工业有限责任公司组织编纂，是系统记述安徽卷烟工业发展状况的资料性文献。共完成2008年至2014年6卷，除2009年启动编纂的第一卷为内部资料外，其余5卷均为公开出版发行。2015年至2018年年鉴编纂完成，进入印刷出版流程。每卷约60万字，每卷发行600册。

**【《山东省烟草专卖局　中国烟草总公司山东省公司年鉴》】** 2018年7月，山东省烟草专卖局（公司）编辑出版《山东省烟草专卖局　中国烟草总公司山东省公司年鉴》（2014—2016卷），主要收录2014—2016年山东烟草商业系统发生的大事要闻，有些资料适当上溯或下延。是为各级领导部门和社会各界了解山东省烟草商业系统情况，为行业各单位查询资料、获取信息提供服务的大型工具书。采用彩色排版，以彩图配合相关栏目，生动、直观、全面地反映全系统各方面发展情况。该年鉴由中华书局出版，书号：ISBN 978－7－101－11488－1；中国版本图书馆CIP数据核字（2016）第011626号。

**【《山东中烟年鉴》】** 于2011年启动编纂工作，截至2018年底，完成2011—2014年4册纸质年鉴，2015—2017年一度停滞，于2018年重启，采取业务外包方式，由全资多元化企业负责编纂。采用分类编辑法。主体内容分为栏目、分目、条目3个层次，条目为年鉴内容的基本单位。一般设领导重要讲话、大事记、公司综述、公司部门、公司中心、卷烟工厂、集团公司、先模人物、附录等栏目。条目由各卷烟厂、各集团公司及公司各部门、中心负责撰写。年鉴为纸质版。

**【《四川中烟工业有限责任公司年鉴（2017）》】** 2018年，编撰《四川中烟工业有限责任公司年鉴（2017）》，全面反映2017年四川中烟改革和发展情况及所属企业发展概貌，是一部综合年鉴。编纂工作由公司办公室牵头，各部门各单位配合完成。按照栏目、条目二级结构层次编排，设有企业概况、大事记、卷烟产销、品牌建设、技术创新、基础管理、雪茄烟发展、多元化经营、国际业务、所属企业、卷烟辅助材料生产、社会公益等栏目，下设若干条目，全面系统地汇集四川中烟2017年度重要信息。

**【《云南烟草年鉴》】** 是由云南省烟草专卖局、中国烟草总公司云南省公司主办，经国家出版行政管理部门批准公开发行的省级行业年鉴。年鉴以客观、全面、真实、系统地记录云南烟草商业系统发展的历史进程为任务，旨在为社会各界全面了解、研究云南烟草提供基础材料和基本线索。从2008年开始编纂，共编辑出版10卷。

2018年12月，完成《云南烟草年鉴》2017卷编印工作。该卷年鉴主要以条目形式反映2017年云南烟草商业系统各方面的工作情况，内容包括特载、专文、大事记、总述、综合管理、直属单位、附录7个部类，正文75万字，彩页28页。

【《云南中烟年鉴》】 是由云南中烟工业有限责任公司组织编纂，全面反映云南中烟重要改革发展情况，以及所属单位发展概貌的专业性、权威性年鉴。以全面、客观、系统地记述云南中烟年度基本情况和各项工作发展现状，充分反映云南中烟年度基本面貌和发展进程为任务，旨在为行业内部人士及社会各界全面了解、研究云南烟草工业提供基础材料和基本线索。从2012年开始启动年鉴编纂工作，截至2018年底，公开出版发行7卷（反映2011年至2017年内容，一年一卷，每卷发行400册，每卷80万字左右）。

【《红塔集团年鉴》】 自2009年创刊至2018年，10年公开出版发行纸质和电子书12卷，其中，2013年下半年和2014年上半年，补编2007年卷、2008年卷。至此《红塔集团年鉴》与《红塔集团志》（1956—2005）形成一套完整的宝贵历史资料丛书。年鉴全面、系统反映红塔集团发展进程，年度重点和企业特点突出，与党的大政方针保持高度一致、同行业发展要求紧密相连；结合烟草行业要求与国家出版管理规定，统一计量单位和数字；年鉴卷首有详细目录和英文要目，卷内有书眉，卷末有索引，并配有电子书，方便查阅检索和下载使用。

【《红云红河集团年鉴》】 自红云红河集团成立（2008年11月8日）开始编撰，以内部资料委外印制方式形成9卷（2009年至2017年一年一卷），每卷编印600册，以满足集团总部各中心、部室及下属生产厂（公司）日常使用。年鉴作为反映集团年度基本情况的资料工具书，设集团概况、品牌培育、科技创新、生产制造、原料保障、物资管理、物流管理、企业管理、队伍建设、党建群团、主要会议、组织机构、生产企业、荣誉榜、数据汇编、记事、附录等栏目。

【《大连烟草年鉴（2018）》】 是由大连市烟草专卖局（公司）办公室牵头组织编纂，全面反映2017年大连烟草系统改革和发展情况，以及所属单位发展概貌的专业性、权威性内部年鉴。该年鉴采用分类编辑法，主体内容分栏目、分目、条目3个层次；栏目为大单元，其下按企业性质并兼顾现行体制设置分目，设有特载、概览、专文、大事记、组织结构、大连市局（公司）、区（市县）局（分公司）、多元化企业、重要文件、附录共计10个栏目；栏目下设分目和条目。全书共计32万余字。

# 博物馆、展馆建设

## 中国烟草博物馆

【概　况】 中国烟草博物馆（简称烟博馆）位于上海市长阳路，于2004年7月15日开馆，总投资1.8亿元。烟博馆总建筑面积为9617平方米，其中占地面积为5511平方米，展示面积约3500平方米。烟博馆是一家反映中国烟草发展历史、传承中国烟草文化的专业博物馆，是上海首个国家级行业博物馆，也是世界上规模最大的烟草博物馆。烟博馆开馆后的日常运行委托上海烟草集团有限责任公司（简称集团公司）进行管理。

中国烟草博物馆有烟草历程、烟草农业、烟草工业、烟草经贸、烟草管理、烟草文化、吸烟与控烟等展馆，参观者可以通过大量珍贵的文物、文献、模型、场景、真人蜡像及照片、多媒体等形式，全面了解中国烟草的起源及各发展阶段的概况和特征，了解吸烟与控烟的发展历史及中国烟草行业在控烟与减害降焦等方面所做的工作。

【管理整合】 为配合集团公司深化改革减员增效的重要部署，3月，烟博馆和烟草学会两部门进行管理整合，并实施合署办公。两部门稳步推进管理整合工作，以工作互助、学习互联、思想互动为切入点，通过“走出去、请进来”，组织开展座谈研讨、学组活动、编制调查问卷、形成情况报告等方式，广泛征求烟博馆展馆调整升级改造的意见建议；举办联组学习会，交流学习心得体会、推动工作实践，同时通过人人担任新创办的“学博动态”编辑，提高全员的大局意识、责任意识和团队精神，管理整合工作取得实实在在的成果。

【参观交流】 按照“让更多的人了解中国烟草”的办馆理念以及“服务大众、奉献社会”的服务理念，烟博馆不断强化服务承诺，以全员做好讲解工作为核心，切实做好服务接待工作。定期调整讲解内容，丰富讲解内涵，并按照不同的讲解需求，开展多层次讲解服务，做到“因人施讲”。同时，做好经常性的讲解工作培训和讲解技巧练兵活动，提升烟博馆的接待能力和讲解服务水平。2018 年，烟博馆累计接待观众 8328 人次，观众满意率 96.3%。

**【集团公司展示厅改建】** 2018 年，烟博馆接到集团公司交办的集团展示厅改建任务。在集团公司办公室的牵头组织下，烟博馆从内容优化、版面布局、平面设计等方面入手，与设计施工方沟通展示陈列有关方案，并实地采访集团营销中心、贸易中心等多个部门，赴浦东科技园区、新型烟草制品研究院等 12 家单位进行现场拍摄，联系集团 31 家工商企业和部门征求有关资料，审定上海烟草历年市级及以上各类先进个人、先进集体等多个目录名单，策划组织拍摄多个专题视频等，确保展陈内容全面反映上海烟草改革发展，确保展陈效果、质量达到一流先进。同时，强化施工现场的安全和质量管理，针对项目施工中存在的问题以及需要协助解决的困难，多次召开工作现场会，发挥有关职能处室的监管作用，确保施工安全和质量。展示厅隐蔽工程通过验收，基础工程全面完成，进入全面布展阶段。

**【展陈调整】** 根据有关要求，对馆内展出的早期含密级的文件分批进行撤换。将工业馆出口处原“百牌号”展区调整为浮雕壁画“烟草史歌”，对部分原有多媒体内容进行调整，多媒体内容新增新中国烟标集，更新中国烟草税利数据以及烟草历程馆的部分背景图片、文物资料等。调整更换“中华”品牌文化展示厅中的部分领导人参观照片、“中华”新烟标、烟叶基地产区等图片和实物。清点并统计烟博馆、“中华”品牌文化展示厅中各类多媒体设备型号，将多媒体用电设备共 129 台、大小场景 59 处、蜡像 25 个、玻璃展橱 110 个、各式展柜 178 个、大小展板 1552 个、展板标签 1185 个，方向指示灯 49 只等分列规格，制作成表格，不仅为展陈调整升级和日常维保提供基础数据资料，也为 2018—2020 年度展馆、展厅招标维护服务采购资质单位提供翔实的依据。

**【征集保管与烟标整理】** 在征集方面：一是集团公司采购中心送交一批时间跨度长达 28 年的工作笔记，内容为 1966 年至 1993 年，烟叶采购人员对国家相关部委及各省市下发的烟叶调拨、收购、供应价格等文件的手抄记录。二是上海高扬国际烟草有限公司捐赠各类设备铭牌、工具、模型等实物 150 余件，其留存见证高扬公司 25 年发展轨迹，也为上海烟草行业的发展留下珍贵的历史资料。三是天津卷烟厂捐赠 1 台莫林斯卷烟机模型。四是常州烟标收藏协会捐赠 1 张 20 世纪 20 年代上海和平烟草公司出品的“牡丹”烟标、1 张解放初期的“中华”烟标，以及数张 20 世纪 80 年代的烟票，是民间收藏组织根据烟博馆的征集意向发起的定向捐赠。五是启动 2017 年度卷烟新产品烟标征集工作，分别与全国 26 家卷烟工业企业取得联系，完成 150 个卷烟品牌规格 45000 张烟标小盒和 4500 张条盒的征集、整理和分类等工作。六是集团公司老领导捐赠《解放日报·“神六”纪念特刊》（丝绸报）、中国女排队签名排球、悉尼奥运会冠军签名球等。

在保管方面：烟博馆将装裱过的 59 幅题词及字画等纸质馆藏品进行悬挂式入库，既保持字画保存的密闭性，又起到恒温恒湿、防潮防蛀、避免光照的效果。2018 年，烟博馆从改进分类保管方式、提升烟标有序保存措施着手，探索馆藏烟标整理新模式。通过反复论证制定出烟标整理方案，即：按序提取、登记编号、

2018 年，中国烟草博物馆开展烟标整理工作

上海烟草集团　供稿

甄别版式、增厚信息、打印标签、入库上架等。此项工作烟博馆全员参与，争取用3年完成所有烟标的整理和验收入库，2018年已完成第一批4万余枚烟标整理任务。

**【文化研究与对外合作】** 2018年，在完成《新中国卷烟烟标精选集》内容审定、排版印刷等一系列工作后，烟博馆向全国烟草各省级烟草专卖局及其所属地市级烟草专卖局、各省级中烟工业公司及其所属的卷烟厂600余家单位发送和分送《新中国卷烟烟标精选集》1000余套。黑龙江省局（公司）、江西中烟两家行业单位分别就开发国家局《党员教育——中国烟草红色历史》网络课程和新建企业文化展示厅等工作与烟博馆进行座谈交流，浙江中烟宁波卷烟厂、南通烟草2家单位为筹建厂史馆和举办烟草史展览联系到烟博馆。烟博馆对馆内图文资料进行认真查找，分别为以上4家单位提供所需资料，充分发挥烟博馆资料收集研究、服务行业单位的职能作用。

## 中国雪茄博物馆

中国雪茄博物馆位于四川省什邡市四川中烟工业有限责任公司长城雪茄烟厂，是由国家烟草专卖局 中国烟草总公司发起建设的全国性、专业性的国家级博物馆，授权四川中烟全面管理，是唯一一家展示、收藏、研究、交流中国雪茄文化的博物馆。

中国雪茄博物馆建筑物主体分三层，建筑面积4662平方米，其中一层约1961平方米、二层约1431平方米、三层约1270平方米，分“寻根”“溯源”“探秘”3个展厅，围绕中国雪茄产地、历史和工艺进行主题展示，寻根中国雪茄之乡、溯源中国雪茄百年、探秘中国雪茄技艺。馆内陈列有前驻古巴大使张拓捐赠的古巴领导人劳尔·卡斯特罗亲笔签名雪茄、国礼“长城雪茄”包装盒印刷模板以及世界最长雪茄等珍贵藏品共计380余件。

2018年，中国雪茄博物馆接待访客1.2万人次，举办“元帅情冠军心”“川烟百年庆典”等6场大型主题活动。

## 企业文化展厅建设

**【厦门市烟草专卖局（公司）企业文化展厅建设】** 2018年1月，福建省厦门市局（公司）启动“精实以恒，形象共筑”企业文化展厅重建工作。展厅在原企业文化展厅的基础上进行扩建，从序厅、公共文化展厅、企业发展厅、专题文化厅四部分展示厦门烟草发展历程，以及在生产经营管理、党建、文明文化建设等方面的成果。新展厅于2018年底基本完工，成为企业内部重要的宣教阵地。

**【宁德市烟草专卖局（公司）企业文化展厅建设】** 2018年1月，福建省宁德市局（公司）对原企业文化展厅进行修缮和改造，系统展示习近平新时代中国特色社会主义思想，全面展示宁德烟草“发展为先，和谐为重”理念，成为机关各党支部开展党内政治生活及其他形式学习教育活动的阵地。

# 报刊名录

### 2018年烟草行业部分报刊名录

| 报刊名 | 报刊号/准印证号 | 创刊时间 | 刊 期 | 联系电话 | 主管、主办单位 |
|---|---|---|---|---|---|
| 《中国烟草》 | ISSN1008－9063<br>CN11－3831/D | 1985年 | 半月刊 | 010－63605464 | 《中国烟草》杂志社有限公司 |
| 《新烟草》 | ISSN1008－5181<br>CN23－1526/TS | 1986年 | 旬 刊 | 010－68535662 | 黑龙江省烟草公司、《中国烟草》杂志社有限公司 |
| 《中国烟草学报》 | ISSN1004－5708<br>CN11－2985/TS | 1992年 | 双月刊 | 010－63605768 | 中国烟草学会 |
| 《烟草科技》 | ISSN1002－0861<br>CN41－1137/TS | 1957年 | 月 刊 | 0371－67672637 | 郑州烟草研究院 |
| 《东方烟草报》 | CN37－0082 | 1992年 | 周七报 | 0531－88562706 | 山东省局（公司） |

续表

| 报刊名 | 报刊号/准印证号 | 创刊时间 | 刊　期 | 联系电话 | 主管、主办单位 |
|---|---|---|---|---|---|
| 《烟机通讯》 | 豫内资〔许昌〕0005号 | 1995年 | 半月报 | 0374－3266661 | 中国烟草机械集团有限责任公司 |
| 《北京烟草》 | 京内资准字1999－L0006 | 1993年 | 双月刊 | 010－67009775 | 北京市局（公司）、北京烟草学会 |
| 《京烟》 | 京内资准字99－L0501 | 1993年 | 月　报 | 010－59028303 | 上海烟草集团北京卷烟厂 |
| 《天津烟草》 | 准印证号K170086 | 2000年6月 | 双月刊 | 022－23292109 | 天津市局（公司）、天津市烟草学会 |
| 《津烟》 | 内部资料准印证号：津11011 | 1994年10月 | 半月报 | 022－84786089 | 上海烟草集团天津卷烟厂 |
| 《河北烟草》 | 冀L1100113 | 1988年6月 | 双月刊 | 0311－88607906 | 河北省局（公司）、河北中烟主管、河北省烟草学会主办 |
| 《河北烟草》 | 冀L1100205 | 2003年8月 | 半月报 | 0311－66006745 | 河北中烟、河北省局 |
| 《山西烟草》 | 山西省内部资料准印证号（晋）K224 | 1987年5月 | 季　刊 | 0351－6563104 | 山西省局（公司）、山西省烟草学会 |
| 《大光》 | 山西省内部资料准印证〔2013〕B124号4开4版 | 1998年 | 月　刊 | 0351－2024058 | 山西昆明烟草有限责任公司 |
| 《呼烟报》 | 内部刊物 | 1985年4月 | 月　刊 | 0471－4348623 | 内蒙古昆明卷烟有限责任公司 |
| 《内蒙古烟草》 | 18－1501015 | 1988年8月 | 双月刊 | 0471－2297069<br>0471－2297058 | 内蒙古自治区烟草学会 |
| 《辽宁烟草》 | 辽宁省内部资料准印证号0022 | 1990年 | 双月刊 | 024－31210786 | 辽宁省局（公司）、辽宁省烟草学会 |
| 《红辽烟草》 | 辽宁省内部资料准印证0151号 | 2005年1月 | 半月刊 | 024－22815777－1801 | 红塔辽宁烟草有限责任公司 |
| 《吉林烟草》 | 吉林省连续性内部资料出版物准印证编号：JN00－013 | 1994年 | 双月刊 | 0431－88401432 | 吉林省局（公司） |
| 《烟草专卖导读》 | 吉林省连续性内部资料出版物准印证编号：JN02－033 | 2003年4月 | 月　报 | 0432－64606502 | 吉林省吉林市局（公司） |
| 《吉林烟草工业报》 | 吉林省连续性内部资料出版物JN 03－025 | 2008年5月 | 半月刊 | 0433－2850896 | 吉林烟草工业有限责任公司 |
| 《哈尔滨烟草》 | 黑新出印字2301026号 | 2002年 | 月　刊 | 0451－88620697 | 黑龙江省哈尔滨市局（公司） |
| 《黑龙江烟草工业》 | 黑新出印第字2301039号 | 1998年 | 旬　刊 | 0451－82521456 | 黑龙江烟草工业有限责任公司 |
| 《上海烟草》 | 上海市连续性内部资料准印证第0205号 | 1987年 | 季　刊 | 021－61669608 | 上海市烟草学会 |
| 《新烟》 | 上海市连续性内部资料准印证第0824号 | 2018年 | 季　刊 | 021－61661716 | 上海新型烟草制品研究院 |
| 《江苏烟草》 | 苏新出准印S〔2016〕00000063号 | 2008年 | 月　报 | 025－86794543 | 江苏省局（公司） |
| 《江苏烟草研究》 | 苏新出准印JS－S027号 | 2008年 | 双月刊 | 025－87756186 | 江苏省局（公司）、江苏省烟草学会 |
| 《江苏中烟》 | S〔2018〕00000061 | 2007年1月 | 双月刊 | 025－69896136 | 江苏中烟 |
| 《江苏中烟报》 | S〔2018〕00000062 | 2007年1月 | 半月报 | 025－69896136 | 江苏中烟 |
| 《浙江烟草》 | 浙内准字第0046号 | 1987年4月 | 双月刊 | 0571－87079325 | 浙江省局（公司）、浙江中烟、浙江省烟草学会 |
| 《浙江中烟报》 | 浙企准字S042号 | 2006年 | 月　报 | 0571－87075860 | 浙江中烟 |
| 《安徽烟草》 | 安徽省内部资料准印（综）00－2046 | 2001年1月 | 月　刊 | 0551－65508728 | 安徽省局（公司）、安徽省烟草学会 |
| 《亳州烟草报》 | 亳宣准字200303 | 2003年 | 月　报 | 0558－5128558 | 安徽省亳州市局（公司） |
| 《蚌烟实报》 | 皖内部资料性图书BB－2010－009号 | 2010年 | 月　报 | 0552－4089163 | 安徽省蚌埠市局（公司） |

续表

| 报刊名 | 报刊号/准印证号 | 创刊时间 | 刊 期 | 联系电话 | 主管、主办单位 |
|---|---|---|---|---|---|
| 《安徽中烟》 | 安徽省内部资料准印证号第 L00－053 | 2006 年 | 半月报 | 0551－65392203 | 安徽中烟 |
| 《黄山世界》 | 安徽省内部资料准印证号：00－265 | 2009 年 | 季 刊 | 0551－65368037 | 安徽中烟 |
| 《福建烟草》 | 闽内资准字 K 第 097 号 | 1987 年 1 月 | 双月刊 | 0591－87069560 | 福建省局（公司）、福建中烟、福建省烟草学会 |
| 《海峡烟草》 | （闽）内资准字 K 第 173 号 | 2003 年 6 月 | 旬 报 | 0591－87069456 | 福建省局（公司） |
| 《海峡烟草》（烟叶版） | （闽）内资准字 K 第 173 号 | 2005 年 5 月 | 月 报 | 0591－87069456 | 福建省局（公司） |
| 《三明烟草》 | 闽内资准字 G 第 3 号 | 1992 年 1 月 | 双月刊 | 0598－8566611 | 福建省三明市局（公司）、三明市烟草学会 |
| 《龙岩烟草报》[1] | （闽）内资准字 F 第 032 号 | 2007 年 10 月 | 月 刊 | 0597－2999816 | 福建省龙岩市局（公司） |
| 《福建中烟》 | 闽内部资料性出版许可证第 02028 号 | 2011 年 5 月 | 半月刊 | 0592－5836962 | 福建中烟 |
| 《龙烟人》 | 闽内部资料性出版许可证第 07014 号 | 1991 年 | 半月报 | 0597－2776888 | 龙岩烟草工业有限责任公司 |
| 《厦门烟草》 | 厦新出〔99〕内资第 16 号 | 1993 年 | 月 报 | 0592－6536171 | 厦门烟草工业有限责任公司 |
| 《江西烟草》 | （赣）0000122 | 1991 年 1 月 | 双月刊 | 0791－86535120 | 江西省局（公司）、江西中烟、江西省烟草学会 |
| 《星辰》 | 赣内资字第 G023 号 | 2009 年 6 月 | 月 报 | 0792－8503389 | 江西省九江市局（公司） |
| 《金圣报》 | 赣内资字第 076 号 | 2004 年 6 月 | 月 报 | 0791－88358596 | 江西中烟 |
| 《典藏》 | 赣内资字第 326 号 | 2009 年 9 月 | 不定期 | 0791－88358596 | 江西中烟 |
| 《广烟之窗》 | 赣内资字第 E004 号 | 1996 年 10 月 | 月 报 | 0793－6078818 | 江西中烟广丰卷烟厂 |
| 《山东烟草》 | 鲁连内资第 01095 号 | 2007 年 | 双月刊 | 0531－81218315 | 《东方烟草报》社有限公司 |
| 《淄博烟草》 | 淄博市内部资料准印证〔2011〕270 号 | 2012 年 1 月 | 半月刊 | 0533－2181599 | 山东省淄博市局（公司） |
| 《滨州烟草》 | 滨州市内部资料准印证〔2006〕第 44 号 | 2006 年 5 月 | 半月刊 | 0543－3157382 | 山东省滨州市局（公司） |
| 《东方烟草报·山东中烟报》 | 国内统一刊号：CN37－0082 | 2007 年 11 月 | 半月报 | 0531－58709712 | 山东中烟 |
| 《东方烟草报·金周刊·泰山周刊》 | 国内统一刊号：CN37－0082 | 2008 年 5 月 | 半月报 | 0531－58709712 | 山东中烟 |
| 《济烟视窗》 | 济南市内部资料准印证第 004 号 | 1990 年 7 月 | 半月报 | 0531－66776887 | 山东中烟济南卷烟厂 |
| 《青岛卷烟》 | 鲁连内资〔2007〕第 0055 号 | 1991 年 9 月 | 季 报 | 0532－81921263 | 山东中烟青岛卷烟厂 |
| 《星光》 | 山东省连续性内部资料出版物准印证第 0085 号 | 1997 年 10 月 | 月 报 | 0536－3239468 | 山东中烟青州卷烟厂 |
| 《滕烟采风》 | 鲁 D：连内资〔2017〕第 031 号 | 1996 年 2 月 | 月 报 | 0632－8058330 | 山东中烟滕州卷烟厂 |
| 《将军视窗》 | 鲁连内资第 A0012 号 | 2015 年 2 月 | 月 报 | 0532－88777166 | 将军烟草集团有限公司 |
| 《中国烟草科学》 | ISSN 1007－5119 / CN37－1277/S | 1979 年 | 双月刊 | 0532－88703238 | 中国农业科学院烟草研究所、中国烟草总公司青州烟草研究所 |

续表

| 报刊名 | 报刊号/准印证号 | 创刊时间 | 刊　期 | 联系电话 | 主管、主办单位 |
|---|---|---|---|---|---|
| 《河南烟草》 | 河南省连续性内部资料〔审省直连〕00102 号 | 1996 年 | 双月刊 | 0371－65583198 | 河南省局（公司）、河南中烟、河南省烟草学会 |
| 《中原烟草》 | 河南省连续性内部资料〔审省直连〕00142 号 | 2015 年 1 月 | 半月刊 | 0371－65583016 | 河南省局（公司） |
| 《南阳烟草通讯》 | 河南省连续性内部资料〔南阳〕049 号 | 2009 年 9 月 | 月　刊 | 0377－63160072 | 河南省南阳市局（公司） |
| 《天中烟草》[2] | 河南省连续性内部资料〔审驻马店连〕00010 号 | 2015 年 12 月 | 月　刊 | 0396－2826269 | 河南省驻马店市局（公司） |
| 《郑烟工作》 | 河南省连续性内部资料〔审郑州连〕00056 号 | 2016 年 5 月 | 半月刊 | 0371－86168658 | 河南省郑州市局（公司） |
| 《黄金叶·天之叶》 | 内资〔省直〕163 号 | 2006 年 | 月　刊 | 0371－69192831 | 河南中烟 |
| 《黄金叶制造》 | 河南省连续性内部资料郑州〔74 号〕 | 2008 年 | 月　报 | 0371－85519112 | 河南中烟黄金叶生产制造中心 |
| 《许烟时讯》 | 〔许昌〕0006 号 | 1989 年 | 半月报 | 0374－3351233 | 河南中烟许昌卷烟厂 |
| 《安烟》 | 内部资料〔审安阳连〕00001 号 | 2010 年 | 月　报 | 0372－5089165 | 河南中烟安阳卷烟厂 |
| 《湖北烟草》[3] | （鄂）4200－2018096/连 | 1986 年 | 月　刊 | 027－83609835 | 湖北省局（公司）、湖北中烟、湖北省烟草学会 |
| 《黄冈烟草》 | 鄂黄内图字 2013 年第 29 号 | 2011 年 5 月 | 月　报 | 0713－8386484 | 湖北省黄冈市烟草学会 |
| 《金叶》 | JTR〔2004〕32 号 | 2007 年 | 双月刊 | 0716－8506861 | 湖北省荆州市局（公司）、荆州市作家协会 |
| 《十堰烟草》 | 0719026 | 2016 年 2 月 | 月　报 | 0719－8765156 | 湖北省十堰市局（公司）、十堰市烟草学会 |
| 《黄鹤楼内刊》 | （鄂）4201－2019017/连 | 2007 年 8 月 | 半月刊 | 027－83292197 | 湖北中烟 |
| 《湖南烟草》 | （湘 O 刊）2018058 | 1986 年 10 月 | 双月刊 | 0731－85799484 | 湖南省局（公司）、湖南中烟主管，湖南省烟草学会主办 |
| 《潇湘烟语》 | 湘 M007 | 2009 年 5 月 | 双月报 | 0746－8421238 | 永州市局（公司）主管，永州市烟草学会主办 |
| 《先锋家园》 | 湘岳新出准字（2015）第 056 号 | 2011 年 3 月 | 季　刊 | 0730－8713331 | 岳阳市局（公司）主管，岳阳市烟草学会主办 |
| 《浓香》 | （湘 L 刊）2017022 | 2015 年 2 月 | 季　刊 | 0735－2153569 | 湖南省郴州市局（公司） |
| 《娄烟之声》 | 湘 K010 | 2006 年 | 季　刊 | 0738－8312687 | 娄底市局（公司）主管，娄底市烟草学会主办 |
| 《邵阳烟草服务直通车》[4] |  | 2009 年 | 季　刊 |  | 湖南省邵阳市局（公司） |
| 《天下和书院》 | 湖南省内部资料准印证号（湘 O 刊）2018351 | 2014 年 | 半月报 | 0731－85098341 | 湖南中烟 |
| 《白沙》 | 湖南省报型内部资料准印证号（湘 A 报）2016003 | 1989 年 | 半月报 | 0731－85559117 | 湖南中烟长沙卷烟厂 |
| 《常德烟厂报》 | 湖南省报刊内部资料准印证号（湘 J 报）2018020 | 1984 年 | 旬　报 | 0736－7299323 | 湖南中烟常德卷烟厂 |

续表

| 报刊名 | 报刊号/准印证号 | 创刊时间 | 刊 期 | 联系电话 | 主管、主办单位 |
|---|---|---|---|---|---|
| 《郴烟通讯》 | 湖南省报刊内部资料准印证号（湘L报）2018011 | 1995年 | 半月报 | 0735-2229904 | 湖南中烟郴州卷烟厂 |
| 《零烟通讯》 | 湖南省报刊资料准印证号（湘M报）2018001 | 1986年 | 半月报 | 0746-6668564 | 湖南中烟零陵卷烟厂 |
| 《广东烟草》 | 粤（O）L0150364 | 2004年8月 | 月 刊 | 020-38809775 | 广东省局（公司）、广东省烟草学会 |
| 《广东中烟》 | 粤（O）L0160401号 | 2005年5月 | 半月报 | 020-87013273 | 广东中烟 |
| 《广西烟草》 | 广西壮族自治区内部资料性出版物准印证第1014632号 | 1987年 | 月 刊 | 0771-5851875 | 广西区局（公司）、广西中烟、广西烟草学会 |
| 《桂烟之友》[5] |  | 2010年 | 半月刊 | 0771-5851875 | 广西烟草学会 |
| 《南宁烟草》 | 广西壮族自治区内部资料性出版物准印证第1005264号 | 2014年 | 月 刊 | 0771-2108681 | 广西区南宁市局（公司） |
| 《柳州烟草》 | 广西壮族自治区内部资料性出版物准印证第0002622号 | 2007年 | 月 刊 | 0772-5331262 | 广西区柳州市局（公司） |
| 《河池烟草》[6] |  | 2003年 | 月 刊 | 0778-2284430 | 广西区河池市局（公司） |
| 《百色烟草》 | 广西壮族自治区内部资料性出版物准印证第1013905号 | 2008年 | 月 刊 | 0776-2939326 | 广西区百色市局（公司） |
| 《贵港烟草》 | 广西壮族自治区内部资料性出版物准印证第0006050号 | 2013年 | 月 刊 | 0775-2929776 | 广西区贵港市局（公司） |
| 《梧州烟草》 | 广西壮族自治区内部资料性出版物准印证第2006301号 | 2009年 | 月 刊 | 0774-3815167 | 广西区梧州市局（公司）、梧州市烟草学会 |
| 《贺州烟草》 | 广西壮族自治区内部资料性出版物准印证第1010446号 | 2013年 | 双月刊 | 0774-5291573 | 广西区贺州市局（公司） |
| 《来宾烟草》[7] | 广西壮族自治区内部资料性出版物准印证第0006645号 | 2006年 | 双月刊 | 0772-4228861 | 广西区来宾市局（公司） |
| 《崇左烟草》 | 广西壮族自治区内部资料性出版物准印证第1010396号 | 2014年 | 月 刊 | 0771-7826710 | 广西区崇左市局（公司） |
| 《广西中烟》 | 桂1005303 | 2016年9月 | 半月刊 | 0771-8098231 | 广西中烟 |
| 《海南烟草》 | 琼内准印字第B005号 | 2000年10月 | 月 刊 | 0898-65806069 | 海南省局（公司） |
| 《重庆烟草》 | 渝内字第349号 | 1986年 | 月 刊 | 023-67982697 | 中国烟草总公司重庆市公司主管、重庆市烟草学会主办 |
| 《天之子》[8] | 渝内字第040号 | 1998年 | 旬 刊 | - | 重庆中烟 |
| 《贵州烟草科学》 | 黔新出2015年连续性内资准字Z381号 | 1972年 | 双月刊 | 0851-84117138 | 贵州省烟草科学研究所、贵州省烟草学会、贵州中烟工业技术中心 |
| 《贵阳烟草》 | 贵阳市GYL2015第016号 | 2005年 | 季 刊 | 0851-85814816 | 贵州省贵阳市局（公司） |
| 《遵义烟草》 | 贵州省〔报刊〕连续性内资字第ZYSK13号 | 2002年 | 双月刊 | 0852-28662861 | 贵州省遵义市局（公司） |
| 《遵烟时讯》 | 贵州省（报刊）连续性内资字第ZYSB6号 | 2004年 | 月 刊 | 0852-28662861 | 贵州省遵义市局（公司） |
| 《毕节烟草》 | 黔新出〔2016〕内资准字Z405号 | 1989年8月 | 旬 报 | 0857-8278562 | 贵州省毕节市局（公司） |
| 《贵州烟草》 | （黔）字第2018387号 | 2005年 | 周 报 | 0851-6831628 | 贵州中烟、贵州省局（公司） |

续表

| 报刊名 | 报刊号/准印证号 | 创刊时间 | 刊　期 | 联系电话 | 主管、主办单位 |
|---|---|---|---|---|---|
| 《贵烟之窗》 | 贵阳市 GYL2018 第 030 号 | 2005 年 | 月　刊 | 0851－8981053 | 贵州中烟贵阳卷烟厂 |
| 《遵烟一览》 | （黔）字第 2018364 号 | 2007 年 | 月　刊 | 0852－8620941 | 贵州中烟遵义卷烟厂 |
| 《云南烟草》 | （53）Y000036 | 1988 年 4 月 | 双月刊 | 0871－63537669 | 云南省局（公司）、云南中烟主管，云南省烟草学会主办 |
| 《七彩云》 | （53）Y000051 | 2014 年 12 月 | 双月刊 | 0871－63537661 | 云南省局（公司）、云南中烟主管，云南省烟草学会主办 |
| 《云南烟草科学》 | （53）Y000357 | 2017 年 2 月 | 双月刊 | 0871－65107543 | 云南省局（公司）、云南中烟主管，云南省烟草学会、云南省烟草农业科学院、云南中烟技术中心主办 |
| 《云南中烟》 | （53）Y000181 | 2011 年 1 月 | 双月刊 | 0871－65013597 | 云南中烟 |
| 《红塔时报》 | （53）Y000159 号 | 1987 年 5 月 | 半月报 | 0877－2968922 | 红塔烟草集团 |
| 《价值》 | 第 1 期：玉图（报、刊）字 2018062 号<br>第 2 期：玉红图（报、刊）字 2018109 号<br>第 3 期：玉红图（报、刊）字 2018164 号 | 2008 年 9 月 | 季　刊 | 0877－2968731 | 红塔烟草集团玉溪卷烟厂 |
| 《红塔楚雄时讯》 | （53）Y000298 号 | 1983 年 | 半月报 | 0878－3253323 | 红塔烟草集团楚雄卷烟厂 |
| 《红塔大理时讯》 | （53）Y000277 号 | 1984 年 | 半月报 | 0872－2360191 | 红塔烟草集团大理卷烟厂 |
| 《红塔昭通时讯》 | （53）Y000009 号 | 1988 年 2 月 | 半月报 | 0870－2130195 | 红塔烟草集团昭通卷烟厂 |
| 《红云红河烟草》 | （53）Y000389 号 | 2009 年 1 月 | 半月刊 | 0871－65869220 | 红云红河烟草集团 |
| 《今日红云红河》 | （53）Y000350 号 | 2009 年 1 月 | 月　刊 | 0871－65869218 | 红云红河烟草集团 |
| 《和谐昆烟》 | （53）Y000332 号 | 1990 年 1 月 | 季　刊 | 0871－65868868 | 红云红河集团昆明卷烟厂 |
| 《红烟人》 | 弥新出〔2018〕准印字第 014 号 | 2015 年 3 月 | 45 天 | 0873－6196737 | 红云红河集团红河卷烟厂 |
| 《陕西烟草》 | 陕新出内印字第 93082 号 | 1990 年 | 双月刊 | 029－85466252 | 陕西省烟草学会 |
| 《泾渭情》 | 陕新出连内印字第 0324 号 | 2006 年 | 季　刊 | 029－33369992 | 陕西省咸阳市局（公司）、咸阳烟草学会 |
| 《同心安康》 | 陕新出连内印字第 0620 号 | 2007 年 | 双月刊 | 0915－3286490 | 陕西省安康市局（公司） |
| 《陕西中烟报》 | 陕新出内印字第 92089 号 | 2003 年 | 半月报 | 029－63368602 | 陕西中烟 |
| 《甘肃烟草》 | 甘新出连续性内部资料准印（刊型）LK－000049 | 1992 年 12 月 | 双月刊 | 0931－7826909 | 甘肃省局（公司）、甘肃省烟草学会 |
| 《烟语》 | 甘出准 036 字总 341 号〔2009〕022 号 | 2009 年 10 月 | 季　刊 | 0939－8213649 | 甘肃省陇南市局（公司） |
| 《河州烟语》 | （甘）LK130002 | 2016 年 1 月 | 季　刊 | 0930－6666012 | 甘肃省临夏回族自治州局（公司） |
| 《飞天烟讯》 | 内部刊物 | 1994 年 | 月　刊 | 0931－2555038 | 甘肃烟草工业有限责任公司 |
| 《青海烟草》 | 青（6300053） | 1992 年 12 月 | 双月刊 | 0971－6102916 | 青海省局（公司）、青海省烟草学会 |
| 《宁夏烟草》 | 宁新出（金）2018 第 2637 号 | 1991 年 1 月 | 季　刊 | 0951－5043218 | 宁夏区局（公司）、宁夏区烟草学会 |
| 《石嘴山烟草》[9] | 石文新出管字〔2018〕第 2118 号 | 2007 年 1 月 | 月　报 | 0952－2017638 | 宁夏区石嘴山市局（公司） |
| 《固原烟草》 | 固新出管字〔2010〕第 4014 号 | 2007 年 10 月 | 月　报 | 0954－2034379 | 宁夏区固原市局（公司） |

续表

| 报刊名 | 报刊号/准印证号 | 创刊时间 | 刊　期 | 联系电话 | 主管、主办单位 |
|---|---|---|---|---|---|
| 《中卫烟草》[10] | – | 2006年3月 | 月　报 | 0955－7022908 | 宁夏区中卫市局（公司） |
| 《新疆烟草》 | 新疆内部资料（报刊型）准印证0113号 | 1988年 | 双月刊 | 0991－4810977 | 新疆维吾尔自治区烟草学会 |
| 《深圳烟草》 | 粤内登字B第11180号 | 2008年 | 双月刊 | 0755－82029719 | 深圳市局（公司）、深圳市烟草学会 |
| 《深烟风采》 | 〔2005〕粤印准字第0334号 | 2002年6月 | 季　刊 | 0755－81788330 | 深圳烟草工业有限责任公司 |

注：1. 2018年8月，《龙岩烟草报》停刊。
2. 2018年8月，《天中烟草》停刊。
3. 2018年8月之前，准印证号为0270105。
4. 2018年6月，《邵阳烟草服务直通车》停刊。
5. 2018年1月，《桂烟之友》停刊；4月，转为网络发布。
6. 2018年1月，《河池烟草》停刊。
7. 2018年4月，《来宾烟草》停刊。
8. 2018年12月，《天之子》停刊。
9. 2018年10月，《石嘴山烟草》停刊。
10. 2018年1月，《中卫烟草》停刊。

◇编辑：鲁建敏　王　静

# 2018年度烟草新书目

1. 重新定义卷烟营销/王武伟著. —北京：中国市场出版社，2018.

2. 电子烟分析评价：从内在成分到化学和颗粒暴露概况（Analytical Assessment of E-Cigarettes：from Contents to Chemical and Particle Exposure Profiles）/［希］康斯坦提诺斯·法尔撒利诺斯等著，缪明明等译. —北京：科学出版社，2018.

3. 甘肃省陇南市烤烟生产标准体系/黄明迪，许建业，王爱华主编. —北京：中国农业科学技术出版社，2018.

4. 甘肃省庆阳市烤烟生产标准体系/王耀锋，许建业，王程栋主编. —北京：中国农业科学技术出版社，2018.

5. 工业机器视觉方法——烟草工业中的精选除杂系统开发/朱文魁，刘斌主编. —北京：科学出版社，2018.

6. 广东植烟土壤肥力演变特征及养分管理/丁效东，王军著. —北京：中国农业科学技术出版社，2018.

7. 河南烟草志/《河南烟草志》编纂委员会编. —郑州：中州古籍出版社，2018.

8. 河南烟标集萃/《河南烟草志》编纂委员会编. —郑州：中州古籍出版社，2018.

9. 河南烟标图录/《河南烟草志》编纂委员会编. —郑州：中州古籍出版社，2018.

10. 烤烟种植生态适应评价/陈宗瑜，王毅著. —北京：科学出版社，2018.

11. 控烟与中国烟草税制改革/张延辉著. —北京：经济科学出版社，2018.

12. 困境下的多重博弈：战后上海卷烟业政企关系研究（1945—1949）/魏晓锴著. —北京：中国社会科学出版社，2018.

13. 卢氏烟叶标准化生产技术/常剑波，韦凤杰，岳俊主编. —北京：中国农业科学技术出版社，2018.

14. 黔东南州卷烟消费市场研究/肖正中，胡艳琼，谭建著. —北京：经济管理出版社，2018.

15. 区域烤烟品质特征及主要影响因素研究/李强，张一扬，高卫锴著. —长春：吉林大学出版社，2018.

16. 四川烟田杂草识别与防除/周小刚，雷强，朱建义等著. —成都：四川科学技术出版社，2018.

17. 四川烤烟质量特征及其生理生化基础研究/鲁黎明主编. —成都：四川科学技术出版社，2018.

18. “上六片”烟叶生产关键技术/王宏超，苏新宏，韦凤杰主编. —北京：中国农业科学技术出版社，2018.

19. 山东省烟草专卖局、中国烟草总公司山东省公司年鉴2014—2016/山东省烟草专卖局（公司）编. —北京：中华书局，2018.

20. 提高烟叶田间耐熟性及改善香气品质综合技术开发/丁效东，王军著. —北京：中国农业科学技术出版社，2018.

21. 无烟烟草与公众健康：全球视角（Smokeless Tobacco and Public Health：Global Perspective）/美国卫生与公众服务部国家癌症研究所疾病控制与预防中心编著，胡清源主译，侯宏卫，陈欢，杨柳副主译．—北京：科学出版社，2018.

22．现代山地烟叶生产机械化技术/戚源明，张富贵主编．—北京：中国农业出版社，2018.

23．香烟物证检验/姜红著．—北京：中国人民公安大学出版社，群众出版社，2018.

24．湘西山地特色优质烟叶生产理论与实践/刘国顺，陆中山，高卫锴，任天宝编著．—北京：科学出版社，2018.

25．烟画背后的爱国史（金正琥先生捐涉侨烟画图鉴）/中国华侨历史博物馆，单声珍藏文物馆主编．—北京：文物出版社，2018.

26．烟草企业项目管理的应用/栗素梅编著．—南京：江苏凤凰科学技术出版社，2018.

27．烟草企业应急管理读本/张爱峰主编．—北京：煤炭工业出版社，2018.

28．烟草有害生物调查与测报/丁伟主编．—北京：科学出版社，2018.

29．烟草原料学/闫克玉，赵铭钦主编．—北京：科学出版社，2018.

30．烟草原料与品牌协同发展研究与实践/李强，张一扬，徐向丽等著．—长春：吉林大学出版社，2018.

31．烟草植物学/姚家玲，陈微主编．—北京：科学出版社，2018.

32．烟草质量安全分析/邱军，孔凡玉主编．—北京：中国农业科学技术出版社，2018.

33．烟草专卖执法手册/北京市烟草专卖局政策法规与体制改革处编著．—北京：中国法制出版社，2018.

34．烟草工业实验仪器操作指南/郭华诚，吴艳艳主编，张峻松，张建，刘春奎副主编．—北京：化学工业出版社，2018.

35．烟酒税史/程叔度，秦景阜著．—郑州：河南人民出版社，2018.

36．烟农增收典型经验100例/中国烟叶公司编著．—北京：中国农业出版社，2018.

37．烟农专业合作社转型升级100问/陈风雷主编．—北京：中国农业出版社，2018.

38．烟叶精益烟草生产技术与应用/张一扬，李强，柳立等著．—长春：吉林大学出版社，2018.

39．烟叶水分干燥与应用/宋朝鹏主编．—北京：科学出版社，2018.

40．烟叶原料保障体系及基地建设研究与实践/张一扬，李强，朱静娴著．—长春：吉林大学出版社，2018.

41．《烟草科技》被引论文分析与研究/曹娟主编．—武汉：华中科技大学出版社，2018.

42．英属北美殖民地烟草种植园经济研究/张红菊著．—北京：中国社会科学院出版社，2018.

43．云南高原特色农业系列丛书：烤烟新品种育养技术/杨志新，杨士吉，李维编著．—昆明：云南科学技术出版社，2018.

44．云南高原特色农业系列丛书：优质烤烟栽培与烘烤新技术/罗鹏涛，李永忠，杨志新编著．—昆明：云南科学技术出版社，2018.

45．云南高原特色农业系列丛书：云南晾晒烟栽培与调制技术/杨志新，杨士吉，李维编著．—昆明：云南科学技术出版社，2018.

46．云南烟草发展史/杨寿川著．—北京：社会科学文献出版社，2018.

47．云南中烟年鉴2018/云南中烟工业有限责任公司编．—昆明：云南民族出版社，2018.

48．中国烟草控制需求与供给研究：政策分析和实践/毛正中，胡德伟主编．—北京：经济科学出版社，2018.

49．中国烟草昆虫图鉴/王凤龙，周义和，任广伟主编．—北京：中国农业出版社，2018.

50．中国烟草青枯病志/丁伟，刘颖，张淑婷著．—北京：科学出版社，2018.

51．中国烟草史（Golden-Silk Smoke）/［美］班凯乐著，皇甫秋实译．—北京：北京大学出版社，2018.

52．中国烟草业规制问题研究：原因、措施与影响/申珅著．—北京：社会科学文献出版社，2018.

53．中国烟草种质资源目录（续编一）/王志德，张兴伟，王元英，刘艳华主编．—北京：中国农业科学技术出版社，2018.

54．中国烟文化与烟文化产业/张睿莲著．—昆明：云南大学出版社，2018.

55．中国烟草年鉴（2018）/国家烟草专卖局编．—北京：中国经济出版社，2018.

56．咨询说明：禁止在制品中使用薄荷醇（Advisory Note：Prohibite to Use Menthol in Products）/WHO烟草制品管制研究小组编，胡清源主译，侯宏卫，陈欢副主译．—北京：科学出版社，2018.

◇编辑：褚　幸

“2018年，全国烟草行业各级单位捐款捐物，积极开展各项社会公益活动。在扶贫济困，灾害救助，资助文化、科学、教育、医疗卫生事业，资助环境保护、社会公共设施建设，以及促进社会发展等诸多方面作出了积极贡献。”

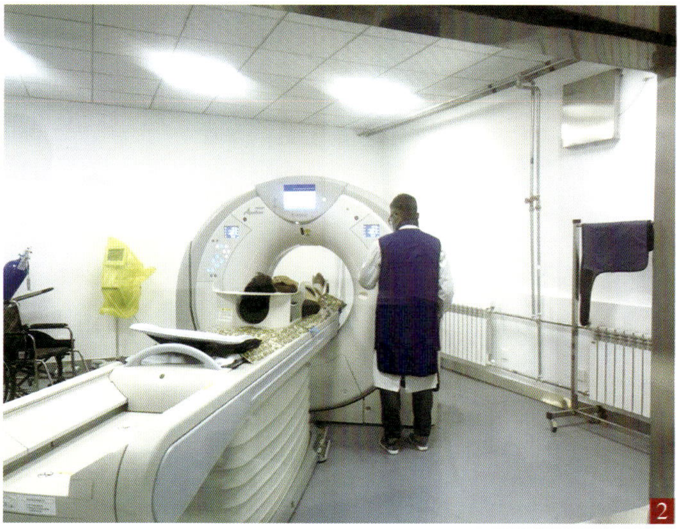

1 国家局、总公司捐建的宁夏生态公益林（2018年）
国家局办公室 供稿

2 一位西藏患者使用国家局、总公司捐赠的CT机筛查病因（2018年）
国家局办公室 供稿

3 2018年3月5日，河北省局（公司）组织机关青年干部开展“弘扬雷锋精神”志愿服务活动
河北省局 苏维民 摄

4 2018年8月1日，吉林长春柳河县烟叶生产管理部向罗通山镇胜利村无偿提供10台拖拉机，助力产业脱贫
吉林省局 供稿

1 2018年9月13日，浙江中烟杭州卷烟厂“微光”志愿队到杭州余杭区垃圾分类中心，开展“垃圾分类我先行”活动

浙江中烟　供稿

2 2018年1月26日，安徽合肥市局（公司）组织党员志愿者开展义务除雪活动

安徽省局　供稿

3　2018年3月30日，福建省局（公司）组织志愿者参加义务植树活动

福建省局　林麦梓　摄

4　2018年4月27日，上海烟草集团、上海汽车集团爱心救护车捐赠仪式在福建福州市举行

福建省局　林麦梓　摄

5　2018年9月17日，山东潍坊市局（公司）、潍坊电视台等单位联合启动“烟头不落地　潍坊更美丽”公益活动

山东潍坊市局　高　雪　摄

1 2018年9月1日，山东潍坊寿光市局（营销部）向定点帮扶村周家村村民捐赠抗灾物资

山东省局　供稿

2 2018年9月29日，河南安阳滑县县局（分公司）组织志愿者发放文明礼仪知识宣传单

河南省局　供稿

3 2018年3月29日，湖北中烟在恩施州巴东县开展“我看见·荆楚送光明”公益活动

湖北中烟　陈环宇　摄

4 2018年3月12日，湖南省局（公司）机关党委、青工委组织开展植树节活动

湖南省局　梁　芬　摄

5 2018年11月2日，广东烟草组织志愿者开展“旧衣捐赠”志愿活动

广东省局　供稿

6 2018年9月13日，广西桂林市局（公司）机关党委组织26名志愿者参加义务献血活动

广西区局　供稿

7 2018年7月26日，广西中烟南宁卷烟厂派驻富川县麦岭镇高桥村扶贫干部走访贫困户，调研脱贫工作进度

广西中烟　供稿

1 2018年6月29日，四川中烟成都卷烟厂组织部分党员志愿者到敬老院慰问老人

四川中烟　供稿

2 2018年12月14日，贵州中烟贵阳卷烟厂举行结对晴隆县2018年党建帮扶项目签约仪式

贵州中烟　供稿

1

2

3 2018年5月22日，云南中烟红塔集团楚雄卷烟厂扶贫点爱心超市启动

红塔集团　供稿

4 2018年10月25日，云南中烟红云红河集团向弥勒市捐赠“挂包帮”“转走访”项目资金400万元

红云红河集团　供稿

5 2018年10月17日，西藏烟草组织志愿者到敬老院慰问老人，并送去生活物资

西藏区局　供稿

1 2018年8月1日，陕西烟草组织部分党员干部赴延安八一敬老院慰问老红军

陕西省局　供稿

2 2018年6月20日，大连市局（公司）举行庄河市石城乡石城学校“春天希望水井”供水启动仪式

大连市局　供稿

3 2018年11月27日，深圳龙岗区局（公司）开展慰问环卫工人爱心活动

深圳龙岗区局　黄　聪　摄

4 2018年3月3日，南通醋酸纤维有限公司组织志愿者为附近居民义务修理家电

南纤公司　供稿

# 公益活动

□ 2018年全国烟草行业公益活动概况

· 国家烟草专卖局　中国烟草总公司

· 中国烟草实业发展中心

· 北京市烟草专卖局（公司）

……

# 2018 年全国烟草行业公益活动概况

## 国家烟草专卖局　中国烟草总公司

2018 年，国家局、总公司积极开展各项社会公益活动。

扶贫济困。向中国法律援助基金会捐款 300 万元，用于捐助“1＋1”中国法律志愿者行动，为服务在西藏、青海和新疆的“1＋1”中国法律志愿者提供支持；向中国西部人才开发基金会捐款 300 万元，在湖北省竹溪、竹山县，江西省兴国、宁都县开展“学相守、爱相守、玩相守”的“相守计划”，关爱农村留守儿童。

资助教育文化事业。向中国扶贫基金会捐款 192 万元，用于资助湖北省竹溪、竹山县 400 名特困大学生，并在这两个县的高中各开办 3 个“金叶自强班”，资助 300 名特困高中生；向中华文学基金会捐款 1000 万元，在贵州、四川、青海、陕西、吉林等 5 省建立“金叶·育才图书室”。

资助环保事业。向中国绿化基金会捐款 500 万元，在河北、新疆、陕西等省（区）植树造林，扶持当地生态建设、促进降低城市 PM2.5，改善生态环境。

定点扶贫工作①。2018 年，国家烟草专卖局定点帮扶湖北省十堰市竹山县、竹溪县，宁夏回族自治区吴忠市红寺堡区 3 个定点扶贫县（区）。共向定点扶贫地区投入扶贫资金 6381.2 万元，用于产业增收、基础设施、人居环境改善、教育事业、医疗卫生等项目，其中竹山县 2270 万元，竹溪县 2280 万元，红寺堡区 1500 万元，党建扶贫资金 331.2 万元；引进帮扶资金 240.77 万元。强化产业扶贫，加大竹山、竹溪烟草烟叶生产扶持力度，召开定点扶贫地区烟叶产销衔接会。持续推动非烟产业发展，聚焦黄牛、茶叶、食用菌等当地特色产业，推进红寺堡区弘德包装印刷材料厂提质增效；协调帮助定点扶贫地区引入企业投资。组织行业各直属单位进行定点扶贫地区农特产品产销衔接调研，扩大农特产品销路。此外，国家局向定点扶贫地区派出挂职干部 7 人；培训扶贫干部、技术人员 519 人次，其中竹山县技术人员 330 人次、扶贫干部 79 人次，竹溪县技术人员 36 人次、扶贫干部 52 人次，红寺堡区扶贫干部 22 人次。

## 中国烟草实业发展中心

2018 年，中国烟草实业发展中心系统共捐款 4008.7 万元，用于各项社会公益活动。

扶贫济困等捐款 3152 万元。捐款 100 万元用于支援西藏自治区建设。向黑龙江省牡丹江海林市二道镇东沙村捐款 5 万元，用于支持新农村建设。向吉林省延边朝鲜族自治州慈善总会捐款 327 万元，用于支持鸡冠乡大北沟村食用菌种植、黑果花楸特色作物种植和高标准农田建设项目；捐款 222 万元，用于支持延边州罗子沟镇河南村绿色水稻高标准农田建设项目。向甘肃兰州市慈善总会捐款 300 万元，用于精准扶贫；向甘肃天水市张家川回族自治县川王镇、马关镇、刘堡镇捐款 198 万元，用于“联村联户、为民富民”工程。向内蒙古呼和浩特市赛罕区、玉泉区、武川县、清水河县各捐款 500 万元，用于支援贫困地区发展。

资助教育、科学、文化、卫生、体育等事业，捐款 856.7 万元。向辽宁省相关希望小学捐款 13.7 万元；向吉林省延边州老龄事业发展基金会捐款 5 万元；向甘肃兰州市慈善总会捐款 205 万元，用于捐资助学；向甘肃天水市麦积区红十字会特殊教育学校捐款 15 万元；向天水市慈善总会特殊教育学校捐款 10 万元；向山西省青少年发展基金会捐款 90 万元、山西省人民教育基金会捐款 60 万元，用于公益助学；向山西省妇女儿童发展基金会捐款 58 万元，用于开展“为三晋妇女送健康”活动；向内蒙古呼和浩特市赛罕区、玉泉区教育系统各捐款 150 万元，用于开展捐资助学；向呼和浩特市红十字会捐款 10 万元，开展“博爱一日捐”活动；向海南琼中黎族自治县捐款 90 万元，用于支持体育事业发展。

所属各单位积极开展其他各类公益活动。甘肃烟草工业有限责任公司组织 100 余名职工参加义务献血活动，共

① 烟草行业定点扶贫工作内容详见《行业概览》栏目。

计献血1.93万毫升，公司连续五年组织献血活动，连续三年被评为无偿献血爱心单位。内蒙古昆明卷烟有限责任公司全年共有75人参与献血，共计献血1.48万毫升。黑龙江烟草工业绥化卷烟厂多次到定点扶贫村走访慰问，开展义诊送药活动，获得绥化市慈善总会授予的“慈善突出贡献奖”。哈尔滨卷烟厂和哈尔滨市局（公司）联合开展共建“精准扶贫到一线”主题党日活动，为方正县宝兴乡永兴村帮扶对象送去生活物品。

## 北京市烟草专卖局（公司）

2018年，北京市烟草商业系统共捐款249.06万元，用于各项社会公益活动。

北京市局（公司）向西藏自治区扶贫捐款200万元；市局（公司）团委开展“京烟首善　心手相连”活动，捐款20万元。所属各单位纷纷开展各类公益活动。东城区局（公司）对辖区内困难零售户进行走访慰问，送去慰问金和生活物资，开展“共产党员献爱心”活动，捐款2200元。西城区局（公司）慰问帮扶对象，捐款2581元。朝阳区局（公司）开展“共产党员献爱心”活动，捐款4150元；慰问辖区内特困零售户，并送去4500元慰问金和米、面、油等生活必需品。海淀区局（公司）慰问辖区内困难零售户，并送去生活必需品；开展“共产党员献爱心”活动，捐款3360元。丰台区局（公司）慰问困难零售户，并送去慰问金1.24万元及生活必需品；开展“共产党员献爱心”活动，捐款5020元。通州区局（公司）向新疆和田地区中小学生捐赠图书144本。延庆区局（公司）向帮扶对象延庆区王家山村救济性捐款3万元，并争取到市局（公司）党组支持拨付的结对帮扶款10万元；开展“共产党员献爱心”“博爱在京城”“春风送暖”等捐赠活动，捐款1.18万元。房山区局（公司）开展“共产党员献爱心”活动，捐款2240元。怀柔区局（公司）向贫困零售户及其在读子女捐赠慰问金800元、价值1600元物资；向新疆和田地区中小学生捐赠优质图书40余本。大兴区局（公司）积极参与“共产党员献爱心”活动，捐款4900元；开展“爱心暖阳”捐赠活动，109名职工捐赠衣物254件。昌平区局（公司）开展“共产党员献爱心”活动，捐赠9345元；向北京市公安民警抚助基金会捐款5万元；资助残联群体5000元。密云区局（公司）开展党员干部“一对一”结对帮扶困难家庭活动，慰问定点帮扶村西沙地村、白河涧村10户困难户，送去慰问金9500元；开展“共产党员献爱心”“博爱在京城”等活动，捐款8500元。门头沟区局（公司）开展“情暖寒冬　爱心助学”活动，向定向扶贫村门头沟区清水镇江水河村低收入户学生捐赠助学金8000元。平谷区局（公司）慰问“百局扶百户”活动帮扶对象，捐赠价值2400元生活物资；开展“博爱在京城”活动，捐款2000元；开展“共产党员献爱心”活动，捐款3770元。京烟卷烟零售连锁有限公司到福利院开展慰问活动，并送去价值1010元的学习用具、生活用品。通大物业公司团支部号召全体职工开展图书捐赠活动，捐赠图书36册。

## 天津市烟草专卖局（公司）

2018年，天津市烟草商业系统共捐款47.76万元（协调社会公益机构捐款2.56万元，个人捐款3.71万元），用于各项社会公益活动。

资助乡村建设。捐款44.05万元（协调社会公益机构捐款2.56万元）用于开展结对帮扶困难村工作。全市烟草行业成立2个驻村工作组，选派4名优秀干部到困难村开展帮扶工作。其中，向蓟州区金车庄村投入38.32万元，帮扶组向社会公益机构筹集捐款1万元；向蓟州区礼明庄镇迁礼庄村投入3.17万元，帮扶组向社会公益机构筹集捐款1.56万元，为帮扶村解决用水、改善村容村貌、基础设施建设等问题。

所属各单位积极开展其他各类公益活动。累计开展爱老敬老、慰问生活困难群众、清理环境卫生等志愿服务活动69次。其中，员工个人捐款1.93万元用于购买慰问品；员工个人参加社会公益活动129人次，共计捐款1.78万元；为贫困地区、社区外来务工人员捐赠衣物420余件；向偏远地区学校捐赠图书127册。

## 河北省烟草专卖局（公司）

2018年，河北省烟草商业系统共捐款868.24万元（个人捐款24.46万元），用于各项社会公益活动。

救济贫困，捐款368.36万元（含个人捐款8.93万元）。其中，投入扶贫资金353.23万元，用于精准脱贫、产业扶贫，全省烟草商业系统成立89个驻村工作组，选派117名优秀干部到贫困村任"第一书记"。资助乡村建设，捐款454.16万元，用于解决帮扶村道路硬化、村民饮水、危房改造、广场建设、种植养殖、项目开发和村容村貌等问题。其中，向石家庄市葛仙庄村捐款158.5万元、南件村捐款116.4万元，向保定市汤家庄村捐款42万元，向唐山市南新庄村捐款25万元、大郑庄村捐款7.5万元，向邢台市阎疃村捐款30.55万元、东阎庄村捐款4.8万元、西夏庄村捐款3万元，向邯郸市毛圈村捐款8万元、西洞头村捐款4.9万元。资助教育文化事业，捐款9.79万元（含个人捐款2.16万元）。其中，向石家庄市友谊大街小学捐款4.99万元，向邢台市李家坪小学捐款1.92万元，向秦皇岛市陈官屯村小学捐款1.2万元。社会帮扶，捐款35.93万元（含个人捐款13.37万元）。其中，捐款10万元参加"三下乡"邢台市临城县集中服务活动，走访慰问捐款8.53万元，为"慈善一日捐"及关爱孤寡残幼等各类活动捐款14.93万元，向困难零售户捐款2.47万元。

积极开展其他各类公益活动。组织干部职工开展"学雷锋、助力春运"、"党员进社区、助力文明城"、"净天洗城"、"宣讲进社区、服务惠民生"、"创卫先锋行、服务进社区"、"点燃希望星、走进爱心校"慰问儿童、"八一"建军节慰问等志愿服务活动。组织529名党员干部参加"党旗耀万家、寒冬送温暖"捐赠衣物活动。开展"阳光爱心、温暖到家""喜迎国庆、服务先行""党员走基层、服务送温暖"走访慰问活动，为困难家庭学生捐赠"爱心书包"100个、学习用具160件、衣服45件、书籍52册，看望留守儿童、孤寡老人、残困零售户261户。党员干部到敬老院慰问共计553人次，到福利院看望残疾儿童共计170人次。全省系统累计组织390名职工参加义务献血活动，共计献血6.24万毫升；累计组织348名职工参加义务植树活动，共计植树5805棵；累计组织1347名职工参加清扫马路活动，共计开展81次、涉及2276人次。

## 河北中烟工业有限责任公司

2018年，河北中烟工业系统共捐款803.6万元，用于各项社会公益活动。

扶贫济困。向西藏自治区捐款100万元，向河北省钻石公益基金会捐款500万元。开展精准扶贫帮扶项目，资助乡村建设。河北中烟本部向石家庄市灵寿县捐款143.6万元，张烟公司向蔚县捐款20万元，河北白沙向灵寿县青铜镇捐款20万元，保定卷烟厂向涞源县南屯镇宋家庄捐款20万元。

## 山西省烟草专卖局（公司）

2018年，山西省烟草商业系统共捐款839万元（个人捐款26.58万元），用于各项社会公益活动。

扶贫济困。山西省局（公司）援藏捐款200万元。全省系统成立108个驻村工作组，选派47名优秀干部到贫困村任"第一书记"，开展定点扶贫工作。山西省局（公司）投入66.92万元，11个所属市局（公司）共投入545.5万元用于定点扶贫、资助教育、关爱慰问、慈善捐赠等公益活动。山西省局（公司）机关，太原、大同、阳泉、晋城、朔州、吕梁、晋中、临汾、运城市局（公司）职工共捐款26.58万元，用于资助教育、扶贫帮困、"博爱一日捐"、"慈善一日捐"。

所属各单位积极开展各类公益活动。太原市局（公司）组织开展"全民共建绿色太原北山"等活动；大同市局（公司）组织机关志愿服务队，对迎宾街沿街的人行道路以及绿化带里的垃圾进行义务清扫；阳泉市局（公司）组织团员青年代表参与阳泉市“五城联创”志愿者集中活动，开展环境卫生综合治理、文明交通劝导、文明城市宣传等工作；长治市局（公司）物流中心开展“携手环保 美化家园”志愿者服务活动；晋城市局（公司）参与“喜迎十九大，奋力争创全国文明城市”活动，派出党员志愿服务队和文明志愿者，劝导市民文明出行，维护公共卫生环境。开展“学雷锋”志愿活动。太原市局（公司）组织开展“爱心送考车、为考生加油”“弘扬雷锋精神、做新时代文明人”等活动；长治市局（公司）开展“送温暖、献爱心”“学雷锋、迎三八”志愿者活动；朔州市局（公司）成立志愿者服务队开展“服务困难零售户最后一公里”“爱心助学”、“学雷锋”、关爱空巢老人、爱心帮扶孤儿等公益活动；吕梁市局（公司）开展健康扶贫大型义诊、“送文化、送健康、送温暖”、“学雷锋”志愿者服务活动。

## 内蒙古自治区烟草专卖局（公司）

2018年，内蒙古自治区烟草商业系统共捐款1362万元，用于各项社会公益活动。

扶贫济困。投入扶贫资金851.29万元，共帮扶78个村（街道）。建档立卡贫困户1881户，已脱贫1588户，脱贫率达到84.42%，全区烟草商业系统共派出扶贫帮困工作人员77人，其中派驻“第一书记”18人，长期驻村干部59人。投入帮扶资金100万元用于兴安盟定点帮扶高根营子嘎查村基础设施建设；帮扶乌兰浩特市开展脱贫攻坚工程11万元；向阿拉善盟11户结对帮扶对象捐款12万元；为包头市固阳县、土右旗对口帮扶项目提供资金38.1万元；为赤峰市喀喇沁旗、巴林左旗开展果蔬保鲜库及收购交易棚项目建设、55千瓦分布式光伏项目建设，分别投入资金39.41万元和39.32万元；为呼和浩特市武川县修沙石路捐款20万元；为扎兰屯市成吉思汗镇繁荣村捐款18万元用于修路；呼伦贝尔市局（公司）为扶贫联系点扎兰屯市浩饶山镇东平台村捐款16.75万元，用于环境集中整治；通辽市局（公司）采用“通烟+产业链+精准扶贫户”的帮扶模式，开展育肥牛项目投入资金24万元，发展养殖育肥羊项目投入资金5万元；向满洲里市扎赉诺尔区贫困户捐款2万元。

志愿服务、灾害救助、资助科教文卫事业、参加“博爱一日捐”等公益活动。成立于2012年的包头烟草志愿者服务队积极开展志愿者服务活动。2018年，与党支部“双服务双认领”工作相结合，开展志愿服务活动6次，帮扶困难家庭13人次，帮扶金额0.44万元。开展救灾活动，捐赠巴彦淖尔市抗旱抗洪专项救灾款6.6万元（职工捐款1.6万元）。为定点帮扶村固阳县怀朔镇兴圣公村遭受持续性暴雨灾害筹集捐款2.9万元，支援灾区重建。向乌海市“9·1”暴雨受灾群众捐款2.66万元（职工捐款）。乌海市局（公司）每月到乌达区泽园社区开展精准帮扶1次，全年共计12次，帮扶人数共计60人次。资助科教文卫事业。开展“微爱传递·圆梦童心”爱心捐赠、帮扶贫困学生、“心手相牵，筑梦未来”爱心慰问特殊教育学校儿童等活动，捐资捐物合计1.6万元。乌兰察布市局（公司）组织19人参加“共建美好家园 共建幸福生活”全国爱国卫生月活动。全区行业各单位参加“博爱一日捐”活动，共捐款13.45万元。

所属各单位积极开展各类公益活动。各单位积极参加“五城同创”“结对共建”等活动。兴安盟局（公司）捐款4.6万元，帮扶年老体弱卷烟零售户38人次；阿拉善盟局（公司）为帮联小区制作宣传展板、维护基础设施等共捐款1.26万元，向阿拉善盟第五届道德模范帮扶捐款1万元。各单位积极组织参加义务植树、交通指挥志愿服务、创建文明城市活动，积极开展“敬老慰问”主题党日活动、“学雷锋、树新风”活动、“三八”妇女节活动、“五四”青年节系列活动、“知党情、明党恩、跟党走”主题活动、毛主席诗词朗诵活动。奈曼旗局（营销部）组织40名职工参加春季义务植树活动，组织11名职工开展交通指挥志愿服务活动；锡林郭勒盟局（公司）参加义务植树2次，捐款0.12万元；乌兰察布市局（公司）组织37人参加义务植树活动3次；兴安盟局（公司）参加义务植树活动、文明创建等活动，共捐款0.59万元。巴彦淖尔市局（公司）组织50人次参加义务植树；组织开展义务献血活动，24人次参加，献血量共计9600毫升。乌海市局（公司）参与共建小区创城宣传工作及“五化”整改活动，每月4次去社区参加包联共建活动，全年累计480人次参加；全年累计有192人次参加交通志愿者服务站岗活动。

## 辽宁省烟草专卖局（公司）

2018年，辽宁省烟草商业系统共捐款788.56万元，用于各项社会公益活动。

扶贫济困。全省系统成立15个驻村工作组，选派40名优秀干部到贫困村任“第一书记”或驻村干部。向锦州市义县捐款300万元，向西藏自治区捐款200万元。沈阳市、鞍山市、抚顺市、本溪市、丹东市、营口市、阜新市、铁岭市、盘锦市、葫芦岛市局（公司）及辽东公司向定点扶贫村贫困户、困难零售户等捐款捐物共计22.9万元。资助乡村建设，向阜新市阜新蒙古族自治县大板镇、本溪市桓仁县二棚甸子镇、丹东市宽甸满族自治县青椅山镇、辽阳市辽阳县河栏镇等捐赠物资共计154万元。资助教育文化事业，向各直属单位所属地区重点帮扶学校、贫困学生捐款17.6万元。

所属各单位积极开展各类公益活动。抚顺市局（公司）帮助贫困残疾零售户收割玉米，累计21亩；向对口帮扶乡海浪乡捐赠电脑30台；组织志愿服务团队帮助老旧小区铺设地面500平方米。辽阳市局（公司）组织职工参加“一日工资捐”活动，向辽阳市慈善总会捐款1.16万元；组织16名党员参加义务植树活动，植树40棵。铁岭市局（公司）在“学雷锋纪念日”期间组织党员服务志愿者到铁岭市社会福利院，并捐赠书籍、生活物资等。

## 吉林省烟草专卖局（公司）

2018年，吉林省烟草商业系统共捐款2073.37万元（个人捐款12.8万元），用于各项社会公益活动。

扶贫济困、资助乡村建设，捐款1990.37万元（个人捐款12.02万元）。全省系统投入扶贫资金123万元用于精准脱贫，派驻“第一书记”33名，帮扶贫困村屯47个、贫困人口2400余人。向长春市柳河县慈善总会捐款35.5万元，向延边州定向捐赠扶贫资金1000万元，向图们市水口村捐款23.6万元，通过四平市慈善总会向双辽市双山镇多稼村捐款20万元，向白城大安市红十字会捐款120万元，向白城市镇赉县慈善总会捐款140.84万元、向大安市慈善总会捐款247.8万元、向洮北区慈善总会捐款74.68万元用于烟农定向补贴，向辽源市慈善总会捐款14万元，向白山市江源区慈善总会捐款15万元等。资助教育、科学、文化、卫生事业，捐款47.84万元。其中，向四平市铁东区中小学校捐款40万元，向四平双辽市贫困学子捐款5万元，辽源、白城、松原市局（公司）共捐款2.84万元用于助学活动。资助环境保护、社会公共设施建设，捐款55.75万元。

所属单位积极开展各类公益活动。义务献血。辽源市局（公司）组织干部职工10余人参与义务献血，白城市局（公司）组织员工50多人次无偿献血，白山市局（公司）开展以“撸起袖子传爱心，支持公益我先行”为主题的无偿献血活动。开展各类志愿活动。辽源市局（公司）参加“环保我先行”党员志愿服务活动15人次、交通治理志愿服务活动3人次，白山市局（公司）参加市志愿者联合会共同开展的“一桶油、一袋米、一袋面，我帮好人过大年”的春节送温暖慰问活动和春季爱国卫生月环境卫生突击整治等活动。

## 黑龙江省烟草专卖局（公司）

2018年，黑龙江省烟草商业系统共捐款626.72万元（个人捐款11.74万元），用于各项社会公益活动。

扶贫济困、资助乡村建设。全省系统成立29个驻村工作组，选派86名优秀干部到贫困村任“第一书记”，投入扶贫资金321.56万元用于精准脱贫，为对口帮扶村解决修整村内田间道路、危房改造、种植养殖、道路亮化等改善基础设施问题；捐款200万元用于支援西藏自治区地方社会经济发展。灾害救助，捐款51.68万元，主要面向烟叶灾害救灾捐款。社会帮扶。支持国家安全事业，向“黑龙江省海星救助基金会”捐款30万元，对保卫国家安全和维护社会政治稳定作出贡献的国安英烈干警和特困干警实施救助。为退休患病群众和中学生分别捐款6.55万元和0.2万元；捐资助学1.08万元；向“慈善一日捐”捐款及关爱贫困户捐款3.19万元。其他捐款0.73万元。

所属单位积极开展各类公益活动。哈尔滨、牡丹江、佳木斯、大庆、鸡西、七台河、双鸭山、鹤岗、伊春、绥芬河市局（公司）组织开展帮困助学、关爱慰问等活动，共计捐款11.74万元。哈尔滨市局（公司）组织开展“不忘初心扶贫帮困　爱心服务下乡进村”主题党日活动、扶贫义诊活动等，并为村图书室捐赠图书200余册。牡丹江市局（公司）开展“金秋助学，圆梦行动”爱心捐助及“一帮一”走访慰问活动。佳木斯市局（公司）开展“爱心助力温暖，用爱点燃希望”救助活动、“敬老孝老”志愿服务等活动。七台河市局（公司）组织职工参加城市环境综合整治活动。哈尔滨、齐齐哈尔、绥芬河市局（公司）先后组织职工参加义务植树活动等。

## 上海烟草集团有限责任公司

2018年，上海烟草集团有限责任公司共捐款3331万余元，用于各项社会公益活动。

上海烟草集团本部向上海市慈善基金会、老年基金会、拥军优属基金会、公安金盾基金会、儿童基金会等公益捐款总计2750万元；向云南、江西、山东、贵州等受灾烟区捐款400万元；携手上汽集团向福建、贵州、甘肃、湖南等贫困地区医疗卫生机构捐赠“爱心救护车”44辆，改善边远贫困地区的医疗急救条件。

所属各单位积极开各类公益活动。上海烟草集团所属北京卷烟厂、上海烟草包装印刷有限公司、静安区局（公司）、杨浦区局（公司）、浦东区局（公司）、奉贤区局（公司）、金山区局（公司）、崇明区局（公司）等组织开展扶贫帮困、爱心助学、关爱慰问等活动，捐款181万余元。上海卷烟厂、储运公司3名青年员工通过笔试、面试考核，成为首届中国国际进口博览会长期管理志愿者，配合完成活动对接、会务咨询、外宾接待等综合性志愿服务管理工作。上海烟草储运公司、上海海烟物流发展有限公司、上海烟草包装印刷有限公司、上海牡丹香精香料有限公司、静安区局（公司）、长宁区局（公司）、奉贤区局（公司）、崇明区局（公司）等组织职工参加义务献血活动，共计献血2.72万毫升。

## 江苏省烟草专卖局（公司）

2018年，江苏省烟草商业系统共捐款约1763万元，其中省局（公司）机关捐款286万元，用于各项社会公益活动。

救济贫困，捐款587.2万元（个人捐款10.51万元），用于救济城市贫困居民，帮扶农村困难群众，实施对口精准扶贫项目等。资助乡村建设，捐款167.8万元，用于解决帮扶乡村文化设施不足、危房改造、村容村貌等问题。资助教育文化事业，捐款229.17万元（个人捐款1.26万元），用于帮扶贫困学生、留守儿童、改善校舍等。灾害救助，捐款3万元，主要用于防汛抗旱等。社会帮扶。开展“慈善一日捐”“慈善助老工程”活动，向见义勇为基金会等捐款，共计435.51万元（个人捐款8.73万元）。

积极开展其他各类公益活动。组织干部职工开展“3·5”学雷锋活动、“3·12”植树节活动，参加青年志愿者服务、公益读书、“不忘初心、牢记使命”、“创建文明城市”等活动。组织全省系统干部职工参加义务献血活动，共计献血17.4万毫升。

## 江苏中烟工业有限责任公司

2018年，江苏中烟工业系统共捐款949万元，用于各项社会公益活动。

救济贫困、扶助残疾人等捐款698万元。其中，向江苏省儿童少年福利基金会捐款80万元，向残疾人基金会捐款100万元，向江苏省慈善总会捐赠精准扶贫款200万元，对口帮扶宿迁市泗阳县100万元、南京高淳区和平村60万元，帮扶徐州市挂钩定点经济薄弱村18万元，帮扶淮安市盱眙、涟水等贫困地区90万元，帮扶洪泽县三河镇联堡村30万元、复兴镇田桥村20万元。资助教育文化事业，捐款88万元。其中，向南京市慈善总会捐款3万元，向南通市慈善总会捐款10万元，向徐州一中捐资助学40万元，向徐州市总工会捐资爱心助学35万元。其他社会公共和福利事业，捐款163万元。其中，向淮安市见义勇为基金会捐款18万元，捐赠援藏资金100万元，向淮安市清江浦区捐款45万元。

## 浙江省烟草专卖局（公司）

2018年，浙江省烟草商业系统共捐款6040万元，用于各项社会公益活动。

救济贫困。向浙江省公益性捐款2500万元，援藏捐款200万元。资助乡村建设。向杭州市淳安县枫树岭镇捐款60万元，向温州市泰顺县乡村基础设施建设捐款16万元，向泰顺县雅阳坪村、文成县新建村等捐款36.2万元，向绍兴市新昌县棠村村、诸暨市同山镇等捐款63.5万元，向金华市安地镇岩头村、磐安县岭下村等捐款64万元，向丽水市云和县叶山头村、龙泉市黄麻垟村等捐款61万元，向台州市三门县花桥村等捐款42万元，向温州市乡村文化礼堂建设捐款5万元。资助教育文化事业。向“浙江精实公益基金”捐款500万元，用于资助全省贫困大学生及援建“精实书库”；向贵州省黔东南助学项目捐款10万元；向温州市局泰顺县贫困山区小学生助学捐款20万元；向台州市仙居县特殊教育学校等捐款3.8万元。社会帮扶。向浙江省见义勇为基金会捐款100万元。

## 浙江中烟工业有限责任公司

2018年，浙江中烟工业系统捐款5874.53万元，用于各项社会公益活动。

灾害救助、救济贫困、扶助残疾人等，捐款4451.53万元。其中，向杭州市慈善总会捐款971.53万元，向杭州市西湖区慈善总会捐款100万元、上城区慈善总会捐款10万元、桐庐县慈善总会捐款50万元，向宁波市奉化区慈善总会捐款150万元，向温州市文成县捐款70万元，向云南省等捐款3000万元，援藏捐款100万元。

资助教育、科学、文化、卫生事业，捐款1208万元。其中，向浙江大学教育基金会捐款200万元，向宁波市人民教育基金会捐款100万元，向河北省、河南省、甘肃省慈善总会等助学捐款842万元，向宁波市红十字会捐款66万元。

促进社会发展和进步及其他社会公共福利事业，捐款215万元。其中，向杭州市见义勇为基金会捐款60万元，向杭州市关爱警察基金会捐款60万元，向浙江省江山市市级机关会计管理核算中心捐款95万元。

## 安徽省烟草专卖局（公司）

2018年，安徽省烟草商业系统共捐款840.58万元，用于各项社会公益活动。

扶贫济困。全省系统选派62名扶贫干部扎根帮扶，带领58个村1813户贫困户脱贫。其中，向淮北市扶贫公益基金捐款30.41万元，向对口帮扶村宿州市灵璧县高楼镇崔庄村、尹集镇尹楼村、灵城镇七里村、朱集乡苗河村扶贫捐款76.52万元；向宿州市萧县河头村、砀山县养殖种植扶贫捐款23.06万元，为蚌埠市包保的4个贫困村和1个帮扶民族村捐款150万元，向淮南市寿县小甸镇吕圩村和寿县隐贤镇大树村分别捐款36万元、20万元，向六安市定点扶贫村金寨县铁冲乡张店村捐款55万元建设光伏发电和村道路亮化工程，向宣城市对口帮扶安吴村、吕辉村、茂林村等联点共建村捐款50万元，向铜陵市枞阳县云龙村捐款46.3万元，向安庆市对口帮扶村脱贫项目、帮扶物资、危房改造等捐款67万元。

所属各单位积极开展各类公益活动。捐资助学。合肥市局（公司）资助长丰师范附小、长丰县特教学校、实验小学、庄墓镇少年宫；淮北市局（公司）为韩村镇育蕾学堂捐款3.5万元，开展“关爱留守儿童”爱心助学活动，向濉溪县孙疃镇圣安初级中学捐赠旧电脑20台；亳州市局（公司）开展“关爱留守儿童，共庆六一”活动，赠送价值约0.25万元学习用品；滁州市局（公司）累计捐款2.94万元，为滁州市龙蟠路小学捐赠爱心报刊0.5万元，与全椒县西王镇明德小学结对，提供帮扶款1万元；六安市局（公司）深入扶贫村小学开展“心贴心”志愿活动，捐款2.26万元用于解决学生营养餐费用；马鞍山市局（公司）成立以员工姓名命名的“文静”爱心妈妈工作室，定期到林头镇青龙行政村教学点开展“关爱留守儿童”活动；芜湖市局（公司）捐款3.5万元，对23名贫困学子开展金秋助学活动，为“精准扶贫，圆梦大学”活动捐款0.4万元；黄山市局（公司）向贫困大学生、“六一”慰问等捐款3.13万元；华环国际烟草有限公司开展“春暖珠城，真情送温暖”活动，派青年志愿者服务队到蚌埠市儿童福利院看望儿童，为结对帮扶贫困村褚集村小学的贫困儿童送爱心小课桌；安徽皖南烟叶有限责任公司向宣城市特殊教育中心捐款0.2万元，向宣城中学捐款4万元。

开展志愿服务活动。蚌埠市局（公司）组织党员和团员青年开展慰问养老院和贫困村困难家庭儿童、文明单位进社区、义务植树、交通文明劝导、“我爱我家·行走蚌埠”等志愿服务活动，全力支持文明创建和创城工作。六安市局（公司）开展无偿献血、义务清扫、文明城市创建、“慈善一日捐”等志愿服务活动；马鞍山市局（公司）开展各种形式的志愿服务活动31次，参与志愿者486人次，“菊萍服务组”积极参加扶贫济困、无偿献血、文明创建、志愿服务等活动，获评马鞍山市“巾帼文明岗”；黄山市局（公司）开展义务献血活动，44名志愿者共计献血1.39万毫升。

## 安徽中烟工业有限责任公司

2018年，安徽中烟工业系统共捐款426万元，用于各项社会公益活动。

安徽中烟本部全年共计捐款266万元，其中援藏资金100万元；向安徽省见义勇为基金会捐款100万元，用于扶持安徽省见义勇为事业；捐助安徽省建藏援藏工作者协会20万元，用于帮助西藏自治区贫困学生；向灵璧县扶贫开发局捐赠46万元，用于修建定点扶贫的灵璧县朝阳镇杨桥村道路。

所属各单位积极开展各项公益活动。安徽中烟蚌埠卷烟厂、芜湖卷烟厂、合肥卷烟厂、阜阳卷烟厂、滁州卷烟厂合计捐款160万元，用于定点扶贫、慈善救助、帮扶贫困学子圆梦大学和救助贫困妇女儿童等各项公益活动。

## 福建省烟草专卖局（公司）

2018年，福建省烟草商业系统共捐款1.94亿元（个人捐款13.76万元），用于各项社会公益活动。

救济贫困。全省系统共选派14名优秀干部到贫困村任“第一书记”，向连城县北团镇山龙村、塘前乡水源村各捐款90万元。资助乡村建设。捐款440万元，用于解决帮扶村道路硬化、村民饮水、危房改造、种植养殖、项目开发和村容村貌等问题。其中，向建宁县濉溪镇高峰村等5个建档立卡贫困村捐款120万元，向古田县凤都镇村尾村和黄田镇洋上村捐款120万元，向漳浦县南浦乡美林村捐款11.5万元，向华安县新圩镇黄枣村捐款10万元，向长泰县郭坑镇洛滨村捐款10万元。资助教育文化事业。向福建省扶贫“两会”扶贫助残大学圆梦行动捐款100万元；参加“三下乡”活动、向南平市松溪县花桥乡等地捐款35万元；向云霄教育专项发展资金捐款60万元；向漳州市实验小学捐款8万元；向福建省自闭症康复教育协会捐款5万元，用于厦门市自闭症儿童关怀及康复训练。灾害救助。捐款4.7万元，主要面向烟叶防灾救灾捐款。社会帮扶。其中，向西藏自治区捐款200万元；向福建省见义勇为基金会捐款30万元，用于给见义勇为英雄模范送温暖、献爱心；向福州市慈善总会捐款5万元，支持开展“爱心年夜饭暨爱心年货赠送”活动；开展“母亲健康1+1”公益募捐活动，员工个人捐款1.22万元；通过微信网络平台参与“爱在八闽，聋儿救助”捐款活动，员工个人捐款1.17万元，帮助32名贫困听障儿童植入人工耳蜗。

开展其他各类公益活动。开展以“聚焦主业有作为，亲情服务勇担当”为主题的扶贫帮困活动，精准确定困难零售户302户，作为亲情服务的重点扶持对象。组织开展“助力新福州，建功新时代”、“烟头不落地”、景区“垃圾分类”、“约会绿色，共植希望”、“邻里守望·情暖八闽”等志愿服务活动。参与“春蕾计划”“金秋助学”“圆梦大学”等帮扶活动，以及“慈善一日捐”等募捐活动。

所属单位积极开展各类公益活动。海晟连锁公司在福州35家海晟连锁门店设立“海晟爱心驿站”，长期为消费者提供免费乘凉休憩、免费饮水、免费上网、免费电话、免费充电等便民服务。厦门市局（公司）依托“三角梅”基金，通过福建援疆指挥部与新疆木垒县乌孜别克乡结对开展“家庭圆梦”计划。

## 福建中烟工业有限责任公司

2018年，福建中烟工业系统共捐款9208万元，用于各项社会公益活动。其中，扶贫助残2427万元，捐资助学1560万元，文体公益4821万元，救灾400万元。

福建中烟工业本部资助医疗事业，向厦门市红十字基金会捐款400万元；资助教育事业，向厦门市教育基金捐款550万元，向厦门外国语学校教育基金会捐款40万元，向集美大学教育基金会捐款100万元；资助扶贫事业，向西藏自治区捐款100万元，向建宁县慈善总会捐款100万元，向厦门市思明区慈善总会捐款10万元；资助救灾资金，向受灾烟区捐款400万元。

所属各单位积极开展各类公益活动。龙岩烟草工业有限责任公司资助公益事业，向龙岩市慈善总会捐款4071万元。厦门烟草工业有限责任公司资助公益事业，向厦门市残疾人福利基金会捐款2060万元，向厦门市老年基金会捐款97万元；资助教育事业，向厦门市海沧区教育基金会捐款850万元，向厦门市教育基金会捐款20万元；资助扶贫事业，向贫困村永定合溪乡及政和外屯乡捐款60万元；资助医疗事业，向厦门中山医院基金会捐款30万元。

## 江西省烟草专卖局（公司）

2018年，江西省烟草商业系统共捐款1.18亿元（个人捐款31.51万元），用于各项社会公益活动。

救济贫困。捐款626.98万元（个人捐款10.42万元），其中，全省系统成立78个驻村工作组，选派65名优秀干部到贫困村任“第一书记”，投入扶贫资金495.64万元用于精准脱贫。资助乡村建设。捐款1.04亿元，为帮扶村解决道路硬化、村民饮水、危房改造、种植养殖、项目开发和村容村貌等问题，向赣南原中央苏区捐款8858.72万元、向西藏自治区捐款200万元等。资助教育文化事业。捐款7.68万元（个人捐款2.37万元），其中，向九江市捐款5.94万元、向赣州市捐款0.62万元、向景德镇市捐款0.5万元、向萍乡市捐款0.2万元、向新余市捐款0.42万元。灾害救助。捐款653.59万元，主要面向烟叶灾害、洪灾等受灾救灾捐款。其他捐款89.03万元（个人捐款18.73万元），其中，用于慈善捐款23.56万元（个人18.73万元），用于综治帮扶捐款3.5万元，用于社区共建捐款13.4万元，用于平安创建捐款19.45万元，用于文明创建捐款22.15万元，用于防汛经费捐款3.5万元，用于走访慰问捐款3.47万元。

开展其他各类公益活动。组织干部职工开展“五四”青年节、“精准扶贫、助力攻坚”、敬老爱老、慰问贫困户、文明创建为主题的志愿服务活动。开展“党员进社区”“生育关怀行动”、关爱留守儿童、“福利院看望孤寡老人”、交通协防、“爱心服务，助力高考”、“学习雷锋、奉献他人、提升自己”、“党员‘580’”等一系列志愿服务活动。党员干部到敬老院慰问共646人次，到福利院看望残疾儿童15人次。全省系统累计组织417名职工参加义务献血活动，共计献血 8.45 万毫升。全省系统累计组织 211 名职工参加义务植树活动，共植树 738 棵。参加志愿服务活动 291 人次。捐赠图书 450 册。

所属各单位积极开展各类公益活动。江西省局（公司）组织开展帮困助学、关爱慰问等活动，共计捐款 22.71 万余元。九江、宜春、赣州、鹰潭市局（公司）等开展春雷助学、结对帮扶贫困户等活动。

## 江西中烟工业有限责任公司

2018 年，江西中烟工业系统共捐款 1.01 亿元，用于各项社会公益活动。

扶贫济困，捐赠援藏资金 100 万元；资助教育事业，向 56 名贫困学生捐赠助学款 29.6 万元；资助赣南等原中央苏区建设资金 1 亿元。

## 山东省烟草专卖局（公司）

2018 年，山东省烟草商业系统共捐款 1748.28 万元（个人捐款 208.86 万元），用于各项社会公益活动。

救济贫困，助力乡村建设。全省系统选派驻村“第一书记”78 人，帮助建设“户户通”、绿化、旱涝保收田、水池、水井，开发种植养殖项目，改善村容村貌等，建立结对帮扶点 1298 个，投入脱贫帮扶资金 577.5 万元。完善结对帮扶机制，开展“双联共建”活动，山东省局（公司）机关党委深入菏泽市鄄城县左营乡杨屯村实地调研，研讨结对帮扶项目。投入援藏资金 200 万元。

积极开展其他各类公益活动。参加各级慈善总会“慈善一日捐”活动，组织开展“情系灾区”募捐活动，全省系统个人捐款累计 208.86 万元。组织开展“大手拉小手、共建献爱心”、“关爱不停歇、六一送温暖”、“蒲公英、童心梦”、“关爱贫困母亲”、“关爱留守儿童”活动基金捐赠仪式暨 2018 年“青春扶贫 益暖齐鲁——关爱留守儿童”爱心助学、“真情助学月”暨“亲情帮扶 关爱蓓蕾”等活动，成立阳光义工烟草分会，走访慰问贫困母亲 32 位；向贫困留守儿童发放书包 222 个，捐赠图书 1100 册，捐赠衣物 800 余件。全省系统职工累计献血 6.51 万毫升（捐献血小板 105 治疗量）。开展义务植树活动，共计植树 1681 棵。组织开展交通文明劝导、“迎新春、净家园”、“烟头不落地 城市更美丽”、社区环境整治等集中清理活动，参与人数 5471 人次。

## 山东中烟工业有限责任公司

2018 年，山东中烟工业系统共捐款 455.93 万元，用于各项社会公益活动。

扶贫济困。全省工业系统成立 3 个驻村工作组，选派 3 名优秀干部到贫困村任“第一书记”，投入扶贫资金 123.65 万元。资助乡村建设，为帮扶村解决道路硬化、种植养殖、项目开发和村容村貌等问题，向济南市历城区锦绣川办事处潘家场村捐款 43.65 万元、向滕州市大坞镇池中村捐款 20 万元、向济南市历城区仲宫办事处南道村捐款 60 万元。捐款 100 万元，用于援藏。捐款 200 万元，用于支援潍坊青州市抗洪救灾及灾后重建。

所属各单位积极开展各类公益活动。救灾扶贫。济南卷烟厂为定点扶贫村潘家场村制定专项帮扶计划，筹划“潘家场”品牌，引进藤椅加工和金银花中草药种植项目，村民增收 4 万余元，村集体增收 8000 余元；青州卷烟厂职工向青州市遭受暴雨袭击的部分乡镇、街道捐款 11.06 万元，并组织志愿者赴灾区开展抗洪救灾志愿行动。慈善捐助。参加“慈善一日捐”活动，青岛卷烟厂职工捐款 9.42 万元，滕州卷烟厂职工捐款 10.6 万元；将军烟草集团有限公司为济南市历城区仲宫办事处南道村贫困户和 70 岁以上村民捐款 1.2 万元、图书 600 余册。志愿服务。青州卷烟厂组织开展“学雷锋送温暖”走进敬老院、帮扶困难零售户、厂老年活动中心清理、职工宿舍区清洁等活动；将军烟草集团有限公司协助村民销售桃子 5000 余千克、核桃 1000 余千克、小米 750 余千克，开展义诊活动 3 次、服务

70 余人次。义务献血。颐中烟草（集团）有限公司 230 余名干部职工参加无偿献血活动，献血总量近 5 万毫升。

## 河南省烟草专卖局（公司）

2018 年，河南省烟草商业系统共捐款 2173.12 万元（个人捐款 38.98 万元），用于各项社会公益活动。

救济贫困。捐款 1817.38 万元（个人捐款 19.99 万元），其中，投入扶贫资金 1783 万元用于助力精准扶贫攻坚，全省系统选派“第一书记”149 名，建立对口帮扶点 266 个，实施产业扶贫项目 217 个，81 个帮扶村和 3843 户 1 万多人实现脱贫。其中河南省局（公司）机关结对帮扶贫困户 63 户 182 人，投入资金 416.58 万元，帮扶 49 户 159 人脱贫。资助乡村建设。捐款 256.58 万元，用于解决帮扶村路灯、庭院建设、道路硬化、村民饮水、危房改造、种植养殖、项目开发和村容村貌等问题，其中，开封市局（公司）捐款 20.1 万元、鹤壁市局（公司）捐款 13.3 万元、三门峡市局（公司）捐款 74.7 万元、南阳市局（公司）捐款 28.08 万元、商丘市局（公司）捐款 12 万元、信阳市局（公司）捐款 58.4 万元、驻马店市局（公司）捐款 50 万元。资助教育文化事业。捐款 26.3 万元（个人捐款 11.8 万元），其中，平顶山市局（公司）捐款 11.4 万元、鹤壁市局（公司）捐款 0.6 万元、三门峡市局（公司）捐款 0.6 万元、南阳市局（公司）捐款 4.7 万元、驻马店市局（公司）捐款 9 万元。社会帮扶。捐款 72.86 万元（个人捐款 7.19 万元），其中，创建帮扶捐款 11.74 万元、走访慰问捐款 21.12 万元，向“中华慈善日”、“慈善一日捐”及关爱孤寡残幼弱等各类活动捐款 21 万元。其他捐款 19 万元。

所属各单位积极开展各类公益活动。河南省局（公司）组织志愿者到济源下坳、南阳曹营等村开展送温暖活动，为村民免费照家庭合影、长寿照等 330 余人次，打印赠送照片 450 余张，为贫困儿童捐赠图书 300 余册。组织全省系统干部职工开展“学习贯彻十九大精神、文明单位社区行”宣传实践活动，开展“三八”妇女节、“六一”儿童节、“八一”建军节慰问，以及重阳节敬老爱老助老、清明节“倡导绿色祭祀、共创文明家园”、“帮扶村清洁家园”、“文明执法、普法宣传”、“清雪除冰”、“爱心送考”、文明交通引导、义务清扫马路等志愿服务活动。累计 460 余名职工参加义务献血活动，共计献血 17.8 万毫升。累计 460 余名职工参加义务植树活动，共计植树 2350 棵。累计 826 名职工参加清扫马路活动，共计开展 284 次。组织开展交通劝导活动，参与人数 700 余人次。安阳、鹤壁市局（公司）组织“爱心助考”志愿服务活动，设立“爱心助考”服务站 17 个，参与服务人员 120 余人，出动“爱心送考”私家车 50 辆，接送考生 500 人次。许昌市局（公司）组织 120 名职工参加文明天使活动，组织党员干部到敬老院慰问 62 人次。漯河市局（公司）开展“学雷锋、献爱心”公益活动 20 余次、麦收禁烧宣传 50 余人次。南阳市局（公司）开展爱心助学“冬日送暖”活动，为留守儿童赠送图书 1000 余册。

## 河南中烟工业有限责任公司

2018 年，河南中烟工业系统共捐款 1153.29 万元（个人捐款 8.29 万元），用于各项社会公益活动。

河南中烟工业系统参与公益捐赠活动 10 项，共捐款 1145 万元。救济贫困捐款 907 万元。打造党建阵地，建设基础设施，发展扶贫产业，助力打赢精准扶贫攻坚战中，向新县周河乡毛铺村捐款 70 万元，向禹州市苌庄乡锁石沟村捐款 30 万元，向嵩县纸房镇邓岭村捐款 30 万元，向淅川县厚坡镇王河村捐款 47 万元，向大别山地区捐款 730 万元。慰问困难群众捐款 3 万元，用于援助安阳市困难企业职工。灾害救助捐款 100 万元，用于援藏。爱心助学，共计捐款 135 万元用于帮扶困难学生，其中，向河南省直工会捐款 30 万元用于金秋助学，向许昌市工会捐款 5 万元用于金秋助学，向许昌实验小学铁西校区捐款 100 万元。个人捐赠方面，河南中烟工业系统干部职工参加公益捐款活动46项，共计捐款8.29万元，其中，12项扶贫捐款活动，共计捐款5.09万元；32项助学捐款活动，共计捐款3.14万元；其他活动捐款600元。

积极开展其他各类公益活动。累计组织慈善活动624次，其中，250人次参加义务献血活动，组织15次义务植树活动，开展关爱帮扶、义务劳动、爱心助考等志愿活动359次。

## 湖北省烟草专卖局（公司）

2018年，湖北省烟草商业系统共捐款8930.17万元（个人捐款66.18万元），用于各项社会公益活动。

扶贫济困。捐款7662.58万元（个人捐款33.09万元），用于开展对口帮扶和精准扶贫工作。其中，向湖北省“616”对口支援工程捐款150万元，向三峡移民工程捐款60万元，向西藏自治区捐款200万元，向精准扶贫村、对口帮扶村捐款7252.58万元。全省系统组建工作队173个、派出工作队员425人，对口帮扶17个市州185个贫困村，累计帮扶脱贫14216户44756人。资助教育文化事业。捐款115.33万元（个人捐款4.83万元），用于帮助贫困学子完成学业、建设乡村书屋。资助社会公共和福利事业。捐款1104.26万元（个人捐款28.26万元），用于社会公益事业。其中，向湖北省妇女儿童发展基金会捐款50万元；向湖北省青少年发展基金会捐款1000万元，用于设立“湖北希望工程·知音同行助学基金”；支持社区共建26万元；职工参加“扶贫日”“慈善一日捐”活动捐款28.26万元。灾害救助。捐赠防汛救灾资金0.6万元。

开展其他各类公益活动。组织干部职工开展“创建文明城市”、“党员进社区”、“文明交通劝导”、“保护母亲河”、“三无”小区环境整治、义务植树、公益众筹植树、清洁乡村等志愿服务活动。走访慰问老党员和生活困难党员，开展“献爱心、送温暖”活动，捐款4.8万元。参加“互联网+”安全书包和《社会主义核心价值观青少年读本》捐赠活动，为贫困学生捐赠书包、图书32套。组织干部职工参加无偿献血活动，共献血2.86万毫升。支持地方党委红色头雁工程及党支部结对互助17万元，开展社区文化共驻共建捐款25.6万元。

所属各单位积极开展各类公益活动。武汉、恩施、荆州、黄冈、荆门、襄阳、随州等市级局（公司）组织开展扶贫帮困、帮困助学、关爱慰问等活动。十堰市局（公司）上线运行“金叶情阳光行”微信公众号和“阳光购”微商城，帮助对口帮扶地区销售农特产品，实现订单88笔，销售收入360万元。鄂州市局（公司）资助对口帮扶村成立“鄂州市梁子湖区欢农种养殖专业合作社”，指导建立产业合作社资金流水明细账，建立鱼池、苗木花卉基地300余亩。

## 湖北中烟工业有限责任公司

2018年，湖北中烟工业系统共捐款7636万元，用于各项社会公益活动。

扶贫济困、灾害救助等。捐款2585.5万元，其中，援藏捐款100万元，向恩施州精准扶贫捐款300万元，各卷烟厂向对口帮扶村捐款551万元，向云南省曲靖市马龙区烟叶救助捐款34.5万元，向湖北省内烟叶应急救灾捐款600万元，向湖北省扶贫基金会捐款1000万元。

资助教育、科学、文化，卫生事业。捐款1040.5万元，其中，向湖北省少年基金会社会慈善捐款200万元，向湖北省妇女儿童基金会“三见”公益活动捐款200万元，向湖北省教育基金会“三见”公益活动捐款640.5万元。

资助环境保护、社会公共设施建设。捐款3750万元，其中，向咸宁市新农村建设捐款650万元，向郧阳市新农村建设捐款400万元，向大悟县新农村建设捐款400万元，向广水市新农村建设捐款300万元，向湖北省美丽乡村建设捐款1000万元，向荆州市捐款1000万元。

促进社会发展和进步及其他社会公共福利事业。捐款260万元，其中向三峡移民帮扶工程五峰县捐款80万元，向巴东县捐款100万元，向“616”工程对口帮扶咸丰县捐款 80 万元。

## 湖南省烟草专卖局（公司）

2018 年，湖南省烟草商业系统共捐款 6166.19 万元（个人捐款 147.47 万元），用于各项社会公益活动。

扶贫济困。捐款 3217.46 万元（个人捐款 67.69 万元），用于帮扶慰问、产业扶持、危房改造、基础设施建设等。成立 87 个驻村工作组，选派 205 名优秀干部到贫困乡村驻村扶贫。其中，永顺县石堤镇团结村 27 户 99 人建档立卡贫困户顺利实现脱贫，村综合贫困发生率由 12.0% 下降到 4.3% 。

资助教育事业。捐款 158.36 万元（个人捐款 18.02 万元），向贫寒学子、留守儿童、残障儿童购置文教用品、学习书籍等。灾害救助。捐款 490.66 万元（个人捐款 2.4 万元），用于救助烟叶病虫害、雨雪冰冻灾害等。

资助社会事业。捐款 789.87 万元（个人捐款 54.77 万元），用于资助敬老院、儿童福利院，慰问社区困难群众等。

促进社会发展进步及其他公共福利事业。捐款 1509.84 万元（个人捐款 4.59 万元）。用于社会公益基金、公共设施建设、新农村建设等。

积极开展其他各类公益活动。开展“党员进社区”“636 学雷锋志愿服务”“道路文明劝导”“消费者权益保护日”“保卫母亲河”等主题实践活动。全省系统共开展各类志愿服务活动 838 次，义务献血活动 268 次，义务植树活动 219 次。

## 湖南中烟工业有限责任公司

2018 年，湖南中烟工业系统共捐款 1.72 亿元，用于各项社会公益活动。

开展扶贫济困。湖南中烟本部支持西藏地区发展，捐款 100 万元；郴州卷烟厂捐款 30 万元。

开展精准扶贫。湖南中烟本部捐款 1350 万元，常德卷烟厂捐款 90 万元，郴州卷烟厂捐款 70 万元，零陵卷烟厂捐款 37 万元。

资助教育文化事业。湖南中烟本部捐款 1241 万元，长沙卷烟厂捐款 5060 万元，常德卷烟厂捐款 87 万元，零陵卷烟厂捐款 20 万元。

支援慈善公益性重点工程项目建设。长沙卷烟厂捐款 40 万元，常德卷烟厂捐款 5000 万元，郴州卷烟厂捐款 10 万元，四平卷烟厂捐款 30 万元。

灾害救助。湖南中烟本部捐款 500 万元，郴州卷烟厂捐款 1500 万元，零陵卷烟厂捐款 1500 万元。

开展环境保护、社会公共设施建设等公益活动。湖南中烟本部捐款 308 万元，常德卷烟厂捐款 105 万元，郴州卷烟厂捐款 60 万元，零陵卷烟厂捐款 43 万元，四平卷烟厂捐款 30 万元。

## 广东省烟草专卖局（公司）

扶贫济困。2018 年，广东省局（公司）捐款 1000 万元（个人捐款 4.62 万元），用于“广东扶贫济困日”活动，其中，帮扶上坡村实施产业发展扶贫工程捐款 250 万元，帮扶基础设施建设扶贫工程捐款 100 余万元，帮扶教育文化扶贫工程捐款 70 万元，帮扶村集体经济建设捐款 100 万元；开展“幸福工程——贫困母亲”活动捐款 2 万元。所属各市局（公司）共捐款 2353 万元。

积极开展其他各类公益活动。河源市局（公司）组织员工义务献血 2500 毫升；开展“点亮微心愿”“金秋助学”帮扶走访慰问活动，为困难家庭学生捐赠学习用品；开展“周二交通劝导”“周三卫生清洁”活动，累计参加 350 人次，人均志愿服务时长 67.29 小时。韶关市局（公司）组织干部职工开展交通文明劝导、“八一”建军节慰问孤寡老人、义务献血、义务植树等活动。湛江市局（公司）义务献血 4400 毫升。肇庆市局（公司）组织“创建文明城市”“八一”建军节慰问等活动；组织 50 名职工义务献血1.04万毫升。广州市局（公司）开展老弱病残及低保困难家庭等26项义工活动，参与512人次，服务时长2072小时。阳江市局（公司）开展“下乡精准义诊”“旧衣捐赠”“学雷锋，关爱老人”等志愿活动。

## 广东中烟工业有限责任公司

2018年，广东中烟工业系统共捐款2149万元，开展捐赠项目15项，范围覆盖广东、四川、云南、西藏等省内外地区，用于扶贫济困、教育助学、灾害求助等社会公益活动。其中，在“广东扶贫济困日”活动中连续第八年捐款1000万元。

所属各单位积极开展各类公益活动。韶关卷烟厂向对点扶贫南雄市捐款120万元；梅州卷烟厂向对点扶贫蕉岭县南礤镇岭背村捐款150万元；湛江卷烟厂向对点扶贫湛江市遂溪县港门镇货湖村捐款205万元。组织职工义务献血共计6.19万毫升。

## 广西壮族自治区烟草专卖局（公司）

2018年，广西壮族自治区烟草商业系统共捐款6861万元，用于各项社会公益活动。

扶贫济困。捐款445.93万元，其中，向基础设施建设项目捐款265.14万元，慰问困难户捐款92.77万元，产业扶贫捐款79.99万元，灾害救助捐款8.02万元。帮扶困难村115个，派出驻村干部101人、“一帮一联”帮扶干部911人，结对帮扶2402户，帮扶项目64个，6934人实现脱贫。捐款200万元，用于支持西藏地区经济发展。

资助教育文化事业。捐款54.8万元，用于改造校园环境、购买教学设备、帮助困难学生等，其中南宁市局（公司）向“大学生圆梦行动”的30名困难学生捐款15万元，向贵港市、河池市10余所中小学校共捐款12.6万元、25.7万元。

积极开展其他各类公益活动。捐款6000万元，用于修建边境隔离网、支持打私专项行动等。桂林、梧州、钦州、贵港、玉林等市局（公司）开展学雷锋志愿者服务活动，参与义务植树300余棵，义务献血1.91万毫升；开展向贫困学生捐赠学习用品、图书，清扫马路等社会公益活动。

## 广西中烟工业有限责任公司

2018年，广西中烟工业系统共捐款1763.96万元，用于各项社会公益活动。

扶贫济困。捐款870万元，用于马山县、田东县、上林县、隆安县、靖西市等精准扶贫项目及全区贫困地区的产业扶贫；捐款10.16万元，用于资助身患尿毒症的“最美乡村医生”、爱心助残、慰问贫困户等活动；捐款100万元，用于促进西藏经济发展。

资助教育文化事业。向广西青少年发展基金会捐款352.56万元，用于援建“希望厨房”和青年英才基金；向广西协力扶助基金会捐款150万元，用于扶贫教育活动；向广西总工会捐款50万元，用于“金秋助学”活动；向广西青少年发展基金会捐款20万元，用于贫困山区“文化+教育”扶贫；向广西中烟周边学校捐款43.03万元，用于改善学校办学条件。

资助乡村建设。向广西田林县捐款100万元，用于脱贫攻坚项目；向广西富川瑶族自治县慈善总会捐款60万元，用于公司驻点贫困村基础设施建设；向广西融安县捐款8.21万元，用于浮石镇木瓜村道路建设。

组织开展义务献血、义务植树、关爱留守儿童等其他各类社会公益活动。

## 海南省烟草专卖局（公司）

2018年，海南省烟草商业系统共捐款744万元，用于各项社会公益会动。

救济贫困。捐款213.37万元，推进定点扶贫各项工作；捐款200万元，用于援藏精准扶贫；捐款301万元，用于海口临高县美万村扶贫项目建设；捐款 10 万元，用于琼海市龙江镇深造村开展养猪合作社二期项目建设；捐款 12 万元，用于帮扶三亚市育才镇雅林村贫困户。

资助教育文化事业。向屯昌县南吕镇三岭村捐赠 7 万元，用于文体设施建设；向儋州儿童福利院、特殊教育学校捐赠文体、生活用品。

积极开展其他各类公益活动。开展“五四”青年节、“八一”建军节、“三八”妇女节等活动；开展“爱心认购助力消费扶贫”活动，帮助贫困群众增收脱贫；开展“一张纸献爱心行动”10 次，向海南省慈善总会捐赠售卖废旧纸张所得；义务献血 4600 毫升；开展帮扶走访慰问等活动。

## 重庆市烟草专卖局（公司）

2018 年，重庆市烟草商业系统援建水源工程，捐款 5803 万元；援建烟区道路，捐款 5260 万元；支持慈善公益事业，捐款 701 万元；扶贫济困，捐款 1214 万元；资助教育事业，捐款 398 万元；防灾救灾，捐款 398 万元；支持其他公益性活动，捐款 470 万元。积极参与义务献血，累计献血 1.59 万毫升。

## 重庆中烟工业有限责任公司

2018 年，重庆中烟工业系统共捐款 248 万元，用于各项社会公益活动。

扶贫济困。捐款 100 万元，用于促进西藏地区发展；向重庆市温暖基金会捐款 20 万元。

资助教育文化事业。捐款 110 万元，其中，向重庆市南岸区教育发展基金会捐赠 50 万元，向重庆市涪陵区教育委员会捐赠 30 万元，向重庆市黔江区教育委员会捐赠 30 万元。向重庆市妇女儿童基金会捐款 6 万元，用于资助贫困儿童入学。

所属卷烟厂积极开展其他各类社会公益活动。涪陵卷烟厂向涪陵区百胜镇大石村捐款 6 万元，用于扶贫工作；参加“清洁社区、美化家园”“安全、环保、文明”志愿者活动。黔江卷烟厂参加“圆我读书梦”活动，资助贫困大学生读书；组织团员青年慰问困难家庭、留守儿童学校特困儿童；开展“礼让斑马线”劝导行动等活动。

## 四川省烟草专卖局（公司）

2018 年，四川省烟草商业系统共捐款 1851 万元，用于各项社会公益活动。

资助乡村建设。捐款 978.17 万元，用于解决公共基础设施建设、危房改造、种植养殖、村容村貌、扶持烟农合作社等。其中，向西藏自治区捐款 200 万元、向自贡市捐款 8 万元、向攀枝花市捐款 32 万元、向德阳市捐款 34.4 万元、向广元市捐款 32 万元、向遂宁市捐款 21.46 万元、向内江市捐款 33.86 万元、向乐山市捐款 6 万元、向南充市捐款 60 万元、向宜宾市捐款 30 万元、向广安市捐款 53.25 万元、向达州市捐款 9.7 万元、向巴中市捐款 31.96 万元、向雅安市捐款 26 万元、向眉山市捐款 8 万元、向资阳市捐款 9.5 万元、向凉山州捐款 270.2 万元、向阿坝州捐款 70 万元、向甘孜州捐款 23 万元。

资助教育事业。捐款 285.54 万元，其中，向“我要上大学”贫困应届大学新生捐款 80 万元、向“爱在阳光下”儿童暑期夏令营捐款 23.79 万元、向乐山市捐款 72 万元、向阿坝师范学院捐款 30 万元、其他各类捐资助学捐款 79.75 万元。

资助洪涝灾害救助等，捐款 88 万元。资助文卫体事业等，捐款 220 万元。资助孤寡残幼贫，捐款 279.32 万元。

## 四川中烟工业有限责任公司

2018 年，四川中烟工业系统共捐款 1188 万元，用于精准脱贫，资助乡村建设，帮扶村道路硬化、村民饮水、危房改造、种植养殖、项目开发和村容村貌改善等。其中，向西藏自治区捐款100万元，向泸州市叙永县西溪村捐款40万元，向甘孜州甘孜县斯俄乡也伦达村捐款300万元，向甘孜州泸定县得妥乡金光村扶贫捐款150万元，向凉山州越西县洛度村捐款50万元，向凉山州绿色家园建设捐款368万元，向绵阳市游仙区东宣镇捐款80万元，向宜宾筠连县、珙县扶贫捐款80万元，向德阳中江县会龙镇柳叶村捐款20万元；选派9名优秀干部到贫困村任"第一书记"和驻村干部。定点扶贫的甘孜县斯俄乡也伦达村，通过省级检查达到2018年全村摘帽脱贫条件。

所属各卷烟厂积极开展各类公益活动。成都卷烟厂注册"青年志愿者"273人次，参与敬老院、福利院慰问等公益活动53人次；参与结对帮扶爱心公益活动35人次。什邡卷烟厂参与志愿服务5000余人次；开展"环保公益行""3·5学雷锋""关爱老人党员先行"等志愿活动；参与义务献血137人次。长城雪茄烟厂26名职工义务献血8400毫升。西昌卷烟厂26名职工义务献血7800毫升；开展"禁毒防艾"、网络安全等宣传活动1468小时；开展街道卫生大扫除活动1468小时；93名党员到敬老院开展志愿者服务活动；78名党员参加义务植树活动。

## 贵州省烟草专卖局（公司）

2018年，贵州省烟草商业系统共捐款8676万元，用于各项社会公益活动，参与公益活动613次、1.15万人次。

扶贫济困。捐款7537.37万元（个人捐款101.4万元）；使用留存党费捐款38万元。资助教育事业。捐款32.7万元（个人捐款6.39万元）。灾害救助捐款20.43万元（个人捐款11.54万元）。

积极开展其他各类公益活动。参与义务献血81次、339人次，献血10.78万毫升；参与植树活动41次、1042人次，植树2733棵；参与志愿活动398次、6453人次；参与其他各类公益活动93次、3674人次。

## 贵州中烟工业有限责任公司

2018年，贵州中烟工业系统共捐款2061万元，用于各项社会公益活动。

贵州中烟本部捐款1776万元，用于结对帮扶晴隆县脱贫。其中，捐款200万元，用于晴隆县光照镇新益村生态养殖项目；捐款300万元，用于实施"20+"党建帮扶联建工程，主要帮扶20个深度贫困村贫困户发展养殖种植业、基础设施建设、教育提升等项目；捐款100万元，用于实施"1000+"实用技能技术培训，提升农户专业种植、加工技能；捐款100万元，用于实施"行者·圆梦"公益助学工程；捐款1076万元，对口帮扶晴隆县实施基础设施建设，用于危房改造、污水处理、涵洞维修和村民广场、机耕道及"通村串户路"道路照明建设等。捐款100万元，用于支持西藏地区建设。

所属各卷烟厂共捐款185万元，由各卷烟厂党委根据所在地的实际情况，按照地区党委政府脱贫攻坚的统一部署，政府主导企业配合，全面开展扶贫工作。

## 云南省烟草专卖局（公司）

2018年，云南省烟草商业系统共捐款9192.63万元（个人捐款312.71万元），用于各项社会公益活动。

扶贫济困。捐款6492.80万元（个人捐款200.64万元），用于挂钩贫困村帮扶等，其中，向中国人口福利基金会捐款1000万元，用于云南省健康扶贫工作，重点开展"幸福微笑——救助唇腭裂儿童"等公益项目；向西藏捐赠援藏资金200万元；选派180余名干部职工驻村扶贫。

资助乡村建设。捐款1703.99万元（个人捐款8.26万元），用于解决帮扶村道路硬化、村民饮水、危房改造、种植养殖、项目开发和村容村貌等问题。

资助文体卫事业。捐款640.50万元（个人捐款14.78万元），用于教学环境改善、文体物资购买；捐款59万元，用于文化宣传等活动；捐款94.53万元（个人捐款2.53万元），用于改善卫生条件及饮水安全；捐款25.66万元（个人捐款25.66万元），用于植树、湖泊河道治理等环保活动；捐款84.57万元（个人捐款36.47万元），用于创建文明城市等活动。

资助孤寡老人、留守儿童、受灾群众，捐赠衣物、生活用品、文体用品价值25.63万元。

灾害救助。捐款90.01万元（个人捐款7.99万元），用于地震、洪涝、冰雹等自然灾害受灾农户生产生活恢复、灾后烟叶生产基础设施恢复重建工作。

积极开展其他各类公益活动。开展“五四”青年节、“八一”建军节慰问、关爱孤寡老人、“学雷锋志愿服务月系列活动”等活动；开展环境卫生整治活动200余次、3600余人次；义务献血444人次、9.85万毫升；义务植树1656棵；参与“创建全国文明城市”“交通安全引导”等活动2367人次。

## 云南中烟工业有限责任公司

**云南中烟工业有限责任公司本部**。2018年，云南中烟工业有限责任公司本部共捐款5460万元，用于11个社会公益项目，涉及昆明、玉溪、曲靖、楚雄、红河、昭通、保山等7个州市和西藏自治区。其中，单笔100万元以上的项目共7项，分别为：昆明市松华坝水源保护区脱贫项目资金300万元；玉溪市红塔区北城街道农村基础教育补助资金300万元；会泽县十万人易地扶贫搬迁产业发展项目资金1000万元；楚雄州脱贫攻坚项目资金1000万元；昭通市巧家县金塘镇脱贫攻坚产业发展和道路建设项目资金1300万元；施甸县木老元、摆榔两乡“挂包帮、转走访”帮扶资金300万元；支持西藏地区发展捐款100万元；中国人口福利基金会救治云南省“幸福微笑——救助唇腭裂儿童”等公益活动1000万元。

定点扶贫。2018年全系统共计投入扶贫资金2.48亿元，其中产业帮扶0.20亿元、基础设施0.89亿元、公共服务0.46亿元、教育投入0.31亿元、走访慰问52万元、其他投入0.62亿元。实现脱贫摘帽12630户、53633人。持续推进以施甸县为主的布朗族聚居区整乡推进整族帮扶项目，实施安居工程、基层设施、产业发展、社会事业、生活环境保护、素质提高、基层党组织凝聚力和战斗力提升的“七大工程”。

**红塔烟草（集团）有限责任公司**。2018年，红塔烟草（集团）有限责任公司共捐款5015.51万元，用于各项社会公益活动。

扶贫济困。红塔集团本部向挂钩扶贫点澜沧拉祜族自治县南岭乡谦哲村捐款493.51万元，用于发展茶叶产业、公共基础设施建设等14个项目；玉溪卷烟厂向峨山彝族自治县富良棚乡美党村捐款316.5万元；楚雄卷烟厂向楚雄彝族自治州楚雄市东华镇路上村捐款380万元；大理卷烟厂向大理白族自治州云龙县苗尾乡旱阳村捐款243万元；昭通卷烟厂向昭通市盐津县普洱镇桐梓村捐款354.1万元。

资助教育事业。红塔集团本部向玉溪市山区民族教育促进会“百名贫困学子大学圆梦计划”捐款60万元，向玉溪师范学院奖（助）学金项目捐款79万元，向玉溪市元江县咪哩乡瓦纳小学和江川区雄关乡麦冲幼儿园等5所中小学校、幼儿园共捐款260万元；玉溪卷烟厂向玉溪市第四中学、市第三幼儿园、灵秀小学和峨山县大龙潭中学等10余所中小学校、幼儿园共捐款472.5万元；楚雄卷烟厂向楚雄州（市）教育局捐款400万元；大理卷烟厂向大理州助学金项目捐款70万元，向大理州实验中学、南涧县碧溪乡新力小学捐款56万元；昭通卷烟厂向昭阳区守望乡卡子村小学、靖安镇耆老小学和镇雄县中学等9所中小学捐款335.9万元。

资助地方基础设施建设。红塔集团本部向玉溪市峨山县大龙潭乡集中安置点建设项目捐款100万元；楚雄卷烟厂向大姚县波西村、武定县己衣村和武定县鸡街子村等7个项目捐款210万元；大理卷烟厂向云龙县关坪乡自新村、弥渡县牛街乡和鹤庆县松桂镇赤石村24个项目捐款661万元；昭通卷烟厂向绥江县会仪镇和平村、盐津县普洱镇小洞村10个项目捐款340万元。

灾害救助。玉溪卷烟厂向峨山县人工防雹项目捐款60万元。

其他公益捐款。红塔集团本部捐款20万元；玉溪卷烟厂捐款84万元；楚雄卷烟厂捐款20万元。

**红云红河烟草（集团）有限责任公司**。2018年，红云红河集团共捐款5737.62万元，用于各项社会公益活动。

扶贫济困。开展“挂包帮、转走访”工作，向会泽县田坝乡、马路乡、火红乡、鲁纳乡、金钟街道共捐款1800万元；向弥勒市西二镇捐款400万元；向昆明市五华区红云街道、寻甸县捐款43.14万元；向寻甸县脱贫攻坚巩固捐款300万元；向曲靖市扶贫工作项目缺口资金捐款240万元；向会泽县脱贫攻坚工作捐款58.79万元；向裕民县阿勒腾也木勒乡、拜城县布隆乡结对帮扶捐款133万元；向乌兰浩特市扶贫产业发展资金等项目捐款125万元；向乌兰浩特市红十字会“博爱一日捐”活动捐款10万元。

助老助残。向云南省老龄基金会助老工程捐款50万元；向红河州老龄事业发展促进会助老捐款12万元；向曲靖市第一人民医院济困助残捐款20万元；向会泽县23所敬老院慰问捐款16.09万元；向奎屯市社会福利院捐款10万元。

资助教育事业。向“红云园丁奖”“红河助学金”等奖学金项目捐款1133万元；向昆明市五华区红云街道特困学生、寻甸县控辍保学捐款33万元；向红河州教育扶贫资金捐款200万元；向共青团弥勒市委“爱心圆梦”活动捐款15.5万元；向曲靖市特殊教育学校等13所学校捐款170万元；向曲靖市会泽县贫困学生及东风、工农等学校捐款69.6万元；向新疆维吾尔自治区乌鲁木齐市3所学校教师节慰问捐款7万元；向弥勒红原女子管乐协会活动捐款15万元；向内蒙古自治区兴安盟特殊教育学校、乌兰浩特市改善办学条件资金等捐款245万元。

资助乡村建设。向红河州乡镇公共基础设施建设捐款91.5万元；向弥勒脱贫攻坚公共基础设施建设捐款60万元。

其他捐款共480万元。

## 西藏自治区烟草专卖局（公司）

2018年，西藏自治区烟草商业系统共捐款85.93万元，用于各项社会公益活动。

扶贫济困。向昌都市江达县岗托镇捐款50万元；拉萨市局（公司）党支部组织开展结对扶贫活动，捐款2.65万元。林芝市局（公司）开展“党员干部进村入户、结对认亲交朋友”活动，捐款3.3万元。昌都市局（公司）开展“党员干部进村入户、结对认亲交朋友”活动，捐款18万元。阿里区局（公司）开展“党员干部进村入户、结对认亲交朋友”、“三大节日”慰问活动等，捐款2.15万元。

积极开展其他各类公益活动。选派到驻村点的4个驻村工作队，在“三大节日”期间开展慰问贫困户活动，发放慰问品价值20.48万元；组织“党员干部进社区”，敬老院开展志愿者服务大扫除活动；参加义务植树活动，植树200棵。

## 陕西省烟草专卖局（公司）

2018年，陕西省烟草商业系统共捐款6810.92万元，用于各项社会公益活动。

扶贫济困、资助教育事业捐款5145.24万元。其中，向商洛市镇安县捐款3372.2万元，支援镇安县云镇水库水源性工程项目建设；向合阳县捐款300万元、向山阳县捐款340万元，助力当地脱贫攻坚。向西藏自治区捐款200万元，支援西藏地区经济社会发展。资助新农村建设、救灾救助捐款886.59万元。

积极开展其他各类公益活动。2018年3月，机关青年志愿者服务队成立，发展队员37人，开展走进校园、敬老院等志愿服务活动；借助蒲公英助学平台，与商洛、安康等贫困山区的23名贫困学生开展一对一助学活动；参与零贰玖公益服务中心发起的关爱留守儿童成长的“康蕾计划”，其中“妈妈的小饭桌”项目入选中央电视台“社区英雄”公益栏目；联合零贰玖公益服务中心，与乡村教师、“空巢老人”结对子，开展帮扶慰问活动，慰问40余人次；与红太阳敬老院开展合作帮扶工作，慰问60余人次。

## 陕西中烟工业有限责任公司

2018年，陕西中烟工业系统共捐款571万元，用于各项社会公益活动。

扶贫济困。8个包扶项目按期完成；榆林市绥德县定仙墕镇王坪山村实现脱贫摘帽；派出扶贫干部9人，在陕北、关中、陕南6处联系点开展包村扶贫工作；向宝鸡市残疾人福利基金会捐款20万元；向西藏自治区捐款100万元，用于支援西藏地方社会经济发展。

资助乡村建设。资助帮扶村解决道路硬化、村民饮水、危房改造、种植养殖、项目开发和村容村貌等问题，向西安市鄠邑区余下镇五庄村、永寿县常宁镇灰家村捐款68万元；资助扶持产业发展、基础设施建设，向宝鸡市金台区硖石镇董家村、千阳县崔家头镇赵家塬村和水沟镇英明村、绥德县定仙墕镇王坪山村捐款53万元；向延川县杨家塬村、宝塔区青化砭镇任家沟村捐款30万；向汉中市佛坪县长角坝镇龙草坪村、大河坝镇联合村、汉中市南郑县大河坎镇、牟家坝镇捐款60万元；向渭南市澄城县安里镇义井庄村捐款40万元；向澄城县赵庄镇樊家洼村捐款10万元；向旬阳县仙河镇竹园河村建设项目捐款40万元。

积极开展其他各类公益活动。向省公安英烈基金会捐款20万元；向延安市宝塔区教育局捐赠支教资金10万元；向省“合力团”扶贫麟游县农业灌溉项目捐款100万元；利用学雷锋活动日、网络安全周等重要时间节点，组织开展主题实践活动。

## 甘肃省烟草专卖局（公司）

2018年，甘肃省烟草商业系统共捐款2689.19万元（个人捐款10.38万元），用于各项社会公益活动。

扶贫济困。捐款1903.58万元，其中，向灵台县红十字会捐款150万元，实施百里镇闫家沟村气调库建设项目和新集村环境综合整治项目；向积石山保安族东乡族撒拉族自治县红十字会捐款150万元，实施关家川乡李家山村富民产业项目；向宕昌县红十字会捐款450万元，实施车拉乡阳坡村安子社整村提升项目和两河口镇山背村、罗湾村的整村搬迁后生产周转房配套设施工程建设项目；向平凉市静宁县红十字会捐款1153.58万元，用于静宁县界石铺镇二夫村、中寨村、朱山村、水鱼村、邢岔村开展产业培育、村容村貌改善、危旧房改造、基础设施改善、生态建设等项目。

资助乡村建设。捐款722.91万元，其中，向兰州市帮扶村捐款57.1万元（个人捐款8.13万元）、向定西市帮扶村捐款76万元（个人捐款1.6万元）、向白银市帮扶村捐款39.75万元、向甘南州捐款31.52万元（个人捐款0.52万元）、向嘉峪关市帮扶村捐款2.2万元、向金昌市帮扶村捐款5万元、向酒泉市帮扶村捐款24.23万元（个人捐款0.13万元）、向临夏州帮扶村捐款61万元、向陇南市帮扶村捐款42.08万元、向平凉市帮扶村捐款61.02万元、向庆阳市帮扶村捐款160.01万元、向天水市帮扶村捐款49万元、向武威市帮扶村捐款89万元、向张掖市帮扶村捐款25万元，用于帮扶村富民产业培育、村容村貌优化、环境卫生整治、文化基础设施等项目建设。

资助教育事业。捐款62.7万元，用于贫困大学生救助项目、中小学生购置文体用品。

积极开展其他各类公益活动。组织广大干部职工开展“雷锋精神、一路有我”“与爱同行”“心手相牵、共享阳光”“献爱心、捐衣物”“我爱碧草蓝天”等主题志愿者活动；组织广大干部职工开展关爱孤寡老人和困难家庭学生、帮扶走访慰问、植树绿化等公益活动；组织青年职工开展“五四”青年节、“青春志愿行、奉献新时代”主题志愿者活动。

## 青海省烟草专卖局（公司）

2018年，青海省烟草商业系统实施结对共建“高原美丽乡村建设”活动，向平安区新农村建设共建村拉树岭村提供帮扶共建资金72.75万元；向玉树州玉树市提供资金50万元，帮扶建设玉树市巴塘乡铁力角村旅游扶贫附属设施项目。

积极开展助学帮扶、爱心助残、博爱一日捐等公益活动，开展向定点扶贫村、社区贫困户、红十字会等捐款活动，共捐款41.89万元。

## 宁夏回族自治区烟草专卖局（公司）

2018年，宁夏回族自治区烟草商业系统共捐款315.62万元，用于各项社会公益活动。扶贫济困。捐款105.62万元，其中，向吴忠市盐池县王乐井乡双圪垯村、银川市西夏区兴泾镇西干村、贺兰县洪广镇广荣村、中卫市沙坡头区永康镇校育川村、海原县李俊乡蔡祥村、中宁县太阳梁乡隆原村等捐款86.1万元，用于对口帮扶、精准扶贫工作；捐款19.52万元，用于社区共建、帮扶慰问贫困户、孤寡老人等。选派8名优秀干部到贫困村任“第一书记”、4名驻村扶贫工作队员，参与驻村帮扶、脱贫攻坚工作。捐款200万元，用于支援西藏地区经济社会发展。

积极开展其他各类公益活动。其中，捐款5.2万元，用于支持石嘴山市中小学校“七彩书屋”项目、吴忠市和中卫市“希望工程”事业；捐款4.8万元，用于植树绿化、防沙治沙、农田水利建设等。

## 新疆维吾尔自治区烟草专卖局（公司）

2018年，新疆维吾尔自治区烟草商业系统共捐款7970.94万元（个人捐款29.89万元），用于各项社会公益活动。

扶贫济困。捐款7815.7万元（个人捐款26.17万元），其中，向“访民情、惠民生、聚民心”活动驻村点捐款329万元、向和田捐款7000万元、向西藏自治区捐款200万元、开展“民族团结一家亲”活动捐款22.99万元（个人捐款22.99万元）、其他扶贫济困捐款263.71万元（个人捐款3.18万元）。成立33个驻村工作组，选派89名优秀干部驻村，开展“访民情、惠民生、聚民心”活动；选派4名优秀干部到贫困村任“第一书记”，开展精准扶贫工作。

资助乡村建设。捐款129.93万元，用于道路绿化、植树造林、新农村建设等。其中，向吉木萨尔县、温泉县、博乐市、精河县等捐款63.38万元；向昭苏县萨尔阔布乡库勒布拉克村“美丽乡村建设试点项目”等捐款32.91万元；向且末县、若羌县、尉犁县、和静县、轮台县防沙治沙、植树造林捐款2.57万元；向喀什新农村建设捐款31.07万元。

资助教育文化事业。捐款24.71万元（个人捐款3.72万元），其中，向中国乌鲁木齐SOS儿童村、博州特殊教育学校、支教学校等捐款5.89万元；向木垒县阿克喀巴克村捐款8.5万元；向贫困学生捐款10.32万元。

积极开展其他各类公益活动。义务献血1200毫升；向莎车县佰什坎特镇尤库日巴格托格拉克学生开展“温暖包”（包含棉衣、棉鞋、帽子、围巾、手套等13件保暖用品）发放活动；向贫困群众捐赠衣物4300余件以及米、面、油等生活物资。

## 大连市烟草专卖局（公司）

2018年，大连市烟草商业系统共捐款388.94万元，用于各项社会公益活动。

扶贫济困。捐款162万元，其中，向大连市慈善总会捐款100万元；向西岗区慈善总会捐款36万元；向旅顺口区慈善总会捐款2万元；向金州区慈善总会捐款5万元；向普兰店区慈善总会捐款11万元；与瓦房店市慈善总会联合建立“爱心慈善基金”捐款8万元。向西藏自治区捐款200万元。

资助乡村建设。捐款18.94万元，其中，向庄河市长岭镇洪昌村、塔岭镇东瓜川村各捐款5万元；瓦房店市局

（分公司）向瓦房店市李官镇曲家沟村捐款0.8万元；庄河市局（分公司）向庄河市光明山镇吕沟屯村捐款8万元。

资助教育事业。向大连市青少年基金会青年志愿者、希望工程共捐款8万元。

积极开展其他各类公益活动。大连市局（公司）机关第四党支部向甘井子区宇峰小学“希望工程”资助对象送去生活用品、学习用品和捐助款；西岗区局（分公司）党支部开展“扶贫帮困送温暖”活动，向日新街道平等社区困难家庭送去生活物资；普兰店区局（分公司）党支部开展“集中党日送温暖”活动，向星台镇困难家庭送去棉衣、食品等慰问物品；金州区局（分公司）开展“慈善情暖万家”活动，走访慰问结对帮扶对象；沙河口区局（分公司）党支部赴大连市星星之火孤独症支持中心关心慰问孤独症儿童，捐赠生活物资和文体用品。

## 深圳市烟草专卖局（公司）

2018年，深圳市局（公司）资助教育事业，捐款100万元；向“好技师好讲师”系列活动捐款70万元。扶贫济困，向西藏自治区捐款200万元，用于支持西藏地区发展。

所属各单位积极开展其他各类公益活动。罗湖区局（公司）开展“关爱环卫工、温暖在身边暨捡起小烟头、传播大文明”主题活动，向环卫工人发放劳保防暑降温慰问品。盐田区局（公司）参与“守护蔚蓝，我们在行动”海滩清洁志愿服务活动，对大梅沙海滩进行清洁与维护。龙岗区局（公司）“向日葵”义工队开展“烟头不落地，文明在心中”志愿服务活动；前往龙岗区福利院开展慰问活动。

## 中国烟草总公司郑州烟草研究院

2018年，中国烟草总公司郑州烟草研究院向对口帮扶村河南省许昌市襄城县凹郭村捐款166万元，用于生产设施建设、扶贫济困等。

## 中国烟草总公司合肥设计院

2018年，中国烟草总公司合肥设计院继续支持对口帮扶贫困村金寨县张冲乡黄畈村开展脱贫攻坚工作，无偿为张冲乡政府后勤服务楼提供设计服务，多次选派专业技术人员为黄畈村提供基础设施建设规划设计服务。同时，从留存党费中捐赠4万元专项支持黄畈村“振风”超市运营，定向采购贫困村农副产品，以实际行动助力脱贫攻坚。

## 南通醋酸纤维有限公司

2018年，南通醋酸纤维有限公司开展季度结对帮扶活动5次，走访帮扶困难户15户，捐款4万元。开展“南纤博爱奖助学金”活动6次，帮扶贫困学生、奖励优秀学生，向奖助学金项目捐款25万元。

## 珠海醋酸纤维有限公司

2018年，珠海醋酸纤维有限公司共捐款31.8万元，用于各项社会公益活动。

扶贫济困。捐款4万元，用于对口怒江州“百企帮百村”精准扶贫行动；捐款5万元，用于帮扶高栏港连湾社区困难群众。

资助教育事业。向高栏港区捐款10万元，用于帮扶高栏港片区100名贫困学生；向高栏港区南水镇金洲小学、北水小学各捐款5万元，用于开展儿童安全大课堂项目。

资助社会慈善事业。向珠海市慈善总会捐款1.89万元。

◈ 编辑：王　静　褚　幸　鲁建敏

# 重要政策法规与文件选登

# 综　合

## 深化党和国家机构改革方案

（新华社北京3月21电　近日，中共中央印发《深化党和国家机构改革方案》，并发出通知，要求各地区各部门结合实际认真贯彻执行。）

（二十八）组建国家卫生健康委员会。人民健康是民族昌盛和国家富强的重要标志。为推动实施健康中国战略，树立大卫生、大健康理念，把以治病为中心转变到以人民健康为中心，预防控制重大疾病，积极应对人口老龄化，加快老龄事业和产业发展，为人民群众提供全方位全周期健康服务，将国家卫生和计划生育委员会、国务院深化医药卫生体制改革领导小组办公室、全国老龄工作委员会办公室的职责，工业和信息化部的牵头《烟草控制框架公约》履约工作职责，国家安全生产监督管理总局的职业安全健康监督管理职责整合，组建国家卫生健康委员会，作为国务院组成部门。

主要职责是，拟订国民健康政策，协调推进深化医药卫生体制改革，组织制定国家基本药物制度，监督管理公共卫生、医疗服务和卫生应急，负责计划生育管理和服务工作，拟订应对人口老龄化、医养结合政策措施等。

保留全国老龄工作委员会，日常工作由国家卫生健康委员会承担。民政部代管的中国老龄协会改由国家卫生健康委员会代管。国家中医药管理局由国家卫生健康委员会管理。

不再保留国家卫生和计划生育委员会。不再设立国务院深化医药卫生体制改革领导小组办公室。

注：该文件只选取与烟草行业相关部分，其余内容从略。

## 中共中央办公厅　国务院办公厅<br>关于调整工业和信息化部职责的通知

（2018年9月13日）

根据党的十九届三中全会审议通过的《深化党和国家机构改革方案》和第十三届全国人民代表大会第一次会议批准的《国务院机构改革方案》，经报党中央和国务院批准，现就工业和信息化部职责调整情况通知如下。

工业和信息化部牵头《烟草控制框架公约》履约职责，划入国家卫生健康委员会。

调整后，工业和信息化部内设机构、人员编制和领导职数不变。

## 中华人民共和国国家发展和改革委员会<br>中华人民共和国商务部令

（第18号）

《外商投资准入特别管理措施（负面清单）（2018年版）》已经党中央、国务院同意，现予以发布，自2018年7月28日起施行。2017年6月28日国家发展和改革委员会、商务部发布的《外商投资产业指导目录（2017年修订）》中的外商投资准入特别管理措施（外商投资准入负面清单）同时废止，鼓励外商投资产业目录继续执行。

国家发展和改革委员会主任：何立峰

商务部部长：钟　山

2018 年 6 月 28 日

附：

外商投资准入特别管理措施（负面清单）（2018 年版）

| 序　号 | 领　域 | 特别管理措施 |
|---|---|---|
| 五、批发和零售业 | | |
| （十三） | 烟草制品 | 17. 禁止投资烟叶、卷烟、复烤烟叶及其他烟草制品的批发、零售。 |

注：该文件只选取与烟草行业相关部分，其余内容从略。

# 中华人民共和国国家发展和改革委员会
# 中华人民共和国商务部令

（第 19 号）

《自由贸易试验区外商投资准入特别管理措施（负面清单）（2018 年版）》已经党中央、国务院同意，现予以发布，自 2018 年 7 月 30 日起施行。2017 年 6 月 5 日国务院办公厅印发的《自由贸易试验区外商投资准入特别管理措施（负面清单）（2017 年版）》同时废止。

国家发展和改革委员会主任：何立峰

商务部部长：钟　山

2018 年 6 月 30 日

附：

自由贸易试验区外商投资准入特别管理措施（负面清单）（2018 年版）

| 序　号 | 领　域 | 特别管理措施 |
|---|---|---|
| 五、批发和零售业 | | |
| （十一） | 烟草制品 | 15. 禁止投资烟叶、卷烟、复烤烟叶及其他烟草制品的批发、零售。 |

注：该文件只选取与烟草行业相关部分，其余内容从略。

# 国家市场监督管理总局　国家烟草专卖局关于禁止向未成年人出售电子烟的通告

（2018 年 8 月 28 日）

近期，媒体反映部分地区中小学附近的文具店向学生出售电子烟，部分电商平台上也存在“学生电子烟”的售卖批发。为贯彻落实国务院领导同志重要批示精神，保护未成年人免受电子烟的侵害，现就有关事项通告如下：

## 一、未成年人吸食电子烟存在重大健康安全风险

目前我国还没有正式颁布电子烟的国家标准，市场上在售的各类电子烟产品，在原材料选择、添加剂使用、工艺设计、质量控制等方面随意性较强，电子烟产品质量参

差不齐，部分产品可能存在烟油泄露、劣质电池、不安全成分添加等质量安全隐患。此外，大部分电子烟的核心消费成分是经提纯的烟碱即尼古丁，尼古丁属于剧毒化学品，未成年人呼吸系统尚未发育成型，吸入此类雾化物会对肺部功能产生不良影响，使用不当还可能导致烟碱中毒等多种安全风险。

### 二、市场主体不得向未成年人销售电子烟

2006 年我国签署加入的由世界卫生组织批准发布的《烟草控制框架公约》规定："禁止生产和销售对未成年人具有吸引力的烟草制品形状的糖果、点心、玩具或任何其他实物"；《未成年人保护法》明确规定："禁止向未成年人出售烟酒"。电子烟作为卷烟等传统烟草制品的补充，其自身存在较大的安全和健康风险。为加强对未成年人身心健康的社会保护，各类市场主体不得向未成年人出售电子烟。建议电商平台对含有"学生""未成年人"等字样的电子烟产品下架，对相关店铺（销售者）进行扣分或关店处理；加强对上架电子烟产品名称的审核把关，采取有效措施屏蔽关联关键词，不向未成年人展示电子烟产品。

### 三、社会各界共同保护未成年人免受电子烟侵害

各级市场监管部门和烟草专卖行政主管部门将进一步加强对电子烟产品的市场监管力度，结合学校周边综合治理等专项行动督促各类市场主体不得向未成年人销售电子烟，并对生产销售"三无"电子烟等各类违法行为依法及时查处；学校、家庭加强对未成年人的教育与保护，强调电子烟对健康的危害；媒体加强未成年人吸烟包括吸食电子烟危害健康的宣传；任何组织和个人对向未成年人销售电子烟的行为应予以劝阻、制止。让我们携起手来，共同为未成年人的健康成长创造良好的社会环境。

特此通告。

国家市场监督管理总局

国家烟草专卖局

2018 年 8 月 28 日

# 发展计划

## 国家烟草专卖局　中国烟草总公司 关于印发烟草行业投资项目管理办法的通知

（2018 年 1 月 8 日　国烟计〔2018〕17 号）

行业各直属单位，国家局、总公司机关各部门、各单位：

《烟草行业投资项目管理办法》已经国家局办公室会议审议同意，先印发给你们，请认真遵照执行。2016 年 2 月 18 日印发的《烟草行业投资项目管理办法》（国烟计〔2016〕50 号）同时废止。

## 烟草行业投资项目管理办法

### 第一章　总　则

**第一条**　为规范投资行为，防范投资风险，根据《中华人民共和国烟草专卖法》《中华人民共和国公司法》《中华人民共和国行政许可法》《中华人民共和国烟草专卖法实施条例》及国家关于投资的有关法律法规，制定本办法。

**第二条**　本办法适用于国家局、总公司及所属单位，通过支付货币资金、投入非货币权益、承担债务、改变资产属性等方式，取得国家会计准则所定义的固定资产、长期投资、无形资产的行为。

**第三条**　烟草行业的投资项目实行负面清单方式管理

负面清单内的投资项目，须经清单制定单位批准后方可实施。不在负面清单内的投资项目，由投资主体按照国家法律法规、企业章程自主决策。

**第四条**　国家局、总公司的管理职责

（一）制定烟草行业遵循的投资管理制度、投资导向政策、投资相关标准、规范，并监督其执行。

（二）制定烟草行业投资项目负面清单。负面清单内的投资项目，须经国家局、总公司许可或批准后方可实施。

（三）按照烟草专卖法第十三条、烟草专卖法实施条例第三十九条规定，对有关投资项目履行烟草专卖行政管理职责，做出批准与否的决定并对其实施情况进行监督。

（四）根据国务院投资主管部门颁布的政府核准投资项目目录，对有关投资项目履行政府行政许可职责，做出核准与否的决定并对其实施情况进行监督。

（五）履行公司法及企业章程所赋予的出资人对企业重大投资行为的监管职责。

**第五条** 行业直属单位的管理职责

（一）制定本单位系统的投资管理制度、中长期投资规划。

（二）对本单位系统的投资负面清单项目进行审批。按本办法规定对下属单位拟报国家局、总公司审批的投资项目进行审核。对本单位系统的投资项目前期工作进行指导。

（三）对本单位系统的投资项目实施过程进行监督。根据国家局、总公司授权对部分项目的重要实施环节履行审查批准职责。

（四）组织编制本单位系统的年度投资计划。按照国家局、总公司部署组织开展信息采集、投资工作检查。按照本办法规定履行其他有关投资管理职责。

（五）依据国家、行业有关规定对投资违规行为进行处理，对有关责任人进行问责或提出问责意见。

**第六条** 项目单位的管理职责

（一）制定本单位的投资管理制度、项目管理制度。

（二）对投资项目的必要性、可行性进行充分论证。在工程建设项目立项后，按照国家、行业的有关设计规范、建设标准组织总体规划设计、初步设计、施工图设计。

（三）规范、科学的组织项目实施。对实施项目相关的招标采购、合同管理、资金管理、质量管理、安全管理、档案管理等制定完备的工作制度并严格执行。自觉接受审计、廉政监督及上级单位的检查监督。

（四）按照法律法规、地方人民政府规定、行业规定组织项目验收并进行相应财务处理。按照行业规定进行有关的信息报送工作。

（五）依据国家、行业有关规定对出现违规行为的有关责任人进行问责或提出问责意见。

## 第二章 行业投资负面清单

**第七条** 烟草制品生产企业涉及产能的投资

烟草制品生产企业为扩大生产能力进行基本建设或技术改造，应按照国家发展改革委《政府核准投资项目管理办法》（国家发展改革委令2014年第11号）、国家局《烟草制品生产企业固定资产投资项目审批管理办法》（国烟计〔2015〕201号）及其他有关规定要求，获得国家局核准后方可实施。

**第八条** 烟用二醋酸纤维素及丝束投资

烟用二醋酸纤维素及丝束涉及产能的投资，应按照国家发展改革委令2014年第11号、国家局《烟用二醋酸纤维素及丝束投资项目核准管理办法》（国烟计〔2015〕203号）及其他有关规定要求，获得国家局核准后方可实施。

**第九条** 烟草专用机械购置

购置烟草专用机械并在境内安装使用，应按《烟草专用机械购置和出售及转让审批管理办法》（国烟计〔2015〕206号）规定获得国家局许可后方可实施。

**第十条** 限额以上主业投资

（一）烟草制品生产企业投资额1亿元以上不涉及产能的投资项目，应报总公司批准后方可实施。

（二）其他烟草专卖品生产经营企业投资额7000万元以上投资项目，应报总公司批准后方可实施。

**第十一条** 限额以上多元化投资

（一）使用烟草主业资金（含主业提供的资本金）进行多元化投资（指投资于烟草专卖品以外的产业），投资额5000万元以上的，应报总公司批准后方可实施。

（二）行业控股多元化企业使用自有未分配利润进行投资，投资额2亿元以上的，应报总公司批准后方可实施。

**第十二条** 境外投资

（一）投资设立或通过增资取得最终由总公司控股的境外（含香港特区、澳门特区、台湾地区）企业，应报总公司批准后方可实施。

（二）使用烟草行业境内资金1000万美元以上的境外投资项目，应报总公司批准后方可实施。

（三）行业控股境外企业使用自有未分配利润进行投资，投资额2000万美元以上的，应报总公司批准后方可实施。

**第十三条** 利用外资

在境内投资有外资成分的项目，除以下情形外，按内资项目对待。

（一）属于《外商投资产业指导目录》中限制类的，应履行国家规定的政府核准和备案手续。其中，须报国家发展改革委核准或备案的，应先报国家局、总公司批准。

（二）禁止投资《外商投资产业指导目录》中的禁止类项目。

**第十四条** 烟草主业单位投资额3000万元以上的信息化建设项目（含咨询、监理、软硬件购买），应报总公司批准后方可实施。工业生产、物流所需的控制、安全等基础信息设施建设不在本条款限定范围内。

**第十五条** 烟草主业单位投资额1000万元以上的购买、建设经营业务用房项目，应报总公司批准后方可实施。

**第十六条** 使用实物、债权、专利等非货币权益进行投资的项目，权益价值经有资质的评估机构评估，评估结果报国家局财务主管部门备案后，适用本章的负面清单措施。

投资项目内容涉及多条负面清单措施的，按从严标准进行管理。

**第十七条** 项目申请

向国家局、总公司申请审批投资项目，应提交项目申请报告，经所属行业直属单位审核同意后报送国家局、总公司。存在多个投资主体共同投资的，由其中的主要投资人或协商确定的一名投资人通过其所属行业直属单位向国家局、总公司提出申请，并附其他所有投资人同意投资的意向书。

项目申请报告应由具备相应专业水平的人员或机构编写，包含以下主要内容。

（一）申请单位的基本情况。

应包括生产经营状况、资产财务状况等。对于多方共同投资的项目，还应报告其他投资方的基本情况。

（二）项目的必要性。

（三）项目的内容、投资额。

对于烟草制品生产、卷烟物流配送等涉及产能的投资项目，应说明其产能规划、建设规划、技术及装备路线等。

使用实物、债权、专利等非货币权益进行投资的，应附相应的资产评估报告。

（四）项目的可行性。

应包括技术经济分析、投资效益分析。

项目如适用烟草行业相关工程设计规范、建设控制指标，应说明对标情况。

对于多元化投资，应包括对拟投资行业的现状及未来发展分析。投资购买证券或金融机构股权的，应包括对投资目标的财务指标、收益指标、风险指标进行同业比较分析。

对于境外投资，应对拟投资目标国（地区）的政治、经济、社会安全风险进行评估。

（五）申请单位的决策程序文件。

如按法律法规、公司章程规定，需经董事会决议、股东会议同意的，应附相关决议文件。

（六）法律法规要求的投资要件。

投资主体、投资行为、投资对象需具备一定资质的，应附相关资质证明文件。

项目依法需先通过土地、规划、环保等行政机关初审的，应附初审通过的文件。

（七）国家局、总公司要求提供的其他内容。

**第十八条** 存在下列情形之一的，国家局、总公司对收到的投资项目申请不予受理。

（一）不属于负面清单事项，或按规定不需报国家局、总公司批准的。

（二）投资项目已经实施的。

（三）申请文件未按规定方式上报的。

（四）申请单位处在本办法规定处罚期限内的。

决定不予受理的，由国家局投资主管部门通知申请人。

**第十九条** 国家局、总公司受理以下类型项目的申请后，转有关直属专业公司提出政策咨询意见。

（一）卷烟物流配送中心建设项目，先由中烟商务物流有限责任公司提出政策咨询意见。

（二）多元化投资项目，先由中国烟草投资管理公司提出政策咨询意见。

（三）境外投资项目，先由中国烟草国际有限公司提出政策咨询意见。

政策咨询意见未通过的投资项目，国家局、总公司中止其审批流程，由国家局投资主管部门书面通知申请人。

**第二十条** 国家局投资主管部门在审查项目过程中，可视需要委托中国烟草总公司合肥设计院或其他专业机构提出技术咨询意见。受委托的咨询机构可以要求项目申请人对有关情况做出说明。对不适宜委托技术咨询的项目，国家局投资主管部门可组织专家进行论证评估。

技术咨询机构、论证专家应在要求的时限内提交报告，并对提供的报告、结论承担责任。相关单位、人员不得向项目申请人收取任何费用。

**第二十一条** 国家局、总公司设立投资管理委员会，对以下重大投资事项进行审议。

（一）烟草制品生产企业投资额3亿元以上的投资项目。

（二）其他烟草专卖品生产经营企业投资额1.5亿元以上的投资项目。

（三）使用主业资金1亿元以上的多元化投资项目。

（四）使用烟草境内资金2000万美元以上的境外投资项目。

（五）投资额5000万元以上的信息化建设项目。

（六）投资管理委员会认为必要的其他重大项目。

上述重大投资事项如需国家局行政许可，还需提交国家局办公会议审议。

**第二十二条** 国家局、总公司于受理申请后的20个工作日内做出是否批准的决定。需要委托机构、专家提供咨询意见的，在受理申请后的10个工作日内做出委托的决定。机构、专家提供咨询意见所需时间不计算在前述批准决定时限内。

**第二十三条** 存在下列情形之一的，国家局、总公司对受理的投资项目申请不予批准。

（一）不符合国家局、总公司制定的发展规划、投资指导政策。

（二）不符合国家局、总公司制定的工程设计规范、建设控制指标、投资效益评价指标。

（三）投资存在较显著的外部风险。

（四）申请文件内容存在不实情形，或申请人存在其他违反法律法规、烟草行业管理规定的行为。

国家局、总公司决定不予批准的，由国家局投资主管部门以书面形式通知申请单位。

## 第三章 项目过程管理

**第二十四条** 项目负责人

投资项目应设定项目负责人。项目负责人对项目实施的全过程承担直接责任。

项目负责人的设定、变更应及时报告上级单位投资主管部门，作为出现违规行为时问责的依据。

**第二十五条** 初步设计

工程建设项目的初步设计由项目单位在所属行业直属单位指导下，按照法律法规、地方人民政府规定、行业规定自行组织开展。除本办法规定的特定情形外，不需报国家局、总公司审批。

**第二十六条** 概算管理

工程建设项目以概算作为投资控制的依据。项目单位和设计、监理、工程咨询、跟踪审计等参建单位依据概算，履行各自相应的投资控制职责。项目单位应提高概算管理的精益化水平，运用信息化手段加强概算管理力度，防止项目投资超概算。

项目在建设过程中，如因政策调整、地质变化、自然灾害、材料价格上涨等不可抗力导致概算不能满足项目需要，应及时调整概算。调整概算时，原初步设计编制单位应编制概算调整书，其内容包含：概算调整的前后对比表，分类定量说明概算调整的原因、依据、计算方法等。概算调整后的投资额或概算调整幅度（含多次调整的累计幅度）按规定需报上级单位批准的，应履行规定的批准程序。

**第二十七条** 项目的中止

（一）经批准的投资项目出现以下任一情形的，应中止实施，按程序重新取得原批准单位批准后方可继续实施。

1. 预计产能超过批准产能的。

2. 项目内容发生实质性变化的。

3. 投资规模超过批准投资额10%以上的。工程建设项目出现此情形，报批时应提供跟踪审计单位出具的超支审计报告。

4. 新建、改造建筑物面积超过批准面积5%以上的。

5. 工程建设主要造价指标超出行业控制指标的。

6. 工程建设地点发生实质性变化的。

7. 对于多方共同投资的项目，投资人发生实质性变化的。

8. 其他由原批准单位投资主管部门书面通知中止实施的情形。

（二）按规定不需报上级单位批准的投资项目，在实施中转变为需报上级单位批准的，应中止实施，按程序取得批准后方可继续实施。

**第二十八条** 投资项目应严格按批准的内容、投资额实施，不得擅自突破。

投资项目在实施过程中超支，按规定报上级单位批准时，如存在擅自增加项目内容、改变项目方案、提高建设标准等违规情节，应先界定责任主体，对相关责任单位或责任人进行处理、问责后，再履行相应的批准程序。

**第二十九条** 投资项目由于违规导致出现较严重外部风险，上级单位可经评估并履行必要的程序后，依法要求该违规投资项目中止或终止。由此导致的损失责任由违规单位及相关责任人承担。

**第三十条** 采购管理

投资项目涉及的采购，应按行业有关规定实行应招尽招。招标评标工作由项目单位在行业直属单位指导下，按照法律法规、地方人民政府规定、行业规定自行组织开展，不需报国家局、总公司审批。

**第三十一条** 跟踪审计

国家局、总公司对重大工程建设项目组织过程跟踪审计。行业直属单位应建立本单位系统内的工程建设项目过程跟踪审计制度并严格执行，加强对投资项目的审计监督。

第三十二条　项目验收

项目实施完成后，项目单位在行业直属单位指导下，按照法律法规、地方人民政府规定、行业规定自行组织验收并做相应财务处理。除本办法规定的特定情形外，不需报国家局、总公司审批。

国家局、总公司批准的投资项目实施完成后，项目单位应通过所属行业直属单位将以下材料报送国家局投资主管部门存档。

（一）工程建设项目的验收报告（含竣工决算审计报告）。

（二）与烟草行业外单位的合资协议、合作协议、股权收购协议、新企业章程等。

（三）境外投资的政府投资主管部门备案文件、国家商务主管机关境外投资证书。

第三十三条　在验收、决算审计工作中发现项目存在违规现象的，项目单位应启动问责程序，对相关责任单位或责任人进行处理、问责，结果报上级单位备案。其中，存在擅自增加项目内容、项目投资额而未按规定履行批准程序的，由上级单位进行问责，结果报批准单位备案。问责并备案后，项目依法进行验收和相关财务处理。

未及时问责并备案的，上级单位发现后对责任单位及相关责任人进行追责。

第三十四条　国家局、总公司对烟草制品生产企业涉及产能投资项目的实施过程依法从严进行管理。

（一）初步设计

项目初步设计（包括方案及概算）评审完成后，应通过所属行业直属单位报国家局、总公司批准。项目属整体技术改造的，应附有相应资质且无利害关系的第三方设计咨询机构、造价咨询机构出具的审核意见。

项目初步设计的产能、建筑面积、概算总投资等关键指标不超过立项批复，且主要造价指标不超出行业控制指标的，国家局、总公司于收到申请后的 20 个工作日内做出是否批准的决定。

项目初步设计未经国家局、总公司批准的，不得开展施工图设计、设备采购、工程招标等项目实施活动。

（二）整体验收

项目实施完成、试生产 6 个月后，项目单位应及时按国家、行业有关规定组织单项验收、专项验收、结算审计、决算审计。上述工作完成后，应及时编制项目整体验收报告，通过所属行业直属单位报国家局、总公司审核。

项目最终形成的产能、建筑面积、总投资额等关键指标不超过初步设计及概算，且主要造价指标不超出行业控制指标的，国家局、总公司于收到项目整体验收申请后的 15 个工作日内做出是否审核通过的决定。

## 第四章　投资监管

第三十五条　投资管理制度

行业各单位应建立健全本单位的投资管理制度，履行必要的内部批准程序后，报上级单位投资主管部门备案。经备案的投资管理制度，作为烟草行业对各级单位进行监督、检查、问责的依据。

投资管理制度应包括以下主要内容。

（一）投资管理的流程，管理部门及其职责。

（二）本单位系统的投资负面清单。

（三）投资的决策程序、决策机构及其职责。

（四）投资项目的中止、终止或退出制度。

（五）投资项目的验收制度。

（六）违规行为的处理、问责制度。

（七）对下属单位的投资监管制度。

第三十六条　投资规划

行业直属单位应于国家五年规划期的前一年，根据行业发展规划、投资指导政策、本单位中长期发展规划及战略，编制本单位范围未来五年的投资规划（含重大投资项目规划）或相关投资指导意见，报国家局投资主管部门存档。

第三十七条　年度投资计划

（一）行业直属单位应于每年 11 月末之前，编制本单位系统下一年度的投资计划。投资计划应履行必要的内部决策程序后，通过行业投资管理信息系统报送国家局、总公司。

报送的投资计划内容应包括：

1. 本年度的投资计划执行情况。

2. 下一年度投资计划的目标和编制思路。

3. 拟建（拟在下一年度立项）项目、新开工（已立项且拟在下一年度内开始实施）项目、续建（已实施且未验收）项目的项目列表。

4. 重点项目的简要说明。

5. 计划完成的可行性。

6. 存在问题、整改措施及相关建议。

（二）报送的年度投资计划由国家局投资主管部门进行存档，作为行业开展有关投资管理工作的信息库。

投资计划不等同于项目立项。国家局投资主管部门对报送的投资计划不进行审批。各单位不得以报送投资计划代替项目立项。

（三）报送的年度投资计划因故需要调整的，应集中于每年7月上旬通过行业投资管理信息系统进行调整。

**第三十八条** 重大对外投资的备案

按照财政部《烟草行业国有资产监督管理办法》（财建〔2012〕635号）规定要求，总公司所属单位的对外投资，单个项目投资额超过2亿元的，应报经总公司审核后报财政部备案。

**第三十九条** 信息报告

国家局、总公司通过行业投资管理信息系统，对各级单位的投资情况进行信息采集、统计，加强监管。

行业各直属单位应组织所属单位，于每月第一周内将上月度的投资计划执行情况、项目实施情况、相关数据等通过行业投资管理信息系统报送国家局、总公司。

**第四十条** 工作检查

国家局、总公司每年按照"随机抽取检查对象、随机抽取检查人员、检查结果公开"的原则，组织检查组对行业各单位的投资管理制度建设及执行情况、上年度投资的合规情况、项目实施情况等进行检查。

检查结果于第二年第一季度在烟草行业内通报。经检查发现问题的单位应按要求进行整改。问题较严重的，上级单位应进行相关执纪问责。

## 第五章　处罚与问责

**第四十一条** 对违反本办法的烟草行业单位，视情节轻重处以下一项至多项处罚。

（一）对违规单位直至其所属行业直属单位，在烟草系统内予以通报批评。

（二）对违规单位直至其所属行业直属单位的主要负责人、相关责任人，责令做出书面检查并视情节轻重予以通报批评、诫勉谈话直至党纪、政纪处分。

（三）国家局、总公司暂停受理违规单位的同类投资项目申请一至三年。

**第四十二条** 违规行为存在以下情节的，对违规单位和相关责任人予以从重处罚。

（一）适用负面清单管理的投资事项，未经批准即已实施的。

（二）拆分项目以逃避负面清单管理的。

拆分项目行为的认定由上级单位投资主管部门会同审计部门做出。

**第四十三条** 对责任人的问责

烟草行业单位应按照《国务院办公厅关于建立国有企业违规经营投资责任追究制度的意见》（国办发〔2016〕63号）要求，建立违规责任追究制度，实行投资的重大决策终身责任追究制度。

违规行为经核实后，根据问题性质、损失程度等，对相关责任人采取组织处理、扣减薪酬、禁入限制、纪律处分、移送司法机关等方式进行处理。

## 第六章　附　则

**第四十四条** 总公司对行业全资企业的出资、行业全资企业之间的股权投资，其相关管理规定由国家局、总公司另行制定。

**第四十五条** 本办法由国家局、总公司负责解释。

**第四十六条** 本办法自公布之日起执行。《烟草行业投资项目管理办法》（国烟计〔2016〕50号）同时废止。国家局、总公司已颁布管理规定内容中与本办法不一致的，按本办法执行。

# 中共国家烟草专卖局党组关于贯彻落实打赢脱贫攻坚战三年行动计划指导意见的通知

（2018年11月28日　国烟党〔2018〕212号）

行业各直属单位，国家局、总公司机关各部门、各单位：

党的十八大以来，以习近平同志为核心的党中央把脱贫攻坚工作纳入"五位一体"总体布局和"四个全面"战略布局，作为实现第一个百年奋斗目标的重点任务，并作出一系列重大部署和安排，全面打响脱贫攻坚战。党的十九大明确把精准脱贫作为全面建成小康社会必须打好的三大攻坚战之一，作出了新的部署。近期，中央印发《关于打赢脱贫攻坚战三年行动的指导意见》，提出了未来三年打赢脱贫攻坚战的总体要求、目标任务和重点工作，要求各单位、各部门切实增加责任感和使命感，采取更有力的行动、更扎实的工作，集中力量攻克贫困的难中之难、坚中之坚，确保2020年贫困地区和贫困群众同全国一道进入全面小康社会。

烟草行业历来高度重视扶贫工作。积极参与脱贫攻坚工作是认真贯彻落实党中央、国务院决策部署的要求，是发挥行业优势和履行政治责任的要求，是践行“国家利益至上、消费者利益至上”行业共同价值观的有力举措，是树立“责任烟草”良好形象的重要抓手。目前距离2020年全面建成小康社会还有不到三年的时间，作为全面建成小康社会的底线任务和标志性指标，行业各单位要深刻认识打好打赢脱贫攻坚战的重大政治和现实意义，切实把思想和行动统一到党中央、国务院的决策部署上来。为进一步统一思想、提高站位、明确责任，现就烟草行业贯彻落实打赢脱贫攻坚战三年行动计划提出以下要求。

**一、指导思想**

以习近平新时代中国特色社会主义思想为指导，全面贯彻落实习近平总书记关于扶贫工作的重要论述，增强“四个意识”，坚定“四个自信”，做到“两个维护”，坚持精准扶贫精准脱贫基本方略，充分发挥烟草行业体制优势，进一步加强领导、强化担当，对标对表、把准方向，改进作风、真抓实干，确保党中央、国务院关于打赢脱贫攻坚战三年行动计划的各项决策部署在烟草行业落地生根，谱写新时代烟草行业助力脱贫攻坚的新篇章。

**二、工作目标**

行业各单位要在国家局党组和地方党委政府的领导下，全面支持、主动作为、积极参与到打赢脱贫攻坚战三年行动中去。以更加有为的政治担当、更加扎实的工作作风、更加昂扬的精神状态，充分发挥行业优势，创新工作方法，尽职尽责，做到扶贫政策宣传到位、群众工作落实到位、扶贫项目支持到位、资金使用监管到位、产业带动跟进到位、党建扶贫引领到位，确保烟草行业各单位帮扶的贫困地区和贫困人口三年如期完成脱贫攻坚目标任务，与全国人民一道进入全面小康社会。

**三、工作要求**

**（一）提高政治站位，加强组织领导**

行业各单位要深入学习习近平总书记关于扶贫工作的重要论述，全面领会打赢脱贫攻坚战三年行动的总体要求，进一步统一思想认识，提高政治站位，坚持真心实意扶真贫、真扶贫，坚决助力打赢脱贫攻坚战。各级党组织要加强对扶贫工作的组织领导，把扶贫工作摆上重要议事议程。主要领导是第一责任人，要建立完善工作机制，研究制定工作计划，出台实施真正管用的工作措施。

**（二）聚焦精准施策，务求取得实效**

行业各单位要全力支持、密切配合地方党委政府的脱贫攻坚工作，充分发挥烟草体制优势，按照精准施策的原则，研究制定针对性的产业扶贫措施和公益扶持项目，切实完成好地方党委政府交付的扶贫工作任务。要进一步加大对西藏、四省藏区、南疆四地州和四川凉山州、云南怒江州、甘肃临夏州等深度贫困地区的支持力度，有对口支持任务的单位，要确保扶贫项目及时安排到位，扶贫资金及时拨付到位，挂职干部及时派驻到位。对于四川凉山等具备烟草产业基础的深度贫困地区，行业各有关单位要出台扶持政策，充分发挥产业支撑作用。继续落实好行业援藏、援疆以及整族帮扶等一系列重要工作举措，务求取得实效。

**（三）继续做好烟农增收工作**

烟叶产业发展要服务脱贫攻坚大局，紧盯“两不愁、三保障”目标，聚焦贫困烟区、贫困烟农，坚持以产业扶贫为突破口，并通过发展多元增收产业激发贫困人口内生动力，带动贫困烟区加快发展。行业各单位要保持贫困地区烟叶计划相对稳定，种植计划向贫困烟农适当倾斜，持续做好烟农增收工作。同时要按照国家局党组要求，进一步加大精准帮扶力度，以2017年烟叶种植计划面积为基数，按照国务院《“十三五”脱贫攻坚规划》确定的贫困县范围，对贫困县烟农减少的种植面积，由烟草行业每亩补助400元，用于烟农调整产业结构，降低因计划减少给烟农带来的损失，巩固脱贫成果。

**（四）扎实推进国家局机关定点扶贫工作**

加强国家局党组对扶贫工作的领导。调整充实扶贫工作领导小组，由国家局党组主要负责同志担任领导小组组长，补充机关党建部门和廉政部门主要负责同志为领导小组成员。

推进宁夏红寺堡区精准扶贫项目落地生效，促进弘德包装印刷材料厂提质增效；继续加大对湖北竹山、竹溪两县烟叶生产扶持力度，稳定两县烟叶种植规模，助力烟农增收。充分发掘消费扶贫潜力，发挥烟草行业流通领域和直营店优势，定期举办定点扶贫地区农特产品产销衔接会，鼓励行业各单位定向采购国家局定点扶贫地区农特产品。

继续加大对定点扶贫地区资金支持力度。从2018年开始，竹山、竹溪两县年度扶贫资金各增加500万元至每年各2500万元，红寺堡区年度扶贫资金增加500万元至每年2000万元。

积极探索“党建+扶贫”的扶贫新模式。安排国家局、总公司机关有关部门党支部在定点扶贫地区范围内分别确定1个贫困村作为对口帮扶单位，组织开展支部联学联建活动；国家局机关党委利用返还党费加大对定点扶贫地区的资金支持力度，在定点扶贫地区范围内选取30个左右符合补助条件的贫困村，按照每村每年10万元的标准，连续补助3年，用于建设基层党组织活动场所或支持空壳村发展集体经济。

加大督促检查力度。以《国家烟草专卖局定点扶贫县脱贫攻坚督促检查工作实施办法》出台为契机，全面开展督导工作，督促地方党委、政府落实脱贫攻坚主体责任。

**（五）加强扶贫干部管理，切实改进作风**

要按照《国务院扶贫开发领导小组关于开展扶贫领域作风问题专项治理的通知》（国开发〔2017〕10号）要求，加强扶贫领域作风建设，切实督促扶贫干部进一步转变工作作风。注重在脱贫攻坚一线培养和锻炼干部，加大对扶贫干部的培训力度，关心扶贫干部的成长，改善扶贫干部的工作条件。各级党组织要建立走访慰问制度，定期深入到各自负责扶贫地区开展调研督导，走访慰问挂职干部。

行业各单位要在以习近平同志为核心的党中央坚强领导下，深入贯彻落实党的十九大精神和习近平总书记关于扶贫工作的重要论述，齐心协力、团结一致，牢记使命、攻坚克难，助力打赢脱贫攻坚战三年行动计划各项目标任务如期圆满完成。

## 烟叶生产

# 国家烟草专卖局办公室关于进一步落实烟叶调减面积专项补贴政策的通知

（2018年7月30日　国烟办综〔2018〕307号）

各有关省级局（公司）：

根据《国家烟草专卖局关于烟叶产区贫困县种烟面积减少专项补贴政策的通知》（国烟办〔2018〕33号）文件要求，各省级局（公司）相继上报了落实烟叶产区贫困县种烟面积专项补贴政策（以下简称专项补贴政策）实施方案。经国家局研究，原则上同意各省确定的实施方案，现就进一步落实专项补贴政策有关事项通知如下：

**一、高度重视**

专项补贴政策是烟草行业履行社会责任、助力脱贫攻坚的重要措施。对于贫困县烟农因计划减少的种烟面积，每亩补助400元，用于烟农开展种植替代、调整产业结构，巩固脱贫成果，该政策原则上一定三年。各省级局（公司）要切实加强领导，把落实专项补贴政策作为烟叶生产重点工作来抓，务必将利好政策宣传到位、落实到位。

**二、协调推进**

专项补贴政策性强，要坚持因地制宜、因县施策。各产区专项补贴方案必须与地方政府充分协商，取得共识，专项补贴的面积和金额以县级人民政府确认数为准。专项补贴政策实施过程中要加强与地方政府沟通，争取地方政府的支持，形成合力，切实发挥好专项补贴的作用。同时，要严格把关，加强检查监督，防止弄虚作假。

**三、规范操作**

在地方政府的统一领导下，坚持“行业补贴、政府兑现、专款专用、直补烟农”的原则，细化完善工作方案，严格按照补贴流程精准兑现专项补贴。要紧扣“精准”二字，在精准上下功夫，确保对象识别精准，面积核查精准，资金兑付精准。工作过程要确保公开公正，相关内容要按要求进行公示，接受监督。

**四、明确责任**

专项补贴政策涉及烟农切身利益，要逐级压实责任，把责任落实下去，确保专项补贴政策落实到位，取得实效。各省级局（公司）要对地市级公司确定的专项补贴方案审查把关，各地市级公司要对各县确定的专项补贴方案审查把关，在执行过程中开展必要的抽查、巡查工作。烟草行业各级纪检、监察、审计等部门也要切实履行监管责任，确保专项补贴政策真正惠及广大烟农。

# 专卖管理

## 国家烟草专卖局关于印发打击利用互联网等信息网络违法经营烟草专卖品工作指引的通知

（2018 年 2 月 1 日　国烟专〔2018〕30 号）

各省级局：

为进一步推动打击利用互联网等信息网络违法经营烟草专卖品工作的开展，完善专卖市场监管体系，切实维护烟草市场秩序，现将《打击利用互联网等信息网络违法经营烟草专卖品工作指引》印发给你们。请各单位结合实际情况，认真贯彻执行。

## 打击利用互联网等信息网络违法经营烟草专卖品工作指引

### 第一章　总　则

**第一条**　为依法打击利用互联网等信息网络违法经营烟草专卖品行为，完善烟草专卖市场监管体系，依据《中华人民共和国网络安全法》《中华人民共和国烟草专卖法》及其实施条例、《互联网信息服务管理办法》（国务院令第 292 号）、《烟草专卖行政处罚程序规定》（工业和信息化部令第 12 号）、《关于严厉打击利用互联网等信息网络非法经营烟草专卖品的通告》（国烟专〔2009〕242 号）等法律法规和有关政策，制定本指引。

**第二条**　本指引所称信息网络，是指以互联网（含移动互联网）为代表的，通过计算机、平板电脑、手机、固定电话、传真、电视机等各类电子设备为终端所形成的信息网络。

**第三条**　各级烟草专卖局要深刻认识打击利用互联网等信息网络违法经营烟草专卖品工作的紧迫性、长期性和复杂性，依照本指引，细化工作程序，指定专人负责，建立部门联动和长效工作机制，形成完善有力的监管体系。

### 第二章　监管职责与管辖

**第四条**　各省级烟草专卖局负责部署本区域网上涉烟违法经营活动的打击治理工作，认真组织核查国家烟草专卖局交办的案件线索，汇总所辖地区的打击治理工作情况，定期总结并向国家烟草专卖局报告，重大案件要随时报告。国家烟草专卖局适时对打击治理情况进行通报。

**第五条**　各地市级烟草专卖局负责本辖区涉烟违法经营网站、网上售烟店铺、网上涉烟广告和涉烟即时通讯软件账号的检索、分析并按照法定权限对相关违法行为进行查处等工作，及时向上级局报告工作进展和案件查处情况。

**第六条**　积极与相关部门和企业联系，建立监管协作机制，形成打击合力。

（一）加强与所在区域网络、通信、工商管理部门和有关互联网企业的工作联系，了解网络交易基本知识，学习掌握有关网络监管的法律法规，及时协调相关部门取缔在本区域备案接入的涉烟违法经营网站，关闭本区域涉烟违法经营即时通讯软件账号，清理有关涉烟违法经营网页和涉烟广告信息。

（二）加强与所在区域市场监管、交通运输、邮政管理等部门的工作联系，共同开展对网络商品经营者、网络服务经营者和物流寄递企业的监管工作，加强信息的研判，查处涉烟违法经营活动。

（三）加强与所在区域公安、检察院、法院的工作联系，做好行政执法与刑事司法的衔接，及时移交有关案件线索，推动案件调查处理，协助做好案件办理、证据认定等工作，共同打击重大网上涉烟违法经营活动。

**第七条**　涉嫌利用互联网等信息网络违法经营烟草专卖品的案件由违法行为发生地（包括网站服务器所在地，

网络接入地，网站建立者、管理者所在地、犯罪嫌疑人、被害人使用的计算机信息系统所在地、被害人财产遭受损失地等）的县级以上烟草专卖行政主管部门管辖。

## 第三章　宣传教育

**第八条**　加强与所在区域大专院校的联系，针对学生群体中频发参与网络涉烟违法犯罪的情况，共同开展法律法规宣传，做好预防性教育。

**第九条**　加强对互联网企业、物流寄递企业的宣传教育，明确禁止性规定、法律责任，引导其守法依规从业。

**第十条**　各单位要在外网主页上宣传互联网涉烟相关法律法规政策，也可以利用微信公众号、微博账号等网络联系平台或新闻媒体定期进行法律政策解读、典型案例解析、真假烟鉴别、假私烟危害等内容的宣传教育。

## 第四章　信息收集与整理分类

**第十一条**　各级烟草专卖局在法定职权范围内，收集汇总在互联网等信息网络上发布的各类违法经营烟草专卖品的相关信息及其他资料，通过对各类信息数据的分析，生成查办网络涉烟违法行为的线索。

**第十二条**　对外公布投诉举报电话和邮箱，充分发挥12313举报电话的作用，收集网络涉烟违法经营信息并及时处理，信息查实可参考有关标准给予举报人奖励。

**第十三条**　通过网络搜索引擎、网站内搜索服务、即时通讯软件自带的检索功能，积极查找相关的网络涉烟违法经营信息。

各种网络搜索引擎是目前发现网络涉烟违法经营信息的主要手段，应用较为广泛的搜索引擎包括百度、搜狗、360搜索、必应（Bing）等。有效利用搜索引擎的要点是选取关键字，主要关键字包括：

（一）经营内容方面：香烟、雪茄烟、免税烟、烟叶、烟丝、烟机等烟草专卖品及“中华”“玉溪”“芙蓉王”等卷烟品牌。

（二）经营类别方面：香烟批发、回收、销售、采购、代购等。

（三）其他关键字：厂丝、特供、爆珠、原厂、高仿、进口、走私、海淘、特供、yan 等。

通过以上关键字可以检索到相关网页、网店、QQ 号、QQ 群、微信号、微信群、微信公众号，结合地名可以有针对性地发现特定地区的网络涉烟违法经营信息。

**第十四条**　要对发现的网络涉烟违法经营信息进行分析整理，打印涉烟网页、即时通讯软件发布的涉烟信息，填写记录表（附件1）并将有关信息分为售烟网站、网上售烟店铺、涉烟广告信息、网络售烟自媒体等四大类。

**第十五条**　售烟网站是指购置或租用服务器，具有相对独立的域名，其网页内容包含卷烟品牌、价格等交易信息及相关图片，雇佣网上客服，通过QQ、微信、旺旺等聊天软件，或直接建立客服聊天窗口与消费者交谈从事卷烟交易的网站。

**第十六条**　网上售烟店铺是指在各种电子商务平台（如淘宝、京东商城等）开设店铺，具有附属该电子商务平台的网址链接，受电子商务平台管理，使用电子商务平台提供的交易联系方式和资金支付手段，店铺主页直接显示卷烟品牌、价格等涉烟交易信息或以经营烟标、烟嘴、打火机等其他商品为名，暗中经营烟草专卖品的网店。

**第十七条**　涉烟广告信息是指通过博客、论坛、贴吧、站内广告飘窗及各类广告信息网站，或以传真、电子邮件、手机短信、推销电话等方式发布的涉烟违法经营信息。

**第十八条**　网络售烟自媒体是指从事烟草专卖品违法经营活动的即时通讯软件账号或具备媒体功能的微博、微信公众号、直播平台等。

**第十九条**　积极推动网络涉烟信息数据库建设，将掌握的涉案人员、涉案车辆、网站及网店地址、自媒体账号、物流信息、案件网络图等信息要素录入数据库，对数据分析研判，并从中生成新的案件线索。

**第二十条**　具备条件的单位应开发专门的应用软件，提供高配置网络专线，或设立工作小组，利用网上公开信息以合规的方式提高收集信息的效率。

## 第五章　调查处理

**第二十一条**　各级烟草专卖局应当对自主发现的或通过其他渠道获取的网上涉烟违法线索予以核查，符合立案标准的依职权立案进行查处。

**第二十二条**　在案件调查过程中要注意收集当事人发布的涉烟违法经营信息、联系方式、支付方式和举报人提供的交易信息等，并随时予以整理、确认。

**第二十三条**　各级烟草专卖局依职权自行或协助公安机关收集和固定案件证据。

（一）在案件查办过程中，应对相关场所、物品等进行勘察，做好笔录；留存与案件有关电脑、U 盘、手机、账册、快递单据等物品；记录保存当事人的供述以及证人证言。

（二）将照片、视频、账册等有关电子数据下载、存储、打印，固定在指定的载体上，注明电子数据的制作时间、制作方法、制作人等，由当事人或见证人签字确认，完成电子数据的证据转化。

（三）对涉案的各类注册信息（网站域名、手机、微信、网店、银行卡等登记注册资料）、交易聊天记录（即时通讯工具聊天记录、手机通讯记录等）、资金往来记录（银行账户、寄递代收货款、支付宝等第三方支付账户资金记录，银行视频等）、快递历史单据（收、发货信息等）、违法活动轨迹（当事人居住地点、收发货地址及网站服务器、即时通讯软件的登录轨迹等）、公开内容（网店商品、朋友圈广告、论坛贴吧广告等）等进行初查与梳理，对案件中的人物关系、资金流向与物流信息进行综合研判。

**第二十四条** 对查实的网上涉烟违法经营者，依法进行行政处罚。

**第二十五条** 涉嫌刑事犯罪的，依法将案件移送公安机关处理。

**第二十六条** 涉嫌其他行政违法行为的，移送或移交相关行政管理部门处理，责令相关互联网企业整改。

（一）向通信管理部门及时通报情况，按规定关闭在本区域通信管理部门备案接入的涉烟违法经营网站。

（二）向市场监管部门通报情况，要求相关互联网企业及时关闭涉烟违法经营的即时通讯软件账号，清理有关涉烟违法经营网页和涉烟广告信息，开设电子商务平台的要及时查封或关闭涉烟违法经营的网店。

（三）对长期整改不力的相关互联网企业，要协调通信管理部门和市场监督管理部门对其依法进行行政处罚。

### 第六章 附 则

**第二十七条** 本指引由国家烟草专卖局负责解释。

**第二十八条** 本指引自印发之日起施行。《国家烟草专卖局关于印发打击利用互联网等信息网络非法经营烟草专卖品工作指引（试行）的通知》（国烟专〔2010〕314号）同时废止。

# 国家烟草专卖局办公室关于和公安网安部门建立联合打击互联网涉烟违法犯罪工作机制的通知

（2018年11月20日 国烟办综〔2018〕438号）

各省级局：

近年来，利用互联网非法经营烟草专卖品的违法犯罪势头发展迅猛，互联网已逐步成为假私烟销售的主渠道，严重危害国家利益和消费者利益。为严厉打击违法犯罪行为，维护良好的烟草市场秩序，经国家烟草专卖局专卖监督管理司与公安部网络安全保卫局（公安部第十一局）协商，决定建立联合打击互联网涉烟违法犯罪工作机制。

各省级局专卖部门要据此工作机制尽快与所在地公安网安部门对接，结合本地互联网涉烟违法犯罪实际情况，商定建立本地区打击互联网涉烟违法犯罪工作机制，侦办重大案件，形成打击合力，净化网络环境，有效遏制利用互联网非法经营烟草专卖品的违法犯罪活动，切实维护国家利益和消费者利益。

## 联合打击互联网涉烟违法犯罪工作机制

为整顿和规范烟草专卖品市场经营秩序，维护消费者利益，防止国家税收流失，公安部网络安全保卫局（以下简称网安局）、国家烟草专卖局专卖监督管理司（以下简称专卖司）决定共同开展打击利用互联网非法经营烟草专卖品工作，并制定相关工作机制。

### 一、工作内容

定期分析全国互联网涉烟违法犯罪形势，研究制定相关政策措施，部署防范互联网涉烟违法犯罪活动相关工作，通报工作情况，协调工作安排，研究解决遇到的重大问题，组织开展专项行动，侦办重大案件，形成打击互联网涉烟违法犯罪的整体合力，全力遏制各类互联网涉烟违法犯罪活动，维护烟草专卖品市场秩序。

## 二、职责分工

### （一）网安局的职责

1. 加大对互联网涉烟违法犯罪活动的打击力度，适时组织开展专项打击行动。

2. 及时向专卖司通报互联网涉烟犯罪形势，共享执法工作信息。

3. 督促互联网企业落实网络安全管理责任，引导其守法依规从业，加强对网络涉烟违法犯罪信息的过滤清理，关停涉烟违法犯罪的网络群组。

4. 对专卖司通报的情报、线索以及移送的案件，及时加以研判，部署打击并反馈查处结果。

5. 部署侦办性质恶劣、影响面大的重大互联网涉烟犯罪案件，适时组织各地公安网安部门进行重点打击，抓捕主犯，彻底摧毁犯罪链条。

### （二）专卖司的职责

1. 加强对互联网上涉烟情况监测，大力查处利用互联网销售烟草专卖品违法行为，适时组织开展专项打击行动。

2. 定期分析互联网涉烟违法犯罪活动形势变化情况，及时向网安局通报相关情报，移交案件线索。

3. 协助配合网安局办案工作，提供专业技术咨询，配合做好罚没及查扣烟草专卖品的鉴定、处理和销毁工作。

4. 配合网安局做好对有涉烟问题互联网企业的监管，定期在相关新闻媒体进行法律政策解读、典型案例解析、真假烟鉴别、假私烟危害等内容的宣传教育。

5. 依据现行财政财务政策，为网安部门开展打击互联网涉烟违法犯罪工作提供相应支持。

6. 对侦破有影响的重大互联网涉烟案件的有功人员进行表彰。

## 三、协作制度

### （一）联席会议制度

网安局、专卖司应每年召开一次联席会议，遇有重大、紧急情况或需联合部署的重要事项，可临时召开联席会议。联席会议的主要任务是研判互联网涉烟违法犯罪形势，互通情报信息，研究方法对策，制定下一步工作措施，部署联合打击行动等。联席会议讨论的问题和通过的事项应形成会议纪要。

### （二）案件督办制度

对于情节严重、案情复杂或在全国有影响的重大案件，由网安局和专卖司共同挂牌督办，加大指导协调力度，确保严格依法办案。

### （三）联合办案制度

适时部署互联网涉烟违法犯罪联合专项整治行动，针对案情复杂、案值巨大的案件，组织联合专案组，共同研究案情，会商打击对策，实施协同作战。

### （四）表彰奖励制度

对于互联网涉烟专项整治行动和侦破重大案件工作中作出突出贡献的单位和个人，网安局和专卖司将予以表彰奖励。

### （五）培训宣传制度

定期组织开展专业培训提升两部门间协作配合和办案水平。对互联网企业加大涉烟问题法律法规宣传力度，提高互联网企业自律意识，充分利用新闻媒体曝光重大典型案例，公布举报途径，发动群众，震慑违法犯罪分子。

# 烟草科技

# 国家烟草专卖局关于加强行业科研诚信管理的通知

（2018年6月20日　国烟科〔2018〕132号）

行业各直属单位，中国烟草机械集团有限责任公司，中国烟草实业发展中心：

为贯彻落实中共中央办公厅、国务院办公厅《关于进一步加强科研诚信建设的若干意见》（以下简称《意见》），进一步推进科研诚信建设制度化，优化科技创新环境，弘扬科学精神，倡导创新文化，现就加强行业科研诚信管理事项通知如下。

## 一、进一步树立科研诚信意识

### （一）培育科研诚信自觉

科研诚信是科技工作者的灵魂，是科技创新的基石，是实施创新驱动发展战略、建设创新型行业的重要基础。行业各单位和广大科技工作者要深刻认识科研诚信在科技创新活动中的地位和作用，树立科研诚信意识，培育科研诚信自觉，维护科研诚信地位，把对科研诚信的认知转化为自觉践行科研诚信的实际行动。

### （二）营造科研诚信环境

要充分尊重科学研究灵感瞬间性、方式多样性、路径不确定性的特点，重视科研试错探索的价值，建立鼓励创新、宽容失败的容错纠错机制，着力营造追求真理、崇尚创新、鼓励探索、勇攀高峰的良好科研环境，不断巩固发展行业科研诚信基础和创新生态，让弘扬科学精神、恪守诚信规范成为行业科技工作者的共同理念和行动。

### （三）坚守科研诚信底线

《意见》明确，严肃查处违背科研诚信要求的行为，坚持零容忍，保持对严重违背科研诚信要求行为严厉打击的高压态势，建立终身追究制度。行业各单位要坚持预防与惩治并举，营造坚守底线、严格自律的科技创新氛围，让守信者一路绿灯，失信者处处受限。广大科技工作者在科技创新活动中要坚持自律、自省、自警，时刻保持心中有戒、坚守底线。

## 二、强化科研活动全流程诚信管理

### （一）落实科研诚信建设主体责任

从事科研活动的各类企业、科研院所是科研诚信建设第一责任主体，要对加强科研诚信建设作出具体安排，将科研诚信工作纳入常态化管理。通过单位章程、员工行为规范、岗位说明书等内部规章制度及聘用合同，对本单位员工遵守科研诚信要求及责任追究作出明确规定或约定。

各单位要通过单位章程或制定学术委员会（科学技术委员会、专家评审委员会等）章程，对科研诚信工作任务、职责权限作出明确规定，并在工作经费、办事机构、专职人员等方面提供必要保障。

各单位要严格按照科研诚信要求，加强立项评审、项目管理、验收评估等科技计划全过程和项目承担单位、评审专家等科技计划各类主体的科研诚信管理，对违背科研诚信要求的行为要严肃查处。

### （二）恪守科研诚信道德规范

科研人员要遵守科学道德准则和科研活动规范，践行科研诚信要求，不得抄袭、剽窃他人科研成果或者伪造、篡改研究数据、研究结论；不得购买、代写、代投论文，虚构同行评议专家及评议意见；不得违反论文署名规范，擅自标注或虚假标注获得科技计划（专项、基金等）等资助；不得弄虚作假，骗取科技计划（专项、基金等）项目、科研经费以及奖励、荣誉等；不得有其他违背科研诚信要求的行为。

项目（课题）负责人等要充分发挥言传身教作用，加强对项目（课题）成员的科研诚信管理，对重要论文等科研成果的署名、研究数据真实性、实验可重复性等进行诚信审核和学术把关。院士等杰出高级专家要在科研诚信建设中发挥示范带动作用，做遵守科研道德的模范和表率。

评审专家、咨询专家、评估人员、经费审计人员等要忠于职守，严格遵守科研诚信要求和职业道德，按照有关规定、程序和办法，实行“谁签名、谁负责”，实事求是，独立、客观、公正开展工作，为科技管理决策提供负责任、高质量的咨询评审意见。科技管理人员要正确履行管理、指导、监督职责，全面落实科研诚信要求。

### （三）强化科技计划诚信管理

加强科技计划全过程的科研诚信管理。各单位科技计划管理部门要修改完善各级各类科技计划项目管理制度，将科研诚信建设要求落实到项目指南、立项评审、过程管理、结题验收和监督评估等科技计划管理全过程。要在各类科研合同（任务书、协议等）中约定科研诚信义务和违约责任追究条款，加强科研诚信合同管理。完善科技计划监督检查机制，加强对相关责任主体科研诚信履责情况的经常性检查。探索在科研项目、成果奖励及相关工作中逐步建立信用记录制度，对项目（课题）负责人、获奖人、评审专家等在科研活动、科研评价活动中出现的不良行为予以记录，对在科研活动中违背诚信承诺、弄虚作假的人员实行“一票否决”。

全面实施科研诚信承诺制。各单位要在科技计划项目、创新基地、科技奖励、重大人才工程等工作中实施科研诚信承诺制度，要求从事推荐（提名）、申报、评审、评估等工作的相关人员签署科研诚信承诺书，明确承诺事项和违背承诺的处理要求。

强化科研诚信审核。科技计划管理部门要对科技计划项目申请人开展科研诚信审核，将具备良好的科研诚信状况作为参与各类科技计划的必备条件。对严重违背科研诚信要求的责任者，实行“一票否决”。相关行业主管部门要将科研诚信审核作为科技奖励、职称评定等工作的必经程序。

（四）深化科研评价制度改革

推进项目评审、人才评价、机构评估改革，建立以科技创新质量、贡献、绩效为导向的分类评价制度，将科研诚信状况作为各类评价的重要指标，提倡严谨治学，反对急功近利。坚持分类评价，突出品德、能力、业绩导向，注重标志性成果质量、贡献、影响，推行代表作评价制度，不把论文、专利、荣誉性头衔、承担项目、获奖等情况作为限制性条件，防止简单量化、重数量轻质量、“一刀切”等倾向。尊重科学研究规律，合理设定评价周期，建立重大科学研究长周期考核机制。

三、保障措施

（一）加强组织领导，明确责任落实

各单位要按照《意见》要求，高度重视科研诚信建设，整合现有科研保障措施，建立科研诚信建设目标责任制，明确任务分工，细化目标责任。要建立科研诚信建设情况督查和通报制度，对工作取得明显成效的部门和机构进行表彰；对措施不得力、工作不落实的，予以通报批评，督促整改。要坚持零容忍，强化责任追究，对严重违背科研诚信要求的行为依法依规终身追责。

（二）强化宣传教育，塑造诚信文化

各单位要创新手段，拓宽渠道，充分利用报刊杂志等传统媒体及微信、手机客户端等新媒体，加强科研诚信宣传教育。大力宣传科研诚信典范榜样，发挥典型人物示范作用；及时曝光违背科研诚信要求的典型案例，开展警示教育。要进一步塑造科研诚信文化，大力弘扬求实创新、诚实守信的道德风尚，让科研诚信成为科技工作者成长立足的必选项。

# 信息化建设

## 国家烟草专卖局关于印发烟草行业政务信息资源公开共享管理办法（暂行）的通知

（2018年12月12日　国烟办〔2018〕238号）

各省级局：

现将《国家烟草专卖局关于印发烟草行业政务信息资源公开共享管理办法（暂行）》印发给你们，请认真遵照执行。

## 烟草行业政务信息资源公开共享管理办法（暂行）

### 第一章　总　则

第一条　为加强烟草行业政务信息资源公开共享管理，规范各级单位政务信息资源公开共享流程，依据相关法律法规和《政务信息资源共享管理暂行办法》（国发〔2016〕51号），结合行业实际情况，制定本办法。

第二条　本办法适用于烟草行业政务部门对公开共享的政务信息资源和目录的申请、发布和审批的管理，以及国家局对省级局和地市级局政务信息资源的报备管理。

第三条　本办法所指的政务部门是国家局、省级局、地市级局等负责政务信息资源公开共享的工作单位。

**第四条** 本办法所指的政务信息资源是政务部门在履行职责过程中制作或获取的，以一定形式记录、保存的文件、资料、图表和数据等各类信息资源。

**第五条** 本办法所指的政务信息资源目录是通过对政务信息资源依据规范的元数据描述，按照一定的分类方法进行排序和编码的一组信息，用以描述各个政务信息资源的特征，以便于对政务信息资源的检索、定位与获取。

**第六条** 本办法所指的烟草行业政务信息整合共享系统（以下简称政务共享系统）是国家局依据国家有关要求建设的烟草行业政务信息资源公开共享的管理系统，包括国家局、省级局、地市级局三级应用。

**第七条** 本办法所指的公开是烟草行业政务信息向社会公众开放，供企业、个人使用。

**第八条** 本办法所指的共享是烟草行业政务信息接入国家各级政务服务平台，为中央机关和地方人民政府提供按需共享服务。

## 第二章 管理机构与工作职责

**第九条** 国家局政务信息整合共享工作牵头部门是国家局办公室，业务主管部门是因履行职责需要产生和管理政务信息的部门，技术支撑部门是烟草经济信息中心。

（一）国家局办公室负责国家局和各省级局政务信息资源目录的审批，负责国家局拟公开的政务信息资源审批。

（二）业务主管部门负责国家局政务信息资源目录和拟公开资源的填报、送审，拟共享资源的填报、发布；负责各省级局政务信息资源目录的业务审查。

（三）烟草经济信息中心负责各省级局政务信息资源目录的技术性审查，负责将政务信息资源目录和资源同步到国家电子政务外网。

**第十条** 省级局和地市级局分设政务信息资源填报员和政务信息资源审核员等两类角色。

（一）政务信息资源填报员负责所在单位政务信息资源目录填报和所在单位公开共享政务信息资源发布。

（二）政务信息资源审核员负责所在单位政务信息资源目录审批后上报和所在单位公开共享政务信息资源审批。

## 第三章 政务信息资源目录管理

**第十一条** 政务信息资源目录管理分国家局、省级局和地市级局三种管理流程。

（一）国家局政务信息资源目录管理流程。

1. 业务主管部门工作人员在本职工作中制作、保存的政务信息由该工作人员（填报人）登录政务共享系统，填写政务信息资源目录申请单，提交处室领导、司领导审核后报国家局办公室；

2. 国家局办公室审批后生效；

3. 烟草经济信息中心将生效的政务信息资源目录同步到国家电子政务外网。

（二）省级局政务信息资源目录管理流程。

1. 省级局政务信息资源填报员登录政务共享系统，填写政务信息资源目录申请单，提交省级局政务信息资源审核员审核后报国家局；

2. 国家局办公室分发给相应业务主管部门和烟草经济信息中心；

3. 业务主管部门处室领导、司领导逐级进行业务审查，烟草经济信息中心进行技术性审查，审查后报国家局办公室；

4. 国家局办公室审批后生效。

（三）地市级局政务信息资源目录管理流程。

1. 地市级局政务信息资源填报员登录政务共享系统，填写政务信息资源目录申请单；

2. 地市级局政务信息资源审核员审核后报省级局；

3. 省级局政务信息资源审核员审批后生效。

**第十二条** 政务信息资源目录维护。

国家局业务主管部门填报人、省级局和地市级局政务信息资源填报员需要定期对政务信息资源目录进行更新维护。

政务信息资源目录维护工作需要在政务共享系统中填写政务信息资源目录申请单，并按照本办法第十一条规定完成审批流程。

政务信息资源目录申请单中各项信息填写参照《政务信息资源目录编制指南（试行）》（发改高技〔2017〕1272号）。

## 第四章 政务信息资源发布管理

**第十三条** 各级单位须依据《中华人民共和国政府信息公开条例》（国务院令第492号）等相关法规对政务信息资源进行发布和审批，以确保政务信息资源依法公开共享发布。

**第十四条** 政务信息资源发布管理分国家局、省级局和地市级局三种管理流程。

（一）国家局政务信息资源发布流程。

1. 各业务主管部门填报人登录政务共享系统，填写政务信息资源发布申请单，提交处室领导、司领导审核；

2. 拟共享的政务信息审核后直接生效；属于共享同时又须向社会公众公开的政务信息提交办公室审批后生效；

3. 烟草经济信息中心将生效的政务信息同步到国家电子政务外网。

（二）省级局政务信息资源发布流程。

1. 省级局政务信息资源填报员登录政务共享系统，填写政务信息资源发布申请单；

2. 省级局政务信息资源审核员审批后生效。

（三）地市级局政务信息资源发布流程。

1. 地市级局政务信息资源填报员登录政务共享系统，填写政务信息资源发布申请单；

2. 地市级局政务信息资源审核员审批后生效。

**第十五条** 政务信息资源发布维护。

国家局业务主管部门填报人、省级局和地市级局政务信息资源填报员需要定期对政务信息资源进行发布。

政务信息资源发布工作需要在政务共享系统中填写政务信息资源发布申请单，并按照本办法第十四条规定完成审批流程。

## 第五章 附 则

**第十六条** 各级单位须根据本办法细化内部管理流程，落实岗位职责，明确相关责任人。

**第十七条** 对未及时填报、发布应予公开或共享的政务信息资源，造成不良影响，或政务信息资源未经批准即公开、共享的，国家局将追究有关责任人的责任。

**第十八条** 本办法由国家局办公室负责解释。

**第十九条** 本办法自印发之日起施行。

# 法治建设

# 国家烟草专卖局关于贯彻落实国家机关“谁执法谁普法”普法责任制的实施意见

（2018年10月23日 国烟法〔2018〕198号）

各省级局：

贯彻落实“谁执法谁普法”普法责任制是加快法治烟草建设，提升烟草专卖行政主管部门普法依法治理能力和水平的重要举措。多年来，行业各级局在行政执法过程中实践并探索出很多行之有效的具体举措和方法，对于提升专卖执法行为效果以及依法行政水平都起到了积极作用。为进一步推动“谁执法谁普法”普法责任制工作深入开展，现根据《中共中央办公厅国务院办公厅印发〈关于实行国家机关“谁执法谁普法”普法责任制的意见〉的通知》要求，结合烟草专卖执法工作实际，制定本实施意见。

## 一、总体要求

认真贯彻落实党的十九大精神，以习近平新时代中国特色社会主义思想为指导，全面贯彻落实党中央关于法治宣传教育的决策部署，按照“谁执法谁普法”普法责任制要求，进一步明确各级局普法任务，健全制度机制，加强督促检查。要坚持普法工作与法治烟草建设实践相结合，坚持行业内普法与面向社会普法并重，注重总结、善于创新，深入推进烟草专卖法治宣传教育工作，为法治烟草建设营造良好环境和氛围。

## 二、主要内容和具体举措

### （一）建立普法责任制

要立足烟草专卖执法实际，结合部门特点，积极推动普法责任制的建立和落实。按照《中共中央办公厅国务院办公厅关于印发〈党政主要负责人履行推进法治建设第一责任人职责规定〉的通知》要求，国家局党组履行主体责任，主要负责人是第一责任人，对落实普法责任制等普法工作负总责。各级局也要对照要求，明确普法责任制的责任主体。

国家局政策法规与体制改革司是烟草行业“谁执法谁普法”工作的总协调组织指导部门。各级局法制工作部门承担“谁执法谁普法”的具体组织协调和监督检查工作。各级局要对照《国家烟草专卖局关于印发烟草行业法治宣传教育第七个五年规划（2016—2020年）的通知》（国烟法〔2016〕178号）中要求宣传学习的法律法规推荐目录以及近年来全国或本地区要求宣传学习的法律法规确定责任主体，制定普法责任清单。清单要定期更新，确保普法责任落实到位。

**（二）明确普法内容**

各级局要深入学习宣传习近平总书记关于全面依法治国的重要论述，宣传以习近平同志为核心的党中央关于全面依法治国的重要部署。突出学习宪法，弘扬宪法精神，树立宪法权威；深入学习宣传党内法规，增强广大党员党章党规党纪意识；坚持学习烟草专卖法律法规的基本思想、基本制度、基本内容，重点宣传烟草专卖法律法规规章修订内容，深刻领会烟草专卖制度本质，切实提高行政执法人员依法履职能力，特别是领导干部运用法治思维和法治方式开展工作的能力。

**（三）做好烟草行业内普法**

要健全完善党组理论学习中心组学法制度，坚持领导干部带头尊法学法守法用法。要健全完善日常学法制度，推进烟草行业行政执法人员学法的经常化、制度化和规范化。切实抓好专卖执法人员执法资格考试和日常执法业务培训制度落实，促进熟练掌握和运用与行政执法工作密切相关的法律法规，提高执法水平以及释法说理的能力。要继续做好普法讲师团建设，打造精品课程库，提升行业普法队伍的水平和能力。

**（四）在立法和制度起草制定过程中向社会普法**

各级局在烟草专卖法律法规规章以及规范性文件起草、制定或修改过程中，对社会关注度高、涉及公众切身利益的重大事项，要广泛听取公众意见，加强与社会公众的沟通，增强社会公众对有关规定的理解和认知。法律法规规章以及规范性文件出台后，要以通俗易懂的语言将主要内容通过社会媒体或场所及时公布，方便社会公众理解掌握。

**（五）围绕行业中心工作的热点和难点问题向社会普法**

各级局在处理行政执法、行政许可和信息公开等重点难点问题过程中，要加强对当事人、行政相对人等重点人群的法律法规讲解。还要善于抓住社会生活的热点问题，及时宣传讲解烟草专卖法律法规。要针对行业行政执法热点法律问题，组织专家进行权威解读，答疑解惑、明辨是非，弘扬法治精神，正确引导舆论。

**（六）完善专卖执法人员以案释法制度**

各级局要继续总结在专卖执法工作中形成的丰富多样、贴合实际且行之有效的普法工作方法和经验，尤其是要建立完善专卖执法人员以案释法制度，利用办案各个环节宣讲法律，及时解决行政相对人的疑问。专卖执法人员在执法过程中，要结合案情进行充分释法说理，行政执法文书要围绕争议焦点充分说理，深入解读法律，使行政执法成为普法宣传和弘扬法治精神的重要过程。国家局不定期发布专卖执法案例库，充分发挥典型案例的引导、规范、预防和教育功能。

**（七）创新普法工作方式方法**

各级局要继续依托法治文化建设和“法律六进”等活动，选择有特点、有针对性的载体，积极开展法治宣传工作。要广泛运用行业网站、微视频等新媒体、新技术创新工作方式，提高普法教育的针对性和实效性。

## 三、组织保障

各级局要高度重视并切实加强对普法工作的领导，充分认识普法责任制在健全普法宣传教育机制、推进法治烟草建设中的重要作用。要加强人员、经费、物资保障，为工作有效开展创造条件。要把建立和落实普法责任制摆上重要日程，及时研究解决普法工作中的重大问题。上级单位要加强督促检查，强化工作指导，确保取得实效。各级局要注重总结落实普法责任制好的做法和经验，典型引领，加强指导，以建立健全普法责任制为契机，进一步提高烟草行业普法工作的整体水平。

◇ 编辑：周　佳

# 附 录

# 国际烟草

## 2018 年世界烟草发展报告①

### 一、烟草控制政策概况

2018 年，世界卫生组织召开《烟草控制框架公约》（简称《公约》）第八届缔约方大会和《消除烟草制品非法贸易议定书》（简称《议定书》）第一届缔约方会议，发布世界烟草流行报告。世贸组织对澳大利亚卷烟平装诉讼作出裁决，支持澳大利亚政府。美国食品药品监督管理局（FDA）发现青少年电子烟使用率上升，重点研究风味添加剂对青少年吸烟的吸引作用，考虑实施更为严格的风味限制。

**（一）第八届《公约》缔约方会议**

《公约》缔约方大会是专门讨论烟草控制的政府间会议，是《公约》缔约方制定政策和通过执行机制的平台。世界卫生组织第八届《公约》缔约方大会于 2018 年 10 月 1—6 日在瑞士日内瓦召开，来自 148 个缔约方和联合国机构、其他政府间组织、民间团体的 1200 多名代表参加会议。会议提出加快控烟和加强透明度措施的新策略，强调防止烟草行业进一步干预公共卫生政策，制定路线图，指导 2019—2025 年缔约方、《公约》秘书处和其他利益相关者在烟草控制方面的工作。

**（二）第一届《议定书》缔约方会议**

《议定书》于 2012 年由《公约》缔约方通过，2018 年 9 月 25 日生效，是《公约》通过的第一个议定书，已有 48 个缔约方加入。《议定书》建立在《公约》第 15 条基础上，目的是通过许可证、谨慎调查和档案记录来确保跟踪追溯烟草产品供应链，并要求建立一个全球跟踪和追溯机制，使政府可以有效地从生产地到第一销售点全程跟踪烟草产品。第一届缔约方会议在《公约》缔约方大会之后接续召开，44 个缔约方、56 个非缔约方以及政府间组织和社会团体的代表参加。会议讨论《议定书》履约的关键技术和运行程序，同意设立一个工作组，并编写一份综合报告，宣传缔约方在实施跟踪与追溯系统方面的良好做法和经验，努力加强与政府机构以及负责执法和海关的区域和国际机构合作，推动建立打击非法烟草贸易的全球信息共享协调中心。

**（三）世界控烟履约进展报告**

《公约》要求，各缔约方每两年通过《公约》秘书处向缔约方大会提交一次关于《公约》实施情况的报告，旨在说明控烟履约优秀的实践经验，通报各缔约方进展情况，协助缔约方准备《公约》官方报告。2018 年履约进展报告依据 6 个世卫区域 11 个缔约方的调查、书面报告和对主要研究者的访谈内容，提出四大方面的实践问题用于加强缔约方报告：（1）提高数据质量，推广开展具体的烟草流行调查，改进调查方式和工具；（2）制定部门间协调的体系和程序，大多数缔约方《公约》联络点已经建立各部门信息协调机制，鼓励进一步坚持和改进协调体系；（3）人力与财政资源，交出高质量的执行报告需要有专门的人力和财政资源来协调和协助国内各有关部门；（4）报告使用，通过开发数据系统、政策宣传、改进国家烟草控制方案、鼓励民间社会组织宣传、调动资源和改进多部门协调等方式更好使用报告成果。

**（四）世界无烟日**

2018 年确定“2019 年世界无烟日”将主要宣传以下观点：吸烟和接触二手烟构成风险；吸烟危害肺部健康，引起肺部疾病，全球慢性呼吸道疾病和肺癌造成相当规模的死亡和疾病；吸烟与结核病死亡之间存在相关性；二手烟暴露影响各年龄组人群肺部健康；肺健康对实现全面健康和福祉至关重要；包括公众和政府在内的主要受众可采取切实可行的行动和措施，以减少烟草对肺部健康造成的风险。烟草和肺部健康这一交叉主题影响其他全球项目进程，为了实现到 2030 年将非传染性疾病导致的过早死亡减少1/3 的可持续发展目标，烟草控制应当成为世界各国政府和社区的优先事项。各国应通过充分执行《公约》和在最高成就水平上采取 MPOWER 系列措施②来应对烟草流行，保护

① 除特别说明外，本文中的表述和数据均不包含中国。

② 2008 年，世界卫生组织发布《世界卫生组织 2008 年全球烟草流行报告》，提出六项控烟措施，即“MPOWER”，包括监测烟草使用与预防政策（monitor tobacco use and prevention policies），保护人们免受烟草烟雾危害（protect people from tobacco smoke），提供戒烟帮助（offer help to quit tobacco use），警示烟草使用（warn about the dangers of tobacco），确保禁止烟草广告、促销和赞助（enforce ban on tobacco advertising, promotion and sponsorship），提高烟税（raise taxes on tobacco）。

民众健康。

### （五）世贸组织对澳大利亚平装诉讼作出裁决

2018年6月，世界贸易组织专家组对澳大利亚卷烟平装法案引起的诉讼作出裁决，认为澳大利亚卷烟平装法案没有违反WTO法律。根据世贸组织争端解决程序，世贸组织争端各方可在60天内对专家组的报告提出上诉。平装法案生效以来，先后引起依据澳大利亚国内宪法、国际双边投资协定以及WTO贸易规则等多层面的诉讼，但各层面裁决均支持该法案。这项裁决可能会加快卷烟平装在全球的推广。2012年12月，澳大利亚率先全面实施卷烟平装，要求在卷烟产品和包装上使用统一标准的颜色和字体，禁止出现标准以外的商标、颜色、品牌形象和促销信息。匈牙利、爱尔兰、法国、新西兰、挪威、英国等已经实施平装法，布基纳法索、加拿大、格鲁吉亚、罗马尼亚、斯洛文尼亚、泰国等已经通过但尚未实施，还有一些国家正在考虑这项政策。在已实施平装的国家，卷烟结构明显下移，是该政策产生的主要影响。

### （六）美国FDA聚焦控制风味对未成年人吸烟的影响

2018年美国未成年人吸烟调查发现青少年电子烟使用率同比大幅提高。其中，高中生电子烟使用率同比提高78%，初中生电子烟使用率同比提高48%。

鉴于以上情况，美国FDA正在研究新的政策框架，以减少电子烟以及风味烟草制品对青少年的吸引，初步考虑对以下产品类别采取措施：在不限年龄及特定对象的地点销售的风味电子烟（除烟草、薄荷味产品外）；在没有年龄验证的网站销售的风味电子烟（除烟草、薄荷味产品外）；风味雪茄；对青少年销售的电子烟；薄荷味可燃烟草制品，包括卷烟和雪茄。此外，可能加快禁止在烟草制品中添加薄荷醇。2009年，FDA已经禁止在卷烟中添加除薄荷以外的风味添加剂，但并未限制其他烟草制品。欧盟、加拿大、土耳其、巴西、智利、摩尔多瓦、埃塞俄比亚等国家和地区已经禁止或部分禁止风味添加剂。

同时，FDA发起青少年电子烟预防运动“了解电子烟的真实成本”，这是应对青少年电子烟流行问题的最新行动。这项运动的目标群体是美国约1070万的12～17岁青少年，他们曾经吸过电子烟或者愿意尝试吸电子烟。主要内容包括在数字和社交媒体网站上增加投放重磅广告，在全国各地的高中张贴带有电子烟预防信息的海报，宣传年轻人使用电子烟可能导致的上瘾风险和其他健康后果，并严厉打击向未成年人销售电子烟。

FDA声明，即使考虑到创新烟草产品的潜在好处、可能在减少成年烟民吸烟伤害方面发挥作用，也无法放任电子烟等新产品吸引年轻人产生尼古丁依赖，青少年不应该使用任何含尼古丁的产品。要采取更积极的措施来确保电子烟不向青少年售卖，阻止青少年使用电子烟，加强对电子烟经营商的监管，禁止生产销售类似于儿童食品的尼古丁制品，并继续追究电子烟经营商在吸引青少年接触和使用电子烟上的责任。

## 二、传统烟草制品发展概况

2018年，全球传统烟草制品销售额约6100亿美元①，同比增长6.8%。其中，销售额最大的品类为卷烟5400亿美元，同比增长5.7%，占比88%；销售额第二位的品类为雪茄烟等有烟气制品580亿美元，同比增长10.5%，占比9.6%；销售额第三位的品类为无烟气烟草制品135亿美元，同比增长5.3%，占比2.2%。近年来，卷烟销售额占比不断下降，预计未来仍将继续下降，雪茄烟、口含烟等保持较快增长。

### （一）卷烟

2018年，全球卷烟销量约6100万箱，同比下降约1.7%。近五年来基本以1%～2%速度逐年递减，个别地区控烟力度加大导致销量大幅下降，但新兴市场增长减缓了整体下降速度。卷烟单包销售均价约3.3美元，同比增长约6%，主要受到消费税提高影响，如澳大利亚增长10.6%、东欧地区增长8.7%。

**分区域看卷烟销量。**受到消费税持续提高影响，俄罗斯卷烟销量持续下降，2018年销量为476万箱，同比下降8.1%，销量首次低于美国；泰国卷烟销量下降10.8%；受到加热烟草制品替代卷烟影响，日本卷烟销量持续下降，2018年为270万箱，同比下降11.1%；韩国卷烟销量大幅

① 全球销售额受到汇率波动影响较大，绝对值仅供参考。

下降，2018 年为 119 万箱，同比下降 12.9%；受到新型电子烟替代以及大麻合法化替代影响，2018 年美国市场同比下降 2.9%，销量在 500 万箱以下；受到国内经济形势影响，伊朗卷烟销量下降 11.6%。土耳其、埃及、孟加拉国、越南、巴基斯坦等市场卷烟销量仍有增长。埃塞俄比亚市场得到日本烟草重点投资，预计未来卷烟销量、销售额都将快速增长。

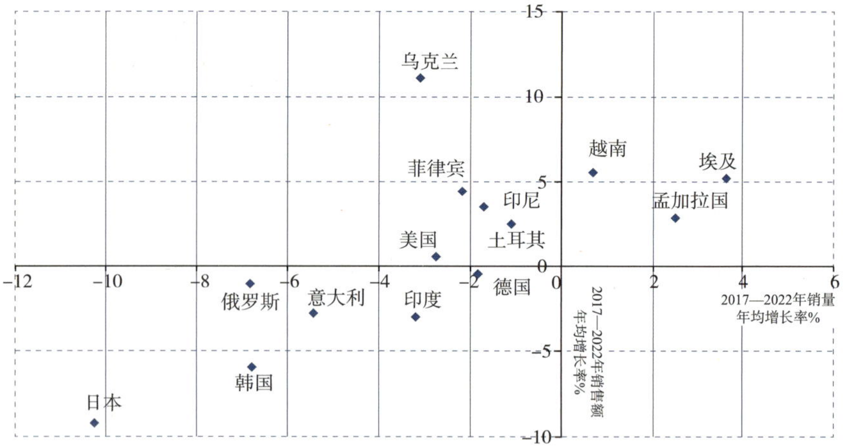


图 1　2017—2022 年主要市场卷烟销量销售额变动预测

**表 1　2018 年主要市场卷烟销量**

| 国　家 | 销量（万箱） | 同比（%） | 国　家 | 销量（万箱） | 同比（%） |
|---|---|---|---|---|---|
| 印度尼西亚 | 605 | -1.9 | 菲律宾 | 125 | -4.9 |
| 美　国 | 491 | -2.9 | 乌克兰 | 124 | -6.7 |
| 俄罗斯 | 476 | -8.1 | 韩　国 | 119 | -12.9 |
| 日　本 | 270 | -11.1 | 巴基斯坦 | 108 | 7.9 |
| 土耳其 | 213 | 0.1 | 伊　朗 | 103 | -11.6 |
| 埃　及 | 193 | 3.5 | 西班牙 | 96 | -0.4 |
| 孟加拉国 | 183 | 3.0 | 巴　西 | 91 | -6.0 |
| 印　度 | 157 | -3.5 | 波　兰 | 83 | -0.8 |
| 越　南 | 155 | 0.9 | 法　国 | 82 | -6.9 |
| 德　国 | 152 | -3.7 | 泰　国 | 72 | -10.8 |
| 意大利 | 133 | -4.4 | 阿根廷 | 71 | -1.7 |

注：2018 年统一使用欧睿信息咨询有限公司（Euromonitor International）采集零售数据，与上年使用数据有差异，以调整后为准。

**分区域看卷烟销售额。** 2018 年，大洋洲、中东、非洲等地区销售额增长较快主要受到消费税提高或销量增长影响；西欧、北美等地卷烟税收政策相对稳定，卷烟销量下降但均价提升较慢，销售额增长缓慢。销售额高的地区是美国、日本、德国、印度尼西亚、俄罗斯、土耳其等销量大国，除日本外，近年来大多保持增长。

**表 2　2018 年主要市场卷烟销售额**

| 国　家 | 销售额（亿美元） | 同比（%） | 国　家 | 销售额（亿美元） | 同比（%） |
|---|---|---|---|---|---|
| 美　国 | 965 | 2.8 | 意大利 | 209 | 5.2 |
| 俄罗斯 | 283 | 5.1 | 英　国 | 207 | 8.1 |
| 日　本 | 279 | -6.3 | 法　国 | 186 | 9.6 |
| 德　国 | 257 | 9.0 | 土耳其 | 168 | 9.8 |
| 印度尼西亚 | 251 | 4.8 | 西班牙 | 130 | 9.2 |

注：数据来自欧睿信息咨询有限公司。

**分区域看销售均价。** 全球卷烟销售均价不断提高，但近年来价格增长乏力问题日益凸显。大洋洲仍保持均价最高，其次是北美、西欧、拉美。大洋洲、东欧仍是均价提高最快的地区，其中澳大利亚开始新一轮提税，预计至 2022 年价格将提高 70%，继续巩固全球最贵卷烟市场的地位，俄罗斯的增长有所放缓。北美拥有强大购买力及强势卷烟品牌，预计仍有较强的增长动力，但替代品可能产生较大影响。西欧的价格提高尤其缓慢，消费者的价格弹性越来越大，卷烟替代品更为普遍。

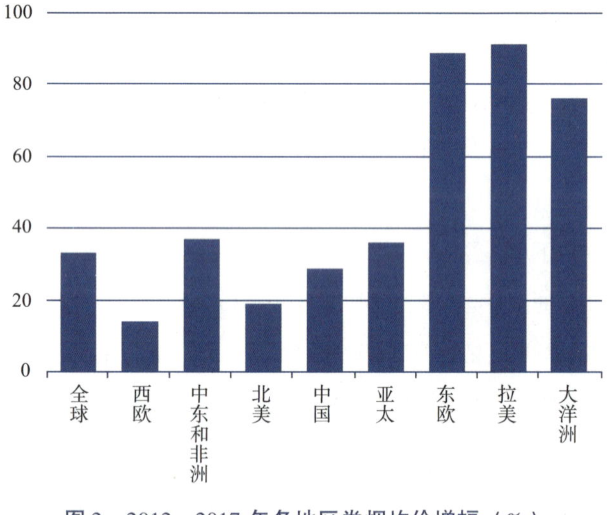


图 2　2012—2017 年各地区卷烟均价增幅（%）

**分区域看卷烟购买力。** 尽管近年来相对稳定，但 2007—2018 年发达国家卷烟市场的购买力明显下降。较为突出的是，受到卷烟消费税连续大幅提高的影响，俄罗斯市场卷烟购买力大幅下降，消费者价格弹性显著增大，对主流产品的购买力大幅减弱。西班牙等地购买力下降则主要受到经济衰退影响。只有在澳大利亚等部分发达地区，收入水平尚可承受税收和价格的提高，购买力相对稳定。

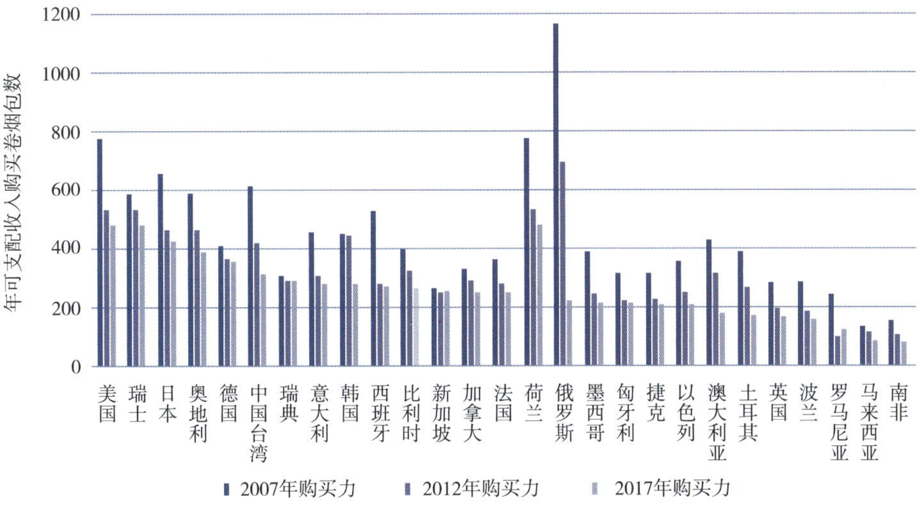


注：数据来自欧睿信息咨询有限公司。

图3 2007—2018年部分市场卷烟购买力变动趋势

**细支烟销量保持增长，但主销区市场规模缩减**。2017年，据欧睿信息咨询有限公司（简称欧睿）统计，全球78个卷烟消费国细支烟销量约286万箱，同比增长6%。其中，俄罗斯销量78万箱，同比下降6%；印度尼西亚销量34万箱，同比增长81%；波兰销量23万箱，同比增长6.1%；乌克兰销量16万箱，同比下降3.1%。细支烟销量占比较高的为乌兹别克斯坦，销量占比64.9%，同比提高5个百分点；白俄罗斯销量占比30.5%，同比提高0.5个百分点；波兰销量占比27.9%，同比提高1.3个百分点；拉脱维亚销量占比21.2%，同比提高1.4个百分点。

**低焦油卷烟销量明显下降，主销区市场规模缩减**。2017年，欧睿统计全球78个卷烟消费国焦油量低于6毫克/支卷烟销量1090万箱，同比下降6.8%。低焦油卷烟（4～6毫克/支）销量720万箱，同比下降5.8%。其中，俄罗斯销量143万箱，同比下降7.1%；日本销量69万箱，同比下降11.5%；韩国销量57万箱，同比下降6.5%；乌克兰销量43万箱，同比下降4.4%；销量占比超过50%的有阿联酋、哥伦比亚、拉脱维亚等。超低焦油卷烟（<4毫克/支）销量370万箱，同比下降7.6%。其中，日本销量116万箱，同比下降13%；韩国销量71万箱，同比下降3.7%；俄罗斯销量38万箱，同比下降4.5%；意大利销量16万箱，同比下降5.8%；占比较高的有韩国、日本、爱沙尼亚等。

**爆珠烟总量快速增长，俄罗斯、南美等地区增幅大**。2017年，欧睿统计全球78个卷烟消费国爆珠烟销量约220万箱，同比增长27.2%。其中，俄罗斯销量40万箱，同比增长近4倍；美国销量25万箱，同比下降3.9%；韩国销量22万箱，同比下降2.6%；日本销量21万箱，同比下降16.8%；墨西哥销量13万箱，同比增长15.7%。爆珠烟销量占比较高的为智利36.1%，同比提高3.4个百分点；秘鲁34.2%，同比提高10.7个百分点；危地马拉32.1%，同比提高2个百分点；墨西哥21.5%，同比提高2.8个百分点；阿根廷17.1%，同比提高1.1个百分点。

### （二）非卷烟

近五年来，烟丝销量下降较快但销售额增长较快，雪茄烟销量增长加快但销售额增速较慢，口含烟销量销售额均快速增长。

2018年，手工和机制雪茄烟①总销量约270亿支，同比增长2.3%，销售额约270亿美元，同比增长9.8%，消费主要集中在美国、欧洲等国家和地区。其中，美国手工雪茄烟销量81亿支，同比增长3.6%，机制雪茄烟销量57.7亿支，同比增长4.7%；西班牙手工雪茄烟销量3.5亿支，同比持平，机制雪茄烟销量17.9亿支，同比下降1.4%；法国手工雪茄烟销量1.9亿支，同比下降1.7%，机制雪茄烟销量11.2亿支，同比下降4.5%；意大利手工雪茄烟销量1.6亿支，同比增长2.6%，机制雪茄烟销量3.5亿支，同比增长1.2%；德国手工雪茄烟销量1.6亿支，同比持平，机制雪茄烟销量29.5亿支，同比下降1.8%。

2018年，全球烟丝销量折合卷烟约270万箱，同比下降1.3%，销售额约250亿美元，同比增长12.2%，主要集中在德国、法国、英国等欧洲国家，以及阿根廷、澳大利亚、美国等国家。其中，德国销量折合卷烟约70万箱，同比增长0.6%；法国约22.7万箱，同比下降4.4%；英国约20.5万箱，同比增长1.7%；意大利约18.3万箱，同比增长8.2%；比利时约18.1万箱，同比下降15%。

2018年，口含烟销量约7.6万吨，同比增长1.5%，销售额约120亿美元，同比增长6.6%，主要在美国、瑞典等地销售。其中，美国销量5.5万吨，同比增长1.2%，约占总量的72%，销售额92亿美元，同比增长6.1%；阿尔及利亚销量8800吨，同比增长2.3%，销售额2.5亿美元，同比增长2.2%；瑞典销量6900吨，同比增长1.5%，销售额13.7亿美元，同比增长9.5%。

① 欧睿信息咨询有限公司对雪茄烟2017年数据进行了调整，与上年使用数据有一定差异，以调整后为准。

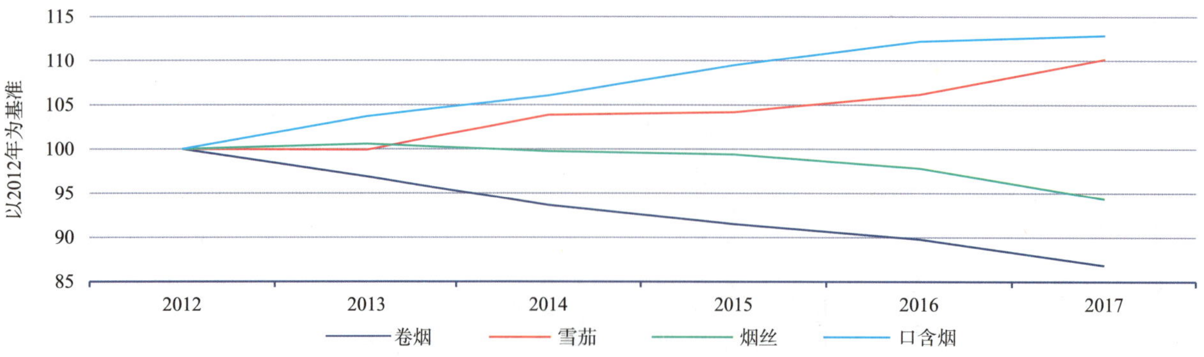


图 4　2012—2017 年各类型传统烟草制品销量变化情况

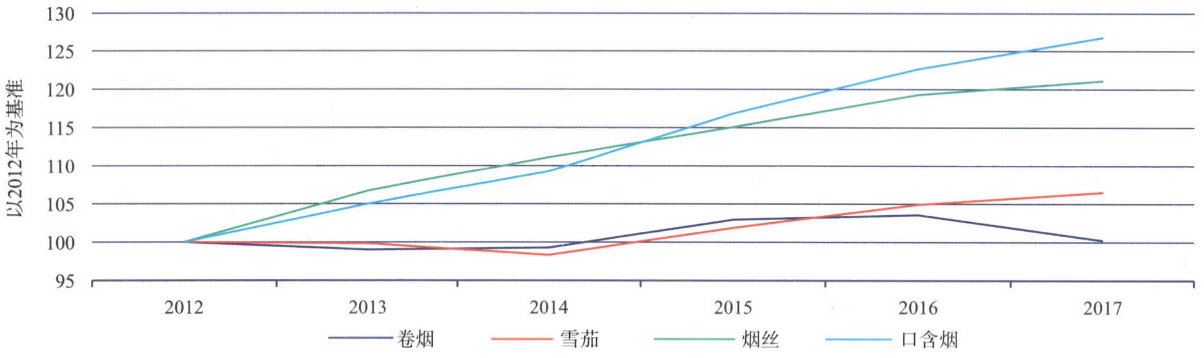


图 5　2012—2017 年各类型传统烟草制品销售额变化情况

## 三、新型烟草制品发展概况

据欧睿估计，2018 年新型烟草制品消费者数量超过 4000 万人，至 2022 年有望增长到 6400 万人，可能替代卷烟销量 460 万箱；2018 年新型烟草制品销售额 247 亿美元，同比增长 45.8%，规模约相当于第九位卷烟市场，接近烟丝、雪茄烟销售额，预计至 2020 年成为销售额仅次于卷烟的品类。其中，电子烟仍是销售额最大的品类，2018 年销售额约 145.2 亿美元，同比增长 27%，增速持续放缓；其次是以“IQOS”为代表的加热烟草制品，2018 年销售额约 102 亿美元，同比增长约 1 倍，对销售额增幅的

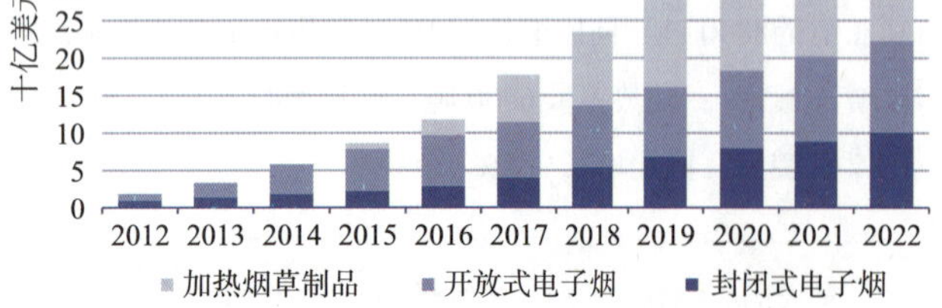


图 6　2012—2022 年新型烟草制品销售额变化情况及预测

贡献最大。在细分品类中，销售额增长最快的是封闭式电子烟，增速高于加热烟草制品，主要来自美国市场电子烟品类结构的变化。

### （一）加热烟草制品

**分地区看销售额。** 2018 年，日本仍是加热烟草制品最大的市场，销售额约 55.4 亿美元①，同比增长 8.5%，增速逐步减缓；其次是韩国，销售额约 21.2 亿美元，同比增长 8 倍以上，增速最快；第三是意大利，销售额约 2.2 亿美元，同比增长 2 倍以上，增速明显加快。此外，俄罗斯市场增速超出预期，罗马尼亚、希腊、南非等地也是主要消费市场。

**新市场增速快，老市场增速明显放缓。** 日本市场增长态势明显放缓，据菲莫国际数据，2018 年上半年起，加热烟草制品增长速度显著低于预期，主要是消费者转换速度放缓，尚未转换的消费者更为保守，转换难度较大。英国市场增长缓慢，官方支持新型烟草制品的态度相对明朗，因而成为主要电子烟市场，但加热烟草制品价格较高，且

① 欧睿信息咨询有限公司对加热烟草制品 2017 年销售额作了调整，与上年使用的数据有一定差异。

宣传受到限制，发展较为困难。意大利市场增长缓慢，尽管是“IQOS”最早上市的地区之一，但加热烟草制品在与电子烟的竞争中始终没有表现出优势，即使电子烟曾受到过加税的打击，仍实现较高的增长速度。韩国市场增长迅猛，一方面得益于与日本市场相似的环境，另一方面受到大量产品涌入的推动，除几大跨国烟草公司外，韩国烟草公司等烟草企业也陆续推出新产品，随之而来的大规模销售加速加热烟草制品的市场渗透。

产品更为丰富，竞争更为激烈，“IQOS”仍处领先地位。继菲莫国际“IQOS”之后，英美烟草的“GLO”、日本烟草的“PLOOM TECH”、帝国品牌的“PULZE”、韩国烟草的“LIL”等均加入市场竞争。为抢占市场，英美烟草的碳加热产品“NEOCORE”获得FDA批准在美国上市，但仅作为其前身雷诺公司推出的碳加热产品“eclipse”的等价产品，而非减害产品，该产品曾在美国销售一年但以失败告终。定价方面，加热棒定位相当于中高档卷烟，如2018年日本市场，“IQOS”和“PLOOM TECH”配套加热棒为460日元/包（相当于高档卷烟），“GLO”配套加热棒为420日元/包（相当于中档卷烟）。而加热器则差异较大，更接近电子产品，“IQOS”设备为10980日元/套，“GLO”多款设备从4980～16880日元/套不等，“PLOOM TECH”设备3240～7980日元/套不等。由于加热烟草制品税率显著低于卷烟而导致政府损失高额税收，2018年日本政府在提高卷烟消费税的同时，计划用5年时间将加热烟草制品税率提高到卷烟的80%左右，第一阶段提税已于2018年10月实施，各公司也相应提高产品价格，“IQOS”加热棒提高40～500日元/包，“GLO”加热棒提高40～460日元/包，“PLOOM TECH”加热棒提高30～490日元/包，但为保持竞争力，提价幅度均小于卷烟。

*监管政策存在不确定性*。俄罗斯、乌克兰、哈萨克斯坦等出台针对加热烟草制品的产品标准，对设备质量和安全提出最低要求。在欧盟，多数国家要求提前6个月提报新产品申请或者上市审查。菲莫国际在意大利为“HEETS”加热棒提报减害产品认定申请，但以证据不足被驳回。英国卫生部门发布研究报告指出，实验中采用的“IQOS”等两种新型烟草制品能够大幅降低健康危害。此外，德国、荷兰、韩国等相关部门均发布过结论类似的研究报告。新西兰卫生部表示“电子烟可为2025年无烟目标做出贡献”，新西兰惠灵顿法院判决允许菲莫国际在该国销售“IQOS”。

### （二）电子烟

美国是销售额最大的电子烟市场，2018年销售额56亿美元，同比增长20.5%；其次是英国市场销售额24.3亿美元，同比增长36.6%。意大利、德国、法国等均是电子烟消费大国。

美国电子烟市场格局发生较大变化，以“JUUL”为代表的封闭式电子烟崛起。2016年美国电子烟市场以雷诺烟草的“Vuse”（市场占有率33.6%）、帝国品牌的“Blu”（23.6%）、日本烟草的“Logic”（14.5%）、菲莫美国的“MarkTen”（5.9%）为主要品牌。据JUUL电子烟资讯，2018年“JUUL”电子烟在美国的市场占有率超越“Vuse”成为最大的品牌。“JUUL”为封闭式电子烟，其快速发展突显了创新的重要作用，当前新型烟草制品更新换代迅速，围绕优化消费者体验，产品的口味更加丰富、使用更为简单、携带更为方便、续航能力更强、充电更为迅速。“JUUL”电子烟的迅速发展改变产品类型格局，曾经增速最快的开放式电子烟占比跌落到36%，大幅低于2014年的68%。

截至2018年底，全球近40个国家和地区已禁止销售电子烟，包括加拿大、巴西、印度、日本、阿根廷、奥地利、比利时、泰国、黎巴嫩、柬埔寨、越南、埃及，以及中国香港地区等。部分欧盟国家禁止网上销售电子烟，以防止青少年使用电子烟。

## 四、烟叶市场发展概况

### （一）全球烟叶生产

2018年，全球烟叶生产基本稳定，供需较为平衡，价格相对平稳。全球主要烟叶产区烤烟总产量188.5万吨，同比下降2.3%，白肋烟总产量59万吨，同比增长16%。其中，美国烟区受到台风影响大幅减产，烤烟产量较预期减产近40%，白肋烟产量较预期减产近30%；南美产区烤烟和白肋烟产量均回落，主要受到巴西烟叶产量回落影响；欧亚地区烟叶生产总体稳定；非洲及中东产区产量有较大增长，烤烟产量较预期增长7.9%，白肋烟产量较预期增长14.8%。

表3　2015—2019年烟叶产量情况　（单位：百万千克）

| 烤　烟 | 2015年 | 2016年 | 2017年 | 2018年* | 2019年* |
|---|---|---|---|---|---|
| 中北美洲及加勒比地区（含美国） | 226 | 218 | 220 | 145 | 213 |
| 南美（含巴西） | 665 | 540 | 711 | 652 | 688 |
| 欧洲及独联体 | 130 | 130 | 130 | 130 | 131 |
| 非洲及中东 | 416 | 360 | 377 | 424 | 432 |
| 亚洲及太平洋地区 | 586 | 511 | 520 | 534 | 552 |
| 总　计 | 2023 | 1759 | 1931 | 1885 | 2016 |
| 白肋烟 | 2015年 | 2016年 | 2017年 | 2018年* | 2019年* |
| 中北美洲及加勒比地区（含美国） | 89 | 79 | 93 | 74 | 82 |
| 南美（含巴西） | 125 | 94 | 127 | 113 | 112 |
| 欧洲及独联体 | 38 | 34 | 32 | 28 | 31 |
| 非洲及中东 | 272 | 284 | 164 | 279 | 245 |
| 亚洲及太平洋地区 | 112 | 87 | 94 | 96 | 101 |
| 总　计 | 636 | 578 | 509 | 590 | 570 |

注：据环球烟叶公司2018年11月发布的数据；*表示预测值。

烟叶生产和采购的集中度不断提高，烟草公司和烟叶公司均不断减少从小烟区采购烟叶。全球约70多个国家种植烤烟、40多个国家种植白肋烟，但除中国外的烤烟和白肋烟有80%以上都来自各自的前十大种植区。不断集中有利于提高效率和降低成本，如环球烟叶公司调整关闭阿根廷、加拿大、德国、意大利、匈牙利、尼加拉瓜、巴拉圭、瑞士和赞比亚等种植项目。

（二）两大烟叶公司

在中国以外种植的烤烟和白肋烟中，约有1/3直接由主要烟草公司购买，略多于1/3由全球烟叶公司收购加工及转售，其余由较小的区域性公司采购。烟叶供需匹配的结构性难度较大，其中专业烟叶公司发挥重要作用。通过建立全球农学家和技术人员网络，专业烟叶公司可以发挥规模经济，帮助产区维持稳定、高产和可持续的农业基础，改进农艺和生产，优化叶片产量和质量，撮合烟叶供需，提高烟叶利用率，提供从现场到包装产品交付的全方位服务，有利于降低产业链成本，提高产业链效率。

2018年是环球烟叶公司成立100周年，过去100年中，环球烟叶公司建立全球业务，有效应对和管理不断变化的农业实践和风险，为2.4万名员工创造福利，研发应用最先进的技术，成为公认的行业领导者。2018年，环球烟叶公司销售收入21.6亿美元，同比增长4.2%，其中一季度销售收入降幅较大，后三季度销售收入增长超过预期，主要原因是客户需求增加，非洲白肋烟产量增长，巴西烟叶加工业务拓展，中国烟叶交易量和价格提高，北美地区烟叶交易量和价格提高。自2015财年利润大幅下降之后，利润连年下降，降幅逐步收窄，2018财年利润1.05亿美元，同比下降0.9%。

联一国际公司重塑组织架构，将大麻、电子烟等新业务独立出来经营，并将总公司更名为毕克苏斯国际公司，原烟叶业务仍保留联一国际公司名称，大力谋求转型发展。毕克苏斯国际公司在加拿大拥有2家大麻生产公司，并取得医用大麻种植许可证，新业务发展前景被广泛看好。2018年，联一国际公司销售收入18.5亿美元，同比增长2.3%，其中，一季度销售收入同比增长5.6%，主要体现2017年烟叶产销成果，后三季度销售收入同比基本持平。2017—2018烟季销售烟叶38万吨，近三年来基本持平，销售均价4.6美元/千克，同比增长7.5%，但仍未回升至2015—2016烟季水平，烟叶成本4.0美元/千克，同比增长7.2%。2018年4—12月，销售烟叶2.7亿千克，同比增长5%，北美地区销售均价5.1美元/千克，同比下降13.8%，其他地区销售均价4.1美元/千克，同比下降1.4%。

## 五、主要烟草公司发展概况

2018年，四大跨国烟草公司重点加快新型烟草制品布局。菲莫国际仍处领先地位，但增长势头受阻；英美烟草业绩大涨，销量增长，利润率提高；日本烟草国内形势较为严峻，国际市场效益增长；帝国品牌紧跟市场趋势，推出加热烟草制品，强调产品创新战略。

（一）菲莫国际

加热烟草制品销量未达预期，卷烟销量下滑速度减缓，销售收入略有增长，利润水平基本稳定。坚持减害烟草制品战略，继续整合现有生产能力用于支持加热烟草制品，继续扩张减害烟草制品市场范围，推出第四平台减害产品“IQOS MESH”，试点销售第二平台减害产品“TEEPS”。

2018 年，“IQOS”配套加热棒销量 82.8 万箱，同比增长 14.2%，较上年增幅有断崖式下跌，销量较年初预期（全年 150 万箱）有较大差距，供不应求状况改变，产能（约 200 万箱）并未充分发挥。其中，主销区东亚销量 53.7 万箱，同比下降 17.9%，主要是日本销量大幅下降 31.6% 至 42.8 万箱，零售环节削减库存约 32.4 万箱；但韩国销量增长 8 万箱，达到 10.8 万箱；欧盟地区销量 11.9 万箱，同比增长 3 倍以上，尤其是意大利销量增长较大；东欧地区销量 9.9 万箱（2017 年销量约 1.3 万箱），俄罗斯销量增长较大；中东和非洲地区销量 6.8 万箱（2017 年销量约 1.8 万箱），增长主要来自免税店；拉美和加拿大地区销量约 0.3 万箱。

卷烟销量 1480.6 万箱，同比下降 2.8%，降幅较 2017 年大幅收窄，市场占有率 27.4%，同比持平，同时结构提升 7.6%，是自 2012 年以来状态最好的一年。分地区来看，法国、德国、意大利等地销量减少；欧盟地区销量 359.2 万箱，同比下降 4.1%，东欧销量 217.4 万箱，同比下降 8.9%，俄罗斯、乌克兰等地销量减少；中东和非洲销量 273.2 万箱，同比下降 0.1%，沙特、阿联酋等地销量下降，但土耳其销量增长；南亚和东南亚销量 356.9 万箱，同比增长 4%，巴基斯坦、菲律宾、泰国等地销量增长；东亚和大洋洲销量 112.3 万箱，同比下降 10.4%，日本、韩国等地销量大幅减少；拉美和加拿大销量 161.4 万箱，同比下降 4.1%，阿根廷、哥伦比亚等地销量减少。

菲莫国际有 8 个重点卷烟品牌，其中 6 个为全球排名前 15 位品牌。“万宝路”（Marlboro）销量 528.8 万箱，同比下降 2.2%；“蓝星”（L&M）179.6 万箱，同比下降 1.1%；“切斯特菲尔德”（Chesterfield）118.9 万箱，同比增长 7.9%；“菲莫”（Philip Morris）99.6 万箱，同比增长 2.8%；“百乐门”（Parliament）83.2 万箱，同比下降 5.2%；“邦德街”（Bond Street）64.3 万箱，同比下降 15.3%；“云雀”（Lark）46 万箱，同比下降 6.2%；“财富”（Fortune）（主销地菲律宾）33.1 万箱，同比增长 23.4%。2018 年将 2 个丁香烟品牌列入重点品牌，分别是“Sampoerna A”销售 80 万箱，同比下降 7.5%；“Dji Sam Soe”销售 58.3 万箱，同比增长 28.3%。

2018 年，不含税销售收入 296.3 亿美元，同比增长 3.1%，主要来自阿根廷、澳大利亚、加拿大、埃及、德国、印度尼西亚、意大利、日本、墨西哥、菲律宾、俄罗斯、土耳其、乌克兰等地卷烟结构提升，以及欧盟、韩国、俄罗斯和免税店加热棒销量增长；卷烟等可燃烟草制品不含税销售收入 255.3 亿美元，同比增长 1.7%，加热棒不含税销售收入 41 亿美元，同比增长 12.5%。利润总额 113.8 亿美元，同比下降 1.8%，除去汇率影响则同比持平。

2018 年初预测全年每股收益在 5.2 ~ 5.35 美元，2018 年实际每股收益为 5.08 美元，未达到最低预期，但同比增长 30.9%，扭转 2017 年的大幅下降势头，达到近年来最好水平。加热烟草制品销量波动较大，每股收益预测比较困难，因而改变 2019 年预测方式，由预测区间改为预测下限。预测 2019 年卷烟和加热棒合计销量下降 1.5% ~2%，市场容量缩小 2.5% ~3%，销售收入增长 5% 以上。未来三年目标为销售收入年增长 5% 以上、每股收益年增长 8% 以上、2021 年加热棒销量达到 180 万 ~200 万箱。

### （二）英美烟草

高度重视新型烟草制品战略，丰富产品、扩大生产、加强销售力度，效益显著增长。

年度报告突出减害创新战略，首次发布烟草制品减害进展报告。英美烟草的减害产品主要包括口含烟、电子烟、加热烟草制品，自从 2013 年推出首个电子烟品牌“Vype”之后迅速成为市场领军者，2017 年公司电子烟销售收入 5 亿英镑，2018 年约 10 亿英镑，2022 年目标为达到 50 亿英镑。

推出应用新汽化技术的“Vype”电子烟。新汽化技术利用超薄不锈钢刀片加热烟油，其表面积是传统线圈和灯芯加热系统的 10 倍，在尼古丁浓度低的情况下仍可以有效传递尼古丁，使烟气更平滑、更丰富、满足感更强，是英美烟草电子烟产品减害能力之最。扩大加热烟草制品“GLO”生产规模。2018 年 6 月，英美烟草宣布将在未来五年内投资 8 亿欧元，在罗马尼亚新建 7000 平方米工厂专门用于生产与加热烟草制品“GLO”配套使用的加热棒，建成之后将成为供应欧洲市场的唯一工厂，预计为当地创造 200 余个就业岗位。

2018 年，卷烟销量 1402 万箱，同比增长 2.8%，主要受到收购雷诺美国公司的影响，剔除收购影响后销量下降 3.5%；加热棒销量折合为卷烟约 14 万箱，同比增长 217%；电子烟销量 1.9 亿个（烟弹或 10 毫升烟油），同比增长 100%；包装口含烟销量 39 亿包，同比增长 93%；散装口含烟 1.5 万吨，同比增长 119%。不含税销售收入 244.9 亿英镑，同比增长 25.2%，其中重点卷烟产品销售收入 154.6 亿英镑，同比增长 43%，主要受到雷诺成为其全资子公司带来的影响；加热棒销售收入 5.7 亿英镑，同比增长 180%；电子烟销售收入 3.2 亿英镑，同比增长 89%；口含烟销售收入 9.2 亿英镑，同比增长 128%。利润总额 93.1 亿英镑，同比增长 45.2%。

### （三）日本烟草

继续抢占新兴市场，国际市场上卷烟销量、销售收入大幅增长，日本国内卷烟销量大幅下降、加热烟草制品销量增长、销售收入下降，总体销售收入保持增长，利润总额基本持平。

2018 年 8 月，日本烟草出资 16 亿美元收购俄罗斯第四大卷烟制造商 DT 公司，将在俄罗斯的市场占有率提高到 40%，进一步巩固市场占有率第一的地位，经济型卷烟品牌“DT”以及销售网络是并购的主要目标。DT 公司 2017 年在俄罗斯市场占有率约 7%，销售收入 2.8 亿美元，利润总额 6100 万美元。出资 1.5 亿美元收购 Akij 集团在孟加拉国的烟草业务，成为孟加拉国第二大烟草公司，以此进一步扩大日本烟草在新兴市场的业务，支持中长期可持续的利润增长。Akij 集团 2017 年在孟加拉国市场占有率约 20%，销量约 34 万箱，销售收入 1860 万美元，利润 550 万美元。

加热烟草制品销售范围不断扩张，持续推出新口味。2018 年初，加热烟草品牌“PLOOM TECH”仅在福冈和大东京地区销售，至 6 月拓展到日本全国的烟草零售店铺、PLOOM TECH 专卖店以及网络销售。“PLOOM TECH”推出 6 种新口味，共有 12 种口味，分为常规和薄荷味；推出新款加热器，外观设计更时尚多元。2019 年初，计划推出 2 款温度不同的加热烟草制品，“PLOOM S”为高温加热，加热设备定价 7980 日元，搭配 3 种口味加热棒，定价 480 日元/包；另一款“PLOOM TECH +”为低温加热，设备定价 4980 日元，搭配 4 种口味胶囊，定价 500 日元/套（5 个胶囊）。日本烟草提出，加热烟草制品发展目标是至 2020 年市场占有率达到 40%。

维护升级卷烟品牌。日本国内市场有 4 个重点品牌。2018 年，“Mevius”销量 83.3 万箱，同比下降 12.4%，共 22 款产品更新换代；“云丝顿”（WINSTON）销量 21.2 万箱，同比下降 12.6%，共 18 款产品更新换代，其中 1 款改为 19 支包装，并推出 2 款新产品；“七星”（Seven Stars）销量 21 万箱，同比下降 12.1%；“天然美国精神”（NATURAL AMERICAN SPIRIT）销量 5.3 万箱，同比下降 12.2%，推出 1 款新产品。国际市场有 4 个重点品牌。2018 年，“云丝顿”（WINSTON）销量 299.8 万箱，同比增长 3.9%；“骆驼”（CAMEL）销量 108.4 万箱，同比增长 2.8%；“Mevius”销量 31.4 万箱，同比下降 11.7%；“乐迪”（LD）销量 93.2 万箱，同比增长 2.2%。

2018 年，日本烟草卷烟销量 1019.2 万箱，同比增长 3.7%，其中：日本国内市场销量 164 万箱，同比下降 11.7%，主要受到加热烟草制品冲击，市场占有率 61.8%，同比提高 0.5 个百分点；国际市场卷烟销量 855.2 万箱，同比增长 7.3%，主要市场占有率提高 1.1 个百分点，得益于在孟加拉国、埃塞俄比亚、希腊、印度尼西亚、菲律宾、俄罗斯等地实施的并购，以及在欧洲市场占有率提高。

日本烟草 2018 年销售收入（不含税）1.8 万亿日元，同比增长 3.9%，主要得益于俄罗斯、英国等国际市场和日本国内市场卷烟结构提升，并购带来的卷烟销量增长，以及新型烟草制品销量增长。其中，日本国内市场销售收入（不含税）5824 亿日元，同比下降 1.4%，卷烟销量下降导致收入减少 649 亿日元，卷烟结构提升带来收入增加 53 亿日元，新型烟草制品带来收入增加 513 亿日元；国际市场销售收入（不含税）1.25 万亿日元，同比增长 6.3%，其中销量增长带来收入增长 3.1%，结构提升带来收入增长 9.2%，汇率波动产生一定负面影响。利润总额 5650 亿日元，同比增长 0.7%，不考虑汇率影响同比增长 8.9%，其中欧洲中、北部市场同比增长 11.6%，俄罗斯及周边地区同比增长 26.8%，欧洲西、南部市场同比下降 12.1%，国内市场卷烟利润同比下降 10%，主要受到市场规模收缩影响。

### （四）帝国品牌

卷烟销量持续下滑，新型烟草制品效益增长，聚焦品牌培育，加强产品创新，优化集中降低成本，总体利润水平小幅下降。

大力开拓下一代烟草制品业务。公司制定管理层激励措施，目标是自 2017 年后 3 年内实现下一代烟草制品复合年收入增长 35% ~50%，即到 2020 年达到 2.5 亿 ~15 亿英镑。下一代烟草制品的重点品牌为“Blu”，销售遍及美国、英国、意大利、法国、德国、俄罗斯、日本、奥地利和加拿大等国。紧跟美国电子烟市场变化，推出封闭式电子烟新品“myBlu”，以及其他 2 款新产品“myBlu Intense”和“Blu ACE”，2019 年上半年预计增加投入 1 亿英镑用于“Blu”品牌发展，庆祝品牌成立 10 周年。除电子烟外，下一代烟草制品还有多种产品组合，包括在瑞典推出非烟草口含烟，计划于 2019 年推出的加热烟草制品“Pulze”。此外，还收购牛津大麻素技术公司，专注于大麻类化合物和药物的研究、开发和许可。提出将努力实现有规律的产品创新以加快吸烟者转化、建立品牌忠诚度，促进消费者使用下一代烟草制品。

持续优化集中传统烟草制品。卷烟品牌优化集中带来效益增长，在卷烟销量下降 3.8% 的情况下，卷烟结构提升

5.7%，不考虑汇率变动销售收入增长2.1%，其中下半年增长更为明显，卷烟结构提升11%，销售收入增长6%。增长质量不断提高，重点品牌销售收入贡献率提高4.2个百分点，达到66.9%。剥离在美国的其他烟草制品业务，包括烟丝、管烟、卷烟纸等，集中资源经营重点卷烟品牌和下一代烟草制品。

2018财年，烟草制品总销量折合卷烟511万箱，同比下降3.6%，降幅较上年收窄。烟草业务含税销售收入228.9亿英镑，同比增长0.4%，缴纳消费税151.3亿英镑，同比增长1.1%，平均消费税率66.1%；不含税销售收入77.3亿英镑，同比下降0.3%。成长型品牌销量占比63.8%，同比提高3.6个百分点，不含税销售收入38亿英镑，同比增长2.9%，占总销售收入的49.1%，同比提高1.5个百分点。特色型品牌（含“Blu”电子烟）不含税销售收入13.8亿英镑，同比增长17.3%，占总销售收入的17.8%，同比提高2.7个百分点。组合型品牌销量和销售收入大幅下降，主要受到品牌整合的影响，同时促进成长型品牌的增长。下一代烟草制品不含税销售收入增长到2亿英镑，占总销售收入的2.6%。烟草业务利润35.6亿英镑，同比下降1.1%，不变汇率同比增长1.9%。

**表4 2018年各主要卷烟品牌销量情况**

| 名 称 | 公 司 | 销量（万箱） | 同比（%） | 价位段 |
|---|---|---|---|---|
| 万宝路 | 菲莫国际、奥驰亚 | 718 | -3.1 | 高端 |
| 云斯顿 | 日本烟草 | 321 | 2.6 | 中端 |
| 波 迈 | 英美烟草 | 254 | 20.4 | 低端 |
| 乐富门 | 英美烟草 | 200 | 19.7 | 低端 |
| 蓝 星 | 菲莫国际 | 180 | -1.1 | 中端 |
| 健 牌 | 英美烟草 | 151 | 1.7 | 高端 |
| 骆 驼 | 日本烟草、英美烟草 | 146 | 0.7 | 中端 |
| 切斯特菲尔德 | 菲莫国际 | 119 | 7.9 | 低端 |
| Mevius | 日本烟草 | 115 | -12.2 | 高端 |
| 登喜路 | 英美烟草 | 100 | -6.1 | 高端 |
| 菲 莫 | 菲莫国际 | 100 | 2.8 | 低端 |
| 乐 迪 | 日本烟草 | 93 | 2.2 | 低端 |
| 百乐门 | 菲莫国际 | 83 | -5.2 | 高端 |
| 好 彩 | 英美烟草 | 80 | -1.0 | 中端 |
| 邦德街 | 菲莫国际 | 64 | -15.3 | 中端 |

注：1. 菲莫国际“万宝路”销量528.8万箱，同比下降2.2%；奥驰亚“万宝路”销量189.5万箱，同比下降5.2%。
2. 日本烟草“骆驼”销量108.4万箱，同比增长3.3%；英美烟草“骆驼”销量约38万箱，同比下降4.4%。

**表5 2018年四大跨国烟草公司经营业绩**

| 公 司 | 销 量* | 含税销售额 | 不含税销售额 | 缴纳消费税 | 利润总额 |
|---|---|---|---|---|---|
| 菲莫国际 | 1563.4<br>（-2.1%） | 798.2<br>（2.2%） | 296.3<br>（3.1%） | 502.0<br>（1.8%） | 113.8<br>（-1.8%） |
| 英美烟草 | 1418<br>（3.3%） | 841.5<br>（10.0%） | 326.9<br>（25.2%） | 514.6<br>（2.1%） | 124.3<br>（45.2%） |
| 日本烟草 | 1019.2<br>（3.7%） | 644.4<br>（3.5%） | 163.0<br>（3.9%） | 481.4<br>（3.3%） | 51.2<br>（0.7%） |
| 帝国品牌 | 511.0<br>（-3.6%） | 308.1<br>（0.4%） | 104.0<br>（-0.3%） | 203.6<br>（1.1%） | 47.9<br>（-1.1%） |

注：1. 单位：万箱、亿美元；“（）”中数字为按照本币计算同比上年变化率；销售额受到汇率波动影响较大，绝对值仅供参考。
2. 数据来自各公司快报。英美烟草报告数受到汇率波动和并购的影响较大。
3. *指烟草制品按比例转换为卷烟，包含新型烟草制品。

## 六、其他烟草公司经营业绩

**奥驰亚集团**（Altria Group，Inc.）。美国市场占有率最高的烟草公司，2018年12月出资128亿美元收购美国市场占有率最高的电子烟JUUL公司35%股份。该项交易之后，JUUL公司仍保持独立运营，但将获得奥驰亚集团的销售支持，包括消费者数据库、销售渠道、零售展示架位等。奥驰亚集团表示，“JUUL”电子烟有望加速减害烟草制品在消费者中的推广，符合集团发展战略，将大力支持JUUL公司发展。此外，出资18亿美元收购加拿大多伦多Cronos大麻素科技公司45%的股份。2018年，集团卷烟销量219.6万箱，同比下降5.8%，降幅较上年扩大，市场占有率50.1%，同比下降0.6个百分点，近年来持续下降。其中，“万宝路”销量189.5万箱，同比下降5.2%，降幅较上年扩大；雪茄烟16亿支，同比增长3.8%，近年来连续增长；无烟产品销量8.3亿听，同比下降1%，市场占有率54%，同比持平。含税销售收入253.6亿美元，同比下降0.8%，不含税销售收入196.3亿美元，同比增长0.7%。其中，卷烟等有烟产品含税销售收入223亿美元，同比下降1.5%，缴纳消费税55.9亿美元，平均消费税率25.1%；无烟产品含税销售收入22.6亿美元，同比增长5%，缴纳消费税1.3亿美元，平均消费税率5.8%，大幅低于卷烟等有烟产品消费税率。利润总额19.2亿美元，同比下降16.7%，当年计提大额折旧是利润下降的主要原因。

**韩国烟草公司**（KT&G）。公司经营卷烟及烟叶，是韩国最大的烟草公司，同时经营食品、饮料、制药、酒店等业务。近年来主要谋求卷烟境外扩张，出口50个国家共211个品牌，2017年境外销售卷烟110.8万箱，增长主要得益于差异化的品牌“爱喜”细支烟和爆珠烟，主销区在中南美洲、非洲以及中东地区。公司在4个国家有7个生产点，其中土耳其工厂产量5.6万箱，伊朗工厂1.6万箱，俄罗斯工厂8万箱，印度尼西亚工厂9.4万箱，均以生产“爱喜”品牌为主。2018年卷烟销量169.6万箱，同比下降6%，其中韩国国内卷烟销量80.8万箱，同比下降6.9%，国内市场占有率61.5%；境外卷烟销量88.8万箱，同比下降5.2%。卷烟不含税销售收入23793亿韩元，同比下降10.9%，其中国内18378亿韩元，同比增长2.2%，境外销售额5415亿韩元，同比下降38.4%。

**印度烟草公司**（I. T. C. Limited）。印度第一大卷烟公司、第三大食品制造公司，同时经营包装、酒店、农业、信息业等，拥有众多印度知名品牌，致力于创造世界级知名品牌。由于卷烟税率大幅提高，2018财年卷烟销售收入大幅下降33%至2289.4亿卢比，利润1334亿卢比，同比增长6.6%，占公司利润的85.9%，缴纳消费税总额470.1亿卢比，同比大幅下降70.1%，卷烟税率的大幅提高导致卷烟税收总额的大幅下降。

**埃及东方烟草公司**（Eastern Company S. A. E）。埃及以及中东地区最大的烟草制造商，是埃及国内唯一合法生产经营烟草业务的企业，与菲莫国际、英美烟草有合作加工关系，在埃及国内证券交易所上市交易。2018财年，生产卷烟170万箱，同比增长2.4%，国内卷烟销量128万箱，同比增长3.2%。

**瑞典火柴公司**（Swedish Match AB）①。主要经营瑞典口含烟、雪茄烟、嚼烟等烟草制品以及火柴等打火产品，以新型口含烟为发展方向，坚持“无烟世界”战略目标，2018年效益稳健增长，尤其是口含烟、鼻烟等产品在美国市场加快增长。2018年，瑞典口含烟在斯堪的纳维亚地区销量2.6亿听，同比增长6%，市场占有率约63.4%，同比下降2.3个百分点；瑞典口含烟和湿润鼻烟在美国销量1.3亿听，同比下降1%；嚼烟在美国市场销量609万磅，同比下降4%。2018年，在美国销售雪茄烟17亿支，同比增长5%。2018年，销售收入129.7亿瑞典克朗，同比增长10%，利润48.1亿瑞典克朗，同比增长5%。

◇执笔：骆　晨；编辑：鲁建敏　王　静

# 先进人物名单

**【烟草行业2018年全国五一劳动奖章获得者名单】**

（中华全国总工会关于表彰2018年全国五一劳动奖和全国工人先锋号的决定）（总工发〔2018〕12号）（2018年4月28日发布）

刘明春　山东中烟工业有限责任公司青岛卷烟厂维修工

韩建夫　河南中烟工业有限责任公司许昌卷烟厂卷包部维修班班长

张　涛　河南中烟工业有限责任公司南阳卷烟厂卷包部主任

---

① 2017—2018年，剥离斯堪的纳维亚烟草集团的销售数据后，影响了数据前后对比，本报告中使用的2017年数据有调整。

**【烟草行业 2018 年度享受国务院政府特殊津贴人员名单】** （国家烟草专卖局关于公布烟草行业 2018 年享受政府特殊津贴人员名单的通知）（国烟人〔2019〕79 号）（2019 年 3 月 19 日发布）

马宇平　河南中烟工业有限责任公司

熊　斌　湖北中烟工业有限责任公司

**【烟草行业 2018 年度全国技术能手名单】** （人力资源社会保障部关于表彰第十四届中华技能大奖和全国技术能手的决定）（人社部发〔2018〕71 号）（2018 年 11 月 16 日发布）

黄　勇　四川中烟工业有限责任公司什邡卷烟厂

邱仕强　红塔烟草（集团）有限责任公司

**【烟草行业 2018 年度国家技能人才培育突出贡献个人名单】** （人力资源社会保障部关于表彰第十四届中华技能大奖和全国技术能手的决定）（人社部发〔2018〕71 号）（2018 年 11 月 16 日发布）

肖亦雄　湖南省烟草公司衡阳市耒阳分公司

**【烟草行业入选中国科协青年人才托举工程 2017—2019 年度人员名单】** ［中国科协办公厅关于公布中国科协青年人才托举工程第三届（2017—2019 年度）入选者名单的通知］（科协办函学字〔2018〕25 号）（2018 年 2 月 5 日发布）

刘凌璇　云南中烟工业有限责任公司

余　清　中烟机械集团常德烟草机械有限责任公司

张　帅　重庆市烟草公司酉阳分公司

张翼鹏　云南中烟工业有限责任公司技术中心

邵　雨　海南省烟草公司儋州市公司

赵　建　贵州省烟草公司遵义市公司

费　婷　上海烟草集团有限责任公司

夏鹏亮　湖北省烟草公司恩施州公司

柴国璧　中国烟草总公司郑州烟草研究院

常　栋　河南省烟草公司平顶山市公司

**【烟草行业 2018 年度全国优秀共青团员名单】** ［共青团中央关于表彰 2018 年度“全国优秀共青团员”“全国优秀共青团干部”“全国五四红旗团委（团支部）”的决定］（中青发〔2019〕6 号）（2019 年 4 月 26 日发布）

肖　越　安徽中烟工业有限责任公司滁州卷烟厂卷接包车间操作工

**【2016—2017 年度烟草行业全国“安康杯”竞赛优秀个人名单】** （中华全国总工会　应急管理部关于表彰 2016—2017 年度全国“安康杯”竞赛优胜集体、优胜班组和优秀个人的决定）（总工发〔2018〕16 号）（2018 年 5 月 25 日发布）

邱怡明　广东省烟草公司浮云郁南县分公司

**【2016—2017 年度烟草行业全国青年岗位能手名单】** （共青团中央　人力资源和社会保障部关于命名表彰 2016—2017年度全国青年岗位能手标兵和全国青年岗位能手的决定）（中青联发〔2018〕6 号）（2018 年 7 月 13 日发布）

高昆鹏　红云红河烟草（集团）有限责任公司乌兰浩特卷烟厂物流科物流系统程序管理员

李　彬　红塔辽宁烟草有限责任公司营口卷烟厂卷包车间设备工程师

王汉岭　安徽中烟工业有限责任公司芜湖卷烟厂制丝车间机电维修工

**【烟草行业 2018 年全国脱贫攻坚奖先进个人名单】** （国务院扶贫开发领导小组关于表彰 2018 年全国脱贫攻坚奖的决定）（国开发〔2018〕11 号）（2018 年 10 月 17 日发布）

肖　冰　湖南中烟工业有限责任公司机关党委副书记、群团工作部副部长

**【烟草行业学科带头人名单】** （国家烟草专卖局　中国烟草总公司关于认定储国海等 20 名同志为烟草行业学科带头人的通知）（国烟人〔2019〕71 号）（2019 年 3 月 9 日发布）

**一、烟草行业卷烟产品开发方向学科带头人**

储国海　浙江中烟工业有限责任公司

舒俊生　安徽中烟工业有限责任公司

马宇平　河南中烟工业有限责任公司

**二、烟草行业卷烟加工工艺方向学科带头人**

王晓辉　云南中烟工业有限责任公司

李　斌　中国烟草总公司郑州烟草研究院

**三、烟草行业烟草化学方向学科带头人**

杜　文　湖南中烟工业有限责任公司

谢复炜　中国烟草总公司郑州烟草研究院

四、烟草行业烟用香精香料方向学科带头人

熊　斌　湖北中烟工业有限责任公司

宗永立　中国烟草总公司郑州烟草研究院

五、烟草行业烟用材料方向学科带头人

银董红　湖南中烟工业有限责任公司

聂　聪　中国烟草总公司郑州烟草研究院

六、烟草行业新型烟草制品开发方向学科带头人

李　丹　湖北中烟工业有限责任公司

陈永宽　云南中烟工业有限责任公司

七、烟草行业烟草遗传育种方向学科带头人

马文广　云南省烟草专卖局（公司）

八、烟草行业烟草栽培方向学科带头人

杨春雷　湖北省烟草专卖局（公司）

潘文杰　贵州省烟草专卖局（公司）

九、烟草行业烟草调制与复烤加工方向学科带头人

冯　茜　中国烟草总公司郑州烟草研究院

十、烟草行业烟草植物保护方向学科带头人

夏振远　云南省烟草专卖局（公司）

十一、烟草行业烟草机械设备方向学科带头人

李　彪　中国烟草机械集团有限责任公司

十二、烟草行业信息与物流技术方向学科带头人

王德吉　中国烟草总公司职工进修学院

【2018 年度烟草行业技术能手名单】① （国家烟草专卖局关于授予 2018 年度烟草行业职业技能竞赛优秀选手烟草行业技术能手的决定）（国烟人〔2019〕28 号）（2019 年 1 月 30 日发布）

一、第十六届全国烟草行业职业技能竞赛暨第三届烟草专卖管理岗位技能竞赛

王立山　天津市烟草专卖局（公司）

邹盛成　江西省烟草专卖局（公司）

徐少卿　上海烟草集团有限责任公司

李　丁　上海烟草集团有限责任公司

杜　宇　安徽省烟草专卖局（公司）

胡洪波　贵州省烟草专卖局（公司）

王　成　广东省烟草专卖局（公司）

张渊泽　山西省烟草专卖局（公司）

石少锋　深圳市烟草专卖局（公司）

甘　甜　云南省烟草专卖局（公司）

陆　叶　上海烟草集团有限责任公司

郑　鑫　山西省烟草专卖局（公司）

刘寄萍　江西省烟草专卖局（公司）

楼求进　浙江省烟草专卖局（公司）

陈瑞卿　浙江省烟草专卖局（公司）

马化怡　山东省烟草专卖局（公司）

宗加鹏　安徽省烟草专卖局（公司）

廖亚隆　福建省烟草专卖局（公司）

钟文湧　广东省烟草专卖局（公司）

杨盈丰　浙江省烟草专卖局（公司）

刘明旺　山西省烟草专卖局（公司）

刘文波　江西省烟草专卖局（公司）

魏　欣　云南省烟草专卖局（公司）

汤　浩　湖南省烟草专卖局（公司）

黄笛啸　江西省烟草专卖局（公司）

崔玮婷　上海烟草集团有限责任公司

李志毅　天津市烟草专卖局（公司）

朱鹤专　湖南省烟草专卖局（公司）

于　潇　山东省烟草专卖局（公司）

范九伟　山西省烟草专卖局（公司）

二、行业省级一类职业技能竞赛

（一）第一届粤桂烟草工商企业烟叶评级职业技能竞赛

耿富卿　广西中烟工业有限责任公司

汤海雄　广东省梅州市烟草专卖局（公司）

刘晓辉　广东省韶关市烟草专卖局（公司）

徐茂华　广西中烟工业有限责任公司

齐永杰　广西中烟工业有限责任公司

梁永进　广西中烟工业有限责任公司

李艳艳　广东省韶关市烟草专卖局（公司）

黄春艳　广西壮族自治区百色市烟草专卖局（公司）

（二）第一届黔浙烟草工商企业烟叶评级职业技能竞赛

焦得平　浙江中烟工业有限责任公司

史改丽　贵州中烟工业有限责任公司

吴灵通　浙江中烟工业有限责任公司

黄玉春　贵州省毕节市烟草专卖局（公司）

葛　川　浙江中烟工业有限责任公司

张赵鹏　浙江中烟工业有限责任公司

邵　波　贵州省安顺市烟草专卖局（公司）

颜修俊　贵州省毕节市烟草专卖局（公司）

李　军　贵州省毕节市烟草专卖局（公司）

① 烟草行业技术能手排名按参加相关竞赛获得名次排列。

徐均华 浙江中烟工业有限责任公司

菅攀锋 浙江中烟工业有限责任公司

（三）第一届闽皖赣粤桂烟草商业系统烟叶调制职业技能竞赛

黄宝瑞 广西壮族自治区百色市烟草专卖局（公司）

赵云飞 福建省三明市烟草专卖局（公司）

谭 臻 广西壮族自治区百色市烟草专卖局（公司）

陈守木 福建省三明市烟草专卖局（公司）

潘 升 广西壮族自治区百色市烟草专卖局（公司）

吴国端 广西壮族自治区河池市烟草专卖局（公司）

曾 宇 江西省吉安市烟草专卖局（公司）

黄怀昌 广西壮族自治区百色市烟草专卖局（公司）

黄启伦 广西壮族自治区百色市烟草专卖局（公司）

颜长城 广西壮族自治区百色市烟草专卖局（公司）

詹吉平 福建省龙岩市烟草专卖局（公司）

**三、行业省级二类职业（岗位）技能竞赛**

（一）第三届北京市烟草专卖局烟草专卖管理岗位技能竞赛

周 通 北京市烟草专卖局铁路分局

杨学东 北京市平谷区烟草专卖局（公司）

赵 聪 北京市石景山区烟草专卖局（公司）

（二）第三届天津市烟草专卖局烟草专卖管理岗位技能竞赛

李 根 天津市区第一烟草专卖局（分公司）

（三）第三届河北省烟草专卖局烟草专卖管理岗位技能竞赛

张 明 邢台市烟草专卖局（公司）

徐亚琳 衡水市烟草专卖局（公司）

陈子璐 秦皇岛市烟草专卖局（公司）

柳 琳 衡水市烟草专卖局（公司）

（四）第三届山西省烟草专卖局烟草专卖管理岗位技能竞赛

闫文静 忻州市烟草专卖局（公司）

（五）第四届内蒙古自治区烟草专卖局烟草专卖管理岗位技能竞赛

张宏飞 锡林郭勒盟烟草专卖局（公司）

王东升 赤峰市烟草专卖局（公司）

（六）第二届吉林省烟草专卖局烟草专卖管理岗位技能竞赛

陈英超 长春市烟草专卖局（公司）

慕宪伟 吉林市烟草专卖局（公司）

（七）第二届黑龙江省烟草专卖局烟草专卖管理岗位技能竞赛

张 宇 黑河市烟草专卖局（公司）

郭 松 哈尔滨市烟草专卖局（公司）

（八）第三届江苏省烟草专卖局烟草专卖管理岗位技能竞赛

陈启星 苏州市烟草专卖局（公司）

顾新华 连云港市烟草专卖局（公司）

戚伟军 常州市烟草专卖局（公司）

徐 华 淮安市烟草专卖局（公司）

嵇鹏程 扬州市烟草专卖局（公司）

（九）第三届浙江省烟草专卖局烟草专卖管理岗位技能竞赛

楼林波 宁波市烟草专卖局（公司）

黄朝余 温州市烟草专卖局（公司）

缪春杰 嘉兴市烟草专卖局（公司）

（十）第三届江西省烟草专卖局烟草专卖管理岗位技能竞赛

侯少军 赣州市烟草专卖局（公司）

赖彦华 赣州市烟草专卖局（公司）

（十一）第三届山东省烟草专卖局烟草专卖管理岗位技能竞赛

李鹏飞 泰安市烟草专卖局（公司）

张振荣 泰安市烟草专卖局（公司）

廖开雷 枣庄市烟草专卖局（公司）

（十二）第三届河南省烟草专卖局烟草专卖管理岗位技能竞赛

刘 臻 郑州市烟草专卖局（公司）

王 洋 洛阳市烟草专卖局（公司）

郑娴娴 焦作市烟草专卖局（公司）

李福婷 信阳市烟草专卖局（公司）

（十三）第三届湖北烟草商业系统烟草专卖管理岗位职业技能竞赛

王 雨 荆门市烟草专卖局（公司）

胡 涛 孝感市烟草专卖局（公司）

张 云 荆州市烟草专卖局（公司）

张 程 荆门市烟草专卖局（公司）

（十四）第四届湖南省烟草专卖局烟草专卖管理岗位技能竞赛

廖敦凯 邵阳市烟草专卖局（公司）

周 瑾 湘西自治州烟草专卖局（公司）

刘 霞 邵阳市烟草专卖局（公司）

蒋 星 长沙市烟草专卖局（公司）

侯幸周 邵阳市烟草专卖局（公司）

（十五）第五届广东省烟草专卖局烟草专卖管理岗位技能竞赛

黄星浩 河源市烟草专卖局（公司）

肖　斌　河源市烟草专卖局（公司）
刘思恩　清远市烟草专卖局（公司）
詹立耿　惠州市烟草专卖局（公司）

（十六）第二届深圳市烟草专卖局烟草专卖管理岗位技能竞赛

张英杰　深圳市南山区烟草专卖局（公司）
李美玲　深圳市罗湖区烟草专卖局（公司）

（十七）第三届重庆市烟草商业系统烟草专卖管理岗位技能竞赛

王　玉　重庆市巴南区烟草专卖局（分公司）
冉佳林　石柱县烟草专卖局（分公司）
罗　跃　重庆市荣昌区烟草专卖局（分公司）

（十八）第九届陕西省烟草专卖局职业技能竞赛暨第三届烟草专卖管理岗位技能竞赛

王　鑫　西安市烟草专卖局（公司）
周　靓　西安市烟草专卖局（公司）
惠　荣　西安市烟草专卖局（公司）

（十九）第三届甘肃省烟草专卖局烟草专卖管理技能竞赛

翟景乐　兰州市烟草专卖局（公司）
李　宁　平凉市烟草专卖局（公司）
张加磊　酒泉市烟草专卖局（公司）
李海鹏　陇南市烟草专卖局（公司）

（二十）第一届宁夏回族自治区烟草专卖局烟草专卖管理岗位技能竞赛

陈　婷　石嘴山市烟草专卖局（公司）
叶树彤　石嘴山市烟草专卖局（公司）

（二十一）第三届辽宁省烟草专卖局（公司）烟叶评级职业技能竞赛

兰海洋　丹东市烟草专卖局（公司）
孙　武　朝阳市烟草专卖局（公司）

（二十二）第二届上海烟草集团有限责任公司烟叶评级职业技能竞赛

沈利臣　上海烟草集团有限责任公司
皮　亮　上海烟草集团有限责任公司

（二十三）“中国梦·劳动美”第五届福建烟草系统烟叶评级职业技能竞赛

黄　隆　三明市烟草专卖局（公司）
吴桂荣　南平市烟草专卖局（公司）
邱玉婷　福建武夷烟叶有限公司
张永安　福建中烟工业有限责任公司

（二十四）第六届湖南省烟草专卖局（公司）烟叶评级职业技能竞赛

范光奖　郴州市烟草专卖局（公司）
李　文　郴州市烟草专卖局（公司）
安华平　郴州市烟草专卖局（公司）
黄文智　永州市烟草专卖局（公司）
何激光　长沙市烟草专卖局（公司）

（二十五）第七届云南省烟草专卖局（公司）烟叶评级职业技能竞赛

杨春燕　文山州烟草专卖局（公司）
苏梅玲　保山市烟草专卖局（公司）
周红梅　楚雄州烟草专卖局（公司）
陈继华　保山市烟草专卖局（公司）
张丽霞　文山州烟草专卖局（公司）

（二十六）第四届陕西省烟草专卖局（公司）烟叶评级职业技能竞赛

杨青玺　商洛市烟草专卖局（公司）
李　波　汉中市烟草专卖局（公司）
陈昌宝　安康市烟草专卖局（公司）

（二十七）第一届江苏中烟工业有限责任公司烟叶评级职业技能竞赛

邢亚伟　江苏中烟工业有限责任公司
陈建军　江苏中烟工业有限责任公司

（二十八）“黄山杯”第二届安徽中烟工业有限责任公司烟叶评级职业技能竞赛

李振华　安徽中烟工业有限责任公司
彭振兴　安徽中烟工业有限责任公司
边文杰　安徽中烟工业有限责任公司

（二十九）第二届山东中烟工业有限责任公司烟叶评级职业技能竞赛

于　顺　山东中烟工业有限责任公司
张东东　山东中烟工业有限责任公司
苏　谦　山东中烟工业有限责任公司

（三十）“黄金叶杯”第三届河南中烟工业有限责任公司烟叶评级职业技能竞赛

姚　倩　河南中烟工业有限责任公司洛阳卷烟厂
李占军　河南中烟工业有限责任公司许昌卷烟厂
谢天琪　河南中烟工业有限责任公司
马一琼　河南中烟工业有限责任公司洛阳卷烟厂

（三十一）第十六届云南中烟工业有限责任公司职业技能竞赛暨第四届烟叶评级职业技能竞赛

李颂祥　红塔烟草（集团）有限责任公司
潘泉冰　红塔烟草（集团）有限责任公司玉溪卷烟厂

（三十二）第七届江西中烟工业有限责任公司职业技能竞赛暨第三届烟机设备修理职业技能竞赛

李　旻　江西中烟工业有限责任公司广丰卷烟厂
邓云鹏　江西中烟工业有限责任公司南昌卷烟厂

（三十三）"长白山杯"首届中烟实业系统烟机设备操作职业技能竞赛

张　鹤　红塔辽宁烟草有限责任公司营口卷烟厂

张　鹏　吉林烟草工业有限责任公司长春卷烟厂

赵　雄　吉林烟草工业有限责任公司延吉卷烟厂

金光虎　吉林烟草工业有限责任公司延吉卷烟厂

（三十四）"黄鹤楼·思行杯"第四届湖北中烟工业有限责任公司职业技能竞赛暨第一届烟机设备操作职业技能竞赛

张　群　湖北中烟工业有限责任公司武汉卷烟厂

杨　伟　湖北中烟工业有限责任公司襄阳卷烟厂

（三十五）"芙蓉王·匠心杯"首届湖南中烟工业有限责任公司烟机设备操作职业技能竞赛

易文超　湖南中烟工业有限责任公司长沙卷烟厂

李　洋　湖南中烟工业有限责任公司常德卷烟厂

（三十六）"好猫杯"陕西中烟工业有限责任公司烟机设备操作职业技能竞赛

贾　乐　陕西中烟工业有限责任公司汉中卷烟厂

杨耀红　陕西中烟工业有限责任公司汉中卷烟厂

◇编辑：褚　幸

## 先进人物简介

### 【全国五一劳动奖章获得者】

**刘明春　山东中烟工业有限责任公司青岛卷烟厂维修工**

刘明春，男，1978年2月生，山东青岛人，山东中烟工业有限责任公司青岛卷烟厂卷包车间GD包装机机械维修工，高级技师、高级考评员。2018年，被中华全国总工会授予"全国五一劳动奖章"。

1995年，刘明春进入青岛卷烟厂工作。2009年，被评为"青岛市工人先锋"；2012年，参加第十届全国烟草行业职业技能竞赛暨"双喜杯"第四届烟机设备修理职业技能竞赛，获得GDX1机型第三名，被评为"全国烟草技术能手""青岛市技术能手"；2016年，参加第十四届全国烟草行业职业技能竞赛暨"合和杯"第五届烟机设备修理职业技能竞赛，获得GDX1机型第一名、总成绩第一名，被评为山东中烟工业有限责任公司"劳动模范"，被山东省总工会授予"山东省富民兴鲁劳动奖章"；2017年，被评为"全国技术能手""全国烟草技术能手"；2018年，被评为山东中烟"泰山工匠"。

刘明春专注于包装机械修理，他主持完成的GDX1软包硬化机组（白乳胶式）提速改造项目，速度从100包/分钟提高到350包/分钟；总结提炼GD包装机CH－CV联轴器快速维修法，将联轴器维修时间由2.5小时缩短到1小时；为推进精益管理工作进程，主持开展现场改善40余项，其中"软包小透明拉线掉头改善""GDX1铝箔纸输送吸风槽改善"等广泛应用于实际生产；全程参与《包装机常见机械故障原因分析及排除方法》《GD包装机维修手册》等编写工作，将经验与技巧转化为助力生产的可行措施。同时，刘明春依托企业导师带徒平台，发挥传、帮、带作用，培养出多名操作技师、维修型操作工。

**韩建夫　河南中烟工业有限责任公司许昌卷烟厂卷包部维修班班长**

韩建夫，男，1970年生，河南周口人，中共党员，河南中烟工业有限责任公司许昌卷烟厂卷包部维修班班长，烟机设备修理工（包装）高级技师、国家职业技能鉴定高级考评员、国家职业技能竞赛裁判员。2018年，被中华全国总工会授予"全国五一劳动奖章"。

1993年，韩建夫进入许昌卷烟厂，从一名包装机操作工、包装设备维修工成长为维修班长。2006年，他被评为"河南省百名技术英杰"，并被授予"许昌市五一劳动奖章"；2007年被评为"许昌市劳动模范"；2015年被授予"河南省五一劳动奖章"；2016年被评为"许昌市大工匠"；2018年被评为"中原大工匠"；2次被评为"全国烟草技术能手"。

韩建夫致力于开展技术创新、设备改造工作，先后完成“小包自动装填装置”“缺陷条包自动剔除”等设备技术革新10余项，获得授权专利12件。自主研发的“硬盒异型包装技术研究及在ZB45包装机组上的应用”项目获得河南省科学技术成果奖、河南中烟科技进步奖一等奖；“侧翻盖卷烟盒外包装机械化生产项目开发与应用”获得全国设备管理创新成果二等奖、河南中烟及卷烟厂技术创新特殊贡献奖；他撰写的论文分别在《科技与生活》《企业研究》《工程技术》等杂志发表。2016年，“韩建夫劳模工作室”成立，韩建夫利用工作室，在维修人员中开展“传帮带”活动和技术创新活动，带动维修人员提升业务素质和技能水平，共培养高级技师2人，技师11人，高级工26人。同时，他带领团队自主创新，完成中细支烟、短支“乐途”、短支“天尊”等设备改造项目，累积节约设备改造资金近1亿元，为工厂作出突出贡献。

**张　涛　河南中烟工业有限责任公司南阳卷烟厂卷包部主任**

张涛，男，1971年6月生，河南镇平县人，中共党员，工程师，河南中烟工业有限责任公司南阳卷烟厂卷包部主任。2018年，被中华全国总工会授予“全国五一劳动奖章”。

1995年，张涛进入南阳卷烟厂，2013年进入卷包部工作。2015年，被评为“南阳市职工职业道德建设标兵个人”；2016年，被评为南阳卷烟厂“先进工作者”，并被授予“南阳市五一劳动奖章”；2017年，被授予“河南省五一劳动奖章”。此外，张涛参与的项目曾获得南阳市管理创新成果3项、河南中烟管理创新成果2项、南阳市科技进步奖1项、河南中烟科技成果3项、烟草行业质量技术奖六西格玛优秀项目1项、全国烟草行业优秀质量管理小组成果3项。

作为一名生产车间负责人，张涛有担当敢创新。他创新设备维保模式，并在河南中烟进行推广；推行“可视化”质量管理模式，建立工艺价值链，成品检验合格率达到100%，每万箱市场反馈零个质量缺陷；创建高技能人才创新工作室，实施“青蓝传承”计划，共培养高级技师5人，技师21人，高级工79人。搭建“三鹰”人才成长管理模式，结合个体发展意愿及职业专长，按照“雏鹰”“雄鹰”“金鹰”分阶段对车间职工进行针对性定制培养，培养出一批在行业、公司有影响力的人才和团队，车间共有3个班组先后被评为“全国质量信得过班组”，2名职工被评为全国烟草行业“精益改善达人”，1个小组被评为全国烟草行业“精益改善团队”。

## 【享受国务院政府特殊津贴人员】

**马宇平　河南中烟工业有限责任公司技术中心技术总监**

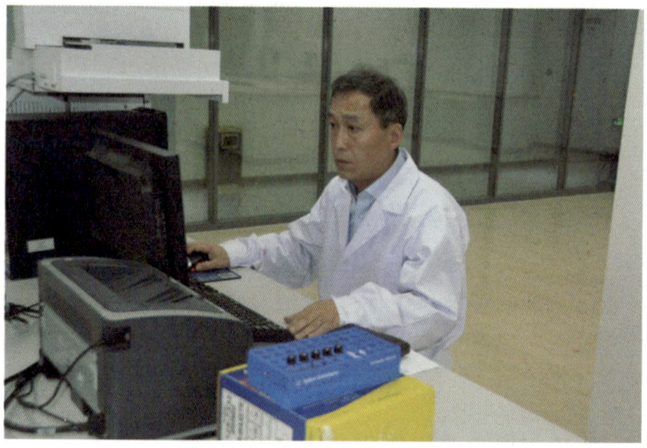

马宇平，男，1965年生，河南禹州人，中共党员，河南中烟技术中心技术总监，烟草行业烟草加工形态研究重点实验室主任、全国卷烟评烟委员会委员、全国标准技术委员会第四届卷烟分技委委员、中国烟草学会理事、河南省化学协会理事。2018年，被国务院批准享受政府特殊津贴。

2000年，马宇平被评为“全国烟草系统劳动模范”；2004年，被授予“全国五一劳动奖章”；2010年，被评为“河南省优秀科技工作者”。

参加工作以来，马宇平坚守产品研发一线，致力于烟草技术创新，认真落实“科技兴烟”战略，在“黄金叶”品牌品类构建、科技研发自主创新、卷烟产品开发与维护等方面业绩突出。先后获得省部级科技进步奖一等奖1项、二等奖6项、三等奖8项；取得省部级鉴定科研成果13项，其中8项达到国内领先水平；主持或参与行业重大专项科技项目10余项；发表论文60余篇，专业著作3部；获得发明专利46件；起草国家标准6项、行业标准5项，主持开发“黄金叶”新产品20余款。

**熊 斌 湖北中烟工业有限责任公司技术研发中心副主任**

熊斌，男，1971 年生，中共党员，湖北中烟技术研发中心副主任，高级工程师，行业高级卷烟调香师，行业烟用植物应用研究重点实验室主任，全国评烟委员会委员、全国卷烟调香技术委员会委员、全国烟草品种审定委员会委员、行业细支卷烟升级创新重大专项首席专家。2018 年，被国务院批准享受政府特殊津贴。

1994 年，熊斌进入武汉卷烟厂工作。他先后被评为“武汉市青年岗位能手”“全国青年岗位能手”“湖北省高新技术产业有突出贡献中青年专家”，并被授予“武汉市五一劳动奖章”。

熊斌作为行业相关领域重大专项首席专家，主持细支卷烟升级创新爆珠及滤棒专项研究等工作。2015 年，参与编写的《YC/T 530—2015 烤烟 烟叶质量风格特色感官评价方法》标准发布；2017 年，作为主要完成人的“全国烤烟烟叶风格区划研究”项目通过鉴定并在行业推广应用。他参与的多项科技成果获得省部级科技进步奖一等奖 2 项、二等奖 1 项、三等奖 2 项、市级及公司级奖项等 10 余项。此外，发表学术论文 10 余篇，合著专著 1 部；获得专利授权 127 件，其中发明专利 43 件；培养香料、产品等专业高工及以上职称技术骨干近 20 人。

**【全国技术能手】**

**黄 勇 四川中烟工业有限责任公司什邡卷烟厂烟机设备维修工**

黄勇，男，1975 年 4 月生，四川什邡人，中共党员，四川中烟工业有限责任公司什邡卷烟厂烟机设备维修工，高级技师。2018 年，被人力资源社会保障部授予“全国技术能手”称号。

1995 年 7 月，黄勇进入什邡卷烟厂工作，2016 年，被评为“全国烟草技术能手”“四川省技术能手”，并被聘为“烟草行业职业技能鉴定专家”；2018 年，被评为“四川中烟工匠”。

黄勇始终把精益求精的追求贯穿于工作中，在经历 5 年的设备操作、19 年的设备维修工作后，具备专业技术人员丰富的理论基础知识和一线维修人员务实的实践操作技能，先后处理各类设备故障超万余次，提出设备改造思路百余条，为什邡卷烟厂维修队伍综合实力的提升作出贡献。此外，黄勇成功申报 3 件实用新型专利，主持完成创新项目 20 余项，为企业带来显著的经济效益。

**邱仕强 云南中烟红塔烟草（集团）有限责任公司玉溪卷烟厂卷包二车间副主任**

邱仕强，男，1977 年 10 月生，云南玉溪人，中共党员，云南中烟红塔烟草（集团）有限责任公司玉溪卷烟厂卷包二车间副主任，高级技师、工程师。2018 年，被人力资源社会保障部授予“全国技术能手”称号。

2001 年 7 月，邱仕强进入玉溪卷烟厂卷包二车间工作，他虚心向师傅求教，用心在实践中积累，潜心在理论上提升，从机械操作岗位上的新兵成长技术修理岗位上的专家。2008 年，获得云南中烟维修职业技能竞赛第二名；2016 年，获得全国烟草行业职业技能竞赛暨“合和杯”第五届烟机设备修理职业技能竞赛卷包设备 GDX2 机型第一名，并被评为“烟草行业技术能手”；2017 年，被评为“云南省劳动模范”，同年，在云南省第十三届职工技术技能大赛中被评为“技术状元”，并被授予“云南省五一劳动奖章”；2018 年，“邱仕强劳模创新工作室”被云南省总工会评为“2018 年云南省劳模创新工作室”。

**【中国科协青年人才托举工程 2017—2019 年度入选者】**

**刘凌璇　云南中烟工业有限责任公司技术中心科研员**

刘凌璇，女，1985 年生，云南中烟工业有限责任公司技术中心科研员。2018 年，入选 2017—2019 年度中国科协青年人才托举工程。

2009 年，毕业于英国伦敦帝国理工学院，获硕士学位；2010 年，进入红塔烟草（集团）有限责任公司技术中心烟草化学重点实验室工作；2014 年 4 月，进入云南中烟技术中心产品研发一部工作，从事卷烟上市及储备新品技术创新研究工作。

2010—2013 年，刘凌璇在红塔集团技术中心主要从事提升卷烟抽吸品质的功能性新材料研发、综合技术集成改造卷烟产品及卷烟新产品开发等工作。2015 年，承担国家局重大专项“提升细支卷烟舒适性的特色载香技术研究及应用”及云南中烟重大专项“提升云产细支卷烟舒适性的集成技术研究”工作。此外，她参与的项目获得中国烟草总公司科技进步奖二等奖 1 项、云南省科技进步奖三等奖 2 项、云南中烟科技进步奖二等奖 1 项、云南中烟科技进步奖三等奖 1 项。获得授权发明专利 5 件、实用新型专利 7 件，参与出版译著 2 部，在中文核心期刊发表论文 2 篇。

**余　清　中烟机械集团常德烟草机械有限责任公司研究所副所长**

余清，男，1985 年 1 月生，中共党员，中烟机械集团常德烟草机械有限责任公司研究所副所长。2018 年，入选 2017—2019 年度中国科协青年人才托举工程。

余清毕业于浙江大学控制科学与工程学系，先后获得工学学士和硕士学位。2011 年 8 月进入常德烟草机械有限责任公司工作，主要研究卷接机组的电气控制和智能化应用，并先后参与 ZJ116 型和 ZJ119 型高速卷接机组相关的集团公司项目 2 项和公司内部项目 4 项。2016 年，为响应国家局“十三五”科技创新规划关于实施智能烟机重大专项的战略规划，作为骨干参与“烟机智能管理系统 iTOS”的研发，推出 iTOS1.0 系统，完成卷接机组的数字化工作。2018 年，作为烟机智能管理系统第二期主要负责人之一，策划设计 iTOS2.0 系统，实现卷接机组的智能化，助力行业的智能化建设。此外，余清先后发表学术论文 6 篇，其中 SCI 论文 3 篇、EI 论文 2 篇；申请发明专利 1 件。

**张　帅　重庆市烟草公司酉阳分公司农艺师**

张帅，男，1985 年 1 月生，中共党员，重庆市烟草公司酉阳分公司农艺师。2018 年，入选 2017—2019 年度中国科协青年人才托举工程。

张帅毕业于中国农业科学院烟草研究所。2010 年，进入重庆市公司酉阳分公司，主要负责烟草科技推广工作。他立足烟叶生产实际，以“小、实、活、新”为创新切入点，获得 7 件实用新型专利和 1 件发明专利授权，在烟区累计推广专利技术应用达到 5 万余亩，为烟农每亩节约成本 150 余元，实现经济效益 750 余万元。2015 年，为响应国家局绿色发展理念，他投身到烟草绿色防控工作，积极推广各项适用技术，其中生物防治技术累计推广 20 万余亩，改良土壤达到 4 万余亩，减少烟农经济损失近千万元，取得良好的经济效益。张帅先后发表论文 6 篇，参与科研项目 10 余项，主持科研项目 2 项。

**张翼鹏　云南中烟工业有限责任公司技术中心技术员**

张翼鹏，男，1986年6月生，中共党员，云南中烟工业有限责任公司技术中心香精香料研究所二级技术员，工程师。2018年，入选2017—2019年度中国科协青年人才托举工程。

张翼鹏多次参与烟草行业重大专项和重点项目的研究工作，在卷烟调香基础研究领域取得一系列创新性成果和突破性进展。他参与《烟草行业“卷烟调香”领域中长期科技发展规划纲要（2021—2035年）》的起草和编制；作为主要成员参与云产卷烟“本香”技术研究和体系构建，完成多个卷烟新品研制以及创新品类的技术开发与集成；作为核心技术人员赴老挝执行液体烟草提取线的设计和建设任务，为提升企业自主调香技术水平、推动云产卷烟高质量发展提供重要的核心香原料。

2012—2018年，张翼鹏先后获省部级科学技术进步奖3项，其中一等奖1项、二等奖1项、三等奖1项；获得云南中烟工业有限责任公司科学技术进步奖4项，其中特等奖1项、一等奖1项、二等奖2项。参与制（修）订烟草行业标准3项；公开发表学术论文20篇；获授权专利10件，软件著作权5件。2017年，张翼鹏被评为“云南中烟优秀共产党员”。

**邵　雨　海南省烟草公司儋州市公司烟叶科员工**

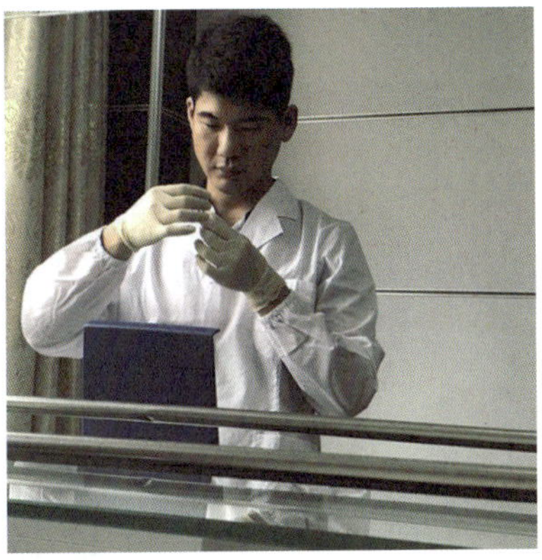

邵雨，男，1989年1月生，中共党员，海南省烟草公司儋州市公司烟叶科员工。2018年，入选2017—2019年度中国科协青年人才托举工程。

2014年7月，邵雨进入海南省烟草公司儋州市公司，从事雪茄烟叶生产工作。2015年，被借调至海口雪茄研究所筹建办，参与“海南雪茄烟叶试种研究”项目，负责该项目乐东试验点的全面工作，初步探索海南雪茄烟叶种植过程中的关键技术环节，对雪茄烟叶生产的遮荫、晾制等设备技术参数及使用方法进行摸索；2016年，作为主要研究人员参与“海南优质雪茄外包皮烟叶关键栽培技术研究”项目，先后发表论文3篇。2018年，邵雨回到儋州市公司烟叶科，开展雪茄烟叶病虫害绿色防空研究，并于9月主持“海南雪茄烟根结线虫综合防控技术研究”项目，对海南西部雪茄烟叶根结线虫进行系统的分类和鉴定，明确雪茄烟叶根结线虫生态分布特征并开展根结线虫的综合防控。同时，他的雪茄烟叶研究项目为海南雪茄烟叶种植区域规划提供参考，实现海南雪茄烟叶生产绿色增收的目标。

**费　婷　上海烟草集团有限责任公司技术中心烟草化学技术员**

费婷，女，1987年10月生，上海烟草集团有限责任公司技术中心烟草化学技术员（兼职班组长）。2018年，入选2017—2019年度中国科协青年人才托举工程。

2011年，费婷毕业于清华大学化学系，获得硕士学位，同年8月，进入上海烟草集团技术中心工作。费婷潜心于分析新技术、质量安全及烟气品质等烟草化学领域研究。她主持并参加烟草行业及上海烟草集团20余项科技项目，在多维色谱联用前沿分析技术、烟草及烟草制品质量安全分析技术、产品质量保障等多方面取得研究成果，为上海烟草高质量发展提供产品创新支撑力量。工作期间，费婷发表SCI论文5篇，中文核心期刊论文2篇；发表CORESTA国际会议论文2篇，并作口头报告；发表BCEIA国际会议论文1篇，获得第十五届BCEIA国际会议优秀报展奖；发表国内会议论文1篇；获得授权专利11件；参与编制中国烟草总公司企业标准1项。

2011—2016 年，费婷先后获得上海烟草科技进步奖二等奖、三等奖各 1 次，被评为上海烟草“十佳青年岗位创新能手”、局级“优秀共青团员”、局级“优秀共产党员”、上海烟草“优秀职工代表”等。2017 年，被评为上海市“巾帼建功标兵”；2018 年，被评为上海市“三八红旗手”，并入选中国科协“青年人才托举工程”。同时，费婷所在班组获得全国“工人先锋号”、上海市“青年文明号”示范集体等多项荣誉，并被命名为“上海市巾帼创新工作室”。

**夏鹏亮　湖北省烟草公司恩施州公司烟叶科技中心高级农艺师**

夏鹏亮，男，1986 年 1 月生，河南淇县人，中共党员，湖北省烟草公司恩施州公司烟叶科技中心高级农艺师，昆虫学博士，天敌昆虫研究夏鹏亮专家工作室负责人。2018 年，入选 2017—2019 年度中国科协青年人才托举工程。

2010 年，夏鹏亮进入恩施州烟草公司，主要负责烟草绿色防控的研究及应用工作。在深入调查恩施烟区病虫发生规律的基础上，夏鹏亮靶标恩施烟区烟蚜、斜纹夜蛾和烟草根茎病害，进行本地化研究和技术创新，建立控制烟蚜技术体系、控制斜纹夜蛾技术体系和烟草青枯病综合防控技术体系。他的科研成果在保护烟叶质量安全和烟区生态安全等方面，取得较好的防治效果，为恩施烟区绿色防控模式构建提供技术基础，为中国农业害虫生物防治提供成功案例和可借鉴模式。

夏鹏亮先后获得中国烟草总公司科学技术进步奖三等奖 1 项、中国烟草总公司湖北省公司科技进步奖一等奖 1 项、湖北省自然科学论文二等奖 1 项、湖北省政府成果登记 1 项、恩施州政府成果登记 1 项；发表期刊、会议和学位论文 17 篇；申报国家专利 17 件，其中授权发明专利 1 件、实用新型专利 7 件；主持省公司托举人才项目 1 项、省公司重点项目 3 项、省公司面上项目 1 项。同时，负责国家局绿色防控重大专项和烟蚜茧蜂重大专项在恩施地区的推广应用。

**柴国璧　中国烟草总公司郑州烟草研究院工程师**

柴国璧，1987 年 2 月生，中国烟草总公司郑州烟草研究院工程师。2018 年，入选 2017—2019 年度中国科协青年人才托举工程。

2012 年，柴国璧毕业于浙江大学有机化学专业，获理学博士学位；同年，到郑州烟草研究院烟草香料基础研究重点实验室从事烟草化学和烟用香料研究工作；2012 年 7 月，获得工程师任职资格；2018 年，被评为郑州烟草研究院“先进个人”。

柴国璧一直致力于烟草感官组学研究、新型烟用香料开发、烟用香料成分剖析等方向工作。他主持完成国家自然科学基金青年基金项目 1 项；作为主要完成人完成国家局重点项目 1 项、重大专项项目 2 项、重点实验室项目 1 项；作为主要参与人参与国家局标准预研项目 3 项、重点实验室项目 2 项、国家自然科学基金面上项目 1 项；获得中国烟草总公司科技进步奖二等奖 1 项。此外，柴国璧获得发明专利授权 25 件、实用新型专利授权 25 件；发表论文 33 篇，其中 SCI 论文 13 篇，中国烟草学会年度优秀论文 1 篇，并获得中国烟草学会优秀论文二等奖。

**常　栋　河南省烟草公司平顶山市公司烟叶生产技术中心员工**

常栋，男，1986 年 4 月生，中共党员，河南省烟草公司平顶山市公司烟叶生产技术中心员工。2018 年，入选 2017—2019 年度中国科协青年人才托举工程。

2016 年，常栋进入河南省烟草公司平顶山市公司，主要从事烟草栽培及土壤保育研究工作。他先后被评为平顶山市"青年岗位能手"、平顶山市"优秀共产党员"、平顶山市烟草公司"优秀共产党员"。

作为项目总负责人，常栋主持开展上海烟草集团、"青年人才托举"工程资助项目 3 项；获得河南烟草专卖商业系统优秀质量管理小组成果一等奖。此外，他先后发表学术论文 16 篇，其中，SCI/EI 收录论文 4 篇，CORESTA 国际烟草科学大会交流论文 3 篇，核心期刊论文 9 篇，参与编写专著 1 部；并获得授权专利 5 件。

自参加工作以来，常栋始终坚守在基层烟叶生产一线，负责科研项目的实践和开展，是平顶山市烟草系统科技工作的学术带头人。他带领技术中心团队立足于田间地头，以建立健康的植烟土壤生态环境为出发点，致力于土壤保育技术研究；迅速转化以良种培育、绿色防控和土壤改良为代表的创新成果，在解决平顶山市烟叶品种、特色、安全性等问题上取得长足进步，为推动全市烟叶生产转型升级作出贡献。

【全国脱贫攻坚奖先进个人】

肖　冰　湖南中烟工业有限责任公司机关党委副书记、群团工作部副部长

肖冰，男，1970 年 3 月生，湖南邵阳武冈人，中共党员，湖南中烟工业有限责任公司机关党委副书记、群团工作部副部长。2018 年，被国务院扶贫开发领导小组评为"2018 年全国脱贫攻坚奖先进个人"（贡献奖）。

2015—2017 年，肖冰任湖南中烟驻新坌村扶贫工作队队长，参加湖南中烟结对帮扶村湖南郴州宜章县新坌村的扶贫工作。曾被评为"湖南省最美扶贫人物""湖南省驻村帮扶工作优秀驻村干部"。

在三年的扶贫工作期间，肖冰与驻村工作队以湖南中烟工业公司为后盾，集聚众志，汇聚众力，投身脱贫攻坚。产业扶贫方面，他带领村民建成 4000 亩脐橙种植基地、1269 亩烤烟种植基地、400 个大棚的瓜果蔬菜种植基地、批次存栏可达 1 万羽的福鹅养殖基地、年出栏猪仔可达 12 万头的母猪养殖企业、年产值可达 3500 万元的建材企业、240 千瓦光伏发电站，并为 400 余人解决就业，对接帮扶新坌村及周边贫困村民 2000 余人。文教扶贫方面，了解到新坌村小学的教学资源匮乏，扶贫工作队将整修校园校舍、完善教学设施列入帮扶计划。为解决师资不足问题，工作队在湖南中烟郴州卷烟厂发出"放飞梦想"的援教倡议，挑选 4 名专业对口、经验丰富的员工担任志愿者到新坌村小学援教；购买书刊 3000 余册，在新坌村小学设立图书室；筹集 20 万元资金对新坌村小学进行升级改造。

肖冰任队长的扶贫工作队，贯彻落实国家局和湖南中烟党组扶贫工作精神，有效推动新坌村的精准扶贫。2017 年，新坌村 166 户贫困户、603 名贫困村民获得叠加式产业帮扶，全村人均收入突破 6000 元。工农业总产值从 2014 年不足 2000 万元，到 2017 年突破 1 亿元，贫困发生率由 21.07% 降至 0.79%，全村提前 1 年实现整村脱贫，成为湖南省产业扶贫工作先进典型，被评为湖南省脱贫攻坚示范村。

◇ 编辑整理：褚　幸

## 先进集体名单

【烟草行业获评 2018 年全国工人先锋号名单】　（中华全国总工会关于表彰 2018 年全国五一劳动奖和全国工人先锋号的决定）（总工发〔2018〕12 号）（2018 年 4 月 28 日发布）

山西昆明烟草有限责任公司制造中心动力车间

上海烟草集团有限责任公司技术中心烟草化学研究室

河南中烟工业有限责任公司安阳卷烟厂制丝车间孟瑾创新工作室

贵州烟叶复烤有限责任公司黔西南复烤厂生产丙班

【烟草行业 2018 年度国家技能人才培育突出贡献单位名单】　（人力资源社会保障部关于表彰第十四届中华技能大奖和全国技术能手的决定）（人社部发〔2018〕71 号）（2018 年 11 月 16 日发布）

河南省烟草职工培训中心

**【烟草行业2018年度全国五四红旗团委（团支部）名单】** ［共青团中央关于表彰2018年度“全国优秀共青团员”“全国优秀共青团干部”“全国五四红旗团委（团支部）”的决定］（中青发〔2019〕6号）（2019年4月26日发布）

贵州中烟工业有限责任公司贵阳卷烟厂团委

**【2016—2017年度烟草行业全国“安康杯”竞赛优胜集体、优胜班组名单】** （中华全国总工会 应急管理部关于表彰2016—2017年度全国“安康杯”竞赛优胜集体、优胜班组和优秀个人的决定）（总工发〔2018〕16号）（2018年5月25日发布）

**优胜集体**

（一）优胜单位

上海烟草集团虹口烟草糖酒有限公司

浙江中烟工业有限责任公司宁波卷烟厂

福建省烟草公司莆田市公司

福建中烟有限责任公司

广东中烟工业有限责任公司韶关卷烟厂

贵州中烟工业有限责任公司遵义卷烟厂

贵州中烟工业有限责任公司毕节卷烟厂

贵州中烟工业有限责任公司

云南中烟工业有限责任公司玉溪卷烟厂滤嘴棒分厂

（二）示范单位

河南中烟工业有限责任公司南阳卷烟厂

甘肃烟草工业有限责任公司天水卷烟厂

**优胜班组**

上海烟草集团有限责任公司天津卷烟厂动力部空冷组

山西昆明烟草有限责任公司制丝车间机电维修组

江苏省烟草公司南京市公司物流配送中心班组

安徽中烟工业有限责任公司蚌埠卷烟厂卷接包车间乙班

江西中烟工业有限责任公司井冈山卷烟厂制丝车间甲班

山东中烟工业有限责任公司青州卷烟厂卷包车间乙班

常德烟草机械有限责任公司金工车间回转二班

重庆中烟工业有限责任公司涪陵卷烟厂制丝车间生产乙班

贵州中烟工业有限责任公司兴义烟叶储运站安全保卫部值勤一班

贵州省烟草公司毕节威宁县分公司草海烟叶工作站

**【中国烟草总公司2018年度科学技术奖获奖项目名单】** （中国烟草总公司关于2018年度科学技术奖励的决定）（中烟办〔2019〕13号）（2019年1月10日发布）

## 一、科学技术进步奖

| 序号 | 项目中文名称 | 项目类别 | 获奖等级 | 候选人 | 候选单位 | 推荐单位 |
|---|---|---|---|---|---|---|
| 1 | 全国烤烟烟叶香型风格区划研究 | 应用基础研究与应用技术研究类 | 一等奖 | 罗登山 乔学义 张云贵<br>谢雯燕 王　兵 马宇平<br>熊　斌 范坚强 刘百战<br>李志宏 陈晶波 吴殿信<br>张朝平 赵瑞峰 刘晓晖<br>董顺德 赵震毅 高泽华<br>张天栋 周会娜 | 中国烟草总公司郑州烟草研究院<br>中国农业科学院农业资源与农业区划研究所<br>上海烟草集团有限责任公司<br>河南中烟工业有限责任公司<br>湖南中烟工业有限责任公司<br>中国烟叶公司<br>云南中烟工业有限责任公司<br>湖北中烟工业有限责任公司<br>福建中烟工业有限责任公司<br>江苏中烟工业有限责任公司 | 中国烟草总公司郑州烟草研究院 |
| 2 | 中式卷烟细支烟品类构建与创新 | 应用基础研究与应用技术研究类 | 二等奖 | 陈晶波 朱怀远 郝喜良<br>张　映 甘学文 王　兵<br>顾永圣 刘献军 芮金生<br>李　斌 张天兵 朱成文<br>徐如彦 熊晓敏 孔　臻 | 江苏中烟工业有限责任公司<br>中国烟草总公司郑州烟草研究院 | 江苏中烟工业有限责任公司 |
| 3 | 降低卷烟烟气中TSNAs的综合技术及在“中南海”品牌的应用研究 | 应用基础研究与应用技术研究类 | 二等奖 | 周　骏 刘维涓 朱永法<br>白若石 徐同广 杨振民<br>曹伏军 张馨予 朱　红<br>马　强 严新龙 徐　岚<br>侯宏卫 马雁军 田书霞 | 上海烟草集团有限责任公司<br>云南瑞升烟草技术（集团）有限公司清华大学<br>上海烟草集团太仓海烟烟草薄片有限公司<br>上海白玉兰烟草材料有限公司 | 上海烟草集团有限责任公司 |

续表

| 序号 | 项目中文名称 | 项目类别 | 获奖等级 | 候选人 | 候选单位 | 推荐单位 |
|---|---|---|---|---|---|---|
| 4 | 清香型特色优质烟叶开发 | 应用基础研究与应用技术研究类 | 二等奖 | 卢秀萍 李军营 逄 涛 李正风 李文卿 屈建康 范坚强 朱 杰 刘青丽 吴兴富 何 轶 崔国民 李志宏 马二登 赵高坤 | 云南省烟草农业科学研究院<br>云南中烟工业有限责任公司<br>中国烟叶公司<br>福建省烟草专卖局烟草科学研究所<br>福建中烟工业有限责任公司<br>中国烟草总公司四川省公司<br>中国烟草总公司贵州省公司 | 云南省烟草专卖局（公司） |
| 5 | 烟草特征性指标分析及其在电子烟等新型烟草制品鉴定中的应用研究 | 应用基础研究与应用技术研究类 | 二等奖 | 胡清源 侯宏卫 陈 欢 韩书磊 张洪非 沈 轶 庞永强 罗彦波 李翔宇 付亚宁 郑赛晶 郭寅龙 李小兰 田永峰 杨 进 | 国家烟草质量监督检验中心<br>上海新型烟草制品研究院<br>云南中烟工业有限责任公司 | 中国烟草总公司郑州烟草研究院 |
| 6 | 湖南烟农专业合作社运行机制与绩效评价体系研究及应用 | 公益类 | 二等奖 | 曾尚梅 肖春生 刘文丽 李继志 周世民 朱雅玲 肖汉乾 何命军 陈治锋 徐坚强 李良勇 罗井清 曹志辉 蒋宇仙 翟争光 | 中国烟草总公司湖南省公司<br>湖南农业大学<br>湖南省烟草公司长沙市公司<br>湖南省农业经济和农业区划研究所 | 湖南省烟草专卖局（公司） |
| 7 | 新型8000支/分钟卷接机组研发 | 应用基础研究与应用技术研究类 | 二等奖 | 洪 杰 龚道平 何海鹏 王 亮 饶 永 张永刚 范伟明 曾立斌 康 健 甘胜勇 王湘玲 毛仁凡 刘博文 刘熙璐 李 艳 | 常德烟草机械有限责任公司<br>中烟机械技术中心有限责任公司 | 中国烟草机械集团有限责任公司 |
| 8 | 烟田烟粉虱灾变规律及综合治理技术研究与应用 | 应用基础研究与应用技术研究类 | 二等奖 | 陈德鑫 褚 栋 任广伟 李现道 李茂业 李成军 王秀芳 王新伟 王晓强 白建保 薛 明 张松涛 李常军 包自超 曾庆宾 | 中国农业科学院烟草研究所<br>青岛农业大学<br>山东烟草研究院有限公司<br>安徽农业大学<br>河南农业大学 | 中国烟草总公司青州烟草研究所 |
| 9 | 烟用爆珠集控精准滴制及产品精准选检技术研究 | 应用基础研究与应用技术研究类 | 三等奖 | 马永亮 马冬梅 胡苏林 王志勇 孙 强 项 黎 张新龙 王胜堂 李玉辉 丁麟森 | 山东中烟工业有限责任公司<br>将军烟草集团有限公司 | 山东中烟工业有限责任公司 |
| 10 | AF－KDF 4滤棒成型机组引进技术消化吸收国产化 | 应用基础研究与应用技术研究类 | 三等奖 | 金风凯 刘 钰 赵宝生 侯昌信 李庆林 张建设 杨 欣 许宝华 杨 勇 李义端 | 中烟机械技术中心有限责任公司<br>许昌烟草机械有限责任公司 | 中国烟草机械集团有限责任公司 |
| 11 | 烟叶和烟气中重金属形态及价态研究 | 应用基础研究与应用技术研究类 | 三等奖 | 姚鹤鸣 洪深求 董建江 陆怡峰 张怡春 李永霞 张珲姿 孙高军 周茂忠 何红梅 | 上海烟草集团有限责任公司<br>中国烟草总公司安徽省公司<br>中国烟草总公司职工进修学院 | 上海烟草集团有限责任公司 |
| 12 | 苯酚和巴豆醛在滤嘴中的截留机理和烟气流体力学模型研究 | 应用基础研究与应用技术研究类 | 三等奖 | 杜 文 文建辉 孙志伟 胡念念 张晓兵 刘惠民 彭 斌 蒋健晖 梁志武 刘 巍 | 湖南中烟工业有限责任公司 | 湖南中烟工业有限责任公司 |

续表

| 序号 | 项目中文名称 | 项目类别 | 获奖等级 | 候选人 | 候选单位 | 推荐单位 |
|---|---|---|---|---|---|---|
| 13 | 烤烟新品种龙江981的选育及推广应用 | 科学技术成果推广类 | 三等奖 | 邱恩建 陈荣平 李尊强 安 毅 王春军 宋宝刚 元 野 刘 茜 付婷婷 贺国强 | 中国烟草总公司黑龙江省公司<br>牡丹江烟草科学研究所 | 黑龙江省烟草专卖局（公司） |
| 14 | 白肋烟早生快发栽培与可控调制技术研发、集成及应用研究 | 应用基础研究与应用技术研究类 | 三等奖 | 杨春雷 周 骏 杨锦鹏 余 君 舒俊生 黄朝章 谢 卫 马雁军 方 一 吴克松 | 湖北省烟草科学研究院<br>上海烟草集团北京卷烟厂<br>安徽中烟工业有限责任公司<br>福建中烟工业有限责任公司<br>中国烟草总公司北京市公司 | 湖北省烟草专卖局（公司） |
| 15 | 商业企业卷烟和烟叶物流一体化管控模式研究与应用 | 应用基础研究与应用技术研究类 | 三等奖 | 孔祥统 黄永辉 白万明 张清明 姜林灿 黄建平 杨连意 叶明亮 张汉千 潘 峰 | 中国烟草总公司福建省公司 | 福建省烟草专卖局（公司） |
| 16 | 基于四段式气调法绿色醇化技术的片烟提质保质关键技术研究及应用 | 应用基础研究与应用技术研究类 | 三等奖 | 范坚强 包可翔 陈义强 王春录 何 伟 林 俭 陈善义 牟文君 张增基 张瑞强 | 福建中烟工业有限责任公司 | 福建中烟工业有限责任公司 |
| 17 | 基于紫外印金和水性油墨涂布技术的烟用接装纸研究与应用 | 应用基础研究与应用技术研究类 | 三等奖 | 任建新 银董红 谌勇军 罗 玮 黄溢清 韩 星 李标模 练文柳 罗 嘉 喻威球 | 湖南中烟工业有限责任公司 | 湖南中烟工业有限责任公司 |
| 18 | 通过加香加料提升膨胀烟丝使用价值 | 应用基础研究与应用技术研究类 | 三等奖 | 舒俊生 邹 鹏 宁 敏 牛 勇 徐志强 徐 峻 范有才 瞿先中 韩 路 戴 魁 | 安徽中烟工业有限责任公司 | 安徽中烟工业有限责任公司 |
| 19 | APCD工作法卷烟市场监管工作平台研发与应用 | 公益类 | 三等奖 | 任 林 丁 伟 朱诗恒 陈 熹 张林峰 郑 斌 郑传义 何 弢 唐克礼 赵仁源 | 贵州省烟草公司遵义市公司 | 贵州省烟草专卖局（公司） |
| 20 | 不同膨胀工艺对卷烟主流烟气有害成分释放量的影响研究 | 应用基础研究与应用技术研究类 | 三等奖 | 李东亮 宋光富 罗 诚 李 刚 寇明钰 吴 艳 杨 杰 温若愚 薛 芳 周 容 | 四川中烟工业有限责任公司<br>河南农业大学 | 四川中烟工业有限责任公司 |
| 21 | 提高再造烟叶浆料留着率的关键技术研究与应用 | 应用基础研究与应用技术研究类 | 三等奖 | 周学政 赵长友 戴 亚 冯广林 张 燕 俞海军 方 力 陈昆燕 薛长森 李 刚 | 重庆中烟工业有限责任公司<br>山东瑞博斯烟草有限公司<br>烟台中海钓台生物技术开发有限公司<br>四川中烟工业有限责任公司 | 重庆中烟工业有限责任公司 |

## 二、技术发明奖

| 序号 | 项目中文名称 | 获奖等级 | 候选人 | 推荐单位 |
|---|---|---|---|---|
| 1 | 烟草滚筒加工一致性方法构建、装备研发及应用 | 三等奖 | 朱文魁 鲁端峰 李 斌<br>邓国栋 堵劲松 李善莲 | 中国烟草总公司郑州烟草研究院 |
| 2 | 螺旋式履带培土机的开发与应用 | 三等奖 | 龙四坤 张建文 陈洪浪<br>黄国联 何 阳 许清孝 | 湖南省烟草专卖局（公司） |

**【中国烟草总公司第五届标准创新贡献奖获奖项目名单】** （中国烟草总公司关于公布第五届标准创新贡献奖获奖项目的决定）（中烟办〔2018〕120 号）（2018 年 6 月 20 日发布）

| 序号 | 项目名称 | 项目类别 | 获奖等级 | 主要完成单位 | 主要完成人 | 推荐单位 |
|---|---|---|---|---|---|---|
| 1 | 烟叶农药最大残留限量标准体系 | 总公司企标 | 二等奖 | 国家烟草质量监督检验中心<br>中国烟草总公司郑州烟草研究院<br>中国农业科学院烟草研究所<br>贵州省烟草质量监督检测站<br>湖北省烟草产品质量监督检测站<br>云南省烟草质量监督检测站<br>浙江中烟工业有限责任公司 | 唐纲岭 胡 斌 边照阳<br>陈 黎 刘惠民 李义强<br>楼小华 杨 飞 刘珊珊<br>潘立宁 陈晓水 郭军伟<br>张 燕 肖少红 王凤龙 | 中国烟草总公司郑州烟草研究院 |
| 2 | 卷烟厂设计规范 | 行标 | 二等奖 | 国家烟草专卖局发展计划司<br>中国烟草总公司郑州烟草研究院<br>中国烟草总公司合肥设计院<br>浙江中烟工业有限责任公司<br>上海烟草集团有限责任公司<br>湖南中烟工业有限责任公司<br>福建中烟工业有限责任公司 | 王 庆 罗登山 陆 敏<br>王 茜 廖柏华 陶智麟<br>陶铁托 张占涛 张其东<br>吕志中 李学圃 张思荣<br>王道宽 虞文进 楼卫东 | 全国烟草标准化技术委员会工程建设分技术委员会 |
| 3 | 烟用接装纸和内衬纸质量安全标准 | 行标、总公司企标 | 二等奖 | 中国烟草总公司郑州烟草研究院<br>中国烟草标准化研究中心<br>国家烟草质量监督检验中心<br>湖南中烟工业有限责任公司<br>广东中烟工业有限责任公司<br>江苏中烟工业有限责任公司<br>云南中烟工业有限责任公司 | 刘惠民 赵 乐 陈连芳<br>杜 文 陈再根 牛佳佳<br>王洪波 叶长文 李中皓<br>樊美娟 范多青 李旭华<br>廖惠云 郭军伟 范子彦 | 中国烟草总公司郑州烟草研究院 |
| 4 | 卷烟工业企业产品质量安全管控体系研究 | 总公司企标 | 二等奖 | 湖南中烟工业有限责任公司<br>云南中烟工业有限责任公司<br>中国烟草总公司郑州烟草研究院<br>国家烟草质量监督检验中心<br>四川中烟工业有限责任公司<br>广东中烟工业有限责任公司<br>中国烟草标准化研究中心 | 杜 文 李中昌 赵 乐<br>刘 巍 孟昭宇 李中皓<br>周 容 容秀英 任建新<br>樊 瑛 牛佳佳 毛友安<br>王洪波 张仕涛 戴云辉 | 湖南中烟工业有限责任公司 |

续表

| 序号 | 项目名称 | 项目类别 | 获奖等级 | 主要完成单位 | 主要完成人 | 推荐单位 |
|---|---|---|---|---|---|---|
| 5 | 烟草行业商业企业标准化建设系列标准与示范推广 | 行标 | 二等奖 | 中国烟草标准化研究中心<br>中国卷烟销售公司<br>湖北省烟草公司武汉市公司<br>山东济南烟草有限公司<br>浙江省烟草公司绍兴市公司<br>江苏省烟草公司常州市公司<br>宁夏回族自治区烟草公司银川市公司 | 罗登山　范　黎　李　健<br>梁　斌　马　明　史广礼<br>高　萍　朱容海　李　剑<br>余　洁　张亚平　杨国涛<br>郭　靖　雷　强　林必忠 | 中国烟草总公司郑州烟草研究院 |
| 6 | 卷烟和滤棒物理性能检测设备通用技术条件系列标准 | 行标 | 三等奖 | 浙江中烟工业有限责任公司<br>中国烟草标准化研究中心<br>国家烟草质量监督检验中心<br>河南中烟工业有限责任公司<br>湖北中烟工业有限责任公司 | 蒋志才　丁　雪　张　勍<br>储国海　赵　航　黄　华<br>苗　芊　方　婷　范　黎<br>杨荣超 | 浙江中烟工业有限责任公司 |
| 7 | 特种滤棒系列标准 | 行标 | 三等奖 | 湖南中烟工业有限责任公司<br>南通烟滤嘴有限责任公司<br>国家烟草质量监督检验中心<br>中国烟草标准化研究中心<br>江苏中烟工业有限责任公司 | 金　勇　盛培秀　蔡卫兵<br>李　克　周德成　陈　宸<br>谭海风　徐兴华　王诗太<br>朱鲜艳 | 湖南中烟工业有限责任公司 |
| 8 | 烟叶仓库磷化氢熏蒸系列行业标准 | 行标 | 三等奖 | 湖南中烟工业有限责任公司<br>湖南华望熏蒸消毒有限公司<br>龙岩烟草工业有限责任公司<br>武汉东昌仓贮技术有限公司<br>广东中烟工业有限责任公司 | 尹大锋　钟科军　谭新良<br>易建华　敖悦扉　易　浩<br>彭　涛　刘胜祥　廖文大<br>张增基 | 湖南中烟工业有限责任公司 |

**【全国烟草行业第二十九届优秀质量管理小组成果发布会获奖名单】**（中国烟草总公司关于表彰烟草行业第二十九届优秀质量管理小组的通报）（中烟办〔2018〕149 号）（2018 年 9 月 8 日发布）

## 商业企业

### 一等奖

| 序号 | 单位名称 | 课题名称 | 小组名称 |
|---|---|---|---|
| 1 | 山东青岛烟草有限公司 | 柔性分拣作业模块化切换技术的研发 | 迅捷 QC 小组 |
| 2 | 安徽省烟草公司马鞍山市公司 | 党员积分管理系统研发 | 马烟先锋 QC 小组 |
| 3 | 山西省烟草公司运城市公司 | 变形托盘自动检测装置的研制 | 执行者 QC 小组 |
| 4 | 广西壮族自治区烟草公司桂林市公司 | 物流中心协同共享备件管理系统的研发 | 奇思妙想 QC 小组 |
| 5 | 浙江省烟草公司杭州市公司 | 专卖市场监管双随机新模式的研发 | 胖头鱼 QC 小组 |
| 6 | 江苏省烟草公司常州市公司 | 降低分拣线标准烟单箱包装费用 | 春泥 QC 小组 |
| 7 | 江西省烟草公司赣州市公司 | 降低鲜烟进烤用工量 | 石城众发 QC 小组 |
| 8 | 湖南省烟草公司永州市公司 | 互联网＋物流 TPM 管理系统的研发 | 磨剑 QC 小组 |

## 二等奖

| 序号 | 单位名称 | 课题名称 | 小组名称 |
| --- | --- | --- | --- |
| 1 | 广东烟草揭阳市有限公司 | 提高烟草打假自主排查破获案件率 | 达梦 QC 小组 |
| 2 | 湖北省烟草公司荆州市公司 | 创建零售客户互助联盟平台 | 聚力 QC 小组 |
| 3 | 深圳市烟草罗湖公司 | 创建基于大型综合体的室外吸烟区 | 海鸥 QC 小组 |
| 4 | 江苏省烟草公司连云港市公司 | 研制“三位一体”配送服务综合管理系统 | 梦创 QC 小组 |
| 5 | 北京市大兴烟草公司 | 走私烟扫描识别 APP 的研发 | 梦想 QC 小组 |
| 6 | 江苏省烟草公司苏州市吴江分公司 | 创建卷烟个性化定制服务模式 | 精工 QC 小组 |
| 7 | 广东烟草韶关市有限公司 | 非法流通真烟条码识别录入装置的研制 | 卓越 QC 小组 |
| 8 | 广西壮族自治区烟草公司贺州市公司 | 提高物流寄递环节涉烟信息出案率 | 飓风 QC 小组 |
| 9 | 山西省烟草公司太原市公司 | 循环利用卷烟包装箱装运托盘的研制 | 精细严 QC 小组 |
| 10 | 广西壮族自治区烟草公司河池市公司 | 卷烟营销市场信息采集系统（脱机版）的研发 | 营销中心利刃 QC 小组 |
| 11 | 安徽省烟草公司芜湖市公司 | 专卖涉烟寄递案件线索分析系统的研发 | 众智云集 QC 小组 |
| 12 | 江西省烟草公司吉安市公司 | 烟叶质量精准追溯系统的研发 | 先锋 QC 小组 |
| 13 | 湖南省烟草公司株洲市公司 | 专卖卷烟查询小助手的研发 | 正能量 QC 小组 |
| 14 | 山西省烟草公司临汾市公司 | 提高客户经理实地拜访精准率 | 营销中心 702QC 小组 |
| 15 | 福建省烟草公司龙岩市公司 | 便携式烟叶初分扎捆装置的研制 | 宁洋夯实 QC 小组 |
| 16 | 山东临沂烟草有限公司 | 提高烟叶专业化分级效率 | 金色希望 QC 小组 |
| 17 | 湖南省烟草公司长沙市浏阳市分公司 | 减少大田前期管理用工费用 | 紫荆进取 QC 小组 |
| 18 | 内蒙古自治区烟草公司赤峰市公司 | 轻型烟田滴灌覆膜机的研制 | 耕耘 QC 小组 |
| 19 | 河北省烟草公司邢台市公司 | 专卖询问笔录系统的研发 | 星空 QC 小组 |

## 三等奖

| 序号 | 单位名称 | 课题名称 | 小组名称 |
| --- | --- | --- | --- |
| 1 | 浙江省烟草公司舟山市公司 | 分层分类对标分析改进工具的研发 | 探索者 QC 小组 |
| 2 | 辽宁省烟草公司鞍山市公司 | 创新市场监管动态网格分析模式 | 金钥匙 QC 小组 |
| 3 | 云南省烟草公司曲靖市宣威分公司 | 缩短密集烤房每炉次烘烤时间 | 开创 QC 小组 |
| 4 | 辽宁省烟草公司沈阳市公司 | 安全巡检智能化管理系统研发 | 卫士小组 |
| 5 | 福建省烟草公司泉州市公司 | 最小市场单元服务策略匹配模型的研发 | 惠炬 QC 小组 |
| 6 | 重庆市烟草公司万州分公司 | 减少烟叶烘烤非工艺损失 | 神农 QC 小组 |
| 7 | 福建省烟草公司厦门市公司 | 缩短涉烟案件现场处置耗时 | 鹭岛梦想 QC 小组 |
| 8 | 山东潍坊烟草有限公司安丘分公司 | 新型漂浮育苗覆土机的研制 | 小石头 QC 小组 |
| 9 | 四川烟叶复烤有限责任公司会理复烤厂 | 烤片机网带快速清洗装置的研发 | 风火 QC 小组 |
| 10 | 宁夏回族自治区烟草公司银川市公司 | 客户经理移动办公平台 APP 的研发 | XQC 小组 |
| 11 | 河南省烟草公司许昌市公司 | “上六片”烟叶生产关键技术研发 | 金叶燎原 QC 小组 |

续表

| 序号 | 单位名称 | 课题名称 | 小组名称 |
|---|---|---|---|
| 12 | 河北省烟草公司石家庄市公司 | 提高卷烟零售客户毛利率 | 众行 QC 小组 |
| 13 | 吉林省烟草公司延边州公司 | 降低分拣车间作业时 PM10 平均浓度 | 齿轮 QC 小组 |
| 14 | 湖北烟草金叶复烤有限责任公司襄阳复烤厂 | 提高连续流动分析法检测烟草内总植物碱含量的准确度 | 品质先行 QC 小组 |
| 15 | 贵州省烟草公司遵义市公司 | 提高商超卷烟扫码数据实时对接率 | 驱动者 QC 小组 |
| 16 | 陕西省烟草公司汉中市公司 | 采购随机抽取系统的研发 | 汉烟护卫队 QC 小组 |
| 17 | 天津市烟草公司西青分公司 | 提升紧俏和顺销品规货源投放精准度 | 精耕细作 QC 小组 |
| 18 | 黑龙江省烟草公司牡丹江烟叶公司宁安分公司 | 烤烟中耕培土复式作业机的研制 | 柔甜香 QC 小组 |

## 工业企业

### 一等奖

| 序号 | 单位名称 | 课题名称 | 小组名称 |
|---|---|---|---|
| 1 | 红塔烟草（集团）有限责任公司玉溪卷烟厂 | 复合型碎烟筛分系统的研发 | 匠心逐梦 QC 小组 |
| 2 | 江苏中烟工业有限责任公司南京卷烟厂 | “南京品牌专线”异味处理新型控制系统的研发 | 奋进 QC 小组 |
| 3 | 广东中烟工业有限责任公司企管部 | 研发卷烟厂知识成果应用系统 | 集知 QC 小组 |
| 4 | 贵州中烟工业有限责任公司技术中心 | 研制烟支缺陷爆珠在线检测装置 | 技术中心 TEM QC 小组 |
| 5 | 山东中烟工业有限责任公司青岛卷烟厂 | 研制 TOBSPIN 切丝机排链拆卸专用工装 | 神鹰 QC 小组 |
| 6 | 广西中烟工业有限责任公司柳州卷烟厂 | SIROX 烟丝膨胀机清洗给水系统的研制 | 新丝路 QC 小组 |
| 7 | 河南中烟工业有限责任公司许昌卷烟厂 | TOBSPIN 切丝机切刀零位校正装置的研制 | 制丝部金丝路 QC 小组 |
| 8 | 陕西中烟工业有限责任公司汉中卷烟厂 | 提高 2 小时烘箱法检测结果的一致性 | 制丝拼搏 QC 小组 |
| 9 | 河北白沙烟草有限责任公司 | 制丝线设备智能预警系统的研制 | 制丝车间机电 QC 小组 |
| 10 | 江西中烟工业有限责任公司赣州卷烟厂 | 台盆龙头快速安装工具的研制 | 联合创新 QC 小组 |
| 11 | 浙江中烟工业有限责任公司技术中心 | ZJ112 卷烟机 VE 循环风冷却系统的研制 | 技术中心工艺装备 QC 小组 |

### 二等奖

| 序号 | 单位名称 | 课题名称 | 小组名称 |
|---|---|---|---|
| 1 | 山东中烟工业有限责任公司济南卷烟厂 | 喂料机料仓倾斜式推拉门的研制 | 新起点 QC 小组 |
| 2 | 红河红云烟草（集团）有限责任公司曲靖卷烟厂 | 卷烟新品中试烟丝接装设备的研制 | 创源 QC 小组 |
| 3 | 江苏中烟工业有限责任公司徐州卷烟厂 | 新型 STS + EVA 梗丝加工工艺参数的优化设计 | 亮剑 QC 小组 |
| 4 | 河北白沙烟草有限责任公司保定卷烟厂 | 基于视觉云技术的烟虫预警系统的实现 | 节点研究 QC 小组 |
| 5 | 贵州中烟工业有限责任公司毕节卷烟厂 | 提高分片厚度极差达标率 | 飞跃 QC 小组 |

续表

| 序号 | 单位名称 | 课题名称 | 小组名称 |
|---|---|---|---|
| 6 | 山东中烟工业有限责任公司滕州卷烟厂 | 降低ZB25（ZB45）包装机组模盒更换时间 | 宏远QC小组 |
| 7 | 河北中烟工业有限责任公司张家口卷烟厂 | 减少YF26B接收机滤嘴排空浪费量 | 我当家QC小组 |
| 8 | 龙岩烟草工业有限责任公司 | 降低PROTOS－M5卷烟机的单位结团烟丝量 | 合力QC小组 |
| 9 | 广西中烟工业有限责任公司南宁卷烟厂 | HO－25型除氧器精准排水控制系统的开发 | 锅炉QC小组 |
| 10 | 厦门烟草工业有限责任公司 | 新型BV条盒包装机盒片涂胶控制装置的研制 | 雄鹰QC小组 |
| 11 | 河南中烟工业有限责任公司黄金叶生产制造中心 | 研制真空回潮周转箱外壁在线清扫装置 | 制丝部开源QC小组 |
| 12 | 红河红云烟草（集团）有限责任公司昆明卷烟厂 | 降低FOCKE－FXS包装机725烟包堵塞停机频次 | 梦拓QC小组 |
| 13 | 重庆中烟工业有限责任公司重庆卷烟厂 | AGV小车新型安全识别装置的研制 | 冲锋QC小组 |
| 14 | 浙江中烟工业有限责任公司宁波卷烟厂 | PROTOS卷烟机吸丝带运行状态实时监控装置的研制 | 精益创新工作室QC小组 |
| 15 | 上海烟草集团有限责任公司上海卷烟厂 | 研制制丝质量在线防差错系统 | 三车间日班设备QC小组 |
| 16 | 江苏中烟工业有限责任公司淮阴卷烟厂 | 降低成品烟码垛混装率 | 生产制造处精益QC小组 |

## 三等奖

| 序号 | 单位名称 | 课题名称 | 小组名称 |
|---|---|---|---|
| 1 | 陕西中烟工业有限责任公司宝鸡卷烟厂 | 加料机设备工艺性能检测系统的开发 | 智胜QC小组 |
| 2 | 安徽中烟工业有限责任公司蚌埠卷烟厂 | 研制储柜底带内部在线自动清洁装置 | 蚌埠卷烟厂永不止步QC小组 |
| 3 | 四川中烟工业有限责任公司绵阳卷烟厂 | 研制AGV人工转向辅助装置 | 超越QC小组 |
| 4 | 安徽中烟工业有限责任公司芜湖卷烟厂 | 提高PASSIM卷接机组烟支烟丝纯净度 | 卷接包车间精益求精QC小组 |
| 5 | 红塔烟草（集团）有限责任公司昭通卷烟厂 | ZJ19卷烟机新型劈刀盘的研制 | 刺刀QC小组 |
| 6 | 广东中烟工业有限责任公司广州卷烟厂 | YB95型条盒透明拉线接触式检测器的研制 | 颜智组合QC小组 |
| 7 | 湖南中烟工业有限责任公司常德卷烟厂 | 提升DF10－1#高速成型机滤棒压降CPK | 东方红QC小组 |
| 8 | 河南中烟工业有限责任公司洛阳卷烟厂 | 降低异地送丝模式下烟丝碎丝率变化率 | 螺丝钉QC小组 |
| 9 | 重庆中烟工业有限责任公司涪陵卷烟厂 | 降低锅炉系统单位蒸汽耗天然气量 | 奇思妙想QC小组 |

续表

| 序号 | 单位名称 | 课题名称 | 小组名称 |
|---|---|---|---|
| 10 | 红塔辽宁烟草有限责任公司沈阳卷烟厂 | 贮柜输送链带自动润滑装置的研制 | 飞翔 QC 小组 |
| 11 | 珠海醋酸纤维有限公司 | 降低丝带异常宽度次数 | 生产线 QC 小组 |
| 12 | 湖南中烟工业有限责任公司长沙卷烟厂 | 降低联合工房气流式烘丝机单箱蒸汽消耗量 | 制丝车间小匠 QC 小组 |
| 13 | 湖北中烟工业有限责任公司广水卷烟厂 | 制丝车间全工艺线路防差错系统的研发 | 思行 QC 小组 |
| 14 | 深圳烟草工业有限责任公司 | 新型 GDX1 主机烟包转出盘的研制 | 奥盛 QC 小组 |
| 15 | 秦皇岛烟草机械有限责任公司 | 缩短产品管路控制柜装配周期 | 秦烟之星 QC 小组 |

**【烟草行业优秀质量管理小组成果引进应用奖获奖名单】** （中国烟草总公司关于表彰烟草行业第二十九届优秀质量管理小组的通报）（中烟办〔2018〕149 号）（2018 年 9 月 8 日发布）

| 序号 | 单位名称 | 小组名称 | 引用成果名称 | 全年效果 |
|---|---|---|---|---|
| 1 | 四川省烟草公司内江市东兴区公司 | 行动者 QC 小组 | 降低客户经理卷烟标价签维护耗时 | 提高工作效率 98.9% |
| 2 | 广东省烟草公司茂名市公司 | 数据时代 QC 活动小组 | 卷烟业务快报推送系统的研发 | 提高工作效率 1689% |
| 3 | 江苏省烟草公司徐州市铜山区公司 | 思维空间 QC 小组 | 手持式卷烟标签打印系统的研发 | 提高工作效率 1750% |
| 4 | 山西省烟草公司长治市公司 | 新跃 QC 小组 | 提升临烟物流异型烟分拣效率 | 提高分拣效率 74.3% |
| 5 | 安徽省烟草公司阜阳市公司 | 旭日 QC 小组 | 创建“小组之家”零售客户自律互助经营新模式 | 提高销售利润 1006.66 万元 |
| 6 | 河南中烟工业有限责任公司黄金叶生产制造中心 | 星火 QC 小组 | 降低 FOCKE 封箱机回用纸箱的故障停机次数 | 节约生产成本 115.5 万元 |
| 7 | 广东中烟工业有限责任公司广州卷烟厂 | 机械师 QC 小组 | 研制带式输送机密封皮专用更换工具 | 提高更换效率 173.65% |
| 8 | 红塔烟草（集团）有限责任公司楚雄卷烟厂 | 同心 QC 小组 | 制丝关键控制参数比对系统的研发 | 节约生产成本 20.83 万元 |
| 9 | 江西中烟工业有限责任公司南昌卷烟厂 | 金圣 QC 小组 | 异型包装设备柔性包装功能的开发 | 节约生产成本 107.16 万元 |
| 10 | 安徽中烟工业有限责任公司蚌埠卷烟厂 | 争锋 QC 小组 | YJ17 型卷烟机第三次梗丝分离装置的研制 | 节约生产成本 111 万元 |
| 11 | 陕西中烟工业有限责任公司旬阳卷烟厂 | 制丝车间 201QC 小组 | 研发 SQ 系列导丝条新型清洁工具 | 提高清洁效率 226.4% |
| 12 | 广西中烟工业有限责任公司南宁卷烟厂 | 制丝车间盛世 QC 小组 | 减少润叶机滚筒烟叶粘附量 | 节约生产成本 381.9 万元 |
| 13 | 湖南中烟工业有限责任公司郴州卷烟厂 | 阳光 QC 小组 | 降低 GDX1 软盒包装设备单箱废支量 | 节约生产成本 30.8 万元 |

**【烟草行业获得中国质量协会2018年度质量技术奖励项目名单】** （中国质量协会关于2018年度质量技术奖励的决定）（2018年11月5日发布）

## 一、烟草行业入选2018年度中国质量协会质量技术奖六西格玛优秀项目

| 序号 | 项目名称 | 项目实施单位 | 项目类别 |
|---|---|---|---|
| 1 | 提高烘梗丝出口水分西格玛水平 | 山东中烟工业有限责任公司青岛卷烟厂 | 黑带 |
| 2 | 提高细支残烟烟丝回收率 | 红云红河烟草（集团）有限公司新疆卷烟厂 | 黑带 |
| 3 | 降低PROTOS－2C卷烟机故障停机率 | 红塔烟草（集团）有限责任公司玉溪卷烟厂 | 黑带 |
| 4 | 研发智能维修决策系统 | 山东中烟工业有限责任公司济南卷烟厂 | 黑带 |
| 5 | 降低利群（长嘴）牌卷烟空头不良率 | 甘肃烟草工业有限责任公司 | 黑带 |
| 6 | 叶丝线在线水分仪校验方法研究 | 四川中烟工业有限责任公司绵阳卷烟厂 | 绿带 |
| 7 | 提高TOBSPIN切丝机切丝宽度Cpk | 河南中烟工业有限责任公司许昌卷烟厂 | 黑带 |
| 8 | 降低异地供丝模式下的单箱卷烟耗蒸汽量 | 河南中烟工业有限责任公司洛阳卷烟厂 | 黑带 |
| 9 | 缩短FX2ZB48包装机铝箔纸齿形带更换时间 | 河南中烟工业有限责任公司黄金叶生产制造中心 | 绿带 |
| 10 | 降低4号GDX1包装机组万支封签缺陷废烟量 | 河南中烟工业有限责任公司驻马店卷烟厂 | 绿带 |
| 11 | 降低玉溪（细支清香世家）吸阻偏差均值 | 红塔烟草（集团）有限责任公司玉溪卷烟厂 | 黑带 |
| 12 | 提高6号机台细支含末率合格率 | 河北白沙烟草有限责任公司保定卷烟厂 | 黑带 |
| 13 | 提高M8－F8卷包机组综合效率 | 甘肃烟草工业有限责任公司 | 黑带 |
| 14 | 降低黄金叶（AS）单箱耗叶量 | 河南中烟工业有限责任公司黄金叶生产制造中心 | 黑带 |
| 15 | 降低红旗渠（银河之光）烟支吸阻标偏 | 河南中烟工业有限责任有限公司漯河卷烟厂 | 黑带 |
| 16 | 降低物流车间成形纸消耗 | 红云红河烟草（集团）有限责任公司新疆卷烟厂 | 绿带 |
| 17 | 提升双喜专用梗梗丝加料精度 | 广西中烟工业有限责任公司 | 黑带 |
| 18 | 降低三五千叶片段生产能耗 | 山东中烟工业有限责任公司青岛卷烟厂 | 黑带 |
| 19 | 提高电机对中效率 | 山东中烟工业有限责任公司济南卷烟厂 | 黑带 |
| 20 | 提高真空回潮工序西格玛水平 | 山东中烟工业有限责任公司济南卷烟厂 | 黑带 |
| 21 | 提高兰州（硬精品）残烟出丝率 | 甘肃烟草工业有限责任公司 | 绿带 |
| 22 | 提高钻石（硬蓝）卷接工序西格玛水平 | 张家口卷烟厂有限责任公司 | 黑带 |
| 23 | 提高膨胀线松散回潮工序出口水分过程能力 | 广西中烟工业有限责任公司柳州卷烟厂 | 黑带 |
| 24 | 提高成品烟丝水分质量稳定性 | 山东中烟工业有限责任公司青州卷烟厂 | 黑带 |
| 25 | 提高锅炉蒸汽品质合格率 | 河南中烟工业有限责任有限公司漯河卷烟厂厂 | 黑带 |
| 26 | 提高HXD出口水分西格玛水平 | 山东中烟工业有限责任公司青岛卷烟厂 | 黑带 |
| 27 | 提高黄金叶（乐途）烟支吸阻CPK合格率 | 河南中烟工业有限责任公司许昌卷烟厂 | 黑带 |
| 28 | 提高1号制冷剂吨蒸汽制冷量 | 河南中烟工业有限责任公司驻马店卷烟厂 | 绿带 |
| 29 | 降低ZJ17卷烟机烟支总通风率偏差 | 红塔烟草（集团）有限责任公司玉溪卷烟厂 | 黑带 |
| 30 | 降低制丝车间生产用水消耗 | 山东中烟工业有限责任公司济南卷烟厂 | 黑带 |
| 31 | 降低ZJ17剔除梗签中的含丝率 | 甘肃烟草工业有限责任公司 | 绿带 |
| 32 | 降低空压系统单箱耗电量 | 甘肃烟草工业有限责任公司 | 绿带 |

续表

| 序号 | 项目名称 | 项目实施单位 | 项目类别 |
|---|---|---|---|
| 33 | 降低 ZJ17 卷接机组小停机故障率 | 四川中烟工业有限责任公司绵阳卷烟厂 | 绿带 |
| 34 | 降低 KDL－2 型烘丝机干尾量 | 红云红河烟草（集团）有限责任公司新疆卷烟厂 | 绿带 |
| 35 | 降低合作品牌 A 卷烟机组的废烟剔除率 | 山东中烟工业有限责任公司青州卷烟厂 | 黑带 |
| 36 | 提高膨胀丝线加料回潮出口水分过程能力 | 广西中烟工业有限责任公司 | 绿带 |
| 37 | 提高刮板回潮烟梗出口含水率稳定性 | 河南中烟工业有限责任有限公司漯河卷烟厂 | 黑带 |
| 38 | 提高梗加香出口水分过程能力 | 山东中烟工业有限责任公司青州卷烟厂 | 黑带 |
| 39 | 降低空调系统单箱能耗 | 河南中烟工业有限责任公司黄金叶生产制造中心 | 黑带 |
| 40 | 提高 ZJ116 卷烟机设备运行效率 | 河南中烟工业有限责任公司黄金叶生产制造中心 | 黑带 |
| 41 | 降低 YB25 故障停机率 | 红云红河烟草（集团）有限责任公司新疆卷烟厂 | 绿带 |
| 42 | 降低 ZB47 机型小盒外观缺陷频次 | 山东中烟工业有限责任公司青岛卷烟厂 | 黑带 |
| 43 | 提高泰山（华贵）混合丝水分西格玛水平 | 山东中烟工业有限责任公司青岛卷烟厂 | 黑带 |
| 44 | 提高钻石（金玉兰）70 玉兰班产量 | 河北白沙烟草有限责任公司保定卷烟厂 | 黑带 |
| 45 | 减少 KLD 烘丝机出口水分不合格的叶丝量 | 浙江中烟工业有限责任公司 | 绿带 |
| 46 | 降低“巅峰”6 号手工雪茄烟生产周期 | 山东中烟工业有限责任公司济南卷烟厂 | 黑带 |
| 47 | 精益“卷包数采”系统的设计与建设 | 山东中烟工业有限责任公司济南卷烟厂 | 黑带 |
| 48 | 降低天下秀（红名品）烟支总通风率均值偏移值 | 四川中烟工业有限责任公司什邡卷烟厂 | 绿带 |
| 49 | 提高滤棒吸阻标偏合格率 | 张家口卷烟厂有限责任公司 | 黑带 |
| 50 | 降低黄金叶（AS）单箱耗叶量 | 河南中烟工业有限责任公司黄金叶生产制造中心 | 黑带 |
| 51 | 叶丝线在线水分仪校验方法研究 | 四川中烟工业有限责任公司 | 绿带 |
| 52 | 提高锅炉除氧器除氧合格率 | 河南中烟工业有限责任公司洛阳卷烟厂 | 黑带 |

## 二、烟草行业入选 2018 年度中国质量协会质量技术奖精益管理优秀项目

| 序号 | 项目名称 | 项目完成单位 |
|---|---|---|
| 1 | 降低烟丝库烟箱故障时间 | 山东中烟工业有限责任公司青岛卷烟厂 |
| 2 | 制丝维修流程优化 | 山东中烟工业有限责任公司青岛卷烟厂 |
| 3 | 嘴棒库空盘供应流程优化 | 山东中烟工业有限责任公司青岛卷烟厂 |
| 4 | 把握行业机遇与挑战——打造细支卷烟精益生产线 | 红塔烟草（集团）有限责任公司 |
| 5 | 打造柔性化手工包装生产线 | 红塔烟草（集团）有限责任公司 |
| 6 | 提高 5 吨制丝线精益质量管控 | 红塔烟草（集团）有限责任公司 |
| 7 | 降低“巅峰”系列手工雪茄烟生产周期 | 山东中烟工业有限责任公司 |

## 三、烟草行业入选 2018 年度中国质量协会质量技术奖可靠性管理优秀项目

| 序号 | 项目名称 | 项目完成单位 |
|---|---|---|
| 1 | 称重传感器测试装置的研发与应用 | 上海烟草集团北京卷烟厂 |

◇ 编辑：褚　辛

# 品牌名录

## 2018年在产卷烟品牌（规格）名录

### 河北中烟工业有限责任公司

| 品 牌 | 规 格 | 焦油量 | 备 注 | 规 格 | 焦油量 | 备 注 |
|---|---|---|---|---|---|---|
| 钻石△ | 钻石（软珍品） | 11mg/支 | 一类烟 | 钻石（细支心世界） | 8mg/支 | 二类烟、细支烟 |
| | 钻石（荷花） | 10mg/支 | 一类烟 | 钻石（细支尚风） | 8mg/支 | 二类烟、细支烟 |
| | 钻石（玉兰120白） | 11mg/支 | 一类烟 | 钻石（金玉兰） | 10mg/支 | 二类烟、2018年改造 |
| | 钻石（硬珍品） | 11mg/支 | 一类烟 | 钻石（细支心世界） | 8mg/支 | 二类烟、细支烟、2018年改造 |
| | 钻石（自在八仙） | 10mg/支 | 一类烟 | 钻石（经典浓情） | 11mg/支 | 三类烟 |
| | 钻石（西柏坡） | 10mg/支 | 一类烟 | 钻石（洪荒之绿） | 10mg/支 | 三类烟 |
| | 钻石（一品荷花） | 10mg/支 | 一类烟、高价位卷烟 | 钻石（绿石2代） | 11mg/支 | 三类烟 |
| | 钻石（细支荷花） | 6mg/支 | 一类烟、细支烟 | 钻石（硬玫瑰紫） | 11mg/支 | 三类烟 |
| | 钻石（时尚景泰） | 6mg/支 | 一类烟、细支烟 | 钻石（经典纯和） | 11mg/支 | 三类烟 |
| | 钻石（扁蓝时尚） | 6mg/支 | 一类烟、细支烟 | 钻石（盛世迎宾） | 10mg/支 | 三类烟 |
| | 钻石（扁蓝时尚） | 8mg/支 | 一类烟、细支烟 | 钻石（硬红） | 11mg/支 | 三类烟 |
| | 钻石（细支西柏坡） | 8mg/支 | 一类烟、细支烟 | 钻石（硬迎宾） | 11mg/支 | 三类烟 |
| | 钻石（荷花绿水青山） | 8mg/支 | 一类烟、细支烟、高价位卷烟 | 钻石（银玉兰） | 11mg/支 | 三类烟 |
| | 钻石（双中支荷花） | 10mg/支 | 一类烟、2018年新产品 | 钻石（红石2代） | 11mg/支 | 三类烟 |
| | 钻石（软荷花） | 10mg/支 | 一类烟、2018年新产品 | 钻石（平安） | 11mg/支 | 三类烟 |
| | 钻石（金石） | 11mg/支 | 二类烟 | 钻石（鸿运） | 10mg/支 | 四类烟 |
| | 钻石（传奇子龙） | 10mg/支 | 二类烟 | 钻石（软红） | 11mg/支 | 四类烟 |
| | 钻石（软绿） | 10mg/支 | 二类烟 | 钻石（硬蓝） | 11mg/支 | 四类烟 |
| | 钻石（时尚） | 6mg/支 | 二类烟、细支烟 | 钻石（硬特醇） | 11mg/支 | 四类烟 |
| 新石家庄 | 新石家庄（软） | 11mg/支 | 五类烟 | | | |

注：根据国烟办综〔2019〕4号文件，2018年全国烟草行业共有31个重点卷烟品牌，标☆的为2018年三类以上卷烟销量排行前15位品牌，标★的为销售收入（含税）排名前15位品牌，标△的为鼓励培育品牌。“双喜·红双喜”在本名录中分别按“双喜”和“红双喜”单列。

## 上海烟草集团有限责任公司

| 品 牌 | 规 格 | 焦油量 | 备 注 | 规 格 | 焦油量 | 备 注 |
|---|---|---|---|---|---|---|
| 熊猫 | 熊猫（硬经典） | 10mg/支 | 一类烟、高价位卷烟 | 熊猫（5 盒礼盒出口） | 12mg/支 | 出口烟、高价位卷烟 |
| | 熊猫（硬时代版） | 11mg/支 | 一类烟、高价位卷烟 | 熊猫（听 50 支出口） | 10mg/支 | 出口烟、高价位卷烟 |
| | 熊猫（听 50 支） | 10mg/支 | 一类烟、高价位卷烟 | 熊猫（硬 5 盒时代版出口） | 11mg/支 | 出口烟、高价位卷烟 |
| 中华☆★ | 中华（软） | 11mg/支 | 一类烟 | 中华（金中支） | 10mg/支 | 一类烟、高价位卷烟、中支烟 |
| | 中华（硬） | 11mg/支 | 一类烟 | 中华（双中支） | 10mg/支 | 一类烟、中支烟 |
| | 中华（硬 10mg） | 10mg/支 | 一类烟 | 中华（听 50 支出口） | 11mg/支 | 出口烟 |
| | 中华（全开式） | 11mg/支 | 一类烟 | 中华（软出口） | 11mg/支 | 出口烟 |
| | 中华（硬 12 支） | 11mg/支 | 一类烟 | 中华（硬 10mg 出口） | 10mg/支 | 出口烟 |
| | 中华（硬 5 支） | 11mg/支 | 一类烟 | 中华（硬出口） | 11mg/支 | 出口烟 |
| | 中华（5000） | 10mg/支 | 一类烟 | 中华（5000 出口） | 10mg/支 | 出口烟 |
| | 中华（金短支） | 10mg/支 | 一类烟、高价位卷烟、短支烟、2018 年新产品 | | | |
| 江山 | 江山（硬一统） | 10mg/支 | 一类烟 | | | |
| 恒大 | 恒大（烟魁 1919） | 10mg/支 | 一类烟 | 恒大（烟魁 1949 中支） | 8mg/支 | 一类烟、中支烟 |
| | 恒大（记忆 1949） | 10mg/支 | 一类烟 | 恒大（记忆 1949 中支） | 8mg/支 | 一类烟、中支烟、2018 年新产品 |
| | 恒大（全开式烟魁） | 10mg/支 | 一类烟、高价位卷烟 | | | |
| 红双喜☆★ | 红双喜（硬晶派） | 11mg/支 | 一类烟 | 红双喜（硬百顺） | 11mg/支 | 三类烟 |
| | 红双喜（硬铂派） | 3mg/支 | 一类烟、爆珠烟 | 红双喜（硬江山精品） | 10mg/支 | 三类烟 |
| | 红双喜（硬江山珍品） | 11mg/支 | 二类烟 | 红双喜（硬上海） | 11mg/支 | 三类烟 |
| | 红双喜（硬精品） | 10mg/支 | 二类烟 | 红双喜（硬 8mg） | 8mg/支 | 三类烟 |
| | 红双喜（硬尚派） | 5mg/支 | 二类烟 | 红双喜（硬特） | 10mg/支 | 三类烟 |
| | 红双喜（硬荷派） | 5mg/支 | 二类烟 | 红双喜（硬出口） | 11mg/支 | 出口烟 |
| | 红双喜（硬津门恒大） | | 2018 年停产 | 红双喜（硬 8mg 出口） | 8mg/支 | 出口烟 |
| | 红双喜（硬晶喜） | | 2018 年停产 | 红双喜（硬晶派出口） | 11mg/支 | 出口烟 |
| | 红双喜（硬星派） | 5mg/支 | 二类烟 | 红双喜（硬 10mg 出口） | 10mg/支 | 出口烟 |
| | 红双喜（硬） | 11mg/支 | 三类烟 | 红双喜（硬 10mg 出口） | 10mg/支 | 出口烟 |
| 双喜☆★ | 双喜（百年红） | 10mg/支 | 一类烟 | | | |

续表

| 品 牌 | 规 格 | 焦油量 | 备 注 | 规 格 | 焦油量 | 备 注 |
|---|---|---|---|---|---|---|
| 中南海△ | 中南海（软北京） | 10mg/支 | 一类烟 | 中南海（特高出口） | 11mg/支 | 出口烟 |
| | 中南海（软精品） | 10mg/支 | 一类烟 | 中南海（听装北京免税） | 10mg/支 | 出口烟 |
| | 中南海（硬北京） | 10mg/支 | 一类烟 | 中南海（1mg出口） | 1mg/支 | 出口烟、混合型 |
| | 中南海（全开北京） | 10mg/支 | 一类烟、中支烟 | 中南海（5mg出口） | 5mg/支 | 出口烟、混合型 |
| | 中南海（硬酷爽风尚） | 8mg/支 | 一类烟、混合型 | 中南海（薄荷1mg出口） | 1mg/支 | 出口烟、混合型 |
| | 中南海（Z咖） | 8mg/支 | 一类烟、混合型、中支烟 | 中南海（Premium 1mg出口） | 1mg/支 | 出口烟、混合型 |
| | 中南海（3mg） | 3mg/支 | 一类烟、混合型 | 中南海（Premium 8mg出口） | 8mg/支 | 出口烟、混合型 |
| | 中南海（Z冰） | 8mg/支 | 一类烟、混合型、中支烟、爆珠烟 | 中南海（3mg出口） | 3mg/支 | 出口烟、混合型 |
| | 中南海（京韵细支烤烟） | 8mg/支 | 一类烟、2018年新产品 | 中南海（8mg出口） | 8mg/支 | 出口烟、混合型 |
| | 中南海（特高） | 11mg/支 | 二类烟 | 中南海（薄荷8mg出口） | 8mg/支 | 出口烟、混合型 |
| | 中南海（典5） | 5mg/支 | 二类烟、混合型、2018年新产品 | 中南海（Premium 5mg出口） | 5mg/支 | 出口烟、混合型 |
| | 中南海（清正烤烟） | 10mg/支 | 二类烟、2018年新产品 | 中南海（清净香免税） | 10mg/支 | 出口烟、中支烟 |
| | 中南海（5mg） | 5mg/支 | 三类烟、混合型 | 中南海（3mg京韵） | 3mg/支 | 出口烟、混合型、中支烟 |
| | 中南海（软蓝色时光） | 6mg/支 | 三类烟、混合型 | 中南海（5mg京韵） | 5mg/支 | 出口烟、混合型、中支烟 |
| | 中南海（典8） | 8mg/支 | 三类烟、混合型 | 中南海（细支清净香免税） | 8mg/支 | 出口烟、细支烟、2018年新产品 |
| | 中南海（金8mg） | 8mg/支 | 三类烟、混合型 | 中南海（细支京忆免税） | 8mg/支 | 出口烟、细支烟、2018年新产品 |
| | 中南海（8mg） | 8mg/支 | 三类烟、混合型 | 中南海（细支京韵免税） | 6mg/支 | 出口烟、混合型、细支烟、爆珠烟 |
| | 中南海（5mg细支） | 5mg/支 | 三类烟、混合型、中支烟 | | | |
| 孟菲斯 | 孟菲斯（硬红） | 11mg/支 | 三类烟 | 孟菲斯（硬蓝） | 9mg/支 | 三类烟 |
| 凤凰 | 凤凰（细支） | 8mg/支 | 一类烟、细支烟 | 凤凰（细支出口） | 8mg/支 | 出口烟、细支烟 |
| | 凤凰（咖啡细支） | 8mg/支 | 一类烟、细支烟、爆珠烟、2018年新产品 | | | |
| 牡丹 | 牡丹（软蓝） | 10mg/支 | 一类烟 | 牡丹（青柠细支） | 6mg/支 | 一类烟、爆珠烟、细支烟、2018年新产品 |
| | 牡丹（金短支） | 10mg/支 | 一类烟、短支烟、2018年新产品 | 牡丹（软） | 10mg/支 | 三类烟 |
| | 牡丹（金细支） | 6mg/支 | 一类烟、细支烟、2018年新产品 | 牡丹（真国色出口） | 10mg/支 | 出口烟 |
| 大前门 | 大前门（短支） | 10mg/支 | 二类烟、短支烟 | 大前门（硬） | 9mg/支 | 四类烟 |
| | 大前门（软） | 10mg/支 | 四类烟 | | | |

## 江苏中烟工业有限责任公司

| 品 牌 | 规 格 | 焦油量 | 备 注 | 规 格 | 焦油量 | 备 注 |
| --- | --- | --- | --- | --- | --- | --- |
| 苏烟★ | 苏烟（七星） | 11mg/支 | 一类烟 | 苏烟（软金砂） | 11mg/支 | 一类烟、高端卷烟 |
| | 苏烟（五星红杉树） | 11mg/支 | 一类烟 | 苏烟（水韵） | 10mg/支 | 一类烟、高端卷烟 |
| | 苏烟（金砂 2） | 11mg/支 | 一类烟、高价位卷烟 | 苏烟（格局） | 10mg/支 | 一类烟、高端卷烟、2018 年新产品 |
| | 苏烟（一品梅） | 11mg/支 | 一类烟、高价位卷烟 | 苏烟（甜韵） | 8mg/支 | 一类烟、高端卷烟、2018 年新产品 |
| | 苏烟（铂晶） | 11mg/支 | 一类烟、高价位卷烟 | 苏烟（红杉树 C） | 11mg/支 | 出口烟 |
| | 苏烟（沉香） | 6mg/支 | 一类烟、高价位卷烟、细支烟 | 苏烟（金砂 C） | 11mg/支 | 出口烟 |
| | 苏烟（东渡顺） | 11mg/支 | 一类烟、高端卷烟 | 苏烟（TW 金砂 C） | 10mg/支 | 出口烟 |
| 南京☆★ | 南京（精品） | 11mg/支 | 一类烟 | 南京（金砂） | 10mg/支 | 二类烟 |
| | 南京（九五） | 11mg/支 | 一类烟、高价位卷烟 | 南京（佳品） | 11mg/支 | 二类烟 |
| | 南京（软九五） | 11mg/支 | 一类烟、高价位卷烟 | 南京（红华西） | 10mg/支 | 二类烟 |
| | 南京（细支九五） | 5mg/支 | 一类烟、高价位卷烟、细支烟 | 南京（硬林） | 11mg/支 | 二类烟 |
| | 南京（硬珍品） | 11mg/支 | 一类烟、高端卷烟 | 南京（炫赫门） | 8mg/支 | 二类烟、细支烟 |
| | 南京（喜庆） | 11mg/支 | 一类烟、高端卷烟 | 南京（红） | 11mg/支 | 三类烟 |
| | 南京（臻品） | 10mg/支 | 一类烟、高端卷烟 | 南京（紫晶） | 8mg/支 | 三类烟 |
| | 南京（雨花石） | 5mg/支 | 一类烟、高端卷烟、细支烟 | 南京（红 C） | 11mg/支 | 出口烟 |
| | 南京（大观园） | 6mg/支 | 一类烟、高端卷烟、细支烟 | 南京（十二钗烤烟 HK） | 6mg/支 | 出口烟 |
| | 南京（红楼卷） | 5mg/支 | 一类烟、高端卷烟、细支烟 | 南京（炫赫门 C） | 8mg/支 | 出口烟 |
| | 南京（大观园爆冰） | 6mg/支 | 一类烟、高端卷烟、细支烟、2018 年新产品 | 南京（梦都 C） | 6mg/支 | 出口烟 |
| | 南京（十二钗烤烟） | 6mg/支 | 一类烟、细支烟 | 南京（十二钗烤烟 C） | 6mg/支 | 出口烟 |
| | 南京（十二钗薄荷） | 6mg/支 | 一类烟、细支烟 | 南京（雨花石 HK） | 5mg/支 | 出口烟 |
| | 南京（梦都） | 6mg/支 | 一类烟、细支烟 | 南京（精品出口） | 11mg/支 | 出口烟 |
| | 南京（十二钗中式混合型） | 5mg/支 | 一类烟、细支烟、混合型 | 南京（雨花石 C） | 5mg/支 | 出口烟 |
| | 南京（硬金星） | 11mg/支 | 二类烟 | | | |
| 一品梅 | 一品梅（淡黄） | 8mg/支 | 四类烟 | | | |
| 红杉树 | 红杉树（木） | 9mg/支 | 四类烟 | | | |
| 华西村 | 华西村（经典） | 11mg/支 | 一类烟、高端卷烟 | | | |
| 罗曼蒂克 | 罗曼蒂克（FLB） | 7mg/支 | 出口烟、混合型 | 罗曼蒂克（BNM） | 9mg/支 | 出口烟、混合型 |
| | 罗曼蒂克（5mg 台湾） | 5mg/支 | 出口烟、混合型 | 罗曼蒂克（7mg 台湾） | 7mg/支 | 出口烟、混合型 |
| | 罗曼蒂克（ZDXZ5mg） | 5mg/支 | 出口烟、混合型 | 罗曼蒂克（BJST） | 7mg/支 | 出口烟、混合型 |

## 浙江中烟工业有限责任公司

| 品 牌 | 规 格 | 焦油量 | 备 注 | 规 格 | 焦油量 | 备 注 |
|---|---|---|---|---|---|---|
| 利群☆★ | 利群（休闲） | 11mg/支 | 一类烟、高价位卷烟 | 利群（长嘴澳门） | 11mg/支 | 出口烟 |
| | 利群（阳光） | 8mg/支 | 一类烟 | 利群（阳光韩国） | 7mg/支 | 出口烟 |
| | 利群（逍遥） | 6mg/支 | 一类烟、高价位卷烟 | 利群（阳光英文） | 8mg/支 | 出口烟 |
| | 利群（西子阳光） | 5mg/支 | 一类烟、细支烟 | 利群（阳光澳门免税） | 8mg/支 | 出口烟 |
| | 利群（休闲云端） | 7mg/支 | 一类烟、细支烟、高价位卷烟 | 利群（阳光澳门） | 8mg/支 | 出口烟 |
| | 利群（软红长嘴） | 11mg/支 | 一类烟 | 利群（阳光国际版） | 8mg/支 | 出口烟 |
| | 利群（软长嘴） | 11mg/支 | 一类烟 | 利群（阳光印尼） | 8mg/支 | 出口烟 |
| | 利群（红利） | 10mg/支 | 一类烟、烤烟型 | 利群（阳光台湾） | 8mg/支 | 出口烟 |
| | 利群（软金色阳光） | 8mg/支 | 一类烟 | 利群（长嘴泰国） | 11mg/支 | 出口烟 |
| | 利群（长嘴） | 11mg/支 | 一类烟 | 利群（长嘴吉布提） | 11mg/支 | 出口烟 |
| | 利群（硬） | 10mg/支 | 一类烟 | 利群（英文 GM） | 11mg/支 | 出口烟 |
| | 利群（西湖恋） | 8mg/支 | 一类烟、细支烟 | 利群（英文澳门） | 11mg/支 | 出口烟 |
| | 利群（薄荷） | 9mg/支 | 一类烟 | 利群（英文菲律宾） | 11mg/支 | 出口烟 |
| | 利群（钱塘） | 10mg/支 | 一类烟 | 利群（阳光 HK） | 8mg/支 | 出口烟 |
| | 利群（江南忆） | 10mg/支 | 一类烟 | 利群（长嘴英文） | 11mg/支 | 出口烟 |
| | 利群（阳光橙中支） | 9mg/支 | 一类烟、烤烟型、中支烟、2018 年新产品 | 利群（长嘴 HK） | 11mg/支 | 出口烟 |
| | 利群（老版） | 11mg/支 | 二类烟 | 利群（长嘴香港） | 11mg/支 | 出口烟 |
| | 利群（蓝天） | 11mg/支 | 二类烟 | 利群（长嘴澳门免税） | 11mg/支 | 出口烟 |
| | 利群（8mg 新版） | 8mg/支 | 二类烟 | 利群（长嘴马来西亚） | 11mg/支 | 出口烟 |
| | 利群（软蓝） | 11mg/支 | 二类烟 | 利群（长嘴 XZ） | 12mg/支 | 出口烟 |
| | 利群（新版） | 11mg/支 | 二类烟 | 利群（英文韩国免税） | 12mg/支 | 出口烟 |
| | 利群（夜西湖） | 10mg/支 | 二类烟、烤烟型、短支烟、2018 年新产品 | 利群（英文缅甸） | 11mg/支 | 出口烟、2018 年新产品 |
| | 利群（新二代） | 10mg/支 | 二类烟、烤烟型、2018 年新产品 | 利群（长嘴韩国） | 12mg/支 | 出口烟 |
| | 利群（阳光韩国免税） | 8mg/支 | 出口烟 | 利群（长嘴韩国免税） | 12mg/支 | 出口烟 |
| | 利群（软长嘴 GM） | 11mg/支 | 出口烟 | 利群（长嘴菲律宾） | 11mg/支 | 出口烟 |
| | 利群（软长嘴国际版） | 11mg/支 | 出口烟 | 利群（英文台湾） | 8mg/支 | 出口烟 |
| | 利群（软长嘴英文） | 11mg/支 | 出口烟 | 利群（阳光 GM） | 8mg/支 | 出口烟 |
| | 利群（软长嘴韩国免税） | 11mg/支 | 出口烟 | 利群（阳光马来西亚） | 8mg/支 | 出口烟 |
| | 利群（英文） | 11mg/支 | 出口烟 | 利群（阳光土耳其） | 8mg/支 | 出口烟 |
| | 利群（长嘴 AZ） | 12mg/支 | 出口烟 | 利群（阳光新加坡） | 8mg/支 | 出口烟 |
| | 利群（长嘴秘鲁） | 11mg/支 | 出口烟 | 利群（阳光菲律宾） | | 出口烟 |
| | 利群（长嘴印尼） | 11mg/支 | 出口烟 | 利群（阳光泰国） | | 出口烟 |
| | 利群（长嘴 GM） | 11mg/支 | 出口烟 | 利群（长嘴格鲁吉亚） | 11mg/支 | 出口烟 |
| | 利群（长嘴智利） | 11mg/支 | 出口烟 | 利群（阳光秘鲁） | 8mg/支 | 出口烟 |
| | 利群（长嘴缅甸） | 11mg/支 | 出口烟、2018 年新产品 | | | |
| 大红鹰 | 大红鹰（软蓝） | 8mg/支 | 三类烟 | | | |

续表

| 品 牌 | 规 格 | 焦油量 | 备 注 | 规 格 | 焦油量 | 备 注 |
|---|---|---|---|---|---|---|
| 雄狮 | 雄狮（硬） | 8mg/支 | 四类烟 | 雄狮（红） | 8mg/支 | 五类烟 |
| | 雄狮（红老版） | 8mg/支 | 四类烟 | 雄狮（薄荷） | 8mg/支 | 五类烟、外香型 |
| 摩登 | 摩登（南美 S） | 9mg/支 | 出口烟、混合型 | 摩登（菲律宾 HC） | | 出口烟、混合型 |
| | 摩登（秘鲁） | 9mg/支 | 出口烟、混合型 | 摩登（菲律宾薄荷） | | 出口烟、外香型 |
| | 摩登（秘鲁 BH） | 10mg/支 | 出口烟、外香型 | 摩登（多米尼加 H） | 10mg/支 | 出口烟、混合型 |
| | 摩登（多米尼加） | 9mg/支 | 出口烟、混合型 | 摩登（多米尼加 BH） | 10mg/支 | 出口烟、外香型 |
| | 摩登（菲律宾 C） | | 出口烟、混合型 | 摩登（国际版薄荷） | 10mg/支 | 出口烟、外香型 |

## 安徽中烟工业有限责任公司

| 品 牌 | 规 格 | 焦油量 | 备 注 | 规 格 | 焦油量 | 备 注 |
|---|---|---|---|---|---|---|
| 黄山☆★ | 黄山（天都） | 8mg/支 | 一类烟 | 黄山（最美高铁） | 10mg/支 | 二类烟 |
| | 黄山（硬天都） | 10mg/支 | 一类烟 | 黄山（大黄山） | 10mg/支 | 二类烟 |
| | 黄山（经典皖烟） | 11mg/支 | 一类烟 | 黄山（记忆） | 10mg/支 | 二类烟 |
| | 黄山（喜庆红方印） | 10mg/支 | 一类烟 | 黄山（新制皖烟） | 11mg/支 | 二类烟 |
| | 黄山（徽商新概念） | 10mg/支 | 一类烟 | 黄山（中国画细支） | 8mg/支 | 二类烟、细支烟 |
| | 黄山（七星皖烟） | 10mg/支 | 一类烟 | 黄山（大壹品） | 8mg/支 | 三类烟 |
| | 黄山（大红方印） | 10mg/支 | 一类烟 | 黄山（贵宾迎客松） | 8mg/支 | 三类烟 |
| | 黄山（金皖烟） | 11mg/支 | 一类烟 | 黄山（硬） | 11mg/支 | 三类烟 |
| | 黄山（国宾迎客松） | 11mg/支 | 一类烟 | 黄山（硬记忆） | 8mg/支 | 三类烟 |
| | 黄山（小红方印） | 10mg/支 | 一类烟 | 黄山（软大壹品） | 10mg/支 | 三类烟 |
| | 黄山（软喜庆红方印） | 10mg/支 | 一类烟 | 黄山（金纯和） | 11mg/支 | 三类烟 |
| | 黄山（徽商新视界细支） | 8mg/支 | 一类烟、细支烟 | 黄山（金光明） | 10mg/支 | 三类烟 |
| | 黄山（徽商新概念细支） | 8mg/支 | 一类烟、细支烟 | 黄山（印象一品） | 10mg/支 | 三类烟 |
| | 黄山（红方印前店后坊细支） | 8mg/支 | 一类烟、细支烟 | 黄山（嘉宾迎客松） | 8mg/支 | 三类烟 |
| | 黄山（大黄山细支） | 10mg/支 | 一类烟、细支烟 | 黄山（软一品） | 10mg/支 | 三类烟 |
| | 黄山（红方印细支） | 9mg/支 | 一类烟、细支烟 | 黄山（硬一品） | 10mg/支 | 四类烟 |
| | 黄山（黑马细支） | 6mg/支 | 一类烟、细支烟 | 黄山（红光明） | 10mg/支 | 四类烟 |
| | 黄山（金皖细支） | 8mg/支 | 一类烟、细支烟 | 黄山（新一品） | 10mg/支 | 四类烟 |
| | 黄山（红方印 1755 短支） | 10mg/支 | 一类烟、短支烟 | 黄山（大红方印出口） | 10mg/支 | 出口烟 |
| | 黄山（红方印前店后坊中支） | 8mg/支 | 一类烟、中支烟 | 黄山（细支红方印出口） | 9mg/支 | 出口烟 |
| | 黄山（红皖烟） | 11mg/支 | 二类烟 | 黄山（红方印 1755 短支出口） | 10mg/支 | 出口烟 |
| | 黄山（新红皖） | 11mg/支 | 二类烟 | 黄山（新概念出口） | 10mg/支 | 出口烟 |
| 都宝 | 都宝（冰爽世界） | 8mg/支 | 一类烟、混合型 | 都宝（9mg 湾） | 9mg/支 | 出口烟、混合型 |
| | 都宝（新） | 8mg/支 | 五类烟、混合型 | 都宝（新台湾 5 号） | 5mg/支 | 出口烟、混合型 |
| | 都宝（1mg 台湾） | 1mg/支 | 出口烟、混合型 | 都宝（新台湾 8 号） | 6mg/支 | 出口烟、混合型 |

续表

| 品 牌 | 规 格 | 焦油量 | 备 注 | 规 格 | 焦油量 | 备 注 |
|---|---|---|---|---|---|---|
| 都宝 | 都宝（3mg 台湾） | 3mg/支 | 出口烟、混合型 | 都宝（银时尚台湾） | 7mg/支 | 出口烟、混合型 |
| | 都宝（5mg 台湾） | 5mg/支 | 出口烟、混合型 | 都宝（加勒比细支出口） | 10mg/支 | 出口烟、混合型 |
| | 都宝（6mg 台湾） | 6mg/支 | 出口烟、混合型 | 都宝（蓝莓细支出口） | 6mg/支 | 出口烟、混合型 |
| 红三环 | 红三环（幸福篇） | 10mg/支 | 四类烟 | 红三环（软黄） | 9mg/支 | 五类烟 |
| | 红三环（渡江） | 9mg/支 | 五类烟 | | | |
| 大前门 | 大前门（软） | 10mg/支 | 五类烟 | 大前门（硬） | 9mg/支 | 五类烟 |
| 红双喜☆★ | 红双喜（硬） | 11mg/支 | 三类烟 | | | |
| 利群☆★ | 利群（新版） | 11mg/支 | 二类烟 | 利群（软蓝） | 11mg/支 | 二类烟 |
| 雄狮 | 雄狮（红） | 8mg/支 | 五类烟 | | | |

## 福建中烟工业有限责任公司

| 品 牌 | 规 格 | 焦油量 | 备 注 | 规 格 | 焦油量 | 备 注 |
|---|---|---|---|---|---|---|
| 七匹狼☆★ | 七匹狼（尚品） | 11mg/支 | 一类烟 | 七匹狼（鸿福） | 10mg/支 | 三类烟 |
| | 七匹狼（翠碧嘉缘） | 10mg/支 | 一类烟 | 七匹狼（金砂） | 10mg/支 | 三类烟 |
| | 七匹狼（厦门） | 11mg/支 | 一类烟 | 七匹狼（豪运） | 11mg/支 | 三类烟 |
| | 七匹狼（通运） | 10mg/支 | 一类烟 | 七匹狼（金） | 11mg/支 | 三类烟 |
| | 七匹狼（硬锋芒） | 10mg/支 | 一类烟 | 七匹狼（蓝） | 8mg/支 | 三类烟 |
| | 七匹狼（纯典） | 5mg/支 | 一类烟 | 七匹狼（白） | 10mg/支 | 三类烟 |
| | 七匹狼（通福） | 11mg/支 | 一类烟 | 七匹狼（豪情） | 10mg/支 | 四类烟 |
| | 七匹狼（软灰） | 11mg/支 | 一类烟 | 七匹狼（古田） | 10mg/支 | 四类烟 |
| | 七匹狼（大通仙） | 10mg/支 | 一类烟、高价位卷烟 | 七匹狼（灰柬埔寨） | 10mg/支 | 出口烟 |
| | 七匹狼（金砖中支） | 8mg/支 | 一类烟、高价位卷烟、中支烟、爆珠烟 | 七匹狼（灰菲律宾） | 10mg/支 | 出口烟 |
| | 七匹狼（金砖时代） | 7mg/支 | 一类烟、细支烟、2018 年新产品 | 七匹狼（软红柬埔寨） | 10mg/支 | 出口烟 |
| | 七匹狼（金砖细支） | 6mg/支 | 一类烟、细支烟、爆珠烟 | 七匹狼（软红菲律宾） | 10mg/支 | 出口烟 |
| | 七匹狼（乘风启航） | 7mg/支 | 一类烟、细支烟、爆珠烟、2018 年新产品 | 七匹狼（红柬埔寨） | 11mg/支 | 出口烟 |
| | 七匹狼（纯尚） | 8mg/支 | 一类烟、中支烟 | 七匹狼（红菲律宾） | 11mg/支 | 出口烟 |
| | 七匹狼（锋芒） | 6mg/支 | 二类烟、细支烟 | 七匹狼（蓝菲律宾） | 8mg/支 | 出口烟 |
| | 七匹狼（软红） | 10mg/支 | 二类烟 | 七匹狼（白菲律宾） | 10mg/支 | 出口烟 |
| | 七匹狼（纯雅） | 6mg/支 | 二类烟 | 七匹狼（柬埔寨蓝） | 8mg/支 | 出口烟 |
| | 七匹狼（红） | 11mg/支 | 二类烟 | 七匹狼（柬埔寨白） | 10mg/支 | 出口烟 |
| | 七匹狼（蓝钻） | 8mg/支 | 二类烟 | 七匹狼（白，东帝汶） | 10mg/支 | 出口烟 |
| | 七匹狼（纯翠） | 6mg/支 | 二类烟、中支烟 | 七匹狼（蓝，东帝汶） | 8mg/支 | 出口烟 |
| | 七匹狼（纯境） | 6mg/支 | 二类烟、中支烟 | 七匹狼（蓝，阿富汗） | 8mg/支 | 出口烟 |
| | 七匹狼（豪迈） | 8mg/支 | 三类烟 | | | |

续表

| 品 牌 | 规 格 | 焦油量 | 备 注 | 规 格 | 焦油量 | 备 注 |
|---|---|---|---|---|---|---|
| 万宝路 | 万宝路（软金） | 8mg/支 | 一类烟、混合型 | 万宝路（软红 2.0） | 10mg/支 | 二类烟、混合型 |
| | 万宝路（硬红 2.0） | 10mg/支 | 二类烟、混合型 | | | |
| 金桥△ | 金桥（双爆） | 8mg/支 | 一类烟、混合型、爆珠烟 | 金桥（84，5mg） | 5mg/支 | 出口烟、混合型 |
| | 金桥（冰爆） | 8mg/支 | 一类烟、混合型、爆珠烟 | 金桥（84，6mg） | 6mg/支 | 出口烟、混合型 |
| | 金桥（英伦奶香） | 6mg/支 | 三类烟、混合型、中支烟 | 金桥（台湾 84） | 7mg/支 | 出口烟、混合型 |
| | 金桥（软混） | 10mg/支 | 三类烟、混合型 | 金桥（台湾 94） | 5mg/支 | 出口烟、混合型 |
| | 金桥（84，4mg） | 4mg/支 | 出口烟、混合型 | 金桥（黑柬 94） | 8mg/支 | 出口烟、混合型 |
| 石狮 | 石狮（平安） | 11mg/支 | 四类烟 | 石狮（软富健） | 10mg/支 | 五类烟 |
| 古田 | 古田（金中支） | 8mg/支 | 一类烟、中支烟、2018 年新产品 | 古田（光芒） | 10mg/支 | 一类烟 |
| | 古田（红军灰） | 8mg/支 | 一类烟、中支烟 | 古田（红星细支） | 5mg/支 | 一类烟、细支烟 |
| 土楼 | 土楼（1575 金中支） | 8mg/支 | 一类烟、中支烟、2018 年新产品 | 土楼（1575） | 10mg/支 | 一类烟 |
| | 土楼（1575 冰抹茶） | 7mg/支 | 一类烟、细支烟、爆珠烟、2018 年新产品 | | | |
| 妙香 | 妙香 | 12mg/支 | 出口烟 | | | |
| 长寿 | 长寿（两岸） | 10mg/支 | 三类烟 | | | |

## 江西中烟工业有限责任公司

| 品 牌 | 规 格 | 焦油量 | 备 注 | 规 格 | 焦油量 | 备 注 |
|---|---|---|---|---|---|---|
| 金圣△ | 金圣（盛世典藏） | 11mg/支 | 一类烟 | 金圣（滕王阁细支） | 8mg/支 | 一类烟、细支烟 |
| | 金圣（典藏瑞香） | 10mg/支 | 一类烟 | 金圣（滕王阁·渔舟唱晚） | 10mg/支 | 二类烟 |
| | 金圣（红瑞香） | 10mg/支 | 一类烟 | 金圣（滕王阁·更上一层楼） | 10mg/支 | 二类烟 |
| | 金圣（智圣出山·国味） | 8mg/支 | 一类烟 | 金圣（赣） | 11mg/支 | 二类烟 |
| | 金圣（硬典藏） | 11mg/支 | 一类烟 | 金圣（滕王阁·紫光） | 8mg/支 | 二类烟、细支烟 |
| | 金圣（典藏花开富贵） | 10mg/支 | 一类烟 | 金圣（硬） | 11mg/支 | 三类烟 |
| | 金圣（硬红瑞香） | 10mg/支 | 一类烟 | 金圣（硬滕王阁） | 10mg/支 | 三类烟 |
| | 金圣（原生工坊） | 10mg/支 | 一类烟 | 金圣（硬红） | 8mg/支 | 三类烟 |
| | 金圣（软瑞香） | 10mg/支 | 一类烟 | 金圣（软红） | 11mg/支 | 三类烟 |
| | 金圣（吉品） | 11mg/支 | 一类烟 | 金圣（软） | 11mg/支 | 三类烟 |
| | 金圣（滕王阁·回味无穷） | 10mg/支 | 一类烟 | 金圣（硬红·十二生肖） | 10mg/支 | 三类烟 |
| | 金圣（软滕王阁） | 10mg/支 | 一类烟 | 金圣（庐山） | 10mg/支 | 三类烟 |
| | 金圣（滕王阁·金叶天香） | 10mg/支 | 一类烟、高价位卷烟 | 金圣（庐山·有滋有味） | 10mg/支 | 三类烟 |

续表

| 品 牌 | 规 格 | 焦油量 | 备 注 | 规 格 | 焦油量 | 备 注 |
|---|---|---|---|---|---|---|
| 金圣△ | 金圣（智圣出山） | 10mg/支 | 一类烟、高价位卷烟 | 金圣（圣地中国红）（出口版） | 10mg/支 | 出口烟、2018年新产品 |
| | 金圣（智圣出山·国瓷） | 8mg/支 | 一类烟、高价位卷烟 | 金圣（瓷9+1） | 10mg/支 | 出口烟、2018年新产品 |
| | 金圣（智圣出山16支装） | 8mg/支 | 一类烟、高价位卷烟 | 金圣（瓷·细支） | 8mg/支 | 出口烟、细支烟、2018年新产品 |
| | 金圣（圣地中国红） | 10mg/支 | 一类烟、高价位卷烟 | 金圣（华天下·沉香细支） | 8mg/支 | 出口烟、细支烟、2018年新产品 |
| | 金圣（本草瑞香） | 8mg/支 | 一类烟、细支烟 | 金圣（华天下·檀香细支） | 8mg/支 | 出口烟、细支烟、2018年新产品 |
| 庐山 | 庐山（银） | 11mg/支 | 四类烟 | 庐山（赣） | 10mg/支 | 四类烟 |
| | 庐山（精品） | 11mg/支 | 四类烟 | 庐山（硬） | 11mg/支 | 五类烟 |
| | 庐山（黄精品） | 11mg/支 | 四类烟 | 庐山（新） | 10mg/支 | 五类烟 |
| | 庐山（大红运） | 10mg/支 | 四类烟 | | | |

## 山东中烟工业有限责任公司

| 品 牌 | 规 格 | 焦油量 | 备 注 | 规 格 | 焦油量 | 备 注 |
|---|---|---|---|---|---|---|
| 泰山☆★ | 泰山（儒风） | 11mg/支 | 一类烟 | 泰山（大鸡） | 10mg/支 | 二类烟 |
| | 泰山（好好学习） | 10mg/支 | 一类烟 | 泰山（青秀） | 8mg/支 | 二类烟 |
| | 泰山（新品） | 11mg/支 | 一类烟 | 泰山（琥珀） | 10mg/支 | 二类烟 |
| | 泰山（八喜） | 8mg/支 | 一类烟 | 泰山（硬功勋） | 11mg/支 | 二类烟、2018年底停产 |
| | 泰山（红锡包） | 11mg/支 | 一类烟 | 泰山（心悦） | 6mg/支 | 二类烟、细支烟 |
| | 泰山（望岳） | 8mg/支 | 一类烟 | 泰山（中支将军） | 10mg/支 | 二类烟、中支烟、2018年底停产 |
| | 泰山（乐章） | 5mg/支 | 一类烟、2018年底停产 | 泰山（东方） | 11mg/支 | 三类烟 |
| | 泰山（将军） | 11mg/支 | 一类烟、2018年底停产 | 泰山（沂蒙） | 11mg/支 | 三类烟 |
| | 泰山（拂光） | 11mg/支 | 一类烟、高价位卷烟 | 泰山（宏图） | 11mg/支 | 三类烟 |
| | 泰山（拂光细支） | 6mg/支 | 一类烟、细支烟 | 泰山（平安） | 6mg/支 | 三类烟 |
| | 泰山（儒风细支） | 6mg/支 | 一类烟、细支烟 | 泰山（华贵） | 11mg/支 | 三类烟 |
| | 泰山（好客细支） | 7mg/支 | 一类烟、细支烟 | 泰山（白将军） | 11mg/支 | 三类烟 |
| | 泰山（颜悦） | 8mg/支 | 一类烟、细支烟 | 泰山（红将军） | 11mg/支 | 三类烟 |
| | 泰山（茉莉香韵） | 6mg/支 | 一类烟、细支烟、爆珠烟、2018年新产品 | 泰山（硬红八喜） | 8mg/支 | 三类烟 |
| | 泰山（金将中支） | 10mg/支 | 一类烟、中支烟、2018年新产品 | 泰山（战神） | 10mg/支 | 三类烟、2018年底停产 |
| | 泰山（皇家礼炮21响） | 11mg/支 | 一类烟、爆珠烟 | 泰山（红将二代） | 10mg/支 | 三类烟、2018年新产品 |
| 哈德门 | 哈德门（壹号） | 10mg/支 | 一类烟、短支烟、2018年新产品 | 哈德门（金典） | 10mg/支 | 四类烟 |
| | 哈德门（纯香） | 10mg/支 | 四类烟 | 哈德门（软） | 10mg/支 | 四类烟 |

## 河南中烟工业有限责任公司

| 品牌 | 规格 | 焦油量 | 备注 | 规格 | 焦油量 | 备注 |
|---|---|---|---|---|---|---|
| 黄金叶☆★ | 黄金叶（软黄金） | 10mg/支 | 一类烟 | 黄金叶（天尊） | 10mg/支 | 一类烟、短支烟、2018年新产品 |
| | 黄金叶（硬黄金） | 10mg/支 | 一类烟 | 黄金叶（金丝路） | 10mg/支 | 二类烟 |
| | 黄金叶（大M） | 10mg/支 | 一类烟 | 黄金叶（红南阳） | 10mg/支 | 二类烟 |
| | 黄金叶（小黄金） | 10mg/支 | 一类烟 | 黄金叶（黄金眼） | 10mg/支 | 二类烟 |
| | 黄金叶（软大金圆） | 11mg/支 | 一类烟 | 黄金叶（小目标） | 10mg/支 | 二类烟 |
| | 黄金叶（软盛世金典） | 11mg/支 | 一类烟 | 黄金叶（红火） | 10mg/支 | 二类烟、2018年新产品 |
| | 黄金叶（硬大金圆双十支） | 11mg/支 | 一类烟 | 黄金叶（爱尚） | 6mg/支 | 二类烟、细支烟 |
| | 黄金叶（天叶） | 11mg/支 | 一类烟、高价位卷烟 | 黄金叶（乐途） | 10mg/支 | 二类烟、短支烟 |
| | 黄金叶（小天叶） | 10mg/支 | 一类烟、高价位卷烟 | 黄金叶（硬红旗渠） | 10mg/支 | 三类烟 |
| | 黄金叶（天叶细支） | 8mg/支 | 一类烟、高价位卷烟、细支烟 | 黄金叶（硬帝豪） | 11mg/支 | 三类烟 |
| | 黄金叶（TIME） | 10mg/支 | 一类烟、2018年新产品 | 黄金叶（金满堂） | 10mg/支 | 三类烟 |
| | 黄金叶（天香细支） | 6mg/支 | 一类烟、细支烟 | 黄金叶（喜满堂） | 10mg/支 | 三类烟 |
| | 黄金叶（炫尚） | 6mg/支 | 一类烟、细支烟 | 黄金叶（鸿运） | 10mg/支 | 三类烟 |
| | 黄金叶（商鼎） | 10mg/支 | 一类烟、中支烟 | 黄金叶（硬白出口澳门） | 11mg/支 | 出口烟 |
| | 黄金叶（浓香细支） | 6mg/支 | 一类烟、细支烟 | 黄金叶（硬白细支出口澳门） | 8mg/支 | 出口烟 |
| | 黄金叶（摩卡） | 7mg/支 | 一类烟、细支烟、2018年新产品 | 黄金叶（帝豪出口） | 11mg/支 | 出口烟 |
| | 黄金叶（国色细支） | 7mg/支 | 一类烟、细支烟、2018年新产品 | 黄金叶（雅香细支出口印度） | 6mg/支 | 出口烟、2018年新产品 |
| | 黄金叶（百年浓香） | 8mg/支 | 一类烟、短支烟 | 黄金叶（硬蓝出口巴基斯坦） | 8mg/支 | 出口烟、混合型 |
| | 黄金叶（豫香） | 10mg/支 | 一类烟、短支烟 | 黄金叶（硬红出口巴基斯坦） | 8mg/支 | 出口烟、混合型 |
| 红旗渠 | 红旗渠（芒果） | 10mg/支 | 三类烟 | 红旗渠（雪茄） | 10mg/支 | 四类烟、雪茄型 |
| | 红旗渠（天行健） | 11mg/支 | 三类烟 | 红旗渠（硬银） | 10mg/支 | 四类烟 |
| | 红旗渠（新版银河） | 10mg/支 | 四类烟 | 红旗渠（软红） | 11mg/支 | 五类烟 |
| 散花 | 散花（软蓝） | 11mg/支 | 五类烟 | | | |
| 发时达 | 发时达（硬金出口墨西哥） | 13mg/支 | 出口烟、混合型 | 发时达（硬白出口印度） | 6mg/支 | 出口烟、混合型、2018年新产品 |
| | 发时达（硬金出口缅甸） | 13mg/支 | 出口烟、混合型 | 发时达（硬蓝出口巴基斯坦） | 10mg/支 | 出口烟、混合型、2018年新产品 |
| | 发时达（软金出口菲律宾） | 12mg/支 | 出口烟、混合型 | 发时达（硬蓝出口巴新） | 14mg/支 | 出口烟、混合型、2018年新产品 |
| | 发时达（100MM薄荷出口菲律宾） | 12mg/支 | 出口烟、混合型 | 发时达（硬白细支出口印度） | 6mg/支 | 出口烟、混合型、2018年新产品 |

## 湖北中烟工业有限责任公司

| 品 牌 | 规 格 | 焦油量 | 备 注 | 规 格 | 焦油量 | 备 注 |
|---|---|---|---|---|---|---|
| 黄鹤楼☆★ | 黄鹤楼（软珍品） | 8mg/支 | 一类烟 | 黄鹤楼（硬为了谁） | 6mg/支 | 一类烟、高价位卷烟 |
| | 黄鹤楼（硬游泳） | 10mg/支 | 一类烟 | 黄鹤楼（硬红景天） | 6mg/支 | 一类烟、高价位卷烟 |
| | 黄鹤楼（硬峡谷情） | 10mg/支 | 一类烟 | 黄鹤楼（硬 15） | 10mg/支 | 一类烟、高价位卷烟 |
| | 黄鹤楼（硬知音） | 11mg/支 | 一类烟 | 黄鹤楼（硬漫天游） | 10mg/支 | 一类烟、高价位卷烟 |
| | 黄鹤楼（硬珍品） | 8mg/支 | 一类烟 | 黄鹤楼（硬攀登） | 7mg/支 | 一类烟、高价位卷烟 |
| | 黄鹤楼（硬论道） | 8mg/支 | 一类烟 | 黄鹤楼（硬天骄圣地） | 10mg/支 | 一类烟、高价位卷烟 |
| | 黄鹤楼（硬峡谷柔情） | 10mg/支 | 一类烟 | 黄鹤楼（硬平安） | 8mg/支 | 一类烟、高价位卷烟、细支烟 |
| | 黄鹤楼（硬好运） | 11mg/支 | 一类烟 | 黄鹤楼（硬天骄圣地细支） | 8mg/支 | 一类烟、细支烟 |
| | 黄鹤楼（硬大彩） | 6mg/支 | 一类烟 | 黄鹤楼（硬峡谷情细支） | 8mg/支 | 一类烟、细支烟 |
| | 黄鹤楼（硬奇景） | 10mg/支 | 一类烟 | 黄鹤楼（硬圣火） | 6mg/支 | 一类烟、细支烟 |
| | 黄鹤楼（软红） | 8mg/支 | 一类烟 | 黄鹤楼（硬生态） | 8mg/支 | 一类烟、细支烟 |
| | 黄鹤楼（软永光） | 10mg/支 | 一类烟 | 黄鹤楼（硬嘉禧缘） | 10mg/支 | 一类烟、细支烟 |
| | 黄鹤楼（软雅韵） | 8mg/支 | 一类烟 | 黄鹤楼（硬天下胜景） | 8mg/支 | 一类烟、细支烟 |
| | 黄鹤楼（硬雅韵） | 8mg/支 | 一类烟 | 黄鹤楼（软鸿运） | 11mg/支 | 二类烟 |
| | 黄鹤楼（软三口品） | 8mg/支 | 一类烟 | 黄鹤楼（硬金砂） | 8mg/支 | 二类烟 |
| | 黄鹤楼（硬雅香） | 11mg/支 | 一类烟 | 黄鹤楼（硬 8 度） | 10mg/支 | 二类烟 |
| | 黄鹤楼（硬红） | 8mg/支 | 一类烟 | 黄鹤楼（硬万年红） | 10mg/支 | 二类烟 |
| | 黄鹤楼（硬蓝） | 11mg/支 | 一类烟 | 黄鹤楼（硬南洋叁号） | 11mg/支 | 二类烟 |
| | 黄鹤楼（硬祝福） | 10mg/支 | 一类烟 | 黄鹤楼（硬金砂龙烟） | 11mg/支 | 二类烟 |
| | 黄鹤楼（软蓝） | 11mg/支 | 一类烟 | 黄鹤楼（硬银紫） | 10mg/支 | 二类烟 |
| | 黄鹤楼（软 1916） | 10mg/支 | 一类烟、高价位卷烟 | 黄鹤楼（天下名楼） | 8mg/支 | 二类烟、细支烟 |
| | 黄鹤楼（硬 1916） | 10mg/支 | 一类烟、高价位卷烟 | 黄鹤楼（硬雪之景） | 11mg/支 | 二类烟、雪茄型 |
| | 黄鹤楼（硬感恩） | 8mg/支 | 一类烟、高价位卷烟 | 黄鹤楼（软雪之景） | 11mg/支 | 二类烟、雪茄型 |
| 红金龙△ | 红金龙（硬金爱你） | 8mg/支 | 二类烟 | 红金龙（硬蓝爱你） | 8mg/支 | 三类烟、细支烟 |
| | 红金龙（硬爱你爆珠） | 8mg/支 | 二类烟 | 红金龙（软红九州腾龙） | 10mg/支 | 四类烟 |
| | 红金龙（硬红火之舞） | 11mg/支 | 三类烟 | 红金龙（硬新版） | 10mg/支 | 四类烟 |
| | 红金龙（软精品） | 11mg/支 | 三类烟 | 红金龙（硬红龙） | 11mg/支 | 四类烟、雪茄型 |
| | 红金龙（硬富贵） | 10mg/支 | 三类烟 | 红金龙（硬红） | 10mg/支 | 四类烟 |
| | 红金龙（硬福满多） | 11mg/支 | 三类烟 | 红金龙（软蓝九州腾龙） | 10mg/支 | 四类烟 |
| | 红金龙（硬爱你） | 10mg/支 | 三类烟 | 红金龙（软双龙） | 10mg/支 | 四类烟 |
| | 红金龙（硬黄佳品） | 10mg/支 | 三类烟 | 红金龙（硬虹之彩） | 9mg/支 | 四类烟 |
| | 红金龙（硬神州腾龙） | 9mg/支 | 三类烟 | 红金龙（硬喜） | 9mg/支 | 五类烟 |
| | 红金龙（硬佳品） | 9mg/支 | 三类烟 | 红金龙（软虹之彩） | 9mg/支 | 五类烟 |
| 双喜☆★ | 双喜（百年红） | 10mg/支 | 一类烟 | | | |

## 湖南中烟工业有限责任公司

| 品 牌 | 规 格 | 焦油量 | 备 注 | 规 格 | 焦油量 | 备 注 |
|---|---|---|---|---|---|---|
| 芙蓉王 | 芙蓉王（钻石） | 10mg/支 | 一类烟 | 芙蓉王（硬匠心手作） | 10mg/支 | 一类烟、2018年新产品 |
| | 芙蓉王（软蓝） | 10mg/支 | 一类烟 | 芙蓉王（蓝） | 10mg/支 | 一类烟 |
| | 芙蓉王（硬蓝闪） | 9mg/支 | 一类烟 | 芙蓉王（硬） | 11mg/支 | 一类烟 |
| | 芙蓉王（蔚蓝星空） | 8mg/支 | 一类烟 | 芙蓉王（硬闪带75mm） | 8mg/支 | 一类烟 |
| | 芙蓉王（硬红带） | 10mg/支 | 一类烟 | 芙蓉王（软黄） | 8mg/支 | 一类烟 |
| | 芙蓉王（硬75mm） | 9mg/支 | 一类烟 | 芙蓉王（硬蓝新版） | 10mg/支 | 一类烟 |
| | 芙蓉王（硬新版） | 10mg/支 | 一类烟 | 芙蓉王（硬红带细支） | 8mg/支 | 一类烟 |
| | 芙蓉王（硬闪带细支） | 8mg/支 | 一类烟 | 芙蓉王（硬细支） | 8mg/支 | 一类烟 |
| | 芙蓉王（硬蓝细支） | 8mg/支 | 一类烟、2018年新产品 | 芙蓉王（硬领航） | 9mg/支 | 一类烟、2018年新产品 |
| 白沙 | 白沙（和天下） | 11mg/支 | 一类烟 | 白沙（硬精品三代） | 10mg/支 | 二类烟 |
| | 白沙（软和天下） | 10mg/支 | 一类烟 | 白沙（硬红运当头） | 10mg/支 | 二类烟 |
| | 白沙（硬细支和天下） | 7mg/支 | 一类烟 | 白沙（硬蓝尚品） | 10mg/支 | 二类烟 |
| | 白沙（硬和天下尊享） | 10mg/支 | 一类烟 | 白沙（红和） | 6mg/支 | 三类烟 |
| | 白沙（硬和气生财） | 11mg/支 | 一类烟 | 白沙（硬新精品二代） | 10mg/支 | 三类烟 |
| | 白沙（硬新和气生财细支） | 8mg/支 | 一类烟、2018年新产品 | 白沙（精品二代） | 10mg/支 | 三类烟 |
| | 白沙（软和天下檀香） | 11mg/支 | 一类烟 | 白沙（绿和） | 10mg/支 | 三类烟 |
| | 白沙（珍品） | 10mg/支 | 一类烟 | 白沙（硬） | 10mg/支 | 三类烟 |
| | 白沙（硬白细支） | 6mg/支 | 一类烟 | 白沙（软） | 10mg/支 | 三类烟 |
| | 白沙（硬天天向上细支） | 8mg/支 | 二类烟 | 白沙（精品） | 8mg/支 | 三类烟 |
| 芙蓉 | 芙蓉（软红） | 11mg/支 | 五类烟 | | | |
| 相思鸟 | 相思鸟（软） | 11mg/支 | 五类烟 | | | |

## 广东中烟工业有限责任公司

| 品 牌 | 规 格 | 焦油量 | 备 注 | 规 格 | 焦油量 | 备 注 |
|---|---|---|---|---|---|---|
| 双喜☆★ | 双喜（大国喜） | 10mg/支 | 一类烟 | 双喜（珍藏出口） | 8mg/支 | 一类烟、出口烟 |
| | 双喜（硬紫红玫王） | 10mg/支 | 一类烟 | 双喜（和喜） | 10mg/支 | 二类烟 |
| | 双喜（百年红） | 10mg/支 | 一类烟 | 双喜（软经典1906） | 10mg/支 | 二类烟 |
| | 双喜（百年经典） | 10mg/支 | 一类烟 | 双喜（硬经典1906） | 10mg/支 | 二类烟 |
| | 双喜（喜百年） | 10mg/支 | 一类烟 | 双喜（硬蓝红玫王） | 8mg/支 | 二类烟 |
| | 双喜（硬逸品） | 8mg/支 | 一类烟 | 双喜（传奇） | 10mg/支 | 二类烟 |
| | 双喜（软红五叶神） | 11mg/支 | 一类烟 | 双喜（花悦） | 8mg/支 | 二类烟、细支烟、2018年改造 |
| | 双喜（硬世纪经典） | 10mg/支 | 一类烟 | 双喜（金01） | 10mg/支 | 二类烟、短支烟 |
| | 双喜（经典工坊） | 10mg/支 | 一类烟 | 双喜（硬经典） | 11mg/支 | 三类烟 |
| | 双喜（硬红五叶神） | 11mg/支 | 一类烟 | 双喜（硬金五叶神） | 11mg/支 | 三类烟 |

续表

| 品 牌 | 规 格 | 焦油量 | 备 注 | 规 格 | 焦油量 | 备 注 |
|---|---|---|---|---|---|---|
| 双喜☆★ | 双喜（盛世） | 6mg/支 | 一类烟 | 双喜（软蓝红玫王） | 8mg/支 | 三类烟 |
| | 双喜（红国喜） | 10mg/支 | 一类烟 | 双喜（软经典） | 11mg/支 | 三类烟 |
| | 双喜（硬珍藏） | 10mg/支 | 一类烟 | 双喜（硬01） | 11mg/支 | 三类烟 |
| | 双喜（春天1979） | 10mg/支 | 一类烟 | 双喜（硬） | 11mg/支 | 三类烟 |
| | 双喜（龙） | 10mg/支 | 一类烟 | 双喜（硬红玫王） | 8mg/支 | 三类烟 |
| | 双喜（五叶神金尊） | 10g/支 | 一类烟 | 双喜（软01） | 11mg/支 | 三类烟 |
| | 双喜（国喜细支） | 10mg/支 | 一类烟、细支烟 | 双喜（软国际） | 11mg/支 | 三类烟 |
| | 双喜（金国喜） | 10mg/支 | 一类烟、细支烟 | 双喜（软） | 11mg/支 | 三类烟 |
| | 双喜（珍藏） | 8mg/支 | 一类烟、短支细 | 双喜（莲香） | 10mg/支 | 三类烟 |
| | 双喜（红邮喜） | 10mg/支 | 一类烟、中支烟 | 双喜（硬出口） | 11mg/支 | 三类烟、出口烟 |
| | 双喜（沉香） | 10mg/支 | 一类烟、中支烟、2018年底停产 | 双喜（硬经典出口） | 11mg/支 | 三类烟、出口烟 |
| 红玫 | 红玫（硬金） | 11mg/支 | 四类烟 | 红玫（软） | 11mg/支 | 五类烟 |
| 椰树 | 椰树（硬） | 11mg/支 | 四类烟 | 椰树（软） | 11mg/支 | 五类烟 |
| 羊城 | 羊城（软红） | 11mg/支 | 五类烟、混合型 | | | |

## 广西中烟工业有限责任公司

| 品 牌 | 规 格 | 焦油量 | 备 注 | 规 格 | 焦油量 | 备 注 |
|---|---|---|---|---|---|---|
| 真龙△ | 真龙（神韵） | 10mg/支 | 一类烟 | 真龙（中国龙） | 8mg/支 | 一类烟、短支烟 |
| | 真龙（海韵） | 11mg/支 | 一类烟 | 真龙（轩云） | 11mg/支 | 二类烟 |
| | 真龙（今世缘） | 10mg/支 | 一类烟 | 真龙（馨云） | 8mg/支 | 二类烟 |
| | 真龙（龙天下） | 10mg/支 | 一类烟 | 真龙（致青春） | 8mg/支 | 二类烟 |
| | 真龙（壮丽） | 10mg/支 | 一类烟 | 真龙（祥云） | 11mg/支 | 二类烟 |
| | 真龙（起源） | 11mg/支 | 一类烟 | 真龙（状元） | 10mg/支 | 二类烟、2018年新产品 |
| | 真龙（鸿韵） | 11mg/支 | 一类烟 | 真龙（凌云） | 8mg/支 | 二类烟、细支烟 |
| | 真龙（佳韵） | 11mg/支 | 一类烟 | 真龙（锦绣） | 10mg/支 | 三类烟 |
| | 真龙（硬赞歌） | 10mg/支 | 一类烟、高价位卷烟、中支烟、2018年新产品 | 真龙（珍品） | 11mg/支 | 三类烟 |
| | 真龙（巴马天成） | 6mg/支 | 一类烟、高价位卷烟 | 真龙（天翔） | 11mg/支 | 三类烟 |
| | 真龙（软海韵） | 10mg/支 | 一类烟、高价位卷烟 | 真龙（甲天下） | 8mg/支 | 三类烟 |
| | 真龙（海韵细支） | 8mg/支 | 一类烟、高价位卷烟、细支烟 | 真龙（软娇子） | 10mg/支 | 三类烟 |
| | 真龙（燃情时光） | 8mg/支 | 一类烟、细支烟 | 真龙（经典红） | 10mg/支 | 三类烟、2018年新产品 |
| | 真龙（美人香草） | 6mg/支 | 一类烟、细支烟、爆珠烟 | 真龙（娇子） | 10mg/支 | 四类烟 |
| | 真龙（晶钻刘三姐） | 6mg/支 | 一类烟、细支烟、爆珠烟 | | | |
| 甲天下 | 甲天下（山水） | 8mg/支 | 五类烟 | | | |

## 重庆中烟工业有限责任公司

| 品 牌 | 规 格 | 焦油量 | 备 注 | 规 格 | 焦油量 | 备 注 |
|---|---|---|---|---|---|---|
| 天子△ | 天子（1997） | 10mg/支 | 一类烟 | 天子（壹号） | 11mg/支 | 一类烟、高价位卷烟 |
| | 天子（软黄） | 11mg/支 | 一类烟 | 天子（重庆 20 年） | 11mg/支 | 一类烟、双爆珠、高价位卷烟 |
| | 天子（千里江山） | 11mg/支 | 一类烟 | 天子（千里江山中支） | 9mg/支 | 一类烟、中支烟、高价位卷烟、2018 年新产品 |
| | 天子（金） | 11mg/支 | 一类烟 | 天子（细支传奇） | 6mg/支 | 一类烟、细支烟 |
| | 天子（小天子） | 11mg/支 | 一类烟 | 天子（千里江山细支） | 8mg/支 | 一类烟、细支烟、爆珠烟 |
| | 天子（红） | 10mg/支 | 一类烟 | 天子（中支） | 10mg/支 | 一类烟、中支烟、2018 年新产品 |
| | 天子（重庆红） | 11mg/支 | 一类烟 | 天子（五粮香 30 年） | 11mg/支 | 一类烟、爆珠烟 |
| | 天子（新时代） | 10mg/支 | 一类烟、2018 年新产品 | 天子（五粮香 20 年） | 11mg/支 | 一类烟、爆珠烟 |
| | 天子（传奇） | 10mg/支 | 一类烟、高价位卷烟 | 天子（中国心中支） | 10mg/支 | 一类烟、中支烟、爆珠烟、2018 年新产品 |
| 龙凤呈祥△ | 龙凤呈祥（硬道理） | 10mg/支 | 一类烟 | 龙凤呈祥（吉祥如意） | 10mg/支 | 三类烟 |
| | 龙凤呈祥（硬珍品） | 11mg/支 | 一类烟 | 龙凤呈祥（花开富贵） | 11mg/支 | 三类烟 |
| | 龙凤呈祥（蝶恋花） | 9mg/支 | 一类烟、短支烟 | 龙凤呈祥（硬喜庆新） | 10mg/支 | 三类烟 |
| | 龙凤呈祥（国色天香） | 8mg/支 | 一类烟、中细支 | 龙凤呈祥（硬世纪朝天门） | 10mg/支 | 三类烟 |
| | 龙凤呈祥（百年好合） | 10mg/支 | 二类烟 | 龙凤呈祥（硬遇见） | 10mg/支 | 三类烟、2018 年新产品 |
| | 龙凤呈祥（硬） | 11mg/支 | 二类烟 | 龙凤呈祥（佳品） | 10mg/支 | 四类烟 |
| | 龙凤呈祥（盛世） | 10mg/支 | 二类烟、2018 年新产品 | 龙凤呈祥（鸿运朝天门） | 11mg/支 | 四类烟 |
| | 龙凤呈祥（遇见） | 8mg/支 | 二类烟、细支烟 | 龙凤呈祥（畅行天下） | 10mg/支 | 四类烟 |
| | 龙凤呈祥（软魅力朝天门） | 11mg/支 | 三类烟 | | | |
| 宏声 | 宏声（精品） | 10mg/支 | 四类烟 | 宏声（硬） | 10mg/支 | 五类烟 |
| | 宏声（软特） | 10mg/支 | 四类烟 | 宏声（软蓝） | 10mg/支 | 五类烟 |

## 四川中烟工业有限责任公司

| 品 牌 | 规 格 | 焦油量 | 备 注 | 规 格 | 焦油量 | 备 注 |
|---|---|---|---|---|---|---|
| 娇子△ | 娇子（精品） | 10mg/支 | 一类烟 | 娇子（五粮醇香） | 10mg/支 | 一类烟 |
| | 娇子（宽窄如意） | 10mg/支 | 一类烟 | 娇子（宽窄五粮醇香） | 10mg/支 | 一类烟、出口烟 |
| | 娇子（宽窄如意出口） | 10mg/支 | 一类烟、出口烟 | 娇子（X 玫瑰） | 6mg/支 | 一类烟、中支烟、爆珠烟 |
| | 娇子（宽窄好运） | 10mg/支 | 一类烟 | 娇子（宽窄五粮浓香中支） | 10mg/支 | 一类烟、中支烟、爆珠烟、出口烟 |
| | 娇子（宽窄好运出口） | 10mg/支 | 一类烟、出口烟 | 娇子（X 冰爆） | 6mg/支 | 一类烟、中支烟、爆珠烟、出口烟 |
| | 娇子（梦幻九寨） | 10mg/支 | 一类烟 | 娇子（五粮浓香中支） | 10mg/支 | 一类烟、中支烟、爆珠烟 |
| | 娇子（茶韵） | 11mg/支 | 一类烟 | 娇子（青海湖侧旋） | 11mg/支 | 一类烟、爆珠烟 |
| | 娇子（祥云） | 10mg/支 | 一类烟 | 娇子（软祥云） | 11mg/支 | 一类烟、爆珠烟 |

续表

| 品 牌 | 规 格 | 焦油量 | 备 注 | 规 格 | 焦油量 | 备 注 |
|---|---|---|---|---|---|---|
| 娇子△ | 娇子（天娇） | 8mg/支 | 一类烟、出口烟 | 娇子（格调短支） | 10mg/支 | 一类烟、短支烟 |
| | 娇子（精品） | 10mg/支 | 一类烟、出口烟 | 娇子（宽窄平安中支） | 10mg/支 | 一类烟、中支烟 |
| | 娇子（祥云出口） | 10mg/支 | 一类烟、出口烟 | 娇子（格调） | 8mg/支 | 一类烟、中支烟 |
| | 娇子（红韵新） | 10mg/支 | 一类烟、高价位卷烟 | 娇子（红） | 11mg/支 | 二类烟 |
| | 娇子（清甜香） | 11mg/支 | 一类烟、高价位卷烟 | 娇子（金格调） | 8mg/支 | 二类烟 |
| | 娇子（宽窄逍遥细支） | 8mg/支 | 一类烟、高价位卷烟、细支烟、爆珠烟 | 娇子（黑） | 11mg/支 | 二类烟 |
| | 娇子（宽窄自在） | 9mg/支<br>8mg/支 | 一类烟、高价位卷烟、一半细支烟、爆珠烟 | 娇子（蓝） | 11mg/支 | 二类烟 |
| | 娇子（宽窄自在出口） | 9mg/支<br>8mg/支 | 一类烟、高价位卷烟、一半细支卷烟、爆珠烟、出口烟 | 娇子（格调细支） | 8mg/支 | 二类烟、细支烟 |
| | 娇子（宽窄逍遥） | 10mg/支 | 一类烟、高价位卷烟、爆珠烟 | 娇子（青海湖纯净） | 8mg/支 | 二类烟、细支烟 |
| | 娇子（宽窄逍遥出口） | 10mg/支 | 一类烟、高价位卷烟、爆珠烟、出口烟 | 娇子（赛江南） | 8mg/支 | 二类烟、中支烟 |
| | 娇子（宽窄） | 8mg/支 | 一类烟、高价位卷烟、爆珠烟 | 娇子（红芙蓉） | 11mg/支 | 三类烟 |
| | 娇子（五粮浓香细支） | 10mg/支 | 一类烟、细支烟 | 娇子（软阳光） | 11mg/支 | 三类烟 |
| | 娇子（龙涎香细支） | 5mg/支 | 一类烟、细支烟、爆珠烟 | 娇子（凉烟） | 11mg/支 | 三类烟 |
| | 娇子（龙涎香细支出口） | 5mg/支 | 一类烟、细支烟爆珠烟、出口烟 | 娇子（X） | 6mg/支 | 三类烟 |
| | 娇子（X龙韵） | 7mg/支 | 一类烟、细支烟 | 娇子（新概念） | 8mg/支 | 三类烟 |
| | 娇子（X生肖） | 6mg/支 | 一类烟、细支烟、爆珠烟 | 娇子（绿时代阳光） | 9mg/支 | 三类烟 |
| | 娇子（X生肖出口） | 6mg/支 | 一类烟、细支烟、爆珠烟、出口烟 | 娇子（时代阳光） | 11mg/支 | 三类烟 |
| | 娇子（宽窄好运细支） | 8mg/支 | 一类烟、细支烟、爆珠烟 | 娇子（蓝时代） | 8mg/支 | 三类烟 |
| | 娇子（宽窄好运细支出口） | 8mg/支 | 一类烟、细支烟、爆珠烟、出口烟 | 娇子（红格调） | 10mg/支 | 三类烟 |
| | 娇子（软金天娇） | 10mg/支 | 一类烟、短支烟 | | | |
| 天下秀 | 天下秀（红名品） | 9mg/支 | 四类烟 | 天下秀（金） | 11mg/支 | 四类烟 |
| | 天下秀（佳品） | 11mg/支 | 四类烟 | | | |
| 五牛 | 五牛（硬绿新） | 11mg/支 | 五类烟 | | | |
| 长城 | 长城（传奇） | 11mg/支 | 一类烟、雪茄型 | 长城（万里长城） | 10mg/支 | 一类烟、雪茄型 |
| 狮牌 | 狮牌（锦绣成都） | 10mg/支 | 三类烟、雪茄型 | | | |

## 贵州中烟工业有限责任公司

| 品 牌 | 规 格 | 焦油量 | 备 注 | 规 格 | 焦油量 | 备 注 |
|---|---|---|---|---|---|---|
| 贵烟☆★ | 贵烟（福） | 10mg/支 | 一类烟 | 贵烟（跨越） | 7mg/支 | 一类烟、细支烟、爆珠烟 |
| | 贵烟（硬小国酒香） | 10mg/支 | 一类烟 | 贵烟（魔力） | 8mg/支 | 一类烟、细支烟、爆珠烟 |

续表

| 品　牌 | 规　格 | 焦油量 | 备　注 | 规　格 | 焦油量 | 备　注 |
|---|---|---|---|---|---|---|
| 贵烟☆★ | 贵烟（软高遵） | 10mg/支 | 一类烟 | 贵烟（细支行者） | 7mg/支 | 一类烟、细支烟、爆珠烟、2018 年新产品 |
| | 贵烟（玉液 2 号） | 11mg/支 | 一类烟 | 贵烟（行者） | 10mg/支 | 一类烟、短支烟、爆珠烟 |
| | 贵烟（硬高遵） | 11mg/支 | 一类烟 | 贵烟（小国酒香） | 10mg/支 | 一类烟、爆珠烟 |
| | 贵烟（洞藏成香） | 11mg/支 | 一类烟 | 贵烟（甜乡洞藏） | 10mg/支 | 二类烟 |
| | 贵烟（玉液 1 号） | 10mg/支 | 一类烟 | 贵烟（喜） | 11mg/支 | 二类烟 |
| | 贵烟（蓝色的爱） | 11mg/支 | 一类烟 | 贵烟（萃） | 8mg/支 | 二类烟、细支烟、爆珠烟 |
| | 贵烟（盛世） | 10mg/支 | 一类烟、高价位卷烟 | 贵烟（硬黄精品） | 11mg/支 | 三类烟 |
| | 贵烟（扁盒印第安火种） | 11mg/支 | 一类烟、高价位卷烟 | 贵烟（新贵） | 10mg/支 | 三类烟 |
| | 贵烟（细支国酒香 30） | 6mg/支 | 一类烟、高价位卷烟、细支烟、爆珠烟 | 贵烟（金百合） | 10mg/支 | 三类烟 |
| | 贵烟（国酒香 30） | 10mg/支 | 一类烟、高价位卷烟、爆珠烟 | | | |
| 黄果树 | 黄果树（佳遵） | 11mg/支 | 三类烟 | 黄果树（长征） | 10mg/支 | 四类烟 |
| | 黄果树（长征红星照耀） | 10mg/支 | 三类烟 | 黄果树（佳品） | 10mg/支 | 四类烟 |
| | 黄果树（蓝佳品） | 10mg/支 | 三类烟 | 黄果树（软） | 10mg/支 | 五类烟 |
| 遵义 | 遵义（软） | 10mg/支 | 五类烟 | | | |

注："贵烟（国酒香 30）""贵烟（小国酒香）""贵烟（玉液 1 号）""贵烟（硬黄精品）""黄果树（长征）""贵烟（金时代）"同时供出口。

## 云南中烟工业有限责任公司

| 品　牌 | 规　格 | 焦油量 | 备　注 | 规　格 | 焦油量 | 备　注 |
|---|---|---|---|---|---|---|
| 玉溪☆★ | 玉溪（软小庄园） | 8mg/支 | 一类烟 | 玉溪（硬出口） | 10mg/支 | 一类烟、出口烟 |
| | 玉溪（软） | 11mg/支 | 一类烟 | 玉溪（硬金 HK） | 11mg/支 | 一类烟、出口烟 |
| | 玉溪（初心） | 10mg/支 | 一类烟 | 玉溪（硬金出口） | 11mg/支 | 一类烟、出口烟 |
| | 玉溪（硬和谐） | 10mg/支 | 一类烟 | 玉溪（硬扁出口 TWDF） | 10mg/支 | 一类烟、出口烟 |
| | 玉溪（软尚善） | 10mg/支 | 一类烟 | 玉溪（硬出口 MM1） | 10mg/支 | 一类烟、出口烟 |
| | 玉溪（硬） | 10mg/支 | 一类烟 | 玉溪（硬扁出口 VNDF） | 10mg/支 | 一类烟、出口烟 |
| | 玉溪（软阿诗玛） | 10mg/支 | 一类烟 | 玉溪（软小庄园出口 MO） | 8mg/支 | 一类烟、出口烟 |
| | 玉溪（软初心） | 10mg/支 | 一类烟 | 玉溪（软小庄园出口 TWDF） | 8mg/支 | 一类烟、出口烟 |
| | 玉溪（华叶） | 10mg/支 | 一类烟、2018 年新产品 | 玉溪（硬 DF） | 10mg/支 | 一类烟、出口烟 |
| | 玉溪（软境界） | 10mg/支 | 一类烟、高价位卷烟 | 玉溪（硬 TH） | 12mg/支 | 一类烟、出口烟 |
| | 玉溪（硬庄园 16 支） | 8mg/支 | 一类烟、短支烟、高价位卷烟 | 玉溪（硬金 DF） | 12mg/支 | 一类烟、出口烟 |
| | 玉溪（双中支翡翠） | 8mg/支 | 一类烟、中支烟、高价位卷烟、2018 年新产品 | 玉溪（硬金 US） | 11mg/支 | 一类烟、出口烟 |
| | 玉溪（中支华叶） | 8mg/支 | 一类烟、中支烟、高价位卷烟、2018 年新产品 | 玉溪（硬扁和谐出口 KRDF） | 11mg/支 | 一类烟、出口烟、2018 年新产品 |
| | 玉溪（细支庄园） | 8mg/支 | 一类烟 、细支烟 | 玉溪（SS 清香世家出口 DF） | 8mg/支 | 一类烟、出口烟、2018 年新产品 |

续表

| 品 牌 | 规 格 | 焦油量 | 备 注 | 规 格 | 焦油量 | 备 注 |
|---|---|---|---|---|---|---|
| 玉溪☆★ | 玉溪（细支阿诗玛） | 7mg/支 | 一类烟、细支烟 | 玉溪（硬扁初心出口 KRDF） | 10mg/支 | 一类烟、出口烟、2018 年新产品 |
| | 玉溪（细支清香世家） | 8mg/支 | 一类烟、细支烟 | 玉溪（软小庄园出口 KRDF） | 8mg/支 | 一类烟、出口烟、2018 年新产品 |
| | 玉溪（创客） | 8mg/支 | 一类烟、细支烟 | 玉溪（硬扁初心出口 CNDF） | 10mg/支 | 一类烟、出口烟、2018 年新产品 |
| | 玉溪（细支初心） | 8mg/支 | 一类烟、细支烟、爆珠烟 | 玉溪（硬扁和谐出口 VNDF） | 11mg/支 | 二类烟、出口烟 |
| | 玉溪（细支 108） | 8mg/支 | 一类烟、细支烟、爆珠烟、2018 年新产品 | 玉溪（硬扁境界 MO） | 10mg/支 | 二类烟、出口烟 |
| | 玉溪（108） | 8mg/支 | 一类烟、短支烟 | 玉溪（硬 PE） | 10mg/支 | 三类烟、出口烟 |
| | 玉溪（中支阿诗玛） | 8mg/支 | 一类烟、中支烟、2018 年新产品 | 玉溪（硬扁 MO） | 10mg/支 | 三类烟、出口烟 |
| | 玉溪（中支和谐） | 8mg/支 | 一类烟、中支烟、爆珠烟、2018 年新产品 | 玉溪（硬 AU1） | 10mg/支 | 三类烟、出口烟 |
| | 玉溪（高配版） | 10mg/支 | 一类烟、爆珠烟 | 玉溪（硬 MO） | 10mg/支 | 三类烟、出口烟 |
| | 玉溪（硬金） | 10mg/支 | 一类烟、爆珠烟、2018 年新产品 | 玉溪（硬扁 TH） | 10mg/支 | 三类烟、出口烟 |
| | 玉溪（硬出口 MM） | 10mg/支 | 一类烟、出口烟 | 玉溪（硬扁和谐 MO） | 11mg/支 | 三类烟、出口烟 |
| | 玉溪（硬和谐 CNDFL） | 8mg/支 | 一类烟、出口烟 | 玉溪（硬扁出口） | 10mg/支 | 三类烟、出口烟 |
| | 玉溪（硬 LA） | 10mg/支 | 一类烟、出口烟 | 玉溪（硬扁出口 KRDF） | 10mg/支 | 三类烟、出口烟、2018 年新产品 |
| | 玉溪（硬 HK） | 10mg/支 | 一类烟、出口烟 | 玉溪（硬扁铂金出口 KRDF） | 10mg/支 | 三类烟、出口烟、2018 年新产品 |
| | 玉溪（硬 HKDNP） | 10mg/支 | 一类烟、出口烟 | 玉溪（硬 LA1） | 10mg/支 | 四类烟、出口烟、2018 年新产品 |
| 云烟☆★ | 云烟（印象烟庄） | 8mg/支 | 一类烟 | 云烟（软礼印象） | 10mg/支 | 一类烟、高价位卷烟 |
| | 云烟（软印象烟庄） | 8mg/支 | 一类烟 | 云烟（细支大重九） | 8mg/支 | 一类烟、细支烟、高价位卷烟 |
| | 云烟（软珍品 zj） | 11mg/支 | 一类烟 | 云烟（中支大重九） | 9mg/支 | 一类烟、中支烟、高价位卷烟、2018 年新产品 |
| | 云烟（软珍品红韵） | 10mg/支 | 一类烟 | 云烟（神秘花园） | 8mg/支 | 一类烟、细支烟 |
| | 云烟（小熊猫） | 10mg/支 | 一类烟 | 云烟（84mm 细支祥瑞） | 7mg/支 | 一类烟、细支烟 |
| | 云烟（绿呼伦贝尔） | 11mg/支 | 一类烟 | 云烟（细支珍品） | 8mg/支 | 一类烟、细支烟 |
| | 云烟（印象） | 10mg/支 | 一类烟 | 云烟（84mm 细支雪域） | 7mg/支 | 一类烟、细支烟 |
| | 云烟（雪域） | 10mg/支 | 一类烟 | 云烟（74mm 大团结） | 10mg/支 | 一类烟、短支烟 |
| | 云烟（乌镇之恋） | 10mg/支 | 一类烟 | 云烟（七彩印象） | 10mg/支 | 一类烟、中支烟 |
| | 云烟（软珍品） | 11mg/支 | 一类烟 | 云烟（小熊猫家园） | 10mg/支 | 一类烟、中支烟 |
| | 云烟（呼伦贝尔碧草云天） | 10mg/支 | 一类烟 | 云烟（中支天眼） | 9mg/支 | 一类烟、中支烟、2018 年新产品 |
| | 云烟（软珍红钻） | 10mg/支 | 一类烟、2018 年新产品 | 云烟（中支金腰带） | 9mg/支 | 一类烟、中支烟、2018 年新产品 |
| | 云烟（小云端） | 10mg/支 | 一类烟、高价位卷烟 | 云烟（中支塞上好江南） | 9mg/支 | 一类烟、中支烟、2018 年新产品 |
| | 云烟（9+1 大重九） | 8mg/支 | 一类烟、高价位卷烟 | 云烟（百味人生） | 10mg/支 | 一类烟、爆珠烟 |
| | 云烟（云端） | 10mg/支 | 一类烟、高价位卷烟 | 云烟（黑金刚印象） | 10mg/支 | 一类烟、中支烟、爆珠烟、2018 年新产品 |
| | 云烟（硬紫 MM） | 8mg/支 | 一类烟、高价位卷烟 | 云烟（百味人生出口 KRDF） | 10mg/支 | 一类烟、爆珠烟、出口烟、2018 年新产品 |

续表

| 品牌 | 规格 | 焦油量 | 备注 | 规格 | 焦油量 | 备注 |
|---|---|---|---|---|---|---|
| 云烟☆★ | 云烟（硬大重九出口 TWDF） | 8mg/支 | 一类烟、出口烟 | 云烟（软如意） | 8mg/支 | 三类烟 |
| | 云烟（百味人生出口 CNDF） | 10mg/支 | 一类烟、出口烟 | 云烟（紫） | 10mg/支 | 三类烟 |
| | 云烟（软珍品出口 MM1） | 11mg/支 | 一类烟、出口烟 | 云烟（福） | 10mg/支 | 三类烟 |
| | 云烟（软珍品 THDF） | 11mg/支 | 一类烟、出口烟 | 云烟（软紫） | 8mg/支 | 三类烟 |
| | 云烟（硬大重九出口 MO） | 8mg/支 | 一类烟、出口烟 | 云烟（红） | 10mg/支 | 三类烟 |
| | 云烟（软珍品 ZA） | 11mg/支 | 一类烟、出口烟 | 云烟（软珍品 MO） | 11mg/支 | 三类烟、出口烟 |
| | 云烟（软珍品 HK） | 11mg/支 | 一类烟、出口烟 | 云烟（软珍品出口） | 11mg/支 | 三类烟、出口烟 |
| | 云烟（软珍品 TW） | 10mg/支 | 一类烟、出口烟 | 云烟（软珍品 JY） | 11mg/支 | 三类烟、出口烟 |
| | 云烟（百味人生出口 DF） | 10mg/支 | 一类烟、出口烟 | 云烟（紫 JY 秘鲁版） | 11mg/支 | 三类烟、出口烟 |
| | 云烟（软珍品出口 MM） | 11mg/支 | 一类烟、出口烟 | 云烟（软如意 ZA） | 8mg/支 | 三类烟、出口烟 |
| | 云烟（软珍品 VNDF） | 11mg/支 | 一类烟、出口烟 | 云烟（硬朱砂红 XX） | 11mg/支 | 三类烟、出口烟 |
| | 云烟（软珍品 TH） | 11mg/支 | 一类烟、出口烟 | 云烟（硬朱砂红 MM） | 11mg/支 | 三类烟、出口烟 |
| | 云烟（软珍品 GE） | 11mg/支 | 一类烟、出口烟 | 云烟（朱砂红出口） | 11mg/支 | 三类烟、出口烟 |
| | 云烟（软珍品 DF） | 11mg/支 | 一类烟、出口烟 | 云烟（紫 JY） | 11mg/支 | 三类烟、出口烟 |
| | 云烟（软珍品 PE） | 11mg/支 | 一类烟、出口烟 | 云烟（软如意 XX） | 8mg/支 | 三类烟、出口烟 |
| | 云烟（M 印象烟庄出口 DF） | 8mg/支 | 一类烟、出口烟、2018 年新产品 | 云烟（硬紫 MM） | 10mg/支 | 三类烟、出口烟 |
| | 云烟（硬大重九出口 KRDF） | 8mg/支 | 一类烟、出口烟、2018 年新产品 | 云烟（紫 LA） | 11mg/支 | 三类烟、出口烟 |
| | 云烟（软珍品出口 KRDF） | 11mg/支 | 一类烟、出口烟、2018 年新产品 | 云烟（硬朱砂红 KRDF） | 11mg/支 | 三类烟、出口烟、2018 年新产品 |
| | 云烟（硬云龙） | 10mg/支 | 二类烟 | 云烟（硬珍品出口） | 12mg/支 | 四类烟、出口烟 |
| | 云烟（细支云龙） | 8mg/支 | 二类烟、细支烟 | 云烟（红 JY） | 10mg/支 | 四类烟、出口烟 |
| | 云烟（印象出口） | 10mg/支 | 二类烟、出口烟 | 云烟（8mg 软如意出口） | 8mg/支 | 四类烟、出口烟 |
| | 云烟（印象出口 TW） | 10mg/支 | 二类烟、出口烟 | 云烟（紫 JY 印尼有税版） | 11mg/支 | 四类烟、出口烟 |
| | 云烟（印象出口 MAC） | 10mg/支 | 二类烟、出口烟 | 云烟（软如意 JY） | 8mg/支 | 四类烟、出口烟 |
| | 云烟（印象出口 HK） | 10mg/支 | 二类烟、出口烟 | 云烟（紫出口） | 11mg/支 | 四类烟、出口烟 |
| 红塔山☆★ | 红塔山（硬经典二代） | 10mg/支 | 二类烟 | 红塔山（硬经典 100） | 10mg/支 | 三类烟 |
| | 红塔山（硬恭贺新禧） | 10mg/支 | 二类烟 | 红塔山（硬经典） | 10mg/支 | 三类烟 |
| | 红塔山（硬传奇） | 10mg/支 | 二类烟、2018 年新产品 | 红塔山（新时代） | 10mg/支 | 三类烟、2018 年新产品 |
| | 红塔山（细支传奇） | 8mg/支 | 二类烟、细支烟 | 红塔山（硬经典 MM） | 11mg/支 | 三类烟、出口烟 |
| | 红塔山（硬 DF） | 11mg/支 | 二类烟、出口烟 | 红塔山（硬出口） | 11mg/支 | 三类烟、出口烟 |
| | 红塔山（硬铂金 KH） | 10mg/支 | 二类烟、出口烟 | 红塔山（硬 LA） | 11mg/支 | 三类烟、出口烟 |
| | 红塔山（硬扁经典出口 VNDF） | 11mg/支 | 二类烟、出口烟 | 红塔山（硬 MO） | 11mg/支 | 四类烟、出口烟 |

续表

| 品 牌 | 规 格 | 焦油量 | 备 注 | 规 格 | 焦油量 | 备 注 |
|---|---|---|---|---|---|---|
| 红塔山☆★ | 红塔山（硬金出口） | 12mg/支 | 二类烟、出口烟 | 红塔山（硬新势力 MM） | 11mg/支 | 四类烟、出口烟 |
| | 红塔山（硬新势力） | 10mg/支 | 三类烟 | 红塔山（硬扁经典 100 出口） | 11mg/支 | 四类烟、出口烟 |
| | 红塔山（硬欣经典） | 10mg/支 | 三类烟 | 红塔山（硬 LA1） | 11mg/支 | 四类烟、出口烟、2018 年新产品 |
| | 红塔山（软经典） | 10mg/支 | 三类烟 | 红塔山（软恭贺新禧 LA1） | 13mg/支 | 五类烟、出口烟、2018 年新产品 |
| | 红塔山（软新） | 8mg/支 | 三类烟 | | | |
| 红河△ | 红河（硬 V8） | 10mg/支 | 一类烟 | 红河（软甲） | 10mg/支 | 四类烟 |
| | 红河（道） | 10mg/支 | 一类烟、高价位卷烟 | 红河（硬甲 JY） | 12mg/支 | 四类烟、出口烟 |
| | 红河（去野） | 10mg/支 | 一类烟、爆珠烟 | 红河（硬 88MM） | 11mg/支 | 四类烟、出口烟 |
| | 红河（A7） | 10mg/支 | 二类烟 | 红河（硬 88JY） | 11mg/支 | 四类烟、出口烟 |
| | 红河（软 99） | 8mg/支 | 二类烟 | 红河（硬蓝 WINMM） | 12mg/支 | 五类烟、出口烟 |
| | 红河（硬 99） | 8mg/支 | 二类烟 | 红河（RIVER 红） | 12mg/支 | 五类烟、混合型、出口烟 |
| | 红河（硬金 99） | 12mg/支 | 二类烟、混合型、出口烟 | 红河（软红 WIN） | 12mg/支 | 五类烟、混合型、出口烟 |
| | 红河（硬 88） | 10mg/支 | 三类烟 | 红河（WIN 中南美洲红） | 9mg/支 | 五类烟、混合型、出口烟 |
| | 红河（小熊猫世纪风） | 10mg/支 | 三类烟 | 红河（WINBODY） | 11mg/支 | 五类烟、混合型、出口烟 |
| | 红河（软 88） | 10mg/支 | 三类烟 | 红河（硬 WIN 蓝 IN） | 9mg/支 | 五类烟、混合型、出口烟 |
| | 红河（硬） | 11mg/支 | 三类烟 | 红河（WIN 缅甸） | 12mg/支 | 五类烟、混合型、出口烟 |
| | 红河（硬甲 MM） | 11mg/支 | 三类烟、出口烟 | 红河（WIN 中南美洲） | 12mg/支 | 五类烟、混合型、出口烟 |
| | 红河（硬甲 LA） | 11mg/支 | 三类烟、出口烟 | 红河（WIN 印尼蓝） | 12mg/支 | 五类烟、混合型、出口烟 |
| | 红河（硬 88MM1） | 10mg/支 | 三类烟、出口烟 | 红河（硬红 WINZA） | 12mg/支 | 五类烟、混合型、出口烟 |
| | 红河（硬甲 SG） | 11mg/支 | 三类烟、出口烟 | | | |
| 红梅 | 红梅（硬黄） | 10mg/支 | 四类烟 | 红梅（软黄） | 10mg/支 | 四类烟 |
| | 红梅（软顺） | 10mg/支 | 四类烟 | | | |
| 雪莲 | 雪莲（软蓝） | 10mg/支 | 一类烟 | 雪莲（尚禧） | 10mg/支 | 二类烟 |
| | 雪莲（岁月） | 8mg/支 | 一类烟、高价位卷烟 | 雪莲（3000） | 8mg/支 | 二类烟、细支烟、2018 年新产品 |
| | 雪莲（细支 1960） | 8mg/支 | 一类烟、细支烟、爆珠烟、2018 年新产品 | 雪莲（蓝精品） | 10mg/支 | 三类烟 |
| | 雪莲（74mm 天韵） | 10mg/支 | 一类烟、短支烟、2018 年新产品 | | | |
| 钓鱼台 | 钓鱼台（使景泰蓝 94mm） | 6mg/支 | 一类烟、高价位卷烟 | 钓鱼台（黄景泰蓝出口 VNDF） | 8mg/支 | 一类烟、出口烟 |
| | 钓鱼台（84mm 细支） | 7mg/支 | 一类烟、细支烟 | 钓鱼天（黄景泰蓝出口 KRDF） | 8mg/支 | 一类烟、出口烟、2018 年新产品 |
| | 钓鱼台（中支） | 9mg/支 | 一类烟、中支烟、2018 年新产品 | 钓鱼台（硬蓝景浅出口 DF） | 8mg/支 | 一类烟、出口烟、2018 年新产品 |
| | 钓鱼台（黄景泰蓝出口 THDF） | 8mg/支 | 一类烟、出口烟 | 钓鱼台（黄景泰蓝出口） | 8mg/支 | 二类烟、出口烟 |

续表

| 品 牌 | 规 格 | 焦油量 | 备 注 | 规 格 | 焦油量 | 备 注 |
|---|---|---|---|---|---|---|
| 钓鱼台 | 钓鱼台（硬 SS 蓝景泰蓝 CNDF） | 8mg/支 | 一类烟、出口烟 | 钓鱼台（黄景泰蓝出口 HK） | 8mg/支 | 二类烟、出口烟 |
| | 钓鱼台（黄景泰蓝出口 SG） | 8mg/支 | 一类烟、出口烟 | 钓鱼台（黄景泰蓝出口 MAC） | 8mg/支 | 二类烟、出口烟 |
| | 钓鱼台（硬 SS 蓝景泰蓝） | 8mg/支 | 一类烟、出口烟 | 钓鱼台（黄景泰蓝出口 TW） | 8mg/支 | 二类烟、出口烟 |
| 茶花 | 茶花（94mm） | 8mg/支 | 三类烟 | | | |
| 红山茶 | 红山茶（软） | 10mg/支 | 四类烟 | | | |
| 威斯 | 威斯（软珍享） | 8mg/支 | 二类烟 | 威斯（小熊猫） | 10mg/支 | 三类烟 |
| | 威斯（硬经典） | 11mg/支 | 二类烟 | | | |
| 呼伦贝尔 | 呼伦贝尔（金戈铁马） | 8mg/支 | 一类烟 | 呼伦贝尔（天之韵） | 9mg/支 | 一类烟、中支烟、2018 年新产品 |
| | 呼伦贝尔（天堂草原） | 8mg/支 | 一类烟、细支烟 | 呼伦贝尔（草原情） | 10mg/支 | 二类烟 |
| | 呼伦贝尔（草原牧歌） | 8mg/支 | 一类烟、细支烟、2018 年新产品 | | | |
| 小熊猫 | 小熊猫（精品出口） | 10mg/支 | 三类烟、出口烟 | 小熊猫（精品出口 HK 免税版） | 10mg/支 | 三类烟、出口烟 |
| | 小熊猫（精品出口 HK） | 10mg/支 | 三类烟、出口烟 | 小熊猫（软珍品出口） | 10mg/支 | 三类烟、出口烟 |
| | 小熊猫（精品出口 MAC） | 10mg/支 | 三类烟、出口烟 | 小熊猫（精品出口 KRDF） | 10mg/支 | 三类烟、出口烟、2018 年新产品 |
| | 小熊猫（精品出口 TWDF） | 10mg/支 | 三类烟、出口烟 | 小熊猫（软珍品出口 KRDF） | 10mg/支 | 三类烟、出口烟、2018 年新产品 |
| | 小熊猫（新精品出口 AU） | 10mg/支 | 三类烟、出口烟 | | | |
| 阿诗玛 | 阿诗玛（硬 DF4） | 7mg/支 | 一类烟、细支烟、出口烟 | 阿诗玛（硬扁出口 CNDF） | 9mg/支 | 四类烟、出口烟 |
| | 阿诗玛（软 LA） | 13mg/支 | 三类烟、出口烟 | 阿诗玛（硬扁出口 MEADF） | 9mg/支 | 四类烟、出口烟 |
| | 阿诗玛（硬 PK） | 15mg/支 | 三类烟、出口烟 | 阿诗玛（硬经典 SSCNDF） | 7mg/支 | 四类烟、出口烟 |
| | 阿诗玛（硬 94mm 出口 I1） | 6mg/支 | 三类烟、混合型、出口烟 | 阿诗玛（硬 94mmCH9） | 6mg/支 | 四类烟、混合型、出口烟 |
| | 阿诗玛（硬 94mmCH） | 9mg/支 | 三类烟、混合型、出口烟 | 阿诗玛（硬 94mmCH10） | 6mg/支 | 四类烟、混合型、出口烟 |
| | 阿诗玛（硬 94mm 出口 IR） | 9mg/支 | 三类烟、混合型、出口烟 | 阿诗玛（软 LA1） | 13mg/支 | 五类烟、出口烟、2018 年新产品 |
| | 阿诗玛（硬 SS 永恒之恋出口 CNDF） | 7mg/支 | 四类烟、细支烟、出口烟、2018 年新产品 | 阿诗玛（硬 94mmCH12） | 6mg/支 | 五类烟、混合型、出口烟、2018 年新产品 |
| | 阿诗玛（硬扁出口 DF） | 9mg/支 | 四类烟、出口烟 | 阿诗玛（硬 94mmCH11） | 8mg/支 | 五类烟、混合型、出口烟、2018 年新产品 |
| 新兴 | 新兴（软 94mm） | 15mg/支 | 五类烟、混合型、出口烟 | 新兴（软出口 MM） | 12mg/支 | 五类烟、混合型、出口烟 |
| 马宝 | 马宝（硬 MM） | 13mg/支 | 五类烟、混合型、出口烟 | | | |
| 金钟 | 金钟（硬 94mm 出口 MDDF） | 8mg/支 | 五类烟、混合型、出口烟 | | | |

## 陕西中烟工业有限责任公司

| 品 牌 | 规 格 | 焦油量 | 备 注 | 规 格 | 焦油量 | 备 注 |
|---|---|---|---|---|---|---|
| 好猫△ | 好猫（天赋） | 8mg/支 | 一类烟 | 好猫（炫蓝） | 11mg/支 | 二类烟 |
| | 好猫（细支天赋） | 7mg/支 | 一类烟 | 好猫（长乐） | 10mg/支 | 二类烟 |
| | 好猫（细支天赋出口） | 7mg/支 | 一类烟、出口烟 | 好猫（细支长乐） | 7mg/支 | 二类烟 |
| | 好猫（吉祥） | 11mg/支 | 一类烟 | 好猫（细支长乐出口） | 7mg/支 | 二类烟、出口烟 |
| | 好猫（细支招财猫） | 8mg/支 | 一类烟 | 好猫（猴王磨砂） | 11mg/支 | 三类烟 |
| | 好猫（中支金丝猴） | 10mg/支 | 一类烟 | 好猫（招财进宝） | 10mg/支 | 三类烟 |
| | 好猫（招财猫 1600） | 10mg/支 | 二类烟 | 好猫（金猴王） | 10mg/支 | 三类烟 |
| | 好猫（金丝猴） | 10mg/支 | 二类烟 | | | |
| 延安△ | 延安（1935） | 10mg/支 | 一类烟 | 延安（红韵出口） | 10mg/支 | 一类烟、出口烟 |
| | 延安（红韵） | 10mg/支 | 一类烟 | 延安（五星） | 10mg/支 | 二类烟 |
| | 延安（中支 1935） | 10mg/支 | 一类烟 | 延安（金） | 10mg/支 | 二类烟 |
| | 延安（青春岁月） | 10mg/支 | 一类烟 | 延安（公主） | 10mg/支 | 二类烟 |
| | 延安（细支 1935） | 8mg/支 | 一类烟 | 延安（硬） | 10mg/支 | 三类烟 |
| | 延安（细支圣地河谷） | 8mg/支 | 一类烟 | 延安（软） | 10mg/支 | 四类烟 |
| | 延安（细支圣地河谷出口） | 8mg/支 | 一类烟、出口烟 | 延安（硬红） | 10mg/支 | 五类烟 |
| | 延安（1935 出口） | 10mg/支 | 一类烟、出口烟 | | | |

## 中国烟草实业发展中心

### 黑龙江烟草工业有限责任公司

| 品 牌 | 规 格 | 焦油量 | 备 注 | 规 格 | 焦油量 | 备 注 |
|---|---|---|---|---|---|---|
| 哈尔滨 | 哈尔滨（龙烟祥和） | 9mg/支 | 一类烟、高价位卷烟 | 哈尔滨（HAPPY） | 10mg/支 | 二类烟、中支烟 |
| | 哈尔滨（龙烟万福） | 10mg/支 | 一类烟、中支烟 | 哈尔滨（风尚） | 10mg/支 | 三类烟 |
| | 哈尔滨（龙烟金安） | 10mg/支 | 一类烟、中支烟 | 哈尔滨（老巴夺） | 10mg/支 | 三类烟、中支烟 |
| 龙烟 | 龙烟（北国风光） | 8mg/支 | 一类烟、细支烟 | 龙烟（呈祥） | 8mg/支 | 二类烟、细支烟 |
| | 龙烟（红松香） | 10mg/支 | 一类烟、高价位卷烟、中支烟、爆珠烟、2018 年新产品 | | | |
| 林海灵芝 | 林海灵芝（如意） | 10mg/支 | 四类烟 | 林海灵芝（蓝色经典） | 9mg/支 | 四类烟、混合型 |
| | 林海灵芝（软如意） | 10mg/支 | 四类烟 | 林海灵芝（软白） | 9mg/支 | 五类烟、混合型 |
| | 林海灵芝（8mg） | 8mg/支 | 四类烟、混合型 | | | |

### 红塔辽宁烟草有限责任公司

| 品 牌 | 规 格 | 焦油量 | 备 注 | 规 格 | 焦油量 | 备 注 |
|---|---|---|---|---|---|---|
| 玉溪☆★ | 玉溪（人民大会堂本香） | 8mg/支 | 一类烟 | 玉溪（硬） | 10mg/支 | 一类烟 |
| | 玉溪（软红人民大会堂） | 11mg/支 | 一类烟 | 玉溪（阿诗玛） | 7mg/支 | 一类烟、细支烟 |
| 人民大会堂 | 人民大会堂（太和） | 10mg/支 | 一类烟 | 人民大会堂（硬红） | 11mg/支 | 二类烟 |
| | 人民大会堂（御廷蘭香） | 6mg/支 | 一类烟、高价位卷烟 | 人民大会堂（古瓷细支） | 6mg/支 | 二类烟、细支烟 |
| | 人民大会堂（16） | 10mg/支 | 一类烟、2018 年新产品 | 人民大会堂（硬红细支） | 6mg/支 | 二类烟、细支烟 |
| | 人民大会堂（蘭香细支） | 6mg/支 | 一类烟、细支烟 | 人民大会堂（硬红） | 11mg/支 | 二类烟、出口烟 |
| | 人民大会堂（红玫瑰细支） | 6mg/支 | 一类烟、细支烟 | 人民大会堂（大生产振兴） | 10mg/支 | 二类烟、中细烟、2018 年新产品 |
| | 人民大会堂（16 细支） | 6mg/支 | 一类烟、细支烟、2018 年新产品 | 人民大会堂（古瓷 8mg） | 11mg/支 | 二类烟、混合型、出口烟 |
| | 人民大会堂（软红） | 11mg/支 | 一类烟、出口烟 | | | |

续表

| 品牌 | 规格 | 焦油量 | 备注 | 规格 | 焦油量 | 备注 |
|---|---|---|---|---|---|---|
| 云烟☆★ | 云烟（紫） | 10mg/支 | 三类烟 | | | |
| 红塔山☆★ | 红塔山（软经典） | 10mg/支 | 三类烟 | 红塔山（新时代） | | 三类烟、2018 年新产品 |
| | 红塔山（硬经典 100） | 10mg/支 | 三类烟 | | | |
| 红梅 | 红梅（软顺） | 10mg/支 | 四类烟 | 红梅（软黄） | 10mg/支 | 四类烟 |

## 吉林烟草工业有限责任公司

| 品牌 | 规格 | 焦油量 | 备注 | 规格 | 焦油量 | 备注 |
|---|---|---|---|---|---|---|
| 长白山△ | 长白山（高山流水） | 1mg/支 | 一类烟 | 长白山（蓝尚） | 8mg/支 | 二类烟、细支烟 |
| | 长白山（德容天下） | 3mg/支 | 一类烟 | 长白山（777） | 7mg/支 | 二类烟、细支烟 |
| | 长白山（5mg） | 5mg/支 | 一类烟 | 长白山（记忆 1999） | 10mg/支 | 三类烟 |
| | 长白山（本色） | 10mg/支 | 一类烟 | 长白山（红人参） | 10mg/支 | 三类烟 |
| | 长白山（神韵） | 5mg/支 | 一类烟 | 长白山（天蓝） | 10mg/支 | 三类烟 |
| | 长白山（揽胜） | 8mg/支 | 一类烟 | 长白山（软红） | 8mg/支 | 三类烟 |
| | 长白山（沉香） | 8mg/支 | 一类烟、细支烟 | 长白山（银） | 8mg/支 | 三类烟 |
| | 长白山（细支人参） | 8mg/支 | 一类烟、细支烟 | 长白山（海蓝） | 10mg/支 | 三类烟 |
| | 长白山（韵藏天下） | 8mg/支 | 一类烟、细支烟 | 长白山（红） | 8mg/支 | 三类烟 |
| | 长白山（心归） | 10mg/支 | 二类烟 | 长白山（桂花） | 10mg/支 | 四类烟 |
| | 长白山（人参） | 8mg/支 | 二类烟 | | | |

## 甘肃烟草工业有限责任公司

| 品牌 | 规格 | 焦油量 | 备注 | 规格 | 焦油量 | 备注 |
|---|---|---|---|---|---|---|
| 兰州△ | 兰州（硬经典） | 8mg/支 | 一类烟 | 兰州（黑中支） | 8mg/支 | 一类烟、中支烟、2018 年新产品 |
| | 兰州（硬吉祥） | 8mg/支 | 一类烟 | 兰州（硬珍品） | 8mg/支 | 二类烟 |
| | 兰州（16 支吉祥） | 8mg/支 | 一类烟 | 兰州（细支珍品） | 8mg/支 | 二类烟、细支烟 |
| | 兰州（硬飞天） | 8mg/支 | 一类烟 | 兰州（硬如意） | 7mg/支 | 三类烟 |
| | 兰州（软飞天） | 6mg/支 | 一类烟 | 兰州（硬精品） | 6mg/支 | 三类烟 |
| | 兰州（陇飞九天） | 8mg/支 | 一类烟 | 兰州（硬蓝） | 8mg/支 | 四类烟 |
| | 兰州（飞天梦） | 8mg/支 | 一类烟、高价位卷烟 | 兰州（硬黄） | 8mg/支 | 四类烟 |
| | 兰州（细支飞天梦） | 8mg/支 | 一类烟、细支烟 | 兰州（软黄） | 8mg/支 | 四类烟 |
| | 兰州（桥） | 6mg/支 | 一类烟、细支烟 | 兰州（硬红） | 8mg/支 | 五类烟 |

## 内蒙古昆明卷烟有限责任公司

| 品牌 | 规格 | 焦油量 | 备注 | 规格 | 焦油量 | 备注 |
|---|---|---|---|---|---|---|
| 冬虫夏草 | 冬虫夏草（金） | 8mg/支 | 一类烟、高价位卷烟、2018 年新产品 | 冬虫夏草（1248） | 6mg/支 | 一类烟、高端卷烟、中支烟 |
| | 冬虫夏草（庆典） | 6mg/支 | 一类烟、高价位卷烟、2018 年新产品 | 冬虫夏草（和润） | 5mg/支 | 一类烟、高端卷烟、细支烟 |
| 云烟☆★ | 云烟（苁蓉和悦） | 6mg/支 | 一类烟、细支烟 | 云烟（软苁蓉） | 8mg/支 | 二类烟 |
| | 云烟（硬苁蓉） | 10mg/支 | 二类烟 | | | |

续表

| 品 牌 | 规 格 | 焦油量 | 备 注 | 规 格 | 焦油量 | 备 注 |
|---|---|---|---|---|---|---|
| 大青山 | 大青山（狼图腾） | 8mg/支 | 一类烟 | 大青山（套马杆） | 10mg/支 | 三类烟 |
| | 大青山（昭君和亲） | 7mg/支 | 二类烟、细支烟 | 大青山（青城） | 10mg/支 | 三类烟 |
| | 大青山（昭君和亲） | 6mg/支 | 二类烟、中支烟、2018 年新产品 | 大青山（长丰） | 10mg/支 | 三类烟、2018 年新产品 |
| 红河△ | 红河（软甲） | 10mg/支 | 四类烟 | | | |

## 深圳烟草工业有限责任公司

| 品 牌 | 规 格 | 焦油量 | 备 注 | 规 格 | 焦油量 | 备 注 |
|---|---|---|---|---|---|---|
| 双喜☆★ | 双喜（细支盛世好日子） | 8mg/支 | 一类烟 | 双喜（细支金樽好日子） | 8mg/支 | 一类烟、2018 年新产品 |
| | 双喜（硬盛世好日子） | 10mg/支 | 一类烟 | 双喜（硬晶彩好日子） | 10mg/支 | 二类烟 |
| | 双喜（软盛世好日子） | 10mg/支 | 一类烟 | 双喜（软珍品好日子） | 10mg/支 | 二类烟 |
| | 双喜（硬金樽好日子） | 10mg/支 | 一类烟 | 双喜（硬精品好日子） | 10mg/支 | 三类烟 |
| | 双喜（好日子欢乐颂） | 10mg/支 | 一类烟 | 双喜（硬阳光好日子） | 8mg/支 | 三类烟 |
| | 双喜（软锦绣好日子） | 8mg/支 | 一类烟 | 双喜（硬祥和好日子） | 8mg/支 | 三类烟 |
| | 双喜（硬祥云好日子） | 8mg/支 | 一类烟 | 双喜（硬吉祥好日子） | 10mg/支 | 三类烟 |
| | 双喜（硬珍品好日子） | 10mg/支 | 一类烟 | 双喜（软如意好日子） | 10mg/支 | 三类烟 |
| | 双喜（听装盛世好日子） | 10mg/支 | 一类烟、2018 年新产品 | | | |

## 山西昆明烟草有限责任公司

| 品 牌 | 规 格 | 焦油量 | 备 注 | 规 格 | 焦油量 | 备 注 |
|---|---|---|---|---|---|---|
| 紫气东来 | 紫气东来（吉祥天下） | 10mg/支 | 一类烟 | 紫气东来（祥瑞） | 8mg/支 | 一类烟、细支烟 |
| | 紫气东来（1928） | 8mg/支 | 一类烟、高价位卷烟 | | | |
| 云烟☆★ | 云烟（细支珍品） | 8mg/支 | 一类烟 | 云烟（福） | 10mg/支 | 三类烟 |
| | 云烟（软珍） | 11mg/支 | 一类烟 | 云烟（紫） | 11mg/支 | 三类烟 |
| | 云烟（细支云龙） | 8mg/支 | 二类烟 | | | |
| 红河△ | 红河（A7） | 10mg/支 | 二类烟 | 红河（硬 66） | 10mg/支 | 三类烟 |
| | 红河（硬） | 11mg/支 | 三类烟 | 红河（软甲） | 11mg/支 | 四类烟 |
| 红塔山☆★ | 红塔山（新时代） | 10mg/支 | 三类烟 | 红塔山（硬经典） | 11mg/支 | 三类烟 |

## 海南红塔卷烟有限责任公司

| 品 牌 | 规 格 | 焦油量 | 备 注 | 规 格 | 焦油量 | 备 注 |
|---|---|---|---|---|---|---|
| 云烟☆★ | 云烟（紫） | 10mg/支 | 三类烟 | 云烟（硬福） | 10mg/支 | 三类烟 |
| 红塔山☆★ | 红塔山（传奇） | 10mg/支 | 二类烟 | 红塔山（硬经典） | 10mg/支 | 三类烟 |
| | 红塔山（硬恭贺新禧） | 10mg/支 | 二类烟 | 红塔山（硬经典 100） | 10mg/支 | 三类烟 |
| | 红塔山（软经典） | 10mg/支 | 三类烟 | | | |
| 红梅 | 红梅（软黄） | 10mg/支 | 四类烟 | 红梅（软顺） | 10mg/支 | 四类烟 |
| 三沙 | 三沙（金） | 10mg/支 | 一类烟 | 三沙（细支） | 8mg/支 | 一类烟、细支烟 |
| | 三沙（椰王金） | 10mg/支 | 一类烟 | 三沙（椰王绿） | 11mg/支 | 二类烟 |
| 宝岛 | 宝岛（硬） | 10mg/支 | 一类烟 | 宝岛（三沙） | 10mg/支 | 二类烟 |
| | 宝岛（一品沉香） | 8mg/支 | 一类烟、高价位卷烟 | | | |

# 2018 年在产雪茄品牌（规格）名录

## 安徽中烟工业有限责任公司

| 品　牌 | 品　名 | 风格特征 | 尺寸规格 | 包装规格 | 类　别 |
|---|---|---|---|---|---|
| 王冠 | 王冠（20 支） | 中度浓味 | 88mm×9.2mm | 20 支装硬盒 | 手工雪茄 |
| | 王冠（古建三绝） | 中度浓味 | 136mm×14.5mm | 10 支装硬盒翻盖 | 手工雪茄 |
| | 王冠（国粹） | 中度浓味 | 140mm×20mm | 10 支装硬盒翻盖 | 手工雪茄 |
| | 王冠（经典 5 号） | 中度浓味 | 150mm×17.8mm | 5 支装硬盒 | 手工雪茄 |
| | 王冠（经典铝 2 支全叶卷） | 中度浓味 | 150mm×17.8mm | 2 支装硬盒 | 手工雪茄 |
| | 王冠（梅兰竹菊） | 中度浓味 | 150mm×22mm | 8 支装硬盒翻盖 | 手工雪茄 |
| | 王冠（塑 10 支） | 中度浓味 | 130mm×14.8mm | 10 支装塑盒 | 手工雪茄 |
| | 王冠（小国粹） | 中度浓味 | 90mm×16.4mm | 5 支装马口铁 | 手工雪茄 |
| | 王冠（原味 1 号） | 中度浓味 | 130mm×14.8mm | 10 支装硬盒 | 手工雪茄 |
| | 王冠（原味 3 号铁盒） | 中度浓味 | 110mm×9.2mm | 10 支装铁盒 | 手工雪茄 |
| | 王冠（原味 9 号） | 中度浓味 | 88mm×9.2mm | 10 支装硬盒 | 手工雪茄 |
| | 王冠（原味 9 号塑嘴） | 中度浓味 | 110mm×9.1mm | 5 支装硬盒 | 手工雪茄 |
| | 王冠（原味塑十支） | 中度浓味 | 130mm×14.8mm | 10 支装塑盒 | 手工雪茄 |
| | 王冠（智者 010 十支） | 中度浓味 | 150mm×20mm | 10 支装木盒 | 手工雪茄 |
| | 王冠（智者 010 五支） | 中度浓味 | 158mm×20mm | 5 支装木盒 | 手工雪茄 |
| | 王冠（10 支全叶卷） | 中度浓味 | 150mm×17.8mm | 10 支装木盒 | 手工雪茄 |
| | 王冠（奶香 10 支） | 香味雪茄 | 80mm×7.8mm | 10 支装铁盒 | 手工雪茄 |
| | 王冠（赛悦） | 中度浓味 | 88mm×9.2mm | 10 支装铁盒 | 手工雪茄 |
| | 王冠（原味 3 号） | 中度浓味 | 110mm×9.2mm | 5 支装硬盒 | 手工雪茄 |
| | 王冠（原味 9 号迷你塑嘴） | 中度浓味 | 90mm×9.2mm | 10 支装硬盒 | 手工雪茄 |
| | 王冠（塑 2 支全叶卷） | 中度浓味 | 120mm×13mm | 2 支装硬盒 | 手工雪茄 |
| | 王冠（经典 8 号） | 中度浓味 | 136mm×14.5mm | 10 支装硬盒翻盖 | 机制雪茄 |
| | 王冠（国粹荣耀） | 中度浓味 | 84mm×7.8mm | 20 支装硬盒 | 微型雪茄 |
| | 王冠（加勒比） | 中度浓味 | 84mm×7.8mm | 20 支装硬包 | 微型雪茄 |
| | 王冠（黄山松） | 中度浓味 | 84mm×7.8mm | 10 支装硬盒 | 卷烟型雪茄 |
| | 王冠（万象） | 中度浓味 | 84mm×7.8mm | 20 支装硬盒 | 卷烟型雪茄 |
| | 王冠（万象细支） | 中度浓味 | 94mm×6.2mm | 18 支装硬盒 | 卷烟型雪茄 |
| 黄山松 | 黄山松（回味迎客松） | | | | 卷烟型雪茄 |

注：安徽中烟、湖北中烟雪茄尺寸规格为“长度×直径”；山东中烟、四川中烟雪茄尺寸规格为“长度×周长”。

## 山东中烟工业有限责任公司

| 品 牌 | 品 名 | 风格特征 | 尺寸规格 | 包装规格 | 类 别 |
| --- | --- | --- | --- | --- | --- |
| 泰山 | 泰山（巅峰2号） | 中式 | 152mm×62mm | 10支装 | 手工雪茄 |
| | 泰山（巅峰5号） | 中式 | 146mm×65mm | 10支装 | 手工雪茄 |
| | 泰山（巅峰6号） | 中式 | 127mm×62mm | 5支装 | 手工雪茄 |
| | 泰山（3G原味） | 中式 | 98mm×27mm | 10支装 | 机制雪茄 |
| | 泰山（阔佬2号） | 中式 | 123mm×44mm | 5支装 | 机制雪茄 |
| | 泰山（阔佬4号） | 中式 | 106mm×40mm | 5支装 | 机制雪茄 |
| | 泰山（巴哈马） | 中式 | 88mm×25mm | 10支装 | 机制雪茄 |
| | 泰山（3G水蜜桃） | 中式 | 70mm×26mm | 16支装 | 机制雪茄 |
| | 泰山（3G咖啡） | 中式 | 98mm×28mm | 10支装 | 机制雪茄 |
| | 泰山（3G沉香） | 中式 | 86mm×25mm | 8支装 | 机制雪茄 |
| | 泰山（巴哈马甜味） | 中式 | 88mm×25mm | 10支装 | 机制雪茄 |
| | 泰山（雪豹细支） | 中式 | 97mm×17mm | 20支装 | 卷烟型雪茄 |
| | 泰山（黑豹细支） | 中式 | 84mm×17mm | 20支装 | 卷烟型雪茄 |
| | 泰山（黑豹） | 中式 | 94mm×24.4mm | 20支装 | 卷烟型雪茄 |
| | 泰山（雪豹） | 中式 | 94mm×24.4mm | 20支装 | 卷烟型雪茄 |
| | 泰山（雪豹双十支） | 中式 | 94mm×24.4mm | 20支装 | 卷烟型雪茄 |
| 将军 | 将军（大力神） | 中式 | 150mm×56mm | 5支装 | 手工雪茄 |
| | 将军（战神） | 中式 | 120mm×56mm | 5支装 | 手工雪茄 |
| | 将军（战神1号） | 中式 | 140mm×56mm | 10支装 | 手工雪茄 |
| | 将军（战神3号） | 中式 | 130mm×56mm | 10支装 | 手工雪茄 |
| | 将军（战神4号） | 中式 | 100mm×56mm | 4支装 | 手工雪茄 |
| | 将军（3G） | 中式 | 98mm×27mm | 10支装 | 机制雪茄 |
| | 将军（黑3G） | 中式 | 71mm×26.5mm | 20支装 | 机制雪茄 |
| | 将军（战神07） | 中式 | 123mm×44mm | 5支装 | 半机制雪茄 |

## 湖北中烟工业有限责任公司

| 品 牌 | 品 名 | 风格特征 | 尺寸规格 | 包装规格 | 类 别 |
| --- | --- | --- | --- | --- | --- |
| 黄鹤楼 | 黄鹤楼（公爵） | 中式 | 150mm×21mm | 10支航空铝木盒礼品装 | 手工雪茄 |
| | 雪之梦2号 | 中式 | 230mm×25mm | 1支装木盒 | 手工雪茄 |
| | 雪之梦3号 | 中式 | 176mm×19mm | 10支装木盒 | 手工雪茄 |
| | 雪之梦6号 | 中式 | 155mm×20mm | 10支纸板硬盒装 | 手工雪茄 |
| | 雪之梦7号 | 中式 | 140mm×18mm | 25支纸板硬盒装 | 手工雪茄 |
| | 雪之梦8号 | 中式 | 145mm×20mm | 5支纸板硬盒装 | 手工雪茄 |
| | 雪之梦9号 | 中式 | 110mm×18mm | 25支纸板硬盒装 | 手工雪茄 |
| | 黄鹤楼（南洋伍号） | 中式 | 88mm×8.8mm | 10支纸盒装 | 手工雪茄 |
| | 雪之景2号 | 中式 | 84mm×5.25mm | 10支纸盒装 | 手工雪茄 |
| | 雪之景3号 | 中式 | 88mm×7.16mm | 10支纸盒装 | 手工雪茄 |
| | 雪之景5号 | 中式 | 84mm×7.7mm | 10支纸盒装 | 手工雪茄 |

续表

| 品　牌 | 品　名 | 风格特征 | 尺寸规格 | 包装规格 | 类　别 |
|---|---|---|---|---|---|
| 黄鹤楼 | 雪之景 6 号 | 中式 | 64mm×8.3mm | 10 支纸盒装 | 手工雪茄 |
| | 雪之景 9 号 | 中式 | 90mm×6.5mm | 20 支纸盒装 | 手工雪茄 |
| | 雪之景 10 号 | 中式 | 100mm×7.2mm | 10 支纸盒装 | 手工雪茄 |
| 茂大 | 茂大（25 支 LP） | 中式 | 132mm×16.2mm | 25 支木盒装 | 手工雪茄 |
| | 茂大（5 支 XY） | 中式 | 105mm×12.5mm | 5 支塑料盒装 | 手工雪茄 |
| | 茂大（1 号） | 中式 | 132mm×16.2mm | 5 支塑料盒装 | 手工雪茄 |
| | 茂大（2 号） | 中式 | 132mm×13.8mm | 5 支塑料盒装 | 手工雪茄 |
| | 茂大（盛世） | 中式 | 84mm×7.8mm | 10 支铁盒装 | 手工雪茄 |
| | 茂大（世家） | 中式 | 84mm×7.7mm | 10 支纸盒装 | 手工雪茄 |
| 顺百利 | 顺百利（10 支 LP） | 中式 | 132mm×16.2mm | 10 支木盒装 | 手工雪茄 |
| | 顺百利（3 支 X） | 中式 | 132mm×13.8mm | 3 支纸盒装 | 手工雪茄 |
| | 顺百利（5 支 XY） | 中式 | 105mm×12.5mm | 5 支纸盒装 | 手工雪茄 |
| 三峡 | 三峡（MX10） | 中式 | 84mm×7.8mm | 10 支铁盒装 | 手工雪茄 |

## 四川中烟工业有限责任公司

| 品　牌 | 品　名 | 风格特征 | 尺寸规格 | 包装规格 | 类　别 |
|---|---|---|---|---|---|
| 长城 | 长城（胜利） | 中等浓郁 | 152mm×66mm | 10 支装木盒 | 手工雪茄 |
| | 长城（5 支传奇 1 号） | 中等偏上浓郁 | 105mm×72mm | 5 支装木盒 | 手工雪茄 |
| | 长城（传奇 3 号） | 中等偏上浓郁 | 178mm×58.7mm | 5 支装木盒 | 手工雪茄 |
| | 长城（10 支 132 秘制） | 浓郁 | 110mm×47mm | 10 支装木盒 | 手工雪茄 |
| | 长城（导师 2 号） | 浓郁 | 130mm×53.4mm | 25 支装木盒 | 手工雪茄 |
| | 长城（导师 3 号） | 浓郁 | 142mm×52.3mm | 10 支装木盒 | 手工雪茄 |
| | 长城（红色 132） | 中等偏下浓郁 | 90mm×53.4mm | 5 支装铁盒 | 手工雪茄 |
| | 长城（大号铝管 5 支） | 温和 | 160mm×55mm | 5 支装纸盒 | 手工雪茄 |
| | 长城（2 号） | 中等偏下浓郁 | 130mm×53.4mm | 5 支装纸盒 | 手工雪茄 |
| | 长城（3 号） | 中等偏下浓郁 | 150mm×50mm | 5 支装纸盒 | 手工雪茄 |
| | 长城（经典 2 号） | 中等偏下浓郁 | 130mm×53.4mm | 5 支装纸盒 | 手工雪茄 |
| | 长城（经典 3 号） | 中等偏下浓郁 | 150mm×50mm | 5 支装纸盒 | 手工雪茄 |
| | 长城（盛世 3 号） | 温和 | 140mm×58mm | 10 支装纸盒 | 手工雪茄 |
| | 长城（盛世 5 号） | 温和 | 150mm×56mm | 2 支装纸盒 | 手工雪茄 |
| | 长城（盛世 6 号） | 温和 | 110mm×44mm | 5 支装纸盒 | 手工雪茄 |
| | 长城（揽胜 2 号精选） | 中等偏上浓郁 | 130mm×53.4mm | 10 支装纸盒 | 手工雪茄 |
| | 长城（揽胜 3 号经典） | 浓郁 | 124mm×62.3mm | 10 支装纸盒 | 手工雪茄 |
| | 长城（生肖版） | 浓郁 | 135mm×66mm | 10 支装木盒 | 手工雪茄 |
| | 长城（汉邦 3 号） | 中等浓郁 | 124mm×62.3mm | 25 支装木盒 | 手工雪茄 |
| | 长城（百茄乐） | 温和 | 160mm×55mm | 50 支装纸盒 | 手工雪茄 |
| | 长城（骑士 3 号） | 中等浓度，香草 | 100mm×34mm | 10 支装纸盒 | 机制雪茄 |
| | 长城（迷你原味） | 中等浓度 | 98mm×26mm | 10 支装铁盒 | 机制雪茄 |

续表

| 品牌 | 品名 | 风格特征 | 尺寸规格 | 包装规格 | 类别 |
|---|---|---|---|---|---|
| 长城 | 长城（迷你咖啡） | 中等浓度，奶甜咖啡 | 75mm×26mm | 10支装铁盒 | 机制雪茄 |
| | 长城（迷你香草） | 中等浓度，奶甜香草 | 75mm×26mm | 10支装铁盒 | 机制雪茄 |
| | 长城（风华） | 中等浓度，花香 | 66mm×22.6mm | 20支装纸盒 | 机制雪茄 |
| | 长城（风雅） | 中等浓度 | 84mm×24.5mm | 10支装纸盒 | 机制雪茄 |
| | 长城（行者） | 中等浓度，奶甜香草 | 100mm×27.7mm | 10支装铁盒 | 机制雪茄 |
| | 长城（金南极） | 中等偏下浓郁 | 120mm×34mm | 5支装纸盒 | 机制雪茄 |
| | 长城（天龙） | 龙涎香 | 97mm×17mm | 20支装硬盒翻盖 | 机制雪茄 |
| | 长城（子龙） | 木香 | 97mm×17mm | 20支装硬盒翻盖 | 机制雪茄 |
| | 长城（丝路） | 参香 | 97mm×17mm | 20支装硬盒翻盖 | 机制雪茄 |
| | 长城（醇雅COCO） | 甜香 | 94mm×19.5mm | 18支装硬盒翻盖 | 机制雪茄 |
| | 长城（醇雅薄荷） | 陈皮薄荷香 | 94mm×19.5mm | 18支装硬盒翻盖 | 机制雪茄 |
| | 长城（醇雅奶香） | 奶香 | 94mm×19.5mm | 18支装硬盒翻盖 | 机制雪茄 |
| | 长城（壹叁贰13号） | 蜜炼参香 | 84mm×24.6mm | 20支装软盒 | 机制雪茄 |
| | 长城（毛氏雪茄2号） | 蜜炼参香 | 84mm×24.6mm | 20支装硬盒翻盖 | 机制雪茄 |
| | 长城（132原味） | 木香 | 84mm×24.4mm | 20支装纸盒 | 机制雪茄 |
| | 长城（132醇味） | 醇甜香 | 70mm×24.2mm | 20支装纸盒 | 机制雪茄 |
| | 长城（伯乐） | 橘香 | 84mm×24.4mm | 20支装纸盒 | 机制雪茄 |
| | 长城（风尚） | 蜂蜜柚子香 | 84mm×24.4mm | 20支装硬盒翻盖 | 机制雪茄 |
| | 长城（软传奇） | 树苔香 | 84mm×24.4mm | 20支装软盒 | 机制雪茄 |
| | 长城（132咖啡） | 甜咖啡香 | 84mm×24.4mm | 20支装纸盒 | 机制雪茄 |
| | 长城（骑士国际原味1号） | 中等浓郁 | 100mm×34mm | 5支装纸盒 | 机制雪茄 |
| | 长城（骑士2号） | 肉桂味 | 100mm×34mm | 10支装纸盒 | 机制雪茄 |
| | 长城（迷你国际香草1号） | 香草味 | 75mm×26mm | 10支装纸盒 | 机制雪茄 |
| | 长城（迷你国际原味1号） | 中等浓郁 | 75mm×26mm | 10支装纸盒 | 机制雪茄 |
| | 长城（迷你甜甘邑） | 甜干邑味 | 75mm×26mm | 10支装纸盒 | 机制雪茄 |
| | 长城（金南极苹果） | 苹果味 | 120mm×34mm | 5支装纸盒 | 机制雪茄 |
| 金钱豹 | 金钱豹（10支甜品） | 中等浓度，甜咖啡 | 26mm×75mm | 10支装铁盒 | 机制雪茄 |
| 狮牌 | 狮牌（5支小号） | 中等浓度 | 112mm×31.4mm | 5支装纸盒 | 机制雪茄 |
| | 狮牌（大S） | 坚果香 | 84mm×24.2mm | 20支装硬盒翻盖 | 机制雪茄 |
| | 狮牌（鸿运当头） | 醇甜香 | 84mm×24.4mm | 20支装硬盒翻盖 | 机制雪茄 |
| | 狮牌（年画） | 中等偏上浓郁 | 84mm×24.2mm | 20支装硬盒翻盖 | 机制雪茄 |
| | 狮牌（典雅） | 中等浓郁 | 130mm×48mm | 10支装纸盒 | 机制雪茄 |
| | 狮牌（10支完美时光） | 中等浓郁 | 84mm×24.6mm | 10支装纸盒 | 机制雪茄 |
| 工字 | 工字（红） | 中等浓度 | 84mm×34mm | 10支装硬盒翻盖 | 机制雪茄 |
| | 工字（1号） | 中等浓度 | 84mm×34mm | 10支装纸盒 | 机制雪茄 |

◇ 编辑：王　静　鲁建敏

# 索引使用说明

一、本索引采用关键词索引法编制。年鉴中有实质检索意义的内容均予以标引，以供检索使用。

二、本索引基本上是按汉语拼音音序排列。具体排列规律如下：以数字开头的标目，排在最前面；以英文字母打头的标目，列于其次；汉字标目则按首字的音序、音调依次排列；首字相同时，则以第二个字排序，并依次类推。

三、索引标目后的数字，表示检索内容所在的年鉴正文页码，如果一个关键词在同一页中出现多次，页码只标一次。

# 索　　引

## H



## J



## K



## L



## M



## P



## Q



## S

图书在版编目（CIP）数据

中国烟草年鉴.2019／国家烟草专卖局编.
—北京：中国经济出版社，2020.5
ISBN 978－7－5136－5065－6

Ⅰ.①中… Ⅱ.①国… Ⅲ.①烟草工业—中国—2019—年鉴 Ⅳ.①F426.89－54

中国版本图书馆 CIP 数据核字（2019）第 255051 号

责任编辑 李祥柱 郑 潇
责任印制 马小宾
封面设计 金 菊
彩插设计 许双慧 卢 旋
彩插编辑 褚 幸

出版发行 中国经济出版社
印 刷 者 北京富泰印刷有限责任公司
经 销 者 各地新华书店
开 本 889mm×1194mm 1/16
印 张 33.75
字 数 2100 千字
版 次 2020 年 5 月第 1 版
印 次 2020 年 5 月第 1 次
定 价 350.00 元
广告经营许可证 京西工商广字第 8179 号

**中国经济出版社** 网址 www.economyph.com 社址 北京市东城区安定门外大街 58 号 邮编 100011
本版图书如存在印装质量问题，请与本社发行中心联系调换（联系电话：010－57512564）